Henry Nitschke
An der unsichtbaren Front

Henry Nitschke, Jahrgang 1961, ist Diplomkriminalist. Der unter Pseudonym publizierende Experte für die Geschichte von Nachrichtendiensten berät heute unter anderem Firmen in Fragen der Sicherheit und des Geheimnisschutzes. Er ist Verfasser mehrerer Sachbücher und Artikel. In der edition berolina erschienen: *Die Spionageabwehr der DDR. Mittel und Methoden gegen Angriffe westlicher Geheimdienste* (2018), *Die Spionageabwehr der DDR II. Von der Armee bis in die zentralen Staatsorgane* (2019) und *Die Personenschützer des MfS. Strategien und Taktiken zur Absicherung der DDR-Staatsrepräsentanten* (2020).

HENRY
NITSCHKE

AN DER UN-
SICHTBAREN
FRONT

INOFFIZIELLE MITARBEITER DER
MFS-AUSLANDSAUFKLÄRUNG

edition berolina

ISBN 978-3-95841-115-9
1. Auflage
© 2021 by BEBUG mbH / edition berolina, Berlin
Umschlaggestaltung: fuxbux, Berlin
Umschlagabbildung: © ullstein bild / Bildnummer 00839174
Druck und Bindung: Finidr, s. r. o.

eb edition berolina
Axel-Springer-Straße 52
10969 Berlin
Tel. 030 / 206 109 – 0

www.buchredaktion.de

Inhalt

Die HV A – »... einer der Top-Auslands-geheimdienste der Welt«

Die Hauptverwaltung A (HV A) war Auslandsnachrichtendienst und Bestandteil des Ministeriums für Staatssicherheit (MfS) der Deutschen Demokratischen Republik (DDR). Die Geschichte der HV A ist in großen Teilen geschrieben worden – eigentlich. In den über dreißig Jahren nach dem Ende der DDR-Auslandsaufklärung wurden zahlreiche Bücher zur Thematik publiziert. Ehemalige Generale, Offiziere und Inoffizielle Mitarbeiter (IM), aber auch deren nachrichtendienstliche Gegner sowie Historiker und Aufarbeiter haben sich der Thematik gewidmet. Dennoch sind bestimmte Bereiche der Tätigkeit der HV A bisher oftmals lediglich oberflächlich dargestellt worden, insbesondere wenn es um die konkrete Betrachtung der Arbeitsweise des Dienstes geht. Hier setzt das vorliegende Werk an. Nachdem ich der Geschichte der Spionageabwehr des MfS zwei Bände gewidmet habe, entstand die Idee, die Thematik von der anderen Seite her zu betrachten und die nachrichtendienstlichen Aktivitäten der HV A sowie die Abwehrarbeit des westdeutschen Verfassungsschutzes darzustellen. Dabei geht es vor allem um die Methodik der nachrichtendienstlichen Tätigkeit.

Nach Aussage von Hansjörg Geiger war die HV A »eindeutig einer der Top-Auslandsgeheimdienste der Welt«[1]. Geiger muss es wissen, denn er war Präsident des Bundesamtes für Verfassungsschutz und des Bundesnachrichtendienstes – den nachrichtendienstlichen Gegenspielern der HV A. Wer objektiv betrachtet, wie die HV A arbeitete, an welchen Stellen sie ihre Quellen im Operationsgebiet[2] positioniert hatte und welche umfangreichen und qualitativ hochwertigen Informationen diese der Ostberliner Zentrale übermittelten, wird der Aussage Geigers zustimmen können. Dennoch gab es in der Geschichte der HV A nicht nur Erfolge, und den Untergang des Staates DDR konnte auch die Auslandsaufklärung des MfS nicht verhindern, was aber gewiss nicht sie selbst zu verantworten hatte. Vielmehr ist die HV A ein gutes Beispiel dafür, dass beschaffte Informationen, und seien sie noch so wertvoll, wenig nützlich sind, wenn es die Politik nicht vermag, daraus die richtigen Schlüsse zu ziehen und diese Hinweise nutzbringend einzusetzen.

Das vorliegende Werk wird keine neuen Top-Quellen und keine »Super-Geheimnisse« der HV A enthüllen. Wer so etwas erwartet, wird am Ende komplett enttäuscht sein. Was es allerdings detailliert aufzeigen wird, sind die Mittel und Methoden, wie die HV A ihre »Hauptwaffe«, die IM, gewann und führte, wie sie die Verbindung zu ihnen aufrechterhielt, wie sie aus einem DDR-Bürger einen Bundesbürger erschuf und welche Probleme dabei zu verzeichnen waren. Es geht also im Schwerpunkt um die Gewinnung und Führung von IM, um das Verbindungswesen zu ihnen sowie die Übersiedlung von IM in das Operationsgebiet. Und natürlich folgerichtig auch darum, wie der westdeutsche Verfassungsschutz dagegen vorging und welche Ansätze er verfolgte. Da diese Thematiken nicht ohne einen entsprechenden Rahmen stehen können, gibt es vorab grundsätzliche Erläuterungen zur Entstehung, zu Aufgaben und Schwerpunkten sowie zur Struktur der Aufklärung.

Ich möchte allen Menschen herzlich danken, die zur Entstehung dieses Werkes beigetragen haben. Besonderer Dank gilt den zuarbeitenden Angehörigen der Behörde des BStU für die Bereitstellung der Archivalien und den ehemaligen Angehörigen der Aufklärung, die mit ihren Erinnerungen und Hinweisen wesentlichen Anteil an der erfolgreichen Realisierung dieses Projekts haben.

Henry Nitschke

Anmerkungen

1   Vgl.: *Inside HV A (2). Ein deutscher Dienst im Kalten Krieg. Zweiteiliger Film von Daniel und Jürgen Ast.* In: ARD: »Reportage & Dokumentation«. Ausgestrahlt am 9. Dezember 2019.
2   Mit dem oftmals verwendeten Begriff »Operationsgebiet« wurden durch das MfS Länder/Territorien bezeichnet, in denen beziehungsweise gegen die die Staatssicherheit nachrichtendienstliche Operationen durchführte. Schwerpunktmäßig waren damit die Bundesrepublik Deutschland und Westberlin gemeint, der Begriff galt aber auch für andere westliche oder neutrale Staaten.

1. Kapitel

Entstehungsgeschichte und Traditionen des Auslandsnachrichtendienstes der DDR

Entstehungsgeschichte

Nach dem verhängnisvollen Zweiten Weltkrieg, der für Deutschland in der Katastrophe geendet hatte, wurden in der Sowjetischen Besatzungszone (SBZ) unter sowjetischer Anleitung Organe geschaffen, die konspirativ erste Abwehr- und Aufklärungsaufgaben realisierten. Hier wirkten von Beginn an Menschen, die aktiv an den verschiedensten Stellen gegen den Nationalsozialismus tätig gewesen waren und sich dabei bewährt hatten, aber auch junge, unbelastete Kader, die ein ehrliches Interesse am sozialistischen Neuaufbau besaßen und durch entsprechendes Engagement auf sich aufmerksam gemacht hatten. Markus Wolf, langjähriger Leiter der HV A, fasst die Situation wie folgt zusammen: »Allerorts standen ältere, erfahrene Genossen, die aus den Gefängnissen und Konzentrationslagern oder aus der Emigration zurückgekommen waren, an der Seite der jüngeren.«[1]

Es kann als gesicherter Fakt gelten, dass die führenden Köpfe der neu geschaffenen Aufklärungsorgane in der SBZ/der DDR in der illegalen Arbeit der KPD, im Exil oder als sowjetische Partisanen Erfahrungen im Kampf gegen den Faschismus gesammelt hatten[2], während sich die Situation in den westlichen Besatzungszonen/der BRD gänzlich anders darstellte. Hier wurde Aufklärung unter amerikanischer Regie durch Reinhard Gehlen und die um ihn gescharten »Alten Kameraden« aus dem Nachrichten-/Sicherheitsapparat des Dritten Reiches faktisch nahtlos weiterbetrieben. Die Geschichte des MfS hält dazu fest: »Die antisowjetische Nachkriegspolitik der USA ermöglichte es Gehlen 1945, diesen faschistischen Apparat [Fremde Heere Ost, Anm. d. Verf.] vor der Vernichtung zu bewahren. Damit garantierten die USA zugleich ein kontinuierliches Fortbestehen der faschistischen Geheimdiensttätigkeit. Auf der Grundlage des übernommenen Apparates wurde bereits 1947 in Oberursel unter Leitung Gehlens (Deckname: Dr. Schneider) im Auftrage des USA-Geheimdienstes die Gehlen-Spionage-Organisation gebildet. [...] Das Operationsgebiet der Gehlen-Organisation war vorrangig die sowjetische Besatzungszone.«[3]

Dass dies durch die Aufklärungsorgane der DDR und insbesondere ihre antifaschistisch geprägten Kader als Bedrohung empfunden werden musste, liegt auf der Hand.

Die Hauptverwaltung A entstand nicht aus einem Vakuum, sondern es existierten Vorgängerorganisationen. Als erster deutscher Aufklärungsapparat in der SBZ ist die Parteiaufklärung der SED unter Bruno Haid zu nennen. Markus Wolf hält dazu fest: »Bruno war in Fortsetzung der guten Traditionen unserer Partei im ZK unter Anleitung des Genossen Franz Dahlem für die Arbeit der Parteiaufklärung und für die Verbindung zu Genossen der KPD verantwortlich, die diese Arbeit in der BRD schon seit einigen Jahren durchführten. Für die relativ kurze Zeit war ein ziemlich starkes Netz illegaler Residenturen mit beachtlichen Quellen in den Spitzen der Parteien und Organisationen, mit wichtigen Verbindungen in die Regierung, den Bundestag und seine wichtigsten Ausschüsse, sogar in die gegen uns arbeitenden westdeutschen Abwehrorgane und Ostbüros entstanden. Das Netz dieses Apparates wurde neben anderen vorhandenen konspirativen Verbindungen durch uns übernommen.«[4] »Durch uns« bezeichnet den Außenpolitischen Nachrichtendienst (APN). Damit ist die zweite Vorgängerorganisation der HV A genannt.

Der APN – Tarnbezeichnung Institut für Wirtschaftswissenschaftliche Forschung (IWF)[5] – wurde 1951 gebildet und arbeitete parallel zur Staatssicherheit. Auf den Tag genau ist die Gründung nicht nachzuvollziehen. Markus Wolf hat dazu festgehalten: »In Bohnsdorf gründeten wir, acht Deutsche und vier sowjetische ›Berater‹, den Außenpolitischen Nachrichtendienst der DDR, von dem die meisten anwesenden Deutschen eine alles andere als klare Vorstellung hatten. […] Da keiner von uns sich später an das Datum erinnern konnte und es kein Protokoll gab, erklärten wir im Nachhinein den 1. September 1951 zum Gründungstag unseres Nachrichtendienstes.«[6]

An anderer Stelle erinnert sich Markus Wolf: »Die eigentliche Gründung unserer Hauptverwaltung – damals noch APN – ist in meinem Gedächtnis am stärksten mit der Figur, mit dem Namen Richard Stahlmann[7] verknüpft. An diesem für alle Teilnehmer sicher sehr bemerkenswerten Tag traf ich mich mit Richard im Gebäude des Zentralkomitees, das sich in der Lothringer Straße, der heutigen Wilhelm-Pieck-Straße [seit 1994 Torstraße, Anm. d. Verf.], befand. Wir bestiegen seinen für damalige Begriffe enormen Wagen, einen achtzylindrigen Tatra, und fuhren zusammen nach Karlshorst, wo wir uns mit dem Genossen Grauer und den anderen sowjetischen Genossen trafen. Von dort ging die Fahrt zu einer Villa in Bohnsdorf, die Richard für diesen Zweck bereitgestellt hatte. Genosse Stahlmann war ja zu dieser Zeit noch Leiter der Abteilung Verkehr im Zentralkomitee und verfügte demzufolge über solche Möglichkeiten. In diesem Zusammenschluss gab uns Anton Ackermann[8] den Beschluss über die Bildung des APN bekannt … Das war also die Gründungsstunde der Aufklärung unseres Ministeriums.«[9]

Für die Schaffung eines solchen Dienstes nach sowjetischem Vorbild gab es nachvollziehbare Gründe, über die ehemalige Offiziere der HV A berichtet haben. So schreiben Peter Richter und Klaus Rösler:

»Stellt man diese Entscheidung in den politischen Kontext jener Zeit, so erkennt man unschwer, dass die Bildung dieses geheimen DDR-Nachrichtendienstes, also des Vorläufers der Hauptverwaltung Aufklärung, ein typisches Produkt sowjetischer Machtpolitik war und voll in der Logik des immer heftiger werdenden Kalten Krieges lag. Sie stand am Ende einer Phase der deutschen Nachkriegsgeschichte, in der es durchaus noch einmal eine Chance auf Vereinigung der gerade entstandenen deutschen Staaten gegeben hatte.

Es ist mittlerweile gesicherte Erkenntnis der Historiker, dass die westdeutsche Politik in der zweiten Hälfte der 40er Jahre mitnichten die Vereinigung Deutschlands im Auge hatte, sondern zunächst und vor allem die Integration der linkselbischen Besatzungszonen und der späteren Bundesrepublik Deutschland in das westliche System.«[10]

Ein anderer HV A-Offizier, Bernd Kaufmann, hält fest: »Der DDR-Auslandsnachrichtendienst wurde 1951 gebildet. Das war auch eine Antwort darauf, dass seit 1946 Nachrichtenoffiziere Hitlers mit General Gehlen an der Spitze unter den Fittichen von US-Diensten unter Nutzung ihrer alten Quellen und V-Leute – als wäre nichts geschehen – weiter emsig gen Osten spionierten.«[11] Es ist nachvollziehbar, dass die aus Kommunisten bestehende Gründergeneration der DDR-Sicherheitsorgane diesen Aktivitäten nicht tatenlos zusah.

Das Hauptziel des neu gegründeten Nachrichtendienstes wurde von Beginn an durch die sowjetische Auslandsaufklärung klar umrissen: Er sollte Aufklärung über die »innenpolitische und wirtschaftliche Lage in Westdeutschland; die Aktivitäten der Bonner Regierung und ihrer Ministerien, des Bundestages, des Bundesrates; die führenden Organe der bürgerlichen und sozialdemokratischen Parteien; die wissenschaftlich-technischen Zentren und Laboratorien; und die Kirchen und andere gesellschaftliche Organisationen« betreiben und hatte weiterhin die Aufgabe, »Licht auf die Politik der westlichen Besatzungsmächte zu werfen«.[12] Um diese Aufgaben zu bewältigen, bedurfte es eines leistungsfähigen Netzes inoffizieller Kräfte auf dem Gebiet des Gegners.

Im Jahr 1953 wurde der selbstständige APN als Hauptabteilung XV in die Staatssicherheit integriert. Der Beschluss dazu wurde durch das Politbüro am 23. September 1953 gefasst.[13] Die Gründe dafür werden in den nachrichtendienstlichen

Niederlagen des IWF sowie in Strukturveränderungen bei den sowjetischen Aufklärungsorganen gesehen.[14] Die ehemaligen HV A-Offiziere Peter Richter und Klaus Rösler bemerken dazu: »Der permanente Druck und der Verweis auf die sowjetische Praxis, wo die Aufklärung ebenfalls Bestandteil des KGB war, führten schließlich zum Erfolg.«[15]

Mit diesem Schritt verlor die Aufklärung ihre Selbstständigkeit, was Vor- und Nachteile hatte. Die Vorteile bestanden darin, dass die Aufklärung sich in ihrer Tätigkeit auf das komplette Equipment der Abwehr stützen konnte. Dabei handelte es sich bis 1989 um ein enormes Potenzial. Exemplarisch genannt seien an dieser Stelle ein DDR-weites Netz an Bezirksverwaltungen (BV) und Kreisdienststellen (KD) für die Basisarbeit, die Möglichkeiten der Funkaufklärung und der Postkontrolle sowie die Hinweise der Passkontrolleinheiten auf einreisende operativ interessante Personen. Als Nachteil empfanden die Aufklärer das Misstrauen sowie den Einfluss der Abwehr auf die Belange der Aufklärung. Auch die Installation von Mitarbeitern der Abwehr in die Aufklärung gestaltete sich nicht immer glücklich. Aber letztlich überwogen die Vorteile im Sinne der operativen Arbeit die Nachteile, und die Aufklärung wurde fester Bestandteil des MfS, auch wenn nach 1990 gelegentlich von verschiedenen Seiten die Auffassung vertreten wurde, die Aufklärung sei der »bessere/elitärere« Teil des MfS gewesen und habe nicht so recht in das Profil des MfS gepasst. Solange das MfS existierte, gab es dahingehend keine zwei Meinungen, und man brachte es wie folgt auf den Punkt: »Aufklärung und Abwehr bildeten eine untrennbare Einheit.«[16] Diese Formel trug sicher auch dazu bei, dass die HV A die bekannten nachrichtendienstlichen Erfolge erzielen konnte, genau wie die schwerpunktmäßige Ausrichtung der operativen Tätigkeit auf die illegale Linie (was auch beibehalten wurde, als die DDR, nach ihrer Anerkennung, neue Möglichkeiten durch die Einrichtung von Vertretungen im Ausland schuf).

Der Schwerpunkt der Aufklärungstätigkeit lag in der ersten Hälfte der 1950er Jahre darauf, »alle Überraschungsmöglichkeiten des Gegners auszuschließen, alle Absichten des Gegners und damit verbundene Gefahren rechtzeitig zu erkennen und zu beseitigen.«[17] Dabei wurde auf die »Verstärkung und Verbesserung der gesamten Aufklärungstätigkeit«[18] orientiert. Die Aufklärung »musste mit Hilfe der sozialistischen Kundschafter in die politischen, militärischen und ökonomischen Zentren des BRD-Imperialismus und der anderen imperialistischen Mächte eindringen, um von dort aus die Pläne und Absichten des Feindes rechtzeitig, systematisch und allseitig aufzuklären.«[19] Nur so konnten aus Sicht der Verantwortlichen die Möglichkeiten eines Überraschungsangriffs ausgeschaltet und Voraussetzungen dafür geschaffen werden, die Tätigkeit des Gegners schon von der Basis her unter Kontrolle zu bringen beziehungsweise die feindlichen Zentren zu zerschlagen.[20]

Im Mai 1956 erhielt die Aufklärung des MfS ihre bis 1990 gültige Bezeichnung – Hauptverwaltung A. Der Historiker Helmut Müller-Enbergs schreibt zur Bezeichnung HV A: »Das Kürzel HV A wurde in der Bundesrepublik oftmals, aber unzutreffenderweise mit Hauptverwaltung Aufklärung aufgelöst. Die Bezeichnung Hauptabteilung XV hatte wiederholt zu internen Missverständnissen geführt, da sich ihre Abteilungen gleichfalls als Hauptabteilungen bezeichneten, so dass es mit gleichnamigen Struktureinheiten des MfS zu Verwechslungen kam. Äußeren Anlass bot die im November 1955 erfolgte Umwidmung des Staatssekretariats für Staatssicherheit zum Ministerium für Staatssicherheit.«[21]

Allerdings benutzten auch ehemalige Mitarbeiter der HV A die Bezeichnung »Hauptverwaltung Aufklärung« vor und nach 1990 schriftlich sowie mündlich und auch der »Abschlussbericht über die Auflösung der ehemaligen HV A« führt im Kopf die Bezeichnung »Hauptverwaltung Aufklärung – in Auflösung«.[22] Die Hervorhebung des Begriffs »Aufklärung« wurde verschiedentlich als Abgrenzungsversuch innerhalb des MfS interpretiert.

Traditionen und Vorbilder

Die Traditionen der HV A orientierten sich vor allem an der Geschichte der sowjetischen Aufklärungsorgane sowie damit im Zusammenhang stehender Kundschafter. Dabei spielten nachrichtendienstlich aktive Personen deutscher Herkunft eine besondere Rolle. Als eine Hauptform des antifaschistischen Widerstandskampfes erwies sich die Unterstützung der Sowjetunion durch deutsche Antifaschisten, die sich zur Kundschaftertätigkeit bereiterklärt hatten. Genannt seien hier beispielhaft:

Dr. Richard Sorge und die Patrioten seines Umfelds (Gruppe »Ramsay«), die von 1929 bis 1941 in China und insbesondere in Japan tätig waren.[23] Das Wirken der Gruppe »Ramsay« war auf den Schutz der UdSSR und die Verhinderung eines Überfalls von Seiten Japans gerichtet. Zur Gruppe »Ramsay« gehörten insgesamt 39 Kundschafter aus den verschiedensten Bevölkerungsschichten. Die engsten Mitarbeiter Sorges waren Anna und Max Christiansen-Clausen, Branko Vukelić, Hozumi Ozaki und Yokotu Miyagi.

Große Verdienste als Kundschafterin für die Sowjetunion erwarb sich auch die deutsche Kommunistin Ruth Werner. Sie war eine Frau mit vielen Namen: bürgerlich Ursula Kuczynski, Ursula Hamburger und Ursula Beurton, ihr Deckname war Sonja, und als erfolgreiche Schriftstellerin trug sie das Pseudonym Ruth Werner.[24] Die nachrichtendienstlich bedeutsamste Verbindung regte Sonjas Bruder, Jürgen Kuczynski, Ende 1942 an. Es handelt sich dabei um den deutschen Physiker Klaus Fuchs.

Nachdem die Zentrale in Moskau ihre Zustimmung erteilt hatte, fungierte Sonja für Klaus Fuchs als Resident, Kurier und Funker. Ihre Treffen mit dem Physiker führte sie unauffällig und klug durch. Inhaltlich lieferte Klaus Fuchs hochbrisantes Material. Dazu hielt Sonja mit der ihr eigenen Bescheidenheit fest: »Obwohl mir ohne zu wissen, dass es sich im Endziel um die Atombombe handelte, die Bedeutung meines Materials klar war, blieb mein Anteil gering. Ich war nur der technische Übermittler und möchte nicht, dass dies später einmal hochgespielt wird.«[25]

Im antifaschistischen Widerstand kam es zu einer Verschmelzung zwischen nachrichtendienstlicher Tätigkeit und politischen Widerstandshandlungen. In der Tradition der HV A stand daher auch eine der bedeutendsten Widerstandsorganisationen in Deutschland – die Schulze-Boysen/Harnack-Organisation.[26] Sie hatte sich in einem längeren Prozess bis 1938/39 durch den Zusammenschluss einiger bedeutender Gruppen herausgebildet. Diese Organisation nimmt einen besonderen Platz in der deutschen antifaschistischen Widerstandsbewegung ein, nicht nur weil sie quantitativ stark war, sondern weil sich in ihr Vertreter der verschiedenen Klassen und Schichten der deutschen Bevölkerung zum entschlossenen Kampf gegen den Faschismus vereinigten: Kommunisten und Parteilose, Gläubige und Atheisten, Arbeiter und Ingenieure, Schriftsteller und Beamte sowie Soldaten, Offiziere und Hausfrauen. An der Seite Arvid Harnacks und Harro Schulze-Boysens, die diese Widerstandsorganisation leiteten, standen Funktionäre der KPD wie John Sieg, Wilhelm Guddorf, Walter Husemann und Hans Coppi. Die Schulze-Boysen/Harnack-Organisation war bestrebt, den Widerstandswillen gegen den Nationalsozialismus unter den verschiedenen Kreisen der Bevölkerung ständig zu stärken. Sie erarbeitete und verbreitete zahlreiche antifaschistische Flugschriften und Materialien, in denen sie zum Widerstand gegen das faschistische System und seine Kriegspolitik aufrief.

Weitere wichtige Kundschaftergruppen in Deutschland waren die Gruppierung Hansheinrich Kummerow/Erhard Tohmfor sowie ein Bündnis, zu dem Ilse Stöbe, Rudolf von Scheliha und andere gehörten. Im Jahr 1939 wurde Scheliha nach Berlin versetzt, konkret in das Büro Ribbentrop. Hier sorgte er dafür, dass Ilse Stöbe eine Anstellung in der Informationsabteilung des Auswärtigen Amtes erhielt. Gleichzeitig lieferte er aus dem Büro Ribbentrop interne Informationen über die bevorstehenden Überfälle auf Norwegen, Dänemark, Holland und Belgien. Im Mai 1940 wies Ilse Stöbe in ihren Meldungen erstmals auf Aggressionsabsichten Hitlers gegen die Sowjetunion hin. In der Folgezeit übermittelte sie detaillierte Angaben über die militärischen Planungen für den Überfall auf die Sowjetunion, bis sie am 16. Juni 1941 die Zentrale darüber in Kenntnis setzte, dass für den Zeitraum vom 22. bis 25. Juni mit dem Angriff Deutschlands zu rechnen sei.

Die Meldungen der Schulze-Boysen/Harnack-Organisation, der Gruppe um Ilse Stöbe sowie der Gruppe Kummerow/Tohmfor bestätigen, dass die sowjetischen Kundschaftergruppen in Deutschland einen bedeutsamen Beitrag zur Aufklärung der Aggressionspläne des deutschen Faschismus sowie seiner Rüstungsforschung und Rüstungswirtschaft leisteten. Trotz ihrer Anstrengungen konnte allerdings die Entfesselung des Zweiten Weltkriegs und die Aggression gegen die Sowjetunion nicht verhindert werden.[27]

All diese Menschen galten den Mitarbeitern des MfS als Vorbild, was pathetisch wie folgt formuliert wurde: »Als Marxisten-Leninisten, als treue Kämpfer für die Sache der Arbeiterklasse und proletarische Internationalisten sehen die Angehörigen der Organe der Staatssicherheit der DDR in den standhaften und unerschrockenen deutschen Kommunisten und anderen Antifaschisten, die gemeinsam mit den sowjetischen Tschekisten an der ›unsichtbaren Front‹ gekämpft haben, ihre großen Vorbilder.«[28]

So diese Antifaschisten und Kundschafter den Kampf »an der unsichtbaren Front« überlebt hatten, machte sich die HV A ihre Erfahrungen nutzbar und bezog sie aktiv, beispielsweise in Form von Foren, in denen sie Vorträge hielten, in die Traditionsarbeit ein. Der Anfang dahingehend gestaltete sich allerdings nicht einfach, und es mussten zunächst einige Hindernisse überwunden werden. Markus Wolf erinnert sich: »Ich kannte diese Art Hemmungen auch von anderen ehemaligen Kundschaftern […]. Nach den ersten Veröffentlichungen über den legendären Richard Sorge, Anfang der fünfziger Jahre, hatte es lange Zeit gebraucht, bis sein Funker Max Christiansen-Clausen, der in Berlin lebte, über die gemeinsame konspirative Arbeit zu sprechen bereit war. Ohne den ›Segen‹ des zuständigen Politbüromitglieds wäre ihm kein Wort zu entlocken gewesen. Bei der anderen Gefährtin unseres großen Vorbilds, Ruth Werner, waren all meine Überredungskünste und die Zustimmung Moskaus erforderlich, um sie zur Niederschrift von ›Sonjas Rapport‹ zu bewegen. Zunächst nur für den internen Gebrauch verfasst, wurden ihre Aufzeichnungen, von nicht freigegebenen Passagen gesäubert, zum jahrelangen Bestseller in der DDR. Ähnlich erging es mir mit Klaus Fuchs, der als anerkannter Physiker der Akademie der Wissenschaften der DDR unter uns lebte und dessen Rolle eines sowjetischen ›Atomspions‹ nur Insidern im Westen bekannt war. Als wir für unseren internen Gebrauch ein Video-Interview mit Fuchs aufzeichnen wollten, musste ich dazu die Genehmigung des ersten Mannes der DDR einholen. Den ›Illegalen‹ jener Generation war die einmal gegebene Schweigeverpflichtung Gesetz, und auch im engsten Freundeskreis sprachen sie nicht über diese Seiten ihrer Biographie.«[29]

Anmerkungen

1   Markus Wolf: *Die Kunst der Verstellung. Dokumente, Gespräche, Interviews.* Berlin 1998, S. 65.
2   Ein ehemaliger leitender Offizier der HV A berichtet hierzu:»Die leitende Gründergeneration des Dienstes einte die Erfahrungen des Kampfes gegen Faschismus und Krieg und das Vermächtnis, eine Wiederholung dieser Geschichte zu verhindern. Dieser antifaschistische Grundkonsens wurde als Teil der Staatsdoktrin der DDR von Beginn an bei der Rekrutierung, Ausbildung und Erziehung der Mitarbeiter sowie in ihrer nachrichtendienstlichen Arbeit gewahrt.« (Archiv des Verfassers).
3   »Studienmaterial zur Geschichte des Ministeriums für Staatssicherheit«, Teil II. Juristische Hochschule des MfS, Potsdam 1980. Bibliothek der BStU, St 553/II, S. 15 f.
4   Markus Wolf: *Die Kunst der Verstellung. Dokumente, Gespräche, Interviews.* Berlin 1998, S. 65.
5   Markus Wolf schreibt zur Bezeichnung:»Der Apparat nannte sich damals Außenpolitischer Nachrichtendienst (APN), der Tarnname war IWF – Institut für Wirtschaftswissenschaftliche Forschung.« Vgl.: Ebd., S. 70.
6   Markus Wolf: *Spionagechef im geheimen Krieg: Erinnerungen.* München 1997, S. 57.
7   Richard Stahlmann, eigentlich Artur Illner (1891–1974) war von 1923 bis 1924 im zentralen Militärapparat der KPD tätig. 1924 emigrierte er in die Sowjetunion und nahm an einem militärpolitischen Lehrgang der Kommunistischen Internationale (KI) teil, bei dem er aus Konspirationsgründen den Namen Richard Stahlmann annahm. Von 1925 bis 1931 war Stahlmann im Auftrag der KI in Großbritannien, China, der ČSR und in Frankreich im Einsatz. Von 1932 bis 1936 war er Sekretär von Georgi Dimitroff und von 1936 bis 1937 als Partisanenkommandeur in Spanien eingesetzt. Von 1940 bis 1945 erfolgte sein Einsatz in Schweden. Im Januar 1946 kehrte er nach Deutschland zurück. Von 1951 bis 1958 war er am Aufbau der Sicherheitsorgane der DDR beteiligt. Als Stellvertreter des Leiters der HV A war er verantwortlich für die operativ-technischen Voraussetzungen der Arbeit im Operationsgebiet. Im Jahr 1960 schied Stahlmann aus dem aktiven Dienst aus.
8   Anton Ackermann leitete den Dienst nur kurzzeitig bis Dezember 1952. Zu Ackermann siehe: O. A.: *Anton Ackermann. Der deutsche Weg zum Sozialismus. Selbstzeugnisse und Dokumente eines Patrioten.* Berlin 2005.
9   O. A.: *Aus dem Leben eines Berufsrevolutionärs. Erinnerungen an Richard Stahlmann.* Leipzig 1986, S. 95 f.
10   Peter Richter, Klaus Rösler: *Wolfs West-Spione. Ein Insider Report.* Berlin 1992, S. 13.
11   Bernd Kaufmann:»Moses schickte Leute nach Kanaa, um dort die Lage zu erkunden«. In: *Berliner Linke* 21/95, S. 9.
12   George Bailey, Sergej A. Kondraschow, David E. Murphy: *Die unsichtbare Front. Der Krieg der Geheimdienste im geteilten Berlin.* Berlin 1997, S. 181.
13   Vgl.: Helmut Müller-Enbergs: *Das Institut für Wirtschaftswissenschaftliche Forschung und die Anfänge der DDR-Spionage. Strukturelle und personelle Weichenstellungen, 1951 bis 1956* (*Hefte zur DDR-Geschichte*, Bd. 122). Berlin 2010, S. 17.
14   Vgl.: Ebd.
15   Peter Richter, Klaus Rösler: *Wolfs West-Spione. Ein Insider Report.* Berlin 1992, S. 25.
16   »Studienmaterial zur Geschichte des Ministeriums für Staatssicherheit«, Teil III. Juristische Hochschule des MfS, Potsdam 1980. Bibliothek der BStU, St 553/III a, S.120.
17   Ebd., S. 87.
18   Ebd.
19   Ebd.
20   Vgl.: Ebd., S. 87 f.

21   Helmut Müller-Enbergs: »Hauptverwaltung A (HV A). Aufgaben – Strukturen – Quellen«. In: BStU: *Anatomie der Staatssicherheit. Geschichte – Struktur – Methoden* (MfS-Handbuch). Berlin 2011, S. 41.

22   »Hauptverwaltung Aufklärung – in Auflösung. Abschlussbericht über die Auflösung der ehemaligen HV A vom 19. Juni 1990«. BStU, ZA, HV A, Nr. (unleserlich), Bl. 5.

23   Zu Richard Sorge siehe: Heiner Timmermann, Sergej A. Kondraschow, Hisaya Shirai (Hrsg): *Spionage, Ideologie, Mythos. Der Fall Richard Sorge*. Münster 2005, S. 128. Eberhard Lehmann: Forschungsergebnisse zum Thema: »Die Vertiefung und weitere Ausprägung der politisch-operativen Erkenntnisse über die hervorragende Kundschaftertätigkeit des Genossen Richard Sorge. Ständiges Anliegen der Entwicklung und Festigung des Geschichts- und Traditionsbewusstseins der Mitarbeiter des MfS«. 1979. BStU, ZA, MfS, JHS, Nr. 21895, Bl. 14.

24   Zu den biografischen Daten vgl.: O. A.: *Funksprüche an Sonja. Die Geschichte der Ruth Werner*. Berlin 2007, S. 12 ff. Vgl. auch: Ruth Werner: *Sonjas Rapport*. Berlin 2006, S. 52.

25   Ebd., S. 291 f.

26   Zur Schulze-Boysen/Harnack-Organisation siehe auch: Karl-Heinz Biernat, Luise Kraushaar: *Schulze-Boysen/Harnack-Organisation im antifaschistischen Kampf*. Berlin 1970.

27   Vgl.: »Studienmaterial zur Geschichte des Ministeriums für Staatssicherheit«, Teil I. Juristische Hochschule des MfS, Potsdam 1980. Bibliothek der BStU, St 553/I a, S. 83 ff.

28   Ebd., S. 92.

29   Markus Wolf: *Freunde sterben nicht*. Berlin 2002, S. 10 f.

2. Kapitel

Aufgaben und Richtungen der nachrichtendienstlichen Tätigkeit der HV A

Ziele, Prioritäten, operative Schwerpunkte und Hauptaufgaben

Der Geheimdienstkoordinator im Bundeskanzleramt, Staatsminister Lutz Stavenhagen, erklärte am 7. November 1989 vor BND-Mitarbeitern in Pullach: »Zu wissen, was ein anderer Staat kann und macht oder machen will, ist das legitime Interesse eines auf seine Sicherheit und Erhaltung des Friedens bedachten Staates. Die Nachrichtendienste eines Staates sind Ausdruck seiner Souveränität.«[1] Dieses legitime Interesse nahm auch die HV A für sich in Anspruch.

Nach dem Selbstverständnis der HV A war »den Diensteinheiten der Aufklärung des MfS die verantwortungsvolle Aufgabe gestellt, mit ihren spezifischen Möglichkeiten und Arbeitsmethoden tief in die feindlichen Zentren einzudringen und dort solche operativen Positionen zu besetzten, durch die Informationen zu den Hauptfragen der imperialistischen Politik beschafft werden können und die von besonderer Bedeutung für die Sicherung des Friedens sind.«[2]

Die operative[3] Arbeit der HV A verfolgte folgende Ziele:

- im Lager des Gegners fest verankert zu sein und neue Positionen vor allem dort zu erringen, wo Entscheidungen über die Frage Krieg oder Frieden gestellt wurden,
- die Pläne, Absichten, Agenturen, Mittel und Methoden des Feindes, die die Sicherheit und die Interessen der DDR, der sozialistischen Staatengemeinschaft, der kommunistischen Weltbewegung und anderer revolutionärer Kräfte gefährden oder beeinträchtigen, rechtzeitig und zuverlässig aufzuklären und Überraschungen auf politischem, militärischem, wirtschaftlichem und wissenschaftlich-technischem Gebiet zu verhindern,
- zur Aufdeckung und Zerschlagung gegnerischer Stützpunkte und Agenturen in der DDR, in der sozialistischen Staatengemeinschaft, in der kommunistischen Weltbewegung sowie in anderen revolutionären Bewegungen beizutragen,
- exakte Kenntnisse über die wichtigsten Feindzentren, über das feindliche Potenzial sowie über Widersprüche im Lager des Feindes zu erarbeiten und offensive

Maßnahmen gegen feindliche Zentren und gegen im Operationsgebiet tätige feindliche Kräfte durchzuführen,

- die internationalen Positionen des Sozialismus und seiner Verbündeten in der Klassenauseinandersetzung mit dem Imperialismus zu festigen und zu stärken, die offensive Friedenspolitik der sozialistischen Staatengemeinschaft zu unterstützen, antiimperialistische Bewegungen, Kräfte und Organisationen zu fördern und den fortschrittlichen Regierungen in den jungen Nationalstaaten bei der Festigung ihrer Macht zu helfen,
- die auf die ökonomische und militärische Stärkung sowie auf die weitere Erhöhung des Wohlstandes gerichtete Politik der Partei- und Staatsführung zu unterstützen,
- die Sicherheit der Auslandsvertretungen der DDR und der Bürger der DDR im nichtsozialistischen Ausland zu gewährleisten.[4]

<u>Die Ausschaltung des Überraschungsfaktors auf militärischem Gebiet</u> besaß eine herausragende Priorität bei der Organisierung und Realisierung der gesamten operativen Arbeit. Dazu gehörte die Beobachtung und Aufklärung

- aller politischen, militärischen und geheimdienstlichen Aktivitäten der *North Atlantic Treaty Organization* (NATO), der NATO-Staaten sowie der Volksrepublik (VR) China und in den internationalen Krisenzonen,
- des Militärpotenzials der NATO, der Vereinigten Staaten von Amerika (USA), der BRD sowie anderer imperialistischer Staaten und der VR China,
- der politischen und militärischen Konsequenzen, die mit der NATO-Hochrüstung und der Entwicklung der politischen, ökonomischen und militärischen Zusammenarbeit zwischen den NATO-Staaten und der VR China verbunden waren,
- kurzfristiger militärischer Absichten des Feindes in Europa sowie in anderen Teilen der Welt.

Überraschende militärische Angriffe zu verhindern, erforderte das Vorhandensein und die Stärkung der IM-Positionen in den zentralen Objekten der NATO, der USA, der BRD sowie anderer NATO-Staaten und die Schaffung von Voraussetzungen für die sofortige Übermittlung solcher Informationen, die auf die Vorbereitung militärischer Provokationen beziehungsweise auf Absichten zur Auslösung eines militärischen Konfliktes schließen ließen. Darüber hinaus waren alle im Operationsgebiet tätigen und nachweisbar zuverlässigen IM neben ihrer spezifischen Aufgabe damit zu beauftragen, ihre Möglichkeiten zur Überwachung der in der 1. Durchführungsbestimmung zum Befehl 40/68 des Ministers für Staatssicherheit angewiesenen Objekte zu nutzen.[5] Dazu gehörten vor allem NATO-Stäbe, die Stäbe der Bundeswehr sowie der anderen in der Bundesrepublik dislozierten NATO-Einheiten, Flugplätze,

Truppenteile und Truppenübungsplätze, Versorgungseinrichtungen und Munitions-
depots, Verkehrsknotenpunkte sowie kriegswichtige Betriebe und Einrichtungen. Erhöhte Aufmerksamkeit wurde der Vorbereitung und Durchführung großer Manöver
der Land-, Luft- und Seestreitkräfte der NATO-Staaten gewidmet, da der Grad der
Gefechtsbereitschaft der an diesen Manövern beteiligten Truppen in der Regel die
Auslösung überraschender Aggressionshandlungen gegen die DDR und die sozialistische Staatengemeinschaft hätte ermöglichen können.[6]

In Fragen der militärischen Aufklärung waren die HV A und der Bereich Aufklärung des Ministeriums für Nationale Verteidigung (MfNV) quellenmäßig gut aufgestellt und in den zentralen Objekten entsprechend inoffiziell verankert. Darüber
ist in der Literatur hinreichend berichtet worden, weshalb hier darauf verzichtet
wird.[7]

Wichtig war in diesem Zusammenhang, dass das Verbindungswesen so organisiert
sein musste, dass Erkenntnisse aus dem Lager des Gegners unter allen Umständen
und Lagebedingungen sicher, schnell und zuverlässig in die Zentrale der HV A gelangten. Denn die Informationen nutzten nur, wenn sie die HV A rechtzeitig und
ohne gegnerischen Zugriff erreichten. Meldungen, die kriegsvorbereitende Handlungen und gegnerische Provokationen erkennen ließen, waren unverzüglich dem
Leiter der HV A oder seinen Stellvertretern vorzulegen.

Die militärtechnische Überlegenheit der NATO zu verhindern und alle Versuche
des Imperialismus sowie der chinesischen Führer hinsichtlich der Veränderung des
strategischen Kräfteverhältnisses zwischen Sozialismus und Kapitalismus zu un-
terbinden, bildete einen weiteren Schwerpunkt der operativen Arbeit der HV A.
Die Vereitelung der Pläne des Imperialismus zur Veränderung des militärischen
Kräfteverhältnisses verlangte, einen Rüstungsvorsprung des Westens nicht zuzulassen. Alle imperialistischen Vorhaben auf dem Gebiet der Rüstungsforschung und
-produktion, die quantitative Veränderungen des militärischen Kräfteverhältnisses
nach sich ziehen konnten, mussten umfassend und zuverlässig erkundet werden.
Dazu gehörte insbesondere die Entwicklung und Einführung qualitativ neuer strategischer Kampf- und Führungsmittel.[8]

Die HV A verband die Anstrengungen zur Zurückweisung der imperialistischen
Angriffe auf das Engste mit der Durchführung operativer Maßnahmen zur aktiven
Unterstützung der Politik der friedlichen Koexistenz. Sie ging davon aus, dass die
Fortsetzung der Entspannungspolitik dem Wesen des Sozialismus entspräche und
betrachtete es als erforderlich

- die internen Reaktionen der imperialistischen Staaten und verschiedener imperialistischer Kräfte auf die Vorschläge der sozialistischen Staatengemeinschaft zur
  Fortsetzung des Entspannungsprozesses umfassend zu erkunden,

- rechtzeitig und zuverlässig die internen Pläne und Absichten der imperialistischen Mächte für bevorstehende multilaterale und bilaterale Verhandlungen mit den sozialistischen Staaten aufzuklären,
- die Differenzen zwischen den imperialistischen Staaten und innerhalb der führenden Kreise der imperialistischen Länder zur Gestaltung der politischen, ökonomischen, wissenschaftlich-technischen und kulturellen Beziehungen mit den sozialistischen Staaten sowie zu grundlegenden internationalen Problemen aufzudecken,
- durch geeignete nachrichtendienstliche Maßnahmen den Differenzierungsprozess zwischen den imperialistischen Hauptstaaten und innerhalb der herrschenden Kräfte der imperialistischen Länder zu fördern, die ultrarechten Kreise zurückzudrängen und den Einfluss der realistischeren Kräfte auf die Politik der imperialistischen Staaten zu verstärken.

Zur Stärkung der ökonomischen Leistungskraft der DDR und der sozialistischen Staatengemeinschaft hatte die HV A ebenfalls einen bedeutenden Beitrag zu leisten. Durch die zielgerichtete Beschaffung von Dokumentationen und Mustern über solche Forschungsergebnisse, Anlagen, Verfahren, Technologien und Werkstoffe, die den Weltstand bestimmten, war die Entwicklung des wissenschaftlich-technischen Fortschritts in der Volkswirtschaft mit dem Ziel zu unterstützen, die komplizierten Außenwirtschaftsbedingungen zu meistern, die sozialpolitischen Maßnahmen der SED fortzuführen sowie die ökonomischen Voraussetzungen für die Stärkung der Landesverteidigung zu schaffen. Eine große Bedeutung besaßen dabei insbesondere Verfahren zur Senkung des spezifischen Energieverbrauchs, zur Erhöhung der Materialökonomie, zur rationellen Nutzung der eigenen Rohstoffbasis, zur Entwicklung der Mikroelektronik sowie zur Entwicklung und zum Einsatz rationeller Technologien in allen Bereichen der Volkswirtschaft.[9]

Aus gegnerischen Zentren und Objekten Informationen über solche Zusammenhänge, Fakten und Sachverhalte zu beschaffen, die für die Vorbereitung und Durchführung aktiver Maßnahmen[10] geeignet waren, stellte eine weitere wesentliche Aufgabe der operativen Arbeit der HV A dar. Aktive Maßnahmen waren darauf gerichtet, mit Hilfe von IM und Kontaktpersonen (KP) unter Einsatz spezieller Mittel und Methoden,

- den Feind beziehungsweise einzelne feindliche Kräfte und Institutionen zu entlarven, zu kompromittieren beziehungsweise zu desorganisieren beziehungsweise zu zersetzen,
- progressive Ideen und Gedanken zu verbreiten sowie fortschrittliche Gruppen und Strömungen im Operationsgebiet zu fördern,
- die Entwicklung von Führungspersönlichkeiten und solchen Personen zu beeinflussen, die bei der Bestimmung der öffentlichen Meinung eine besondere Rolle spielten.

Angesichts der Lage kam es der HV A besonders darauf an, alle Möglichkeiten für aktive Maßnahmen zu nutzen, um

- den Frieden in der Welt sichern zu helfen,
- den westeuropäischen Staaten die Gefahren vor Augen zu führen, die sich aus der amerikanischen Konfrontationspolitik gegen den Sozialismus für Westeuropa ergaben,
- durch Aufdeckung zwischenimperialistischer Widersprüche den US-Imperialismus daran zu hindern, die gesamte imperialistische Welt auf seinen Kurs zu zwingen,
- durch Nutzung innenpolitischer Differenzen in den westlichen Ländern realistisch denkende Kräfte zu stärken.[11]

Die Hauptaufgaben der Aufklärung bestanden zusammengefasst in der

- Beschaffung interner Informationen aus den gegnerischen Zentren und Objekten zur rechtzeitigen, umfassenden und zuverlässigen Informierung der DDR-Partei- und Staatsführung über die geheimen Pläne, Absichten, Agenturen, Mittel und Methoden des Gegners,
- Durchführung aktiver Maßnahmen gegen feindliche Kräfte und Institutionen sowie zur Unterstützung demokratischer Kräfte und Bewegungen im Operationsgebiet.

Die rechtzeitige und zuverlässige Beschaffung der für die Lösung der Aufgaben des MfS erforderlichen Informationen sowie der Umfang und die Qualität der aktiven Maßnahmen waren wesentliche Kriterien für die Einschätzung der Wirksamkeit der Arbeit mit IM.[12]

Wesentliche Schwerpunkte der Informationsbeschaffung der HV A waren:

- die Militärpolitik, die militärischen Pläne und Absichten sowie das militärische Potenzial der NATO, der USA, der BRD, der anderen imperialistischen Hauptmächte und der VR China,
- die Rüstungsforschung und Rüstungsproduktion in den USA und den anderen NATO-Staaten, insbesondere die Entwicklung und Produktion neuer strategischer Waffen und Waffensysteme,
- die Politik der USA, der NATO, der BRD, der anderen imperialistischen Hauptmächte sowie der VR China gegenüber den Staaten der sozialistischen Gemeinschaft, einschließlich ihrer Reaktionen auf die Politik der sozialistischen Staaten,
- die Pläne, Absichten, Agenturen, Mittel und Methoden der westlichen Geheimdienste, der Zentren der politisch-ideologischen Diversion[13] sowie anderweitiger Diversionszentralen der NATO, der USA, der BRD und weiterer westlicher Hauptstaaten gegen die sozialistische Staatengemeinschaft,

- die Aktivitäten der NATO, der USA, der anderen westlichen Hauptländer sowie der VR China zur Sicherung und zum Aufbau ihrer strategischen Positionen in internationalen Krisenzonen und in anderen bedeutenden Regionen,
- die Entwicklung der Beziehungen zwischen den imperialistischen Staaten, ihren internationalen Organisationen sowie der Zusammenarbeit zwischen den westlichen Hauptmächten und der VR China,
- die Ergebnisse von Forschung und Entwicklung der westlichen Hauptstaaten, die für die Entwicklung der Volkswirtschaft in der sozialistischen Staatengemeinschaft und in der DDR von besonderer Bedeutung waren,
- die Regimeverhältnisse, die für die Gewährleistung einer hohen Effektivität und Sicherheit der Arbeit mit IM erforderlich waren.[14]

Territoriale Schwerpunkte der nachrichtendienstlichen Tätigkeit

Das Operationsgebiet der HV A erstreckte sich insbesondere auf die USA, die BRD, die anderen NATO-Staaten sowie Westberlin. In den 1970er Jahren gewann die operative Arbeit in Richtung China, in internationalen Krisenzonen und in weiteren Ländern, die von besonderem politisch-operativem Interesse waren, zunehmende Bedeutung.

Allerdings konzentrierte sich die Arbeit der HV A vorrangig auf die Bundesrepublik. Die BRD war Hauptverbündeter der USA in Westeuropa. Sie strebte immer erfolgreicher eine ökonomische und politische Vormachtstellung in Westeuropa an und verfügte, nach den USA, über das umfangreichste Streitkräftekontingent der NATO. Die Grenze zwischen der DDR und der BRD bildete zugleich die Nahtstelle zwischen dem Warschauer Vertrag und der NATO. An dieser Nahtstelle standen sich die Hauptkräfte von Sozialismus und Imperialismus gegenüber. In der Bundesrepublik waren große Truppenkontingente der USA, Großbritanniens, Frankreichs sowie anderer NATO-Staaten konzentriert. Die HV A ging davon aus, dass sich der Hauptstoß der aggressiven Politik des Imperialismus gegen die DDR, die UdSSR und die anderen sozialistischen Staaten richtete. Daraus wurde die Schlussfolgerung abgeleitet: »[…] die Aufdeckung der geheimen Pläne und Absichten des BRD-Imperialismus hat daher erstrangige Bedeutung für den Schutz und die Sicherheit der DDR und der sozialistischen Staatengemeinschaft.«[15]

Darüber hinaus boten der HV A die umfangreichen personellen und institutionellen Verbindungen der BRD zu den USA sowie zu den anderen imperialistischen Hauptstaaten und deren Institutionen, zur VR China sowie zu reaktionären Regimen in den internationalen Krisenzonen günstige Möglichkeiten der Beschaffung von Informationen über Pläne und Absichten dieser Staaten und Organisationen sowie zur IM-Arbeit im Operationsgebiet. Die HV A, aber auch die anderen operativen Diensteinheiten des MfS hatten deshalb ständig alle Möglichkeiten zu prüfen, um das IM-Netz in der BRD als Basis für die Entwicklung der operativen Arbeit in den anderen Operationsgebieten zu nutzen.

Die gemeinsame historische Vergangenheit und die daraus herrührenden sprachlichen und kulturellen Gemeinsamkeiten, die umfangreichen personellen und institutionellen Verbindungen und Beziehungen zwischen der DDR und der BRD sowie die konkreten Bedingungen an der Staatsgrenze eröffneten der HV A umfangreiche und besonders günstige Möglichkeiten für die Gestaltung der operativen Tätigkeit in Westdeutschland und Westberlin, die konsequent im Interesse der sozialistischen Staatengemeinschaft zu erschließen war.

Bei der Entwicklung der IM-Arbeit in der Bundesrepublik fanden die territorialen Konzentrationsräume politischer Führungszentren, militärischer Objekte, von Objekten der westlichen Geheimdienste sowie von bedeutenden Forschungszentren und Zentren der Rüstungsproduktion besondere Beachtung. Ein besonderer Schwerpunkt war beispielsweise der Großraum Bonn (Bad Godesberg, Bad Neuenahr, Köln).

Die territoriale Lage Westberlins inmitten der DDR und die auf diesem Gebiet konzentrierten politischen, geheimdienstlichen und militärischen Kräfte des Gegners, machten dort aus Sicht der HV A eine zielgerichtete Arbeit mit IM erforderlich. Gleichzeitig sollten die engen Bindungen Westberlins an die Bundesrepublik sowie die Existenz amerikanischer, britischer und französischer Objekte in der Stadt genutzt werden, um Voraussetzungen für die Bearbeitung der imperialistischen Zentren in der BRD, den USA sowie in Großbritannien und Frankreich zu schaffen. Aufgrund der Rolle der USA als westliche Führungsmacht, ihres militärischen und ökonomischen Potenzials, ihrer aggressiven Außenpolitik sowie ihrer weltumspannenden militärischen, politischen, geheimdienstlichen, ökonomischen und anderweitigen Positionen wurde die Bearbeitung der Führungszentren der USA von der HV A als eine entscheidende Voraussetzung für die Gewährleistung der Sicherheit, des Schutzes der sozialistischen Staatengemeinschaft und der Erhaltung des Friedens betrachtet. Es war deshalb vorrangige Aufgabe, alle Möglichkeiten zur Aufklärung der geheimen Pläne und Absichten des US-Imperialismus zu erschließen und die Stärkung des IM-Netzes in den USA zu unterstützen. Dazu sollten vor allem die vielseitigen personellen und institutionellen Verbindungen sowohl zwischen den USA und der DDR als auch zwischen der BRD und der USA sowie anderen westeuropäischen Staaten genutzt werden.

Zur Bearbeitung der NATO und der Europäischen Gemeinschaft (EG) wurde die Arbeit mit IM in den NATO-Staaten organisiert, auf deren Territorium sich wichtige Zentren dieser internationalen Organisationen befanden. Eine besondere Bedeutung für die HV A besaß Belgien, da dort entscheidende Führungsgremien der NATO und der EG konzentriert waren.

Mit Blick auf China schreibt Helmut Müller-Enbergs im zweiten Teil seines Werkes *Inoffizielle Mitarbeiter des Ministeriums für Staatssicherheit*:

»Zunehmende Bedeutung gewinnt die operative Arbeit in Richtung VR China. Die großmachtchauvinistische, militant antikommunistische Politik der Führer der VR China, die umfangreichen, insbesondere gegen die Sowjetunion, gegen die SRV [Sozialistische Republik Vietnam], gegen die VDR Laos [Volksdemokratische Republik Laos] und die VR Kampuchea gerichteten ökonomischen, politischen und militärischen Aggressionsvorbereitungen und -handlungen, das immer enger werdende Komplott der Führer der VR China mit den reaktionärsten imperialistischen Kreisen und ihre Zusammenarbeit mit reaktionären Regimen in Asien, Afrika und Lateinamerika erforderten [aus der Perspektive der HV A in den 1970er Jahren, Anm. d. Verf.] verstärkte Anstrengungen zur Beschaffung von Informationen über die geheimen Pläne und Absichten der chinesischen Führer und ihr Zusammenwirken mit den USA und anderen imperialistischen Mächten.

Die wachsende Anzahl von personellen und institutionellen Verbindungen der VR China zu den imperialistischen Hauptmächten sowie die hohe Anzahl von Auslandschinesen ist umfassend für die Beschaffung von Informationen und für den Aufbau eines IM-Netzes in China zu nutzen.«[16] Besondere HV A-Aktivitäten dahingehend sind bisher allerdings nicht bekannt geworden.

Über »Internationale Krisenzonen« und die »Nationalstaaten mit sozialistischer Orientierung« vermerkt Müller-Enbergs:

»Ständige Aufmerksamkeit erfordern die Aktivitäten der imperialistischen Hauptländer, insbesondere der USA und der BRD, zur Sicherung und zum Aufbau ihrer strategischen Positionen in wichtigen Regionen der Welt.

Die Maßnahmen der USA und der NATO zur Schaffung strategischer Eingreifgruppen und anderweitige Aktivitäten der imperialistischen Hauptmächte zur Sicherung ihrer Energie- und Rohstoffzufuhren sind durch die Entwicklung der operativen Arbeit in den imperialistischen Hauptstaaten und in den Regionen, die Schwerpunkte dieser imperialistischen Machenschaften bilden, zielgerichtet aufzuklären.

Internationale Krisenzonen wie zum Beispiel der Nahe und Mittlere Osten, Südostasien, der Süden Afrikas und Lateinamerika sind ständig unter operativer Kontrolle zu halten. Dabei ist zu beachten, dass jede militärische Auseinandersetzung in diesen Zonen zur Konfrontation USA–Sowjetunion, NATO–Warschauer Vertrag führen und einen atomaren Weltkrieg einmünden kann.

[…] Die Nationalstaaten mit sozialistischer Orientierung sind bei der Sicherung ihrer Errungenschaften gegen die äußere und innere Konterrevolution zu unterstützen.«[17]

Anmerkungen

1   Bulletin des Presse- und Informationsamtes der Bundesregierung vom 7. November 1989. Abgedruckt in: *Berliner Linke* 21/95, S. 9.

2   Michael Telschow, Gerald Neumann: Forschungsergebnisse zum Thema: »Die politisch-operative Analyse der Möglichkeiten zur umfassenden und rationellen Nutzung der operativen Basis in der DDR für die Erarbeitung und Bearbeitung von Hinweisen auf operativ interessante Personen des Operationsgebietes. Die Nutzung der operativen Basis in der DDR durch die Abteilungen XV der Bezirksverwaltungen des MfS«. 1982, BStU, ASt Gera, BV Gera, Abt. XV, Nr. 0367/5, Bl. 8.

3   Innerhalb der Staatssicherheit wurde der Begriff »operativ« sehr häufig gebraucht im Sinne von »nachrichtendienstlich aktiv tätig« – auch: »inoffiziell«, »konspirativ« – und bezog sich auf konkrete nachrichtendienstliche Maßnahmen.

4   Vgl.: HV A, 1. Kommentar zur Richtlinie 2/79 des Ministers für die Arbeit mit inoffiziellen Mitarbeitern im Operationsgebiet: »Die Hauptaufgaben und Hauptrichtungen der operativen Arbeit der Diensteinheiten der Aufklärung des MfS. Die Anforderungen an das IM-Netz«. BStU, ZA, MfS, HA I, Nr. 15574, Bl. 144 f. Zur Richtlinie 2/79 berichtet der an der Erstellung beteiligte Oberst a. D. Prof. Dr. Heinz Günther: »Die Zeit, die komplizierter gewordenen Bedingungen für die Nachrichtenarbeit im ›Operationsgebiet‹ und die inzwischen gesammelten Erfahrungen hatten die in der Richtlinie von 1968 [Richtlinie 2/68 für die Arbeit mit inoffiziellen Mitarbeitern im Operationsgebiet, Anm. d. Verf.] festgeschriebenen Orientierungen überholt. Ihre Neufassung war schon lange überfällig. Im Vorfeld der Erarbeitung der neuen Richtlinie hatte es auf höherer Ebene wieder einige Rangeleien gegeben. Man hatte versucht, auch diese Gelegenheit zu nutzen, die Hauptverwaltung Aufklärung fester in das Ministerium zu integrieren. Das sollte dadurch geschehen, dass für die Abwehr und für die Aufklärung eine gemeinsame Richtlinie geschrieben werden sollte. Wir hörten auf dem zweiten Informationsweg, über den sogenannten Buschfunk, davon. Aber wie so oft hatten sich unser Chef, Markus Wolf, und sein späterer Nachfolger, Generaloberst a. D. Werner Großmann, auch in diesem Fall durchgesetzt. Die Berufung eines Autorenkollektivs der HV A für die Erarbeitung einer Richtlinie der Aufklärung war letztlich Bestätigung dafür, dass die Aufklärung ihre eigene Richtlinie erhielt. Ich gehörte dieser vierköpfigen Kommission an. Die Arbeiten zogen sich hin. Abschnittsweise hatten wir die von uns erarbeiteten Gedanken dem Kollektiv der Abteilungsleiter zur Begutachtung vorzulegen und sie gewissermaßen vor diesem erlauchten Kreis zu verteidigen. Mit dieser Richtlinie und den im Anschluss an ihre Fertigstellung erarbeiteten Kommentaren und Schulungsmaterialien wurde erstmalig eine in sich geschlossene Lehre über die Aufklärungstätigkeit geschaffen. Während vorher einzelne Phasen der Arbeit auf der Grundlage noch nicht ausgereifter Erfahrungen zusammengetragen und dargestellt waren, erfolgte mit diesen Arbeiten erstmalig eine in sich geschlossene, alle Erfahrungen der Aufklärung einbeziehende Gesamtdarstellung.« Heinz Günther: *Wie Spione gemacht wurden.* Berlin, o. J., S. 91 f.

5   Die 1. Durchführungsbestimmung zum Befehl 40/68 beinhaltete die Durchführung operativer Maßnahmen zur Ausschaltung des Überraschungsmomentes und zum rechtzeitigen Erkennen einer akuten Kriegsgefahr.

6   Vgl.: HV A, 1. Kommentar zur Richtlinie 2/79, Bl. 147.

7   Vgl. dazu: Klaus Eichner, Gotthold Schramm: *Kundschafter im Westen. Spitzenquellen der DDR-Aufklärung erinnern sich.* Berlin 2003. Rainer Rupp, Karl Rehbaum, Klaus Eichner: *Militärspionage. Die DDR-Aufklärung in NATO und Bundeswehr.* Berlin 2011. Klaus Eichner, Karl Rehbaum: *Deckname Topas. Der Spion Rainer Rupp in Selbstzeugnissen.* Berlin 2013. Peter Böhm: *Spion bei der NATO. Hans-Joachim Bamler, der erste Resident der HV A in Paris.* Berlin 2014. Bodo Wegmann: *Die Militäraufklärung der NVA. Die zentrale Organisation der militärischen Aufklärung der Streitkräfte der Deutschen Demokratischen Republik.* Berlin 2005. Helmut R. Hammerich: *»Stets am Feind!« Der Militärische Abschirmdienst (MAD) 1956-1990.* Göttingen 2019.

8   Vgl.: HV A, 1. Kommentar zur Richtlinie 2/79, Bl. 148.

9   Vgl.: Ebd., Bl. 150 f. Zur wissenschaftlich-technischen Aufklärung der HV A siehe auch: Horst Müller, Manfred Süß, Horst Vogel: *Die Industriespionage der DDR. Die wissenschaftlich-technische Aufklärung der HV A.* Berlin 2008.

10   Eine aktive Maßnahme stellt den Versuch dar, auf Entscheidungen und Entwicklungen Einfluss zu nehmen, indem beispielsweise Personen in der Öffentlichkeit diskreditiert oder Gruppen beziehungsweise Organisationen bloßgestellt wurden. Mit medialer Hilfe konnten so Missliebige ausgeschaltet werden. Es wurden Gerüchte gestreut, Fallen gestellt oder Vorgänge inszeniert, die das öffentliche Ansehen der betroffenen Person nachhaltig schädigten.

11   Vgl.: HV A, 1. Kommentar zur Richtlinie 2/79, Bl. 154 f. Zu aktiven Maßnahmen der HV A siehe auch: Günter Bohnsack, Herbert Brehmer: *Auftrag: Irreführung. Wie die Stasi Politik im Westen machte.* Hamburg 1992. Horst Kopp: *Der Desinformant. Erinnerungen eines DDR-Geheimdienstlers.* Berlin 2016.

12   Vgl.: HV A, 1. Kommentar zur Richtlinie 2/79, Bl. 152.

13   Für die Staatssicherheit war die politisch-ideologische Diversion (PID) Bestandteil der gegen den Sozialismus gerichteten Subversion des Feindes, der die subversiven Angriffe auf ideologischem Gebiet umfasste. Mit der PID strebte der Gegner in einem langfristig angelegten, mehrstufigen Prozess subversive Ziele an. Sie bestanden in der Zersetzung des sozialistischen Bewusstseins beziehungsweise der Störung und Verhinderung seiner Herausbildung, in der Untergrabung des Vertrauens breiter Bevölkerungskreise zur Politik der kommunistischen Parteien und der sozialistischen Staaten, in der Inspirierung antisozialistischer Verhaltensweisen bis hin zur Begehung von Verbrechen, in der Mobilisierung feindlich-negativer Kräfte in den sozialistischen Staaten, in der Entwicklung einer feindlichen, ideologischen, personellen Basis in den sozialistischen Staaten zur Inspirierung politischer Untergrundtätigkeit sowie im Hervorrufen von Unzufriedenheit, Unruhe, Passivität und politischer Unsicherheit unter breiten Bevölkerungskreisen.

14   Vgl.: HV A, 1. Kommentar zur Richtlinie 2/79, Bl. 153 f.

15   Ebd., Bl. 157.

16   Helmut Müller-Enbergs: *Inoffizielle Mitarbeiter des Ministeriums für Staatssicherheit. Teil 2: Anleitungen für die Arbeit mit Agenten, Kundschaftern und Spionen in der Bundesrepublik Deutschland.* Berlin 1998, S. 527.

17   Ebd., S.527 f.

3. Kapitel

Mitarbeiter sowie Struktur der Aufklärung und Aufgaben der Gliederungseinheiten

Mitarbeiter

Bevor die Struktur der Aufklärung dargestellt wird, einige grundsätzliche Bemerkungen zu den hauptamtlichen Mitarbeitern: Prinzipiell war keine Selbstbewerbung als Mitarbeiter für den Dienst möglich. Die Rekrutierungen erfolgten unter Nutzung inoffizieller Kräfte, aber auch politischer Vertrauenspersonen. Diese Quellen gaben in der Regel erste Einschätzungen zur Eignung des Kandidaten sowie zu dessen Sicherheitslage. In den 1980er Jahren wurden – unter anderem als Folge vermeintlich erhöhten Personalbedarfs sowie unterstellter a priori Zuverlässigkeit – Kinder mittlerer und höherer Staats- und Parteifunktionäre als quasi indirekte Selbststeller in den Dienst aufgenommen.[1]

Grundsätzlich wurden hohe Maßstäbe an die zivile Bildung der Kandidaten angelegt. Mindestens das Abitur (als Ausnahme für bestimmte Perspektivprojekte), vor allem aber ein abgeschlossenes Hochschul- beziehungsweise Universitätsstudium, in nicht wenigen Einzelfällen auch Promotionen bestimmten das Anforderungsbild. Die Auswahl der Kandidaten nach belegten Studienrichtungen wurde vorrangig durch zwei Überlegungen bestimmt:

- Studiengebiete, die das Bearbeiten künftiger Ziele/Objekte erleichterten beziehungsweise beförderten (zum Beispiel Offiziershochschulabschlüsse für die Bearbeitung militärischer und militärpolitischer Strukturen im Operationsgebiet),
- Studienfächer, die das operative Handeln in legal abgedeckten Positionen gestatteten (zum Beispiel Diplomatie, Handel, Journalismus, Wissenschaft- und Technik).

Im Interesse einer effektiven Personalplanung wurde jedoch oft bereits im Vorfeld der Studienrichtungsentscheidung lenkend auf junge Kandidaten eingewirkt.

Die allgemeine handwerkliche Aus- und auch Weiterbildung war anspruchsvoll, unterschied sich aber nicht grundlegend von der in gegnerischen Diensten. Das dadurch erreichte breite Niveau von Fähigkeiten und Fertigkeiten wurde in jedem konkreten Fall wegen dessen Spezifik durch spezielle Schulungen ergänzt. Gegenstand der allgemeinen Grundausbildung waren unter anderem:

- Fragen des Verbindungswesens (Funk, Chiffrieren, Tote Briefkästen (TBK), Reise- und Transportcontainer),
- Observation und Gegenobservation,
- Fotografieren und Filmentwicklung, Mikratieren[2],
- Arbeit mit und Einsatz von Legenden,
- Vermittlung von Kenntnissen zum Operationsgebiet und seinen Strukturen (sogenannte Regimekenntnisse wie Sprache, Staatsaufbau, politisches System, Sicherheitsorgane, Land und Leute, Sitten und Gebräuche),
- Zielobjekte, Zielpersonen – methodische und inhaltliche Fragen der Quellenwerbung (politisch-ideologische Übereinstimmungen, materielle Interessen, fremde Flaggen etc.).

Diese hier nur beispielhaft genannten Ausbildungsthemen wurden sowohl an der Schule der HV A vermittelt als auch (vor dem direkten Eintritt in den Dienst) in den sogenannten Operativen Außenarbeitsgruppen (OAG) praxiswirksam unter Anleitung erfahrener operativer Mitarbeiter geübt.

Die HV A unterhielt ein wirksames System der operativen Fortbildung der Mitarbeiter. Neben den periodischen Schulungen in den Struktureinheiten wurden erfahrene Mitarbeiter und Leiter der mittleren Ebene regelmäßig zu 3-Monats-Lehrgängen an die Schule des Dienstes eingeladen. Hier waren die Darlegung von operativen Erfahrungen und ihre Analyse Inhalt des Austausches. In diesen Gremien wurden, oft unter Auswertung erfolgreicher Vorgangsabschlüsse, theoretische Verallgemeinerungen und praktische Leitlinien in Gestalt von Lehr- und Schulungsmaterialien erarbeitet. Das Lehrpersonal verfügte neben dem notwendigen theoretischen Wissen in erheblicher Bandbreite über Erfahrungen und Fertigkeiten sowohl in der operativen Praxis der Zentrale als auch im Operationsgebiet.[3]

HV A (1989)

Die HV A hatte 1989 insgesamt 3.819 Mitarbeiter (2.394 Planstellen für Berufsunteroffiziere/Fähnriche/Berufsoffiziere, 669 Offiziere im besonderen Einsatz (OibE), 700 Hauptamtliche Inoffizielle Mitarbeiter (HIM), 46 Unteroffiziere auf Zeit und 5 Zivilbeschäftigte).[4]

Der Abschlussbericht zur Auflösung der HV A benennt einen Mitarbeiterbestand von 4.128 per 31. Oktober 1989 und bezieht sich auf die HV A selbst sowie auf die Abteilungen XV (Aufklärung) der Bezirksverwaltungen und die OibE bei einer Planstärke von 4.328.[5]

Die Struktur der HV A stellte sich 1989 wie folgt dar:

Geführt wurde die Aufklärung (HV A einschließlich Vorgänger APN und HA XV) vom jeweiligen Leiter. Von 1953 bis 1986 übte diese Funktion Generaloberst Markus Wolf[6] aus, von 1986 bis 1989 Generaloberst Werner Großmann[7]. Die HV A in Auflösung leitete 1990 Oberst Bernd Fischer[8].

Die Leiter der HV A, Markus Wolf (rechts) und Werner Großmann (links), sowie der Parteisekretär Otto Ledermann (Foto: Archiv des Verfassers)

Dem Leiter der HV A waren folgende Strukturelemente unterstellt:
SED-Parteiorganisation
Leiter: Generalmajor Otto Ledermann
Aufgabenstellung:
- Sicherstellung der Parteiarbeit in der HV A

Büro der Leitung (BdL)/Sekretariat des Leiters
Leiter: Oberst Günter Irmscher
Aufgabenstellung:
- Sekretariatsaufgaben und andere administrative Tätigkeiten

Arbeitsgruppe des Leiters (AG L)
Leiter: Oberst Christian Rössler
Aufgabenstellung:
- Realisierung von Aufgaben der Mobilmachungs-Arbeit gemäß Direktive 1/67 und Nachfolgedokumente

Abteilung VII (Auswertung und Information)
Leiter: Oberst Werner Bierbaum
Stellvertreter: Oberst Werner Strauss
Stellvertreter: Oberst Hans-Gerd Wehrlich
Stellvertreter: Oberst Heinz Busch
Stellvertreter: Oberst Dietrich Dorau
Aufgabenstellung:
- Entgegennahme und Weiterleitung von Materialien und Informationen,
- Erarbeitung von Analysen und Einschätzungen,
- Erstellung von Tagesübersichten zu westlichen Pressemeldungen,
- Führung der Bibliothek mit den Sammelschwerpunkten westliche Publikationen aus Politik, Wirtschaft und Militärwesen sowie des Geschichtsarchivs der HV A

Abteilung IX (Äußere Abwehr)
Leiter: Generalmajor Harry Schütt
1.Stellvertreter: Oberst Helmut Schieferdecker
Stellvertreter: Oberst Gunther Nehls
Stellvertreter: Oberst Heinz Mrowitzki
Stellvertreter: Oberst Klaus Eichner
Aufgabenstellung:
- Aufklärung und Bearbeitung gegnerischer Nachrichtendienste und Sicherheitsbehörden (Zielobjekte mittels der illegalen Linie)
- Sicherung und Schutz der Auslandsvertretungen und Auslandskader der DDR unter Nutzung von legal abgedeckten Positionen (Einsatzkader mit diplomatischem Status)
- Auswertung und Informationsarbeit zu den genannten Aufgabenstellungen
- koordinierende Maßnahmen im Zusammenhang mit der operativ-technischen Gewinnung von Informationen

Abteilung X (Aktive Maßnahmen)
Leiter: Oberst Rolf Wagenbreth
Stellvertreter: Oberst Wolfgang Mutz
Stellvertreter: Oberst Rolf Rabe
Aufgabenstellung:
- Organisation operativer Maßnahmen, insbesondere spezifischer Aufgaben der Desinformation und Einflussnahme über die Medien,
- Aufklärung und Bearbeitung bedeutsamer westlicher Medieneinrichtungen und Journalisten
- Lancierung von erarbeiteten Materialien und Förderung bestimmter Publikationen

Arbeitsgruppe Sicherheit (AG S)
Leiter: Oberst Eberhard Kopprasch
Stellvertreter: Oberstleutnant Ingolf Hähnel
Aufgabenstellung:
- Gewährleistung der inneren Sicherheit in der HV A
- Sicherung des IM-Netzes
- Erstellung von Sicherheitsanalysen.

Dem 1. Stellvertreter des Leiters der HV A, Generalmajor Horst Vogel, waren folgende Strukturelemente unterstellt:
Abteilung VIII (Operative Technik und Funk)
Leiter: Oberst Werner Degenhardt
1.Stellvertreter: Oberstleutnant Peter Förster
Stellvertreter: Oberst Günther Herschel
Stellvertreter. Hauptmann Uwe Krebs
Aufgabenstellung:
- Entwicklung und Einsatz spezifischer operativer Technik und operativ-technischer Methoden sowie Funk
- Zusammenwirken mit dem Operativ-Technischen Sektor (OTS) des MfS
- Betreiben der Funkobjekte (Sender und Empfang)
- Betreiben der Fotostelle der HV A
- Entwicklung und Einsatzvorbereitung von elektronischen Geräten, Kontertechnik und Geheimschreibmittel

Abteilung XX (EDV)
Leiter: Oberst Peter Feuchtenberger
Stellvertreter: Oberstleutnant Michael Arndt
Stellvertreter: Hauptmann Peter Weiss

Aufgabenstellung:
- Organisation und Einsatz der Elektronischen Datenverarbeitung und Kommunikationstechnik in der HV A

Sektor Wissenschaft und Technik (SWT)
Leiter: Oberst Manfred Süß
Stellvertreter: Oberst Horst Müller
Persönlicher Referent: Major Peter Palm
Offizier für Sonderaufgaben: Oberst Herbert Sinschek
Aufgabenstellung:
- Beschaffung von wissenschaftlich-technischen Erkenntnissen aus hochentwickelten westlichen Staaten mit dem Ziel ihrer Nutzbarmachung
- Stärkung der Verteidigungsfähigkeit und des militärischen Potenzials der sozialistischen Staatengemeinschaft
- wissenschaftlich-technische Auswertung von beschafften Informationen und Mustern sowie anonymisierte Weitergabe an entsprechende Bedarfsträger

Abteilung V/SWT (Wissenschaftlich-Technische Auswertung)
Leiter: Oberst Harry Herrmann
1.Stellvertreter: Oberst Harry Beyer
Stellvertreter: Oberst Klaus Rösener
Stellvertreter: Oberst Fred Walzel
Aufgabenstellung:
- Erarbeitung des Informationsbedarfs gegenüber den operativen (beschaffenden) Diensteinheiten des SWT
- Zusammenfassung und Verdichtung der beschafften Informationen
- Koordinierung der Informationstätigkeit mit der Volkswirtschaft und der Forschung
- Zusammenarbeit mit anderen sozialistischen Aufklärungsorganen, insbesondere des Komitees für Staatssicherheit beim Ministerrat der UdSSR (KfS)

Abteilung XIII/SWT (Aufklärung Grundlagenforschung)
Leiter: Oberst Siegfried Jesse
Stellvertreter: Oberst Arno Mauersberger
Stellvertreter: Oberstleutnant Hartmut Ritter
Aufgabenstellung:
- Aufklärung und Bearbeitung von Forschungseinrichtungen, Universitäten, Behörden und Wirtschaftsinstituten .
- Informationsbeschaffung und Auswertung auf den Gebieten Nukleartechnik, Geo- und Kosmoswissenschaften, Chemie, Biologie, Landwirtschaft und Medizin

Abteilung XIV/SWT (Aufklärung Elektronik, Optik, EDV)
Leiter: Oberst Horst Müller
Stellvertreter: Oberst Horst Gentsch
Stellvertreter: Oberst Helmut Reichmuth
Aufgabenstellung:
- Aufklärung, Beschaffung und Auswertung von Forschungsergebnissen auf den Gebieten Elektronische Kampfführung, Mikroelektronik, Leistungselektronik, Optoelektronik, Nachrichtentechnik, Rechentechnik, Datenverarbeitung und -übertragung, Software, militärische Anwendung der Mikroelektronik, wissenschaftlicher Gerätebau, Feinmechanik, Optik und Lasertechnik

Abteilung XV/SWT (Aufklärung Metall-, Maschinen- und Fahrzeugbau sowie Rüstung)
Leiter: Oberst Günter Ebert
Stellvertreter: Oberst Manfred Leistner
Stellvertreter: Oberstleutnant Kurt Thiemann
Aufgabenstellung:
- Aufklärung, Beschaffung, Auswertung von Forschungsergebnissen der Militärtechnik, der Luft-/Raumfahrttechnik, im Maschinen-/Fahrzeugbau und Schiffbau
- Aufklärung, Beschaffung und Auswertung von Informationen aus der Wirtschaft, insbesondere den Bereichen Finanzen und Banken

Arbeitsgruppe 1/SWT (legale Residenturen)
Leiter: Oberst Gerhard Jauck
Stellvertreter: Major Achim Lehe
Aufgabenstellung:
- Ausbildung, Anleitung und Betreuung der SWT-Kräfte in den legalen Residenturen der diplomatischen Vertretungen der DDR im Ausland

Arbeitsgruppe 3/SWT (Beschaffung Wehrtechnik)
Leiter: Oberst Erich Gaida
Stellvertreter: Major Jörg Walther
Aufgabenstellung:
- Beschaffung von Mustern von Militär- und Chiffriertechnik sowie Waffen aus dem NATO-Bereich

Arbeitsgruppe 5/SWT (Nutzung offizieller Kontakte)
Leiter: Oberst Christian Streubel
Stellvertreter: n. b.
Aufgabenstellung:
- Nutzung offizieller Positionen der DDR für die nachrichtendienstliche Arbeit
- Operative Nutzung offizieller Kontakte (Berichte von Reisekadern) begrenzt auf den Bereich Wissenschaft und Technik.

Dem Stellvertreter des Leiters der HV A und Leiter des Stabes, Generalmajor Heinz Geyer, waren folgende Strukturelemente unterstellt:

Stab der HV A

Leiter: Generalmajor Heinz Geyer
1.Stellvertreter: Oberst Heinz Enk
Stellvertreter: Oberstleutnant Rainer Hemmann
Offizier für Sonderaufgaben: Oberstleutnant Helmut Pink
Aufgabenstellung:
- Funktionalorgan zur Koordinierung der Tätigkeit, Erarbeitung von Grundsatzdokumenten, Dokumentenverwaltung (VS-Hauptstelle), Einsatz von Operativen Diensthabenden (ODH), Registratur, Archiv

Abteilung VI (Operativer Reiseverkehr und Regimefragen)

Leiter: Oberst Dr. Helmut Reinhold
1.Stellvertreter: Oberst Hans Taraschonnek
Stellvertreter: Oberst Winfried Wähler
Stellvertreter: Oberstleutnant Peter Bischur
Stellvertreter: Oberst Dr. Werner Roitzsch
Aufgabenstellung:
- Operatives Leitzentrum und Reisestelle der HV A
- Spezifische Maßnahmen in Vorbereitung und des Einsatzes inoffizieller Kräfte im Operationsgebiet
- Anleitung und Realisierung von Übersiedlungen inoffizieller Kräfte in das Operationsgebiet
- Bereitstellung von DDR-Dokumenten sowie operativen Dokumentationen für die Verwendung im Operationsgebiet
- Durchführung psychologischer Tests für Übersiedlungskandidaten
- Führung einer länderkundlich ausgerichteten Bibliothek (Dokumente, Karten, Stadtpläne, Telefon- und Branchenbücher, Hotelverzeichnisse, Fahrpläne, Hochschulführer, Statistiken)

Abteilung XVII (Operative Grenzschleusungen)

Leiter: Oberst Werner Wulke
Stellvertreter: Major Udo Fischer
Aufgabenstellung:
- Organisierung und Realisierung von Grenzschleusungen (Personen, Material, operative Technik unter Umgehung von Grenzkontrollen in beide Richtungen, also Ost – West/West – Ost)
- Die Abteilung gliederte sich in acht regionale Referate (Berlin/Potsdam, Schönberg/Hagenow, Halberstadt, Eisenach, Meinigen, Sonneberg, Saalfeld, Plauen).

- Aufklärung und Bearbeitung von BRD-Einrichtungen zur Grenzsicherung (Zollkommissariate, Grenzaufsichtsstellen) sowie öffentlicher Einrichtungen in Grenznähe (Gaststätten, Hotels, Forst)

Abteilung Rückwärtige Dienste (Sicherstellung/Versorgung)
Leiter: Oberst Tilo Kretzschmar
1.Stellvertreter: Oberst Karl Stöckigt
Stellvertreter: Oberst Hans Wolf
Aufgabenstellung:
- Sicherstellung der materiell-technischen und finanziellen Tätigkeit in der HV A
- Verwaltung und Unterhaltung von Konspirativen Objekten und Wohnungen
- Ferienbetrieb und Kfz-Wesen

Arbeitsgruppe XV/BV
Leiter: Oberst Manfred Ebert
Aufgabenstellung:
- Verbindung und Anleitung der Abteilungen XV der BV, Einsatz von Instrukteuren (leitende Offiziere der HV A) zu den Aufklärungsabteilungen der BV.

Dem Stellvertreter des Leiters der HV A, Oberst Ralf-Peter Devaux, waren folgende Strukturelemente unterstellt:
Abteilung I (Aufklärung BRD-Staatsapparat)
Leiter: Oberst Bernd Fischer
1.Stellvertreter: Oberstleutnant Gerd Müller
Stellvertreter: Oberst Bernhard Schorm
Stellvertreter: Oberst Harald Fischer
Aufgabenstellung:
- Aufklärung und Bearbeitung des Staatsapparates der BRD, insbesondere des Bundeskanzleramtes, der Ministerien sowie der Bundesbehörden
- operative Arbeit im Großraum Bonn

Abteilung II (Aufklärung BRD-Organisationen)
Leiter: Oberst Dr. Kurt Gailat
1.Stellvertreter: Oberst Wolfgang Gemeinhardt
Stellvertreter: Oberstleutnant Werner Groth
Aufgabenstellung:
- Aufklärung und Bearbeitung der Führungsgremien der Parteien, Organisationen, Gewerkschaften, Verbände und Stiftungen der BRD sowie Kirchen und der Friedensbewegung

Abteilung XVI (Nutzung legaler Beziehungen)
Leiter: Oberst Dr. Rudolf Genschow
Stellvertreter: Oberst Hans-Joachim Kahlmeyer
Aufgabenstellung:
- Koordinierung des Einsatzes von legalen Residenturen, Arbeit mit legal abgedeckten Positionen, Nutzung offizieller politischer und wissenschaftlicher Kontakte zur Abschöpfung von Informationen

Abteilung XVIII (Aufklärung Zivilschutz)
Leiter: Oberst Gotthold Schramm
1.Stellvertreter: Oberstleutnant Gerhard Blank
Stellvertreter: Oberstleutnant Manfred Hoppe
Aufgabenstellung:
- Aufklärung von Maßnahmen des Zivilschutzes mit Schwerpunkt BRD
- Aufklärung und Bearbeitung neuralgischer und im Ernstfall strategisch wichtiger Objekte und Einrichtungen in der BRD (Energieversorgung, Telegrafenämter, Eisenbahnknotenpunkte).

Dem Stellvertreter des Leiters der HV A, Generalmajor Heinrich Tauchert, waren folgende Strukturelemente unterstellt:
Abteilung IV (Militärische Aufklärung BRD)
Leiter: Oberst Siegfried Milke
1.Stellvertreter: Oberst Manfred Fleischhauer
Stellvertreter: Oberst Manfred Lohs
Aufgabenstellung:
- Aufklärung und Bearbeitung der militärischen Zentren sowie der operativ-strategischen und strategischen Führungsebenen der Bundeswehr (Bundesministerium der Verteidigung sowie Stäbe und Führungseinrichtungen, des Nachrichtenwesens sowie der Logistik)
- Aufklärung der Militärpolitik der Bundesregierung

Abteilung XI (Aufklärung Nordamerika und US-Einrichtungen in der BRD)
Leiter: Oberst Dr. Jürgen Rogalla
1.Stellvertreter: Oberst Armin Grohs
Stellvertreter: Oberst Manfred Kleinpeter
Aufgabenstellung:
- Aufklärung und Bearbeitung von politischen, militärischen, wirtschaftlichen, wissenschaftlichen und internationalen Strukturen und Einrichtungen der USA (Weißes Haus, Kongress, Pentagon, State Departement, weitere Ministerien sowie US-Botschaften, militärische Stäbe vor allem in Europa, Forschungs-

einrichtungen und Universitäten) sowie anderer nordamerikanischer Staaten, insbesondere Kanada
- Aufklärung der US-Armee in der BRD und Westberlin

Abteilung XII (Aufklärung NATO und EG)
Leiter: Oberst Dr. Klaus Rösler
1.Stellvertreter: Oberst Karl Rehbaum
Stellvertreter: Oberst Dieter Kutta
Aufgabenstellung:
- Aufklärung und Bearbeitung von Organisationen und Einrichtungen der NATO und der EG
- Beschaffung von Informationen zu Militärpolitik, militärischen Plänen sowie Absichten der NATO, zur Politik der NATO gegenüber Osteuropa, den Aktivitäten der NATO zu Sicherung und Ausbau ihrer strategischen Positionen in internationalen Krisenzonen und anderen bedeutsamen Regionen.

Dem Stellvertreter des Leiters der HV A, Generalmajor Werner Prosetzky, waren folgende Strukturelemente unterstellt:
Abteilung III (Legal Abgedeckte Residenturen)
Leiter: Oberst Horst Machts
1.Stellvertreter: Oberst Waldemar Zörner
Stellvertreter: Oberstleutnant Dietmar Bauer
Stellvertreter: Oberstleutnant Klaus Funk
Stellvertreter: Oberstleutnant Jürgen Gehrich
Stellvertreter: Oberst Siegfried Fiedler
Stellvertreter: Oberstleutnant Dietrich Behrend
Aufgabenstellung:
- Operative Arbeit durch legal abgedeckte Residenturen (LAR) in/bei den Auslandsvertretungen der DDR in westlichen/kapitalistischen Ländern (außer BRD und USA)
- Berater- und Unterstützungstätigkeit in Ländern der Dritten Welt, insbesondere in Ländern mit sozialistischer Orientierung sowie bei nationalen Befreiungsbewegungen

Abteilung XIX (Schulung und Betreuung)
Leiter: Oberst Harry Mittenzwei
Stellvertreter: Oberst Kurt Hartenstein
Aufgabenstellung:
- Schulungsorganisation
- Übersetzungen und Dolmetschereinsatz

- Betreuung zurückgekehrter/zurückgezogener Kundschafter
- Traditionsarbeit

Schule der HV A (Objekt S in Belzig ab 1988 Gosen/Legende Zentralschule der GST »Etkar André«)

Leiter: Oberst Prof. Dr. Dr. Bernd Kaufmann
1.Stellvertreter: Oberst Prof. Dr. Henri Walther
Stellvertreter: Oberst Dr. Horst Klugow
Stellvertreter: Oberst Prof. Dr. Helmut Eck
Aufgabenstellung:
- Durchführung von politisch-operativen Grundlehrgängen
- Durchführung von Intensivierungsseminaren und Fachkursen
- Realisierung wissenschaftlich-analytischer Aufgaben sowie Erarbeitung von Schulungs- und Studienmaterialien
- Fremdsprachenausbildung
- Die Schule der HV A besaß den Status einer Sektion der JHS, um Diplom- und Promotionsverfahren durchführen zu können.[9]

Abteilungen XV/BV

Auch die Aufklärung war, wie das MfS insgesamt, nach dem Linienprinzip[10] gegliedert.

Neben der HV A im Dienstkomplex des MfS Rusche-/Normannenstraße existierte in jeder Bezirksverwaltung des MfS seit Mitte der 1950er Jahre eine Aufklärungsabteilung (Abteilung XV). Die Erfordernisse der operativen Arbeit der HV A machten die Organisierung der Aufklärungstätigkeit auch von den Bezirken der DDR aus erforderlich.

Um dies zu gewährleisten, wurden die Aufklärungsabteilungen XV in den Bezirksverwaltungen des MfS geschaffen. Die Abteilungen XV/BV stellten einen bedeutenden Teil des Aufklärungspotentials des MfS dar. Sie konnten sich auf die Möglichkeiten und Strukturen in ihren BV sowie den dazugehörigen Kreisdienststellen stützen und waren daher von den Diensteinheiten der Aufklärung am engsten mit der operativen Basis[11] in der DDR verbunden. In den Abteilungen XV/BV konzentrierten sich für die Basisnutzung erfahrene Leiter und Mitarbeiter, die umfangreiche und wertvolle Ergebnisse bei der Entwicklung der operativen Arbeit im und nach dem Operationsgebiet erzielt hatten, insbesondere zur Schaffung von IM im Operationsgebiet, IM (OG), und in der DDR, IM (DDR), entsprechend den Erfordernissen der Aufklärungsarbeit.[12]

Die Dienstanweisung 3/79 des Leiters der HV A (»über Aufgaben, Arbeitsweise und Anleitung der Abteilungen XV in den Bezirksverwaltungen«) stellte den Abteilungen XV/BV folgende Hauptaufgaben:

- zielstrebige Bearbeitung der feindlichen Hauptobjekte unter Nutzung der operativen Basis in der DDR und im Operationsgebiet durch die Schaffung qualifizierter IM-Vorgänge,
- Nutzung der sich entwickelnden Möglichkeiten der operativen Basis in der DDR durch die Schaffung entsprechender IM (DDR) der Aufklärung in den Bezirken,
- Erarbeitung von Hinweisen auf operativ interessante Personen des Operationsgebietes für die Diensteinheiten der HV A und Sicherung eines ständigen Vorlaufs an qualifizierten Hinweismaterialien,
- Suche und Auswahl von Übersiedlungskandidaten sowie die Schaffung von Übersiedlungsgrundlagen.[13]

Die Bearbeitung der feindlichen Hauptobjekte in ihrer Gesamtheit galt auch für die Abteilungen XV/BV als wichtigste Aufgabe. Staatliche, politische, ökonomische, wissenschaftlich-technische, militärische und geheimdienstliche Objekte des Operationsgebietes von zentraler Bedeutung wurden den Abteilungen XV/BV zur Bearbeitung in Zusammenarbeit mit den dafür federführenden Diensteinheiten der HV A übergeben. Gleichzeitig waren die bezirklichen Aufklärungsabteilungen eigenverantwortlich für die Bearbeitung ihnen zugewiesener Territorien[14] und Objekte im Operationsgebiet zuständig. Dabei wurden ihnen solche Territorien und Objekte zugewiesen, zu denen vom Bezirk aus bereits Verbindungen privater, wirtschaftlich-kommerzieller, sowie anderer Art bestanden und deren nachrichtendienstliche Nutzung durch die jeweilige Abteilung XV/BV mit relativ geringem Aufwand organisiert werden konnte.[15]

Die Leiter der Abteilungen XV der Bezirksverwaltungen in den 1980er Jahren waren[16]:

Bezirksverwaltung	Leiter Abteilung XV
Berlin	Oberst Wolfgang Lange
Rostock	Oberstleutnant Günter Falk
Schwerin	Oberst Gerald Neumann
Neubrandenburg	Oberst Wolfgang Hartmann
Potsdam	Oberst Gerhard Poßekel
Frankfurt/Oder	Oberst Günter Walther
Cottbus	Oberst Joachim Theisinger

Magdeburg	Oberst Siegfried Gottschald
Halle	Oberst Eckhard Schiller
Erfurt	Oberst Horst Schuchardt
Gera	Oberstleutnant Günter Sobeck
Suhl	Oberstleutnant Werner Despang
Dresden	Oberst Herbert Köhler
Leipzig	Oberst Claus Brüning
Karl-Marx-Stadt	Oberst Egon Lorenz

Die Abteilung XV/BV Berlin

Die Abteilung XV der Bezirksverwaltung Berlin bearbeitete schwerpunktmäßig das Operationsgebiet Westberlin und verfügte 1989 über 68 Mitarbeiter. Sie gliederte sich wie folgt:
Leiter: Oberst Wolfgang Lange
1. Stellvertreter: Oberstleutnant Karl-Heinz Wagenknecht
Stellvertreter: Oberstleutnant Harald Niederländer.

Dem Leiter der Abteilung XV waren folgende Strukturelemente unterstellt:
Referat 1 d
Leiter: Major Helmut Wolff
Stellvertreter: Major Wolfgang Zenker
Stellvertreter: Hauptmann Lutz Leucht
Aufgabenstellung:
• Aufklärung und Bearbeitung sowie Informationsgewinnung zu gegnerischen Geheimdiensten und Sicherheitsbehörden in Westberlin
Referat Auswertung und Information
Leiter: Major Dietrich Winter
Stellvertreter: Major Jochen Kramer
Aufgabenstellung:
• Analyse, Verdichtung, Karteiführung
• Sammlung und Auswertung/Aufbereitung der zu Westberlin erarbeiteten relevanten Informationen aus Medien und Dokumenten
Sekretariat/Vorzimmer des Leiters
Leiter: Major Anita Wähler

Aufgabenstellung:
- administrative Tätigkeiten
- Verwaltung von Verschlusssachen.

Dem 1. Stellvertreter des Leiters der Abteilung XV waren folgende Strukturelemente unterstellt:
Referat 1 b
Leiter: Oberstleutnant Egbert Dietzel
Stellvertreter: Major Frank Koroschetz
Stellvertreter: Hauptmann Bernd Grohmann
Aufgabenstellung:
- Aufklärung und Bearbeitung von Universitäten und Hochschulen in Westberlin
- Schaffung von Stützpunkten und Perspektiv-IM im Universitäts- und Hochschulbereich

Referat 1 c
Leiter: Major Walter Neumann
Stellvertreter: Major Gerd-Ulrich Bork
Aufgabenstellung:
- Aufklärung und Bearbeitung von relevanten Konzernen, Firmen und Forschungseinrichtungen in Westberlin
- Beschaffung von Informationen und Mustern mit wissenschaftlich-technischer Relevanz

Referat 2
Leiter: Major Siegfried Ackermann
Aufgabenstellung:
- Basisnutzung für zentrale Objekte der Aufklärung
- Vorbereitung von Sach- und Personeninformationen die nicht an das Territorium Westberlin gebunden waren und möglicherweise von der HV A perspektivisch von Interesse sein konnten

Arbeitsgruppe KD (auch als Arbeitsgruppe Koordination bezeichnet, kein eigenes Referat)
Leiter: Major Norbert Weber
Aufgabenstellung:
- Verbindung zu den Kreisdienststellen zur Erlangung von Informationen im Rahmen der Basisnutzung
- Erarbeitung von Ausgangsmaterialien aus dem Aufgabenspektrum der KD, die für eine perspektivische Nutzung durch die Abteilung XV in Frage kommen konnten

Offizier für Organisation
Hauptmann Wolfgang Weitkus
Aufgabenstellung:
- materiell-technische Sicherstellung der operativen Arbeit der Abteilung XV.

Dem Stellvertreter des Leiters der Abteilung XV waren folgende Strukturelemente unterstellt:
Offizier für Sonderaufgaben
Major Horst Hommel
Referat 1 a
Leiter: Major Werner Fischer
Stellvertreter: Major Peter Hahn
Stellvertreter: Major Diethard Winter
Stellvertreter: Major Harald Thoms
Aufgabenstellung:
- Aufklärung und Bearbeitung der in Westberlin tätigen Parteien und Organisationen
- Beschaffung von Informationen aus in Westberlin tätigen Parteien und Organisationen
- aktuelle und differenzierte Lagebeurteilung in Westberlin, insbesondere im politischen Bereich Westberlin/DDR
Referat 3
Leiter: Major Werner Winkler
Stellvertreter: Major Bernhard Haunschild
Aufgabenstellung:
- Kaderwerbung für die Abteilung XV sowie für andere Bereiche des MfS
- Zusammenarbeit mit der Linie VI (Passkontrolle/Tourismus/Interhotels)
Operative Außenarbeitsgruppe (OAG)
Leiter: Major Manfred Richter
Aufgabenstellung:
- Einarbeitung der für den späteren Einsatz in der Abteilung XV vorgesehenen neu eingestellten Mitarbeiter
- die OAG war räumlich nicht in der BV Berlin untergebracht sondern in einem Konspirativen Objekt außerhalb des Dienstkomplexes.[17]

Exkurs zu den Operativen Außenarbeitsgruppen

Die OAG der Aufklärung existierten innerhalb der HVA-Abteilungen sowie den Aufklärungsabteilungen der BV und waren »Gruppen von Offizieren im besonderen Einsatz/Aufklärung und hauptamtlichen inoffiziellen Mitarbeitern, die unter einer speziellen Abdeckung relativ selbstständig unter Leitung eines operativen Mitarbeiters konspirativ tätig« waren »und spezifisch operative Aufgaben«[18] lösten.

In der Zusammensetzung der OAG im Bereich der Aufklärung existierten folgende zwei Kategorien von Kadern:

1. Offiziere im besonderen Einsatz/Aufklärung, die Angehörige des MfS waren, die zur Lösung spezieller operativer Aufgaben im Operationsgebiet oder auf dem Territorium der DDR konspirativ tätig wurden,

2. Hauptamtliche Inoffizielle Mitarbeiter, die verpflichtete IM des MfS waren und zur Lösung spezieller operativer Aufgaben im Operationsgebiet oder auf dem Territorium der DDR konspirativ eingesetzt sowie für eine hauptamtliche Tätigkeit finanziell und sozial vom MfS versorgt wurden.[19]

Die zentrale Forderung des MfS bestand darin, mit jeder Neueinstellung nicht vorrangig nur einen quantitativen Aufwuchs der Diensteinheiten zu erreichen, sondern durch die Sicherung einer hohen Qualität der Zuführungen die Kampf- und Schlagkraft der Kollektive zur Realisierung der ihnen übertragenen Aufgaben zu erhöhen. Um dieser Forderung vollumfänglich zu entsprechen, sollten gemäß der Weisung des Leiters der HV A, die Kader für die operative Arbeit in den Diensteinheiten der HV A grundsätzlich über eine erfolgreiche Tätigkeit in einer OAG zugeführt werden. Damit wurde zugleich ein weiterer Grundsatz realisiert: dass ausschließlich allseitig und gründlich aufgeklärte Kader in das Innere der HV A vordringen konnten. Mit dem Einsatz neueingestellter Kader in OAG wollte die HV A erreichen,

- dass die im Perspektivkader- oder Einstellungsvorschlag gegebene Persönlichkeitsbewertung sowie die kaderpolitisch und charakterlich zu beachtenden Faktoren weiter konkretisiert und vervollständigt werden konnten,

- dass diesen Kadern die erforderlichen Eigenschaften und Verhaltensweisen anerzogen werden konnten sowie eine allseitige Bewertung der Persönlichkeit möglich war,

- dass die Kandidaten mit wesentlichen spezifischen Mitteln und Methoden der Aufklärungstätigkeit sowie dem allgemeinen Arbeitsgegenstand der zukünftigen Diensteinheit vertraut gemacht werden konnten.[20]

Gelegentlich ist zu vernehmen, dass die Schaffung der OAG zur Überprüfung und Einarbeitung neuer Mitarbeiter mit dem Übertritt Werner Stillers 1979 im Zusammenhang steht. Korrekt ist, dass die Arbeit mit OAG, wie hier aufgezeigt, bereits wesentlich vorher begonnen hatte. Als Beleg dafür kann Dienstanweisung Nr. 6/71 über Grundsätze für die Arbeit mit OAG aus dem Jahr 1971 gelten.

Ein ehemaliger Mitarbeiter bemerkt zu den OAG: »Die OAG waren unersetzlich für die Beurteilung der Kader (Persönlichkeit, Charakter, Fähigkeiten). Mit der Erarbeitung von operativen Ausgangsmaterialien und Ersthinweisen leisteten sie einen nicht zu unterschätzenden Beitrag zum Ertrag des Dienstes.«[21]

Offiziere für Aufklärung der KD

In einigen Kreisdienststellen waren ebenfalls Offiziere für Aufklärung tätig. Ihnen oblagen insbesondere Aufgaben der Basisnutzung im Territorium des jeweiligen Kreises. Die Situation der Offiziere für Aufklärung stellte sich 1989 am Beispiel der Kreisdienststellen der BV Potsdam[22] wie folgt dar:

KD (Anzahl)	Offizier(e) für Aufklärung
Belzig (0)	
Brandenburg (2)	Major Karl-Heinz Moderhak, Major Bernd Trollmich
Gransee (0)	
Jüterbog (0)	
Königs Wusterhausen (0)	
Kyritz (0)	
Luckenwalde (1)	Leutnant Frank Krause
Nauen (1)	Oberleutnant Hans-Jürgen Müller
Neuruppin (0)	
Oranienburg (1)	Oberleutnant Uwe Großmann
Potsdam (4) als Referat 10 der KD geführt	Major Hartmut Helbig, Oberleutnant Roland Plonczynski, Leutnant Steffen Rudolph, Unterleutnant Jörg Genrich
Pritzwalk (0)	
Rathenow (0)	
Wittstock (0)	
Zossen (1)	Major Frank Stuhr

Die Übersicht zeigt, dass die Offiziere für Aufklärung insbesondere in den Kreisdienststellen der größeren Städte des Bezirkes eingesetzt waren, während die Kreisdienststellen in den kleineren Städten fast über keine Offiziere für Aufklärung verfügten. Die Offiziere für Aufklärung in den KD waren hauptsächlich für die Erarbeitung von operativ interessanten Personenhinweisen zuständig. Dazu nutzten sie die Möglichkeiten im Territorium und mussten ständig über einen aktuellen Lageüberblick verfügen. Dies betraf beispielsweise den Reise- und Besucherverkehr aus dem nichtsozialistischen Ausland, was eine ständige Zusammenarbeit mit dem Pass- und Meldewesen der Volkspolizei-Kreisämter bedingte. Relevant waren aber auch die ökonomischen, kulturellen und anderen Verbindungen der Betriebe, Organisationen, Institutionen und Einrichtungen. Auch hier gab es ein entsprechendes Zusammenwirken.

Ein ehemaliger Offizier einer Abteilung XV/BV, für die Zusammenarbeit mit den Offizieren für Aufklärung der KD zuständig, erinnert sich: »Meine Aufgabe war es, zusammen mit meinem Kollegen bei den Kreisdienststellen umherzureisen und dort bei der Linie XV bzw. bei den Dienststellen, die keinen solchen Offizier hatten, beim Dienststellenleiter, Hinweise auf Personen entgegenzunehmen, die für eine eventuelle inoffizielle Zusammenarbeit in Bezug auf das westliche Ausland geeignet erschienen.«[23]

Anmerkungen

1   Ein ehemaliger leitender Mitarbeiter beschreibt in diesem Zusammenhang fatale Folgen hinsichtlich Sicherheit, Eignung und Qualität. Dies stellte eine Entwicklung dar, die der Qualität der Aufklärung abträglich war. (Archiv des Verfassers).

2   Beim Mikratieren wurden Mikrate erstellt. Bei Mikraten handelt es sich um Fotografien, die fototechnisch verkleinert und zum Teil gebleicht wurden. Die äußerst geringe Größe der Mikrate bot vielfältige Tarnungsmöglichkeiten, sie waren in der Regel nicht ohne optische Hilfsmittel feststellbar.

3   Vgl.: Mitteilung eines ehemaligen leitenden Mitarbeiters der HV A (Archiv des Verfassers).

4   Vgl.: Roland Wiedmann: »Die Organisationsstruktur des Ministeriums für Staatssicherheit 1989«. In: BStU: *Anatomie der Staatssicherheit. Geschichte – Struktur – Methoden* (MfS-Handbuch). Berlin 1996, S. 364.

5   Vgl. »Hauptverwaltung Aufklärung – in Auflösung. Abschlussbericht über die Auflösung der ehemaligen HV A vom 19. Juni 1990«. BStU, ZA, HV A, Nr. (unleserlich), Bl. 6.

6   Markus Johannes Wolf wurde am 19. Januar 1923 im württembergischen Hechingen als Sohn des bekannten Kommunisten und Schriftstellers Friedrich Wolf geboren. 1933 emigrierte die Familie Wolf in die Schweiz und nach Frankreich, von dort 1934 in die Sowjetunion. In Moskau besuchte Markus Wolf die Emigrantenschule »Karl Liebknecht« und studierte von 1940 bis 1942 Flugzeugbau. Ebenfalls im Jahr 1942 erfolgte sein Eintritt in die KPD. In den Jahren 1942 und 1943 besuchte Wolf die Komintern-Schule in Kuschnarenkowo bei Ufa, sein dortiger Deckname lautete »Kurt Förster«. Die Kader der Komintern-Schule wurden ausgebildet,

illegal im faschistischen Deutschland zu arbeiten. Zu einem solchen Einsatz kam es bei Wolf nicht: Er wurde von 1943 bis 1945 Redakteur, Sprecher und Kommentator beim »Deutschen Volkssender« in Moskau. Im Mai 1945 kehrte Markus Wolf nach Deutschland zurück und wurde Mitarbeiter beim Berliner Rundfunk (Pseudonym »Michael Storm«). Sein Einsatz erfolgte unter anderem als Berichterstatter bei den Nürnberger Hauptkriegsverbrecherprozessen. Anschließend wurde Wolf als 1. Rat der DDR-Mission in Moskau diplomatisch tätig. Im Jahr 1951 erfolgte seine Einstellung beim APN der DDR. Hier war er zunächst als stellvertretender Abteilungsleiter eingesetzt, 1953 wurde Wolf Leiter des APN. Nach Eingliederung des APN 1953 in die Staatssicherheit leitete Wolf die dortige HA XV (Aufklärung). Im Jahr 1956 entstand aus der HA XV die HV A, die Wolf bis 1986 erfolgreich leitete. Als Leiter der HV A war er zugleich Stellvertreter des Ministers für Staatssicherheit. Sein Ausscheiden aus der HV A erfolgte 1986 als Generaloberst, danach war er umfangreich als Autor tätig. Markus Wolf verstarb am 9. November 2006 in Berlin. Markus Wolf besaß innerhalb der HV A ein hohes Ansehen. Ein ehemaliger leitender Mitarbeiter berichtet dazu: »Eine immense Bedeutung für die Qualität hatte die Jahrzehnte prägende und stabile Leitung des Dienstes durch Markus Wolf. Er formte auf der Grundlage seiner kommunistischen Weltanschauung und intellektuellen Herkunft, seiner antifaschistischen und humanistischen Überzeugungen wie seiner Weltoffenheit Generationen von Mitarbeitern des Dienstes. Die Ausrichtung des Dienstes, Aus- und Weiterbildung der Mitarbeiter, die Definition der Ziele sowie der anzuwendenden Mittel und Methoden wurden in erheblichem Maß von Markus Wolf beeinflusst. Er genoss aufgrund seiner Biografie und seiner Professionalität hohes Ansehen beim sowjetischen Partnerdienst. Von daher konnte er trotz objektiv politischer Dominanz der sowjetischen Seite Freiräume für eigenständiges Agieren des Dienstes bei gleichzeitiger Nutzung der Vorteile aus der Zusammenarbeit schaffen. Diese Position gestattete auch die Sicherung einer gewissen Selbstständigkeit des Dienstes innerhalb des MfS.« (Archiv des Verfassers).

7   Werner Großmann wurde am 9. März 1929 im sächsischen Oberebenheit geboren und erlernte von 1945 bis 1947 den Beruf des Maurers. Von 1947 bis 1949 erwarb er das Abitur und studierte von 1949 bis 1951. Ohne Abschluss des Studiums folgte er dem Ruf der Freien Deutschen Jugend (FDJ) und wurde FDJ-Sekretär an der TH Dresden. Im Jahr 1952 erfolgte seine Einstellung in den APN. Großmann war Kursant des I. Kursus der Schule des Instituts für Wirtschaftswissenschaftliche Forschung. 1953 war Großmann in der HA I des APN (Staatsapparat BRD) und 1954 in der HA II des APN (militärische Aufklärung) tätig. Über die HA XV gelangte auch Großmann 1956 zur HV A. Hier war er 1956 stellvertretender Leiter der Abteilung IV und wechselte 1958 zur Abteilung I. Im Jahr 1959 wechselte Großmann zur Abteilung IV der HV A zurück und wurde 1962 Abteilungsleiter. Von 1966 bis 1967 erfolgte der Besuch der Parteihochschule der KPdSU in Moskau, von 1969 bis 1972 absolvierte er ein Fernstudium an der Juristischen Hochschule (JHS) Potsdam-Golm. Im Jahr 1975 wurde Werner Großmann Stellvertreter des Leiters der HV A, ab 1983 erfolgte der Einsatz als 1. Stellvertreter des Leiters der HV A. Den Höhepunkt seiner Karriere erreichte Großmann 1986 mit der Berufung zum Stellvertreter des Ministers für Staatssicherheit und Leiter der HV A. Im Februar/März 1990 schied Generaloberst Großmann aus der in Auflösung befindlichen HV A aus.

8   Bernd Fischer wurde am 20. Mai 1940 in Chemnitz geboren und erlernte den Beruf eines Chemieanlagenfahrers. Im Jahr 1958 erwarb Fischer das Abitur, um daraufhin von 1959 bis 1965 am Institut für Internationale Beziehungen in Moskau zu studieren. Bernd Fischer wurde 1965 im MfS in der Abteilung III der HV A (legal abgedeckte Residenturen) tätig. Im Jahr 1979 erfolgte sein Einsatz als stellvertretender Abteilungsleiter, 1984 wurde er 1. Stellvertreter des Leiters der Abteilung III der HV A. Von 1985 bis 1986 absolvierte Fischer einen Lehrgang am Institut für marxistisch-leninistische Weiterbildung des Ministeriums des Innern (MdI). 1987 erfolgte sein Einsatz als Leiter der Abteilung I der HV A, ab März 1990 war Bernd Fischer Leiter der HV A in Auflösung. Er verstarb am 19. April 2018.

9   Zur Struktur der HV A vgl.: Roland Wiedmann: »Die Organisationsstruktur des Ministeriums für Staatssicherheit 1989«. In: BStU: *Anatomie der Staatssicherheit. Geschichte – Struktur – Methoden* (MfS-Handbuch). Berlin 1996, S. 364-371. Helmut Müller-Enbergs: »Hauptverwaltung A (HV A). Aufgaben –Strukturen – Quellen«. In: BStU: *Anatomie der Staatssicherheit. Geschichte – Struktur – Methoden* (MfS-Handbuch). Berlin 2011. Zuarbeit ehemaliger Mitarbeiter der HV A.

10 Im MfS existierte das Linienprinzip als Gerüst des Organisationsaufbaus. Danach wurden bestimmte Aufgabenbereiche auf zentraler Ebene und Bezirksebene von Struktureinheiten mit fachlicher Zuständigkeit, beispielsweise Linie XV (Aufklärung), wahrgenommen. Die auf Linie nachgeordneten Abteilungen der Bezirksverwaltungen wurden von den jeweiligen zentralen Diensteinheiten im Ministerium fachlich angeleitet, waren aber weisungsgemäß nach dem Territorialprinzip dem Leiter der Bezirksverwaltung oder einem seiner Stellvertreter (bei der Linie XV dem Stellvertreter Aufklärung und Leiter der Abteilung XV) unterstellt. Auf Ebene der Kreise waren die Linien nicht mehr vollständig vorhanden. Je nach regionaler Bedeutung des Aufgabenbereiches gab es jedoch auch in den Kreisdienststellen entsprechende Fachreferate, Arbeitsgruppen oder Linienoffiziere (Offiziere für Aufklärung).

11 Die operative Basis stellte die Gesamtheit der Personen des eigenen Territoriums dar, auf die sich das MfS bei der Lösung seiner Aufgaben stützen konnte. Der Kern der operativen Basis waren die als IM, als Gesellschaftlicher Mitarbeiter für Sicherheit (GMS) oder OibE tätigen Personen. Weiterhin stützte sich das MfS in seiner operativen Arbeit auf viele Kräfte, die in staatlichen Einrichtungen und Institutionen sowie in gesellschaftlichen Einrichtungen tätig waren.

12 Vgl.: Michael Telschow, Gerald Neumann: »Die politisch-operative Analyse der Möglichkeiten zur umfassenden und rationellen Nutzung der operativen Basis in der DDR für die Erarbeitung und Bearbeitung von Hinweisen auf operativ interessante Personen des Operationsgebietes [...]«, Bl. 21 f.

13 Vgl.: Ebd., Bl. 22 f.

14 Beispielsweise bearbeitete die Abteilung XV der BV Berlin das Territorium Westberlins, die Abteilung XV der BV Leipzig war für Nordrhein-Westfalen zuständig, die Abteilung XV der BV Dresden für Baden-Württemberg und die Abteilung XV der BV Rostock für Schleswig-Holstein.

15 Vgl.: Michael Telschow, Gerald Neumann: »Die politisch-operative Analyse der Möglichkeiten zur umfassenden und rationellen Nutzung der operativen Basis in der DDR für die Erarbeitung und Bearbeitung von Hinweisen auf operativ interessante Personen des Operationsgebietes [...]«, Bl. 23 f.

16 Archiv des Verfassers.

17 Die Struktur der Abteilung XV/BV Berlin wurde auf der Basis von Mitteilungen ehemaliger Mitarbeiter zusammengetragen.

18 »Dienstanweisung Nr. 6/71 über Grundsätze für die Arbeit mit OAG«. VVS, MfS 198, Nr. A 37/71, S. 1. Zitiert nach: Herbert König: Diplomarbeit zum Thema: »Einige Aspekte des Einarbeitungsprozesses neueingestellter operativer Mitarbeiter in den Operativen Außenarbeitsgruppen der Hauptverwaltung Aufklärung«. 1978. BStU, ZA, MfS, JHS, MF, GVS, 1–61/78, Bl. 8.

19 Vgl.: Herbert König: »Einige Aspekte des Einarbeitungsprozesses neueingestellter operativer Mitarbeiter in den Operativen Außenarbeitsgruppen der Hauptverwaltung Aufklärung«, Bl. 8 f.

20 Vgl.: Ebd., Bl. 9 f.

21 Mitteilung eines leitenden Mitarbeiters der HV A (Archiv des Verfassers).

22 Vgl.: BV Potsdam, Leiter: Stellenbesetzungsnachweis der Bezirksverwaltung Potsdam, hier Kreisdienststellen vom 27. Juni 1989.

23 Mitteilung eines ehemaligen Offiziers einer Abteilung XV/BV (Archiv des Verfassers).

4. Kapitel

Anforderungen an IM und Kategorien Inoffizieller Mitarbeiter der Aufklärung

Allgemeines

Als die entscheidende Kraft bei der Lösung der der Aufklärung übertragenen Aufgaben galten die IM. Sie wurden wie folgt definiert: »Inoffizielle Mitarbeiter der Diensteinheiten der Aufklärung sind Bürger der DDR und anderer Staaten, die auf der Grundlage ihrer objektiven und subjektiven Voraussetzungen Aufträge des MfS innerhalb und außerhalb der Grenzen der DDR konspirativ erfüllen. Als Kämpfer an der unsichtbaren Front dringen sie in feindliche Zentren und Objekte und in die Geheimnisse des Feindes ein und lösen wichtige Aufgaben bei der Aufrechterhaltung einer stabilen Verbindung zwischen den Kundschaftern im Lager des Feindes und der Zentrale.«[1]

Genaue Zahlen, die eine detaillierte Auskunft in quantitativer Sicht geben könnten, existieren nicht. Einen Anhaltspunkt gibt allerdings Helmut Müller-Enbergs. Er schreibt: »Im Jahre 1989 führte das MfS ungefähr 189.000 Personen als IM. Grob gerastert führten die Abwehrdiensteinheiten des MfS rund 173.000 IM, die HV A rund 13.400 IM in der DDR und weitere 1.550 in der Bundesrepublik Deutschland. Hinzu kommen etwa 1.000 IM mit Sonderkategorien wie beispielsweise Zelleninformatoren und IM der HV A außerhalb Deutschlands. […] Der Anteil bundesdeutscher bzw. nichtdeutscher IM unter den IM des MfS war gering. Er betrug nicht einmal 2 Prozent. Zuletzt waren 3.000 Bundesbürger inoffiziell im Dienste des MfS, zusätzlich mehrere Hundert nichtdeutsche IM. Über vierzig Jahre hinweg werden es insgesamt 12.000 Bundesbürger und West-Berliner IM gewesen sein, darunter rund 6.000 für die HV A.«[2]

Wie den Zahlen zu entnehmen ist, arbeiteten neben der HV A auch die Diensteinheiten der Abwehr mit einem beachtlichen IM-Potenzial »in und nach dem Operationsgebiet«.

Weiter berichtet Müller-Enbergs: »Überwiegend war der bundesdeutsche IM der HV A im Jahre 1988 männlich und zwischen 40 und 49 Jahren alt. Der Anteil der bis zu 30-jährigen IM war mit 5 Prozent auffallend niedrig. Das IM-Netz wirkt überaltert, da bald jeder sechste IM 60 Jahre alt oder sogar älter war, darunter waren sogar neun 80-Jährige. Die HV A arbeitete recht lange mit ihren IM in der Bundesrepublik inoffiziell zusammen. Knapp 80 (5 %) waren schon seit den 50er Jahren aktiv, konnten also auf ein fast 40-jähriges Engagement zurückblicken. Rund 220 der 1988 erfassten bundesdeutschen IM (14 %) wurden in den sechziger, etwa 450 (29 %) in den siebziger und gut 800 (52 %) erst in den achtziger Jahren von der HV A als IM erfasst. Somit konnte 1988 etwa die Hälfte der bundesdeutschen IM auf eine zehnjährige konspirative Tätigkeit zurückblicken, eine Leistung, die nur durch eine wirkungsvolle Führung dieser IM möglich war. 54 bis 68 Prozent der bundesdeutschen IM kooperierten zum Zeitpunkt ihrer Werbung, wie sich aus den hierzu von der HV A angelegten Statistikbögen ergibt, mit der HV A aufgrund ihrer ›politisch-ideologischen Überzeugung‹ und zwischen 17 bis 28 Prozent taten es auf ›materieller Basis‹. In 12 bis 17 Prozent der Fälle war persönliche Zuneigung zur Bezugsperson das ausschlaggebende Motiv. Weniger als ein Prozent wurde ›unter Druck‹ geworben, weitere 4 Prozent unter ›fremder Flagge‹ (Irreführung), was eher etwas über den Bezugspartner und nur wenig über das Motiv aussagt.«[3]

Anforderungen

Die umfassende und zuverlässige Informierung der Partei- und Staatsführung über die geheimen Pläne, Absichten, Agenturen, Mittel und Methoden des Gegners sowie die Durchführung wirkungsvoller aktiver Maßnahmen stellte insbesondere an jene IM hohe Anforderungen, die ständig oder zeitweilig im Operationsgebiet tätig waren. Sie mussten

- ihre Aufgaben als Einzelkämpfer realisieren,
- ihre nachrichtendienstliche Tätigkeit mittelbar oder unmittelbar auf die Bearbeitung gegnerischer Zentren und Objekte ausrichten und dazu das dortige Abwehrsystem unterlaufen,
- zur Erfüllung ihrer Aufträge spezielle Mittel und Methoden anwenden,
- konspirativ mit anderen operativen Kräften zusammenarbeiten,
- ihre Lebensweise und persönliche Entwicklung weitgehend den Erfordernissen der nachrichtendienstlichen Arbeit anpassen,
- den sich aus der operativen Tätigkeit ergebenden physischen und psychischen Belastungen gewachsen sein,
- dem Druck des Gegners standhalten und die mit der nachrichtendienstlichen Arbeit verbundenen persönlichen Gefahren tragen.

Unter diesen Bedingungen setzte die operative Arbeit voraus, dass die IM
- durch ihre gesellschaftliche Stellung über reale Möglichkeiten zur Lösung von nachrichtendienstlichen Aufgaben verfügten,
- spezifische Leistungs- und Verhaltenseigenschaften besaßen oder entwickeln konnten,
- bereit waren, operative Aufgaben zu lösen.

Reale Möglichkeiten zur Erfüllung nachrichtendienstlicher Aufgaben sah die HV A dann als gegeben an, wenn die IM
- Zugang zu operativ interessanten Informationen besaßen, aktive Maßnahmen durchführen konnten oder Verbindungen zu nachrichtendienstlich relevanten Personen hatten beziehungsweise sich solche Möglichkeiten erschließen konnten,
- die für die Aufrechterhaltung operativer Verbindungen erforderlichen Aufenthalts- und Bewegungsmöglichkeiten im Operationsgebiet und so weit erforderlich auch in sozialistischen Ländern besaßen oder erlangen konnten,
- den Charakter nachrichtendienstlicher Handlungen gegenüber unbefugten Personen abdecken konnten.

Die realen Möglichkeiten der IMs wurzelten vor allem in ihrer gesellschaftlichen Stellung. Davon wurde der nachrichtendienstliche Handlungsspielraum wesentlich beeinflusst.

Die gesellschaftliche Stellung ergab sich unter anderem aus der sozialen Herkunft, der Vermögenslage, der politischen und beruflichen Tätigkeit sowie aus anderen sozialen Verbindungen und Kontakten, der Art und Weise der Freizeitgestaltung sowie spezifischen Kenntnissen, Fähigkeiten, Neigungen und anderweitigen Persönlichkeitseigenschaften der IMs. Die Sicherung beziehungsweise der Ausbau der gesellschaftlichen Stellung setzte in der Regel die Einhaltung ganz bestimmter gesellschaftlicher Normen voraus. Dazu gehörte unter anderem auch, dass die im Westen tätigen IM den bürgerlichen Moral- und Rechtsauffassungen sowie den mit ihrer gesellschaftlichen Stellung verbundenen Sicherheitsanforderungen Rechnung trugen.

Die konkreten Anforderungen an den operativen Handlungsspielraum der IMs und damit an ihre gesellschaftliche Stellung ergaben sich aus ihrer Aufgabenstellung, ihren Einsatzbedingungen sowie ihrer Einsatzrichtung. Sie unterlagen in Abhängigkeit von den Aufgaben und Lagebedingungen konkreten Entwicklungen und Veränderungen.

Die spezifischen Leistungs- und Verhaltenseigenschaften erfassten jene Kenntnisse, Fähigkeiten, Fertigkeiten sowie Charaktereigenschaften, die die IM in die Lage versetzten, ihre nachrichtendienstlichen Möglichkeiten zu nutzen und zu entwickeln.

Dazu gehörten aus Sicht der HV A vor allem

- Kenntnisse über Regimeverhältnisse im Operationsgebiet sowie im grenzüberschreitenden Personen-, Güter-, Post- und Telefonverkehr,
- Kenntnisse über die Rolle, Funktion, Aufgabenstellung und Arbeitsweise der gegnerischen Geheimdienst- und Abwehrorgane, insbesondere über die Abwehr- und Geheimschutzmaßnahmen in gegnerischen Zentren und Objekten, über das Kontroll- und Überwachungssystem im grenzüberschreitenden Verkehr sowie über weitere von den westlichen Abwehrbehörden praktizierte Mittel und Methoden,
- Fähigkeiten und Fertigkeiten zur selbstständigen Analyse der Regimebedingungen sowie zur Anpassung des eigenen Verhaltens an die jeweiligen Regimeverhältnisse auf der Grundlage einer hohen Allgemeinbildung,
- Kenntnisse, Fähigkeiten und Fertigkeiten zur Anwendung der für die Realisierung ihrer konkreten Aufgaben erforderlichen spezifischen Mittel und Methoden,
- Kenntnisse über die Mittel und Methoden zur Wahrung der Konspiration in besonderen Situationen,
- Anpassungsfähigkeit an verschiedene Situationen, Reaktionsvermögen, Ideenreichtum im operativen Vorgehen und Verhalten, hohe physische und psychische Belastbarkeit, Beobachtungsvermögen, Merkfähigkeit, Zielstrebigkeit, Ausdauer, Geduld, Beharrlichkeit bei der Lösung nachrichtendienstlicher Aufgaben,
- Prinzipienfestigkeit, Kühnheit und Mut zur Realisierung operativer Aufgaben, Risiko- und Opferbereitschaft, Disziplin, Verschwiegenheit, Wachsamkeit, Ehrlichkeit gegenüber der Zentrale und ihren Vertretern, Zuverlässigkeit, Standhaftigkeit gegenüber gegnerischen Einflüssen sowie bei Konfrontationen mit dem Feind, Selbstständigkeit, Entscheidungsfreudigkeit, Kontaktfreudigkeit, Einfühlungsvermögen, Überzeugungskraft und Argumentationsfähigkeit.

Die Leistungs- und Verhaltenseigenschaften der IMs beeinflussten wesentlich die Nutzung des durch die gesellschaftliche Stellung der IMs gegebenen operativen Handlungsspielraumes. Sie waren bei den einzelnen IM in Abhängigkeit von der Einsatzrichtung, der nachrichtendienstlichen Aufgabenstellung sowie den Einsatzbedingungen in unterschiedlichem Maß zu fordern und in der praktischen Arbeit herauszubilden.

Die Bereitschaft zur bewussten nachrichtendienstlichen Zusammenarbeit gründete sich auf dem Willen der IMs zur operativen Nutzung und ständigen Entwicklung ihrer gesellschaftlichen Stellung sowie der Leistungs- und Verhaltenseigenschaften im Interesse eines tatsächlichen oder vorgetäuschten Beziehungspartners. Sie musste ausgerichtet sein auf

- die Erfüllung konkreter nachrichtendienstlicher Aufträge,

- die Nutzung und den ständigen Ausbau der realen Möglichkeiten der IMs zur Lösung operativer Aufgaben sowie auf die Anpassung ihrer Lebensweise und ihrer persönlichen Entwicklung an die Erfordernisse der nachrichtendienstlichen Tätigkeit,
- die Anwendung spezieller Mittel und Methoden,
- die Entwicklung der für die Lösung von Aufgaben der HV A erforderlichen Leistungs- und Verhaltenseigenschaften.

Die Bereitschaft zur bewussten operativen Zusammenarbeit beruhte grundsätzlich auf einem Motivationsgefüge, in dem in unterschiedlichem Maß politische Überzeugungen, materielle und persönliche Interessen und Bedürfnisse wirksam wurden. Dieses Motivationsgefüge musste eine stabile und zuverlässige Arbeit der IMs gewährleisten. Effektivität und Sicherheit der nachrichtendienstlichen Arbeit wurden vor allem dadurch bestimmt, inwieweit die gesellschaftliche Stellung der IMs, ihre Leistungs- und Verhaltenseigenschaften, sowie die Stabilität ihrer Bereitschaft zur bewussten nachrichtendienstlichen Zusammenarbeit tatsächlich den objektiven Anforderungen entsprachen, die die Aufgabenstellung sowie die konkrete Lage an die IM stellte.

Aus der hinreichenden Übereinstimmung der Voraussetzungen der IMs zur Realisierung nachrichtendienstlicher Aufgaben mit den sich aus dem Charakter der operativen Arbeit, der Einsatzrichtung, der konkreten Aufgabenstellung sowie den spezifischen Arbeits- und Lebensbedingungen der IMs ergebenden objektiven Anforderungen musste die operative Eignung von IM abgeleitet werden.

Veränderungen in der Aufgabenstellung und in der politisch-operativen Lage konnten bedeutende Auswirkungen auf die objektiven Anforderungen und damit auf die Eignung von IM haben. Die langfristig angelegte Arbeit der HV A mit IM hatte sich deshalb stets an den grundlegenden Entwicklungstendenzen der politisch-operativen Lage und den damit verbundenen möglichen Veränderungen in den objektiven Anforderungen an die IM zu orientieren und musste plötzliche Lageveränderungen einkalkulieren.[4]

Kategorien

Die effektive und sichere Realisierung der Aufgaben der Aufklärungsdiensteinheiten erforderte die arbeitsteilige Organisation der Arbeit mit IM und damit eine dieser Arbeitsteilung entsprechende Kategorisierung der inoffiziellen Kräfte. Entsprechend ihrer Funktion im IM-Netz wurde zwischen IM unterschieden, die vorrangig
- bedeutsame Informationen aus gegnerischen Zentren und Objekten beschafften,
- aktive Maßnahmen realisierten,

- zur Führung von IM im Operationsgebiet eingesetzt waren,
- Aufgaben zur Erweiterung des IM-Netzes lösten,
- auf eine operative Tätigkeit zur Beschaffung von Informationen, zur Realisierung aktiver Maßnahmen, zur Führung von IM beziehungsweise zur Erweiterung des IM-Netzes vorbereitet wurden,
- spezielle Aufgaben zur Sicherung eines unter allen Lagebedingungen schnell, zuverlässig und beständig funktionierenden Verbindungswesens lösten,
- Ermittlungsaufgaben durchführten,
- zum Schutz und zur Sicherung von IM-Vorgängen eingesetzt wurden.

In Abhängigkeit von der Aufgabenstellung konnten in den gesamten Funktionen sowohl IM aus dem Operationsgebiet als auch aus der DDR zum Einsatz kommen. Die in den Funktionen zum Ausdruck kommende Arbeitsteilung war notwendig, um

- einen rationellen Einsatz der IMs sowie die Konzentration auf die operativen Schwerpunkte sicherzustellen,
- das operative Risiko der in/an gegnerischen Zentren und Objekten tätigen und dadurch im besonderen Maß Überwachungsmaßnahmen der gegnerischen Abwehr ausgesetzten IM in vertretbaren Grenzen zu halten,
- die in/an gegnerischen Zentren und Objekten tätigen und dadurch im besonderen Maß Überwachungsmaßnahmen der gegnerischen Sicherheitsbehörden ausgesetzten IM vor Gefahrenmomenten zu schützen,
- eine hohe Wirksamkeit in der Erziehung und Befähigung der IMs zu erreichen,
- eine hohe Variabilität und Stabilität im nachrichtendienstlichen Verbindungswesen zu sichern,
- die mit der Ausübung der operativen Funktion verbundenen physischen und psychischen Belastungen auf das notwendige Maß zu beschränken,
- IM, die für einen fremden Beziehungspartner geworben wurden, über den tatsächlichen Beziehungspartner zu täuschen,
- das operative Wissen der einzelnen IM auf jenes Maß zu begrenzen, das für die Ausübung ihrer speziellen Funktion unbedingt erforderlich war, ihnen aufgrund ihrer Zuverlässigkeit anvertraut werden durfte und ein hohes Maß an Sicherheit in der nachrichtendienstlichen Tätigkeit gewährleistete.

Die Zusammensetzung des IM-Netzes erfolgte daher nicht willkürlich. Die sinnvolle funktionelle Abstimmung der einzusetzenden IM musste die Lösung der Aufgaben gewährleisten und sich an den politisch-operativen Lagebedingungen orientieren. Die spezifischen Funktionen, die IM unter konkreten Bedingungen ausüben mussten, fanden ihren Ausdruck in den IM-Kategorien sowie in unterschiedlichen Anforderungen an die IM der einzelnen Kategorien.

Die Anwendung der Funktionsmerkmale auf die IM durfte einer optimalen Erschließung der Einsatz- und Entwicklungsmöglichkeiten der IMs nicht entgegenstehen. Das Ziel bestand darin, die operativen Möglichkeiten der IMs allseitig zu nutzen, die Effektivität der Arbeit des IM-Netzes zu erhöhen und die Konspiration umfassend zu gewährleisten.

Die Zusammensetzung des IM-Netzes war ständig zu analysieren, um zu prüfen, wie das Netz mit höchster Effektivität zur Realisierung der Schwerpunktaufgaben eingesetzt werden konnte. Es musste geklärt werden, bei welchen IM aufgrund neuer operativer Aufgabenstellungen, von Veränderungen in der gesellschaftlichen Stellung der IMs und in den politisch-operativen Lagebedingungen die Einsatzrichtung zu verändern war.[5]

Quellen

Quellen waren IM, die über geheime gegnerische Absichten, Pläne und Aktivitäten, über das feindliche Potential sowie über interne Lagebedingungen informierten. Die Beschaffung der Informationen konnte über direkten Zugang, durch Abschöpfung oder unter Einsatz technischer Mittel erfolgen. Ihre Aufgabe bestand darin, bedeutsame Informationen durch Anwendung verschiedener operativer Mittel und Methoden zu gewinnen, sicherzustellen, aus gegnerischen Objekten herauszubringen und weiterzuleiten.

Die in gegnerischen Objekten tätigen Quellen unterlagen in Abhängigkeit von ihrer Position den Regimebedingungen dieser Objekte, insbesondere den Anforderungs- und Auswahlkriterien hinsichtlich Qualifikation, politischer Zuverlässigkeit sowie einer den bürgerlichen Rechts- und Moralauffassungen entsprechenden charakterlichen Veranlagung. Sie waren Maßnahmen der Überwachung sowie des Geheimnisschutzes unterworfen. Dazu gehörten vor allem

- die Vorschriften für den Umgang und die Aufbewahrung geheimer Dokumente,
- die Festlegung von Verhaltensnormen für Geheimnisträger bei der Herstellung und Aufrechterhaltung persönlicher Kontakte, insbesondere deren Meldepflicht,
- die Einschränkung der Aufenthalts- und Bewegungsfreiheit vor allem hinsichtlich Reisen in die DDR und andere sozialistische Staaten,
- die Überprüfung der Zuverlässigkeit der Geheimnisträger in den Objekten durch intensives und systematisches Durcharbeiten der Personal- und Sicherheitsakten, durch Überprüfung der Ehepartner, Freunde, Bekannten und Verwandten sowie durch den Einsatz von Speicher- und Analyseverfahren,

- die wiederkehrenden Belehrungen der Geheimnisträger über die Sicherungs-maßnahmen in den Objekten unter Auswertung der Erkenntnisse der Sicherheitsbehörden über die operative Arbeit der Aufklärung des MfS.

Aufgrund der unter den Bedingungen des Operationsgebietes und der gegnerischen Objekte zu realisierenden Aufgaben sowie der operativen Arbeitsbedingungen mussten Quellen bereit und in der Lage sein,

- ständig ihre berufliche und politische Qualifikation auf dem vom Objekt geforderten Niveau zu halten, um ihre Position im Objekt im Interesse der Realisierung der nachrichtendienstlichen Aufgaben zu festigen beziehungsweise auszubauen,
- stets solche Lebens- und Arbeitsgewohnheiten an den Tag zu legen, wie sie von den Mitarbeitern des gegnerischen Objektes gefordert und erwartet wurden,
- vor allem solche persönlichen Verbindungen zu unterhalten, die ihrem Ansehen sowie ihrer gesellschaftlichen Stellung dienten,
- den Umgang mit Personen zu unterlassen, die von den gegnerischen Sicherheitsbehörden als Risikofaktor betrachtet wurden und ein abwehrmäßiges Interesse beziehungsweise eine Bearbeitung auslösen konnten,
- sich das erforderliche Wissen über den Informationsbedarf anzueignen, den sie entsprechend den Forderungen der Zentrale (HV A) abzudecken hatten,
- die ihnen zugänglichen Informationen hinsichtlich ihres operativen Wertes einzuschätzen und entsprechend der Bedeutung zu selektieren,
- Informationsschwerpunkte zu erkennen, die sich aus aktuellen politischen Ereignissen ergeben hatten und darauf operativ verantwortungsbewusst zu reagieren,
- spezifische Mittel und Methoden zur konspirativen Sicherstellung und zum Transport geheimer Dokumente anzuwenden,
- unter allen Lagebedingungen dafür Sorge zu tragen, dass die von ihnen erarbeiteten Informationen die Zentrale unverzüglich und zuverlässig erreichten,
- das bei der Beschaffung und dem Transport der Informationen für die Quellen entstehende Risiko bewusst zu tragen,
- den physischen und psychischen Belastungen standzuhalten, die sich aus dem politisch-ideologischen sowie psychologischen Druck des Gegners gegen das IM-Netz, besonders gegen IM in feindlichen Zentren und Objekten, ergaben,
- die Maßnahmen der gegnerischen Abwehr zum Schutz der Geheimbereiche zu erkennen und daraus die notwendigen Schlussfolgerungen für das eigene konspirative Verhalten und Vorgehen abzuleiten,
- sich mit dem Ziel selbst zu kontrollieren, das eigene konspirative Verhalten ständig zu prüfen und zu vervollkommnen sowie eine gegnerische Bearbeitung rechtzeitig zu erkennen, ihren Charakter einzuschätzen und erforderlichenfalls offensiv abzuwehren.

Aufgrund ihrer Bedeutung bei der Lösung der operativen Aufgaben war die Schaffung von Quellen in den gegnerischen Zentren und Objekten eine entscheidende Schwerpunktaufgabe der Diensteinheiten der Aufklärung.

Besondere Anforderungen wurden an Quellen gestellt, die bedeutsame Informationen vorrangig durch die Methode der Abschöpfung[6] von Kontaktpersonen gewannen. Sie mussten bereit und in der Lage sein,

- vorhandene Beziehungen und Verbindungen zu Geheimnisträgern konspirativ zu nutzen, um geheime Informationen abzuschöpfen und der Zentrale zur Verfügung zu stellen,
- Verbindungen zu Geheimnisträgern ständig aufrechtzuerhalten, auszubauen und glaubhaft zu motivieren,
- Geheimnisträger zur Preisgabe von geheimen Informationen zu veranlassen, ohne dass diese den nachrichtendienstlichen Charakter der Handlungsweise der Quelle erkennen konnten und ohne in der Regel dafür selbst Geheimnisse offenbaren zu müssen.

Für die Gewinnung bedeutsamer Informationen durch Abschöpfung waren alle sich im Operationsgebiet ergebenden Möglichkeiten einschließlich legal abgedeckter Positionen zu nutzen.[7]

Residenten, Gehilfen des Residenten, Führungs-IM und Instrukteure

Residenten, Gehilfen des Residenten, Führungs-IM und Instrukteure wurden als Beauftragte der Zentrale zur Führung von IM im Operationsgebiet eingesetzt. Sie hatten vor allem folgende Aufgaben zu lösen:

- die Zentrale als deren Vertreter zu repräsentieren,
- feste, vertrauensvolle Beziehungen zu den IM im Operationsgebiet als wichtige Voraussetzung der bewussten operativen Arbeit für den Beziehungspartner zu sichern,
- operative Aufträge der Zentrale zu erteilen beziehungsweise zu übermitteln sowie Art und Weise ihrer Durchführung unter allen Lagebedingungen zu erläutern,
- Berichte der IMs über ihre Arbeitsergebnisse entgegenzunehmen, die Arbeitsergebnisse vorläufig zu bewerten sowie für ihre Weiterleitung an die Zentrale zu sorgen,
- bei den IM im Operationsgebiet alle erforderlichen Leistungs- und Verhaltenseigenschaften auszuprägen, konspirative Verhaltensweisen zu qualifizieren, das erforderliche Sicherheitsdenken zu entwickeln sowie die Bereitschaft und die Fähigkeit zur Anwendung operativer Mittel und Methoden zu gewährleisten,

- zur Einschätzung der Eignung und Zuverlässigkeit der IMs im Westen durch deren Studium und Überprüfung beizutragen,
- die persönliche Verbindung zwischen der Zentrale und den IM zuverlässig zu sichern sowie ein funktionierendes Warnsystem zu garantieren.

Die konkreten Erfordernisse der Führung von IM im Operationsgebiet waren unterschiedlich. Diese Unterschiede ergaben sich vor allem aus den operativen Möglichkeiten, aus dem unterschiedlichen Entwicklungsstand und dem Grad der Zuverlässigkeit sowie aus der Verschiedenheit der Motive für die bewusste nachrichtendienstliche Tätigkeit der IMs im Westen. Hinzu kamen verschiedenartige Arbeits- und Lebensbedingungen, unter denen die inoffiziellen Kräfte ihren operativen Auftrag erfüllen und die Verbindung zur Zentrale aufrechterhalten mussten. Daher hatten sich verschiedene Kategorien von IM mit Führungsaufgaben herausgebildet, die als Beauftragte der Zentrale mit unterschiedlichen Befugnissen zur Führung der IMs des Operationsgebietes ausgestattet waren.

Qualität, Anzahl sowie Dislozierung der IMs, die zur IM-Führung im Operationsgebiet zum Einsatz kamen, mussten den Erfordernissen zur Erhöhung der Effektivität und Sicherheit, insbesondere der in gegnerischen Objekten tätigen Quellen, sowie zur Sicherung der zielstrebigen Entwicklung von Perspektiv-IM[8] entsprechen.

Die Führungsaufgaben waren gegenüber IM zu realisieren, die in oder an gegnerischen Objekten tätig waren. Daher mussten beim Einsatz von IM mit Führungsaufgaben die Bedingungen berücksichtigt werden, die diese Objekte den Geheimnisträgern hinsichtlich ihrer Kontakte auferlegten. Darüber hinaus wurden IM mit Führungsaufgaben zur Steuerung von IM im Westen eingesetzt, die nicht in unmittelbarer Nähe gegnerischer Zentren und Objekte die ihnen übertragenen Aufgaben durchzuführen hatten. In jedem Fall musste geprüft werden, ob die Führung von IM des Operationsgebietes durch legale beziehungsweise legendierte Kontakte oder unter Verdeckung jeglicher wahrnehmbarer persönlicher Verbindungen erfolgen musste.

Zur Realisierung von Führungsaufgaben konnten sowohl IM aus dem Operationsgebiet als auch aus der DDR eingesetzt werden. Aus den Führungsaufgaben und den Regimebedingungen ergaben sich für die einzelnen Kategorien konkrete Anforderungen.[9]

Residenten

Residenten führten auf der Grundlage von Befehlen und Weisungen eigenverantwortlich Quellen und andere IM im Operationsgebiet. Sie waren im Operationsgebiet legalisiert durch:

- ständigen Wohnsitz,
- Übersiedlung aus der DDR oder
- legale Abdeckung in DDR-Institutionen.

Residenten mussten über eine gesellschaftliche Stellung verfügen, die ihnen die notwendige Aufenthalts- und Bewegungsfreiheit im Westen sicherte und die Führung der IMs im Operationsgebiet ermöglichte. Residenten mussten vor allem fähig und in der Lage sein,

- sich im Interesse der Lösung ihrer operativen Aufgaben der Umwelt des Operationsgebietes anzupassen,
- die Residentur erfolgreich zu leiten sowie ihre Effektivität und Sicherheit zu gewährleisten,
- IM im Operationsgebiet so zu erziehen und zu befähigen, dass sie die ihnen übertragenen Aufgaben konspirativ realisierten,
- unter allen Bedingungen der Lage konspirativ zu handeln und sich gegenüber den IM vorbildlich zu verhalten,
- selbstständig die politische und operative Lage, die Arbeitsergebnisse sowie die Entwicklung der IMs der Residentur zu analysieren und daraus neue Aufgaben und Maßnahmen zur Erziehung der IMs abzuleiten,
- jederzeit, unter allen Bedingungen, schnell, zuverlässig und beständig die Verbindung mit der Zentrale aufrechtzuerhalten sowie die dafür erforderlichen Mittel und Methoden zu beherrschen,
- aufgrund ihrer ideologischen Festigkeit sowie ihrer engen Bindung an das MfS den hohen physischen Belastungen standzuhalten, die sich aus ihrer »legalen« beruflichen Tätigkeit im Operationsgebiet und der Wahrnehmung ihrer operativen Funktion ergaben.

Residenten mussten daher den Anforderungen gerecht werden, die an OibE zu stellen waren.[10]

Als OibE und Resident war der in die Bundesrepublik eingeschleuste Gerhard Block im Einsatz. Er erinnert sich:

»Ich war schlicht und einfach ein sogenannter Resident der HV A (Hauptverwaltung Aufklärung) des Ministeriums für Staatssicherheit. So eine Art Dispatcher, Anlaufstelle, Dreh- und Angelpunkt für andere Mitarbeiter. Je unauffälliger und durchschnittlicher also mein Privat- und Berufsleben waren, desto besser für diese

Aufgabe. Vor allem ging es bei dieser Tätigkeit im Verborgenen darum, an andere Aufklärer Instruktionen weiterzuleiten, von ihnen Material zu übernehmen, dieses aufzubereiten oder beim nächsten Treff einem Kurier zu übergeben. Die Weitergabe der Nachrichten erfolgte bei Kurzinformationen über unverfängliche Briefe mit Geheimschrift. Umfangreichere oder nicht so eilige Meldungen übergab ich dem Kurier. Diese beiden Wege waren die Hauptform der Übermittlung von Informationen. Bei persönlichen Reisen nach Berlin nahm ich nur in Ausnahmefällen Material mit.

Die Treffs mit meinen Kontaktleuten fanden, entsprechend eiserner Geheimdienstregeln, an unterschiedlichen Orten zu unregelmäßigen Zeiten statt. Dadurch lernte ich die halbe Bundesrepublik kennen: Frankfurt am Main, Mainz, Worms, Darmstadt, Neustadt an der Weinstraße und und ... Unsere regelmäßigen Treffs dienten nicht nur dem kontinuierlichen Informationsfluss, sondern dabei konnte man auch immer wieder moralische Zuversicht tanken, sich vergewissern, dass man sich nicht völlig allein auf vermintem Gelände bewegt.

Ich hatte in unserer Wohnung ein kleines Fotolabor eingerichtet und konnte dort wichtige Dokumente bearbeiten, auf Mikrofilm verkleinern und für den Transport in Containern – wie es in der Fachsprache heißt – präparieren. Manchmal wurden aber auch unentwickelte Filme ohne Bearbeitung nach Berlin weitergeschleust. Ich musste auch brisante Texte verschlüsseln, Berichte mit unsichtbarer Geheimtinte schreiben, darüber unverfänglicher Inhalt, und die Briefe über Deckadressen an die Zentrale senden. Diese Arbeitsweise war recht effektiv und entlastete die anderen Aufklärer in den jeweiligen Einrichtungen. Neben den speziellen Schwerpunkten meines Auftrags lieferte ich natürlich auch Alltagsinformationen, die das ABC der Aufklärung bereicherten.

Schon recht frühzeitig wurde mir ein erster Informant übergeben. Er war Deutscher, leitender deutscher Zivilangestellter bei der 7. US-Army, die im Saarland ihren Sitz hatte und in Miesau ein Munitionsdepot unterhielt. Unser Mann lieferte viele nützliche Informationen über die Menge und Verwendung der angelieferten Munition, Waffen und anderen militärischen Materials. Allein aus dem Umfang der Munitionslieferungen – es handelte sich um Größenordnungen, zum Teil um Mengen in zweistelliger Tonnage – konnte man wichtige Rückschlüsse ziehen. [...] Jedenfalls waren die Ergebnisse meiner Tätigkeit kleine Mosaiksteine in der insgesamt erfolgreichen Aufklärungsarbeit der Hauptverwaltung Aufklärung des MfS. Auch dank unserer Informationen konnte das Kräfteverhältnis, das militärische eingeschlossen, in Europa und in der Welt realistischer beurteilt werden.«[11]

Gehilfen der Residenten

Zur Unterstützung der Residenten konnten Gehilfen eingesetzt werden. Sie erfüllten unter der Anleitung des jeweiligen Residenten bestimmte Teilaufgaben wie Bedienung der operativ-technischen Mittel (OTM), Aufrechterhaltung und Sicherung der konspirativen Verbindung, Bearbeitung von Materialien, Anleitung einzelner IM, Absicherung von operativen Maßnahmen.[12]
Hans-Joachim Bamler und seine Frau Marianne wurden 1964 nach Paris geschickt, als sich dort das NATO-Hauptquartier befand. Hier besaß die HV A eine Quelle, zu deren Führung und Betreuung eine Residentur benötigt wurde. Peter Böhm beschreibt die Situation wie folgt: »In Paris selbst lebten die Bamlers in den 60er Jahren das Leben der einfachen Leute, fernab jeden Glanzes und aller sublimen Genüsse. ›Metro-boulot-dodo‹ – so wird der Tagesablauf der einfachen Pariser beschrieben – war auch ihr Alltag: zur Arbeit fahren, arbeiten und schlafen. Doch sie mussten neben der beruflichen Tätigkeit, die als Legende diente, die eigentliche Aufgabe erfüllen: Informationen sammeln, aufarbeiten, verschlüsseln und versenden. Die Legende der Pariser Residentur war eine alltägliche: Jochen und Marianne waren Deutsche, die in Paris ihr Geld verdienten, wie jeder andere auch. Sie lebten den Alltag der normalen Franzosen, die zusehen mussten, wie sie über die Runden kommen. Dazu kamen noch die konspirativen Aufgaben, die die Poren des Arbeitstages stopften, so dass Freizeit eher ein Fremdwort war.«[13]
Resident Hans-Joachim Bamler schreibt zur Arbeitsteilung zwischen ihm und seiner Frau: »In unserer Residentur war Marianne zuständig für die technischen Arbeiten, insbesondere für das Chiffrieren, Dechiffrieren, Fotografieren und die Funkverbindung. Ich organisierte und führte die notwendigen Treffs durch und bereitete die Informationen zur Weiterleitung auf.«[14] Eine klassische Arbeitsteilung zwischen Residenten und Gehilfen.

Führungs-IM

Führungs-IM führten in der Regel einzelne Quellen oder andere IM auf der Grundlage von Befehlen und Weisungen. Sie wurden aus dem IM-Netz des Operationsgebietes entwickelt und waren durch ständigen Wohnsitz im Westen legalisiert. Führungs-IM gelangten vor allem dort zum Einsatz, wo die anzuleitenden IM sowie ihre persönlichen Verbindungen und Kontakte vom Gegner allseitig und intensiv überwacht wurden. Durch die Nutzung legal abgedeckter Kontakte wurde es der gegnerischen Abwehr erschwert, den operativen Charakter der Verbindung zu erkennen.

Führungs-IM mussten über Aufenthalts- und Bewegungsmöglichkeiten verfügen, die ihnen unter allen Bedingungen die Erfüllung ihrer Aufgaben sowie die konspirative Verbindung zur Zentrale beziehungsweise zu einem Vertreter der Zentrale ermöglichten.

Hohe Anforderungen waren an die Fähigkeiten der Führungs-IM zur Durchsetzung der Befehle und Weisungen der Zentrale sowie an ihre Fähigkeit zu stellen, die von ihnen geführten IM zur inoffiziellen Disziplin und zur Wahrung der Konspiration zu erziehen und zu befähigen.

Führungs-IM mussten alle notwendigen Mittel und Methoden beherrschen, die die erforderlichen konspirativen Verbindungen unter allen politischen und operativen Bedingungen gewährleisteten.

Als Führungs-IM wurden vorrangig IM eingesetzt, die für den tatsächlichen Beziehungspartner geworben wurden und ideologisch fest an das MfS gebunden waren. Darüber hinaus war es möglich, IM als Führungs-IM zum Einsatz zu bringen, die unter Nutzung vielfältiger Motive für legendierte oder fremde Beziehungspartner arbeiteten.

In jedem Fall war die Stabilität der Bereitschaft zur operativen Arbeit, die feste Bindung an den Beziehungspartner sowie die Zuverlässigkeit der IMs von ausschlaggebender Bedeutung.[15]

Instrukteure

Instrukteure leiteten als Beauftragte der Zentrale auf der Grundlage von Befehlen und Weisungen IM im Operationsgebiet an. Sie hatten zu sichern, dass die von der Zentrale festgelegten Aufgabenstellungen durch die IM im Operationsgebiet erfüllt, die dafür erforderlichen Entscheidungen an Ort und Stelle getroffen sowie die Zentrale umfassend und real über die Situation der im Operationsgebiet tätigen IM informiert wurde. Sie waren in die Vorbereitung von Entscheidungen über die Entwicklung der IM-Vorgänge einzubeziehen.

Instrukteure waren in der Regel DDR-IM. Ihr Einsatz zur Führung von IM im Operationsgebiet erfolgte zeitweilig und war mit wiederholten Grenzpassagen verbunden. Beim Einsatz von Instrukteuren waren daher die Bedingungen im Grenzregime sowie alle Maßnahmen des Gegners, die sich auf die Aufenthalts- und Bewegungsmöglichkeiten im Operationsgebiet auswirkten, zu berücksichtigen.

Instrukteure mussten in der DDR eine berufliche und gesellschaftliche Position besitzen sowie in solchen persönlichen Verhältnissen leben, die eine zeitweilige konspirative Herauslösung aus ihrer Tätigkeit und ihrem familiären Bereich ermöglichten.

Instrukteure mussten über solche Fähigkeiten, Fertigkeiten und Kenntnisse verfügen, die sie in die Lage versetzten,
- bei Einsätzen im Operationsgebiet die vorgetäuschte gesellschaftliche Stellung überzeugend darzustellen,
- die operative Aufgabenstellung im IM-Vorgang in konkrete Maßnahmen zur Erziehung und Befähigung der IMs umzusetzen,
- die IM zu studieren und wirksam zu beeinflussen,
- sich bei zeitweiligen Aufenthalten im Operationsgebiet den konkreten Regimebedingungen einschließlich des grenzüberschreitenden Verkehrs so anzupassen, dass ein hohes Maß an Sicherheit gewährleistet war,
- unter allen Lagebedingungen durch konspiratives Verhalten sowie Anwendung spezieller Mittel und Methoden eine sichere, vom Gegner unerkannte Treffdurchführung zu ermöglichen.

Die operative Zusammenarbeit mit Instrukteuren basierte in der Regel auf progressiven politischen Überzeugungen. Bei der Führung von IM im Operationsgebiet, die häufige oder längere Einsätze von Instrukteuren aus der DDR erforderten, konnten Hauptamtliche IM als Instrukteure eingesetzt werden.[16]

In bestätigten Fällen konnte die Funktion des Kuriers auch durch den Instrukteur wahrgenommen werden. Aus seiner Tätigkeit als Instrukteur/Kurier berichtet Hans Voelkner:

»Meine Aufgabe war es, Kontakt zu Partnern zu halten, für die Reisen in sozialistische Länder ein Risiko gewesen wären. Von ihnen waren Informationen in Empfang zu nehmen, aufzubereiten, zu komprimieren, und ihr sicherer Transport war zu gewährleisten. Gleichsam mit den Partnern mussten die Ergebnisse der Arbeit analysiert und teilweise sofort an Ort und Stelle Schlussfolgerungen gezogen und neue Aufgaben festgelegt werden. Schließlich, und das war steter Bestandteil unserer Arbeit, mussten die menschlichen Kontakte gepflegt werden. Da gab es persönliche Probleme, Fragen zur politischen Lage oder auch nur das Bedürfnis, wieder einmal mit einem alten Freund ganz offen zu reden. Ich war Teil einer Vertrauenskette. Ein wichtiger sogar, denn ich war Vertreter der Zentrale. Soviel Vertrauen, wie ich erringen konnte, wurde auch der Zentrale entgegengebracht. Vertrauen zum jeweiligen Partner ist für die Sicherheit aller Beteiligten von großer Bedeutung. Bei einem Treffen im Ausland gab ich mich doch ganz in seine Hand. Ich vertraute ihm meine Freiheit an. Das galt ebenso umgekehrt. Mein Partner war in einer ähnlichen Situation. Von meinen eventuellen Fehlern, von meiner Unaufmerksamkeit konnte sein Schicksal abhängen. Er musste von meiner Umsicht und von meiner Standhaftigkeit überzeugt sein, damit ihm Nervosität und Zweifel erspart blieben. Es ist mir im Laufe der Jahre gelungen, durch Ruhe und Verständnis meine Person als vertrauenswürdig zu etablieren. Das war notwendig. Ich musste meine Partner von der Richtigkeit der Aufgaben überzeugen, und das gelang am ehesten, wenn sie selbst an deren Ausarbeitung und Festlegung beteiligt waren.

Eine weitere Aufgabe bestand für mich darin, neue Helfer zu gewinnen und mit ihnen zu arbeiten. Eine schwierige Sache! Wie vorsichtig muss man sich herantasten, ehe man in der Lage ist, so eindeutig wie möglich zu entscheiden, wie der Betreffende reagieren wird. Was ist das für ein Mensch? Kann ihm Vertrauen geschenkt werden? Können wir ihn als Glied in unsere Vertrauenskette aufnehmen? Wie fest wird die Kette künftig an dieser Stelle sein?

Einfacher war es, was meine Verbindung zur Zentrale betraf. Uns verband ja nicht nur die gemeinsame Aufgabe. Da war auch unsere Weltanschauung, unsere Partei, die Verpflichtung unserem Vaterland gegenüber. Daraus ergab sich auch jener menschliche Kontakt, den ich zu allen Genossen hatte, mit denen ich im Laufe der Jahre zusammenarbeitete und ohne den ich mir unsere Arbeit nicht vorstellen könnte.

Die ersten Male habe ich mich bei meinen Reisen in andere Länder manchmal gefragt, was ich wohl sagen würde, wenn der Grenzbeamte, statt mir den Ausweis mit einem freundlichen ›Gute Reise‹ zurückzugeben, mich aufforderte, aus der Reihe zu treten. Zum Glück ist mir das nie passiert. Aber ich meine, es ist gut, sich beizeiten solche Fragen zu stellen, denn eine spezielle Kontrolle braucht noch lange keine Enttarnung zu bedeuten. Es kann sich um eine Stichprobe handeln oder einfach um eine Fahndungskontrolle nach einer Person bestimmter Größe oder Alters.

Wichtig ist nicht nur, ›seine‹ Personalien ›im Schlafe‹ hersagen zu können. Ich legte immer Wert darauf, auch den Wohnort, die Straße, das Haus, die Arbeitsstelle, die Kinos, die Kneipen, die nähere Umgebung – kurz, all das zu kennen, was meiner Legende entsprach. Auch meine Kleidung wählte ich so, dass sie zu dem Beruf passte, den meine Papiere auswiesen. Die Adresse im Notizbuch, die Straßenbahnfahrscheine der ›Heimatstadt‹, die Zeitung, die ich las, die Sprache, die ich sprach – alles musste stimmen. Fast hätte ich gesagt, dass ich so dachte wie die Person, die ich darstellte.

Vor Zufällen ist man nie sicher. Der redselige Nachbar im Flugzeug oder sogar der Beamte der Grenzkontrolle konnten in derselben Straße wohnen wie ich. Ein jeder Einsatz erfordert stärkste Konzentration. Jeden Augenblick muss man hellwach sein, um die Umgebung zu beobachten und alles genau zu registrieren.«[17]

Der HV A-IM Johannes Koppe konstatiert über seine Instrukteure: »Zu all meinen Instrukteuren hatte ich ein hervorragendes Verhältnis.«[18]

Die Zentrale legte Wert darauf, dass die Chemie zwischen Instrukteur und IM stimmte. Nur so konnte auf Dauer erfolgreich zusammengearbeitet werden.

Werber

Werber waren IM, die planmäßig operativ interessante Personen mit dem Ziel bearbeiteten, ihre nachrichtendienstliche Perspektive festzustellen und sie für eine bewusste Zusammenarbeit mit dem MfS zu gewinnen. Die Aufgabe der Werber bestand vor allem darin, durch Werbung neuer IM aus dem Operationsgebiet

- die nachrichtendienstlichen Positionen in gegnerischen Zentren, Objekten und ihrer Umgebung auszubauen,
- neue Möglichkeiten zur Erlangung von internen Informationen sowie zur Realisierung aktiver Maßnahmen zu erschließen,
- Voraussetzungen für die Verbesserung der Dislozierung des IM-Netzes zu schaffen und dadurch die Effektivität und Sicherheit des Zusammenwirkens der IMs, einschließlich des Verbindungswesens, zu erhöhen.

Von besonderer Bedeutung waren Werber, die direkt zur Bearbeitung der gegnerischen Zentren und Objekte eingesetzt wurden. Sie unterlagen hinsichtlich ihrer Kontakte zu Geheimnisträgern den Geheimschutzmaßnahmen gegnerischer Objekte. Der Einsatz von Werbern zur Bearbeitung von Geheimnisträgern feindlicher Zentren und Objekte musste von vornherein berücksichtigen, dass

- die Werber in das Blickfeld der gegnerischen Sicherheitsbehörden geraten und ihrer Überprüfung standhalten mussten,
- die Aufnahme, Entwicklung und Festigung des Kontaktes zu Geheimnisträgern und die dazu notwendigen operativen Schritte dem Gegner nicht verborgen blieben beziehungsweise durch den Werbekandidaten gemeldet wurden,
- die Geheimnisträger durch die gegnerischen Abwehrorgane über wichtige Mittel und Methoden der Kontaktarbeit des MfS sowie die Konzentration auf perspektivreiche Personengruppen belehrt wurden und dadurch bestimmte Vorstellungen vom Charakter der sozialistischen Kundschaftertätigkeit hatten,
- Geheimnisträger gegnerischer Objekte durch ihren Status besonderen Denk- und Verhaltensweisen unterlagen.

Die Werbung von Werbern, Perspektiv-IM, Führungs-IM sowie IM im Verbindungswesen konnte auch durch Werber aus dem Operationsgebiet mit aktiven Verbindungen in die DDR oder andere sozialistische Staaten und durch IM (DDR) erfolgen, die nicht den hohen Sicherheitsanforderungen der gegnerischen Objekte entsprachen. Zur Schaffung von Werbern war die operative Basis in der DDR umfassend zu nutzen.

Die planmäßige, den Qualitätskriterien entsprechende Ergänzung und Erweiterung des IM-Netzes der Aufklärung stellte besonders hohe Anforderungen an die Eignung von Werbern. Werber mussten aufgrund ihrer tatsächlichen oder vorgetäuschten gesellschaftlichen Stellung, ihrer Fähigkeiten, Eigenschaften und speziellen Kenntnisse bereit und in der Lage sein, entsprechende Kandidaten aufzuklären und sie in Richtung der Herbeiführung einer bewussten operativen Zusammenarbeit zu beeinflussen. Die gesellschaftliche Stellung musste es ihnen ermöglichen,

- beruflich, im gesellschaftlichen Leben, in der Privatsphäre oder im Freizeitbereich den Kontakt zu Werbekandidaten zu schaffen und zu entwickeln,
- alle erforderlichen operativen Aktivitäten bei der Bearbeitung und Werbung von Werbekandidaten so zu gestalten, dass sie für die gegnerischen Sicherheitsbehörden natürlich erschienen, überprüfbar waren und kein Sicherheitsrisiko erkennen ließen.

Bei suggerierten gesellschaftlichen Stellungen von Werbern war es deshalb erforderlich, dass überprüfbare Elemente vorhanden waren oder geschaffen werden konnten, die es ihnen ermöglichten, auch besonders geschützte Objekte zu bearbeiten. Werber mussten bereit und in der Lage sein,

- Verbindungen zu operativ interessanten Personen mit dem Ziel der Werbung herzustellen und zu unterhalten,
- durch die Wirksamkeit ihrer Persönlichkeit und Autorität beim Werbekandidaten Zielvorstellungen und Handlungen auszulösen, die eine erfolgreiche operative Bearbeitung des Kandidaten ermöglichten,
- zur Realisierung der jeweiligen Bearbeitungskonzeptionen erforderlichenfalls auch relativ langfristig Werbekandidaten aufzuklären und zu beeinflussen, sie gründlich zu studieren und zu prüfen,
- das eigene operative Vorgehen konsequent und den Regeln der Konspiration entsprechend zu tarnen, zweckmäßige Legenden zu entwickeln, anzuwenden und zu verkörpern,
- prinzipienfest und beweglich operative Aufträge und Maßnahmen zu erfüllen,
- das Risiko zu tragen, das sich aus der Offenbarung der Werbeabsicht gegenüber dem Werbekandidaten ergab.

Werber waren daher in der Regel erprobte, zuverlässige und in der operativen Arbeit erfahrene IM. Die bewusste Zusammenarbeit mit Werbern aus dem Operationsgebiet erfolgte auf der Grundlage vielfältiger Motive und war mit dem tatsächlichen Beziehungspartner oder mit legendierten beziehungsweise mit fremden Beziehungspartnern möglich.

Zur Werbung von Mitarbeitern gegnerischer Zentren und Objekte kamen vorrangig Werber aus dem Operationsgebiet zum Einsatz, die weitgehend den dortigen Sicherheitsbedürfnissen entsprachen. Verstärkt sollten Werber zum Einsatz gelangen, die in der Lage waren, Werbungen von Geheimnisträgern fremder Flagge durchzuführen. Dafür waren Ausländer, insbesondere aus westlichen Hauptstaaten, besonders geeignet, die in der Bundesrepublik wohnhaft waren beziehungsweise regelmäßig geschäftliche oder persönliche Verbindungen dorthin unterhielten.

Bei der Bearbeitung von Werbekandidaten außerhalb besonders geschützter Objekte, die für vielfältige Aufgaben im Operationsgebiet vorgesehen waren, konnten auch Werber (beispielsweise DDR-Werber) eingesetzt werden, die nicht den hohen Sicherheitsanforderungen entsprachen, die sich aus gegnerischen Überwachungsmaßnahmen ergaben.

Ein direkter Einsatz von Werbern (DDR) zur Werbung von Geheimnisträgern (West) betrachtete die HV A angesichts des gegnerischen Abwehrregimes nur in Ausnahmefällen als vertretbar. Bei der Werbung von Geheimnisträgern durch Werber (DDR) musste grundsätzlich der Kontakt des Werbekandidaten zum DDR-Werber gegenüber den gegnerischen Sicherheitsorganen verborgen bleiben. Im Interesse der operativen Zusammenarbeit mit den IM konnte es sich erforderlich machen, Werber zur Führung der von ihnen geworbenen IM einzusetzen. In diesen Fällen wurde der Werber zum Führungs-IM entwickelt.[19]

Manfred Bols, ehemaliger stellvertretender Leiter der Abteilung XV/BV Leipzig, schreibt zu Werbern:

»Es gab in der Aufklärung die ungeschriebene Ansicht: ›Ein Werber ist ein Werber, wenn er einen IM tatsächlich geworben hat.‹ Viele IM des Operationsgebietes waren statistisch als Werber eingestuft, aber nur wenige verdienten auch diese Bezeichnung. Ihr Hauptproblem bestand darin, dass sie sich der Zielperson offenbaren mussten und sie bei Fehlschlag der Werbung gefährdet waren. Das Risiko des Verrats wurde verständlicherweise von vielen Werbern gescheut. Deshalb wurde seit Mitte der 70er Jahre auch in den Abteilungen XV verstärkt dazu übergegangen, für diese Aufgabe DDR-IM einzusetzen. Ähnlich wie bei Ü-IM [Übersiedlungs-IM, Anm. d. Verf.] ging man davon aus, dass insbesondere in der sozialistischen DDR aufgewachsene und langfristig aufgebaute IM diese Aufgabe erfüllen konnten. Die Werber hatten einen Arbeitsvertrag als hauptamtliche IM (HIM). Ihr Auftrag bestand darin, unter westdeutschem Pseudonym im Operationsgebiet Personen zu suchen, zu kontaktieren und ihre objektiven Möglichkeiten und subjektive Befähigung für eine Zusammenarbeit zu prüfen. Gegenüber ihrer Umgebung in der DDR waren sie in der Regel getarnt als Freiberufler, d.h. als unabhängig tätige Journalisten, Wissenschaftler oder Ähnliches.

Für diese außerordentlich komplizierte und anspruchsvolle Aufgabe wurden nur erprobte und überprüfte IM ausgewählt, die über die notwendigen Voraussetzungen (einschließlich einer hochdeutschen Aussprache) verfügten und bereits Erfahrungen und Erfolge in der Kontakt- und Werbearbeit nachweisen konnten. Ihre subjektiven Fähigkeiten, nämlich andere Menschen beeinflussen und gewinnen zu können, waren der Hauptfaktor des Erfolges, davon hing fast alles ab. [...] Am günstigsten erwies es sich, wenn man diese Werber aus der DDR mit einem Werber aus der BRD zusammen agieren ließ, denn das Problem des DDR-Werbers war immer die Abdeckung[20] im Operationsgebiet.«[21]

Bols fügt seinen Ausführungen folgendes Beispiel aus der Praxis an:

»›Patrick‹ war ein für diese Arbeitsmethode sehr geeigneter und fähiger Genosse. Der IM war 35 Jahre alt, Journalist, sprach Französisch und Englisch. Auch mit Esperanto hatte er sich bereits beschäftigt. Er war verheiratet, unerschrocken, ausgeglichen, beharrlich und konnte auf Menschen zugehen. ›Patrick‹ interessierte sich für Außenpolitik und speziell Afrika. In der DDR konnte er aber nur außenpolitischen Journalismus ›von innen‹ betreiben. Es war außerordentlich schwierig, als Auslandskorrespondent des ADN, der Nachrichtenagentur der DDR, eingesetzt zu werden. Er wollte etwas mit seiner Arbeit bewegen, Weltanschauung nicht nur als Ausdruck einer Ideologie verstehen, sondern die Welt auch wirklich anschauen. Die ihm durch die Aufklärung angebotene Aufgabe entsprach damit voll seinem Anliegen und Wünschen.

Wir schickten ihn zu Sprachlehrgängen nach London und Paris, er reiste zur Abdeckung seiner Legende ›Afrikanist/Journalist‹ auch in afrikanische Länder, nahm an Skisafaris in die Alpen und Bergsteigerexpeditionen teil. Er wurde Mitglied in der westdeutschen Esperanto-Gesellschaft. Solche Einsätze dauerten je nach Notwendigkeit vier bis acht Wochen. Danach kam er immer wieder in die DDR zurück, um nach Auswertung der Arbeitsergebnisse, Krafttanken in der Familie und mit neuen Instruktionen versehen erneut abzureisen.

Ausgangspunkt seiner Aktivitäten in der Bundesrepublik war ein kleines Häuschen in der Nähe von Bad Hersfeld, das er sich gemietet hatte und wo sich seine Sachen, Ausrüstungsgegenstände und Geld befanden. Zum Vermieter bestand ein herzlicher Kontakt. Er gehörte fast schon zur Familie. Für sie war er der Journalist und Afrikanist Patrick, der viel unterwegs war und gern zum Schreiben und zur Erholung ins hessische Bergland kam. Sie hoben für ihn die eingegangene Post auf. Im Übrigen war ihnen die zusätzliche Miete willkommen, natürlich am Finanzamt vorbei. Das bedeutete zugleich eine gewisse Sicherheit für ›Patrick‹: Man redete nicht viel über den Gast. Dieses Quartier hatte auch den Vorteil, dass ›Patrick‹ nicht mit Koffern auf dem Schienenweg die Grenze zur BRD passieren musste. Die westdeutsche Seite hatte die Kontrolle, verdeckte Beobachtung und Recherchemöglichkeiten über mobile Funkgeräte in den Transitzügen immer mehr verfeinert.

›Patrick‹ wurde durch Offiziere der Abteilung ›Arbeitsgruppe Grenze‹ der HV A, später XVII, über die ›grüne Grenze‹ geschleust, das heißt, er überquerte diese in einem unübersichtlichen Gebiet illegal. Während seiner Aufenthalte entwickelte er eine ganze Reihe von interessanten Kontakten. Hervorzuheben waren hierbei eine feste Freundschaft zu einem Volkswirtschaftler (›Ludwig Bach‹), der mehrere Sprachen sprach und auf dem Sprung in das Auswärtige Amt stand, und der Kontakt zu einem Anwendungsprogrammierer in einem Amt der Bundeswehr. Wir gaben ihm den Decknamen ›Roboter‹. Er war der Lebensgefährte einer Optikerin. ›Patrick‹ hatte beide auf einer Skisafari in den Alpen kennengelernt. ›Roboter‹ erzählte ausführlich über seine Tätigkeit, die mit der Überwachung der militärischen Kräfte des Warschauer Paktes zu tun hatte, berichtete über den Einsatz von Simultandolmetschern zum Abhören des Telefon- und Funkverkehrs der Ostblockstaaten, den Einsatz von Fernfahrern zur Feststellung militärischer Bewegungen in der DDR usw.

Probleme ergaben sich bei der Entwicklung und Pflege zu Kontakten weiblicher Personen. Während seines Sprachlehrganges in London lernte ›Patrick‹ die Japanerin Hiroo Y. kennen, die ein mehrwöchiges Zusatzstudium an der School of Oriental and African Studies absolvierte. Sie hatte internationale Politik in Tokio studiert und wollte nach ihren Studien in Europa beim japanischen Civil Service arbeiten. Sie verliebte sich in ihn und wollte nach Deutschland übersiedeln. Eine ähnliche Konstellation entwickelte sich, als ›Patrick‹ ein halbes Jahr später in einem Esperanto-Club Rita L., eine Rechtsanwältin aus Bonn, kennenlernte, die bei der EU in Luxemburg tätig war. Nach mehreren Zusammentreffen kam es zu Komplikationen, da sich Intimitäten auf die Dauer nicht mehr vermeiden ließen.

Mit der Schwester seiner Vermieterin in Bad Hersfeld, einer geschiedenen Beamtin aus München, unternahm er im hessischen Bergland Wanderungen und Radpartien mit dem Ergebnis, dass sich ›Kolibri‹, wie wir sie nannten, Hoffnungen auf eine feste Bindung zu ihm machte.

Nachteilig war auch sein unstetes Leben: Er war laut Legende unverheiratet und hatte keine Familie in Deutschland. Der Vater war danach verstorben, seine Mutter lebte in einem Altenheim in Frankreich, Geschwister gab es nicht. Er tauchte auf und verschwand wieder. In seiner Umgebung galt er als ruheloser Globetrotter.

Insgesamt stießen wir bei der Anwendung dieser Methode immer wieder an nur schwer zu überwindende objektive Grenzen. Viel Können des Werbers im zeitweiligen Einsatz und viel Glück waren notwendig, um zum Erfolg zu kommen.

Zeitlicher und finanzieller Aufwand standen nach meinen Erfahrungen jedoch in keinem günstigen Verhältnis zum Ergebnis.«[22]

Wolfgang Hartmann, für die HV A in der Bundesrepublik im Einsatz, erinnert sich wie folgt an seine Tätigkeit:

»In den 60er Jahren suchte und fand ich an den Universitäten Studenten, die nach Fach, Leistungsniveau und anderen Eigenschaften geeignet schienen, später eine besonders gute Karriere machen zu können. Die Idee war, sie entweder auf unserer Überzeugungsbasis oder unter fremder Flagge als ›Perspektiv-IM‹, als spätere Aufklärer zu gewinnen. Das gelang auch. Meine ›operativen Partner‹, wie ich sie nennen will, erreichten hohe Funktionen in der bundesdeutschen Ministerialbürokratie. [...]

Sowohl Suche und Werbung, erst recht die Führung der dann gewonnenen Partner erforderten aus inhaltlichen, aber auch aus Gründen der Sicherheit ihrer Existenz und der operativen Beziehungen selbst, von mir, mit den ›Regimeverhältnissen‹, wie wir sagten, gut vertraut zu sein. Ich musste mich glaubhaft wie ein Bundesbürger bewegen können. Ich hatte also buchstäblich eine Doppelexistenz zu leben. Einmal im mehr technischen Sinn, im Westen also mit falscher Identität, falschen Papieren usw. Wichtiger aber: Alles buchstäblich alles, was für die Beziehungen zu meinen Partnern von einigermaßen Belang war, musste ich nicht nur in meinem eigenen Kopf bedenken, sondern hineinversetzt immer auch mit den in ihrer Denkweise sogar sehr verschiedenen Köpfen der Partner. Z. B. musste ich einem meiner Partner gegenüber dauerhaft als jemand glaubhaft sein, der in Kreisen der ›höheren‹ Bourgeoisie zugehörig sei. Eine BRD-Zeitung fasste das in die Formel, mein Partner sei überzeugt gewesen, es mit einem Mann aus der Umgebung Wolfs zu tun gehabt zu haben, nur dass es eben nicht der Präsident des DIHT Wolff von Amerongen, sondern Markus Wolf gewesen sei. Oder, bei einem anderen Partner: ARD sendet Jean-Paul Sartres ›Schmutzige Hände‹. Das war für mich interessant, weil moralische Fragen unserer Arbeit berührt wurden. Auch mein Freund K. würde den Film ansehen und gewiss mit mir diskutieren wollen. Also hatte ich zu überlegen, wie er ihn mutmaßlich aufnehmen, welche Fragen er haben und welche Streitpunkte es geben würde. Beim nächsten Treff – das war noch in der Werbephase – war Sartre der Hauptpunkt – ja, so waren unsere Werbungen! – und ich war glücklich, dass ich die Ansichten meines Freundes genau vorausgesehen hatte. Ein anderes Mal wollte er wissen: ›Wer war Radek?‹ – und dazu hatte er sich durch 1.600 Seiten Lektüre vorbereitet. Später ist das Denken mit dem Kopf des Partners wechselseitig gewesen. Dieser Umstand hat erheblich dazu beigetragen, dass – wie der Münchener Polizeipsychologe Georg Sieber anlässlich Günter Guillaumes sagte – sich die Qualität der in bundesdeutschen Positionen befindlichen DDR-Aufklärer ›aufschaukelte‹ und damit ihre ›Karriere‹ begünstigte.«[23]

Aus der Sicht des Führungsoffiziers schreibt der HV A-Offizier Peter Großmann: »Die wichtigsten Personen, die ein Führungsoffizier als IM oder HIM gewinnen musste, die nach der Ausbildung in anderen Ländern eingesetzt werden sollten, waren Reise- und Einsatzkader, Instrukteure, Kuriere und Werber. Das war am Anfang auch meine Hauptarbeit. Ich musste Menschen finden und gewinnen, die sich schriftlich zur Zusammenarbeit und zur Aufklärung (Spionage im westlichen

Sprachgebrauch) verpflichteten, die bereit waren, unter legalem Namen oder unter Pseudonym zu konspirativ-operativen Einsätzen in das westliche Operationsgebiet zu reisen. Der wichtigste IM im Spionagenetz ist der ›Werber‹, sofern die Werbung (Gewinnung für die Aufklärungstätigkeit) in den Operationsgebieten, u. a. in der BRD oder den USA, erfolgen soll. Der ›Werber‹ ist in diesen Ländern alleine, er muss wissentlich Risiken eingehen, muss sich häufig offenbaren, um auserwählte Personen für eine Zusammenarbeit zu gewinnen. Dabei muss der Werber vor allem die Motive der Person, die eine Werbung rechtfertigen, kennen. Das können politische Motive, finanzielle Interessen, Frauen und Sexualität, auch Erpressung sein. (Erpressung und Sexualität sind jedoch nach meiner Auffassung eine schlechte Basis für eine langfristige Zusammenarbeit.) Der Versuch einer Werbung erfolgt in der Regel dann, wenn der Führungsoffizier und die Leitung relativ sicher sind, dass die zu werbende Person zustimmen wird, keinen nachträglichen Verrat vornimmt, um sich eventuell den gegnerischen Behörden zu offenbaren.«[24]

Perspektiv-IM

Als Perspektiv-IM wurden solche IM bezeichnet, die aufgrund ihrer Voraussetzungen künftig eine Tätigkeit als Quelle, Werber, Führungs-IM oder andere ausüben konnten und durch zielgerichtete Maßnahmen beziehungsweise operative Kombinationen[25], insbesondere zur Schaffung der erforderlichen gesellschaftlichen und beruflichen Positionen, auf ihren Einsatz vorbereitet wurden.

In Abhängigkeit vom geplanten perspektivischen Einsatz der IMs mussten unterschiedliche Entwicklungsbedingungen beachtet werden. Perspektiv-IM, die auf die Einschleusung in gegnerische Zentren und Objekte vorbereitet wurden, gerieten bei der Entwicklung ihrer gesellschaftlichen Stellung in der Regel in das Blickfeld westlicher Abwehrorgane. Diesen war prinzipiell bekannt, dass von Seiten der HV A mit Perspektiv-IM gearbeitet wurde und insbesondere Personengruppen mit Aussicht auf eine Einstellung in den Hauptobjekten – wie Studenten, Sekretärinnen und Beamte – mit dem Ziel der Werbung operativ bearbeitet wurden. Deshalb führte die bundesdeutsche Abwehr bei relevanten Neueinstellungen umfangreiche Sicherheitsüberprüfungen durch.

Darüber hinaus wurden wachsende Anforderungen an die fachliche Qualifikation sowie die physischen und psychischen Leistungseigenschaften gestellt. Die Einstellung in gegnerische Zentren und Objekte konnte durch Förderverbindungen günstig beeinflusst werden. Solche Förderverbindungen mussten für die gegnerischen Sicherheitsbehörden überprüfbar sein und ihnen natürlich und unverdächtig erscheinen.

Perspektiv-IM, die in der Zukunft zur Werbung westlicher Geheimnisträger eingesetzt oder eine legal abgedeckte Verbindung zu IM unterhalten sollten, die in gegnerischen Zentren und Objekten tätig waren, mussten in der Regel den gleichen Sicherheitsanforderungen gerecht werden wie Perspektiv-IM, die für eine Einschleusung in gegnerische Zentren und Objekte vorgesehen waren.

Nicht so hohe Sicherheitsanforderungen wurden an Perspektiv-IM gestellt, die für eine Aufgabe vorbereitet wurden, die keine legal abgedeckte Verbindung zu gegnerischen Zentren und Objekten verlangte. Dies betraf unter anderem Perspektiv-IM, die zukünftig

- Werber, Perspektiv-IM und Führungs-IM werben sollten, die unmittelbar zur Bearbeitung der Objekte eingesetzt werden konnten,
- als Führungs-IM wirksam werden sollten, ohne dass sie legal abgedeckte Verbindungen zu IM unterhalten mussten, die in gegnerischen Objekten tätig waren,
- spezifische Funktionen im Verbindungswesen realisierten.

Diese Perspektiv-IM konnten über legale Verbindungen in die DDR oder andere sozialistische Staaten verfügen und unter Nutzung der Basis in der DDR geworben werden.

Der Arbeit mit Perspektiv-IM lag die Erkenntnis zugrunde, dass aus den geeigneten Zielgruppen von den gegnerischen Geheimdiensten zugleich Agenturen zum Eindringen in das IM-Netz angeworben wurden. Daher musste bei der Schaffung von Perspektiv-IM und der Zusammenarbeit mit ihnen ständig und gründlich geprüft werden, ob Anzeichen für eine mögliche Doppelagententätigkeit bestanden.

Im Interesse der Entwicklung der Perspektiv-IM und einer erfolgreichen Arbeit in den operativen Zielfunktionen waren deshalb an die Perspektiv-IM analoge Anforderungen zu stellen, wie das bei den IM-Kategorien Quelle, Führungs-IM, Werber und IM im Verbindungswesen der Fall war.

Perspektiv-IM mussten bereit und in der Lage sein,

- die gesamte persönliche Entwicklung, einschließlich der Berufswahl, der nachrichtendienstlichen Perspektive unterzuordnen,
- systematisch und zielstrebig ein hohes berufliches Leistungsvermögen zu entwickeln, politische Auffassungen vorzutäuschen, persönliche Eigenschaften zu entwickeln, die eine Einstellung in gegnerischen Objekten oder den Kontakt zu Geheimnisträgern ermöglichten, ohne den westlichen Abwehrdienststellen verdächtig zu erscheinen,
- solche Einstellungen und Entwicklungschancen zu erarbeiten, dass sie auch unter einer Vielzahl von Bewerbern den Vorzug erhielten,
- sich langfristig auf die Bedingungen der operativen Arbeit in und an gegnerischen Objekten vorzubereiten,

- alle Aktivitäten und Verhaltensweisen zu unterlassen, die einem Einsatz in der Zielfunktion entgegenstanden beziehungsweise die Bearbeitung durch gegnerische Abwehrorgane hervorrufen konnten,
- die operative Zielstellung ihrer beruflichen und persönlichen Entwicklung richtig zu tarnen,
- sich das für den Einsatz in der operativen Zielfunktion erforderliche Wissen und die Fähigkeiten zur Anwendung operativer Mittel und Methoden anzueignen.

Die Bereitschaft zur bewussten nachrichtendienstlichen Arbeit für einen Beziehungspartner musste den hohen Belastungen gewachsen sein, die in der Regel mit der Übernahme der operativen Zielfunktion beziehungsweise nach der Einstellung im gegnerischen Objekt auftraten. Mit der Übernahme der Zielfunktion wurde ihnen das Ausmaß der von ihnen erwarteten Aktivitäten und des damit verbundenen Risikos bewusst. Weiterhin musste beachtet werden, dass sich mit der Entwicklung der gesellschaftlichen Stellung der Perspektiv-IM oftmals auch die Bedingungen für die Realisierung ihrer Interessen und Bedürfnisse veränderten und sich Wandlungen in ihrer Motivstruktur vollzogen.

Der Prozess der Vorbereitung von Perspektiv-IM auf ihre Zielfunktion wurde systematisch mit dem Studium sowie der Überprüfung und Erprobung der IMs verbunden. Durch die Schaffung entsprechender Bewährungssituationen mussten begründete Aussagen über den Entwicklungsstand der Bereitschaft zur nachrichtendienstlichen Arbeit erlangt werden. Alle operativen Aufträge an Perspektiv-IM mussten die angedachte Einsatzvariante unterstützen und durften sie nicht gefährden. Bei Einschleusungen von Perspektiv-IM in gegnerische Hauptobjekte war zu gewährleisten, dass durch die operative Arbeit beziehungsweise durch Aktivitäten der Perspektiv-IM dem Gegner keine verdächtigen Ansatzpunkte gegeben wurden.

Die Umsetzung der Forderung, unter allen Lagebedingungen in den entscheidenden gegnerischen Zentren durch inoffizielle Kräfte verankert zu sein, den Umfang dieser Positionen zu erweitern und deren Wirksamkeit zu erhöhen, setzte einen ausreichenden Vorlauf an qualifizierten Perspektiv-IM für die wichtigsten IM-Kategorien voraus.[26]

Kategorien der Ausübung spezifischer Aufgaben im Verbindungswesen zwischen der Zentrale und den IM im Operationsgebiet

Kuriere, Funker, Inhaber von Deckadressen (DA), Decktelefonen (DT), Konspirativen Wohnungen (KW), Konspirativen Objekten (KO), Anlaufstellen und Grenz-IM realisierten spezifische Aufgaben im Verbindungswesen zwischen der Zentrale und den IM im Operationsgebiet. Sie trugen dazu bei, dass unter allen Bedingungen der Lage schnell, zuverlässig und beständig

- die von den Quellen erarbeiteten Informationen und Materialien aus dem Operationsgebiet an die Zentrale übermittelt werden konnten,
- operative Materialien, Dokumente und Mittel sicher von der Zentrale zu den IM im Operationsgebiet transportiert werden konnten,
- die Führung der im Westen tätigen IM gesichert werden konnte,
- bei besonderen Gefahren eine rechtzeitige Warnung der IMs erfolgen konnte.

Der Einsatz dieser IM im Verbindungswesen musste variabel und sicher organisiert werden. Dabei wurden die Maßnahmen des Gegners gegen das Verbindungswesen der Aufklärung des MfS und die Versuche zur Enttarnung operativer Kräfte, Mittel und Methoden ständig berücksichtigt. Bei allen IM, die zur Realisierung von Aufgaben im Verbindungswesen Staatsgrenzen überschreiten mussten, zwangen die vielfältigen gegnerischen Aktivitäten und Maßnahmen zur Überwachung des grenzüberschreitenden Verkehrs die HV A zu operativen Maßnahmen und Verhaltensweisen, die ihre Sicherheit gewährleisteten.

Besondere Aufmerksamkeit verdiente die Schaffung von IM aus dem Operationsgebiet, die als Kurier beziehungsweise als KW-Inhaber geeignet und einsetzbar waren. Ausgehend von den Aktivitäten der gegnerischen Sicherheitsbehörden gegen das Verbindungswesen der Aufklärung, die sich auch auf das Gebiet der DDR erstreckten, mussten vorhandene KW, KO, DA und DT regelmäßig vom Sicherheitsstandpunkt her überprüft werden.

Die im Verbindungswesen eingesetzten DDR-IM wurden in Abhängigkeit von ihren Möglichkeiten sowie unter Berücksichtigung aller Sicherheitserfordernisse auch zur Lösung von Aufgaben zur Gewährleistung der inneren Sicherheit der DDR eingesetzt.[27]

Kuriere

Kuriere hatten Informationen, technische und finanzielle Mittel zwischen der Zentrale und den IM im Operationsgebiet konspirativ zu transportieren. Sie mussten

- bei Einsätzen im Westen die vorgetäuschte gesellschaftliche Stellung glaubwürdig verkörpern,
- sich bei den zeitweiligen Aufenthalten im Operationsgebiet sowie im grenzüberschreitenden Verkehr den konkreten Regimebedingungen anpassen und ein hohes Maß an Sicherheit gewährleisten,
- in der Lage sein, operative Materialien mit Hilfe von TBK, Anlaufstellen oder Materialübergabetreffs zuverlässig zu übernehmen beziehungsweise zu übergeben,

- die operativen Materialien im Operationsgebiet, im grenzüberschreitenden Verkehr und in der DDR sicher transportieren können,
- eine berufliche und gesellschaftliche Position besitzen und in solchen persönlichen Verhältnissen leben, die eine zeitweilige konspirative Herauslösung aus ihrer Tätigkeit beziehungsweise ihrem familiären Bereich ermöglichten.

In bestätigten Fällen wurde die Funktion des Kuriers durch den Instrukteur wahrgenommen. Man ging bei der HV A zu Ende der 1970er Jahre davon aus, dass unter den Bedingungen der weiteren Verschärfung des gegnerischen Abwehrregimes verstärkt IM aus dem Operationsgebiet einzusetzen sind, die ihre Zuverlässigkeit bereits unter Beweis gestellt hatten und als Kurier geeignet waren. Dabei sollten besonders IM genutzt werden, die aus beruflichen oder anderen Gründen häufig Reisen zwischen Westberlin und der Bundesrepublik beziehungsweise anderen westlichen Ländern durchführten.[28]

Hans Voelkner erinnert sich an seine Tätigkeit:

»Einmal passierte es mir, dass ich ganz unplanmäßig umfangreiche, wichtige Protokolle in die Hände bekam, die so nicht zu transportieren waren. Also abfotografieren. Die Fotokopien konnte ich aber nur in meinem Hotelzimmer anfertigen. Dabei musste manches bedacht werden, beispielsweise, dass mich niemand durchs Fenster beobachtete und kein Hotelangestellter störte, wenn auch nur ungewollt. Ich zog die Vorhänge zu und hängte das bekannte Schild ›Bitte nicht stören‹ raus. Bereits vorher hatte ich eine 200-Watt-Birne gekauft, die mir das notwendige Licht sicherte. So verwandelte sich mein Hotelzimmer in eine Kopieranstalt.

Ich hatte meistens eine Tasche oder ein Behältnis bei mir, die dem sicheren Transport bestimmter Gegenstände oder Unterlagen dienten. Aber diesmal war es so viel Material, dass immer noch mehrere Filme übrigblieben, die ich nicht verstauen konnte. Da war guter Rat teuer. Ich entschloss mich, die Filmkassetten zu öffnen und die Filme so in mein Handgepäck zu legen, dass sie bei einer Kontrolle sofort belichtet würden. Das bedeutete in einem solchen Falle zwar den Verlust der Fotokopien – wir hätten dann nur noch mein Gedächtnisprotokoll gehabt –, aber wäre immer noch das kleinere Übel gewesen. Auf keinen Fall durfte der Gegner die Filme in seine Hand bekommen, denn er hätte daraus Schlussfolgerungen über die Herkunft der Informationen ziehen können. Nun, ich brachte die Filme wohlbehalten ans Ziel.

Auch die Rückreise in die DDR verlief nicht immer ohne Probleme. Bei aller Freude, wieder daheim zu sein, musste ich mich auch hierbei vorsehen und durfte nicht auffallen. Was ich manchmal an Berichten und offiziellen Unterlagen oder an Filmen und fotokopierten Dokumenten mitbrachte, musste unseren Grenzern ja mitunter verdächtig vorkommen. Ich konnte ihnen doch nicht sagen: ›Guten Tag, liebe Genossen! Ich bringe gerade die neueste Lieferung aus dem NATO-Generalsekretariat …‹

Zur Erfüllung meiner Aufgaben brauchte ich mich nicht ständig außerhalb der DDR aufhalten. Das brachte ganz spezifische Belastungen mit sich. Es bedeutete für mich normale Zugehörigkeit zu einem Betrieb mit häufiger Abwesenheit zu längeren oder kürzeren Reisen. Ich musste also eine Art Doppelleben führen. So nahm ich zum Beispiel manchmal in den Vormittagsstunden noch als Abteilungsleiter meines Betriebes an der Dienstbesprechung beim Generaldirektor teil, und in den Mittagsstunden war ich bereits mit einer anderen Identität auf dem Flug nach Paris oder Genf. Meine Abwesenheit von der Arbeit musste immer einwandfrei begründet sein. Das ist jedoch gar nicht so leicht in einem sozialistischen Kollektiv, wo einer den anderen kennt und sich über ihn Gedanken macht. Ich musste meine Kollegen täuschen, jahrelang. Komplizierte Sache, denn meine Einsätze waren nicht planbar. Manchmal musste ich mich nach außen hin vor zusätzlichen Aufgaben drücken oder abseits stehen, selbst auf die Gefahr hin, auch von Freunden und Genossen im Betrieb missverstanden zu werden. Vor allem aber musste ich meine Aufgaben im Betrieb allseitig erfüllen. Niemand nahm mir meine dienstlichen Obliegenheiten ab. Im Gegenteil, ich musste nicht nur schlechthin im Betrieb meine Arbeit machen, sondern sie gut und möglichst vorbildlich leisten. Die Belobigungen und Auszeichnungen, die ich vom Betrieb für meine Leistungen erhielt, sind Beweis, dass mir das gelang.

Es waren harte Jahre, die viel Energie forderten. Jahre, in denen ich durch viele Länder Europas kam. Vom Frühstück, gemeinsam mit meiner Frau und den Kindern eingenommen, ehe sie zur Schule gingen, bis zum Mittagessen in irgendeiner westlichen Stadt vergingen manchmal nur Stunden. […]

Ich hatte das Glück, meine Frau fast von Anfang an in meine Tätigkeit einweihen zu dürfen. Das vermied Missverständnisse und zusätzlich daraus resultierende Belastungen. Natürlich wusste meine Frau keine Einzelheiten.«[29]

Das Verhältnis vom Kurier zum IM im Operationsgebiet war wichtig, und die Chemie zwischen beiden IM sollte möglichst stimmen, worauf in der HV A großer Wert gelegt wurde. Der Kundschafter Klaus von Raussendorff, Objektquelle der HV A im Auswärtigen Dienst der Bundesrepublik, bemerkt hinsichtlich seines Kuriers: »Zu meinem Kurier, der ein Vierteljahrhundert die Verbindung zu mir aufrecht erhielt, hatte ich ein Verhältnis wie zu meinem Bruder.«[30]

Funker

Funker übermittelten konspirativ Informationen zwischen IM im Operationsgebiet und der Zentrale auf funktechnischem Weg. Sie mussten

- im Operationsgebiet legalisiert sein oder als Einsatzfunker in entsprechenden Situationen von der DDR aus illegal in das Operationsgebiet eingeschleust werden können,
- die für die Ausübung der Funktion notwendige Aufenthalts- und Bewegungsfreiheit im Westen auch in besonderen Situationen besitzen,
- die Regimeverhältnisse des Operationsgebietes, besonders des vorgesehenen Einsatzterritoriums im erforderlichen Umfang kennen,
- über die erforderlichen Fähigkeiten und Fertigkeiten zur Beherrschung der Funktechnik verfügen.[31]

Deckadressen und Decktelefone

Inhaber von DA und DT stellten ihre Anschrift beziehungsweise ihren Telefonanschluss zur Informationsübermittlung zur Verfügung und leiteten die Informationen nach der Entgegennahme entsprechend den Festlegungen weiter. Durch die Schaffung von DA und DT in der DDR sowie im Operationsgebiet konnte der massenhafte postalische Verkehr zwischen dem Westen und der DDR genutzt, die operative Informationsübermittlung in natürliche Prozesse eingebettet und die Sicherheit der IMs im Operationsgebiet erhöht werden.

An Inhaber von DA und DT wurden insbesondere Anforderungen zur Gewährleistung der konspirativen Abdeckung ihrer Anschrift beziehungsweise ihres Telefonanschlusses gestellt. Sie mussten

- in solchen familiären und beruflichen Verhältnissen leben, die eine nachrichtendienstliche Nutzung ihrer Anschrift oder ihres Telefonanschlusses ermöglichten,
- durch ihre persönlichen Verhaltenseigenschaften dazu beitragen, dass der nachrichtendienstliche Charakter von Postsendungen und Telefonaten durch außenstehende Personen nicht erkannt werden konnte,
- eine sichere und zuverlässige Übermittlung der ihnen zugehenden Informationen an den vereinbarten Empfänger unter allen Bedingungen gewährleisten,
- ihre Zuverlässigkeit, Verschwiegenheit und Wachsamkeit unter Beweis gestellt haben.

Neben den Anforderungen an die Person des Inhabers der DA/des DT mussten auch die konkreten örtlichen Bedingungen, insbesondere die Konzentration der Post- und Telefonkontrolle des Gegners auf bestimmte territoriale Räume und Zeiten beachtet werden. Die Schaffung von DA/DT war auf Gebiete verlagert, die eine Enttarnung erschwerten. Als Inhaber von DA/DT auf DDR-Territorium wurden vorrangig politisch zuverlässige, der DDR treu ergebene Bürger ausgewählt. Die Schaffung von DA und DT im Westen erfolgte unter Nutzung vielfältiger Motive und Beziehungspartner.[32]

Konspirative Wohnungen und Konspirative Objekte

Inhaber von KW und KO waren Personen, im Operationsgebiet und in der DDR, die geeignete Räumlichkeiten für operative Maßnahmen (Treff, Quartier, technische Aktion) zur Verfügung stellten. Sie mussten die Nutzung der Räumlichkeiten legendieren können. Die Nutzung von KW/KO und deren Abdeckung verlangten, dass deren Inhaber zuverlässig, verschwiegen, wachsam und verantwortungsbewusst im Interesse des Beziehungspartners waren, der bei KW/KO in der DDR in der Regel das MfS war.

Als KW/KO-Inhaber in der DDR wurden solche Bürger ausgewählt, die ihre Treue zum Staat unter Beweis gestellt hatten. Bei KW im Operationsgebiet waren auch andere Beziehungspartner möglich. Sie bedurften einer gut durchdachten Legende beim Aufenthalt oder Treff in der KW, die dem Anliegen des Beziehungspartners natürlicherweise entsprach. Weitere Anforderungen waren:

- die familiären oder beruflichen Verhältnisse der KW/KO-Inhaber mussten eine KW/ein KO zulassen,
- die Inhaber von KW/KO mussten geistig und körperlich in der Lage sein, erforderliche beziehungsweise festzulegende Betreuungs- und Sicherungsmaßnahmen zu erfüllen,
- die vorhandenen Räumlichkeiten mussten eine konspirative und ungestörte Treffdurchführung gewährleisten,
- das Betreten und Verlassen der KW/KO musste möglich sein, ohne dass unbefugte Personen den konspirativen Charakter erkennen konnten,
- im Haus sowie in der näheren Umgebung durften keine Gefahrenmomente für die Konspiration und die Sicherheit der IMs bestehen.

Die Verschärfung des gegnerischen Abwehrregimes machte es aus Sicht der HV A zu Ende der 1970er Jahre erforderlich, verstärkt KW im Operationsgebiet zu schaffen, um DDR-IM beim Westeinsatz eine sichere Unterkunft zu ermöglichen. Dadurch konnte das Erfassungs- und Registriersystem in Hotels und Pensionen unterlaufen werden. Darüber hinaus wurde es als erforderlich angesehen, im Operationsgebiet KW zu schaffen, die in Spannungs- oder Krisensituationen für einen längeren Zeitraum zur Unterbringung von Einsatzkadern beziehungsweise als Funkquartier genutzt werden konnten.[33]

Anlaufstellen

Anlaufstellen hatten Mitteilungen und Materialien an Personen weiterzuleiten, die sich durch vereinbarte Erkennungszeichen und Parole legitimieren konnten. Ihre Existenz diente der Erhöhung der Konspiration im Informationsfluss zwischen IM und Zentrale. Anlaufstellen waren objektgebunden. Sie mussten

- über eine gesellschaftliche Stellung verfügen, die eine Einbettung des Anlaufens in natürliche Gegebenheiten ermöglichte,
- sich vor allem durch Zuverlässigkeit, Verantwortungsbewusstsein und Disziplin bei der Übermittlung von Materialien und Mitteilungen auszeichnen sowie in der Lage sein, alle nachrichtendienstlichen Handlungen, insbesondere das Zusammentreffen mit anderen operativen Kräften, zu tarnen,
- nachrichtendienstliche Materialien sicher aufbewahren und unauffällig übergeben können.

Der Ort für die Materialübergabe beziehungsweise -übernahme wurde so ausgewählt, dass er durch die IM, die die Anlaufstelle nutzten, sicher und unauffällig aufgesucht werden konnte.[34]

Grenz-IM

Grenz-IM schleusten Personen und Materialien konspirativ über die Grenze. Die Anforderungen an Grenz-IM wurden durch die geografischen und operativen Bedingungen an der Staatsgrenze wesentlich beeinflusst.[35]

Ermittler

Ermittler stellten Informationen über operativ interessante Personen, Objekte sowie Sachverhalte fest. Die Tätigkeit des Ermittlers war demzufolge auf die Beschaffung von Informationen gerichtet, die für den operativen Arbeitsprozess von Bedeutung waren. Ermittler bedienten sich zur Realisierung ihrer Aufgabenstellung verschiedener Methoden der Informationsgewinnung, vor allem

- der Befragung,
- der Beobachtung,
- des Einsatzes operativer Technik,
- der gezielten Auswertung und Analyse offizieller und halboffizieller Quellen.

Dabei war zu berücksichtigen, dass die Personen, Objekte und Sachverhalte, zu denen ermittelt werden musste, hinsichtlich ihrer abwehrmäßigen Sicherung ganz unterschiedlichen Bedingungen unterlagen.

Ermittler kamen sowohl im Operationsgebiet als auch auf dem Gebiet der DDR zum Einsatz. Sie mussten eine tatsächliche oder vorgetäuschte gesellschaftliche Stellung besitzen, durch die sie in der Lage waren, sich den Zielobjekten unverdächtig zu nähern und unter Umständen für einen bestimmten Zeitraum persönlichen Kontakt herzustellen. Die Ermittler mussten bereit und fähig sein,

- auf der Grundlage und unter Nutzung ihrer gesellschaftlichen Stellung das Informationsbedürfnis gegenüber den Zielobjekten und anderen Personen glaubhaft zu motivieren,
- sich relativ viele und aufeinanderfolgende Wahrnehmungen schnell, detailliert und exakt einzuprägen, sie später zu reproduzieren sowie gegebenenfalls Personen und Gegenstände wiederzuerkennen,
- eine Vielzahl aktueller Informationen gedanklich zu verarbeiten und dabei Zusammenhänge zu erkennen,
- sich in komplizierten, rasch wechselnden Situationen unverzüglich zu orientieren, praktische Lösungswege zu finden und entschlossen zu handeln,
- sich in die jeweiligen aktuellen Denk- und Verhaltensweisen der Zielobjekte beziehungsweise anderer Personen zu versetzen und das eigene Verhalten entsprechend angepasst zu gestalten.

Durch ihre Tätigkeit erlangten Ermittler in der Regel Kenntnis von der operativen Bearbeitung und der ihr zugrunde liegenden Absicht. Dies erforderte eine hohe Zuverlässigkeit der Ermittler und eine entsprechende Motivation zur bewussten operativen Zusammenarbeit.[36]

Sicherungs-IM

Sicherungs-IM wurden vorwiegend zum Schutz und zur Sicherung von Vorgängen beziehungsweise zur Abdeckung von IM sowie operativen Kombinationen im Operationsgebiet und in der DDR angeworben.

Die Aufgabe der Sicherungs-IM bestand darin, die Konspiration durch spezielle Maßnahmen der Verschleierung des Charakters operativer Aktivitäten sichern zu helfen. Sie nutzten die durch ihre gesellschaftliche Stellung vorhandenen Befugnisse und sonstigen Möglichkeiten zur Legalisierung beziehungsweise zur Legendierung operativer Kombinationen. In Abhängigkeit von ihrem Einsatz in der DDR oder im Operationsgebiet unterlagen sie unterschiedlichen Einsatzbedingungen. Die gesellschaftliche Stellung und die sich daraus ergebenden Möglichkeiten der Verschleierung des Charakters nachrichtendienstlicher Aktivitäten waren systembedingt. Sicherungs-IM mussten demzufolge eine gesellschaftliche Position besitzen, die es ihnen gestattete

- die Identität von IM zu bezeugen,
- den direkten Zugang von IM zu bedeutsamen Informationen zu legalisieren,
- die Motivierung nachrichtendienstlicher Kontakte sowie Reisen und Aufenthalte von IM zu bestärken.

Sicherungs-IM mussten fähig und bereit sein,

- durch ihre eigenen Aktivitäten die Absicherung operativer Kombinationen dritten Personen gegenüber so glaubhaft zu demonstrieren, dass keinerlei Zweifel an deren Berechtigung und Legalität entstehen konnten,
- nachrichtendienstliches Wissen strikt geheim zu halten und zu schützen, da sie trotz ihres in der Regel geringen Anteils an operativen Kombinationen teilweise umfangreiche Kenntnisse über zum Einsatz kommende Kräfte, Mittel und Methoden erlangten.

Die Bereitschaft von Sicherungs-IM musste auf einer festen Verbundenheit zum Beziehungspartner und auf eindeutigen stabilen Motiven beruhen. Sie mussten ihre Zuverlässigkeit durch operative Handlungen und Ergebnisse beweisen.[37]

Anmerkungen

1   HV A, 2. Kommentar zur Richtlinie 2/79: »Die Anforderungen an inoffizielle Mitarbeiter der Diensteinheiten der Aufklärung des MfS. Die IM-Kategorien«. BStU, ZA, MfS, HA I, Nr. 15574, Bl. 213.
2   Helmut Müller-Enbergs: »Hauptverwaltung A (HV A). Aufgaben –Strukturen – Quellen«. In: BStU: *Anatomie der Staatssicherheit. Geschichte – Struktur – Methoden* (MfS-Handbuch). Berlin 2011, S. 21.
3   Ebd.
4   Vgl.: HV A, 2. Kommentar zur Richtlinie 2/79, Bl. 213–218.
5   Vgl.: Ebd., Bl. 219 ff.
6   Unter Abschöpfung verstand das MfS die systematische Gesprächsführung zur gezielten Ausnutzung des Wissens, der Kenntnisse und Möglichkeiten anderer Personen zur Informationsgewinnung. In der Regel war dieser Prozess mit verschiedenartigem, individuell sorgfältig differenziertem Einwirken des »Abschöpfers« auf psychische Bereiche des »Abgeschöpften«/der Abschöpfungsquelle, verbunden, um bei ihr Aufgeschlossenheit und Auskunftsbereitschaft sowie in der Regel auch Tarnung der eigenen Absichten zu erreichen.
7   Vgl.: HV A, 2. Kommentar zur Richtlinie 2/79, Bl. 221–225.
8   Perspektiv-IM (PIM) waren IM des Operationsgebietes, die perspektivisch in wesentliche Geheimbereiche des Gegners eingeschleust werden sollten. Zielgruppen für die Werbung als PIM waren insbesondere Studenten, Beamtenanwärter und junge Sekretärinnen.
9   Vgl.: HV A, 2. Kommentar zur Richtlinie 2/79, Bl. 225 ff.
10 Vgl.: Ebd., Bl. 228 f.
11 Gerhard Block: *Verraten und verkauft. Memoiren eines Unverbesserlichen.* Berlin 2004, S. 79 ff.
12 Vgl.: HV A, 2. Kommentar zur Richtlinie 2/79, Bl. 229.

13   Peter Böhm: *Spion bei der NATO. Hans-Joachim Bamler, der erste Resident der HV A in Paris.* Berlin 2014, S. 7 f.

14   Marianne Bamler, Hans-Joachim Bamler: »Die erste NATO-Residentur«. In: Klaus Eichner, Gotthold Schramm (Hrsg.): *Kundschafter im Westen. Spitzenquellen der DDR-Aufklärung erinnern sich.* Berlin 2003, S. 35.

15   Vgl.: HV A, 2. Kommentar zur Richtlinie 2/79, Bl. 229 f.

16   Vgl.: Ebd., Bl. 230 ff.

17   Hans Voelkner: *Salto mortale. Vom Rampenlicht zur unsichtbaren Front.* Berlin 1990, S. 236 ff.

18   Uwe Markus: *Kerngeschäft. Das Doppelleben des Atomspions Dr. Johannes Koppe.* Berlin 2012, S. 154.

19   Vgl.: HV A, 2. Kommentar zur Richtlinie 2/79, Bl. 232-236.

20   Die Abdeckung stützte die Legende, das heißt, sie verschleierte den eigentlichen operativen Grund für den Aufenthalt im Operationsgebiet oder die Ausübung einer nachrichtendienstlichen Tätigkeit. Die Legende musste überprüfbar sein, also typische und legale geschäftliche, fachliche oder private Maßnahme darstellen.

21   Manfred Bols: *Ende der Schweigepflicht. Aus dem Leben eines Geheimdienstlers.* Berlin 2002, S. 107 f.

22   Ebd., S. 108 ff.

23   Wolfgang Hartmann: »Als Aufklärer in der BRD«. In: *Mit Leidenschaft und Verstand. Texte von Wolfgang Hartmann (1929–2009).* Herausgegeben vom Insiderkomitee zur Förderung der kritischen Aufarbeitung der Geschichte des MfS, Berlin 2009, S. 130 ff.

24   Peter Großmann: *Mit ganzem Herzen. Mitarbeiter der Hauptverwaltung Aufklärung im MfS und die Jahre danach.* O. O. 2020, S. 247 f.

25   Eine operative Kombination war eine Methode, die sich als ein Komplex sich bedingender und ergänzender sowie aufeinander abgestimmter Maßnahmen darstellte, mit dem Ziel, bei Wahrung der Konspiration der Absichten, Maßnahmen, Kräfte, Mittel und Methoden des MfS bestimmte Personen zwingend zu solchen Reaktionen zu veranlassen, die die Lösung operativer Aufgaben ermöglichten oder dafür günstige Voraussetzungen schufen. Um die Reaktion offensiv, unter Einhaltung der Konspiration, auszulösen beziehungsweise um zu erreichen, dass bestimmte Reaktionen nicht erfolgten, waren geeignete Legenden notwendig. Hauptbestandteil der Kombination war der legendierte Einsatz erfahrener, zuverlässiger und geeigneter IM. Kombinationen waren weitgehend auf realen, vorgefundenen Umständen und Bedingungen aufzubauen. Voraussetzung für die Ausarbeitung von Kombinationen war das Vorliegen ausreichender und qualifizierter Informationen über den Sachverhalt beziehungsweise die Zielperson.

26   Vgl.: HV A, 2. Kommentar zur Richtlinie 2/79, Bl. 236-240.

27   Vgl.: Ebd., Bl. 240 ff.

28   Vgl.: Ebd., Bl. 242 f.

29   Hans Voelkner: *Salto mortale. Vom Rampenlicht zur unsichtbaren Front.* Berlin 1990, S. 238-241.

30   Klaus Eichner, Gotthold Schramm: *Kundschafter im Westen. Spitzenquellen der DDR-Aufklärung erinnern sich.* Berlin 2003, S. 89.

31   Vgl.: HV A, 2. Kommentar zur Richtlinie 2/79, Bl. 243.

32   Vgl.: Ebd., Bl. 243 ff.

33   Vgl.: Ebd., Bl. 245 f.

34   Vgl.: Ebd., Bl. 246 f.

35   Vgl.: Ebd., Bl. 247.

36   Vgl.: Ebd., Bl. 247 ff.

37   Vgl.: Ebd., Bl. 249 f.

5. Kapitel

Offiziere im besonderen Einsatz und Hauptamtliche Inoffizielle Mitarbeiter der Aufklärung

Offiziere im besonderen Einsatz (OibE)

Im Jahr 1957 schuf das MfS mit den Offizieren im besonderen Einsatz eine besondere Kategorie inoffiziell tätiger Kräfte. Offiziere im besonderen Einsatz der Aufklärung (OibE/Aufklärung) waren Angehörige des MfS, die zur Realisierung von speziellen operativen Aufgaben im Operationsgebiet oder auf dem Territorium der DDR konspirativ arbeiteten. OibE/Aufklärung waren
- nachrichtendienstlich tätige Offiziere im Operationsgebiet,
- Offiziere, die in Schlüsselpositionen sowie anderen für die nachrichtendienstliche Tätigkeit wichtigen Funktionen in Institutionen und Organisationen der DDR (In- und Ausland) arbeiteten,
- selbstständig arbeitende oder in Arbeitsgruppen zusammengefasste Offiziere, die keiner Institution oder Organisation angehörten,
- Offiziere, die sich in Vorbereitung ihres Einsatzes befanden.

Die Auswahl, Einstellung sowie der Einsatz von OibE/Aufklärung hatte unter Wahrung strengster Konspiration sowohl innerhalb des eigenen Dienstbereiches als auch außerhalb zu erfolgen. Bei der Auswahl von OibE/Aufklärung waren strenge Maßstäbe anzulegen und gewissenhaft die operative Eignung sowie der Nutzeffekt zu prüfen.

Offiziere im besonderen Einsatz der Aufklärung mussten den Bedingungen der Bestimmungen für die Arbeit mit den Angehörigen des MfS entsprechen. Die Auswahl der OibE/Aufklärung konnte aus den Reihen
- der Angehörigen des MfS,
- der zuverlässigen und überprüften IM,
- der Hauptamtlichen Inoffiziellen Mitarbeiter (HIM) des MfS sowie
- bestätigter Perspektivkader

erfolgen.[1]

Die Offiziere im besonderen Einsatz der Aufklärung wurden in folgende vier Kategorien unterschieden:

- Kategorie I: illegale OibE/Aufklärung, die im Operationsgebiet tätig waren,
- Kategorie II: OibE/Aufklärung, die als operative Mitarbeiter oder in anderen operativen Funktionen in Legal Abgedeckten Residenturen (LAR)[2] in Auslandsvertretungen der DDR eingesetzt waren,
- Kategorie III: OibE/Aufklärung, die als Leiter von Beratergruppen, als Verbindungsoffiziere, Berater, Ausbilder und technische Spezialisten im Rahmen der Zusammenarbeit mit Partnerorganen eingesetzt wurden,
- Kategorie IV: OibE/Aufklärung, die unter Legendierung ihres Dienstverhältnisses zum MfS auf der Grundlage eines Arbeitsrechts- oder Dienstverhältnisses in nachrichtendienstlich bedeutsamen Positionen im Staatsapparat, der Volkswirtschaft oder anderen Bereichen des gesellschaftlichen Lebens – Schlüsselpositionen – tätig waren.[3]

Die OibE/Aufklärung der Kategorie I waren aufgrund ihrer Einsatzrichtung besonders zu schützen und unterlagen Sonderregelungen. Die Bearbeitung und Führung von OibE dieser Kategorie erfolgte in ausschließlicher Verantwortung der Leiter der Diensteinheiten. Die Bestätigung von OibE/Aufklärung der Kategorie I erfolgte ausschließlich durch den Leiter der HV A beziehungsweise durch seinen 1. Stellvertreter auf Antrag des Leiters der Diensteinheit. Für OibE/Aufklärung der Kategorie I waren IM-Akten zu führen. Im Kaderorgan durften keine Personalakten geführt werden. Bei Rückzug aus dem Operationsgebiet musste über die weitere Verwendung entschieden werden. Bei einer Übernahme als Mitarbeiter des MfS oder weiterem Einsatz als OibE/Aufklärung waren die dazu erlassenen dienstlichen Bestimmungen zu beachten. Dazu war eine Stellungnahme der Arbeitsgruppe Sicherheit der HV A sowie des zuständigen Kaderorgans vorzulegen. Die Entscheidung erfolgte auf der Grundlage dieser Stellungnahmen durch den Leiter der HV A.[4]

Das prominenteste Beispiel für einen OibE der Kategorie I ist zweifellos Günter Guillaume (Deckname »Hansen«), der als Objektquelle im Bundeskanzleramt und Referent des damaligen Bundeskanzlers Willy Brandt tätig war. Er wurde 1956 als IM in die Bundesrepublik übersiedelt und später zum OibE attestiert. Bei seiner Festnahme 1974 erklärte er spontan und dekonspirierend: »Ich bin Bürger der DDR und ihr Offizier – respektieren Sie das!«[5] Nach seiner Rückkehr in die DDR wurde Guillaume zum Oberstleutnant befördert und 1985 zum Oberst. Ebenfalls im Jahr 1985 erhielt Guillaume die Ehrendoktorwürde der Juristischen Hochschule des MfS.[6]

Ebenfalls als OibE der Kategorie I war Oberstleutnant Günter Böttger im Einsatz. Böttger fungierte zunächst als Resident für die Gebrüder Alfred und Ludwig Spuhler. Alfred Spuhler war als Objektquelle »Peter« der HV A im BND tätig. Resident

Böttger wurde 1967 mit operativen Dokumenten auf den Namen »Günter Arthur Seiler«, geboren am 4. Mai 1939 in Dresden, in die Bundesrepublik geschleust. Hier wohnte er zunächst in Ingolstadt, Wiesbaden und Stuttgart, ehe er 1972 nach Wien ging. Dort war Böttger als Angestellter in einer Papierfabrik beziehungsweise als Kassierer bei einer Bank beschäftigt. Im Jahr 1976 wurde Böttger aus Sicherheitsgründen aus Wien abgezogen und kehrte in die DDR zurück. Ab diesem Zeitpunkt agierte er von Ostberlin aus und reiste von hier zu den Treffs mit den IM. Zwischen den Gebrüdern Spuhler und Günter Böttger bestand ein gutes freundschaftliches Vertrauensverhältnis.[7]

Für den SWT der HV A war »Hans Eltgen« im Operationsgebiet im Einsatz. Der OibE bereiste viele Länder Westeuropas und »schleppte als Kurier, Instrukteur und Werber vornehmlich für den Bereich wissenschaftlich-technische Aufklärung einige Früchte aus dem Operationsgebiet.«[8] Eltgen bekennt: »Wir schmuggelten aus westeuropäischen Waffenschmieden Neuentwicklungen auf die volkseigenen DDR-Prüfstände, machten aus geheimen Forschungslabors in München und Hamburg gläserne Objekte und besorgten aus Oslo oder Lissabon für die vom NATO-Embargo betroffene DDR-Wirtschaft Mikroelektronik.«[9]

Markus Wolf schreibt in seinen Erinnerungen von wenigen hauptamtlichen Offizieren, die für einen illegalen Einsatz ausgewählt und vorbereitet wurden.[10]

<u>Ein OibE/Aufklärung der Kategorie II</u> war Kurt Berliner. Der spätere Oberstleutnant leitete die Residenturen in den DDR-Vertretungen in Beirut (1968–1973), Brüssel (1976–1982) sowie Paris (1985–1988). Nach dem Ende der HV A, als Berliner ausschließlich für das MfAA tätig war, wurde ihm im April 1990 der diplomatische Rang »Außerordentlicher und Bevollmächtigter Botschafter«[11] verliehen. Als OibE in der DDR-Vertretung bei der UNO in New York waren zeitweilig Manfred Kleinpeter (»Resident der HV A und Diplomat in der Beobachtermission und Ständigen Vertretung der DDR bei den Vereinten Nationen in New York«[12] 1972–1977), Horst Joachimi (1977–1981)[13] und Günter Enterlein (1977–1979)[14] eingesetzt. OibE (»Fäller«) und Resident der HV A in der Botschaft der DDR in Tansania (1981–1985) war Manfred Bols.[15] Rudolf Herz war als OibE von 1973 bis 1975 und von 1978 bis 1983 in der DDR-Vertretung in Chile im Einsatz. Er war nach dem Militärputsch 1973 an der Ausschleusung des Generalsekretärs der Sozialistischen Partei Chiles, Carlos Altamirano Orrego, aus Chile beteiligt.[16]

<u>Als OibE/Aufklärung der Kategorie III</u> fungierten zeitweilig Jürgen Rogalla und Heinz Geyer. Jürgen Rogalla ging 1966 in den Einsatz nach Ghana, um »die Sicherheitsleute des Landes zu unterweisen und sie gegebenenfalls zu beraten«.[17] Dort fiel Rogalla nach einem Putsch dem Gegner in die Hände und wurde 1967 ausgetauscht. Heinz Geyer wirkte von 1964 bis 1966 in Sansibar. Seine Aufgabe: »den

Sansibaris beim Aufbau einer Dienststruktur zu helfen und ihnen – soweit es ging – Arbeitsmethoden zu vermitteln, wie wir sie im MfS kannten«.[18]

Ein OibE der Kategorie IV war Rudolf Nitsche. Als OibE der HV A avancierte er vom politischen Mitarbeiter zum Leiter der Hauptabteilung Information und Dokumentation des MfAA und Botschafter. In seiner mehr als 25-jährigen Tätigkeit im MfAA absolvierte er auch verschiedene kurz- und langfristige Auslandsaufenthalte.[19]

Als OibE dieser Kategorie war auch Prof. Dr. Herbert Bertsch tätig. Mit Gründung des Instituts für Internationale Politik und Wirtschaft 1970 war Bertsch Hauptabteilungsleiter beim Direktor, später Leiter der Arbeitsgruppe des Ministerrates im IPW.[20]

Verfügte die HV A im Jahr 1969 über 226 OibE waren es im Jahr 1980 bereits 778 OibE. Dazu kamen 55 OibE in den Abteilungen XV der BV.[21]

Hauptamtliche Inoffizielle Mitarbeiter der Aufklärung (HIM/A)

Hauptamtliche Inoffizielle Mitarbeiter der Aufklärung, mit denen eine Vereinbarung abgeschlossen wurde, waren verpflichtete IM des MfS, die zur Lösung der speziellen operativen Aufgaben im Operationsgebiet oder auf dem Gebiet der DDR konspirativ eingesetzt und für eine hauptamtliche Tätigkeit finanziell und sozial vom MfS versorgt wurden.

Die Auswahl, Überprüfung, Erarbeitung der Vorschläge, Bestätigung und Verpflichtung von HIM hatte unter Wahrung strengster Konspiration auf der Grundlage der bestehenden Ordnungen, Befehle und Weisungen des Ministers für Staatssicherheit zu erfolgen.

Bei der Auswahl von HIM waren strenge Maßstäbe anzulegen und gewissenhaft die Eignung und der operative Nutzeffekt zu prüfen. Als HIM konnten Bürger der DDR, Personen mit anderer Staatsangehörigkeit, zuverlässige und überprüfte IM sowie bestätigte Perspektivkader ausgewählt werden,

- die sich in ihrer bisherigen Tätigkeit für das MfS bewährt oder ihre Treue zur DDR bewiesen hatten,
- die die erforderlichen charakterlichen, moralischen und geistigen Voraussetzungen besaßen,
- die über die für den Einsatz notwendige politisch-operative und fachliche Qualifikation verfügten,
- deren Gesundheitszustand und Familienverhältnisse den Bedingungen des Einsatzes entsprachen.[22]

Die Arbeit mit HIM erforderte

- ihre konspirative Herauslösung aus dem bisherigen Arbeits-/Dienstverhältnis,
- die dauerhafte Legendierung ihrer konspirativen Tätigkeit, insbesondere durch die Schaffung und Aufrechterhaltung eines stabilen Scheinarbeitsverhältnisses[23],
- die Abdeckung der Arbeits- und Unterkunftsräume in Übereinstimmung mit dem Scheinarbeitsverhältnis.

Der Einsatz von HIM durch die Aufklärung setzte entsprechende Leiterentscheidungen voraus.[24]

HIM/A waren ausschließlich zur Lösung operativer beziehungsweise sicherstellender Aufgaben der Diensteinheiten der HV A sowie der Abteilungen XV/BV einzusetzen. HIM/A waren grundsätzlich nur dann einzusetzen, wenn

- die vorgesehenen Aufgaben zur Wahrung der Konspiration und Geheimhaltung oder aus Gründen der Gewährleistung der inneren Sicherheit nicht durch Angehörige einschließlich OibE der Aufklärung gelöst werden konnten beziehungsweise deren Einsatz nicht erforderlich war,
- der mit dem Einsatz von HIM/A erzielte operative Nutzen die damit verbundenen personellen, materiellen und finanziellen Aufwendungen rechtfertigte.

Der Einsatz von HIM/A erfolgte in nachfolgend aufgeführten Einsatzrichtungen:

<u>HIM/A 041:</u> Lösung operativer Aufgaben im und nach dem Operationsgebiet (zeitweiliger oder ständiger Einsatz),

<u>HIM/A 044:</u> Betreuung und Bewirtschaftung von konspirativen Objekten und konspirativen Wohnungen,

<u>HIM/A 045:</u> Bearbeitung der operativen Basis in der DDR,

<u>HIM/A 046:</u> Lösung spezifischer operativ-technischer sowie sicherstellender Aufgaben[25]

Anmerkungen

1 Vgl.: »Grundsätze zur Regelung des Dienstverhältnisses mit den auf dem Gebiet der Aufklärung tätigen Offizieren im besonderen Einsatz des Ministeriums für Staatssicherheit und zur Regelung der Vereinbarungen mit den auf dem Gebiet der Aufklärung tätigen hauptamtlichen inoffiziellen Mitarbeitern des Ministeriums für Staatssicherheit«. Zitiert in: Helmut Müller-Enbergs: *Inoffizielle Mitarbeiter des Ministeriums für Staatssicherheit. Teil 2: Anleitungen für die Arbeit mit Agenten, Kundschaftern und Spionen in der Bundesrepublik Deutschland.* Berlin 1998, S. 390.

2 LAR waren in amtliche und halbamtliche Vertretungen (Botschaften, Konsulate, Handelsmissionen) des jeweiligen Staates integrierte nachrichtendienstliche Stützpunkte. Sie konzentrierten sich vor allem auf die Beschaffung offiziell zugänglicher Informationen und auf die Gesprächsabschöpfung. Daneben konnten sie aber auch IM führen. Die HV A bediente sich in der Bundesrepublik weitgehend nicht der LAR, sondern arbeitete vorwiegend auf der illegalen Linie.

3   Vgl.: »1. Durchführungsbestimmung HV A zur Ordnung 6/86 über die Arbeit mit Offizieren im besonderen Einsatz des Ministeriums für Staatssicherheit – OibE Ordnung – vom 17.3.1986«. In: Helmut Müller-Enbergs: *Inoffizielle Mitarbeiter des Ministeriums für Staatssicherheit*, S. 885.

4   Vgl.: Ebd., S. 896.

5   Günter Guillaume: *Die Aussage. Protokolliert von Günter Karau.* Berlin 1988, S. 374.

6   Eckard Michels: *Guillaume der Spion. Eine deutsch-deutsche Karriere.* Berlin 2013, S. 308.

7   Vgl.: Klaus Marxen, Gerhard Werle: *Strafjustiz und DDR-Unrecht*, Band 4/1, Teilband: Spionage. Berlin 2004, S. 359.

8   Hans Eltgen: *Ohne Chance. Erinnerungen eines HV A-Offiziers.* Berlin 1995, S. 7.

9   Ebd.

10 Vgl.: Markus Wolf: *Spionagechef im geheimen Krieg: Erinnerungen.* München 1997, S. 408.

11 Kurt Berliner: *Der Resident. Ein Diplomat im Dienst der HV A erinnert sich.* Berlin 2001, S. 306.

12 Manfred Kleinpeter: *Deckname »Leutnant Wagner«. Ingenieur, Aufklärer, Diplomat, Unternehmer.* O. O., o. J., S. 180.

13 Vgl.: Horst Joachimi: *Begegnung mit der Wahrheit*, Berlin 2004.

14 Vgl.: Günter Enterlein: *Vom Broadway zum Adlergestell. Ein DDR-Spion als Diplomat in New York.* Berlin 2002.

15 Vgl.: Manfred Bols: *Ende der Schweigepflicht. Aus dem Leben eines Geheimdienstlers.* Berlin 2002.

16 Vgl.: Rudolf Herz: »Altamiranos Ausschleusung«. In: Gotthold Schramm: *Flucht vor der Junta. Die DDR und der 11. September.* Berlin 2005, S. 115–124.

17 Heinz Günther: *Überzeugung ist nicht käuflich. Das Leben des Aufklärers Jürgen Rogalla.* Berlin 2014, S. 66.

18 Heinz Geyer: *Zeitzeichen. 40 Jahre in Spionageabwehr und Aufklärung.* O. O. 2007, S. 50.

19 Vgl.: Rudolf Nitsche: *Diplomat im besonderen Einsatz. Eine DDR-Biografie.* Schkeuditz 1994.

20 Vgl.: Gotthold Schramm, Klaus Eichner: *Hauptverwaltung A. Geschichte, Aufgaben, Einsichten.* Berlin 2008, S. 78.

21 Vgl.: Helmut Müller-Enbergs: *Inoffizielle Mitarbeiter des Ministeriums für Staatssicherheit*, S. 100.

22 Vgl.: »Grundsätze zur Regelung des Dienstverhältnisses mit den auf dem Gebiet der Aufklärung tätigen Offizieren im besonderen Einsatz des Ministeriums für Staatssicherheit und zur Regelung der Vereinbarungen mit den auf dem Gebiet der Aufklärung tätigen hauptamtlichen inoffiziellen Mitarbeitern des Ministeriums für Staatssicherheit«. In: Helmut Müller-Enbergs: *Inoffizielle Mitarbeiter des Ministeriums für Staatssicherheit*, S. 400 f.

23 Ein Scheinarbeitsverhältnis war ein nicht existierendes, konspirativ abgedecktes und überprüfbares Arbeitsverhältnis Hauptamtlicher IM, das der Legendierung ihrer konspirativen Tätigkeit gegenüber der Öffentlichkeit und dem Gegner diente. Die Legendierung musste so erfolgen, dass selbst bei Überprüfungen durch gegnerische Geheimdienste die Sicherheit und Konspiration des HIM voll gewährleistet war. Die Schaffung, Überprüfung und Stabilisierung von Scheinarbeitsverhältnissen stellte eine komplizierte Aufgabe dar, bei deren Realisierung in der Praxis eine Reihe von Problemen auftrat. Die Probleme lagen vor allem im Finden geeigneter Betriebe, Einrichtungen oder Organisationen sowie Personen, die das Scheinarbeitsverhältnis dauerhaft abdecken konnten, im Geheimhalten der tatsächlichen Tätigkeit des HIM gegenüber Freunden, Nachbarn und anderen Außenstehenden, im Schutz des Scheinarbeitsverhältnisses vor Überprüfungshandlungen und anderen Gefährdungssituationen.

24 Vgl.: HV A, 2. Kommentar zur Richtlinie 2/79, Bl. 252.

25 Vgl.: HV A, 1. Durchführungsbestimmung zur Richtlinie 2/79 des Ministers »Über die Arbeit mit hauptamtlichen inoffiziellen Mitarbeitern des Ministeriums für Staatssicherheit in den Diensteinheiten der Hauptverwaltung A und den Abteilungen XV der Bezirksverwaltungen«, In: Helmut Müller-Enbergs: *Inoffizielle Mitarbeiter des Ministeriums für Staatssicherheit*, S. 907.

6. Kapitel

Die Werbung Inoffizieller Mitarbeiter

Allgemeines

Das rechtzeitige und zuverlässige Informieren der Partei- und Staatsführung über interne Pläne, Agenturen, Mittel und Methoden des Gegners sowie das Realisieren aktiver Maßnahmen erforderte stets, das IM-Netz der HV A sowie der Abteilungen XV/BV kontinuierlich zu erweitern und seine Zusammensetzung zu qualifizieren. Die Erweiterung des IM-Netzes musste in Übereinstimmung mit den Aufgaben der Diensteinheit darauf ausgerichtet sein,

- die Beschaffenheit interner Informationen sowie die Durchführung aktiver Maßnahmen besser zu sichern,
- den Umfang der operativen Positionen in den entscheidenden gegnerischen Zentren und Objekten ständig quantitativ und qualitativ zu erweitern,
- das System der Führung und Leitung der in den gegnerischen Zentren und Objekten tätigen IM einschließlich des Verbindungswesens zu qualifizieren,
- die Flexibilität und das Reaktionsvermögen des IM-Netzes auf Veränderungen der Lage zu verbessern und seine Funktionstüchtigkeit auch in Spannungs- und Krisenzeiten zu gewährleisten,
- die Konspiration und die Sicherheit der operativen Arbeit zu erhöhen.

Eine vordringliche Aufgabe aller operativen Diensteinheiten der Aufklärung bestand deshalb darin, kontinuierlich Hinweise zu erarbeiten, die Hinweispersonen[1] allseitig aufzuklären und solche Hinweispersonen, die über eine aussichtsreiche nachrichtendienstliche Perspektive verfügten, für eine bewusste Zusammenarbeit zu werben.

Im Mittelpunkt der Aktivitäten zur Erweiterung des IM-Netzes stand die Bearbeitung von

- Angehörigen gegnerischer Zentren und Objekte,
- Personen, die aufgrund ihrer gesellschaftlichen Stellung natürliche Kontakte zu Mitarbeitern gegnerischer Zentren und Objekte unterhalten konnten, den feindlichen Sicherheitsüberprüfungen standhielten und dadurch in der Lage waren, Geheimnisträger in diesen Zentren und Objekten zu werben,

- Personen, die den politischen, fachlichen und sicherheitsmäßigen Anforderungen der gegnerischen Hauptobjekte entsprachen und aufgrund ihrer objektiven und subjektiven Voraussetzungen in der Lage waren, sich in das Blickfeld dieser Objekte zu bringen,
- Personen aus dem Operationsgebiet, die für die Arbeit mit Kontaktpersonen, die Realisierung von Führungsaufgaben und Aufgaben im Verbindungswesen eingesetzt werden konnten.

Darüber hinaus waren solche DDR-Bürger zu werben, die aufgrund ihrer objektiven und subjektiven Voraussetzungen in der Lage waren, die im Operationsgebiet tätigen IM qualifiziert zu führen, die Verbindung zwischen IM im Operationsgebiet und der Zentrale zu gewährleisten sowie die operative Basis in der DDR für den Ausbau des IM-Netzes im Operationsgebiet zu nutzen.

Die Erweiterung des IM-Netzes setzte das gründliche Studium und die allseitige Beachtung der konkreten Regimeverhältnisse im Operationsgebiet und in der DDR sowie in den Beziehungen zwischen der DDR und den nichtsozialistischen Staaten voraus. Klaus Rösler schreibt in seiner Dissertation: »Die Hauptaufgabenstellung verlangt die unablässige Suche und Auswahl von Werbekandidaten, die in der Lage sein müssen, direkt oder indirekt in feindliche Zentren einzudringen. Die Suche und Auswahl darf nicht dem Zufall überlassen werden, und Werbekandidaten dürfen nicht geworben werden, weil sie sich vielleicht ohne große Schwierigkeiten werben lassen, sondern weil sie zur Erfüllung der Hauptaufgabe gerade an dieser oder jener Stelle und in dieser oder jener Persönlichkeitsqualität gebraucht werden.«[2]

Die Intensivierung der Beziehungen der DDR zu anderen Staaten ab den 1970er Jahren hatten die Möglichkeiten zur Er- und Bearbeitung von Hinweisen auf operativ interessante Personen erweitert. Eine große Anzahl der für die HV A interessanten Personen unterlag spezifischen sicherheitspolitischen Bestimmungen und Überwachungsmaßnahmen. Die Bestimmungen über den materiellen und personellen Geheimnisschutz in den gegnerischen Zentren und Objekten wurden durch die Nutzung moderner Technik sowie unter Berücksichtigung von Erkenntnissen über die Arbeitsweise der HV A wesentlich erweitert. Außerdem wurde durch die oftmals konsequente Handhabung der Bestimmungen die Wirksamkeit des Geheimschutzsystems erhöht. Die operativ interessanten Personengruppen waren nach Erkenntnissen der HV A vielfach mit Agenturen der Abwehrbehörden durchsetzt. Daneben hatte eine intensive Öffentlichkeitsarbeit dazu geführt, dass entsprechende Kontakte von den relevanten Personen sorgfältiger geprüft und oftmals vermutete oder erkannte Kontaktversuche durch die HV A den Abwehrorganen mitgeteilt wurden. Dadurch erhielten westliche Geheimdienste nicht nur zusätzliche Kenntnisse über die Arbeitsmethoden der HV A, sondern zugleich günstige Bedingungen für eine aktive Bearbeitung des IM-Netzes und von Führungsoffizieren.

Die Erschließung der günstigen Bedingungen und die Gewährleistung der Sicherheit der operativen Arbeit stellte deshalb hohe Anforderungen an die Vorbereitung und Durchführung aller mit der qualitativen Erweiterung des IM-Netzes verbundenen Aktivitäten sowie an die zur Realisierung dieser Aufgabe eingesetzten Kräfte.

Die qualitative Erweiterung des IM-Netzes war nach folgenden Grundsätzen zu organisieren:

- Ausschöpfung aller Potenzen des IM-Netzes sowie der sich aus den vielfältigen personellen und institutionellen Verbindungen zwischen der DDR und den nichtsozialistischen Staaten ergebenden operativen Möglichkeiten zur Er- und Bearbeitung von Hinweisen auf interessante Personen,
- Erschließung aller Möglichkeiten zur umfassenden Aufklärung sowie zum Studium der Hinweispersonen beziehungsweise Werbekandidaten,
- Nutzung aller Möglichkeiten, um zu sichern, dass eine große Anzahl von Personen aufgeklärt und geprüft werden konnte, aber nur die perspektivreichsten kontaktiert wurden,
- Konzentration aller operativen Aktivitäten auf die Bearbeitung solcher Personen, die aufgrund ihrer gesellschaftlichen Stellung über reale Möglichkeiten zur Lösung nachrichtendienstlicher Aufgaben verfügten,
- zunehmende Verlagerung der Herstellung und Entwicklung operativer Kontakte in das Operationsgebiet,
- Nutzung der unterschiedlichen politischen Überzeugungen, materiellen und anderen persönlichen Interessen und Bedürfnisse für die Herstellung von Motiven für eine bewusste und stabile operative Arbeit,
- Anwendung verschiedenartiger Beziehungspartner als Methode zur Erschließung vielfältiger Motivationen für die Herbeiführung und Stabilisierung der Bereitschaft zur bewussten nachrichtendienstlichen Arbeit,
- verstärkter Einsatz von IM, die über hohe Fähigkeiten zum Studium sowie zur Beeinflussung von Persönlichkeiten verfügten und damit in der Lage waren, alle für die Werbung notwendigen Aktivitäten legal abzudecken,
- Geheimhaltung der Interessen der HV A an den zu bearbeitenden Personen, Vermeidung jeglicher vorzeitigen Offenbarung der Werbeabsicht und Gewährleistung einer hohen Qualität der Tarnung der im Werbeprozess eingesetzten Kräfte, Mittel und Methoden,
- Vermeidung aller Aktivitäten, die die operative Perspektive der mit dem Ziel der Werbung zu bearbeitenden Person gefährden konnte,

- Feststellung, Analyse und Klärung von Anhaltspunkten für eine mögliche Feindarbeit der Hinweispersonen beziehungsweise Werbekandidaten,
- gründliche, objektive Analyse des Entwicklungsstandes des Werbeprozesses sowie die Einleitung solcher Maßnahmen zur Weiterführung des Werbeprozesses, die durch die bisherigen Bearbeitungsergebnisse gerechtfertigt waren.

Die qualitative Erweiterung des IM-Netzes der HV A erfolgte durch die Werbung von IM, die aufgrund ihrer objektiven und subjektiven Voraussetzungen in der Lage waren, operative Aufgaben der Aufklärung effektiv zu realisieren.[3]

Die HV A definierte die Werbung als einen »Prozess der planmäßigen Aufklärung und Beeinflussung von Personen aus der DDR und aus anderen Ländern, die geeignet sind, operative Aufträge des MfS innerhalb und außerhalb der Grenzen der DDR zu erfüllen. Die Aufklärung und Beeinflussung dieser Personen erfolgt mit dem Ziel, sie zum bewussten operativen Handeln zu veranlassen.«[4]

Ein Werbeprozess verlief in verschiedenen Entwicklungsetappen, in denen die interessanten Personen aufgeklärt und auf die Werbung vorbereitet wurden. Die Durchführung von Werbungen erforderte

- die Erarbeitung von Hinweisen auf operativ interessante Personen,
- die Bearbeitung von Hinweisen auf operativ interessante Personen,
- die Vorbereitung der Werbung durch die allseitige Einbeziehung der Werbekandidaten in die operative Arbeit,
- die Realisierung der Werbung.

Die Werbung konnte im Ergebnis einer langfristigen, systematischen Beeinflussung der Hinweispersonen (allmähliche Einbeziehung) oder durch die sofortige Einbeziehung in die operative Arbeit erfolgen.

Eine Werbung galt als abgeschlossen, wenn die Werbekandidaten

- aufgrund ihrer gesellschaftlichen Stellung sowie ihrer Leistungs- und Verhaltenseigenschaften nachweisbar in der Lage waren, gegenwärtig oder zukünftig einen effektiven Beitrag zur Erfüllung der nachrichtendienstlichen Aufgabenstellung der HV A zu leisten,
- unter Kenntnis des konspirativen Charakters der Arbeit bereit waren, für den gewählten Beziehungspartner operative Aufgaben zu erfüllen und diese Bereitschaft durch eindeutige nachrichtendienstliche Handlungen und Ergebnisse unter Beweis gestellt hatten.[5]

Die Erarbeitung von Hinweisen auf operativ interessante Personen aus dem Operationsgebiet

Die Werbung von IM mit einer wirklichen operativen Perspektive setzte voraus, dass Hinweise auf solche Personen erarbeitet werden mussten, die aufgrund ihrer gesellschaftlichen Stellung über reale Möglichkeiten zur Lösung von Aufgabenstellungen der HV A verfügten beziehungsweise diese perspektivisch entwickeln konnten. Operativ interessant waren deshalb alle Personen, die

- eine Tätigkeit in einem gegnerischen Objekt ausübten,
- Verbindungen zu Personen unterhielten, die in gegnerischen Zentren und Objekten arbeiteten,
- in territorialen Konzentrationsräumen gegnerischer Zentren und Objekte, beispielsweise im Großraum Bonn, sowie in anderen bedeutsamen Territorien, zum Beispiel in Pullach (Sitz des BND), wohnten,
- operativ bedeutsame berufliche Tätigkeiten ausübten,
- über nachrichtendienstlich nutzbare Fähigkeiten und Qualifikationen verfügten,
- bedeutsame Reisemöglichkeiten, Freizeitinteressen und Verbindungen besaßen.

Die zielgerichtete Erweiterung des IM-Netzes machte es erforderlich, ausgehend von der Aufgabenstellung der jeweiligen Diensteinheit, planmäßig und kontinuierlich alle Möglichkeiten zu nutzen, um Hinweise auf interessante Personen zu sammeln, zu erfassen sowie auf ihre Bearbeitungswürdigkeit zu prüfen.

Zur Erarbeitung von Hinweisen auf für die HV A interessante Personen waren

- die beruflichen, verwandtschaftlichen oder anderweitigen Verbindungen der IM aller Diensteinheiten des MfS im Operationsgebiet nach Anhaltspunkten für reale Möglichkeiten zur Durchführung nachrichtendienstlicher Aufgaben zu prüfen,
- IM als operative Stützpunkte in der territorialen Umgebung gegnerischer Hauptobjekte und in relevanten Personengruppen des Operationsgebietes zum Einsatz zu bringen,
- die Beziehungen der DDR-IM zu Bürgern des Operationsgebietes zu erfassen und deren Bearbeitungswürdigkeit zu prüfen,
- die IM zu beauftragen, ihre Umgebung ständig zu analysieren und Personen festzustellen, bei denen Anhaltspunkte hinsichtlich operativer Möglichkeiten vorhanden waren,
- unter Beachtung der bestehenden Befehle und Weisungen die Möglichkeiten der Diensteinheiten des MfS zur Personenfeststellung zu nutzen, die mit der Überwachung von Personengruppen sowie des Post-, Telefon- und Güterverkehrs beauftragt waren,

- die Informationsspeicher des MfS und anderer staatlicher sowie gesellschaftlicher Einrichtungen und Organe der DDR auszuwerten, die Angaben über Personen aus dem Operationsgebiet, über Verbindungen von Einrichtungen und Bürgern der DDR in das Operationsgebiet sowie über nachrichtendienstlich interessante Bürger der DDR enthielten,
- die legal zugänglichen Informationsspeicher des Operationsgebietes mit Angaben über interessante Personen wie Telefon-, Adress-, Branchenbücher und ähnliche Speicher auszuwerten,
- nachrichtendienstliche Positionen in den verschiedensten Personenspeichern des Operationsgebietes zu schaffen und zu nutzen,
- DDR-IM in Konzentrationspunkten von operativ interessanten Personen aus dem Operationsgebiet im sozialistischen Ausland sowie in der DDR einzusetzen.

Das Ziel der Erarbeitung von Personenhinweisen bestand darin, planmäßig und kontinuierlich alle Möglichkeiten zu nutzen, um Angaben über nachrichtendienstlich interessante Personen zu sammeln, zu erfassen und zu dokumentieren sowie diese Hinweise den Diensteinheiten der Aufklärung zur Auswahl und Bearbeitung zur Verfügung zu stellen.

Durch die Nutzung des IM-Netzes im Operationsgebiet konnten Hinweise vor allem auf solche Personen im Westen erarbeitet werden, die keinerlei Beziehungen in die DDR oder andere sozialistische Staaten unterhielten und die zumindest in dieser Hinsicht den sicherheitspolitischen Anforderungen besonders geschützter gegnerischer Objekte entsprachen. Die konsequente Nutzung der Möglichkeiten des IM-Netzes im Operationsgebiet war deshalb aus Sicht der HV A »ein wesentlicher Teil der zielgerichteten Bearbeitung der feindlichen Zentren und Objekte«.[6]

Dies bedeutete jedoch nicht, dass nicht auch vom Territorium der DDR aus bedeutsame Positionen im Operationsgebiet geschaffen werden konnten. Vielmehr stellte jede in der DDR erkannte und erschlossene Möglichkeit zur Entwicklung der operativen Arbeit im und nach dem Operationsgebiet eine Einsparung an Kraft, Mitteln und Risiken im Westen für ausschließlich dort lösbare Aufgaben dar. Es war deshalb eine bedeutungsvolle Aufgabe der Aufklärung, vor allem für die Abteilungen XV/BV, sich ständig einen Überblick darüber zu verschaffen, welche Möglichkeiten zur Erarbeitung von Hinweisen auf nachrichtendienstlich interessante Personen in der DDR vorhanden waren beziehungsweise sich perspektivisch entwickelten und wie sie zur Schaffung qualifizierter IM des Operationsgebietes entsprechend den operativen Erfordernissen genutzt werden konnten.[7]

Die Werbung von Gabriele Gast unterstreicht dies. Sie reiste 1968 zu Recherchen für ihre Dissertation in die DDR und wurde durch Mitarbeiter der Abteilung XV/

BV Karl-Marx-Stadt unter der Legende »Institut für Auslandsbetreuung« kontaktiert.[8] Sie erinnert sich wie folgt:

»Im Mai 1968 reiste ich nach Karl-Marx-Stadt. Ich war einigermaßen erstaunt, bei meiner Ankunft von meinen Verwandten zu hören, dass sie einen Gesprächstermin bei der Bezirksvorsitzenden des Demokratischen Frauenbundes Deutschlands (DFD) für mich arrangiert hatten. ›Du willst dich doch über die Lage der Frauen in der DDR informieren. Da haben wir gedacht, wir fragen mal beim DFD an. Die wissen am besten Bescheid. Frau Windisch ist bereit, mit dir zu sprechen und deine Fragen zu beantworten.‹ [...] Erst fast 30 Jahre später erfuhr ich, dass das Gesprächsangebot des DFD auf eine ganz andere Weise zustande gekommen war. Im Vorfeld meiner Reise hatte ein Mann, der vorgab, Müller zu heißen und im ›Institut für Auslandsbetreuung‹ zu arbeiten, meine Verwandten aufgesucht und sich ausgiebig nach mir und den Gründen meines Besuches erkundigt. Dabei erfuhr er von meinem Promotionsstudium in Aachen und meinem Interesse an frauenpolitischen Informationen. Er bot sogleich seine Unterstützung an und – bei einem weiteren Besuch – den Gesprächstermin beim DFD. Er vergaß auch nicht, meine Verwandten anzuweisen, mir gegenüber diese Offerte als das Ergebnis ihrer eigenen Aktivitäten auszugeben. Schließlich sollte nicht mein Misstrauen geweckt werden gegenüber so viel scheinbar uneigennütziger Hilfsbereitschaft.

Für Kenner des nachrichtendienstlichen Milieus ist es kein Geheimnis, dass sich hinter einer Bezeichnung wie ›Institut für Auslandsbetreuung‹ in aller Regel ein Geheimdienst verbirgt. Auch der BND hat sich in seiner Kontaktarbeit ähnlich lautender Tarnbezeichnungen bedient. Sie gelten als unverdächtig. Die Auslandsaufklärung des MfS nutzte diese Legende in großem Stil, um Westbesucher zu kontaktieren. Dabei geht es letztlich um eine Prüfung der Frage, ob sie aufgrund ihrer beruflichen Stellung und ihres Zugangs zu Informationen von nachrichtendienstlichem Interesse sein könnten, ob also eine Anbahnungs- und gegebenenfalls Werbeoperation lohnen würde. Deshalb erhielten die Bezirksverwaltungen beziehungsweise Kreisdienststellen des MfS alle Einreiseanträge zur nachrichtendienstlichen Auswertung. Auch der Einreiseantrag, den meine Verwandten für mich gestellt hatten, war auf irgendeinem Schreibtisch in der Auslandsaufklärung gelandet.«[9]

Es gelang der Aufklärung, Gabriele Gast als Objektquelle im BND zu installieren, sie stieg dort bis zur Regierungsdirektorin auf und lieferte über Jahre bedeutsame Informationen und Analysen.

Die Aussagekraft von Hinweisen konnte in Abhängigkeit von ihrer Herkunft eine sehr unterschiedliche Qualität aufweisen. Die Hinweise konnten nur wenige Angaben zur Person enthalten, aber auch aus ausführlichen Einschätzungen über die Entwicklung, Persönlichkeitsstruktur und gesellschaftliche Stellung der Hinweispersonen bestehen. Von besonderer Bedeutung war die Erarbeitung von Hinweisen auf operativ interessante Personen durch IM aus dem Operationsgebiet. Solche IM waren meist in der Lage, umfassende Angaben über nachrichtendienstlich interessante Personen zu machen, ihre Bearbeitungswürdigkeit trefflich zu beurteilen sowie Bearbeitungsmöglichkeiten festzustellen. Nicht selten konnten diese IM selbst zur langfristigen Bearbeitung der Hinweispersonen herangezogen werden.

Die Erarbeitung von Hinweisen musste unter strenger Wahrung der Konspiration erfolgen. Im Mittelpunkt standen dabei:

- die Tarnung der Zielstellung bei der Erarbeitung von Hinweisen,
- die Geheimhaltung der Personenhinweise,
- die Wahrung der Konspiration der an der Hinweisbearbeitung beteiligten Kräfte,
- die Berücksichtigung von Sicherheitsaspekten bei der Beurteilung von Hinweisen.

Bei der Erarbeitung von Hinweisen durch die HV A musste beachtet werden, dass der Gegner umfangreiche Kenntnisse über die Zielgruppen sowie die Bearbeitung von Personen durch die Aufklärung erlangt hatte und bestrebt war, durch eine gezielte Blickfeldarbeit[10] in das IM-Netz einzudringen. Besondere Wachsamkeit galt gegenüber Personen, die sich selbst für eine Zusammenarbeit mit der HV A angeboten hatten, da es sich um eine gezielte Maßnahme westlicher Geheimdienste handeln konnte.

Ausgehend von der Beurteilung des Hinweises und der Qualität des vorhandenen Materials war durch den zuständigen Leiter über die weitere Bearbeitung der Hinweispersonen zu entscheiden. Einer solchen Entscheidung lagen folgende Kriterien zugrunde:

- die grundlegenden Aufgaben zur Stärkung des IM-Netzes,
- die Schwerpunktaufgaben der jeweiligen Diensteinheit bei der Erweiterung des IM-Netzes,
- die Anhaltspunkte für das Vorhandensein von realen Möglichkeiten zur Lösung von operativen Aufgaben bei den Hinweispersonen.

Bei Hinweisen gleicher Qualität waren bei der Entscheidung über die Reihenfolge der Hinweisbearbeitung die erkannten Bearbeitungsmöglichkeiten mit zu berücksichtigen. In Abhängigkeit von dieser Analyse war durch den Leiter zu entscheiden, ob die Hinweise von der eigenen Diensteinheit weiterbearbeitet, anderen Diensteinheiten zur Bearbeitung übergeben oder abgelegt werden sollten.

Die Entscheidung zur weiteren Bearbeitung einer Hinweisperson setzte die Überprüfung und Erfassung bei der Abteilung XII des MfS beziehungsweise beim Referat R der HV A voraus.[11]

Helmut Müller-Enbergs berichtet zum Hinweisaufkommen: »Etwa die Hälfte der Hinweise auf potenzielle neue IM (58 Prozent) in der Bundesrepublik, wird der diesbezüglichen Einteilung der HV A gefolgt, ergab sich aus etablierten inoffiziellen

Verbindungen. Nur 11 Prozent der Hinweise ergaben sich aus Reiseverkehr und fremdenpolizeilichem Meldewesen, 6 Prozent durch Besuche der Leipziger Messe und 5 Prozent durch Kontrollen bei der Einreise in die DDR. Durch offizielle Kontakte entstanden 5 Prozent, durch die Postkontrolle 2 Prozent der Hinweise. 7 Prozent der Hinweise machten in das ›Operationsgebiet‹ übergesiedelte IM aus. Die wichtigsten Zielgruppen im ›Operationsgebiet‹ stellten Sekretärinnen, Studenten und Journalisten.«[12]

Die Bearbeitung von Hinweisen auf operativ interessante Personen aus dem Operationsgebiet

Das Ziel der Bearbeitung von Hinweisen auf nachrichtendienstlich interessante Personen bestand darin, die Erkenntnisse über die Voraussetzungen der Hinweisperson für eine operative Tätigkeit zu vertiefen und Möglichkeiten zur Vorbereitung und Durchführung der Werbung festzustellen, zu entwickeln und zu nutzen. In Verbindung damit war ein Beitrag zur Klärung der Frage »Wer ist wer?«[13] zu leisten. Die Bearbeitung von Hinweisen auf operativ interessante Personen wurde deshalb darauf ausgerichtet,

- die Erkenntnisse über die realen Möglichkeiten der Hinweispersonen zur Realisierung nachrichtendienstlicher Aufgaben zu überprüfen und sie so zu erweitern und zu präzisieren, dass eine weitgehend sichere Beurteilung der objektiven Voraussetzungen für eine operative Tätigkeit möglich war,
- Angaben über solche Leistungs- und Verhaltenseigenschaften zu erarbeiten, die Rückschlüsse auf die Möglichkeiten zur Herausbildung von spezifischen, für die nachrichtendienstliche Tätigkeit erforderlichen Leistungs- und Verhaltenseigenschaften zuließen,
- politische Überzeugungen, materielle und sonstige persönliche Interessen sowie Bedürfnisse festzustellen, die als Anknüpfungspunkte für die Herstellung und Festigung eines Kontaktes sowie für die Herausbildung von Motiven für eine bewusste nachrichtendienstliche Zusammenarbeit genutzt werden konnten,
- rechtzeitig mögliche Anhaltspunkte für eine feindliche Tätigkeit der Hinweisperson gegen die DDR oder andere sozialistische Staaten festzustellen und zu überprüfen.

Deshalb waren durch die Hinweisbearbeitung aussagekräftige Angaben zu erarbeiten über

- die Qualifikation sowie die berufliche Tätigkeit,
- die Arbeitsstelle und den konkreten Arbeitsplatz,

- die Familienverhältnisse, die Vermögenslage und die Freizeitgestaltung,
- die politischen Überzeugungen sowie die politische Tätigkeit,
- die sich aus der politischen und der beruflichen Tätigkeit, den Familienverhältnissen sowie der Freizeitgestaltung ergebenden sozialen Beziehungen und Kontakte,
- die Denk- und Verhaltensweisen sowie die Verarbeitung persönlicher Erlebnisse und Erfahrungen,
- den bisherigen Lebensweg unter besonderer Berücksichtigung des Verhaltens in wichtigen persönlichen und politischen Entscheidungssituationen,
- die dienstlichen und staatsbürgerlichen Verpflichtungen, einschließlich der Sicherheitsanforderungen, denen die Hinweispersonen gerecht werden mussten.

Die Aufklärung der operativ interessanten Personen war organisatorisch mit der Herausarbeitung von Möglichkeiten zur Fortführung der Bearbeitung der Hinweispersonen sowie zur Vorbereitung und Durchführung der Werbung zu verbinden. Insbesondere musste geprüft werden,
- welche Anforderungen an die IM sowie die Mittel und Methoden zu stellen waren, die zur Bearbeitung von Hinweispersonen eingesetzt wurden,
- inwieweit IM, die über natürliche Kontakte zu Hinweispersonen verfügten, zur Bearbeitung herangezogen werden konnten,
- ob Personen, die natürliche Kontakte zu Hinweispersonen besaßen, als IM geworben und für die aktive Bearbeitung der Hinweispersonen eingesetzt werden konnten,
- welche Möglichkeiten zur Anschleusung solcher IM an Hinweispersonen bestanden, die für die Bearbeitung geeignet waren, aber nicht über natürliche Kontakte verfügten.

Die Bearbeitung von Hinweisen auf operativ interessante Personen hatte unter strenger Wahrung der Konspiration zu erfolgen. Insbesondere musste gewährleistet sein, dass
- die mit der Bearbeitung der Hinweispersonen verbundenen Absichten und Aktivitäten so getarnt wurden, dass ihr nachrichtendienstlicher Charakter weder durch die Hinweispersonen selbst noch durch andere Personen erkannt werden konnte,
- die Hinweispersonen nicht zu Handlungen veranlasst wurden, die zur gegnerischen Bearbeitung führen konnten beziehungsweise in anderer Art und Weise ihre operative Perspektive gefährdeten,
- der Einsatz von IM zur Bearbeitung von Hinweispersonen nicht zur Gefährdung anderer Vorgänge führte,
- beim Erkennen gegnerischer Aktivitäten der Hinweispersonen die für die Sicherung der DDR und der operativen Arbeit notwendigen Maßnahmen durch die zuständigen Diensteinheiten eingeleitet wurden.

Die Aufklärung der Hinweispersonen erfolgte vor allem durch

- die Beschaffung und Auswertung der in den verschiedenen Speichern vorhandenen Dokumente und Materialien über die Hinweispersonen,
- die Nutzung von IM, die Kenntnisse über die Hinweispersonen und ihre Beziehungen besaßen oder diese erlangen konnten,
- die Befragung von Auskunftspersonen,
- die Realisierung von Beobachtungen,
- die Nutzung der Möglichkeiten der Diensteinheiten des MfS, die mit der Überwachung von Personenbewegungen sowie des Post-, Telefon- und Güterverkehrs beauftragt waren,
- die Nutzung von Kontakten der Hinweispersonen sowie die Entwicklung des nachrichtendienstlichen Kontaktes zu den Hinweispersonen.

In besonderen Fällen konnten auch spezifische Mittel und Methoden zur Gewinnung von Angaben über interessante Personen genutzt werden wie der Einsatz operativer Technik oder konspirativer Durchsuchungen.

Für die Bearbeitung der Hinweise waren im Prinzip die gleichen Speicher wie bei der Erarbeitung der Hinweise zu nutzen. Dabei war eine möglichst vollständige Auswertung der in den verschiedenen Speichern zur jeweiligen Hinweisperson enthaltenen Dokumente und Materialien zu realisieren. Die Nutzung der Speicher des MfS, des MdI sowie anderer staatlicher und gesellschaftlicher Einrichtungen der DDR hatte auf der Grundlage der dafür geltenden Befehle und Weisungen zu erfolgen. Die Auswertung der in den Speichern anderer staatlicher Organe und gesellschaftlicher Einrichtungen vorhandenen vertraulichen Unterlagen erforderte in der Regel die Koordinierung mit den für die Sicherung dieser Einrichtungen und Institutionen zuständigen Diensteinheiten des MfS.

Zur Überprüfung von Angaben wurden auch allgemein zugängliche Informationsspeicher des Operationsgebietes, beispielsweise Adress-, Telefon- und Branchenbücher sowie andere Nachschlagewerke, genutzt. Darüber hinaus gab es verschiedene Informationsspeicher im Westen, darunter Einwohnermeldeämter oder das Kraftfahrt-Bundesamt in Flensburg, die unter bestimmten Voraussetzungen zu Auskunftserteilungen bereit waren. Die Nutzung dieser Speicher setzte den Einsatz von IM aus dem Operationsgebiet oder aus der DDR voraus, die das Auskunftsverlangen legal abdecken konnten.

Die Erschließung besonders geschützter Speicher, wie zum Beispiel der Geheimdienst-, Polizei- und Justizbehörden, war in der Regel durch den Einsatz von IM möglich, die aufgrund ihrer dienstlichen Befugnisse Zugang zu diesen gespeicherten Materialien besaßen oder befugt waren, offizielle Anfragen über Personen an die jeweils zuständigen Behörden zu richten. Mit der Bearbeitung solcher Objekte waren spezielle Diensteinheiten beauftragt, zum Beispiel die HV A IX, so dass die operative Nutzung derartiger Speicher nur in Abstimmung mit den verantwortlichen Diensteinheiten erfolgen durfte.

Zur Vervollständigung und Überprüfung der Angaben über die Hinweispersonen wurden IM aus dem Westen und der DDR befragt, die Kenntnisse über die Hinweispersonen und ihre Umwelt besaßen. Dazu gehörten auch Kenntnisse über Personen, mit denen die Hinweispersonen in Verbindung standen sowie Sachverhalte, die die Entwicklung der Hinweispersonen sowie ihre gesellschaftliche Stellung maßgeblich beeinflusst hatten. Bei der Befragung von IM über die Hinweispersonen war das operative Anliegen so zu legendieren, dass keine Gefahren für die weitere Entwicklung des zukünftigen IM-Vorgangs entstehen konnten. Über die befragten Personen war exakt Nachweis zu führen.

Eine weitere Methode zur Erarbeitung von Angaben über nachrichtendienstlich interessante Personen stellte die Befragung von Auskunftspersonen dar. Als Auskunftspersonen waren besonders diejenigen Menschen geeignet, die durch ihre berufliche Tätigkeit, durch verwandtschaftliche Beziehungen oder andere persönliche Gründe einen mehr oder weniger intensiven Kontakt zu den Hinweispersonen unterhielten. Vom Charakter und der Intensität derartiger Beziehungen sowie der Bereitschaft zur Auskunft waren Qualität, Inhalt und Umfang der Informationen abhängig, die über die Hinweispersonen erlangt werden konnten.

Das entscheidende Problem einer Befragung war die Legendierung des Auskunftverlangens. Zur Wahrung der Konspiration mussten das wirkliche Informationsziel sowie der Verwendungszweck der zu erarbeitenden Informationen gegenüber den Auskunftspersonen wirksam verschleiert werden. Die Erreichung der Auskunftsbereitschaft setzte einen glaubhaften und weitsichtig angelegten Vorwand voraus, der das Ansprechen vielfältiger Probleme gestattete. Die Legendierung der Befragung musste einer möglichen Überprüfung durch die Hinweispersonen standhalten. Die HV A ging davon aus, dass sowohl in der DDR als auch im Westen Wachsamkeit beziehungsweise Misstrauen gegenüber dem Auskunftsbegehren vorhanden waren.

Für die Durchführung von Befragungen waren solche IM besonders geeignet, die das Auskunftsverlangen durch ihre berufliche Tätigkeit legal abdecken konnten.

In den Kreis der zu befragenden Auskunftspersonen konnten auch die Hinweispersonen selbst einbezogen werden. Die Einbeziehung der Hinweispersonen in die Befragung musste besonders gründlich geprüft und vorbereitet werden, um dadurch spätere Bearbeitungsmaßnahmen nicht zu gefährden. Die Festlegung der Aufgaben sowie die Vorbereitung und Realisierung von Befragungen erforderte:

- die Erarbeitung von exakten Zielvorstellungen,

- die Analyse der bis dahin erarbeiteten Angaben über die Hinweispersonen mit dem Ziel, mögliche Auskunftspersonen festzustellen,
- die Beschaffung von Angaben über die Auskunftspersonen sowie über die bei der Befragung zu berücksichtigenden Regimeverhältnisse,
- die Ausarbeitung von stichhaltigen Legenden für die Begründung des Auskunftsersuchens,
- die Erarbeitung taktischer Varianten für die Gesprächsführung,
- die Feststellung von Verhaltenslinien bei möglichen Komplikationen.

Die effektive und sichere Durchführung von Befragungen machte eine gründliche Vorbereitung der eingesetzten IM auf ihre Aufgaben unabdingbar. Über die Befragungsergebnisse wurden Berichte gefertigt.

Die Durchführung von Beobachtungen diente der Überprüfung und Feststellung von Angaben über die Wohnung, die Arbeitsstelle, Lebensgewohnheiten und Verbindungen der Hinweispersonen mittels visueller Wahrnehmung.

Eine weitere Möglichkeit zur Beschaffung von Angaben bestand in der Einleitung spezieller Kontrollmaßnahmen bei den Diensteinheiten des MfS, die mit der Überwachung des Reise-, Post-, Telefonverkehrs beauftragt waren. Um möglichst umfassende und überprüfte Angaben über die Hinweispersonen zu erhalten, wurde die komplexe Anwendung der genannten Mittel angestrebt.

Die Bearbeitung von Hinweisen auf operativ interessante Personen konnte mit der Nutzung bereits bestehender verwandtschaftlicher, freundschaftlicher, dienstlicher oder sonstiger natürlicher Kontakte oder mit dem Aufbau von Kontakten zu den Hinweispersonen verbunden sein. Solche Kontakte wurden mit dem Ziel genutzt, die Aufklärung der Hinweispersonen durch Abschöpfung von Informationen zu intensivieren und ihr Interesse an der Entwicklung beziehungsweise Festigung des Kontaktes zu wecken und zu stabilisieren.

Mit der Einleitung der dazu erforderlichen Maßnahmen nahmen die Kontakte operativen Charakter an. Der operative Kontakt zu den Hinweispersonen bot in der Regel günstige Möglichkeiten für die allseitige Aufklärung ihrer Persönlichkeit, insbesondere für das Erkennen von Einstellungen, Interessen und Bedürfnissen, die als Anknüpfungspunkte für eine spätere Werbung dienen konnten.

Bei der Nutzung beziehungsweise dem Aufbau operativer Kontakte musste durch die HV A beachtet werden, dass

- Geheimnisträger gegnerischer Zentren und Objekte zur Meldung jeglicher Kontakte verpflichtet waren (die Meldebereitschaft über verdächtig erscheinende Kontakte hatte nach Erkenntnissen der HV A zu Ende der 1970er Jahre zugenommen, möglich war auch, dass Kontakthandlungen durch andere Personen wahrgenommen und gemeldet werden konnten),

- der Gegner durch seine vielfältigen Maßnahmen zur Überwachung der Personenbewegung sowie des Post-, Telefon- und Güterverkehrs im Operationsgebiet und im grenzüberschreitenden Verkehr von den Kontakten Kenntnis erhalten konnte,
- viele interessante Personen durch eine umfassende Öffentlichkeitsarbeit im Westen sowie durch spezielle Schulungen Kenntnis über die Kontaktarbeit sowie andere Mittel und Methoden der HV A besaßen und sich gegenüber Kontakten misstrauischer verhielten,
- der Gegner Hinweise, Feststellungen oder Meldungen über Kontakte überprüfte und dabei seine Ermittlungshandlungen zunehmend auch auf die DDR ausdehnte,
- die gegnerischen Geheimdienst- und Abwehrorgane bestrebt waren, erkannte oder vermutete Kontakte von Bürgern des Operationsgebietes zum MfS zur aktiven Bearbeitung des MfS und seines IM-Netzes zu nutzen,
- die Bürger des Operationsgebietes durch gegnerische Sicherheits- und Überwachungsmaßnahmen sowie andere Faktoren nicht selten zur Verschleierung ihrer wirklichen sozialen und politischen Interessen/Auffassungen neigten und diese nur gegenüber Personen äußerten, zu denen sie ein enges Vertrauensverhältnis hatten.

Unter diesen Bedingungen sah es die HV A als erforderlich an, die Kontaktarbeit ständig zu qualifizieren, sie verstärkt in das Operationsgebiet zu verlagern sowie durch den Einsatz geeigneter IM und anderer operativer Methoden eine frühzeitige Offenbarung des nachrichtendienstlichen Charakters des Kontaktes gegenüber den Hinweispersonen zu verhindern. Besondere Bedeutung für die Sicherung einer hohen Qualität hatte die legale Abdeckung der Aufnahme, Entwicklung und operativen Nutzung des Kontaktes.

Bei Hinweispersonen aus dem Operationsgebiet, die über aktive DDR-Verbindungen verfügten, konnte die Kontaktaufnahme auch auf dem Territorium der DDR erfolgen. Hierbei musste beachtet werden, dass Kontaktaufnahmen in der DDR durch die Hinweispersonen oft einer kritischen Betrachtung und Prüfung unterlagen und dass sie mitunter im Kontaktgeschehen ihre wirklichen Einstellungen/Überzeugungen zu verbergen suchten. Die Aufnahme, Entwicklung und Nutzung von operativen Kontakten zu Hinweispersonen konnte erfolgen durch:

- IM, die bereits über natürliche Verbindungen zu den Hinweispersonen verfügten,
- die Werbung von Personen mit natürlichen Verbindungen zu den Hinweispersonen als IM,
- Anschleusung von IM an die Hinweispersonen.

Die nachrichtendienstliche Nutzung natürlicher Kontakte bot in der Regel die günstigsten Voraussetzungen für die Entwicklung eines operativen Kontaktes und die Sicherung der Konspiration. Deshalb wurde seitens der HV A geprüft, ob IM oder andere Personen, die natürliche Kontakte zu Hinweispersonen unterhielten, für deren Bearbeitung eingesetzt werden konnten.

Bereits existierende Kontakte und Verbindungen ließen sich relativ günstig in operative Kontakte verwandeln, da sie eine stabile natürliche Basis besaßen. Dadurch konnten intensive und länger währende Aktivitäten zur Bearbeitung der Hinweispersonen realisiert werden, ohne dass die nachrichtendienstliche Absicht und Zielstellung zu erkennen war. Die Intensivierung des Kontaktes sowie die Realisierung der Bearbeitungsziele mussten jedoch so erfolgen, dass bei den Hinweispersonen keine Zweifel über die Natürlichkeit des Kontaktes entstanden. Bei der Nutzung familiärer Bindungen waren die Gefahren einer Dekonspiration besonders groß. Unter den Arbeitsbedingungen des Operationsgebietes besaß die Entwicklung operativer Kontakte aus bereits existierenden Verbindungen entsprechende Bedeutung.

Bestand keine Möglichkeit zur Nutzung natürlicher Kontakte, erfolgte die Herstellung und Entwicklung des Kontaktes durch die Anschleusung von IM an die Hinweispersonen. Auch in einem solchen Fall musste gewährleistet sein, dass die Hinweispersonen durch die Persönlichkeit des IM, die Art und Weise der Kontaktaufnahme/Kontaktfestigung sowie durch die inhaltliche Gestaltung des Kontaktes über den nachrichtendienstlichen Charakter getäuscht wurden. Deshalb waren bei der Anschleusung von IM an Hinweispersonen folgende Grundsätze zu beachten:

- Die Anschleusung setzte zuverlässiges und aussagekräftiges Wissen über Einstellungen, Interessen und Bedürfnisse der Hinweispersonen voraus, um die Kontaktaufnahme so natürlich wie möglich gestalten zu können.
- Die Kontaktaufnahme musste legal abgedeckt oder glaubhaft sein, und ihr nachrichtendienstlicher Charakter durfte von den Hinweispersonen nicht durchschaut werden können.
- Die Kontaktaufnahme musste die Grundlagen für einen beständigen und stabilen Kontakt schaffen.
- Die zur Kontaktaufnahme eingesetzten Kräfte mussten gründlich auf ihre Aufgaben vorbereitet werden. Sie hatten die anzuwendenden Mittel und Methoden zu beherrschen, sich mit dem operativen Vorgehen zu identifizieren und bereit zu sein, den Auftrag diszipliniert, verantwortungsbewusst und schöpferisch durchzuführen.

Die Kontaktaufnahme konnte sowohl durch direktes Ansprechen der Hinweispersonen als auch dadurch erfolgen, dass die IM in die Familien-, Freizeit- oder anderweitigen Beziehungen der Hinweispersonen eindrangen und sich dadurch in deren Blickfeld brachten. Diese IM mussten durch ihre gesellschaftliche Stellung, die vorhandenen oder vorgetäuschten Interessen, Neigungen und Verhaltensweisen für die Hinweispersonen so interessant erscheinen, dass diese selbst den Kontakt zum IM wünschten und suchten. Damit wurden gute Voraussetzungen für die Entwicklung einer stabilen persönlichen Verbindung zwischen den Hinweispersonen und Werbern geschaffen, die sich günstig auf die Entwicklung stabiler Motive für die nachrichtendienstliche Zusammenarbeit auswirken konnten.

Die Aufnahme, Festigung und Nutzung operativer Kontakte stellte hohe Anforderungen an die Eignung der eingesetzten IM. Sie mussten bereit und in der Lage sein,

- den bestehenden Kontakt zu Hinweispersonen operativ zu nutzen beziehungsweise den Kontakt herzustellen und auszubauen,
- relativ kurzfristig die Achtung, Sympathie oder Zuneigung der Hinweispersonen zu gewinnen sowie ihr Interesse an der Aufnahme und Aufrechterhaltung des Kontaktes herauszubilden und zu festigen,
- alle Aktivitäten so zu gestalten, dass sie den Hinweispersonen und gegnerischen Abwehrorganen natürlich erschienen, überprüfbar waren und für den Gegner kein Sicherheitsrisiko erkennen ließen.

Die effektive und sichere Gestaltung des operativen Kontaktes verlangte, dass die IM über eine entsprechende gesellschaftliche Stellung verfügten, umfangreiche Menschenkenntnis besaßen, hohe Anpassungsleistungen an die Persönlichkeit der Hinweisperson vollbrachten und Fähigkeiten zu deren Beeinflussung besaßen. Sie sollten in der Lage sein, Anzeichen für eine gegnerische Tätigkeit der Hinweispersonen oder andere im Zusammenhang mit dem operativen Kontakt stehende feindliche Aktivitäten rechtzeitig zu erkennen.

Die im Prozess der Hinweisbearbeitung gesammelten Informationen wurden sorgfältig mit dem Ziel verdichtet und analysiert, ein möglichst objektives, komplexes und aktuelles Bild über die Persönlichkeit der Hinweispersonen zu erarbeiten, das aussagekräftige Schlussfolgerungen über ihre nachrichtendienstliche Eignung zuließ. Die Analyse musste konsequent auf die Erfassung der realen Möglichkeiten der Hinweispersonen zur Lösung nachrichtendienstlicher Aufgaben, ihrer Leistungs- und Verhaltenseigenschaften, ihrer sozialen Beziehungen sowie solcher Einstellungen, Überzeugungen, Interessen und Bedürfnisse ausgerichtet werden, die als Anknüpfungspunkte für die Entwicklung des operativen Kontaktes sowie für die Herausbildung von Motiven für eine bewusste nachrichtendienstliche Zusammenarbeit genutzt werden konnten. Dabei war stets zu berücksichtigen, dass

- Einsichten und Auffassungen zu politischen Ereignissen, zu Institutionen und Personen, soziale Interessen und persönliche Bedürfnisse nicht in jedem Fall ein entsprechendes Handeln nach sich ziehen mussten,

- Handlungen durch vielfältige und teilweise widersprüchliche Motive mit unterschiedlicher Dominanz hervorgerufen und wesentlich durch Ort, Zeit und Bedingungen beeinflusst werden konnten,
- die Hinweispersonen zahlreichen äußeren Einflüssen unterlagen und sich deshalb ihr Persönlichkeitsbild verändern konnte,
- die Hinweispersonen ihr Verhalten den jeweiligen Bedingungen anpassen konnten und mitunter bewusst ein falsches Persönlichkeitsbild zeichneten,
- Informationen über die Persönlichkeitseigenschaften der Hinweispersonen in vielen Fällen subjektiv gefärbt waren,
- Fehlinterpretationen zu nachrichtendienstlichen Fehlschlägen zu weitreichenden Konsequenzen führen konnten.

Um eine hohe Aussagekraft der Persönlichkeitsanalyse zu erreichen und Wunschdenken sowie Subjektivismus weitgehend auszuschließen, wurde es seitens der HV A als erforderlich betrachtet:
- die Herkunft sowie den Wahrheits- und Informationsgehalt jeder Information kritisch zu prüfen,
- Informationslücken deutlich auszuweisen und Schlussfolgerungen nur in dem Maß zu ziehen, wie das durch die vorliegende Informationsmenge und deren Qualität gerechtfertigt war,
- die Persönlichkeit der Hinweispersonen in Beziehung zu ihrer konkreten gesellschaftlichen Umwelt zu analysieren und in ihrer Kompliziertheit und Widersprüchlichkeit darzustellen,
- stets zu überprüfen, inwieweit Äußerungen der Hinweispersonen sowie die Einschätzung ihrer Einstellungen, Überzeugungen, Interessen und Bedürfnisse durch Handlungen bestätigt wurden,
- alle Hinweise auf Faktoren, die die Sicherheit der Hinweispersonen sowie der nachrichtendienstlichen Arbeit berührten, gewissenhaft zu registrieren und unter Nutzung aller operativen Möglichkeiten gründlich zu überprüfen.

Die Maßnahmen, Mittel und Methoden zur Bearbeitung von Hinweispersonen waren in einem Operativplan festzulegen. Ein solcher Operativplan musste beinhalten:
- Aussagen über die Herkunft des Personenhinweises,
- Darstellung der Angaben über die operativ interessante Person,
- Zielstellungen der Hinweisbearbeitung unter Berücksichtigung der Einschätzungen des Persönlichkeitsbildes sowie der Bearbeitungswürdigkeit der Hinweisperson,
- Aufgaben zur weiteren Aufklärung der Hinweisperson,
- Vorstellungen über das methodische Vorgehen bei der Aufklärung der Hinweisperson,

- Angaben über die zur Lösung von einzelnen Ermittlungsaufgaben einzusetzenden IM,
- Festlegungen über die bei den Ermittlungshandlungen anzuwendenden Legenden,
- Maßnahmen zur Aufnahme, Entwicklung und Nutzung des Kontaktes zur Hinweisperson,
- Aufgabenstellungen zur Koordinierung der Hinweisbearbeitung mit anderen Diensteinheiten,
- Festlegungen über Schrittfolgen und anzustrebende Termine.

Im Prozess der Hinweisbearbeitung konnte es erforderlich sein, für einzelne Maßnahmen gesonderte Pläne zu erarbeiten, beispielsweise für Ermittlungsaufgaben sowie zur Aufnahme des Kontaktes.

Der Plan zur Herstellung und Entwicklung des Kontaktes musste vor allem folgende inhaltlichen Schwerpunkte enthalten:
- das Ziel der Herstellung und Entwicklung des Kontaktes,
- die Einschätzung des Persönlichkeitsbildes der Hinweisperson auf der Grundlage der bis dahin erreichten Arbeitsergebnisse,
- das methodische Vorgehen zur Herstellung des Kontaktes,
- die Maßnahmen zur Entwicklung und Festigung des Kontaktes,
- die Anforderungen an die einzusetzenden IM,
- die zum Einsatz kommenden sonstigen operativen Kräfte.

Die Erfüllung des Operativplanes zur Hinweisbearbeitung war in den Sachstandsberichten zu analysieren. Diese Sachstandsberichte mussten Auskunft geben über:
- die zur Hinweisbearbeitung durchgeführten Maßnahmen und deren Wirksamkeit,
- die zur Hinweisperson erarbeiteten Angaben und Erkenntnisse, die sich daraus ergebenden Einschätzungen sowie die voraussichtliche Eignung und Perspektive der Hinweisperson,
- die in der Hinweisbearbeitung festgestellten oder aufgetretenen sicherheitsrelevanten Faktoren und deren Bewertung,
- die Möglichkeiten sowie die Vorschläge für die weitere Bearbeitung der Hinweisperson.

Auf der Grundlage des Sachstandsberichtes war durch den zuständigen Leiter zu entscheiden, ob die Hinweisperson geworben, mit dem Ziel der Werbung weiter bearbeitet, als Kontaktperson genutzt, das vorhandene Material einer anderen Diensteinheit übergeben, in Speichern abgelegt oder abwehrmäßig bearbeitet werden sollte. Mit der Entscheidung zur sofortigen Durchführung der Werbung oder zur Weiterbearbeitung mit dem Ziel der Werbung durch allmähliche Einbeziehung wurden Hinweispersonen zu Werbekandidaten.

Eine solche Entscheidung war gerechtfertigt, wenn der Sachstandsbericht die begründete Schlussfolgerung zuließ, dass

- die Hinweisperson eine sichere operative Perspektive besaß,
- bei der Hinweisperson Interessen und Bedürfnisse vorhanden waren, die zur Entwicklung von Motiven für eine bewusste und stabile Zusammenarbeit genutzt werden konnten,
- ein ausbaufähiger Kontakt zur Hinweisperson vorhanden war beziehungsweise relativ kurzfristig geschaffen werden konnte,
- bei der Hinweisperson keine Anzeichen für eine Feindtätigkeit bestanden.

Mit der Entscheidung zur sofortigen Durchführung der Werbung oder zur weiteren Bearbeitung mit dem Ziel der Werbung durch allmähliche Einbeziehung waren IM-Akten anzulegen.[14]

Die Vorbereitung der Werbung durch die allmähliche Einbeziehung der Werbekandidaten in die operative Arbeit

Die allmähliche Einbeziehung war ein mehr oder weniger langfristiger Prozess der schrittweisen Gewöhnung von Werbekandidaten an die Lösung nachrichtendienstlicher Aufgaben, ohne dass ihnen bereits bewusst wurde, dass sie mit der Realisierung dieser Aufgaben im Interesse eines Landes, einer Institution oder Organisation konspirativ tätig wurden. Die allmähliche Einbeziehung war dadurch charakterisiert, dass die Bereitschaft der Werbekandidaten zur konspirativen Zusammenarbeit mit der HV A, mit einem legendierten oder fremden Beziehungspartner über die systematische Veranlassung zu einzelnen operativen Handlungen schrittweise geprüft und herbeigeführt wurde, ohne dass die Kandidaten den nachrichtendienstlichen Charakter sowie die operative Zielsetzung dieser Handlungen bestätigt erhielten.

Das allmähliche Einbeziehen der Werbekandidaten in die nachrichtendienstliche Arbeit hatte zum Ziel:

- geeignete Werbegrundlagen herauszubilden sowie die Werbekandidaten langfristig und schrittweise auf die Bewältigung jener Entscheidungssituation vorzubereiten, die mit der Offenbarung der Werbeabsicht sowie der Bereitschaftserklärung verbunden war, in Verletzung bestehender rechtlicher und moralischer Normen für ein anderes Land beziehungsweise eine Institution oder Organisation nachrichtendienstlich tätig zu werden,
- die objektiven und subjektiven Voraussetzungen der Werbekandidaten und ihre sozialen Beziehungen umfassend aufzuklären, ihre Persönlichkeit unter Bedingungen zu studieren, die einer bewussten operativen Tätigkeit nahe kamen, eine

der Persönlichkeit des Werbekandidaten weitgehend angepasste Werbekombination zu erarbeiten, den geeigneten Beziehungspartner festzustellen sowie die Anforderungen an die Werber zu bestimmen, die für die Durchführung der Werbung eingesetzt werden sollten,

- bereits zu einem Zeitpunkt nachrichtendienstliche Arbeitsergebnisse zu erzielen und Grundlagen für die Entwicklung erforderlicher Leistungs- und Verhaltenseigenschaften zu legen, zu dem die Bereitschaft der Werbekandidaten zur operativen Tätigkeit noch nicht erwartet werden konnte.

Die allmähliche Einbeziehung wurde in Fällen angewandt, in denen das Wissen über die Werbekandidaten keine ausreichende Beurteilung der Voraussetzungen für die Bereitschaft zur nachrichtendienstlichen Arbeit zuließ beziehungsweise in denen die politischen Überzeugungen, Interessen und Bedürfnisse der Werbekandidaten eine kurzfristige Entscheidung für eine bewusste Tätigkeit als fraglich erscheinen ließen.

Die allmähliche Einbeziehung eines Werbekandidaten in die nachrichtendienstliche Arbeit setzte voraus, dass ein stabiler und intensiver Kontakt zu ihm bestand. Die allmähliche Einbeziehung stellte hohe Anforderungen an den Umfang, die Qualität sowie die Zielstrebigkeit der Aufklärung und Beeinflussung des Werbekandidaten, an die Wahrung der Konspiration und an die Qualität des Werbers.

In dieser Phase des Werbeprozesses waren die Werbekandidaten zu operativen Handlungen zu veranlassen, ohne dass sie den nachrichtendienstlichen Charakter und die Zielstellung dieser Handlungen erkennen konnten beziehungsweise bestätigt erhielten. Solche Handlungen konnten sein:

- die Preisgabe von Informationen über die eigene Person, über Interessen und Bedürfnisse, persönliche Verbindungen und andere Angaben, die von den Werbekandidaten gewöhnlich gegenüber anderen Personen sowie gegenüber ihrem Arbeitgeber geheim gehalten wurden,
- die Mitteilung und teilweise auch die Beschaffung von internen Kenntnissen über andere interessante Personen, über die Arbeitsstelle sowie über sonstige nachrichtendienstlich interessante Sachverhalte, die die Werbekandidaten durch ihre berufliche oder politische Tätigkeit beziehungsweise im Freizeitbereich in Erfahrung gebracht hatten,
- die Beschaffung bedeutsamer Materialien, die Gewährung von Quartier, die Aufbewahrung und Weitergabe von Materialien und anderes mehr, bei Wahrung einer bestimmten Vertraulichkeit,
- der Aufbau operativ nutzbarer Verbindungen zu interessanten Personen und Institutionen,
- die Wahrung einer bestimmten Vertraulichkeit hinsichtlich des Inhalts der Beziehungen zum Werber.

Die Veranlassung der Werbekandidaten zu nachrichtendienstlichen Handlungen setzte voraus, dass bei den Kandidaten das Bedürfnis geweckt werden konnte, ihre Achtung, Sympathie beziehungsweise Zuneigung zum Werber durch Gefälligkeiten der verschiedensten Art sowie durch die Unterstützung seiner beruflichen Entwicklung oder politischen Aktivität zum Ausdruck zu bringen und die eigenen Verhaltensnormen den Verhaltensnormen und Lebensvorstellungen des Werbers anzugleichen. Die Bereitschaft der Werbekandidaten zu unbewussten nachrichtendienstlichen Handlungen konnte darüber hinaus auch dadurch hervorgerufen werden, dass sich der jeweilige Kandidat gegenüber dem Werber zu Gegenleistungen für erhaltene materielle Zuwendungen oder andere Hilfeleistungen verpflichtet fühlte.

Durch die mehrfache Wiederholung operativer Handlungen sowie die Befriedigung der Interessen und Bedürfnisse der Werbekandidaten in Abhängigkeit von diesen Handlungen waren die Kandidaten schrittweise und systematisch daran zu gewöhnen, dass sie

- die Wünsche der Werber erfüllten, auch wenn ihre Erfüllung mit der Verletzung gesetzlicher und moralischer Normen der bürgerlichen Gesellschaft sowie einem persönlichen Risiko verbunden waren,
- in den Werbern über zuverlässige Partner verfügten.

Dabei sollten anfangs die Werbekandidaten zu solchen Aktivitäten veranlasst werden, die von ihnen relativ einfach zu realisieren waren und sich weitgehend in die normalen Gepflogenheiten der bürgerlichen Gesellschaft einbetten ließen. Im weiteren Verlauf der Zusammenarbeit wurden die Anforderungen an die Werbekandidaten systematisch erhöht. Dabei war wichtig, dass die Werbekandidaten weder überfordert noch unterfordert werden durften und dass sie für die Realisierung jeder einzelnen operativen Handlung motiviert wurden. Den Werbekandidaten musste vor Beginn jeder Handlung überzeugend verdeutlicht werden, dass diese ihrem politischen Anliegen beziehungsweise der Befriedigung ihrer eigenen materiellen sowie anderweitigen persönlichen Interessen und Bedürfnisse diente. Während beziehungsweise nach Abschluss der Handlung musste die Richtigkeit dieser Überzeugung in möglichst nachhaltiger Form durch das praktische Erleben bestätigt werden. Dies konnte sowohl durch die Auswertung der nachrichtendienstlichen Handlungen als auch durch die materielle Anerkennung beziehungsweise durch die Gewährung sonstiger Vorteile erfolgen. Soweit möglich, sollten die Arbeitsergebnisse gleichzeitig genutzt werden, um die kritische Distanz der Werbekandidaten zum westlichen System beziehungsweise einzelnen Institutionen und ihren Repräsentanten zu vertiefen. Dadurch war es möglich, die Bereitschaft der Werbekandidaten zur Fortführung operativer Handlungen systematisch zu stärken und sie unter Umständen auch zu weitergehenden Aktivitäten zu stimulieren.

Gleichzeitig wuchs mit dieser praktischen Erfahrung in der Regel das Vertrauen der Werbekandidaten zu den Werbern. Die Werber erhielten zunehmende Möglichkeiten, durch persönliche Gespräche, Hilfeleistungen der verschiedensten Art, materielle Zuwendungen sowie auf andere Art und Weise Einfluss auf die politische und moralische Haltung der Werbekandidaten zu nehmen. Sie konnten gewisse moralische sowie teilweise auch materielle Abhängigkeitsverhältnisse schaffen und dadurch bei den Werbekandidaten solche Motive entwickeln und ausprägen, die die Bereitschaft zu nachrichtendienstlichen Handlungen verstärkten und als Grundlagen für ihre bewusste Einbeziehung in die operative Arbeit (Werbegrundlagen) dienen konnten.

Durch die Auseinandersetzung mit Vorkommnissen und praktischen Erlebnissen der Werbekandidaten im Arbeits- und Freizeitbereich sowie mit aktuellen politischen und kulturellen Ereignissen sollten die Werbekandidaten zum Nachdenken über die gesellschaftlichen Verhältnisse im Operationsgebiet sowie über bedeutsame Fragen der internationalen Entwicklung veranlasst werden. Humanistische und demokratische Ansichten waren systematisch zu fördern.

Bei Werbekandidaten, die über aktive Beziehungen in die DDR beziehungsweise andere sozialistische Staaten verfügten oder solche ohne Gefährdung ihrer angedachten Perspektive herstellen konnten, war es darüber hinaus möglich, die Begegnung mit dem Sozialismus zu nutzen, um antikommunistische Vorbehalte abzubauen, das Interesse an der Beschäftigung mit dem Sozialismus und seiner Weltanschauung zu wecken, eine kritische Distanz zum westlichen System herauszubilden und die Suche nach Alternativen zu unterstützen. Dabei war in Rechnung zu stellen, dass viele Bürger aus dem Westen der Selbstdarstellung der DDR mit Misstrauen oder Ablehnung begegneten. Es war darum meist von Vorteil, den Werbekandidaten umfassende Möglichkeiten zur Eigenbeobachtung einzuräumen und ihnen in der DDR eine nach ihren Wünschen gestaltete »Entdeckungsreise« zu ermöglichen. Diese praktische Auseinandersetzung mit dem realen Sozialismus konnte auf diese Art und Weise zu einem bedeutenden Mittel für die Entwicklung geeigneter Werbegrundlagen und damit zur Vorbereitung der Werbekandidaten auf die bewusste Einbeziehung in die operative Arbeit werden.[15]

Gabriele Gast erinnert sich: »Bekanntlich war es eine beliebte Anbahnungsmethode der HV A, Westbesuchern Ausflüge zu den Sehenswürdigkeiten in der DDR anzubieten, die sie wegen der restriktiven Aufenthaltserlaubnis in aller Regel nicht aufsuchen konnten. Das macht ein entsprechendes Angebot verlockend. Es war aber auch psychologisch geschickt, weil es in der entspannten Atmosphäre eines gemeinsamen Ausflugs erheblich leichter fällt, der ›Zielperson‹ menschlich näher zu kommen. Wie ein Geschenk des Himmels muss es Schmidt deshalb vorgekommen sein, als ich ihn mit meiner arglosen Bitte, ob ich nicht nach Dresden mitfahren könne, aller Verlegenheit enthob. Damit eröffnete ich ihm die schönsten Möglichkeiten, in Kontakt zu kommen – direkt und ohne seinen Kollegen Müller. Der Operationsplan ›griff‹ nahezu perfekt. Doch das alles wusste ich damals nicht. Damals lag die Welt der Geheimdienste für mich noch in jenem Nebel, mit dem sich diese Organisationen sorgsam umhüllen.«[16]

Der Kundschafter »Alfred« nahm die »Entdeckungsreise« wie folgt wahr:

»Günter und Helmut erfüllten mir meinen Wunsch, die DDR kennenzulernen. Ich absolvierte ein vielseitiges Besuchsprogramm, besichtigte Kombinate, Kindergärten und Museen und badete in der Ostsee. Als Student kam ich jährlich einmal für eine Woche in die DDR und fühlte mich heimisch. Dazu trugen neben den persönlichen Gesprächen auch die vielen Eindrücke und Erlebnisse bei den Fahrten über Land bei. Ich lernte Menschen kennen, die eine gesicherte Perspektive hatten, Arbeitslosigkeit nicht kannten und folglich sich davor auch nicht fürchteten. Sie hatten eine ordentliche Ausbildung gemacht und waren eigentlich mit sich und der Welt im Reinen. Die Miete war niedrig, Lebensmittel und Kultur kosteten nicht viel, Schule und medizinische Versorgung waren gratis. Wenn man doch nur mal in den Westen fahren dürfte und nicht so lange auf das neue Auto warten müsste. Und dass man den Mund aufmachen könnte, ohne dafür gleich am nächsten Tag vom Parteisekretär wegen ideologischer Unklarheit gerüffelt zu werden …

Die Wünsche schienen aus meiner Perspektive klein. Schließlich waren doch alle anderen existentiellen Fragen geregelt.«[17]

Bei Werbekandidaten, die eine ausgeprägt reaktionäre Grundhaltung besaßen und jeglichen Kontakt mit progressiv eingestellten Personen grundsätzlich ablehnten, war es nach Erfahrungen der HV A unter Umständen nötig, durch Ausprägung ihrer reaktionären Positionen die Abneigung gegenüber bestimmten Gruppierungen, Institutionen oder Repräsentanten der bürgerlichen Gesellschaft so weit zu vertiefen, dass daraus die Bereitschaft zur konspirativen Zusammenarbeit für einen fremden Beziehungspartner erwachsen konnte und dadurch geeignete Werbegrundlagen entstanden.

Als Werbegrundlagen wurden von der HV A jene politischen Überzeugungen, materiellen Interessen, persönlichen Bedürfnisse, Charaktereigenschaften sowie Gefühle der Werbekandidaten bezeichnet, die im Prozess der Vorbereitung und Durchführung der Werbung zu wirksamen Motiven für die Bereitschaft zur operativen Arbeit entwickelt werden sollten. Solche Motive konnten sein:

- progressive politische Überzeugungen,
- divergierende reaktionäre Überzeugungen und Interessen,
- materielle und sonstige persönliche Interessen.

Progressive politische Überzeugungen erfassten alle politischen Auffassungen und Haltungen, in denen prinzipiell oder teilweise die Politik, Institutionen oder Repräsentanten des jeweiligen kapitalistischen Staates abgelehnt wurden. In dieser Ablehnung konnte gleichzeitig eine prinzipielle oder teilweise Übereinstimmung mit der Politik der sozialistischen Staatengemeinschaft zum Ausdruck kommen. Progressive politische Überzeugungen reichten von festen marxistisch-leninistischen Positionen bis zu Standpunkten des bürgerlichen Humanismus und konnten auch Bestrebungen zur gesellschaftlichen Wiedergutmachung einschließen. Sie mussten ihrem Wesen nach antiimperialistisch sein.

Divergierende reaktionäre Überzeugungen und Interessen entsprangen in Rivalitäten und Widersprüchen innerhalb der herrschenden Klasse. Sie beinhalteten in der Regel Meinungsverschiedenheiten über die Art und Weise der Machtausübung sowie bei der Durchsetzung der imperialistischen Ziele gegenüber dem realen Sozialismus und anderen revolutionären Kräften beziehungsweise waren Ausdruck der kapitalistischen Konkurrenz.

Materielle sowie andere persönliche Interessen und Bedürfnisse fanden ihren Ausdruck in Bestrebungen, eine bestimmte soziale Stellung zu sichern beziehungsweise zu erlangen sowie anderweitige unmittelbare persönliche Ansprüche und Ambitionen zu befriedigen. Sie trugen außerordentlich differenzierten Charakter und konnten vom Bestreben nach der Erfüllung gerechtfertigter Bedürfnisse bis zu ausgeprägt egoistischen Bereicherungsabsichten sowie abnormen Ansprüchen reichen. Je mehr sich die Werbekandidaten des aus verschiedenen Gründen resultierenden Konfliktes zwischen den persönlichen Überzeugungen, Interessen und Bedürfnissen sowie der kapitalistischen Gesellschaft beziehungsweise der einzelnen Erscheinungsformen, Institutionen oder Repräsentanten dieser Gesellschaft bewusst wurden, desto bessere Voraussetzungen reiften aus Sicht der HV A in der Regel für eine bewusste Einbeziehung in die nachrichtendienstliche Arbeit heran.

Dabei ging man innerhalb der Aufklärung davon aus, dass progressive politische Überzeugungen meist günstige Bedingungen für eine hohe Effektivität und Stabilität der späteren operativen Tätigkeit des Werbekandidaten schufen. Es wurde deshalb angestrebt, dass bei möglichst vielen Werbekandidaten bereits im Prozess der Vorbereitung der Werbung antikommunistische Ansichten und Einstellungen erschüttert und progressive politische Überzeugungen herausgebildet und gefestigt wurden.

Die Werbegrundlagen »divergierende reaktionäre Überzeugungen« sowie »materielle und sonstige persönliche Interessen« fanden vor allem bei Personen Anwendung, die aufgrund ihrer gesellschaftlichen Stellung über bedeutende operative Möglichkeiten verfügten, jedoch so fest in das westliche System eingebunden waren, dass eine Werbung auf progressiver politisch-ideologischer Grundlage aussichtslos erschien.

Weiterhin fand innerhalb der HV A Beachtung, dass die Handlungen der Menschen meist nicht durch ein einzelnes Motiv, sondern durch ein Motivationsgefüge reguliert wurden, in dem sich auf vielfältige Art und Weise verschiedene, teilweise sogar widersprüchliche politische Überzeugungen, materielle Interessen, persönliche Bedürfnisse Charaktereigenschaften und Gefühle miteinander verknüpften.[18]

Klaus Kuron, Objektquelle der HV A im Bundesamt für Verfassungsschutz (BfV), besaß ein solches Motivationsgefüge. Er äußerte sich dazu wie folgt:

»Es war ein Bündel von Motiven und nicht ein bestimmter Fall oder eine plötzliche Eingebung, sondern ein über Jahre gehender Prozess, mich schließlich so zu entscheiden. Ich will es mal so zusammenfassen: Es war eine tiefgehende Verärgerung über die verfehlte Sozial- und Familienpolitik in der BRD, die mich ins gesellschaftliche Abseits gerückt hatte. Kinder als Armutsrisiko, das ist bis heute nicht überwunden. Die Umverteilung der Vermögenswerte von unten nach oben scheint in der BRD systemimmanent zu sein. In der Sozialpolitik der DDR habe ich durchaus eine positive Alternative gesehen. Ich glaube, in dieser Hinsicht ging es in der DDR gerechter zu.

Ich habe mich natürlich auch immer wieder über inkompetente Vorgesetzte und Spitzenbeamte im BfV geärgert – insbesondere solche mit ausgeprägter ›rechter‹ Gesinnung. Die Gründe, mich gegen die BRD und für die DDR zu entscheiden, waren für mich stichhaltig und sind heute auch nachvollziehbar.

Was das Geld angeht, so sollten Sie heute berücksichtigen, welche Risiken ich eingegangen bin, die ich heute in vollem Umfang auch zu tragen habe. Ich musste mich mit meiner Familie existentiell absichern. So ist es zu einer Vereinbarung mit dem damaligen HV A-Chef Markus Wolf gekommen. […]

Vaterland Bundesrepublik, dazu war ich doch viel zu sehr in diesem deutschen Kram drin. Ich habe ja nie – wollen mal sagen – die DDR als Feind gesehen. Ich habe die politische Zielsetzung – Wandel durch Annäherung – für richtig gehalten. Am Ende dieser Entwicklung hätte ohnehin nur ein Deutschland gestanden. Natürlich nicht in dem Sinne, dass die BRD die DDR einfach schluckt und dann alle diejenigen in Ost und West, die sich für den Fortbestand und eine günstige Entwicklung in der DDR eingesetzt haben, kriminalisiert und diffamiert.«[19]

Der Kundschafter »Alfred« beschreibt seine Motivation folgendermaßen:

»Angefangen hatte alles 1972 mit einem Besuch der Leipziger Frühjahrsmesse. Dort lernte ich Günter kennen, als er mich bei meiner Wirtsfamilie besuchte und mich zu einem Bier einlud. Er sei Student, sitze gerade an einer wissenschaftlichen Arbeit über politische Studentenorganisationen in der BRD und würde gern mit mir über das politische Leben im Westen diskutieren. Zu diesem Zeitpunkt war ich der DKP gegenüber sehr kritisch eingestellt und sympathisierte mit dem Sozialistischen Büro in Offenbach. [...]

Bei Themen wie Mauerbau oder Reisefreiheit lag ich nicht gerade auf DDR-Kurs. Politischen Diskussionen gegenüber war ich aber immer aufgeschlossen, und Günter war mir nach unserem ersten kurzen Gespräch auch nicht unsympathisch, so dass ich die Einladung für den nächsten Abend gern annahm. [...]

Nach einer Lehre hatte ich die Berufsaufbauschule besucht. Ich kam in die Woge der 68er Bewegung, die gegen die konservative Bundesrepublik brandete. Anstoß für mein Mittun war der Umgang mit den Nazis und dem Tausendjährigen Reich. Fragten wir die Elterngeneration, wollte man entweder nichts gesehen und nichts gehört haben, oder man war als Mitläufer Opfer gewesen: ›Wir mussten doch mitmachen.‹ Daraus wuchs bei mir Misstrauen: gegenüber der Regierung, gegen ihre Sprachrohre, gegen die alten und neuen Mitläufer.

Fidel Castros Revolution auf Kuba oder der Mauerbau waren für mich Geschichte, ich war hierüber als Kind und Jugendlicher von den antikommunistisch berichtenden bundesdeutschen Medien eingelullt worden. Mein Geschichtsbild änderte sich 1970. Als Salvador Allende in Chile sich zur Wahl stellte, fieberte ich, wie auch manch Schulfreund vom Abendgymnasium, mit. Ich fühlte mich inzwischen als Pazifist und der sozialistischen Idee verbunden. Mit dieser Wahl in Chile war für uns die bourgeoise Presse widerlegt, die einen Weg zum Sozialismus nach bürgerlichem Demokratieverständnis und ihren Regeln für unmöglich hielt. Ohne Revolution wurde Salvador Allende der erste frei gewählte, marxistische Präsident eines lateinamerikanischen Staates! Am 11. September 1973 putschte General Pinochet. Der Mord an Allende und vielen anderen Chilenen wurde in den meisten Medien als Rettung des Landes dargestellt. Heute wissen es alle besser: Im Geschichtsbuch lassen sich Beteiligung und Hilfe der CIA bei der Vorbereitung am Putsch in Chile, die Einmischung in Guatemala, die missglückten Attentatsversuche gegen Fidel Castro usw., usw. nachlesen. [...]

Zu Beginn meines Physikstudiums war ich mit Kommilitonen befreundet, die in der DKP und dem MSB Spartakus aktiv waren. Ich konnte mir eine Mitarbeit dort sehr gut vorstellen. Zwischenzeitlich lernte ich aber Günter kennen und hatte nun eine Alternative. Peu à peu kam ich also zum Schluss, dass mein kleiner Beitrag zum Weltfrieden am effektivsten in der nachrichtendienstlichen Tätigkeit für die DDR im militärischen Bereich läge.«[20]

Es ist nachvollziehbar, dass durch die Werber der HV A in der Regel mit einer interessanten Person aus dem Westen nicht von Anfang an in einer klaren überzeugenden Art und Weise gesprochen werden konnte, wie das bei einem Kandidaten mit bekannten progressiven politischen Überzeugungen der Fall war.

Zunächst war es deshalb für die Arbeit mit Personen im Operationsgebiet bedeutsam, dass, verbunden mit der Wirkung der westlichen Einflüsse und durch die damit entstehenden Widersprüche zwischen dem Einzelnen und der Gesellschaft, eine solche Offenheit für Alternativen entstehen konnte, nach der beim Studium der interessierenden Person gesucht werden musste. Aus der Analyse der konkreten Lebensbedingungen, aus dem Erkennen von Problemen, sozialen Belastungen und Konflikten, in der sich eine Person befand, sowie von Haltungen, in denen sie diese objektiven Faktoren verarbeitet hatte, ließ sich mit hoher Wahrscheinlichkeit angeben, für welche Alternativen diese Person in ihrer gegenwärtigen Lage ansprechbar war.[21]

Die Herausbildung geeigneter Werbegrundlagen erforderte stets die Einflussnahme auf die Gesamtpersönlichkeit des Werbekandidaten. Sie durfte sich nicht auf die Herausbildung und Festigung politischer Überzeugungen beschränken, sondern musste auch die materiellen Interessen, persönlichen Bedürfnisse, Charaktereigenschaften und Gefühle der Werbekandidaten erfassen. Besonderes Gewicht wurde auf den Abbau politisch-ideologischer, moralischer und gefühlsbedingter Abhängigkeitsverhältnisse der Werbekandidaten vom nachrichtendienstlichen Zielobjekt sowie auf die Entwicklung der Bereitschaft gelegt, die eigenen Überzeugungen, Interessen und Bedürfnisse ohne Rücksicht auf die Interessen des Zielobjektes zu realisieren.

In Verbindung mit der Beeinflussung der Werbekandidaten wurde auch in dieser Phase des Werbeprozesses die Aufklärung ihrer Persönlichkeit konsequent mit dem Ziel fortgesetzt, weitere Erkenntnisse über die Eignung der Kandidaten zu erlangen und eine erfolgversprechende Werbekombination zu erarbeiten. Im Mittelpunkt stand dabei die Aufklärung

- des Entwicklungsstandes und der Belastbarkeit des Vertrauensverhältnisses der Werbekandidaten zu den Werbern sowie des Einflusses der Werber auf die Werbekandidaten,
- der sozialen Beziehungen und Verbindungen der Werbekandidaten sowie der Personen, die das Verhalten des Kandidaten entscheidend beeinflussen konnten,
- der Einstellungen, Überzeugungen, Interessen und Bedürfnisse des Werbekandidaten, die zu Motiven für eine bewusste nachrichtendienstliche Arbeit entwickelt werden konnten,
- der Einstellung zur operativen Arbeit sowie des Grades der Bereitschaft, ihre persönlichen Interessen und Bedürfnisse auch im Widerspruch zu staatsbürgerlichen sowie arbeitsrechtlichen Verpflichtungen, zu bürgerlichen Moralnormen beziehungsweise zu Ansichten und Interessen von Verwandten/Freunden zu realisieren,

- der Sympathien und Antipathien der Werbekandidaten für beziehungsweise gegen gesellschaftliche Institutionen, Organisationen und Bewegungen, die als Beziehungspartner geeignet waren,
- der Reaktionen der Werbekandidaten auf politische, berufliche und persönliche Ereignisse sowie des Verhaltens in Entscheidungssituationen,
- der Lebensgewohnheiten und Verhaltensweisen der Werbekandidaten, die für die Wahl des Zeitpunktes und des Ortes sowie für die Gestaltung der Atmosphäre des Werbegespräches von besonderer Bedeutung waren.

Darüber hinaus waren die Aufklärung der realen Möglichkeiten sowie der für die Realisierung nachrichtendienstlicher Aufträge bedeutsamen Leistungs- und Verhaltenseigenschaften der Werbekandidaten fortzuführen. Zur Durchführung dieser Aufgaben waren vor allem die von den Werbekandidaten geforderten nachrichtendienstlichen Handlungen und der operative Kontakt zu den Werbekandidaten zu nutzen. Gleichzeitig wurde die Aufklärung der Werbekandidaten mit den Mitteln und Methoden fortgesetzt, die bereits bei der Hinweisbearbeitung zur Anwendung kamen.

Die allmähliche Einbeziehung der Werbekandidaten in die operative Arbeit stellte spezifische Anforderungen an die Gewährleistung der Konspiration. Insbesondere musste berücksichtigt werden, dass die Werbekandidaten in der Regel keinen Grund hatten, ihren Kontakt zum Werber geheim zu halten. Bei Angehörigen gegnerischer Objekte ging die HV A davon aus, dass diese ihren Meldepflichten nachkamen und jeden neuen Kontakt entsprechend mitteilten. Auch auf anderen Wegen konnte der Gegner vom Kontakt zwischen den Werbekandidaten und den Werbern Kenntnis erhalten. Es wurde deshalb stets damit gerechnet, dass nicht nur die Werbekandidaten, sondern auch der Gegner die Werber sowie die Art und Weise der Kontaktaufnahme und der Aufrechterhaltung des Kontaktes überprüfte.

Die allmähliche Einbeziehung des Werbekandidaten in die nachrichtendienstliche Arbeit setzte darum voraus, dass das Zusammentreffen von Werber und Werbekandidat legal abgedeckt werden konnte und gegnerischen Überprüfungsmaßnahmen standhielt.

Darüber hinaus wurde es als erforderlich betrachtet, die Werbekandidaten wirksam über den operativen Charakter sowie die Zielstellung der von ihnen verlangten nachrichtendienstlichen Handlungen zu täuschen. Sie durften nicht vorzeitig erkennen, dass der Werber die Verbindung zu ihnen im Auftrag einer Institution oder Organisation hergestellt hatte und unterhielt, die mit konspirativen Mitteln und Methoden arbeitete.

Ein frühzeitiges Erkennen der Werbeabsicht konnte bei den Werbekandidaten zu ernsthaften Konfliktsituationen, zum Abbruch der Verbindung oder zur Meldung des Kontaktes an den Gegner führen. Der Werber musste deshalb in der Lage sein, die vom Kandidaten zu fordernden nachrichtendienstlichen Handlungen durch seine tatsächliche oder eine vorgetäuschte gesellschaftliche Stellung sowie durch seine persönlichen Interessen und Bedürfnisse glaubhaft zu legendieren sowie ihre politische Zielstellung zu verschleiern.

Die Anwendung solcher Mittel und Methoden, deren nachrichtendienstlicher Verwendungszweck eindeutig zu erkennen war, musste vermieden werden. Die Werbekandidaten waren ständig gewissenhaft zu studieren und unter abwehrmäßigen Gesichtspunkten zu überprüfen. Bei der Feststellung von Veränderungen im Verhalten während der Zusammenkünfte beziehungsweise von sonstigen Unregelmäßigkeiten wurden in jedem Fall geeignete Überprüfungsmaßnahmen eingeleitet.

Weiter fand durch die HV A Beachtung, dass die Werbekandidaten meist nicht über die für eine operative Arbeit erforderlichen Kenntnisse, Fähigkeiten und Fertigkeiten verfügten und auch nur in begrenztem Maß damit vertraut gemacht werden duften. Die von den Kandidaten zu fordernden Handlungen sollten in der Regel mit allgemein gängigen Mitteln und Methoden bewältigt werden können und durften keinesfalls zur Dekonspiration und damit zur Gefährdung der operativen Perspektive führen. Generell wurde seitens der HV A angestrebt, dass die allmähliche Einbeziehung von Werbekandidaten aus dem Westen in die nachrichtendienstliche Arbeit auf dem Territorium des Operationsgebietes realisiert wurde.

Bei der allmählichen Einbeziehung von Mitarbeitern gegnerischer Zentren und Objekte in die Arbeit der Aufklärung musste beachtet werden, dass sie
- strengen Sicherheitsbestimmungen sowie Überwachungsmaßnahmen unterlagen,
- durch die regelmäßigen Sicherheitsbelehrungen oftmals umfangreiche Kenntnisse über konspirative Arbeitsmethoden im Allgemeinen sowie über die Arbeitsmethoden der HV A im Besonderen besaßen.

Die allmähliche Einbeziehung der Werbekandidaten in die operative Arbeit setzte daher in der Regel voraus, dass ihre Bearbeitung durch Werber aus dem Operationsgebiet erfolgte, die den Sicherheitsbestimmungen der gegnerischen Objekte gerecht wurden. Der Kontakt zu den Kandidaten war sorgfältig legal abzudecken und ausschließlich im Westen zu unterhalten. Das Informationsverlangen musste auf der Grundlage eines ausgeprägten Vertrauensverhältnisses realisiert und geeignet legendiert werden können.

In Fällen, bei denen die Mitarbeiter gegnerischer Zentren und Objekte dienstliche Kontakte zu DDR-Institutionen unterhielten, war unter Berücksichtigung von möglichen ökonomischen und politischen Folgen im Fall eines Misserfolges zu prüfen, inwieweit diese Beziehungen zur allmählichen Einbeziehung genutzt werden konnten.

Bei der allmählichen Einbeziehung von Werbekandidaten aus dem Westen in die operative Arbeit unter Nutzung der Basis in der DDR prüfte die HV A vor allem die Tragfähigkeit der Legenden, die für die Vertiefung und Qualifizierung der Kontakte notwendig waren. Dabei war zu beachten, dass die Erkenntnisse des Gegners über die Kontaktarbeit der Staatssicherheit sowie die intensive abwehrmäßige Öffentlichkeitsarbeit des Verfassungsschutzes dazu geführt hatten, dass hinter Kontakten, die mit DDR-Institutionen abgedeckt wurden, oftmals das MfS vermutet wurde. Das Ansprechen von Kandidaten aus dem Operationsgebiet auf dem Boden der DDR barg daher oftmals die Gefahr in sich, dass diese die Werbeabsicht vorzeitig erkennen konnten.

Die allmähliche Einbeziehung von Werbekandidaten in die nachrichtendienstliche Arbeit stellte hohe Anforderungen an die Persönlichkeit der Werber. Diese mussten aufgrund ihrer gesellschaftlichen Stellung und ihrer Persönlichkeit in der Lage sein:

- einen stabilen, intensiven und vom Gegner möglichst überprüfbaren Kontakt zum Kandidaten zu unterhalten und bei diesen das Interesse am Ausbau des Kontaktes zu wecken,
- ein solches Vertrauensverhältnis der Kandidaten zu den Werbern herauszubilden, dass die Werbekandidaten ihr Persönlichkeitsbild, ihre Arbeits- und Lebensbedingungen, ihre dienstlichen und persönlichen Beziehungen sowie gegebenenfalls auch interne Kenntnisse offenbarten und eine gewisse Vertraulichkeit in Bezug auf den Inhalt ihrer Beziehungen zum Werber wahrten,
- die vom Kandidaten zu fordernden nachrichtendienstlichen Handlungen ihnen gegenüber durch ihre tatsächliche oder vorgetäuschte gesellschaftliche Stellung sowie durch ihre persönlichen Interessen und Bedürfnisse ausreichend zu motivieren sowie deren operative Zielstellung zu verschleiern,
- die Werbekandidaten umfassend zu studieren und zu überprüfen,
- mit den Kandidaten im Interesse der Entwicklung eines Vertrauensverhältnisses auch über ihre persönlichen Probleme aus der beruflichen Tätigkeit oder aus der Familie zu sprechen, ohne dass dadurch die Konspiration gefährdet wurde.

Für die allmähliche Einbeziehung von Werbekandidaten aus dem Westen in die nachrichtendienstliche Tätigkeit waren darum vorrangig Werber aus dem Operationsgebiet einzusetzen, die selbst profilierte, ausgereifte Persönlichkeiten waren, über Lebenserfahrung verfügten, bereits nachrichtendienstliche Aufgaben erfolgreich realisiert hatten und in der bisherigen Arbeit ihre Befähigung, Zuverlässigkeit und Disziplin unter Beweis gestellt hatten.

Die Maßnahmen zur Vorbereitung der Werbung durch die allmähliche Einbeziehung von Werbekandidaten in die nachrichtendienstliche Tätigkeit wurden in

Operativplänen festgelegt. Die inhaltlichen Schwerpunkte dieser Operativpläne waren:

- Darstellung der Angaben über den Werbekandidaten sowie der bisherigen Arbeitsergebnisse,
- Feststellungen zum methodischen Vorgehen bei der Herstellung, Entwicklung und Nutzung des operativen Kontaktes,
- Fixierung von Schwerpunkten und Maßnahmen zur weiteren Aufklärung des Kandidaten,
- Vorstellungen über die vom Werbekandidaten zu fordernden Handlungen sowie die dabei zu erreichenden Ergebnisse,
- Maßnahmen zur gezielten Einflussnahme auf den Kandidaten zur Herausbildung von Werbegrundlagen,
- Anforderungen an die einzusetzenden IM,
- Aufgabenstellungen zur Koordinierung der Maßnahmen mit anderen Diensteinheiten,
- Festlegungen über Schrittfolgen und anzustrebende Termine,
- Festlegungen für Verhaltensweisen der Werber hinsichtlich möglicher Komplikationen.

Die im Prozess der allmählichen Einbeziehung von Webekandidaten in die nachrichtendienstliche Arbeit gewonnenen Informationen und Erkenntnisse mussten analysiert werden, anschließend erfolgte die Zusammenfassung in Sachstandsberichten. Diese gaben Auskunft über

- die Entwicklung des Kontaktes,
- die vom Werbekandidaten bei der Durchführung der nachrichtendienstlichen Handlungen erreichten Ergebnisse,
- die objektiven und subjektiven Voraussetzungen der Kandidaten für eine operative Tätigkeit,
- die in der bisherigen Bearbeitung festgestellten oder aufgetretenen sicherheitsrelevanten Faktoren,
- mögliche Werbegrundlagen und den Grad der zu erwartenden Bereitschaft des Kandidaten für eine nachrichtendienstliche Tätigkeit,
- die Möglichkeiten für die weitere Bearbeitung sowie die Ausgestaltung der Werbekombination,
- die bei der Realisierung der Werbung einzukalkulierenden Risiken.

Auf der Grundlage der Analyse der in der Phase der allmählichen Einbeziehung erzielten Ergebnisse mussten Entscheidungen über das weitere Vorgehen getroffen werden. Sie konnten Festlegungen enthalten zur Durchführung der Werbung, zur Fortführung des Prozesses der allmählichen Einbeziehung in die operative Arbeit, zur Weiterführung als Abschöpfvorgang, zur Übergabe des Vorgangs an eine andere Diensteinheit, zur Einstellung der Bearbeitung von Werbekandidaten beziehungsweise zur Einleitung weiterer Maßnahmen als Voraussetzung für eine Entscheidungsfindung.

Die Entscheidung zur Durchführung der Werbung wurde von der HV A als gerechtfertigt betrachtet, wenn

- die objektiven und subjektiven Voraussetzungen des Werbekandidaten für eine nachrichtendienstliche Tätigkeit nachgewiesen werden konnten,
- die erarbeiteten Erkenntnisse über die Interessen, Bedürfnisse und Überzeugungen der Kandidaten mit hoher Wahrscheinlichkeit erwarten ließen, dass sie auf die Offenbarung der Werbeabsicht sowie die Aufforderung zur operativen Zusammenarbeit mit dem gewählten Beziehungspartner positiv reagierten.[22]

Die Durchführung der Werbung

Es ist sicherlich nicht untertrieben, wenn Rösler in seiner Dissertation feststellt: »Eine Werbung ist ein in die persönliche Sphäre eines Werbekandidaten tiefeinschneidender Vorgang.«[23]

Im Verlauf der Durchführung der Werbung war die auf freiwilliger Grundlage beruhende innere Entscheidung der Werbekandidaten zur bewussten und disziplinierten Erfüllung operativer Aufträge der HV A, eines legendierten oder fremden Beziehungspartners herbeizuführen sowie sicherzustellen, dass die Kandidaten ihre Bereitschaft zur nachrichtendienstlichen Arbeit durch eindeutige Handlungen und Arbeitsergebnisse unter Beweis stellten.

Die Werbekandidaten wurden bei der Durchführung der Werbung erstmals offen dazu aufgefordert, für die HV A oder eine andere Institution beziehungsweise Organisation geheimdienstliche Aufgaben zu realisieren.

Mit der offenen Aufforderung zu operativen Handlungen wurden die Werbekandidaten vor Entscheidungen gestellt, die weitgehende Konsequenzen für die Gestaltung ihres weiteren Lebens, ihrer sozialen Beziehungen, beruflichen Entwicklung, politischen Bindung und Freizeitgestaltung nach sich ziehen konnten und meist außerhalb oder sogar im Widerspruch zu ihren bisherigen Lebensvorstellungen standen. Es wurde ihnen bewusst, dass sie im Zusammenhang mit ihrer Einwilligung in die Zusammenarbeit mit der DDR-Aufklärung beziehungsweise einem legendierten oder fremden Beziehungspartner ihr weiteres Leben in Abhängigkeit von den Entscheidungen des Beziehungspartners gestalten mussten und im Fall einer Enttarnung mit strafrechtlichen Konsequenzen zu rechnen hatten.

Die offene Aufforderung zu nachrichtendienstlichen Handlungen konnte deshalb bei den Werbekandidaten innere Konflikte auslösen, die im Verlauf der Werbung überwunden werden mussten. Es wurde seitens der HV A angestrebt, dass sich die Werbekandidaten freiwillig und in Kenntnis der grundlegenden Konsequenzen für die Zusammenarbeit mit der Aufklärung beziehungsweise einem legendierten oder fremden Beziehungspartner entschieden. Dadurch konnte eine unkontrollierte Zuspitzung von Konflikten bei den Kandidaten vermieden sowie die Gefahr von Kurzschlussreaktionen oder Offenbarungen gegenüber Dritten und von Verrat eingeschränkt werden. Es wurde deshalb von der HV A als erforderlich betrachtet,

- nur dann zur Werbung überzugehen, wenn alle erforderlichen Voraussetzungen für ihren erfolgreichen Abschluss gegeben waren; vorzeitige Werbeversuche mussten vermieden werden,
- solche Werbekombinationen zu entwickeln, die eine freiwillige Entscheidung des Werbekandidaten für eine bewusste Zusammenarbeit mit der HV A, einem legendierten oder fremden Beziehungspartner maximal erleichterten, ohne dass dabei die grundlegenden Anforderungen verschwiegen wurden, die die nachrichtendienstliche Arbeit an den Kandidaten stellte,
- die Werbekandidaten bei der Durchführung der Werbung gründlich zu studieren und zu sichern, dass Konfliktsituationen rechtzeitig erkannt und mit Unterstützung der Werber weitgehend gelöst werden konnten,
- hohe Forderungen an die operative Eignung sowie an die Vorbereitung der Werber zu stellen,
- alle mit der Realisierung der Werbung verbundenen Aktivitäten gewissenhaft und qualifiziert abzusichern sowie zu gewährleisten, dass operatives Wissen gegenüber den neugeworbenen IM nur so weit offenbart wurde, wie dies zur Durchführung erster nachrichtendienstlicher Aufträge sowie zur Aufrechterhaltung der Verbindung in diesem Stadium der Vorgangsentwicklung unbedingt notwendig war,
- von vornherein die Möglichkeiten eines Misslingens der Werbung einzukalkulieren und für einen solchen Fall geeignete Maßnahmen zur Sicherung der Konspiration einschließlich eines geordneten Rückzuges der Werber (in die DDR) vorzubereiten.

Die Werbung konnte sowohl im Operationsgebiet als auch in der DDR sowie in anderen sozialistischen Staaten erfolgen. Im Interesse der Sicherung der operativen Perspektive der Werbekandidaten und der Nutzung der wachsenden Vielfalt demokratischer Bewegungen sowie der Verschärfung der Widersprüche zwischen den imperialistischen Kräften zur Anwendung wirkungsvoller Legenden und fremder Flaggen[24] im Werbeprozess strebte die HV A an, dass die Werbung von IM, die über direkte oder indirekte Verbindungen zu gegnerischen Hauptobjekten verfügten, vorrangig im Operationsgebiet realisiert wurde. Werbungen konnten dann in der DDR beziehungsweise im sozialistischen Ausland erfolgen, wenn dadurch die nachrichtendienstliche Perspektive der Kandidaten nicht beeinträchtigt wurde, die Werbekandidaten dem Gegner natürlich erscheinende Kontakte in sozialistische Länder unterhielten und die Werbekombination die Glaubwürdigkeit der Legende beziehungsweise der fremden Flagge nicht gefährdete. Die Durchführung der Werbung setzte voraus, dass

- die objektiven und subjektiven Voraussetzungen der Kandidaten für eine nachrichtendienstliche Tätigkeit entsprechend den in die Gesamtaufgabenstellung der Staatssicherheit eingeordneten Schwerpunktaufgaben der Diensteinheit nachgewiesen worden waren,
- die erarbeiteten Erkenntnisse über die Interessen, Bedürfnisse, Einstellungen und Überzeugungen der Kandidaten mit hoher Wahrscheinlichkeit erwarten ließen, dass sie auf die Offenbarung der Werbeabsicht sowie der Aufforderung zur nachrichtendienstlichen Zusammenarbeit mit dem gewählten Beziehungspartner zustimmend reagierten,
- die politischen Überzeugungen, materiellen oder sonstigen Interessen und Bedürfnisse der Kandidaten so ausgeprägt waren, dass sie als Werbegrundlagen dienen und relativ schnell zu Motiven für eine langfristige stabile sowie bewusste Zusammenarbeit geformt werden konnten,
- durch die bewusste Einbeziehung der Werbekandidaten in die operative Arbeit deren Möglichkeiten erschlossen beziehungsweise effektiv und sicher ausgeschöpft werden konnten,
- ein operativer Kontakt bestand beziehungsweise kurzfristig hergestellt werden konnte, der die Offenbarung der Werbeabsicht ermöglichte,
- geeignete Werber für die Durchführung der Werbung zur Verfügung standen.

Die Einschätzung, dass diese Voraussetzungen zur Durchführung der Werbung vorhanden waren, konnte im Ergebnis der Hinweiserarbeitung, Hinweisbearbeitung oder der allmählichen Einbeziehung eines Werbekandidaten in die nachrichtendienstliche Arbeit erfolgen.

Von der Hinweiserarbeitung oder Hinweisbearbeitung konnte sofort zur Realisierung der Werbung übergegangen werden, wenn bei der Hinweisperson ausreichende Werbegrundlagen vorhanden waren, sich die Hinweisperson in einer bestimmten Zwangssituation befand, aus der sich erfolgversprechende Ansatzpunkte für die Werbung ergaben, oder wenn ihre Werbung eine einmalige Gelegenheit darstellte. Die sofortige Einbeziehung in die nachrichtendienstliche Arbeit stellte die unmittelbare, für die Werbekandidaten meist überraschende Offenbarung der Werbeabsicht dar, ohne dass eine längere Phase ihrer Beeinflussung vorausging. Der Ausgang der

Werbung war in solchen Fällen oftmals vom Inhalt der vorliegenden Informationen über den Kandidaten, dem Ergebnis äußerst kurzfristig zu realisierender Maßnahmen sowie manchmal von einem einzigen Gespräch abhängig. Das damit verbundene Risiko durfte aus HV A-Sicht nur dann eingegangen werden, wenn ein erfolgreicher Verlauf der Werbung hohe operative Ergebnisse erwarten ließ.

Die praktische Durchführung der Werbeabsicht erfolgte durch Werbekombination. Die Werbekombination war »der exakt aufeinander abgestimmte, der Persönlichkeit der Werbekandidaten und den konkreten operativen Bedingungen angepasste Einsatz der für die Durchführung der Werbung erforderlichen Kräfte, Mittel und Methoden.«[25] Dazu gehörten:

- die Zahl sowie die Art und Weise des Einsatzes der Werber,
- der Zeitpunkt und der Ort des Werbegespräches,
- die Organisierung des Zusammentreffens von Werbekandidaten und Werber,
- das taktische Vorgehen während des Werbegespräches,
- die Art und Weise der Verpflichtung der Kandidaten,
- die Zielstellung sowie die Art und Weise der Erarbeitung erster nachrichtendienstlicher Arbeitsergebnisse im Werbegespräch,
- die Erteilung erster operativer Aufträge sowie die ersten Schritte zur Ausbildung neugeworbener IM,
- die Absicherung der Werbung.

Die Werbung konnte von Werbern durchgeführt werden, die bereits im Verlauf der allmählichen Einbeziehung mit den Kandidaten zusammengearbeitet hatten oder von Werbern, die den Werbekandidaten bisher unbekannt waren und speziell für die Realisierung des Werbegesprächs eingesetzt wurden. Die Werbung durch Werber, zu denen die Kandidaten bereits eine Bindung besaßen, ermöglichte es, das bestehende Vertrauensverhältnis sowie die erfolgreiche Bewältigung nachrichtendienstlicher Aufgaben im Prozess der allmählichen Einbeziehung zu nutzen, um die Bereitschaft zur operativen Arbeit herbeizuführen. Es wurde deshalb durch die HV A geprüft, ob

- diese Werber bereit und fähig waren, die Werbung selbst durchzuführen,
- das mit der Offenbarung der Werbeabsicht durch diese Werber verbundene Risiko politisch und operativ vertretbar war,
- das Vertrauensverhältnis der Kandidaten zu diesen Werbern den mit der Offenbarung der Werbung verbundenen Belastungen standhielt,
- die mit der Offenbarung der Webeabsicht durch den Werber sichtbar werdende länger existierende Verbindung zur Staatssicherheit oder zu einem anderen Beziehungspartner durch ihre gesellschaftliche Stellung beziehungsweise ihre Persönlichkeitseigenschaften ausreichend begründet werden konnte.

Wenn Werber nicht für die Realisierung der Werbung geeignet waren, mussten andere Werber für die Durchführung herangezogen werden. In einem solchen Fall mussten die Werber, die bis dahin den Kontakt zum Kandidaten hatten, die Ausführung der Werbung dadurch unterstützen, dass sie die Reaktion des Werbekandidaten auf das Werbegespräch studierten. Darüber hinaus war zu prüfen, ob sie das Zusammentreffen zwischen den Kandidaten und den neuen Werbern organisieren oder so in die Werbung einbezogen werden konnten, dass sie direkt am Gespräch teilnahmen und scheinbar mitgeworben wurden.

Zeitpunkt und Ort des Werbegesprächs mussten so gewählt werden, dass sie das gesamte Ereignis positiv beeinflussten und eine hohe Sicherheit für den Kandidaten und den Werber gewährleisteten. Es wurde seitens der HV A als günstig betrachtet, das Werbegespräch zu einem Zeitpunkt durchzuführen, zu dem der Prozess der Einbeziehung des Kandidaten bereits so weit fortgeschritten war, dass die Offenbarung der Werbeabsicht als logische Konsequenz der bisherigen Zusammenarbeit erschien beziehungsweise der Kandidat sich in einer akuten Konfliktsituation befand, aus der er einen Ausweg suchte. Eine solche Konfliktsituation konnte sowohl durch politische, materielle oder persönliche Umstände entstehen als auch durch gezielte operative Maßnahmen herbeigeführt worden sein.

Weiterhin war zu berücksichtigen, dass die Bereitschaft zur nachrichtendienstlichen Arbeit durch Entwicklungen wie die Zuspitzung der internationalen Lage, Kampagnen gegen sozialistische Staaten, Verhaftungen von IM oder Verratsfälle positiv oder negativ beeinflusst werden konnte. Es musste deshalb bei der Festlegung des Werbungszeitpunktes die Art und Weise der Reaktion des Kandidaten auf solche Situationen berücksichtigt werden.

Der Ort für die Durchführung der Werbung wurde möglichst so gewählt, dass er das souveräne Handeln sowie die Solidität des Werbers und des von ihm repräsentierten Beziehungspartners unterstreichen konnte, mit dem Charakter des Beziehungspartners in Übereinstimmung stand, ein länger andauerndes und ungestörtes Werbegespräch ermöglichte sowie ein relativ gefahrloses Aufsuchen und Verlassen gestattete.

Im Werbegespräch waren die politischen Einstellungen und Überzeugungen, materiellen Interessen und persönlichen Bedürfnisse der Kandidaten zu tragfähigen Motiven für eine bewusste nachrichtendienstliche Arbeit zu entwickeln. Dadurch erreichte der Prozess der Einbeziehung der Werbekandidaten in die nachrichtendienstliche Tätigkeit eine qualitativ neue Stufe. Die Werbekandidaten wurden zu IM. Bei der Durchführung des Werbegesprächs wurde davon ausgegangen, dass die operative Arbeit für die Kandidaten oftmals nur eine Möglichkeit darstellte, um ihre politischen Überzeugungen, materiellen Interessen und persönlichen Bedürfnisse zu realisieren, und dass es zu dieser Art und Weise der Interessenbefriedigung meist

Alternativen gab. Sie entschieden sich oftmals für den Weg der Interessenbefriedigung, wo ihnen das Verhältnis von Aufwand, Nutzen und Risiko am geringsten erschien. Deshalb war es erforderlich

- den Werbekandidaten mit beweiskräftigen und nachhaltig wirkenden Argumenten sowie eventuell auch durch materielle Zuwendungen und andere Hilfeleistungen zu verdeutlichen, dass die Lösung operativer Aufträge für die HV A, einen legendierten oder fremden Beziehungspartner am wirkungsvollsten ihren Überzeugungen und Interessen Rechnung trug,
- den Werbekandidaten nachzuweisen, dass die nachrichtendienstliche Arbeit Möglichkeiten der Interessenbefriedigung bot, ohne dass sie genötigt waren, sich mit der gesellschaftlichen Umwelt offen zu konfrontieren und dadurch ihre gesellschaftliche Position zu gefährden,
- die Werbekandidaten gegebenenfalls auf die Konsequenzen hinzuweisen, die für sie aus der Ablehnung der operativen Arbeit erwachsen konnten, wobei diese Konsequenzen vom Abbruch der Beziehungen der Werber zu den Kandidaten bis zur Anwendung von Kompromaten[26] reichen konnten,
- sich gründlich mit Bedenken der Werbekandidaten auseinanderzusetzen, die durch die Notwendigkeit hervorgerufen werden konnten, im Widerspruch zu staatsbürgerlichen oder arbeitsrechtlichen Verpflichtungen, zu bürgerlichen Moralnormen beziehungsweise zu Ansichten sowie Interessen von Verwandten und Freunden zu handeln,
- Beziehungspartner zu wählen, die von den Werbekandidaten aufgrund ihrer politischen und moralischen Haltungen zumindest akzeptiert werden konnten,
- den Sicherheitsbedürfnissen der Kandidaten Rechnung zu tragen, ihnen bestimmte Sicherheitsgarantien zu gewähren und ihnen bewusst zu machen, dass die von ihnen geforderten operativen Handlungen bei Einhaltung der festgelegten Verhaltensnormen mit einem hohen Maß an Sicherheit realisiert werden konnten,
- gegebenenfalls bestimmten Vorbehalten der Werbekandidaten gegenüber einzelnen nachrichtendienstlichen Handlungen sowie Wünschen in Bezug auf die Gestaltung der Zusammenarbeit, die Gewährleistung ihrer Sicherheit und die Einbeziehung ihrer Ehepartner beziehungsweise anderer enger Vertrauter Rechnung zu tragen, wenn dies nicht gegen elementare operative Erfordernisse verstieß,
- den Werbekandidaten durch die Art und Weise der Gesprächsführung das Gefühl zu geben, dass die Zustimmung zur nachrichtendienstlichen Arbeit auf der Grundlage freier und wohlüberlegter Entscheidungen beruhte, der Beziehungspartner die Persönlichkeit der Kandidaten sowie ihre Interessen und Bedürfnisse achtete, eindeutige, aber erfüllbare Forderungen stellte, zuverlässig war und alles Notwendige für die Gewährleistung ihrer Sicherheit unternahm,

- den Werbekandidaten die Möglichkeit zu geben, ihre Bereitschaft zur operativen Arbeit bereits im Werbegespräch durch die Preisgabe von Informationen unter Beweis zu stellen und diese Handlungen entsprechend anzuerkennen,
- dem ersten nachrichtendienstlichen Auftrag einen solchen Inhalt zu geben, dass er dem Grad der Bereitschaft der Kandidaten zur operativen Arbeit entsprach, ihr Selbstvertrauen stärkte sowie ihre Bindung an den Beziehungspartner vertiefte,
- die Auftragserteilung mit einer gründlichen Instruktion über die Art und Weise der Auftragserfüllung sowie mögliche Gefahrenmomente zu verbinden, um zu verdeutlichen, dass der Auftrag zumutbar und erfüllbar war und sich Werber und Beziehungspartner um die Sicherheit der IMs sorgten.

Von besonderer Bedeutung für den erfolgreichen Verlauf des Werbegesprächs war die Art und Weise der Offenbarung der Werbeabsicht sowie die Wahl des Beziehungspartners. Die Offenbarung der Werbeabsicht konnte erfolgen, indem sich die Werber direkt als Beauftragte der Beziehungspartner zu erkennen gaben und die Kandidaten in allgemeiner oder konkreter Form zu offenkundig operativen Handlungen für die Beziehungspartner aufforderten. Diese Form der Offenbarung der Werbeabsicht konnte vor allem dann angewandt werden, wenn

- die direkte Ansprache der Mentalität der Werbekandidaten entsprach,
- die Offenbarung der Werbeabsicht als logische Konsequenz der bisherigen Zusammenarbeit erschien,
- das Vertrauensverhältnis der Kandidaten zu den Werbern so weit ausgeprägt war, dass es der mit der Offenbarung der Werbeabsicht verbundenen Belastung standhielt,
- die Werbekandidaten sich in einer so akuten Konfliktsituation befanden, dass sie genötigt waren, jede Art von Ausweg zu akzeptieren,
- Werber zur Realisierung der Werbung eingesetzt werden mussten, die sich nicht auf ein festes Vertrauensverhältnis zu den Kandidaten stützen konnten.

Die Offenbarung der Werbeabsicht konnte darüber hinaus auch erfolgen, indem die Werber die Kandidaten davon in Kenntnis setzten, dass

- sie zu einer nachrichtendienstlichen Tätigkeit aufgefordert worden sind, die sie nur gemeinsam mit dem Werbekandidaten realisieren konnten,
- sie zu der Überzeugung gelangt sind, dass die Wahrnehmung ihrer Interessen eine gemeinsame operative Tätigkeit erforderlich machte.

Diese Methoden waren psychologisch insofern vorteilhaft, als die Offenbarung der Werber von den Kandidaten im Allgemeinen als Vertrauensbeweis aufgefasst und ihnen die Entscheidung über das gemeinsame Handeln scheinbar überlassen wurde. Damit appellierten die Werber an das solidarische Verhalten der Kandidaten und verpflichteten sie zur Verschwiegenheit. Gleichzeitig boten diese Methoden günstige Voraussetzungen, um weitere operative Kräfte zur Realisierung der Werbeabsicht heranzuziehen und die Konspiration auch bei einer ablehnenden Haltung der Werbekandidaten zu sichern.

Die Anwendung dieser Methoden setzte voraus, dass

- die Kandidaten durch ein gefestigtes Vertrauensverhältnis mit dem Werber verbunden waren,
- bei den Werbekandidaten Überzeugungen, Interessen sowie Bedürfnisse vorhanden waren, die relativ kurzfristig und konfliktlos so weit aktiviert werden konnten, dass sie sich zu tragfähigen Motiven für eine bewusste nachrichtendienstliche Zusammenarbeit entwickeln ließen,
- weitere Werber beziehungsweise Mitarbeiter der HV A bereit standen, die in der Lage waren, auf Wunsch der Kandidaten direkt als Vertreter der Beziehungspartner in Erscheinung zu treten und die Werbung zu vollenden.

Mit der Offenbarung der Werbeabsicht wurde für die Werbekandidaten der Beziehungspartner und dessen Interesse an der Einbeziehung der Kandidaten in die konspirative Arbeit sichtbar. Es waren deshalb Beziehungspartner auszuwählen, die die Bereitschaft der zu werbenden Personen zur bewussten operativen Zusammenarbeit positiv beeinflussten. Der Einsatz des tatsächlichen beziehungsweise eines legendierten oder fremden Beziehungspartners war abhängig von

- den politischen Überzeugungen, materiellen sowie sonstigen persönlichen Interessen und Bedürfnissen der Kandidaten,
- der wahrscheinlichen Akzeptierung des gewählten Beziehungspartners durch die zu werbenden Personen,
- der Überzeugung der Werbekandidaten, dass sie durch die bewusste nachrichtendienstliche Arbeit für diesen Beziehungspartner ihre Interessen und Bedürfnisse befriedigen konnten.

Als legendierte oder fremde Beziehungspartner konnten bestehende oder vorgetäuschte gesellschaftliche, staatliche, ökonomische oder wissenschaftliche Institutionen, Einrichtungen und Organisationen des Operationsgebietes und bei legendierten Beziehungspartnern auch der DDR genutzt werden. Die Werbekandidaten mussten davon überzeugt sein, dass der Beziehungspartner zur Lösung seiner Aufgaben auch konspirative Mittel und Methoden zur Anwendung brachte.

Bei besonders intensiven beruflichen und vertraulichen persönlichen Bindungen zwischen Werbern und Kandidaten oder beim Vorhandensein einer gesellschaftlichen Stellung des Werbers, die die bewusste operative Arbeit der zu werbenden Personen ermöglichte, konnte bei Durchführung der Werbung der Beziehungspartner im Hintergrund bleiben.

Das Werbegespräch musste in die Bereitschaftserklärung des Kandidaten zur konspirativen Zusammenarbeit, in die Vereinbarung der wechselseitigen Verbindlichkeiten, in die Festlegung von Maßnahmen zur Gestaltung der nachrichtendienstlichen Arbeit sowie in die Übertragung erster operativer Aufträge münden. Die Bereitschaftserklärung der zu werbenden Person konnte in schriftlicher oder mündlicher Form erfolgen. Sie musste durch eindeutige Arbeitsergebnisse bestätigt werden.

Die Erarbeitung erster nachrichtendienstlicher Arbeitsergebnisse im Werbegespräch war möglich, wenn die Kandidaten operative Informationen liefern konnten, die sie in starkem Maß an den Beziehungspartner banden. Dabei wurden durch die HV A stets der Wert und die Art der Erlangung solcher Informationen geprüft, um Hinweise auf die Ehrlichkeit des Kandidaten zu erhalten.

Bei Werbungen, denen die allmähliche Einbeziehung voranging, konnte es darüber hinaus zweckmäßig sein, den Kandidaten nachträglich bereits im Werbegespräch gelieferte Informationen als erste operative Handlung bewusst zu machen.

Komplizierter stellte sich die Sicherung erster Arbeitsergebnisse bei zu werbenden Personen dar, die über keine nachrichtendienstlichen Informationen verfügten.

Um die Ernsthaftigkeit der Bereitschaftserklärung zu prüfen, waren deshalb im Werbegespräch interne Kenntnisse der Kandidaten zu anderen operativ relevanten Sachverhalten zu erarbeiten.

Aus der Preisgabe wesentlicher Angaben zur eigenen Person, die vom Kandidaten als interne persönliche Probleme betrachtet wurden, konnte ebenfalls auf die Ernsthaftigkeit der Bereitschaftserklärung geschlussfolgert werden.

In solchen Fällen kam den bisherigen Gesamterkenntnissen über die Werbekandidaten besondere Bedeutung bei der Beurteilung der Bereitschaftserklärung zu. Für den erfolgreichen Abschluss der Werbung waren diese Kandidaten zu ersten operativen Aufträgen und Handlungen zu veranlassen, aus denen Anhaltspunkte über die Ernsthaftigkeit der Bereitschaftserklärung gewonnen werden konnten. Solche Anhaltspunkte stellten dar:

- die Einholung von Auskünften in Form von Ermittlungshandlungen,
- die gezielte Abschöpfung von Personen, die über einen Zugang zu Geheimnissen verfügten,
- das gewissenhafte Einhalten von Verbindungsvereinbarungen.

Die Einschätzung der aus solchen Arbeitsergebnissen erreichten Bindung an den Beziehungspartner musste stets die konkrete Persönlichkeit der Kandidaten und ihre Lebensbedingungen berücksichtigen. Oftmals wurde es als notwendig betrachtet, mehrere derartige Anhaltspunkte zu verknüpfen, um begründete Aussagen über den Erfolg der Werbung treffen zu können.

Die Entscheidung für eine bewusste nachrichtendienstliche Arbeit erreichte bei der Übergabe erster operativer Arbeitsergebnisse einen Höhepunkt. Sie waren nach sorgfältiger Prüfung eine wichtige Grundlage für die Sicherheit der Tätigkeit sowie der für die Durchführung eingesetzten Kräfte.

Konnte das Einverständnis des Kandidaten zur nachrichtendienstlichen Arbeit erreicht werden, war das Werbegespräch gleichzeitig zu nutzen, um den neugeworbenen IM die ersten Aufträge zu erteilen und die zur Lösung dieser Aufgaben erforderlichen operativen Kenntnisse, Fähigkeiten und Verhaltensweisen zu vermitteln.

Der erste nachrichtendienstliche Auftrag musste den realen Möglichkeiten der neugeworbenen IM ihren Fähigkeiten und Fertigkeiten sowie dem Grad der Bereitschaft zur Realisierung operativer Aufgaben entsprechen und konkret abrechenbar und kontrollierbar sein. Die IM sollten durch die ersten Aufträge gefordert werden. Die zur Lösung der Aufgaben notwendigen Handlungen mussten nachrichtendienstlichen Charakter tragen und die Bindung an den Beziehungspartner festigen. Die Erfüllung operativer Aufgaben war zur Entwicklung des Selbstvertrauens der IMs zu nutzen. Das mit der Auftragserfüllung einzugehende Risiko musste für die IM tragbar und überschaubar sein.

Um die neugeworbenen IM zur Lösung der ersten Aufgaben zu befähigen, war es unabdingbar, diese Aufträge sowie die Art und Weise ihrer Realisierung besonders gründlich und detailliert zu erläutern beziehungsweise zu beraten. Den IM musste unmissverständlich deutlich werden, dass die Aufgabe bei Einhaltung der vorgegebenen Verhaltensnormen mit einem hohen Maß an Sicherheit erfüllt werden konnte. Gleichzeitig waren den IM die Gefahren aufzuzeigen, die dann entstehen konnten, wenn die festgelegten Verhaltensnormen nicht eingehalten wurden.

Die Erfüllung des ersten operativen Auftrags war für die Beurteilung der Ergebnisse des Werbegesprächs von wesentlicher Bedeutung. Die Werbung galt nur dann als erfolgreich abgeschlossen, wenn die Kandidaten die ersten nachrichtendienstlichen Aufgaben erfüllt und ihre Bereitschaft zur Zusammenarbeit mit der HV A dadurch eindeutig unter Beweis gestellt hatten. Dabei musste beachtet werden, dass bei den neugeworbenen IM das Nachdenken über ihre neue Lage sowie über die sich daraus ergebenden Konsequenzen mit dem Werbegespräch nicht abgeschlossen war. Darum wurde es seitens der HV A als erforderlich betrachtet,

- die neugeworbenen IM nach Abschluss des Werbegesprächs durch weitere Bearbeitungslinien sowie durch Beobachtungen unter Kontrolle zu halten,
- den ersten Treff möglichst kurzfristig nach dem Werbegespräch durchzuführen, ihn gründlich vorzubereiten und abzusichern.

Weiterhin war es notwendig, während dieses Treffs

- zwischenzeitlich bei den IM entstandene Konflikte zielstrebig abzubauen und das Vertrauen der IMs zum Beziehungspartner und seinen Repräsentanten zu festigen,
- eine gründliche Auswertung der Art und Weise der Auftragsrealisierung sowie der ersten nachrichtendienstlichen Arbeitsergebnisse mit dem Ziel vorzunehmen, das Selbstvertrauen der IMs zu stärken und die operative Ausbildung fortzusetzen,
- die neugeworbenen IM gewissenhaft zu studieren und alle Veränderungen in ihrem Verhalten zu registrieren,
- die Bereitschaft der neugeworbenen IM zur nachrichtendienstlichen Tätigkeit durch die exakte Einhaltung der Vereinbarungen mit ihnen, das vorbildliche Auftreten/Verhalten der Mitarbeiter beziehungsweise Beauftragten der Zentrale, durch die eingehende Erörterung aller die IM interessierenden politischen, operativen und persönlichen Fragen sowie auf andere Art und Weise zu stabilisieren und auszubauen,
- detailliert über die nächsten nachrichtendienstlichen Schritte und Aufgaben zu beraten.

An die Absicherung des ersten Treffs waren im Prinzip die gleichen Anforderungen zu stellen wie an die Absicherung des Werbegesprächs. Es war anzustreben, dass der erste Treff durch die Kräfte wahrgenommen wurde, die dem neugeworbenen IM bereits aus dem Werbegespräch bekannt waren, und die Hinzuziehung weiterer Kräfte lediglich in begründeten Ausnahmefällen erfolgte.

Die Gewährleistung einer hohen Konspiration und Sicherheit bei der Realisierung der Werbung machte es seitens der HV A erforderlich, dass

- der Werbung eine möglichst umfassende Aufklärung der Werbekandidaten vorausging,
- vor beziehungsweise während der Werbung Arbeitsergebnisse erreicht wurden, die die Kandidaten in hohem Maß an den Beziehungspartner banden, kein Ausweichen zuließen und gegebenenfalls als Kompromat geeignet waren,
- das Werbegespräch durch die eingesetzten Kräfte, durch die Wahl des Zeitpunktes sowie des Ortes der Werbung gegen Störungen, zufällige Einflüsse von außen und gegen eine gegnerische Bearbeitung abgeschirmt wurde,
- die Abwesenheit der Werbekandidaten vom Wohnort gegenüber Familienangehörigen beziehungsweise anderen vertrauten Personen ausreichend legendiert war,
- die bei der Werbung eingesetzten Kräfte die Persönlichkeit der Kandidaten und ihre Reaktionen aufmerksam studierten sowie ein hohes Maß an Wachsamkeit entwickelten,

- die Werbekandidaten während und nach dem Werbegespräch keine Gelegenheit erhielten, dritte Personen oder gegnerische Kräfte zu alarmieren,
- die Werbung für einen legendierten oder fremden Beziehungspartner nicht zur Preisgabe des tatsächlichen Beziehungspartners führte und die gesamte Werbekombination dem gewählten Beziehungspartner angepasst war,
- operative Kräfte, Mittel und Methoden nur insoweit offenbart wurden, wie das für die erfolgreiche Durchsetzung der Werbeabsicht unbedingt notwendig war,
- die zur Werbung eingesetzten Kräfte zuverlässig und überprüft waren und Entscheidungen über deren weitern Einsatz nach erfolgter Werbung getroffen wurden,
- unmittelbar nach der Werbung geeignete Überprüfungsmaßnahmen realisiert wurden, wie beispielsweise die Nutzung weiterer Bearbeitungslinien, der Einsatz operativer Technik oder Beobachtungsmaßnahmen, um alle Reaktionen der neugeworbenen IM zu erfassen,
- von vornherein geeignete Maßnahmen für den geordneten Rückzug der zur Durchführung der Werbung eingesetzten Kräfte für den Fall vorbereitet wurden, dass das Ziel der Werbung nicht erreicht werden konnte.

Die Durchführung der Werbung stellte besondere Anforderungen an den jeweiligen Werber. Dabei standen im Vordergrund:
- eine hohe Risikobereitschaft, da die notwendige Offenbarung der Werbeabsicht gegenüber den Kandidaten Gefahren für die Sicherheit der Werber zur Folge haben konnte,
- ausreichende objektive und subjektive Voraussetzungen für die glaubhafte und überzeugende Darstellung des Beziehungspartners,
- umfassende Fähigkeiten zum Studium sowie zur Beeinflussung der Werbekandidaten, um ausgehend von den Interessen/Bedürfnissen der Kandidaten die Entwicklung von Motiven für die bewusste nachrichtendienstliche Arbeit zu fördern sowie um überzeugend, sachlich und schnell auf sich im Werbegespräch ergebende Probleme reagieren zu können,
- Zielstrebigkeit und Konsequenz bei der Realisierung der Werbeabsicht,
- Kenntnisse, Fähigkeiten und Fertigkeiten zur sachkundigen Anleitung des Werbekandidaten zur Lösung erster nachrichtendienstlicher Aufgaben.

Die Durchführung der Werbung musste gewissenhaft und qualifiziert vorbereitet werden. Dazu gehörte vor allem:
- die gründliche Analyse der Persönlichkeit der Kandidaten,
- die Ausarbeitung eines Planes der Werbung,
- die Suche, Auswahl und Bereitstellung geeigneter Räumlichkeiten,
- die Auswahl und Vorbereitung der Werbung und bei Notwendigkeit weiterer Kräfte zur Absicherung des Werbegeschehens,

- die Beschaffung beziehungsweise Bereitstellung der für die Realisierung der Werbung sowie die Darstellung des Beziehungspartners erforderlichen finanziellen, materiellen und technischen Mittel und operativen Dokumentationen.

Die Durchführung der Werbung wurde durch eine Leiterentscheidung eingeleitet und abgeschlossen. Als notwendige Entscheidungsgrundlagen mussten der Plan der Werbung sowie der Bericht über die durchgeführte Werbung vorgelegt werden. Inhaltliche Schwerpunkte des Planes der Werbung waren:

- das Werbungsziel,
- die Werbegrundlage, der Beziehungspartner,
- die Auswahl, Eignung und Aufgaben der einzusetzenden IM,
- das methodische Vorgehen bei der Realisierung der Werbung,
- der Inhalt des Werbegesprächs,
- die Verhaltensweisen des Werbers sowie der anderen eingesetzten IM,
- die Art und Weise der Verpflichtung des Werbekandidaten,
- die Erarbeitung erster Informationen sowie die Festlegung erster operativer Aufgabenstellungen,
- die Bestimmung des Zeitpunktes sowie des Ortes des Werbegesprächs,
- die notwendigen Maßnahmen zur Absicherung der Werbung.

Im Ergebnis der Werbung musste ein Bericht gefertigt und dem Leiter vorgelegt werden. Auf der Grundlage des Planes der Werbung musste der Bericht vor allem über folgende Probleme Auskunft geben:

- die Verwirklichung des Zieles der Werbung,
- die Wirksamkeit der Werbegrundlage, des Beziehungspartners und eventuell erfolgte Korrekturen,
- die Reaktion des Werbekandidaten auf die Offenbarung des konspirativen Charakters der Zusammenarbeit mit dem Beziehungspartner,
- die Haltung des Kandidaten zur Verpflichtung sowie die sich daraus ableitenden Konsequenzen,
- die vom Werbekandidaten bei der Durchführung der Werbung gelieferten Informationen sowie die Einschätzung anderer operativer Aktivitäten,
- die vom Kandidaten im Verlauf des Werbegesprächs erhobenen Forderungen an den Beziehungspartner,
- neue Erkenntnisse über die Persönlichkeit des Werbekandidaten,
- die Reaktion des Kandidaten auf die ersten nachrichtendienstlichen Aufgaben,
- die Einschätzung der Wirksamkeit der für die Durchführung der Werbung festgelegten Überprüfungs- und Sicherungsmaßnahmen sowie der Ergebnisse der Kontrolle des Verhaltens der Kandidaten nach der Werbung,
- den weiteren Einsatz der an der Werbung beteiligten Kräfte.

Nach der Werbung war die Zweckmäßigkeit des Einsatzes des Werbers als Führungs-IM oder Instrukteur zu prüfen, da der Werber im Hinblick auf die weitere Zusammenarbeit mit dem neugeworbenen IM auf ein hohes Maß an Sachkenntnis hinsichtlich dessen Persönlichkeit zurückgreifen und auf das bestehende Vertrauensverhältnis aufbauen konnte.

Der Werbung schloss sich der Prozess der kontinuierlichen nachrichtendienstlichen Arbeit mit dem IM an. In diesem Prozess waren die Ergebnisse der Durchführung der Werbung auf ihre Realität und Wirksamkeit zu prüfen und zu festigen. Das betraf vor allem die weitere Stabilisierung der Bereitschaft der IMs zur operativen Arbeit sowie die Entwicklung und Entfaltung der Fähigkeiten/Fertigkeiten der IMs, die zur Realisierung der nachrichtendienstlichen Aufgaben notwendig waren.[27]

Auswahl, Einsatz und Führung von Werbern

Die Werber nahmen bei der Realisierung der Aufgaben zur qualifizierten Erweiterung des IM-Netzes eine Schlüsselstellung ein. Anzahl, Qualität, Dislozierung und Disponibilität der Werber hatten einen entscheidenden Einfluss auf den Ausbau der operativen Positionen in den gegnerischen Zentren und Objekten, auf die Sicherung einer hohen Qualität der Führung der in diesen Zentren/Objekten tätigen IM sowie auf die Entwicklung der Reaktionsfähigkeit des IM-Netzes auf Veränderungen der Lage. Dabei musste berücksichtigt werden, dass in Abhängigkeit von der Zielfunktion sowie der Einsatzrichtung der zu werbenden IM unterschiedliche Anforderungen an die Werber zu stellen waren. Besonders hohe Anforderungen mussten an die Werber gestellt werden, die zur Bearbeitung von Mitarbeitern gegnerischer Zentren und Objekte eingesetzt wurden. Günstige Voraussetzungen für die Lösung dieser Aufgaben besaßen Werber, die

- selbst im Operationsgebiet wohnten, den Sicherheitsanforderungen gegnerischer Zentren/Objekte entsprachen und deren Sicherheitsüberprüfungen standhielten,
- über eine Tätigkeit im Objekt, in Basisobjekten oder über ihre politische Betätigung beziehungsweise den Freizeitbereich direkte Verbindungen zu Kräften der gegnerischen Zentren und Objekte unterhielten,
- durch ihre gesellschaftliche Stellung sowie ihre Persönlichkeit in der Lage waren, Einfluss auf Mitarbeiter gegnerischer Zentren und Objekte zu erlangen und sie in die nachrichtendienstliche Arbeit einzubeziehen.

Darüber hinaus konnte es von Vorteil sein, wenn die Werber nach der Realisierung der Werbung als Führungs-IM eingesetzt wurden. Dadurch war es möglich, das im Werbeprozess entstandene Vertrauensverhältnis der neugeworbenen IM zum

Werber für die weitere Stabilisierung der Zusammenarbeit mit der HV A, einem legendierten oder fremden Beziehungspartner zu nutzen. Außerdem konnte dadurch seitens der HV A zusätzlichen Sicherheitsüberprüfungen ausgewichen werden, die die Sicherheitsbehörden bei der Feststellung von Veränderungen im Umgangskreis von neugeworbenen IM wahrscheinlich durchgeführt hätten. Es wurde deshalb von der Zentrale als erforderlich betrachtet,

- alle Möglichkeiten der Basis in der DDR sowie des Operationsgebietes zu nutzen, um solche Werber zu werben, die den Sicherheitsanforderungen gegnerischer Objekte entsprachen,
- zu prüfen, ob IM aus dem Operationsgebiet, die mit der Realisierung anderer Aufgaben betraut waren, den Anforderungen an Werber entsprachen und als Werber eingesetzt werden konnten,
- IM, die für die Lösung von Aufgaben zur qualifizierten Erweiterung des IM-Netzes vorgesehen waren, systematisch in solche Positionen zu bringen, die ihnen den natürlichen Kontakt zu Mitarbeitern gegnerischer Objekte ermöglichten,
- bei Werbern kontinuierlich solche Persönlichkeitseigenschaften herauszubilden, die es ihnen ermöglichten, langfristig Einfluss auf operativ interessante Personen zu gewinnen und diese zu nachrichtendienstlichen Handlungen zu veranlassen.

Die Werbekombination sollte nach Möglichkeit über mehrere Bearbeitungslinien realisiert werden. Dadurch konnten günstige Voraussetzungen geschaffen werden, um

- die Reaktionen der Werbekandidaten auf operative Maßnahmen in Vorbereitung und Durchführung der Werbung zuverlässig festzustellen,
- Konfliktsituationen bei den Kandidaten rechtzeitig zu erkennen und zu berücksichtigen,
- mögliche Gefahren für die Aufrechterhaltung der Konspiration abzuwenden,
- die Herstellung der Bereitschaft zur bewussten nachrichtendienstlichen Arbeit wirkungsvoll zu unterstützen.

Die Bearbeitung von Werbekandidaten mittels mehrerer Bearbeitungslinien setzte voraus, dass außer dem Werber weitere IM zum Kandidaten Kontakte besaßen. Der Einsatz dieser IM musste abgestimmt, koordiniert und unter strikter Beachtung der Konspirationsregeln erfolgen.

In bestimmten Fällen wurden auch Werbegruppen von der HV A eingesetzt. Die IM einer solchen Werbegruppe arbeiteten unmittelbar zusammen und mussten die Werbekombination insoweit kennen, wie dies die Realisierung ihrer jeweiligen Aufgaben erforderte.

Die Art und Weise der Führung der Werber durch die Zentrale musste den hohen Anforderungen entsprechen, die die Werbung von Mitarbeitern gegnerischer Zentren und Objekte an die Werber stellte. Vor allem in entscheidenden Phasen des

Werbeprozesses konnte es notwendig und zweckmäßig sein, die zur Führung der Werber eingesetzten operativen Kräfte unmittelbar im Operationsgebiet zu stationieren. Dadurch war es möglich, erforderliche Entscheidungen an Ort und Stelle zu treffen sowie den Werbern unmittelbare Hilfe und Unterstützung bei der Durchführung ihrer Aufgaben zu gewähren.

Zur Werbung von Werbern, Perspektiv-IM, Führungs-IM sowie IM des Verbindungswesens konnten auch Werber aus dem Operationsgebiet mit aktiven Verbindungen in die DDR oder andere sozialistische Staaten und auch IM (DDR) eingesetzt werden. Die Werbung von Werbern (Operationsgebiet), Perspektiv-IM, Führungs-IM sowie IM des Verbindungswesens, die nicht für die nachrichtendienstliche Arbeit in oder an gegnerischen Objekten vorgesehen waren, konnte vollständig oder teilweise auf DDR-Territorium oder in anderen sozialistischen Staaten vorbereitet und durchgeführt werden. Die Realisierung der Werbung konnte unter direkter Beteiligung von Mitarbeitern der Zentrale erfolgen.[28]

Die Besonderheiten der Überwerbung

Die Überwerbung kam gegenüber Personen zur Anwendung, die bereits von westlichen Geheimdiensten und anderen gegen die DDR tätigen Zentren, Institutionen, Organisationen und Kräften angeworben worden waren. Mit der Überwerbung verfolgte die HV A das Ziel, in die Konspiration des Gegners einzudringen, seine Pläne, Absichten, Mittel und Methoden aufzuklären sowie die Realisierung von Aufträgen und Handlungen der Agenturen feindlicher Institutionen und Einrichtungen zu paralysieren, den Gegner zu desinformieren beziehungsweise seine Maßnahmen zu stören.

Da es sich in der Regel um Personen handelte, die mit den Mitteln und Methoden der konspirativen Arbeit vertraut waren, setzte die Überwerbung Folgendes voraus:

- die gründliche Aufklärung der Werbekandidaten, insbesondere die Herausarbeitung von Anhaltspunkten/Fakten, dass es sich um eine geworbene Agentur der genannten Einrichtungen handelte,
- die Herausarbeitung oder Schaffung solcher Umstände, die die Werbekandidaten fest an den Beziehungspartner banden und deren Bekanntwerden sie bei ihren Auftraggebern mit hoher Wahrscheinlichkeit kompromittiert hätte,
- die sofortige Einbeziehung in die operative Arbeit durch die Nutzung materieller und anderer persönlicher Interessen und die Anwendung besonderer Werbemethoden wie der Einsatz fremder Flaggen sowie die Schaffung und Nutzung kompromittierender Umstände.

Bei Überwerbungen waren seitens der HV A folgende Grundsätze besonders zu beachten:

- die Preisgabe und Erarbeitung von überprüfbaren geheimen Angaben, insbesondere über Auftraggeber, erteilte Aufträge und Mitarbeiter gegnerischer Zentralen, die den Werbekandidaten banden sowie seine Ehrlichkeit erkennen ließen,
- die Verhinderung des Erkennens der Überwerbung durch besondere Absicherung bei der Realisierung der Überwerbung,
- die systematische und intensive Kontrolle sowie Überprüfung der Werbekandidaten,
- der Nachweis, dass eine ehrliche nachrichtendienstliche Arbeit (für die HV A) für die Werbekandidaten erhebliche Vorteile, eine Ablehnung jedoch unausweichliche negative Konsequenzen nach sich zog.

Bei Überwerbungen waren im Werbegespräch

- die spezielle Mentalität sowie die nachrichtendienstlichen Kenntnisse der Kandidaten zu beachten,
- das Fehlen echter Alternativen für die Entscheidung zur Zusammenarbeit mit der HV A oder einem anderen Beziehungspartner den Kandidaten bewusst zu machen sowie die Bereitschaft zur Preisgabe bedeutsamer Informationen zu erreichen,
- beim Versuch der Ablehnung der Überwerbung die sich daraus für die Werbekandidaten ergebenden Konsequenzen sichtbar zu machen.

Die im Werbegespräch festzulegende Verpflichtung musste Auflagen für die IM enthalten, durch deren Realisierung sie weiter an die HV A oder einen anderen Beziehungspartner gebunden wurden Weiterhin war die Konspiration umfassend zu gewährleisten.

Diese Verhaltensweisen durften nicht im Widerspruch zu den Verhaltenslinien stehen, die den IM vom Gegner vorgegeben beziehungsweise von ihnen verlangt wurden.[29]

Die Besonderheiten der Werbung unter fremder Flagge

Die HV A sah in der Werbung unter fremder Flagge eine »spezifische Methode, um Personen mit reaktionärer Grundhaltung unter Täuschung über den Beziehungspartner für die Lösung operativer Aufgaben des MfS zu werben«.[30]

Die Varianten bei Werbungen unter fremder Flagge reichten vom Einsatz eines Werbers mit einfach legendiertem Hintergrund bis zum Einsatz einer Werbegruppe mit systematisch aufgebauter Basis beziehungsweise echt unter der feindlichen Flagge tätiger IM.

Die Werbung unter fremder Flagge kam bei Personen zur Anwendung, die über Voraussetzungen für einen Einsatz als Quellen in gegnerischen Zentren, als Werber, als Führungs-IM beziehungsweise Perspektiv-IM verfügten, deren politischer Standpunkt jegliche nachrichtendienstliche Zusammenarbeit mit Institutionen und Einrichtungen sozialistischer Staaten oder anderen progressiven Organisationen ausschloss, bei denen jedoch Motive für eine konspirative Zusammenarbeit mit einem dem westlichen System konformen Beziehungspartner vorhanden waren beziehungsweise entwickelt werden konnten.

Die Werbung unter fremder Flagge durch die HV A beruhte auf der Nutzung divergierender politischer Einstellungen und Auffassungen unter nachrichtendienstlich besonders interessanten Personen/Personengruppen des Operationsgebietes als subjektive Widerspiegelung der dem imperialistischen System innewohnenden Widersprüche. Diese divergierenden politischen Positionen wurden von der HV A als Ausdruck der Auseinandersetzungen über die zweckmäßigste Art und Weise der Sicherung der Macht des Monopolkapitals, die Gestaltung der Politik gegenüber dem Sozialismus oder des kapitalistischen Konkurrenzkampfes gesehen. Dabei gelangten auch konspirative Mittel und Methoden zur Anwendung.

Die Werbung unter fremder Flagge war oftmals mit einem hohen Aufwand verbunden. Deshalb musste eindeutig nachgewiesen sein, dass sich die Werbung von Werbekandidaten zur Lösung operativer Aufgaben dringend notwendig machte, für die bewusste Einbeziehung in die nachrichtendienstliche Tätigkeit jedoch kein anderer Weg als der Einsatz einer fremden Flagge möglich war.

Bei der Werbung unter fremder Flagge musste ein Beziehungspartner gewählt werden, dessen Ziele und Arbeitsmethoden mit den politischen und moralischen Vorstellungen und Interessen der Werbekandidaten weitgehend übereinstimmten, dadurch folglich akzeptiert wurden und durch den eine hohe Effektivität und Sicherheit garantiert werden konnte. Dies setzte detaillierte Kenntnisse über die Persönlichkeit der Kandidaten, über die konkreten Arbeitsbedingungen im Operationsgebiet, in den gegnerischen Zentren und Objekten sowie über die Institutionen voraus, die als fremde Flagge genutzt werden sollten.

Der fremde Beziehungspartner musste in der Lage sein, die politischen, materiellen und sonstigen persönlichen Interessen sowie Bedürfnisse einschließlich der persönlichen Sicherheit der Werbekandidaten zuverlässig zu befriedigen. Die Offenbarung des fremden Beziehungspartners musste diesen eindeutig als eine Institution im westlichen Machtmechanismus charakterisieren, die mit konspirativen Mitteln und Methoden arbeitete und beabsichtigte, mit den Werbekandidaten konspirativ zusammenzuarbeiten.

Die Werbung unter fremder Flagge konnte sowohl durch die allmähliche als auch durch die sofortige Einbeziehung in die nachrichtendienstliche Arbeit erfolgen. Die reaktionäre Grundhaltung der Werbekandidaten beeinflusste auch das operative Vorgehen durch die HV A im Werbeprozess, insbesondere die Gestaltung des Werbegesprächs. Es mussten solche Argumente für die Werbung erarbeitet und im Werbegespräch präsentiert werden, die den reaktionären Positionen der Kandidaten und ihren daraus resultierenden Vorstellungen, Interessen und Bedürfnissen entsprachen, die auf dieser Grundlage zur Herstellung stabiler Motive für die bewusste nachrichtendienstliche Tätigkeit führten und häufig mit einer Verfestigung der reaktionären Grundhaltung der zu werbenden Personen verbunden waren.

Die Abdeckung operativer Aktivitäten zum Einsatz einer fremden Flagge musste weitgehend echt und nachprüfbar erfolgen. Es waren Maßnahmen zu ergreifen, um die Werbekandidaten zu solchen Überprüfungshandlungen zu veranlassen, in deren Ergebnis das Vertrauen der Kandidaten zum fremden Beziehungspartner gefestigt und vertieft wurde. Um die Täuschung der zu werbenden Personen über den tatsächlichen Beziehungspartner zu garantieren und zu verhindern, dass sich die Kandidaten in einem nicht vertretbaren Maß mit dem fremden Beziehungspartner beschäftigten, waren nach Möglichkeit die Werber in den Mittelpunkt des Werbegeschehens zu rücken.

Die Werbung unter fremder Flagge stellte hohe Anforderungen an die eingesetzten Kräfte der HV A. Sie mussten über umfangreiche Kenntnisse und Erfahrungen in der operativen Arbeit verfügen sowie die erforderlichen Leistungs- und Verhaltenseigenschaften besitzen, um die konkrete fremde Flagge überzeugend repräsentieren zu können.[31]

Eine Werbung unter fremder Flagge mit dem Beziehungspartner *English Electric* – einem britischen Unternehmen, das unter anderem Elektromotoren und Computer herstellte – im Jahr 1965 in Österreich beschreibt Wolfgang Böhme in seinen Erinnerungen folgendermaßen:

»Die Verständigung mit Buchmacher [HV A-Deckname eines hohen Angehörigen des Bundesgrenzschutzes (BGS), Anm. d. Verf.] ist nicht nur linguistisch und akustisch gut. Sie finden auch einen Draht zueinander. Martin [HIM der HV A, Anm. d. Verf.] bringt, nachdem das Eis gebrochen ist, das Gespräch auf den Kernpunkt: Er habe von Reinhold [IM der HV A, Anm. d. Verf.], einem Mitarbeiter, den er sehr schätze, gehört, dass zwischen seiner Firma und Buchmacher eventuell eine lockere Zusammenarbeit zustande kommen könnte. Er sei daran interessiert, man werde das auch honorieren. Was sein Konzern herstelle, wäre mit einem Wort gesagt, nämlich Elektrik/Elektronik im weitesten Sinne. Reinhold habe ihm erzählt, dass Buchmacher ein hoher Offizier wäre, also ein Mann der militärischen Praxis.

Ständiges Anliegen jedes zukunftsorientierten Konzerns sei die Aktualisierung der Produktion und die Steigerung des Absatzes. Dafür können seine Hinweise interessant werden. Er könne sich also eine Art Lobby-Tätigkeit im weitesten Sinne vorstellen. Heute, schließt er, sollte man darüber nicht in die Einzelheiten gehen, aber er glaube schon, dass es mit Buchmacher eine Zusammenarbeit geben könne. Jetzt wolle er von ihm nur wissen, ob er grundsätzlich daran interessiert sei. Buchmacher nickte beflissen. ›Dann wollen wir erstmal essen‹, fährt Martin fort, er hasse es, während des Essens zu verhandeln, was er nur allzu oft machen müsse. Umso erfreulicher empfände er die angenehme Atmosphäre. Dem Small Talk beim Essen folgt die Verabschiedung. Martin bittet um die Rechnung, macht Reinhold noch darauf aufmerksam, mit Buchmacher einen Verbindungsweg zu vereinbaren, damit man so bald wie möglich zu den Details kommen könne. Buchmacher verbeugt sich artig, wie es der Komment vom deutschen Offizier verlangt. In den folgenden Wochen wird Reinhold in größeren Abständen eine lockere Verbindung zu Buchmacher halten, ohne dabei jedoch auf die beim Essen mit Martin angedeutete Zusammenarbeit näher einzugehen. Buchmacher muss die Überzeugung gewinnen, dies ist Chefsache. [...]

Mit der Idee eines gemeinsamen Urlaubs zusammen mit seinem Chef, Mr. Lovelock, stößt Reinhold bei Buchmacher auf offene Ohren. Gedacht ist an das kommende Frühjahr, 14 Tage geruhsamer Winterferien irgendwo hoch oben im Gebirge, wo man ungestört ausspannen kann. Buchmacher will sich dafür einen Termin freihalten. Der endgültige Zeitraum wird von Mr. Lovelock und der Buchung eines gediegenen Ferienhauses abhängen.

Davor führt Achim [HV A-Führungsoffizier, Anm. d. Verf.] noch eine Person in den Vorgang ein: Norbert wird die personelle ›Kombination‹ komplettieren. Sein Status ist dem Martins ähnlich, inoffizieller Mitarbeiter, allerdings nicht für eine begrenzte Zeit hauptamtlich, sondern nur im Rahmen dieses ›Vorgangs‹ von der Arbeit freigestellt. Er soll organisatorische Aufgaben bei der vorgesehenen Werbung Buchmachers übernehmen. Vorerst weiß allerdings nur Achim, wie das vor sich gehen soll, und er genießt die atemlose Spannung der drei Männer. ›Wir werden Buchmacher im neutralen Ausland werben‹, beginnt er, ›das ist sicherer, wir haben an die österreichischen Alpen gedacht.‹ [...]

Martin trifft Norbert am vereinbarten Ort. Er hat richtig reagiert, hat zunächst die Reservezeit des ersten Trefftages wahrgenommen und ist dann am nächsten Tag wieder erschienen. ›Na im Gegensatz zu mir bist du ja wenigstens ausgeschlafen‹, begrüßt Martin ihn. ›Pustekuchen‹, erwidert Norbert: Er hatte gerade mal ein halbes Jahr Fahrpraxis, und das mit einem Trabant, als er in die Alpen geschickt wurde. Kein Wunder also, dass die Kupplung des Mietwagens, die Norbert wahrscheinlich hatte schleifen lassen, auf den Serpentinenstraßen schon nach wenigen Stunden ihren Geist aufgab. Er hatte Glück, der Service der Leihwagenfirma schickte ihm ziemlich schnell einen Ersatzwagen. Damit kommen sie immerhin rechtzeitig in Wolfsberg an, so dass Martin mit dem Taxi noch bei Tageslicht im Ferienhaus eintrifft, wo Reinhold und Buchmacher ihn wie einen Helden begrüßen. […]

Martin erkundigt sich interessiert nach der Rolle des BGS im bundesdeutschen Verteidigungssystem, vor allem da er in den letzten Tagen auch in England viel über den sogenannten Kombatandenstatus gelesen habe. Buchmacher nimmt das Thema sofort auf und empört sich, dass die ›kommunistischen Länder‹ diesen Status dem BGS absprechen wollen. Aktiv an Kriegshandlungen teilnehmende Truppenteile würden diesen Status genießen und daher auch unter dem besonderen Schutz des Kriegsrechts stehen. Der BGS aber würde als Polizei gewertet, und das sei natürlich ganz falsch und unter seiner Würde.

Martin trifft damit offensichtlich genau die Seelenlage Buchmachers, der nicht nur territorial versetzt werden soll, sondern auch, worüber er selbst nicht spricht und wovon auch in der Zentrale nicht die Rede war, einen neuen Status bekommt: Er soll vom Offizier überführt werden in die Polizeihierarchie, also auch einen anderen Dienstgrad erhalten. Der entspricht zwar dem Rang eines Oberst, klingt aber längst nicht so attraktiv. Buchmacher ist offensichtlich dankbar, dass sich Martin für seine Probleme interessiert und fasst Vertrauen, bekundet sogar Sympathie.

Die Wanderungen, meistens von Reinhold vorgeschlagen, machen auch Buchmacher Freude. Er besitzt nicht gerade eine sportliche Figur, bewegt sich aber in heiklen Situationen wendig und trainiert. Im Übrigen ist er intelligent, gebildet, man merkt ihm an, dass er an Disziplin gewöhnt ist. Schon deshalb gibt es während der gesamten Zeit überraschenderweise keinerlei Unstimmigkeiten. Natürlich sind Martin und Reinhold darauf bedacht, die Harmonie zu wahren. Aber das fällt zu keiner Zeit schwer, weil Buchmacher am selben Strang zieht.

Der Urlaub neigt sich dem Ende zu und pünktlich setzt Tauwetter ein. Jetzt wird es höchste Zeit, dass Martin einen Auftrag erledigt, den Achim ihm dringend ans Herz gelegt hat: Er soll feststellen, ob Buchmacher eine Waffe bei sich hat. ›Das musst du unbedingt vor dem Werbegespräch machen.‹ ›Und wenn er nun eine bei sich hat?‹ ›Dann lässt du sie an Ort und Stelle. Das Gespräch mit ihm findet trotzdem statt, aber unverbindlicher und ohne feste Vereinbarung. Wir führen es dann eben nur, weil es mehr auffiele, wenn wir es nicht täten.‹

Martin schützt ein dringendes Exposé vor, das er nach Rückkehr vorlegen muss, und bittet einen Nachmittag lang um eine Auszeit von der Wanderung. Reinhold stapft mit Buchmacher tapfer durch den Schnee. Martin beobachtet noch, wie sie hinter dem nächsten Waldessaum verschwinden. Dann schließt er das Haus von innen ab. Er streift sich die Handschuhe über, die er extra mitgenommen hat, und öffnet vorsichtig Buchmachers Tür – mit schlechtem Gewissen, wie er es seit der Schulzeit nicht mehr gehabt hat, und mit dem ständigen Gedanken im Kopf, nur keine Spuren zu hinterlassen. Dass die Klinke auf Anhieb nachgibt, verstärkt seine Gewissensbisse. Buchmacher ist arglos. Im Zimmer herrscht peinliche Ordnung, die Sachen sind zusammengelegt wie in der Kasernenstube. Martins Herz klopft bis zum Halse. Es tut ihm leid, dass er Buchmacher nicht offen fragen kann, was er wissen will. Ganz vorsichtig öffnet der Fach für Fach im Schrank, tastet die Taschen der Kleidung ab, durchsucht alles – aber eine Waffe findet er nicht. Es hätte ihn auch schwer enttäuscht. Er vergewissert sich, dass keine Spur zurückbleibt. Dann kehrt er in sein Zimmer zurück.

Buchmacher und Reinhold haben unterwegs erwogen, ob man nicht am über-nächsten Tag schon zurückfahren sollte. Das Wetter wird immer schlechter. Martin überlegt, dass auch dieser Termin in Norberts Wachbereitschaft fällt und stimmt zu. Das bedeutet, das Werbegespräch am nächsten Abend zu führen.

In einem günstigen Moment verständigt er sich darüber kurz mit Reinhold. Der zieht sich nach dem Abendbrot in sein Zimmer zurück, um in Ruhe seine Sachen zu ordnen. Martin sitzt mit Buchmacher allein im Wohnzimmer. Zur Feier ihres letzten Urlaubsabends ist eine Kerze auf dem Tisch angezündet und eine Flasche Wein geöffnet. Ein wenig Abschiedsstimmung liegt in der Luft. Man hat sich anei-nander gewöhnt.

Daran knüpft Martin an. Ihn habe die Harmonie berührt, die in den wenigen Tagen, die sie zusammen waren, zwischen ihnen entstanden sei. Buchmacher bestätigt es, das habe auch ihn überrascht. ›Aber wir wollen ja die Verbindung nicht abreißen lassen, wenn auch die Ferien beendet sind.‹ Martins Bemerkung zielt auf ihr gemeinsames Abendessen in Hannover, als er Buchmacher eine Zusammenarbeit in Aussicht ge-stellt hatte. Er habe das damals keineswegs nur so dahingesagt und bezieht sich dann auf Unterhaltungen Buchmachers mit Reinhold, von denen er in der Zwischenzeit unterrichtet worden sei. Daraus schließe er, dass auch Buchmacher Interesse an der Zusammenarbeit hätte. Der nickt eifrig und brennt darauf, mehr zu hören.

Martin hat das Gespräch englisch begonnen und geht nun getreu seinem Grund-satz, deutsch zu sprechen, wenn es um die Exaktheit des Inhalts geht, in Buchma-chers Muttersprache über. Das hat den Vorteil, dass er, ständig auf der Suche nach den richtigen Begriffen, mehr Zeit zum Überlegen hat. Bis zum Überdruss haben sie zu Hause den Gesprächsverlauf durchgekaut, Argumente gekürt und verworfen, Gedankengänge konstruiert, Einwände erwogen und entkräftet.

Aber nun ist alles ganz anders. Buchmacher hängt hellwach an Martins Lippen, der gerade die Konzernstruktur von ›English Electric‹ erläutert und begründet, wie stark eine solche Firma von Welt auf allen Märkten an der Bildung einer potenten Lobby interessiert sei, um seismographisch Produktions- und Bedarfsentwicklungen registrieren zu können. Da fällt Buchmacher ihm ins Wort: ›Stillstand bedeutet Rückschritt.‹ Banal, aber wahr.

Martin schlägt das komplizierte Gesprächsschema, das sie mit Achim aufgebaut haben, in den Wind und macht mit Buchmacher Nägel mit Köpfen. ›Sehr richtig!‹, kommentiert er. ›Darum geht es. Der Konzern braucht fähige Menschen in interessanten Positionen, um informiert zu werden oder neue Türen aufzustoßen.‹

Eine solche Chance sehe er in der zukünftigen Zusammenarbeit mit Buchmacher. Natürlich gebe es überall und besonders auch in Deutschland offizielle Kontakte zu Regierungsstellen oder Firmen mit Produktion von militärischer Relevanz. Aber die offiziellen und vor allem diplomatischen Kanäle wären oft sehr zähflüssig und würden an entscheidenden Punkten versiegen – gerade dann, wenn sie am wichtigsten wären: in Konfliktsituationen. Deshalb brauche man persönliche Beziehungen, die offizielle Kontakte ergänzen, bestätigen oder auch widerlegen könnten. Martin spürt, wie Buchmacher nicht nur seinen Worten folgt, sondern auch mitdenkt. Jetzt meldet er Bedenken an. Aber nicht, wie Martin befürchtet, gegen ihn, seine Firma und deren Glaubwürdigkeit. Er bezweifelt vielmehr, dass er die Erwartungen, die Martin in ihn setzt, erfüllen kann. Martin macht eine kurze Pause, ehe er antwortet. Er muss erst einmal tief durchatmen, um sich nicht anmerken zu lassen, dass ihm ein Stein vom Herzen fällt. Denn jetzt, das spürt er ganz sicher, ist das Eis gebrochen. Er legt Buchmacher beschwichtigend die Hand auf den Arm und sagt freundschaftlich, darüber solle er sich mal keine Gedanken machen. Es ehre ihn, so bescheiden zu sein, aber er unterschätze seine Kompetenzen. Die Praxis der Zusammenarbeit werde das bestätigen. ›Haben Sie beim Bundesgrenzschutz Nachtsichtgeräte?‹, fragt er dann geradezu. Buchmacher stottert etwas erschrocken ob der direkten Frage ein zögerliches ›Naja.‹ ›Sehen Sie‹, erwidert Martin, ›darüber möchten wir gern mehr erfahren. Auch wir beschäftigen uns damit. Deshalb wäre es interessant, Ihre Erfahrungen und Lieferanten kennenzulernen.‹

Buchmacher weiß es nicht, was verständlich ist, weil er seinen Truppendienst erst antreten wird. ›Dann machen wir bis zum nächsten Mal gleich die Probe aufs Exempel‹, fährt Martin fort. ›Sie machen sich kundig über die Erfahrungen mit Ihren Geräten, stellen fest, welche Firma sie hergestellt hat, und mit welchen Stückzahlen Sie arbeiten.‹ Dann könne man Vergleiche und Schlussfolgerungen ziehen, vielleicht sogar schon Angebote machen. Buchmacher, der anfangs etwas zurückgezuckt war, als die Sache konkret wurde, entspannt sich wieder, schränkt aber ein, dass er noch keine Garantie geben könne zur Erfüllung aller Wünsche. Das würden die Erfahrungen ergeben, die man gemeinsam sammeln werde, schließt Martin das Thema ab.

Er hat jetzt erreicht, was er wollte; hat Buchmachers grundsätzliche Zusage. Jetzt will er ihm keine Chance mehr geben zu aufkeimender Angst vor der eigenen Courage. Er wiederholt seinen Auftrag für das nächste Mal, konkrete Informationen über die Nachtsichtgeräte beim BGS zu liefern. Dann besiegeln sie den Pakt mit Handschlag. Martin holt eine Flasche Sekt aus dem Kühlschrank und stößt mit Buchmacher auf gute Zusammenarbeit und den gelungenen Urlaub an. Sie rufen Reinhold aus seinem Zimmer zu sich herunter und beschließen den Abend in gelöster Stimmung.«[32]

Die HV A arbeitete mit der Flagge »*English Electric*« über mehrere Jahre erfolgreich.

Die Besonderheiten der Werbung von IM (DDR)

Die Bearbeitung der gegnerischen Zentren und Objekte erforderte aus Sicht der HV A auch die Werbung von IM (DDR), die in der Lage waren, die im Westen tätigen IM qualifiziert zu führen, die Verbindung zwischen den IM des Operationsgebietes und der Zentrale zu sichern sowie die operative Basis in der DDR für den Aufbau des IM-Netzes im Westen zu nutzen. Die nachrichtendienstliche Tätigkeit der IMs (DDR) konnte sich auf das Territorium der DDR beschränken oder mit einem zeitweiligen beziehungsweise ständigen Einsatz im Operationsgebiet verbunden sein.

Der Einsatz im Westen konnte mit Hilfe operativer Dokumente oder unter Nutzung der vielfältigen legalen Beziehungen von DDR-Bürgern und -institutionen in das Operationsgebiet erfolgen. Die dort eingesetzten IM (DDR) mussten zur Realisierung ihrer nachrichtendienstlichen Aufgaben in der Regel Schwerpunktbereiche der gegnerischen Überwachungstätigkeit überwinden. Dahingehend ging man bei der HV A davon aus, dass westdeutsche Sicherheitsbehörden große Anstrengungen unternahmen, um den grenzüberschreitenden Personen-, Güter-, Post- und Telefonverkehr unter Kontrolle zu halten und die Ermittlungs-/Beobachtungstätigkeit auf das Gebiet der DDR auszudehnen.

Die Verantwortung der IMs (DDR) für die Effektivität und Sicherheit der IM-Arbeit im Operationsgebiet sowie die Bedingungen, unter denen die IM ihre Tätigkeit ausübten, stellten hohe Anforderungen an die Eignung, insbesondere an die Zuverlässigkeit, Ehrlichkeit und Wachsamkeit der IMs (DDR).

Personen, die durch ihre berufliche Tätigkeit Kenntnisse über DDR-Staatsgeheimnisse erhalten hatten, oder denen aus Sicherheitsgründen der Kontakt mit Menschen aus dem Nichtsozialistischen Wirtschaftsgebiet (NSW) untersagt war, durften nur dann in die nachrichtendienstliche Tätigkeit einbezogen werden, wenn dadurch keine erheblichen Gefahren beziehungsweise Sicherheitsrisiken für die DDR und die operative Arbeit entstehen konnten. Bei der Werbung von IM (DDR) war zu beachten, dass:

- vorrangig solche DDR-Bürger geworben wurden, die ihre Verbundenheit mit dem Staat unter Beweis gestellt hatten und bei denen eine nachrichtendienstliche Tätigkeit nicht im Widerspruch zu den Sicherheitsbestimmungen und -bedürfnissen des Staates stand,
- umfassende Möglichkeiten zur Erarbeitung von Hinweisen auf interessante Personen vorhanden waren und die Hinweisbearbeitung vorrangig durch IM der Aufklärungs- und Abwehrorgane der Staatssicherheit, durch Gesellschaftliche Mitarbeiter für Sicherheit (GMS), zuverlässige Auskunftspersonen sowie durch die Auswertung von Kaderunterlagen erfolgte,
- günstige Voraussetzungen für eine umfassende Aufklärung der Persönlichkeit der Hinweisperson noch vor einer Kontaktaufnahme existierten,
- die Kontaktaufnahme und Werbung in der Regel durch die operativen (hauptamtlichen) Mitarbeiter vorgenommen wurde,
- Bürger der DDR meist auf der Grundlage progressiver politischer Überzeugungen für den tatsächlichen Beziehungspartner geworben wurden, wobei die geplante Einsatzrichtung gegenüber den IM vorerst geheim gehalten und die IM zur Lösung von Abwehraufgaben eingesetzt wurden,
- die Werbung der IMs in der Regel auf dem Weg der sofortigen Einbeziehung beziehungsweise nach relativ kurzer Kontaktphase erfolgte.

Die Auswahl von staatsbewussten Bürgern der DDR für eine Werbung durfte nicht zur Vernachlässigung der gründlichen Aufklärung der Persönlichkeit, der gewissenhaften Feststellung der Eignung, insbesondere der tatsächlichen Bereitschaft zur nachrichtendienstlichen Arbeit, führen. Es musste einkalkuliert werden, dass Werbekandidaten lediglich aus Gründen der Respektierung der Autorität des MfS, zur Wahrung ihres persönlichen Ansehens oder zur Durchsetzung persönlicher Interessen einer Zusammenarbeit mit der Staatssicherheit zustimmten.

Angesichts der Tatsache, dass ein beträchtlicher Teil der IMs (DDR) operative Aufgaben zeitweilig oder ständig im Operationsgebiet durchführte und der Gegner versuchte, auf dem Territorium der DDR gegen das IM-Netz wirksam zu werden, wurde es seitens der Aufklärung als erforderlich betrachtet, bei der Werbung von IM (DDR) strenge Maßstäbe an die Konspiration durchzusetzen.[33]

Anmerkungen

1   Der Begriff Hinweispersonen bezieht sich auf die Personen, zu denen die HV A Hinweise erarbeitete beziehungsweise zu denen sie Hinweise erhielt.

2   Klaus Rösler: Forschungsergebnisse zum Thema: »Psychologische Bedingungen der inoffiziellen Arbeit in das und im Operationsgebiet«. 1973. BStU, ZA, MfS, JHS–VVS 160–800/72, Bl. 74.

3   Vgl.: HV A, 3. Kommentar zur Richtlinie 2/79: »Die Werbung Inoffizieller Mitarbeiter durch die Diensteinheiten der Aufklärung des MfS«. BStU, ZA, MfS, HA I, Nr. 15574, Bl. 268–273.

4   Ebd., Bl. 273.

5   Vgl.: Ebd., Bl. 274.

6   Michael Telschow, Gerald Neumann: »Die politisch-operative Analyse der Möglichkeiten zur umfassenden und rationellen Nutzung der operativen Basis in der DDR für die Erarbeitung und Bearbeitung von Hinweisen auf operativ interessante Personen des Operationsgebietes [...]«, Bl. 69.

7   Vgl.: Ebd., Bl. 69 f.

8   Vgl. Gabriele Gast: *Kundschafterin des Friedens. 17 Jahre Topspionin der DDR beim BND.* Frankfurt am Main 1999, S. 50 f.

9   Ebd., S. 50 f.

10   Methode von Geheimdiensten zur Führung konspirativ tätiger Kräfte mit dem Ziel der Herstellung stabiler Verbindungen zu gegnerischen Nachrichtendiensten.

11   Vgl.: HV A, 3. Kommentar zur Richtlinie 2/79, Bl. 277 f.

12   Helmut Müller-Enbergs: »Hauptverwaltung A (HV A). Aufgaben –Strukturen – Quellen«. In: BStU: *Anatomie der Staatssicherheit. Geschichte – Struktur – Methoden* (MfS-Handbuch). Berlin 2011, S. 21.

13   Die Klärung der Frage »Wer ist wer?« war eine ständige Ziel- und Aufgabenstellung sowie Ergebnis der Arbeit aller operativen Linien und Diensteinheiten des MfS. Sie wurde in Abhängigkeit der Lage stets neu gestellt. Die Klärung der Frage »Wer ist wer?« bedeutete aus Sicht der Staatssicherheit auf den konkreten Verantwortungsbereich bezogen, eine Antwort darauf zu geben, wer Feind war, wer eine feindliche Haltung einnahm, wer aufgrund des Wirkens feindlicher Kräfte und anderer Einflüsse zum Feind werden konnte, wer Feindeinflüssen unterlag und sich dadurch missbrauchen lassen würde, wer eine schwankende Position einnahm und auf wen sich der Staat jederzeit verlassen und zuverlässig stützen konnte.

14   Vgl.: HV A, 3. Kommentar zur Richtlinie 2/79, Bl. 279–294.

15   Vgl.: Ebd., Bl. 294–299.

16   Gabriele Gast: *Kundschafterin des Friedens*, S. 59.

17   »Ich war ›Alfred‹«. In: Klaus Eichner, Gotthold Schramm: *Kundschafter im Westen. Spitzenquellen der DDR-Aufklärung erinnern sich.* Berlin 2003, S. 292.

18   Vgl.: HV A, 3. Kommentar zur Richtlinie 2/79, Bl. 299–302.

19   Klaus Kuron: »Vom BfV zur HV A«. In: Klaus Eichner, Gotthold Schramm: *Kundschafter im Westen. Spitzenquellen der DDR-Aufklärung erinnern sich.* Berlin 2003, S. 179.

20   »Ich war ›Alfred‹«. In: Klaus Eichner, Gotthold Schramm: *Kundschafter im Westen. Spitzenquellen der DDR-Aufklärung erinnern sich.* Berlin 2003, S. 289 ff.

21   Vgl.: Klaus Rösler: »Psychologische Bedingungen der inoffiziellen Arbeit in das und im Operationsgebiet«, Bl. 68.

22   Vgl.: HV A, 3. Kommentar zur Richtlinie 2/79, Bl. 302–310.

23   Klaus Rösler: »Psychologische Bedingungen der inoffiziellen Arbeit in das und im Operationsgebiet«, Bl. 129.

24 Die fremde Flagge stellte das Kernstück einer spezifischen Methode der Werbung von IM aus dem Operationsgebiet dar. Sie beruhte auf der Täuschung des Werbekandidaten über den sozialistischen Beziehungspartner. Ihre Anwendung ermöglichte, die Werbung von Kandidaten mit verfestigter antikommunistischer und reaktionärer Grundhaltung sowie mit festen Bindungen an ihr Herrschaftssystem durchzuführen. Die Bestimmung der Flagge sowie die Festlegung ihres erforderlichen Ausmaßes und Aufwandes wurden von den operativen Möglichkeiten und der Persönlichkeit des Werbekandidaten bestimmt.

25 Vgl.: HV A, 3. Kommentar zur Richtlinie 2/79, Bl. 315.

26 Kompromate waren Sachverhalte aus dem Leben einer Person, die im Widerspruch zu gesellschaftlichen (juristischen, moralischen) Normen und Anschauungen standen und die bei ihrem Bekanntwerden zu rechtlichen oder disziplinarischen Sanktionen, Prestigeverlusten, zur öffentlichen Bloßstellung oder zur Gefährdung des Rufes im Bekannten- und Umgangskreis führten und aufgrund dessen bei der betreffenden Person das innere Bedürfnis entstand beziehungsweise geweckt werden konnte, die daraus resultierenden negativen Folgen von sich abzuwenden beziehungsweise eingetretenen Schaden wiedergutzumachen. Bei der Gewinnung neuer IM unter Nutzung von Kompromaten wurden die bestehenden oder hervorgerufenen Rückversicherungs- und Wiedergutmachungsbestrebungen genutzt. Kompromittierende Sachverhalte konnten nicht geahndete Gesetzesverstöße, Übertretung moralischer Normen, Verletzung von Pflichten, Begünstigung von Fehlverhalten und Schädigung sowie die Verheimlichung belastender persönlicher Verbindungen sein. Die Wirkung des Kompromates für die Bereitschaft zur Zusammenarbeit mit dem MfS war in der Regel zeitlich begrenzt. Deshalb musste in der Zusammenarbeit mit IM, die auf der Grundlage von Rückversicherungs- und Wiedergutmachungsbestrebungen geworben worden waren, allmählich an dessen Stelle eine andere Motivation zur inoffiziellen Zusammenarbeit treten. Die Anwendung von Kompromaten erfolgte vergleichsweise selten.

27 Vgl.: HV A, 3. Kommentar zur Richtlinie 2/79, Bl. 311–332.

28 Vgl.: Ebd., Bl. 333–336.

29 Vgl.: Ebd., Bl. 337 ff.

30 Ebd., Bl. 340.

31 Vgl.: Ebd., Bl. 340–343.

32 Wolfgang Böhme: *Der Engländer. Eine wahre Geschichte.* Rostock 2003, S. 99 f, 108, 120–124.

33 Vgl.: HV A, 3. Kommentar zur Richtlinie 2/79, Bl. 344 ff.

7. Kapitel

Die Arbeit der HV A mit IM aus dem Operationsgebiet

Die grundsätzlichen Anforderungen an die Arbeit mit IM

Durch die qualifizierte Arbeit mit IM hatten die Diensteinheiten der HV A/Abteilungen XV/BV Voraussetzungen dafür zu schaffen, dass die Gesamtaufgabenstellung des MfS erfüllt werden konnte. Dazu wurde es als notwendig angesehen,

- die operativen Möglichkeiten der IMs ständig zu studieren und ihre Einsatzrichtung sowie die ihnen zu übertragenden Aufträge auf der Grundlage der Gesamtaufgabenstellung des MfS und der Möglichkeiten der IMs festzulegen,
- die Leistungs- und Verhaltenseigenschaften der IMs gründlich zu studieren und die IM so zu erziehen, dass sie ihre Möglichkeiten unter allen Lagebedingungen optimal im Interesse der Zentrale nutzten und ausbauten,
- die IM ständig mit dem Ziel einer zuverlässigen Einschätzung der Frage »Wer ist wer?« im IM-Netz zu studieren sowie zu überprüfen,
- die IM mit den für die Lösung ihrer Aufgaben erforderlichen operativen Dokumenten und technischen Mitteln auszurüsten,
- eine Verbindung zu den IM im Operationsgebiet aufzubauen, die unter allen Bedingungen der Lage schnell, zuverlässig und beständig funktionierte,
- die IM im erforderlichen Maß auf die Weiterführung der nachrichtendienstlichen Arbeit in Krisen- und Spannungssituationen vorzubereiten.

Die Arbeit mit IM musste den konkreten Bedingungen im Operationsgebiet und im jeweiligen Vorgang entsprechen sowie die Einhaltung der Regeln der Konspiration sichern. Es musste beachtet werden, dass

- die Gesamtaufgabenstellung der Staatssicherheit sowie der arbeitsteilige Charakter der operativen Tätigkeit unterschiedliche Anforderungen an die Eignung und die Arbeit mit IM stellten,
- die konkreten Bedingungen, unter denen die IM in den verschiedenen Regionen, Ländern, Zentren und Objekten arbeiteten, teilweise bedeutende Unterschiede aufwiesen und raschen Veränderungen unterworfen sein konnten,

- das IM-Netz hinsichtlich seiner sozialen und nationalen Zusammensetzung, der politischen/ideologischen Positionen der IMs, der Art und Weise ihrer Bindung an die HV A sowie der Grundlagen für die Bereitschaft zur nachrichtendienstlichen Tätigkeit eine außerordentliche Differenziertheit aufwies,
- die IM ihre operativen Aufgaben in ständiger Auseinandersetzung mit den westlichen Abwehrorganen zu realisieren hatten und deshalb durch eine hohe Qualität der Arbeit sorgfältig gegen jede Enttarnung geschützt werden mussten,
- der Gegner erhebliche Anstrengungen unternahm, um in das IM-Netz und über dieses Netz in das MfS einzudringen.

Die Arbeit mit den IM musste stets aufgabenbezogen gestaltet sowie den Arbeits- und Lebensbedingungen beziehungsweise der Persönlichkeit des IM angepasst sein. Sie trug individuellen Charakter und war entsprechend den Bedingungen des jeweiligen Vorgangs zu gestalten. Sie musste weiterhin ein hohes Maß an Sicherheit gewährleisten, zielstrebig, planmäßig und kontinuierlich erfolgen sowie die Fortsetzung der nachrichtendienstlichen Arbeit bei plötzlichen Veränderungen der Lage ermöglichen.

Eine wichtige Grundlage für die effektive, sichere und zielstrebige Arbeit mit IM sah die HV A in der Einsatzrichtung. Sie umfasste

- die langfristige Ziel- und Aufgabenstellung der operativen Tätigkeit der IMs,
- die Funktion der IMs sowie ihre Stellung im IM-Netz,
- das hauptsächliche Operationsgebiet der IMs,
- den konkreten gesellschaftlichen Bereich des Gegners, gegen den die IM vorrangig agierten.

Die Einsatzrichtung war auf der Grundlage der Aufgabenstellung der Staatssicherheit sowie der nachrichtendienstlichen Möglichkeiten der IMs zu erarbeiten und im Prozess der operativen Arbeit ständig auf ihre Zweckmäßigkeit zu überprüfen. Besondere Bedeutung wurde der strikten Durchsetzung der Prinzipien von Wachsamkeit und Geheimhaltung gegenüber den IM beigemessen. Ständig musste im IM-Netz an der Klärung der Frage »Wer ist wer?« gearbeitet werden. Den IM durften Angriffsrichtungen, Aufgabenstellungen, Kräfte, Mittel und Methoden nur insoweit zur Kenntnis gebracht werden, wie das die Erfüllung ihrer konkreten Aufgaben unbedingt erforderte und ihre nachgewiesene Zuverlässigkeit rechtfertigte. Gegebenenfalls war die Zielstellung der operativen Aufträge gegenüber den IM zu legendieren sowie der Verwendungszweck ihrer nachrichtendienstlichen Arbeitsergebnisse geheim zu halten. Jede frühzeitige Offenbarung der nachrichtendienstlichen Perspektive musste verhindert werden. Über die Herkunft sowie die Herstellung von operativen Dokumenten und technischen Mitteln durften seitens der Führungsoffiziere gegenüber den IM keinerlei Angaben gemacht werden.

Die Identität der Vertreter der Zentrale war gegenüber den IM durch die Anwendung von Decknamen, operativen Dokumentationen und operativen Lebensläufen zu verschleiern.

Die Effektivität der Arbeit mit IM wurde nach folgenden Kriterien beurteilt:

- der Beitrag der IMs zur Erfüllung der Schwerpunktaufgaben der Informationsbeschaffung, zur Durchführung aktiver Maßnahmen beziehungsweise zur Schaffung nachrichtendienstlicher Positionen in entscheidenden Zentren und Objekten des Gegners,
- der Grad der Ausschöpfung der operativen Möglichkeiten der IMs,
- der Wirksamkeit der Konspiration, der Zuverlässigkeit der IMs sowie der Sicherheitslage im Vorgang,
- der Reaktionsfähigkeit der IMs auf Veränderungen der Lage.[1]

Aus Sicht der HV A stellte die Arbeit mit IM »hohe Anforderungen an den Klassenstandpunkt und das Verantwortungsbewusstsein der operativen Mitarbeiter. Ihre Fähigkeiten zur Menschenführung sind ständig zu entwickeln und zu vertiefen. Die operativen Mitarbeiter müssen über ein hohes Maß an Überzeugungskraft und Beeinflussungsfähigkeit und über ein umfangreiches politisches und operatives Wissen verfügen.«[2]

Die Grundverhaltensweisen bei der operativen Arbeit im Operationsgebiet

Die operativ erforderlichen Grundverhaltensweisen eines IM im Operationsgebiet waren im Allgemeinen die gleichen wie die eines IM bei der operativen Arbeit in der DDR. Dennoch unterschieden sie sich ihrem Wesen nach grundsätzlich durch die Existenzfrage. Das bedeutet, jede durch einen IM praktizierte Grundverhaltensweise hatte Einfluss darauf, ob nachrichtendienstlich erfolgreich weitergearbeitet werden konnte oder ob für die operative Arbeit und für den IM Gefahren bis zur Festnahme entstanden. In der DDR führte eine unzureichende, schlechte oder falsche Handhabung der Grundverhaltensweisen durch den IM in der Regel höchstens zu seiner Abschreibung aus Sicherheitsgründen oder wegen erwiesener Unfähigkeit. Im Westen dagegen bedrohte falsches Verhalten stets die Existenz des IM. Diese grundsätzliche Existenzfrage der nachrichtendienstlichen Arbeit im Operationsgebiet forderte von der Persönlichkeit des IM auf einigen Gebieten wesentlich höhere Leistungen zur Bewältigung der Aufgabenstellungen als vergleichsweise ein IM in der DDR auf einigen Gebieten zu vollbringen hatte. Hohe Leistungsforderungen bezogen sich unter anderem auf die Verarbeitung einer gegebenenfalls fremden

Umgebung, auf die notwendige Abwehr des möglicherweise Nachbar gewordenen Gegners, auf besondere Strenge bei der Anwendung der Konspirationsregeln, auf die Bewältigung der »Einzelkämpfersituation« sowie auf das Beherrschen der Besonderheiten bei der Durchführung von Treffs.[3]

Die allgemeine Erziehung und Befähigung der IMs

Die Realisierung der den IM übertragenen operativen Aufgaben stellte spezifische Anforderungen an ihre Leistungsfähigkeit und Leistungsbereitschaft.

Die Leistungsfähigkeit der IMs beruhte auf den in ihrer gesellschaftlichen Stellung wurzelnden realen Möglichkeiten zur Lösung nachrichtendienstlicher Aufgaben sowie auf den Fähigkeiten und Fertigkeiten der IMs zur Anwendung operativer Mittel und Methoden.

Die Leistungsbereitschaft beinhaltete die Bereitschaft der IMs, konkrete Aufträge zu erfüllen, ihre Möglichkeiten voll auszuschöpfen und im Einklang mit den Erfordernissen weiterzuentwickeln, ihre Lebens- und Verhaltensweisen den Anforderungen der nachrichtendienstlichen Arbeit anzupassen, die notwendigen operativen Mittel und Methoden anzuwenden sowie sich die entsprechenden Kenntnisse, Fähigkeiten und Fertigkeiten anzueignen. Die Leistungsbereitschaft der IMs beruhte auf einem Motivationsgefüge, in dem in unterschiedlichem Maß politische Überzeugungen sowie materielle und andere persönliche Interessen/Bedürfnisse wirkten. Dieses Motivationsgefüge war so zu entwickeln, dass es eine stabile und zuverlässige Arbeit der IMs gewährleistete.

Eine der Hauptvoraussetzungen für die Erfüllung der Aufgaben der HV A bestand in der systematischen Erweiterung der realen Möglichkeiten der IMs zur Realisierung nachrichtendienstlicher Aufgaben sowie in der Erhöhung ihrer Leistungsbereitschaft und ihrer Fähigkeiten/Fertigkeiten. Dies musste aus Sicht der HV A unter den Bedingungen verstärkter Krisenerscheinungen, eines verschärften Abwehrregimes sowie eines verstärkten politisch-ideologischen und psychologischen Druckes des Gegners auf das IM-Netz erfolgen.

Die Krisenerscheinungen gestatteten es dem Gegner, bei Entscheidungen über die Einstellung beziehungsweise Weiterbeschäftigung von Personen in seinen Objekten strengere Maßstäbe anzulegen sowie höhere sicherheitspolitische, fachliche, physische und psychische Anforderungen an die Kader zu stellen. Die HV A ging davon aus, dass sich die Wirksamkeit des gegnerischen Geheimschutz- und Abwehrsystems durch die Verschärfung der Geheimschutzbestimmungen, die Verstärkung der Sicherheitsüberprüfungen, den Ausbau der Abwehrorgane sowie anderer Maßnahmen in den 1970er und 80er Jahren wesentlich erhöht hatte. Gleichzeitig stellte man in Rechnung, dass »durch massive Hetzkampagnen gegen das MfS, seine Mitarbeiter und IM, durch verschärfte Strafandrohung und Versprechungen« der Gegner bestrebt war, »eine Agentenpsychose zu schaffen und die IM zu verunsichern. Er verfolgte das Ziel, das Vertrauen der IMs zur Zentrale zu zerstören, die Widerstandskraft der IMs gegen die feindlichen Angriffe zu lähmen und sie zur Einstellung ihrer operativen Arbeit oder zum Verrat zu bewegen.«[4]

Um die Leistungsfähigkeit und Leistungsbereitschaft der IMs unter solchen Bedingungen zu erhöhen, wurde es als erforderlich betrachtet,

- die Wirksamkeit der politisch-ideologischen Erziehung der IMs weiter zu verbessern, sie konsequent auf die Herausbildung eines Feindbildes auszurichten und mit einer offensiven Zurückweisung der antikommunistischen Hetze sowie der gegnerischen Angriffe auf die sozialistische Kundschaftertätigkeit zu verbinden,
- noch qualifizierter die verschiedensten persönlichen Interessen und Bedürfnisse der IMs als Stimuli für die Entwicklung ihrer Leistungsbereitschaft und des Vertrauensverhältnisses zur Zentrale und ihrer Vertreter zu nutzen,
- die Fähigkeiten und Fertigkeiten der IMs zur Handhabung der operativen Mittel und Methoden weiter zu vervollkommnen, die zur Erfüllung der nachrichtendienstlichen Aufgaben sowie zur Wahrung der Konspiration eingesetzt werden mussten,
- die gesellschaftliche Stellung der IMs in Einklang mit den operativen Erfordernissen durch entsprechende Maßnahmen zu sichern und gegebenenfalls systematisch auszubauen,
- die Erziehung der IMs zur Einhaltung der Konspiration in allen Situationen zu verstärken.

Um diese Ziele zu erreichen wurde es von Seiten der HV A als notwendig angesehen, eine hohe Kontinuität der Erziehungsarbeit zu sichern, die Entwicklung der IM-Persönlichkeit sowie der sozialen Beziehungen der IMs ständig zu studieren und das Vertrauen der IMs zum Beziehungspartner systematisch zu festigen.

Das Vertrauen der IMs zum Beziehungspartner wurde durch die allgemeine Autorität des Beziehungspartners sowie durch die Erfahrungen bestimmt, die die IM mit dem Beziehungspartner gewonnen hatten. Dies betraf vor allem

- die Zuverlässigkeit des Beziehungspartners bei der Befriedigung der politischen, sozialen, materiellen und anderweitigen Interessen der IMs,
- die Gewissheit der IMs, dass der Beziehungspartner verantwortungsbewusst und qualifiziert agierte und sich ständig um die Gewährleistung der Sicherheit der IMs sowie ihrer Familienangehörigen sorgte,

- die Überzeugung der IMs, dass in dem Maß, wie sie ihre Zuverlässigkeit und ihr Vertrauen zum Beziehungspartner durch Arbeitsergebnisse sowie die Einhaltung der vom Beziehungspartner geforderten Verhaltensweisen unter Beweis stellten, auch mit dem Vertrauen des Beziehungspartners gerechnet werden konnte.

Die Beziehungen der Zentrale zu den IM mussten deshalb durch die Achtung der Persönlichkeit der IMs, eine hohe Qualität der nachrichtendienstlichen Arbeit sowie die strikte Einhaltung der gegenüber den IM eingegangenen Verpflichtungen gekennzeichnet sein. Die IM mussten sich mit allen politischen, operativen und persönlichen Problemen an die Zentrale wenden und darauf eine sachliche und verständnisvolle Reaktion erwarten können. Ihnen musste bewusst sein, dass sie im Beziehungspartner über ein festes Hinterland verfügten, auf das sie sich bei ehrlicher und zuverlässiger Pflichterfüllung in jeder Situation stützen und verlassen konnten. Erscheinungen wie unerfüllbare und ungerechtfertigte Versprechungen, Leichtfertigkeiten im Umgang mit den operativen Arbeitsergebnissen der IMs, Verletzungen der Konspiration durch Vertreter der Zentrale sowie Handlungen, die von den IM als Vertrauensbruch gewertet werden konnten, fügten den Bemühungen zur Entwicklung vertrauensvoller Beziehungen großen Schaden zu.

Eine besondere Verantwortung für die Entwicklung der Leistungsbereitschaft und der Leistungsfähigkeit trugen die mit der IM-Führung beauftragten Vertreter der Zentrale. Sie wurden dieser Verantwortung vor allem durch ihre erzieherische Ausstrahlungskraft gerecht. Als wichtigstes und in der Regel einziges Bindeglied zur Zentrale waren sie meist auch die einzigen Partner, mit denen die IM ohne Gefährdung der Konspiration und ihrer Sicherheit über Konflikte und persönliche Probleme reden konnten, die mit der nachrichtendienstlichen Tätigkeit im Zusammenhang standen.

Für IM, die auf politisch-ideologischer Basis mit der HV A oder einem legendierten Beziehungspartner zusammenarbeiteten, war die Begegnung mit dem Vertreter der Zentrale darüber hinaus oft der einzige Kontakt zu ihrer politischen Heimat und die einzige Gelegenheit, ihre realen politischen Ansichten zu äußern beziehungsweise offen und vorbehaltlos über politische Probleme zu diskutieren.

Das Verhältnis der IMs zur Zentrale wurde darum wesentlich durch die Persönlichkeit sowie das Auftreten ihrer Vertreter geprägt. An ihrem Verhalten beurteilten die im Westen tätigen IM die Zuverlässigkeit, Solidarität, Glaubwürdigkeit und Arbeitsweise der HV A sowie das Verhältnis der Zentrale zu den IM.

Als Vertreter der Zentrale waren deshalb nur solche Mitarbeiter beziehungsweise IM einzusetzen, die über eine solide politische und operative Qualifikation verfügten und in der Lage waren, die Ziele und Interessen des Beziehungspartners durchzusetzen, an Ort und Stelle sachkundige Entscheidungen zu treffen, sich auf die Mentalität der IMs einzustellen, den konkreten Erfordernissen der Erziehung und Befähigung der IMs gerecht zu werden, menschliche Wärme auszustrahlen und konsequente Forderungen zu erheben. Die Vertreter der HV A mussten hinsichtlich ihrer Denk- und Verhaltensweisen von den IM als Vorbild akzeptiert werden.[5]

Die politisch-ideologische Erziehung der IMs

Das effektivste Motiv für das Streben der IMs nach hohen nachrichtendienstlichen Leistungen sah die HV A in der Überzeugung, »dass die operative Arbeit eine notwendige, wirksame und rechtmäßige Waffe im Klassenkampf gegen den Imperialismus darstellt.«[6]

Die politisch-ideologische Erziehung wurde deshalb als das entscheidende Instrument für die Entwicklung der Leistungsbereitschaft und die Erhöhung der Standhaftigkeit der IMs gegenüber dem Gegner betrachtet. Kernstück dieser Erziehung der IMs war die Entwicklung eines Feindbildes, das unter anderem geprägt war durch

- die Abneigung gegen den Imperialismus sowie andere reaktionäre Kräfte, die Ablehnung ihrer aggressiven, friedensgefährdenden Politik und die Überzeugung von der Notwendigkeit des Kampfes gegen Imperialismus und Reaktion,
- die Erkenntnis, dass der Imperialismus soziale Unsicherheit schuf, moralische und ethische Werte missachtete,
- die Ablehnung vor allem jener Organisationen, Institutionen und Vertreter des Imperialismus, gegen die sich ihre nachrichtendienstliche Tätigkeit richtete,
- die Bereitschaft, aktiv am Kampf gegen den Imperialismus sowie die von ihm ausgehenden Pläne und Aktivitäten teilzunehmen,
- die Überzeugung, dass sie mit ihrer nachrichtendienstlichen Tätigkeit einen wirksamen Beitrag im Kampf gegen den Imperialismus sowie seine friedensgefährdenden Pläne und Absichten leisteten.

Die Herausbildung dieses Feindbildes wurde mit der Entwicklung und Festigung der Erkenntnis verknüpft, dass eine der wichtigsten Voraussetzungen für den erfolgreichen Kampf gegen den Imperialismus in der Zusammenarbeit der sozialistischen Staatengemeinschaft bestand.

Die Herausbildung und Entwicklung entsprechender Überzeugungen war oft ein langwieriger, komplizierter und auch widersprüchlicher Prozess. Er verlangte meist die Überwindung fest verwurzelter Traditionen, Vorurteile und Denkgewohnheiten. Mögliche Anknüpfungspunkte für die politisch-ideologische Erziehung sah die HV A in der

- Übereinstimmung der objektiven sozialen Interessen der meisten IM mit dem Klassencharakter der sozialistischen Kundschaftertätigkeit, auch wenn sich die IM häufig (noch) nicht ihrer wirklichen Klasseninteressen bewusst waren,
- täglichen Konfrontation der IMs mit den verschiedensten Erscheinungsformen imperialistischer Politik in der nachrichtendienstlichen Tätigkeit sowie im normalen Leben,
- Konfrontation der IMs mit der Ausstrahlungskraft des Sozialismus auf die internationale Politik sowie der Lage im Operationsgebiet.

Diese objektiven Prozesse fanden nach HV A-Erkenntnissen oft ihren Ausdruck darin, dass die IM bestimmte Erscheinungsformen, Institutionen und Vertreter imperialistischer Politik ablehnten, nach Frieden und Verwirklichung humanistischer Ideale strebten, den Wunsch nach sozialer Sicherheit hatten und sich für die Politik der sozialistischen Staaten interessierten.

Soweit es der Beziehungspartner gestattete, waren solche Anknüpfungspunkte zu nutzen, um antiimperialistische Standpunkte zu Grundfragen der Klassenauseinandersetzung auszubauen und den IM die Vorzüge der sozialistischen Politik und Gesellschaftsordnung nahezubringen. Dabei war von den gemeinsamen Interessen und Überzeugungen auszugehen.

Die Auseinandersetzungen mit bürgerlichen Anschauungen und Denkgewohnheiten sowie mit antikommunistischen Vorbehalten zu Einzelfragen forderten von den Vertretern der Zentrale oftmals große Geduld und mussten mit der erforderlichen Toleranz geführt werden. Dadurch sollte gesichert werden, dass sich auch bei unterschiedlichen oder gegensätzlichen Standpunkten zu einzelnen Fragen das Vertrauen der IMs zu den Vertretern der HV A festigte und bei den IM das Bedürfnis geweckt wurde, weiter über solche Fragen nachzudenken, die Diskussion fortzusetzen sowie den Kontakt zu den Abgesandten der Zentrale zu vertiefen.

Die wichtigsten Mittel und Methoden der politisch-ideologischen Erziehung der IMs waren:

- das politische Gespräch von Vertretern der HV A mit den IM während der Treffs,
- die politische Wertung operativer Aufträge, der bei der Auftragsdurchführung zu beachtenden Regimebedingungen sowie der Arbeitsergebnisse gegenüber den IM,
- die selbstständige Auseinandersetzung der IMs mit ihrer gesellschaftlichen Umwelt in der nachrichtendienstlichen Arbeit sowie im täglichen Leben,

- die Erteilung spezieller Aufträge, die die IM zum Studium sowie zur Auseinandersetzung mit den gesellschaftlichen Verhältnissen veranlassten,
- die Auswertung von Publikationen unterschiedlicher Art zu weltanschaulichen, politischen sozialen und kulturellen Problemen.

Bei IM, die für einen sozialistisch orientierten Beziehungspartner arbeiteten, waren nach Möglichkeit auch Mittel und Methoden der politisch-ideologischen Erziehung einzusetzen wie

- die Demonstration zwischenmenschlicher Beziehungen in der Art und Weise der Arbeit der Vertreter der Zentrale mit den IM,
- die Begegnung mit dem realen Sozialismus,
- die Bereitstellung von Beschlüssen, Dokumenten und Materialien der Partei sowie anderer marxistisch-leninistischer Literatur zum Selbststudium,
- die Pflege progressiver humanistischer Traditionen der internationalen Arbeiterbewegung sowie der sozialistischen Kundschaftertätigkeit,
- die Durchführung spezieller Schulungen zu Grundfragen des Marxismus-Leninismus und zu aktuellen politischen Fragen.

Bei IM, die Mitglieder der SED waren, sollte gesichert werden, dass sie ihre operative Aufgabenstellung als Parteiauftrag begriffen und ihre nachrichtendienstliche Arbeit auf der Grundlage des Parteistatuts, des Parteiprogramms und der Parteibeschlüsse realisierten. Sie mussten darum im erforderlichen Umfang mit den Parteidokumenten vertraut gemacht werden. Ihre Parteiverbundenheit war durch Parteiaussprachen, Parteiaufträge sowie andere parteierzieherische Maßnahmen zu festigen.

Eine der Hauptmethoden zur politisch-ideologischen Beeinflussung war das regelmäßige politische Gespräch während der Treffs. Um dahingehend eine hohe Wirksamkeit zu gewährleisten, wurde es als notwendig betrachtet,

- aktuelle, die IM tatsächlich bewegende Probleme in den Mittelpunkt der Diskussion zu stellen,
- bei der Gesprächsführung an den Lebenserfahrungen und Arbeitsergebnissen der IMs, insbesondere an den von ihnen beschafften Informationen anzuknüpfen,
- den IM die Möglichkeit zu geben, den Wahrheitsgehalt der Argumente der Zentrale anhand ihrer Arbeitsergebnisse sowie ihrer Erfahrungen in der Auseinandersetzung mit ihrer gesellschaftlichen Umwelt zu prüfen,
- zur Beweisführung historische Erfahrungen und Ereignisse heranzuziehen und an der Ausformung eines wissenschaftlich begründeten Geschichtsbildes zu arbeiten,
- aktuelle und geschichtliche Ereignisse auf ihr Wesen zurückzuführen und dadurch den Blick für die Gesetzmäßigkeiten der gesellschaftlichen Entwicklung zu öffnen,

- sich überzeugend mit aktuellen Erscheinungsformen der bürgerlichen Ideologie, vor allem des Antikommunismus, auseinanderzusetzen,
- rationelle Erkenntnisvermittlung und emotionale Erlebnisse organisch miteinander zu verknüpfen.

Dort, wo es der gewählte Beziehungspartner gestattete, war das politische Gespräch gleichzeitig zu nutzen, um

- die IM ausreichend und wahrheitsgemäß über die Errungenschaften, Fortschritte, Probleme und Schwierigkeiten der Entwicklung der sozialistischen Staatengemeinschaft und der DDR zu informieren,
- den IM überzeugend die Identifizierung der Vertreter der Zentrale mit der Politik der Sowjetunion und der DDR sowie mit den Erkenntnissen des Marxismus-Leninismus zu demonstrieren.

Besonderer Wert war auf die Betonung des zutiefst patriotischen und humanistischen Charakters der nachrichtendienstlichen Arbeit zu legen. Den IM aus dem Westen sollte überzeugend nachgewiesen werden, dass ihre Arbeitsergebnisse der Sicherung des Friedens und dem gesellschaftlichen Fortschritt dienten.

Bei den IM sollte weiterhin das Interesse geweckt werden, sich intensiv mit den Grundfragen der internationalen Politik sowie der gesellschaftlichen Entwicklung in den imperialistischen Ländern, den sozialistischen Staaten und den Nationalstaaten, mit den Werken der Klassiker des Marxismus-Leninismus, den aktuellen Parteidokumenten und mit anderen progressiven Veröffentlichungen zu beschäftigen. Dazu erforderliche Literatur sollte entweder vom IM im Westen selbst beschafft oder von der Zentrale bereitgestellt werden.

Im Vordergrund stand die Nutzung der Möglichkeiten zur politischen Orientierung, die es im Operationsgebiet gab. Dazu gehörte der Empfang von Rundfunk- und Fernsehsendungen der DDR, die Beschaffung von im Westen erhältlicher progressiver Literatur sowie die gezielte und kritische Auswertung bürgerlicher Literatur und der westlichen Massenmedien. Dies alles musste natürlich so geschehen, dass sich der IM nicht verdächtig machte und dadurch in das Blickfeld westlicher Sicherheitsbehörden geriet.

Sofern der regelmäßige Empfang von DDR-Sendungen sowie die Beschaffung progressiver und humanistischer Literatur nicht legal abgedeckt werden konnte, war durch entsprechende Vorkehrungen zu verhindern, dass aus diesen Aktivitäten Gefahrenmomente für die gesellschaftliche Stellung sowie die Sicherheit des IM entstanden.

Eine bedeutende Rolle in der politisch-ideologischen Erziehung konnte der Beschäftigung der IMs mit solchen Werken progressiver bürgerlicher Autoren zukommen, in denen in publizistischer oder literarisch künstlerischer Form die Probleme und Angriffspunkte der kapitalistischen Gesellschaft sowie die Verbrechen des Imperialismus aufgezeigt, der Widerstand der Völker, einzelner sozialer Gruppen beziehungsweise Personen gegen Unterdrückung und Krieg geschildert, Fragen nach Alternativen aufgeworfen und humanistische Gedanken propagiert wurden. Dies bot unter Umständen die Möglichkeit, auch bei politisch indifferenten IM oder solchen IM, die mit erheblichen antikommunistischen Vorbehalten belastet waren, die kritische Distanz gegenüber dem imperialistischen System zu vertiefen und das Interesse an der schöpferischen Auseinandersetzung mit dem Sozialismus zu wecken. Durch die Auswertung westlicher Massenmedien war es möglich, wesentliche Informationen über die Regimeverhältnisse, die imperialistische Politik und Ideologie sowie über Erscheinungen des gesellschaftlichen Lebens im Operationsgebiet zu erlangen. Bei der Auswertung war aus HV A-Sicht zu beachten, »dass die Massenmedien der politisch-ideologischen Diversion und der geistigen Manipulierung der Bevölkerung dienen und deshalb im starken Maße mit einseitig ausgerichteten Informationen, Halbwahrheiten und Lügen Desinformation betreiben.«[7] Darum wurde es als notwendig erachtet die IM dahingehend zu unterstützen, die Angaben und Darstellungen der Massenmedien richtig zu verarbeiten und entsprechende Schlussfolgerungen zu ziehen.

Eine wichtige Möglichkeit für die politisch-ideologische Erziehung der IMs, die für den tatsächlichen oder legendierten Beziehungspartner arbeiteten, war die Begegnung mit dem realen Sozialismus. Die in der nachrichtendienstlichen Arbeit entstandenen sozialen Beziehungen zwischen Repräsentanten der HV A und IM im Operationsgebiet sollten die Überlegenheit des Sozialismus in den zwischenmenschlichen Beziehungen, in der Achtung der Persönlichkeit, in der moralischen und materiellen Anerkennung von Leistungen sowie in der Hilfe und Unterstützung überzeugend demonstrieren.

Soweit Treffs in der DDR oder in anderen sozialistischen Staaten möglich waren, konnte den IM das Studium der gesellschaftlichen Verhältnisse sowie der Entwicklung in der DDR oder in anderen sozialistischen Ländern ermöglicht werden. Für die IM sollte praktisch erlebbar sein, dass alle Seiten der gesellschaftlichen Tätigkeit in den sozialistischen Staaten auf das Wohl des Volkes sowie auf die Sicherung eines menschenwürdigen und kulturvollen Lebens der Bürger ausgerichtet waren.

Bei der Begegnung von West-IM mit dem realen Sozialismus sollten nach Möglichkeit die Wünsche und Neigungen der IMs berücksichtigt werden. Die Begegnung mit dem realen Sozialismus musste gewährleisten, dass keine Idealvorstellungen vom Sozialismus vermittelt wurden, sondern die IM ein realistisches Bild vom Entwicklungsstand, insbesondere von den Problemen, Schwierigkeiten und Widersprüchen, erhielten. Vor der Einleitung solcher Maßnahmen musste von den Führungsoffizieren stets sorgfältig geprüft werden, ob das damit verbundene operative Risiko vertretbar war und die Konspiration auch bei der Konfrontation der IMs mit der DDR-Öffentlichkeit gesichert werden konnte.

Eine weitere Möglichkeit für die Erziehung und Befähigung der IMs stellte die Traditionspflege dar. Sie konnte sowohl durch die Auswertung von Filmen und Video-Aufzeichnungen als auch von Literatur oder Schulungsmaterialien erfolgen. Die Beschäftigung mit dem Leben und Wirken bekannter Kundschafter bot aus der Sicht der HV A den IM gute Möglichkeiten zur Vertiefung ihrer Einsichten in die Notwendigkeit und Rechtmäßigkeit der Tätigkeit der Aufklärung sowie für die Formung des Charakters und des Studiums nachrichtendienstlicher Arbeitsmethoden. Vorteilhaft war, wenn dahingehende Aktivitäten der IMs mit gründlichen Aussprachen verbunden wurden.

Eine besondere Triebkraft für die Entwicklung der Leistungsbereitschaft bestand bei IM, die direkt für die HV A oder einen anderen sozialistischen Beziehungspartner arbeiteten, in der Anerkennung von Kundschaftern durch die sozialistische Gesellschaft. Dazu gehörten:

- die hohe Wertschätzung der Aufklärungstätigkeit durch die Partei- und Staatsführung,
- die Popularisierung des Lebens und Wirkens bedeutender Kundschafter im vertretbaren Rahmen und das Ansehen der »Kämpfer an der unsichtbaren Front« in der Öffentlichkeit der DDR sowie anderer sozialistischer Staaten,
- die Maßnahmen zur materiellen und sozialen Sicherstellung der IMs,
- die ständige Sorge der Zentrale um das persönliche Wohl der IMs und ihrer nächsten Familienangehörigen,
- die Hervorhebung des hohen persönlichen Anteils einzelner Kundschafter an der Sicherung des Friedens und der allseitigen Stärkung der DDR durch Anerkennungen, Prämierungen sowie hohe staatliche Auszeichnungen.

Es galt diese hohe Wertschätzung allen IM nahezubringen und für die Vertiefung des Verantwortungsgefühls sowie der Verbundenheit mit dem MfS und der DDR zu nutzen.[8]

Einige IM hielten in ihren Erinnerungen beispielsweise die Auszeichnungszeremonien und ihre Empfindungen fest. Gabriele Gast schreibt zu ihrer Auszeichnung in einem Konspirativen Objekt der HV A in Dresden durch Markus Wolf:

»Für den Abend hatte Wolf ein festliches Beisammensein vorgesehen. ›Hans hat gesagt, wir sollen uns in Schale werfen‹, bedeutete mir Karl-Heinz. Man traf sich in der Bar, die im Souterrain des Hauses lag. Wie fast alle Gästehäuser der HV A, die ich kennenlernte, mit einer Sauna ausgestattet waren, verfügten sie auch über eine Bar. ›Wer arbeitet, soll auch feiern‹, lautete die Devise.

›Ich möchte dich noch mal willkommen heißen hier bei uns in der DDR, in Dresden und in diesem Haus‹, begann Wolf, an mich gewandt, seine Ansprache. ›Vor allem aber möchte ich, auch im Namen unseres Ministers, möchten wir alle dir für deinen großen Einsatz für unsere gemeinsame Sache danken. Wie du selbst am besten weißt, hat der Kampf der kapitalistischen Staaten gegen die sozialistische Gemeinschaft mit der Unterzeichnung der KSZE-Akte keineswegs nachgelassen. Im Gegenteil: Er hat sich auf andere Gebiete verlagert und wird dort umso heftiger ausgetragen. Die größten Sorgen bereitet uns jetzt das neuerliche Wettrüsten, das von US-Präsident Reagan angeheizt worden ist. Umso mehr wissen wir den Beitrag zu schätzen, den du mit deinen Informationen über die Absichten und Ziele des Gegners leistest. Wir wissen, unter welch schwierigen Umständen du arbeitest und dass es nicht selbstverständlich ist, dass du dich weiterhin für unsere gemeinsame Sache einsetzt. In Anerkennung deiner großen Verdienste um unser Ministerium, um die DDR und um die sozialistische Gemeinschaft insgesamt hat dir der Minister für Staatssicherheit den Vaterländischen Verdienstorden in Gold verliehen.‹

Wolf griff aus einer Schatulle einen Orden und heftete ihn mir ans Kleid. Dann gratulierte er mir und überreichte mir einen Strauß roter Nelken, die Blumen der Arbeiterbewegung. [...]

Ich verspürte Rührung und Unbehagen zugleich. Es war erkennbar, dass der Dank meiner Partner für meine Informationsbeschaffung einem tiefen, aufrichtigen Empfinden entsprang und dem Wunsch, ihre Anerkennung nicht nur mit Worten, sondern auch durch ein Zeichen zu dokumentieren. Sicher hofften sie ebenso, dass die Ordensverleihung ein Gefühl der Verpflichtung aufkommen lassen und noch stärker an die HV A binden würde. Doch das musste eine vage Hoffnung bleiben, denn die Ordensverleihung verpflichtete den Ausgezeichneten zu nichts. Sie war auch kein Vorschuss auf die Zukunft, denn der Ordensträger konnte mit seiner Auszeichnung letztlich herzlich wenig anfangen: Weder konnte er sie stolzgeschwellt an die Brust heften und seiner Umwelt präsentieren, noch konnte er im Westen überhaupt davon reden. Es war eine konspirative Ehrung, dem kurzen Augenblick eines Treffens in der DDR vorbehalten. Orden und Ehrenzeichen verblieben dort, sie verschwanden nach dem Treff und der Ehrung auf Nimmerwiedersehen in den Tiefen der Panzerschränke der HV A.

Stärker noch als meine momentane Rührung war indes mein Unbehagen, als Wolf mir so unvermittelt den Orden überreichte. Orden waren eine männliche Erfindung und zuvörderst dazu bestimmt, die vermeintlichen Tugenden von Männern wie Mut, Kraft und Stärke zu würdigen. Orden haftete deshalb nicht zufällig etwas Militärisches und Etatistisches an. [...]

Solches Renommiergehabe lag mir fern. Wenn ich etwas tat, tat ich es um der Sache willen und erwartete dafür keine Anerkennung. Ein Wort der Anerkennung freute natürlich. Aber mehr bedurfte es nicht.«[9]

Wolfgang Böhme, nach dem Ende seines Einsatzes im Operationsgebiet im Jahr 1974 ausgezeichnet, hält in seinen Erinnerungen fest:

»Nun soll er eine ›große Auszeichnung‹ bekommen. Eine späte Genugtuung? Und hoffentlich Gelegenheit, auch einmal mit der ›obersten Spitze‹ über seine Arbeit zu sprechen und von dort zu hören, wie sie ihn beurteilen. Vieles hat er verdrängt, weil ihm der Mut fehlte einzugestehen, wie sehr er die öffentliche Anerkennung und den Austausch mit seiner Umwelt vermisste. Die ›Auszeichnung‹ wird ein Äquivalent dafür sein. [...]

Die Fahrt führt über die östliche Stadtgrenze hinaus durch brandenburgische Dörfer. Bei der Unterhaltung im Wagen versäumt Martin, auf die Ortsschilder zu achten. Da stoppt Achim auch schon den Wartburg vor einem unauffälligen Gehöft. Das Tor ist geöffnet, Achim fährt auf den Hof und hält vor dem Hauseingang. Ein Mann wartet unter dem Giebelvorbau und begrüßt ihn, es ist offensichtlich der Hausverwalter. Die Räume im Erdgeschoss sind festlich hergerichtet. Noch ist Gelegenheit für Achim und die Seinen, mit Martin den Ablauf wiederholt durchzusprechen.

Dann betritt Markus Wolf den Raum. Er kommt in Zivil und beherrscht kraft seiner Persönlichkeit die Atmosphäre. ›Ungefähr meine Größe‹, konstatiert Martin für sich, ›auch meine Figur. Markantes, sympathisches Gesicht, kein Durchschnittsmensch.‹ Markus Wolf begrüßt ihn und sagt, dass er seine Arbeit genau kenne und schätze. Deshalb sei er heute hier und nimmt die Auszeichnung vor. Er schildert den Aufbau der ›Fremden Flagge‹ vom Experiment über das Stadium des Pilotprojekts bis hin zum Exempel, das in anderen geeigneten Vorgängen weiterentwickelt werden müsse. Hier sei nicht nur nachrichtendienstliche Pionierarbeit geleistet, sondern auch ein hohes Maß an Effizienz erzielt worden. Martin ist glücklich, seine ewige Sehnsucht nach dem Erfolg – hier wird sie einmal gestillt.

Dann lässt Wolf sich die dunkelrote Mappe mit der Urkunde und der Schatulle mit dem Orden reichen. Martin geht auf ihn zu. ›Ich zeichne dich aus als ›Verdienter Mitarbeiter der Staatssicherheit‹‹, hört er ihn sagen. Er traut seinen Ohren nicht; muss alle Kraft zusammennehmen, um sich nicht anmerken zu lassen, wie bitter enttäuscht er ist. Dass Wolf ihm die Medaille ans Revers heftet, die Urkunde in der Mappe überreicht und die Hand schüttelt, erlebt er wie im Traum.

Alle gratulieren ihm, umarmen ihn und sind stolz darauf, dass einer der ihren, von deren Existenz Martin bis dahin nichts wusste, ausgezeichnet wurde. Martin fängt sich wieder. Wie konnte er nur auf einen Orden hoffen, vorzeigbar endlich auch einmal in der Öffentlichkeit? Eine Auszeichnung, die er nicht in der Schublade verstecken müsste?

Dabei war es schon ein Vorzug, dass er sie überhaupt mit nach Hause nehmen durfte. Achim sähe sie lieber in seinem Panzerschrank.

Vom Vaterländischen Verdienstorden bis zum Nationalpreis mit allem hatte er gerechnet. Wirklich! Seine Mitarbeiter und Freunde aus der früheren journalistischen Tätigkeit hatten solche Auszeichnungen längst erhalten. Wenn er sich zu feierlichen Anlässen in der Öffentlichkeit sehen lassen musste, hatte er schon mehrmals eine Medaille als Deutscher Meister im Handball angesteckt und sich diebisch gefreut, weil alle neugierig guckten, aber keiner den Orden zu deuten wusste.

Nun ist die Hoffnung auf Genugtuung zerplatzt. Und die Gleichschaltung mit dem Ministerium, besiegelt durch die Unterschrift von Mielke, verbittert Martin zudem. Er ist Aufklärer, er bleibt im schalldichten Raum.

Seine Einsilbigkeit begründet er den anderen gegenüber mit dem Nierenstein. Jetzt ist er froh, dass er ihn hat. Das Gespräch mit Markus Wolf baut ihn ein wenig auf. Der Unterschied zwischen dem Chef und seinen Mannen, mit denen es Martin zu tun hat, ist offenkundig. Bestechend seine Bildung, seine Umgangsformen, seine Belesenheit, vor allem der tiefe Respekt vor seiner Familie, dem Vater Friedrich, dem Bruder Konrad. Martin wagt ein kritisches Wort zu einem Film Konrad Wolfs. Da schwingt er sich sofort auf zum glühenden Verteidiger seines Bruders.

Wolf hat Martin von vornherein mit ›du‹ angesprochen. Martin nimmt das selbstverständlich auf. Anderntags fallen alle über ihn her: ›Wie konntest du nur?‹

›Es gibt in der ganzen HV A erst zehn solcher Auszeichnungen‹, hat Wolf zum Abschied gesagt. Er soll stolz darauf sein. Bei internen Feiern darf er den Orden sogar anstecken. Zu Hause liegt er wie die anderen in der Schublade.«[10]

Der Ehrentitel »Verdienter Mitarbeiter der Staatssicherheit« war eine besondere Auszeichnung, die nur selten verliehen wurde. Gestiftet im Dezember 1969 konnte er »in Anerkennung und Würdigung besonderer Verdienste beim Schutz und der Sicherung der sozialistischen Gesellschaftsordnung vor Angriffen imperialistischer Mächte und deren Geheimdienste, für schöpferische Initiative zur Erreichung qualitativ hoher Arbeitsergebnisse sowie für langjährige, vorbildliche persönliche Einsatzbereitschaft an Angehörige des MfS sowie an Personen, die nicht Angehörige des MfS waren, verliehen werden.«[11] Jährlich durften nur bis zu zwanzig Ehrentitel »Verdienter Mitarbeiter der Staatssicherheit« verliehen werden.[12]

Die Nutzung von materiellen Interessen, persönlichen Bedürfnissen und Charaktereigenschaften für die Entwicklung der Leistungsbereitschaft

In Verbindung mit den politischen Überzeugungen spielten materielle Interessen, persönliche Bedürfnisse sowie Charaktereigenschaften eine maßgebliche Rolle für die Entwicklung der Leistungsbereitschaft. Besonders zu beachten waren Interessen und Bedürfnisse wie das Streben nach Sicherheit, materieller und anderweitiger persönlicher Vergünstigung, materieller und moralischer Anerkennung, schöpferischer Arbeit, Aufrechterhaltung persönlicher Kontakte zu bestimmten Personen und so weiter. Deshalb wurde es von der HV A als notwendig erachtet,

- die IM hinsichtlich der vorhandenen persönlichen Interessen und Bedürfnisse gründlich zu studieren und ihre Befriedigung so mit der nachrichtendienstlichen Tätigkeit zu verknüpfen, dass sie die IM zu hohen Leistungen stimulierten sowie das Vertrauensverhältnis zum Beziehungspartner festigten,
- Interessen und Bedürfnisse, die die operativen Aktivitäten der IMs hemmten oder die Tätigkeit gefährdeten, durch geeignete Maßnahmen in ihrer Wirksamkeit einzuschränken und systematisch zurückzudrängen,
- bei der Festlegung der nachrichtendienstlichen Aufträge sowie der Gestaltung der Arbeit der IMs stets die konkreten Interessen und Bedürfnisse der IMs zu berücksichtigen sowie zu sichern, dass die IM mit den ihnen übertragenen Aufgaben einverstanden waren.

Materielle Zuwendungen oder sonstige persönliche Interessen wurden von den Arbeitsergebnissen der IMs abhängig gemacht und nach dem Leistungsprinzip gewährt. Den IM war dabei bewusst zu machen, dass die Höhe der materiellen Zuwendungen in erster Linie durch die gewissenhafte Erfüllung der Aufträge der Zentrale bestimmt wird. Versuche von IM, sich materielle Vorteile ohne entsprechende Leistungen zu verschaffen, waren konsequent zurückzuweisen. Weiterhin musste Beachtung finden, dass unbegründete Einkünfte oder materielle Zuwendungen der IMs Ausgangspunkt für tiefergehende Überprüfungsmaßnahmen werden konnten. Es war deshalb erforderlich, genaue Festlegungen über die Wahrung der Konspiration bei der Gewährung von Zuwendungen, insbesondere bei deren Verwendung durch die IM zu treffen.

Bei IM, die vorrangig aus materiellen Interessen mit der HV A zusammenarbeiteten, sollten alle Möglichkeiten der politisch-ideologischen Beeinflussung genutzt werden, um die Motive für ihre inoffizielle Zusammenarbeit zu erweitern beziehungsweise diese zu stabilisieren.

Bei materiell interessierten Personen bekam es die HV A gelegentlich auch mit Gaunern zu tun. Markus Wolf erinnert sich an einen Fall aus der Anfangszeit:

»Man lernte also eine Menge Leute kennen, es waren auch Gauner dabei, aber selbst das bedeutete am Ende, jeweils eine lehrreiche Erfahrung mehr gemacht zu haben. [...]

Zum Beispiel ein Bundestagsabgeordneter, aus einer Partei, die hieß BHE – Bund der Heimatvertriebenen und Entrechteten. Der war dann später, glaube ich, in der FDP. Er wohnte bei Hannover, er hatte eine kleine Chemiefabrik, ein kleiner Unternehmer also, und der kam eines Tages anmarschiert mit seinem Bruder. Das war, Sie werden jetzt lachen, ein hochintelligenter Gauner. Der hatte sich irgendwo bei einem Kontaktmann von uns gemeldet und alles versucht, um ins Gespräch mit uns zu kommen. Ich sehe die beiden noch vor mir. Kurz und gut, wir kamen überein, er operierte für uns, und später dann auch sein Bruder, der direkten Kontakt zu Adenauer hatte. Vieles schien stimmig an den Geschichten, die sie uns erzählten, und ich habe mich einige Male mit diesen beiden getroffen. [...]

Wir hatten in Rauchfangswerder ein kleines Häuschen, eingerichtet mit Abhörtechnik, ein günstiger Ort für Gespräche in Ruhe und Abgeschiedenheit. Wir waren noch ziemlich am Anfang, es war in den fünfziger Jahren, und alles, was da von den Westdeutschen erzählt wurde, schien uns nützlich zu sein, wir schrieben fleißig Berichte. Aber im Gebaren der beiden Brüder, das weiß ich noch, hatte mir trotzdem von Anfang an etwas missfallen. Ich habe das jedoch verdrängt und konnte auch nicht richtig dingfest machen, was mir so durchs Gefühl ging. Schließlich bekamen wir Informationen, aus denen wir dann einen Verdacht keltern konnten – bis wir merkten, dass da vieles von den Berichten und Fakten gar nicht stimmte. Bis es rauskam: Zwar war der eine Bruder im Bundestag, aber es ging ihm nicht um Politik, sondern um etwas ganz anderes. Wir brachten in Erfahrung: Seine Chemiebude war praktisch schon pleite, der wollte einfach nur auf raffinierte, ungewöhnliche Weise Geld haben, und diese beiden Burschen verlangten von uns sehr, sehr viel Geld. Zwar hielt sich unsere Freigiebigkeit in Grenzen, aber immerhin. Dann hörten wir auch noch ihre Gespräche, die sie heimlich, in unserem Haus, untereinander führten, und da hatten wir sie natürlich am Wickel. Als sie gingen, wussten wir, dass wir sie nicht wieder empfangen, und als sie gegangen waren, stellten wir fest: Sie hatten auch noch unser Silberbesteck geklaut. [...]

Es gab Gauner unterschiedlicher Couleur. Dieser Herr jedenfalls war immer mit dem Gehabe einer wohlanständig-bürgerlichen Gesellschaftsschicht dahergekommen und hatte sich dann als ganz kleiner schäbiger Dieb entpuppt.«[13]

Die von den IM erbrachten Leistungen waren kontinuierlich durch die Zentrale gemeinsam mit ihnen einzuschätzen und zu bewerten. Dabei wurden insbesondere operative Möglichkeiten und Arbeitsergebnisse sowie operative Aufträge und Arbeitsergebnisse zueinander ins Verhältnis gesetzt. Gleichzeitig mussten die Art und Weise der Auftragsrealisierung sowie die Einhaltung der von der Zentrale vorgegebenen Verhaltenslinien bewertet werden. Gute Arbeitsergebnisse sowie die disziplinierte Einhaltung und schöpferische Verwirklichung der von der Zentrale erhaltenen Befehle und Weisungen durch die IM wurden seitens der HV A mit Anerkennungen, Belobigungen, Prämierungen oder Auszeichnungen gewürdigt.

Ungenügende Arbeitsergebnisse sowie andere Mängel und Schwächen in der nachrichtendienstlichen Tätigkeit der IMs mussten durch die Vertreter der Zentrale aufgedeckt und offen angesprochen werden. Der kritischen Wertung der Arbeitsergebnisse sowie der Verhaltensweisen der IMs war bei Notwendigkeit durch das Aussprechen eines Tadels, durch den zeitweiligen Entzug materieller oder anderweitiger Vergünstigungen sowie durch andere geeignete Mittel und Methoden Nachdruck zu verleihen. Vor der Anwendung dieser Mittel musste allerdings gründlich abgewogen werden, ob sich damit tatsächlich die notwendige erzieherische Wirkung erzielen ließ.

Um das Bedürfnis nach schöpferischer Arbeit zu befriedigen sowie die Leistungsbereitschaft der IMs zu entwickeln mussten die IM – soweit möglich – in die Ausarbeitung der Art und Weise der Auftragsrealisierung einbezogen werden. Gleichzeitig war den IM in Abhängigkeit von ihrer Zuverlässigkeit, Diszipliniertheit und operativen Qualifikation bei der Festlegung der Art und Weise der Auftragsdurchführung ein ausreichender Handlungsspielraum einzuräumen. Dieser Handlungsspielraum musste den IM bei der Auftragsrealisierung eine optimale Anpassung an die jeweiligen konkreten Regimebedingungen ermöglichen und gestatten, die dafür notwendigen Entscheidungen auf der Grundlage der Weisungen der Zentrale an Ort und Stelle zu treffen.

Umfassende Beachtung fand das Interesse der IMs an der Gewährleistung ihrer Sicherheit. Es musste seitens der Vertreter der Zentrale genutzt werden, die IM zur Wahrung der Konspiration sowie zur Einhaltung der von der HV A vorgegebenen Verhaltenslinien zu erziehen. Andererseits konnten überhöhte Sicherheitsinteressen zur Ablehnung einzelner Aufträge sowie operativer Mittel und Methoden, in bestimmten Fällen sogar zur Lähmung beziehungsweise Einstellung der operativen Arbeit führen. Seitens der HV A wurde es deshalb als erforderlich betrachtet, mit den IM offen über das mit der nachrichtendienstlichen Tätigkeit verbundene Risiko zu reden und ihnen die Gewissheit zu vermitteln, dass sich die Zentrale jederzeit um ihre Sicherheit sorgte. Dazu gehörten:

- die Vermittlung eines realistischen Bildes über die Absichten, Möglichkeiten und Grenzen der Tätigkeit gegnerischer Abwehrbehörden,
- die offensive Auseinandersetzung mit den gegnerischen Kampagnen gegen die sozialistische Kundschaftertätigkeit,

- die sorgfältige und gewissenhafte Vorbereitung der IMs auf die einzelne Aufgabe,
- die präventive Festlegung von Verhaltenslinien für mögliche Komplikationen bei der Auftragsrealisierung,
- die regelmäßige gemeinsame Einschätzung der Sicherheitslage,
- die Schaffung eines zuverlässigen Warnsystems,
- die Festlegung konkreter Verhaltenslinien für den Fall, dass die IM mit dem Gegner konfrontiert wurden,
- die Vereinbarung von Hilfsmaßnahmen der Zentrale für die IM und ihre Familienangehörigen im Fall der Festnahme.

Wenn Verhaftungen und Verratsfälle besonders zugespitzte Formen annahmen, konnte es darüber hinaus notwendig und zweckmäßig sein, die IM kurzfristig darüber zu informieren, ob sich aus den gegnerischen Maßnahmen Gefahren für ihre Sicherheit ergeben konnten oder nicht. Solche Informationen stärkten das Vertrauen der IMs zur HV A und trugen dazu bei, unkontrollierte Reaktionen zu vermeiden. Operative Mittel und Methoden durften nur dann zur Anwendung kommen, wenn die IM von ihrer Zweckmäßigkeit und Wirksamkeit überzeugt waren. Vorbehalte der IMs gegen einzelne nachrichtendienstliche Aufgaben oder Mittel und Methoden waren sorgfältig zu prüfen und bei Notwendigkeit schrittweise abzubauen. Auf keinen Fall durften die IM zur Anwendung von Mitteln und Methoden genötigt werden, die von ihnen abgelehnt wurden.

Zum Interessenfeld der IMs gehörten auch ihre sozialen Beziehungen. Diese waren oftmals wesentliche Quellen für die Befriedigung persönlicher Bedürfnisse. Nachrichtendienstliche Aufträge, die die Interessen von Institutionen oder Personen berührten, zu denen IM enge Beziehungen besaßen oder die die Beziehungen der IMs zu solchen Personen belasteten, konnten deshalb die Leistungsbereitschaft der IMs wesentlich beeinträchtigen sowie zur Ablehnung einzelner operativer Aufgaben oder der Arbeit insgesamt führen.

Die sozialen Beziehungen der IMs konnten den nachrichtendienstlichen Handlungsspielraum der IMs, ihre politischen Überzeugungen sowie ihre Interessenlage positiv oder negativ beeinflussen. Es wurde von der HV A deshalb als notwendig erachtet, die sozialen Beziehungen der IMs eingehend zu studieren und hinsichtlich ihrer Auswirkungen auf die Entwicklung der Leistungsbereitschaft der IMs einzuschätzen. Besondere Beachtung musste dabei den Familienangehörigen sowie den Auswirkungen der operativen Tätigkeit auf die Familienbeziehungen gewidmet werden. In Verbindung damit war die Möglichkeit der Einbeziehung der Ehepartner in die nachrichtendienstliche Arbeit zu prüfen. Dadurch konnte unter Umständen Konspirationsverletzungen vorgebeugt, der Auslösung von Konflikten durch die IM-Tätigkeit entgegengewirkt sowie den IM die Möglichkeit gegeben werden, sich ohne Gefährdung ihrer Sicherheit mit dem Ehepartner über operative Probleme zu unterhalten. Außerdem konnten eingeweihte Ehepartner die IM bei der Realisierung ihrer Aufgaben unterstützen.

Maßgeblichen Einfluss auf die Entwicklung der Leistungsbereitschaft hatten darüber hinaus die Charaktereigenschaften der IMs. Solche Charaktereigenschaften wie Pflichtbewusstsein, Mut, Risikobereitschaft, Einsatzbereitschaft, Standhaftigkeit, Zuverlässigkeit, Ausdauer, Beharrlichkeit, Geduld und Diszipliniertheit förderten wesentlich die Übernahme und Erfüllung nachrichtendienstlicher Aufträge durch die IM. Sie mussten darum im Prozess der operativen Arbeit durch die HV A zielstrebig genutzt und entwickelt werden.

Andererseits konnten Charaktereigenschaften wie Disziplinlosigkeit, Feigheit, Wankelmut, Unzuverlässigkeit, Ungeduld, Schwatzhaftigkeit oder Prahlsucht die nachrichtendienstliche Tätigkeit erheblich beeinträchtigen. Sie mussten darum energisch bekämpft und zurückgedrängt werden. Dabei fand Beachtung, dass die Charaktereigenschaften in der Regel relativ stabil waren und nur in einem längeren, tiefgreifenden Prozess der Erziehung und Selbsterziehung herausgebildet oder verändert werden konnten. Die IM mussten durch konsequente, kontinuierliche und nachdrückliche Forderungen an die Einhaltung der notwendigen Verhaltensnormen gewöhnt werden. Die Entwicklung und Veränderung der Charaktereigenschaften war deshalb organisch mit dem nachrichtendienstlichen Arbeitsprozess zu verbinden.

Durch die politisch-ideologische Erziehung sowie die Nutzung persönlicher Interessen und Bedürfnisse musste bei den IM die Bereitschaft herausgebildet werden, ihr Verhalten den Erfordernissen der operativen Arbeit anzupassen.[14]

Die Herausbildung und Entwicklung operativer Fähigkeiten und Fertigkeiten

Die Realisierung der nachrichtendienstlichen Aufgaben stellte konkrete Anforderungen an die Fähigkeiten und Fertigkeiten der IMs. Vor allem mussten sie die Fähigkeit besitzen,

- die von der Zentrale vorgegebenen Verhaltensweisen diszipliniert einzuhalten,
- die für die Lösung ihrer Aufgaben bedeutsamen Regimebedingungen zu erfassen und ihr eigenes Verhalten diesen Bedingungen zweckmäßig anzupassen,
- Veränderungen in der Lage zu erkennen und daraus die notwendigen Konsequenzen für ihr operatives Handeln abzuleiten,
- die zur Erfüllung ihrer Aufträge erforderlichen nachrichtendienstlichen Handlungen sorgfältig zu tarnen,

- die für die Aufrechterhaltung der Verbindung zur Zentrale erforderlichen Mittel und Methoden sicher anzuwenden,
- Maßnahmen zur Selbstkontrolle durchzuführen, Anzeichen für eine gegnerische Bearbeitung rechtzeitig zu erkennen und richtig zu bewerten sowie eine offensive Abwehr dieser Aktivitäten zu organisieren,
- auch in besonderen Situationen die Konspiration zu wahren.

Darüber hinaus wurden an die IM entsprechend ihrer Funktion spezifische Anforderungen gestellt. Quellen mussten beispielsweise in der Lage sein, nach Vorgaben der HV A weitgehend selbstständig aktuelle Informationsschwerpunkte zu erkennen, Informationen konspirativ sicherzustellen, den Wert der Informationen einzuschätzen, ihre Informationsmöglichkeiten auszubauen, erlangte Informationen zeitweilig aufzubewahren und an die Zentrale weiterzuleiten.

Residenten, Instrukteure, Führungs-IM und Werber mussten ausgeprägte Fähigkeiten zum Studium sowie zur Beeinflussung von Personen besitzen. Zu ihrer Verantwortung gehörte, den Wert von Informationen zu beurteilen, sie unter Umständen selbstständig zu bearbeiten, Quellen und andere IM für die nachrichtendienstliche Arbeit anzuleiten sowie die dafür notwendigen Entscheidungen auf der Grundlage der Weisungen der Zentrale weitgehend selbstständig an Ort und Stelle zu treffen.

Weitere spezifische Anforderungen an das nachrichtendienstliche Können der IMs ergaben sich aus der Ausrüstung der IMs mit operativen Dokumenten und technischen Mitteln. Sie hatten die Aufgabe, diese ihnen zur Verfügung gestellten Dokumente und technischen Mittel sicher aufzubewahren und qualifiziert einzusetzen.

Solche Fähigkeiten und Fertigkeiten mussten unter zielgerichteter Nutzung der bei den IM bereits vorhandenen Voraussetzungen im Prozess der operativen Arbeit herausgebildet werden. Dabei war zu berücksichtigen, dass

- die Herausbildung von Fähigkeiten und Fertigkeiten stets ein ausreichendes Maß an nachrichtendienstlichen Kenntnissen und praktischer Übung voraussetzte,
- operative Fertigkeiten nur durch ständiges Training angeeignet und erhalten werden konnten,
- die nachrichtendienstlichen Kenntnisse konsequent auf jenes Maß beschränkt werden mussten, das für die Erfüllung der Aufgaben unbedingt erforderlich war und dem Grad der Zuverlässigkeit des jeweiligen IM entsprach.

Die wichtigsten Mittel und Methoden zur Herausbildung der notwendigen nachrichtendienstlichen Fähigkeiten und Fertigkeiten waren:

- die Instruktion der IMs über den operativen Auftrag sowie die Art und Weise der Realisierung,
- die Aneignung und das Training nachrichtendienstlicher Fähigkeiten und Fertigkeiten bei der Durchführung von Aufträgen,

- die Auswertung der bei der Auftragsrealisierung gewonnenen Erfahrungen,
- die Durchführung spezieller Schulungen und Belehrungen,
- das zielgerichtete Studium von selbst beschaffter Literatur beziehungsweise von der Zentrale bereitgestellter Materialien,
- die Auswertung von Rundfunk- und Fernsehsendungen, Filmen, Vorträgen, Archivmaterialien oder Zeitungen durch die IM,
- die Durchführung von Exkursionen zum Studium der Regimebedingungen.

Das Hauptfeld für die Befähigung der IMs stellte der Prozess von Auftragserteilung, Instruktion, Auftragsdurchführung und Berichterstattung dar.

Jede Auftragserteilung war nach Möglichkeit mit einer gründlichen Instruktion über die Art und Weise der Auftragsdurchführung sowie der zu beachtenden Regimebedingungen zu verbinden. Die IM sollten – soweit möglich – in die Erarbeitung der Art und Weise der Auftragsdurchführung sowie der Verhaltenslinien für den Fall einbezogen werden, dass bei der Auftragsrealisierung Komplikationen eintraten. Dadurch konnten die Fähigkeiten der IMs zur Analyse der Lage und der Regimebedingungen, zur Ableitung entsprechender Schlussfolgerungen für die Lage sowie zum variantenreichen operativen Denken und Handeln geschult werden. Bei der Durchführung nachrichtendienstlicher Aufträge erprobten und trainierten die IM das ihnen von der HV A vermittelte Wissen und eigneten sich praktische Erfahrungen an. Gleichfalls vervollkommneten sie im Prozess der Auftragsdurchführung solche Persönlichkeitseigenschaften wie Mut, Anpassungsfähigkeit, Beharrlichkeit und operative Beweglichkeit. Die Verarbeitung der bei der Auftragsrealisierung gesammelten Erfahrungen durfte nicht den IM überlassen sondern musste durch die Zentrale gesteuert werden. Einen bedeutenden Platz nahm dabei die Berichterstattung der IMs sowie die Auswertung der Berichterstattung mit den IM durch die Zentrale ein.

Gemeinsam musste geprüft werden, ob das Arbeitsergebnis dem nachrichtendienstlichen Auftrag sowie den Möglichkeiten entsprach und die Vorgaben der HV A über die Art und Weise der Auftragsdurchführung durch die IM eingehalten worden waren.

Die Möglichkeiten zur Erhöhung der Effektivität sowie der Sicherheit in der nachrichtendienstlichen Arbeit mussten mit den IM beraten werden. Im Zusammenhang damit waren die IM in die Analyse der Regimebedingungen, der Arbeitsergebnisse, von besonderen Vorkommnissen während der Auftragsrealisierung, der Wirksamkeit von Selbstkontrollmaßnahmen und von technischen Mitteln einzubeziehen. Erkenntnisse über Personen, zu denen die IM Kontakt unterhielten oder über die sie Ermittlungen durchgeführt hatten, mussten gründlich ausgewertet werden.

Die moralische und materielle Anerkennung von nachrichtendienstlichen Arbeitsergebnissen stimulierte die Einsatzbereitschaft und Aktivität der IMs. Eine kritische Auseinandersetzung mit Arbeitsergebnissen und Verhaltensweisen der IMs bei der Auftragserfüllung trug dazu bei, dass die IM ihre Erfahrungen bei der Auftragsrealisierung in Einklang mit den objektiven Anforderungen verarbeiteten.

Waren die Kenntnisvermittlung sowie die Sammlung von Erfahrungen im Rahmen der Instruktion, Auftragsdurchführung und Berichterstattung nicht ausreichend, um bei den IM die erforderlichen operativen Fähigkeiten herauszubilden, musste die Instruktion der IMs mit einer gründlichen Schulung und – soweit erforderlich – mit der Durchführung von praktischen Übungen unter Bedingungen verbunden werden, die den Regimebedingungen bei der Auftragsrealisierung nahe kamen, aber das Sicherheitsrisiko in vertretbaren Grenzen hielten.

Solche Schulungen und Belehrungen konnten insbesondere die sichere Anwendung technischer Mittel, die Realisierung von Selbstkontrollhandlungen, die Anwendung bestimmter Formen der Informationsgewinnung, -aufbewahrung und -übermittlung, die Bildung/Anwendung von Legenden sowie die Einschätzung von Personen, bedeutsamen Ereignissen und Vorkommnissen zum Gegenstand haben. Damit wurden seitens der HV A Voraussetzungen geschaffen, damit die IM hinsichtlich der Durchführung der jeweiligen Aufträge vorbereitet waren. Gefahrenmomente, die aus einer ungenügenden Beherrschung der Regimebedingungen sowie der zur Auftragsdurchführung erforderlichen Mittel und Methoden resultierten, wurden somit weitgehend ausgeschlossen.

Die IM mussten regelmäßig über die Schweigepflicht, über den Umgang mit operativen Materialien sowie deren Aufbewahrung und über das Verhalten im Fall einer Konfrontation mit den gegnerischen Sicherheitsbehörden beziehungsweise Justizorganen belehrt werden. Den IM war dabei zu verdeutlichen, dass sie auch im Fall einer Auseinandersetzung mit den gegnerischen Sicherheitsbehörden/Justizorganen die ihnen von der Zentrale vermittelten Verhaltensnormen strikt einzuhalten hatten. Ihre Hauptaufgabe bestand bei einem solchen Fall in der Geheimhaltung ihres Wissens über operative Angriffsrichtungen, Kräfte, Mittel und Methoden. Weiter hatten sie die Kenntnisse des Gegners über das MfS sowie die Arbeitsweise der westlichen Sicherheitsbehörden aufzuklären und die Verbindung zur Zentrale – nach Möglichkeit – aufrechtzuerhalten. Zur Erfüllung dieses Auftrags mussten die IM über die Arbeitsweise gegnerischer Abwehr-, Sicherheits- und Justizbehörden, über das Verhalten gegenüber diesen Organen sowie über die Möglichkeit zur Aufnahme der Verbindung zur Zentrale, zur Erhaltung der physischen und psychischen Leistungs- und Widerstandsfähigkeit und zur Verschaffung von Hafterleichterungen belehrt werden. Ihnen war überzeugend nachzuweisen, dass sie ihren Auftrag am sichersten durch Aussageverweigerung erfüllen konnten. Gleichzeitig wurden

den IM Instruktionen dahingehend erteilt, wie sie sich bei Überwerbungsversuchen des Gegners verhalten sollten.

Der operativen Befähigung neugeworbener IM wurde große Aufmerksamkeit gewidmet. Hier konnte es notwendig sein, die IM durch ein System von Aufträgen, die speziell der Befähigung und Erziehung sowie der Überprüfung der IMs dienten, systematisch an ihre nachrichtendienstliche Zielfunktion beziehungsweise die volle Ausschöpfung ihrer Möglichkeiten heranzuführen. Dadurch konnte gesichert werden, dass ausschließlich IM zum Einsatz gelangten, die überprüft und erprobt waren sowie über die für ihre Tätigkeit notwendigen Kenntnisse, Fähigkeiten und Fertigkeiten verfügten.

Die langfristige Planung der Erziehung und Befähigung der IMs erfolgte in Einsatz- und Entwicklungskonzeptionen. Für Entwicklungsetappen, die vorrangig der Ausbildung und Überprüfung der IMs dienten, waren spezielle Operativpläne zu erarbeiten. Diese mussten den zuständigen Leitern zur Bestätigung vorgelegt werden. Die im Rahmen der einzelnen Treffs zu realisierenden Bildungs- und Erziehungsaufgaben wurden in den Treffplänen festgeschrieben.[15]

Maßnahmen zur Sicherung und Entwicklung der objektiven Voraussetzungen der IMs zur Realisierung nachrichtendienstlicher Aufgaben

Die Lösung nachrichtendienstlicher Aufgaben stellte in der Regel spezifische Anforderungen an die gesellschaftliche Stellung der IMs. Die gesellschaftliche Stellung musste Möglichkeiten bieten, bedeutsame Informationen zu beschaffen, aktive Maßnahmen durchzuführen, bedeutsame Verbindungen herzustellen und zu unterhalten sowie nachrichtendienstliche Handlungen zu tarnen. Die Arbeit der HV A mit IM war deshalb darauf ausgerichtet, die für die Realisierung operativer Aufgaben bedeutsamen Elemente der gesellschaftlichen Stellung zu sichern und nach Möglichkeit weiter auszubauen. Insbesondere waren die IM zu veranlassen, die für die gesellschaftliche Stellung bedeutsamen rechtlichen Normen und Gepflogenheiten einzuhalten, ein ihrer sozialen Stellung entsprechendes Leben zu führen sowie einen dem Komment angepassten gesellschaftlichen Umgang zu unterhalten.

Die IM hatten möglichst alles zu unterlassen, was bei den gegnerischen Abwehrbehörden als Sicherheitsrisiko betrachtet werden konnte. IM, die in feindlichen Zentren und Objekten tätig waren oder eine Tätigkeit in diesen Objekten aufnehmen sollten, mussten durch eine ständig wachsende Qualifikation, durch hohe

Arbeitsleistungen sowie durch ihr Verhalten und entsprechende Referenzen unter Beweis stellen, dass sie bereit und in der Lage waren, den fachlichen, physischen, psychischen und sicherheitspolitischen Anforderungen, die von den gegnerischen Objekten gestellt wurden, in hohem Maß gerecht zu werden. Um die operativen Möglichkeiten in Übereinstimmung mit der von der HV A festgelegten Perspektive der IMs zu sichern und zu erweitern, konnte es erforderlich sein,

- bestimmte Qualifikationen zu erlangen,
- die physische und psychische Leistungsfähigkeit zu erhöhen,
- Beziehungen zu Personen anzuknüpfen und zu intensivieren, die über Zugänge zu bedeutsamen Informationen verfügten, als Förderverbindungen genutzt oder bei gegnerischen Sicherheitsüberprüfungen mit hoher Wahrscheinlichkeit als Auskunftsperson herangezogen wurden,
- Kontakte und Verbindungen abzubauen, die die gesellschaftliche Stellung der IMs sowie ihre Entwicklung gefährdeten oder einen negativen politisch-moralischen Einfluss auf sie ausübten,
- sich politischen Parteien und sonstigen gesellschaftlichen Organisationen, Vereinigungen und Clubs anzuschließen beziehungsweise gegebenenfalls eine solche Betätigung zu unterlassen,
- die Arbeitsstelle zu verändern und eine für die Realisierung nachrichtendienstlicher Aufgaben günstigere berufliche Tätigkeit aufzunehmen,
- den Wohnort zu wechseln.

Bei gegnerischen Überprüfungsmaßnahmen musste die HV A davon ausgehen, dass alle Schritte der IMs zur Sicherung und Entwicklung ihrer gesellschaftlichen Stellung in die Überprüfung einbezogen werden konnten. Es war deshalb zu gewährleisten, dass solche Maßnahmen den allgemeinen Gepflogenheiten des Operationsgebietes sowie der Persönlichkeit des IM weitestgehend angepasst, aufeinander abgestimmt und so gestaltet wurden, dass sie beim Gegner keine Sicherheitsbedenken hervorriefen. Sie durften auch bei späteren Sicherheitsüberprüfungen keinerlei Verdacht erregen. Jeder einzelne Schritt zur Sicherung oder zum Ausbau der gesellschaftlichen Stellung der IMs musste darum gründlich vorbereitet und sorgfältig erwogen werden. Besondere Aufmerksamkeit war bei Bewerbungen in besonders geschützten gegnerischen Zentren und Objekten, bei der Ansiedlung in ihrer unmittelbaren Umgebung, bei ständigem Aufenthalt an Konzentrationsschwerpunkten von Geheimnisträgern sowie bei der Herstellung enger Kontakte zu Kräften solcher Objekte geboten, da diese Schritte mit hoher Wahrscheinlichkeit abwehrmäßige Überprüfungsmaßnahmen nach sich zogen.

In bestimmten Fällen betrachtete es die HV A als günstig, Kombinationen zu wählen, die den Eindruck erweckten, dass die Veränderungen in der persönlichen und beruflichen Entwicklung der IMs vordergründig durch die Aktivitäten von Personen oder Institutionen ausgelöst wurden, deren Zuverlässigkeit für den Gegner außer Zweifel stand.[16]

Die Regeln der Konspiration und ihre Wirkungen

Innerhalb des MfS stellte die Konspiration das Grundprinzip der operativen Arbeit dar, das die Überlegenheit gegenüber dem subversiven feindlichen Vorgehen und die sicherheitspolitische Wirksamkeit der Tätigkeit der Staatssicherheit gewährleisten sollte. Die Konspiration war gekennzeichnet durch:

- den Einsatz geheimer, dem Gegner und der Öffentlichkeit gegenüber verborgener Kräfte, Mittel und Methoden,
- die Tarnung der operativen Pläne, Absichten und Maßnahmen,
- aktives und offensives Handeln zur Überraschung, Täuschung, Ablenkung und Desinformation des Gegners.[17]

Bezüglich der nachrichtendienstlichen Arbeit im Operationsgebiet war die Beherrschung und Anwendung der Konspirationsregeln durch die IM sowie die Vertreter der Zentrale für den Erfolg der operativen Handlungen entscheidend. Je besser jeder IM mit der Handhabung der Regeln der Konspiration vertraut war, je stärker sie in jede Phase einer nachrichtendienstlichen Handlung einbezogen waren, umso erfolgreicher konnte letztendlich gearbeitet werden.

Die Anwendung konspirativer Regeln beeinflusste das Gesamtverhalten der IMs. Das Beherrschen und Anwenden dieser Regeln gestaltete sich jedoch nicht einfach, da sie neben zahlreichen positiven Verhaltensweisen auch negative Wirkungen haben konnten. Oftmals setzten sich die positiven Wirkungen der Konspirationsregeln auf das Verhalten der IMs erst in der Auseinandersetzung mit den negativen Wirkungen auf das Verhalten durch. Häufig wurden die positiven Wirkungen auf das Verhalten der IMs durch sie erst dann richtig verstanden, wenn die Gefahren der Verletzungen von Regeln der Konspiration erkannt wurden. Der Zentrale wurde dies im Wirken gegen falsche Routine gerade bei der Handhabung konspirativer Regeln besonders deutlich.

Positive Wirkungen beim Handhaben konspirativer Regeln zur Realisierung nachrichtendienstlicher Aufgaben im Westen ergaben sich für die IM aus der Gewissheit, dass diese Regeln in ihrer vollen Breite den Personen ihrer Umgebung weitgehend unbekannt waren, diese Personen nicht danach lebten und handelten und folglich die IM bei der Anwendung konspirativer Regeln ihrer Umgebung gegenüber im Vorteil agierten. Diese Überlegenheitswirkung schuf Selbstsicherheit, Mut und Zuversicht hinsichtlich der Bewältigung der operativen Aufgaben. Damit wuchs das Vertrauen in die Funktionsfähigkeit der konspirativen Arbeit sowie in die eigenen Kräfte der IMs. Durch die Gewissheit, mit Hilfe der konspirativen Regeln erfolgreich im Operationsgebiet arbeiten zu können, sah die HV A eine starke Kraftquelle für nachrichtendienstliche Aufgaben im Westen.

Die Anwendung konspirativer Regeln erzeugte bei den IM auch Sicherheit. Trotz der gezielten Veröffentlichungen nachrichtendienstlicher Praktiken durch den Gegner sowie des allgemeinen Bekanntseins dieser oder jener konspirativen Verhaltensweise bestand die Sicherheitswirkung dieser Regeln für die IM dennoch nahezu vollständig, weil außer den an der konkreten Handlung Beteiligten niemand wusste, wo und wann konspirative Handlungen zur Anwendung gelangten. Hinzu kam, dass die konspirativen Regeln entweder derart der Umgebung angepasst waren, dass ihre Handhabung so gut wie nicht auffiel oder ihre Methodik für fremde Augen und Ohren so abgeschirmt war, dass kein Unbefugter etwas bemerkte. Nur mit Konspirationsregeln vertraute Personen konnten bei einer bestimmten Handlung dahinterstehendes nachrichtendienstliches Verhalten vermuten. Im Kontakt mit Angehörigen einer gegnerischen Abwehrbehörde musste dies besonders berücksichtigt werden, während die gewissenhafte Handhabung der Regeln der Konspiration im Allgemeinen eine hohe Sicherheit bot.

Konspirative Regeln wirkten bei flexibler Anwendung auch mobilisierend auf das Gesamtverhalten der IMs ein. Die Anwendung dieser Regeln war am erfolgreichsten, wenn die einzelnen konspirativen Handlungen beim Treff, der Materialübergabe, dem Verhalten auf Reisen, beim Verhalten vor Behörden, gegenüber unverbindlichen Bekanntschaften sowie bei der Realisierung von Beobachtungen und Ermittlungen so natürlich wie möglich der Umgebung angepasst wurden. Die Natürlichkeit des Verhaltens war dabei für die erfolgreiche Anwendung der konspirativen Regeln entscheidend. Konspiratives Verhalten musste immer im Einklang mit natürlichem Gebaren in der Öffentlichkeit oder beim Sprechen stehen. Die Konspiration bestärkte dadurch das Gesamtverhalten der IMs in Bezug auf ihr Sicherheitsbewusstsein und die Zuversicht zur Erfüllung der Aufgaben.

Konspirative Regeln betrachtete die HV A nicht als etwas Passives wie Verstecken oder Verbergen schlechthin, sondern als offensives Element der operativen Arbeit. Sie waren keine Last, wie von einzelnen IM empfunden, sondern aus Sicht der Zentrale Maßgaben und Maßnahmen, die die IM davon überzeugen konnten, dass der Gegner schlagbar und unterlegen war.

Positiv betrachtete es die HV A auch, dass die Anwendung konspirativer Regeln die IM disziplinierte und auf die gesamte operative Arbeit disziplinierend einwirkte. Sie zwangen die IM zur Selbstdisziplin, Exaktheit, Pünktlichkeit, Planung und

Ordnung in bestimmten Lebensbereichen. Der ständige Gebrauch von Konspirationsregeln schärfte gleichzeitig den Verstand der IMs durch unentwegte kritische Wertung der Umgebung und von Personen.

Die disziplinierende Wirkung konspirativer Regeln auf das Verhalten der IMs konnte allerdings auch Schwierigkeiten bereiten. Es war praxisbedingt, dass mancher IM in bestimmten Situationen anders handeln wollte, als die Konspiration es von ihm verlangte. So konnte es beispielsweise passieren, dass ein IM aus konspirativen Gründen Hilfeleistungen gegenüber einer anderen Person bei einem Unfall ablehnte oder er sich die Unterstützung einer progressiven politischen Haltung versagen musste, weil er sich sonst dekonspiriert hätte. Die strikte Einhaltung der Konspirationsregeln konnte also bestimmten Einstellungen und Gefühlen in konkreten Situationen widersprechen. Daraus entstanden nach Auffassung der Zentrale allerdings keine Konflikte, wenn die Notwendigkeit der Anwendung der konspirativen Regeln von den IM erkannt und ihnen diese bewusst wurden.

Zu den vielfachen positiven und mobilisierenden Faktoren der Konspiration für die nachrichtendienstliche Aufgabenerfüllung im Operationsgebiet soll eine von der HV A festgestellte Besonderheit im Verhalten von Personen im NSW, die mit der Konspiration in Berührung kamen, genannt werden: Das konspirative Verhalten war manchem Bundesbürger lieber als beispielsweise die offene Beteiligung an politischer Arbeit oder der Teilnahme an Kundgebungen. Nach Aussagen solcher Personen waren konspirative Handlungen nach außen nicht sichtbar und deshalb von ihrer Umgebung im Westen nicht kompromittierbar. Solche Menschen waren relativ leicht bereit, konspirative Regeln anzuwenden und sich nach ihnen zu richten. Eine solche zunächst passive Einstellung zur allgemeinen progressiven politischen Beteiligung konnte hier in die Bereitschaft zur aktiven IM-Tätigkeit für die Aufklärung führen.

Die Handhabung konspirativer Regeln konnte auf die IM aber auch negative Wirkungen haben. Solche negativen Wirkungen traten vor allem dort auf, wo ungünstige persönliche Voraussetzungen der IMs oder falsche Einstellungen zur nachrichtendienstlichen Arbeit vorlagen. Negative Wirkungen der Handhabung konspirativer Regeln gingen nicht von den Regeln selbst aus, sondern waren aus Sicht der Zentrale subjektive Reflexionen aus falschen Einstellungen zu diesen Verhaltensnormen. Beispielsweise konnte Überheblichkeit oder Leichtsinnigkeit im Verhalten der IMs zur fehlerhaften Anwendung der Konspirationsregeln führen und dadurch Störungen im Ablauf nachrichtendienstlicher Handlungen hervorrufen. Die Konsequenz waren Misserfolge.

Das Beherrschen konspirativer Regeln wurde nach Erfahrungswerten der HV A nicht selten überschätzt und damit eine negative Wirkung erzielt. In Leichtfertigkeit erfolgte dabei ein heraustreten aus der Strenge der konspirativen Regeln. Oftmals spielte auch eine Rolle, dass die IM die Disziplinierung, welche die Konspiration mit sich brachte, als lästig und die Handhabung konspirativer Regeln als unbequem empfanden. Dies wurde von der Zentrale als eine Frage der Einstellung zur Disziplin und nicht so sehr als eine Frage der eventuellen Schwierigkeiten beim Handhaben der Konspirationsregeln betrachtet.

Häufig wurde auch ungerechtfertigte Neugier zum Hindernis für die Anwendung der Regeln der Konspiration und zur selbst verursachten Schwierigkeit, sich richtig zu verhalten. Es fehlte dann die Einsicht der IMs in die bewährte Erfahrung, dass sie zur Realisierung operativer Aufgaben nur so viel über die Zusammenhänge wissen durften, wie es zur erfolgreichen Aufgabenerfüllung bedurfte. Eine fehlende Einsicht in dieser Frage führte zu Misstrauen, und dieses konnte Unzufriedenheit auslösen.

Die durch die Regeln der Konspiration den IM oft auferlegten Pflichten, wie beispielsweise Zurückhaltung in sozialen Kontakten zu üben oder schweigen zu müssen, obwohl die Gelegenheit günstig erschien, etwas Konstruktives zu einem Gespräch beisteuern zu können, der häufige Verzicht auf Reputation sowie andere als Belastung empfundene Erscheinungen konnten bei den IM zu Vereinsamungsgefühlen führen, die sich ihrerseits wiederum negativ auf die Handhabung der Konspirationsregeln auswirkten. So konnte ein Fehlerkreis entstehen, aus dem ein IM unter Umständen nur schwer selbst herausfand und der nur durch Aufdeckung und Erklärung dieser Zusammenhänge durchbrochen werden konnte.

Eine besonders negative Auswirkung mit schwerwiegenden Folgen konnte durch den Missbrauch der konspirativen Regeln zur Verschleierung oder zum Verschweigen von Fehlern und Unzulänglichkeiten durch die IM führen. Eine solche Gefahr konnte für das Operationsgebiet folgenschwer sein, weil die Möglichkeiten zur Aufdeckung solcher Verschleierungen sowie des Verschweigens von Fehlern objektiv gering waren. Eine solche Gefahr sah die HV A nur durch ein weitgehendes, gegenseitiges, tiefes Vertrauensverhältnis zwischen den IM und den Vertretern der Zentrale ausgeschlossen.

Negativ konnte sich auch auswirken, wenn die konspirative Methodik im Vergleich zu den Notwendigkeiten und Erfordernissen zu aufwendig gestaltet wurde. Dadurch konnte bei den IM im Zusammenhang mit der Handhabung der Konspirationsregeln ein Widerwillen gegen die Konspiration überhaupt erzeugt werden, der auch durch intensive Überzeugungsarbeit nur schwer beseitigt werden konnte. Die HV A stellte fest, dass ein Zuviel an konspirativer Methodik ins Gegenteil umschlagen und, anstatt Sicherheit zu geben, Angst erzeugen konnte.

Die Durchsetzung konspirativer Regeln verlangte in erster Linie eine positive Einstellung zu diesen sowie bestimmte operative Leistungen. Im Gegensatz zu allen negativen Wirkungen, die im Wesentlichen durch falsche Einstellungen zur Anwendung konspirativer Regeln entstehen konnten, überwogen nach Erfahrungen der Zentrale bei Weitem die positiven Wirkungen und der Nutzen der Konspiration bis zur eindeutigen Feststellung, »dass die Durchführung der operativen Aufgaben ohne die strenge Durchsetzung konspirativer Regeln gar nicht möglich ist«[18].

Die HV A hatte in der Praxis festgestellt, dass die Anwendung konspirativer Regeln relativ leicht in »Fleisch und Blut« übergehen konnte und zwar so, wie das bei der häufigen Realisierung anderer Handlungen auch war. Der ständige Gebrauch dieser Regeln konnte bei den IM zur Gewohnheit werden, so dass er keinen vermeintlichen Ballast mehr darstellte. Durch den ständigen Gebrauch wurden die IM, wie im Training, darin geübt, und es konnte bei einzelnen Handhabungen zu regelrechten Stereotypenbildungen kommen. Der Zentrale lagen Erfahrungen vor, wonach das Leben eines IM unter Pseudonym, ein ständiges aufmerksames Beobachten der Umgebung, laufende Anpassungsleistungen und Selbstkontrollen psychisch und auch physisch keine Anstrengungen darstellten, die die IM nur kurze Zeit oder befristet ausgehalten hätten.

Es gab allerdings in der Praxis einige Beispiele, die in Richtung einer psychischen und physischen Überforderung wiesen. Dann äußerten die IM Klagen darüber, dass sie es »nicht mehr aushalten«, dass ihnen die Konspiration »auf die Nerven gehe«, dass »Angstzustände aufkommen«. Es war aus Sicht der Zentrale nicht zu bestreiten, dass es zu solchen oder ähnlichen inneren Konfliktbildungen kommen konnte. Dann wurde in der Regel nach tieferen Ursachen und weiteren Zusammenhängen gesucht, als sie der Konflikt mit dem konspirativen Verhalten allein hergab. In solchen Situationen ging bei den IM ein Konflikt über die Einhaltung der Konspirationsregeln oft mit einer Nichtbefriedigung der beruflichen oder persönlichen Lage einher. Es konnten als Konfliktsituationen auch erkannte und möglicherweise mit eigenen Kräften nicht abwendbare Dekonspirationsgefahren oder auch eine nicht ausreichend ausgeprägte Einstellung zur konspirativen Arbeit überhaupt vorliegen, ein Nichtüberzeugtsein, dass dieses oder jenes konspirative Verhalten erforderlich war, sowie ähnliche Einschränkungen gegen die konspirativen Regeln.

Konfliktsituationen konnten auch häufig ausgeprägt anzutreffende Persönlichkeitseigenschaften wie Neugier, Schwatzhaftigkeit und Geltungsbedürfnis darstellen, die der Einhaltung der Konspirationsregeln stark im Weg standen und deren Anwendung schwierig bis unmöglich machten. Dann lagen der Konflikt und seine Ursachen nicht in der Handhabung der Regeln der Konspiration selbst begründet, sondern in ungünstigen Einstellungen der IMs oder auch objektiven Schwierigkeiten bei der nachrichtendienstlichen Arbeit. Solche Konflikte mussten von den Vertretern der Zentrale aufgedeckt und durch verstärkte Anleitungs-/Erziehungsarbeit beseitigt werden. Diese Konflikte konnten sich in dem Maß reduzieren, wie es gelang, die IM von der Notwendigkeit und der Richtigkeit der Regeln der Konspiration zu überzeugen sowie die anderen Ursachen zu beseitigen.

Konspirative Regeln wurden als wertvolle Hilfen zur Meisterung jeder, auch komplizierter, Situationen betrachtet und wirkten vornehmlich durch die dabei zu vollziehenden Anpassungsleistungen und ihre Vielseitigkeit. Deshalb sind die Regeln der Konspiration niemals als starre Maßnahmen gelehrt und anerzogen worden. Die HV A legte Wert auf ihre schöpferische Anwendung in der jeweiligen Situation und auf die stete Überprüfung ihrer Wirksamkeit. Die Konspirationsregeln flexibel zu verstehen und anzuwenden machte die IM aus Sicht der Zentrale stark.[19]

Zur Einzelkämpfersituation der West-IM – Wirkungen auf die IM und ihre Verhaltensweisen

Die nachrichtendienstliche Arbeit der IMs im Operationsgebiet ist mit dem Begriff Einzelkämpfersituation zutreffend gekennzeichnet. West-IM arbeiteten die meiste Zeit der operativen Tätigkeit und vor allem in den wesentlichen und entscheidenden Phasen der nachrichtendienstlichen Aktivitäten als Einzelkämpfer. Die IM mussten darum die Wirkungen dieser Situation genau kennen, und sie mussten wissen, wie sie sich dabei zu verhalten hatten.

Diese Alleinkämpfersituation erzeugte für den IM sowohl Vor- als auch Nachteile. Diese Vor- und Nachteile konnten positive und negative Wirkungen auf die Verhaltensweisen des IM hervorrufen, die sie wiederum einzelne Phasen der Einzelkämpfersituation unterschiedlich erleben ließen. Während ein IM eine Wirkung der Einzelkämpfersituation als positiv, vorwärtsweisend und nützlich erlebte und eine andere deprimierend und negativ auf ihn wirkte, konnte es bei anderen IM umgekehrt sein.

Positive Wirkungen der Einzelkämpfersituation entstanden nach HV A-Erkenntnissen vor allem durch das Anwachsen der Verantwortung, die der einzelne IM trug sowie das damit in der Regel zusammenhängende zunehmende Verantwortungsbewusstsein beziehungsweise die Entscheidungsfreudigkeit. In der nachrichtendienstlichen Arbeit oft auf sich allein gestellt, konnten sich die IM bei entsprechenden Voraussetzungen zu außerordentlich verantwortungsbewussten Persönlichkeiten entwickeln, die ihre Aufgaben mit Umsicht und Gewissenhaftigkeit realisierten. Die Situation war in dieser Hinsicht der Entwicklung der Persönlichkeit des IM dienlich. Eine positive Wirkung der Einzelkämpfersituation auf das Verhalten des IM konnte auch dadurch entstehen, dass sie stärker als bisher schöpferisch, erfinderisch und ideenreicher sein mussten. Bei der Lösung operativer Aufgaben waren die IM häufiger denn je veranlasst, nach mehreren Realisierungswegen zu suchen und aus ihnen den besten und gängigsten auszuwählen. Dabei wurde gleichzeitig wieder die Entscheidungsfreudigkeit gefördert.

Die Einzelkämpfersituation verlangte eine starke Selbstdisziplin in vielen Bereichen des persönlichen sowie operativen Lebens des IM. Wie die Handhabung der Konspirationsregeln allgemein disziplinierte, so förderte die Einzelkämpfersituation aus Sicht der Zentrale insgesamt die Disziplin. Beispielsweise sei die Pflicht zur Pünktlichkeit erwähnt, ohne die eine erfolgreiche konspirative Arbeit nicht möglich gewesen wäre. Die Einzelkämpfersituation gestattete den IM in der Regel nicht, in einzelnen sich ergebenden Fragen nach Belieben Rücksprache nehmen zu können, sondern sie wurden zur besonderen Aufmerksamkeit und guten Gedächtnisleistung angehalten, was auch als positive Wirkung auf das Verhalten des IM infolge der Einzelkämpfersituation betrachtet wurde.

Verstärktes Verantwortungsbewusstsein, wachsende Entscheidungsfreudigkeit, Förderung der Disziplin und zugleich schöpferisches Verhalten bei der Lösung nachrichtendienstlicher Aufgaben wurden seitens der HV A als positive Wirkungen der Einzelkämpfersituation betrachtet, die zur erfolgreichen Realisierung der Aufgaben beitrugen. Das Agieren als Einzelkämpfer konnte aber auch negative Wirkungen auslösen wie zum Beispiel das Entstehen von Gefahren durch eine gewisse soziale Isolierung oder das Herausbilden von Einstellungen, in Zeitnot geraten zu können.

Die im Westen tätigen IM erlebten mit Beginn beziehungsweise infolge der nachrichtendienstlichen Arbeit die Umgebung, die sozialen Kontakte sowie die gewohnte persönliche Sphäre neu und anders als vergleichsweise vor der Werbung. Das Bewusstsein der operativen Tätigkeit konnte dabei alle Gedanken/Handlungen durchdringen und nahm in der Regel auf die Mehrzahl der Gedanken/Handlungen steuernden Einfluss. Damit unterschieden sich die IM von allen Personen ihrer Umgebung, und sie konnten sich im Laufe der Zeit durch diese Unterscheidung immer mehr von ihnen entfernen. Es entstand dabei die Gefahr der sozialen Isolierung, die – wie die Praxis der HV A mehrfach belegt hatte – tatsächlich auch auftrat. In der Tat konnten die IM über operative Fragen sowie über die sie beschäftigenden Probleme in der Regel mit niemandem reden. Die Gelegenheiten zu Treffs, bei denen solche Punkte besprochen werden konnten, waren relativ selten und dann auch nicht immer zum notwendigen Zeitpunkt. Das Gefühl, »allein zu sein«, sowie die Tatsache, Hilfe und Unterstützung nur schwer erreichen zu können, besaßen objektive Grundlagen, die ihrerseits die Gefahr einer sozialen Isolierung ständig nähren und vergrößern konnten. Es konnten sich dadurch stark belastende Vereinsamungsgefühle herausbilden, oder die IM konnten beginnen, sich mehr und mehr einzuigeln/abzuschotten. Dagegen musste die Zentrale wirksam werden.

Die Einzelkämpfersituation war nach Erkenntnissen der HV A oftmals auf einen Informationsmangel an politischen und operativ nützlichen Informationen zurückzuführen. Entsprechend den eigentlichen Erfordernissen der erfolgreichen nachrichtendienstlichen Tätigkeit existierte für die IM im Westen aus Sicht der Zentrale ein Informationsdefizit, das zu Fehlbeurteilungen der Lage sowie zu Fehleinschätzungen beim Vorgehen, zumindest aber zu unzureichenden Analysen der Situation führen konnte. Erfahrungsgemäß konnten die Treffs meist nur einen Teil des Informationsmangels beheben. Daraus ergab sich für die HV A, ständig zu versuchen, dieses Informationsdefizit auszugleichen.

Die Situation als Alleinkämpfer war häufig auch dadurch gekennzeichnet, dass die West-IM zur Tarnung ihrer operativen Arbeit nach außen hin bewusst eine unpolitische Position beziehen mussten. Eine solche erforderlichenfalls notwendige und möglicherweise ständig zu praktizierende Haltung konnte bei politisch motivierten IM im Laufe der Zeit zu weitgehenden Integrationserscheinungen in die unpolitische Umgebung führen sowie möglicherweise eine innere Angleichung an eine solche Umgebung herbeiführen. Aus einer operativ notwendigen Haltung und Anpassung sah die HV A die Gefahr der Identifizierung mit den politischen Verhältnissen im Operationsgebiet als gegeben an. Dabei spielte der Gewöhnungsfaktor eine bestimmte Rolle. Die Gewöhnung als vollzogene Anpassungsleistung an solche Normen der Umgebung war aus Sicht der Zentrale zum Schutz der Sicherheit des IM unabdingbar. Negative Folgen hatte die Gewöhnung aus Sicht der HV A, wenn sie bei den IM zum Annehmen bürgerlicher und kleinbürgerlicher Gewohnheiten, Ansichten sowie Denk- und Handlungsweisen führte. In solchen Fällen desorientierte die Gewöhnung das Bewusstsein und konnte die Notwendigkeit, zur gegnerischen Umwelt Distanz zu wahren, sogar ausschalten. Je länger der Einzelkämpfer nachrichtendienstlich tätig war, umso größer wurden diese Gefahren und umso wichtiger war es, ständig zu prüfen, ob und inwieweit die Umwelt Einfluss auf den IM genommen hatte beziehungsweise was gegen diesen Einfluss unternommen werden konnte.

Bei der Untersuchung der Wirkungen der Einzelkämpfersituation wurde seitens der HV A berücksichtigt, dass beim Einzelkämpfer die Dauer seiner operativen Tätigkeit, also der Zeitfaktor, eine bestimmte Rolle spielte und Einfluss ausübte. Wurde eine nachrichtendienstliche Aufgabe befristet, konnte beim IM das Zeitzählen einsetzen, das heißt, der IM rechnete beispielsweise damit, am Tag der Erfüllung der Aufgabe von dem möglicherweise als Last empfundenen Auftrag entlassen zu werden. Eine solche Abrufhaltung konnte Zugzwang oder Bedrängnis auslösen und beeinflusste die Einsatzbereitschaft des IM negativ. Der Einzelkämpfer blieb nach Ansicht der Zentrale beim Zeitzählen sozusagen »auf den Koffern sitzen«, anstatt sich umgehend, vom ersten Tag des nachrichtendienstlichen Auftrags an, diesem uneingeschränkt zu widmen und sich nicht bereits mit seiner Beendigung zu beschäftigen. Die Befristung einer Aufgabe konnte allerdings auch eine stimulierende Wirkung hervorrufen, das heißt, sie konnte dazu führen, dass sich der IM selbst motivierte, den Auftrag bis zu einem bestimmten Zeitpunkt zu erfüllen. In der Regel wurde in der Praxis der HV A diese Stimulanz zur Gefahr, in Zeitnot sowie unter Zeitdruck zu geraten und dadurch Fehlhandlungen zu begehen, was wiederum negative Wirkungen auf das Verhalten der IMs auslösen konnte.

Für die Einzelkämpfersituation war auch kennzeichnend, dass es Schwierigkeiten in der operativen Zusammenarbeit gab, die sich in ihrer subjektiven Widerspiegelung belastend auf die IM auswirken konnten. Die häufig vorkommenden objektiven Unsicherheiten im Verbindungswesen, die nicht selten auftretende Ungewissheit, ob die verschiedenen Mittel und Methoden der Verbindung auch tatsächlich funktionierten, das Bedenken um den Kurier oder Instrukteur, die Furcht vor bestimmten Kontrollen und Überwachungsmaßnahmen – all das konnte im Laufe der Zeit stark deprimierend wirken. Wurden bei einem IM solche Erscheinungen festgestellt, waren durch die Zentrale umgehend Maßnahmen der Beseitigung durchzuführen.

Die IM als Einzelkämpfer spürten möglicherweise ein deutliches Gefälle zwischen ihren persönlichen und beruflichen Möglichkeiten entsprechend des Leistungsvermögens und den durch die Aufgabenstellung wahrzunehmenden Pflichten. So konnte von ihnen beispielsweise befürchtet werden, dass sie durch die operativ notwendige und nach außen zu demonstrierende unpolitische Haltung tatsächlich Potenzen des Kampfgeistes einbüßten oder durch auftragsgemäß gehaltene Verbindungen zu bestimmten Personenkreisen allmählich geistig vereinsamten, weil solche Personenkreise nicht dem bisherigen Umgang entsprachen. Auch konnte der durch die nachrichtendienstliche Tätigkeit verursachte Verzicht auf öffentliche Anerkennung zu inneren Konflikten führen, die sich auf die Gesamthaltung der IMs negativ auswirkten. Abrufhaltungen, Zeitdruck, Vereinsamungsgefühle, Erscheinungen falscher Gewöhnung, das Gefälle zwischen Möglichkeiten und Gegebenheiten, konnten auf die IM als Alleinkämpfer depressiv wirken und dadurch die Situation erheblich belasten. Natürlich stellten sich diese Erscheinungen entsprechend der Unterschiedlichkeiten der IM-Persönlichkeiten verschieden stark dar. Dennoch bemerkte die HV A, dass die Wirkungen der Einzelkämpfersituation in dieser oder jener Erscheinungsform in der Praxis deutlich feststellbar waren. Dies erforderte seitens der Zentrale bestimmte Aktivitäten zur Stärkung der IMs.[20]

Aktivitäten der Zentrale zur Stärkung der Einzelkämpfersituation

Die negativen Wirkungen der Einzelkämpfersituation traten nach Erfahrungen der HV A am wenigsten bei den IM auf, die mit Beginn der nachrichtendienstlichen Tätigkeit durch bestimmte Aktivitäten keinerlei sozialer Isolierung und keinem Informationsmangel unterlagen sowie den objektiv entstehenden Schwierigkeiten von vornherein aktiv und entschlossen entgegentraten. Bei solchen IM waren Inhalt und Wirkungen der Einzelkämpfersituation so, wie bei anderen IM auch, nur wurden bei ihnen die negativen Wirkungen unter Kontrolle gehalten und konnten sich dadurch kaum belastend ausbreiten. Mögliche negative Wirkungen der Situation als Alleinkämpfer durften von den IM nicht einfach passiv hingenommen werden. Ihnen musste durch die Entfaltung bestimmter Aktivitäten entgegengewirkt werden. Solche Maßnahmen mussten nicht immer größeren Umfanges sein. Ein Gespräch beispielsweise, ein aufmunterndes Wort am rechten Platz zur rechten Zeit, ein kulturelles Erlebnis, die Beobachtung eines Naturereignisses oder das Pflegen bestimmter Interessen beziehungsweise die Gestaltung sinnvoller Freizeitinteressen konnten solche aktiven Handlungen sein, die über eine »Krise« in der Stimmung oder eine »Flaute« in der Einstellung zur Auftragserfüllung hinweghalfen. Solche Aktivitäten konnten auch dadurch gekennzeichnet sein, dass sie vielseitige Interessen umfassten. Dabei lag der Nutzen in der Vielseitigkeit sowie in der dabei möglichen Abwechslung, die ein demoralisierendes Verfangen in ein einzelnes Problem oder ermüdende Einseitigkeit verhinderte. Für jeden IM des Operationsgebietes sah es die Zentrale als erforderlich an, dass diese neben der beruflichen und nachrichtendienstlichen Tätigkeit bestimmte, nicht aufwendige Aktivitäten zur Stärkung der Einzelkämpfersituation entfalteten.

Obwohl jeder IM des Operationsgebietes in einem sozialen Bezugssystem stand, in einer Firma, einer Institution, in seiner Wohngegend oder im gegnerischen Objekt laufend mit anderen Personen in Berührung kam, schloss die Situation des Alleinkämpfers den Aufbau beziehungsweise die Existenz eines Kollektivs weitgehend aus. Damit musste auf viele Funktionen, die ein Kollektiv in der DDR ausübte, verzichtet werden. Das Arbeitskollektiv als Bezugssystem sowie als beratende und Probleme lösende Einrichtung existierte nicht und konnte für bedeutsame Aufgaben nicht einfach geschaffen werden. Das Fehlen eines Kollektivs wurde durch die HV A allerdings nicht mit dem völligen Verzicht auf alle sozialen Beziehungen und Bindungen gleichgesetzt.

Mit der Bekämpfung möglicher Erscheinungen sozialer Isolierung durch Herstellen sozialer Kontakte sowie gleichzeitiger Befriedigung sozialer und möglicherweise auch geistiger Bedürfnisse wurde von den IM parallel dazu die Aufgabe erfüllt, sich ihrer Umgebung anzupassen und nicht etwa durch Isolation aufzufallen. Die Pflege sozialer Beziehungen machte den Einzelkämpfer in seiner Umgebung schwer erkennbar. Je mehr er seiner Umgebung angepasst war, umso sicherer konnte er sein und umso getarnter konnte er der Erfüllung nachrichtendienstlicher Aufgaben nachgehen. Dabei musste jedoch stark darauf geachtet werden, dass die IM nicht selbst von ihrer Umgebung zu stark abhängig wurden. Als Einzelkämpfer hatten sie immer so viel Distanz zu ihrer Umgebung zu wahren und ihre Eigenständigkeit zu behalten, dass sie ungestört der Erfüllung operativer Aufgaben nachkommen konnten. Erfahrungen hatten die HV A gelehrt, dass die Umgebung für die IM zur Fessel werden konnte. IM konnten sich in solchen Fällen beispielsweise nicht mehr unbemerkt entfernen oder nicht mehr ungestört bestimmte Aufgaben realisieren. Die Umgebung allerdings deshalb zu meiden und isoliert zu leben, betrachtete die Auslandsaufklärung der DDR als falsch.

Bei der Herstellung neuer sozialer Kontakte war aus Sicherheitsgründen der Hinweis an die IM wichtig, dass diese Verbindungen in etwa dem sozialen Stand und nach außen den materiellen Verhältnissen des jeweiligen IM entsprachen und nicht im Widerspruch dazu standen. Es sollte zwischen den sozialen Kontakten sowie den eigenen sozialen Verhältnissen möglichst kein auffälliges Gefälle geben. Daraus konnte sich ergeben, dass soziale Beziehungen aus Sicherheitsgründen gewechselt werden mussten, bis sie mit den Erfordernissen in Einklang standen.

Ein entscheidendes Mittel zur Stärkung der Situation als Alleinkämpfer konnte auch die Bekämpfung des Informationsmangels sein. Die HV A betrachtete Isolierung teilweise auch als Isolierung von der Informiertheit. Das Fehlen von beispielsweise operativ nützlichen Informationen konnte zu Fehleburteilungen sowie Fehleinschätzungen in der nachrichtendienstlichen Arbeit führen und erschwerte dadurch auch die sozialen Kontaktmöglichkeiten. Die Bekämpfung der Isolierung durch Herstellung sozialer Kontakte war nach Erkenntnissen der HV A gleichzeitig Kampf gegen Informationsmangel und umgekehrt. Mit der Befriedigung des Bedürfnisses nach sozialem Kontakt ging die Befriedigung des Bedürfnisses nach Informiertheit vonstatten und umgekehrt.

Die Aktivitäten zur Herstellung einer umfassenden Informiertheit war für jeden Einzelkämpfer aus Sicht der Zentrale eine dringende Notwendigkeit. Die im Westen existierenden Informationsmengen waren beträchtlich. Die Massenmedien und Literatur lieferten Informationen in hoher Zahl, sodass die Nutzung der bürgerlichen Informationsquellen gegeben war. Das dringende Bedürfnis der Informiertheit war also grundsätzlich realisierbar. Dies war wichtig, da die HV A davon ausging, dass ohne eine ständige Informiertheit die Lösung operativer Aufgaben kaum möglich wäre. Es bestand aus Sicht der Zentrale eine dringende Notwendigkeit und Pflicht zur Information und politischen Orientierung, auch unter erschwerten Bedingungen durch mögliche Desinformationen. Es musste gerade deshalb seitens des Einzelkämpfers Initiative entwickelt werden, um auf den Wahrheitsgehalt der Informationsflut zu stoßen. Dazu wurde eine klare politische Einschätzung der einzelnen westlichen Informationsquellen als notwendig erachtet.

Eine weitere Aktivität zur Stärkung der Alleinkämpfersituation im Einzelfall sah die Zentrale in einer vertretbaren politischen Tätigkeit, die von West-IM entwickelt werden konnte. War beispielsweise ein IM vor der Werbung politisch öffentlich aktiv tätig gewesen und dieses war für ihn ein Lebensbedürfnis oder zur Gewohnheit geworden beziehungsweise diese aktive politische Tätigkeit hatte sich bei ihm zum Wesenszug entwickelt, so konnte ein Verzicht darauf nach der Werbung zu inneren Konflikten sowie Auffälligkeiten im Verhalten führen. In solchen Fällen betrachtete die HV A eine politische Positionseinnahme im Bekanntenkreis, je nach Legende des IM, als vertretbar. Eine bestimmte politische Aktivität war auch dann möglich, wenn sie der Persönlichkeit des IM, seinem intellektuellem Niveau und der Interessenlage angepasst war.

Beim Vorhandensein überschaubarer solider sozialer Kontakte konnte nach Überprüfung des Zwecks sowie der Vor- und Nachteile eine gewisse politische Aktivität durchaus entwickelt werden. Ohne dabei eine eindeutige politische Profilierung einzunehmen, konnte zum Beispiel durch einen IM in der Kontaktarbeit immer eine gewisse Erziehungs- und Überzeugungsarbeit geleistet werden. So konnte von Seiten des IM beispielsweise eine Ausstrahlung in Richtung des bürgerlichen Humanismus erfolgen, ohne dass er sich dabei als Kommunist zu offenbaren brauchte. Wie sich der jeweilige IM gesellschaftlich verhalten sollte, hing dabei allerdings von den konkreten Umständen der Umgebung, dem sozialen Stand, von den Legenden und nicht zuletzt vom nachrichtendienstlichen Auftrag ab. Es konnte sein, dass im Interesse des operativen Auftrags, bei Kontakten zu Kräften gegnerischer Geheimdienste oder Personen feindlicher Zentren, jegliche politische Betätigung durch die Zentrale untersagt war. Möglich war aber auch, dass der jeweilige IM eine bestimmte politische Färbung seines Persönlichkeitsbildes zeigen sollte oder bestimmte politische Aktivitäten entfalten musste.

Die Einzelkämpfersituation wurde auch in dem Maß gestärkt, wie es den IM gelang, die Macht von Stimmungen und Gefühlen zu beherrschen. Die IM unterlagen, wie andere Menschen auch, positiven beziehungsweise negativen Stimmungen und Gefühlen sowie ihren Schwankungen. Im Normalfall war dies nicht sonderlich problematisch. Das Wesen der Einzelkämpfersituation begünstigte allerdings nach Erfahrungen der HV A in gewissem Maß das Aufkommen negativer

Stimmungen und Gefühle. Für die IM war es schwierig, eine solche Stimmungslage zu beseitigen, weil sie sich in einer solchen Situation niemandem hinsichtlich der Ursachen anvertrauen konnten. Sie sollten darum auf Stimmungen und ihren Einfluss sowie die Möglichkeiten ihrer Bekämpfung vorbereitet werden. Die Zentrale betrachtete es als bedeutsam, dass sich die IM nicht von negativen Stimmungen und Gefühlen überraschen ließen. Die HV A sah dies vornehmlich als Sache der Selbsterziehung und der Selbstbeherrschung. Diese Prozesse wurden als weitgehend willentlich steuerbar bewertet, die IM sollten diesbezüglich angeleitet und angehalten werden. Zum Beispiel konnten nach Auffassung der HV A Gefühle der Verzagtheit und Einsamkeit, Unruhegefühle sowie ähnliche emotionale Regungen mit negativen Wirkungen willentlich stark beeinflusst und erfolgreich bekämpft werden.[21]

Die Vorbereitung von IM auf die Weiterführung der nachrichtendienstlichen Arbeit in Krisen- und Spannungssituationen

Die HV A betrachtete den Kurs der NATO, insbesondere unter den Gesichtspunkten der Hochrüstung sowie der Konfrontation, als friedensgefährdend. Er erhöhte die Gefahr von internationalen Krisensituationen und militärischen Konflikten. Es war deshalb unbedingt notwendig, bestimmte IM auf die Weiterführung der operativen Arbeit in solchen Situationen vorzubereiten. Dabei wurde davon ausgegangen, dass internationale Krisensituationen und militärische Konflikte wesentliche Veränderungen in der Aufgabenstellung, in den operativen Arbeitsbedingungen sowie in der Dislozierung und Arbeitsweise des IM-Netzes nach sich ziehen konnten. Insbesondere rechnete die Zentrale damit, dass in einem solchen Fall
- die westlichen Machtstrukturen sowie die personelle Zusammensetzung der gegnerischen Zentren und Objekte bedeutsame Wandlungen erfuhren,
- sich tiefgreifende Umgruppierungen der politischen Kräfte vollzogen,
- nationalistische und antikommunistische Stimmungen forciert und eine antikommunistische Agentenpsychose entfacht werden würde,
- gesetzliche Bestimmungen und Verordnungen erlassen würden, die die Bewegungsfreiheit der Menschen im Operationsgebiet wesentlich einschränkten sowie den grenzüberschreitenden Verkehr zu den sozialistischen Staaten und möglicherweise auch zu westlichen Staaten weitgehend unterbanden,
- die Staatsmacht versuchen würde, jegliche Anzeichen von Widerstand im Keim zu ersticken sowie die Überwachung der Bevölkerung wesentlich zu erhöhen.

Die Fortführung der nachrichtendienstlichen Arbeit in Krisen- und Spannungssituationen stellte deshalb spezifische Anforderungen an die IM. Sie hätten

- ihre Aufgaben noch stärker als bis dahin als Einzelkämpfer zu erfüllen sowie unter den Bedingungen eines verschärften Geheimschutz- und Abwehrsystems arbeiten müssen,
- in der Lage sein müssen, der HV A ihren Einsatzort mitzuteilen, Voraussetzungen für die Aufrechterhaltung der Verbindung zur Zentrale zu schaffen und gegebenenfalls über längere Zeit ohne Verbindung zur HV A zu arbeiten,
- bei Notwendigkeit ihre Einsatzrichtung ändern und bereit sein müssen, mit IM zusammenzuarbeiten, die sie nicht aus längerer gemeinsamer Arbeit kannten,
- sich unter Umständen längerfristig illegal im Operationsgebiet aufhalten und operativ arbeiten müssen.

Solche IM waren langfristig und systematisch auf die Bewältigung dieser Anforderungen vorzubereiten. Von besonderer Bedeutung war dabei die Ausprägung von Leistungs- und Verhaltenseigenschaften wie:

- Verantwortungsbewusstsein für die Gewährleistung der nationalen Interessen des eigenen Volkes, für die Sicherheit der sozialistischen Staaten, der operativen Arbeit und der IM, mit denen zusammengearbeitet werden sollte,
- Bereitschaft, die mit der nachrichtendienstlichen Arbeit in Krisen- und Spannungssituationen verbundenen physischen und psychischen Belastungen auf sich zu nehmen sowie das höhere operative Risiko bewusst zu tragen,
- Anpassungsfähigkeit an komplizierte Situationen, Ideenreichtum im Herangehen an die Realisierung der gestellten Aufgaben, Beharrlichkeit, Mut, Kühnheit, Risiko- und Opferbereitschaft sowie Selbstständigkeit in der Gestaltung der nachrichtendienstlichen Arbeit,
- Standhaftigkeit und Disziplin in allen Situationen der Tätigkeit als Kundschafter,
- Fähigkeiten zur Einschätzung der Lage, zum Erkennen von Krisen- und Spannungssituationen sowie von Informationsschwerpunkten, zur Einschätzung der militär-strategischen Lage sowie zu ihrer inhaltlichen und technischen Bearbeitung,
- Bereitschaft und Fähigkeiten auf der Grundlage von Vereinbarungen Verbindung zu IM aufzunehmen, die unbekannt waren,
- Bereitschaft und Fähigkeiten zur Anwendung von Mitteln und Methoden des unpersönlichen Verbindungswesens.

Bei der Mehrzahl der IM mussten diese Leistungs- und Verhaltenseigenschaften im Prozess der operativen Arbeit ohne direkten Bezug auf Spannungs- und Krisensituationen entwickelt werden. Ausgewählte IM waren speziell auf Krisen- und Spannungssituationen vorzubereiten.

Die Herausbildung der Bereitschaft zur Fortsetzung der nachrichtendienstlichen Arbeit in Krisen- und Spannungssituationen setzte aus Sicht der Zentrale weitgehende politisch-ideologische Klarheit über das aggressive Wirken des Imperialismus sowie über Ursachen politischer Spannungen und möglicher militärischer Konflikte voraus. IM aus dem Operationsgebiet mussten aus Sicht der HV A überzeugt sein, dass im Falle eines Krieges die Verteidigung des Sozialismus eine internationalistische Pflicht aller wahrhaften Patrioten darstellte.

Die politisch-ideologische Erziehung der IMs war drauf zu konzentrieren, ein klares Freund-Feind-Bild herauszubilden, das jeglichen gegnerischen Anfechtungen standhielt und ein tragfähiges Motiv für eine disziplinierte operative Arbeit sowie eine hohe Einsatzbereitschaft in Krisen- und Spannungszeiten bildete. Des Weiteren mussten Voraussetzungen geschaffen werden, die es der HV A ermöglichten, den Aufenthaltsort der IMs festzustellen. Dazu mussten Personen ausgewählt werden, die aufgrund ihrer körperlichen Konstitution oder aus anderen Gründen nicht zu Dienstverpflichtungen, beispielsweise militärischer Art, herangezogen werden konnten und deshalb für die Feststellung des Einsatz- und Aufenthaltsortes der IMs geeignet waren. Weitere Möglichkeiten für die Benachrichtigung der Zentrale über den Aufenthalts- und Einsatzort bestanden in der Nutzung von beständigen Treffs, TBK, Anlaufstellen, Deckadressen und Decktelefonen im Operationsgebiet.[22]

Auftragserteilung, Instruktion und Berichterstattung

Auftragserteilung, Instruktion und Berichterstattung besaßen eine entscheidende Bedeutung bei der Führung der IMs durch die Zentrale. Die operativen Aufträge bestimmten das Ziel und den Inhalt der nachrichtendienstlichen Tätigkeit der IMs und damit ihren Anteil an der Lösung der Gesamtaufgabenstellung des MfS. Über die Auftragserteilung nahm die HV A Einfluss auf die gesellschaftliche Stellung der IMs sowie auf ihre operative Perspektive. Auftragserteilung, Instruktion und Berichterstattung stellten wichtige Instrumente für die Erziehung und Befähigung sowie für das Studium und die Überprüfung der IMs dar. Durch die Berichterstattung wurde die Zentrale über die nachrichtendienstlichen Arbeitsergebnisse, die Auftragsdurchführung sowie die Arbeits- und Lebensbedingungen der IMs informiert. Auftragserteilung und Instruktion mussten sicherstellen, dass die IM

- ihre nachrichtendienstlichen Möglichkeiten umfassend im Interesse der Lösung der Gesamtaufgabenstellung der Staatssicherheit nutzten und entwickelten,
- mit genauen Vorstellungen über Ziel, Inhalt, Mittel und Methoden an die Realisierung ihrer Aufgaben herangingen und sich voll mit diesen identifizierten,

- mit den operativen Kenntnissen und Fähigkeiten vertraut gemacht wurden, die für die Lösung ihrer Aufgaben erforderlich waren,
- in ihrer Bereitschaft zur nachrichtendienstlichen Arbeit bestärkt wurden,
- die Konspiration auch bei Komplikationen während der Auftragsdurchführung wahrten.

Die operativen Aufträge mussten stets von der Gesamtaufgabenstellung des MfS sowie den konkreten Aufgaben der Diensteinheiten der HV A abgeleitet werden. Sie waren so zu gestalten, dass sie die IM forderten, zugleich aber ein vertretbares Risiko nicht überschritten und von den IM als realisierbar angesehen wurden. Sie mussten den IM verständlich sein, exakte Aussagen über den Entscheidungsspielraum der inoffiziellen Kräfte enthalten und abrechenbar sein. Grundlagen für die Erarbeitung operativer Aufträge stellten dar:

- die Aufgaben der Diensteinheit bei der Informationsbeschaffung sowie bei der Bearbeitung der zugewiesenen gegnerischen Objekte,
- die objektiven und subjektiven Voraussetzungen der IMs zur Lösung nachrichtendienstlicher Aufgaben,
- die bei der Erfüllung der Aufträge bedeutsamen Regimeverhältnisse,
- die Einsatz- und Entwicklungskonzeption für die IM,
- die Einschätzung der Sicherheitslage im Vorgang.

Die Auftragserteilung musste sicherstellen, dass die IM das mit der Auftragsdurchführung anzustrebende Resultat der nachrichtendienstlichen Arbeit sowie den dafür vorgesehenen operativen Aufwand im notwendigen Umfang bewusst erfassten. Sie war darum mit einer eindeutigen, den IM verständlichen Zielvorgabe zu verbinden. Diese Zielvorgabe konnte dem realen Anliegen der Zentrale entsprechen oder legendiert werden. Eine Legendierung wurde als erforderlich betrachtet, wenn die Preisgabe der Zielvorstellungen der Zentrale die Sicherheit der operativen Arbeit beeinträchtigte, die Zusammenarbeit mit den IM gefährdete beziehungsweise ihre Bereitschaft für die Erfüllung der Aufträge in Frage stellte. Die Legenden mussten sichern, dass die Zielvorstellungen der HV A ausreichend verschleiert, das angestrebte Ergebnis der Arbeit durch die IM korrekt verstanden sowie die Bereitschaft der IMs zur Erfüllung der Aufträge gefördert wurde. Im Mittelpunkt der Instruktion stand:

- die Erläuterung des nachrichtendienstlichen Auftrags,
- die Motivierung der IMs für die Realisierung des Auftrags sowie für die Anwendung der dazu erforderlichen Mittel und Methoden,
- die Unterweisung der IMs über die Art und Weise der Auftragsdurchführung sowie die dabei zu berücksichtigenden operativen Arbeitsbedingungen,
- die Vermittlung der für die Auftragsrealisierung erforderlichen nachrichtendienstlichen Kenntnisse,

- die Herausarbeitung der bei der Auftragsdurchführung besonders zu beachtenden Gefahrenpunkte, der Möglichkeiten zum Bestehen in Gefahrensituationen sowie von Verhaltensweisen für die Sicherung der Konspiration bei Komplikationen.

Besondere Bedeutung besaß die Motivierung der IMs zur Durchführung der jeweiligen nachrichtendienstlichen Aufträge sowie für die Einhaltung der von der Zentrale dafür vorgegebenen Verhaltenslinien. Gestützt auf ihre bisherigen Arbeitsergebnisse und operativen Erfahrungen war den IM die Gewissheit zu vermitteln, dass

- die Auftragserfüllung für den Beziehungspartner beziehungsweise dessen Vertreter von besonderer Bedeutung war,
- der Auftrag den politischen Überzeugungen der IMs entsprach,
- die IM bei der Erfüllung des Auftrags mit einer angemessenen Befriedigung materieller Interessen oder sonstiger persönlichen Bedürfnisse rechnen konnten,
- die von der HV A festgelegten Verhaltenslinien bei der Auftragserfüllung den Sicherheitsinteressen der IMs gerecht wurden,
- die Aufträge den operativen Möglichkeiten, Kenntnissen und Erfahrungen entsprachen und die IM darum mit dem notwendigen Selbstvertrauen an die Realisierung der Aufträge herangehen konnten,
- die IM bei Komplikationen im Rahmen der Auftragsdurchführung mit der Unterstützung der Zentrale rechnen konnten.

Um die Identifizierung der IMs mit den nachrichtendienstlichen Aufträgen sowie den Festlegungen zur Auftragsrealisierung zu unterstützen beziehungsweise die bei den IM vorhandenen Regimekenntnisse optimal zu nutzen, waren sie nach Möglichkeit in die Ausarbeitung der konkreten Wege zur Durchführung des Auftrags sowie der dabei erforderlichen Verhaltenslinien einzubeziehen.

Über die Motivierung für die Lösung einzelner Aufgaben sollte durch die Vertreter der Zentrale schrittweise die Bereitschaft der IMs zur Erfüllung jeglicher Aufträge sowie zur vollen Ausschöpfung ihrer nachrichtendienstlichen Möglichkeiten entwickelt werden.

Die Instruktion der IMs stellte hohe Anforderungen an das Verantwortungsbewusstsein, die Kenntnisse der Aufgaben des MfS, die Regimekenntnisse sowie die Beherrschung der operativen Arbeitsprozesse durch die Vertreter der HV A.[23]

Es war natürlich von Vorteil, wenn der jeweilige Führungsoffizier, der den Rahmen der Auftragsrealisierung festlegte, selbst über operative Erfahrungen im Operationsgebiet verfügte und nicht allein vom Schreibtisch aus agierte. Das war bei der HV A nicht immer der Fall.

Die Berichterstattung musste gewährleisten, dass die Zentrale umfassend und objektiv über die Arbeitsergebnisse, die Auftragsdurchführung, die Arbeits- und

Lebensbedingungen sowie die Persönlichkeit der IMs informiert war. Die IM berichteten der Aufklärung über

- die in der Durchführung der nachrichtendienstlichen Aufträge erzielten Arbeitsergebnisse,
- die Art und Weise der Auftragsdurchführung sowie Gründe für eventuelle Abweichungen von den festgelegten Verhaltensweisen,
- Komplikationen bei der Realisierung der Aufträge und Wahrnehmungen, die auf eine gegnerische Bearbeitung hindeuten könnten,
- die bei der Auftragsdurchführung zu berücksichtigenden Regimebedingungen,
- die Zweckmäßigkeit der bei der Auftragsrealisierung eingesetzten nachrichtendienstlichen Mittel und Methoden, einschließlich operativer Dokumente,
- die Qualität des Zusammenwirkens mit anderen Kräften und die dabei gewonnenen Eindrücke und Erkenntnisse über deren Persönlichkeit,
- Möglichkeiten zur weiteren Erhöhung der Effektivität und Sicherheit in der operativen Arbeit.

Auf die IM war seitens der Führungsoffiziere beziehungsweise der Instrukteure ständig dahingehend Einfluss zu nehmen, dass sie die Zentrale über alle Veränderungen in ihrem persönlichen Leben, in den sozialen Beziehungen sowie den Arbeits- und Lebensbedingungen unterrichteten.

Die beste Möglichkeit zur Auswertung und Einschätzung der Arbeitsergebnisse bot die Kombination von mündlicher und schriftlicher Berichterstattung. Die Berichterstattung konnte aber auch durch Tonträger oder ausschließlich in mündlicher Form erfolgen. In den Berichten musste streng zwischen Tatsachen, Vermutungen sowie Einschätzungen der IMs unterschieden werden. Um die notwendige Konkretheit zu erreichen, war die Berichterstattung auf der Grundlage der acht W-Fragen (Wann? Wo? Was? Wie? Womit? Warum? Wer? Wen?) aufzubauen. Die nachrichtendienstlichen Arbeitsergebnisse konnten der Zentrale über das unpersönliche Verbindungswesen übermittelt oder während der Treffs übergeben werden.

Die Berichte und Arbeitsergebnisse der IMs mussten sorgfältig erfasst, gewissenhaft analysiert und auf ihre Herkunft, ihren Wahrheitsgehalt sowie ihre Aussagekraft geprüft werden. Die in den Arbeitsergebnissen und Berichten der IMs enthaltenen operativ bedeutsamen Informationen waren nach sorgfältiger Prüfung den informationsauswertenden Diensteinheiten zur weiteren Auswertung und Einschätzung zu übergeben. Weitere Informationen mussten in den IM-Akten sowie in den Objektakten gespeichert werden und waren als Grundlage für die Anfertigung von Persönlichkeits-, Sicherheits- und Objektanalysen zu nutzen. Hinweise auf Personen, Kontakte und Verbindungen wurden auf ihre weitere Bearbeitungswürdigkeit geprüft und für die qualitative Erweiterung des IM-Netzes sowie zur Schaffung von

Kontaktpersonen verwendet. Aus der Auswertung der Berichte und Arbeitsergebnisse der IMs mussten Rückschlüsse auf die Zuverlässigkeit, den Grad der Bereitschaft, den Entwicklungsstand der Leistungs- und Verhaltenseigenschaften sowie der operativen Möglichkeiten der IMs gezogen werden.

Die Analyse der Arbeitsergebnisse und der Berichterstattung wurde daher als wesentlicher Bestandteil des Studiums sowie der Überprüfung der IMs angesehen. Widersprüche in der Berichterstattung und Zweifel am Wahrheitsgehalt der Informationen mussten zum Anlass genommen werden, um weitergehende Überprüfungen einzuleiten.

Darüber hinaus waren die Arbeitsergebnisse und Berichte der IMs für die Vertreter der Zentrale oftmals geeignet, das Feindbild der IMs zu vervollkommnen, die Motivation für die nachrichtendienstliche Arbeit zu stärken sowie die Herausbildung der Leistungs- und Verhaltenseigenschaften zu fördern. Dabei ging man in der HV A davon aus, dass die eigenen Arbeitsergebnisse und Erfahrungen für die IM besondere Überzeugungskraft besaßen und daher eine nachhaltige erzieherische Wirkung ausüben konnten.[24]

Studium und Überprüfung der IMs

Studium und Überprüfung beinhalteten die ständige, zielgerichtete, planmäßige und kontinuierliche Beschaffung, Sammlung, Prüfung, Dokumentation und Auswertung von Informationen über die IM, ihre operativen Arbeitsergebnisse, Arbeits- und Lebensbedingungen, Umweltbeziehungen sowie ihre Persönlichkeit.

Studium und Überprüfung dienten dem Ziel, jederzeit die Frage »Wer ist wer?« im IM-Netz beantworten zu können, Entscheidungsgrundlagen für den effektiven Einsatz der IMs zu schaffen und die Sicherheit der nachrichtendienstlichen Arbeit zu erhöhen. Studium und Überprüfung mussten ständig eine exakte Einschätzung der Zuverlässigkeit, der operativen Eignung, der Persönlichkeit sowie der Sicherheit der IMs ermöglichen und garantieren, dass Veränderungen in den Denk- und Verhaltensweisen der IMs rechtzeitig erkannt, die Ursachen für diese Veränderungen aufgedeckt und daraus die notwendigen Schlussfolgerungen für die Arbeit mit den IM abgeleitet wurden. Bis dahin erbrachte Beweise für die Ehrlichkeit gegenüber dem Beziehungspartner durften nicht in jedem Fall als sichere Garantie für die künftige Zuverlässigkeit der IMs gewertet werden. Es musste gesichert werden, dass Anzeichen von Unehrlichkeit bei einzelnen IM sowie eine mögliche Doppelagententätigkeit rechtzeitig erkannt werden konnten und das Eindringen des Gegners in das IM-Netz verhindert wurde. Schwerpunkte von Studium und Überprüfung waren:

- die Arbeitsergebnisse der IMs,
- die Art und Weise der Auftragserfüllung durch die IM,
- die sozialen Beziehungen der IMs und ihre Rückwirkungen auf die nachrichtendienstliche Arbeit,
- die Bekundungen der IMs zu ihren Überzeugungen, Interessen und Bedürfnissen,
- das Verhalten der IMs bei nachrichtendienstlichen Handlungen sowie in persönlichen, gesellschaftlichen und operativen Entscheidungssituationen,
- die Einhaltung der Konspiration durch die IM,
- die Aufdeckung von Unregelmäßigkeiten, Widersprüchen sowie Besonderheiten im operativen und persönlichen Verhalten der IMs,
- die Feststellung von Anzeichen für eine gegnerische Bearbeitung oder eine direkte Feindtätigkeit.

Durch die Analyse der nachrichtendienstlichen Arbeitsergebnisse sowie die Art und Weise der Auftragsrealisierung waren durch die Führungsoffiziere begründete Aussagen über die operative Eignung der IMs, ihre Zuverlässigkeit und Persönlichkeitseigenschaften zu erarbeiten. Bedeutende Schlussfolgerungen für die operative Eignung der IMs ließen sich aus ihren sozialen Beziehungen ableiten. Hier waren Rückschlüsse auf die nachrichtendienstlichen Möglichkeiten der IMs, auf ihre Überzeugungen, Interessen und Bedürfnisse, sowie auf ihre Leistungs- und Verhaltenseigenschaften möglich. Über die sozialen Beziehungen wirkten die Umwelteinflüsse auf die IM ein. Die sozialen Beziehungen der IMs und mögliche Veränderungen in diesen Beziehungen konnten daher Auswirkungen auf ihre nachrichtendienstliche Tätigkeit haben. Durch die Analyse der sozialen Beziehungen der IMs sowie deren Entwicklung hatte der jeweilige Führungsoffizier zu sichern, dass ein möglichst aussagekräftiger Überblick geschaffen werden konnte über:

- den Personenkreis, zu dem die IM Beziehungen unterhielten,
- die Persönlichkeit der Kontaktpartner der IMs,
- die Einflüsse, die von den Kontaktpartnern auf die IM ausgeübt wurden.

Die Aussagen der IMs hinsichtlich ihrer Überzeugungen, Interessen und Bedürfnisse, zum Verhalten bei nachrichtendienstlichen Handlungen sowie in Entscheidungssituationen ließen wesentliche Schlussfolgerungen auf ihre Handlungsmotive zu. Das Ziel dieser Analyse bestand darin, die Vielfalt und Widersprüchlichkeit der Motivation der IMs zu erfassen und daraus die notwendigen Schlussfolgerungen zur Stabilisierung des Vertrauensverhältnisses zur HV A sowie die Erhöhung der Bereitschaft zur operativen Arbeit abzuleiten.

Bei IM, deren Bereitschaft zur nachrichtendienstlichen Tätigkeit vordergründig auf materiellen und ähnlichen Interessen beruhte, bestand besonders die Gefahr der Unzuverlässigkeit und Unehrlichkeit nach Erfahrungen der HV A.

Ein entscheidendes Anliegen des Studiums sowie der Überprüfung der IMs war die Analyse ihrer Zuverlässigkeit und der Sicherheit der operativen Arbeit. Erfasst und analysiert werden mussten deshalb

- alle Widersprüche und ungeklärten Probleme im persönlichen Leben und in der nachrichtendienstlichen Arbeit der IMs,
- alle Veränderungen in den sozialen Beziehungen der IMs sowie die Art und Weise ihres Zustandekommens,
- die bis dahin realisierten operativen Aktivitäten sowie anderweitigen Handlungen, durch die die IM in das Blickfeld des Gegners geraten sein konnten,
- Meldungen der IMs über verdächtige Umstände, die als Anzeichen für eine mögliche gegnerische Bearbeitung gewertet werden konnten,
- Erscheinungen der Undiszipliniertheit der IMs, Dekonspirationen sowie der Verlust von operativen Dokumenten und operativ-technischen Mitteln,
- Personen, die von der Tätigkeit des IM für die HV A Kenntnis hatten.

Wesentliche Maßnahmen, Mittel und Methoden zum Studium sowie zur Überprüfung der IMs stellten dar:

- die gewissenhafte Analyse der nachrichtendienstlichen Arbeitsergebnisse sowie der Berichterstattung,
- der Vergleich von Auftragserteilung, Auftragserfüllung und operativen Möglichkeiten,
- die Befragung der IMs,
- das Studium des Verhaltens der IMs beim Treff sowie bei anderen operativen Handlungen,
- die Realisierung von Ermittlungen über die IM sowie über Personen, zu denen die IM Kontakte unterhielten,
- die Erteilung von Kontrollaufträgen,
- die Anwendung von technischen Mitteln,
- die Kontrolle und Beobachtung durch qualifizierte IM,
- die Anwendung der genannten Mittel und Methoden in Gestalt von Überprüfungskombinationen.

Die Anwendung dieser Mittel und Methoden erfolgte differenziert und war den Bedingungen des jeweiligen Vorgangs angepasst. Insbesondere musste gesichert werden, dass durch diese Maßnahmen

- das Vertrauensverhältnis der IMs zur Zentrale nicht gestört wurde und bei den IM keine Verunsicherung entstand,
- die Sicherheit der IMs nicht gefährdet wurde,
- der erforderliche operative Aufwand hinsichtlich des zu erwartenden Ergebnisses in vertretbarem Rahmen gehalten wurde.

Es wurde innerhalb der HV A darum als erforderlich betrachtet, die Zweckmäßigkeit des Einsatzes der verschiedenen Mittel und Methoden zum Studium sowie zur Überprüfung der IMs gründlich zu prüfen. Alle Maßnahmen mussten sorgfältig vorbereitet sein und die Regeln der Konspiration streng gewahrt werden.

Eine Schlüsselstellung im Prozess des Studiums und der Überprüfung von IM nahm die Analyse der nachrichtendienstlichen Arbeitsergebnisse ein. Geprüft werden mussten die Echtheit und der Wahrheitsgehalt der von den IM erarbeiteten Informationen sowie die quantitative und qualitative Entwicklung der operativen Arbeitsergebnisse der IMs. Dazu kam die Einhaltung der Instruktionen bei der Auftragsrealisierung.

Aus der Analyse der operativen Arbeitsergebnisse waren Einschätzungen über die Leistungsbereitschaft, die Leistungsfähigkeit, die Ehrlichkeit sowie die Zuverlässigkeit der IMs zu erarbeiten. Dabei musste berücksichtigt werden, dass der Gegner im Interesse seiner Doppelagententätigkeit unter Umständen bereit war, auch echte Informationen über seine geheimen Pläne und Absichten preiszugeben. Zur Beurteilung der Ehrlichkeit und Zuverlässigkeit der IMs wurden deshalb neben der Analyse der nachrichtendienstlichen Arbeitsergebnisse Erkenntnisse herangezogen, die durch weitere Methoden des Studiums sowie der Überprüfung erarbeitet werden konnten.

Wesentliche Erkenntnisse ergaben sich durch die Berichterstattung der IMs. Dabei wurde besonders auf eine umfassende und detaillierte Erstattung des Berichtes, auf die exakte Darstellung von Fakten und auf eine analytische Bewertung der relevanten Sachverhalte durch die IM Wert gelegt. Die im Rahmen der Berichterstattung gemachten Angaben sollten nach Möglichkeit von den IM selbst dokumentiert werden.

Eine wichtige Methode, um die Angaben der IMs über ihre operativen Arbeitsergebnisse, ihre Verhaltensweise, ihre Persönlichkeitsentwicklung, ihre sozialen Beziehungen sowie andere für die Beurteilung der Eignung und Zuverlässigkeit der IMs bedeutsame Sachverhalte zu prüfen, bestand in der Befragung der IMs. Solche Befragungen waren so durchzuführen, dass sie von den IM nicht als Überprüfungsmaßnahmen erkannt werden konnten. Die Ergebnisse mussten von den Führungsoffizieren sorgfältig dokumentiert werden. Erkannte Widersprüche zwischen den Angaben der IMs und den Befragungsergebnissen waren zu dokumentieren. Sie konnten Grundlagen für weitere Befragungen beziehungsweise andere Maßnahmen zum Studium sowie zur Überprüfung der IMs sein.

Die Aussagekraft der Berichterstattung und der Befragung hing von der Konkretheit und Kontrollfähigkeit der nachrichtendienstlichen Aufträge sowie von der Konkretheit und Detailliertheit der Fragestellungen ab, die den IM für die Berichterstattung vorgegeben wurden.

Große Bedeutung wurde dem Studium der IMs beim Treff beigemessen. Dabei standen im Mittelpunkt:

- das Verhalten der IMs beim Aufsuchen des Treffortes sowie der Herstellung des Treffkontaktes,
- das Verhalten der IMs gegenüber den Führungsoffizieren und Instrukteuren,
- die Reaktion der IMs auf die Auftragserteilung,
- die Vorschläge der IMs zur Art und Weise der Realisierung gestellter Aufträge,
- das Verhalten während der Berichterstattung, darunter auch die Reaktion auf Kontrollfragen sowie auf die kritische Bewertung der Leistungen der IMs,
- die Aussagen der IMs zur Wirksamkeit der operativen Mittel und Methoden,
- die Reaktion auf politische Ereignisse und ihre Behandlung durch die Vertreter der HV A während des Treffs,
- die von den IM vorgetragenen politischen Fragen und persönlichen Probleme,
- erkennbare Veränderungen im Verhalten der IMs gegenüber früheren Treffs.

Die Aussagekraft der durch das Studium der IMs beim Treff erlangten Erkenntnisse wurde bestimmt durch:

- den Umfang der Kenntnisse der Führungsoffiziere/Instrukteure über die Persönlichkeit der IMs und ihre Entwicklung,
- die Beobachtungsgabe und Menschenkenntnis der Führungsoffiziere/Instrukteure sowie durch ihre Fähigkeit, die Reaktionen der IMs allseitig zu erfassen (verbale Äußerungen, Mimik, Gestik),
- die exakte Abstimmung der zu übertragenden Aufgaben sowie der Gesprächsführung während des Treffs auf die Persönlichkeit der IMs,
- die Fähigkeit zur richtigen Bewertung der verschiedenen Reaktionsweisen, insbesondere zur Einordnung der neugewonnenen Erkenntnisse in das Gesamtbild der Persönlichkeit der IMs.

In den von den Führungsoffizieren zu fertigenden Treffplänen waren deshalb Ziele, Inhalt sowie Mittel und Methoden zum Studium der IMs festzulegen.

Weitere Möglichkeiten, um die IM bei der Durchführung nachrichtendienstlicher Handlungen zu studieren, waren

- die Erteilung von Aufträgen, die in operativen Kombinationen gemeinsam mit anderen IM zu realisieren waren,
- die Erteilung von Ausbildungs- und Kontrollaufträgen, die die IM gegenüber anderen Kräften zu realisieren hatten, ohne dass ihnen dabei deren Zusammenarbeit mit der HV A beziehungsweise einem anderen Beziehungspartner bekannt war,
- der Einsatz von technischen Mitteln zur Prüfung des Verhaltens, der Ehrlichkeit und der Zuverlässigkeit der IMs.

Zur Überprüfung und Ergänzung der Angaben der IMs konnten auch Ermittlungen realisiert werden. Diese konnten sich erstrecken auf:

- die IM und ihre Umweltbedingungen,
- Personen, die einen engen Kontakt zu den IM unterhielten,
- Personen, die sich in verdächtiger Art und Weise den IM annäherten,
- Angaben der IMs zu relevanten Sachverhalten.

Kontrollaufträge wurden zu solchen Sachverhalten, Ereignissen und Personen erteilt, die der HV A bereits aus anderen zuverlässigen Quellen bekannt waren. Die Zielstellung der Kontrollaufträge musste gegenüber den IM sorgfältig legendiert werden.

Die Einhaltung der Weisungen der Zentrale durch die IM konnte darüber hinaus durch den Einsatz technischer Mittel wie beispielsweise Abhörtechnik, Markierungsmittel oder Kontrollcontainer, überprüft werden.

Besondere Überprüfungsmaßnahmen wurden erforderlich, wenn Widersprüche oder Probleme auftraten, die Zweifel an der Ehrlichkeit und Zuverlässigkeit der IMs aufkommen ließen. Anzeichen für Unehrlichkeit und Unzuverlässigkeit bei IM konnten sein:

- verdächtige Umstände bei der Kontaktaufnahme und der Werbung,
- Widersprüche und Unklarheiten in den Angaben der IMs zur Person, zur persönlichen, politischen und beruflichen Entwicklung sowie zur nachrichtendienstlichen Arbeit,
- Disziplinlosigkeit und Unzuverlässigkeit bei der Lösung operativer Aufgaben sowie bei der Einhaltung der den IM vorgegebenen Verhaltenslinien,
- Eigenmächtigkeiten bei nachrichtendienstlichen Handlungen,
- überhöhte materielle Forderungen,
- Widersprüche zwischen den operativen Möglichkeiten und den Arbeitsergebnissen der IMs sowie zwischen den Arbeitsergebnissen und dem Auftrag,
- verdächtiges Interesse an der Übernahme bestimmter Aufträge, an der Erweiterung der operativen Ausrüstung, der Vervollkommnung der nachrichtendienstlichen Ausbildung sowie dem Ausbau des Verbindungswesens beziehungsweise an der Erweiterung der Kenntnisse über HV A-Kräfte, mit denen die IM zusammenarbeiteten,
- zweifelhafter Verlust oder fahrlässiger Umgang mit operativen Materialien und Dokumenten,
- Übergabe oder Weiterleitung von Desinformationen,
- Anzeichen für gegnerische Handlungen gegen den Beziehungspartner,
- Informationen über Verbindungen zu Mitarbeitern und Agenturen gegnerischer Geheimdienst- und Abwehrbehörden,

- eigene Offenbarung der IMs gegenüber den Vertretern der Zentrale,
- Ausbleiben von intensiven gegnerischen Überwachungsmaßnahmen und Strafverfolgungen, obwohl durch verschiedene Umstände mit hoher Wahrscheinlichkeit davon ausgegangen werden musste, dass IM enttarnt worden waren.

Die genannten Anzeichen und Vorkommnisse wurden von der Zentrale zum Anlass genommen, um

- eine nochmalige gründliche Analyse aller über die IM vorhandenen Kenntnisse und Erkenntnisse vorzunehmen,
- intensive Maßnahmen zur weiteren Aufklärung der IM-Persönlichkeit und zur Schließung von Informationslücken über die IM durchzuführen,
- unter komplexer Nutzung der Mittel und Methoden zum Studium sowie zur Überprüfung von IM spezifische Überprüfungskombinationen zur Klärung der Widersprüche und der Ursache für das Entstehen der verdächtigen Umstände/ Sachverhalte einzuleiten.

Bis zur Klärung der Verdachtsmomente wurde die operative Arbeit so weitergeführt, dass die verdächtigen IM keine weiteren Erkenntnisse über die Tätigkeit der HV A sammeln und keine Rückschlüsse auf eine Überprüfung ziehen konnten.

Verdichteten sich im Laufe der Überprüfungsmaßnahmen die Verdachtsmomente auf eine mögliche Doppelagententätigkeit, musste dies der für die Bearbeitung von Doppelagenten zuständigen HV A-Diensteinheit umgehend gemeldet werden. Die weitere Bearbeitung der verdächtigen IM hatte dann in Zusammenarbeit mit dieser Diensteinheit zu erfolgen.

Führen die eingeleiteten Überprüfungsmaßnahmen weder zur Entkräftung noch zur Erhärtung der Verdachtsmomente, wurde in Abhängigkeit von der Bedeutung des Vorgangs, der Schwere der Verdachtsmomente und des Aufwandes für die Realisierung weiterer Überprüfungsmaßnahmen entschieden, ob die Zusammenarbeit mit den verdächtigen IM eingestellt oder unter besonderen Sicherheitsmaßnahmen fortgeführt werden sollte.

Die im Prozess von Studium und Überprüfung gewonnenen Erkenntnisse mussten in den IM-Akten dokumentiert werden. Die Dokumentation der Erkenntnisse hatte so zu erfolgen, dass

- die Informationen vollständig erfasst und ständig ergänzt wurden,
- die Informationen übersichtlich geordnet und schnell zugriffsfähig waren,
- Aussagen über den Wahrheitsgehalt der Informationen, über die Informationsquelle, deren Zuverlässigkeit sowie Zeitpunkt und Bedingungen der Erarbeitung der Informationen ersichtlich waren,
- eindeutig zwischen objektiven Sachverhalten und deren subjektiver Deutung unterschieden werden konnte.

Um eine objektive Beurteilung der IMs sicherzustellen, waren vorhandene Informationslücken sowie sichtbar gewordene Widersprüche zu dokumentieren. Schlussfolgerungen über die IM-Persönlichkeit durften lediglich in dem Maß gezogen werden, wie dies durch die vorliegenden Informationen und deren Qualität gerechtfertigt war. Die Führungsoffiziere hatten alle Möglichkeiten zu nutzen, um erkannte Informationslücken über die Persönlichkeit der IMs zu schließen sowie Probleme und Widersprüche zu klären.

Personenauskünfte und Sicherheitsanalysen mussten den aktuellen Entwicklungsstand über die IM widerspiegeln und als Grundlage für alle Entscheidungen über die Arbeit mit den IM herangezogen werden.[25]

Die Sicherung einer qualifizierten Führung der IMs mittels Treffs

Die zur Realisierung der nachrichtendienstlichen Aufgaben erforderlichen Maßnahmen der Erziehung und Befähigung, zum Studium und zur Überprüfung der IMs, zur Auftragserteilung, Instruktion sowie zur Berichterstattung wurden über das Verbindungswesen durchgeführt und setzten einen Einsatz qualifizierter Führungskräfte durch die Zentrale voraus.

Besondere Bedeutung für die Arbeit mit IM hatten die Treffs. Sie stellten konspirative Begegnungen zwischen den IM und den Vertretern der Zentrale dar. Treffs konnten im Operationsgebiet, in der DDR oder in anderen sozialistischen Ländern durchgeführt werden. Sie boten die Möglichkeit,

- die gründliche Berichterstattung der IMs über die Erfüllung der nachrichtendienstlichen Aufträge zu sichern sowie Unklarheiten an Ort und Stelle ohne Zeitverlust zu klären,
- die IM politisch-ideologisch zu erziehen und nachrichtendienstlich auszubilden,
- die Auftragserteilung und Instruktion im Rahmen eines persönlichen Gesprächs vorzunehmen, die IM in die Erarbeitung der Art und Weise der Auftragsdurchführung einzubeziehen sowie zu prüfen, inwieweit der Auftrag und die zur Auftragsrealisierung erforderlichen Verhaltensweisen von den IM verstanden und akzeptiert wurden,
- persönliche Probleme der IMs zu klären,
- die IM zielgerichtet zu studieren,
- die Vorbildrolle des Vertreters der Zentrale für die IM-Erziehung zu nutzen.

Treffs stellten Höhepunkte in der operativen Arbeit dar. Sie mussten das Vertrauen der IMs zum Beziehungspartner stärken und eine nachhaltige erzieherische Wirkung bei den inoffiziellen Kräften hinterlassen.

Im Mittelpunkt der Treffs standen die Auswertung der operativen Arbeitsergebnisse sowie die Verhaltensweisen der IMs bei der Auftragsrealisierung. Die Auswertung der Arbeitsergebnisse musste so erfolgen, dass das Selbstvertrauen der IMs, ihre Bereitschaft zur Erfüllung der Aufgaben sowie die Autorität der Zentrale gestärkt wurden. Gleichzeitig waren die Treffs zu nutzen, um die IM ausführlich über die Durchführung neuer Aufträge zu instruieren, den IM die dafür notwendigen Kenntnisse zu vermitteln, gemeinsam die Sicherheitslage im Vorgang zu überprüfen sowie die notwendigen Belehrungen über die Sicherung der Konspiration vorzunehmen. Ausreichend Zeit war der Klärung politischer Fragen und persönlicher Probleme der IMs einzuräumen. Des Weiteren konnten während der Treffs spezielle Schulungen zu politischen, weltanschaulichen und operativen Fragen durchgeführt werden.

Durch die richtige Auswahl des Treffortes sowie die Art und Weise der Treffdurchführung war eine Treffatmosphäre zu schaffen, die die Aufgeschlossenheit der IMs förderte und ihr Vertrauen zum Beziehungspartner stärkte. Zur Treffdurchführung mit West-IM wurden als Vertreter der HV A Führungsoffiziere, OibE, Residenten, Instrukteure oder Führungs-IM eingesetzt.

Diese Vertreter der Zentrale mussten in der Lage sein, die HV A zu repräsentieren, die Forderungen der Aufklärung nachdrücklich zu vertreten, überzeugende Lösungsvarianten für die Erfüllung nachrichtendienstlicher Aufgaben zu entwickeln, anstehende politische, operative und persönliche Probleme an Ort und Stelle auf der Grundlage der bestehenden Weisungen und unter Berücksichtigung der konkreten Situation sachkundig zu klären sowie Zuversicht und Vertrauen auszustrahlen.

Aufgrund ihrer besonderen Bedeutung für die Arbeit mit IM mussten die Treffs durch die Vertreter der Zentrale gewissenhaft und sorgfältig vorbereitet werden. Zu berücksichtigen waren dabei insbesondere

- Grundfragen der Entwicklung der Lage (politisch/operativ) und ihre Auswirkungen auf die Aufgabenstellung sowie die Arbeits- und Lebensbedingungen der IMs,
- die Erkenntnisse über die Persönlichkeit der IMs,
- die Sicherheitslage im Vorgang,
- die Ergebnisse der vorangegangenen Treffs.

Zur Vorbereitung der Treffs mussten durch die Führungsoffiziere Treffpläne erarbeitet und den Vorgesetzten zur Bestätigung vorgelegt werden. Die Treffergebnisse waren in Treffberichten zusammenzufassen.

Die Analyse des operativen Reiseverkehrs, die sich aufgrund gegnerischer Abwehrmaßnahmen erforderlich machte, erforderte zunehmend die qualifizierte Ausschöpfung der Möglichkeiten des unpersönlichen Verbindungswesens[26] zur IM-Führung.

Das unpersönliche Verbindungssystem war zur Übermittlung von nachrichtendienstlichen Aufträgen und Instruktionen, zur Berichterstattung der IMs, zur Übermittlung bedeutsamer Informationen der IMs an die Zentrale sowie operativer und materieller Mittel an die IM zu nutzen.

Das zuverlässige Funktionieren der Verbindung unter allen Bedingungen der Lage besaß wesentlichen Einfluss auf die Entwicklung des Vertrauensverhältnisses der IMs zur HV A und damit auf die Entwicklung der Bereitschaft zur nachrichtendienstlichen Tätigkeit. Den IM war zu vermitteln, dass eine schnelle, zuverlässige und beständige Verbindung sowie die erfolgreiche Lösung der operativen Aufgaben die verantwortungsbewusste und disziplinierte Realisierung der im Verbindungsplan getroffenen Festlegungen durch den IM voraussetzte.

Alle für die konkrete Gestaltung des Verbindungswesens bedeutsamen Angaben über IM, operative Mittel und Methoden, Vereinbarungen und Verbindungslinien mussten im Verbindungsplan dokumentiert werden.[27]

Klaus Rösler macht in seinen Forschungsergebnissen folgende zusammenfassende Aussagen zum Treff im Operationsgebiet:

1. Die elementaren Erkenntnisse und Schlussfolgerungen zur Durchführung von Treffs in der DDR konnten auf das Operationsgebiet weitgehend übertragen werden.

2. Die Besonderheiten des Treffs im Operationsgebiet wurden vor allem durch die ihn umgebenden größeren Gefahren bestimmt und bezogen sich vornehmlich auf seine größere politische Erziehungsfunktion sowie eine größere Intensität der inhaltlichen Gestaltung infolge der relativen Seltenheit des Stattfindens.

3. Den beim Treff im Operationsgebiet zu berücksichtigenden Besonderheiten sollten ein besonders tiefes Vertrauensverhältnis, die aktive Einbeziehung des anzuleitenden IM beim Herausarbeiten einer Lösungsvariante für operative Aufgaben sowie die angemessene Gestaltung der äußeren Treffbedingungen innewohnen.

4. Der Treff als Ausgangspunkt für neue Aufgaben sowie Ort und Zeit der Auswertung realisierter operativer Aufträge diente auch der ständigen Überprüfung des geführten IM beziehungsweise der eigenen Leistung der anleitenden IM/des Führungsoffiziers.[28]

Zur Vorbereitung des Treffs im Operationsgebiet sowie zur Durchführung und Auswertung passte, so Rösler, der Gedanke, den der sowjetische Kundschafter Rudolf Iwanowitsch Abel ausgesprochen hatte: »Wenn über sogenannte Kleinigkeiten gesprochen wird, dann wird eigentlich über das Wichtigste gesprochen.«[29]

Die Planung der Arbeit mit IM

Um eine hohe Zielstrebigkeit und Kontinuität zu erreichen, betrachtete es die HV A als notwendig, die Arbeit mit IM auf der Grundlage lang- und kurzfristiger Pläne zu organisieren. Geplant wurden dabei vor allem:

- die Zielstellung der Arbeit mit IM sowie deren Einsatzrichtung,
- Maßnahmen zur Überprüfung und Entwicklung der operativen Eignung der IMs,
- Maßnahmen zur Gewährleistung der Sicherheit der IMs,
- Maßnahmen zum Studium sowie zur Überprüfung der IMs,
- Maßnahmen zur Entwicklung, Absicherung und Aufrechterhaltung operativer Legenden sowie fremder Flaggen,
- das Zusammenwirken der IMs mit anderen operativen Kräften,
- das Verbindungswesen,
- die Ausrüstung der IMs mit operativen Dokumenten, OTM sowie finanziellen Mitteln,
- die Vorbereitung der IMs auf Krisen- und Spannungssituationen.

Die Planung der Arbeit mit IM in der HV A erfolgte auf der Grundlage der Planorientierungen des Ministers für Staatssicherheit sowie seines Stellvertreters und Leiters der HV A, den Informationsschwerpunkten der informationsauswertenden Diensteinheiten, den Perspektivplänen zur Bearbeitung von Zentren und Objekten des Gegners sowie den Jahresarbeitsplänen der Diensteinheiten. Weitere Planungsgrundlagen stellten dar:

- die Analyse der Arbeits- und Lebensbedingungen der IMs,
- die IM-Personenauskunft,
- die Sicherheitsanalyse,
- die Kurzauskunft in der Beiakte zur Personalakte.

Die Analyse der Arbeits- und Lebensbedingungen ermöglichte der Zentrale sichere Aussagen über die realen Möglichkeiten der IMs sowie die Anforderungen an ihre operative Eignung und über die Regimebedingungen, die die IM bei der Realisierung nachrichtendienstlicher Aufträge zu beachten und zu nutzen hatten.

Bei der Bestimmung der konkret zu analysierenden Regimebedingungen wurde vor allem von der Funktion, der Aufgabenstellung sowie dem Einsatzort der IMs ausgegangen. Besondere Bedeutung besaßen dabei die Analyse und die Auswertung

- der Entwicklungstendenzen in der außen- und innenpolitischen Situation des Operationsgebietes,
- der konkreten Bedingungen in den zu bearbeitenden gegnerischen Zentren und Objekten,

- der sozialen Lage sowie der Denk-, Verhaltens- und Lebensweisen der bedeutsamen Personengruppen,
- der Organisation und der Arbeitsweise der gegnerischen Abwehrbehörden, einschließlich des Geheimschutzes in den Zielobjekten,
- der personellen und institutionellen Verbindungen der DDR sowie der befreundeten Staaten zum Operationsgebiet und zwischen den verschiedenen Staaten des Operationsgebietes.

Die IM-Personenauskünfte enthielten wichtige Erkenntnisse über die Persönlichkeit, die Eignung sowie die nachrichtendienstlichen Arbeitsergebnisse der IMs und über die Sicherheitslage im Vorgang.

Die Personenauskünfte waren von den vorgangsführenden Mitarbeitern zu erarbeiten. Grundlage waren unter anderem die Ermittlungs-, Überprüfungs-, Treff-, Einsatz- und Reiseberichte sowie die Bewertung der operativen Arbeitsergebnisse, insbesondere durch die informationsauswertenden Diensteinheiten.

Die genaue Dokumentation der über die IM vorhandenen Erkenntnisse war eine wichtige Voraussetzung für eine IM-Persönlichkeitsanalyse von hoher Qualität. Die analytische Verarbeitung dieser Angaben in den Personenauskünften musste nach folgenden Schwerpunkten erfolgen:

- Einschätzung der Persönlichkeit der IMs, ihrer bisherigen Entwicklung, ihrer persönlichen, familiären und wirtschaftlichen Lage, ihrer Fähigkeiten, Kenntnisse und Eigenschaften sowie ihrer sozialen Beziehungen,
- Analyse der operativen Entwicklung der IMs seit der Kontaktaufnahme, ihrer charakterlichen und politischen Entwicklung, der Entwicklung der Motivation, der Leistungsbereitschaft und Leistungsfähigkeit sowie des persönlichen Verhältnisses zum Vertreter der HV A,
- Einschätzung der bisherigen nachrichtendienstlichen Arbeitsergebnisse im Verhältnis zu den operativen Möglichkeiten, des Entwicklungsstandes der Ausbildung und der Fähigkeiten zur weitgehend selbstständigen Aufklärungstätigkeit, der Art und Weise der Bindung der IMs an den Beziehungspartner, der Einhaltung vorgegebener Verhaltensnormen sowie der Festlegungen des Verbindungswesens,
- Einschätzung der Reaktion und Haltung der IMs zu Gefahren- und Verdachtsmomenten, zu fehlerhaftem Verhalten in der nachrichtendienstlichen Tätigkeit sowie zu Auswirkungen der westlichen Ideologie auf die IM,
- Herausarbeitung von Verbindungen zu Personen und Objekten, Voraussetzungen für die Übernahme anderer Aufgaben, erforderliche Qualifizierungs- und Überprüfungsmaßnahmen sowie Erkenntnisse über die Zuverlässigkeit, die Sicherheit der IMs und andere Faktoren, die die nachrichtendienstliche Perspektive der IMs wesentlich beeinflussten.

Die IM-Personenauskünfte waren in regelmäßigen Abständen (bei wichtigen Vorgängen mindestens alle zwei Jahre) sowie bei grundlegenden Entscheidungssituationen neu zu erarbeiten.

Spezifische Sicherheitsanalysen waren bei Vorkommnissen anzufertigen, die die Sicherheit der IMs beeinflussen konnten. Dies war insbesondere notwendig, wenn

- Anzeichen und Hinweise vorhanden waren oder bekannt wurden, die die Zuverlässigkeit der IMs in Frage stellten,
- der bisherige operative Handlungsspielraum der IMs durch Entwicklungen der Lage sowie Veränderungen im Regime wesentlich beeinflusst wurde,
- der Verdacht auf eine Bearbeitung durch gegnerische Organe gegeben war.

Die Sicherheitsanalyse musste zur Klärung verdächtiger Umstände beitragen und mögliche Auswirkungen von Veränderungen der Regimeverhältnisse auf die Sicherheit sowie die operativen Möglichkeiten der IMs deutlich machen.

Im Ergebnis der Sicherheitsanalyse und spezieller Überprüfungsmaßnahmen wurden Entscheidungen über die Weiterführung der Arbeit mit IM getroffen.[30] Beispielsweise konnte die nachrichtendienstliche Arbeit vorübergehend eingestellt werden. Eine solche Situation beschreibt der HV A-Offizier Peter Großmann in Bezug auf den IM »Boston«: »Nach meiner Erinnerung mussten wir den IM 1978/79 für zwölf Monate stilllegen. Der Vorstandssprecher war misstrauisch geworden (warum konnte nie geklärt werden) und fragte ihn [den IM ›Boston‹, Anm. d. Verf.] direkt: ›Arbeitest du für die andere Seite?‹ Er schickte ihm, trotz Freundschaft, einen BND-Mann auf den Hals, der ihn befragte. Die Befragung fand in ›Bostons‹ Arbeitszimmer statt, und der IM schaltete clever die Diktierstation ein, schnitt das Gespräch mit und übergab uns die Kassette. Daraus ergab sich für uns, dass die Sicherheitslage sehr kritisch war. ›Boston‹ erhielt über die Funkverbindung den Hinweis, alles zu vernichten, und wurde ein Jahr ›auf Eis‹ gelegt. Danach wurde die operative Arbeit wieder aktiviert. […] Zur Wiederaufnahme der Arbeit fand zwischen ›Boston‹ und mir ein kurzer Treff im Transitbereich der Autobahn statt. Er erhielt von mir Instruktionen über sein weiteres Vorgehen. Sehr verhalten wurde die Spionagearbeit wieder aufgenommen, vor allem das Umfeld unseres Mannes regelmäßig kontrolliert.«[31]

Die Beiakte zur Personalakte wurde auf Weisung der Dienstvorgesetzten angelegt. Zur Weiterführung der Arbeit in Krisen- und Spannungssituationen wurden für die IM Kurzauskünfte erarbeitet, die stets auf dem Laufenden zu halten und in der Beiakte zur Personalakte aufzubewahren waren. Diese Kurzauskünfte hatten zu enthalten:

- die Formblätter – Personalbogen für Auskunft,
- eine kurze Zusammenfassung der Einschätzung der operativen Möglichkeiten, Fähigkeiten und der Perspektive der IMs sowie der Ergebnisse der bis dahin realisierten nachrichtendienstlichen Arbeit,

- eine kurze Zusammenfassung zu den Sicherheitsfragen sowie der wesentlichen Fakten des Verbindungssystems.

Die Einsatz- und Entwicklungskonzeptionen stellten ein wichtiges Leitungsinstrument dar für die Sicherung einer zielgerichteten, planvollen und systematischen Entwicklung der IMs aus dem Operationsgebiet sowie für die IM (DDR), die zeitweilig oder ständig im Operationsgebiet eingesetzt wurden. Sie enthielten:

- Festlegungen über die geplante Einsatzrichtung sowie die operative Perspektive der IMs,
- die Bestimmung der Anforderungen, die die Realisierung der Einsatzrichtung an die IM stellte,
- Festlegungen über konkrete Aufgaben, Maßnahmen und Schrittfolgen zur Heranführung der IMs an die objektiven Anforderungen.

Die Einsatz- und Entwicklungskonzeptionen wurden nach der Werbung ausgearbeitet und in Abhängigkeit von der Lage, der Aufgabenstellung sowie der Entwicklung der IMs ständig vervollkommnet. Umfang und Geltungsdauer waren den konkreten Erfordernissen der Arbeit mit den einzelnen IM anzupassen.

Die Operativpläne dienten der planmäßigen Realisierung spezieller Etappen in der Entwicklung der IMs. Sie konnten Festlegungen über spezifische Maßnahmen zur Ausbildung, Erprobung und Überprüfung von IM, zur Sicherung und Entwicklung ihrer gesellschaftlichen Stellung sowie zur langfristigen Vorbereitung komplizierter operativer Kombinationen enthalten.

Der Inhalt der Einsatz- und Entwicklungskonzeption und der Operativpläne war den IM nur insoweit zur Kenntnis zu geben, wie es

- für die Durchführung der ihnen übertragenen Aufgaben, beziehungsweise für die Verwirklichung ihrer nachrichtendienstlichen Perspektive als erforderlich betrachtet wurde,
- die schöpferische Einbeziehung der IMs in die Realisierung ihrer Perspektive förderte.

Die Verbindungspläne besaßen eine große Bedeutung für die Organisierung der Arbeit mit IM. Sie enthielten Festlegungen über alle Kräfte, Mittel, Methoden sowie Verbindungslinien, die für eine unter allen Lagebedingungen zuverlässige, schnelle und beständige Verbindung zwischen der Zentrale und den IM erforderlich waren. Dazu gehörten vor allem Festlegungen über die

- Treffs im Operationsgebiet, in der DDR beziehungsweise im sozialistischen Ausland,
- möglichen Formen der Verbindungsaufnahme durch Beauftragte der Zentrale sowie die dabei zum Einsatz gelangenden Legenden, Zeichen, und Codevereinbarungen,

- Zeichenstellen und den Inhalt von Zeichen,
- im Vorgang eingesetzten Deckadressen/Decktelefone sowie konspirativen Wohnungen/Objekte und deren Nutzung,
- Nutzung der Funkverbindung,
- zum Einsatz gelangenden TBK, Anlaufstellen sowie deren Nutzungsbedingungen,
- Nutzung und Aufbewahrung operativer Dokumente und OTM,
- Auslösung von Warnstufen,
- Art und Weise der Aufrechterhaltung der Verbindung in besonderen Situationen.

Bei der Erarbeitung von Verbindungsplänen mussten von den Führungsoffizieren vor allem folgende Faktoren berücksichtigt werden:

- der Entwicklungsstand der IMs sowie die Bedeutung des Vorgangs für die Lösung der Gesamtaufgabenstellung des MfS,
- die Bedeutung, der Umfang sowie der Charakter der zu übermittelnden Informationen und Materialien,
- die aufgrund der Aufgabenstellung und dem Stand der Persönlichkeitsentwicklung erforderliche Intensität der Erziehung der IMs,
- die mit der gesellschaftlichen Stellung der IMs verbundenen Bewegungsmöglichkeiten beziehungsweise damit verbundene Einschränkungen sowie die Intensität der gegnerischen Überwachungsmaßnahmen,
- die Zuverlässigkeit der IMs,
- direkte und indirekte institutionelle sowie persönliche Verbindungen im Operationsgebiet und die Möglichkeiten zu ihrer nachrichtendienstlichen Nutzung,
- der grenzüberschreitende Personen-, Güter-, Post- und Telefonverkehr sowie die Möglichkeiten der operativen Nutzung,
- die geografische Lage, die klimatischen Bedingungen sowie andere bedeutsame Umweltfaktoren des jeweiligen Operationsgebietes.

In Abhängigkeit von Veränderungen der Lage sowie von der Entwicklung der IMs mussten die Verbindungspläne systematisch vervollständigt werden.

Die Verbindungspläne hatten für einen bestimmten Zeitraum der Vorgangsentwicklung relativ beständig zu sein und möglichst übersichtliche, einfache sowie leicht einprägsame Festlegungen zu enthalten. Sie waren so zu gestalten, dass die IM alle Vereinbarungen jederzeit überblicken sowie die dafür erforderlichen Mittel und Methoden anwenden konnten. Damit unter allen Lage- und Vorgangsbedingungen die Verbindung zwischen der Zentrale und den IM garantiert war, mussten mehrere Verbindungslinien festgelegt werden. Weiterhin hatten die Verbindungspläne ständig auf dem aktuellen Stand und so übersichtlich zu sein, dass auch bei Abwesenheit des vorgangsführenden Offiziers die Dienstvorgesetzten oder beauftragte Mitarbeiter in der Lage waren, Verbindung zu den IM aufzunehmen.[32]

Die Besonderheiten der Arbeit mit IM unter fremder Flagge

Die Bereitschaft der IMs zur nachrichtendienstlichen Tätigkeit wurde in vielen Fällen maßgeblich durch den Beziehungspartner beeinflusst, der von ihnen operative Arbeitsergebnisse forderte. Es wurde deshalb von der HV A als notwendig erachtet, den im Werbeprozess gegenüber den IM angewandten Beziehungspartner auch im Prozess der Arbeit beizubehalten und glaubhaft zu vertreten. Im besonderen Maß traf dies auf Personen zu, die für einen fremden Beziehungspartner geworben wurden. In der Regel waren diese Menschen in das westliche System integriert und lehnten jegliche Zusammenarbeit mit sozialistischen oder anderen antiimperialistischen Beziehungspartnern ab.

In der Tätigkeit mit solchen IM musste die HV A grundsätzlich berücksichtigen, dass durch den Inhalt der operativen Aufträge sowie durch die Art und Weise der Zusammenarbeit keine Zweifel über die Echtheit des suggerierten Beziehungspartners aufkommen durften. Es musste darum sichergestellt sein, dass

- der nachrichtendienstliche Auftrag stets durch echte Interessen des vorgetäuschten Beziehungspartners glaubhaft motiviert war,
- die konkrete Gestaltung des Verbindungswesens, die Ausrüstung mit OTM sowie die Vermittlung operativer Kenntnisse keine Rückschlüsse auf eventuelle Verbindungen zu sozialistischen oder anderen antiimperialistischen Institutionen zulassen durfte,
- die zur Arbeit mit diesen IM eingesetzten Führungsoffiziere beziehungsweise Beauftragten der Zentrale von ihrer Persönlichkeit und Haltung her in der Lage waren, glaubhaft den suggerierten Beziehungspartner zu repräsentieren.

In der Arbeit mit IM unter fremder Flagge[33] musste ein Höchstmaß an Konspiration und Wachsamkeit gewährleistet sein. Diese IM waren besonders gründlich zu studieren und zu überprüfen. Bis dahin erbrachte Beweise für ihre Ehrlichkeit gegenüber dem vorgetäuschten Beziehungspartner durften nicht als sichere Garantie für ihre künftige Zuverlässigkeit gewertet werden.

Die besondere Aufmerksamkeit der HV A galt der Festigung der Motivation der IMs für das Erreichen hoher Arbeitsergebnisse sowie der vollen Ausschöpfung ihrer nachrichtendienstlichen Möglichkeiten. Dabei wurde sowohl an den politischen Überzeugungen als auch an die materiellen Interessen sowie persönlichen Bedürfnisse der IMs angeknüpft. Es konnte erforderlich sein, im Interesse der Erhöhung der Leistungsbereitschaft auch sozialismusfeindliche, reaktionäre politische Überzeugungen zu festigen und auszubauen.

Die glaubhafte Darstellung des Beziehungspartners über lange Zeiträume stellte in der Regel hohe Anforderungen an die Vertreter der Zentrale. Günstige Voraussetzungen dafür besaßen IM, die aufgrund ihrer gesellschaftlichen Stellung im Westen legal abgedeckte Beziehungen zu den IM unterhalten konnten, die unter fremder Flagge für die HV A arbeiteten. Zur Werbung und Führung solcher IM sollten darum vorrangig IM aus dem Operationsgebiet eingesetzt werden. Die konkreten Anforderungen an ihre gesellschaftliche Stellung mussten aus der fremden Flagge abgeleitet werden, die diese repräsentieren sollten. In bestimmten Fällen war es aber auch möglich, dass Repräsentanten der HV A eine solche gesellschaftliche Stellung durch spezifische Kombinationen vortäuschten.

Eine Umstellung des Beziehungspartners kam in der Regel einer Neuwerbung gleich. Ein solcher Prozess war nur dann anzustreben, wenn dafür realistische Möglichkeiten gegeben waren und dadurch nachweislich die Effektivität sowie die Sicherheit der operativen Arbeit erhöht werden konnten. Eine solche Umstellung war gegebenenfalls erforderlich, wenn

- die Möglichkeiten der IMs unter Beibehaltung des bisherigen Beziehungspartners nicht mehr im erforderlichen Maß ausgeschöpft werden konnten,
- durch Umgruppierungen der politischen und sozialen Kräfte der bisherigen fremden Flagge die Tragfähigkeit entzogen worden war,
- die fremde Flagge aufgrund gegnerischer Enthüllungen oder anderer Umstände die Glaubwürdigkeit eingebüßt hatte beziehungsweise gegenüber den IM nicht mehr aufrechterhalten werden konnte,
- die IM aufgrund von Wandlungen in ihren politischen Überzeugungen, Interessen und Bedürfnissen nicht mehr bereit waren, für den bisherigen Beziehungspartner zu arbeiten.

Dabei war zu prüfen, ob eine Umstellung auf den direkten Beziehungspartner möglich oder ob es zweckmäßiger war, auf einen geeigneten fremden oder einen legendierten Beziehungspartner auszuweichen.

Die Entscheidung über die Umstellung sowie die Art und Weise ihrer praktischen Realisierung war auf der Grundlage einer exakten Analyse des zu erwartenden Nutzens, der Persönlichkeit der IMs sowie der konkreten Voraussetzungen zu treffen, über die die HV A zur Realisierung der dafür erforderlichen operativen Kombinationen verfügte.[34]

Als Beispiel der Führung unter fremder Flagge soll der Vorgang »Schwarz« der Abteilung XV/BV Leipzig erläutert werden. Bei »Schwarz« handelte es sich um den Journalisten Gerhard Baumann. Aufgrund seiner politischen Positionen erschien es der Aufklärung der DDR aussichtslos, »Schwarz« für den realen Beziehungspartner zu werben. Klaus Eichner und Gotthold Schramm schreiben über Baumann: »Dr. Gerhard Baumann war auf dem Gebiet der Militär- und Sicherheitspolitik für mehrere rechtskonservative Medien und Forschungseinrichtungen tätig. Seine

›Qualifikation‹ hatte er seit 1940 als Mitarbeiter im Apparat der psychologischen Kriegsführung der faschistischen Wehrmacht erworben. 1941 erschien sein Buch ›Grundlagen und Praxis der internationalen Propaganda‹, das im Völkischen Beobachter besonders gewürdigt wurde. Ihn verband eine langjährige Freundschaft mit dem Regierungsdirektor im BND, Dr. Kurt Weiß alias ›Winterstein‹. Dieser fütterte Baumann (wie auch andere politische Freunde, so den CDU-Bundestagsabgeordneten Dr. Marx) regelmäßig mit internen Informationen aus der BND-Zentrale. Dazu war er durch seine langjährigen Führungspositionen, u. a. als Leiter der Sicherheitsabteilung und später Leiter der Schulen des BND, in der Lage. Zum Kreis ›alter Kameraden‹ gehörte auch Dr. Paul Münstermann (BND-Deckname ›Dr. Heidecker‹), der seit 1984 Leiter der Sicherheitsabteilung und ab April 1986 Vizepräsident des BND war. Neben diesen freundschaftlichen Verbindungen gab es auch dienstliche. Der BND führte Dr. Baumann, Chefredakteur des Organs des Verbandes der deutschen Soldaten ›Soldat im Volk‹, als Presse-Sonderverbindung mit dem Decknamen ›Bally‹.«[35]

Es liegt auf der Hand, dass Baumann über äußerst interessante Informationszugänge verfügte, es aber aussichtslos erschien, ihn für den Beziehungspartner DDR-Aufklärung zu werben. Also bediente man sich einer fremden Flagge, warb Baumann 1956 für den »französischen Nachrichtendienst« an und brachte die Quelle so zum Sprudeln.

Der Aufwand, diese Quelle zu führen, war groß, wie ein erhalten gebliebener Plan für den Einsatz von Oberst Brüning, Leiter der Abteilung XV/BV Leipzig, vom 21. bis 27. September 1987 belegt.

Das Ziel dieses Einsatzes bestand darin, am 24. September 1987 in Igls bei Innsbruck/Österreich, mit dem unter fremder Flagge geworbenen IM »Schwarz« zu dessen 75. Geburtstag einen Treff durchzuführen. Dabei wurden folgende Kräfte eingesetzt:

- Oberst Brüning als Leiter des Treffs und »Resident des französischen Büros für den deutschsprachigen Raum,
- IM »Trautmann« als langjähriger Instrukteur von »Schwarz«,
- IM »Veit«, ein an Baumann herangeschleuster und durch ihn akzeptierter Werber für den BND-Mitarbeiter »Zange«,
- ein IM, »Motor III«, zur Absicherung des Treffs, ohne daran teilzunehmen.

Die IM »Trautmann« und »Veit« reisten bis Wien auf unterschiedlichen, mit der Reisestelle der HV A vereinbarten Wegen, unter Nutzung operativer Dokumente zum Treffort. Oberst Brüning und »Motor III« reisten bis Wien als dienstreisende DDR-Bürger. Nach entsprechender Absicherung erfolgte die Weiterreise von Oberst Brüning zum Treffort und die Übernachtung dort mit einem BRD-Personalausweis, der die gleichen Grunddaten wie der Dienstreisepass enthielt. Bei Gebrauch dieses Dokumentes galt die Legende Messebesuch beziehungsweise Tourismus. »Motor III« reiste als dienstreisender DDR-Bürger mit der Legende Messebesuch zum Treffort. Nach der Hotelanmeldung von Oberst Brüning übernahm »Motor III« dessen BRD-Personalausweis. Dies schuf für den Fall von Komplikationen die Möglichkeit, auf die Legende DDR-Dienstreisender, dessen Pass sich in der Auslandsvertretung der DDR befand, auszuweichen.

Als flankierende Maßnahme wurde vorgesehen, dass der IM »Motor«, der dem IM »Schwarz« als Chef der Flagge durch frühere Treffs im Operationsgebiet bekannt war, diesen zu seinem Geburtstag anruft, beglückwünscht und dadurch sein bereits angekündigtes Fernbleiben vom aktuellen Treff bekräftigt.

Voraussetzungen für den Treff:

- IM »Schwarz« ist auf den Treff eingestellt, weiß, dass ein Vertreter des »Chefs der Flagge« erscheint und kennt als Treffort den Raum Innsbruck.
- Die Sicherheitslage im Gesamtvorgang stellt sich stabil und ohne Besonderheiten dar. Bereits 1985 erfolgte in der Schweiz ein Treff von »Motor« als »Chef der Flagge« bei dem »Schwarz« zum »Ritter der Ehrenlegion« geschlagen worden war. Im Jahr 1986 erfolgte ein weiterer Treff durch den »Chef« in Garmisch-Partenkirchen, bei dem der Werber »Veit« mit »Schwarz« bekanntgemacht wurde. Diese Treffs verliefen reibungslos. Die DDR-Aufklärung schätzte ein, dass »Schwarz« nach dreißigjähriger Zusammenarbeit von der Flagge überzeugt war.
- Der Treffort ist aufgeklärt und festgelegt. Es handelte sich um den »Blauen Salon« im Schlosshotel Igls bei Innsbruck unter der Legende »kleine Jubiläumsfeier«.
- Für die Verbindung zwischen den eingesetzten Kräften ist ein Verbindungsplan ausgearbeitet. Für die Absicherung des Treffs (»Teilnahme des Residenten«) sind Absicherungsmaßnahmen festgelegt.
- Die beteiligten IM und Mitarbeiter sind auf das Verhalten bei Konfrontation mit dem Gegner eingestellt.
- Zur letzten Abstimmung des Haupttreffs mit »Schwarz« sowie der ersten Auswertung sollten zwischen Oberst Brüning und IM »Trautmann« am 23. September 1987 und 25. September 1987 kurze Treffs in Innsbruck stattfinden. Die Trefforte waren vereinbart. IM »Trautmann« sollte dann im Operationsgebiet verbleiben und am 28./29. September 1987 einen ausführlichen Quellen- und Informationstreff mit »Schwarz« unter den üblichen Bedingungen in München durchführen.
- Koordinierung mit der Koordinierungsstelle und der HV A/VI ist erfolgt.

Treffplan für den 24. September 1987, 12 bis 16 Uhr, Ziel des Treffs:

Im Zusammenhang mit der würdigen Gratulation zum Geburtstag und Würdigung der Gesamtarbeit für die fremde Flagge bestand das Ziel in der Analyse der Vorgangsentwicklung »Zange« sowie der Beratung der bestätigten Schritte zur Heranführung des Werbers »Veit« an den BND-Mitarbeiter »Zange«. Weiterhin sollte eine Schwerpunktsetzung für die weitere Quellenarbeit erfolgen.

<u>Inhalt des Treffs:</u>

1. Geburtstagsgratulation im Namen des »Chefs« und persönliche Übergabe der in Leder gebundenen Geschenk-Prachtausgabe der Werke Theodor Storms in zwei Bänden (»Schwarz« war ein großer Verehrer von Storm); Dank für die jahrzehntelange Zusammenarbeit, insbesondere für die in den letzten Jahren entwickelten Aktivitäten zur Erlangung von Informationen aus dem BND und dem Verfassungsschutz sowie bei der Bearbeitung von »Zange« – verbunden mit einer Sonderprämie von 5.000 DM; dies alles verbunden mit der Würdigung seines Wirkens besonderer Art für ein »ausgewogenes und gedeihliches deutsch-französisches Verhältnis«

2. Gemeinsame Analyse des erreichten Standes der Bearbeitung von »Zange« im Sinne der vom Stellvertreter des Leiters der HV A, Generalmajor Geyer, am 29. Juli bestätigten Vorlage; Beratung der nächsten Etappe im Vorgang:
   - Informationen aus »französischen Kreisen«, die dem allgemeinen Arbeitsgegenstand von »Zange« entsprachen, sollten übermittelt werden, um damit den französischen Freundeskreis noch stärker bewusst und »Zange« noch interessierter zu machen. Dabei sollte verhindert werden, dass »Zange« sich anschickt, in »Schwarz« seine Informationsquelle zu sehen.
   - Zu geeigneter Zeit stellt »Schwarz« bei einem Treffen mit »Zange« den Werber IM »Veit« als »persönlichen Vertrauten in den Beziehungen zu den französischen Freunden« vor: Die Tatsache, dass »Zange« BND-Angehöriger ist, war dabei weder von »Schwarz« noch von »Veit« zu erwähnen. Es sollte zunächst ein einmaliges Treffen sein, um sowohl den Eindruck zu analysieren, den dieses auf »Zange« machte, als auch mögliche andere folgende Reaktionen zu studieren.
   - Über die Weiterführung des Kontaktes von »Veit« zu »Zange« über »Schwarz« sollte nach Ablauf mehrerer Monate entschieden werden. Im Verlauf beziehungsweise im Ergebnis dieser Beratung sollte dem IM »Schwarz« erstmalig und damit unausgesprochen als weiterer »Vertrauensbeweis« eine Deckadresse beziehungsweise ein Decktelefon in Paris übergeben werden. Dabei handelte es sich um die vom IM »Veit« aufgebaute Adresse »Madelaine«.

3. Abstimmung der inhaltlichen Schwerpunkte des weiteren Vorgehens bei der Abschöpfung von »Berater«, eines ehemaligen leitenden Angehörigen des BND

4. Beantwortung der Frage, wie, im Sinne der Verminderung der Belastung des IM »Schwarz«, wegen seiner Verdienste und seines Alters, trotz Einschränkung von

Aktivitäten auf ein angemessenes Maß, dennoch die Effektivität der Quellenarbeit erhalten bleiben könnte; berührte die Informationsmöglichkeiten aus den Kontakten

- zur CSU, besonders zur Hans-Seidel-Stiftung,
- zur CDU, besonders zur Konrad-Adenauer-Stiftung,
- zum Landesamt für Verfassungsschutz Bayern,
- zu militärischen Kreisen in Bonn (nach Maßgabe seiner Kraft und seines Vermögens).

Orientiert wurde von der DDR-Aufklärung vorrangig auf aktuelle, aussagekräftige und interne Dokumentationen.

5. Sich durch den Treff ziehend, sollten Fragen der internationalen Lage, des deutsch-französischen Verhältnisses, der französischen Interessen, insbesondere ausgedrückt in der Außen-, Militär- und Sicherheitspolitik, behandelt und daraus ein entsprechender Informationsbedarf begründet werden.[36]

Der ehemalige Direktor beim BND, Ullrich Wössner, bewertet den Vorgang »Schwarz« folgendermaßen: »›Schwarz‹ war seit dem 7. August 1956 für die HV A erfasst und unter der Flagge ›Französischer Nachrichtendienst‹ angeworben worden. Unter anderem sollte er sich zielstrebig einem erkannten hochrangigen BND-Mitarbeiter nähern. ›Schwarz‹ sollte diesen abschöpfen, was auch schnell gelungen war. Es fielen somit häufig bei ›Schwarz‹ Überlegungen und Konzeptionen der BND-Führung hinsichtlich Lageeinschätzungen, Organisationsstrukturen und Detailinformationen aus BND-Kreisen an. Das MfS erlangte Erkenntnisse, die in Teilen durch die spätere Arbeit des Agenten Alfred Spuhler Bestätigung fanden. ›Schwarz‹ hatte hohe Bedeutung für das MfS, weil er als agiler Journalist mit hilfreichen Zugängen zum BND, zur Bundeswehr und zu politischen Vereinigungen befähigt war, die Inhalte seiner politischen Abschöpfungsgespräche umfassend weiterzuberichten.«[37]

Nach dem Ende der DDR dürfte sich für Baumann die Offenbarung des tatsächlichen Beziehungspartners als Katastrophe dargestellt haben. Er wurde 1994 wegen geheimdienstlicher Agententätigkeit für das MfS, die er nicht bemerkt haben will, angeklagt. Zu der für 1995 anberaumten Hauptverhandlung kam es wegen der Verhandlungsunfähigkeit Baumanns nicht mehr.[38]

Die Einstellung der Arbeit und der Rückzug von IM aus dem Operationsgebiet

Die Arbeit mit IM aus dem Operationsgebiet wurde eingestellt, wenn

- die IM nicht mehr die objektiven Voraussetzungen zur Erfüllung nachrichtendienstlicher Aufgaben besaßen und keine anderen effektiven Einsatzmöglichkeiten im Operationsgebiet bestanden,
- die IM nicht mehr bereit oder infolge ihres physischen und psychischen Zustandes nicht mehr fähig waren, nachrichtendienstliche Aufträge im Operationsgebiet zu erfüllen,
- die IM dekonspiriert waren, ein weiterer operativer Einsatz nur mit einem ungerechtfertigt hohen Risiko als möglich erachtet wurde und die Gefahr der Dekonspiration weiterer operativer Kräfte, Mittel und Methoden nach sich ziehen konnte,
- die Sicherheitslage im Vorgang zahlreiche Unklarheiten, Widersprüche und verdächtige Umstände aufwies, deren Klärung mit einem unzumutbaren Aufwand verbunden war,
- die IM sich wiederholt undiszipliniert verhielten und starke Zweifel an ihrer Zuverlässigkeit bestanden,
- den IM nahestehende Personen die Sicherheit der nachrichtendienstlichen Arbeit und der IMs in einem Maß gefährdeten, dass eine solche Entscheidung erforderlich wurde.

Die IM wurden dann von ihrer Verpflichtung zur bewussten nachrichtendienstlichen Arbeit entbunden und erhielten keine Aufträge mehr. Die im Vorgang eingesetzten Dokumente und OTM wurden eingezogen beziehungsweise vernichtet. Die Verpflichtung der IMs zur Geheimhaltung ihres Wissens blieb bestehen. Bewährte und verdienstvolle IM wurden in geeigneter Form gewürdigt.

Der Einstellung der nachrichtendienstlichen Arbeit ging eine gründliche Analyse des IM-Vorgangs voraus. Diese Analyse hatte

- die Gründe für die Einstellung der Tätigkeit im Operationsgebiet herauszuarbeiten,
- Festlegungen zur Sicherung anderer IM und zur Gewährleistung der Konspiration zu treffen,
- Auskunft darüber zu geben, ob die IM im Operationsgebiet verbleiben konnten, im Interesse der Konspiration in dritte Länder oder neutrale Staaten übersiedelt beziehungsweise in die DDR zurückgezogen werden mussten.

Der Rückzug von IM aus dem Operationsgebiet erfolgte in der Regel auf Weisung der Zentrale. Ein Rückzug setzte voraus, dass die IM bereit waren, ihren Wohnsitz im Westen bei Notwendigkeit aufzugeben und sich eine neue Existenz in der DDR aufzubauen. Es musste deshalb – soweit es der Beziehungspartner gestattete – Sorge dafür getragen werden, dass die innere Bindung der IMs an die DDR ständig ausgebaut und gefestigt sowie die feste Überzeugung herausgearbeitet wurde, dass die DDR ihre eigentliche politische Heimat war. In Verbindung damit mussten den IM klare Vorstellungen über die beruflichen Entwicklungsmöglichkeiten, die Arbeits- und Lebensbedingungen, die gesellschaftlichen Pflichten, die Wohnverhältnisse, das Warenangebot und die Reisemöglichkeiten vermittelt werden.

Die Entscheidung über den Rückzug bedurfte der Bestätigung des Leiters der HV A oder seiner Stellvertreter. Die Realisierung des Rückzuges erforderte insbesondere Maßnahmen

- zur Sicherung beziehungsweise Vernichtung allen operativen Materials, das sich im Besitz der IMs befand, und zur Beseitigung aller Beweise für eine nachrichtendienstliche Tätigkeit,
- zum sicheren Erreichen des Territoriums der DDR oder anderer Staaten wie beispielsweise die Festlegung der Reiseroute, die Bereitstellung entsprechender Tarnungen und operativer Dokumente sowie die Ausarbeitung der erforderlichen Legenden,
- zur Legendierung der Abwesenheit von Wohnung und Arbeitsstelle sowie zur Verschleierung und Geheimhaltung des Reisezieles,
- zur Legalisierung in der DDR sowie zum Aufbau einer angemessenen Existenzgrundlage beziehungsweise zur Unterstützung des Einlebens in die neuen Arbeits- und Lebensbedingungen,
- zur Sicherung und Wahrnehmung zivilrechtlicher und sonstiger Ansprüche der IMs im Operationsgebiet,
- zur Aufrechterhaltung und weiteren Festigung der Bindung an die Staatssicherheit sowie zur Sicherung der Konspiration.

Von besonderer Bedeutung für die Gewährleistung der Konspiration nach dem Rückzug aus dem Operationsgebiet war die Sicherung eines raschen Einlebens in die für die IM neuen Lebensbedingungen in der DDR. Dazu gehörte vor allem:

- eine rasche, ihren Interessen, Wünschen und Neigungen sowie ihrer Qualifikation entsprechende Eingliederung in das Berufsleben,
- die Bereitstellung entsprechenden Wohnraumes,
- die medizinische Betreuung der IMs,
- die Sicherung eines ihren Verdiensten für die DDR angemessenen Lebensstandards,
- die Unterstützung bei der Realisierung ihrer Interessen und Neigungen,
- die Hilfe beim Aufbau eines neuen Umgangs- und Bekanntenkreises.

Weiterhin musste berücksichtigt werden, dass die im Westen eingesetzten IM in dieser Situation in weit größerem Maß als bisher äußere Erscheinungen des gesellschaftlichen Lebens im Operationsgebiet und in der DDR miteinander verglichen. Ein solcher Vergleich konnte nicht nur zum Abbau, sondern auf einigen Gebieten auch zur Stärkung von Vorbehalten führen. In dieser Phase der operativen Arbeit betrachtete es die HV A als besonders wichtig, die Herausbildung eines realen DDR-Bildes zu fördern und die IM mit den Vorzügen des Sozialismus, aber auch mit den Ursachen für vorhandene Probleme, Schwierigkeiten, Schwächen und Mängel vertraut zu machen. Ferner rechnete die HV A damit, dass der Gegner versuchen würde, die in die DDR zurückgezogenen IM aktiv zu bearbeiten und zu überwerben. Sie mussten darum zur Wachsamkeit sowie zur sofortigen Meldung aller verdächtigen Umstände angehalten und zur Ehrlichkeit gegenüber der Zentrale beziehungsweise zum standhaften Verhalten erzogen werden.

Besonderer Wert wurde bei den zurückgezogenen IM auf die eindeutige Beantwortung der Frage »Wer ist wer?« gelegt. Jeder Rückzugsvorgang musste dahingehend sorgfältig analysiert werden.

Das Studium und die Überprüfung der IMs war unter Nutzung aller Möglichkeiten konsequent fortzusetzen. Die Kontakte und Verbindungen der IMs mussten umfassend aufgeklärt werden. Verwandtschaftliche, freundschaftliche und bekanntschaftliche Rückverbindungen oder berufsbedingte Kontakte in das Operationsgebiet wurden unter strenger Kontrolle gehalten. Verbindungen der zurückgezogenen IMs zu operativ interessanten Personen im Operationsgebiet wurden erfasst. Sofern diese Personen durch den Rückzug der IMs nicht in das Blickfeld gegnerischer Sicherheitsbehörden gelangt waren, wurde die Möglichkeit ihrer nachrichtendienstlichen Nutzung geprüft. Außerdem war zu entscheiden, ob die operativen Dokumentationen zurückgezogener IM für operative Kombinationen im Westen genutzt werden konnten.

Probleme, die vom Gegner als Ansatzpunkte für eine Überwerbung genutzt werden konnten, waren konsequent aufzudecken und zu beseitigen. Dazu gehörten sowohl Konfliktsituationen und andere Probleme bei den IM selbst, als auch bei den Ehepartnern und Kindern der IMs beziehungsweise bei anderen Personen, zu denen die IM enge Verbindungen besaßen.[39]

Einige Kundschafter haben die Maßnahmen der HV A nach ihrem Rückzug aus dem Operationsgebiet festgehalten. So schreibt Johannes Koppe:

»Die HV A hat sich um ihre Leute gekümmert. Ich bekam das Auto, das ich gern haben wollte, einen FIAT Regata 75 S, konnte Reisen machen. Zwar nicht mehr ins kapitalistische Ausland, weil da das Verhaftungsrisiko zu hoch gewesen wäre, ich konnte dafür aber Gegenden besuchen, wo sonst kaum jemand aus der DDR hinkam. Wer hatte Anfang der 80er Jahre schon die Möglichkeit, Kamtschatka, die Beringinsel in dem Kommandeursinsel-Archipel im sowjetischen Fernen Osten oder die Uran-Bergwerke in Usbekistan, die Reaktoren in Nowoworonesch oder die Tokamak-Anlage zur Kernfusion bei Moskau zu besuchen? Das waren doch alles militärische Sperrgebiete. Solche Reisen waren für mich noch aus einem anderen Grund besonders informativ. Jenseits der offiziellen Propaganda, der zufolge der Sozialismus von Sieg zu Sieg eilte, bekam ich einen unmittelbaren Eindruck von den politischen Verhältnissen im Kernland des sozialistischen Staatenbundes. [...]

Ich wollte wieder arbeiten. ORGREB hieß das Institut (Organisation für Abnahme, Betriebsführung und Rationalisierung von Energieanlagen – Institut für Kraftwerke Vetschau). Dort wurde ich eingegliedert. [...] In diesem Institut analysierte ich dann den internationalen Fortschritt der Kernenergiebranche. Als Einziger weit und breit bekam ich die Genehmigung, die westlichen Zeitungen zu sichten. Dazu schrieb ich monatlich einen Bericht. [...]

Die Institutsmitarbeiter, mit denen ich zu tun hatte, waren recht freundlich. Unter ihnen gab es sowohl Informelle Mitarbeiter des MfS als auch erklärte Gegner der DDR. Ich bekam recht schnell heraus, wer wohin gehörte. Bei den meisten hätte man eine IM-Tätigkeit nie vermutet. Einzelne Kollegen konnten mich nicht richtig einordnen. Ich war plötzlich da, redete anders als sie, bekam ein deutlich überdurchschnittliches Gehalt und hatte mit Themen zu tun, die eher undurchsichtig zu sein schienen und mit diversen Reisen verbunden waren.«[40]

Hans-Joachim Bamler hat die Zeit nach seiner Rückkehr wie folgt beschrieben: »Ich war 50, die Frage, nun in Rente zu gehen, stellte sich nicht, denn meine Lebensweise im Gefängnis, vor allem der tägliche Sport, hatte mich fit gehalten. Die Frage war vielmehr die nach einer neuen Arbeit. Die Genossen der HV A fühlten sich zuständig, mir eine Tätigkeit zu verschaffen, die sowohl meiner Qualifikation als auch meinen Fähigkeiten entsprach.

Anfang 1975 meldete ich mich auftragsgemäß in der Betriebspoliklinik im Hause der Ministerien. Dort suchte man einen Leiter für die Abteilung Kader und Verwaltung. Die Aussicht, fortan in der Betriebspoliklinik des Ministerrates zu arbeiten, reizte mich. Von unserem Balkon aus konnte ich das HdM, wie sich Görings Albtraum zu DDR-Zeiten nannte, sehen. Von der Leipziger Straße 41, unserem neuen Domizil, bis dort waren es nur wenige hundert Meter.«[41]

Andere Kundschafter, die in die DDR zurückkehrten, wurden mit Grundstücken und Häusern außerhalb Berlins versorgt. Günter Guillaume wurde 1982 gegen eine Vorzugsmiete ein Haus am Bötzsee in Eggersdorf, Kreis Strausberg, überlassen. Dazu erhielt Guillaume einen Pkw Peugeot zur privaten Nutzung. Als einzigem

DDR-Kundschafter wurde ihm 1985 die Ehrendoktorwürde der Juristischen Hochschule des MfS in Potsdam-Golm verliehen.[42]

Probleme sind dagegen mit den Kindern zurückgezogener Kundschafter überliefert. Sie mussten durch die Enttarnung oder Flucht ihrer Eltern zum Teil über Nacht ihr bisheriges Leben aufgeben und mit der durch sie nicht herbeigeführten Situation klarkommen. Das brachte für die Teenager, die ihren gesamten Freundeskreis und ihr gewohntes Umfeld zurückgelassen hatten, erhebliche Probleme mit sich. Trotz zum Teil intensiver Fürsorge durch die HV A kamen sie in der DDR nicht klar. Pierre Boom, Sohn von Christel und Günter Guillaume, hat seine Ansicht dazu wie folgt formuliert:

»Ich darf für mich in Anspruch nehmen, dass ich vieles, sehr vieles unternommen habe, um hier [in der DDR, Anm. d. Verf.] heimisch zu werden. Ich habe gearbeitet, habe immer neue Wege gesucht, mich beruflich und persönlich weiterzuentwickeln. Auch Rückschläge, wie sie allen Menschen passieren, habe ich versucht zu verkraften.

Doch: Ich bin nicht mein Vater, dessen Lebenswerk ich achte. Ich habe Anspruch auf eine eigene Identität. Ich bin erwachsen und treffe eine souveräne Entscheidung!

Ich möchte mein Leben gemeinsam mit meiner Familie dort fortsetzen, wo ich – nicht durch mein Verschulden – fortgerissen wurde, ohne je zu vergessen, was ich der DDR zu danken habe. Ich bin mir durchaus bewusst, sicherlich mehr als andere DDR-Bürger, wie das Leben in der BRD ausschaut. Doch ich möchte nicht um eine Entscheidung beraubt werden, dort zu leben, wo ich es für richtig halte. Nimmt man mir diese Entscheidungsfähigkeit, so nimmt man mir auch die Chance, hier weiter zu existieren.«[43]

Pierre Boom reiste mit seiner Familie 1988 in die Bundesrepublik aus.

Traten Probleme bei der Eingliederung zurückgezogener Kundschafter auf, war dem Leiter der HV A oder seinem zuständigen Stellvertreter unverzüglich Bericht zu erstatten.

Bei einer Eingliederung in strategisch wichtige Positionen der Volkswirtschaft oder in andere gesellschaftliche Bereiche waren die IM abwehrmäßig zu bearbeiten. Strengste Maßstäbe mussten an die Sicherung der Konspiration der Zentrale und ihrer Mitarbeiter angelegt werden. Es war zu gewährleisten, dass sich das Wissen der zurückgezogenen IM über das MfS, seine Objekte sowie über Angriffsrichtungen und Arbeitsmethoden nicht vergrößerte. Das schloss in der Regel eine Tätigkeit innerhalb der HV A aus.

Sofort nach der Ankunft in der DDR oder in anderen Staaten wurde mit der ausführlichen Berichterstattung der IMs begonnen. Dabei mussten alle Kenntnisse und

Erkenntnisse der IMs erfasst werden über
- feindliche Pläne, Absichten, Machenschaften und Agenturen,
- operativ interessierende Objekte,
- die konkreten Arbeits- und Lebensbedingungen der IMs,
- Anhaltspunkte für eine gegnerische Bearbeitung, einschließlich des konkreten Vorgehens der Ermittlungs- und Justizorgane von der Festnahme bis zur Haftentlassung bei solchen IM, die nach der Verhaftung zurückgezogen worden sind.[44]

Der nach der Haft im Westen in die DDR zurückgezogene Gerhard Block erinnert sich: »Wochenlang musste ich ausführlichen Rapport erstatten und ellenlange Berichte schreiben. Manchmal kam ich mir vor wie bei einem Verhör beim Klassenfeind. Natürlich übte ich, wie von mir erwartet und wie nach marxistisch-leninistischer Manier üblich, Selbstkritik. Natürlich gab ich meinen Vorgesetzten Recht, räumte Fehler ein, bei Vernehmungen im Westen Fehler gemacht zu haben, nachdem ich von allen verlassen war. [...] Völlig komplikationslos konnte ich wieder bei der Deutschen Post arbeiten. Auch wenn sieben Jahre meiner beruflichen Entwicklung unwiederbringlich verloren waren, nun bekam ich wieder eine Perspektive. Mir wurde sogar ein langfristiger Entwicklungs- und Einsatzplan angeboten, in dessen Endergebnis ich als Leiter des Hauptpostamtes Neustadt (Dosse) eingesetzt werden sollte. Ich bekam auch eine kleine Wohnung zugewiesen, in Kleinmachnow, einem netten Vorort zwischen Berlin und Potsdam.«[45]

Die Berichte der zurückgezogenen IM wurden gründlich ausgewertet, die Schlussfolgerungen daraus erfuhren ihre Umsetzung in der nachrichtendienstlichen Arbeit. Weiterhin war zu entscheiden, ob und in welchem Umfang die Erkenntnisse und Erfahrungen der IMs für aktive Maßnahmen beziehungsweise für Schulungszwecke genutzt werden konnten.[46]

Anmerkungen

1   Vgl.: HV A, 4. Kommentar zur Richtlinie 2/79: »Die Arbeit der Diensteinheiten der Aufklärung des MfS mit Inoffiziellen Mitarbeitern aus dem Operationsgebiet«. BStU, ZA, MfS, HA I, Nr. 15574, Bl. 360–364.
2   Ebd., Bl. 364.
3   Vgl.: Klaus Rösler: »Psychologische Bedingungen der inoffiziellen Arbeit in das und im Operationsgebiet«, Bl. 160.
4   HV A, 4. Kommentar zur Richtlinie 2/79, Bl. 366.
5   Vgl.: Ebd., Bl. 365–370.
6   Ebd., Bl. 370.
7   Ebd., Bl. 379.
8   Vgl.: Ebd., Bl. 370–381.

9   Gabriele Gast: *Kundschafterin des Friedens*, S. 269 f.

10 Wolfgang Böhme: *Der Engländer. Eine wahre Geschichte.* Rostock 2003, S. 167 f.

11 Klaus H. Feder, Uta Feder: *Auszeichnungen des Ministeriums für Staatssicherheit der DDR.* Rosenheim 1996, S. 13.

12 Vgl.: Ebd., S. 14.

13 Hans-Dieter Schütt: *Markus Wolf. Letzte Gespräche.* Berlin 2007, S. 64 ff.

14 Vgl.: HV A, 4. Kommentar zur Richtlinie 2/79, Bl. 382–388.

15 Vgl.: Ebd., Bl. 389–396.

16 Vgl.: Ebd., Bl. 397–400.

17 Vgl.: MfS, Hochschule: *Wörterbuch der politisch-operativen Arbeit.* Potsdam 1985, S. 219.

18 Klaus Rösler: »Psychologische Bedingungen der inoffiziellen Arbeit in das und im Operationsgebiet«, Bl. 168.

19 Vgl.: Ebd., Bl. 162–171.

20 Vgl.: Ebd., Bl. 173–179.

21 Vgl.: Ebd., Bl. 179–186.

22 Vgl.: HV A, 4. Kommentar zur Richtlinie 2/79, Bl. 401–405.

23 Vgl.: Ebd., Bl. 406–410.

24 Vgl.: Ebd., Bl. 411 ff.

25 Vgl.: Ebd., Bl. 414–427.

26 Unpersönliche (Personen begegnen sich dabei nicht) Mittel und Methoden, beispielsweise über TBK, zur Aufrechterhaltung der Verbindung zwischen der Zentrale und den IM sowie den IM und der Zentrale.

27 Vgl.: HV A, 4. Kommentar zur Richtlinie 2/79, Bl. 428–431.

28 Vgl.: Klaus Rösler: »Psychologische Bedingungen der inoffiziellen Arbeit in das und im Operationsgebiet«, Bl. 200 f.

29 Ebd., Bl. 201.

30 Vgl.: HV A, 4. Kommentar zur Richtlinie 2/79, Bl. 439–444.

31 Peter Großmann: *Mit ganzem Herzen*, S. 313 f.

32 Vgl.: HV A, 4. Kommentar zur Richtlinie 2/79, Bl. 444–449.

33 Bei der fremden Flagge wird eine Quelle abgeschöpft beziehungsweise liefert Informationen, ohne den wahren Beziehungspartner zu kennen. Als fremde Flagge dienten Institutionen, Unternehmen und Konzerne sowie Parteien und Gruppen.

34 Vgl.: HV A, 4. Kommentar zur Richtlinie 2/79, Bl. 450–453.

35 Klaus Eichner, Gotthold Schramm: *Konterspionage. Die DDR-Aufklärung in den Geheimdienstzentren (Band V der Geschichte der HV A).* Berlin 2010, S. 36.

36 Vgl.: BV Leipzig, Stellvertreter Aufklärung: »Einsatzplan für den Einsatz von Oberst Brüning und XYZ in der Zeit vom 21. bis 27. September 1987 in das Operationsgebiet Österreich«. In: Rita Sélitrenny, Thilo Weichert: *Das unheimliche Erbe. Die Spionageabteilung der Stasi.* Leipzig 1991, S. 265 ff.

37 Ullrich Wössner: »Angriffe des MfS auf den Bundesnachrichtendienst«. In: Georg Herbstritt, Helmut Müller-Enbergs (Hrsg), *Das Gesicht dem Westen zu ... DDR-Spionage gegen die Bundesrepublik Deutschland.* Bremen 2003, S. 394 f.

38 Vgl.: Helmut Roewer, Stefan Schäfer, Matthias Uhl: *Lexikon der Geheimdienste im 20. Jahrhundert.* München 2003, S. 48.

39 Vgl.: HV A, 4. Kommentar zur Richtlinie 2/79, Bl. 454–458.

40 Uwe Markus: Kerngeschäft. *Das Doppelleben des Atomspions Dr. Johannes Koppe.* Berlin 2012, S. 127 f, 134 f.

41 Peter Böhm: *Spion bei der NATO. Hans-Joachim Bamler, der erste Resident der HV A in Paris.* Berlin 2014, S. 202.

42 Vgl.: Eckard Michels: *Guillaume, der Spion. Eine deutsch-deutsche Karriere*. Berlin 2013, S. 308.

43 Pierre Boom, Gerhard Haase-Hindenberg: *Der fremde Vater. Der Sohn des Kanzlerspions Guillaume erinnert sich*. Berlin 2004, S. 368. Zum Thema siehe auch: Thomas Raufeisen: *Der Tag, an dem uns Vater erzählte, dass er ein DDR-Spion sei. Eine deutsche Tragödie*. Freiburg im Breisgau 2010.

44 Vgl.: HV A, 4. Kommentar zur Richtlinie 2/79, Bl. 459.

45 Gerhard Block: *Verraten und verkauft. Memoiren eines Unverbesserlichen*. Berlin 2004, S. 111 ff.

46 Vgl.: HV A, 4. Kommentar zur Richtlinie 2/79, Bl. 460.

8. Kapitel

Die Arbeit der HV A mit IM aus der DDR

Die Arbeit mit IM (DDR) zur Realisierung von Aufgaben im Westen

Innerhalb des IM-Netzes der HV A nahmen auch jene IM, die Staatsbürger der DDR waren, einen wichtigen Platz bei der Lösung der Gesamtaufgabenstellung der Aufklärung ein. IM (DDR) waren jene operativen Kräfte, die aufgrund ihrer persönlichen Entwicklung, ihrer staatsbürgerlichen Bindung an den Staat sowie der insgesamt beziehungsweise überwiegenden Übereinstimmung ihrer persönlichen, ideologischen, politischen, moralischen oder anderweitigen Interessen über Grundvoraussetzungen verfügten, an der Lösung von Aufgaben im und nach dem Operationsgebiet mitzuwirken.

Entsprechend ihrer persönlichen Reife, dem Ausprägungsgrad des Klassenstandpunktes, der Treue zum Staat und der Verbundenheit mit dem MfS waren sie in unterschiedlichen operativen Funktionen von der Mitwirkung an einzelnen nachrichtendienstlichen Maßnahmen bis zur verantwortlichen Leitung und Organisierung eines abgegrenzten Teils des IM-Netzes einsetzbar. Die Auswahl, Werbung und Einsatzvorbereitung auf dem DDR-Territorium bot besonders günstige personelle und materielle Bedingungen, die operative Eignung der IMs (DDR) zu entwickeln und zu prüfen.

Die HV A setzte IM (DDR) entsprechend ihrer objektiven und subjektiven Voraussetzungen ein:

1. Zur Führung und Leitung von IM des Operationsgebietes, insbesondere jener IM, die zielgerichtet in und an gegnerischen Objekten tätig wurden: IM (DDR) mit Führungsaufgaben im Westen waren auf der Grundlage von Vorgaben und Weisungen der Zentrale dafür verantwortlich, die ihnen unterstellten IM des Operationsgebietes ständig zur Lösung der nachrichtendienstlichen Aufgaben zu mobilisieren und zu motivieren, die Erziehung und Befähigung dieser Kräfte entsprechend der Aufgabenstellung sowie den operativen Bedingungen zu organisieren, die Sicherheitslage beständig zu analysieren und die Zuverlässigkeit der West-IM einschließlich ihrer ideologischen Haltung einzuschätzen. Darü-

ber hinaus wurden sie für die Aufrechterhaltung der Verbindung zur Zentrale verantwortlich eingesetzt. Mit dieser Aufgabenstellung waren die IM (DDR) im Operationsgebiet als Residenten, Gehilfen des Residenten und Instrukteure tätig.

2. Zur Gewährleistung einer schnellen, zuverlässigen und beständigen Verbindung zwischen IM des Operationsgebietes und der Zentrale: IM (DDR) mit speziellen Aufgaben im Verbindungswesen konnten sowohl im Westen und der DDR oder auch ausschließlich auf dem Territorium der DDR tätig sein. Sie hatten dazu beizutragen, dass unter allen Lagebedingungen schnell, zuverlässig und beständig

   • die von den Quellen erarbeiteten Informationen und Materialien aus dem Operationsgebiet an die Zentrale übermittelt werden konnten,
   • nachrichtendienstliche Materialien, Dokumente und Mittel sicher von der Zentrale zu den IM im Westen transportiert werden konnten,
   • bei besonderen Gefahren eine rechtzeitige Warnung der IMs im Operationsgebiet erfolgen konnte.

   Diese IM (DDR) waren als Kuriere, Funker, Inhaber von Deckadressen, Decktelefonen, konspirativen Wohnungen/Objekten oder als Grenz-IM tätig.

3. Zur gezielten Nutzung bestehender Kontakte und Verbindungen zwischen Einrichtungen, Institutionen sowie Bürgern der DDR und solchen des Operationsgebietes zur qualitativen Erweiterung nachrichtendienstlicher Positionen im Westen: Die IM (DDR) waren bei der Hinweiserarbeitung sowie der Hinweisbearbeitung, in der Kontaktarbeit und als Werber tätig.

4. Zur Gewinnung bedeutsamer Informationen durch Abschöpfung, Beobachtungen und Befragungen in der DDR sowie während ihres Aufenthalts im Operationsgebiet: Die IM (DDR) waren entsprechend ihren Möglichkeiten zur Erfüllung der Informationsschwerpunkte heranzuziehen.

Im Rahmen dieser Aufgabenstellung waren die Informationsaufgaben zum Befehl 40/68 (»Tätigkeit zur frühzeitigen Aufdeckung akuter feindlicher Aggressionsentschlüsse und militärischer Überraschungsvorhaben«[1]) sowie die Schwerpunkte der Abwehrarbeit von besonderer Bedeutung. Die operativen Möglichkeiten des IM-Netzes der HV A in der DDR waren trotz der Fokussierung auf das Operationsgebiet auch zur Erarbeitung von Informationen über feindlich-negative Kräfte, Vorkommnisse und Erscheinungen, die auf eine feindliche Tätigkeit schließen ließen, über begünstigende Momente für eine feindliche Tätigkeit sowie zur Klärung der Frage »Wer ist wer?« zu nutzen. Dazu gehörten unter anderem Informationen über

• die Vorbereitung und Durchführung von Terrorhandlungen,
• staatsfeindlichen Menschenhandel und beabsichtigtes, geplantes beziehungsweise vorbereitetes ungesetzliches Verlassen der DDR,

- Erscheinungsformen, Auswirkungen und Initiatoren der gegnerischen Kontakt-politik/Kontakttätigkeit,
- Erscheinungsformen, Auswirkungen und Initiatoren der politisch-ideologischen Diversion,
- demonstratives und provokatorisches Auftreten, insbesondere von DDR-Bür-gern,
- Störtätigkeit gegen die Volkswirtschaft, die sozialistische Integration sowie die Außenwirtschaftsbeziehungen der DDR,
- den subversiven Missbrauch des Reiseverkehrs,
- Angriffe gegen die Staatsmacht, insbesondere gegen die Schutz- und Sicherheits-organe der DDR, gegen die Verteidigungsbereitschaft, gegen die Staatsgrenze sowie gegen Maßnahmen der Warschauer Vertragsstaaten.

Die IM (DDR) waren deshalb kontinuierlich mit den wesentlichen Erscheinungs-formen der gegnerischen Tätigkeit sowie mit ihren Erkennungsmerkmalen vertraut zu machen und entsprechend ihrer operativen Möglichkeiten mit der Erarbeitung solcher Informationen zu beauftragen.

Die HV A schätzte ein: Durch eine breit angelegte Öffentlichkeitsarbeit sowie spezie-lle Schulungen, deren Inhalt allgemeine Mittel und Methoden nachrichtendienst-licher Tätigkeit darstellten und die speziell mit der Tätigkeit der Staatssicherheit verbunden wurden, »erzeugt der Feind permanent eine Agentenpsychose, um ne-ben der Bereitschaft zur Meldung verdächtiger Anhaltspunkte seitens Bürgern des Operationsgebietes auch Unsicherheit bei IM des MfS zu erzeugen«[2].

Beim Aufenthalt im Operationsgebiet mussten IM (DDR) beachten, dass die Tätig-keit des Gegners zum Aufspüren von Kundschaftern äußerst differenziert und mit vielfältigen Mitteln geführt wurde. Dies reichte von der Überwachung von Kon-zentrationspunkten und einem Meldesystem bis zum Erkennen von Unterschie-den sozialistisch und kapitalistisch geprägter Verhaltensweisen einschließlich des sprachlichen Ausdrucks.

Bei Kontakten zwischen offiziellen staatlichen und gesellschaftlichen Einrichtungen der DDR und des Westens arbeiteten die westlichen Geheimdienste nach Erkennt-nissen der HV A zunehmend mit V-Leuten, um diese Verbindungen zur Spionage gegen die DDR zu nutzen.

Seitens der DDR-Aufklärung fand Beachtung, dass der Gegner in der Lage war, in die DDR hineinzuwirken und auch auf dem Gebiet der DDR zu agieren. Für IM (DDR) der HV A bedeutete das, neben der Erfüllung von Aufträgen zur Abwehr feindlicher Tätigkeit, bei allen operativen Handlungen auch in der DDR ein hohes Maß an Konspiration zu wahren und die Möglichkeiten des Gegners in der DDR nicht zu unterschätzen.

Beim Einsatz von IM (DDR) zur Realisierung von Aufgaben Richtung Operationsgebiet wurde von der HV A stets davon ausgegangen, dass der Gegner große Anstrengungen unternahm, um den grenzüberschreitenden Personen-, Güter-, Post- und Telefonverkehr unter Kontrolle zu halten und Merkmalskataloge von Anhaltspunkten für das Auffinden von DDR-Kundschaftern entwickelte. Diese Maßnahmen westlicher Geheimdienste begannen nach HV A-Erkenntnissen bereits auf dem DDR-Territorium und wurden bis in die Tiefe des Operationsgebietes fortgesetzt.

IM (DDR), die durch ihre berufliche oder gesellschaftliche Tätigkeit Kenntnisse über Staatsgeheimnisse der DDR erlangt hatten oder eine exponierte gesellschaftliche Stellung besaßen, durften in der Regel nur dann für die Arbeit im Operationsgebiet herangezogen werden, wenn dadurch keine erheblichen Gefahren für die Sicherheit und die Politik der DDR sowie anderer befreundeter Staaten, Organisationen oder Institutionen und für die Sicherheit der operativen Arbeit entstehen konnten.

Möglichkeiten des Einsatzes von IM (DDR) ergaben sich durch die Nutzung der vielfältigen persönlichen, gesellschaftlichen, institutionellen, wissenschaftlichen und staatlichen Verbindungen zwischen der DDR, ihren Bürgern und Einrichtungen sowie gleichgelagerten Partnern im Operationsgebiet. Die Nutzung solcher legalen Möglichkeiten des Einsatzes von IM (DDR) im Westen wurde wesentlich durch die allgemeinen völker- und staatsrechtlichen Verträge sowie die speziellen Gegenstände des Kontaktes zu Bürgern und Einrichtungen bestimmt. Diese rechtlichen Bedingungen hatten Auswirkungen auf

- die Häufigkeit der Reisen zwischen der DDR und dem Operationsgebiet,
- die Formen der Passage westlicher Grenzübergangsstellen wie mögliche intensive Befragungen und Zollkontrollen bei Reisen mit DDR-Reisepass oder aber Ausschließen dieser Formen durch diplomatischen Status,
- die Aufenthalts- und Bewegungsmöglichkeiten im Operationsgebiet,
- die mögliche operative Aufgabenstellung.

Bei der Nutzung legaler Möglichkeiten des Einsatzes in das und im Operationsgebiet waren die IM (DDR) in der Regel als DDR-Bürger bekannt und wurden durch die Organe des gegnerischen Absicherungssystems überwacht. Außer Reisen in persönlichen und Familienangelegenheiten waren die IM zugleich Repräsentanten der DDR, ihrer Organisationen und Einrichtungen. Der Gegner ging richtigerweise davon aus, dass offizielle Reise- und Einsatzkader der DDR auf ihre politische Zuverlässigkeit überprüft worden waren und sich unter diesen Kadern IM des MfS befanden.

Die westlichen Abwehrbehörden wandten vielfältige Maßnahmen, Mittel und Methoden an, um aus dem Kreis der in die Bundesrepublik einreisenden DDR-Bürger die IM zu enttarnen und andererseits Hinweise auf Personen zu erhalten, die sie für eine Tätigkeit gegen die DDR nutzen konnten. Die IM (DDR) hatten sich darum konsequent an die mit ihrem legal abgedeckten Einsatz verbundenen Auflagen zu halten. Dies betraf zum Beispiel

- bei Dienstreisen die telefonische Meldepflicht bei der zuständigen DDR-Vertretung,
- die Einhaltung der Ein- und Ausfuhrbestimmungen,
- die Einbettung zu verschleiernder operativer Aktivitäten in die mit dem Grund der Reise sowie der daran gebundenen Bewegungsabläufe im Westen.

Neben der Nutzung legaler Verbindungen in das Operationsgebiet konnten IM (DDR) auch durch Verwendung operativ gefertigter Personaldokumente oder durch die Überwindung der Grenze unter Umgehung der Personenkontrollen an den Übergangsstellen in den Westen gelangen.

Einsätze von IM (DDR) konnten sowohl unter Beibehaltung der tatsächlichen Identität (Klarname, wesentlich tatsächlicher Lebenslauf) erfolgen als auch unter vorgetäuschter Identität (Pseudonym, Doppelgängerbasis) realisiert werden. Die Entscheidung über die Nutzung der tatsächlichen Identität oder die Vortäuschung einer fremden Identität hing ab von

- der gesellschaftlichen Stellung des IM in der DDR und den daraus entwickelbaren Einsatzmöglichkeiten,
- der nachrichtendienstlichen Aufgabenstellung,
- der Lage (politisch und operativ) wie beispielsweise Einschränkung der legalen Beziehungen in Krisen- und Spannungssituationen,
- der Eignung der IMs zur Vortäuschung einer fremden Identität.

Der Einsatz von IM (DDR) unter Nutzung nichtlegaler Möglichkeiten besaß besondere Auswirkungen. Wesentliche Bedingung für die Wahl dieser Einsatzform war die Verkörperung der Identität eines Bürgers des Operationsgebietes. Dafür musste der entsprechende IM vorbereitet und speziell befähigt werden.

Daneben war durch diese Einsatzform unmittelbar eine bestimmte strafrechtliche Relevanz im Sinne des bürgerlichen Rechts gegeben. Die Nichtlegalität des Aufenthalts im Operationsgebiet erforderte von der HV A, den Einsatz sowie den Erwerb des Personaldokuments entsprechend der nachrichtendienstlichen Notwendigkeit zu legendieren und geeignete Vorbereitungen für den Fall der Konfrontation mit gegnerischen Abwehr-, Polizei- und Justizorganen zu treffen. Für die Nutzung von Personaldokumenten des Operationsgebietes machte es sich erforderlich, folgende Grundsätze zu beachten:

- die Kenntnis der im operativen Dokument enthaltenen Grunddaten zur Person (Personalien, Anschrift, Ausstellungsdaten und bei Reisepässen die wichtigsten Reisevermerke),

- die Auskunftsfähigkeit über die mit den Grunddaten zur Person im Zusammenhang stehenden Regimefragen,
- das Vermögen, notwendigenfalls Unterschriften zu leisten, ohne Verdacht zu erregen,
- eine in jeder Hinsicht zum operativen Dokument widerspruchsfreie äußere Erscheinung und Verhaltensweise.

Beim Wechsel operativer Dokumente musste vermieden werden, dass sich IM innerhalb kürzerer Zeit der Kontrolle gegnerischer Organe aussetzten, weil dadurch die Gefahr einer Dekonspiration entstand.

Operative Dokumente des Operationsgebietes wurden generell und insbesondere vor dem Einsatz im grenzüberschreitenden Verkehr von der Abteilung VI der HV A in den dort vorhandenen Fahndungsunterlagen der Bundesrepublik überprüft. Operative Reisedokumente, die längere Zeit nicht benutzt worden waren, mussten rechtzeitig vor dem Einsatz der zuständigen Fachabteilung zur speziellen Einschätzung der weiteren Verwendung sowie zur möglicherweise erforderlichen Nachbehandlung übergeben werden.

Bei der Nutzung solcher Dokumente stellte die HV A die Fähigkeit westlicher Sicherheitsbehörden in Rechnung,
- die Echtheit von Personaldokumenten sowie die Identität der Passinhaber kurzfristig und relativ eindeutig festzustellen,
- bei der unmittelbaren Personenkontrolle die Aufmerksamkeit auf das Verhalten der Passinhaber sowie auf Befragungen zu konzentrieren,
- durch die zentrale Erfassung von Feststellungen bei Ausweis- und Personenkontrollen Reiserouten sowie Reiseintensität von IM zu rekonstruieren,
- gestützt auf Rastermerkmale verdächtige Personen aus dem umfangreichen Reiseverkehr zu selektieren.

Darum musste in jedem einzelnen Fall sorgfältig geprüft werden, in welchem Maß die zum Einsatz kommenden operativen Dokumente gegnerischen Überprüfungsmaßnahmen standhielten und die IM in der Lage waren, die durch die Dokumente vorgetäuschte Identität glaubhaft zu verkörpern.

Die Nutzung der legalen wie auch der nicht legalen Einsatzformen erstreckte sich Abhängigkeit von der nachrichtendienstlichen Zielstellung über einen langen Zeitraum des ständigen Aufenthalts, der sich von einigen Monaten über Jahre bis zur Übersiedlung in das Operationsgebiet auf Lebenszeit hinziehen konnte. Möglich waren aber auch kurze/zeitweilige Einsätze von wenigen Stunden, Tagen oder Wochen. Für beide Varianten galt bei der HV A, dass jeder Einsatz im Westen gründlich vorbereitet werden musste sowie alle Grundsätze zur Einhaltung der Konspiration und Sicherheit sorgfältige Beachtung fanden.

Die unterschiedliche Einsatzdauer stellte auch differenzierte Anforderungen an die IM und ihre Führung. So war es bei zeitweiligen Aufenthalten im Operationsgebiet möglich, in regelmäßigen Abständen umfassende Konsultationen mit der Zentrale abzuhalten, die IM waren nur kurzfristig aus ihrem Leben in der DDR herausgelöst und konnten sich vor und nach diesen Einsätzen in der DDR mit den Eindrücken aus dem Westen auseinandersetzen.

Für den ständigen Aufenthalt an der unsichtbaren Front stellte die umfassende Trennung von den gewohnten gesellschaftlichen Beziehungen in der DDR eine notwendige Bedingung dar. Die IM mussten ihr gesellschaftliches Leben unter den Normen der von ihnen verkörperten gesellschaftlichen Stellung im Operationsgebiet realisieren. Sie waren in der Regel gezwungen, sich über westliche Massenmedien mit dem politischen Geschehen auseinanderzusetzen. Die Kontaktmöglichkeiten zur Zentrale waren eingeschränkt, und häufig mussten die IM bei dieser Einsatzform selbstständig weitreichende Entscheidungen in ihrem Verantwortungsbereich treffen. Sie hatten mit der ständig bestehenden Möglichkeit der Enttarnung durch westliche Abwehrbehörden zu leben und diesen Faktor psychologisch so zu verarbeiten, dass alle, auch die täglichen gewohnheitsmäßigen Handlungen, durch konspiratives Denken gesteuert wurden.

In der Arbeit mit IM (DDR), die im Operationsgebiet Verwendung finden sollten, wurde von bestimmten Grundbedingungen ausgegangen. Sie mussten

- eine feste und objektiv nachgewiesene Klassenposition besitzen, aus der sich die Bereitschaft zum Einsatz als IM der Aufklärung im Westen sowie zur Realisierung operativer Aufgaben ergab,
- bereit und in der Lage sein, zeitweilig oder längerfristig die nachrichtendienstlichen Aufgaben als Einzelkämpfer auf dem Territorium des Gegners zu lösen und die Konspiration strikt zu wahren,
- die Bereitschaft und die Voraussetzungen besitzen, den sich aus der operativen Arbeit auf dem Gebiet des Gegners ergebenden physischen und psychischen Belastungen gewachsen zu sein,
- für die nachrichtendienstliche Tätigkeit im Operationsgebiet insbesondere solche Eigenschaften wie ausgeprägtes Entscheidungsverhalten, Risikoverhalten und emotionale Stabilität besitzen,
- bereit und in der Lage sein, die speziellen Mittel und Methoden der konspirativen Tätigkeit entsprechend ihrer Aufgabenstellung anzuwenden,
- bereit und in der Lage sein, konspirativ mit anderen Kräften zusammenzuarbeiten.

Eine wesentliche Seite der Anforderungen an IM (DDR), die im Westen zum Einsatz gelangen sollten, war die politisch-ideologische Standhaftigkeit, die den Einsatz sowie die operativen Handlungen im Lager des Gegners bestimmen musste.

Die politische und ideologische Haltung von IM (DDR) allein reichte allerdings nicht aus, um die Entscheidung über einen Einsatz im Operationsgebiet zu treffen. Bei der Arbeit mit IM (DDR), ihrer Auswahl sowie der Entwicklung der Eignung achtete die HV A darauf, dass die Generation der IMs aus der DDR in den 1970er und 80er Jahren größtenteils unter gesicherten sozialen Verhältnissen des Sozialismus aufgewachsen war. Sie kannte den Kapitalismus nicht aus eigenem Erleben wie beispielsweise die IM-Generation der 1950er Jahre und teilweise noch der 1960er Jahre, sondern hatte ihr Wissen über den Imperialismus hauptsächlich über ihren Bildungsweg, die DDR-Medien und aus Berichten der vorangegangenen Generationen erworben. Die HV A betrachtete es als erforderlich, die IM (DDR) auf die Konfrontation mit den gesellschaftlichen Verhältnissen im Westen vorzubereiten. Durch die entsprechende Überzeugung sollten die IM (DDR) in der Lage sein,

- die Interessen der Gesellschaft, die ihnen in Form des nachrichtendienstlichen Auftrags gegenübertraten, mit ihren individuellen Interessen in Übereinstimmung zu bringen oder auch, bei Erfordernis, die individuellen Interessen denen der Gesellschaft unterzuordnen,
- die grundsätzlichen Orientierungen der Zentrale zur Organisierung der Tätigkeit im Operationsgebiet unter Nutzung ihres politischen Wissens sowie ihrer Erfahrungen relativ selbstständig, unter Beachtung der konkreten operativen Arbeitsbedingungen, durchzusetzen,
- nach Wegen zu suchen, um ihre politische Bildung, insbesondere die Entwicklung eines realen Feindbildes, auch während des Einsatzes unter den Bedingungen strengster Konspiration durch eine gezielte Selbsterziehung zu festigen,
- dem ideologischen Einfluss des Gegners zu widerstehen,
- eigene politische Positionen und Haltungen während des Einsatzes bei Notwendigkeit zu unterdrücken, andere politische Standpunkte zu erfassen und erforderlichenfalls auch solche Positionen in der Öffentlichkeit zu vertreten,
- die westliche Lebensweise im Rahmen des gestellten Auftrags sicher zu verkörpern und sich gleichzeitig die Wert- und Moralauffassungen der sozialistischen Gesellschaft zu erhalten,
- eine positive Einstellung zum vorhandenen operativen Risiko zu entwickeln und zu bewahren, wie auch die nötigen Kräfte bei einer möglichen Konfrontation mit dem Gegner zu schaffen,
- aktuelle Ereignisse, einschließlich Spannungs- und Konfliktsituationen, bewusst zu erfassen und sich einen klaren politischen Standpunkt zu bilden.

Abhängig von der Einsatzmethode und der Einsatzrichtung waren die IM (DDR) gezwungen, ihre Lebensweise sowie die persönliche Entwicklung weitgehend den

Erfordernissen der nachrichtendienstlichen Arbeit anzupassen. Bei IM (DDR), die zeitweilig im Operationsgebiet eingesetzt wurden, bedeutete dies,

- ständig bereit zu sein, das Risiko eines Einsatzes im Westen zu übernehmen und in Abhängigkeit von der Bedeutung der Zielstellung, auf aktuelle persönliche Vorhaben zu verzichten,
- beständig die Voraussetzungen für den Einsatz im Operationsgebiet zu erhalten und sich mit den entsprechenden Regimefragen zu beschäftigen,
- die persönliche und berufliche Entwicklung entsprechend der Stellung im IM-Netz sowie der Bedeutung ihrer operativen Aufgaben mit der Zentrale abzustimmen.

IM, die längerfristig im Operationsgebiet zum Einsatz gelangten, mussten

- ihre gesamte persönliche Entwicklung der nachrichtendienstlichen Zielstellung unterordnen,
- die Verbindungen und Bekanntschaften in der DDR reduzieren beziehungsweise völlig abbrechen, um daraus keine Gefahren für ihren Einsatz entstehen zu lassen,
- solche Fähigkeiten und Kenntnisse erwerben, die für die im Westen einzunehmende gesellschaftliche Stellung typisch waren und dabei andere Fähigkeiten und Kenntnisse gleichzeitig zu unterdrücken, damit ihre Entwicklung, Ausbildung sowie Erziehung in der DDR zur Einsatzrichtung und Einsatzmethode nicht im Widerspruch standen,
- einen solchen Lebenswandel führen, der sie in die Lage versetzte, langfristig den hohen physischen und psychischen Belastungen gewachsen zu sein.

IM (DDR), die eine fremde Identität verkörpern mussten, waren gezwungen, den Widerspruch zwischen der Lebensweise in der DDR, die ihrer eigenen Entwicklung und Persönlichkeit entsprach, sowie der westlichen Lebensweise ständig neu zu lösen. Dies bedeutete,

- nach außen glaubhaft die westliche Lebensweise mit ihren Normen und Werten, die den in der DDR aufgewachsenen IM fremd waren, zu verkörpern und
- sich gleichzeitig die Wertebegriffe sowie Normen der sozialistischen Gesellschaft zu erhalten.

Von der zweckmäßigen Gestaltung dieses Widerspruchsverhältnisses hing unter anderem die Sicherheit der IMs beim Einsatz im Operationsgebiet ab. Es wurden dadurch die Grundlagen für die nachrichtendienstlichen Aktivitäten geschaffen, gleichzeitig wurde aber auch die Stabilität des Vorgangs gewährleistet. Durch die Führungsoffiziere erfolgte dahingehend eine gezielte politisch-ideologische Erziehung/Einflussnahme auf die IM. Die IM sollten sich im Optimalfall nach einem langen Zeitraum ihres Aufenthalts im Westen eine kritische Distanz zur kapitalistischen Lebensweise sowie die Bindung an das Leben im Sozialismus erhalten. Dadurch sah die HV A ein Abgleiten in bürgerliche Denk- und Verhaltensweisen als vermeidbar an. Die zur Erfüllung der umfangreichen operativen Aufgaben erforderlichen Persönlichkeitseigenschaften sollten so erhalten bleiben und im Optimalfall weiterentwickelt werden.

Einsätze in das Operationsgebiet beziehungsweise der längerfristige Aufenthalt auf gegnerischem Territorium stellten für die IM (DDR) eine hohe Belastung sowohl im Hinblick auf ihre körperliche Verfassung als auch in Bezug auf ihre psychische Leistungsfähigkeit dar. Vor zeitweiligen Einsätzen musste die körperliche Verfassung der IMs abgeklärt und darüber entschieden werden, ob der jeweilige IM den Belastungen gewachsen war. Jede Erkrankung im Westen setzte die Voraussetzungen zur ständigen Selbstkontrolle sowie die Einhaltung der Konspiration herab und konnte zu Gefahren in der nachrichtendienstlichen Tätigkeit führen. Das galt insbesondere bei Einsätzen mit nichtlegaler Abdeckung.

Für ständige Einsätze im Operationsgebiet wurde es von Seiten der HV A als erforderlich betrachtet, dass die IM grundsätzlich einen guten Gesundheitszustand besaßen sowie frei von körperlichen Schäden und chronischen Krankheiten waren. Dies wurde als notwendig erachtet, weil

- die IM den Doppelbelastungen aus normaler beruflicher und operativer Arbeit unterlagen,
- die nachrichtendienstliche Tätigkeit insbesondere im »Freizeitbereich« zu leisten war und große zeitliche sowie physische Belastungen mit sich brachte, die sich beständig auf die erforderliche Reproduktion der Arbeitskraft auswirkten,
- das ständige Risikobewusstsein und die hohe Wachsamkeit zu psychischen Fehlentwicklungen führen konnten,
- die Möglichkeiten einer den nachrichtendienstlichen Belastungen angemessenen medizinischen Betreuung eingeschränkt waren.

Im Operationsgebiet mussten die IM zu unterschiedlichen Sachverhalten ständig Entscheidungen sowohl von geringer als auch oft weitreichender Bedeutung treffen. Dabei hatten sie alle Handlungsfaktoren zu beachten, den operativen Auftrag zu erfüllen und durften die Sicherheit der nachrichtendienstlichen Tätigkeit unter keinen Umständen gefährden. Bei den Entscheidungssituationen musste beachtet werden, dass

- die Möglichkeiten des Vorgehens in vielen Situationen gleichwertig erschienen, eine langfristige Prüfung jedoch nicht immer möglich war,
- die operativen Arbeitsbedingungen zum Teil schwer überschaubar waren und Lücken aufgrund fehlender Kenntnisse nicht immer geschlossen werden konnten,
- Sofortentscheidungen zu treffen waren, bei denen es kein intensives Abwägen gab,

- Entscheidungen auf der Grundlage von Verhaltensmustern getroffen werden mussten, über die noch keine Erfahrungen zur Bewältigung einer solchen Situation vorlagen,
- die Auswirkungen fehlerhafter Entscheidungen schwer korrigierbar waren und zu nachrichtendienstlichen Schäden führen konnten.

Die emotionale Stabilität der IMs (DDR), insbesondere ihre Ausgeglichenheit sowie die richtige Gestaltung von rationalen und emotionalen Komponenten in ihrem Verhalten, stellte sich für die nachrichtendienstliche Tätigkeit als bedeutsam dar. Die innere emotionale Stabilität betraf im Wesentlichen Aspekte wie

- die Bindung an die operative Aufgabe,
- das Selbstwertgefühl, als Kundschafter einen bedeutsamen Platz einzunehmen,
- die Selbstbeherrschung bei emotional besonders beeindruckenden Situationen,
- die Selbststabilisierung in psychischen Krisenmomenten.

Neben dieser inneren emotionalen Stabilität erschien die äußere. Sie war von besonderer Bedeutung für die Tarnung der eigentlichen Emotionen, das Verbergen von Gefühlen in Situationen, die den politischen, ethischen und moralischen Wertmaßstäben der IMs entgegenstanden. Neben dieser Tarnung der Gefühle diente die äußere Erscheinung emotionaler Stabilität auch dem Vortäuschen anderer als der wirklichen eigenen Gefühle und daraus resultierender Reaktionen.

IM (DDR), die im Westen zum Einsatz kamen, mussten die grundsätzlichen Mittel und Methoden der konspirativen Arbeit beherrschen. Neben dieser grundsätzlichen Fähigkeit, Mittel und Methoden zu beherrschen, bestand, je nach IM-Kategorie, die Notwendigkeit, bestimmte Teile dieser Mittel und Methoden durch Spezialkenntnisse sowie besondere Fähigkeiten zu vertiefen. Solche speziellen Mittel und Methoden, die alle IM (DDR), die im Operationsgebiet zum Einsatz kamen, beherrschen mussten, waren:

- die Arbeit mit Legenden,
- die Beobachtung und Selbstkontrolle,
- die Verhaltensweisen beim Überwinden der Grenzen,
- Voraussetzungen zum konspirativen Aufenthalt sowie zum sicheren Bewegen im Operationsgebiet,
- Formen der sicheren und eindeutigen Übermittlung von Informationen über den Einsatzverlauf an die Zentrale,
- Verhalten bei Konfrontation mit gegnerischen Sicherheits- und Justizbehörden.

Zur Erfüllung dieser Anforderungen an die Kenntnisse, Fähigkeiten und Fertigkeiten mussten die IM (DDR) durch spezielle Maßnahmen befähigt werden. Diese operative Befähigung war für die HV A ein zielgerichteter, bewusst organisierter Prozess der Herausbildung und Entwicklung nachrichtendienstlicher Fähigkeiten. Die

Ziele dieses Prozesses der Befähigung wurden aus den Anforderungen abgeleitet. Die nachrichtendienstliche Befähigung erfolgte durch Ausüben und Durchführen operativer Handlungen, die sowohl unmittelbare Bedeutung besaßen als auch reinen Übungscharakter haben konnten. Vorbereitend und fördernd wirkten theoretische Schulungen sowie Ausbildungen, die schwerpunktmäßig Kenntnisse vermittelten. Gleichzeitig wurde während des Prozesses der operativen Befähigung durch die HV A geprüft, inwieweit die vorhandenen beziehungsweise entwickelten nachrichtendienstlichen Fähigkeiten der IMs den Anforderungen der vorgesehenen Einsatzrichtung entsprachen. Diese Eignungsfeststellung war vom Führungsoffizier an den gleichen Handlungen zu prüfen, die er zur Befähigung nutzte.

Die Führungsoffiziere mussten beachten, dass die IM die in theoretischen Schulungen vermittelten Kenntnisse anzuwenden lernten und unter geeigneten Bedingungen erprobten. Der jeweilige operative Mitarbeiter hatte die tatsächlichen Fähigkeiten und Fertigkeiten des von ihm geführten IM durch analytisch-synthetisches Untersuchen nachrichtendienstlicher Handlungen des Kundschafters einzuschätzen. Dazu waren die IM zu zweckmäßigen Handlungen zu veranlassen. Für das Studium der Denk- und Verhaltensweisen der IMs sowie für die Überprüfung ihrer Kenntnisse und ihrer praktischen Anwendungsbereitschaft, wurden die Methoden der Eignungsentwicklung und Eignungsfeststellung genutzt.

Die IM (DDR) waren hauptsächlich jene Kräfte, die im Auftrag der Zentrale die IM im Operationsgebiet steuerten oder die Verbindung zwischen ihnen und der HV A aufrechterhielten. Von ihnen durfte keine Gefahr für die West-IM beziehungsweise die operativen Vorgänge ausgehen. Für die Arbeit im und nach dem Operationsgebiet durften darum möglichst nur solche IM (DDR) eingesetzt werden, die

- ihre Verbundenheit mit dem Staat bereits durch praktische Taten nachgewiesen hatten,
- eine erfolgreiche Abwehrarbeit geleistet und in dieser Tätigkeit ihre Zuverlässigkeit unter Beweis gestellt hatten,
- durch die operative Tätigkeit auf dem Gebiet der DDR fest an die Staatssicherheit gebunden waren,
- durch ihre operative Arbeit auf DDR-Territorium oder in anderen sozialistischen Ländern gründlich auf eine nachrichtendienstliche Tätigkeit vorbereitet wurden und deren Eignung dadurch nachgewiesen war,
- konspirativ aus dem Arbeitsprozess herausgelöst werden konnten und in der Lage waren, die nachrichtendienstliche Tätigkeit gegenüber der Arbeitsstelle, der Wohngemeinschaft sowie anderen Kontaktpartnern ausreichend zu legendieren, beziehungsweise bereit und in der Lage waren, ihre legalen Möglichkeiten zur Realisierung operativer Aufgaben zu nutzen.

Der Einsatz von IM (DDR) zur Erfüllung operativer Aufgaben im Westen erfolgte unter Beachtung

- der Voraussetzungen der IMs (DDR), die aus ihrer gesellschaftlichen Stellung in der DDR sowie dem Grad ihrer operativen Eignung resultierten,
- der Lage sowie den konkreten Regimebedingungen beim Grenzübertritt und Aufenthalt im jeweiligen Operationsgebiet,
- der Einsatzmethode und der Dauer des Aufenthalts,
- der nachrichtendienstlichen Aufgabenstellung.[3]

Möglichkeiten und Bedingungen der Werbung von IM (DDR)

Die Mitarbeiter der Aufklärung hatten die Aufgabe, entsprechend den Erfordernissen beständig neue IM zu gewinnen. Besonderheiten für die Werbung von IM (DDR) ergaben sich aus den Bedingungen zur Gestaltung des Werbeprozesses und der operativen Arbeit in der DDR sowie den subjektiven Voraussetzungen der DDR-Bürger, die ausgehend von den nachrichtendienstlichen Aufgaben für eine Zusammenarbeit mit der HV A interessant waren. Bei der Werbung von IM (DDR) musste beachtet werden, dass

- vorrangig solche Bürger zu werben waren, die ihre Verbundenheit mit der DDR unter Beweis gestellt hatten und bei denen eine nachrichtendienstliche Tätigkeit nicht im Widerspruch zu den Sicherheitsbestimmungen der DDR stand,
- umfassende Möglichkeiten zur Erarbeitung von Hinweisen auf operativ interessante DDR-Bürger vorhanden waren und die Hinweiserarbeitung vorrangig durch IM der Aufklärungs- und Abwehrorgane des MfS, GMS, zuverlässige Auskunftspersonen sowie durch die Auswertung der Kaderunterlagen erfolgte,
- günstige Voraussetzungen existierten, die eine umfassende Aufklärung der Persönlichkeit der Hinweispersonen ermöglichten, noch bevor eine Kontaktaufnahme erfolgte,
- die Kontaktaufnahme und Werbung in der Regel durch operative Mitarbeiter vorgenommen wurde,
- DDR-Bürger meist auf der Grundlage progressiver politischer Überzeugungen für den tatsächlichen Beziehungspartner geworben wurden, wobei bei IM (DDR), die im Westen zum Einsatz gelangen sollten, die geplante Einsatzrichtung vorerst geheim gehalten wurde und die IM im Rahmen von Abwehraufgaben eine Überprüfung und Entwicklung erfuhren,
- die Werbung von IM (DDR) in der Regel auf dem Weg der sofortigen Einbeziehung beziehungsweise nach einer relativ kurzen Kontaktphase erfolgte.

Für die Hinweiserarbeitung sowie die Bearbeitung der Hinweise wurde von den grundsätzlichen Anforderungen an IM (DDR) ausgegangen. Zur Erarbeitung von Hinweisen auf operativ interessante Personen der DDR waren

- die beruflichen, verwandtschaftlichen oder anderweitigen Verbindungen von IM (DDR) der Diensteinheiten der Aufklärung des MfS nach geeigneten Personen zu prüfen,
- in ausgewählten Institutionen, Betrieben und Einrichtungen der DDR IM-Stützpunkte für die Hinweiserarbeitung sowie für die Hinweisbearbeitung zu schaffen,
- die Möglichkeiten unterschiedlicher Diensteinheiten der Abwehr des MfS durch eine enge Zusammenarbeit zu erschließen,
- alle Möglichkeiten bei der Organisierung der operativen Arbeit durch die Offiziere des MfS auf dem Gebiet der DDR bewusst für die Erarbeitung von Hinweisen zu nutzen.

Die Hinweispersonen waren allseitig durch Nutzung von Speichern des MfS sowie anderer Organe der DDR, durch Befragungen, Beobachtungen, Studium von Kaderunterlagen, Einschätzungen anderer operativer Kräfte und soweit möglich durch eigene Wahrnehmungen der entsprechenden Mitarbeiter nach folgenden Schwerpunkten aufzuklären:

Beim Studium des Verhaltens der Hinweispersonen im betrieblichen Arbeitsbereich mussten verstärkt Fragen herausgearbeitet werden nach

- den Beziehungen zur Arbeit, insbesondere zu Arbeitsleistung, Arbeitsergebnissen, Verhalten hinsichtlich zusätzlicher Arbeitsaufgaben, zu Störungen im Arbeitsablauf, der Aufgeschlossenheit gegenüber dem Neuen,
- den Beziehungen zu den unmittelbaren Kollegen, dem Arbeitskollektiv, den Vorgesetzten sowie unterstellten Mitarbeitern,
- der Mitwirkung in gesellschaftlichen Organisationen im Arbeitsbereich sowie nach dem Verhalten zu den in diesen Organisationen tätigen Mitarbeitern und Funktionären.

Aus der Sicht der hohen Verantwortung von IM (DDR), die mit Führungsaufgaben im Operationsgebiet zum Einsatz kommen sollten, war das Verhalten bei geeignet erscheinenden Hinweispersonen bezüglich der Wahrnehmung von Verantwortung und Befugnissen besonders zu betrachten.

Im Bereich der Hinweispersonen waren Informationen zu erarbeiten über

- die unmittelbaren Wohnverhältnisse in ihrer sozialen Qualität sowie in ihrem kulturellen Niveau,
- die bestehenden Familienbeziehungen in ihrer Qualität und in ihrem Umgang sowie die daraus resultierenden Pflichten,

- die Beziehungen zu Verwandten, zu Freunden und Nachbarn, ihre Charaktere, ihre Intensität sowie die Beweggründe für ihren Kontakt,
- die gesellschaftliche Tätigkeit im Wohnbereich und das Verhalten zu den dortigen Funktionären,
- den Grad sowie den Umfang der Nutzung der verschiedenen Informationsquellen zur politischen Orientierung und zur Unterhaltung.

Mit dem Wohnbereich eng verbunden, jedoch nicht identisch, war der Freizeitbereich. Die Erarbeitung von Informationen dahingehend wurde konzentriert auf:

- die Mitarbeit in Kultur-, Sport- und anderen Interessengruppen sowie Inhalt und Umfang der Pflichten, Aufgaben und Vorhaben im Bereich der Freizeitgestaltung,
- die Art der Verfolgung persönlicher Interessen, Neigungen sowie Hobbys, ihre Ausprägung, die zeitliche Inanspruchnahme sowie die inhaltliche Qualität,
- die soziale Gestaltung der Freizeit wie die Mitwirkung an gesellschaftlichen Aktivitäten, die Einbeziehung anderer Personen in die Verwirklichung der Freizeitinteressen, die Geselligkeit in ihrer Art und Intensität beziehungsweise die Isolierung in einer abgeschlossenen Freizeitsphäre,
- die örtlichen Bedingungen der Freizeitgestaltung wie das Aufsuchen bestimmter Orte, Gaststätten oder Ähnliches.

Bei der Aufklärung der Hinweispersonen waren Informationen aus den bis dahin erfolgten Entwicklungen der Hinweispersonen von besonderer Bedeutung. Dabei mussten vor allem die wirksam gewordenen Einflüsse der ideologischen und moralischen Erziehung, die Etappen und Entwicklungsschritte der Persönlichkeit sowie der Einfluss unterschiedlicher Erziehungsträger analysiert werden. Wertvolle Aufschlüsse über die Persönlichkeit der Hinweispersonen konnten durch Aufarbeiten des Verhaltens an Knotenpunkten in der Entwicklung, bei Entwicklungsbrüchen und Schwankungen sowie in Konflikt- und Bewährungssituationen erlangt werden. Aber auch der Verlauf der sozialen Entwicklung, die Art des Erringens bestimmter Positionen im beruflichen und gesellschaftlichen Leben, der Auf- oder Abbau sozialer Beziehungen, der Bildungsweg sowie die fachliche Qualifizierung gehörten zur Erarbeitung eines möglichst vollständigen Bildes über die Persönlichkeit der Hinweispersonen.

Die Ergebnisse der Hinweisbearbeitung wurden gewissenhaft analysiert. Dabei wurden die Vorgaben aus der IM-Personenauskunft berücksichtigt. Konnte aufgrund der gefertigten Persönlichkeitsanalyse auf die Eignung der Hinweispersonen geschlossen werden, wurde die operative Kontaktaufnahme vorbereitet, die in der Regel von Offizieren der Aufklärung durchgeführt wurde. Das Ziel der Kontaktaufnahme zu künftigen IM (DDR) bestand darin, durch das Studium der Persönlichkeit sowie die Konfrontation mit entsprechenden operativen Problemen die bis dahin gewonnenen Erkenntnisse über die Persönlichkeit zu bestätigen, um während der Kontaktphase die mögliche nachrichtendienstliche Eignung besser prognostizieren zu können.

Im Mittelpunkt der Kontaktaufnahme stand die Beauftragung mit operativen Aufgaben, die die jeweilige Hinweisperson während der Kontaktphase erfüllen sollte und die wirkliche Aufschlüsse über die Eignung entsprechend der Grundanforderungen zuließen. Die Gestaltung des Kontaktes erforderte von Seiten des Offiziers der Aufklärung,

- die Notwendigkeit der Kontaktaufnahme durch Abwehraufgaben glaubhaft zu begründen,
- solche Bezugspunkte und Aufgaben auszuwählen, die den realen Möglichkeiten der Person entsprachen sowie mehrere Kontaktgespräche sinnvoll erscheinen ließen und erforderlich machten,
- die operativen Aufgaben so zu gestalten, dass sie den Personen erste nachrichtendienstliche Leistungen abverlangten.

Wenn durch die Ergebnisse der Kontaktphase die Aufklärungsergebnisse bestätigt wurden und erste nachrichtendienstliche Arbeitsergebnisse vorlagen, konnte die Werbung als IM realisiert werden. Dazu musste ein Vorschlag zur Werbung erarbeitet werden. Dieser Vorschlag besaß folgende inhaltliche Schwerpunkte:

- das Ziel der Werbung sowie die künftige Einsatzrichtung,
- die Charakterisierung der persönlichen Entwicklung des Werbekandidaten,
- die Ergebnisse der Aufklärungsmaßnahmen,
- die Werbegrundlage,
- den Inhalt des Werbegesprächs,
- die Festlegungen über Ort und Zeitpunkt der Werbung,
- die Art und Weise der Verpflichtungen des Werbekandidaten,
- die Grundrichtungen der weiteren operativen Arbeit mit dem Werbekandidaten nach dessen Werbung.

Als Abschluss des Werbegesprächs war der Kandidat schriftlich zu verpflichten. Bei IM (DDR), die später im Operationsgebiet eingesetzt werden sollten, wurde in der Regel so vorgegangen, dass sich aus dem Text der Verpflichtung keine Anhaltspunkte auf eine solche Verwendung ergaben.[4] Ein IM (DDR) der HV A erinnert sich:
»Gleich zu Beginn legt Achim [Führungsoffizier der HV A, Anm. d. Verf.] eine Verpflichtungserklärung auf den Tisch, die Martin im Wortlaut handschriftlich abschreiben und unterschreiben muss und in der verbindlich festgehalten ist, was er bisher Herbert [ebenfalls Vertreter der HV A, Anm. d. Verf.] nur mündlich hatte zusichern müssen: strengste Verschwiegenheit im gesamten persönlichen Umgang,

also auch in der Familie, uneingeschränkte Offenheit und Ehrlichkeit seiner Dienststelle gegenüber, Androhung strengster Strafen bei Verletzung dieser Pflichten. Gleichzeitig erfährt er, dass er künftig im internen Verkehr und der operativen Arbeit den Decknamen ›Sport‹ führt. Martin ist überrascht, doch der Name gefällt ihm, beweist er doch, dass man ihn nicht nur oberflächlich beobachtet hat, sondern seine Leidenschaft kennt und akzeptiert. Martin ist jetzt ›Inoffizieller Mitarbeiter‹ der Hauptverwaltung Aufklärung des Ministeriums für Staatssicherheit. Auch das wird ihm in lakonischer Kürze noch gesagt. Einzelheiten wird er später kennenlernen.«[5]

Im Ergebnis der Werbung wurde ein Bericht angefertigt und dem Leiter zur Bestätigung vorgelegt.

Im umfangreichen IM-Netz der Abwehrdiensteinheiten entwickelten sich beständig IM, die über günstige Möglichkeiten für die Durchführung von Aufgaben der Aufklärung verfügten.

Neben der Möglichkeit einer koordinierten Zusammenarbeit wurde in vielen Fällen zur konzentrierten Ausschöpfung der Potenzen dieser IM die Übernahme durch die Aufklärung realisiert. Insbesondere die Übernahme überprüfter und erprobter Abwehr-IM verstärkte die Stabilität und Schlagkraft des DDR-IM-Netzes der Aufklärung, da diese IM

- durch ihre operative Arbeit und ihre Arbeitsergebnisse fest an die Staatssicherheit gebunden waren,
- über ein Grundwissen in der konspirativen Arbeit verfügten,
- Fähigkeiten für eine konspirative Arbeit unter Beweis gestellt hatten.

Unabhängig von diesen günstigen Voraussetzungen hatten die Offiziere der Aufklärung folgende Punkte gewissenhaft zu prüfen:

- die Eignung der zu übernehmenden Abwehr-IM aus der Sicht der Anforderungen der geplanten Einsatzrichtung,
- die Sicherheitslage im Vorgang,
- die Erfordernisse einer gezielten Ausbildung für die wirkungsvolle Arbeit in der Einsatzrichtung.[6]

Die Entwicklung der Eignung von IM (DDR) zur Erfüllung der Aufgaben im und nach dem Operationsgebiet

Ausgehend von den Ergebnissen der im Werbeprozess festgestellten Voraussetzungen der IMs (DDR) waren sie vor dem Einsatz im Westen speziell für diese Tätigkeit zu befähigen, und ihre nachrichtendienstliche Eignung, insbesondere ihre Zuverlässigkeit und Standhaftigkeit, musste gründlich geprüft werden.

Dieser Abschnitt der Entwicklung der operativen Eignung war von den Führungsoffizieren sorgsam zu planen und zu gestalten. Bei den IM (DDR) mussten Leistungs- und Verhaltenseigenschaften sowie Fähigkeiten entwickelt werden, die sicherstellten, dass sie die Anforderungen bei der nachrichtendienstlichen Tätigkeit im und nach dem Operationsgebiet bewältigen konnten. Die Entwicklung der Eignung vollzog sich als einheitlicher Prozess der Erziehung und Befähigung sowie gleichzeitig des Studiums und der Überprüfung der IMs. Alle Maßnahmen, die operativen Aufträge sowie die von den IM vorgelegten Ergebnisse ihres Handelns waren sowohl unter dem Aspekt der weiteren Befähigung als auch der Überprüfung des IM zu betrachten.

Die Arbeit mit IM (DDR) zur Entwicklung der operativen Eignung musste so gestaltet werden, dass

- die IM kontinuierlich zu HV A-Kundschaftern erzogen und befähigt wurden,
- beim Studium sowie der Überprüfung der IMs jede Äußerung und jede Handlung unter dem Aspekt der strengen Kaderauswahl für den Einsatz im Operationsgebiet Beachtung fand,
- die operative Befähigung der IMs hauptsächlich durch ihr eigenes Handeln erfolgte, Schulungen und Belehrungen begleitenden Charakter besaßen und die nachrichtendienstlichen Aktivitäten der IMs schrittweise an die Anforderungen und Bedingungen im Operationsgebiet heranführten,
- die politisch-ideologische Erziehung, die Befähigung zur Argumentation über die Hauptfragen der Klassenauseinandersetzung sowie die Herausbildung eines klaren Feindbildes im gesamten Prozess der Arbeit mit den IM organisch mit den Schritten und Maßnahmen des operativen Handelns verbunden waren,
- die IM durch das Auftreten der Führungsoffiziere sowie anderer an der Entwicklung der IMs beteiligter Kräfte ihr Vertrauensverhältnis und die Bindung an die Zentrale vertieften,
- die IM den operativen Auftrag als einen persönlichen Auftrag des Staates und der Partei begriffen und bereit waren, ihn vorbehaltlos und mit ganzer Kraft zu erfüllen.

Im gesamten Prozess der Entwicklung der nachrichtendienstlichen Eignung waren stets solche Aufträge zu wählen, mit denen es möglich war, die IM von Beginn an an die hohen Anforderungen zu gewöhnen. Dabei wurde vom jeweiligen Entwicklungsstand der IMs ausgegangen und die Systematik der Entwicklung entsprechend der Vorgangsspezifik eingehalten.

Für die Eignungsentwicklung von IM (DDR) bestanden durch das Ausschöpfen der Möglichkeiten auf dem Gebiet der DDR sowie anderer sozialistischer Staaten besonders günstige Voraussetzungen. Durch die Nutzung dieser Möglichkeiten musste gesichert sein, dass nur solche IM (DDR) im Westen zum Einsatz kamen, die einen hohen Grad der operativen Befähigung erreicht hatten und deren nachrichtendienstliche Eignung nachgewiesen war.

Zur systematischen und schrittweisen Entwicklung der IMs (DDR) sowie zur allseitigen Nutzung bestehender Möglichkeiten war in Abhängigkeit vom jeweiligen Vorgang und dessen Besonderheiten nach Möglichkeit folgende Vorgehensweise anzustreben:

- die Entwicklung und Feststellung der Eignung bei der Realisierung von Aufgaben im bestehenden Umgangskreis,
- die Entwicklung und Feststellung der Eignung bei der Lösung von Aufgaben außerhalb des bestehenden Umgangskreises unter Beibehaltung der tatsächlichen Identität,
- die Entwicklung und Feststellung der Eignung bei der Realisierung von Aufgaben in der DDR unter fremder Identität,
- die Entwicklung und Feststellung der Eignung durch Aufgaben mit speziellem Entscheidungs- und Bewährungscharakter,
- die Entwicklung und Feststellung der Eignung durch Einsätze im sozialistischen Ausland.

An die Entwicklung der Eignung auf dem Gebiet der DDR und anderer sozialistischer Staaten schlossen sich erste Einsätze im Operationsgebiet an, durch die die IM (DDR) mit den Regimebedingungen der Passage in den Westen sowie den dortigen Verhältnissen vertraut gemacht wurden. Hierbei mussten die IM nachweisen, dass sie in der Lage waren, im Operationsgebiet konspirativ tätig zu werden. Hinzukommend wurde angestrebt, weitere Voraussetzungen zum späteren Einsatz in der vorgesehenen Funktion zu schaffen. Auch bei diesen ersten Einsätzen im Operationsgebiet wurde der Entwicklungsprozess der IMs schrittweise gestaltet. Dabei erfolgte die Heranführung der IMs (DDR) an die vorgesehene Zielfunktion.[7]

Johanna Olbrich erinnert sich an die ersten operativen Einsätze sowie die dabei auftretenden Probleme wie folgt:

»Während des Lehrgangs wurde ich nach Westberlin geschickt. Es war wohl ein Test. Ich sollte eine Beobachtungsaufgabe lösen. Bei der Rückkehr erkannte mich eine Bekannte, die am Bahnhof auf Besuch wartete. Sie rief laut meinen Namen. Das war ärgerlich, denn wie sollte ich erklären, dass ich in Westberlin gewesen war? Mir fiel etwas ein. Sie kam später nie darauf zurück. Ich war wohl überzeugend. Ich hatte aber gelernt, dass man auf solche unverhofften Begegnungen vorbereitet sein musste.

Meine nächste Fahrt ging nach Wien. Dort sollte ich eine noch nicht aktive Quelle treffen. Ich reiste mit falschen Papieren über Nürnberg. Dort hatte ich umzusteigen.

Der Aufenthalt reichte für einen Stadtrundgang. Das war wohl der Grund, weshalb ich im Zug einschlief und von der Grenzkontrolle geweckt wurde. Obgleich ich noch nicht ganz wach war, konnte ich die Fragen nach den Angaben im Pass ohne Stottern richtig beantworten. Das gab mir Selbstvertrauen.«[8]

Auch Peter Großmann erlebte erste operative Einsätze im Westen. Er schreibt dazu: »Meine Führungsoffiziere Klaus und Horst waren fast immer zufrieden. Nur einmal wurde ich heftig kritisiert. Ich sollte mir bei einem ersten Erprobungseinsatz mit falscher Legitimation in Berlin-West einen Mantel, Anzug, Schuhe kaufen. Ich kaufte angeblich zu teuer ein und wurde gescholten. Aber ich hatte auch keine ›Westklamotten-Erfahrung‹. Natürlich durfte meine Frau nichts davon wissen. Die teure Kleidung wurde in einer konspirativen Wohnung (Klement-Gottwald-Allee, heute Berliner Allee), in der wir uns immer trafen, aufbewahrt.

Die ersten illegalen Reisen nach Berlin-West, nunmehr nicht mit DDR-Reisepass, sondern mit fiktiven BRD-Dokumenten, waren aufregend und spannend. Ich reiste von der Friedrichstraße mit der S-Bahn nach Berlin-West, stieg am Bahnhof Zoo aus und begab mich zögerlich in das Westgetümmel. Ich war von den Schaufenstern, den Angeboten, den Zeitungen, dem Beate-Uhse-Laden wie geblendet. Aber Spuren und Wünsche (das möchte ich auch haben) hinterließen diese Einsätze nicht bei mir. In Berlin-West sollte ich mir Kenntnisse über Örtlichkeiten und Erfahrungen aneignen, um später in die Haut eines fiktiven Westberliner Bürgers zu schlüpfen. Ich musste Adressen abklären, die ich später für meine Ausweise nutzen sollte.

Vor meinem ersten Westberliner Einsatz wurde ich von Klaus mehrfach und sehr eindringlich geschult, wie ich mich im Fall eines Kontaktes oder einer Verhaftung durch die gegnerischen Behörden zu verhalten hätte. [...] Die Selbstkontrolle, das Beobachten des Umfeldes, das Feststellen von Auffälligkeiten bei Personen in unmittelbarer Nähe während der Einsätze war Verhaltenstraining für mich. Dabei muss aber letztlich jeder Einsatzkader, der mit gefälschten Dokumenten reist, seinen eigenen Stil finden, um sich zu kontrollieren und um gegnerische Beobachter ausschließen zu können. Das kontrollierende ›Schuhe-Zubinden‹, die ›Schaufensterkontrolle‹, das Zurückgehen auf demselben Bürgersteig, um Personen eventuell wahrzunehmen, das Wechseln der Straßenseite, die Nutzung unterschiedlicher Transportmittel, das Aufsuchen von Geschäften unter Beobachtung der Eingänge, das Fahren auf verschiedenen Rolltreppen in Kaufhäusern, eine erhöhte Wachsamkeit gegenüber Personen, die in unmittelbarer Nähe fotografieren u. v. a. m. sind klassische Regeln, die jeder Geheimdienstler der Welt beherrschen muss.«[9]

Die Vorbereitung auf den Einsatz im Operationsgebiet

Auf der Grundlage der für jeden IM nach der Werbung auszuarbeitenden Einsatz- und Entwicklungskonzeption sowie der darin enthaltenen Festlegungen hinsichtlich konkreter Aufgaben, Maßnahmen und Schrittfolgen zur Entwicklung der nachrichtendienstlichen Eignung mussten zur planmäßigen Realisierung dieser Festlegungen Operativpläne ausgearbeitet werden. Operativpläne zur Vorbereitung von IM (DDR) auf den Einsatz im Operationsgebiet hatten Aussagen zu treffen über:

- die konkreten Anforderungen, an die die IM mit den einzelnen Maßnahmen herangeführt werden sollten,
- die geplanten einzelnen Maßnahmen und operativen Aufträge zur Entwicklung der IMs einschließlich der Art der Auftragserteilung, Möglichkeiten der Kontrolle und Prüfung des Handelns der IMs,
- geplante theoretische Ausbildungen sowie die dafür vorgesehenen Materialien,
- notwendige Konsultationen und Abstimmungen mit anderen Diensteinheiten, deren Zielstellung sowie damit verbundene Probleme der Einhaltung der Konspiration,
- besondere, speziell genehmigungspflichtige Maßnahmen,
- die für diesen Abschnitt der Arbeit mit IM erforderlichen OTM und ihr vorgesehener Einsatz,
- die für die Arbeit mit den IM geplanten konspirativen Wohnungen/Objekte und Deckadressen,
- den Einsatz anderer operativer Kräfte in diesem Zeitraum,
- die Verbindung von IM zur Zentrale,
- den geplanten Zeitraum der Vorbereitung der IMs (DDR) auf den Einsatz im Westen.

Ein solcher Operativplan bedurfte der Bestätigung durch den Dienstvorgesetzten. IM (DDR), die für den Einsatz im Operationsgebiet vorgesehen waren, durften nicht vorzeitig von dieser Zielstellung wissen. Im Regelfall erfolgte die Offenbarung der Einsatzrichtung erst am Ende des Prozesses der Entwicklung der Eignung und der damit verbundenen allseitigen Überprüfung der IMs. Daher sollten alle operativen Aufträge, Zielstellungen und Maßnahmen gegenüber den IM mit Abwehraufgaben legendiert werden. Durch die Orientierung auf Aufgabenstellungen der Abwehr des MfS konnte erreicht werden, dass die IM bei der Durchführung operativer Aufträge auf DDR-Territorium diese nicht als Durchgangsphase ansahen und dadurch die Maßnahmen der Eignungsentwicklung sowie der Überprüfung in ihrer Wirksamkeit herabgesetzt wurden. Die sorgfältige Auswahl von Aufträgen mit Abwehrcharakter sowie die Ausschöpfung der damit verbundenen Möglichkeiten ließen eine allseitige Entwicklung sowie Eignungsfeststellung von IM (DDR) zu. Gleichzeitig konnte mit der Orientierung auf Abwehraufgaben erreicht werden, dass die IM bereit waren, ihre Möglichkeiten zur Gewährleistung der inneren Sicherheit der DDR zu nutzen.

Ein erster Schritt zur Entwicklung der Eignung stellte die Nutzung des bestehenden Umgangskreises der IMs (DDR) dar. Dabei waren die gesellschaftliche Stellung des jeweiligen IM sowie seine natürlich entwickelten sozialen Beziehungen zu nutzen. Abhängig und im unmittelbaren Zusammenhang mit dem jeweiligen konkreten Auftrag sollten die IM befähigt werden,

- operative Schwerpunkte im eigenen Umgebungskreis wahrzunehmen sowie den persönlichen Beitrag herauszuarbeiten,
- die Kenntnisse über bestimmte operativ interessante Personen, durch zielgerichtete Maßnahmen und bereits durch erste Nutzung von Legenden, Observationshandlungen, gezielten Kontaktaufnahmen sowie die konspirative Materialbeschaffung (Auszüge aus Unterlagen und Berichten) zu vertiefen
- bei entsprechenden Möglichkeiten andere Personen durch geeignete Legendierung zu Aktivitäten zu veranlassen.

Die operativen Aufträge konnten sich dabei sowohl unmittelbar auf feindlich-negative Personen und Handlungen beziehen als auch auf Personen mit positiver Grundhaltung als Kader- oder IM-Hinweis. Von besonderer Bedeutung war für die HV A, dass die IM (DDR) lernten, ihre nachrichtendienstliche Tätigkeit als politischen Auftrag zu verstehen. Sie sollten zur schöpferischen Auseinandersetzung mit der gestellten Aufgabe, deren politischer Zielsetzung sowie zur eigenen Mitarbeit an Lösungswegen herangezogen werden. Der Führungsoffizier hatte vor Erteilung eines Auftrags

- die konkreten Bedingungen, unter denen die Aufgabe erfüllt werden sollte, einzuschätzen sowie die Handlungsmöglichkeiten des IM abzuleiten,
- die vom IM zu leistenden Handlungen sowie den dazugehörigen Grad seiner Befähigung zu analysieren,
- Möglichkeiten der Überprüfung des Handelns des IM beziehungsweise der Auftragsrealisierung herauszuarbeiten.

Der Vergleich von gestellter Aufgabe, den Durchführungsbedingungen, dem Vorgehen des IM und dem Ergebnis der Auftragserfüllung sowie die Kontrolle durch andere operative Kräfte und Mittel ermöglichten es, den Grad der Befähigung – die operative Eignung – festzustellen.

Die Realisierung von Aufgaben außerhalb des bestehenden Umgangskreises unter Beibehaltung der tatsächlichen Identität war zu nutzen, um die IM (DDR) darauf zu prüfen, ob sie die gleichen Leistungs- und Verhaltenseigenschaften wie bei der bisherigen Arbeit nachweisen konnten, wenn die gesellschaftliche Stellung nicht natürlich entstanden war, sondern von ihnen demonstriert werden musste. Die IM waren so gezwungen, ihr Handeln in höherem Maß zu legendieren. Die Schaffung und zielgerichtete Entwicklung bestimmter sozialer Beziehungen und Kontakte standen bei diesem Schritt im Mittelpunkt.

Bei der Erfüllung der operativen Aufträge wurden die IM besonders darauf hingewiesen, dass sie nicht mehr ihnen vertraute Handlungsbedingungen vorfanden, sondern diese erst analytisch zu untersuchen hatten. Bei der Beauftragung der IMs, bestimmte Konzentrationspunkte von Personen gezielt aufzusuchen, waren die IM (DDR) darauf aufmerksam zu machen, dass sie nicht Pauschaleinschätzungen zu treffen hatten, sondern

- auf feste Gruppenbeziehungen achten mussten,
- die Denk- und Verhaltensweisen von dort regelmäßig anzutreffenden Personen durch Kontaktaufnahme zu ihnen erarbeiten mussten,
- sich an das vorherrschende Gruppenniveau anpassen mussten,
- über sich selbst nur so viel preisgeben durften, wie zur Erfüllung des Auftrags unbedingt notwendig war,
- nur bei unbedingtem Erfordernis dort geschlossene Kontakte in ihren bereits bestehenden Umgangskreis einbeziehen durften.

Der Führungsoffizier konnte das Vorgehen des IM durch andere operative Kräfte oder eigene Wahrnehmung einschätzen.

Bei der gezielten Kontaktaufnahme zu bestimmten einzelnen Personen durch IM (DDR) waren diese zu befähigen, bestimmte Persönlichkeitseigenschaften, Neigungen oder Interessen für die Kontaktgestaltung bewusst zu nutzen, eine sichere Kontaktlegende zu entwickeln und im eigenen Vorgehen variantenreich sowie flexibel zu sein, aber dennoch im Rahmen der gewählten Legende zu bleiben. Kontaktaufnahmen dieser Art konnten mit vorherigen Ermittlungen verbunden sein. Die für die Kontaktierung ausgewählte Person musste zuvor in den Speichern des MfS überprüft werden. Es war möglich, bei Beachtung der Konspirationsregeln, andere operative Kräfte kontaktieren zu lassen. Damit ergab sich gleichzeitig eine Gegenkontrolle oder die Möglichkeit des Einsatzes von OTM.[10] Eine solche Kontaktierung anderer operativer Kräfte (IM) beschreibt Peter Großmann, damals noch selbst IM, wie folgt:

»Während meiner Ausbildung hatte ich eine interessante, aufregende Kontaktierung in Berlin und Leipzig wahrzunehmen. Ich musste sie im Auftrag von Klaus [Führungsoffizier, Anm. d. Verf.] durchführen. Eine junge Frau sollte mich, ich war angeblich Westberliner Bürger mit einem selbständigen Ingenieurbüro, kontaktieren. Ich musste mich in Berlin in der Mokka-Milch-Eisbar aufhalten. Die junge Frau betrat mit Klaus die Bar und hatte die Anweisung, mich nur visuell aufzunehmen. Zehn Tage später hatte sie den Auftrag, mich an einem Sonnabend in der Astoria-Bar in Leipzig persönlich zu kontaktieren und möglichst viele Informationen über mich in Erfahrung zu bringen. Ich sollte über die Begegnung einen Bericht schreiben und die weibliche IM einschätzen. Ich saß also an der Bar und trank. Die Bar war gut besucht und ich sah, wie etwa 30 Minuten nach mir mein ›Schatten‹ die Nachtbar betrat und mich mit den Augen suchte. Sie war klein, sehr zierlich, sah anziehend aus und war schick gekleidet. Sie stellte sich zuerst an die Bar. Der Platz gefiel ihr nicht. Sie näherte sich mir langsam und ließ – im Kino oft gesehen – ihre Handtasche fallen. (Klaus erzählte mir später, dass es nicht absichtlich passiert war. Sie hatte vor Aufregung die Tasche fallen lassen. Glaube ich nicht.) Ich weiß noch heute, was aus der Tasche fiel, weil ich innerlich lachen musste. Ein Lippenstift, ein Kamm, ein Fläschchen Tosca, Zigaretten – und ein Päckchen BRD-Verhüterli. (Ich bin noch heute der Meinung, dass dies falsch war – wie kommt eine junge DDR-Frau an BRD-Verhüterli? Horst und Klaus, die den Einsatz mit mir auswerteten, waren da anderer Meinung. Aber ich kannte ja nicht die Zielstellung und den später geplanten Einsatz der weiblichen IM.) Ich bückte mich, nahm alles auf, zeigte auf die Zigaretten und meinte: ›Rauchen sollte man nicht – das ist sehr schädlich‹, zeigte auf die ›Verhüterli‹ und sagte: ›Die sollte man lieber nutzen und nicht in der Tasche tragen.‹ Das war sicher nicht sehr charmant und sollte anzüglich-witzig klingen, war aber eigentlich blöd. Aber sie war clever. Ihre Antwort: ›Rauchen ist eine Leidenschaft, und wenn der richtige Mann anwesend ist, der mir gefällt, nutze ich auch diese Dinger.‹ Ich war platt.

Wir kamen in ein lockeres Gespräch, und ich erfuhr, dass sie Rostockerin, 21 Jahre alt war, Angelika hieß, in Berlin an der Humboldt-Universität Chemie studierte und in Leipzig ihre Tante besuchte. Soweit ihr fiktiver Lebenslauf, den sie auch bei wiederholten Fragen meinerseits gut beherrschte. Sie verwickelte mich geschickt in ein Gespräch und stellte mir Fragen, die nie vordergründig waren und einen Verdacht hätten erregen können, das beeindruckte mich. Auf diese Weise erfuhr sie meinen Wohnort Westberlin, dass ich dort ein Büro führte und zu Außenhandelsgesprächen in Leipzig und Berlin weilte. Politisch wollte sie mich ebenfalls abklären – hier mauerte ich aber und gab lediglich zu verstehen, dass ich die Studentenbewegung gegen festgefahrene Gleise in unserem Land verstehen könne, die Krawalle jedoch nicht. Wir tanzten miteinander, sie tanzte mittelmäßig, aber mit leichtem Körperkontakt, danach gab ich zwei Gläser Sekt aus und verabschiedet mich nach rund zwei Stunden. Angelika wollte mich in Berlin wiedersehen, gab mir eine Telefonnummer und eine Adresse, wo sie als Untermieterin wohnte, d. h. eine konspirative Wohnung der HV A. Wie es weitergegangen ist, weiß ich nicht. Ich brachte in meinem Bericht zum Ausdruck, dass Angelika gut und zurückhaltend ›gearbeitet‹ und ihr Ziel, mich zu kontaktieren, erreicht hätte. Ich war sogar der Meinung, dass sie für gezielte, ausbaufähige Kontaktgespräche und Kontaktanbahnungen geeignet war. Ich hatte meine Rolle als Westberliner Bürger gut gespielt.«[11]

Bei Befragungen und Beobachtungen zu Personen und Objekten stellten die dokumentierten Ergebnisse und Vergleichsmaterialien die Grundlage der Einschätzung des richtigen und zweckmäßigen Verhaltens der IMs dar. Die IM waren zur Auseinandersetzung mit ihrem eigenen Handeln und gegebenenfalls auch zur eingehenden Beschäftigung mit den bei der Erfüllung des Auftrags angetroffenen politischen Haltungen beziehungsweise Meinungen anzuhalten. Die dabei erkennbaren Persönlichkeitseinschätzungen wurden bei der Eigenbewertung herangezogen.

Die Heranführung der IMs (DDR) an Einsätze im Westen unter Nutzung einer fremden Identität erforderte, bereits auf DDR-Gebiet die Verwendung operativer Personaldokumente zu üben, Sicherheit im Umgang mit ihnen zu gewinnen, einen operativen Lebenslauf aufzubauen und verkörpern zu können sowie mit diesen Voraussetzungen nachrichtendienstliche Aufträge in unterschiedlichen Gebieten der DDR zu realisieren.

Durch die Nutzung einer fremden Identität bestand auch die Möglichkeit, dass IM (DDR) eine andere als die von ihnen sonst durchlebte politische Grundhaltung darstellen konnten, feindlich-negative Denk- und Verhaltensweisen nachvollzogen und in stärkerem Maß zur Auseinandersetzung mit der gegnerischen Ideologie geführt wurden. Auch das konnte abwehrmäßig, beispielsweise mit einem angedachten Einsatz in einer feindlich-negativen Gruppierung, legendiert werden.

Gemäß der künftigen Einsatzrichtung konnten die Einsätze der IMs (DDR) auf DDR-Gebiet von Tageseinsätzen bis zu mehrmonatigem Leben unter diesen Bedingungen andauern.

Die IM (DDR) mussten auch befähigt werden, durch sicheres Auftreten, Sachkenntnisse sowie widerspruchsfreie, zwingende Gesprächsführung eine fremde Identität, erforderlichenfalls ohne Personaldokument, darstellen zu können.

Die IM (DDR) hatten umfangreiche Aktivitäten zu realisieren, um die Person des operativen Dokuments sicher und mit entsprechendem Hintergrund verkörpern zu können. Auch diese Handlungen waren Bestandteil ihrer Befähigung und mussten an den späteren Anforderungen der Tätigkeit im Operationsgebiet gemessen werden. Gleichzeitig bot der komplexe Charakter dieser Aufgabenstellung umfangreiche Möglichkeiten, die Eignung der IMs bezüglich der Planmäßigkeit des Vorgehens, der Zielstrebigkeit des gründlichen Durchdenkens aller damit verbundenen Probleme sowie der zunehmenden Sicherheit im Umgang mit dem Dokument zu prüfen.

Unter diesen Voraussetzungen waren die IM mit verschiedensten Befragungen und Beobachtungen, gezielten Kontaktaufnahmen sowie dem Aufsuchen verschiedener Dienststellen (zum Beispiel Meldewesen der Volkspolizei (VP), Kaderabteilungen in Betrieben) zu beauftragen.

Aus den unterschiedlichen Aufgaben zur Entwicklung von IM (DDR) müssen jene besonders herausgehoben werden, die hohe physische und psychische Belastungen für sie darstellten und deren Wert in den günstigen Möglichkeiten zur Feststellung des Grades ihrer Befähigung bestand. Solche Aufgaben konnten darin bestehen,

- den IM umfangreiche Komplexaufträge zu erteilen, um sie zu höherer Selbstständigkeit, wachsender Sicherheit im operativen Handeln und zur Planung des Vorgehens zu führen sowie ihre Einsatzbereitschaft, das Zurückstellen persönlicher Interessen und die Belastbarkeit zu prüfen, wobei die Erfüllung der nachrichtendienstlichen Aufgaben durch Schaffung besonderer Bedingungen erschwert werden konnte, um die IM zu Entscheidungen im Sinne der Auftragsrealisierung zu zwingen,
- einzelne IM (DDR) in Abhängigkeit von ihrer bis dahin erfolgten Entwicklung, der künftigen Funktion sowie dem Stand der Vorgangsentwicklung zur Arbeitsaufnahme im Bereich der materiellen Produktion zu veranlassen, um sie speziell zu befähigen, ihre Arbeitshaltung weiter zu prüfen und sie gegebenenfalls unter fremder Identität den Prozess der Legalisierung üben zu lassen,
- die IM (DDR) unter den Bedingungen der Staatsgrenze scheinbar in das Operationsgebiet eindringen zu lassen, um ihren Mut, ihre Risikobereitschaft, die psychische Belastbarkeit, die Ehrlichkeit und Zuverlässigkeit besonders zu prüfen und bei bestimmten IM diese auf eine Grenzschleusung vorzubereiten,
- IM (DDR) in Einzelfällen sowie im Zusammenhang mit der Realisierung operativer Aufgaben zielgerichtet der Festnahme durch die Volkspolizei und der Grenztruppen (GT) der DDR auszusetzen, um Standhaftigkeit, Reaktionsvermögen, beziehungsweise das konsequente Vertreten der operativen Legenden unter erschwerten Bedingungen zu testen.

Solche Maßnahmen mit Entscheidungs- und Bewährungscharakter wurden für die Entwicklung der Eignung der IMs sorgfältig vorbereitet und durch eine allseitige Ausschöpfung der sich bietenden Möglichkeiten der Erziehung, Befähigung, des Studiums sowie der Überprüfung der IMs genutzt. Da es sich um genehmigungspflichtige Maßnahmen handelte, waren sie gesondert zu beantragen.

Der Einsatz von IM (DDR) in bestimmten sozialistischen Ländern wurde genutzt, um sie vor Einsätzen im Operationsgebiet in ihnen unbekannten Gebieten unter nicht feindlichen Bedingungen weiter zu befähigen und zu überprüfen. Die Aufgabenstellung war so zu gestalten, dass solche Einsätze in Zeitdauer, Belastung und Anforderungen an die nachrichtendienstlichen Tätigkeiten sowie an das Verbindungswesen Übungscharakter für den bevorstehenden Übergang auf das Territorium des Gegners hatten. Die IM (DDR) sollten durch solche Einsätze befähigt werden,

- umfassende Einsätze selbstständig nach den Vorgaben der HV A zu planen und sich durch Regimestudien darauf vorzubereiten,
- die vereinbarten Informationsübermittlungen an die Zentrale zuverlässig und sicher vorzunehmen,
- mit den Vorgaben der Zentrale während des Reiseverlaufs selbstständig die erforderlichen Entscheidungen zu treffen, um das Ziel des Einsatzes zu erfüllen,
- Regimestudien sowie Kontaktaufnahmen entsprechend der Aufgabenstellung durchzuführen,
- die Berichterstattung nach Einsatzende entsprechend den geltenden Normen durchzuführen.

Solche Einsätze im sozialistischen Ausland konnten unter tatsächlicher sowie mit fremder Identität als DDR-Bürger oder als Bürger des Operationsgebietes realisiert werden. Die Aufgabenstellungen hingen von der jeweiligen Einsatzform ab.

Durch Kontrolltreffs, mittels Beobachtung durch andere operative Kräfte oder den Führungsoffizier, durch Vergleichsmaterial sowie Analyse der erreichten Ergebnisse war eine Einschätzung des erreichten Standes der Eignung der IMs (DDR) bei diesen Einsätzen vorzunehmen.

Nach Abschluss der Maßnahmen zur Entwicklung der Eignung auf dem Territorium der DDR und anderer sozialistischer Staaten musste eine analytische Eignungseinschätzung vorgenommen werden. Darin war durch den Führungsoffizier einzuschätzen:

- der Grad der Befähigung der IMs für die angedachte Einsatzrichtung,
- auftretende Erziehungsfragen, politische/ideologische Unklarheiten, beziehungsweise Probleme bei den IM und wie diese von ihnen selbst gelöst wurden,
- Besonderheiten sowie Unregelmäßigkeiten bei der Realisierung nachrichtendienstlicher Aufträge,
- Verhalten der IMs gegenüber dem Führungsoffizier als Vertreter der Zentrale, Disziplin und Einsatzbereitschaft der IMs,
- eventuelle Veränderungen im Verhalten der IMs in ihrem Familien-, Arbeits- und Freizeitbereich,
- die Sicherheitslage im Vorgang,
- die definitive Entscheidung des Führungsoffiziers über die Eignung oder Nichteignung der IMs (DDR) für den Einsatz im Westen.

Die Eignungseinschätzung des Führungsoffiziers musste dem Dienstvorgesetzten spätestens im Zusammenhang mit der Vorlage für den Ersteinsatz im Operationsgebiet vorgelegt werden.[12]

Der Einsatz von IM (DDR) im Operationsgebiet zur Vorbereitung auf die Ausübung der operativen Funktion

Mittels Einsätzen in das Operationsgebiet waren wesentliche Grundlagen der nachrichtendienstlichen Tätigkeit als Kundschafter im Westen zu entwickeln und zu prüfen. Durch Einsätze zur Vorbereitung auf die Ausübung einer operativen Funktion waren die IM (DDR) zu befähigen,

- Sicherheit bei den Grenzpassagen im Rahmen des grenzüberschreitenden Verkehrs zwischen der DDR und dem Operationsgebiet beziehungsweise zwischen den westlichen Staaten zu erlangen,
- Grundkenntnisse und Verhaltensweisen für den konspirativen Aufenthalt im Operationsgebiet zu erlangen sowie weitere Voraussetzungen für Folgeeinsätze zu schaffen,
- nachrichtendienstliche Mittel und Methoden unter den Bedingungen des Operationsgebietes anzuwenden,
- im Operationsgebiet gezielt soziale Beziehungen verschiedener Art zu dortigen Personen zu gestalten,
- die tatsächliche Identität in allen Bereichen des Alltagslebens geheim zu halten und zu tarnen,
- sich an den Umgang mit öffentlichen Einrichtungen, Institutionen und Organisationen des Operationsgebietes entsprechend der späteren Funktion zu gewöhnen,
- eine stabile und sichere Verbindung zur Zentrale während des Einsatzzeitraums aufzubauen.

Gleichzeitig wurden die IM (DDR) ab den ersten Einsätzen im Operationsgebiet auf die Auseinandersetzung mit der Erscheinungswelt des Westens sowie der bürgerlichen Informationspolitik orientiert. Dieser Prozess war für jeden IM (DDR) entsprechend seiner Voraussetzungen sowie den Erlebnissen während des Einsatzes individuell zu planen und zielgerichtet zu gestalten.

IM (DDR) wurden schrittweise an die Bedingungen und das Leben im Westen herangeführt. Dabei waren jene IM, die auf nichtlegaler Grundlage nachrichtendienstliche Einsätze im Operationsgebiet durchführten, zunächst durch besondere Einsätze zum Studium der Regimebedingungen vorzubereiten. Während solcher Einsätze wurden bereits dem Ausbildungsstand entsprechende sowie mit der Aufenthaltslegende zu vereinbarende Aufgaben realisiert und so die IM (DDR) von Beginn ihrer Tätigkeit im Westen an durch die Einheit von Aufgabenerfüllung und Regimeanalyse entwickelt.

Zur Vorbereitung operativer Einsätze sollten die IM (DDR) in Abhängigkeit von ihrer nachgewiesenen Zuverlässigkeit und Eignung differenziert herangezogen werden. Dies betraf besonders jene Seiten der Einsatzvorbereitung, bei denen aktuelle Fragen des operativen Regimes erarbeitet werden mussten sowie Formen des äußeren Ablaufs (Reisewege, Verkehrsmittel) und Fragen der Verbesserung des Verbindungswesens zur Zentrale. Die Einbeziehung der IMs sicherte ein tieferes Eindringen in die mit dem Einsatz verbundenen Probleme und ermöglichte eine bessere Identifizierung mit dem nachrichtendienstlichen Einsatz.

Die operativ-technische Vorbereitung der Einsätze von IM (DDR), die der Führungsoffizier zu leisten hatte, umfasste

- die Erarbeitung der Vorlage zum Einsatz des zu verwendenden operativen Dokuments, Abstimmung mit der Abteilung VI der HV A über die Zweckmäßigkeit der Verwendung dieses Dokuments sowie die Überprüfung des Dokuments in den Fahndungsunterlagen der HV A,
- Abstimmung des Reisewegs sowie der Verkehrsmittel mit der Reisestelle der HV A/VI,
- Auswahl und Erarbeitung der Vorlage über den Einsatz von OTM.

Die Planung der erforderlichen finanziellen Mittel, der unterschiedlichen Währungen und ihr Einsatz wurden in der Einsatzvorlage gesondert ausgewiesen.

Die Herauslösung der IMs (DDR) aus dem gesellschaftlichen Leben wurde entsprechend der Zeitdauer des Einsatzes sowie den Arbeits- und Lebensbedingungen der IMs vorgenommen. Das konnte entweder durch den jeweiligen IM selbst als auch durch Sicherungs-IM in entsprechenden Positionen erfolgen.

Die Herauslösung von IM (DDR) aus dem gesellschaftlichen Leben in der DDR zur Realisierung zeitweiliger Einsätze erforderte,

- eine glaubhafte Abwesenheitslegende zu entwickeln, die der Häufigkeit sowie der durchschnittlichen Zeitdauer der Einsätze entsprach,
- die gesellschaftlichen Erfordernisse der Tätigkeitsbereiche der IMs so wenig wie möglich zu stören und die Erfüllung von volkswirtschaftlichen Planaufgaben mit den Notwendigkeiten der nachrichtendienstlichen Einsätze abzuwägen,
- nach Abschluss des Einsatzes die IM wieder problemlos in das gesellschaftliche Leben der DDR eingliedern zu können.

Zeitweilige Einsätze von IM (DDR) in das Operationsgebiet zogen nach sich, die Ehepartner dieser IM ebenfalls in geeigneter Form einzubeziehen. Dabei mussten die Konspiration über die nachrichtendienstliche Aufgabenstellung sowie die Mittel und Methoden der operativen Arbeit strikt gewahrt bleiben. Die Zeitdauer der Einsätze sowie die damit verbundene Herauslösung aus dem gesellschaftlichen Leben in der DDR erforderten oftmals eine Werbung der Ehepartner der IMs (DDR). Die Werbung von Ehepartnern der IMs (DDR) besaß beispielsweise folgende Vorteile:

- sie in die Absicherung der Abwesenheitslegende einbeziehen zu können,
- sie im Fall von Komplikationen, beispielsweise Festnahmen oder Erkrankungen

während des Einsatzes, relativ schnell in geeigneter Form zur aktiven Mitarbeit heranziehen zu können,

- sie als beruhigenden und stabilisierenden Faktor während des Einsatzes bei den IM (DDR) wirken lassen zu können.

Die Persönlichkeitseigenschaften der Ehepartner der IMs (DDR) und die Möglichkeiten ihrer Werbung als Sicherungs-IM fanden bei der Entscheidung über den Einsatz von IM (DDR) im Operationsgebiet Beachtung. Die Familienverhältnisse und insbesondere die Stabilität der Ehe waren von besonderer Bedeutung. Die Arbeit mit dem Ehepartner, besonders wenn eine Werbung als Sicherungs-IM nicht möglich war, bedurfte der Entscheidung des entsprechenden Leiters. In besonderen Fällen konnte statt des Ehepartners auch eine andere Person aus der Umgebung des IM einbezogen werden.

Vor nachrichtendienstlichen Einsätzen wurden die IM (DDR) über das Verhalten bei einer Konfrontation mit gegnerischen Sicherheits- und Justizbehörden belehrt. Gleichzeitig waren Vorkehrungen dahingehend zu treffen, wie im Fall einer Konfrontation mit solchen Behörden die Verbindung zur Zentrale aufrechterhalten werden konnte.

Für die Durchführung operativer Einsätze von IM (DDR) wurde ein Einsatzplan erarbeitet. Dessen Bestandteile waren:

- das Ziel des Einsatzes,
- die Aufgabenstellung während des Einsatzes,
- der Ablauf des Einsatzes,
- die zur Absicherung des Einsatzes erforderlichen operativen Dokumente, OTM, Ausrüstungsgegenstände, finanziellen Mittel, Reiserouten sowie Legenden,
- die Maßnahmen zur Einsatzvorbereitung.

Der Verlauf sowie die Ergebnisse des Einsatzes wurden in Einsatzberichten zusammengefasst. Darüber hinaus erfolgte auf der Grundlage der dafür gültigen Formblätter die Anfertigung von Reiseberichten, die anschließend der Abteilung VI der HV A übergeben wurden.

Entsprechend den operativen Möglichkeiten sowie der Vorgangsspezifik konnten die IM (DDR) zunächst zu Tageseinsätzen nach Westberlin mit DDR-Reisepass geschickt werden. Diese Kurzeinsätze in Westberlin hatten die Besonderheit, dass

- die IM sich zunächst nur zeitlich sehr begrenzt auf gegnerischem Gebiet aufhielten und im Wesentlichen jeder Schritt der IMs vorweg geplant sowie bei der Einsatzauswertung im Einzelnen analysiert werden konnte,
- die Wirkung des gegnerischen Territoriums sowie die westliche Erscheinungswelt auf die IM ebenfalls zeitlich begrenzt war und die Führungsoffiziere die ideologische Arbeit mit den IM günstig organisieren konnten,

- die IM die Konsultation mit dem IM-führenden Mitarbeiter nach jedem Einsatztag nutzen konnten,
- das Einsatzdokument den IM in dieser Entwicklungsphase noch ein gewisses Maß an Rückhalt und Sicherheit bot,
- die IM zwar ohne direkte Berührung mit gegnerischen Kontrollorganen in das Operationsgebiet gelangen konnten, aber gleichzeitig mit Observationsmaßnahmen an den Grenzübergängen und bestimmten Anlaufpunkten rechnen mussten.

Die den IM (DDR) gestellten Aufträge sollten variabel gehalten und differenziert entwickelt werden. Die operative Befähigung der IMs wurde in der Regel so weit geführt, dass sich die IM durch solche Einsätze sicher im Westen bewegen und unter Beweis stellen konnten, unter den Bedingungen des Operationsgebietes handeln zu können.[13]

Gerhard Block erinnert sich an seine ersten operativen Einsätze in Westberlin: »Als Nächstes wurde ich auf meinen unmittelbaren Einsatz vorbereitet. Zuerst fuhr ich mehrmals nach Westberlin, kaufte mir Sachen zum Einkleiden, da ich ja als Westbürger nicht mit DDR-Klamotten auftreten konnte. Ich nutzte die Gelegenheit, um gleichzeitig auch einige kleinere Artikel französischer Produktion einzukaufen. Da mir Westdeutschland aus meiner Bahnfahrerzeit von 1951 bis 1953 nicht gänzlich unbekannt war, fiel es mir nicht sehr schwer, mich auf die westdeutsche Lebensart einzustellen.«[14]

Ausführlicher beschreibt ein anderer IM seinen ersten Einsatz in Westberlin:

»Das Lampenfieber am ersten Tag des Übungseinsatzes, das Martin einkalkuliert hatte, bleibt aus. Er weiß aus der Vergangenheit, dass ihn an äußeren Eindrücken wenig Neues erwarten wird. Er würde ein Heimspiel haben. Gewissenhaft befolgt er alle Anweisungen, als er seine Wohnung verlässt, fährt er mit der S-Bahn bis Ostkreuz, wo Achim [HV A-Führungsoffizier, Anm. d. Verf.] ihn pünktlich auf die Minute an vereinbarter Stelle aufnimmt.

›Um neun ist um neun, nicht eine Minute davor oder danach‹, lautet seine Devise. Sie fahren zur Villa, dem ›Objekt‹! Achim hat die Dokumente mitgebracht: den westdeutschen Pass, jetzt versehen mit den verschiedensten Ein- und Ausreisestempeln, wie sie Grenzorgane in aller Welt scheinbar systemlos durcheinander anbringen; den Westberliner Personalausweis zusammen mit einem Tagespassierschein, nachdem er 8.46 Uhr am Bahnhof Friedrichstraße die Grenze zur DDR passiert hat. Gegen Mittag wird er nach einem Verwandtenbesuch mit diesem Ausweis wieder zurück nach Westberlin fahren.

Dazu erhält er jetzt ›die letzte Ölung‹. Achim hakt bei der Instruktion Punkt für Punkt von seinem Plan ab, der zu Martins Überraschung um einen Auftrag erweitert wird. ›Wenn du alle Besorgungen erledigt hast, fährst du noch einmal zurück zum Kurfürstendamm‹, erklärt Achim, ›und suchst dort ein kleines Hotel auf.‹ Sie stecken die Köpfe über dem Stadtplan zusammen, Achim bohrt seinen Finger darauf, ›dort fragst du am Empfang, ob Herr Rüdiger Schumann schon angekommen ist. Anschließend verlässt du das Hotel, vor- und nachher sicherst du natürlich gründlich ab.‹

Die Akribie, mit der Achim ihn vorbereitet, gibt Martin Sicherheit. Alle Taschen werden umgekrempelt, damit nichts Verdächtiges steckenbleibt. Selbst das Taschentuch wird gewechselt. Martin legt seine Brille ab und setzt die Haftschalen ein. Eine andere Armbanduhr wird er sich auch besorgen müssen. Dabei fällt ihm sein Ehering auf. ›Den musst du ablegen‹, wirft Achim erschrocken ein, er hatte ihn übersehen. Martin begreift. Wenn Komplikationen eintreten, hat er es als Junggeselle leichter. Aber nun haben sie ein Problem: Der Ring lässt sich zwar mit Seife entfernen, zurück aber bleibt ein heller Streifen, der mehr auffällt, als der Ring. ›Make-up!‹ befindet Achim. Trudchen wird alarmiert, die Blässe lässt sich kaschieren. In Zukunft muss das anders gelöst werden.

Portemonnaie und DDR-Geld wandern zu Achim, Martin erhält im Gegenzug 1.500 DM. Tausend für die Ausrüstung, 500 als Reserve für unvorhergesehene Fälle. Unter Achims Aufsicht ›vercontainert‹ er die 500 DM, den Rest steckt er in die Brieftasche, die Achim ihm mitgebracht hat. Im Container wird auch der westdeutsche Reisepass verstaut. Sein Schlüsselbund nimmt Achim in Verwahrung. Dabei fällt Martin auf, dass er ja ganz ohne Schlüssel unterwegs ist. ›Ungewöhnlich‹, stellt Achim fest, ›aber für diesmal nicht zu ändern, für später müssen wir uns was einfallen lassen.‹

Beide fiktiven Dokumente walkt Achim kräftig in seinen Händen, ehe er sie übergibt, damit sie nicht mehr so neu aussehen. Martin steckt Westberliner Personalausweis und Tagespassierschein ein, fährt noch einmal prüfend über alle Taschen – nichts Verdächtiges mehr. Er nimmt seine ›Nato-Plane‹ [Nylonmantel, Anm. d. Verf.] über den Arm und steigt zu Achim ins Auto.

Unterwegs herrscht lange Schweigen. Es ist alles gesagt. Achim betont noch einmal eindringlich die Selbstkontrolle auf allen Etappen. Dort, wo er ihn am Morgen aufgenommen hat, Nähe S-Bahnhof Ostkreuz, setzt er Martin wieder ab.

Die Gegend ist unbelebt. Niemand folgt ihm, er kommt sich auf einmal merkwürdig verlassen vor, löst eine Fahrkarte und steigt ohne Hast in einen Zug Richtung Friedrichstraße. Dort ist Endstation, alle steigen aus. Martin will sich nach der Kontrollstelle orientieren, als ihm einfällt, dass er eine neue Fahrkarte braucht. Wo löst man als Westberliner eine Fahrkarte nach Westberlin? Auf die simple Frage war er nicht vorbereitet, aber im Sog der reisenden Westberliner landet er am richtigen Schalter. Dann reiht er sich ein in die Menschenschlange, die schon außerhalb des Bahnhofs beginnt und sich langsam zur Kontrollstelle windet. Die Papiere werden dort zweimal kontrolliert, seinen Passierschein behalten die DDR-Grenzer ein, plötzlich ist er in die Katakomben des Bahnhofs entlassen, läuft treppauf, treppab immer den Hinweisschildern nach, kauft sich ein paar Zeitungen und Zeitschriften, damit füllt er seine Aktentasche, landet an der Rolltreppe, die ihn hinauf zum Westbahnsteig bringt und fährt los mit der nächstbesten Bahn. Jetzt hast du die erste Hürde genommen, denkt er erleichtert. Hält sich weiter gewissenhaft an den Plan, steigt am Bahnhof Zoo aus und begibt sich, weiter aufmerksam auf seine Umgebung achtend, zum Café Kranzler. Er muss so schnell wie möglich seinen Westberliner Personalausweis loswerden. Also bei Kranzler auf die Toilette und den Ausweis wechseln.

Da zeigt sich, wie gut es war, den Umgang mit den Containern auch im Dunkeln geübt zu haben, denn auf der Toilette des weltbekannten Hauses brennt kein Licht. Jetzt fühlt er sich sicher. Er macht einen Ku-Damm-Bummel, landet im KaDeWe, kauft dort nicht nur einige Artikel, sondern ortet vor allem die von Achim geschilderten Absicherungsmöglichkeiten, findet den Trubel für seine Zwecke als zu unübersichtlich und kauft die restlichen Sachen in verschiedenen Läden, die er in der Umgebung zu Fuß erreicht. Zum Schluss den Koffer. Die Dinge, die er gekauft hat, lässt er gleich vom Verkäufer darin verstauen. Dann gibt er den Koffer bei der Gepäckaufbewahrung am Bahnhof Zoo ab. Er läuft zum angegebenen Ku-Damm-Hotel und nutzt alle Wege zur ständigen Selbstkontrolle.

Als der Schriftzug des Hotels vor ihm auftaucht, fühlt er sich plötzlich unsicher. Er geht an der Eingangstür vorüber, redet sich diesen Schritt als zusätzliche Absicherungsmaßnahme ein und kehrt an der nächsten Kreuzung auf der anderen Straßenseite zurück. Jetzt ist ihm wohler. Fast gelassen, fragt er am Empfang nach dem ominösen Herrn Rüdiger Schumann. Der Portier schaut in sein Vorbestellungsbuch, erwidert dann etwas irritiert nein, er sei noch nicht da, habe aber auch gar keine Reservierung machen lassen. Martin kann sich das nicht erklären, bedankt sich und verabschiedet sich. Nach dem Verlassen des Hotels sichert er sich noch einmal gewissenhaft ab. Die Unbehaglichkeit scheint sich wieder herauszuschleichen. Aber schließlich läuft er sich frei. Auf dem Rückweg zum Bahnhof Friedrichstraße findet er seine Unbefangenheit wieder. Die Grenzpassage verläuft unspektakulär. Er erhält eine Tagesaufenthaltsgenehmigung zu seinem Pass, verlässt den Bahnhof, um Achim anzurufen. Aber jetzt hat er keine Ostgroschen. Wütend auf die Bürokraten im Hause, weil keiner an diese Kleinigkeiten gedacht hat, und auf sich selbst, läuft er zurück zur Wechselstelle im Bahnhof. Dort muss er wieder den Pass zeigen, die Frau am Schalter füllt ein Formular aus. Dann tauscht er fünf Mark um.

Achim nimmt ihn wieder in der Nähe des Bahnhofs Ostkreuz auf und lässt sich anschließend im Objekt den Verlauf seines Einsatzes minutiös schildern. Größten

Wert legt er auf die Absicherung: Wie hast du dich nach der ersten Kontrolle schon am Bahnhof Friedrichstraße verhalten? Welche Personen deiner Umgebung sind dir aufgefallen? Welche Wege bist du gegangen? Und vor allem: Wie hast du den Dokumentenwechsel vorgenommen?

Am wenigsten scheint Achim sein Besuch im Hotel mit der Frage nach Herrn Schumann zu interessieren. Er nimmt Martins Bericht mit Schulterzucken entgegen, dabei war dieser Auftrag der einzige des Einsatzes, den er mit Herzklopfen erledigt hatte. Wahrscheinlich gehört Achims Reaktion zu seiner Taktik. Ob Martins Schrecksekunden beim Kauf der Fahrkarte nach Westberlin und die Panne beim Telefonieren auf dem Heimweg auch kalkulierte Taktik waren, bleibt offen. Martins geharnischte Kritik zeigt jedenfalls bei Achim kaum Wirkung. Er macht sich zu allen Einzelheiten eifrig Notizen für einen Bericht, den er noch in der Nacht im Hause abliefern muss. Dieser Vorgang wird sich über die Jahre hinweg nach jeder Reise Martins wiederholen.

Anschließend folgt die Rückwandlung zum DDR-Bürger. Achim nimmt die Westdokumente wieder an sich. Die Tagesaufenthaltsgenehmigung muss er rechtzeitig zurückbringen lassen, sonst würde nach Mitternacht die Fahndung nach dem ›fiktiven Mann‹ ausgelöst werden.«[15]

Bei Einsätzen in das Operationsgebiet über Westberlin hinaus mussten zunächst die Voraussetzungen für den sicheren Umgang mit dem zu verwendenden West-Dokument geschaffen werden. Dazu waren zunächst sowohl durch das Materialstudium als auch durch spezielle Ermittlungshandlungen zur Originalperson des Dokuments Grundlagen zu erarbeiten.

Die IM (DDR) wurden mit jenen Kenntnissen ausgestattet, die sie entsprechend ihrem operativen Lebenslauf sowie dem künftigen Einsatzgebiet benötigten. Dazu gehörten solche Punkte wie:

• Kenntnisse zum Geburtsland und zum Geburtsort der Originalperson,
• Mentalität, Verhaltensweisen und Ausdrucksformen der Menschen in diesem Gebiet,
• Grundkenntnisse zum wesentlichen Lehrstoff an den Bildungseinrichtungen, die durchlaufen wurden,
• Grundkenntnisse zu jenen gesetzlichen Faktoren und deren Handhabung, die auf den durchschnittlichen Bürger des Operationsgebietes einwirkten (beispielsweise Krankenversicherung, Steuerzahlungen, Wehrdienstverfügungen),
• Kenntnisse, die die Gesamtheit des Lebens im Westen abrundeten und eine allseitig entwickelte gesellschaftliche Stellung im Operationsgebiet demonstrierten (Kenntnisse zu bestimmten Urlaubsorten, Reisebekanntschaften, Kenntnisse zum ausgeübten Beruf und zur entsprechenden Firma).[16]

Im Rahmen der stufenweisen Ausbildung absolviert auch Johanna Olbrich erste Einsätze über Westberlin hinaus. Dazu schreibt sie:

»Ich sollte mit einer anderen Identität ausgestattet werden. Die verantwortlichen Genossen mussten also jemanden finden, der ungefähr so alt war wie ich und auch eine gewisse Ähnlichkeit mit mir hatte. Zudem musste dieser Jemand in Westdeutschland oder einem anderen westlichen Land gelebt haben und irgendwann von dort weggegangen sein.

Man fand eine Frau, die in England in einem Haushalt gearbeitet hatte, dort weggegangen war und versprochen hatte, für eine Nachfolgerin aus Deutschland zu sorgen. Mehr erfuhr ich nicht. Man schickte mich nach London, um meine Sprachkenntnisse zu vervollkommnen und die Verhältnisse kennenzulernen, in denen meine Namensgeberin gelebt hatte. Ich sollte auch die Familie besuchen, für die sie gearbeitet hatte. Als ihre Freundin hätte ich herzliche Grüße zu übermitteln.

Im Mai 1966 trat ich die Reise an. Die britischen Fährleute streikten. Die Passagiere mussten warten, bis wir mit einer Fähre anderer Nationalität übergesetzt werden konnten und erreichten London erst am Abend. Ich gewann meine ersten Erfahrungen über englische Sitten gleich nach der Ankunft auf dem Bahnhof. Um ein Quartier zu bekommen, wandte ich mich an das Tourismusbüro. Dort konnte man mir nur Vermittlungsbüros nennen, die aber erst am nächsten Morgen öffneten. Ich hätte auch in einem Bahnhofshotel übernachten können. Doch mir war in Berlin gesagt worden, mich auf Bahnhöfen nicht lange aufzuhalten, weil man dort mit Beobachtungen und häufigen Kontrollen rechnen müsse. Außerdem entsprachen die Preise in diesem Hotel der Summe, die mir für eine ganze Woche zur Verfügung stand. Ich wollte es bei einem Taxichauffeur versuchen. Am Taxistand traf ich auf eine Gruppe von englischen Reisenden. Diese kamen gerade aus Deutschland und teilten mein Schicksal. Ein hilfsbereites Ehepaar nahm mich mit zu einem Hotel. Da kein Zimmer mehr frei war, mieteten sie mich in einem anderen Hause ein. Wie sich zeigte, ging ihre Liebe zum Rhein sogar so weit, dass sie den Taxifahrer im Voraus bezahlt hatten.

Am nächsten Tag fand ich dann ein preiswertes Zimmer und meldete mich in einem Sprachinstitut an. Sobald ich mich einigermaßen zurechtfand, wagte ich den angeordneten Besuch. Die Leute wohnten in Wimbledon in einer ansehnlichen Villa. Ich wurde von der Dame des Hauses mit großer Freude begrüßt, was mich einigermaßen überraschte. Sie zeigte mir das weiträumige Haus und rechnete, da sie mich für die von ›meiner Freundin‹ avisierte Haushälterin hielt, fest mit meiner Zusage, für sie zu arbeiten. Ich musste sie enttäuschen.

Nach sechs Wochen kehrte ich nach Berlin zurück. Dort berichtete ich ausführlich über meine Beobachtungen und Erfahrungen, die ich in London gemacht hatte.

Ich wurde dann noch zu einem kürzeren Aufenthalt nach Schweden geschickt und konnte dort meine Kenntnisse erweitern.«[17]

Die Regimefragen im Westen mussten so vermittelt werden, dass die IM anwendungsbereite Kenntnisse durch hohe Anschaulichkeit erlangen und diese Kenntnisse auch während ihrer West-Einsätze entsprechend erproben konnten.

Bei der inhaltlichen Planung und Gestaltung der Einsätze sollte beachtet werden, dass die IM (DDR) durch die Aufgabenstellung zur Auseinandersetzung mit dem gesellschaftlichen System gezwungen wurden und das Operationsgebiet bei diesen ersten Einsätzen nicht nur aus touristischer Sicht Beachtung fand. Das sollte seitens der HV A erreicht werden, indem die IM (DDR) unter Beachtung der Sicherheitsfragen auch solche Stätten aufsuchten, die schlaglichtartig die Schattenseiten der westlichen Gesellschaft aufzeigten.

Die IM (DDR) waren dahin zu führen, Fragen der eigenen Absicherung und Kontrollmaßnahmen bei Aufenthalt in verschiedenen Orten des Operationsgebietes vor dem Erfüllen weiterer Aufträge zu klären.

Weitere Aufgabenstellungen sollten entwickelt werden im Zusammenhang mit:

- der Auswahl von Treffmöglichkeiten, der Suche und Anlage von TBK verschiedener Funktionen, der Übermittlung aller geforderten Informationen über den Reiseverlauf und die Erfüllung operativer Aufgaben für die Zentrale,
- der Realisierung von Aufgaben zur Sicherung weiterer Einsätze,
- der Lösung spezifischer Aufträge, die auf eine gezielte berufliche oder sprachliche Qualifizierung, eine konkrete Kontaktarbeit oder auf Personen- und Objektermittlungen gerichtet sein konnten,
- die Durchführung von Aufgaben zum Befehl 40/68 (»Tätigkeit zur frühzeitigen Aufdeckung akuter feindlicher Aggressionsentschlüsse und militärischer Überraschungsvorhaben«[18]).

Diese Grundaufgaben waren entsprechend der vorgesehenen operativen Funktion sowie den Voraussetzungen der IMs weiter zu vervollständigen und die nachrichtendienstliche Eignung zielgerichtet zu entwickeln.[19]

Grundsätze der Führung von IM (DDR) in der operativen Funktion

Nach der grundsätzlichen Feststellung der operativen Eignung der IMs (DDR) musste die Entscheidung über den vorgangsgebundenen Einsatz in der konkreten Funktion gefällt werden. Die zur Bestätigung dieses Einsatzes einzureichende Vorlage des jeweiligen Führungsoffiziers hatte folgende Punkte zu enthalten:

- Kenntnisse, Fähigkeiten und Voraussetzungen der IMs, die im Prozess der Entwicklung der Eignung herausgebildet und geprüft worden waren,
- durchgeführte Maßnahmen der Eignungsentwicklung sowie Ergebnisse der nachrichtendienstlichen Arbeit der IMs,
- Analyse der sicherheitsrelevanten Faktoren,
- Maßnahmen zur spezifischen Entwicklung in der operativen Funktion.

Mit den IM (DDR) war ein Treff zur Analyse des erreichten Entwicklungsstandes in der nachrichtendienstlichen Arbeit durchzuführen. Weiterhin waren sie mit den Anforderungen an ihre künftige operative Arbeit vertraut zu machen. Die Tätigkeit der IMs erhielt dadurch eine neue Qualität.

IM (DDR) mit Führungsaufgaben im Operationsgebiet mussten mit den grundsätzlichen Problemen der Entwicklung, Erziehung sowie der Führung der unterstellten Kräfte im Westen vertraut gemacht werden. Sie hatten

- die Zentrale gegenüber den IM im Operationsgebiet zu repräsentieren,
- die Forderungen der HV A nachdrücklich, aber einfühlsam zu vertreten,
- überzeugende Lösungsvarianten für die Erfüllung nachrichtendienstlicher Aufgaben zu entwickeln,
- anstehende politisch-ideologische, operative beziehungsweise persönliche Probleme unter Berücksichtigung der konkreten Situation sachkundig zu klären sowie dabei Zuversicht und Vertrauen auszustrahlen.

Gleichzeitig musste Beachtung finden, dass die Vorbildwirkung als Vertreter der Zentrale in allen Bereichen der konspirativen Tätigkeit einen wesentlichen Erziehungsfaktor darstellte. Zur Bewältigung dieser Aufgaben fand bei der Festlegung der Weisungsrichtlinien für IM (DDR) Beachtung, dass

- ausreichende Kenntnisse über die Persönlichkeit der IMs des Operationsgebietes und ihrer spezifischen Lebenssituation vorhanden waren,
- die nachrichtendienstliche Aufgabenstellung der West-IM von den IM (DDR) mit Führungsaufgaben inhaltlich erfasst wurde und ein ausreichendes Potenzial von Erfahrungswerten zur Entwicklung von Lösungsvarianten vorhanden war,
- die Treffdurchführung genügend Raum für die Klärung von Problemen bot,
- die IM (DDR) die Sicherheitslage im Vorgang genau kannten und beachteten.

IM (DDR) mit spezifischen Aufgaben zur Gewährleistung einer schnellen, zuverlässigen und beständigen Verbindung zwischen IM des Operationsgebietes und der Zentrale waren während des Einsatzes in der Funktion ebenfalls dazu zu erziehen,

- ständig nach effektiven Lösungswegen der Übermittlung sowie des Transportes von Materialien, Dokumenten und Mitteln zu suchen und sie der Zentrale vorzuschlagen,
- gleichzeitig die mit der Informationsübermittlung verbundenen Risiken gründlich aus ihrer Sicht zu analysieren sowie insbesondere im grenzüberschreitenden Verkehr die Mittel und Methoden des gegnerischen Abwehrsystems in ihrer Anwendung zu studieren.

IM (DDR) wurden während des Einsatzes in der nachrichtendienstlichen Funktion zur Vertiefung der Regimekenntnisse angehalten. Reisewege, Aufenthaltsorte und Übernachtungsstätten waren so zu gestalten, dass sie zur Vervollständigung des operativen Lebenslaufs beitrugen und stets das Regimewissen der IMs aktualisierten. Dahingehend wurden auch bekannte Urlaubsorte und Kulturstätten in die Einsatzplanung einbezogen.

IM (DDR), die sich zeitlich begrenzt im Westen aufhielten, waren speziell zu befähigen die Übergangsphase zwischen der Einreise in das Operationsgebiet und der direkten nachrichtendienstlichen Handlung in der Funktion zur Absicherung der eigenen Person, der Auffrischung von Regimewissen sowie zur Realisierung von geplanten Überprüfungshandlungen bei den West-IM zu nutzen.

Eingesetzte operative Dokumente mussten in Abstimmung mit der Abteilung VI der HV A auf die Dauer des Gebrauchs geprüft und bei Notwendigkeit rechtzeitig durch neue Dokumente ersetzt werden. Zur Gewährleistung der kontinuierlichen Tätigkeit in der operativen Funktion waren bei Erfordernis Reservedokumente bereitzustellen. Während des Einsatzes in der Funktion mussten Effektivität und Beständigkeit des Verbindungssystems zwischen IM (DDR) sowie der Zentrale stets genau untersucht und eventuell erforderliche Korrekturen vorgenommen werden. Die verschiedenen Arten der Verbindung zwischen IM und Zentrale wurden planmäßig geübt und überprüft.

IM (DDR) waren vor jedem Einsatz beziehungsweise bei längeren Einsätzen durch Treffs über das Verhalten gegenüber gegnerischen Sicherheits- und Justizbehörden zu schulen. Während längerfristiger Einsätze beziehungsweise nach operativen Reisen berieten die HV A-Offiziere gemeinsam mit den IM die Sicherheitsfragen und zogen bei Notwendigkeit entsprechende Schlussfolgerungen. Die von den IM getroffenen Einschätzungen und Beobachtungen wurden dokumentiert.

Treffs der Führungsoffiziere mit den IM des Operationsgebietes wurden unter anderem auch zur Kontrolle der Wirksamkeit der eingesetzten Führungskräfte (DDR-

IM) genutzt. Bei solchen Treffs erfolgte die Diskussion über Probleme des operativen Führens beziehungsweise der Optimierung des Verbindungswesens. Entsprechend der dargestellten Sachlage waren durch die Zentrale Fragen der weiteren Befähigung der IMs (DDR) oder ihres zweckmäßigeren Einsatzes in der Funktion zu prüfen.[20]

Die Arbeit mit IM (DDR), die auf DDR-Territorium im Rahmen des Verbindungswesens eingesetzt wurden

Zur Gewährleistung der Sicherheit der operativen Verbindung mit IM im Westen benötigte die HV A in ausreichender Anzahl IM (DDR), die in den Funktionen Deckadresse, Decktelefon, konspirative Wohnung oder konspiratives Objekt auf dem Gebiet der DDR agierten.

Inhaber von Deckadressen waren IM (DDR), die ihre Anschrift zur Übermittlung von Informationen zur Verfügung stellten und diese entsprechend den Festlegungen an die HV A weiterleiteten.

Bei der Nutzung von Deckadressen in der DDR durch West-IM mussten folgende Grundsätze beachtet werden:

- Der grenzüberschreitende Postverkehr unterlag stets der Kontrolle und Überwachung des Gegners, aber auch der Abwehrorgane der DDR, und war deshalb auf ein Minimum zu beschränken.
- Außer Ansichtskarten waren alle anderen Arten von Postsendungen aus dem Westen mit einem Absender zu versehen.
- Die operative Post durfte niemals aus dem unmittelbaren Wohn- oder Arbeitsbereich des IM abgesandt werden.
- Anrede und Inhalt des Tarntextes durften nicht in offensichtlichem Widerspruch zur Person des Inhabers der Deckadresse stehen.
- Mit Geheimschreibmitteln verfasste Mitteilungen an die Deckadresse waren stets zu chiffrieren und die Festlegungen für deren Benutzung gewissenhaft einzuhalten.
- Die an die Deckadresse übermittelten Informationen durften keine Hinweise oder Schlüsse auf den tatsächlichen Inhalt und Absender geben und zulassen.
- Anschrift und übriger Text der Postsendung durften nach Schriftbild und benutztem Schreibgerät keine Abweichungen aufweisen.

Neben den grundlegenden waren folgende spezifische Anforderungen an Deckadressen zu stellen:

- Es musste eine eigene, unverwechselbare Anschrift vorhanden sein.
- Der Briefkasten, zu dem nur der jeweilige IM und die Zentrale Zugang hatten, musste sicher verschließbar sein.

- Im Haushalt sollten keine schulpflichtigen Kinder vorhanden sein.
- Sie durften keine berufliche oder gesellschaftliche Position einnehmen, in der eine Meldepflicht für »Westkontakte« existierte.

Bezüglich der operativen Arbeit mit Inhabern von Deckadressen mussten folgende Grundsätze beachtet werden:

- Inhaber von Deckadressen durften keine Kenntnisse über den wirklichen Absender sowie die tatsächlich übermittelten Informationen besitzen.
- Eingehende Post jeglicher Art (Brief, Postkarte, Telegramm, Päckchen, Paket) war stets ungeöffnet und unverzüglich an die Zentrale weiterzugeben.
- Bei Abwesenheit durch Urlaub, längere Krankheit, Dienstreise oder aus anderen Gründen war stets der tägliche und legendierte Zugang zum Briefkasten durch die HV A zu gewährleisten.

Die operativen Mitarbeiter der Aufklärung hatten folgende Grundsätze der Nutzung von Deckadressen durchzusetzen:

- Sie waren grundsätzlich nur für einen IM-Vorgang zu nutzen.
- IM des Operationsgebietes erhielten stets mehrere Deckadressen, um diese getrennt für Telegramme, Briefe, Postkarten und Päckchen einsetzten zu können.
- Zur Erhöhung der Sicherheit waren für besonders zu schützende IM und Informationen Deckadressen außerhalb Berlins und der Bezirksstädte auszugeben.
- Die Zeitdauer der aktiven Nutzung von Deckadressen musste begrenzt werden.
- Dekonspirierte Deckadressen durften unter keinen Umständen an andere IM ausgegeben werden.

Vom Beginn der Zusammenarbeit an und vor der Nutzung war durch den HV A-Mitarbeiter ein gutes Verhältnis zum Inhaber der Deckadresse zu entwickeln, da im Unterschied zu anderen IM-Kategorien zu diesen IM keine so enge Bindung bestand und sie oft nicht sofort, sondern erst bei Bedarf eingesetzt wurden.

Deckadresseninhaber mussten eindeutig zu ihrer Aufgabe instruiert werden. Die Instruktion bezog sich insbesondere auf folgende Punkte:

- Jede bei der Deckadresse eingehende Post, die nicht eindeutig den persönlichen Verbindungen des IM zugeordnet werden konnte, musste als operative Post betrachtet werden, unabhängig ob diese aus der DDR oder dem Ausland abgesandt worden war.
- Die Postsendungen kamen unregelmäßig, oft unangekündigt und konnten verschiedener Art sein.
- Operative Post durfte unter keinen Umständen geöffnet werden.
- Ihr Eingang musste unverzüglich telefonisch und codiert dem zuständigen Mitarbeiter der HV A gemeldet werden, bei Nichterreichbarkeit des entsprechenden

Offiziers war darauf zu dringen, dass dieser schnellstens eine Mitteilung hinsichtlich des Posteingangs erhielt.

Deckadresseninhaber wurden zudem instruiert über:

- die Festlegungen zu Ort und Art der Postübergabe an den HV A-Mitarbeiter oder seinen Beauftragten,
- die Vereinbarung von Kennzeichen und Parole für Beauftragte der Zentrale,
- die Legendierung des Postempfangs aus dem westlichen Ausland gegenüber der Umwelt,
- die Möglichkeiten des Zugriffs der Zentrale zur Post bei Abwesenheit des Deckadresseninhabers sowie der notwendigen Legendierung.

In der Praxis der HV A hatte es sich als zweckmäßig erwiesen, nach der grundsätzlichen Einweisung einige Probesendungen an die Deckadresse zu senden und die IM dadurch systematisch vorzubereiten sowie in dieser Phase nochmals zu überprüfen.

Vor der Nutzung der Deckadresse zur Übermittlung von Informationen aus dem Operationsgebiet musste in jedem Fall ein Treff mit dem Inhaber bezüglich einer konkreten Instruktion durchgeführt werden, bei dem die oben genannten Punkte sowie die zu erwartende Art der Post gründlich beraten wurden. Nach dieser Instruktion erfolgten Treffs mit dem Deckadresseninhaber in der Regel nur im Zusammenhang mit der Übernahme von Post oder in größeren Abständen, wobei das Ziel verfolgt wurde, sie an ihre Aufgaben zu erinnern beziehungsweise ihnen entsprechend der vorhandenen Möglichkeiten Abwehraufgaben zu erteilen.

Bei den relativ wenigen Treffs waren diese IM sorgfältig und gründlich zu studieren. Die Überprüfungen reduzierten sich nach der Werbung in der Regel nur auf die Adresse. Nach der Ausgabe der Deckadresse an andere IM sollte zeitweilig eine M-Kontrolle (Postkontrolle durch die Linie M des MfS) eingeleitet werden. Sorgfältig waren alle Hinweise und Anzeichen auf eine Dekonspiration der Deckadresse sowie Unregelmäßigkeiten zu erfassen und zu dokumentieren. Regelmäßig sollte deshalb die operative Post von der dafür zuständigen Diensteinheit dahingehend überprüft werden, ob Unbefugte diese geöffnet hatten.

Lagen Hinweise oder Anzeichen vor über

- eine längere Laufzeit der Postsendungen als allgemein üblich,
- den Verlust von operativen Postsendungen,
- eine stetige Beschädigung oder Öffnung der Postsendung durch Unbefugte,

mussten die Deckadressen meist unverzüglich abgeschrieben werden.

Innerhalb der HV A fand Beachtung, dass Deckadressen in der Regel nur relativ kurze Zeit genutzt wurden und darum für jeden schon geworbenen IM, der im und in das Operationsgebiet eingesetzt wurde, beziehungsweise für Neuwerbungen von West-IM sowie planmäßig noch zu werbende IM eine ausreichende Reserve vorhanden sein musste.[21]

Warum Inhaber von Deckadressen möglichst keine schulpflichtigen Kinder im Haushalt haben sollten, begründete sich durch Erfahrungen der HV A. Ein ehemaliger IM schreibt dazu in seinen Erinnerungen: »Unsere einzige Mitwirkung sollte darin bestehen, dass in Westeuropa tätige Kundschafter des MfS im Bedarfsfalle ihre Ermittlungsergebnisse an unsere Privatadresse schicken konnten und wir die Weiterleitung an das MfS vornehmen würden. [...] Der Postbote lieferte in unserer Wohnung ein Päckchen ab. Unsere Töchter nahmen es in Empfang – wir Eltern waren auf Arbeit – und kindliche Neugier brachte sie dazu, es zu öffnen. Der Stempel auf den Briefmarken verriet, es kam aus Holland. [...] Der Inhalt des Päckchens, aus einem mit Kaffeebohnen gefüllten Behältnis und zwei Stücken Seife bestehend, galt als spendabel. Als Mutter Clausner nach Feierabend in der Wohnung anlangte, wurden die aromatischen dunkelbraunen Bohnen in ein Glas umgefüllt; vorletzte Station, bevor ihnen in der elektrischen Kaffeemühle die erforderliche Feinkörnigkeit gegeben würde. Da jedoch entdeckten unsere Töchterchen zwischen den Kaffeebohnen Fremdkörper – kleine Minifilmrollen.[22]

Inhaber von Decktelefonen waren IM (DDR), die ihren Telefonanschluss zur Übermittlung von Informationen zur Verfügung stellten und diese entsprechend den Festlegungen an die Zentrale weiterleiteten. Neben den grundlegenden wurden spezifische Anforderungen an die Inhaber von Decktelefonen gestellt. Sie mussten

- über einen eigenen Telefonanschluss verfügen, zu dem außer ihnen und den jeweiligen Offizieren der HV A keine anderen Personen Zugang hatten,
- eine berufliche und gesellschaftliche Position einnehmen oder verwandtschaftliche Beziehungen besitzen, die Telefonanrufe aus dem westlichen Ausland erklärbar machten,
- für die Zentrale bestimmte Anrufe sofort als solche erkennen, sie wörtlich behalten beziehungsweise telefonisch speichern und unverzüglich an die HV A weiterleiten.

Hinsichtlich der Nutzung von Decktelefonen galten ähnliche Grundsätze wie bei den Deckadressen. Inhaber von Decktelefonen

- durften keine Kenntnisse über den wirklichen Anrufer sowie die tatsächlich übermittelten Informationen erhalten,
- mussten bei Abwesenheit den Zugang zum Telefonanschluss gewährleisten und legendieren können.

Decktelefone waren grundsätzlich nur in einem IM-Vorgang einzusetzen, es war unzulässig, ein Decktelefon mehreren IM zuzuteilen. Da Telefongespräche nach Erkenntnissen der HV A vom Gegner gespeichert wurden und damit reproduzierbar waren, galten für die Nutzung von Decktelefonen folgende Grundsätze:

- Jeder Anruf aus dem Operationsgebiet zum Decktelefoninhaber musste im Selbstwählfernverkehr aus einer öffentlichen Telefonzelle erfolgen.
- Die Frequenz und Zeitdauer der Anrufe waren zu minimieren.
- Die Übermittlung von Informationen, die von den zeitlichen Erfordernissen her auch postalisch erfolgen konnte, war zu unterlassen.
- Vereinbarte Codewörter mussten korrekt und in festgelegter Reihenfolge angewandt werden.
- Erklärende oder verdeutlichende Zusätze durften nicht erfolgen.

Bei Anrufen vom Territorium der DDR aus an Inhaber von Decktelefonen galten hinsichtlich der Konspiration die gleichen Anforderungen.

Bezüglich der Arbeit mit Decktelefoninhabern galten bezüglich Erziehung und Befähigung sowie Studium und Überprüfung die Prinzipien, wie sie für die Arbeit mit Deckadressen vorgegeben waren.

Inhaber von konspirativen Wohnungen und konspirativen Objekten waren IM (DDR), die geeignete Räumlichkeiten für operative Maßnahmen wie beispielsweise die Durchführung von Treffs, den Aufenthalt und die Übernachtung von IM oder die Realisierung technischer Maßnahmen, zur Verfügung stellten.

Hinsichtlich der Räumlichkeiten wurde unterschieden zwischen Zimmern in der Wohnung der IMs (DDR), die der HV A ganz oder teilweise, zeitlich begrenzt oder unbegrenzt, von den KW-Inhabern oder durch die HV A ausgestattet zur Verfügung gestellt wurden, und Räumen, über die diese IM (DDR) außerhalb ihrer Wohnung verfügten. Zu den spezifischen Anforderungen an KW gehörten:

- Die Wohnungen mussten von alleinstehenden Personen oder Ehepaaren ohne Kinder und ohne Untermieter bewohnt werden und in sich abgeschlossen sein.
- Sie durften nicht zu häufig von Verwandten, Bekannten, Nachbarn oder Hausbewohnern aufgesucht werden, da dadurch Störungen oder Risikofaktoren entstehen konnten.
- Die KW durfte sich nicht in der unmittelbaren Nähe von Objekten befinden, die der besonderen abwehrmäßigen Sicherung und Überprüfung unterlagen (Objekte der NVA, der VP, des MfS, der SED, des Staatsapparates, Botschaften und Residenzen ausländischer Vertretungen).
- Die Möglichkeit des Aufsuchens und Verlassens der KW/des KO musste wirksam gegenüber Nachbarn sowie anderen Etagen- beziehungsweise Hausbewohnern legendiert werden können.

Zu den geeigneten Räumlichkeiten, über die IM (DDR) außerhalb ihrer Hauptwohnung verfügten und die sie der HV A als KW/KO zur Nutzung übergeben konnten, gehörten:

- Ferien-, Wochenend-, Boots- und Jagdhäuser oder andere im Besitz der IMs befindliche beziehungsweise von ihnen eigenverantwortlich verwaltete Häuser, Bungalows, Wohnungen, Zimmer und Räume,
- Gebäude, Räume oder Zimmer, über die IM (DDR) aufgrund ihrer beruflichen oder gesellschaftlichen Funktion verfügten, wie das beispielsweise der Fall war bei Leitern, Verwaltern beziehungsweise Hausmeistern von staatlichen oder gesellschaftlichen Einrichtungen wie zum Beispiel Betrieben, Instituten, Hoch-, Fach- oder Oberschulen, Heimen, Museen, Bibliotheken, Gaststätten, Sport- und Erholungszentren.

An diese KW/KO war über die bisher genannten Gesichtspunkte hinaus die Anforderung zu stellen, dass der Publikumsverkehr zu diesen Einrichtungen völlig normal und unkontrolliert verlief.

Mit den Inhabern von KW/KO mussten die Nutzungsbedingungen genauestens abgesprochen werden. Dies betraf insbesondere

- die Benutzung der KW/des KO bei An- und Abwesenheit des Inhabers für alle operativ möglichen oder notwendigen Maßnahmen,
- die Begrenzung der Benutzung der KW hinsichtlich bestimmter Tage, Tageszeiten sowie der Einrichtung und Ausstattung der Wohnung,
- die zu zahlende Miete, Bewirtung durch den Inhaber, Einrichtung des überlassenen Zimmers sowie zu schaffende bauliche oder andere Veränderungen zur Gewährleistung aller für die KW/KO geplanten operativen Maßnahmen,
- beachtenswerte Bedingungen im Haus sowie der unmittelbaren Umgebung bei der Nutzung der KW,
- Berücksichtigung der im Haus sowie in der Umgebung bekannten bisherigen Gewohnheiten und Verhaltensweisen der KW-Inhaber,
- die Festlegung der Legende für die Benutzung der KW/des KO durch alle operativen Kräfte.

Auf die Erarbeitung der Legende zur Benutzung war durch den jeweiligen HV A-Offizier besonderer Wert zu legen. Sie musste folgende Punkte berücksichtigen:

- die Individualität, Gewohnheiten und bisherige Lebensweise der Inhaber von KW/KO,
- die natürlichen gesellschaftlichen sowie territorialen Bedingungen im Umfeld der KW/des KO,
- die Einprägsamkeit für alle operativen Kräfte (Führungsoffiziere, IM, KW-Inhaber),

- die Rechtfertigung für das Betreten der Wohnung/des Objektes durch den HV A-Mitarbeiter sowie den IM bei An- und Abwesenheit des Inhabers der KW/des KO,
- die Legendierung der Anwesenheit anderer Personen in der Wohnung der Inhaber von KW/KO.

Nach der gründlichen Erarbeitung der Legende musste festgelegt werden, wie sie zur Anwendung kommen sollte. Es hatte sich nach den Erfahrungen der HV A vielfach bestätigt, dass eine richtig gewählte und offensiv, aber unauffällig und unaufdringlich verbreitete Legende, die beste Gewähr für die Sicherheit der KW/des KO und damit der operativen Arbeit bot.

Von maßgeblicher Bedeutung für die erfolgreiche Realisierung der Aufgaben war die umfassende Instruktion der KW/KO-Inhaber. Zur Gewährleistung der Sicherheit der KW/KO mussten in der Instruktion Festlegungen getroffen werden über:

- die ständige Beobachtung der Personenbewegungen im Haus sowie der Nachbarschaft, besonders hinsichtlich von Neuzuzügen, Besuchern aus dem westlichen Ausland und von Personen, die nicht dem Haus und seinen Bewohnern zuzuordnen waren,
- die Beobachtung des Hauses und der Nachbarschaft während nachrichtendienstlicher Maßnahmen bezogen auf Personen, Kfz, Geräte sowie sonstige Erscheinungen, die unter Umständen mit den Maßnahmen in der KW im Zusammenhang stehen konnten,
- das Verhalten bei Störungen während der operativen Maßnahmen wie dem Erscheinen von unbekannten oder unangemeldeten Besuchern (zum Beispiel Handwerker, Auskunftssuchende, Vertreter), bei denen versucht werden sollte, unter Wahrung der Konspiration und Sicherheit der Maßnahmen, unauffällig, aber zielgerichtet Anhaltspunkte zur Feststellung der Identität zu erarbeiten,
- die Art und Weise der Anbringung von Sicherungszeichen für unvorhergesehene Fälle, die zeitweilig keine Nutzung der KW/KO zuließen.

Im Interesse der Sicherung der Konspiration waren Informationen zu folgenden Fragen zu erarbeiten:

- Wer zeigt besonderes Interesse für den KW-Inhaber, seine Familie, seine Wohnung, seine Besucher?
- Wer versucht, Anschluss oder freundschaftliche Verbindungen herzustellen, ohne dass ein natürlicher Grund vorliegt?
- Welche fremden Personen hatten sich aus welchen Gründen in der Wohnung aufgehalten, beispielsweise Fernmeldemonteure, Fernseh- oder Rundfunkmechaniker, Elektriker oder andere Handwerker (Einbau von Feindtechnik), staatlich oder gesellschaftlich beauftragte Personen?

- Welche Reparaturen, An-, Aus- oder Umbauten wurden im Haus, der Nachbarwohnung beziehungsweise in der KW/im KO selbst durchgeführt?

In der Erziehung und Befähigung der KW/KO-Inhaber zur selbstständigen Realisierung ihrer Aufgaben musste sich der Führungsoffizier vor allem auf folgende Punkte konzentrieren:
- Ausprägung und Entwicklung eines festen Klassenstandpunktes sowie ständige politisch-ideologische Festigung,
- Anerziehung eines operativen Beobachtungsvermögens,
- Befähigung zur Lösung der übertragenen Sicherungsaufgaben,
- strenge Einhaltung der Konspiration generell sowie gegenüber den die KW/das KO benutzenden IM,
- Arbeit mit Legenden zur Tarnung/Verschleierung der Benutzung und Sicherung aller nachrichtendienstlichen Maßnahmen in der KW/im KO.

Die Tatsache, dass Inhaber von KW/KO politisch zuverlässige und sorgfältig überprüfte DDR-Bürger waren, durfte keinesfalls zur Vernachlässigung der Wachsamkeit führen. Dies galt insbesondere für langjährig genutzte KW, weil diese oftmals nicht gründlich und planmäßig genug studiert und überprüft worden waren.

Studium sowie Überprüfung von KW/KO wurden grundsätzlich ausgerichtet auf:
- die Sicherheit sowie Konspiration aller operativen Maßnahmen in und um die KW/KO als räumliches Objekt,
- die Zuverlässigkeit, Ehrlichkeit sowie generellen Verhaltensweisen der KW/KO-Inhaber.

Im Vordergrund des Studiums und der Überprüfung der KW/KO-Inhaber standen:
- alle Handlungen und Verhaltensweisen, die im Prozess der nachrichtendienstlichen Arbeit, der Nutzung der KW/des KO sowie den gesonderten Treffs mit diesen IM sichtbar wurden,
- in bestimmten Zeitabständen oder aus gegebenen Anlässen zu realisierende Überprüfungsmaßnahmen mittels Speicherabfrage hinsichtlich neuer Hausbewohner oder Anlieger der KW/KO, von Personen, die enge Beziehungen zu den KW/KO-Inhabern unterhielten, von Personen aus dem westlichen Ausland, die Kontakte zu den Hausbewohnern unterhielten, mit dem Ziel festzustellen, ob diese Personen operativ auffällig geworden sind beziehungsweise eine Einordnung und Bewertung vornehmen zu können.

Ermittlungen als Überprüfungsmaßnahmen im Haus oder der Umgebung der KW/des KO sowie andere Mittel und Methoden der Überprüfung waren bei besonderen Vorkommnissen, beispielsweise dem Verdacht der Dekonspiration der KW/des KO, zur Anwendung zu bringen.[23]

Die HV A sowie die Abteilungen XV unterhielten auf dem DDR-Territorium ein umfangreiches Netz von konspirativen Wohnungen und konspirativen Objekten. Während die Wohnungen insbesondere in den Städten konzentriert waren, verhielt es sich bei den Objekten anders. Diese befanden sich oft am Stadtrand oder in ländlichen Gebieten. Insbesondere am Rande Berlins sowie im Berliner Umland existierte eine Reihe von Objekten der DDR-Aufklärung.

Gabriele Gast nutzte bei ihren Aufenthalten in der DDR Objekte der Aufklärung (von ihr als »Gästehaus« bezeichnet), unter anderem in Jößnitz bei Plauen sowie in Altenhof am Werbellinsee. Dazu schreibt sie:

»Seit meinem ersten Treffen mit Karl-Heinz Schmidt und Gotthard Schiefer in jenem Gästehaus des MfS in Karl-Marx-Stadt Anfang 1969 reiste ich etwa alle zwei Monate für eine Woche in die DDR. Einige Male noch waren wir bei Renate am Stadtrand von Karl-Marx-Stadt zu Gast. Doch fühlte ich mich dort zunehmend wie in einem goldenen Käfig. Aus Sorge, ich könnte bei einem Spaziergang zufällig einem meiner Verwandten über den Weg laufen, blieben wir die meiste Zeit im Haus. Ich rebellierte. Schiefer schlug deshalb ein Gästehaus in einem kleinen Dorf bei Plauen als künftigen Treffort vor. ›Das ist allerdings sehr einfach‹, meinte er entschuldigend. ›Aber es ist wunderhübsch gelegen, und die Wirtsfrau ist eine ausgezeichnete Köchin. Allerdings führt sie ein strenges Regiment.‹ […]

Schon bald sollte mir das kleine, einfache Haus in Jößnitz zur zweiten Heimat werden. Es lag ein wenig abseits vom Dorf, oberhalb der Bahnlinie von Plauen nach Reichenbach, nicht weit entfernt von der mächtigen zweistöckigen Elstertalbrücke, die Jößnitz mit Jocketa verbindet.«[24]

»Jenes Gästehaus, ein neugebauter Bungalow, lag ebenfalls abseits vom Dorf am Rand eines ausgedehnten Waldgebietes, das den gesamten Werbellinsee umgibt. Seitlich vom Haus erstreckte sich ein großes Feld, auf dem zur Erntezeit die Kolonnen riesiger Mähdrescher wie urzeitliche Ungetüme auftauchten, um binnen weniger Stunden das Getreide einzubringen. Ich war fasziniert von der Weite dieser Landschaft, von der Ruhe und Einsamkeit, nicht einmal eine Autostunde von Berlin entfernt, sowie von den alten, schmalen Alleen und dem holprigen Pflaster der engen Dorfstraßen, über die die Zeit spurlos hinweggestrichen zu sein schien.«[25]

Weiterhin wurde Gabriele Gast in Dresden auf dem Weißen Hirsch und in Berlin-Karolinenhof in MfS-Objekten empfangen.

Auch Hansjoachim Tiedge erinnert sich nach seinem Übertritt in die DDR an ein Objekt der HV A. Er schreibt dazu:

»Erst als unser Wagen den Autobahnring um Berlin verließ und in Richtung Prenzlau nach Nordosten abbog, fragte ich, mehr neugierig als beunruhigt: ›Wo werde ich eigentlich hingebracht? Bleiben wir denn nicht in Berlin?‹ ›Nein‹, lautete die

Antwort, ›wir fahren etwas nach außerhalb. Warten Sie ab, es wird Ihnen gefallen.‹ […]

Unsere Fahrt führte in der Tat an Wandlitz vorbei und erst an der nächsten Ausfahrt, Lanke, verließen wir die Autobahn. Über eine schmale Landstraße fuhren wir in der beginnenden Dunkelheit durch einen offensichtlich herrlichen Laubwald bis zu einem Dorf, wo wir auch die Landstraße verließen und auf einer Art asphaltiertem Weg in einen Nadelwald hineinfuhren. Nach etwa vierhunderte Metern bogen wir in ein Grundstück ein, an dessen Eingang ich Leute erkennen konnte, die hastig wieder das Tor hinter uns schlossen, während der BMW über das parkartige Grundstück auf ein freistehendes, spitzgiebliges Haus zufuhr. Als wir anhielten, forderten mich meine Begleiter auf, das Haus unverzüglich zu betreten und das Grundstück zu einem späteren Zeitpunkt in Augenschein zu nehmen. […]

Dies also war, wie ich aber auch erst im Laufe der Zeit erfuhr, ein Leitungsobjekt der HV A in Prenden im Kreis Bernau. Es war der Abteilung IX der HV A zur besonderen Nutzung zugewiesen und führte HV A-intern die Deckbezeichnung ›Waldhaus‹. […] An einem kleinen Abhang, oberhalb des Bauersees, in dem Fischzucht betrieben wurde, lag es mitten im Wald.«[26]

Peter Großmann erinnert sich aus der Sicht eines Führungsoffiziers folgendermaßen an das KO »Linde« der HV A:

»Mir wurde von der Leitung für diese Seite der operativen Arbeit ein schönes, konspiratives Objekt mit dem Namen ›Linde‹, ein Haus mit Garten, Garage, Sauna und ausgebautem Keller am Rande Berlins in Zepernick zur Verfügung gestellt. Die HIM ›Margot‹ war unsere Köchin und ihr Ehemann, der OibE ›Heinz‹ unser Verwalter. […] Margot und Heinz waren zuverlässige, bescheidene Mitarbeiter und mussten häufig Nächte und Wochenenden für unsere Arbeit ›opfern‹. Margot war eine gute Köchin und sorgte dadurch für Entspannung während der Treffgespräche. Die Hecken wurden von Heinz gepflegt, waren dicht, und so konnten wir auch im Garten spazieren gehen und uns an dem kleinen Teich, den Heinz angelegt hatte, erfreuen. […]

Im Laufe der Zeit wurden über Quellen, die in den Außenbüros bearbeitet worden waren und nach ihrer Verpflichtung im Objekt ›Linde‹ verkehrten, wichtige und streng geheime Informationen zur Militärtechnik, der Entwicklung strategischer Werkstoffe, zu BRD-Ministerien und später vor allem zur Elektronik, zum Maschinenbau, zur Rechentechnik erarbeitet.«[27]

Anmerkungen

1 MfS, Hauptverwaltung A: »Bericht über die Entwicklung und den erreichten Stand der Arbeit zur Früherkennung gegnerischer Angriffs- und Überraschungsabsichten (Komplex RJAN)«. Auf: https://www.stasi-unterlagen-archiv.de/assets/bstu/content_migration/DE/Wissen/MfS-Dokumente/Downloads/KGB-Projekt/86_04_23_HVA_Bericht.pdf. Zugriff am 6. Oktober 2021.

2 HV A, 7. Kommentar zur Richtlinie 2/79: »Die Arbeit der Diensteinheiten der Aufklärung des MfS mit IM (DDR)«. BStU, ZA, MfS, HA I, Nr. 15574, Bl. 615.

3 Vgl.: Ebd., Bl. 610–636.

4 Vgl.: Ebd., Bl. 637–644.

5 Wolfgang Böhme: *Der Engländer. Eine wahre Geschichte*. Rostock 2003, S. 40.

6 Vgl.: HV A, 7. Kommentar zur Richtlinie 2/79, Bl. 644 f.

7 Vgl.: Ebd., Bl. 646–649.

8 Johanna Olbrich: »Ich wurde Sonja Lüneburg«. In: Klaus Eichner, Gotthold Schramm: *Kundschafter im Westen. Spitzenquellen der DDR-Aufklärung erinnern sich.* Berlin 2003, S. 10 f.

9 Peter Großmann: *Mit ganzem Herzen*, S. 220 f.

10 Vgl.: HV A, 7. Kommentar zur Richtlinie 2/79, Bl. 649–655.

11 Peter Großmann: *Mit ganzem Herzen*, S. 221 f.

12 Vgl.: Ebd., Bl. 655–660.

13 Vgl.: Ebd., Bl. 661–668.

14 Gerhard Block: *Verraten und verkauft. Memoiren eines Unverbesserlichen*. Berlin 2004, S. 68 f.

15 Wolfgang Böhme: *Der Engländer. Eine wahre Geschichte*. Rostock 2003, S. 61–65.

16 Vgl.: HV A, 7. Kommentar zur Richtlinie 2/79, Bl. 668 f.

17 Johanna Olbrich: *Ich wurde Sonja Lüneburg*, S. 11 f.

18 MfS, Hauptverwaltung A: »Bericht über die Entwicklung und den erreichten Stand der Arbeit zur Früherkennung gegnerischer Angriffs- und Überraschungsabsichten (Komplex RJAN)«. Auf: https://www.stasi-unterlagen-archiv.de/assets/bstu/content_migration/DE/Wissen/MfS-Dokumente/Downloads/KGB-Projekt/86_04_23_HVA_Bericht.pdf. Zugriff am 6. Oktober 2021.

19 Vgl.: HV A, 7. Kommentar zur Richtlinie 2/79, Bl. 669 f.

20 Vgl.: Ebd., Bl. 670–674.

21 Vgl.: Ebd., Bl. 675–680.

22 Wolfgang Clausner: *Spuren lesen. Autobiografische Notizen. Rückblick und Besinnung.* Schwerin 2008 (überarbeitete und gekürzte Fassung), S. 475.

23 Vgl.: HV A, 7. Kommentar zur Richtlinie 2/79, Bl. 681–690.

24 Vgl. Gabriele Gast: *Kundschafterin des Friedens*, S. 88 f.

25 Ebd., S. 91.

26 Hansjoachim Tiedge: *Der Überläufer. Eine Lebensbeichte*. Berlin 1998, S. 427 f, 432, 433 f.

27 Peter Großmann: *Mit ganzem Herzen*, S. 283 f.

9. Kapitel

Das Verbindungswesen/Verbindungssystem der HV A

Allgemeines

Heinz Geyer, ehemaliger Stellvertreter des Leiters der HV A, betont in seinen Ausführungen zum Verbindungssystem: »Zwischen der Zentrale und den im Einsatz befindlichen Kundschaftern bildete dieses System, mit einer Nabelschnur vergleichbar, die Lebensader. Es ermöglichte die Führung der Kundschafter und den beiderseitigen Informationsfluss. […] Das Verbindungssystem der HV A funktionierte, weil die dafür geeigneten Menschen gefunden wurden, die bereit waren, aus ideologischen Gründen und angesichts der Gefahren für den Weltfrieden in jener Zeit sich persönlich einzusetzen und mögliche Risiken zu tragen.«[1]

Eine erfolgreiche Arbeit im Operationsgebiet setzte voraus, dass jederzeit eine stabile konspirative Verbindung zwischen den im Westen tätigen IM und der Zentrale bestand. Das Verbindungswesen umfasste alle zur Aufrechterhaltung einer stabilen konspirativen Verbindung zwischen den im Operationsgebiet tätigen IM und der HV A erforderlichen Mittel und Methoden und war untrennbar mit der Organisierung eines arbeitsteiligen, planvollen, koordinierten und den Erfordernissen der Konspiration entsprechenden Zusammenwirkens von IM verbunden.

Das Verbindungswesen wurde von der HV A als Lebensnerv der operativen Arbeit betrachtet und musste gewährleisten, dass unter allen Bedingungen der Lage

- die von den Quellen und anderen IM erarbeiteten Informationen und Materialien aus dem Operationsgebiet an die Zentrale übermittelt werden konnten,
- operative Materialien, Dokumente und Mittel sicher von der Zentrale zu den IM transportiert werden konnten,
- die Führung der im Westen tätigen IM gesichert war,
- bei besonderen Gefahren die rechtzeitige Warnung der IMs erfolgen konnte.

Die Aufrechterhaltung der Verbindung zwischen den IM im Operationsgebiet und der Zentrale erfolgte durch Treffs, TBK, Anlauf- und Zeichenstellen sowie durch die operative Nutzung des grenzüberschreitenden Personen-, Güter- und Postverkehrs, der Auslandsvertretungen sowie von Grenzschleusen und nachrichtentechnischen Mitteln. Zur Sicherung der operativen Informationen und Materialien wurden operativ-technische Mittel eingesetzt.

Während die Treffs vor allem der mündlichen Übermittlung von Informationen sowie der Führung der IMs dienten, mussten dokumentarisch gesicherte Informationen sowie operative Materialien vorrangig auf dem unpersönlichen Weg weitergeleitet werden.

An der Gestaltung des Verbindungswesens waren alle IM aus dem Operationsgebiet sowie IM aus der DDR beteiligt, die speziell für die Führung von IM aus dem Westen oder für die Übermittlung operativer Informationen und Materialien zum Einsatz gelangten.

Das Verbindungswesen musste schnell, zuverlässig und beständig funktionieren. Durch die zügige Übermittlung von Informationen und Materialien war zu sichern, dass die Zentrale rechtzeitig in den Besitz der von den Kundschaftern beschafften Informationen über die geheimen Pläne und Absichten des Gegners gelangte und die Aktualität der Aufklärungsinformationen erhalten blieb.

Insbesondere musste gewährleistet werden, dass Informationen, die kriegsvorbereitende Handlungen und feindliche Provokationen sowie ernste Zuspitzungen der Lage in den verschiedensten Regionen der Welt erkennen ließen, unverzüglich an die Zentrale übermittelt werden konnten. Die Zentrale wiederum musste in der Lage sein, den IM im Operationsgebiet nachrichtendienstliche Aufträge sowie operative Materialien und Ausrüstungen kurzfristig zukommen zu lassen.

Zuverlässigkeit bedeutete, dass die Informationen und Materialien die Zentrale oder die IM erreichten, ohne dass westliche Abwehrorgane oder unbefugte Personen Kenntnis vom Inhalt und vom Charakter der Informationen und Materialien sowie von operativen Kräften, Mitteln und Methoden erhalten konnten.

Beständigkeit bedeutete, dass das Verbindungswesen von vornherein so organisiert werden musste, dass es auch bei plötzlichen Veränderungen der Lage und in besonderen operativen Situationen zuverlässig und schnell funktionierte. Das Verbindungswesen musste der Tatsache Rechnung tragen, dass

- der Gegner sein Abwehrsystem ausbaute und die Wirksamkeit des personellen und materiellen Geheimnisschutzes weiter erhöhte,
- zur Aufrechterhaltung der Verbindung gegnerische Grenzsicherungen und andere Konzentrationspunkte gegnerischer Aktivitäten überwunden werden mussten,
- der Gegner seine Anstrengungen besonders auf das Erkennen operativer Kräfte, Materialien und Handlungen im Rahmen des Verbindungswesens konzentrierte und sich dabei auf bedeutende Erkenntnisse über die Arbeitsweise des MfS stützen konnte,

- eine Vielzahl im Verbindungswesen gebräuchlicher Mittel und Methoden auch von rechts- oder linksterroristischen Gruppen sowie kriminellen Banden angewandt wurde und deshalb Maßnahmen westlicher Sicherheitsbehörden gegen diese Gruppen zur Enttarnung von Aktivitäten des MfS führen konnten,
- die Sicherung der Verbindung das Zusammenwirken operativer Kräfte erforderte und deshalb die Sicherheit aller an der Realisierung eines gemeinsamen nachrichtendienstlichen Auftrags eingesetzten IM von der Zuverlässigkeit und Sicherheit jedes einzelnen IM abhing,
- sich die Informationen und Materialien im Fall einer unpersönlichen Übermittlung zeitweilig außerhalb der Kontrolle der Zentrale und der IMs befanden,
- die Aufrechterhaltung der Verbindung eine Vielzahl von Handlungen sowie den Einsatz operativer Mittel erforderte, die bereits für den Fall ihrer Wahrnehmung eindeutig als nachrichtendienstliche Aktivitäten und Mittel identifiziert werden konnten.

Im Verbindungswesen durften deshalb nur zuverlässige sowie nachweisbar überprüfte und erprobte IM eingesetzt werden.

Ständig musste gewissenhaft geprüft werden, ob die im Rahmen des Verbindungswesens eingesetzten Kräfte, Mittel und Methoden sowie die Organisation ihres Zusammenwirkens den Anforderungen entsprachen, die durch die Aufgabenstellung und die Regimebedingungen an sie gestellt wurden. Zu beachten waren dabei insbesondere:

- die Bedingungen des grenzüberschreitenden Personen-, Güter-, Post- und Fernmeldeverkehrs,
- die Aufenthalts- und Bewegungsbedingungen für IM in den einzelnen Regionen und Staaten,
- die nachrichtendienstlichen Arbeitsbedingungen in und an den Objekten des Gegners.

Die HV A betrachtete es daher als erforderlich, alle für das Verbindungswesen relevanten operativen Regimebedingungen gründlich zu studieren, Veränderungen in den Regimebedingungen rechtzeitig und zuverlässig zu erkennen und bei der Gestaltung des Verbindungswesens konsequent zu berücksichtigen beziehungsweise zu nutzen.

Alle Aktivitäten im Rahmen des Verbindungswesens mussten sorgfältig getarnt werden. Die zu übermittelnden Informationen waren wirksam gegenüber unbefugten Personen zu sichern. Auch jede einzelne nachrichtendienstliche Handlung und jedes operative Mittel mussten gewissenhaft geschützt werden.

Anzeichen, die auf eine Beeinträchtigung der Konspiration im Verbindungswesen beziehungsweise auf verstärkte Aktivitäten gegnerischer Abwehrbehörden hindeuteten, mussten sorgfältig geprüft und zum Anlass für die Einleitung präventiver Sicherheitsmaßnahmen genommen werden.

Um die Sicherheit des Verbindungswesens stets weiter zu erhöhen, waren verstärkt zuverlässige IM aus dem Operationsgebiet für die Führung von Quellen und anderer IM sowie für die Aufrechterhaltung der Verbindung zur Zentrale einzusetzen. Die Anwendung von TBK und anderen unpersönlichen Verbindungslinien sollte ausgebaut werden.

Besondere Anstrengungen unternahm die HV A, um die Sicherheit im operativen Reiseverkehr zu verbessern. Insbesondere wurde es dort als erforderlich betrachtet, im verstärkten Maß interne Kenntnisse über die Kontroll- und Überwachungsmaßnahmen aus den dafür zuständigen Objekten des Gegners zu erarbeiten. Um dem Gegner die Möglichkeit rastermäßiger Überwachungsmaßnahmen zu nehmen, war die komplette Vielfalt der operativen Reisemöglichkeiten variantenreich und vorgangsbezogen zu nutzen.

Der Einsatz der verschiedenen Mittel und Methoden hatte vorgangsbezogen zu erfolgen. Er musste dem Umfang und dem Charakter der zu übermittelnden Informationen/Materialien, der Zuverlässigkeit der IMs, ihrer Bereitschaft/Fähigkeit zur Anwendung der einzelnen Mittel und Methoden sowie den konkreten Regimebedingungen Rechnung tragen.[2]

Die Aufrechterhaltung der Verbindung durch Treffs

Treffs waren konspirative persönliche Begegnungen zwischen IM und Angehörigen der Zentrale. Sie nahmen eine zentrale Stellung in der Führung von IM sowie in der Übermittlung bedeutsamer Informationen ein. Sie konnten im Operationsgebiet, in der DDR oder in Drittländern durchgeführt werden und boten die Möglichkeit,

- eine tiefgreifende Berichterstattung der IMs über nachrichtendienstliche Arbeitsergebnisse sowie die Art und Weise der Auftragsdurchführung zu sichern und Unklarheiten an Ort und Stelle ohne Zeitverzögerung zu klären,
- die IM im erforderlichen Maß politisch-ideologisch zu schulen/erziehen sowie nachrichtendienstlich auszubilden,
- die Auftragserteilung und Instruktion im Rahmen eines persönlichen Gesprächs vorzunehmen sowie zu prüfen, inwieweit der Auftrag und die zur Auftragsrealisierung erforderlichen Verhaltensweisen von den IM verstanden und akzeptiert wurden,
- persönliche Probleme der IMs zu erörtern und durch Rat und Tat unmittelbar Hilfe und Unterstützung zu geben,

- die IM auch durch Erfahrungen und Erkenntnisse aus dem persönlichen Umgang mit ihnen zu studieren,
- die Vorbildrolle des Vertreters der Zentrale für die Erziehung der IMs zu nutzen.

Zur Gewährleistung einer schnellen, zuverlässigen und beständigen Verbindung wurden planmäßige, außerplanmäßige und beständige Treffs durchgeführt. Spezifische Treffarten waren der Materialübergabetreff sowie der Sichttreff.

Planmäßige Treffs waren nach Ort, Uhrzeit und Datum festgelegte Zusammenkünfte. Sie waren nicht mit konstanter, periodischer Regelmäßigkeit zu wiederholen, sondern jeweils nach operativen Notwendigkeiten und Möglichkeiten festzulegen. Die Trefffrequenz wurde in der Regel durch die Aufgabenstellung der IMs, die operativen Arbeitsbedingungen der IMs, die politische Lage, den Entwicklungsstand der IMs, die Organisationsform ihrer Führung sowie die Sicherheitslage im Vorgang bestimmt. Um zu sichern, dass sich Zentrale und IM gründlich auf die Treffs vorbereiten konnten, wurden sie in der Regel langfristig mit dem IM vereinbart.

Außerplanmäßige Treffs waren Zusammenkünfte, die zwar nach Ort und Uhrzeit, nicht aber bezüglich des Datums vereinbart wurden. Je nach nachrichtendienstlicher Notwendigkeit konnten außerplanmäßige Treffs für jeden Tag sowohl von der Zentrale als auch von den IM des Operationsgebietes angefordert werden. Außerplanmäßige Treffs kamen zur Anwendung, wenn Veränderungen in der politisch-operativen Lage, die Sicherheitslage im Vorgang oder persönliche Probleme des IM ein Zusammentreffen mit Vertretern der Zentrale dringend erforderlich machten. Die Vereinbarung des Treffdatums konnte auf dem unpersönlichen Weg erfolgen.

Beständige Treffs waren nach Ort, Uhrzeit und Tag fest vereinbarte Zusammenkünfte. Sie wurden dann wahrgenommen, wenn die reguläre Verbindung abgerissen war und andere festgelegte Verbindungsarten nicht angewandt werden konnten oder die Aufrechterhaltung der Verbindung nicht mehr gewährleisteten. Festlegungen für beständige Treffs waren für einen längeren Zeitraum zu vereinbaren. Sie hatten besondere Bedeutung für die Aufrechterhaltung der Verbindung in Krisen- und Spannungssituationen. Da die Bewegungsfreiheit der IMs in einer solchen Situation stark eingeschränkt sein konnte und die Standorte der IMs in der Regel nicht vorher bekannt waren, mussten solche festen Trefforte vereinbart sein, die sich für die IM eindeutig darstellten und die Aufrechterhaltung der Verbindung zwischen IM und HV A jederzeit gewährleisteten. Die beständigen Treffs mussten durch die IM bei Notwendigkeit so lange wahrgenommen werden, bis die Verbindung zur Zentrale wieder hergestellt war. Vor der Wahrnehmung des beständigen Treffs durch Vertreter der Zentrale mussten alle Möglichkeiten genutzt werden, um die Ursachen für die Unterbrechung der Verbindung zu klären.

Treffs sollten als Höhepunkte in der operativen Arbeit und im Leben der IMs gestaltet werden. Sie mussten das Vertrauen der IMs zum Beziehungspartner stärken und eine nachhaltige erzieherische Wirkung bei ihnen hinterlassen.

In den Mittelpunkt der Treffs war die Auswertung der nachrichtendienstlichen Arbeitsergebnisse sowie die Art und Weise der Auftragsrealisierung und die Instruktion zur Erfüllung neuer Aufträge zu stellen. Durch die Vertreter der Zentrale musste gesichert werden, dass

- bei der Berichterstattung ein hohes Maß an Objektivität gewährleistet war,
- die Arbeitsergebnisse der IMs allseitig erfasst wurden,
- die operativen Arbeitsbedingungen und realen Möglichkeiten der IMs zur Lösung nachrichtendienstlicher Aufgaben möglichst umfassend studiert wurden,
- die Verhaltensweisen der IMs bei der Auftragsrealisierung geprüft und die IM zur selbstkritischen Einschätzung ihrer Arbeitsergebnisse und Verhaltensweisen erzogen wurden,
- die operativen Arbeitsergebnisse und die durch die IM gewonnenen Erfahrungen während der Auftragsdurchführung den IM im erforderlichen Maß bewusst gemacht und zur ihrer weiteren Erziehung/Befähigung genutzt wurden,
- zusätzliche Informationen für die Beurteilung der Arbeitsergebnisse, der Sicherheitslage im Vorgang sowie der Zuverlässigkeit und operativen Eignung der IMs gewonnen werden konnten,
- die IM zielgerichtet auf die Erfüllung weiterer Aufträge vorbereitet wurden.

Die Berichterstattung der IMs während der Treffs wurde unmittelbar mit einer ersten kritischen Bewertung ihrer nachrichtendienstlichen Arbeitsergebnisse und Verhaltensweisen bei der Auftragsdurchführung verbunden. Das Selbstvertrauen der IMs sowie ihre Bereitschaft zur Lösung operativer Aufgaben war durch die Vertreter der Zentrale zu stärken. Die Autorität der HV A gegenüber den IM sollte stets gefestigt werden. Gleichzeitig waren die Treffs zu nutzen, um die IM ausführlich für die Durchführung der neuen Aufträge zu instruieren und ihnen die für die Auftragsrealisierung erforderlichen Kenntnisse zu vermitteln. Gemeinsam mit den IM war die Sicherheitslage im Vorgang zu überprüfen. Ausreichend Zeit musste auch für die Klärung politischer Fragen und persönlicher Probleme der IMs eingeräumt werden. Des Weiteren konnten während der Treffs spezielle Schulungen zu politischen, weltanschaulichen und nachrichtendienstlichen Fragen durchgeführt werden.

Treffs in der DDR und in anderen sozialistischen Staaten wurden für die Begegnung der IMs mit dem real existierenden Sozialismus genutzt.

Durch die richtige Auswahl des Treffortes sowie die Art und Weise der Treffdurchführung war durch die Vertreter der Zentrale eine Treffatmosphäre zu schaffen, die

die Aufgeschlossenheit der IMs förderte und das Vertrauen der IMs zum Beziehungspartner stärkte.

Die Vertreter der HV A mussten in der Lage sein, gegenüber den IM die Zentrale wirkungsvoll zu repräsentieren, die Forderungen der DDR-Aufklärung überzeugend zu vertreten, überzeugende Lösungsvarianten für die nachrichtendienstliche Aufgabenstellung zu entwickeln, anstehende politisch-ideologische, operative und persönliche Probleme an Ort und Stelle auf der Grundlage der Weisungen der Zentrale und unter Berücksichtigung der konkreten Situation sachkundig zu klären sowie Zuversicht und Vertrauen auszustrahlen.

Treffs durften von Außenstehenden nicht als konspirative Begegnungen erkannt werden. Deshalb mussten alle Treffs durch eine Kombination von dafür geeigneten Maßnahmen abgesichert werden. Dazu gehörten Vortreffs, Freizeichen, Parolen, Erkennungszeichen sowie fest vereinbarte Treff- und Reservezeichen.

Treffs bestanden in der Regel aus Vor- und Haupttreff. Vortreffs hatten eine Sicherheits- und Identitätsfunktion und dienten der Vereinbarung des Ortes sowie der Zeit der Haupttreffs. Diese Funktionen wurden durch Freizeichen und Parolen realisiert.

Freizeichen wurden von IM des Operationsgebietes gegeben. Sie gaben damit den Beauftragten der Zentrale unmissverständlich zu erkennen, dass sie sich auf dem Weg zum Vortreff abgesichert und keine die Sicherheit des Treffs gefährdenden Umstände festgestellt hatten und angesprochen werden konnten.

Für den Fall der Nutzung einer KW oder der Wohnung einer der Treffpartner für die Treffdurchführung mussten von Seiten der Wohnungsinhaber Freizeichen gegeben werden, wenn keine sicherheitsgefährdenden Umstände festgestellt worden waren.

Der Austausch von Parolen beim Vortreff gab den West-IM die Gewähr, dass sie von Vertretern der HV A angesprochen wurden. Parolen bestanden grundsätzlich aus folgenden drei unmissverständlichen Teilen: Frage, Antwort, Bestätigung. Nachdem die IM das Freizeichen gegeben hatten, wurden sie vom Vertreter der Zentrale mit der Frage angesprochen. Auf die Antwort der IMs erfolgte die Bestätigung durch die Repräsentanten der HV A.

Bei feststehenden Haupttreffs, beispielsweise in KW, wurden Vortreffs in Form von Sichttreffs durchgeführt.

Beim Haupttreff wurde durch Erkennungszeichen, die die Beauftragten der Zentrale vorwiesen, ihre operative Identität dokumentiert. Erkennungszeichen waren von den IM des Operationsgebietes ausgewählte und zu diesem Zweck der Zentrale übergebene Gegenstände.

Parolen und Erkennungszeichen besaßen für Krisen- und Spannungszeiten besondere Bedeutung, um die Verbindung durch Angehörige der Zentrale aufrechtzuerhalten, die den IM des Operationsgebietes persönlich nicht bekannt waren.

Die Treffzeiten für Vor- und Haupttreff mussten exakt festgelegt und von den Treffpartnern diszipliniert eingehalten werden. Des Weiteren wurden für jeden Treff Reservezeiten festgelegt. Sie wurden wahrgenommen, wenn ein Treffpartner zur geplanten Zeit nicht zum Treff erscheinen konnte. Zwischen Treff- und Reservezeiten war Raum für die Realisierung von Selbstkontrollhandlungen einzuplanen.

Große Bedeutung für die Gewährleistung der Sicherheit der Treffpartner musste der Wahl der Trefforte beigemessen werden. Sie mussten so ausgewählt sein, dass

- ein unverdächtiges Aufsuchen und Verlassen durch die Treffpartner möglich war,
- sich Treffpartner für die erforderliche Zeit am Ort aufhalten konnten, ohne Verdacht zu erregen,
- sie von den Treffpartnern möglichst auf getrennten Wegen aufgesucht und verlassen werden konnten,
- günstige Bedingungen für das rechtzeitige Erkennen gegnerischer Aktivitäten auf den Wegen zu Treffs, während der Treffs sowie beim Verlassen der Trefforte vorhanden waren,
- die Möglichkeiten für eine Überwachung der Treffs durch gegnerische Abwehrorgane weitestgehend ausgeschlossen werden konnten.

Konzentrationspunkte für Aktivitäten westlicher Sicherheitsbehörden waren als Trefforte grundsätzlich ungeeignet und zu meiden. Für Treffs im Westen, die nicht in legale Beziehungen eingebettet werden konnten, wurden die Trefforte durch die Vertreter der Zentrale unter Beachtung

- der Anforderungen an Trefforte,
- der territorialen Bedingungen sowie
- der Arbeits- und Lebensbedingungen der IMs des Operationsgebietes

langfristig ausgewählt, gründlich aufgeklärt und vor der Treffdurchführung abgesichert.

Das Aufsuchen der Trefforte, der Ursprung der Bekanntschaft sowie die Zusammenkunft mussten durch die Treffpartner übereinstimmend legendiert werden können. Treffs im Westen, die nicht durch legale Beziehungen abgedeckt werden konnten, waren möglichst als zufällige Begegnungen auszugeben.

Um ein hohes Maß an Sicherheit bei der Treffdurchführung zu gewährleisten, war es notwendig, dass

- alle für den jeweiligen Treff festgelegten Sicherungsmaßnahmen und Vereinbarungen eindeutig waren und von den Treffpartnern konsequent durchgeführt und eingehalten wurden,
- sich die Treffpartner durch spezielle Selbstkontrollmaßnahmen in Vorbereitung auf den Treff gründlich mit dem Ziel absicherten, Hinweise und Anzeichen für eine gegnerische Bearbeitung zuverlässig festzustellen,

- Treffs nur dann wahrgenommen wurden, wenn keine Anzeichen und Hinweise für eine gegnerische Bearbeitung festgestellt worden waren,
- Treffs – soweit möglich – von operativen Materialien entlastet wurden, die eindeutig nachrichtendienstlichen Charakter trugen,
- nach längeren Unterbrechungen von Treffs die gleichen Sicherungsmaßnahmen realisiert wurden, wie vor Treffbeginn,
- bei der Vorbereitung und Durchführung von Treffs die Arbeits- und Lebensbedingungen sowie die Gewohnheiten der IMs aus dem Operationsgebiet berücksichtigt wurden,
- die operativen Bedingungen, unter denen die IM zur Treffdurchführung eingesetzt wurden, eine gründliche Analyse erfuhren und bei der Planung/Durchführung der Treffs Beachtung fanden,
- die Treffs variabel gestaltet wurden, um Routine und Schematismus hinsichtlich der Trefforte und -zeiten, der Treffabstände und -abläufe sowie der Reiserouten zu vermeiden,
- die Treffs qualifiziert getarnt und nach Möglichkeit zunehmend in natürliche Verbindungen eingebettet wurden.

In Anbetracht der Qualifizierung des gegnerischen Abwehrregimes betrachtete es die HV A als erforderlich, Treffs mit Quellen und anderen wichtigen IM vorrangig im Operationsgebiet durchzuführen (damit entfielen für Quellen und andere wichtige IM risikobehaftete Reisen in die DDR oder andere sozialistische Staaten) und durch natürliche Beziehungen legal abzudecken. Voraussetzung dafür war der Einsatz von Führungs-IM und Residenten, die über eine überprüfbare gesellschaftliche Stellung als Bürger des Operationsgebietes verfügten und in der Lage waren, natürliche Beziehungen zu den Quellen und anderen wichtigen IM aufzubauen und zu unterhalten. Dabei mussten aus Sicht der HV A die Sicherheitsbestimmungen berücksichtigt werden, die der Gegner den Mitarbeitern seiner Objekte auferlegte. Zur Absicherung der legal abgedeckten Treffs betrachtete es die HV A als erforderlich, dass

- die persönlichen Verbindungen zwischen den IM ausreichend durch gemeinsame Interessen und Bedürfnisse begründet werden konnten und den gesellschaftlichen Gepflogenheiten des Westens entsprachen,
- gegebenenfalls die Ehepartner in die Aufrechterhaltung der Beziehungen sowie in die Absicherung der Treffs einbezogen wurden,
- die IM vor jedem Treff ihre Sicherheitslage realistisch bewerteten und dem Treffpartner die Möglichkeit einer gefahrenfreien Treffdurchführung signalisierten,
- auch bei der Nutzung von Wohnungen der IMs zur Treffdurchführung Vorkehrungen getroffen wurden, die ein Abhören der Gespräche durch den Gegner beziehungsweise unbefugte Personen ausschlossen.

Legal abgedeckte Beziehungen boten günstige Möglichkeiten für die Einbeziehung der Führungs-IM und Residenten in die dokumentarische Sicherstellung von Informationen sowie für die Sicherung einer hohen Kontinuität der Arbeit mit Quellen und anderen IM.

Besondere Sicherheitsmaßnahmen waren bei Treffs zwischen Residenten und Quellen sowie anderen IM notwendig, die nicht durch natürliche Beziehungen real abgedeckt werden konnten. Es musste gewährleistet sein, dass

- die Identität der Residenten gegenüber den Quellen und anderen IM geheim blieb,
- die Quellen und anderen IM auf dem Weg zum Treff durch die Residenten und ihre Gehilfen eine Absicherung erfuhren,
- die Vortreff- und Trefforte langfristig durch die Residenten ausgewählt und aufgeklärt sowie an den Trefftagen studiert wurden, um rechtzeitig Veränderungen festzustellen und darauf zu reagieren,
- durch die Residenten weitere Mittel und Methoden zur Übermittlung operativer Materialien genutzt und die Treffs nicht mit Materialübergaben belastet wurden.

Im Operationsgebiet lebende Residenten boten in der Regel die Möglichkeit zur Gestaltung einer kontinuierlichen Trefftätigkeit, zur Anwendung vielfältiger Mittel und Methoden der Übermittlung operativer Materialien und Informationen sowie der schnellen und sachkundigen Entscheidung aller Art, der bei den Quellen und IM anstehenden Probleme im Sinne der Zentrale.

An die Durchführung von Treffs zwischen Instrukteuren und IM aus dem Operationsgebiet waren im Prinzip die gleichen Anforderungen zu stellen wie an die Treffdurchführung von Residenten. Dabei war zu berücksichtigen, dass durch die erforderlichen Grenzpassagen der Instrukteure (DDR-IM) zusätzliche Gefahrenmomente entstehen konnten. Es musste deshalb gewährleistet sein, dass

- die Absicherung der Instrukteure bereits auf dem Territorium der DDR begann und den Erkenntnissen über das gegnerische Grenz-, Kontroll- und Überwachungsregime Rechnung trug,
- die Ausstattung und Ausrüstung der Instrukteure mit Gegenständen und Dokumenten den objektiven Gegebenheiten des Operationsgebietes sowie längeren Reisen entsprach und die von den Verfassungsschutzorganen und anderen Sicherheitsbehörden erarbeiteten Suchraster zum Erkennen von IM berücksichtigte,
- die Instrukteure über die erforderlichen Kenntnisse für die Benutzung der von ihnen verwandten operativen Dokumente sowie über die Modalitäten, die beim legalen Erwerb dieser Dokumente zu beachten waren, verfügten,
- die Instrukteure die für die operative Reise und den Aufenthalt im Westen notwendigen Legenden beherrschten,

- den Instrukteuren vor der Durchführung der Treffs längere Zeiträume für Absicherungsmaßnahmen im Operationsgebiet eingeräumt wurden,
- bei längerfristigen Einsätzen der Instrukteure, die für mehrere Zusammenkünfte mit IM genutzt wurden, vor jedem Treff erneut von beiden Treffpartnern Sicherungsmaßnahmen zur Anwendung kamen,
- konkrete und eindeutige Festlegungen über Handlungs- und Verhaltensweisen für den Fall getroffen wurden, dass die Instrukteure Anzeichen für eine Bearbeitung durch gegnerische Organe feststellten oder durch diese eine Festnahme erfolgte.

Neben der Führung von IM im Operationsgebiet durch Vertreter der Zentrale betrachtete es die HV A als erforderlich, dass in Abhängigkeit von der Notwendigkeit und den Möglichkeiten in größeren Zeitabständen direkte Zusammenkünfte der Führungsoffiziere und teilweise deren Vorgesetzte mit den IM durchgeführt wurden. Diese Treffs konnten in Drittländern, in der DDR selbst oder im sozialistischen Ausland stattfinden. Reisen in Drittländer waren in der Dienstanweisung 3/77 des Leiters der HV A (»Durchführung operativer Dienstreisen durch Angehörige der HV A und der Abteilung XV der BV in das Ausland mit DDR-Reisedokumenten«) geregelt.

Die Sicherheit für die Treffs mit IM in Drittländern war dadurch zu gewährleisten, dass

- die Treffs langfristig geplant und im Zusammenhang mit einem legalen Auslandseinsatz realisiert wurden,
- sich die Quellen während des Auslandsaufenthalts, insbesondere in Vorbereitung auf den Treff, gründlich absicherten,
- erforderlichenfalls IM mit Sicherungsaufgaben am Aufenthaltsort der Quellen stationiert wurden,
- die Quellen sich kurzfristig zur Durchführung von Treffs unter Verwendung operativer Dokumente in das für die Treffdurchführung festgelegte Land begaben,
- die Treffs möglichst in KO stattfanden und sich die Vertreter der Zentrale entsprechend absicherten.

Bei Treffs in der DDR und im sozialistischen Ausland ging die HV A davon aus, dass die gegnerischen Abwehr- und Aufklärungsorgane über umfangreiche und teilweise detaillierte Kenntnisse zu den Praktiken der Treffdurchführung auf dem Territorium der DDR sowie zu häufig genutzten Reisewegen in die DDR und andere sozialistische Staaten verfügten und ihre Ermittlungs- und Beobachtungstätigkeit zunehmend auf die DDR beziehungsweise andere sozialistische Staaten ausdehnten. Weiterhin musste beachtet werden, dass es bestimmten Personengruppen des

Operationsgebietes verboten war, DDR-Kontakte oder Beziehungen in andere sozialistische Staaten zu unterhalten. Wichtig war aus Sicht der HV A, dass durch Treffs in der DDR oder in anderen sozialistischen Ländern keine Fakten und Umstände geschaffen werden durften, die die nachrichtendienstlichen Perspektiven und die Sicherheitslage der IMs gefährdeten. Die HV A betrachtete es deshalb als erforderlich, dass

- die Einreise sowie der Aufenthalt der IMs aus dem Operationsgebiet auf das notwendige Maß beschränkt, effektiv genutzt, langfristig geplant und sorgfältig vorbereitet wurde,
- IM, die nicht in Sicherheitsbereichen tätig waren oder eingesetzt werden sollten, ihre Reisen nach Westberlin mit persönlichen oder geschäftlichen Beziehungen legal abdeckten und entsprechende Handlungen vornahmen,
- direkte Reisen dieser IM in die DDR sowie in andere sozialistische Staaten mit tatsächlich existierenden oder überprüfbar suggerierten Verbindungen begründet werden konnten,
- für IM, die aus Sicherheitsaspekten keine Beziehungen in die DDR oder andere sozialistische Staaten unterhalten durften, Reiserouten festgelegt und Dokumente genutzt wurden, die das Reiseziel verschleierten,
- die IM sich gründlich selbst kontrollierten beziehungsweise festgelegte Kontrollstrecken durchliefen,
- Vortreffs festgelegt und die dafür gültigen Sicherheitsvereinbarungen konsequent eingehalten wurden,
- die Aufnahme der IMs konspirativ erfolgte und die Treffs in KO/KW abgehalten wurden,
- der Aufenthalt der IMs in der DDR oder anderen sozialistischen Ländern bei konspirativen Einreisen gegenüber außenstehenden Personen (beispielsweise auch gegenüber den Passkontrolleuren der Linie VI des MfS an den Grenzübergangsstellen) geheim gehalten wurde,
- die Ausreise gleichermaßen konspirativ wie die Einreise gestaltet und behandelt wurde,
- die IM bei der Ausreise nicht mit Materialien und Gegenständen belastet wurden, die eindeutig auf einen Aufenthalt in der DDR beziehungsweise in anderen sozialistischen Staaten hinwiesen.

Treffs waren durch die Vertreter der HV A sorgfältig und gewissenhaft vorzubereiten. Zu berücksichtigen waren dabei insbesondere:

- Grundfragen der Entwicklung der politischen und operativen Lage sowie ihre Auswirkung auf die Aufgabenstellung und die Arbeits- und Lebensbedingungen der IMs,

- die Erkenntnisse über die Persönlichkeit der IMs,
- die Sicherheitslage im Vorgang,
- die Ergebnisse der vorangegangenen Treffs.

Für Treffs, die von Mitarbeitern der Zentrale und von Instrukteuren durchgeführt wurden, waren Treffpläne auszuarbeiten. Deren inhaltliche Schwerpunkte stellten sich wie folgt dar:

- Ziel und Aufgaben des Treffs,
- Schwerpunkte der Berichterstattung durch die IM,
- Schwerpunkte des politischen Gesprächs und der erzieherischen Einwirkung auf die IM,
- Maßnahmen der nachrichtendienstlichen Qualifizierung der IMs,
- Festlegungen über die zu erteilenden Aufträge sowie den Inhalt und die Methoden der Instruktion der IMs,
- Zielstellung, Maßnahmen sowie Mittel und Methoden zum Studium beziehungsweise der Überprüfung der IMs,
- Maßnahmen zur weiteren Stabilisierung der Verbindung zwischen Zentrale und IM,
- Maßnahmen zur Absicherung der Treffs,
- Festlegungen über den zeitlichen und organisatorischen Ablauf der Treffs,
- Festlegungen über den nächsten planmäßigen Treff sowie über die weitere Qualifizierung des Verbindungswesens,
- Festlegungen über die beim Treff zu übergebenden operativen Dokumente, Materialien, finanziellen und sonstigen Mittel.

Da bestimmte Entscheidungen erst im Ergebnis der Berichterstattung der IMs getroffen werden konnten, musste der Entscheidungsspielraum der Vertreter der Zentrale exakt in den Treffplänen festgelegt werden. Treffpläne waren dem Vorgesetzten vom Führungsoffizier zur Bestätigung vorzulegen.

Im Ergebnis der Treffs wurden Treffberichte erarbeitet, in denen die Arbeitsergebnisse der IMs eingeschätzt und die Treffergebnisse bewertet wurden. Treffberichte waren Grundlagen für notwendige Leitungsentscheidungen zur weiteren Entwicklung der Vorgänge. Sie mussten Auskunft geben über:

- die Verwirklichung der im Treffplan fixierten Ziel- und Aufgabenstellung sowie über Ursachen von Abweichungen,
- die nachrichtendienstlichen Arbeitsergebnisse, insbesondere über den Wert operativer Informationen, notwendige Maßnahmen zur Auswertung sowie Sicherung dieser Informationen, die Bewertung erkannter oder vermuteter Gefahrenmomente und die Einschätzung des Verhaltens der IMs bei der Realisierung operativer Aufträge,

- die Art und Weise der Auftragsdurchführung sowie die Einhaltung der durch die Zentrale vorgegebenen Verhaltenslinien,
- die politisch-ideologische Position und den sich beim Treff aufzeigenden Grad der Bereitschaft zur bewussten Arbeit für den Beziehungspartner sowie sich daraus ergebende Aufgaben für die weitere Erziehung der IMs,
- die Verhaltensweisen der IMs bei der Auftragserteilung und Instruktion,
- die Bedingungen und Umstände unter denen der Treff realisiert wurde, insbesondere über die Regeln der Einhaltung der Konspiration vor, während und nach dem Treff sowie über besondere Vorkommnisse im Treffverlauf,
- alle beim Treff sichtbar gewordenen persönlichen Probleme bei den IM und Vorschläge zur Unterstützung der IMs bei der Lösung persönlicher Probleme beziehungsweise Begründung bereits eingeleiteter Schritte,
- den Grad der Beherrschung der notwendigen Verbindungswege durch die IM und mit den IM beratene Maßnahmen zur Festigung der Verbindung,
- die Ergebnisse des Studiums sowie der Überprüfung der IMs durch die Angehörigen der Zentrale,
- die Bereitschaft und Fähigkeiten der IMs, operativ-technische Mittel und operative Dokumente zur Lösung nachrichtendienstlicher Aufgaben sowie zur Erhöhung der Sicherheit anzuwenden und sicher vor unbefugtem Zugriff aufzubewahren,
- Festlegungen für den nächsten planmäßigen Treff sowie die weitere Qualifizierung des Verbindungswesens.

Zur Vorbereitung der Treffs von Instrukteuren aus der DDR im Operationsgebiet wurden Einsatzpläne erarbeitet. Bestandteile eines solchen Einsatzplanes waren:
- Ziel des Einsatzes,
- Aufgabenstellung des Führungsoffiziers beziehungsweise des Instrukteurs während des Einsatzes,
- Einsatzablauf,
- zur Absicherung des Einsatzes notwendige operative Dokumente, OTM, Ausrüstungsgegenstände, finanzielle Mittel, Reiserouten sowie Legenden,
- die Verbindung zur Zentrale während des Einsatzes,
- Maßnahmen zur Einsatzvorbereitung.

Der Verlauf und die Ergebnisse des Einsatzes wurden in Einsatzberichten zusammengefasst. Darüber hinaus wurden auf der Grundlage der dafür gültigen Formblätter Reiseberichte angefertigt und der Abteilung VI der HV A zugeleitet.[3]
Über zwei Treffs berichtet Hans Eltgen und zeigt auf, welche Kleinigkeiten bedacht werden mussten und welche Ungereimtheiten beziehungsweise Probleme auftreten konnten:

»Auf der Fähre Travemünde-Trelleborg fanden sich wie zufällig drei Herren ein und lernten sich während der Überfahrt beiläufig kennen. Jeder war für sich angereist, hatte während der Anreise seine Umgebung aufmerksam beobachtet, die Fähre getrennt von den anderen bestiegen und an Bord schließlich beim Sichttreff das Zeichen gegeben, dass er angesprochen werden kann. Die drei Männer waren unser Mann aus Bonn-Bad Godesberg, sein Führungsoffizier und ich [Eltgen als Instrukteur, Anm. d. Verf.].

Mein Freizeichen war, eine Zigarette am verkehrten Ende, also am Filter anzuzünden und über die Reling zu werfen. Mein Zeichen für Gefahr: den Filter vor dem Anzünden der Zigarette abzubrechen. Ich schob mich auf dem Achterdeck zwischen den anderen Passagieren hindurch in Sichtposition zu meinem Berliner Kollegen, lehnte mich rücklings an die Reling und stutzte für einen Moment. Meine Zigarettenmarke war die filterlose Gauloises, ich hatte vergessen, Filterzigaretten zu kaufen! Meine Unsicherheit dauerte nur Sekunden. Mit der Filterlosen mimte ich das verkehrte Anstecken, warf sie über Bord und begab mich in das Restaurant an einen freien Tisch. Kurze Zeit später waren wir zu dritt und hatten Gelegenheit, beim Mittagessen unsere Probleme zu besprechen. […] Nach gut einer Stunde wurde die Tischrunde aufgehoben. In Trelleborg gingen drei Herren von Bord, die sich lediglich kurz im Restaurant begegnet waren.«[4]

An anderer Stelle erinnert sich Eltgen:

»Aus verschiedenen Gründen hatten sich Pieter und ich nach Treffs in Utrecht, Amsterdam oder Rotterdam geeinigt, unsere Aktivitäten in Duisburg, Krefeld, Oberhausen oder Dortmund abzuwickeln. Für mich verringerte sich der Reiseaufwand, und ich konnte eine zusätzliche Grenzkontrolle vermeiden. Für Pieter war es kaum eine Mehrbelastung. Über die damals noch nicht so verstopfte Autobahn konnte er schnell zu jedem Treffort kommen. Meist verband er das ohnehin mit einer Geschäftsreise für seine Firma. […]

Anfang Dezember, bei Schneematsch, war ich schon einige Tage unterwegs und wollte zum Abschluss der Reise zusammen mit dem neuen Instrukteur Pieter treffen, um beide miteinander bekannt zu machen. Der neue Mann war pünktlich in Hannover am Kröpcke und betrachtete interessiert die Auslage der Rodenstock-Filiale. Sein Mantel war offen, die linke Hand steckte in der Hosentasche – die Luft war rein. Nach Blickkontakt folgte er mir in Richtung Maschpark. Komisch, sein Freizeichen war eindeutig, und trotzdem schien mit ihm etwas nicht in Ordnung zu sein – mit der Zeit riecht man solche Ungereimtheiten. Und so war es auch. Leicht verwirrt eröffnete er mir, seinen Reisepass verloren zu haben. Das hatte gerade noch gefehlt! Beim Frühstück in einem Hotel am Marstall berieten wir die Lage. Das Dumme war, der Pechvogel konnte den Verlust nicht genau rekonstruieren. Möglicherweise war der Pass schon im Zug zwischen Braunschweig und Hannover abhandengekommen. Bei der Kontrolle in Helmstedt war er noch da. Entweder war er hinter die Sitze gerutscht, dann war er jetzt noch unterwegs nach Hoek van Holland, oder er war im Abteil oder im Bahnhof gefunden und abgegeben worden. Dann lag er sicher bei der Bahnpolizei, wo man auf den Verlierer wartete. Natürlich konnte ihn auch jemand gefunden haben, der ihn für irgendeine krumme Sache verwenden wollte. Auf keinen Fall bestand Grund zur Panik. Eine Fahndung nach dem Inhaber, die wir sehr wohl bedachten, konnte noch nicht ausgelöst worden sein. Frühestens die Spezialisten in der Polizeidirektion oder im Landeskriminalamt wären in der Lage gewesen, den Pass als gefälscht zu erkennen. Mit der Bahn zurück nach Berlin zu fahren war unmöglich. Die Kontrollen an der Grenze waren obligatorisch. Meine alte, durchaus noch nutzbare Grenzschleuse im Harz war bei dem Wetter eine Schinderei und musste als letzte Möglichkeit bleiben. Also fliegen. Meist verlief die Abfertigung ohne Passkontrollen, aber sicher sein konnte man nicht. Doch bei meinen bisherigen vier oder sechs Flügen von Stuttgart aus, dem wohl kleinsten und etwas provinziell anmutenden Flughafen im Berlin-Verkehr, war ich noch nie kontrolliert worden. Das wollten wir ausnutzen. Also, erst einmal nichts wie weg von Hannover. Getrennt, aber ständig im Sichtkontakt, fuhren wir mit dem Zug nach Stuttgart. Der Zubringerbus fuhr uns vom Bahnhof zum Flughafen, vorbei am bekannten Fernsehturm auf dem Bopser. Wie abgesprochen begab ich mich in die Abfertigungshalle und beobachtete Buchungs- und Abfertigungsschalter. Eine Maschine der Pan Am sollte gegen 20 Uhr als letzte nach Berlin starten. Mein Mitstreiter wartete in der Vorhalle auf ein Zeichen von mir, so als wollte er sich mit jemandem treffen. Etwa vierzig Minuten vor dem Abflug war zunächst nichts Ungewöhnliches festzustellen. In der Halle nur mäßiger Betrieb. Mit dem nächsten Zubringer trafen einige Berlin-Reisende ein. Zwei von ihnen besaßen kein Ticket und buchten am Schalter – sie mussten sich ausweisen! Donnerwetter, sollte die Fahndung doch schon laufen? Gelangweilt spazierte ich zum Abfertigungsschalter. Hier das gleiche Verfahren. Von allen Passagieren wurde Pass oder Personalausweis verlangt. Nun, das reichte!

Gemächlichen Schrittes verließ ich die Halle und brauste mit dem Taxi in die Stadt zum Residenzhotel. Von dort waren es nur wenige Schritte bis zum Bahnhof. Mein Partner hatte alles mitbekommen und war mir gefolgt. Variante zwei war angelaufen. Wir trafen uns im Nachtzug über Hannover nach Hamburg wieder. Im fast leeren Zug berieten wir weiter. Mein Mitstreiter musste in Hamburg erst einmal von der Bildfläche verschwinden. Also hieß es raus zu Hagenbeck und den Tierpark ausführlich besichtigen. Ich inzwischen mit dem Flieger nach Berlin und so schnell wie möglich mit einem Ersatzpass zurück. Ab 15.00 Uhr verabredeten wir zu jeder vollen Stunde einen ständigen Treff an der Alten Post im Zentrum.

Im Flughafen Fuhlsbüttel war wenig Betrieb, und ich kam schon mit der ersten Maschine mit. Das war Glück. Meist waren keine Plätze frei. Mein erster Eindruck in Berlin war, als störte ich die Genossen in der Zentrale bei der Vorbereitung auf das Mittagessen. Mein Oberst war besonders knurrig, als hätte ich das Dilemma selbst verschuldet. Aber nach und nach glätteten sich die Wogen. Auf keinen Fall sollte ich jedoch nach Hamburg zurück und den bereits in Arbeit befindlichen Ersatzpass überbringen. Stell dir nur vor, was aus deinen Vorgängen wird, wenn du ausfällst, wurde mir vorgehalten. Das stimmte schon, aber nach dem üblichen Palaver stellte sich heraus, dass ein anderer Überbringer für den Pass gar nicht so schnell herbeizuzitieren war. Also flog ich nach Hamburg zurück, den Pass sicher in einem guten Container, einem Minischachspiel, auf dem ich während des Fluges auch einige Eröffnungen trainierte. Gerade noch so erreichte ich den 18-Uhr-Treff, wo mein junger Freund schon ungeduldig wartete. Mit Pass und ein paar Geldscheinen versehen, machte er sich mit der Bahn auf den Weg nach München. Von dort gelangte er sicher über Österreich in die DDR zurück. Ich erreichte bequem den Abendzug nach Berlin. Bei der Passkontrolle in Büchen wurde ich von Amts wegen geweckt. Na, wohl einen anstrengenden Tag gehabt, fragte der Beamte jovial. Schläfrig widersprach ich nicht.«[5]

Nicole Glocke schreibt zu den Treffmodalitäten des Kundschafters Peter Wolter:
»Die Orte der Begegnungen werden ins Ausland verlegt, weil die westdeutsche Polizei dort keine Zugriffsrechte besitzt. Allerdings gelten auch dort die einschlägigen Sicherheitsvorkehrungen wie ›Freilaufen‹, ›Sichttreffs‹ und ›Freizeichen‹. Wolter nimmt sich für die Treffs einen Tag frei oder reist am Wochenende über Umwege ins Zielland, um die eigentliche Reiseroute sowie das Reiseziel zu vertuschen. Wenn er nach Kopenhagen möchte, fliegt er zuerst nach Brüssel und steigt dort in ein anderes Flugzeug, das ihn in die dänische Hauptstadt bringt. Er verwendet seinen richtigen Pass, lässt aber auf das Ticket einen falschen Namen drucken, weil sowohl der Bundesgrenzschutz als auch das Flughafenpersonal entweder nur den Ausweis oder die Flugkarten, nicht aber beide Dokumente zugleich überprüfen. […]

Oft finden die Treffen auch in Maastricht, Lüttich oder Utrecht statt. In diesem Fall nutzt er Zug, Flugzeug und Taxi. Ab Mitte der 80er Jahre trifft er sich mit seinem Instrukteur, der ähnliche Umwege über Prag, Budapest oder Wien in Kauf nehmen muss, überwiegend im Inland, etwa in Kassel, Köln oder Euskirchen. Die Reiseerleichterungen für DDR-Bürger machen die ortsnahen Verabredungen möglich.«[6]

Die Übergabe operativer Materialien im Operationsgebiet

Operative Materialien waren dokumentarisch gesicherte Informationen, OTM, operative Dokumente und andere für die nachrichtendienstliche Arbeit erforderliche Mittel. Sie wurden vorrangig über TBK, Materialübergabetreffs und Anlaufstellen übergeben.

Zunehmende Bedeutung maß die HV A zu Beginn der 1980er Jahre der Materialübergabe über TBK bei. Sie gewährleistete eine hohe Sicherheit der IMs und unterstützte die optimale Ausschöpfung ihrer Informationsmöglichkeiten auch in komplizierten Situationen.

TBK waren Verstecke außerhalb der Wohnung der IMs. Sie dienten zur Übermittlung von nachrichtendienstlichen Materialien, ohne dass sich die operativen Kräfte gegenseitig begegneten oder kennenlernten. TBK konnten in und an Gebäuden, anderen ortsgebundenen Objekten sowie in und an dafür geeigneten Transportmitteln eingerichtet werden. TBK wurden eingesetzt für:

- die kontinuierliche Übermittlung bedeutsamer Informationen aus dem Operationsgebiet an die Zentrale,
- die gelegentliche Übermittlung von operativen Informationen und Materialien an die IM im Operationsgebiet oder an die Zentrale.

Gegebenenfalls wurden für einen IM mehrere TBK angelegt und im Wechsel verwendet. Unbedingt vermieden werden musste jegliche Standardisierung der Nutzungsabläufe sowie der Belegungs- und Entleerungszeiten.

Bei der gelegentlichen Verwendung von TBK war ihre Belegung rechtzeitig und eindeutig über andere Verbindungslinien anzukündigen.

Um eine hohe Stabilität der Verbindung zu sichern, wurden beständige TBK angelegt. Sie kamen zum Einsatz, wenn die bisherigen Verbindungslinien aus verschiedenen Gründen nicht mehr funktionierten. Große Bedeutung besaßen sie in möglichen Krisen- und Spannungssituationen, um die Zentrale über den Einsatzort von Quellen und anderen wichtigen IM zu informieren. Dadurch wurden Voraussetzungen geschaffen, um bei Abriss die Wiederaufnahme der Verbindung sicherzustellen. Solche TBK wurden durch die West-IM speziell für diesen Zweck angelegt und durften aus Sicherheitsgründen nur diesen IM und der Zentrale bekannt sein. Wichtig war, dass die IM diese TBK jederzeit kurzfristig belegen konnten. Die Möglichkeiten und Bedingungen für die Nutzung der beständigen TBK mussten in den Verbindungsplänen exakt ausgewiesen werden.

TBK waren so anzulegen, dass

- sie den IM ein unverdächtiges Aufsuchen und Verlassen des TBK-Ortes ermöglichten,

- sie unter allen Witterungsbedingungen, möglichst ganztägig, ohne verdächtige Spuren zu hinterlassen, genutzt werden konnten,
- sie der Größe des zu hinterlegenden Materials entsprachen,
- günstige Möglichkeiten zum rechtzeitigen Erkennen gegnerischer Aktivitäten am TBK-Ort sowie gegen die IM vorhanden waren.

Bei der Auswahl von TBK sollten Konzentrationspunkte für Aktivitäten westlicher Sicherheitsbehörden, besonders geschützte Objekte und Territorien sowie Kriminalitätsschwerpunkte gemieden werden. Ortsgebundene TBK wurden vorrangig in solchen Gebäuden angelegt, die der Öffentlichkeit ohne weiteres zugänglich waren und von den IM aufgesucht werden konnten, ohne Verdacht zu erregen. Diese TBK waren witterungsunabhängig und ihre Nutzung hinterließ in der Regel keine identifizierbaren Spuren.

Für jeden TBK wurden Belegungs- und Entleerungszeichen festgelegt. Sie besaßen die Aufgabe, den IM die TBK-Belegung beziehungsweise Entleerung zuverlässig anzuzeigen und zu gewährleisten, dass der TBK nur dann angelaufen wurde, wenn konkrete Handlungen ausgeführt werden mussten. Die Zeichengebung hatte für die IM eindeutig sowie unauffällig ausführbar und wahrnehmbar zu sein.

Beide Zeichen (Belegung und Entleerung) konnten sich an einer Stelle befinden. Die Orte für die Zeichengebung wurden so ausgewählt, dass die IM in der Lage waren, auf dem Weg zwischen den Zeichenstellen und dem TBK-Ort ausreichend Selbstkontrollhandlungen durchzuführen.

Um eine persönliche Begegnung der IMs an den Zeichenstellen sowie an den TBK auszuschließen, mussten exakte Zeiten für die Belegung/Entleerung sowie gesonderte An- und Abmarschwege festgelegt werden. Sie waren von den IM diszipliniert einzuhalten.

Die TBK und die Bedingungen für ihre Nutzung wurden gründlich aufgeklärt und durch exakte Beschreibung dokumentiert. Die Dokumentation musste beinhalten:

- die Decknamen der operativen Kräfte, die den TBK angelegt hatten oder ihn nutzten,
- eine genaue Beschreibung der Lage des TBK und der bei seiner Nutzung zu beachtenden Regimebedingungen einschließlich der Möglichkeiten zur Beobachtung des TBK sowie zur Legendierung des Aufenthalts am TBK-Ort,
- Festlegungen für das Belegen und Entleeren des TBK, die Sicherung des Materials sowie die Sicherung der IMs beim Belegen/Entleeren des TBK,
- eine Beschreibung der Zeichenstellen (Lage, Art und Weise der Zeichen, Bedeutung der Zeichen, Bedingungen der Bedienung der Zeichenstellen, Absicherung der IMs an den Zeichenstellen),

- Festlegung der Selbstkontrollstrecken zwischen den Zeichenstellen und den TBK (Lage der Selbstkontrollstrecken und Nutzungsbedingungen für die Selbstkontrolle erforderlicher Handlungen/Handlungsabläufe),
- Darstellung der konkreten Bedingungen für das Erreichen des TBK-Ortes (Verkehrsbedingungen und -wege zum Aufsuchen/Verlassen der Zeichenstellen, der Selbstkontrollstrecken und der TBK, Orientierungspunkte, die als Hilfsmittel für ihr Auffinden dienen konnten).

Die Dokumentation wurde durch Lageskizzen und Fotodokumente für die Zeichenstellen, Selbstkontrollstrecken und TBK ergänzt. Sie musste ein sicheres Auffinden und Bedienen der TBK auch durch ortsfremde und erstmalig am TBK eingesetzte IM ermöglichen.

Um bei der Nutzung ein hohes Maß an Sicherheit zu gewährleisten, wurde es von der Zentrale grundsätzlich als erforderlich betrachtet, dass

- alle für die Nutzung des TBK festgelegten Maßnahmen und Vereinbarungen eindeutig waren und von den IM konsequent eingehalten wurden,
- die IM sich durch spezielle Selbstkontrollmaßnahmen in der Vorbereitung auf die Nutzung des TBK gründlich absicherten,
- TBK von den IM nur dann angelaufen wurden, wenn diese keine Anzeichen und Hinweise einer gegnerischen Bearbeitung festgestellt hatten,
- die Belegung/Entleerung so zu realisieren war, dass sie durch unbefugte Personen nicht als nachrichtendienstliche Handlung erkannt werden konnte,
- im TBK hinterlegte operative Informationen und Materialen eine solche Sicherung erfuhren, dass aus ihnen keine Rückschlüsse auf IM gezogen werden konnten und eine unbefugte Einsichtnahme erkennbar war,
- von den IM an den TBK keine identifizierbaren Spuren hinterlassen wurden,
- die Nutzungsfrequenz der einzelnen TBK in vertretbaren Grenzen gehalten wurde,
- die Beschaffenheit sowie die Nutzungsbedingungen der TBK den zu übermittelnden operativen Materialien entsprachen und den Bewegungsmöglichkeiten der IMs angepasst waren.

Die Zeitdifferenz zwischen Belegung und Entleerung der TBK wurde so kurz wie möglich gehalten. Die über TBK zu übermittelnden Informationen waren durch geeignete OTM zu sichern. Dahingehend kamen durch die HV A zum Einsatz:

- Geheimschreibmittel und Chiffre, die eine Sichtbarmachung und Dechiffrierung der Informationen durch den Gegner und unbefugte Personen verhinderten,
- Markierungs- und Sicherungsmittel, die den exakten Nachweis der Lageveränderung der im TBK hinterlegten Gegenstände oder ihrer unbefugten Öffnung erbrachten,

- Zerstörcontainer, die bei unbefugter Entnahme aus dem TBK eine sofortige Vernichtung der Informationen bewirkten. Dies betraf in erster Linie Filme und Tonbänder. Der Einsatz von Zerstörcontainern erforderte eine gewissenhafte Handhabung beim Belegen/Entleeren des TBK, um keine unbeabsichtigte Vernichtung herbeizuführen.

Die Informationsübermittlung stellte spezifische Anforderungen an die IM. Sie mussten die dafür erforderlichen Kenntnisse/Fähigkeiten besitzen und davon überzeugt sein, dass die Arbeit mit TBK für die aktuelle und beständige Informierung der Zentrale sowie für eine Weiterführung der nachrichtendienstlichen Arbeit in besonderen Situationen notwendig war. Gleichzeitig musste der Nachweis erbracht werden, dass mittels TBK sicher gearbeitet werden konnte. Durch den Einsatz geeigneter OTM waren jene Bedenken zu zerstreuen, die sich aus der Tatsache ergaben, dass die zu übermittelnden Informationen und Materialien zeitweilig der Kontrolle der IMs entzogen waren.

Der Materialübergabetreff war ebenfalls eine wichtige Methode zur Weitergabe nachrichtendienstlicher Materialien. Materialübergabetreffs waren solche Treffs, die ausschließlich der Übergabe operativen Materials dienten und in der Regel nicht mit einem persönlichen Ansprechen der handelnden Kräfte verbunden waren. Die Absicherung erfolgte nach den bereits beschriebenen und generell für die Durchführung von Treffs geltenden Grundlagen. Um die IM während der planmäßigen Treffs nicht mit nachrichtendienstlichem Material zu belasten, wurden nach dem eigentlichen Treff häufig Materialübergabetreffs durchgeführt. Auch die Weiterleitung von Materialien an Vertreter der Zentrale zum Zweck der dokumentarischen Sicherstellung von Informationen erfolgte meist durch Materialübergabetreffs.

Auch über Anlaufstellen konnte die Materialübergabe erfolgen. Anlaufstellen hatten Mitteilungen und nachrichtendienstliche Materialien entsprechend getroffener Festlegungen entgegenzunehmen und weiterzuleiten. Besondere Bedeutung besaßen sie für die Hinterlegung von Mitteilungen der IMs über ihren Einsatz in Krisen- und Spannungssituationen für die Aufrechterhaltung der Verbindung mit der Zentrale.

Anlaufstellen waren objektgebunden. Sie mussten

- über eine gesellschaftliche Stellung verfügen, die ein unverdächtiges Anlaufen durch IM ermöglichte,
- sich vor allem durch Zuverlässigkeit, Verantwortungsbewusstsein sowie Disziplin bei der Übermittlung von Mitteilungen und Materialien auszeichnen und in der Lage sein, das Zusammentreffen mit anderen operativen Kräften zu tarnen,
- nachrichtendienstliche Materialien sicher aufbewahren und unauffällig übergeben.

Die Nutzung der Anlaufstellen war durch Freizeichen, Parolen und Erkennungszeichen zu sichern. Freizeichen wurden von den Anlaufstellen gegeben. Sie gaben den IM eindeutig zu erkennen, dass die Anlaufstelle gefahrenfrei aufgesucht werden konnte. Parole und Erkennungszeichen gaben den Anlaufstellen die Gewähr, dass die sie ansprechenden Personen berechtigt waren, hinterlegte Materialien zu übernehmen.

Die Zeiten für die Übergabe beziehungsweise Übernahme nachrichtendienstlicher Materialien waren exakt festzulegen. Ihre disziplinierte Einhaltung garantierte, dass sich die IM, die die Anlaufstelle nutzten, nicht persönlich begegneten oder kennenlernten.

Die bei den Anlaufstellen zu hinterlegenden Materialien wurden wie bei der Arbeit mit TBK gesichert. Die Nutzungsbedingungen der Anlaufstellen mussten gründlich aufgeklärt und dokumentiert werden, jede Veränderung war zu erfassen. Es war zu überprüfen, welche Konsequenzen sich aus diesen Veränderungen für die weitere Nutzung der Anlaufstellen ergaben. Anlaufstellen wurden grundsätzlich vorgangsgebunden eingesetzt. Es musste gewährleistet sein, dass

- alle für die sichere Informationsübermittlung festgelegten Maßnahmen und Vereinbarungen eindeutigen Charakter trugen und von allen beteiligten IM konsequent eingehalten wurden,
- die Anlaufstellen sich beständig durch Selbstkontrollmaßnahmen absicherten,
- IM die Anlaufstellen nur aufsuchten, wenn sie durch Selbstkontrolle keine Anzeichen und Hinweise einer gegnerischen Bearbeitung festgestellt hatten,
- die Anlaufstellen keine Angaben zur Person der IMs erhielten.

Durch die an der Materialübergabe beteiligten IM war regelmäßig an die Zentrale über den Verlauf der Materialübergabe zu berichten. Die Treffs mussten von den Vertretern der Zentrale genutzt werden, um die disziplinierte Einhaltung der Festlegungen für die Materialübergabe zu kontrollieren und die IM zur Wachsamkeit und Selbstkontrolle anzuhalten.

Traten bei der Materialübergabe beziehungsweise -übernahme über TBK, Materialübergabetreff oder Anlaufstelle verdächtige Umstände auf, mussten diese unverzüglich der Zentrale mitgeteilt und in den Vorgangsakten dokumentiert werden. Durch die HV A wurden dann geeignete Maßnahmen zur Klärung der verdächtigen Umstände eingeleitet. Eine weitere Nutzung dieser Verbindungslinien durfte erst dann erfolgen, wenn eine gegnerische Bearbeitung eindeutig ausgeschlossen werden konnte.[7]

Die Arbeit mit TBK beschreibt Hans Eltgen in seinen Erinnerungen anschaulich: »Also reiste ich mehrfach nach Braunschweig, Göttingen und Kassel, um tote Briefkästen (TBK) zu installieren. Das erscheint auf den ersten Blick als eine unkomplizierte Aufgabe. Aber nicht jedes verborgene Loch in einem Baumstamm eignet sich zum Ablegen von hochwertigen Informationen, meist in Gestalt von Filmrollen, dem damals häufigsten Informationsträger. Neben dem weitestgehenden Schutz vor zufälligem Auffinden und trockener Lagermöglichkeit galt es, die individuellen Eigenschaften desjenigen zu berücksichtigen, der den TBK benutzen sollte. Unser Mann war Naturfreund und Freizeitsportler, kunstinteressiert, reiste viel und hatte eine Freundin, die bei der Polizei arbeitete. Also bekam er seinen TBK in Braunschweig in einer Mauerhöhlung der Befestigungsanlage zur Burg Dankwarderode oder im Palmenhaus des Botanischen Gartens, zwischen den Wurzeln eines Mangrovengewächses. Beides Stätten, an denen sich ein bildungshungriger Mensch immer wieder aufhalten konnte. In Göttingen eignete sich eine Parkanlage in der Nähe der Max-Planck-Gesellschaft am besten. Nach der normalen Arbeitszeit konnte unser Informant seinem Freizeitsport frönen, durch den Park joggen und anschließend ins Institut zurückkehren, um zur Tarnung noch ein oder zwei Stunden weiterzuarbeiten. Vor allem bei schlechtem Wetter waren die Lesenischen in der Niedersächsischen Landesbibliothek günstige Ablagemöglichkeiten. Jedermann hatte Zutritt und konnte bis in die späten Abendstunden nach Herzenslust schmökern. Man musste sich nur verständigen, dass das Material noch am gleichen Tag, also ein oder zwei Stunden nach Ablage abgeholt wurde. Da dort peinliche Sauberkeit herrschte, offenbar wurden die Lesesäle nachts oder am frühen Morgen vor der Öffnung gesäubert, bestand die Gefahr, das Material könnte gefunden werden.

In Kassel konnte man damals vom Zentrum mit der Straßenbahn ins Fuldatal gelangen, einem beliebten Ausflugsgebiet. Niemand wäre auf abwegige Gedanken gekommen, wenn er mich als Wanderer entlang der Fulda zur Rast in eine vorzügliche Fischgaststätte einkehren gesehen hätte. Ein mit einem Heizkörper fest verbundener Verdunstungsbehälter im Wintergarten nahm bequem zwei bis drei Rollen Film auf. Wasserdicht verpackt versteht sich.

Nicht alltäglich, aber ziemlich sicher war ein stilles Örtchen im Polizeipräsidium am Königstor. Der Hohlraum eines Rollenhalters verbarg unsere Nachrichten. Mit einem Schraubenzieher am Taschenmesser dauerten Belegung und Entleerung keine dreißig Sekunden. Unser Freund Gert konnte seinen Aufenthalt dort natürlich mit seiner auf der gleichen Etage beschäftigten Freundin begründen. Für mich war es etwas komplizierter. Aber wenn man fremd in einer Stadt ist, gibt es ja immer eine Möglichkeit, bei der Polizei Auskunft holen zu wollen. Davon musste ich auch eines Tages Gebrauch machen, als ich die Toilette rauchend verließ und einem Beamten in die Arme lief. Der machte mich nicht nur auf das Rauchverbot aufmerksam, sondern fragte, um behilflich zu sein, was mein Anliegen sei. Da ich eine Gauloises rauchte und französisch leger gekleidet war, mimte ich den Franzosen, der nur einige Worte Deutsch spricht. Ein Denkfehler! Nun steigerte sich die Hilfsbereitschaft des Beamten enorm. Er bat mich, zu einem Kollegen mitzukommen, der meine Sprache beherrschte und mir am besten helfen könne. Das hatte mir gerade noch gefehlt. Zum Glück warf der Mann mir selbst den Rettungsring zu. Ich hatte zu verstehen gegeben, mir sei am Bahnhof aus einem Schließfach der Koffer gestohlen worden. Jetzt erklärte mir der eifrige Ordnungshüter, ich müsse zur Wache der Bahnpolizei, im Präsidium sei ich falsch. Eine belanglose, unverfängliche Episode. Trotzdem entschied die Zentrale, den TBK vorsichtshalber sechs Monate nicht zu benutzen und später nur mit größter Vorsicht vor einer neuerlichen Begegnung mit dem Beamten.

Ein reichliches Jahr war vergangen. Alle zwei bis drei Wochen leerte ich die TBK, ohne unseren Mann auch nur ein einziges Mal zu Gesicht zu bekommen und ohne zu erfahren, welche Informationen ich wohl über die deutsch-deutsche Grenze schmuggelte. Es war im späten Frühjahr, als Gert nach Köln verzog. Er begann mit seiner Arbeit in Bonn. Die Maßnahmen der Zentrale waren erfolgreich gewesen, eine Einschleusung in ein Bundesministerium war vollzogen worden.

Selbstverständlich wurde auch das Verbindungswesen für unsere Quelle komplett neu eingerichtet. Es durfte keinen Bezug auf frühere Aktivitäten geben.«[8]

Der Transport operativer Materialien aus dem Operationsgebiet zur Zentrale und von der Zentrale in das Operationsgebiet

Der Transport nachrichtendienstlicher Informationen und Materialien zwischen der Zentrale und den TBK, den Materialübergabetreffs beziehungsweise den Anlaufstellen erfolgte durch Kuriere, über legal abgedeckte Residenturen oder bewegliche TBK. In bestätigten Ausnahmefällen konnten sie auch durch Instrukteure oder Gehilfen des Residenten transportiert werden. In diesen Fällen wurden die gleichen Anforderungen gestellt wie an den Materialtransport durch Kuriere.

Zur Sicherung des Materials während des Transportes mussten dafür geeignete Container eingesetzt werden. Die HV A unterschied zwischen verschiedenen Containern, die im Kapitel »Die Ausrüstung der IMs mit operativen Dokumenten und operativ-technischen Mitteln« dieses Buches erläutert werden.

Der Transport nachrichtendienstlicher Informationen und Materialien erfolgte in der Regel durch Kuriere. Als Kurier durften grundsätzlich nur nachweisbar überprüfte und erprobte IM des Operationsgebietes und der DDR eingesetzt werden. Sie durften keine Angaben über die IM besitzen, die die TBK beziehungsweise Anlaufstellen nutzten. Das gleiche galt für die Herkunft und den Inhalt der zu transportierenden Informationen und Materialien. Kuriere mussten

- sich den konkreten Regimebedingungen im grenzüberschreitenden Verkehr anpassen, ein hohes Maß an Sicherheit gewährleisten sowie insbesondere vor, während und nach dem Grenzübertritt geeignete Maßnahmen zur operativen Selbstkontrolle durchführen,
- in der Lage sein, sicher und zuverlässig nachrichtendienstliche Materialien über TBK, Materialübergabetreffs oder Anlaufstellen zu übernehmen beziehungsweise zu überprüfen,
- die nachrichtendienstlichen Materialien im Operationsgebiet, im grenzüberschreitenden Verkehr und in der DDR sicher transportieren,
- eine berufliche und gesellschaftliche Stellung besitzen und in solchen persönlichen Verhältnissen leben, die eine zeitweilige konspirative Herauslösung aus ihrer Tätigkeit beziehungsweise ihrem familiären Bereich ermöglichten.

Kuriere aus der DDR, die unter Verwendung operativer Dokumente des Westens eingesetzt wurden, mussten darüber hinaus

- ihre gesellschaftliche Stellung als Bürger des Operationsgebietes glaubhaft vortäuschen,
- sich bei zeitweiligen Aufenthalten im Westen sowie im grenzüberschreitenden Verkehr den konkreten Regimebedingungen anpassen,
- hinsichtlich ihrer Ausrüstung sowie ihrer Befähigung zur Anwendung von operativen Dokumenten und zur Grenzpassage den gleichen Anforderungen gerecht werden wie Instrukteure.

Unter den Bedingungen der Qualifizierung des gegnerischen Abwehrregimes setzte die HV A verstärkt

- IM (DDR) als Kuriere ein, die ihre operative Reisetätigkeit legal abdecken konnten,
- West-IM als Kuriere ein, die aus beruflichen oder anderen Gründen häufig Reisen zwischen Westberlin und der Bundesrepublik durchführten.

Zur Vorbereitung von Kurierreisen wurden Einsatzpläne erarbeitet. Der Verlauf und die Ergebnisse des Einsatzes waren in Einsatzberichten zusammenzufassen. Der Einsatzbericht musste konkrete Angaben über den Verlauf der Materialübergabe/-übernahme einschließen. Darüber hinaus waren auf der Grundlage der dafür gültigen Formblätter Reiseberichte zu fertigen und der HV A/VI zuzuleiten.

Eine spezifische Form des Materialtransportes war die Arbeit mit beweglichen TBK. Dies waren TBK, die in Verkehrs- und Transportmitteln im grenzüberschreitenden Personen- und Güterverkehr angelegt waren und ohne Kenntnis des Begleitpersonals genutzt wurden. Sie gewährleisteten eine zügige Informationsübermittlung.

Das Anlegen und Nutzen beweglicher TBK setzte voraus, dass

- die Verkehrs- und Transportmittel planmäßig und auf bestimmten Routen zwischen der DDR und dem Operationsgebiet eingesetzt wurden,
- IM Zugang zu den Verkehrs- und Transportmitteln hatten beziehungsweise sich diesen durch bestimmte Befugnisse verschaffen konnten,
- ihre zufällige Entdeckung ausgeschlossen war,
- die TBK sowie die abgelegten Materialien zuverlässig durch Sicherungs- und Markierungsmittel vor unbefugtem Zugriff gesichert wurden beziehungsweise einen solchen zweifelsfrei erkennen ließen,
- in notwendigen Fällen Zerstörungscontainer eingesetzt wurden,
- den IM beziehungsweise der Zentrale unverzüglich der sichere Erhalt übersandter Materialien bestätigt wurde,
- die IM diszipliniert alle Festlegungen und Vereinbarungen der konspirativen Belegung oder Entleerung der TBK einhielten,
- alle Hinweise auf eine mögliche Gefährdung des Nachrichtentransportes konsequent erfasst und überprüft wurden.

In bestätigten Fällen konnte die Übermittlung nachrichtendienstlicher Materialien auch über die legal abgedeckten Residenturen der HV A in den DDR-Auslandsvertretungen erfolgen. Dabei musste allerdings strikt beachtet werden, dass diese Institutionen und ihre Mitarbeiter in besonderem Maß der gegnerischen Überwachung und Bearbeitung unterlagen. Eine Enttarnung ihrer operativen Tätigkeit konnte vom Gegner zu Aktionen genutzt werden oder zu politischen Problemen führen. Die Einbindung der legal abgedeckten Residenturen in die Aufrechterhaltung der Verbindung setzte deshalb umfangreiche Sicherheitsvorkehrungen voraus.[9]

Zur Nutzung der Transportmöglichkeiten im grenzüberschreitenden Verkehr äußert sich der ehemalige Stellvertreter des Leiters der HV A, Heinz Geyer, folgendermaßen:

»Der wachsende Anfall von Informationen, beschafft vor allem von den inoffiziellen Mitarbeitern in der BRD, veranlasste die HV A, noch andere Möglichkeiten für den konspirativen Transport zu nutzen. Diese bestanden im grenzüberschreitenden Eisenbahnverkehr, in der Binnenschifffahrt und im Speditionskraftverkehr. Vor allem wurde die Bahn genutzt. Immer galt es, die Kontrollen des Grenzschutzes und die Abwehrmaßnahmen des Verfassungsschutzes zu überwinden.

Mit dieser Aufgabe war eine kleine Zahl von Mitarbeitern in der selbstständigen Arbeitsgruppe V befasst, die außerhalb der Objekte des MfS untergebracht war. Der Leiter dieser findigen operativen Arbeitsgruppe war Oberstleutnant Walter Gallasch. Ich kannte jeden Mitarbeiter persönlich durch Besuche in ihrer Basis und konnte mich so von ihrer ideenreichen Arbeit überzeugen. Jeder von ihnen erarbeitete Vorschlag eines ZTBK (Zugtransport-Container) wurde dokumentiert. Versteckmöglichkeiten ergaben sich außen und innerhalb der Waggons, auch an unappetitlichen Stellen wie in Toiletten. Vor allem selbstgefertigte Magnetcontainer, die außen am Waggon befestigt wurden, fanden einen breiten Einsatz. Eine präzise Planung, zugeschnitten auf die Möglichkeiten der inoffiziellen Mitarbeiter, war die Voraussetzung für einen erfolgreichen Einsatz. Die Nutzung eines ZTBK erfolgte anonym: Die inoffiziellen Mitarbeiter kamen mit den Mitgliedern der Arbeitsgruppe nie in Berührung.«[10]

Einen ZTBK nutzte auch der Kundschafter Peter Wolter. Seine Tätigkeit wird in diesem Zusammenhang wie folgt beschrieben:

»Eine weitere effektive geheime Nachrichtenverbindung ist der rollende tote Briefkasten (TBK), auch als ›System Katja‹ bezeichnet. ›Katja‹ ist der Codename für den D 245 Paris-Moskau-Express. Abends steigt Wolter in Köln zunächst in eine Bahn nach Aachen, um dem Zug entgegenzufahren. Mit sich dabei hat er die Fotos, die er mit seiner Pentacon-Spiegelreflexkamera – die HV A hat ihm auch den Bau einer eigenen Dunkelkammer finanziert – gemacht hat und in einer mit Isolierband umwickelten Streichholzschachtel liegen. Die Wartezeit in Aachen ist kurz. Bereits nach wenigen Minuten rollt der Moskau-Express in den Bahnhof hinein. Schnell öffnet Wolter die Tür und sucht die Toilette des Wagens 257 auf. Zunächst hinterlässt er für die Genossen ein Belegzeichen: Er klebt ein zerkautes Kaugummi wie eine Dichtung um den Wasserhahn herum. Zusätzlich, da ein ordentlicher Passagier oder eine eifrige Putzfrau auf die Idee kommen könnte, den Kaugummi zu entfernen, setzt er ein zweites Zeichen. Er zieht einen winzigen Bleistiftstrich unter dem Seifenspender. Anschließend folgt der wichtigste Schritt: Das Deponieren des Geheimmaterials. Mit der Kombizange öffnet er die Klappe, die sich unter dem Waschbecken befindet, und heftet die geheime Streichholzschachtel, die mit einem Magneten versehen ist, zwischen die Wasserrohre. In Köln verlässt er wieder den Zug. Auf dem fernen Ostberliner Betriebsbahnhof Rummelsburg kontrollieren tagtäglich in den frühen Morgenstunden Mitarbeiter der HV A das Versteck. Wenn sie die Streichholzschachtel gefunden haben, erhält Wolter über den chiffrierten Morsefunk noch am selben Abend die Eingangsbestätigung, die oft mit weiteren Auflagen verbunden ist.«[11]

Die Nutzung des Post- und Telefonverkehrs für die Übermittlung nachrichtendienstlicher Informationen

Der Post- und Telefonverkehr konnte genutzt werden für die Übermittlung von
- bedeutsamen Informationen,
- Aufgabenstellungen und Instruktionen,
- Anforderungen von Treffs, TBK-Belegungen/-Entleerungen,
- Bestätigungen über eingegangene Informationen und andere Arbeitsergebnisse,
- Warnstufen.

Dabei ging die HV A prinzipiell davon aus, dass der Post- und Telefonverkehr einer intensiven Kontrolle und Überwachung durch die gegnerischen Geheimdienste und Abwehrorgane unterlag.[12]

Daher setzte seine Nutzung spezifische Sicherheitsvorkehrungen voraus. Dazu gehörte, dass
- die Informationsübermittlung über Deckadressen und Decktelefone erfolgte oder in bestehende natürliche Verbindungen eingebettet wurde,
- die zu übermittelnden Informationen unter Beachtung ihres Umfanges und ihres Charakters sowie der zu nutzenden Verbindung durch OTM gesichert wurden,
- die spezifischen Bedingungen für die operative Nutzung der verschiedenen Versandarten beachtet wurden.

Inhaber von Deckadressen und Decktelefonen mussten
- in solchen familiären und beruflichen Verhältnissen leben, die eine operativ Nutzung ihrer Anschrift beziehungsweise ihres Telefonanschlusses ermöglichten,
- durch ihre persönlichen Verhaltenseigenschaften dazu beitragen, dass der nachrichtendienstliche Charakter von Postsendungen und Telefonaten von außenstehenden Personen nicht erkannt werden konnte,
- eine sichere und zuverlässige Übermittlung der ihnen zugehenden operativen Informationen an den vereinbarten Empfänger unter allen Bedingungen der Lage gewährleisten,
- ihre Zuverlässigkeit, Verschwiegenheit und Wachsamkeit unter Beweis gestellt haben.

Die nachrichtendienstliche Nutzung des Post- und Telefonverkehrs setzte eine gründliche Analyse der personellen und territorialen Schwerpunkte der gegnerischen Post- und Telefonkontrolle voraus. Um eine Enttarnung des nachrichtendienstlichen Charakters der Post- und Telefonverbindungen zu erschweren, war die Ansiedlung von DA/DT in Personenkreisen zu vermeiden, die aus den verschiedensten Gründen einer verstärkten gegnerischen Post- und Telefonkontrolle unterlagen.

Für die Übermittlung kurzer Informationen wurden verstärkt Karten verwendet, da sie keine vollständigen Angaben über den Absender erforderten und in der Regel weniger intensiv kontrolliert wurden als Briefsendungen. Weiterhin war es erforderlich,

- Postsendungen an DA entsprechend den Gepflogenheiten mit einem Deckabsender zu versehen,
- Adresse und Absender mit Tinte auf gefütterte Umschläge zu schreiben und diese ohne Verwendung von Fremdklebstoff zu verschließen,
- Briefkästen und Postämter in größeren Städten, die nicht im natürlichen Bewegungsbereich der IMs lagen, im Wechsel zu nutzen,
- Tarntexte zu verwenden, die keinerlei Rückschlüsse auf den Absender zuließen,
- ständig eine genaue Übersicht über die Vollständigkeit der Postsendungen zu haben,
- die Postsendungen unter Einbeziehung der zuständigen Fachabteilung HV A/VIII ständig auf Anzeichen der unberechtigten Einsichtnahme zu überprüfen,
- die im grenzüberschreitenden Brief-, Päckchen- und Paketverkehr geltenden Zoll- und Devisenbestimmungen einzuhalten und die damit verbundenen speziellen Kontrollen zu beachten,
- sicherzustellen, dass von den IM auf den Informationsträgern keine identifizierbaren Spuren hinterlassen wurden,
- Absender und Inhalt der Informationen gegenüber DA und DT geheim zu halten,
- erhaltene Informationen durch die DA und DT unverzüglich entsprechend den getroffenen Vereinbarungen dem Empfänger konspirativ zuzustellen,
- den IM in Abhängigkeit vom Umfang der zu übermittelnden Informationen mehrere DA zur Verfügung zu stellen,
- DA und DT streng IM-gebunden einzusetzen,
- DA und DT bei Anzeichen einer Dekonspiration nicht mehr zu verwenden.

Außerdem kalkulierte die HV A ein, dass Postendungen im grenzüberschreitenden Verkehr eine relativ lange Laufzeit besaßen und die Aktualität der übermittelten Informationen deshalb beeinträchtigt sein konnte.

Bei der Nutzung von Telegrammen musste beachtet werden, dass

- Telegramme eine schnelle Übermittlung gewährleisteten, der Umfang der Information allerdings sehr begrenzt war,
- die Absender von Telegrammen erfasst wurden,
- gegnerische Abwehrorgane den grenzüberschreitenden Telegrammverkehr unter Kontrolle hielten und Telegramme systematisch speicherten und auswerteten.

Für den Telegrammverkehr wurden den IM im Operationsgebiet von der HV A deshalb gesonderte Deckadressen zur Verfügung gestellt.

Der Telefonverkehr wurde für die schnelle Übermittlung kurzer Informationen, vorrangig im Selbstwählverkehr, genutzt. Es wurde seitens der HV A grundsätzlich davon ausgegangen, dass von gegnerischen Geheimdienst- und Abwehrorganen eine Überwachung erfolgte und verdächtige Telefonate der Auslöser einer gezielten Bearbeitung sein konnten. Es war deshalb erforderlich,

- Informationen durch Code zu verschlüsseln und im Tarntext zu übermitteln,
- kurze Telefonate aus dem Operationsgebiet an DT in der DDR unter Verwendung von Decknamen von öffentlichen Fernsprechern aus zu führen,
- IM im Westen, die keine abgedeckten Beziehungen zu Bürgern der DDR unterhielten, nur in bestätigten Ausnahmefällen aus der DDR anzurufen.

Sofern zwischen IM des Operationsgebietes oder IM des Operationsgebietes und der DDR natürliche persönliche Beziehungen bestanden, die dem Gegner bekannt werden durften, konnten sie ebenfalls für die Übermittlung von Informationen über den Post- und Telefonverkehr genutzt werden. Dabei musste gewährleistet sein, dass

- die von der Zentrale getroffenen Festlegungen über Charakter, Umfang und die Sicherung der Informationen konsequent eingehalten wurden,
- die Zentrale beständigen Überblick über den Umfang übermittelter Informationen erhielt und diesen stets beeinflussen konnte.

Den IM war bewusst zu machen, dass diese Verbindungen unter Kontrolle des Gegners standen und deshalb nur unter strenger Beachtung der Konspiration genutzt werden durften.

Im Postverkehr konnte der zum Versand gelangende Gegenstand (Brief, Karte, Päckchen, Paket, Telegramm) selbst als Information dienen oder als Träger durch OTM gesicherter Informationen versandt werden.

Zur Sicherung der Informationen konnten folgende OTM zur Anwendung gelangen:

- Geheimschreibmittel und Chiffre zur Übermittlung von Informationen auf Briefen, Karten und anderen Papierträgern,
- Mikrate zur Übermittlung von Informationen im Postverkehr,
- die Speicherung von Informationen auf Makro-Filmformat (circa 8 mal 11 Millimeter),
- der Einsatz von Tonbandgeräten zur Speicherung von Informationen, die durch normale Telefongespräche übertragen wurden (bei Bedarf mit Anschaltautomatik).

Bei der Anwendung von Geheimschreibmitteln waren die dazu gültigen Instruktionen gewissenhaft einzuhalten. Durch die Aufbringung des Geheimschreibmittels auf einen Papierträger durften keinerlei nachweisbare Eindruckspuren hiterlassen werden. Geheimschrift durfte im Postverkehr generell nur in Verbindung mit Chiffre zur Anwendung gebracht werden.

Mikrate wurden entweder latent auf Briefe, Karten, und Pakete aufgebracht oder in sie eingearbeitet. Zu ihrer Herstellung war der Einsatz einer speziellen Mikratkamera erforderlich.[13]

Nicole Glocke schreibt über die Arbeitsweise des Kundschafters Peter Wolter: »Da er jetzt nicht mehr in Berlin lebt, regelt er Treffinformationen per Postkarte. Er beschreibt sie mit Filzstiften, weil diese graphologisch schlecht auswertbar sind. Die wenigen ›Wie-geht-es-dir-Sätze‹ sind an eine gewisse Tante Gertrud gerichtet. Dass es sich bei ihr um eine Deckadresse handelt, versteht sich von selbst. Er erhält weiterhin eine Telefonnummer, die er nur von Ostberlin aus anrufen darf.«[14]

Eine Warnung per Telefon erhielt der Kundschafter Johannes Koppe. Er führt dazu aus:

»Am 21. Januar 1979, einem Samstag, hatten wir einen Familienausflug ins Hamburger Umland geplant. Der aber fiel wegen des schlechten Wetters aus. Insofern war es Zufall, dass mich beim Frühstück mein Führungsoffizier telefonisch erreichte und vorschlug, die ›Werkstatt aufzuräumen‹. Das war das vereinbarte Codewort zur Vernichtung aller belastenden Unterlagen.

Allerdings gab es kaum konspiratives Material unter unserem Dache. Die Filmkamera und die präparierte Super-8-Kassette brachte meine Frau in das Schließfach ihres Sportvereins. Die Funkunterlagen sowie ein belichteter und bereits übergabefähiger Film mit Zahlen zu Kosten und Preisen von Kraftwerkskomponenten und Rohölverfahren blieben am Mann. Beide Materialien, zusammen kleiner als eine Zündholzschachtel, schienen mir für eine sofortige Vernichtung viel zu wertvoll. Zudem: Frühere Warnungen hatten sich dann auch als blinder Alarm erwiesen.

Allerdings: Wenig später sah ich durch die dünngewebten Stores drei Personen – zwei Männer und eine Frau – um die Ecke biegen und auf meinen Wohnblock zusteuern. Trotz Kälte waren sie nur leicht bekleidet: Sie mussten offenkundig aus einem beheizten Auto gestiegen sein. Wenn dies aber so war: Weshalb waren sie dann nicht bis vor die Tür gefahren? Es war alles klar.

Mir ist es bis heute unverständlich, warum ich damals keinen Zusammenhang zwischen der Warnung aus Berlin und dem Aufkreuzen dieser Personen sah. Mehr als ein Vierteljahrhundert war ich aktiv, hatte keine Fehler gemacht. Ich war mir absolut sicher. Und wenn ich angezogen gewesen wäre, hätte ich sie sogar in meine Wohnung gelassen. So aber ließ ich sie klingeln, gegen die Wohnungstür wummern und mit dem Briefschlitz klappern, ohne mich bemerkbar zu machen oder zu öffnen. Dann verschwanden sie.

Ich wähnte noch immer, es könnten entfernte Verwandte, frühere Studienfreunde oder Arbeitskollegen gewesen sein. Staats- oder andere -schützer wären nicht so einfach abgezogen. Gleichwohl: Ich war verunsichert. Und schaffte das Material am Nachmittag außer Haus. Bei meiner Rückkehr musterte ich aufmerksam die Umgebung. Es war nichts Auffälliges zu bemerken.

Dann kam eine erneute telefonische Warnung aus der Zentrale. Höchste Gefahrenstufe, es sei keine Zeit zu verlieren. Das war deutlich.«[15]

Die Übermittlung nachrichtendienstlicher Informationen mit Hilfe von Sichttreffs und Zeichenstellen

Sichttreffs und Zeichenstellen waren geeignet, um den IM im jeweiligen Operationsgebiet außerplanmäßige Treffs, TBK-Belegungen, Warnstufen und Ähnliches zu signalisieren.

Sichttreffs waren organisierte konspirative Begegnungen von IM oder Führungsoffizieren und IM, ohne dass ein persönliches Ansprechen erfolgte. Sie wurden entweder in Vorbereitung der eigentlichen Treffs beziehungsweise zur Kontrolle zwischen zwei in größeren Abständen durchzuführenden Treffs wahrgenommen. Der Informationsaustausch erfolgte mittels Sichtzeichen.

Zeichenstellen waren exakt bestimmte und dokumentierte Stellen im Operationsgebiet, an denen nachrichtendienstliche Informationen durch unverdächtige Sichtzeichen übermittelt wurden, ohne dass sich die IM persönlich kennenlernten. Besondere Bedeutung besaßen Zeichenstellen zur Wiederaufnahme der Verbindung nach Abbruch oder Konservierung.

Die zügige, zuverlässige und beständige Informationsübermittlung über Zeichenstellen erforderte, dass

- die Orte für Zeichenstellen zwischen Wohnung und Arbeitsstelle der IMs angelegt wurden, um zu garantieren, dass sie fast täglich kontrolliert werden konnten,
- die Sichtzeichen durch vorherige Absprache mit den IM hinsichtlich ihres Inhaltes exakt bestimmt waren,
- die IM den Inhalt der Zeichen beherrschten und die Zeichenstellen diszipliniert kontrollierten,
- die Sichtzeichen nicht durch Witterungseinflüsse oder unbefugte Personen vorzeitig entfernt werden konnten,
- die IM, für die die Informationen bestimmt waren, mit dem Entfernen des Sichtzeichens den Empfang der Mitteilung bestätigten.

Im Interesse der Sicherheit der IMs musste gewährleistet sein, dass
- die von der Zentrale mit der Anbringung von Sichtzeichen beauftragten IM keine Kenntnis über den Inhalt der Sichtzeichen und jene Kräfte erhielten, für die die Sichtzeichen bestimmt waren,
- die Orte der Zeichenstellen nicht auf die Person der IMs im Westen schließen ließen,
- IM des Operationsgebietes keine Kenntnis erhielten, wann Mitteilungen an Zeichenstellen angebracht wurden,
- die Nutzung der Zeichenstellen grundsätzlich IM-gebunden erfolgte und nur die IM davon Kenntnis erhielten, die mit der Anbringung von Sichtzeichen beauftragt waren.

Die Zeichenstellen sowie ihre Nutzungsbedingungen wurden aufgeklärt und exakt dokumentiert. In Abhängigkeit von der Bedeutung des West-IM sowie von den Bedingungen ihrer Führung konnten zur Auslösung außerplanmäßiger Treffs oder einzelner Warnstufen deren Pkw als Zeichenstelle genutzt werden. Die Voraussetzungen dafür waren, dass
- die IM ständig den gleichen Pkw benutzten und Veränderungen der Kennzeichen rechtzeitig der Zentrale mitteilten,
- die Pkw ständig an bestimmten Stellen geparkt wurden, die keiner spezifischen Absicherung durch gegnerische Sicherheitsbehörden unterlagen,
- die Stellen für die Anbringung der Zeichen am Pkw genauestens festgelegt wurden.[16]

Die Nutzung nachrichtentechnischer Mittel zur Übermittlung operativer Informationen

Zur Übermittlung operativer Informationen konnten folgende nachrichtentechnische Mittel genutzt werden:
- die einseitige operative Kurzwellenfunkverbindung,
- die zweiseitige operative Kurzwellenfunkverbindung,
- die operative UKW-Nachrichtentechnik,
- die operative Dezi-Nachrichtentechnik,
- die operative IR-Nachrichtentechnik,
- die Signalisationsmittel.

Die einseitige operative Kurzwellenfunkverbindung von der Zentrale in das Operationsgebiet ermöglichte eine schnelle, zuverlässige und beständige Übermittlung kurzer Informationen an die IM. Unter Beachtung der spezifischen Bedingungen im Kurzwellenfunkbereich konnten die Sendungen der Zentrale praktisch in jedem Operationsgebiet empfangen werden. Die Nachrichten wurden entweder als

- gesprochene Ziffern (Telefonie) oder
- Morseziffern (Telegrafie)

übertagen.

Für den einseitigen Kurzwellenfunk konnten sowohl handelsübliche Rundfunkempfänger als auch Spezialempfänger eingesetzt werden. Handelsübliche Rundfunkempfänger fanden vor allem in Form von Kofferradios Verwendung. Diese Geräte mussten für den erforderlichen Frequenzbereich ausgelegt sein, gute Kurzwellenempfangseigenschaften besitzen und den Anschluss eines Kopfhöheres ermöglichen. Spezialempfängern musste im Laufe der Zeit der Vorzug gegeben werden, da auf den westlichen Märkten zu Beginn der 1980er Jahre nur noch wenige Typen handelsüblicher Empfänger mit in Frage kommenden Frequenzbereichen vorhanden waren und solche Geräte für IM nur in Ausnahmefällen abgedeckt werden konnten. Der HV A war klar, dass mit den auf dem Markt vorhandenen wenigen Typen eine Uniformierung der Ausrüstung eintrat, die dem Gegner rein äußerlich Hinweise auf eine nachrichtendienstliche Tätigkeit geben konnte.

Zur Gewährleistung der Sicherheit der IMs wurde es als erforderlich betrachtet,

- die Spezialempfänger in einem geeigneten Container oder Aufbewahrungsversteck unterzubringen,
- die Funksendungen ausschließlich mit Kopfhörern zu empfangen und ein Zweitgerät auf einer anderen Frequenz zu betreiben (das Zweitgerät diente als Geräuschkulisse),
- keine Gemeinschaftsantennen zu benutzen,
- nach dem Empfang der Sendungen beziehungsweise bei Störungen durch andere Personen während des Aufnehmens die Empfangsfrequenz sofort zu verstellen,
- keinerlei Skalenmarkierungen für die schnellere Frequenzeinstellung anzubringen,
- während der Aufnahme den Kofferempfänger nur mit Batterie zu betreiben.

Die zweiseitige operative Kurzwellenfunkverbindung ermöglichte die Übermittlung kurzer Informationen aus dem Operationsgebiet zur Zentrale. Sie verlangte den Einsatz spezifischer Kurzwellensendetechnik, die in einem Aufbewahrungsversteck sicher untergebracht werden musste. Die zweiseitige operative Kurzwellenfunkverbindung kam nur in besonderen Situationen zur sofortigen Übermittlung außerordentlich wichtiger Informationen zum Einsatz.

Die UKW-Nachrichtentechnik war für die Übertragung kurzer Informationen sowohl innerhalb des Operationsgebietes als auch vom Operationsgebiet zur Zentrale geeignet. Zum Einsatz kamen spezielle UKW-Handfunkgeräte. Sie mussten in einem operativen Versteck sicher verwahrt werden.

Die Dezi-Verbindungstechnik kam in der Regel zur Übertragung von Informationen aus dem Operationsgebiet zur Zentrale und umgekehrt im Bereich der Staatsgrenze zum Einsatz. Es wurden hierbei ausschließlich konspirative Geräte verwendet, die gleichzeitig senden und empfangen konnten (Duplex-Betrieb). Dezi-Nachrichtentechnik eignete sich sowohl für den stationären als auch mobilen Einsatz. Die Übertragung von Informationen mittels Sprache musste vermieden werden, weil durch die Anwendung von Methoden der Stimmenidentifizierung seitens des Gegners die Gefahr der Enttarnung von IM gegeben war.

Die Infrarot-Nachrichtentechnik kam zur Übertragung umfangreicherer Informationen aus dem Operationsgebiet über die Staatsgrenze in das Gebiet der DDR – unter bestimmten Voraussetzungen auch innerhalb des Operationsgebietes – zum Einsatz. Es wurden ausschließlich konspirative Geräte verwendet.

Der Einsatz von Signalisationsmitteln und -systemen erfolgte sowohl innerhalb des Operationsgebietes als auch zwischen Zentrale und Operationsgebiet sowie umgekehrt. Mit dieser Nachrichtentechnik konnten kurze Mitteilungen durch codierte Signale, die bis zu zehn verschiedenartige Aussagen ermöglichten, übermittelt werden. Der Einsatz von Signalisationstechnik erfolgte in erster Linie zur Übermittlung von Warnungen und Vereinbarungen im Verbindungswesen sowie zur Signalisierung in besonderen Situationen. Je nach Verwendungszweck kam konspirative oder kommerzielle Technik zum Einsatz.[17]

Die praktische Gestaltung des Verbindungswesens

Die konkrete Gestaltung des Verbindungswesens war der Aufgabenstellung sowie der Persönlichkeit des IM im Operationsgebiet und den dort vorherrschenden Regimebedingungen anzupassen, die bei der Aufrechterhaltung einer stabilen Verbindung zwischen den IM im Westen und der Zentrale genutzt werden konnten oder berücksichtigt werden mussten. Sie war abhängig von

- dem Umfang und der Bedeutung der zu übermittelnden Informationen sowie der Häufigkeit und dem Zeitpunkt des Auftretens von bedeutsamen Informationen,
- der Zuverlässigkeit der IMs (OG) sowie der Sicherheitslage im jeweiligen Vorgang,
- den für die Beschaffung und Weiterleitung von bedeutsamen Informationen notwendigen OTM,
- den operativen Arbeitsbedingungen der zur Objektbearbeitung eingesetzten Quellen, Werber und Perspektiv-IM,

- dem Entwicklungsstand der Bereitschaft sowie den Fähigkeiten der IMs (OG) zur Erfüllung ihrer nachrichtendienstlichen Aufgaben, insbesondere zur Beschaffung, Sicherstellung und Weiterleitung operativer Informationen,
- der aufgrund der Aufgabenstellung und Persönlichkeitsentwicklung der IMs (OG) erforderlichen Intensität ihrer Erziehung und Befähigung,
- den Möglichkeiten der Zentrale zur Gestaltung des Verbindungswesens sowie zur Schaffung von Voraussetzungen für die Sicherung operativer Informationen und Materialien.

Weiterhin stellte die HV A in Rechnung:
- die mit der gesellschaftlichen Stellung der in den gegnerischen Zentren und Objekten tätigen IM verbundenen Bewegungsmöglichkeiten beziehungsweise -einschränkungen sowie die Intensität der gegnerischen Überwachungsmaßnahmen,
- die direkten und indirekten institutionellen sowie persönlichen Verbindungen in das Operationsgebiet und die Möglichkeiten ihrer nachrichtendienstlichen Nutzung,
- den grenzüberschreitenden Personen-, Güter-, Post- und Telefonverkehr sowie die Möglichkeiten seiner operativen Nutzung,
- die spezifischen Bedingungen, die sich aus dem Einsatzgebiet der IMs für die Organisierung des Verbindungswesens ergaben wie beispielsweise die geografische Lage oder das Klima.

In Abhängigkeit von der Bedeutung des Vorgangs sowie von den nachrichtendienstlichen Bedingungen konnten verschiedene Organisationsformen zur Führung der IMs und zur Übermittlung operativer Informationen und Materialien angewandt werden. Solche Organisationsformen waren:
- die operative Einzelverbindung,
- der Einsatz von Führungs-IM,
- der Einsatz von Residenten.

Die operative Einzelverbindung beinhaltete die Führung der IMs im Operationsgebiet durch Instrukteure sowie die Aufrechterhaltung der unpersönlichen Verbindung über Kuriere, Deckadressen, Decktelefone, Zeichenstellen oder Funk und andere operative Mittel.

Beim Einsatz von Führungs-IM wurden zuverlässige und erfahrene IM aus dem Operationsgebiet mit der Führung einzelner Quellen oder anderer IM sowie mit der Aufrechterhaltung der Verbindung zwischen der Zentrale und den betreffenden IM beauftragt. Die Verbindung zwischen Führungs-IM und anderen IM musste weitestgehend durch natürliche persönliche Beziehungen legal abgedeckt werden. Die Verbindung zwischen der Zentrale und den Führungs-IM erfolgte über die operative Einzelverbindung.

Die Führung von Quellen und anderer wichtiger IM durch Residenten gewährleistete unter allen Lagebedingungen am besten eine planmäßige, kontinuierliche sowie den Erfordernissen der nachrichtendienstlichen Arbeit entsprechende Anleitung, Erziehung und Befähigung der IMs und die Informationsübermittlung zwischen den Quellen und der Zentrale. Residenten waren in der Regel OibE. Sie führten die IM eigenverantwortlich auf der Grundlage von Befehlen und Weisungen der HV A. Die Residenten waren in der Lage, weitgehend selbstständig die politisch-operative Lage, die Arbeitsergebnisse sowie den Entwicklungsstand der IMs zu analysieren sowie anstehende Entscheidungen an Ort und Stelle zu treffen. Zur Unterstützung der Residenten konnten ihnen Gehilfen zugeordnet werden. Für die Gewährleistung einer schnellen, zuverlässigen sowie beständigen Übermittlung von nachrichtendienstlichen Informationen und Materialien innerhalb der Residentur sowie zwischen Residentur und Zentrale wurden im erforderlichen Maß die verschiedensten Mittel und Methoden des Verbindungssystems genutzt. Den Residenten waren ausschließlich zuverlässige, nachweislich überprüfte und erprobte IM zu unterstellen.

Um die Nutzungsfrequenz der einzelnen Verbindungslinien in vertretbaren Grenzen zu halten, die Verbindung auch in besonderen Situationen beziehungsweise auch beim plötzlichen Ausfall einzelner Verbindungslinien im notwendigen Maß aufrechtzuerhalten sowie die IM gegebenenfalls rechtzeitig vor Gefahren zu warnen, wurden bei Quellen mehrere variabel nutzbare Verbindungslinien aufgebaut.

In Abhängigkeit von Veränderungen der Lage sowie von der Entwicklung der IMs war das Verbindungssystem systematisch zu qualifizieren. Es musste so gestaltet werden, dass die IM alle für die Gewährleistung einer den operativen Anforderungen entsprechenden Verbindung getroffenen Vereinbarungen jederzeit überblicken sowie die dafür erforderlichen Mittel und Methoden sicher zur Anwendung bringen konnten.

Besondere Aufmerksamkeit widmete die HV A der ständigen Qualifizierung der Mittel und Methoden zur Überwindung des gegnerischen Grenzregimes. Um eine hohe Sicherheit der nachrichtendienstlichen Arbeit und der Stabilität der Verbindung zu gewährleisten, waren

- die IM so auf ihre operative Reise vorzubereiten, dass ihr Aussehen, ihre Ausrüstung sowie ihr Verhalten der operativen Dokumentation und den Reiselegenden entsprachen,
- die operativen Reisen auf das erforderliche Maß zu beschränken,
- solche IM für den operativen Reiseverkehr auszuwählen und einzusetzen, die nicht im Blickfeld des Gegners standen,
- in zunehmendem Maße zuverlässige IM (OG) für die Realisierung spezieller Aufgaben im Verbindungswesen heranzuziehen,

- alle operativen Reisen gründlich auszuwerten sowie entsprechend der gültigen Weisungen zu dokumentieren,
- in bestätigten Fällen die legalen Institutionen der DDR im Operationsgebiet zur Gestaltung des Verbindungssystems zu nutzen,
- die OTM zum sicheren Transport nachrichtendienstlicher Informationen und Materialien ständig zu vervollkommnen,
- für die wichtigsten IM Maßnahmen zur Aufrechterhaltung der Verbindung in Krisen- und Spannungssituationen realistisch festzulegen.

Die Organisation operativer Reisen von IM (DDR) in das Operationsgebiet hatte in Abstimmung mit den zuständigen Fachabteilungen zu erfolgen.

Die Führung der IMs und das Verbindungswesen wurden streng vorgangsgebunden gestaltet. Es durften stets nur jene Kräfte, Mittel und Methoden zum Einsatz gelangen, die für die Erfüllung der Aufgabe unter allen Lagebedingungen notwendig waren. Sie mussten aufgrund des Entwicklungsstandes des Vorgangs, der Regimebedingungen sowie der Zuverlässigkeit des IM gerechtfertigt sein.

Durch die Festlegung beständiger Treffs und TBK wurden die Voraussetzungen geschaffen, dass die IM in Krisen- und Spannungssituationen die HV A über ihren Einsatz- und Aufenthaltsort informieren konnten. Durch die Ausrüstung der IMs mit OTM sowie die Vorbereitung geeigneter operativer Kräfte war zu sichern, dass auch in solchen Situationen die Fortführung der operativen Arbeit gewährleistet war.

Alle für die praktische Gestaltung des Verbindungssystems bedeutsamen Angaben über IM, Mittel und Methoden, Vereinbarungen sowie Verbindungslinien waren im Verbindungsplan zu dokumentieren. Dazu gehörten vor allem Festlegungen über:

- Treffs,
- mögliche Formen der Verbindungsaufnahme zu den IM durch Vertreter der Zentrale sowie die dabei zur Anwendung kommenden Legenden, Zeichen und Codevereinbarungen,
- die im Vorgang zum Einsatz gelangenden TBK, Anlaufstellen und deren Regimebedingungen,
- die im Vorgang eingesetzten Deckadressen, Decktelefone sowie konspirativen Wohnungen und Objekte,
- die Nutzung der Funkverbindung,
- die Nutzung sowie Aufbewahrung der im Vorgang eingesetzten operativen Dokumente und OTM,
- die Warnstufen,
- die Art und Weise der Aufrechterhaltung der Verbindung in besonderen nachrichtendienstlichen Situationen.

Um zu erreichen, dass die IM alle für die Aufrechterhaltung der Verbindung getroffenen Festlegungen beherrschten, mussten sie übersichtlich und leicht einprägsam sein sowie für einen längeren Zeitraum Gültigkeit besitzen. Die IM waren nach Möglichkeit in die Erarbeitung der Verbindungspläne einzubeziehen. Ihr Wissen über die in den Verbindungsplänen getroffenen Festlegungen musste ständig überprüft werden.

Die Verbindungspläne hatten die jeweils gültigen Vereinbarungen zur Aufrechterhaltung der Verbindung zu enthalten. Veränderungen mussten unverzüglich in den Verbindungsplänen dokumentiert werden. Die Festlegungen waren so eindeutig und übersichtlich zu gestalten, dass auch bei Abwesenheit des Führungsoffiziers die Vorgesetzten oder beauftragte Mitarbeiter Maßnahmen zur Herstellung der Verbindung einleiten und durchführen konnten.[18]

Anmerkungen

1   Heinz Geyer: »Das Verbindungssystem der HV A«. In: Klaus Eichner, Gotthold Schramm (Hrsg.): *Hauptverwaltung A. Geschichte, Aufgaben, Einsichten. Konferenz am 17./18. November 2007 in Odense/Dänemark. Alle Referate und Beiträge.* Berlin 2008, S. 278. f.

2   Vgl.: HV A, 6. Kommentar zur Richtlinie 2/79: »Das Verbindungswesen«. BStU, ZA, MfS, HA I, Nr. 15574, Bl. 549–553.

3   Vgl.: Ebd., Bl. 554–572.

4   Hans Eltgen: *Ohne Chance. Erinnerungen eines HV A-Offiziers.* Berlin 1995, S. 51 f.

5   Ebd., S. 116–119.

6   Nicole Glocke: *Im Auftrag von US-Militäraufklärung und DDR-Geheimdienst. Die Lebensgeschichten zweier gegnerischer Agenten im Kalten Krieg.* Berlin 2010, S. 185.

7   Vgl.: HV A, 6. Kommentar zur Richtlinie 2/79, Bl. 573–581.

8   Hans Eltgen: *Ohne Chance. Erinnerungen eines HV A-Offiziers.* Berlin 1995, S. 47 ff.

9   Vgl.: HV A, 6. Kommentar zur Richtlinie 2/79, Bl. 582–586.

10   Heinz Geyer: *Zeitzeichen. 40 Jahre in Spionageabwehr und Aufklärung.* Berlin 2007, S. 114 f.

11   Nicole Glocke: *Im Auftrag von US-Militäraufklärung und DDR-Geheimdienst. Die Lebensgeschichten zweier gegnerischer Agenten im Kalten Krieg.* Berlin 2010, S. 187.

12   Vgl. dazu: Josef Foschepoth: *Überwachtes Deutschland. Post- und Telefonüberwachung in der alten Bundesrepublik.* Göttingen 2017. In der Einleitung des Buches heißt es: »Der Umfang der westdeutschen Postüberwachung war immens. Von den Anfangsjahren der Bundesrepublik bis zum Beginn der Siebzigerjahre wurden nachweislich über 100 Millionen Postsendungen aus der DDR beschlagnahmt, geöffnet und zum großen Teil vernichtet. Hinzu kam eine nicht näher quantifizierbare Zahl von Postsendungen, die in der Bundesrepublik aufgegeben und ebenfalls aus dem Verkehr gezogen wurde. Ihre Zahl kann aufgrund einzelner Quellenangaben nur geschätzt werden. Sie dürfte um die 100.000 Postsendungen pro Jahr, mal mehr, mal weniger, betragen haben.«

13   Vgl.: HV A, 6. Kommentar zur Richtlinie 2/79, Bl. 587–592.

14   Nicole Glocke: *Im Auftrag von US-Militäraufklärung und DDR-Geheimdienst. Die Lebensgeschichten zweier gegnerischer Agenten im Kalten Krieg.* Berlin 2010, S. 184 f.

15 Johannes Koppe: »Ich war Botschaftsflüchtling«. In: Gotthold Schramm (Hrsg.): *Der Botschaftsflüchtling und andere Agentengeschichten*. Berlin 2006, S. 60 f.
16 Vgl.: HV A, 6. Kommentar zur Richtlinie 2/79, Bl. 593 ff.
17 Vgl.: HV A, 6. Kommentar zur Richtlinie 2/79, Bl. 596–599.
18 Vgl.: Ebd., Bl. 600–606.

10. Kapitel

Die Ausrüstung der IMs mit operativen Dokumenten und operativ-technischen Mitteln

Operative Dokumente

Zur Realisierung nachrichtendienstlicher Aufgaben sowie zur Sicherung der Konspiration mussten die IM im erforderlichen Umfang mit operativen Dokumenten und operativ-technischen Mitteln ausgerüstet werden.

Die Bereitstellung operativer Dokumente hatte in der Aufklärung eine lange Tradition und ist fest mit dem Namen Richard Großkopf verbunden. Markus Wolf schreibt über ihn: »Dieses Büchlein dokumentiert nun erstmalig für einen größeren Kreis, dass in den Anfangsjahren unser Apparat, und ein wichtiges Kollektiv darin, durch einen Genossen mit geformt wurde, der schon am 1. Mai 1916 mit Genossen Karl Liebknecht auf dem Potsdamer Platz gegen den imperialistischen Krieg protestierte; der als Mitglied der KPD seit Anfang 1919 an einem wichtigen Abschnitt des konspirativen Kampfes stand; der Ernst Thälmann und viele andere führende Genossen aus nächster Nähe erlebte und sie, wie Hunderte andere, mit illegal gefertigten Pässen für die Erfüllung ihrer Aufgaben ausrüstete; der in der Zeit des Faschismus in den Fängen der Gestapo, vor dem faschistischen Volksgerichtshof, in den Gefängnissen und im KZ Buchenwald seine Standhaftigkeit und Treue in 12 langen Jahren immer wieder bewiesen hat.«[1]

Richard Großkopf war führend am Aufbau der operativen Dokumentation der Aufklärung beteiligt. Gemeinsam mit Richard Stahlmann organisierte er die für die Dokumentenherstellung notwendigen Einrichtungsgegenstände, Arbeitsgeräte wie eine Reprokamera und eine Tiegeldruckpresse sowie Materialien wie Stempel-, Druckfarben und Tinten. Als Großkopf von der Auflösung einer kleinen Druckerei erfuhr, kaufte er alle dort vorhandenen Bestände an Drucktypen und Drucksätzen auf. Auch die Schaffung eines kleinen Kreises von Spezialisten gelang recht schnell. Dabei handelte es sich um einen Offsetdrucker, einen Reprofotografen, einen Chemografen sowie einen Graveur. Allerdings brachte nur einer dieser Spezialisten konspirative Erfahrungen mit. Dies war Franz Krebs, der als Graveur bereits während des Spanienkrieges seinem Vater geholfen hatte, Stempel für Personalpapiere nachzuahmen, mit denen Angehörige der Internationalen Brigaden ausgerüstet wurden, um nach Spanien zu gelangen.

Nachdem die ersten personellen und materiellen Voraussetzungen geschaffen waren, verlagerte sich die Tätigkeit von Richard Großkopf in Richtung Labor und Werkstätten. Außerdem drang er in die Geheimnisse des gegnerischen Pass- und Meldewesens ein. Er studierte beispielsweise gegnerische Originaldokumente dahingehend, ob es sich bei einer Unregelmäßigkeit oder einem Pünktchen um einen »Fliegendreck«, also einen Produktionsfehler, oder um ein getarntes Sicherungszeichen handelte. Immer wieder wurde probiert, verworfen und neu produziert. Großkopf war erst mit dem Ergebnis zufrieden, wenn auch die kleinste Abweichung vom Original beseitigt war. Manche Mitarbeiter hielten das für Pedanterie. Aber keiner wusste aufgrund eigener Erfahrungen besser als Richard Großkopf, dass die Sicherheit der IMs und damit die Auftragserfüllung oftmals gerade von solchen Kleinigkeiten abhingen.[2]

Es gelang dann recht schnell, die ersten operativen Dokumente herzustellen, so zum Beispiel den bundesdeutschen Personalausweis, den Westberliner Ausweis und später den Dienstpass der BRD sowie den Pass eines Drittlandes. Danach ging Großkopf daran, komplette Dokumentationen zu fertigen. Damit eröffnete er der HV A neue Möglichkeiten für die Arbeit im Operationsgebiet.[3]

Operative Dokumente waren unter Verwendung von Klarpersonalien beziehungsweise Pseudonymen ausgestellte oder beschaffte Personaldokumente wie Personalausweise, Reisedokumente, Führerscheine, Ausweise für Arbeits- und Sozialversicherung, Ausweise von Dienststellen, Firmen, Organisationen und viele andere mehr. Sie dienten der glaubhaften Vortäuschung einer fremden Identität oder einer für nachrichtendienstliche Zwecke erforderlichen gesellschaftlichen Stellung und unterstützten die Tarnung für operative Kräfte, Handlungen und Sachverhalte.[4]

Rainer O. M. Engberding vom Bundeskriminalamt (BKA) benennt folgende vier Kategorien von operativen Dokumenten:

»Vollabdeckung: Alle Angaben zur Person sowie die Ausstellungsdaten und die Seriennummer sind einem Legendenspenderdokument entnommen. Lediglich das Lichtbild zeigt eine andere Person.

Teilabdeckung: Es entspricht nur ein Teil der Eintragungen einer echten Vorlage, meistens die Ausstellungsdaten mit Seriennummer. Die Personalien des Ausweisinhabers sind frei erfunden.

Doppelteilabdeckung: Die Personalien entsprechen einer existenten Vorlage. Die Ausstellungsdaten sind einer anderen Vorlage entnommen.

Phantasiepapier: Weder die Personalien noch die Ausstellungsdaten entsprechen einer existenten Vorlage.«[5]

Zur Qualität der operativen Dokumente schreibt Engberding: »In fast allen nachrichtendienstlichen Operationen tauchten falsche Dokumente auf. Dabei handelte es sich nicht um plumpe Verfälschungen gestohlener Ausweise, sondern um vollständige Nachfertigungen von Pässen und Personalausweisen. Es werden Originaltechniken sowohl bei der Papierherstellung (hochwertiges Dokumentenpapier mit echter Wasserzeichentechnik) als auch beim Druck (Original-Hochdruckverfahren sowohl der Sicherheitslinien als auch der Eintragungen) verwendet. Die Qualität ist so gut, dass nur eine aufwendige Untersuchung im Labor die Fälschung aufdecken kann.«[6]

Der Chemiker und Offizier der Abteilung 35 (Analyse und Reproduktion von Dokumenten) des Operativ-Technischen Sektors (OTS) des MfS, Günter Pelzl, maßgeblich an der Herstellung von operativen Dokumenten beteiligt, hält in seiner Autobiografie folgende Details zur Qualität der Papiere fest:

»Eine meiner ersten Aufgaben war es, ein System der Analyse und Qualitätskontrolle vor allem für die produzierten Pässe zu entwickeln, das es möglich machen sollte, die eingebauten Sicherheitsmerkmale möglichst alle zu erkennen und Fehler bei der Produktion weitgehend auszuschließen. An die einzelnen Bestandteile eines Passes wie Papier, Druckfarben, Kunstleder und so weiter wurden schriftlich fixierte Anforderungen gestellt, die auch regelmäßig überprüft wurden. Dazu nutzten wir nicht nur die eigenen analytischen Möglichkeiten, sondern vor allem auch die der Abteilung 32 [Naturwissenschaftliche Expertisen, Anm. d. Verf.] des OTS. Die analytischen Fähigkeiten aller Mitarbeiter gingen so weit, dass wir in der Lage waren, die für uns wichtigen Druckfarben- und Papierbestandteile zu ermitteln. Viele ausländische Pässe erhielten seltene Faserstoffe, die langfristig irgendwo in der Welt beschafft werden mussten.

Wir waren uns immer der Tatsache bewusst, dass unsere falschen Papiere einer wissenschaftlichen Laboruntersuchung trotz dieser hohen Qualität nicht lange standhalten würden. Das wurde auch nie als Kriterium unserer Arbeit betrachtet. Es war deshalb von besonderer Wichtigkeit, genaue Kenntnis von den Einsatzbedingungen, zum Beispiel an den Grenzübergängen und Flughäfen, zu besitzen, vor allem von den dort installierten technischen Kontrollgeräten. Die dazu notwendigen Informationen bezogen wir von der Aufklärung.

Natürlich fielen dem Gegner auch unsere falschen Pässe in die Hände, wenn Kundschafter oder Kuriere verhaftet wurden. Das Bundeskriminalamt (BKA), das für die Echtheitsuntersuchung von Pässen und Papieren zuständig war, fand zwar im Labor heraus, dass es Fälschungen waren, aber es gelang nie, mit den daraus gewonnenen Erkenntnissen falsche Papiere oder Pässe bereits bei normalen Kontrollen zu entdecken. Im BKA erhielten deshalb unsere Dokumente den Stempel der ›Vorzüglichkeit‹ und wurden in einem Schulungsfilm aus dem Jahre 1985 ausdrücklich als im normalen Gebrauch nicht zu identifizierende Totalfälschungen eingeordnet.

In der Regel hielten wir uns an den Produktionsrhythmus der Bundesdruckerei und fertigten jedes Jahr eine neue, aktuelle Auflage. Das Eindrucken der Ausweisnummern und das ›Ausfüllen‹ mit persönlichen Daten übernahm die HV A, wobei sichergestellt wurde, dass jede Auflage nur für einen bestimmten Nummernbereich zugelassen war. […]

Bei meiner Arbeit stellte ich mir oft die Frage: ›Würdest du mit einem deiner falschen Pässe auf die Reise gehen?‹ Ich habe diese Frage für mich immer mit Ja beantwortet und sie auch später meinen Mitarbeitern gestellt. Hätte ich das zu irgendeiner Zeit nicht mehr gekonnt, hätte ich die Arbeit auch nicht weitergemacht. Die Kundschafter, Kuriere oder Instrukteure hatten es da mental etwas einfacher. Sie vertrauten unserer Arbeit uneingeschränkt, sie konnten gar nicht anders, wir aber wussten, was wir produziert hatten. Ich wusste aber auch, was sie damit an persönlichen Risiken auf sich nahmen. Mir wäre es nicht besonders schwergefallen, zu zeigen, woran man unsere Produkte erkennen konnte. Ich bin heute noch stolz darauf, dass keiner derjenigen, die unsere Papiere benutzten, aufgrund von Mängeln verhaftet wurde. Natürlich fertigten wir auch Pässe und verschiedene Papiere anderer Länder an, das hing von den jeweiligen Aufgabenstellungen der Aufklärung ab oder von Hilfeersuchen befreundeter Geheimdienste. Ich persönlich kann mich an keine Aufgabe erinnern, die wir ablehnen mussten, weil sie uns zu schwer war. Diskussionen gab es höchstens über die Termine oder die Bereitstellung von Materialien und Technik.«[7]

Der BKA-Staatsschützer Engberding führt in seinem Bericht weiter aus: »Neueste Erkenntnisse [1993, Anm. d. Verf.] gehen dahin, dass die Techniker des MfS in der Schlussphase sogar in der Lage gewesen sein sollen, den als fälschungssicher geltenden neuen Personalausweis der Bundesrepublik nachzufertigen.«[8] Dies bestätigt Generaloberst a.D. Werner Großmann in seinen Erinnerungen folgendermaßen:

»Die Bundesdruckerei in der Berliner Oranienstraße 91 produziert im November 1987 den ersten Personalausweis einer neuen Generation. In den nächsten Jahren soll jeder Bundesbürger ein solches Dokument erhalten. Die Angaben zur Person werden in den Einwohnermeldeämtern nicht mehr mit Dokumententinte eingetragen, sondern zentral eingedruckt. Untrennbar mit einer Hülle verschweißt, gelten sie als absolut fälschungssicher.

Als die Pressekampagne anläuft und Erika Mustermann zur bekanntesten Bundesbürgerin wird, haben wir die Herausforderungen schon angenommen. Galten bisher unsere nachgefertigten Dokumente als meisterlich, stehen wir nun vor einer fast unlösbaren Aufgabe. Durch präzise Koordinierung vieler IM und hauptamtlicher

Mitarbeiter wird sie doch gelöst. Die Spezialisten des OTS des MfS analysieren und bearbeiten das von uns beschaffte Knowhow und das Spezialpapier.

Nun brauchen wir nur noch eine neue Druckmaschine. Das Finanzministerium stellt die Mittel zur Verfügung. Die Staatsdruckerei der DDR in Leipzig soll eine Maschine besorgen und nutzt die Chance – sie kauft in der BRD zwei Maschinen, eine für uns und eine für sich.

Schon 1989, die alten Ausweise sind noch gültig, reisen HV A-Instrukteure komplikationslos mit fälschungssicheren Ausweisen aus eigner Produktion ins Operationsgebiet.«[9]

Günter Pelzl vom OTS benennt zur Herstellung des neuen bundesdeutschen Personalausweises im MfS aufschlussreiche Details. Er schreibt dazu:

»Immerhin gab es seit 1979 ernsthafte Bestrebungen, in der BRD einen fälschungssicheren Personalausweis einzuführen. Die entsprechenden Gesetzesvorlagen hatten den Bundestag schon passiert, aber die Mühlen mahlten zum Glück langsam. Es gab großen Gegenwind in der BRD gegen dieses Projekt. Das MfS war von Beginn an durch seine Kundschafter informiert und erkannte schnell, dass es erforderlich war, langfristige Vorlaufarbeiten auf diesem Gebiet durchzuführen. Aber auch die Presse der BRD ›fütterte‹ uns mit Informationen. […]

1986 traten wir in die ›heiße‹ Phase der Vorbereitungen zur Produktion des neuen fälschungssicheren Personalausweises der BRD ein. Die schlimmen Vorahnungen, man würde einen Chip einbauen, der an der Grenze von den Beamten ausgelesen werden konnte, hatten sich nicht bewahrheitet. Die Zeit war offensichtlich noch nicht reif dafür. Außerdem gab es große Meinungsverschiedenheiten über die Handhabung der dabei anfallenden persönlichen Daten. Das verschaffte uns eine kleine Atempause. Dass dem Personalausweis nach kurzer Zeit der fälschungssichere Pass folgen würde, stand außer Zweifel. Mit großer Energie gingen wir daran, die dafür notwendigen Voraussetzungen zu schaffen. Dazu gehörten unter anderem die Lasertechnik, die Holographie und natürlich der Einsatz leistungsfähiger Rechentechnik. Der Standort für ein Holographie-Labor war bereits festgelegt. Ich hatte mich auf einer Dienstreise davon überzeugen können, dass unsere ausländischen Partner in der Lage waren, Hologramme zu fälschen. […]

Bei der Beschaffung der erforderlichen Technik kam ich zum ersten Mal mit dem Bereich Kommerzielle Koordinierung, kurz KoKo, in Berührung, da ein Großteil der von uns benötigten Technik nur über diesen Bereich beschafft werden konnte. Das betraf zum Beispiel eine MicroVax, einen damals hochmodernen 32-Bit-Rechner von DEC, der unseren Zeichentisch und einen Photoplotter, beide von Agfa, ansteuern sollte. Die Beschaffungswege waren derart kompliziert, dass wir mit langen Wartezeiten vorlieb nehmen mussten. […]

Organisatorisch warf die neue Generation von Ausweisen Fragen auf, die eng mit der Struktur des Ministeriums verknüpft waren. Die alte Generation von Ausweisen und Pässen setzte die Personalisierung als eigenständigen Verwaltungsakt an das Ende des Prozesses, nach deren Herstellung. Blankodokumente wurden einfach bei den zuständigen staatlichen Stellen ausgefüllt. Die Reproduktion der Dokumente übernahm die Abteilung 35 [des OTS, Anm. d. Verf.], das Ausfüllen die HV A. Das war nun so nicht mehr möglich, da die Personalisierung innerhalb des Produktionsprozesses in der Bundesdruckerei in Westberlin erfolgte. Der logische Weg wäre gewesen, die Abteilung 35 in die HV A einzugliedern und die dortigen Strukturen entsprechend anzupassen. Bei der Diskussion dieser Probleme wurden die technischen Spezialisten zwar gefragt, aber letztlich bei der Entscheidung nicht mit einbezogen. Man entschloss sich für eine andere Variante. Die Struktur blieb, wie sie war, und der Produktionsprozess wurde unterbrochen. Wir lieferten künftig nur die Halbfabrikate wie Fotopapier und bedruckte Folien, die Fertigstellung des Ausweises erfolgte in der HV A. Für mich war das die schlechteste Variante, da meiner Meinung nach die Gefahr von Fehlern bei der Herstellung damit erheblich größer war. Ob für diese Entscheidung Kompetenzstreitigkeiten, Rivalitäten oder die Geheimhaltung der persönlichen Daten ausschlaggebend waren, konnte ich nur ahnen.

In technischer Hinsicht stellten sich für uns bei der Reproduktion des geplanten neuen Personalausweises mehrere schwierige Aufgaben. Erstmals wurde als Einlage ein spezielles Fotopapier verwendet. Wir hatten uns bis dahin nicht mit der eigenen Herstellung von Fotopapier beschäftigt. Die ersten Kontakte mit der Industrie stimmten wenig hoffnungsvoll. Wir hatten im Objekt nur wenig Platz und konnten die Forderung nach einer mehrere Hundert Meter langen Trocknungsstrecke nach dem Beschichtungsprozess mit Gelatine nicht erfüllen. Schließlich gelang es doch, eine kurze Fotopapiermaschine zu projektieren. Dazu wurde ein entsprechendes Gebäude errichtet und die Strecke nach oben hin gewissermaßen gefaltet, was sowohl unsere Platzprobleme als auch alle anderen Anforderungen berücksichtigte. Ohne eine sehr enge Kooperation mit der Industrie wäre das nicht möglich gewesen, die ja dann auch die Maschine baute und installierte.

Wir stellten einen promovierten Physiker ein, der über das entsprechende Fachwissen verfügte und sich hauptsächlich um diesen neuen Arbeitsbereich kümmerte. Die erforderliche Fotogelatine erhielten wir aus dem Fotochemischen Kombinat Wolfen, die dort nach unserer Rezeptur hergestellt wurde. Ähnlich verhielt es sich mit dem Einsatz und der Verarbeitung der benötigten Folien. Die Herstellung dieser speziellen Folien in der DDR war aus verschiedenen Gründen ausgeschlossen, also mussten sie aus dem Ausland beschafft werden, was schließlich auch gelang. Da die erforderlichen technischen Anlagen zur Folienbearbeitung auf der Embargoliste der NATO-Staaten standen, mussten wir auch hier einen geeigneten Ausweg finden und konnten über Tests an einer kleineren Pilotanlage schließlich eine eigene Strecke für das Bearbeiten und Bedrucken von Folien entwickeln. Dazu war es wiederum notwendig, wie bei der Fotopapierherstellung ein eigenes Gebäude zu errichten. […]

Am 1. April 1987 war es dann endlich so weit. Der neue Personalausweis der Bundesrepublik Deutschland wurde ausgegeben. Er hatte fälschungssicher sein sollen, aber auch wir waren mit unseren Hausaufgaben rechtzeitig fertig geworden. Anfang oder Mitte Mai erzählten mir die Genossen der HV A, das die ersten unserer Exemplare schon durch die BRD gereist wären. Das war sehr erfreulich, aber wir hatten keine Zeit zum Luftholen. Der nächste Schritt, der neue Reisepass der BRD, stand noch bevor. Außerdem gab es ja noch die Produktion der aktuellen grünen BRD-Pässe und der roten Pässe der Schweiz.«[10]

Beim Einsatz von operativen Dokumenten war die zunehmende Fähigkeit des Gegners,

- die Echtheit von Personaldokumenten sowie die Identität der Passinhaber kurzfristig und relativ eindeutig festzustellen,
- bei der unmittelbaren Personenkontrolle die Aufmerksamkeit auf das Verhalten der Passinhaber sowie auf Befragungen zu konzentrieren,
- durch die zentrale Erfassung von Feststellungen bei Ausweis- und Personenkontrollen Reiserouten sowie Reisetätigkeit von IM zu rekonstruieren,
- gestützt auf Rastermerkmale verdächtige Personen aus dem umfangreichen Reiseverkehr zu selektieren,

in Rechnung zu stellen. Deshalb musste in jedem einzelnen Fall sorgfältig geprüft werden, in welchem Maß die zum Einsatz kommenden Dokumente gegnerischen Überprüfungsmaßnahmen standhielten und die IM in der Lage waren, die durch die operativen Dokumente vorgetäuschte Identität glaubhaft zu verkörpern. Bei der Auswahl der Dokumente beziehungsweise der Dokumentenart waren neben den Anforderungen, die sich aus der nachrichtendienstlichen Aufgabenstellung ergaben, die subjektiven Voraussetzungen der IMs einzukalkulieren, vor allem ihre berufliche Tätigkeit und Qualifikation, ihre speziellen Kenntnisse und Fähigkeiten sowie ihre Zuverlässigkeit.

Die IM hatten sich weitgehend mit den Daten der tatsächlichen oder fiktiven Person zu identifizieren, deren Ausweisdokument sie besaßen und gebrauchten. Dies betraf vor allem:

- die Kenntnis der im operativen Dokument enthaltenen Grunddaten zur Person (Personalien, Wohnanschrift, Ausstellungsdaten sowie bei Reisepässen die wichtigsten Reisevermerke),

- die Auskunftsfähigkeit über die mit den Grunddaten zur Person im Zusammenhang stehenden Regimefragen,
- das Vermögen, erforderlichenfalls Unterschriften zu leisten, ohne dabei Verdacht zu erregen,
- eine in jeder Hinsicht zum operativen Dokument widerspruchsfreie äußere Erscheinung und Verhaltensweise.

Beim Wechsel operativer Dokumente musste vermieden werden, dass sich IM innerhalb kürzerer Zeit der Kontrolle der gleichen gegnerischen Organe aussetzten, weil dadurch die Gefahr der Dekonspiration entstehen konnte.

Operative Dokumente des Operationsgebietes waren generell und besonders vor jedem Einsatz im grenzüberschreitenden Verkehr bei der zuständigen Fachabteilung, HV A/VI, in den entsprechenden Fahndungsunterlagen zu überprüfen. Operative Reisedokumente des Operationsgebietes, die längere Zeit nicht benutzt worden waren, mussten rechtzeitig vor dem geplanten Einsatz der HV A/VI zur speziellen Einschätzung der weiteren Verwendbarkeit sowie zur eventuell erforderlichen Nachbehandlung übergeben werden.

IM aus dem Operationsgebiet waren operative Dokumente dann zur Verfügung zu stellen, wenn die Verbindung mit der Zentrale operative Reisen in die DDR oder Drittländer beziehungsweise die Realisierung der nachrichtendienstlichen Aufgaben im Operationsgebiet die glaubhafte Vortäuschung einer fremden Identität oder gesellschaftlichen Stellung erforderlich machten.[11]

Operativ-technische Mittel (OTM)

Allgemeines

Ebenso wichtig wie die Dokumente waren für die Erfüllung nachrichtendienstlicher Aufträge die operativ-technischen Mittel. Auch auf diesem Gebiet wurde die DDR-Aufklärung früh aktiv. Dazu wird in den Erinnerungen an den HV A-Offizier Richard Stahlmann ausgeführt:

»Auch die Schwierigkeiten, die mit der technischen Absicherung der operativen Arbeit verbunden waren, wären wohl ohne die Erfahrungen, die Findigkeit und die Beziehungen Richards kaum zu lösen gewesen. Es galt, Chiffre und Code auszuarbeiten, Geheimschreibmittel zu entwickeln und Voraussetzungen für die Herstellung operativer Dokumente, für die Einführung der Mikrattechnik und für den Aufbau operativer Funkverbindungen zu schaffen. Dazu waren Spezialisten nötig wie Drucker, Chemiker, Grafiker, Mathematiker, Funktechniker usw. Es mussten Labors gebaut, Chemikalien beschafft und de facto eine eigene Papierfabrik in Miniformat eingerichtet werden. […]

Zu allererst mussten geeignete Kader gesucht werden. Zu den von Richard für diese Arbeit ausgesuchten Kadern gehörten u. a. Helmut Hartwig, der Anfang November 1951 vom Zentralrat der FDJ kam, Richard Großkopf, der von 1920 bis 1933 Leiter des Passapparates der KPD war und über große Erfahrungen in der Dokumentenherstellung verfügte, und auch junge Genossen, die gerade ihre Berufsausbildung oder ihr Studium abgeschlossen hatten.

Material wurde aus Trümmern geborgen und auf andere Weise organisiert, Labors wurden eingerichtet. Bald konnte in der ehemaligen Reichsparteischule der KPD das erste Funkobjekt der Hauptverwaltung eingerichtet und ein 880-Watt-Sender installiert und in Betrieb genommen werden.«[12]

Operativ-technische Mittel gelangten vorrangig zur konspirativen Beschaffung, Sicherstellung und Weiterleitung bedeutsamer Informationen, zur Aufrechterhaltung der Verbindung, zum Transport und zur Aufbewahrung von operativen Dokumenten, technischen Mitteln, anderen Materialien sowie zur Tarnung von Informationen zum Einsatz. Die wichtigsten OTM waren:

- Code und Chiffre zur Verschlüsselung bedeutsamer Informationen,
- Geheimschreibmittel verschiedenster Art zur unsichtbaren Fixierung von schriftlichen Informationen,
- fototechnische Ausrüstungen zur Erlangung, Sicherung sowie Übermittlung von Informationen,
- Container zur Aufbewahrung sowie zur Sicherung des Transportes von Informationen und Materialien,
- Markierungsmittel.[13]

Chiffre dienten der Verschlüsselung bedeutsamer Informationen sowie von Namen, Daten und Sachverhalten, die auf die Herkunft der Informationen sowie auf die Person der IMs schließen ließen, und der sicheren Informationsübermittlung zwischen IM und Zentrale. Chiffre wurden insbesondere für die Informationsübermittlung mittels Funk genutzt.

In Abhängigkeit von der Art und Weise der Übermittlung mussten chiffrierte Informationen durch weitere OTM wie Geheimschreibmittel, fototechnische und andere Mittel sicher vor dem Zugriff durch gegnerische Sicherheitsbehörden geschützt werden.

Die Übermittlung chiffrierter Informationen war fortlaufend zu nummerieren und der Empfang dem Absender grundsätzlich umgehend zu bestätigen. Chiffreverfahren wurden entsprechend geltender Weisungen auf Antrag von der zuständigen

Fachabteilung, HV A/VIII, an die IM ausgegeben. Durch die Fachabteilung erfolgte auch die Unterweisung der IMs.[14]

Codes waren zwischen der Zentrale sowie den IM individuell vereinbarte eindeutige Begriffe und Zeichen für die Verschlüsselung von Namen, Daten, Aufgaben und Festlegungen. Sie wurden insbesondere bei der Informationsübermittlung im Post- und Telefonverkehr sowie bei Zeichenstellen angewandt. Im Post- und Telefonverkehr mussten Codes organisch in Tarntexte eingefügt werden, um keinen Verdacht einer nachrichtendienstlichen Relevanz aufkommen zu lassen.[15]

Geheimschreibmittel dienten der unsichtbaren Fixierung schriftlicher Informationen und deren Übermittlung unter Nutzung des Postweges, der Kurierverbindung oder beweglicher TBK. Dafür standen die Kategorien A und B zur Verfügung. Informationen, die Rückschlüsse auf die IM beziehungsweise auf die zu bearbeitenden Objekte im Operationsgebiet zuließen, waren zusätzlich mittels Chiffre oder Code zu verschlüsseln. Es wurde unterschieden zwischen einseitig und zweiseitig einsetzbaren D-Mitteln (Direktschreibverfahren/Durchschreibverfahren). D-Mittel wurden auf Antrag der Leiter operativer Diensteinheiten von der Fachabteilung ausgegeben. In der Regel wurden die Führungsoffiziere in der Anwendung der D-Mittel unterwiesen. Sie hatten durch Probeschriften zu gewährleisten, dass ihre IM die D-Mittel sicher anwenden konnten. Weiter hatten die Führungsoffiziere durch entsprechende Vereinbarungen mit den IM zu sichern, dass sie über eine genaue Übersicht hinsichtlich der Vollzähligkeit der D-Mittel-Korrespondenz verfügten. Unregelmäßigkeiten mussten unverzüglich geklärt werden.

Die auf dem Postweg eingehende D-Mittel-Korrespondenz war vor der Übergabe zur Bearbeitung durch die dafür zuständige Fachabteilung, HV A/VIII, nach Anzeichen für eine konspirative beziehungsweise unberechtigte Einsichtnahme oder Bearbeitung zu überprüfen. Bei auftretenden Verdachtsmomenten mussten die Sendungen ungeöffnet oder, wenn die verdächtigen Umstände erst nach der Öffnung festgestellt werden konnten, im geöffneten Zustand dem Leiter der zuständigen Fachabteilung zu einer speziellen Untersuchung übergeben werden.

Die D-Mittel-Korrespondenz war unter Vorlage des Formblattes »D-Auftrag« mit dem Originalumschlag an die Abteilung VIII der HV A zur Bearbeitung zu übergeben. Dabei musste die Deckadresse (Name) aus Gründen der Konspiration sorgfältig unkenntlich gemacht werden. Erhalten bleiben mussten der Ort des Empfängers, die Postleitzahl sowie der Poststempel. Weiterhin war darauf zu achten, dass von der Vorderseite des Briefumschlages so wenig wie möglich entfernt wurde. Das Eingangsdatum des Briefes bei der Deckadresse musste vermerkt werden. Briefumschläge aller Korrespondenzen (nicht älter als zwei Monate) konnten auf Öffnungsmerkmale überprüft werden.[16]

Die HV A verwendete unterschiedliche GS-Mittel, abhängig vom Verbindungsweg. Unterschieden wurde zwischen den Verbindungswegen:
1. Operationsgebiet–Zentrale (unter Nutzung der Post und einer Deckadresse),
2. innerhalb des Operationsgebietes,
3. Kurierweg (grenzüberschreitend).
Auf dem Verbindungsweg Operationsgebiet–Zentrale, innerhalb des Operationsgebietes sowie auf dem grenzüberschreitenden Kurierweg fanden Mitte der 1980er Jahre folgende GS-Mittel Verwendung:

GS-Verfahren	Einsatzrichtung	Anfertigungsmethode/gegebenenfalls Entwicklung
»Falke«	Postkanal Operationsgebiet–Zentrale	Druckschreibverfahren mit entsprechenden Tarngegenständen
»Bussard«	Postkanal Operationsgebiet–Zentrale	Druckschreibverfahren mit entsprechenden Tarngegenständen
»Adler 1«	Postkanal Operationsgebiet–Zentrale	Druckschreibverfahren mit entsprechenden Tarngegenständen
»Pelikan«	Postkanal Operationsgebiet–Zentrale	Kontaktierung einer im Direktschreibverfahren angefertigten Primärschrift auf entsprechende Träger
»Adler 2«	Postkanal Operationsgebiet–Zentrale	Kontaktierung einer im Direktschreibverfahren angefertigten Primärschrift auf entsprechende Träger
»Geier«	Postkanal Operationsgebiet–Zentrale	Kontaktkopie entsprechender Vorlagen auf präparierte Trägermaterialien
»Möwe«	Postkanal innerhalb des Operationsgebietes	Druckschreibverfahren mit entsprechenden Tarngegenständen, Entwicklung: Sprühverfahren mit getarnter Entwicklerlösung
»Flamingo«	Kurierweg grenzüberschreitend Operationsgebiet–Zentrale	Direktschreibverfahren auf spezielle Trägermaterialien

»Kranich«	Kurierweg grenzüber-schreitend Operationsgebiet-Zentrale	Direktschreibverfahren auf spezielle Trägermaterialien
»Albatros«	Kurierweg grenzüber-schreitend Operationsgebiet-Zentrale	Direktschreibverfahren auf spezielle Trägermaterialien
»Reiher«	Kurierweg grenzüber-schreitend Operationsgebiet-Zentrale	Durchschreibverfahren auf spezielle Trägermaterialien

Die genannten Verfahren mussten vor der Anwendung durch den jeweiligen IM vom Leiter der Diensteinheit bestätigt werden.

Folgende Verfahren bedurften sogar der Bestätigung des Leiters der HV A beziehungsweise seiner Stellvertreter:

- »Taube 2«, ein kombiniertes konspiratives Foto- und Mikrokopierverfahren: Hierbei erfolgte die Anfertigung latenter Kontaktkopien auf der Rückseite speziell präparierter Briefmarken unter Verwendung einer UV-Lichtquelle. Der Einsatz erfolgte im grenzüberschreitenden Postverkehr, je Briefmarke eine DIN-A5-Seite Schreibmaschinenschrift. Die Briefmarken konnten selbst präpariert oder vorpräpariert durch die Zentrale geliefert werden (Haltbarkeit: 14 Monate). Die Briefmarken mussten bei der HV A/VIII auf Eignung geprüft werden. Bei den IM, die dieses Verfahren anwenden sollten, waren Fertigkeiten und Kenntnisse in der Dokumentenfotografie erforderlich. Folgende Ausrüstung war notwendig: Amateurfotoausrüstung, Film, Fotochemikalien, Briefmarken, spezieller Leim, getarnte Chemikalien bei Selbstpräparierung, geeignete UV-Lichtquelle.
- »Taube 3«, ein kombiniertes konspiratives Foto- und Mikrokopierverfahren: Hierbei erfolgte die Anfertigung latenter Kontaktkopien auf speziell präparierten Polyäthylenbeuteln unter Verwendung einer UV-Lichtquelle. Der Einsatz erfolgte im Kurierverkehr Operationsgebiet–Zentrale. Das Verfahren diente der unsichtbaren Übermittlung einer hohen Anzahl von Informationen auf einem Folienbeutel. Die Vorlagen wurden im DIN-A5-Format auf Kleinbildfilm aufgenommen und die Negative auf Folie übertragen. Die Folienbeutel mussten vor dem Einsatz auf ihre Eignung überprüft werden. Bei den IM, die dieses Verfahren anwenden sollten, waren Fertigkeiten und Kenntnisse in der Dokumentenfotografie erforderlich. Folgende Ausrüstung war notwendig: Amateurfotoausrüstung, Film, Fotochemikalien, Polyäthylenbeutel, getarnte Chemikalien, geeignete UV-Lichtquelle.

- »Taube 4«, ein kombiniertes konspiratives Foto- und Mikrokopierverfahren: Hierbei erfolgte die Anfertigung latenter Kontaktkopien auf der Bildseite speziell präparierter Lackpostkarten unter Verwendung einer 1.000-Watt-Lichtquelle. Der Einsatz erfolgte im grenzüberschreitenden Postverkehr. Kopiert wurden Filmnegative, Zeichentransparentpapier und Kohlepapier sowie geschriebene Vorlagen. Die Lackpostkarten mussten selbst präpariert werden, oder den IM wurden vorpräparierte Lackpostkarten (Haltbarkeit: 9 Monate) übergeben. Vor dem Einsatz mussten die Lackpostkarten auf ihre Eignung überprüft werden. Beim Anwender musste gegebenenfalls eine Befähigung zur Herstellung der genannten Vorlagen vorhanden sein. Folgende Ausrüstung war erforderlich: Entsprechende Kopiervorlagen, geeignete Postkarten, getarnte Chemikalien zur Selbstpräparierung, Lichtquelle (1.000-Watt-Film- oder -Video-Leuchte) sowie Fotoausrüstung bei der Verwendung von Filmnegativen.[17]

Die Kundschafterin Gabriele Gast schreibt zum Umgang mit den Geheimschreibmitteln:
»Im Laufe der Zeit wurde ich auch mit einem Geheimschreibmittel ausgestattet, damit ich meinen Führungsleuten in der HV A, von den west- (und auch ost-)deutschen Postkontrolleuren unbemerkt, Nachrichten übermitteln konnte. Anfangs bestand das ›G-Mittel‹ aus einem dünnen Seidenhalstuch, das mit einer speziellen Flüssigkeit präpariert war. Das Tuch musste wie ein Durchschreibpapier zwischen zwei Blätter gelegt werden. Auf das obere schrieb ich meine Nachricht, und das G-Mittel übertrug sie auf das untere Blatt. Mit einem Kontrastmittel konnten die Techniker der HV A sie später sichtbar machen. Damit keine verräterischen Druckspuren auf dem unteren Papier zurückblieben, hielt ich es über Wasserdampf, wodurch die Papierfasern aufquollen und sich wieder glätteten. Sobald das Papier getrocknet war, konnte es mit normaler Tinte beschrieben werden. Ich schrieb dann einen belanglosen Brief an ›Tante Erna‹ oder ›Onkel Max‹, der jeden der nachrichtendienstlichen Postkontrolleure in West- und Ostdeutschland langweilen musste. Als Adressaten hatte ich eine sogenannte Deckadresse erhalten, die Anschrift eines DDR-Bürgers, der sich bereitgefunden hatte, solche Post für die HV A entgegenzunehmen und unverzüglich an sie weiterzuleiten. Als Absender meiner Briefe ließ ich mir irgendwelche Namen und Adressen aus entfernteren Bezirken meines Wohnortes einfallen, vorzugsweise aus größeren Wohnanlagen, weil das eine eventuelle Nachprüfung erschwert hätte.
Wiederholt wurden die von mir benutzten Geheimschreibmittel technisch verbessert und ausgewechselt. Da die gegnerischen Nachrichtendienste ihrerseits bemüht waren, Geheimschriften festzustellen und zu enttarnen, arbeiteten die Techniker

der HV A kontinuierlich an der Entwicklung neuer G-Varianten. So wurde ich später mit Geheimschreibmitteln ausgestattet, die nach dem Kontaktprinzip funktionierten. Hierbei schrieb ich meine Nachricht mit einer präparierten Bleistiftmine beziehungsweise Spezialtinte auf ein Blatt Papier. Darauf legte ich anschließend einen Briefbogen und beschwerte die Blätter mit dicken Büchern. Durch den Druck übertrug sich das G-Mittel auf den Briefbogen. Danach wurde er in der üblichen Weise beschrieben.

Wann immer ich meinen Führungsleuten eine geheime Nachricht schickte, achtete ich peinlich darauf, keine verräterischen Spuren zu hinterlassen. Deshalb benutzte ich nie meinen Schreibblock als Unterlage, damit sich die Schrift nicht in die nachfolgenden Blätter eindrückte.«[18]

Konspirative Fototechnik

Konspirative Fototechnik wurde eingesetzt zur
- Sicherung von dokumentarischen Materialien im Operationsgebiet,
- Verkleinerung von Informationen für den konspirativen Transport des Materials,
- konspirativen Aufnahme von Personen und Objekten.

Entsprechend den nachrichtendienstlichen Aufgaben sowie den spezifischen Einsatzbedingungen waren nach Konsultation mit der Fachabteilung die geeigneten Verfahren für die IM auszuwählen. Grundsätzlich standen entsprechend der unterschiedlichen Aufgabenstellungen spezifische operative Verfahren und kommerzielle Fototechnik zur Verfügung. Spezifische operative Fototechnik wurde auf Antrag der Leiter der Diensteinheiten durch die HV A/VIII ausgegeben. Sie musste vor gegnerischem Zugriff in Containern und Aufbewahrungsverstecken geschützt werden.

Die Unterweisung über die Handhabung der Fototechnik erfolgte über die HV A/VIII. Fotografisch gesicherte sowie verkleinerte Informationen wurden durch Kuriere, in Ausnahmefällen durch Instrukteure, bewegliche TBK oder auf dem Postweg übermittelt. Für die Übermittlung mussten Informationen durch den Einsatz von Containern und Markierungsmitteln sicher vor unbefugtem Zugriff durch unbefugte Personen geschützt werden. Der sichere Empfang war dem Absender umgehend zu bestätigen.[19] Folgende konkrete Verfahren kamen dabei in der Mitte der 1980er Jahre zur Anwendung:
- »Venus Z«, für Dokumentenaufnahmen mit der Kleinstkamera »Venus Z« (Negativformat 8 mal 11 Millimeter) für Vorlagengröße bis DIN-A4-Schreibmaschinenschrift. Erforderliche Ausrüstung: Die Kleinstkamera »Venus Z« wurde von der HV A/VIII geliefert, ihre Aufbewahrung musste in einem Container erfol-

gen. Bei dem Filmmaterial handelte es sich um einen Spezialfilm in der entsprechenden Kassette für sechzig Aufnahmen pro Film.

- »Venus B«, für Dokumentenaufnahmen mit der Kleinstkamera »Venus B« (Negativformat 8 mal 11 Millimeter) für Vorlagengröße bis DIN-A4-Schreibmaschinenschrift. Das Verfahren war auch unter schwierigen Bedingungen einsetzbar, beispielsweise zur Nutzung am Arbeitsplatz des IM. Erforderliche Ausrüstung: Die Kleinstkamera »Venus B« besaß die Größe einer Streichholzschachtel und wurde von der HV A/VIII geliefert, ihre Aufbewahrung musste in einem Container erfolgen. Bei dem Filmmaterial handelte es sich um einen Minoxfilm Agfapan 100 mit 36 Aufnahmen. Der Film wurde ebenfalls von der HV A/VIII geliefert.
- »Uranus«, zur Herstellung von Mikraten mit einer Größe von 1,4 mal 2 Millimeter von Schriftstücken bis DIN-A4-Format. Dieses Verfahren konnte nur in der Wohnung des IM eingesetzt werden. Erforderliche Ausrüstung: Die Mikratkamera »Uranus« wurde von der HV A/VIII geliefert, die Aufbewahrung musste in einem Container erfolgen. Der Spezialfilm wurde ebenfalls von der HV A/VIII geliefert und ermöglichte bis zu 15 Mikraten je Film. Insgesamt 25 Filme waren in einer Dose verpackt.
- »Rigel«, zur Herstellung von Mikraten mit einer Größe von 1,4 mal 2 Millimeter von Schriftstücken bis DIN-A4-Format sowie einer Menge bis zu 240 Aufnahmen pro Film. Das Verfahren konnte nur in der Wohnung des IM eingesetzt werden. Die Mikratkamera »Rigel« wurde von der HV A/VIII geliefert, ihre Aufbewahrung musste in einem Container erfolgen. Der Spezialfilm war in Minox-Kapseln konfektioniert und wurde ebenfalls von der HV A/VIII geliefert.
- »Wega 2«, zur Mikroverfilmung relativ großer Mengen von Schriftstücken bis zur Größe DIN-A4-Schreibmaschinenschrift mit S-8-Schmalfilmkamera. Auf einen Film konnten 2.200 Aufnahmen belichtet werden. Die Anwendung des Verfahrens war nur in der eigenen Wohnung des IM möglich. Erforderliche Ausrüstung: Es wurde ausschließlich kommerzielle Technik eingesetzt. Es handelte sich dabei um handelsübliche Amateurfilmausrüstung. Der Spezialfilm wurde von der HV A/VIII in Originalkassetten gefüllt, wobei die Filmkassetten von den operativen Diensteinheiten der Aufklärung beschafft werden mussten.
- »Mars 1«, zur Fertigung von Dokumentenaufnahmen mit der Kleinbildkamera (Negativformat 24 mal 36 Millimeter) für Vorlagegrößen bis DIN-A2-Format. Das Verfahren war einsetzbar in der eigenen Wohnung, im Hotel oder im Auto. Erforderliche Ausrüstung: Es wurde nur kommerzielle Technik eingesetzt, Amateurfilmausrüstung wie Spiegelreflexkamera und Stativ. Als Filmmaterial konn-

ten handelsübliche Schwarz-Weiß- und Colorfilme sowie in Colorpatronen umkonfektionierte Schwarz-Weiß-Dünnfilme genutzt werden. Die dazu benötigten Colorfilmpatronen mussten von den operativen Diensteinheiten der Aufklärung beschafft werden.

- »Mars 2« und »Mars 3«, zur Fertigung von Dokumentenaufnahmen mit der Pocketkamera (Negativformat 13 mal 17 Millimeter) für Vorlagegrößen bis DIN-A4-Format. Das Verfahren war einsetzbar in der eigenen Wohnung, im Hotel oder im Auto. Erforderliche Ausrüstung: Es wurde nur kommerzielle Technik eingesetzt, Amateurfilmausrüstung wie Pocketkamera, Kassettenfilm 110. Als Filmmaterial konnte genutzt werden: Kodachrome 64 (Diafilm) oder Kodacolor 100 mit zwölf beziehungsweise zwanzig Aufnahmen je Film sowie in Originalkassetten umkonfektionierter Schwarz-Weiß-Dünnfilm mit 72 Aufnahmen je Film (»Mars 3«). Die dazu benötigten Kassetten mussten von den operativen Diensteinheiten der Aufklärung beschafft werden.
- »Jupiter«, für Dokumentenaufnahmen mit der Kleinstkamera »Minox« (Negativformat 8 mal 11 Millimeter) für Vorlagengröße bis DIN-A4-Schreibmaschinenschrift. Das Verfahren war einsetzbar in der eigenen Wohnung, in Dienst- und Büroräumen, im Hotel oder im Auto. Erforderliche Ausrüstung: Kleinstkamera »Minox«, die von der HV A/VIII geliefert wurde. Das Filmmaterial Agfapan 100 mit 36 Aufnahmen war zwar handelsüblich, wurde aber ebenfalls von der HV A/VIII geliefert.
- »Merkur«, zur Duplikatherstellung von Mikrofichen. Dieses Verfahren war in der eigenen Wohnung einzusetzen. Erforderliche Ausrüstung: UV-Lampe (Höhensonne), einige im Haushalt übliche Gegenstände. Der Spezialfilm wurde von der HV A/VIII geliefert.
- »Sirius 1«, für die Personen- und Objektfotografie aus transportablen Tarnungen wie Taschen oder Kleidungsstücken auf eine Entfernung bis sieben Metern in der Personenfotografie. Es waren aber auch individuelle Tarnungen möglich. Erforderliche Ausrüstung: Tarngegenstand und Kamera, die von der HV A/VIII zur Verfügung gestellt wurden. Als Filmmaterial fanden handelsübliche Kleinbildfilme (Schwarz-Weiß oder Color) Verwendung.
- »Sirius 2«, für die Personen- und Objektfotografie aus größeren Entfernungen (bis 100 Meter in der Personenfotografie, Objekte auch aus weiterer Entfernungen) mit langbrennweitigen Objektiven. Die Tarnung von Objektiv und Kamera erfolgte entsprechend den konkreten Bedingungen (Wohnung, Auto). Erforderliche Ausrüstung: Kleibildkamera, Teleobjektiv, Stativ, Drahtauslöser. Je nach Aufgabe und Entfernung variierten die Brennweiten der Teleobjektive von 135 Millimeter bis 1.600 Millimeter.

- »Sirius spezial«, für die konspirative Personenfotografie in Räumen aus Tarngegenständen. Die Auslösung der Kamera erfolgte ferngesteuert über Infrarot-Blitz oder Funk. Diese Spezialtechnik wurde von der HV A/VIII zur Verfügung gestellt.[20]

Funk

Nachrichtentechnische Ausrüstungen wurden vor allem zur Erlangung von Informationen sowie zur Aufrechterhaltung der Verbindung zwischen der Zentrale und den IM eingesetzt. Die wichtigsten nachrichtentechnischen Mittel stellten dar:
- die einseitige Kurzwellenverbindung von der Zentrale zu den IM,
- die zweiseitige Kurzwellenverbindung,
- die operative UKW-Nachrichtentechnik,
- die operative Dezi-Nachrichtentechnik,
- die operative Infrarot-Nachrichtentechnik,
- Signalisierungsmittel.

Die Bereitstellung der nachrichtentechnischen Mittel sowie die Ausbildung der IMs erfolgten durch die Fachabteilung HV A/VIII.[21]

Für die Informationsübermittlung von und nach der Zentrale beziehungsweise innerhalb des Operationsgebietes wurden OTM eingesetzt, die zur Übermittlung kurzer Informationen oder Codevereinbarungen geeignet waren. Dafür standen Mitte der 1980er Jahre zur Verfügung:
- einseitiger operativer Kurzwellenfunk,
- zweiseitige operative Kurzwellenfunkverbindung.

Einseitiger operativer Kurzwellenfunk

»Welle 1«: Mit der einseitigen operativen Kurzwellenfunkverbindung konnten chiffrierte Telegramme an IM im Operationsgebiet übermittelt werden, deren Umfang in der Regel 50 Gruppen nicht überschreiten durfte. Längere Telegramme (maximal 100 Gruppen) waren der HV A/VIII telefonisch zu avisieren.

Betriebsarten:
- Telefonie (Sprechfunk) für das europäische Operationsgebiet und in Ausnahmefällen, wenn die IM nicht in der Telegrafie ausgebildet werden konnten, für das Operationsgebiet USA,
- Telegrafie (Morse) für die anderen Operationsgebiete und für IM/OibE (Funker), die dem zweiseitigen Funk angeschlossen oder dafür vorgesehen waren.

Die IM und OibE (Funker) erhielten in der Regel einen Hauptsendetag pro Woche im Tag- und Nachtprogramm. Für die außereuropäischen Funkverbindungen wurden entsprechend den örtlichen Empfangsbedingungen ein individueller Sendetag, eine Sendezeit und -frequenz festgelegt.

Telegrammarten:

- Telegramme zur planmäßigen Sendezeit und zum planmäßigen Sendetag. Wenn erforderlich konnten Telegrammwiederholungen vereinbart werden,
- Außerplanmäßige Telegramme (maximal 30 Gruppen) an beliebigen Tagen zur Sendezeit des Hauptsendetages oder zu anderen vereinbarten Zeiten,
- Expresstelegramme ausschließlich zur Übermittlung der festgelegten Warnstufen (1 bis 3 Gruppen), täglich zur Sendezeit des Hauptsendetages beziehungsweise stündlich in den Tag- oder Nachtprogrammzeiten bis zum folgenden Hauptsendetag.

Außerplanmäßige sowie Expresstelegramme waren vom Leiter der operativen Diensteinheit zu bestätigen und durch den zuständigen Mitarbeiter der HV A/VIII nach Dienstschluss beziehungsweise an Sonn- und Feiertagen über den ODH der HV A telefonisch zu avisieren.

Telegramme mussten zu den mit dem Referat C der HV A vereinbarten Zeiten abgegeben werden. Konnten diese Abgabezeiten aus dringenden Gründen nicht eingehalten werden, war die Abteilung VIII der HV A telefonisch zu verständigen. Für Spannungs- und Konfliktsituationen wurden durch den Leiter der HV A Sonderregelungen getroffen. Bei Inkrafttreten dieser Sonderregelungen hätten unter anderem an bestimmte, vom Leiter der HV A bestätigte IM täglich Telegramme übermittelt und Dringlichkeitsstufen sowie die Kürzung der Telegrammlänge angewiesen werden können.

Für den Empfang der einseitigen Funkverbindungen stand ein operativer Kleinstempfänger zur Verfügung, der die sichere Wahl des Senders der Zentrale ermöglichte. Seine Eigenstrahlung (Sicherheitsfaktor) war extrem niedrig. Konnte aus operativen Gründen die Ausrüstung eines IM mit diesem Empfänger, der nur im Nachtprogramm Telegramme empfangen konnte, nicht erfolgen, waren folgende beiden Varianten möglich:

Der Einsatz spezieller handelsüblicher Rundfunkgeräte mit erweitertem Kurzwellenbereich. Vor der Anschaffung war durch die operative Diensteinheit unbedingt die HV A/VIII zu konsultieren.

Der Anschluss des IM an die gesonderte Verbindungsart »Baltika«.

Nach erfolgter Ausrüstung des IM war der Abteilung HV A/VIII der Gerätetyp mitzuteilen. Auftretende Störungen im einseitigen Funk waren dieser Abteilung unverzüglich zu melden. Wurde die einseitige Funkverbindung für einen IM sechs Monate nicht benötigt, musste die HV A/VIII ebenfalls verständigt werden. Die Ausbildung der IMs erfolgte durch Instrukteure der HV A/VIII. In Ausnahmefällen konnte die Ausbildung in der Betriebsart Telefonie durch den entsprechenden Führungsoffizier erfolgen. Die Ausbildungszeit betrug für die Betriebsart Telefonie zwei Stunden, für die Betriebsart Telegrafie vierzig bis sechzig Stunden in einer Zeitspanne von drei bis fünf Wochen. Die Beantragung des Anschlusses an das Verbindungssystem »Welle 1« war vom Leiter der jeweiligen Abteilung der HV A zu bestätigen.

Warnsystem »Kontakt«: Dieses System wurde zur Übermittlung kurz gesprochener Informationen (vorrangig für Warnungen) aus der DDR an alle in der Bundesrepublik, Westberlin und Österreich im internationalen Selbstwählfernverkehr erreichbaren Telefonanschlüsse genutzt.

Die Gespräche wurden mobil aus einem Fahrzeug in unmittelbarer Nähe der Staatsgrenze West geführt. Bei Dringlichkeit konnte der Einsatz an der Staatgrenze zu Westberlin erfolgen. Die Gespräche mussten kurz und ohne Rückschlüsse auf die DDR gehalten werden. Führte ein IM dieses Gespräch, musste dies gesondert vermerkt werden, da dieser IM das OTM kennengelernt hatte. Die Aufzeichnung der Gespräche durch den Gegner und eine Registrierung der angerufenen Telefonnummern konnte durch die HV A nicht ausgeschlossen werden.

Die Beantragung erfolgte mit dem Vermerk »Kontakt durch Mitarbeiter« oder »Kontakt durch IM« seitens der Abteilungsleiter der HV A. Der Antrag wurde vom Leiter der HV A oder seinen Stellvertretern bestätigt.

Verbindungssystem »Panorama 2«: Dieses operativ-technische Verbindungssystem beruhte auf der Ausnutzung des kommerziellen europäischen Funkrufdienstes »Eurosignal« zur Übertragung von Codevereinbarungen zu den IM zu jeder beliebigen Tages- und Nachtzeit, ohne dass die IM eine offizielle Lizenz erwerben mussten. Die Anwahl der Zentrale des Funkbereiches Mitte war im Selbstwählverkehr DDR–BRD direkt möglich, andere Funkrufzentralen, beispielsweise Süd oder Nord der Bundesrepublik, waren ausschließlich von westdeutschen Telefonanschlüssen oder Anschlüssen anderer Länder erreichbar, die im telefonischen Selbstwählverkehr mit der BRD standen.

Bei »Panorama 2« handelte es sich um ein operatives Empfangsgerät. Es musste in Containern oder Tarnungen aufbewahrt und betrieben werden. Die Bedienung gestaltete sich einfach und war schnell erlernbar. Die Ausbildung erfolgte durch Instrukteure der HV A/VIII. Das OTM verarbeitete maximal zwölf Codevereinbarungen, wobei nur bis zwei aufeinanderfolgende Codes in einem festgelegten Zeitintervall optisch oder akustisch signalisiert wurden.

Die Ausrüstung und Ausbildung der IMs beantragten die Abteilungsleiter, die Bestätigung erfolgte durch den Leiter der HV A beziehungsweise durch seine Stellvertreter.

Zweiseitige operative Kurzwellenfunkverbindung

»Welle 2«: Die zweiseitige operative Kurzwellenfunkverbindung diente der Übermittlung kurzer, relevanter Informationen aus dem Operationsgebiet an die Zentrale. Vor allem in Spannungs- und Krisensituationen hätte dies unter Umständen die einzige Verbindungsmöglichkeit aus dem Operationsgebiet in die Zentrale darstellen können.

Die Aktivierung der zweiseitigen Kurzwellenfunkverbindung erfolgte auf Weisung des Leiters der HV A. Für die zu schaffenden Funklinien sollten vorwiegend Residenten, ihre Gehilfen und im Ausnahmefall Quellen ausgewählt oder diesen Einsatzfunker zugeordnet werden. Die operative Funkausrüstung gestattete die Arbeit aus geeigneten Gebäuden, aus Fahrzeugen oder im freien Gelände. Die Reichweiten lagen dabei bis zu 3.000 Kilometern.

Die maximale Telegrammlänge betrug Mitte der 1980er Jahre 100 Gruppen chiffrierter Text (circa sechs Schreibmaschinenzeilen), wobei die Überschreitung von 50 Gruppen aus Sicherheitsgründen Ausnahmen darstellen sollten. Um die Sendezeit kurz zu halten, war mit Codetafeln zu arbeiten, die die spezifisch-taktischen Begriffe der operativen Funklinie enthielten.

Für die Entfaltung der Funktechnik mussten Funkquartiere ausgewählt werden. Ihre funktechnische Eignung bestätigte die Abteilung HV A/VIII. Die Peilung der gegnerischen Funkbeobachtung wurde wesentlich erschwert, wenn mehrere Funkquartiere genutzt werden konnten. Diese sollten in Städten mit dichter Bebauung mindestens vier bis sechs Kilometer, bei lockerer Bebauung oder offenem Gelände mehr als zwanzig Kilometer auseinanderliegen.

Zur Verhinderung eines Funkspiels durch den Gegner waren zwischen dem Funk-IM beziehungsweise dem Einsatzfunker und dem Führungsoffizier Parolen/Kennungszeichen individuell zu vereinbaren, die bei Bedarf in den chiffrierten Text eingearbeitet werden sollten.

Der Funkverbindungsplan gestattete bei Notwendigkeit täglich zwischen 6 und 18 Uhr bis zu drei Stunden mit der Zentrale in Verbindung zu treten. Für die außereuropäischen Funkverbindungen wurden zugeschnittene Regelungen getroffen. Die Ausbildung von IM beziehungsweise Einsatzfunkern erfolgte durch die Instrukteure der HV A/VIII. Zur Ausbildung von IM wurden, bei zwei bis drei Stunden täglich, ungefähr vier Wochen benötigt. Die Ausbildung von Einsatzfunkern erfolgte nach einem speziellen Plan.

Zur Sicherung der ständigen Verfügbarkeit operativer Verbindungstechnik wurden im Operationsgebiet Verstecke beziehungsweise Deponierungsmöglichkeiten geschaffen. Möglich war auch die Einlagerung in legal abgedeckten Residenturen der

HV A. Erdverstecke betrachtete die HV A in den 1980er Jahren als nicht geeignet. Funkverbindungspläne sowie technische Instruktionen mussten aus Sicherheitsgründen getrennt von der Verbindungstechnik aufbewahrt werden. Geeignete Container waren mit der HV A/VIII zu beraten.

Zur ständigen Gewährleistung der Funktionstüchtigkeit der Verbindungstechnik im Operationsgebiet war jährlich eine technische Überprüfung vorzunehmen, bei Notwendigkeit wurden Kontrollverbindungen durchgeführt. Einen wichtigen Punkt stellte die regelmäßige Nachausbildung der IMs beziehungsweise der Einsatzfunker dar, da sonst möglicherweise Fähigkeiten und Fertigkeiten verlorengehen konnten. Für den Transport sowie die Lagerung der Funktechnik und der Funkunterlagen waren die operativen Diensteinheiten der HV A verantwortlich. Die Vorlagen dazu bestätigten der Leiter der HV A oder seine Stellvertreter. Dies galt ebenso für die Beantragung der Ausbildung der IMs sowie die Ausgabe der Funktechnik und der Funkunterlagen.[22]

Dass die HV A, wie bereits erwähnt, Erdverstecke als ungeeignet ansah, lässt sich unter anderem anhand negativer vorheriger Erfahrungen an folgenden Beispielen erklären:

Günter Guillaume berichtet zu Erdverstecken für Funkgeräte, dass ein im Frankfurter Stadtwald vergrabenes Funkgerät geborgen werden sollte: »Nachdem ich die dienstlichen Angelegenheiten hatte, machte ich mich mit Eugen auf den Weg nach Frankfurt. Ich war ziemlich sicher, seinem Gedächtnis auf die Sprünge helfen zu können. Also die Fährte aufgenommen, wieder über die Mainbrücke durch Sachsenhausen hindurch, Südfriedhof und Henningerturm waren noch da – aber alles andere kam mir merkwürdig fremd vor. War das noch die alte Darmstädter Landstraße, und wo war die kleine Waldstraße? Wir hatten einen alten Stadtplan mit und einen neuen dazugekauft. Beim Vergleich fingen mir die Augen zu tränen an. Ich machte drei Versuche mit drei verschiedenen Annäherungsmethoden und jedes Mal landeten wir an derselben Stelle. Es wurde Zeit, der Wahrheit ins Auge zu sehen: Unsere kleine Waldstraße gab es nicht mehr, eine autobahnbreite Trasse war durch den Stadtwald geschlagen worden, und wo damals noch Baum, Busch und Strauch gestanden hatten – deckte heute der graue Beton einer mehrspurigen Schnellstraße den Boden. Das Szenarium entwickelte sich nun doch noch im Stil eines Mafiosi-Films: Man hatte unser Funkgerät einbetoniert wie in Neapel einen unliebsamen Konkurrenten. Doch wir konnten uns damals nicht völlig sicher sein. Eugen sah mich besorgt an: Hatte womöglich ein Bulldozer beim Planieren der Trasse das Ding hochgewühlt und lag es jetzt in einem Asservatenraum, Gegenstand fieberhafter Ermittlungen? Wir waren ohnmächtig gegenüber einer Laune des Zufalls. Eugen musste mit leeren Händen seine beunruhigende Fehlmeldung überbringen.«[23]

Hans Eltgen berichtet in seinen Erinnerungen: »Wegen der gestiegenen Bedeutung unseres Informanten hatten wir auch die Einrichtung einer Funkverbindung geplant. Das dafür erforderliche Funkgerät war längst auf einem komplizierten Transportweg in Düsseldorf angekommen. Da seine Benutzung nicht für sofort vorgesehen war, hatte man es im Herbst, eingelötet in einem Zinkbehälter, auf den Rheinwiesen unterhalb von Schloss Benrath vergraben. Als Bezugspunkt für das Wiederauffinden hatten unsere Leute einen kleinen Baum gewählt und von seinem Standort aus Koordinaten zum Versteck ausgemessen. Als das Gerät im Frühsommer ausgegraben werden sollte, war der kleine Baum verschwunden. Niemand hatte mit dem kräftigen Frühjahrshochwasser gerechnet, das ihn entwurzelte und fortspülte. Jedenfalls war der Bezugspunkt weg und das Gerät trotz mehrerer Versuche nicht auffindbar. Wie in jedem Nachrichtendienst üblich, suchten wir die Ursachen dafür zuerst beim Gegner. Keiner von uns dachte zunächst an ganz natürliche Gründe. Hatte man uns beim Vergraben beobachtet und das Gerät beiseite geschafft? War es vielleicht freigespült und gefunden worden? Sollte uns eine Falle gestellt werden? Klar war, jede weitere Suche barg ein hohes Risiko in sich und konnte eigentlich niemandem zugemutet werden. Andererseits hatten Gert und derjenige, der das Gerät vergraben hatte, unabhängig voneinander bereits Grabungsversuche unternommen, ohne dass dabei etwas passiert war. Also war uns die gegnerische Abwehr offenbar nicht auf die Schliche gekommen. Sie hätte sich so etwas auf keinen Fall entgehen lassen. Zumindest hätten wir eine Observation festgestellt, wenn nicht Ärgeres. Wir kamen zu dem Schluss, dass das Gerät noch im Boden sein müsse. Die Suche wurde also fortgesetzt. Zusammen mit einem anderen Genossen kroch ich in zwei neblig-feuchten Nächten stundenlang über die Rheinwiese und sondierte mittels zweier kunstvoll miteinander verbundenen Stricknadeln das in Raster eingeteilte Terrain. Bei jedem Hindernis buddelten wir mit Pflanzschaufeln, der Partner sicherte dabei das Gelände ab. Bei der kühlen Witterung war kaum mit Fußgängern zu rechnen, doch Autofahrer machten uns zu schaffen, die für kurze Zeit zwischen den Büschen parkten und Spaß mit ihren Mädchen hatten. Ein VW-Käfer zog sich unseren besonderen Unwillen zu. Er verweilte über eine Stunde, während wir untätig und frierend in den Büschen hockten. In der zweiten Nacht fanden wir endlich den kleinen Kanister. Mein Goldgräberpartner verstaute den Fund in seinem Pkw und verschwand in der Finsternis. Nach einem langen Fußmarsch nahm ich ein Taxi und übernachtete noch einmal in Düsseldorf. An ruhigen Schlaf war allerdings nicht zu denken, und auch bei der Bahnfahrt am nächsten Tag war ich unruhig. Bei unserer intensiven Suche wäre eine Beobachtung durch den Gegner oder einen Unbeteiligten leicht möglich gewesen.«[24]

<u>Verbindungssystem »Stern«</u>: Dieses operativ-technische Verbindungssystem war eine Satellitenfunkverbindung im UKW-Bereich. Es gestattete, täglich in zwei Zeitspannen die Verbindung mit der Zentrale aufzunehmen. Der Einsatz war weltweit zwischen dem siebzigsten südlichen und nördlichen Breitengrad möglich.

Das Sendequartier musste funkdurchlässig sein (kein Blechdach, kein Stahlbeton). Die Agenturtechnik existierte nur in ungetarnter Form, der Einsatz im Freien konnte nur unter Beachtung besonderer Sicherheitsvorkehrungen erfolgen. Die maximale Telegrammlänge betrug 180 Fünfergruppen. Systembedingt entstanden Übermittlungszeiten IM–Zentrale von etwa einer Stunde bis zwölf Stunden. Diese Zeit war vom Sendeort abhängig.

Die Empfangsbestätigung erhielt der IM im einseitigen Funkprogramm oder über andere vereinbarte Möglichkeiten.

Die Ausbildung und Ausrüstung beantragte der jeweilige Abteilungsleiter, die Bestätigung erfolgte vom Leiter der HV A oder seinen Stellvertretern.

<u>Verbindungssystem »Horizont«</u>: Das Verbindungssystem »Horizont« nutzte den UKW-Bereich zur einseitigen Übermittlung von kurzen Informationen aus dem Operationsgebiet. Die Empfangspunkte befanden sich in legal abgedeckten Residenturen der HV A oder an der Staatsgrenze zur Bundesrepublik und Westberlin. Von diesen Punkten aus wurden die empfangenen Informationen direkt an die Zentrale übermittelt.

Die maximale Telegrammlänge betrug Mitte der 1980er Jahre 100 Gruppen chiffrierter Text (circa sechs Schreibmaschinenzeilen). Die Überschreitung von 50 Gruppen sollte aus Sicherheitsgründen Ausnahme bleiben. Um die Sendezeit kurz zu halten und den Informationsinhalt relativ zu erhöhen, war mit Codetafeln zu arbeiten, die für die UKW-Verbindung spezifische operativ-taktische Begriffe enthielten.

Voraussetzung für den sicheren Empfang bildete die notwendige quasioptische Sicht zwischen Sendestandort und Empfangspunkt. Auf dieser Grundlage wurden die Sendestandorte/Sendegebiete von der HV A vorgegeben. Es konnten dabei folgende Richtweiten erzielt werden:
- im Flachland 50 bis 80 Kilometer,
- an ausgewählten Standorten im Bergland 100 bis 150 Kilometer,
- im Stadtgebiet 5 bis 20 Kilometer.

Die Realisierung der Sendungen erfolgte aus einem Pkw über dessen Kfz-Antenne oder aus einem tragbaren Behältnis (Container). Die Ausstrahlung war vom Gegner erfassbar, deshalb wurde die Durchführung der Verbindung im beweglichen Einsatz empfohlen. Hier boten sich schwer kontrollierbare Fahrzeug- und Fußgängerströme an, die eine Erfassung nahezu aussichtslos werden ließen.

Der Einbau in den Pkw oder das Einbringen in den Arbeitscontainer erfolgte durch die HV A/VIII. Die Ausbildung nahmen Instrukteure dieser Abteilung vor.

Die Bestätigung des Empfangs der Informationen erfolgte im einseitigen Funkprogramm beziehungsweise über andere vereinbarte Möglichkeiten.

Die Ausbildung und Ausrüstung der IMs beantragte der jeweilige Abteilungsleiter, die Bestätigung erfolgte vom Leiter der HV A oder seinen Stellvertretern.

Verbindungssystem »HD«: Dieses Verbindungssystem nutze den automatischen Telefonselbstwählverkehr aus der Bundesrepublik und anderen Ländern mit der DDR. Der Zentrale konnten chiffrierte Informationen, in der Regel bis zu 100 Gruppen, übermittelt werden. Aus Sicherheitsgründen durften hierbei nur Telefonzellen genutzt werden. Der Einsatz dieses OTM erfolgte ausschließlich dort, wo kurze, unaufschiebbare Informationen an die Zentrale übermittelt werden mussten.

Die empfangenen Informationen wurden im einseitigen Funk oder durch andere vereinbarte Möglichkeiten den IM bestätigt. Die Ausbildung der IMs erfolgte durch einen Instrukteur der HV A/VIII, in Ausnahmefällen durch den Führungsoffizier beziehungsweise durch einen IM im Operationsgebiet.

Die Ausbildung und Ausrüstung beantragte der jeweilige Abteilungsleiter, die Bestätigung erfolgte vom Leiter der HV A oder von seinen Stellvertretern.

IR-Verbindungssystem Deckname »Palme«: Dieses OTM wurden zur Übermittlung größerer Mengen gesprochener Informationen oder Daten aus der Bundesrepublik oder aus Westberlin in die DDR genutzt. Es war auch für den Einsatz innerhalb des Operationsgebietes geeignet.

Dabei handelte es sich um ein gegen unbefugtes Abhören sowie gegnerische Kontermittel relativ sicheres Verbindungssystem. Zwischen Sende- und Empfangsort war eine Sichtverbindung (Reichweite zwei Kilometer) erforderlich. Einsatzhindernde Faktoren konnten starker Regen, Nebel und direkte Sonneneinstrahlung auf das Gerät sein. Mittels einer speziellen Variante (ALD 3 K) war unter Nutzung des Telefons eines IM das Führen von Telefongesprächen aus der DDR über die Infrarot-Strecke in das Netz der Bundespost und umgekehrt möglich.

Die Ausbildungszeit für den IM betrug zwei Tage. Die Ausbildung und Ausrüstung beantragte der jeweilige Abteilungsleiter, die Bestätigung erfolgte vom Leiter der HV A oder von seinen Stellvertretern. Die Beantragung musste mindestens drei Monate vor Errichtung der Verbindungslinie erfolgen.

Verbindungssystem »Panorama 1«: Das Verbindungssystem beruhte auf der Nutzung des kommerziellen europäischen Funkrufdienstes »Eurosignal«. Mit diesem unpersönlichen Verbindungssystem zur Zentrale bestand die Möglichkeit, ohne operativ-technische Mittel aus dem Operationsgebiet schnell und unkompliziert der HV A bis zu zwölf Codevereinbarungen zu übermitteln. Die Meldung konnte aus der Bundesrepublik und allen anderen Ländern erfolgen, aus denen es möglich war, die Funkrufzentrale Nord des europäischen Funkrufdienstes im automatischen Selbstwählverkehr anzuwählen. Die operativ genutzten Rufnummern waren echte Nummern des europäischen Funkrufsystems, die im Funkbereich Nord nicht oder selten genutzt wurden. Die ausgestrahlten Nummern wurden im HV A-Funkobjekt (»Kesselberg« zwischen Wernsdorf und Neu Zittau gelegen) empfangen, der Code aus ihrer Verknüpfung erkannt. Es mussten jeweils zwei von vier vereinbarten Rufnummern gewählt werden. Codevereinbarungen, die aufgrund ihres Inhaltes von ausschlaggebender Bedeutung waren, sollten nach zehn Minuten oder weniger ein zweites Mal beziehungsweise durch eine zweite Rufnummernkombination (zwei andere Rufnummern) wiederholt werden.

Die Instruktion der IMs konnte von den Führungsoffizieren wahrgenommen werden. Aus Sicherheitsgründen waren ausschließlich öffentliche Telefonzellen zu nutzen. Die Ausbildung und Ausrüstung der IMs beantragte der jeweilige Abteilungsleiter, die Bestätigung erfolgte vom Leiter der HV A oder von seinen Stellvertretern.

»ETBK«: Mit diesem OTM konnte eine unpersönliche, zeitgleiche oder zeitversetzte Informationsübergabe/Übernahme innerhalb des Operationsgebietes erfolgen. Ein persönlicher Kontakt der Partner entfiel. Das OTM hatte eine Reichweite von circa 150 Metern und eine Übertragungszeit von ungefähr zwanzig Sekunden. Die Speichermenge betrug 297 Fünfergruppen in Ziffern. Der Zugriff des Betreibers eines ETBK zu den abgespeicherten Informationen war verhindert. Ein Einsatz konnte in Tarnungen erfolgen.

Die Ausbildungszeit für die IM betrug zwei Tage. Die Ausbildung und Ausrüstung beantragte der jeweilige Abteilungsleiter, die Bestätigung erfolgte vom Leiter der HV A oder seinen Stellvertretern. Die Beantragung musste mindestens drei Monate vor Einsatz des OTM erfolgen.

Signalisierungsmittel »Puma-S«: Dieses OTM diente der Funkübertragung innerhalb eines festgelegten Territoriums mit einer Reichweite von bis zu 700 Metern. Es konnten bis zu fünf Empfänger oder Sender eingesetzt werden. Es waren acht verschiedene Codevereinbarungen (Aussagen) möglich.

Die Ausbildungszeit betrug vier Stunden. Die Beantragung erfolgte durch die jeweiligen Abteilungsleiter, der Antrag wurde vom Leiter der HV A oder von seinen Stellvertretern bestätigt. Die Beantragung musste acht Wochen vor dem Einsatz erfolgen.[25]

Ein ehemaliger Führungsoffizier bemerkte zu solchen OTM: »Ich führte eine Quelle im Westen, die die Möglichkeit hatte, Nachrichten an uns zu übermitteln. Dazu fuhr der IM mit seinem Wagen im Harz in Grenznähe und setzte komprimierte Funksprüche ab. Dafür waren in seinem Auto ein Geber sowie ein Zusatzgerät für seinen Heimcomputer notwendig. Eine Tonkassette diente als Speichermedium. Über eine in die Frontscheibe seines Wagens eingelassene Scheibenantenne wurde die Sendung auf den Weg gebracht.«[26]

Gabriele Gast erinnert sich an ihre technische Ausbildung zu Ende der 1960er Jahre folgendermaßen:

»Bei einem unserer nächsten Treffen meinte Schiefer, dass der Briefwechsel zwischen Karl-Heinz und mir ein zu großes Sicherheitsrisiko bergen würde. ›Was glaubst du wohl, warum die Post so lange unterwegs ist. Sie wird ja in der Regel zweimal gelesen, ehe sie beim Empfänger eintrifft. Der BND sitzt überall in den zentralen Postämtern mit drin. Außerdem ist es nicht gut, wenn deine Nachbarn mitbekommen, dass du Briefkontakt in die DDR unterhältst. Wir haben einen sicheren Weg, mit dir Verbindung zu halten. Über Funk. Technisch ist das kein Problem. Du brauchst nur ein Radio mit einem gespreizten Kurzwellenband, damit du die Frequenz, auf der wir senden, empfangen kannst.‹

Er nannte verschiedene westdeutsche Fabrikate, die zum Empfang geheimer Mitteilungen geeignet waren. ›An den Geräten muss nichts gedreht, verstellt oder sonst wie manipuliert werden. Das ist die große Sicherheit dabei. Nur der starke Kurzwellenteil ist im allgemeinen unüblich. Aber als Studentin der Politikwissenschaft hast du eine naheliegende Begründung dafür. Du bist eben an ausländischen Nachrichtensendungen interessiert.‹ Damals, Ende der 60er Jahre, war es in der Tat nicht üblich, Rundfunkgeräte mit einem starken Kurzwellenteil zu kaufen. Solche Geräte waren teuer und für den Normalgebrauch nicht erforderlich, weil die deutschen Programme auf Mittel- und Ultrakurzwelle ausgestrahlt wurden. Man fiel damit auf, wenn man nicht Amateurfunker, Elektroniker oder sonst wie ein Tüftler war. Damals wurden von einigen Kommilitonen die gerade auf den Markt gekommenen Weltempfänger bevorzugt gekauft. ›Das Radio bezahlen wir dir natürlich‹, sagte Schiefer. ›Und was du über den Funkempfang wissen musst, wird dir einer unserer Techniker erklären.‹

Der Techniker brachte mehrere Rundfunkgeräte aus westdeutscher Produktion mit, deren Kurzwellenbereiche unter anderem auf das 75-m- und das 90-m-Band ausgelegt waren. Zunächst stellte er die Frequenz ein, auf der die HV A ihre Informationen an die geheimen Mitarbeiter ausstrahlte. Aus dem Lautsprecher ertönte ein gebrochener Akkord, der unentwegt wiederholt wurde. ›Das ist unsere Erkennungsmelodie‹, sagte der Techniker. ›Sie wird zwischen den stündlichen Funksendungen ausgestrahlt.‹ Er blickte auf seine Uhr. ›Bis zur nächsten Sendung haben wir noch etwas Zeit. Sie beginnt genau zur vollen Stunde.‹ Als es so weit war, erklang eine merkwürdig metallene weibliche Stimme, die in monotonem Rhythmus fortwährend Zahlen aufsagte, zu Fünfergruppen gebündelt, die ein ums andere Mal wiederholt wurden. ›Sie müssen die Frequenz ganz genau einstellen‹, bemerkte der Techniker. ›Wenn sie sie nur geringfügig verändern, geraten sie schon in den Agentenfunk eines anderen Nachrichtendienstes.‹ Er drehte ein wenig am Sendesuchknopf und wieder hörte ich nichts als Zahlen, die in einer gleichförmigen und abgehackten Sprechweise aufgesagt wurden, mitunter auch in einer Sprache, die ich nicht verstand. ›Wie ich schon sagte, arbeiten alle Nachrichtendienste nach der gleichen Methode‹, wiederholte der Techniker. ›Auch der Bundesnachrichtendienst. Und jeder lässt den anderen gewähren, weil es keinen Sinn hat, dessen Funk zu stören. Natürlich hat man das mal versucht. Aber dann wird der eigene Funk gestört. Es bringt also nichts.‹

›Aber man wird sich doch gegenseitig abhören‹, warf ich ein. ›Wie sicher ist denn diese Übermittlungsart?‹ ›Absolut sicher. Die Zahlen, die sie hören, stellen einen verschlüsselten Text dar. Den kann aber nur derjenige entziffern, der den Schlüssel besitzt. Auch das sind Zahlen. Aber sie wurden absolut willkürlich zusammengestellt. Da ist also nicht die Spur einer Systematik, so dass man mit mathematischen Wahrscheinlichkeitsrechnungen nichts ausrichten kann. Sehen Sie, das hier ist so ein Zahlenschlüssel, um eine Nachricht zu chiffrieren.‹

Der Techniker reichte mir eine kleine Plastikhülle von gerade mal drei mal zwei Zentimetern, in die ein Papier eingeschweißt war. ›Schneiden sie die Hülle auf!‹ Ich tat es und zog aus der Hülle einen hauchdünnen, zickzackförmig gefalteten Papierstreifen, der mit endlosen Zahlenkolonnen bedruckt war, jeweils fünf Gruppen von fünf Ziffern nebeneinander und zehn Reihen untereinander. ›Um eine Nachricht mit Hilfe dieser Zahlen zu verschlüsseln, muss sie zunächst ebenfalls in Ziffern übertragen werden‹, fuhr der Techniker fort. ›Dafür haben wir diesen Code.‹ Er zeigte mir eine Tabelle, in der alle Buchstaben des Alphabets fortlaufend mit Zahlen ausgewiesen waren. ›Nach dieser Tabelle wird der zu übermittelnde Text in Ziffern umgesetzt. Anschließend addiert man die Zahlen des Schlüssels dazu und zwar dergestalt, dass man immer im Bereich der Einerstellen bleibt. Wenn sie zum Beispiel acht und sieben zu addieren haben, dann ist das Ergebnis nicht fünfzehn, sondern fünf. Die Zahlenreihen, die sie dabei erhalten, ergeben den verschlüsselten Text. Beim Dechiffrieren verfährt man genau umgekehrt. Von den Zahlenreihen des verschlüsselten Textes zieht man die Ziffern des Schlüssels ab und erhält so die Ziffern des Klartextes. Auch dabei verwendet man immer nur die Einerstellen. Drei minus sieben ergibt danach sechs. Probieren sie es einmal aus, sie werden sehen, das ist nicht einmal halb so kompliziert, wie es sich anhört.‹ […]

Der Techniker erklärte mir nun einige Besonderheiten, die beim Verschlüsseln einer Nachricht beziehungsweise beim Dechiffrieren zu beachten waren. So durfte die erste fünfziffrige Zahl der Schlüsselrolle nicht zum Chiffrieren verwendet werden.

Sie diente als Rufnummer, mit der zu Beginn einer Funkübermittlung der Empfänger der Botschaft angerufen wurde. Dadurch war sichergestellt, dass die rund zwanzig Funksprüche, die während einer solchen, etwa halbstündigen Sendung übermittelt wurden, jeweils zum richtigen Empfänger gelangten.

Außerdem gehörte zum Verschlüsselungscode noch eine Liste von häufig verwendeten Begriffen. Sie waren mit dreistelligen Ziffern belegt, deren Quersumme stets zehn oder zwanzig ergab. Der Zugriff auf diese Codebegriffe, die eine beträchtliche Verkürzung des Funkspruchs erlaubten, erfolgte mittels der Ziffer 6. Zu verschlüsselnde Zahlen waren jeweils dreimal zu schreiben, also nicht einfach nur 12, sondern 111222, und mit der Codezahl 89 einzuleiten und zu beenden. Das klang verwirrender, als es tatsächlich war. Im Grunde erschien mir die Verschlüsselungstechnik als eine recht simple Angelegenheit, obwohl das System ausgeklügelt war.

Nach all den Erklärungen sollte ich zur Probe einen Funkspruch aufnehmen, der eigens für diesen Zweck übermittelt wurde. Es war nicht schwer, aus den Rufnummern, die zu Beginn des Funks angesagt wurden, meine herauszufinden. Mehr Konzentration erforderte hingegen das spätere Mitschreiben der Zahlenkolonnen, auch wenn sie jeweils wiederholt wurden und damit die Möglichkeit blieb, die notierten Ziffern zu überprüfen und etwaige Lücken zu schließen. Später, mit etwas mehr Übung, bereitete aber auch das Notieren der Zahlen keine Schwierigkeiten mehr.

In all den Jahren, die ich mit der HV A zusammenarbeitete, blieb die Verschlüsselungsmethode unverändert, ein Zeichen, dass sie absolut sicher war.[27] Es nützte einem gegnerischen Nachrichtendienst herzlich wenig, den Code zu kennen. Ohne die spezielle Schlüsselrolle, mit der eine Nachricht chiffriert worden war, war diese nicht zu knacken. Die jeweilige Schlüsselrolle aber besaßen nur die Spezialisten in der Chiffrierstelle der HV A und der jeweilige Kundschafter vor Ort. Ich hätte deshalb auch niemals die Nachrichten, die anderen Kundschaftern galten und die ich in der verschlüsselten Form stets mithören konnte, dechiffrieren können.«[28]

Container

Container wurden zur Tarnung des persönlichen und unpersönlichen Transportes von nachrichtendienstlich beschafften Informationen sowie anderem operativen Material im grenzüberschreitenden Verkehr, innerhalb des Operationsgebietes und zur Aufbewahrung derselben eingesetzt. Es wurde unterschieden zwischen:

- Containern für den ständigen Gebrauch mit unterschiedlichen Verschluss- und Sicherungssystemen aus verschiedenen Materialien,
- Einwegcontainern für den einmaligen Gebrauch,

- Zerstörungscontainern, die sich bei unbefugter Öffnung einschließlich ihres Inhaltes selbst zerstörten und somit dem Gegner keine Rückschlüsse auf die Sache und den IM ermöglichten,
- Überprüfungscontainern.

Container, insbesondere Aufbewahrungscontainer, waren nur dort einzusetzen, wo es keine anderen Möglichkeiten des Verstecks beziehungsweise der Unterbringung des nachrichtendienstlichen Materials gab.

Im Flugreiseverkehr durften Container aufgrund der gegnerischen Kontrollmöglichkeiten (Röntgen, Metallsuchgeräte) in der Regel nicht verwendet werden. Wenn aus besonderen Gründen im Flugreiseverkehr Container genutzt werden sollten, musste in Verbindung mit der HV A/VIII geprüft werden, ob eine relativ röntgensichere Variante zum Einsatz kommen konnte.

Für einmalige Aktionen konnten die Diensteinheiten der HV A bei der HV A/VIII Leihcontainer anfordern, die nach Einsatzende zurückgegeben wurden.

Operative Tarnungen für technische Geräte wurden in der Regel aus handelsüblichen Gegenständen des Operationsgebietes gefertigt. Die eigentliche Funktion der Gegenstände sollte dabei möglichst erhalten bleiben.

Für den persönlichen sowie unpersönlichen Transport von Informationen und Materialien zwischen IM und Zentrale sollten vorwiegend individuell gefertigte Einwegcontainer aus handelsüblichen Gegenständen genutzt werden.

In Containern zu übermittelnde Informationen waren durch andere operativ-technische Mittel wie Chiffre, Code und D-Mittel zusätzlich zu sichern.[29] Der Einsatz von Zerstörungscontainern erfolgte zur Absicherung vor gegnerischem Zugriff beim persönlichen und unpersönlichen Transport von Informationen. Die Speicherung erfolgte auf ausgewählten Informationsträgern (Magnet-/Filmträger), deren Vernichtung manuell oder automatisch bei unbefugtem Zugriff realisiert wurde.

Zur Gewährleistung einer hohen Sicherheit der IMs erfolgte die Beantragung für den Einsatz von Containern im grenzüberschreitenden operativen Reiseverkehr (außer Einwegcontainer) nach folgenden Kategorien:

- Kategorie A: Container mit hohem Sicherheitsgrad für besonders zu schützende Vorgänge, die einer eingehenden Kontrolle (außer röntgenologische Untersuchung) standhielten. Die Herstellung solcher Container erfolgte als vorgangsbezogene Einzelfertigung.
- Kategorie B: Container mit geringerem Sicherheitsgrad, die nur einer flüchtigen Routinekontrolle standhielten und bei denen die Entdeckung als Container durch intensives Abtasten nicht ausgeschlossen werden konnte. Die Produktion und der Einsatz dieser Container erfolgten in mehreren Exemplaren, in der Regel drei bis fünf Stück.[30]

Markierungsmittel

Markierungsmittel dienten dem Erkennen von Maßnahmen des Gegners, die gegen die operative Arbeit beziehungsweise gegen die IM gerichtet waren. Weiterhin konnten sie bei der Überprüfung von IM genutzt werden. Sie eigneten sich insbesondere zum Erkennen von

- konspirativen Durchsuchungen von Wohnungen und Diensträumen der IMs,
- unberechtigtem Eindringen in KW/KO,
- Eingriffen in das unpersönliche Verbindungswesen (TBK, D-Mittel-Korrespondenz),
- unzuverlässig arbeitenden IM.

Die IM hatten vielfache Möglichkeiten, sich mit einfachen Markierungsmitteln abzusichern, um eine gegnerische Bearbeitung festzustellen. Darüber hinaus wurden Markierungsmittel von der HV A/VIII bereitgestellt beziehungsweise waren nach Vereinbarung durch die operativen Diensteinheiten selbst zu beschaffen.[31]

Mit folgenden Verfahren arbeitete die HV A:

»CH 1«: Anwendungsbereich: Erkennen von unbefugtem Eindringen in Wohnungen und andere Räumlichkeiten, Erkennen des unbefugten Öffnens von Containern und TBK, Ehrlichkeitsüberprüfung

Beschreibung des Markierungsmittels: Auf die Filmzunge (Filmanfang) eines Kleinbildfilmes wurde ein bestimmtes Kennzeichen, beispielsweise eine Münze, aufbelichtet. Dieser Film wurde bei Dunkelheit in ein lichtdichtes Behältnis gelegt. Dabei befand sich die Filmzunge außerhalb der Kleinbildpatrone. Das Öffnen des Behältnisses bei Licht führte zur vollständigen Belichtung der Filmzunge, einschließlich des Kennzeichens.

Kontrollverfahren: Der Film wurde bei Dunkelheit dem Behältnis entnommen und entwickelt. Das Fehlen des Kennzeichens wies auf eine erfolgte Durchsuchung hin.

Benötigte Materialien: mittelempfindlicher Kleinbildfilm; Entwicklerchemikalien; Filmentwicklungsdose

»CH 2«: Anwendungsbereich: Ehrlichkeitsüberprüfung

Beschreibung des Markierungsmittels: Das zu kontrollierende Material wurde in ein beliebiges, jedoch markiertes Geschenk- oder Packpapier so eingeschlagen und verklebt, dass ein Öffnen nur durch Zerstörung des Verpackungsmaterials möglich war. An beliebiger Stelle wurde auf dem Verpackungspapier mit einem handelsüblichen Tintenlöschstift (Tintenkiller) eine unsichtbare Markierung angebracht.

Kontrollverfahren: Mit einem Füllhalter wurden über der angebrachten Markierung Striche gezogen. Ergaben sich Unterbrechungen in den Kontrollstrichen, so zeigte dies das Vorhandensein des markierten Verpackungsmaterials an. Ergaben sich bei der Kontrolle keine Linienunterbrechungen, so ließ dies auf den Austausch des Papiers schließen.

Benötigte Materialien: handelsüblicher Tintenlöschstift; Füllhalter; farbiges Geschenkpapier

»CH 3«: Anwendungsbereich: Erkennen von unbefugtem Eindringen in Wohnungen und andere Räumlichkeiten, Ehrlichkeitsüberprüfung

Beschreibung des Markierungsmittels: Bei diesem Markierungsmittel handelte es sich um einen mit einem Fluoreszenzmittel präparierten Wachsstift. Damit wurde die Lage von Gegenständen (Büchsen, Vasen, Telefon, Dosen) unsichtbar auf der Unterlage (Tisch, Ständer) markiert. Zur Ehrlichkeitsüberprüfung konnte zum Zweck des Identitätsnachweises mit dem Wachsstift Verpackungspapier unsichtbar markiert werden.

Kontrollverfahren: Die markierte Stelle wurde mit UV-Licht bestrahlt und zeigte bei Vorhandensein hellgelb leuchtende Markierungszeichen.

Benötigte Materialien: spezieller Wachsstift, der von der HV A/VIII geliefert wurde (Haltbarkeit circa ein Jahr); UV-Lampe (Briefmarkensammlerlampe oder Taschenlampe mit UV-Filter)

»CH 4«: Anwendungsbereich: Erkennen von unbefugtem Eindringen in Wohnungen und andere Räumlichkeiten, Erkennen des unbefugten Öffnens von Containern und TBK, Ehrlichkeitsüberprüfung

Beschreibung des Nachweismittels: Das Nachweismittel bestand aus Propan- oder Butangas, welches in luftdicht verschlossenen Behältnissen gemeinsam mit dem konspirativen Material (zum Beispiel Film) eingebracht wurde. Bei unbefugter Entnahme des Materials entwich das Gas und zeigte somit den Eingriff an.

Kontrollverfahren: Beim Öffnen des Behältnisses wurde eine Abbrennprobe vorgenommen. Dazu wurde ein brennendes Streichholz über das Behältnis gehalten. Beim Aufflammen war Gas vorhanden, und es war kein Eingriff durch Unberechtigte erfolgt. Kein Aufflammen signalisierte einen fremden Eingriff.

Benötigte Materialien: Gasampulle zum Nachfüllen für Feuerzeuge und Nachfülladapter; luftdicht verschließbare Dose

»CH 5«: Anwendungsbereich: Erkennen von unbefugtem Eindringen in Wohnungen und andere Räumlichkeiten, Erkennen des unbefugten Öffnens von Containern und TBK, Ehrlichkeitsüberprüfung

Beschreibung des Nachweismittels: Das Nachweismittel bestand aus CO_2-Gas (Kohlendioxid), erhältlich als Nachfüllpatrone für Heimsprudler. Es wurde in luftdicht verschlossene Behälter unter Verwendung des Heimsprudlers gemeinsam mit dem konspirativen Material (zum Beispiel Film) eingebracht. Bei unbefugter Entnahme des Materials entwich das Gas und zeigte somit den Eingriff durch Unbefugte an.

Kontrollverfahren: Beim Öffnen des Behältnisses wurde ein brennendes Streichholz eingetaucht. Erfolgte ein sofortiges Löschen der Flamme, zeigte dies das Vorhandensein des Gases an.

Benötigte Materialen: Heimsprudler und Nachfüllpatronen; luftdicht verschließbare Dose

»CH 6«: Anwendungsbereich: Erkennen von unbefugtem Eindringen in Wohnungen und andere Räumlichkeiten, Ehrlichkeitsüberprüfung

Beschreibung des Markierungsmittels: Das Nachweismittel bestand aus handelsüblichem Körperpuder, das zum Nachweis von Fingerspuren auf vorher gereinigten, blanken Gegenständen diente (Türklinken, Kofferschlösser, Schrankgriffe, Telefon, Steckdosen).

Kontrollverfahren: Auf den zu kontrollierenden Gegenstand wurde mittels feinem Staubpinsel eine dünne Puderschicht aufgetragen. Bei schwarzen Gegenständen wurden Fingerspuren sofort sichtbar. Bei hellen Gegenständen sollte die Staubschicht zum Nachweis auf einen Streifen Tesafilm übertragen werden.

Benötigte Materialien: Reinigungsmittel (Wasser- oder Putzmittel); Körperpuder; Tesafilm; Staubpinsel

»CH 7«: Anwendungsbereich: Ehrlichkeitsüberprüfung

Beschreibung des Markierungsmittels: Das Markierungsmittel bestand aus einer chemisch präparierten Schnur, mit der kleine Päckchen verschnürt werden konnten. Die Verschnürung musste so erfolgen, dass die Schnur bei unbefugter Öffnung nicht weiterverwendet werden konnte und durch eine neue ersetzt werden musste.

Kontrollverfahren: Die Schnur wurde mit einer chemischen Nachweislösung behandelt und zeigte bei Rotverfärbung die Identität an und damit keine Öffnung. Das Fehlen der Rotverfärbung nach Anwendung des Nachweismittels bewies einen fremden Eingriff.

Benötigte Materialen: präparierte Schnur; Nachweismittel

»CH 8«: Anwendungsbereich: Ehrlichkeitsüberprüfung

Beschreibung des Markierungsmittels: Das Markierungsmittel bestand aus einer chemisch präparierten Schnur, mit der kleine Päckchen verschnürt werden konnten. Die Verschnürung musste so erfolgen, dass die Schnur bei unbefugter Öffnung nicht weiterverwendet werden konnte und durch eine neue ersetzt werden musste.

Kontrollverfahren: Die Schnur wurde mit einer chemischen Nachweislösung behandelt und zeigte bei Blauverfärbung die Identität an und damit keine Öffnung. Das Fehlen der Blauverfärbung nach Anwendung des Nachweismittels bewies einen fremden Eingriff.

Benötigte Materialen: präparierte Schnur; Nachweismittel

»CH 9«: Anwendungsbereich: Erkennen von unbefugtem Eindringen in Wohnungen und andere Räumlichkeiten

Beschreibung des Verfahrens: Das Markierungsmittel bestand aus einer fluoreszierenden Paste, die mittels spitzem Gegenstand (Zahnstocher) in Schraubenschlitze eingebracht wurde. Präpariert wurden vornehmlich Gegenstände mit mehreren Befestigungsschrauben, beispielsweise Steckdosen, Schalter und Telefone. Es musste beachtet werden, dass nur eine Schraube am Gegenstand präpariert wurde. Bei unbefugter Demontage der genannten Gegenstände zum Einbau von Feindtechnik wurde das Markierungsmittel durch den Schraubendreher auf nicht präparierte Schrauben übertragen und war dort nachweisbar.

Kontrollverfahren: Mit Hilfe einer UV-Lampe wurden die Schraubenschlitze beleuchtet und auf übertragene Spuren des Markierungsmittels geprüft.

Benötigte Materialien: Spezialpaste, die von der HV A/VIII ausgehändigt wurde; UV-Lampe (Briefmarkensammlerlampe oder Taschenlampe mit UV-Filter)

»CH 10«: Anwendungsbereich: Ehrlichkeitsüberprüfung

Beschreibung des Verfahrens: Handelsüblicher Tesafilm wurde mittels einer chemischen Lösung unsichtbar markiert (zum Beispiel Striche, Kreuze, Buchstaben). Mit dem präparierten Tesafilm wurden kleine in Einschlagpapier gewickelte Päckchen verklebt. Das Einschlagpapier musste so ausgewählt werden, dass es überall eingesetzt werden konnte. Bei unbefugter Öffnung wurden Tesafilm und Einschlagpapier beschädigt und mussten ausgetauscht werden.

Kontrollverfahren: Die Kontrolle, ob ein Austausch erfolgt war, wurde mittels einer chemischen Nachweislösung durchgeführt.

Benötigte Materialien: chemische Lösung zum Präparieren des Tesafilms; chemische Lösung zur Nachweisführung; beides wurde von der HV A/VIII ausgehändigt

»CH 11«: Anwendungsbereich: Erkennen von unbefugtem Eindringen in Wohnungen und andere Räumlichkeiten

Beschreibung des Markierungsmittels: Mit Hilfe eines lackartigen Klebstoffes, der fadenziehende Eigenschaften besaß, überbrückte der Anwender mit einem aus dem Klebstoff gezogenen Faden zwei an Verschlüssen (Türen, Fenster) und Behältnissen (Schubfächer, Dosen, Kästen) gegenüberliegende Punkte. Bei der Öffnung des so gesicherten Objektes traten die beweglichen Elemente an der Verschlussfuge auseinander und der Überbrückungsfaden wurde durchgerissen.

Kontrollverfahren: Der Zustand des gezogenen Fadens wurde mittels Taschenlampe und Leselupe überprüft.

Benötigte Materialien: handelsübliche Klebstoffe Uhu Alleskleber und Uhu Hart (westdeutsche Erzeugnisse); Epasol-Kontakt (aus DDR-Produktion); kleine Taschenlampe und Leselupe

»CH 12«: Anwendungsbereich: Markierungsmittel zum Erkennen des unbefugten Öffnens von Postsendungen (Briefe, Päckchen), Ehrlichkeitsüberprüfung

Beschreibung des Markierungsmittels: Ein unverklebter Briefumschlag, nach Möglichkeit mit einer dreieckigen Verschlusslasche, wurde vor Übergabe an die zu überprüfende Person in der HV A/VIII einer Spezialbehandlung unterzogen und verklebt.

Kontrollverfahren: Das spezielle Kontrollverfahren konnte nur durch die HV A/VIII vorgenommen werden.

Benötigte Materialien: ein geeigneter Briefumschlag, konnte durch die HV A/VIII ausgegeben oder empfohlen werden

»CH 13«: Anwendungsbereich: Erkennen von unbefugtem Eindringen in Wohnungen und andere Räumlichkeiten

Beschreibung des Markierungsmittels: Die Methode beruhte auf der Anwendung der Sofortbildfotografie zum schnellen Nachweis oder Ausschluss stattgefundener Wohnungsdurchsuchungen. Dazu waren zwei zeitlich getrennte Aufnahmen von ausgewählten Bereichen (beispielsweise Schub- oder Schrankfächer) anzufertigen: erste Aufnahme vor dem Verlassen der Wohnung, zweite Aufnahme nach dem Wiederbetreten der Wohnung. Beide Aufnahmen erforderten den gleichen Kamerastandpunkt.

Kontrollverfahren: Beide Aufnahmen wurden mittels Messlupe vermessen und verglichen. Es kam darauf an, Differenzen oder Übereinstimmung in den Abständen und Positionen der abgebildeten Gegenstände festzustellen. Je nach Aufnahmeentfernung konnten Ortsveränderungen der Gegenstände im Millimeterbereich nachgewiesen werden.

Benötigte Materialien: Sofortbildkamera mit Mischbild- oder Schnittbildentfernungsmesser wie Polaroid SX 70 oder eine andere Polaroidkamera; hochempfindlicher Film, zum Beispiel Polaroid Typ 107, SX 70 und Elektronenblitz; Beleuchtung je nach Filmtyp: normale Zimmerbeleuchtung oder Elektronenblitz; handelsübliche Messlupe mit 1/10 Millimeter Stricheinteilung und acht- bis zehnfacher Vergrößerung

»CH 14«: Anwendungsbereich: Erkennen von unbefugtem Eindringen in Wohnungen und andere Räumlichkeiten, Ehrlichkeitsüberprüfung

Beschreibung des Markierungsmittels: Das Markierungsmittel war ein präparierter Faserschreiber. Mit ihm wurden Gegenstände und Materialien gekennzeichnet oder deren Lage unsichtbar fixiert. Bei der Kontrolle wurden der Austausch oder eine vorgenommene Lageveränderung von Gegenständen erkannt.

Kontrollverfahren in zwei Varianten:

- Nachweis der markierten Stelle mit UV-Licht,
- chemischer Nachweis mittels Nachweislösung.

Benötigte Materialien: Präparierter Faserschreiber; UV-Lupenlampe; bei Variante 2: chemische Nachweislösung und Filterpapier

»CH 15«: Anwendungsbereich: Erkennen von unbefugtem Eindringen in Wohnungen und andere Räumlichkeiten, Ehrlichkeitsüberprüfung

Beschreibung des Markierungsmittels: Das Markierungsmittel war ein gelbliches Pulver. Mit ihm wurden Kontakte von Personen und Objekten mit markierten Gegenständen nachgewiesen. Für die Markierung wurden Stellen auf den vorgesehenen Objekten ausgewählt, die das aufgebrachte Markierungsmittel unauffällig erscheinen ließen und die günstigsten Kontaktstellen bei Berührung darstellten, beispielsweise Türklinken, Taschenverschlüsse, Schlüssel oder Griffe. Bei erfolgtem Kontakt wurden Spuren des Markierungsmittels auf andere Objekte übertragen.

Kontrollverfahren: Mittels einer UV-Lampe wurden verdächtige Objekte durch Ableuchten auf gelbfluoreszierende Abdrücke beziehungsweise Spuren untersucht.

Benötigte Materialien: pulverförmige Substanz, die von der HV A/VIII geliefert wurde; weicher, feiner Pinsel; UV-Lupenlampe

»CH 16«: Anwendungsbereich: Erkennen von unbefugtem Eindringen in Wohnungen und andere Räumlichkeiten, Erkennen des unbefugten Öffnens von Containern und TBK, Ehrlichkeitsüberprüfung

Beschreibung des Markierungsmittels: Das Markierungsmittel diente speziell der Markierung von Reißverschlüssen an Koffern und Taschen. Es konnte ein unbefugtes Öffnen von Reißverschlüssen festgestellt werden. Das Mittel war eine viskose Lösung, wahlweise mit einer chemisch nachweisbaren Komponente oder Fluoreszenzstoff.

Kontrollverfahren: Die Oberfläche des präparierten Reißverschlusses wurde mittels einer UV-Lampe auf grün fluoreszierende Stellen untersucht. Es konnte zusätzlich ein zweites Kontrollverfahren angewendet werden, bei dem ein chemischer Nachweis mittels einer Nachweislösung erfolgte.

Benötigte Materialien: Markierungsmittel viskose Lösung, auf Wunsch in Mikrospritze zur einmaligen Anwendung von der HV A/VIII geliefert; UV-Lampe (366 Millimeter); Filterpapier und chemische Nachweislösung, von der HV A/VIII geliefert

»CH 17«: Anwendungsbereich: Erkennen des unbefugten Öffnens von Containern und TBK

Beschreibung des Markierungsmittels: Von einem entsprechend ausgewählten Objekt (zum Beispiel einem Blumenstrauß) wurden zwei Filme (Schwarz-Weiß- oder Farbnegativfilm) hergestellt. Ein Film verblieb bei der HV A, der zweite wurde dem IM übergeben. Der Film musste wie folgt behandelt werden:

1. Es musste bei völliger Dunkelheit gearbeitet werden.
2. Ein Negativ musste vom Film abgeschnitten werden.
3. Dieses wurde lichtdicht in einen Container verpackt.

Kontrollverfahren: Ein spezielles Vergleichskontrollverfahren wurde nach Rücklauf des Containers in der Zentrale durch die HV A/VIII vorgenommen. Bei der Kontrolle wurde nachgewiesen:

- eine Öffnung und Durchsuchung des Containers – dann war der Film belichtet,
- ein Austausch des Filmes – eventuell mit Aufnahmen gleichen Motives.

Die Echtheit des Originalfilms wurde durch drei Überprüfungsphasen garantiert festgestellt.

Benötigte Materialien: ein vorbelichteter Negativfilm, wurde von der HV A/VIII bereitgestellt und konnte für mehrere Überprüfungen genutzt werden. Der IM musste diesen Film abgesichert aufbewahren. Zur Abdeckung sollten mit ähnlichen Objekten und Motiven belichtete Hobbyfilme gemacht werden.

»CH 18«: Anwendungsbereich: Kontrollmittel zur Feststellung einer erfolgten konspirativen Reisegepäckdurchsuchung in Hotels und ähnlichen Unterkünften

Beschreibung des Markierungsmittels: Im Schraubverschluss einer Kosmetik-, Arznei- oder ähnlichen Flasche, die original gefüllt blieb, wurde eine Kennzeichnung angebracht. Die Kennzeichnung konnte erfolgen mittels Filzstift, Füllfederhalter mit auswaschbarer Tinte, Kaliumpermanganat (bei dunklen Flaschen) oder Kopierstift. Die Flasche wurde senkrecht an einer Stelle des Reisegepäcks (Koffer, Tasche, Kosmetik- oder Waschtasche) abgestellt. Bei einer Lageveränderung (Kippen) der Flasche wurde die Kennzeichnung im Verschluss durch die Flüssigkeit beseitigt beziehungsweise angefärbt. Das Kaliumpermanganat löste sich auf und färbte die Flüssigkeit violett bis rot.

Kontrollverfahren: Kontrolliert wurde das Vorhandensein/die Veränderung der Kennzeichnung im Schraubverschluss beziehungsweise die Farbe der Flüssigkeit.

Benötigte Materialien: verschiedenartige Flaschen mit Schraubverschluss wie Kosmetik- oder Arzneiflaschen; zur Kennzeichnung wahlweise die oben genannten Markierungsmittel

»CH 19«: Anwendungsbereich: Erkennen von unbefugtem Eindringen in Wohnungen und andere Räumlichkeiten, Erkennen des unbefugten Öffnens von Containern und TBK, Ehrlichkeitsüberprüfung

Beschreibung des Markierungsmittels: Eine handelsübliche Tintenpatrone wurde zur Hälfte entleert, die Patronenöffnung gesäubert und mit einer sauberen Kugel erneut verschlossen. Diese Patrone wurde senkrecht zwischen die anderen in die Patronenschachtel oder in ähnliche Behälter gestellt. Beim unbeabsichtigten Drehen beziehungsweise Umkippen der Behältnisse wurde der gereinigte Kugelverschluss mit Tinte benetzt, diese blieb dann haften.

Kontrollverfahren: Kontrolliert wurde die Sauberkeit des Kugelverschlusses der Patrone.

Benötigte Materialien: Kugeln für den Zweitverschluss, die aus gleichartigen leeren Patronen gewonnen wurden

»CH 20«: Anwendungsbereich: Erkennen von unbefugtem Eindringen in Wohnungen und andere Räumlichkeiten

Beschreibung des Markierungsmittels: In dem Oberteil eines Kugelschreibers wurde ein Stück Magnetgummi befestigt. In die Öffnung der Kugelschreibermine wurden nacheinander eine Papierkugel und eine kleine Stahlkugel eingelegt. Der Kugelschreiber wurde zusammengeschraubt und senkrecht mit der Spitze nach unten in ein Bekleidungsstück oder zwischen andere Materialien gelegt. Durch Lageveränderung beziehungsweise Drehen des Kugelschreibers um seine Längsachse rollte die Kugel aus der Mine und wurde vom Magneten angezogen.

Kontrollverfahren: Kontrolliert wurde die Lage der Stahlkugel.

Benötigte Materialien: Kugelschreiber mit Parker-Großraummine; Magnetgummi; kleine Stahlkugel, beispielsweise aus verbrauchten Kugelschreiberminen zu gewinnen

»ME 1«: Anwendungsbereich: Erkennen von unbefugtem Eindringen in Wohnungen und andere Räumlichkeiten

Beschreibung des Markierungsmittels: Ein in der Unterkante einer Zimmertür eingelassener Sintermagnet erfasste beim Öffnen der Tür (Schwenkbereich) ein auf dem Fußboden abgelegtes Metallstück (zum Beispiel Stecknadel, kleine Büroklammer). Die Lage des Metallstückes wurde so gewählt, dass der Abstand zwischen Tür und Türrahmen so gering wie möglich war und das Zimmer gerade noch verschlossen werden konnte. Der Unbefugte hätte die Zimmertür in normaler Weise geöffnet, das weite Aufschwenken der Tür hätte dann das Erfassen des Metallstückes zur Folge gehabt.

Kontrollverfahren: Der Wohnungsinhaber beachtete beim Wiederbetreten des Zimmers die minimale Öffnungsbreite der Tür. Er kontrollierte, ob sich das Metallstück noch auf seinem Platz befand.

Benötigte Materialien: Sintermagnet rund 16–20 Millimeter Durchmesser und circa fünf Millimeter Höhe; Holzbohrer mit Durchmesser entsprechend des Magneten; Reaktionskleber für Metall und andere Hartmaterialien, beispielsweise Uhu plus; eventuell Türfarbe und Pinsel

»ME 2«: Anwendungsbereich: Erkennen von unbefugtem Eindringen in Wohnungen und andere Räumlichkeiten, Ehrlichkeitsüberprüfung

Beschreibung des Markierungsmittels: Das an einer Klapp- oder Schmuckkassette angebrachte Scharnier wurde so präpariert, dass sich der Scharnierstift bei Öffnung des Deckels nicht augenfällig um neunzig Grad verdrehte und beim Wiederverschließen in dieser Lage verblieb. Die erfolgte Drehbewegung wurde durch einen

Schlitz im Kopf des Scharnierstiftes bei Kenntnis seiner Lage angezeigt. Mit Hilfe dieses Schlitzes und eines kleinen Schraubendrehers konnte der Scharnierstift in seine ursprüngliche Lage zurückgedreht werden.

Kontrollverfahren: Es erfolgte eine Sichtkontrolle über die Stellung des Schlitzes im Scharnierkopf.

Benötigte Materialien: Klapp- oder Schmuckkassette, die bei der HV A/VIII angefordert wurde

»ME 3«: Anwendungsbereich: Erkennen von unbefugtem Eindringen in Wohnungen und andere Räumlichkeiten, Ehrlichkeitsüberprüfung

Beschreibung des Markierungsmittels: Das an einer Bügel- oder Collegemappe angebrachte Mappenschloss wurde mit einem nicht erkennbaren Zählwerk versehen. Die zum Öffnen der Tasche notwendige Bewegung des Öffnungsknopfes wurde auf einer Zählscheibe registriert. Insgesamt waren 15 Bewegungen registrierbar.

Kontrollverfahren: Durch Drehen nach rechts (Linksgewinde) wurde der Öffnungsknopf des Mappenschlosses abgedreht. Die Zählscheibe wurde sichtbar. Die Anzahl der Öffnungsbewegungen ergab sich aus der Differenz zwischen ursprünglich eingestellter Nullstellung (Markierung auf der Zählscheibe) und jetzt erkennbarer Stellung der Zählscheibe.

Benötigte Materialien: Bügel- oder Collegemappe mit präpariertem Mappenschloss, die bei der HV A/VIII angefordert werden konnte

»ME 4«: Anwendungsbereich: Erkennen von unbefugtem Eindringen in Wohnungen und andere Räumlichkeiten, Ehrlichkeitsüberprüfung.

Beschreibung des Markierungsmittels: Das an einer Umhängetasche oder Collegemappe angebrachte Mappenschloss wurde mit einer elektronischen Anzeige versehen, welche das unbefugte Öffnen der Tasche registrierte. Mittels eines Magneten wurde das Schloss in Betriebsbereitschaft versetzt. Eine LED, die sich in der Schlossöffnung befand, leuchtete in diesem Fall grün. Die Tasche konnte dann verschlossen werden.

Kontrollverfahren: Die Kontrolle der zwischenzeitlichen Öffnung erfolgte mit Magneten. Wenn eine gelbe LED leuchtete, war das Schloss nicht geöffnet worden. Wenn allerdings eine rote LED leuchtete, war das Schloss zusätzlich geöffnet worden.

Benötigte Materialien: Umhängetasche oder Collegemappe mit präpariertem Schloss; Zylindermagnet, der bei der HV A/VIII angefordert werden konnte

»ME 5«: Anwendungsbereich: Erkennen von unbefugtem Eindringen in Wohnungen und andere Räumlichkeiten

Beschreibung des Markierungsmittels: Das Markierungsmittel war ein Fripa-Universaleinbaukastenschloss, welches mit einem Zählwerk versehen worden war. Die Zählfunktion wurde durch die Schließbewegung des Schlossriegels bewirkt. Die

Zahl der Schließbewegungen wurde auf einer Zählscheibe registriert, die sich im Inneren des Schlosses befand. Die Kontrolle der Schließungen erfolgte mittels eines Fühlstiftes.

Kontrollverfahren: Nach Entfernen einer am Schlosskasten befindlichen Blindschraube wurde durch Fühlstift und Schließbewegung die Anzahl der Schließungen festgestellt.

Benötigte Materialien: Präzisionssicherheitsschloss Fripa-Universal (DDR-Erzeugnis), wurde von der HV A/VIII geliefert

»ME 6«: Anwendungsbereich: Erkennen von unbefugtem Eindringen in Wohnungen und andere Räumlichkeiten

Beschreibung des Markierungsmittels: Ein schmaler Streifen Tesafilm wurde vor dem Verlassen der Wohnung so in den oberen Teil des Türrahmens geklebt, dass circa drei Millimeter bei geschlossener Tür auf der Außenseite sichtbar blieben. Vor Verlassen der Wohnung wurde der Streifen angehoben und lag bei geschlossener Tür auf der oberen Kante. Beim unbefugten Öffnen klappte der wie ein Scharnier wirkende Klebestreifen nach unten und verblieb in dieser von außen kontrollierbaren Position.

Kontrollverfahren: Vor dem Öffnen der Zimmertür kontrollierte der Wohnungsinhaber, ob der Klebestreifen sichtbar war oder nicht. War dieser sichtbar, so konnte mit Sicherheit darauf geschlossen werden, dass der Raum von einem Unbefugten betreten worden war.

Benötigte Materialien: Tesafilm[32]

In der Regel kamen mehrere OTM kombiniert zum Einsatz.

Der Einsatz von OTM hatte stets vorgangsgebunden, differenziert und unter Einhaltung der festgelegten Sicherheitsvorkehrungen zu erfolgen. Es musste dabei immer beachtet werden, dass die Enttarnung von OTM durch gegnerische Abwehrbehörden ernsthafte Konsequenzen für die Fortführung der nachrichtendienstlichen Arbeit, für die Sicherheit der IMs und die Gefährdung weiterer IM nach sich ziehen konnte. Über die Aufbewahrung und die Handhabung der OTM durch die IM war eine strenge Kontrolle auszuüben. Die Unterweisung der IMs in der Handhabung der OTM war in der Regel unmittelbar durch Mitarbeiter der dafür zuständigen operativ-technischen Diensteinheit durchzuführen.[33] Der HV A-Offizier Peter Großmann, der als Führungsoffizier fungierte, bestätigt dies folgendermaßen: »Im Interhotel in Warnemünde wurde ›Magda‹ [IM, Anm. d. Verf.] im Funkverkehr, in der Nutzung von Containern und in der Geheimschrift weiter ausgebildet. Diese Schulungen fanden durch Mitarbeiter aus den entsprechenden Abteilungen der HV A statt. Die Führungsoffiziere, in diesem Fall also ich, durften aus Sicherheitsgründen nie daran teilnehmen.«[34]

Bei operativer Notwendigkeit konnte eine solche Unterweisung auch durch die Führungsoffiziere oder durch OibE sowie IM der entsprechenden Diensteinheit erfolgen. Dies setzte allerdings voraus, dass die genannten Kräfte von den Technikern der HV A/VIII auf diese Ausbildung vorbereitet worden waren.

Für die Aufbewahrung von OTM mussten durch die IM spezielle Aufbewahrungsverstecke geschaffen werden. Sie konnten innerhalb und außerhalb der Wohnung der IMs liegen. Grundvoraussetzung war, dass sie eine hohe Sicherheit gegen Entdeckung boten sowie eine zuverlässige Kontrolle und unauffällige Nutzung gestatteten. Um die in den Aufbewahrungsverstecken verwahrten OTM und operativen Materialien zusätzlich zu sichern, konnte ihre Aufbewahrung in Containern erfolgen, die gegebenenfalls mit Vorrichtungen ausgestattet waren, die ein unbefugtes Öffnen anzeigten oder bei unbefugtem Öffnen den Inhalt vernichteten. Des Weiteren konnten die genannten Markierungsmittel zur Kontrolle der Aufbewahrungsverstecke gegen unbefugte Nutzung eingesetzt werden.

Durch die HV A wurde angestrebt, OTM, die erst zur Sicherung des Verbindungswesens in besonderen Situationen zum Einsatz kommen sollten, bei solchen IM zu deponieren, die nicht durch eine aktive nachrichtendienstliche Arbeit in das Blickfeld der gegnerischen Abwehr geraten konnten.

Nicht mehr benötigte oder unbrauchbar gewordene operative Dokumente und OTM waren unverzüglich einzuziehen und an die zuständige Fachabteilung zurückzugeben. War eine Rückführung aus dem Operationsgebiet aus Sicherheitsgründen nicht vertretbar, konnten sie mit Zustimmung des verantwortlichen Leiters unter Aufsicht eines mit der Führung des IM beauftragten Mitarbeiters, OibE oder IM an Ort und Stelle vernichtet werden. Die Vernichtung wurde in der Zentrale dokumentiert und der zuständigen Fachabteilung unverzüglich mitgeteilt, dies galt ebenso für Verluste und Dekonspirationen. Den zuständigen Fachabteilungen HV A/VI und HV A/VIII waren durch die operativen Diensteinheiten der HV A alle Informationen und Erkenntnisse zu übermitteln, die beim Einsatz von operativen Dokumenten und OTM gesammelt wurden und für deren Weiterentwicklung von Bedeutung sein konnten.[35]

Wie bereits erwähnt, konnte eine Enttarnung von operativen Dokumenten und OTM durch westliche Abwehr- und Sicherheitsbehörden zu ernsthaften Konsequenzen für die nachrichtendienstliche Arbeit und für die Sicherheit der inoffiziellen Kräfte führen. Deshalb waren nur solche IM mit operativen Dokumenten und OTM auszustatten, die diese Mittel unbedingt zur Erfüllung ihrer Aufgaben benötigten, ihre Zuverlässigkeit unter Beweis gestellt hatten sowie über die notwendigen objektiven und subjektiven Voraussetzungen für die sichere Anwendung und Aufbewahrung solcher Gegenstände verfügten.[36]

Die HV A-Spitzenquelle Gabriele Gast kommt hinsichtlich der von ihr genutzten OTM zu folgender Einschätzung: »Alles in allem entsprachen die nachrichtendienstlichen Hilfsmittel, die ich während meiner Kundschaftertätigkeit für die DDR benutzte, jener Mindestausstattung, die ein Geheimdienst üblicherweise seinen Agenten an die Hand gibt, um die Konspiration und damit die Sicherheit der Verbindung zu gewährleisten. Ich verfügte weder über umfangreiches Gerät noch über nachrichtendienstliche Spitzentechnik. In den ersten Jahren meiner Verbindung zur HV A, als ich noch studierte und keinen Zugang zu interessierenden Informationen hatte, war eine entsprechende Ausstattung nicht nötig. Und später, nach meinem Eintritt in den Bundesnachrichtendienst, hätte es mich hochgradig gefährden können und wäre unverantwortlich von der HV A gewesen.«[37]

Der Kundschafter Johannes Koppe berichtet zum Thema:
»Für meinen Zweitjob im Auftrag der Aufklärung habe ich nie einen Lehrgang absolviert. Einweisungen gab es nur für den Umgang mit operativen Hilfsmitteln, also mit Fotoausrüstungen und sogenannten Mikraten, also miniaturisierten Fotoaufnahmen von Unterlagen und für den Funk. Insbesondere die Herstellung der Mikrate erwies sich als sehr aufwändig. Alles andere, was für meine Arbeit im Westen wichtig war, wusste ich besser als die Führungsoffiziere in der Normannenstraße. Ich lebte in der Bundesrepublik, ich wusste, wie die Leute denken, sich verhalten und wie Behörden arbeiten. Was hätten die Berliner mir beibringen können, das ich nicht schon wusste?

Die Einweisungen in die Benutzung der technischen Hilfsmittel fanden lange vor dem Mauerbau in verschiedenen konspirativen Objekten in Ostberlin statt. In Blankenfelde hatten wir solch ein Objekt, eines in der Marienburger Straße in Berlin und so weiter. […]

In Hamburg benutzte ich ein A1-Funkgerät, ein Grundig-Kofferradio mit Marine-Band, das dazu diente, Nachrichten zu empfangen. Eigene Nachrichten setzte ich nicht ab. Das war wegen der Ortungsmöglichkeiten zu riskant. Man hatte mich gar nicht danach gefragt, ob ich auch senden würde, weil man genau wusste, dass ich das nicht machen würde. Das galt auch für tote Briefkästen. Ich hinterlegte nie Material an solchen Orten, sondern übergab es direkt den Instrukteuren. Nur ein einziges Mal, unmittelbar vor unserer Flucht aus Hamburg, benutzte ich einen toten Briefkasten. Wo er sich befand, hatte ich nur meinen russischen Betreuern in Bonn mitgeteilt. Als später die HV A diesen toten Briefkasten in Hamburg leeren wollte, war das hinterlegte Material verschwunden. Offenbar hatte sich unser Bündnispartner aus dieser Quelle bedient.

An dieser Stelle muss ich gestehen, dass weder die Beschaffung der Informationen noch deren Weiterleitung mich über Gebühr belasteten. Sowohl zeitlich, als auch physisch und psychisch kam ich mit den besonderen Bedingungen der nachrichtendienstlichen Tätigkeit gut zurecht. Die Arbeit für die DDR brachte mir vielfältige Befriedigung und Anerkennung. Sie war für mich eine sinnvolle Ergänzung der beruflichen Tätigkeit und hinsichtlich der Themenstellungen auch ungeheuer interessant. Manchmal fragte ich mich selbst, ob ich ein bestimmtes Thema aus kommerziellem Interesse der Hamburgischen Electricitäts-Werke oder primär für die Hauptverwaltung Aufklärung bearbeitete. Da waren die Übergänge oft fließend. Gut war es, wenn ich beides verbinden konnte.«[38]

Anmerkungen

1   Markus Wolf: Vorwort in: O. A.: *Im Kampf bewährt. Erinnerungen an Richard Großkopf*. Leipzig, o. J., S. 6 f.
2   Vgl.: Ebd., S. 78–81.
3   Vgl.: Ebd., S. 84 f.
4   Vgl.: HV A, 4. Kommentar zur Richtlinie 2/79, Bl. 432.
5   Rainer O. M. Engberding: *Spionageziel Wirtschaft. Technologie zum Nulltarif.* Düsseldorf 1993, S. 69.
6   Ebd., S. 68.
7   Günter Pelzl: *Der Fälscher. Als Forscher im Operativ-Technischen Sektor des MfS*. Berlin 2020, S. 376 ff.
8   Rainer O. M. Engberding: *Spionageziel Wirtschaft. Technologie zum Nulltarif.* Düsseldorf 1993, S. 69.
9   Werner Großmann: *Bonn im Blick. Die DDR-Aufklärung aus der Sicht ihres letzten Chefs*. Berlin 2007, S. 140.
10   Günter Pelzl: *Der Fälscher. Als Forscher im Operativ-Technischen Sektor des MfS*. Berlin 2020, S. 367, 381 f, 397 ff, 428.
11   Vgl.: HV A, 4. Kommentar zur Richtlinie 2/79, Bl. 434 ff.
12   O. A.: *Aus dem Leben eines Berufsrevolutionärs. Erinnerungen an Richard Stahlmann*. Leipzig 1986, S. 99 f.
13   Vgl.: HV A, 4. Kommentar zur Richtlinie 2/79, Bl. 432 f.
14   Vgl.: HV A, 5. Kommentar zur Richtlinie 2/79: »Die Gewinnung operativ-bedeutsamer Informationen durch die Diensteinheiten der Aufklärung des MfS«, BStU, ZA, MfS, HA I, Nr. 15574, Bl. 540.
15   Ebd., Bl. 541.
16   Vgl.: HV A, 5. Kommentar zur Richtlinie 2/79: »Die Gewinnung operativ-bedeutsamer Informationen durch die Diensteinheiten der Aufklärung des MfS«, BStU, ZA, MfS, HA I, Nr. 15574, Bl. 541 f. HV A, »Ordnung Nr. HV A 1/86 für die Arbeit mit operativ-technischen Mitteln der HV A (OTM-Ordnung)«. BStU, ZA, MfS, Fin, Nr. 3531, Bl. 39.
17   Vgl.: HV A, OTM-Ordnung, Bl. 61–71.
18   Gabriele Gast: *Kundschafterin des Friedens,* S. 87 f.
19   Vgl.: HV A, 5. Kommentar zur Richtlinie 2/79, Bl. 542 f.
20   Vgl.: HV A: OTM-Ordnung, Bl. 48–60.
21   Vgl.: HV A, 5. Kommentar zur Richtlinie 2/79, Bl. 543.

22 Vgl.: HV A, OTM-Ordnung, Bl. 21–28.

23 Günter Guillaume: *Die Aussage. Protokolliert von Günter Karau.* Berlin 1988, S. 20 f.

24 Hans Eltgen: *Ohne Chance. Erinnerungen eines HV A-Offiziers.* Berlin 1995, S. 50 f.

25 Vgl.: HV A, OTM-Ordnung, Bl. 29–36.

26 Mitteilung eines ehemaligen HV A-Offiziers (Archiv des Verfassers).

27 Bekanntlich hatte die HV A diese Chiffriermethode erst nach einer folgenschweren Panne Anfang der 60er Jahre eingeführt, anstelle des früher genutzten sowjetischen Verschlüsselungssystems, das Günter Guillaume zum Verhängnis werden sollte.

28 Gabriele Gast: *Kundschafterin des Friedens,* S. 83–87.

29 Vgl.: HV A, 5. Kommentar zur Richtlinie 2/79, Bl. 544 f.

30 Vgl.: HV A, OTM-Ordnung, Bl. 40 f.

31 Vgl.: HV A, 5. Kommentar zur Richtlinie 2/79, Bl. 545.

32 Vgl.: HV A, OTM-Ordnung, Bl. 74–99.

33 Vgl.: HV A, 4. Kommentar zur Richtlinie 2/79, Bl. 436 f.

34 Peter Großmann: *Mit ganzem Herzen,* S. 269.

35 Vgl.: Ebd., Bl. 437 f.

36 Vgl.: Ebd., Bl. 433.

37 Gabriele Gast: *Kundschafterin des Friedens,* S. 88.

38 Uwe Markus: *Kerngeschäft. Das Doppelleben des Atomspions Dr. Johannes Koppe.* Berlin 2012, S. 155 f.

11. Kapitel

Operative Grenzschleusen

Allgemeines

Zum Begriff operative Grenzschleusen (OGS) schreibt Helmut Müller-Enbergs: »Operative Grenzschleusen sind unter Ausnutzung örtlicher Gegebenheiten an den Staatsgrenzen mit Hilfe von IM und technischer Mittel aufgebaute, gesicherte und kontrollierbare Verbindungskanäle, um Personen und operatives Material unter Einhaltung der Konspiration über die Grenzen zu befördern. Der Aufbau und die Nutzung operativer Schleusen ist ein wichtiger Bestandteil des Verbindungswesens. [...]«[1] Im Dokument »Grundsätze für die operative Grenzschleuse« heißt es: »Eine operative Grenzschleuse ist ein konkret bezeichnetes Gebiet an der Staatsgrenze, welches die An- und Abfahrtswege zum betreffenden Grenzabschnitt auf DDR-Territorium, den konkreten Abschnitt im Handlungsbereich der Grenztruppen der DDR, die Grenzsicherungsanlagen, das vorgelagerte DDR-Territorium, die An- und Abfahrtswege im feindlichen Grenzvorfeld bis zu einem konkret festgelegten Punkt umfasst, von dem aus der zu schleusende IM selbstständig einen Einsatz im Operationsgebiet fortsetzt bzw. zu dem er sich selbstständig begibt, um in Richtung DDR geschleust zu werden.«[2]

Oft handelte es sich um einfache Durchlässe im Streckmetallzaun oder in der Grenzmauer, hier wurden bei Bedarf vorbereitete Felder oder Platten herausgeschraubt oder geklappt.[3] Es gab aber auch Schleusen, bei denen die Sperrelemente mit einer Leiter überstiegen wurden oder die Schleusung in Richtung West nach dem Passieren des Durchlasses mittels Boot über ein Gewässer erfolgte. Die Mehrzahl der Schleusen waren Durchlässe im Streckmetallzaun.

Die Zielstellungen der Arbeit mit OGS bestanden aus der Sicht des MfS darin,

- durch eine konzentrierte, planmäßige und qualifizierte operative Arbeit die Sicherheit und Konspiration bei der Arbeit im und in das Operationsgebiet zu erhöhen,
- durch eine rationelle und zielstrebige Nutzung der Grenzschleusen die Beweglichkeit im Verbindungswesen unter allen Lagebedingungen zu gewährleisten,
- eine größere Effektivität des IM-Netzes im Grenzvorfeld der Bundesrepublik zur Informationsübermittlung zu erreichen.[4]

Bei der Nutzung operativer Grenzschleusen war zu beachten, dass

- für den Aufbau von Personenschleusen ein hoher operativer Aufwand notwendig war (Haupt- und Reserveschleuse, Sicherungskräfte, Grenz-IM),
- Personenschleusen nur in begrenztem Umfang zur Verfügung standen und schon deshalb für die wichtigsten IM zu reservieren waren,
- der erfolgte Ausbau des Grenzsicherungssystems der DDR die Möglichkeiten zur Schleusung von Personen in einer Reihe von Grenzabschnitten eingeschränkt hatte.[5]

Die operative Grenzschleuse (Personen- und Materialschleuse) stellte aus Sicht der Staatssicherheit eine bewährte und sichere Methode im Verbindungswesen der HV A und der Abteilungen XV/BV dar. Die gegnerischen Überwachungsorgane (BGS, Grenzzolldienst (GZD) und Bayerische Grenzpolizei (BGP)) waren nach Erkenntnissen der HV A trotz Intensivierung und Koordinierung von Suchmaßnahmen nach Grenzschleusen objektiv nicht in der Lage, eine lückenlose Grenzüberwachung durchzuführen. Allerdings ging die HV A davon aus, dass der Gegner über Kenntnisse verfügte, wonach das MfS mit Grenzschleusen arbeitete.

Zur Gewährleistung der Sicherheit des zu schleusenden IM beziehungsweise der Materialschleusung musste die operative Methodik ständig den sich verändernden Bedingungen angepasst werden. Oberflächlichkeit und Routine bei der Vorbereitung, Durchführung und Auswertung der einzelnen operativen Grenzmaßnahmen gefährdeten die Durchführung der nachrichtendienstlichen Gesamtmaßnahmen.

Der Arbeitsgruppe Grenze (AG G) oblag die Verantwortung für die Vorbereitung, Durchführung und Auswertung der Grenzschleusungen für die HV A und die Abteilung XV/BV. Sie gewährleistete die konspirative Überwindung der Staatsgrenze und den konspirativen Transport des Materials durch operative Kräfte unter Umgehung des Grenzsicherungssystems der Grenztruppen der DDR sowie des gegnerischen Überwachungs- und Kontrollsystems. Die AG G übernahm die Verantwortung für den zu schleusenden IM beziehungsweise das zu schleusende Material ab der Übergabe bis zum Erreichen des festgelegten Punktes im Operationsgebiet oder in entgegengesetzter Richtung. Alle Instruktionen der Mitarbeiter der AG G und der Grenz-IM waren deshalb in diesem Rahmen für den zu schleusenden IM bindend. Das schloss das Entscheidungsrecht über die Durchführung oder notwendige Aussetzung der geplanten Grenzschleusung vor Ort ein. Die Entscheidung konnte sich auf die konkreten Lagebedingungen oder Witterungsverhältnisse, die eine Schleusung zum geplanten Zeitpunkt unmöglich machten, gründen. Daraus ergab sich das Erfordernis, dass von der vorgangsführenden Diensteinheit zusätzliche Verbindungsvarianten und Reisewege festgelegt wurden, deren Nutzung zu jeder Zeit real möglich war.

Die Nutzung einer operativen Grenzschleuse erfolgte vorgangsgebunden und bedurfte eines Antrags- und Bestätigungsverfahrens. Der schriftliche Antrag war durch den Leiter der HV A beziehungsweise seine Stellvertreter zu bestätigen. Im Stadium der Entscheidungsvorbereitung waren vom Leiter der vorgangsführenden Diensteinheit die Möglichkeiten und Voraussetzungen für die Nutzung einer Grenzschleuse mit dem Leiter der AG G zu beraten. Auf Anzeichen von Unzuverlässigkeit des IM beziehungsweise von Doppelagententätigkeit musste unbedingt aufmerksam gemacht werden. Getroffene Vereinbarungen waren durch den vorgangsführenden Mitarbeiter zu protokollieren und vom Leiter des jeweiligen Referates im grenznahen Gebiet gegenzuzeichnen.

Nach Ersteinsätzen waren grundsätzliche Bedingungen und Vorbehalte des geschleusten IM schriftlich dem Leiter der AG G mitzuteilen. Eine Informationspflicht der vorgangsführenden Diensteinheit bestand generell hinsichtlich erkannter sowie vermuteter Risiko- und Gefahrensituationen während der Grenzschleusung. Vorschläge für die sichere Gestaltung künftiger Schleusungen aus der Sicht der beteiligten IM und Mitarbeiter sollten berücksichtigt werden.

Die Nutzung einer operativen Grenzschleuse stellte hohe Anforderungen an die psychische und physische Belastbarkeit der IMs. Entsprechend den konkreten Geländebedingungen, der Lage der Grenzschleuse sowie den Nutzungsbedingungen waren spezifische Anforderungsbedingungen vorgegeben, deren Vorhandensein bei IM durch den Führungsoffizier gründlich geprüft und gegebenenfalls mittels geeigneter Vorbereitungsmaßnahmen geschaffen werden musste. Die Fähigkeit, sich in plötzlich verändernder Situation (zum Beispiel Konfrontation mit Angehörigen der gegnerischen Grenzüberwachungsorgane) weisungsgemäß zu verhalten, musste gegeben sein.

Vor Nutzung der Grenzschleuse musste den IM (DDR) beziehungsweise IM (OG) in Abstimmung mit der AG G das notwendige Wissen vermittelt werden, dass für die Schleusung erforderlich war. Die operative Dokumentation, die Ausrüstung, die Bekleidung sowie das Gesamtverhalten insgesamt mussten der Aufenthaltslegende entsprechen und diese anschaulich untermauern. Nachrichtendienstliche Materialien waren vom IM so zu transportieren, dass sie keinen Anlass zu Kontrollen gaben. Auch die Bewegungs- und Handlungsfreiheit durfte durch sie nicht in ungerechtfertigtem Umfang eingeschränkt werden. Bei Materialschleusungen mussten die Verpackung, der Umfang sowie das Gewicht entsprechend den vereinbarten Vorgaben gewährleistet sein.

Als eine geeignete Maßnahme zur Vorbereitung eines IM (DDR) zur Nutzung einer Grenzschleuse sollte die Möglichkeit des Einsatzes auf einer Überprüfungsschleuse der AG G genutzt werden.

Bei der praktischen Schulung über die gegnerischen Grenzüberwachungsorgane, das praktizierte System der Grenzüberwachung sowie über das Regime im gegnerischen Grenzvorfeld konnte auf das Material der AG G zurückgegriffen werden.[6]
Zur Schaffung der AG Grenze der HV A sowie von Grenzschleusen schreibt der Generalmalmajor a.D. Heinz Geyer: »Trotz der starken Grenzsicherungsmaßnahmen entschloss sich der Leiter der HV A, Generaloberst Wolf, einen Teil des Verbindungswesens zu den Kundschaftern im Westen durch diese Grenze hindurchzuführen.«[7] »Zu diesem Zweck wurden an der Staatsgrenze West und gegenüber Westberlin Arbeitsgruppen ›Grenze‹ gebildet, die später in einer Abteilung zusammengefasst wurden.«[8]
Markus Wolf selbst berichtet in seinen Memoiren: »Durch die Grenzschließung am 13. August 1961 war mein Dienst nicht nur in der prekären Lage, den Grenzverkehr unserer Kuriere und Agenten neu organisieren zu müssen, sondern sah sich auch obendrein den Bestrebungen der Mielke unterstellten Abwehr ausgesetzt, an die Identität unserer Quellen und Illegalen heranzukommen, was wir strikt ablehnten. So kam es zu der paradoxen Situation, dass die Grenzkontrollen der eigenen Seite für unseren Nachrichtendienst das weitaus größere Problem waren als die relativ harmlosen Kontrollen auf der Westseite.«[9]
Helmut Müller-Enbergs schreibt zur Schaffung der AG Grenze: »Um zunächst die Betreuung von Spitzenvorgängen zu garantieren, richtete Generalmajor Wolf im Januar 1962 eine Gruppe ›Grenzschleuse‹ (später: Arbeitsgruppe Staatsgrenze bzw. G) ein, die hauptberuflich ›Schleusungen‹ von IM vornahm. […] Der zunehmende ›Schleusungsbedarf‹ veranlasste die HV A, für operative Grenzschleusen sogar eigens 1988 die Abteilung XVII einzurichten.«[10]
Neben den genannten Faktoren gab es weitere Punkte, die eine Einrichtung von Grenzschleusen aus operativer Sicht zweckmäßig erscheinen ließen. Die HV A führte eine Reihe von bedeutsamen Quellen, denen es nicht möglich war, mittels legaler oder operativer Personalpapiere über Grenzübergangsstellen in die DDR einzureisen. Dies betraf insbesondere IM aus bundesdeutschen Nachrichtendiensten und Sicherheitsbehörden, aus dem Bereich der Politik sowie aus sicherheitsempfindlichen Einrichtungen/Institutionen der Wirtschaft. Für solche IM bestanden reale Gefahren, wenn sie beispielsweise zu Führungstreffs in die DDR einreisten und dabei Grenzübergangsstellen nutzten.
Eine offizielle Grenzpassage barg für die IM unterschiedliche Gefahren. Diese konnten beispielsweise sein:
- die Erfassung der genutzten Personalpapiere,
- die Reisewegsuchmaßnahmen des Verfassungsschutzes in der Nähe der Grenzübergangsstellen,

- die Wiedererkennung durch kontrollierende BGS-Beamte, Polizisten oder Zöllner,
- eine Dekonspiration vor den Passkontrolleinheiten des MfS oder den Zollorganen der DDR.

Die besondere Spezifik der Arbeit mit operativen Grenzschleusen trug dem Erfordernis zur Gewährleistung der Konspiration hinsichtlich der IMs Rechnung, die einem besonderen Quellenschutz unterlagen.

Aber auch die Bereitstellung operativer Technik für IM im Westen, beispielsweise Funk- oder Lichtsprechgeräte, war mittels Passage einer Grenzübergangsstelle risikobehaftet. Eine Kontrolle und das Auffinden solcher Technik hätte die Enttarnung der entsprechenden IM bedeutet.

Um IM sicher und unbemerkt in die DDR und die Bundesrepublik beziehungsweise nach und von Westberlin zu schleusen oder diese mit der genannten Technik im Operationsgebiet auszurüsten, schuf sich das MfS entlang der Staatsgrenze der DDR zur Bundesrepublik und Westberlin ein System operativer Personen-, Material- und Technikschleusen.

Die AG Grenze hatte die Aufgabe, für die Diensteinheiten der HV A, Personen oder Unterlagen in Containern sowie geheimdienstliches Gerät unentdeckt unter Umgehung der Grenzkontrollen von der DDR in die Bundesrepublik/nach Westberlin oder von der Bundesrepublik/Westberlin in die DDR zu verbringen. Die Realisierung dieser Aufgabe war auch mit dem Auftrag verbunden, Angehörige bundesdeutscher Grenzüberwachungsorgane (BGS, GZD, BGP) als IM zu gewinnen, denn interne Informationen aus diesen Organen trugen zur Sicherung der operativen Arbeit bei.

Die HV A arbeitete in Fragen der operativen Grenzarbeit eng mit der Hauptabteilung I (HA I)/Aufklärung des MfS zusammen, der in Sachen Grenzschleusen die Federführung innerhalb der Staatssicherheit oblag. Zwischen der HV A und der HA I gab es Koordinierungsvereinbarungen, die diese Zusammenarbeit regelten.

Im Punkt 4 der »Koordinierungsvereinbarung über das Zusammenwirken der Hauptverwaltung A und der Hauptabteilung I« vom 10. Februar 1983 heißt es:

»Zur Sicherung des operativen Verbindungswesens an der Staatsgrenze West und Berlin unterstützt die HA I die HV A durch die Auswahl und Bereitstellung geeigneter territorialer Grenzabschnitte zum Aufbau von Schleusen, die in der Verantwortung der HV A geführt werden. Geplante Grenzmaßnahmen werden der HA I schriftlich mitgeteilt. Direkte Absprachen der HV A mit den Grenzregimentern für operative Grenzmaßnahmen erfolgen nicht.

Die Hauptabteilung I sichert über die Offiziere für Sonderaufgaben in den Grenzregimentern das Wirksamwerden der HV A im Handlungsraum der Grenztruppen der DDR entsprechend der dafür erlassenen dienstlichen Bestimmungen.«[11]

Weiterhin wurde vereinbart, dass die HV A auf Anforderung der HA I Ausbildungsplätze für Offiziere der HA I an der Schule der HV A zur Verfügung stellte. Die HA I wiederum realisierte für die HV A folgende sicherstellende Maßnahmen:

- Bereitstellung von Arbeitsräumen in den Grenzregimentern Schönberg, Halberstadt, Meinigen, Sonneberg und Plauen sowie im Ausbildungsregiment Eisenach, im Ausbildungsbataillon Potsdam und in der Geschosswerferabteilung Schildow des Grenzkommandos Mitte (GKM),
- Deckung des Bedarfs der HV A an Uniformen und Ausrüstungsgegenständen laut Normen der Grenztruppen der DDR,
- Mitnutzung der Fernsprech- und Fernschreibverbindungen,
- Unterbringung der Spezial-Kfz-Technik.[12]

Ein ehemaliger Offizier der AG Grenze der HV A schreibt über die Beziehungen zur HA I des MfS: »Diese waren eng. Wir Mitarbeiter untereinander hatten ein kollegiales Verhältnis zueinander. Wenn wir eine Schleusung planten, unterrichteten wir vorher die für das Schleusungsgebiet zuständige Unterabteilung Aufklärung [der HA I, Anm. d. Verf.].«[13]

Die AG G der HV A wurde langjährig von Oberst Werner Wulke geleitet. Ein ehemaliger Offizier der AG Grenze beschreibt die Rolle Wulkes wie folgt: »Der Leiter der AG Grenze/Abteilung XVII der HV A, Oberst Werner Wulke, nahm ausschließlich Leitungsfunktionen wahr. Die örtliche Zuständigkeit der AG Grenze der HV A erstreckte sich von der Küste über den Berliner Ring bis nach Bayern. Oberst Wulke war sämtlichen Mitarbeitern der AG Grenze der HV A weisungsbefugt. Er war in seiner Eigenschaft als Leiter der AG Grenze über alle Schleusungen, die die HV A durchführte, informiert. Die von den Diensteinheiten der HV A geplanten operativen Grenzschleusungen mussten vom Leiter der HV A oder seinen Stellvertretern bestätigt werden. Danach gingen diese zu Oberst Wulke, der sie an das territorial zuständige Referat der AG Grenze steuerte. Oberst Wulke konnte als Leiter der AG Grenze an Schleusungen teilnehmen und hat davon auch Gebrauch gemacht.«[14]

Helmut Müller-Enbergs schreibt zu den Grenzschleusen der AG Grenze: »Jedes Referat [es gab davon acht, Anm. d. Verf.] verfügte über rund zehn solcher Schleusungsstellen, so im Bezirk Gera bei Brennersgrün (›Loch‹ und ›Schlucht‹), Lehesten (›Schiefer‹, ›Bruch‹ und ›Damm‹), Schlegel (›Forelle‹, ›Hecht‹ und ›Allee‹) und Rodacherbrunn (›Baum‹). Jede dieser Schleusen war fotografiert und exakt beschrieben worden. Die Schleuse ›Loch‹ etwa lag drei Kilometer westlich von der Ortschaft Nordhalben. Die natürliche Grenze bildete ein Bach, der parallel zur Hauptstraße Tschirn-Nordhalben fließt, die Demarkationslinie zur Bundesrepublik war mit einer doppelten Drahtsperre gesichert, an der Minen befestigt waren. Gut 100 m davor lagen im Wald Minen aus. War die unmittelbare Grenze erreicht, musste etwa

eine Strecke von 100 m mit einem Anstieg von 100 Höhenmetern überwunden werden. An dieser Schleuse ›arbeiteten‹ die IM ›Siegfried Otto‹ und ›Hans Korn‹.«[15]
Ein Dokument aus der HA I des MfS berichtet im Jahr 1987 von dreißig bis fünfzig konspirativen Durchlässen pro Grenzregiment (es gab zu diesem Zeitpunkt 18 Grenzregimenter).[16]
Neben den Grenzschleusen existierten im Rahmen der operativen Grenzarbeit des MfS sogenannte Grenzübertrittstellen. Dabei handelte es sich um aufgeklärte und für ein konspiratives Überwinden der Staatsgrenze geeignete Grenzabschnitte für IM, die erforderliche Grenzübertritte ohne Nutzung einer operativen Grenzschleuse vollziehen konnten und sollten, beispielsweise im Rahmen eines festgelegten Fluchtweges aus dem Operationsgebiet. Die IM waren hierbei vor beziehungsweise nach dem Grenzübertritt auf sich allein gestellt und im Unterschied zur Arbeit mit Grenzschleusen nicht durch operative Kräfte des MfS abgesichert. Generell galt für alle Grenzübertrittstellen, dass der Grenzübertritt bis auf das den pionier-technischen Anlagen vorgelagerte Territorium der DDR erfolgte, da die IM die Sperranlagen nicht selbstständig und gefahrlos überwinden konnten. War das Überwinden der pionier-technischen Anlagen erforderlich, hatte der verantwortliche Mitarbeiter in Abhängigkeit von der beabsichtigten Zielstellung durch geeignete Maßnahmen die dafür notwenigen Voraussetzungen zu schaffen. Machten sich bei der Überwindung der pionier-technischen Anlagen Spezialkenntnisse erforderlich, waren Offiziere für Sonderaufgaben der HA I in die Realisierung der Maßnahmen einzubeziehen.

IM, die den Grenzübertritt ohne Anwesenheit operativer Kräfte des MfS vollziehen mussten, hatten sich entsprechend der Festlegung den Angehörigen der Grenztruppen der DDR zu stellen. Das Passieren der Sperranlagen erfolgte dann an den dafür vorgeschriebenen Gassen. Dabei hatten die IM zu verlangen, den Sicherheitsorganen der DDR übergeben zu werden, ohne Angaben zur Person oder der Zusammenarbeit mit dem MfS zu machen. Diese Handlungsweise der Grenztruppen der DDR in einer solchen Situation war seitens der Verantwortungsträger der Staatssicherheit mit dem Chef der Grenztruppen konkret festgelegt worden und in der Meldetabelle »Frieden III« abgesichert. Durch diese Festlegung war eine zügige Informierung des MfS gegeben. Weiterhin war gewährleistet, dass IM ohne Kontrolle der Personalpapiere der Staatssicherheit übergeben wurden.[17]

Das MfS verfügte also über ein umfangreiches Netz von geheimen Korridoren. Hierdurch waren umfangreiche Aktivitäten zur konspirativen Überwindung der Staatsgrenze möglich, die auch entsprechend genutzt wurden.

Die Auswahl, Aufklärung, Erprobung und der Aufbau operativer Grenzschleusen

Die folgenden Ausführungen beziehen sich nicht ausschließlich auf die AG G der HV A sondern auch auf die Tätigkeit der Sonderoffiziere der HA I/Aufklärung des MfS, die bei Schleusungsmaßnahmen eine Schlüsselstellung einnahmen. Die Tätigkeit der AG G der HV A und der HA I/Aufklärung gestaltete sich in Schleusungsfragen oftmals fließend und lässt sich oftmals nicht trennen.

An die Auswahl und Aufklärung sowie den Aufbau und die Erprobung von Grenzschleusen als Komplex aufeinander abgestimmter operativer Maßnahmen wurden folgende Grundanforderungen gestellt:

- Die leitungsmäßige Absicherung aller Handlungsabläufe sowie die Einhaltung der Konspiration bei jeder operativen Maßnahme mussten gewährleistet sein. Dies betraf vorrangig:
  - den Einsatz der Mitarbeiter und ihre arbeitsteilige Zusammenarbeit im Prozess der Tätigkeit an der Staatsgrenze (Sicherungs- und Schutzaufgaben) sowie bei der Erarbeitung operativer Dokumente,
  - den Einsatz der operativen Technik (beispielsweise zum Überwinden der eigenen pioniertechnischen Anlagen),
  - den Einsatz inoffizieller Kräfte im Operationsgebiet zur Aufklärung des Regimes im Grenzvorfeld der Bundesrepublik und Westberlins,
  - das Zusammenwirken mit den Grenztruppen der DDR (freimachen bestimmter Grenzabschnitte, Veränderungen des Postensystems) und ständiger Informations- und Lageaustausch über Veränderungen und Baumaßnahmen am Sperrsystem.
- Ausgehend von der Zweckbestimmung der Grenzschleuse (Personen- oder Materialschleuse) musste gewissenhaft geprüft und durch die entsprechenden Leiter entschieden werden, welche operativen Kräfte und Mittel eingesetzt werden sollten.
- Zur Aufklärung und Erprobung operativer Grenzschleusen sollten nur IM (DDR) eingesetzt werden, die als Einzelkämpfer oder im Gruppeneinsatz auf der jeweiligen Grenzschleuse arbeiteten. Der Einsatz inoffizieller Kräfte aus dem Operationsgebiet bildete die Ausnahme und bedurfte einer leitungsmäßigen Bestätigung.
- Für jede operative Grenzschleuse sollte eine Reserveschleuse vorhanden sein. Sie musste in ihrer Wertigkeit der Hauptschleuse gleichgestellt sein. Bei der Auswahl war insbesondere zu beachten, dass zur Gewährleistung der Funktionstüchtigkeit (Einsatz von Schleuser-IM) die gleichen Anforderungen wie bei der Hauptschleuse gegeben sein mussten.

- Die Festlegung der Schleusungsdynamik[18] hatte in Verbindung mit der Auswahl, Aufklärung und dem Aufbau zu erfolgen und musste im Verlauf des Aufbaus systematisch und schrittweise erprobt werden. Dies betraf besonders Aspekte wie die Verwendungsmöglichkeit der Schleuse (Tag/Nacht, Winter/Sommer, An-/Abtransport im Operationsgebiet, Einsatz der Kräfte) sowie den Einsatz der operativen Technik.[19]

Die Beachtung und Durchsetzung der genannten Grundanforderungen verlangte die konzeptionelle und langfristige Planung des Einsatzes inoffizieller Kräfte. Eine Vernachlässigung dieser Forderungen begünstigte Unordnung und Unsicherheit, darüber hinaus wären möglicherweise Ansatzpunkte für das Erkennen der Mittel und Methoden der schleusenden Diensteinheiten durch die westlichen Grenzüberwachungsorgane im Rahmen der praktizierten Überwachung des DDR-Grenzregimes geschaffen worden.

Die Auswahl, Aufklärung sowie der Aufbau von Grenzschleusen als Bestandteil des Verbindungswesens der nachrichtendienstlichen Arbeit im und in das Operationsgebiet besaßen im Leitungs- und Planungsprozess einen besonderen Stellenwert. Dies ergab sich unter anderem daraus, dass

- der Aufbau der Grenzschleusen langfristig konzeptionell geplant und unter Beachtung der Situation sowie des Grenzregimes durch Einleitung zweckentsprechender operativer Maßnahmen abgesichert werden musste,
- die Suche, Auswahl, Werbung von IM auf dem Gebiet der DDR, die Prüfung ihrer Eignung als Grenz-IM beziehungsweise als »besondere IM des Verbindungswesens« sowie die Erarbeitung des Nachweises ihrer Ehrlichkeit und Zuverlässigkeit, ihrer Qualifizierung und Befähigung für die Zielfunktion einen erheblichen Kräfteeinsatz erforderten,
- die Werbung und Zusammenarbeit mit IM in Schlüsselpositionen innerhalb der Grenztruppen der DDR in Abstimmung und Zusammenarbeit mit den Leitern der verantwortlichen Diensteinheiten der HA I/Abwehr des MfS das Vorhandensein realer Konzeptionen als Voraussetzung zur Überwindung des eigenen Grenzsicherungssystems verlangten,
- der Einsatz sowie die Erprobung zweckmäßiger und operativer Technik beziehungsweise anderer Hilfsmittel durch Leitungsentscheidungen abgesichert werden musste,
- die nachrichtendienstliche Durchdringung des Operationsgebietes zur Aufklärung der realen Regimebedingungen einen Komplex einzuleitender Maßnahmen beinhaltete (Aufklärung der bundesdeutschen Grenzüberwachung und der Regimebedingungen im Publikumsverkehr in unmittelbarer Nähe der Grenze, Aufklärung der Geländestruktur, Beurteilung der Bevölkerungsstruktur in Ver-

bindung mit Besitz- und Vermögensverhältnissen in unmittelbarer Grenznähe, Analyse bisheriger Vorkommnisse an der Grenze),

- der Einsatz von Sonderoffizieren, die für die gesamte Schleusungsproblematik verantwortlich waren, eine gründliche Auswahl aus dem Bestand der operativen Mitarbeiter sowie ihre spezifische Ausbildung und Qualifizierung erforderte. Dabei mussten die hohen physischen und psychischen Anforderungen beachtet werden, die an solche Offiziere der Aufklärung objektiv gestellt wurden.[20]

Die Auswahl und Aufklärung geeigneter Grenzabschnitte umfasste einen Komplex von Maßnahmen, die durch den Einsatz offizieller und inoffizieller Kräfte und Mittel unter Führung der dafür verantwortlichen Offiziere planmäßig durchgeführt wurden. Dies erforderte, dass alle Handlungen und Maßnahmen von Anbeginn so geschützt und legendiert werden mussten, dass Außenstehende keine Anhaltspunkte und Kenntnisse über Zweck und Ziel der auszuwählenden Grenzabschnitte erhielten. Das bezog sich vor allem auf notwendige Koordinierungsmaßnahmen mit den Grenztruppen der DDR im ständigen Lageaustausch, das Zusammenwirken mit den Pionieroffizieren der Grenztruppen zum Schaffen von Durchlassstellen im Sperrsystem, den Einsatz von inoffiziellen und offiziellen Kräften der Grenzaufklärung der Grenztruppen der DDR für Beobachtungsaufgaben, das Anfertigen von operativen Dokumentationen, den Schutz vor Beobachtungshandlungen bundesdeutscher Grenzüberwachungsorgane, die Auftragsstruktur an IM zur Aufklärung von Regimeverhältnissen bis hin zur Wahrung der Konspiration in der eigenen Diensteinheit und anderen Linien und Diensteinheiten des MfS.

Die Zweckbestimmung der aufzubauenden Grenzschleuse (Personen- oder Materialschleuse) stellte konkrete Anforderungen an die Auswahl des Grenzabschnitts. Weitere Anforderungen an eine Grenzschleuse waren die erforderlichen Nutzungszeiten im vorgesehenen Schleusungsprozess. Es musste auch die Frage geklärt werden, ob die Grenzschleuse gegenwärtig oder zur Lösung perspektivischer Aufgaben genutzt werden sollte.

Die Auswahl geeigneter Grenzabschnitte erfolgte auf der Grundlage der Kenntnisse der verantwortlichen Offiziere über ihren Verantwortungsbereich an der Staatsgrenze der DDR zur Bundesrepublik und zu Westberlin. Dabei wurde von vorhandenen Kenntnissen über das westliche Grenzvorfeld ausgegangen, in dem das Netz der IMs des MfS zum Einsatz gelangte und Aufklärungsangaben, speziell auch zu Regimefragen, beschaffte.

Durch das Zusammenwirken mit den Grenztruppen erhielten die Offiziere der HA I rechtzeitig und ständig aktuelle Kenntnisse über das Grenzsicherungssystem der Grenztruppen und dabei speziell zum pioniertechnischen Ausbau. Die HA I gab diese Informationen an die AG G der HV A weiter.

Ausgehend von den Erkenntnissen über das westliche Grenzvorfeld sowie das eigene Grenzgebiet waren planmäßig durch die Nutzung inoffizieller und offizieller Kräfte, von Mitteln und Methoden alle Fragen zu klären, die für die Auswahl geeigneter Grenzabschnitte zum Aufbau von Schleusen von Bedeutung waren.

Zum Grenzvorfeld der Bundesrepublik/Westberlins waren vorrangig zu beschaffen:

- Angaben zur Organisation sowie zum Dienstbetrieb der westlichen Grenzüberwachungsorgane und anderer zeitweilig eingesetzter militärischer Kräfte, insbesondere ihre gezielte Beobachtungstätigkeit, sowie zu objektiven Möglichkeiten zum Umgehen ihrer Grenzüberwachungsmaßnahmen,
- Informationen zur sozial-ökonomischen sowie bevölkerungspolitischen Struktur des Grenzvorfeldes mit dem Ziel, Erkenntnisse für die Bewegungs- und Handlungsfreiheit künftig in diesem Bereich eingesetzter Kräfte zum Zweck der Grenzschleusung zu erhalten – dabei waren auch Angaben bedeutsam zum Touristen- und Publikumsverkehr, zu Gaststätten, öffentlichen Einrichtungen, Erholungszentren, Privatbesitz von Garten- und anderen Grundstücken, Jagdgebieten, bewirtschafteten Geländeabschnitten, Verkehrsmitteln, zum Straßen- und Eisenbahnnetz,
- Aufklärung von effektiven Möglichkeiten zur Lösung der speziellen Aufgaben für die bei Grenzschleusungen im Grenzvorfeld zum Einsatz kommenden Kräfte: An- und Abmarschmöglichkeiten, die Nutzung öffentlicher Verkehrsmittel, Aufenthaltsmöglichkeiten, zum Beispiel Anlaufstellen, Vortrefforte, auch Ausweichmöglichkeiten, Hinterlegungsstellen und andere in der Schleusungsdynamik zu berücksichtigende Probleme wie die Tarnung als Wanderer, Angler, Pilzsucher, Naturforscher, Tourist, als Pärchen oder Einzelperson sowie mit welcher Ausrüstung/Bekleidung am zweckmäßigsten gehandelt werden konnte, einschließlich der operativ-technischen Mittel, die eingesetzt werden sollten.

Bei der Realisierung vorgenannter Aufgaben wurde von der Grundforderung ausgegangen, dass nur solche inoffiziellen Kräfte mit der Lösung beauftragt werden würden, die im Schleusungsprozess bei den aufzubauenden Grenzschleusen Verwendung finden sollten. Die allseitige Auslastung des inoffiziellen Netzes zur Beschaffung notwendiger Informationen hatte so zu erfolgen, dass eingesetzte IM keine Rückschlüsse über den Verwendungszweck ihrer Aufklärungsangaben erhielten. Die Auswahl und Aufklärung geeigneter Geländeabschnitte im westlichen Grenzvorfeld und Westberlin zum Aufbau operativer Grenzschleusen war langfristig, konzeptionell und nach einem durch den Leiter der Diensteinheit bestätigten Arbeitsprogramm vorzunehmen. Es waren darin solche Aufgaben und Maßnahmenkomplexe aufzunehmen, die die Einheit von aufzuklärenden, zu erprobenden und zu überprüfenden Elementen zukünftiger Handlungsabläufe im Schleusungsprozess zum Inhalt hatten. Die im Prozess dieser Tätigkeit erarbeiteten Erkenntnisse waren in einer Analyse zu verarbeiten, und es musste eine Wertung dahingehend getroffen werden, ob der ausgewählte, aufgeklärte, erprobte und überprüfte Grenzabschnitt den Anforderungen des Aufbaus einer Grenzschleuse gerecht wurde. Erfüllte der ausgewählte Grenzabschnitt die Anforderungen, waren auf dem Territorium der DDR alle erforderlichen Voraussetzungen und Bedingungen zu schaffen, um die Schleuse aufzubauen. Dies erforderte unter anderem, dass

- konspirativ, beständig und sicher die Handlungs- und Bewegungsfreiheit für den Einsatz der Kräfte und Mittel, ihr nicht Erkennen durch die Grenztruppen der DDR beim Aufenthalt im Sicherungsbereich und speziell im vorgelagerten Gebiet, das gefahrlose Überwinden der pioniertechnischen Anlagen, der Einsatz von Kräften zur Sicherung des Geländeabschnitts sowie die Gewährleistung des notwendigen Einsatzes der operativen Technik gewährleistet werden musste,
- die An- und Abmarschstrecken zur Durchführung von Grenzschleusungen so ausgewählt, aufgeklärt, erprobt und überprüft wurden, dass sie durch die westlichen Grenzüberwachungsorgane nicht erkannt werden konnten,
- auf der Grundlage der Beurteilung des Geländeabschnitts die Bilanzierung der für die Durchführung der Schleusungen erforderlichen Kräfte vorgenommen werden konnte (Einsatz von operativen Mitarbeitern und IM zur Sicherung und Beobachtung des Geländeabschnittes vor und nach der Schleusung, Einsatz von Kräften zur Verbindungshaltung während des Schleusungsprozesses),
- die operative Sicherung des ausgewählten Geländeabschnittes in Zeiten, in denen der Abschnitt nicht für die operative Schleusungstätigkeit genutzt wurde, gewährleistet werden konnte.[21]

Die Vorbereitung von Schleusungsmaßnahmen

Bei der Vorbereitung von Schleusungsmaßnahmen war es erforderlich, konspirative Durchlässe in den Sperranlagen der Grenztruppen zu schaffen sowie Mittel zur Überwindung von Hindernissen bereitzustellen, so dass die Grenze in kurzer Zeit gedeckt überwunden werden konnte. An Sperren und Hindernissen, die überwunden werden mussten, waren dabei zu berücksichtigen:

- der Grenzzaun (GZ I: Metallzaun) mit einer Höhe von drei Metern sowie fließende Grenzgewässer (Elbe) und bergiges Gelände in den GK Nord und Süd,
- die Grenzmauer (GM 75: Betonmauer) mit einer Höhe von 3,65 Metern sowie vorwiegend stehende Gewässer im GKM,
- der Grenzsignalzaun mit elektrischer und elektrotechnischer Sicherungstechnik,
- mehrere Kontrollstreifen unterschiedlicher Beschaffenheit.

Wesentlich für den Einbau konspirativer Durchlässe in die Sperranlagen der Grenztruppen war, dass diese

- aufgrund ihrer Vielzahl nicht ständig unter Kontrolle gehalten werden konnten,
- keine offensichtliche Beeinträchtigung der Sperrwirkung dieser Anlagen darstellen durften,
- wiederholt nutzbar sein mussten.

Für die Überwindung anderer, beispielsweise natürlicher Hindernisse, waren den konkreten Bedingungen entsprechende Hilfsmittel erforderlich. Bei der Durchführung einer Schleusung war über einen festgelegten Zeitraum vor, während und nach der Maßnahme die Lage im westlichen Grenzvorfeld unter Kontrolle zu halten. Hierzu wurden Sicherungs- und Beobachtungskräfte eingesetzt, die entsprechend der örtlichen Gegebenheiten bis zu 5.000 Meter von der Schleusungsstelle entfernt disloziert wurden.

Die durch den Einsatz dieser Kräfte gewonnenen Aufklärungsergebnisse mussten bei dem für die Schleusung verantwortlichen Offizier zusammenfließen, um lagegerechte Entscheidungen zu ermöglichen. Als wirksame Mittel hatten sich dabei drahtgebundene Sprachübermittlungssysteme bewährt.

Es war weiterhin notwendig, über eine Verbindungsmöglichkeit zu den Kräften zu verfügen, die sich aus dem Hinterland der Bundesrepublik/Westberlins der Grenze näherten. Entsprechend der konkreten Lageentwicklung im Bereich einer Grenzschleuse (zum Beispiel beim Auftreten von Kräften westlicher Grenzüberwachungsorgane) mussten mit Hilfe technischer Mittel differenzierbare, eindeutige Warnsignale übertragbar sein.

Außer den genannten Problemen traten bei Schleusungen Effekte auf, die Beachtung finden mussten. Dabei ging es beispielsweise um die Vermeidung von Spuren bei der Überwindung von Sicherungsanlagen (Kontrollstreifen) sowie die Gefahr der Entdeckung von Sicherungskräften, die westwärts der Sperranlagen eingesetzt waren, aber auch Probleme mit freilaufenden Hunden lagen im Bereich des Möglichen. Besonders im GKM sah das MfS durch sehr geringe Abstände zwischen dem vorderen Sperrelement und der Grenze Gefahren für die vor den Sperranlagen handelnden Kräfte.[22]

Die Erarbeitung der Schleusungsdynamik

Die Erarbeitung und Erprobung der Schleusungsdynamik erforderte von den verantwortlichen Offizieren eine gewissenhafte, tiefgründige und kritische, zunächst gedankliche Durchdringung aller Phasen und Handlungsabläufe des beabsichtigten Schleusungsprozesses.

Verallgemeinert wurde das Wesen der Schleusungsdynamik durch den detailliert, konkret und verbindlich festgelegten Handlungs- und Durchführungsablauf im Schleusungsprozess charakterisiert. Ausgehend davon beinhaltete die Ausarbeitung der Schleusungsdynamik:

1. Die Bilanzierung der operativen Kräfte und Mittel, die den Schleusungsprozess zu gewährleisten hatten. Das betraf insbesondere die Festlegungen über den Bedarf von
   - Grenz-IM als Schleusergruppen oder im Einzeleinsatz,
   - HIM zur Absicherung und zur Überwachung während des Schleusungsprozesses sowie über ihren konspirativen Einsatz vor und nach den Grenzschleusungen (der Einsatz der HIM erfolgte legendiert, sie erhielten keine Kenntnis, dass ihre Aufgaben Schleusungszwecken dienten),
   - IM in Schlüsselpositionen der Grenztruppen der DDR zur Gewährleistung der Handlungsfreiheit der eingesetzten operativen Kräfte im Schleusungsprozess und zu notwendigen Veränderungen bei der Grenzsicherung, im Sperrsystem sowie zur Beseitigung von Gefahrenquellen und Unsicherheitsfaktoren,
   - IM und GMS der Linie Abwehr der HA I aus den Linieneinheiten der Grenztruppen der DDR, die für Beobachtungsaufgaben vor und nach Grenzschleusungen offiziell eingesetzt werden konnten,
   - Deckadressen die zur Verbindungshaltung im Operationsgebiet eingesetzter Grenz-IM Verwendung fanden,
   - konspirativen Wohnungen, Hinterlegungsstellen, der Bereitstellung von Kraftfahrzeugen und anderer notwendiger operativ-technischer Ausrüstung für Grenz-IM zur Gewährleistung ihres konspirativen Handelns im Operationsgebiet.

2. Die konkreten Festlegungen zum Inhalt des operativen Schleusungsablaufes. Sie umfassten unter anderem:
   - die Festlegung der Wegstrecken und erforderlicher Handlungen vom Ausgangspunkt bis zur Beendigung des Schleusungsablaufes,
   - die Reiseroute der eingesetzten Grenz-IM in das Operationsgebiet, ihre Handlungsabläufe wie zum Beispiel Übernachtung, Anlaufstellen, Verbindungsaufnahme zur Zentrale und das konkrete »Wie« des Zusammenwirkens untereinander im Operationsgebiet,
   - die Benutzung operativ-technischer Mittel aus dem Operationsgebiet,
   - die Aufnahme und das Führen des zu schleusenden IM, Maßnahmen des Handelns zum Erreichen des Grenzvorfeldes, im unmittelbaren Grenzgebiet des Operationsgebietes sowie beim Überwinden der Staatsgrenze,

- die Abstimmung der notwendigen Legenden und Verhaltensweisen untereinander und mit den zu schleusenden IM,
- konkrete Festlegungen über Handlungsabläufe bei Materialschleusungen,
- Festlegungen zum Verhalten beim Auftreten besonderer Ereignisse während der Annäherungsphase beziehungsweise beim direkten Schleusungsablauf und die dazu erforderlichen Warnsignale sowie das Benachrichtigungs- und Verbindungswesen.

3. Die Zusammenarbeit der operativen Kräfte und Mittel vor, während und nach dem Schleusungsprozess. Sie umfasste unter anderem das Zusammenwirken unter den am Schleusungsprozess beteiligten Mitarbeitern (Schleusungsoffiziere und die von anderen Diensteinheiten beauftragten Mitarbeiter und Führungsoffiziere der zu schleusenden IM beziehungsweise des Materialtransportes) mit den
- eingesetzten Grenz-IM, den operativ handelnden IM, Quellen, Instrukteuren und anderen IM beim Schleusungsprozess,
- IM in Schlüsselpositionen der Grenztruppen, aus Betrieben und örtlichen Institutionen zur Gewährleistung der Grenzschleusung,
- Deckadressen zur Verbindungshaltung operativ handelnder Grenz-IM im Operationsgebiet sowie inoffiziellen Kräften aus dem Westen, die als Anlaufstelle, Unterkunftsquartier und zur Gewährleistung der Bereitstellung operativ-technischer Ausrüstungen im Schleusungsprozess Verwendung fanden.

4. Konkrete Festlegungen zum Einsatz der für den Schleusungsbedarf notwendigen operativ-technischen Ausstattung. Dies betraf unter anderem:
- den Einsatz funktechnischer Mittel zur Verbindungshaltung der am Schleusungsablauf eingesetzten Kräfte (Schleusungsoffiziere, operative Mitarbeiter, Grenz-IM sowie andere IM),
- die Festlegung von Vereinbarungen über Warnsignale bei außergewöhnlichen Situationen, die den Schleusungsprozess beiderseits der Staatsgrenze gefährden konnten,
- den Einsatz funktechnischer Mittel zur Kontrolle und Überwachung des Funkverkehrs der bundesdeutschen Grenzüberwachungsorgane im Operationsgebiet sowie im westlichen Grenzvorfeld zeitweilig handelnder militärischer und polizeilicher Kräfte,
- die Bereitstellung der für den Schleusungsablauf erforderlichen Ausstattung wie Bekleidung und Ausrüstung der am Schleusungsablauf im Operationsgebiet beteiligten IM entsprechend den dortigen Regimebedingungen.

Für die Reserveschleuse war parallel, jedoch unter Berücksichtigung ihrer Spezifik (sie konnte in einem anderen Grenzabschnitt liegen) und den dort vorhandenen Regimebedingungen, ebenfalls eine Schleusungsdynamik zu erarbeiten. Dabei war zu gewährleisten, dass die Grenz-IM, die auf der Hauptschleuse zum Einsatz kamen, auch auf der Reserveschleuse arbeiten konnten.

Die in der Schleusungsdynamik festgelegten Verbindlichkeiten waren durch die Einleitung operativer Aufgaben- und Maßnahmenkomplexe so abzustimmen, dass bestimmte Teilelemente aus dem Ablauf in der Praxis auf ihre Eignung getestet werden konnten. Erst die erfolgreiche Erprobung der Schleusungsdynamik berechtigte die Ausarbeitung des Vorschlages zur Bestätigung einer Grenzschleuse.[23]

Anforderungen an die operative Arbeit zur Nutzung von Grenzschleusen

Es existierte eine Reihe genereller Anforderungen an die operative Arbeit zur Nutzung von Grenzschleusen.

1. Die Arbeit auf den Grenzschleusen setzte eine Leiterentscheidung voraus. Diese musste gewährleisten, dass, ausgehend von der Spezifik, Kompliziertheit und dem Umfang der Arbeit zum Aufbau von Grenzschleusen sowie der ständigen Gewährleistung ihrer Funktionssicherheit durch die Einhaltung der Konspiration, gewissenhaft, kritisch und rationell entsprechend der Notwendigkeit über die Nutzung und Vergabe entschieden wurde. Die Durchsetzung dieser Forderung verlangte insbesondere, dass

   • die Leiter einen konkreten Überblick über den Bestand der Grenzschleusen und ihre Zweckbestimmung sowie die Verwendungsfähigkeit besaßen,
   • gewissenhaft geprüft und entschieden wurde, für welche inoffiziellen Kräfte im Verbindungswesen Grenzschleusen zur Verfügung gestellt werden mussten,
   • vor der Nutzung der Grenzschleuse der IM-Vorgang des zu schleusenden IM durch den Leiter hinsichtlich der Zuverlässigkeit, Ehrlichkeit, Notwendigkeit und der speziellen Anforderungen zur Arbeit mit operativen Grenzschleusen durchgearbeitet und auf die Eignung geprüft wurde,
   • grundsätzlich davon ausgegangen werden musste, dass die nachrichtendienstliche Arbeit im und in das Operationsgebiet nicht in jedem Fall über Grenzschleusen erfolgen konnte.

2. Die Grenzschleuse war grundsätzlich nur durch einen IM (OG) zu nutzen. Ausnahmen bestanden darin, dass mehrere IM (DDR) wie Instrukteure, Kuriere und Grenz-IM auf einer Schleuse arbeiten konnten. Diese Ausnahmen waren durch die Leiter zu bestätigen, die über die Vergabe der Grenzschleuse entschieden.

3. Die Grenz-IM in den Schleusergruppen beziehungsweise als einzeln handelnde Schleuser kamen in der Regel nur auf einer Grenzschleuse zum Einsatz (Haupt- und Reserveschleuse waren als eine Grenzschleuse zu verstehen).

4. Für wichtige Quellen und IM anderer Kategorien aus dem Operationsgebiet mussten Grenzschleusen vorhanden sein, die nur in besonderen Fällen durch diese genutzt wurden. Eine Benutzung dieser Grenzschleusen durch andere IM war nicht gestattet. Dies erforderte, dass solche konservierten Grenzschleusen jährlich ein- bis zweimal auf ihre Funktionssicherheit überprüft und beurteilt wurden.

5. Die Nutzung einer Grenzschleuse erforderte und verlangte konkrete Festlegungen zwischen den Schleusungsoffizieren sowie den Führungsoffizieren der zu schleusenden IM beziehungsweise des zu schleusenden Materials. Durch die Leiter waren diese Festlegungen auf ihre Notwendigkeit und Zweckmäßigkeit zur Gewährleistung der Geheimhaltung und Konspiration zu bestätigen und zu kontrollieren. Diese Festlegungen hatten insbesondere zu beinhalten, dass die Führungsoffiziere der zu schleusenden IM Teilkenntnisse aus der Schleusungs- dynamik zur Instruktion und Schulung der zu schleusenden IM erhielten. Die- se umfassten vor allem Festlegungen des Handlungsablaufs wie Kontroll- und Wartezeiten, Übergabeorte, Losungsworte, Trefforte, Zeitreihenfolge des Han- delns, Maßnahmen für Abbruchlegenden bei Vorkommnissen im unmittelba- ren Grenzvorfeld des Operationsgebietes, Varianten und Legenden für beson- dere Vorkommnisse.

6. Es war zu gewährleisten, dass der Führungsoffizier in der Schulung und Qua- lifizierung seines zu schleusenden IM nur die Teilkenntnisse vermittelte, die unbedingt notwendig waren, um den Schleusungsprozess sicherzustellen. Zur Schulung und Qualifizierung wurde die Forderung erhoben, dass die zu ver- mittelnden Kenntnisse allseitig beherrscht und so trainiert werden mussten, dass im Schleusungsablauf die notwendige Sicherheit vorhanden war und das ineinandergreifende, abgestimmte Handeln am Schleusungsprozess beteiligter IM gewährleistet wurde. Die Schleusungsoffiziere hatten die Konspiration über die zu schleusenden IM gegenüber den Grenz-IM zu sichern. Sie gewährleiste- ten, dass zwischen den im Schleusungsprozess handelnden IM nur ein visuelles Kennenlernen erfolgte.

7. Die verantwortlichen Mitarbeiter der HA I des MfS hatten durch verbindli- che Festlegungen mit den Kommandeuren der grenzsichernden Einheiten der Grenztruppen sicherzustellen, dass
   - Maßnahmen zur Veränderung des Kräfteansatzes der Grenzsicherung einge- leitet wurden beziehungsweise diese Kenntnis erhielten, wenn Aktivitäten im

Handlungsraum der Grenztruppen erfolgten, ohne dass sich eine Veränderung des Posteneinsatzes erforderlich machte,

- bei notwendiger Veränderung des Kräfteeinsatzes der Grenztruppen die Sicherungsabschnitte durch den Einsatz eigener Kräfte und Mittel (HIM und operative Mitarbeiter) zu sichern waren; das verlangte konkrete Festlegungen mit den Grenztruppen über Zeit, Begrenzung der Sicherungsabschnitte, Abstimmung der An- und Abfahrtsstrecken durch beziehungsweise in den Sicherungsabschnitten, Maßnahmen zur Übergabe des Sicherungsabschnittes an die Grenztruppen nach Beendigung der Schleusungsmaßnahmen, Maßnahmen zum Zusammenwirken bei Auftreten von komplizierten, außergewöhnlichen Situationen. Die Festlegungen mit den Kommandeuren der Grenztruppen mussten grundsätzlich durch IM in Schlüsselpositionen bei vorgesetzten Stäben der Grenztruppen in Zusammenarbeit mit den Diensteinheiten der Abwehr der HA I abgesichert werden. Es sollte gewährleistet sein, dass die vorgenannten Maßnahmen im Zusammenwirken mit den Grenztruppen so konspirativ durchgesetzt wurden, dass die Aktivitäten nicht als Schleusungsvorgang erkannt werden konnten.

8. Die Schleusungsoffiziere hatten zu gewährleisten, dass die Grenzschleusen konspirativ so gesichert wurden, dass mögliche Gefahrenmomente rechtzeitig erkannt, weitgehend beseitigt und ausgeschlossen werden konnten. Dies erforderte, dass

- der unmittelbare Schleusungskanal technisch und durch den Einsatz operativer Kräfte und Mittel so gesichert wurde, dass die am Schleusungsablauf beteiligten Kräfte beim Passieren keinen Gefahren ausgesetzt waren; das Ziel bestand darin, ein Erkennen durch westliche Beobachtung zu verhindern, Hinterhalte und andere störende Faktoren auszuschließen, ein sicheres, gefahrloses Überwinden des eigenen Sperrsystems zu ermöglichen und Überraschungen durch die Grenztruppen der DDR zu vermeiden. Es war zu gewährleisten, dass die zu schleusenden IM keine Kenntnis über die eigenen Absicherungsmaßnahmen erhielten. Die Verbindungshaltung der zur Sicherung eingesetzten Kräfte musste gewährleistet sein.

- die Vorbereitungsmaßnahmen zur Durchführung der Schleusungen konspirativ durchgeführt werden mussten; das verlangte eine gründliche Vorplanung der beabsichtigten Schleusungen, die Gewährleistung der materiell-technischen Sicherstellung, eine konkrete Absprache mit den Grenztruppen, das konspirative Einführen der an der Schleusung beteiligten Kräfte in den Grenzabschnitt sowie das Beseitigen von Spuren und die Gewährleistung der operativen Maßnahmen.

- durch die Einleitung wirksamer Maßnahmen die Grenzschleusen in den Zeiten, in denen sie nicht benutzt wurden, periodisch auf ihre Sicherheit überprüft wurden; das konnte erfolgen durch:
  - den Einsatz von Grenz-IM auf den Grenzschleusen zur Überprüfung von Teilelementen der festgelegten Schleusungsdynamik,
  - die Aufklärung, Überprüfung und Bewertung der westlichen Regimeverhältnisse an der Staatsgrenze, insbesondere von Überwachungsmaßnahmen der westlichen Grenzsicherungsorgane, Veränderungen im Gelände, Verordnungen und Erlassen über das Aufenthaltsrecht im unmittelbaren Grenzgebiet des Operationsgebietes, sowie des Rechts für die Benutzung von Sportbooten, der Anglererlaubnis, Ausübung der Jagd, von Urlaubs- und Ausflugsaufenthalten,
  - Überprüfungsmaßnahmen, die durch den Einsatz von Grenz-IM und operativen Mitarbeitern zur Beobachtung, Dokumentierung, Kontrolle und Überwachung des Grenzabschnitts mit dem Ziel Veränderungen und gegnerische Aktivitäten zu erkennen, eingeleitet wurden,
  - das Analysieren und Bewerten der Lage; hierzu mussten sich die Schleusungsoffiziere ausreichende Kenntnisse erarbeiten, die sie für die Instruktion, Schulung und Auftragserteilung einzusetzender inoffizieller Kräfte benötigten.
9. Die Schleusungsoffiziere mussten die beteiligten IM ständig auf ihre Zuverlässigkeit und Ehrlichkeit überprüfen. Das erfolgte vorrangig durch die kritische analytische Wertung der Berichterstattung sowie Vergleichsarbeit durch Nachermittlungen zum Verhalten, Auftreten und Handeln, besonders im Wohn- und Freizeitbereich. Durch den Einsatz operativer Technik beziehungsweise durch die Einleitung von gezielten Beobachtungen im Rahmen von Überprüfungskombinationen waren weitere Erkenntnisse über die operative Eignung zu erarbeiten. Sollten im Prozess der Sicherung und Überprüfung der Grenzschleusen Fakten auftreten, die eine weitere Nutzung in Frage stellten, hatte die Entscheidung über die Konservierung und die damit im Zusammenhang stehenden Maßnahmen durch die zuständigen Leiter zu erfolgen.
10. Durch die Schleusungsoffiziere war über jede auf der Grenzschleuse durchgeführte Maßnahme eine aussagekräftige Dokumentation zu erarbeiten. In periodischen Zeitabständen waren alle durchgeführten Maßnahmen und alle damit im Zusammenhang stehenden Probleme analytisch einzuschätzen. Gefahrenmomente, Abweichungen und andere sich störend auswirkende Erscheinungen waren gründlich hinsichtlich ihres Zustandekommens zu erforschen. Dies setzte eine konkrete Informationspflicht der Führungsoffiziere der zu schleusenden IM beziehungsweise des zu schleusenden Materials voraus.

11. Für jede Grenzschleuse sollte eine Reserveschleuse existieren. Ihre Nutzung konnte im Wechselsystem durchgeführt werden. Da die Reserveschleuse in der Regel in einem anderen Grenzabschnitt lag, war zu gewährleisten, dass die erarbeitete Schleusungsdynamik in ihrer Aussagekraft den unterschiedlichen Regimebedingungen Rechnung trug. An die Grenz-IM und die zu schleusenden IM wurden deshalb besondere Anforderungen hinsichtlich der Beherrschung und Anwendung der einzelnen Elemente im unterschiedlichen Schleusungsablauf gestellt. Die exakte Schulung und das notwendige praktische Training gaben die notwendige Sicherheit und gewährleisteten einen reibungslosen Schleusungsprozess.[24]

Die Suche, Auswahl, Aufklärung, Überprüfung von Grenz-IM

Allgemeines

Für die Realisierung von operativen Grenzschleusungen waren insbesondere zwei IM-Kategorien relevant, die in den IM-Richtlinien für die Diensteinheiten der Aufklärung festgelegt waren.

In der IM-Richtlinie Nr. 2/68 nannten sich diese IM »Besondere IM im Verbindungswesen«[25], in der IM-Richtlinie Nr. 2/79 dann »Grenz-IM«. Dazu heißt es dort: »Grenz-IM haben Personen und operative Materialien konspirativ über die Staatsgrenze zu schleusen. Die Anforderungen an Grenz-IM werden durch die geographischen und politisch-operativen Bedingungen an der Staatsgrenze wesentlich beeinflusst. Sie sind in besonderen Weisungen festgelegt.«[26]

Die Grundlage für die Suche und Auswahl von Grenz-IM bildeten die zu lösende Aufgabenstellung im Schleusungsprozess und die in der Schleusungsdynamik enthaltenen spezifisch zu erfüllenden Funktionen. Das konnten unter anderem sein:

- Schleuser, die den zu schleusenden IM über die Staatsgrenze führten und dabei den Schutz sowie die Sicherheit gewährleisteten,
- Einsatz zur Sicherung sowie Überwachung des Schleusungsablaufs im westlichen Grenzvorfeld,
- Einsatz zum Transport zu schleusender IM.

Das Anforderungsprofil des Grenz-IM wurde bestimmt durch die zu erfüllenden Funktionen im Schleusungsprozess sowie den zu beachtenden politischen, sozial-ökonomischen, geographischen und grenzspezifischen Bedingungen im westlichen Grenzvorfeld. Das Anforderungsprofil umfasste und beinhaltete unter anderem:

- physische Belastbarkeit,
- Mut, Ausdauer, körperliche Belastbarkeit, Risikobereitschaft,
- Fertigkeiten wie Orientierungssinn, Beobachtungsgabe und Einschätzungsvermögen.

Grenz-IM mussten ständig einsatzbereit sein. Die Gewährleistung einer ständigen Einsatzbereitschaft erforderte:

- das konspirative, schnelle und in jeder Situation zu gewährleistende Herauslösen aus dem Arbeitsprozess und Freizeitbereich,
- die Einsetzbarkeit, auch über offizielle Reisewege,
- die möglichst selbstständige Beweglichkeit im Rahmen des Verbindungswesens auf dem Gebiet der DDR (Wohnort, Arbeitsstelle, Beruf, Erreichbarkeit, Kfz beziehungsweise Verkehrsverbindungen).

Die Suche und Auswahl geeigneter Kandidaten konnte auf folgenden Wegen erfolgen:

- aus dem eigenen IM-Bestand der Aufklärung,
- aus dem GMS- und IM-Netz der Diensteinheiten der Abwehr,
- aus dem IM-Netz der Grenzkreisdienststellen,
- durch einen zielgerichteten Einsatz des IM-Netzes zur Suche von geeigneten Personen im Arbeits- und Freizeitbereich (Personen aus der Forst- und Landwirtschaft, Sportlehrer, Ausbilder der GST sowie Wassersportler und Naturfreunde besaßen gute Voraussetzungen).

Die konkret zu lösenden Aufgaben sowie die sich daraus ergebenden Anforderungen bildeten den Ausgangspunkt für die Aufklärung und Überprüfung der operativen Eignung des Kandidaten. Dies umfasste und beinhaltete unter anderem:

- den zweifelsfreien Nachweis der operativen Eignung durch wirkungsvolle Überprüfung aller Aufklärungsangaben zum Persönlichkeitsbild, dabei besonders die politische Einstellung und Überzeugung, Charaktereigenschaften wie Mut, Zuverlässigkeit, Ehrlichkeit, Pflichtbewusstsein, Standhaftigkeit, Disziplin, Ordnung, Verschwiegenheit, Risikobereitschaft, Tragen von Verantwortung, die Bindung an den Staat und die Familie,
- den Einsatz von überprüften, zuverlässigen und befähigten IM zur Aufklärung und Überprüfung des Kandidaten,
- den Einsatz operativ-technischer Mittel sowie die allseitige Speicherabfrage im MfS sowie in anderen staatlichen und gesellschaftlichen Stellen/Institutionen,
- die Durchführung von operativen Kombinationen zur Überprüfung der bis dahin erarbeiteten Aufklärungsangaben sowie sich daraus ergebender weiterer

Maßnahmen zur Einschätzung der Eignung; dabei waren stets die perspektivischen Gesichtspunkte zur Lösung nachrichtendienstlicher Aufgaben in der zukünftigen Zielfunktion zu beachten, die Überprüfungsarbeit musste darauf ausgerichtet sein.

Nach der Werbung als IM wurde die Zusammenarbeit auf der Grundlage eines Planes zur Schulung, Befähigung und Überprüfung durchgeführt. Die Zusammenarbeit wurde bis zur Einnahme der Zielfunktion im Schleusungsprozess in zwei Etappen durchgeführt.

Erste Etappe: Abwehrmäßige Zusammenarbeit als IM mit dem Ziel, einen konkreten Nachweis über die Bereitschaft, Zuverlässigkeit, Ehrlichkeit und Befähigung sowie die Bindung an das MfS zu erbringen:

- Der IM erhielt keine Kenntnis von seiner späteren Zielfunktion als Grenz-IM (Schleuser).
- War in dieser Zusammenarbeit der Nachweis erbracht worden, dass der IM allen Anforderungen eines Einsatzkaders im Operationsgebiet gerecht wurde, wurde seine Eignung im Operationsgebiet geprüft.
- Erst nach der erfolgreichen Erprobung im Operationsgebiet erfolgte die Umgruppierung des IM zum »besonderen IM im Verbindungswesen«/»Grenz-IM« und seine weitere Vorbereitung zur Ausübung seiner Zielfunktion.

Zweite Etappe: Zielgerichtete Qualifizierung und Ausbildung für die einzunehmende Funktion in der Schleusungsdynamik:

- Das theoretisch vermittelte nachrichtendienstliche Wissen war in der Praxis zu erproben. Der Einsatz erfolgte zur Aufklärung geeigneter Geländeabschnitte, zum Aufbau von Grenzschleusen, zur Aufklärung der Regimefragen im Operationsgebiet sowie zur Erprobung von Teilelementen der Schleusungsdynamik. Beachtet werden musste, dass der IM nur zu solchen Aufgaben eingesetzt wurde, die er im künftigen Schleusungsprozess auch durchzuführen hatte.

Die Zusammenarbeit mit »besonderen IM im Verbindungswesen«/»Grenz-IM« stellte hohe Anforderungen an die Qualifikation der damit beauftragten Offiziere. Prinzipien wie die ständige Überprüfung der IMs, die Wahrung der Konspiration, in jeder Phase der Zusammenarbeit nur die jeweils notwendigen Probleme zu offenbaren sowie Querverbindungen zu verhindern, waren konsequent durchzusetzen.[27]

Die Überprüfung der IMs auf einer Teststrecke

Grenz-IM-Kandidaten konnten vor ihrem Einsatz an einer Grenzschleuse auf einer sogenannten Teststrecke überprüft werden. Solche Überprüfungsmaßnahmen waren vorgetäuschte Grenzschleusungen mit eigens dafür geschaffenen (Übungs-) Schleusen, die sich noch auf dem Territorium der DDR befanden. Dem zu überprüfenden IM wurde ein Grenzübertritt lediglich suggeriert. Eine solche Maßnahme war wirklichkeitsnah und konnte bei qualifizierter Vorbereitung, Durchführung und Auswertung vom Grenz-IM-Kandidaten kaum als Überprüfung erkannt werden. Die Überprüfung stellte hohe psychische und zum Teil auch physische Anforderungen. Für solche Überprüfungsmaßnahmen ungeeignet waren allerdings solche IM, die Kenntnisse über das Grenzregime im entsprechenden Grenzabschnitt hatten, zum Beispiel ehemalige Grenzer.

Beachtet werden musste auch, dass nicht zwei Grenz-IM-Kandidaten auf der gleichen Schleuse mit identischer Legende getestet wurden, wenn diese zur Zusammenführung als Gruppe vorgesehen waren, weil so die Möglichkeit bestand, dass sich beide IM zu einem späteren Zeitpunkt über die Maßnahme austauschen konnten und diese dann möglicherweise als Überprüfung erkannt wurde.

Durch den Einsatz auf einer Teststrecke konnten folgende Eigenschaften und Fähigkeiten von Grenz-IM-Kandidaten überprüft werden:

- Einsatzbereitschaft unter komplizierten, für den IM teilweise neuen Bedingungen (Erfüllung nachrichtendienstlicher Aufgaben im Operationsgebiet),
- Disziplin bei der Erfüllung der gestellten Aufgaben,
- psychische und physische Belastbarkeit,
- Gründlichkeit, Ehrlichkeit, Zuverlässigkeit, Mut, Angst, Selbstbeherrschung, Erregung, Verschwiegenheit, Schwatzhaftigkeit.

Mit dem Testeinsatz wurden wichtige Voraussetzungen der IMs für die operative Arbeit überprüft, die Ergebnisse konnten aber nicht alleinstehend und losgelöst von anderen Maßnahmen betrachtet werden. Überprüfungsmaßnahmen der Grenz-IM-Kandidaten auf der Teststrecke hatten sich nach den Erfahrungen des MfS insgesamt bewährt. Sie waren fester Bestandteil der Einsatz- und Entwicklungskonzeption in der Vorbereitung der IMs auf ihren ersten Einsatz im Operationsgebiet. Die Bedeutung des Testeinsatzes bestand vor allen Dingen darin, eine weitestgehend praxisnahe und funktionsgebundene Überprüfung und Erprobung der IMs durchzuführen. Erreicht wurde die Praxisnähe konkret durch die zu realisierende Aufgabe wie die Durchführung eines Treffs oder die Belegung/Entleerung eines TBK. Diese Aufgaben stellten reale zukünftige nachrichtendienstliche Gegebenheiten für Grenz-IM dar. Es war darüber hinaus möglich, die geographischen

Bedingungen der Grenze auszunutzen und die Bedingungen des Operationsgebietes realitätsnah vorzutäuschen.

Damit waren Voraussetzungen vorhanden, die ein reales Studium der Persönlichkeit des IM entsprechend der Zielstellung des Testeinsatzes ermöglichten. Für die Anwendung solcher Überprüfungsmethoden waren entscheidend:

- die vorhandenen Kenntnisse über die Persönlichkeit des IM sowie seines Motivs für die Zusammenarbeit mit dem MfS,
- die vorhandenen Ergebnisse der operativen Arbeit sowie die perspektivisch zu lösenden Aufgaben,
- die gegenwärtigen und zukünftigen Einsatzbedingungen.

Es musste vor der Durchführung des Testeinsatzes geprüft und beachtet werden, dass den IM durch diese Maßnahme eine Reihe von konspirativen Mitteln und Methoden offenbart wurde. Ein Testeinsatz war nur dann effektiv und führte zu aussagekräftigen Ergebnissen hinsichtlich der realen Einschätzung der Persönlichkeit, wenn er sich planmäßig in den Gesamtprozess der Arbeit mit den IM einordnete. Er durfte von den IM in keiner Phase als Überprüfung erkannt werden. Dies musste in der gründlichen Vorbereitung einer solchen Maßnahme seinen Niederschlag finden. Die Überprüfung musste natürlich erscheinen, sie musste den IM so legendiert dargestellt werden, dass sie ernsthaft davon überzeugt waren, eine wesentliche Aufgabe im Operationsgebiet für das MfS zu lösen.

Für den durchzuführenden Testeinsatz musste ein konkreter Plan und Auftrag erarbeitet werden. Im Auftrag waren alle Einzelheiten, die den Einsatz des IM im Operationsgebiet betrafen, fixiert. Des Weiteren mussten die Aufgabe und die Rolle der mit der Durchführung und Überprüfung beauftragten Offiziere festgelegt werden.

Der Grenz-IM-Kandidat wurde in der Regel kurzfristig am gleichen Tag oder einen Tag zuvor von der Aufgabe, die er zu bewältigen hatte, in Kenntnis gesetzt und auf seinen Einsatz vorbereitet. Ihm wurden Notwendigkeit, Bedeutung und Inhalt der zu lösenden Aufgabe vermittelt. Bei der Auftragserteilung musste dem IM klargemacht werden, dass die Notwendigkeit bestünde, konspirative Aufträge im Westen zu lösen. Es musste ihm logisch erscheinen, dass gerade er kurzfristig für die Realisierung einer wichtigen Aufgabe im Operationsgebiet vorgesehen worden war. Die Zielstellung bestand darin, den IM so zu steuern, dass er den Auftrag als einen Vertrauensbeweis des MfS an seine Person betrachtete. Diese Überzeugung des IM stellte eine wesentliche Voraussetzung für die Wirksamkeit der Überprüfungsmaßnahme dar. Die Instruktion erfolgte zum

- Inhalt der zu lösenden Aufgabe,
- Ablauf des Einsatzes,
- Verhalten bei Konfrontation mit westlichen Sicherheitsbehörden.

In der Praxis kamen folgende Varianten von Testeinsätzen zur Anwendung:

1. Der zu überprüfende Grenz-IM-Kandidat erhielt die Aufgabe, einen TBK auf »westlichem Territorium« in der Nähe der Staatsgrenze zu belegen beziehungsweise zu entleeren. Diese Methode war durchaus glaubwürdig und verlangte keine größere Legendierung. Es handelte sich also um einen Transport nachrichtendienstlichen Materials über die Grenze.

2. Auf »westlichem Territorium« erfolgte eine persönliche Materialübergabe zwischen dem zu überprüfenden IM und einem angeblichen West-IM, der von einem Mitarbeiter des MfS verkörpert wurde. Dieser Materialaustausch konnte mit einem Kurztreff kombiniert werden.

3. Auf »westlichem Territorium« erfolgte ein Treff mit einem angeblichen West-IM ohne Materialaustausch.

Entscheidend bei der Auswahl der dargestellten Varianten waren die Persönlichkeit des IM, der Stand seiner Qualifizierung sowie das Ziel der Überprüfung.

Bei der Vorbereitung des IM auf eine Konfrontation mit westlichen Sicherheitsbehörden wurde in der Praxis auf die Republikflucht-Legende zurückgegriffen, da die IM zum Zeitpunkt des Testeinsatzes noch keine operativen Dokumente besaßen und auf einen Einsatz nicht vorbereitet waren. Es mussten dabei folgende Schwerpunkte beachtet werden:

- konkrete und stichhaltige Motive für die Republikflucht,
- genaue und lückenlose Darlegung der Vorbereitungshandlungen,
- Regimekenntnisse über das betreffende Grenzgebiet auf DDR-Seite,
- konkrete Beschreibung des zurückgelegten Weges bis zur Grenze,
- Aufbau der Legende so, dass der IM glaubhaft seine alsbaldige Rückkehr in die DDR fordern konnte.

Das Studium des Grenz-IM-Kandidaten begann bereits mit der Fahrt in den Grenzabschnitt. Die zur Durchführung des Tests eingesetzten Offiziere mussten sich genau so verhalten, wie bei einem realen Einsatz. Sie mussten also verantwortungsbewusst, diszipliniert, einsatzbereit und gewissenhaft auftreten und handeln.

Das Gesamtverhalten aller am Testeinsatz Beteiligten musste gewährleisten, dass der Kandidat von der Notwendigkeit und der Bedeutung der zu lösenden Aufgabe überzeugt war und darin bestärkt wurde. Er sollte durch das Verhalten jedes Einzelnen stimuliert werden, seine Aufgaben mit hohem Verantwortungsbewusstsein und großer Einsatzbereitschaft durchführen zu wollen.

Das dabei durchgeführte Studium der Persönlichkeit des IM sollte dem MfS eine Antwort auf die Frage seiner Eignung geben und darüber hinaus auch Rückschlüsse für eine weitere zielgerichtete Einflussnahme zulassen, beispielsweise die Beseitigung von Zweifeln, die Stärkung des Sicherheitsgefühls und andere Probleme.

In der Praxis wurde beispielsweise bei einem Grenz-IM-Kandidaten festgestellt, dass er unnormal viel rauchte, sich eine Zigarette nach der anderen ansteckte und dadurch seine Nervosität zu erkennen war. Dieses Verhalten änderte sich, nachdem der IM eine detaillierte Einweisung über seine zu realisierende Aufgabe, den Grenzverlauf sowie die anzuwendenden Legenden erhalten hatte. Er wurde stetig ruhiger, weil sich durch die konkrete Kenntnis über seinen Auftrag sein Sicherheitsgefühl erhöhte.

Der jeweilige Grenz-IM-Kandidat wurde auch hinsichtlich einer möglichen Konfrontation mit westlichen Grenzüberwachungsorganen eingewiesen. Bei der Vermittlung der erforderlichen Kenntnisse wurde von einer tatsächlichen Konfrontation mit diesen Organen ausgegangen. Dem IM wurde alles dargelegt, was er in einem solchen Fall wissen mussten, um sein Verhalten richtig einzustellen und die Legende glaubhaft anzuwenden.

Aus Sicherheits- und Konspirationsgründen wurde dem Kandidaten das Erfordernis erklärt, bei Einfahrt in das Grenzgebiet eine Uniform der Grenztruppen der DDR anzuziehen. Nach dem Eintreffen im Einsatzraum wurde der IM visuell sowie anhand von Bild- und Kartenmaterial in das entsprechende Grenzregime eingewiesen. Es wurden ihm dabei Kenntnisse über das DDR- sowie das BRD-Territorium vermittelt. Im Einzelnen wurde der IM mit folgenden wesentlichen Komplexen vertraut gemacht:

- Verlauf der Grenze im Überprüfungsabschnitt,
- territoriale Verhältnisse (Besonderheiten des Geländes sowie zu beachtende Momente) im Überprüfungsabschnitt sowohl auf dem Gebiet der DDR als auch auf dem Territorium der BRD,
- Art der Grenzsicherungsanlagen im betreffenden Abschnitt,
- Rolle, Bedeutung und Erkennen westlicher Grenzüberwachungsorgane sowie ihre Bewegungsrichtung und Postierungspunkte.

Danach erfolgte die Einweisung zur konkreten Lage des Treffortes beziehungsweise des TBK, des genauen Verlaufes des Weges dorthin, einschließlich der dazu notwendigen Verhaltensweisen. So wurde der Grenz-IM-Kandidat konkret zum Verhalten auf dem Hin- und Rückweg zum Treffort oder TBK einschließlich des damit verbundenen Materialtransportes instruiert.

Nach Einweisung und Erklärung seiner Bereitschaft, die Aufgabe lösen zu wollen, sowie Gewährleistung seiner Sicherheit, wurde der IM durch die vorhandenen pioniertechnischen Anlagen geschleust. Von dort aus begab er sich selbstständig zum Treffort beziehungsweise zum TBK. Auf diesem Weg wurde er durch die Absicherungskräfte unter Kontrolle gehalten und seine Verhaltensweisen beobachtet. Dadurch war ein Vergleich seines Verhaltens mit den erteilten Instruktionen möglich.

In der Regel wurde festgestellt, dass sich die Grenz-IM-Kandidaten an die gegebenen Weisungen hielten. Es kam in Einzelfällen jedoch auch vor, dass Abweichungen auftraten. Dabei wurde beispielsweise der vorgeschriebene Weg verlassen oder das dem TBK entnommene Material unvorschriftsmäßig transportiert.

Den Kulminationspunkt der Überprüfung bildete die Wahrnehmung des Treffs beziehungsweise das Auffinden und Entleeren/Belegen des TBK.

Nachdem der IM den Treffort erreicht hatte, machte sich der Treffpartner durch ein Zeichen bemerkbar. Dies war für den IM Anlass, auf den Treffpartner zuzugehen und die festgelegte Parole zur Anwendung zu bringen. Diese Phase stellte für den Grenz-IM-Kandidaten eine kritische Situation dar, die eine hohe Nervosität auslöste und zumeist darin zum Ausdruck kam, dass der IM die Parole nur teilweise richtig wiedergeben konnte. Nach Austausch der Parole konnte im Weiteren noch mit Erkennungszeichen gearbeitet werden, anschließend erfolgte die Eröffnung des Treffgesprächs. Das Treffgespräch erfolgte auf der Grundlage des operativen Auftrags des IM, der darin bestand, mündliche Informationen zu übermitteln, nachrichtendienstliches Material zu übergeben oder selbst Informationen beziehungsweise Material entgegenzunehmen. Dabei war darauf zu achten, dass dieses Material die Echtheit der Aussage unterstützte, indem zum Beispiel Kassetten oder Filme aus westlicher Produktion bereitgestellt wurden. Insgesamt musste gesichert sein, dass der Auftrag realen Treffbedingungen entsprach.

Das Verhalten der IMs bei der Treffdurchführung war in der Regel sehr diszipliniert und aufmerksam. Sie waren bemüht, sowohl den Auftrag gewissenhaft zu erfüllen und die Instruktionen der Zentrale korrekt und in vollem Umfang zu übermitteln als auch die Informationen und Mitteilungen des »IM aus dem Operationsgebiet« zu erfassen und zu übermitteln. Vielfach waren die IM bestrebt, den Auftrag möglichst schnell zu erfüllen und zurückzukehren. Nachdem sie die Grenzsicherungsanlagen wieder passiert hatten, konnte festgestellt werden, dass sich bei ihnen die psychische Anspannung gelöst hatte und sie bereitwillig Auskunft über den Verlauf des Treffs erteilten. Oft drückte sich dies durch sichtbare Erleichterung oder durch deutliche Verhaltensänderung der IMs aus. Sie gaben Wahrnehmungen wieder, versuchten den »IM« einzuschätzen und berichteten über Details des Einsatzes.

Der Einsatz auf der Teststrecke war eine Möglichkeit des Studiums der Grenz-IM-Kandidaten hinsichtlich konkreter Haltungen und Reaktionen, die Schlussfolgerungen auf ihren Einsatzwillen und die Risikobereitschaft zuließen. Unter Beachtung der ständigen Überprüfung der IMs bot diese Maßnahme auch die Möglichkeit, ihre feste Bindung an die DDR einzuschätzen.

In der Auswertung des Testeinsatzes und der Berichterstattung durch die IM sollten nach Möglichkeit alle Einzelheiten und Eindrücke, die sie während des Einsatzes gesammelt und gespeichert hatten, enthalten sein. Für die weitere Überprüfung war es bedeutsam, dass die IM einen lückenlosen schriftlichen Bericht sofort nach Rückkehr aus dem »Operationsgebiet« fertigten. Dieser sollte inhaltlich so gestaltet sein, dass alle Details, beginnend mit der Einweisung und Instruktion über den Anmarschweg, die Auftragsrealisierung, die vorgefundene Situation im »Operationsgebiet« bis zum Zusammentreffen nach Rückkehr mit dem Schleusungsoffizier, durch den jeweiligen IM eingeschätzt wurden. Darüber hinaus hatte der IM das umliegende Gelände zu beurteilen und über getroffene Feststellungen sowie Verdachtsmomente wie Spuren oder Geräusche zu berichten.

Abschließend sollte der Grenz-IM-Kandidat seine persönlichen Eindrücke wiedergeben. Der IM ging dabei auf seine Gefühle, Regungen, Wahrnehmungen und gesammelten Erfahrungen ein, auch konnte er Hinweise für weitere Einsätze geben. In seiner Meinungsäußerung sollte er auch zu einer Stellungnahme veranlasst werden, ob er in der Zukunft bereit sei, solche und ähnliche Aufträge für das MfS zu erfüllen.

In der weiteren Auswertung des Testeinsatzes war zu gewährleisten, dass bei der Berichterstattung der eingesetzten Sicherungs- und Beobachtungskräfte nach Möglichkeit eine lückenlose Übersicht über das Verhalten des IM während seines scheinbaren Einsatzes gegeben werden konnte. Nur so war eine wirkliche Vergleichsarbeit und realistische Einschätzung der erreichten Ergebnisse möglich.

Im Anschluss an die erfolgte Auswertung des Einsatzes wurde die gezeigte Leistung des IM gewertet und gewürdigt. Es wurde dabei mit Lob und Tadel gearbeitet, ohne die materielle Würdigung, beispielsweise in Form einer Geldprämie, in den Mittelpunkt zu rücken.

In der analytischen Wertung über den durchgeführten Testeinsatz musste eine klare Aussage durch den verantwortlichen Mitarbeiter erfolgen über den Stand der bisherigen Erziehung/Befähigung und ob es der IM verstanden hatte, das vermittelte theoretische Wissen in der Praxis anzuwenden. Es war weiterhin eine Einschätzung für eine Leiterentscheidung zu erarbeiten, die eine konkrete Aussage dahingehend traf, ob der IM geeignet erschien, in der Perspektive die vorgesehene Zielfunktion einzunehmen. Festgestellte Mängel und Schwächen mussten in der weiteren Schulung und Qualifizierung beachtet werden.

Insgesamt lässt sich einschätzen, dass die Möglichkeiten der Überprüfung auf der Teststrecke eine wirkungsvolle und effektive Methode zum Studium sowie zur Überprüfung von Grenz-IM-Kandidaten darstellten.[28]

Die IM im Schleusungsprozess

Die Hauptkräfte im Schleusungsprozess waren die IM, da nur sie aus Sicht des MfS objektiv in der Lage waren, in das Operationsgebiet einzudringen, dieses weitgehend unter operativer Kontrolle zu halten, zielgerichtet das bundesdeutsche Grenzüberwachungssystem aufzuklären, Gefahrenquellen, Überraschungsmomente sowie Gegenmaßnahmen rechtzeitig zu erkennen und die Lage/Situation im Grenzvorfeld der Bundesrepublik/Westberlins unmittelbar zur Realisierung übertragener Aufgaben im Schleusungsablauf zu berücksichtigen.

Das arbeitsteilige, aufeinander abgestimmte, kombinierte operative Handeln gewährleistete die Anwendung der Schleusungsdynamik unter allen Situations- und Lagebedingungen. Mit dem gezielten Einsatz der IMs wurden Voraussetzungen für die effektive Nutzung der operativen Mittel und Methoden geschaffen.

Die ständige Qualifizierung zur Befähigung der IMs war entsprechend ihrer Funktionen im Schleusungsprozess durchzuführen.[29]

Einsatzrichtungen der IMs für die Realisierung von Grenzschleusungen

Grundlagen für die Einsatzrichtungen der IMs bei der Durchführung von Schleusungen bildeten die zu realisierenden Aufgabenstellungen im Schleusungsprozess und die in der Schleusungsdynamik enthaltenen spezifisch zu erfüllenden Funktionen. Es gab vier generelle Einsatzrichtungen.

1. Einsatz als Grenz-IM mit der Funktion als Schleuser. Diese IM-Kategorie konnte als einzeln handelnder Schleuser beziehungsweise im Gruppeneinsatz mit unterschiedlich zu erfüllenden Aufgaben eingesetzt werden. Durch diese IM waren folgende Aufgaben zu erfüllen:
   - Übernahme des zu schleusenden IM in der DDR oder im Operationsgebiet und Gewährleistung des sicheren Passierens der Staatsgrenze,
   - Transport von nachrichtendienstlichen Materialien,
   - Einsatz zur Sicherung und Überwachung des Schleusungsablaufes im Grenzvorfeld des Operationsgebietes,
   - Einsatz zum Transport beziehungsweise zur Begleitung geschleuster IM durch das unmittelbare Grenzvorfeld des Operationsgebietes bis zu einer Anlaufstelle im Hinterland,
   - Einsatz als Anlaufstelle im Hinterland des Operationsgebietes mit der Aufgabe, bereits geschleusten oder noch zu schleusenden IM notwendige Ausstattungsgegenstände wie Dokumente, Bekleidung und Ausrüstung zu übergeben.

In dieser Funktion hatten IM die Aufgabe, vor, während und nach der Schleusung Gefahrenmomente auszuschließen. Ihr legendierter Einsatz im Operationsgebiet hatte so zu erfolgen, dass

- über einen längeren Zeitraum das westliche Grenzüberwachungssystem unter Kontrolle gehalten werden konnte,
- durch Aufklärung und Regimestudium rechtzeitig Einfluss auf den Schleusungsablauf genommen werden konnte,
- sie nach erfolgter Schleusung alle Spuren beseitigten, dafür sorgten, dass die nachrichtendienstliche Handlung verschleiert wurde und keine Anlässe für westliche Gegenmaßnahmen bot,
- sie eine eventuelle gegnerische Observation nach erfolgter Schleusung erkennen konnten,
- ein von westlichen Abwehr-/Grenzüberwachungsorganen geplanter oder bereits angelegter Hinterhalt rechtzeitig erkannt werden konnte,
- sie die zwischenzeitliche Sicherung des Schleusungskanals nach erfolgter Schleusung bis zur Rückschleusung übernehmen konnten,
- sie bei Auftreten von Komplikationen eine aktive Unterstützung zum Schutz des geschleusten IM gewährleisten konnten,
- sie eine ständige Verbindungshaltung über die Staatsgrenze zum Führungsoffizier gewährleisten konnten.

2. Einsatz als Hauptamtlicher IM mit den Aufgaben:

- den durch das MfS von den Grenztruppen der DDR zeitweilig übernommenen Grenzabschnitt zu sichern – die HIM waren im Grenzsicherungssystem der Grenztruppen der DDR so legendiert einzusetzen, dass ihre Aufgabenerfüllung keine Rückschlüsse auf Schleusungsaktivitäten des MfS zuließen,
- das eigene und das westliche Grenzgebiet durch Beobachtungsmaßnahmen unter Kontrolle zu halten,
- durch Scheinhandlungen im vorgelagerten Territorium der DDR die westlichen Grenzüberwachungsorgane an bestimmte Grenzabschnitte zu binden mit dem Ziel, den unmittelbaren Schleusungskanal »feindfrei« zu halten,
- vor und nach erfolgten Grenzschleusungen den Grenzabschnitt unter Kontrolle zu halten; das erfolgte durch Beobachtungs-, Sicherungs- und Überprüfungshandlungen. Bei Lösung dieser Aufgaben waren die HIM getarnt (Hinterhalt) und offen (als Grenzstreife) bei Tag und Nacht einzusetzen.

Diese IM mussten eine solche Befähigung besitzen und über solche spezifischen Persönlichkeitsmerkmale verfügen, die für das Handeln als Angehörige der Grenztruppen notwendig waren und keine Rückschlüsse auf das MfS zuließen (Alter, Qualifikation zur Ausübung grenztaktischer Aufgaben, Auftreten, Verhalten).

Weiterhin sollten diese IM nicht durch ihren Einsatz an der Staatsgrenze Schleusungsabschnitte, Durchlässe und Gassen im pionier- und signaltechnischen Ausbau des Handlungsraumes der Grenztruppen zum Zweck von Grenzschleusungen, zu schleusende IM oder zu schleusendes Material, Mittel und Methoden, sowie andere handelnde inoffizielle Kräfte im Schleusungsprozess erkennen können.

Die Durchsetzung der Grundforderungen verlangte von den verantwortlichen Leitern und Mitarbeitern beim Einsatz dieser Kräfte eine variantenreiche und legendierte Auftragserteilung sowie die Ausschaltung jeglicher Routine.

3. Einsatz von IM in Schlüsselpositionen der Grenztruppen der DDR und in anderen staatlichen/gesellschaftlichen Bereichen mit der Aufgabe, alle erforderlichen Maßnahmen zur Handlungs- und Bewegungsfreiheit im Schleusungsprozess eingesetzter inoffizieller und offizieller Kräfte, Mittel und Methoden zu gewährleisten. Dies betraf vorrangig:

- Maßnahmen zur Veränderung des Kräfteeinsatzes der Grenztruppen in den entsprechenden Grenzabschnitten (Abzug von Grenzposten der Grenztruppen, Besetzung bestimmter Grenzabschnitte durch Kräfte des MfS),
- das Schaffen von konspirativen Gassen und Durchlässen im pionier- und signaltechnischen Ausbau des Handlungsraumes der Grenztruppen,
- den Einsatz der Grenzaufklärer der Grenztruppen für zielgerichtete Beobachtungs- und Sicherungsaufgaben sowie zur Durchführung von Verschleierungs- und Scheinhandlungen,
- den Einsatz zur Herauslösung von IM aus dem Arbeitsprozess (bei Entsendungen in das Operationsgebiet zur Durchführung von Maßnahmen an der Staatsgrenze, zur Gewährleistung von Grenzschleusungen sowie anderer notwendiger Aktivitäten),
- Einsätze zur Gewährleistung eines Scheinarbeits-/Scheindienstverhältnisses Hauptamtlicher IM (zum Beispiel in der Forstwirtschaft oder als Angehörige der Grenztruppen der DDR).

4. Einsatz von IM aus dem Operationsgebiet als KW-Inhaber, Anlauf- oder Hinterlegungsstelle sowie zur Nutzung ihrer Transportmöglichkeiten (Pkw, Sportboote und die dazu erforderlichen Legitimationen). Der Einsatz dieser IM konnte direkt im Schleusungsprozess erfolgen, aber auch legendiert ohne Kenntnis, dass ihre Tätigkeit Schleusungszwecken diente. Über den Einsatz dieser IM hatten die verantwortlichen Leiter gewissenhaft zu entscheiden.[30]

Grundanforderungen an die zu schleusenden IM und ihre Einführung in den Schleusungsvorgang

Für eine erfolgreiche, sichere und konspirative Grenzschleusung waren an die zu schleusenden IM hohe Anforderungen zu stellen. Die zu schleusenden IM mussten

- in der operativen Arbeit ihre unbedingte Treue, Ehrlichkeit, Zuverlässigkeit, Standhaftigkeit und Verschwiegenheit unter Beweis gestellt haben,
- in der Lage sein, sich unauffällig im Rahmen der für sie in der Schleusungsdynamik festgelegten Aufgaben zu bewegen,
- gewissenhaft und zuverlässig mit Eigeninitiative und Ausdauer die ihnen übertragenen Aufgaben im Schleusungsprozess realisieren,
- physische Belastbarkeit, Mut und Ausdauer sowie Risikobereitschaft besitzen,
- ausreichende und konkrete Kenntnisse über persönlich zu erfüllende Aufgaben im Schleusungsablauf sowie über wesentliche Regime- und Lagebedingungen besitzen,
- über ein solches Einschätzungs- und Reaktionsvermögen verfügen, dass sie in bestimmten Situationen richtig und schnell im Rahmen des festgelegten Auftretens aus der Schleusungsdynamik und der dazu gegebenen Verhaltenslinie entscheiden konnten.

Diesen Anforderungen entsprechend war für jeden zu schleusenden IM auf der Grundlage der Schleusungsdynamik die Qualifizierung und Befähigung vorzunehmen. Dies hatte unter Berücksichtigung der Individualität der Grenzschleuse und den damit im Zusammenhang stehenden Regimebedingungen (Land/Wasser, Jahres- und Tageszeit sowie den am Schleusungsprozess beteiligten inoffiziellen Kräften) zu erfolgen.

Bei der Auswahl und dem Einsatz zu schleusender IM war festzulegen, über welche wesentlichen Voraussetzungen diese unbedingt verfügen mussten und welche ihnen in der Einsatzvorbereitung sowie in der Zusammenarbeit anzuerziehen waren beziehungsweise welche konkrete Qualifikation zu erfolgen hatte.

Bei der Einführung von IM bezüglich Grenzschleusen war von folgenden Grundsätzen auszugehen:

- Die Einführung von IM musste gerechtfertigt und notwendig sein. Das umfasste insbesondere die operative Wertigkeit als IM in der Wahrnehmung der Aufgabenerfüllung sowie die konkreten Anforderungen an das Verbindungswesen.
- Die IM mussten aufgrund ihrer beruflichen und gesellschaftlichen Stellung in der Lage sein, sich den vorherrschenden Regimeverhältnissen im Grenzvorfeld der Bundesrepublik und in Westberlin anzupassen (zum Beispiel: das Auftreten als Wanderer in Erholungs- und Freizeitgebieten des unmittelbaren Grenzvor-

feldes des Operationsgebietes unter Berücksichtigung des Publikumsverkehres, Aufsuchen entlegener Gaststätten und Anlaufstellen).

- Die IM mussten körperlich belastbar sein und die Bereitschaft aufbringen, den Grenzübertritt zu wagen. Sie mussten emotional vorbereitet und geeignet sein, in allen Situationen und Lagebedingungen die Staatsgrenze zu überschreiten. Vertrauen zu den Maßnahmen des MfS waren unbedingte und entscheidende Merkmale im reibungslos funktionierenden Schleusungsablauf.
- Die einzelnen Phasen der operativen Handlungen im Rahmen der Schleusungs-dynamik waren ständig in der Praxis zu trainieren. Das MfS ging davon aus, dass die IM dadurch Vertrauen und Sicherheit zu den erforderlichen und durchzu-führenden Maßnahmen gewannen.
- Die Herstellung des Kontaktes und die Festigung der Beziehungen der am Schleusungsprozess beteiligten IM hatte so zu erfolgen, dass eine gegenseitige Dekonspiration durch ungerechtfertigte Identifizierung (Personalien, Beruf, Stellung, Wohnort) ausgeschlossen werden konnte. Für besondere Vorkommnis-se und Ereignisse im Operationsgebiet mussten zuvor wirksame Legenden für das Zusammentreffen, den Aufenthalt und das Kennen festgelegt werden.

Bei der Vorbereitung und Realisierung der Einführung von IM waren bezüglich Grenzschleusen vor allem folgende Faktoren zu sichern:

- Die sorgfältige Auswahl geeigneter IM, die dem erarbeiteten Anforderungsbild zur Grenzschleuse entsprachen und die nötigen Voraussetzungen sowie Fähig-keiten besaßen, beziehungsweise bei denen diese zielgerichtet geschaffen werden konnten.
- Die Erarbeitung von ausbau- und entwicklungsfähigen Legenden und Verhal-tensweisen, die es den einzuführenden IM ermöglichten, offensiv und sicher im Rahmen des Schleusungsablaufes aufzutreten.
- Die gewissenhafte Vorbereitung der IMs, insbesondere das Einstellen auf das Grenzregime im Operationsgebiet sowie alle damit im Zusammenhang ste-henden Probleme einer möglichen Konfrontation mit westlichen Grenzüber-wachungsorganen, auf die konkreten Einsatzbedingungen, die Aneignung der Legenden und erforderlichen Verhaltensweisen, die Vermittlung erforderlicher Kenntnisse über die einzelnen Phasen des Schleusungsablaufes und die Vorberei-tung auf eine eventuelle Konfrontation mit bundesdeutschen Abwehr-, Polizei-und Justizorganen.[31]

Schleusungen im Bereich des Grenzkommandos Mitte und dortige Besonderheiten

Bei der Realisierung von Schleusungen im Bereich des GKM (Grenze zu Westberlin) gab es einige Besonderheiten, die es in den Bereichen der Grenzkommandos Nord und Süd nicht gab. Dies hing unter anderem mit den Besonderheiten einer geteilten Großstadt, den Geländebedingungen und dem pioniertechnischen Ausbau der Grenze zusammen.

Die Gesamtlänge der Staatsgrenze im GKM betrug 156,4 Kilometer. Davon gingen 43,7 Kilometer Grenze durch Berlin, 112,7 Kilometer Staatsgrenze befanden sich im Außenring im Bezirk Potsdam. Die Geländebedingungen im Bereich des GKM stellten sich wie folgt dar:

- 118,45 Kilometer trockene Staatsgrenze,
- 37,95 Kilometer nasse Staatsgrenze,
- 63,80 Kilometer bebautes Gelände,
- 32,00 Kilometer bewaldetes Gelände,
- 22,65 Kilometer offenes Gelände.[32]

Im Bereich des GKM gab es häufigen Schleusungsbedarf, da viele IM aus dem Operationsgebiet vor dem Übertritt in die DDR zunächst nach Westberlin reisten beziehungsweise über Westberlin in die Bundesrepublik zurückkehrten. So wurden monatlich zwischen zwanzig und vierzig Schleusungen in beide Richtungen realisiert. Dabei handelte es sich um alle Arten von Schleusungen (Personen- und Materialschleusungen sowie Technische Schleusen). Hauptanteilig waren dabei Personenschleusungen der HV A mit circa 70 bis 75 Prozent. Materialschleusungen stellten einen Anteil von circa 20 Prozent dar. Am wenigsten wurden Technische Schleusen realisiert. Diese gab es ausschließlich bei den Aufklärungsdiensteinheiten der HA I. Im Bereich des GKM wurden monatlich zwei bis vier Technische Schleusen auf Basis von Infrarot-Lichtsprechgeräten realisiert.

Die Schleusungen erfolgten zu allen Zeiten und unter allen Bedingungen. Allerdings wurde die Mehrzahl der Schleusungen tagsüber durchgeführt, vorwiegend am Morgen und am Abend. Am Tage gab es durch die Personenbewegungen auf der Westberliner Seite weniger Auffälligkeiten. Grenz-IM und zu schleusende IM konnten bei Notwendigkeit schneller untertauchen. Während der Nachtzeit wurde nur in Einzelfällen mit einer überprüfbaren und stichfesten Legende geschleust.

Zur Nutzung von Schleusen kamen auch im Berliner Raum vorwiegend Grenzabschnitte in Frage, die durch Besucher, Spaziergänger oder Sportler verstärkt frequentiert wurden. Dabei wurden auch die vorgelagerten Territorien der DDR genutzt. Solche Abschnitte waren im Bereich des GKM:

- Frohnau,
- Spandauer Forst,
- Kienhorst,
- Klein Glienicke,
- Kohlhasenbrück,
- Dreilinden,
- Sacrow,
- Düppel,
- Kuhlake.

Die Schleusen waren zumeist speziell präparierte Stellen im Streckmetallzaun. Bevor die Grenzmauer 75 eingeführt wurde, gab es auch schwenkbare Platten. Zum Übersteigen der Mauer gab es speziell entwickelte zusammensteckbare Leitern.

Im Winter und bei Schnee wurden vorwiegend Schleusen in den vorgelagerten Territorien genutzt. Hier gab es keine Mauer, sondern präparierte Streckmetallzäune. Diese Zäune befanden sich am unmittelbaren Grenzverlauf, meist ohne Kontrollstreifen aber mit unmittelbarem Bewuchs (Bäume und Sträucher). Weiterhin gab es hier beiderseits der Grenze Trampelpfade mit entsprechenden Spuren. Diese wurden auf der Westseite von Spaziergängern und auf der Ostseite von Kontrollen der Grenztruppen verursacht. Des Weiteren wurden Wildspuren genutzt oder die Spuren mit Ästen verwischt. Möglich war auch die Nutzung von Schleusen, die sich in unmittelbarer Nähe von Bäumen befanden. Unter den Bäumen befand sich oftmals kein Schnee, was sich im Winter als Vorteil erwies.

Im Bereich des GKM wurden bei keiner Art von Schleusungen Kräfte der Sicherungskompanie oder der Einsatzkompanie der HA I unmittelbar eingesetzt. Die Sicherung der Schleusung erfolgte ausschließlich durch die Schleusungsoffiziere und operativen Mitarbeiter.

Im Mai 1978 erfolgten Umstrukturierungsmaßnahmen bei der Abteilung Aufklärung der HA I im GKM. Hierbei wurden drei Planstellen für Sonderoffiziere geschaffen. Diese drei Sonderoffiziere waren ausnahmslos bei der Unterabteilung (UA) Aufklärung im GR 34 in Groß Glienicke stationiert und verantwortlich für die gesamten Schleusungsaktivitäten im GKM. Im Jahr 1982 wurde zusätzlich ein Sonderoffizier bei der UA Aufklärung des GR 36 in Rummelsburg eingesetzt. Der Sonderoffizier der UA Aufklärung im GR 36 kam aber auch überwiegend am Außenring zum Einsatz. Diese vier Sonderoffiziere waren zusammen mit den Mitarbeitern des Referates 1 der AG Grenze der HV A für die gesamten Schleusungsaktivitäten im Bereich des GKM verantwortlich. Am gesamten Innenring von Berlin wurden in der Regel keine Personenschleusungen durchgeführt. Dieses Territorium bot sich durch seine geographischen Bedingungen und die Bebauung nicht an. Material- und Technische Schleusen gab es am Innenring allerdings. Schwerpunkte aller Schleusungsaktivitäten waren die Abschnitte der GR 34 (Groß Glienicke), GR 38 (Hennigsdorf) und GR 44 (Potsdam-Babelsberg). Jeder der drei Sonderoffiziere, die im GR 34 stationiert waren, trug die Verantwortung für einen Regimentsabschnitt. In den UA Aufklärung der HA I der GR 33, 35, 38, 42 und 44 gab es keine Sonderoffiziere für Schleusungsaktivitäten. Zur Sicherung von Schleusungen war Sicherungstechnik zur Überwachung der Tätigkeit der Westberliner Grenzsicherungsorgane im Einsatz. Durch diese Geräte aus westlicher Produktion wurden die Funkfrequenzen von Polizei und Zoll unter Kontrolle gehalten. Dabei erwies sich die automatische Suche nach den jeweils genutzten Frequenzen als günstig.

Durch IM wurden vom Westberliner Vorfeld aus jene Abschnitte kontrolliert, in denen sich Schleusen befanden. Dadurch wurden Bewegungen der Westberliner Polizei, des Zolls, der Alliierten sowie von Zivilpersonen erfasst.

Der Betrieb der Grenzschleusen wurde von Grenz-IM aus der DDR und aus Westberlin realisiert. Sie gewährleisteten Schleusungen von Instrukteuren und Kurieren (DDR–Westberlin und zurück) sowie von Quellen und anderen IM aus Westberlin (in die DDR zum Treff und zurück). Die Schleuser trugen auch im Bereich des GKM im Handlungsraum der GT die dort üblichen Uniformen. Zum Bekleidungswechsel existierten Anlaufstellen im Bereich der Grenzanlagen, an denen auch Material und Ausrüstung hinterlegt wurden. Der Einsatz der Grenz-IM konnte einzeln oder zu zweit, beispielsweise als Ehepaar, erfolgen.

Durch IM in den westlichen Grenzüberwachungsorganen wurden die Schleusen insofern geschützt, dass bevorstehende Änderungen der Streifenpläne beziehungsweise geplante Aktionen unverzüglich an die Führungsoffiziere des MfS übermittelt wurden.

Im Bereich des GKM wurden in der operativen Grenzarbeit auch Wasserschleusen unter Einsatz von Schlauchbooten mit geräuscharmen Elektromotoren zur Überwindung der Gewässer erprobt. Im Zusammenhang mit der Realisierung von spezifischen Maßnahmen im Verbindungswesen unter Nutzung der Grenzgewässer im GKM war zum Ende der 1980er Jahre ein IM, welcher als Taucher fungierte, einsatzbereit. Man hatte sich überlegt, dass eine wichtige Quelle während einer Bootsfahrt unauffällig einen wasserdichten Container an einer bestimmten Stelle in einem ausgewählten Grenzgewässer hätte deponieren können. Der versenkte Container sollte dann vom Taucher geborgen und dem Führungsoffizier übergeben werden. Diese Möglichkeit der Nachrichtenübermittlung sollte einer Spitzenquelle vorbehalten bleiben und wurde bis zur Auflösung des MfS in der Praxis nicht realisiert.[33]

Die Beendigung der Arbeit mit Grenzschleusen

Die Beendigung der Arbeit mit einer ganz konkreten Grenzschleuse wurde erforderlich:

- bei Verrat,
- wenn eine Konfrontation mit bundesdeutschen Grenzüberwachungs-, Abwehr- und Justizorganen durch einen am Schleusungsablauf beteiligten IM erfolgt war,
- bei Konspirationsverletzungen,
- bei vorliegenden begründeten und überprüften Informationen und Hinweisen, dass gegnerische Maßnahmen geplant wurden,
- bei Vorhandensein von Unsicherheitsmomenten der am Schleusungsprozess beteiligten operativen Kräfte,
- bei Gefahr für das Leben und die Gesundheit handelnder inoffizieller Kräfte,
- wenn die Regime- und Lagebedingungen im Operationsgebiet Gefahrenquellen und Unsicherheit hervorriefen.[34]

Als Beispiel kann die Entwicklung nach der Fahnenflucht von Oberstleutnant Klaus-Dieter Rauschenbach herangezogen werden:[35]

Als am 2. Juni 1981 der Kommandeur des Grenzregiments 3 »Florian Geyer«, Oberstleutnant Klaus-Dieter Rauschenbach, Fahnenflucht in die Bundesrepublik beging, hatte das auch Konsequenzen für einige Grenzschleusen. Rauschenbach war seit 1979 Kommandeur des GR 3 in Dermbach. Zuvor war er Kommandeur des II. Grenzbataillons Geisa des Grenzregiments 3 gewesen. Im Verlauf seiner Dienstdurchführung als Bataillonskommandeur des II./GR 3 Geisa wurden seitens des MfS im Zeitraum vom 21. September 1976 bis zum 25. November 1978 wiederholt Absprachen mit Rauschenbach zum Freimachen von Grenzabschnitten geführt. Insgesamt fanden dahingehend 31 Absprachen statt.

Über folgende Bereiche erhielt der Oberstleutnant dabei Kenntnis:

1. Sicherungsabschnitt VI

- Grenzsäulen 1739 bis 1748
- Im betreffenden Abschnitt befand sich die Grenzschleuse »Schwarzes Kreuz«.
- Die Grenzschleuse »Schwarzes Kreuz« wurde zur Durchführung von Grenztreffs mit einem IM genutzt.
- Die letzte Maßnahme an der genannten Grenzschleuse wurde am 20. September 1980 durchgeführt.
- Im Abschnitt befand sich die Anlage 501[36], zum Zweck der Abschaltung der Anlage wurde im September 1980 letztmalig Rücksprache mit Rauschenbach geführt.

2. Sicherungsabschnitt VII
- Grenzsäulen 1770 bis 1772
- Im Abschnitt befand sich die Grenzschleuse »Berg«.
- Es handelte sich dabei um die Wurfschleuse eines IM.
- Die letzte operative Maßnahme fand am 13. Mai 1981 statt.

3. Sicherungsabschnitt VII
- Grenzsäulen 1788 bis 1792
- Im Abschnitt befand sich die operative Grenzschleuse »Pfütze«.
- Nutzer: HV A/AG Grenze Eisenach seit dem 19. Mai 1976
- Die letzte operative Maßnahme wurde am 7. Mai 1980 durchgeführt.

4. Sicherungsabschnitt VIII
- Grenzsäulen 1798 bis 1808
- Im Abschnitt befand sich die Grenzschleuse »Tanne«.
- Nutzer: HV A/AG Grenze Meiningen seit dem 2. Juni 1978
- Die letzte Schleusung erfolgte am 25. Mai 1981.

Aufgrund der langjährigen Dienstverrichtung des Fahnenflüchtigen Oberstleutnants im Dislozierungsabschnitt des GR 3 und der konkreten Kenntnis der geographischen Bedingungen ging das MfS davon aus, dass Rauschenbach auf der Grundlage eigenen Urteilsvermögens den bundesdeutschen Polizei- und Sicherheitsbehörden weitere zur Durchführung operativer Grenzmaßnahmen geeignete Abschnitte mitteilte. Es wurden dahingehend folgende Abschnitte in Erwägung gezogen:
- Sicherungsabschnitt I: zum Zeitpunkt der Fahnenflucht keine genutzte Grenzschleuse,
- Sicherungsabschnitt III: Grenzschleuse »Baum« der HV A/AG Grenze Eisenach,
- Sicherungsabschnitt IX: Grenzschleuse »Höhe« der HV A/AG Grenze Meiningen,
- Sicherungsabschnitt X: Grenzschleuse »Brunnen« der HV A/AG Grenze Meiningen,
- Sicherungsabschnitt XI: Grenzschleuse »Delle« der HV A/AG Grenze Meiningen,
- Sicherungsabschnitt XII: zum Zeitpunkt der Fahnenflucht keine genutzte Grenzschleuse.

Zu den 1978 getroffenen Festlegungen mit dem damaligen Regimentskommandeur, Oberst Fritzsche, zur Schaffung von Durchlässen der pioniertechnischen Anlagen im Grenzzaun I zwecks Durchführung gedeckter Einsätze feindwärts dürfte Rauschenbach nach Erkenntnissen des MfS keine Detailangaben erhalten haben. IM und technische Mittel zur Durchführung operativer Aufgaben des MfS erhielt Rauschenbach nicht zur Kenntnis.

Die Staatssicherheit ging richtigerweise davon aus, dass bundesdeutsche Grenzsicherungs- und Abwehrorgane über Kenntnisse verfügten, dass das MfS mit Grenz-

schleusen arbeitete. Der Stellvertreter des Ministers für Staatssicherheit, Generalleutnant Gerhard Neiber, betonte auf einer Dienstberatung mit Angehörigen der Aufklärungsdiensteinheiten der HA I am 29. November 1988: »Aus Verratshandlungen ist den feindlichen Abwehrorganen nachweislich die Tatsache der Durchführung operativer Schleusungsmaßnahmen des MfS bekannt.«[37]
Allerdings betonte Neiber in diesem Zusammenhang, »dass dem Feind offenkundig das Wissen über die Dislozierung aktiv genutzter Grenzschleusen fehlt.«[38]

Überwurfstellen/Wurfschleusen

Überwurfstellen/Wurfschleusen waren geeignete Geländepunkte an der Staatsgrenze zur Durchführung konspirativer Material-Überwürfe vom Territorium der Bundesrepublik/Westberlins auf das der DDR. Sie boten den IM aus dem Operationsgebiet und Einsatz-IM aus der DDR die Möglichkeit, nachrichtendienstliche Materialien an die Zentrale zu übergeben, ohne dass ein persönliches Zusammentreffen mit dem Führungsoffizier oder die Nutzung einer Materialschleuse beziehungsweise anderer Verbindungswege erforderlich wurde.
Neben der planmäßigen Materialübergabe im Verlauf der Zusammenarbeit wurde für die IM darüber hinaus mit Überwurfstellen/Wurfschleusen eine Voraussetzung geschaffen, beim Eintreten besonderer Situationen operative Technik oder anderes belastendes Material dem Zugriff bundesdeutscher Sicherheitsbehörden zu entziehen, wenn die IM nicht direkt gefährdet waren und es sich um eine vorbeugende Maßnahme handelte.
Waren IM direkt in das Blickfeld der bundesdeutschen Polizei- und Abwehrorgane geraten und persönlich gefährdet, war ein Materialüberwurf strikt abzulehnen. In diesem Fall erhöhte eine solche Handlung an der Grenze die Gefahr für den IM.
Bei der Arbeit mit Überwurfstellen war zu sichern, dass durch zeitliche Festlegungen und unter Nutzung anderer Verbindungswege das betreffende nachrichtendienstliche Material nicht oder nur kurze Zeit unkontrolliert abgelegt wurde. Dies bedeutete, Überwurfstellen waren nur zu vorher festgelegten oder über das Verbindungswesen angekündigten Zeiten zu nutzen. Dabei war in Abhängigkeit vom Vorgang zu entscheiden, inwieweit die entsprechenden IM Kenntnis von der gedeckten Anwesenheit der MfS-Mitarbeiter erhielten.
Überwurfstellen wurden nur für Materialüberwürfe aus der Bundesrepublik/Westberlin in die DDR genutzt, da umgekehrt eine Sicherung des Materials vor fremder und unberechtigter Aufnahme nicht möglich war. Die Nutzung von Überwurfstellen durfte nur für solche Materialien in Anspruch genommen werden, die keine

Rückschlüsse auf den IM zuließen und zu seiner Identifizierung führen konnten. Die Zeit des Aufenthalts des IM an der Überwurfstelle musste auf ein Mindestmaß beschränkt sein. Vor der Aufnahme des Materials durch den MfS-Offizier war der betreffende Grenzabschnitt unter intensiver Kontrolle zu halten, um jegliche Wahrnehmung durch Außenstehende und damit eventuell feststellbare Zusammenhänge zwischen der Anwesenheit des IM und der Handlungen der operativen Mitarbeiter zu verhindern.[39]

Schleusungen in der Praxis – Schilderungen ehemals Beteiligter

Der Stellvertreter des Leiters der HV A, Heinz Geyer, schreibt zur Methodik der Schleusungen:
»In der Regel wurden die zu schleusenden Personen in Uniformen der Grenztruppen gesteckt und bei Abzug der Grenzsoldaten an dieser Stelle in einem Militärfahrzeug der Grenztruppen durch eine kurzzeitig geöffnete Sicherungsanlage gefahren. Danach erfolgte im Grenzvorfeld wieder der Wechsel in die Zivilkleidung. Der unmittelbare Übertritt über die grüne Grenze geschah, nachdem mittels Funküberwachung der Aufenthalt der Grenzsicherungskräfte der BRD festgestellt worden war. Die Grenzschleusung umgekehrt, in östliche Richtung, wurde in gleicher Weise vorgenommen. Auch die Minenfelder bildeten kein Hindernis. Mittels der Lagekarten und kurzzeitig gelegter schwach leuchtender Schnüre war auch nachts die Passage dieses gefährlichen Systems möglich.
Um mich von der Machbarkeit konspirativer Grenzschleusungen zu überzeugen, ließ ich einmal zusammen mit dem Leiter der Abteilung Grenze eine solche Prozedur über mich ergehen. Nach erfolgter Schleusung, in einem Gebüsch versteckt, beobachteten wir auf der BRD-Seite den Verkehr auf einer vorbeiführenden Straße.«[40]
Angaben zu einer Schleusung machte Peter Großmann als ehemaliger Offizier des SWT der HV A in seinen Erinnerungen. Er berichtet über die Materialschleusung eines Gewehrlaufs in die Bundesrepublik und zurück:
»In der Sowjetunion liefen zur damaligen Zeit, gemäß der Informationen von General Vogel, Härteversuche an Gewehrläufen. Ziel war es, eine wesentlich höhere Schuss-Standfestigkeit der Gewehrläufe zu erhalten. In meinen Berichten an die Leitung sprach ich wiederholt das Härteverfahren Plasmanitrieren als eine Möglichkeit zur Verbesserung der geforderten Schuss-Standfestigkeit an. Das Büro mit HIM ›König‹ erhielt deshalb den Auftrag, ›Läufer‹ zu gewinnen, einen sowjetischen Gewehrlauf in der Plasmanitrieranlage seines Betriebes zu härten. Gemeinsam mit dem HIM ›König‹ bereitete ich ›Läufer‹ während eines Treffs in Berlin darauf vor.

Er stimmte nach kurzem Zögern zu, verlangte aber unsere Zusicherung, dass beim Hin- und Rücktransport des Gewehrlaufs keine Schwierigkeiten auftreten dürften. Persönlich lehnte er den Transport strikt ab. Ich hatte mir also zu überlegen, wie wir ohne Gefährdung den Gewehrlauf in die Firma hinein und wieder zurück in die DDR schaffen könnten.

Den Einsatz bereitete ich mit dem HIM ›König‹ vor. Für die Aktion sollte die verminte ›grüne Grenze‹ genutzt werden, weshalb ein geeigneter Grenzabschnitt durch die zuständige Abteilung des MfS freigemacht werden musste. Mein Plan war, dass zwei IM als Wanderer getarnt die ›grüne Grenze passieren‹, um dann in die BRD einzureisen. Einer dieser ›Wanderer‹ sollte der HIM ›König‹ sein, der zweite war ein Förster, ein verpflichteter IM, der die Örtlichkeiten sehr gut kannte. Die Leitung stimmte meiner Vorlage zu. Und so wurden ›König‹ und der Förster als Wanderer mit Stock, Rucksack, Fernglas ausgestattet. Sie überquerten in den Abendstunden die frei gemachte ›grüne Grenze‹. Der Förster kehrte nach ca. zwei Stunden zurück. Kurz vor ›Eintritt‹ in die BRD musste sich der HIM ›König‹ den Gewehrlauf mit einer Spezialhaltevorrichtung an ein Bein binden und hinkte ab diesem Zeitpunkt. Natürlich hatte der HIM vorher tüchtig geübt. Auch hatte er die sofortige Weiterfahrt nach Grenzüberschreitung mit einem Bus durch einen vorangegangenen Einsatz abgeklärt und die Trefforte mit ›Läufer‹ ausgesucht. Später berichtete ›König‹ mir, dass hilfreiche BRD-Bürger ihm beim Ein- und Aussteigen geholfen hätten.

Der HIM war ohne Probleme zum vereinbarten Treff mit ›Läufer‹ gelangt, der den Gewehrlauf übernahm und in seinen Betrieb schaffte. ›Läufer‹ hatte nach seinen Angaben aufgrund seiner Stellung alle Freiheiten in der Firma. In einem getarnten Nachtversuch für Entwicklungsarbeiten wurde der Lauf gehärtet und am nächsten Tag an ›König‹ übergeben, der in einem anderen Ort übernachtet hatte. Der HIM ›König‹ wurde bei Rückkehr vom Förster wieder übernommen, gemeinsam passierten sie die ›grüne Grenze‹, und als ich ›König‹ wieder umarmen konnte, atmete ich auf und dankte ihm für den mutigen Einsatz. Der Gewehrlauf wurde in der Sowjetunion erprobt. Es wurde festgestellt, dass er stabiler war als die verchromten Läufe. Die Schusszahl konnte erhöht werden.«[41]

Von ihrer Schleusung berichtet auch die ehemalige HV A-Quelle Johanna Olbrich. Aus Sicherheitsgründen, sie hatte bei der Rückkehr von einem Treff in Ostberlin in Rom ihre Handtasche mit operativen Papieren in einem Taxi vergessen, musste sie 1985 in die DDR zurückgezogen werden. Sie schreibt:

»Kurz nach meiner Ankunft meldete sich einer unserer Kuriere telefonisch. Beim Treff teilte er mir mit, dass ich meine Wohnung ›saubermachen‹ solle. Das hieß: alles beseitigen, was auf eine geheimdienstliche Tätigkeit hinweisen könne. Am nächsten Morgen sollte ich mit meinem Auto nach Köln fahren, es dort stehen lassen und mit der Bahn nach Lübeck reisen. Dort würde er auf mich warten. Wir vereinbarten einen Treffpunkt.

Am Samstag, dem 3. August 1985, trafen wir uns in Lübeck auf dem Platz beim Dom. Ein weiterer Mann kam hinzu. Er stellte sich vor und sagte, er sei der Schleuser. Er werde uns ohne Gefahr über die Grenze bringen.

Mit der Straßenbahn fuhren wir in eine bewaldete Gegend und spazierten auf ein Wasser zu. Am gegenüberliegenden Ufer begann DDR-Gebiet. Unser Schleuser hatte ein Boot im Schilf versteckt und wollte uns damit hinüberbringen. Inzwischen hatte sich der Himmel verdunkelt und ein kräftiges Gewitter mit reichlich Regen ging auf uns nieder. Ganz in der Nähe unseres Bootes hatte ein Angler sein Boot angehalten, eine Plane über sich gezogen und wartete nun auf das Ende des Unwetters. Wir auch. ›Völlig unauffällig‹ drängten wir uns in einem Hochwald ohne Unterholz zu dritt unter einen Schirm und warteten auf das Verschwinden des Anglers. Eine unmögliche Situation.

Nach schier unendlich langer Zeit verschwand der Angler. Wir stiegen in das Boot und überquerten das Wasser. Grenzsoldaten [Angehörige der AG Grenze der HV A in Uniformen der Grenztruppen, Anm. d. Verf.] empfingen uns. Da wir klatschnass waren, bekamen wir trockene Sachen. Das waren, natürlich, Uniformen. Ich wurde, wenn ich mich recht erinnere, zum Major. Der Kleiderwechsel war auch deshalb notwendig, weil die Strecke, die wir noch zu fahren hatten, vom BGS eingesehen werden konnte und auch ständig beobachtet wurde. Am Ausgang des Geländes zog ich den Major wieder aus. Ein Auto erwartete uns bereits.«[42]

Der ehemalige HV A-Offizier »Kurt Wedler« berichtet über die Schleusung eines gefährdeten IM aus der Bundesrepublik in die DDR. Er berichtet dazu:

»Im Spätsommer des Jahres 1985 wurde es heiß für Lorenz. Aus dem Bundesamt für Verfassungsschutz hatte die Zentrale erfahren, dass seine Verhaftung unmittelbar bevorstehe. Er musste sofort in die DDR zurück.

Martin, sein Instrukteur und Kurier, befand sich auch noch auf Bundesgebiet, er sollte Lorenz treffen. Dabei sollte er einen Koffer mit Material übernehmen und mit diesem durch eine Schleuse in der ›grünen Grenze‹ bei Eisenach in die DDR zurückkehren. Wie immer sollte ihn dabei Lorenz an die verabredete Stelle bringen. Diese Schleuse musste nun auch Lorenz nutzen. Aber ihm hatte die Nachricht noch nicht übermittelt werden können, dass er seine Zelte in Bonn sofort abbrechen musste.

Also wurde beschlossen, dass wir uns von Berlin in den Grenzabschnitt begeben und die beiden dort erwarten sollten. Lorenz müssten wir dann an Ort und Stelle über den notwendigen Übertritt in die DDR informieren.

Auf der hessischen Seite führte eine wenig befahrene Landstraße sehr eng an die Grenze heran und verlief parallel zu ihr. Hier erwarteten wir Martin und Lorenz. Lorenz würde ihn mit seinem Auto, einem schnittigen Sportwagen, auf den er sehr stolz war, in die Nähe des Übergangs bringen.

Er hielt mit seinem Auto fast zentimetergenau an der verabredeten Stelle. Martin stieg aus, holte den Koffer aus dem Wagen und kam zu uns. Lorenz wartete. Gottlob. Als Martin in Hörweite war, riefen wir: ›Hol schnell Lorenz. Der Chef ist hier und will ihm etwas sagen.‹ Die beiden kamen. Nun eröffneten wir Lorenz, dass er nicht zurück könne.

›Seid ihr verrückt? Was wird aus meinem schönen Wagen.‹ ›Keine Sorge. Den holen wir.‹

Einer von uns pirschte herüber und kam wenig später durchs Unterholz gebrummt. Die ganze Aktion hatte weniger als fünf Minuten gedauert. Im Konvoi ging es aus dem Grenzgebiet. Vorn der Kübelwagen mit den Grenzern und mit Martin und Lorenz. Dahinter die Mitarbeiter der Zentrale mit dem Flitzer aus dem Westen.«[43]

Über seine Schleusungen berichtete auch die HV A-Quelle »Kid«.[44] Der IM »Kid«, US-Sergeant und Funkaufklärer der *6912th Electronic Security Group* in Westberlin, war seit 1983 für die HV A tätig und lieferte eine Reihe wichtiger Dokumente verschiedener Geheimhaltungsstufen nach Ostberlin. Zu Treffs und Materialübergaben wurde auch er von Westberlin aus in die DDR und zurück geschleust.

Die operative Grenzschleuse von »Kid« befand sich im Westberliner Stadtbezirk Spandau, konkret im Gebiet des Eiskellers. Fuhr »Kid« die Schönwalder Allee bis zum Ende, gelangte er zu seiner Schleuse. Wenn er der HV A Informationen übergeben wollte, rief er eine Ostberliner Telefonnummer an. Hier meldete sich die »liebe Tante Hanne«. »Kid« meldete sich mit: »Hallo, ich bin's, der Uwe! Ich habe Deine Arznei. Soll ich sie mitbringen oder schicken lassen?«

»Schicken lassen« bedeutete, den TBK zu benutzen, »mitbringen« bedeutete: »über die Mauer«. Das Gespräch zwischen »Kid« und der Decktelefon-Inhaberin durfte nicht länger als dreißig Sekunden dauern und niemals von der gleichen Telefonzelle geführt werden.

»Kids« Abfahrt zur Grenzschleuse erfolgte um 7.30 Uhr, nach der Arbeit. Mit dem Rad fuhr er vom Flughafen Tempelhof in den Eiskeller. Das Ganze in vierzig Minuten. Dabei fuhr er den Mehringdamm hinunter und bewegte sich dann in Richtung Siegessäule. Am Kreisverkehr an der Siegessäule fuhr »Kid« mit den Autos mit, um zu kontrollieren, ob er verfolgt wurde. Es gab dort etliche Gelegenheiten, die Richtung zu wechseln, ohne Verdacht aufkommen zu lassen. Danach ging es durch Charlottenburg. Auf der Strecke gab es auch U-Bahnhöfe, ab und zu fuhr »Kid« ein oder zwei Stationen mit der U-Bahn. In der Spandauer Altstadt gab es gute

Möglichkeiten, Kontrollstrecken zu absolvieren. Diese nutzte »Kid«, um etwaige Verfolger zu bemerken. Die Fahrtstrecke war genau kalkuliert.

Beim Erreichen der Grenze am Ende der Schönwalder Allee schalteten sich die Mitarbeiter des MfS an der Mauer ein. Nach »Kids« Angaben bestand das »Aufgebot in der ersten Instanz« aus drei MfS-Mitarbeitern, die als Grenzer uniformiert waren. »Kids« Führungsoffizier äußerte ihm gegenüber, »dass hinter den Kulissen mehrere Teams mit der Sicherung des Grenzabschnitts beschäftigt waren«. »Kid« traf »seine« Grenzer hinter einem Gebüsch, in einem starken Winkel des Asphaltpfades. Dort überreichten ihm diese eine Leutnants-Uniform mit Käppi. In dieser Uniform stieg »Kid« mit einer Alu-Leiter über die Mauer.

Danach wurden die Spuren im Sand mit Ästen und Zweigen beseitigt. Zum Abtransport von der Grenze bemerkt »Kid«: »Zu viert fuhren wir dann im UAZ [Geländewagen der Grenztruppen, Anm. d. Verf.] durch zwei Kontrollen. Ich saß immer hinter dem Rücksitz mit einer Zeltplane zugedeckt. Wir fuhren bis zu einem Parkplatz an der nördlichen Stadtgrenze von Falkensee.«

Die Rückfahrt lief nach Aussage von »Kid« »sehr ähnlich ab. Einmal sind wir fast erwischt worden von den Bundesförstern und den *Irish Guards*.«

Zum Verbleib seines Rades berichtet »Kid«: »Beim ersten Mal WB [Westberlin, Anm. d. Verf.] in die DDR haben wir das Fahrrad mitgenommen! Einfach über die Mauer mitgenommen, zwar mit einer Zeltplane bedeckt. Bei mehrtätigen Aufenthalten wurde das Rad mit in die DDR gebracht. Bei kurzen Besuchen in Falkensee ließen wir das Rad versteckt im Gebüsch auf DDR-Territorium, aber auf der Westseite [der Grenzmauer, Anm. d. Verf.].«

»Kid« bemerkt weiterhin: »Ich konnte nie 100%ig sicher sein, bis ich den Eiskeller erreicht hatte. Warteten die Grenzer nicht auf mich, dann wurde alles auf den nächsten Termin verschoben. Die Termine habe ich im Voraus mit meiner Arbeitsschicht abgestimmt. Wurden die Genossen von Ausflüglern oder sonst jemandem gesichtet, sollte ich eine ganze Rundfahrt um den Eiskeller machen, was allerdings ein paar Minuten dauerte. Durfte die Schleusung oder Informationsübergabe erfolgen, würden sie es mir signalisieren. Die größte Gefahr waren die Förster. Die hatten eine besonders gut platzierte Beobachtungsstelle. Mein Führungsoffizier erlaubte es mir, bei der Absicherung mit zu entscheiden. Kontrollstrecken bestimmte ich meistens selber. Bei der ersten Schleusung (DDR Richtung Westberlin) sagte er mir, er möchte mir einen Ort zeigen, wo wir die Grenze gut beobachten und absichern können. Als ich sofort ›Eiskeller‹ sagte, hielt er das Auto an. Er nahm einen Falk-Plan aus der Aktentasche, schob ihn mir in die Hände und verlangte: ›Zeig mal!‹ Nur nachdem ich ihn überzeugt hatte, dass ich die Gegend rein zufällig durchs Radfahren kenne, waren wir weitergefahren.«

Einige Male musste »Kid« auch hochwertige Informationen sofort übergeben. »In diesem Fall bin ich um den Eiskeller gefahren. Nachdem ich meine Kontrollstrecken hinter mir hatte, gab ich den Grenzern [Mitarbeiter der AG Grenze der HV A, Anm. d. Verf.] ein Handsignal. Beim Vorbeifahren warf ich meine ›Eilpost‹ in die Hände der Genossen.«

»Kid« benutzte auch einen TBK im Eiskeller. Dazu »Kid«: »Um den Toten Briefkasten zu benutzen, musste ich tun, als müsse ich urinieren. Schnell hinter das Gebüsch und dort lag eine Blechdose. Unter der Blechdose lag eine Munitionskiste. Post einfach reingelegt, und fertig war die Sache. Wäre was passiert oder hätte mich jemand erwischt, stand ich auf dem Territorium der DDR. Die ›Grenzer‹ warteten immer unweit dieser Stelle und beobachteten alles.«[45]

Aber auch andere Spitzenquellen der HV A wurden über die grüne Grenze geschleust. So wurde Klaus Kuron, der im Bundesamt für Verfassungsschutz als Spitzenquelle für die HV A arbeitete, am 18. Juni 1984 bei Braunlage im Harz über die Grenze in die DDR geschleust und kam am 20. Juni 1984 über die gleiche Schleuse in die Bundesrepublik zurück.[46]

Ein Offizier, der als Mitarbeiter der AG Grenze der HV A zwanzig Jahre beruflich mit der operativen Grenzarbeit in Bereich Berlin/Potsdam beschäftigt war, berichtete von seiner Arbeit:[47] Seine Aufgabe bestand darin, IM im Auftrag der jeweiligen Abteilungen der HV A oder der bezirklichen Aufklärungsdiensteinheiten entweder persönlich über die Grenze von West nach Ost oder umgekehrt zu schleusen beziehungsweise Gegenstände, die diese IM übergeben wollten, von der Grenze abzuholen. Das geschah, indem der Offizier zu einem bestimmten, vorher verabredeten Termin, an einer festgelegten Stelle der Grenze in Uniform der Grenztruppen der DDR wartete, bis sich der IM dort einfand. Die Person wurde dann durch zuvor präparierte Stellen geschleust. Oft war es auch so, dass Material von den IM lediglich an einem zuvor fest vereinbarten Punkt über die Grenze auf das Territorium der DDR geworfen wurde. Der Offizier sammelte dann die Gegenstände auf und verbrachte sie ins Hinterland. Er schätzt ein, »dass es circa 180 bis 200 Mal im Jahr vorkam, dass wir entweder Personen oder Material geschleust haben«[48].

Die IM, die der Offizier schleuste, kannte er »vom Sehen« her. Namen, auch Decknamen, kannte er nicht. Ihm war lediglich bekannt, für welche Abteilung der HV A die Person geschleust werden sollte. Vom jeweiligen Führungsoffizier des zu schleusenden IM wurde der Offizier telefonisch über die Schleusung informiert. Er konnte daraufhin die IM gedanklich zuordnen und wusste wer gemeint war.

Zur Realisierung von Materialschleusungen traf sich der Offizier beispielsweise alle sechs bis acht Wochen mit einer Sekretärin, die als IM tätig war. Die Materiallieferungen der Sekretärin wurden dem Offizier immer durch den Leiter der AG Grenze der HV A, Oberst Wulke, angekündigt. Oberst Wulke nannte dabei lediglich Zeit und Ort, der Offizier wusste dann, dass diese Frau an der Grenze erscheinen wird. Die Sekretärin kam stets zur Übergabestelle »Eiche«. Diese befand sich im Westberliner Gebiet Nikolassee/Kohlhasenbrück an der Grenze zur DDR. Dieser Bereich wurde vom Referat 1 der AG Grenze der HV A unter dem Decknamen »Monarch« geführt. Neben »Eiche« befanden sich hier auch die Schleusen »Birkenhain« und »Dampfer«.

Die Dame kam nie allein, sondern befand sich stets in Begleitung eines älteren Herrn, der sich auf einen Krückstock stützte. Die Sekretärin fuhr mit ihrem Pkw bis zum Ortsteil Kohlhasenbrück, wo sie den Wagen am Ortsausgang Richtung Dreilinden auf einem Parkplatz abstellte. Sie lief dann den Königsweg, entlang der Grenze, auf das Territorium der DDR zu, wobei der ältere Mann stets im Hintergrund blieb. Der Grenzverlauf war in diesem Abschnitt mit einem Streckmetallzaun gesichert. Dieser hatte eine Höhe von circa 1,80 bis 2 Meter. Durch diesen Zaun konnte man hindurchsehen, so dass der Offizier mit der Sekretärin Sichtverbindung aufnehmen konnte.

Die Sekretärin hatte stets Material in den Abmessungen DIN A4 dabei. Dieses war immer in eine blaue Plastiktüte eingebunden. Die Frau legte beziehungsweise warf das Material im Vorbeigehen direkt an den Zaun. Dort befand sich eine präparierte Stelle. Nach dem Lösen einiger Schrauben griff der Offizier durch die Lücke im Streckmetallzaun und nahm das Material an sich. Der Führungsoffizier der Sekretärin hielt sich bei den Materialschleusungen stets im Hintergrund auf. Anlässlich der Materialschleusungen traf er die Sekretärin nie.

Der Offizier der AG Grenze der HV A holte das Material von der Grenze ab und brachte es zum Führungsoffizier, der mit seinem Pkw Wartburg zu einem Treffort im Hinterland gekommen war.

Anmerkungen

1   Helmut Müller-Enbergs: *Inoffizielle Mitarbeiter des Ministeriums für Staatssicherheit*, S. 378.
2   Rita Sélitrenny, Thilo Weichert: *Das unheimliche Erbe. Die Spionageabteilung der Stasi.* Leipzig 1991, S. 201.
3   Mitteilung eines ehemaligen Sonderoffiziers der HA I/Aufklärung im Grenzkommando Mitte (Archiv des Verfassers).
4   Vgl. Heinrich Förter, Jürgen Lippert: Diplomarbeit zum Thema: »Die sich aus der Verantwortung der Hauptabteilung I/Kommando Grenztruppen/Bereich Aufklärung ergebenden grundsätzlichen Aufgabenstellungen an die Unterabteilungen Aufklärung zur Sicherung des

Verbindungswesens über operative Grenzschleusen an der Staatsgrenze der DDR zur BRD«. 1983, BStU, JHS, MF, GVS o001–72/83, Bl. 41.

5   Vgl. Klaus Bützow: Diplomarbeit zum Thema: »Grundsätzliche Anforderungen an das Verbindungswesen zu IM einer Unterabteilung der HA I/KGT/GKN/Bereich Aufklärung im Grenzvorfeld der BRD unter allen Lagebedingungen«. 1978, BStU, JHS, MF, GVS o001-69/78, K 565, Bl. 48.

6   Vgl.: Rita Sélitrenny, Thilo Weichert: *Das unheimliche Erbe. Die Spionageabteilung der Stasi.* Leipzig 1991, S. 201 ff.

7   Heinz Geyer: *Zeitzeichen. 40 Jahre in Spionageabwehr und Aufklärung* Berlin 2007, S. 117.

8   Heinz Geyer: »Das Verbindungssystem der HV A«. In: Klaus Eichner, Gotthold Schramm (Hrsg.): *Hauptverwaltung A. Geschichte, Aufgaben, Einsichten. Konferenz am 17./18. November 2007 in Odense/Dänemark. Alle Referate und Beiträge.* Berlin 2008, S. 282.

9   Markus Wolf: *Spionagechef im geheimen Krieg: Erinnerungen.* München 1997, S. 143.

10 Helmut Müller-Enbergs: *Inoffizielle Mitarbeiter des Ministeriums für Staatssicherheit*, S. 244.

11 »Koordinierungsvereinbarung über das Zusammenwirken der Hauptverwaltung A und der Hauptabteilung I vom 10. März 1983«. BStU, ZA, MfS, HA I, Nr. 15895, Bl. 2 f.

12 Vgl.: Ebd., Bl. 3 f.

13 Mitteilung eines ehemaligen Offiziers der AG Grenze der HV A (Archiv des Verfassers).

14 Ebd.

15 Helmut Müller-Enbergs: *Inoffizielle Mitarbeiter des Ministeriums für Staatssicherheit*, S. 245.

16 HA I: »Inhalt und Aufgabenstellung für das Arbeitsgebiet operative Schleusungstechnik vom 5. März 1987«. BStU, ZA, MfS, OTS, Nr. 1012, Bl. 4.

17 Vgl.: Herbert Graf, Peter Litsche: Diplomarbeit zum Thema: »Aufgaben und Arbeitsgrundsätze für die Organisation der politisch-operativen Grenzarbeit des Bereiches Aufklärung der Hauptabteilung I/Kommando Grenztruppen an der Staatsgrenze zur BRD, insbesondere im Rahmen des Verbindungswesens zu IM im Operationsgebiet«. 1979, BStU, JHS, MF, GVS o001-84/79, K 680, Bl. 33 f.

18 Schleusungsdynamik: Ablauf aller Maßnahmen im Zusammenspiel der Kräfte und Mittel während der Schleusung.

19 Vgl.: Walter Sitte: Diplomarbeit zum Thema: »Die Anforderungen an die Gewährleistung einer qualifizierten politisch-operativen Schleusungstätigkeit durch das MfS über die Staatsgrenze zwischen der DDR und der BRD unter den gegenwärtigen Lagebedingungen«. O. O. 1978, BStU, JHS, MF, GVS 001-71/77, Bl. 11 ff.

20 Vgl.: Ebd., Bl. 14 f.

21 Vgl.: Ebd., Bl. 15–20.

22 Vgl.: HA I: »Inhalt und Aufgabenstellung für das Arbeitsgebiet operative Schleusungstechnik«. BStU, MfS, OTS 1012, Bl. 4 f.

23 Vgl.: Heinrich Förter, Jürgen Lippert: »Die sich aus der Verantwortung der Hauptabteilung I/Kommando Grenztruppen/Bereich Aufklärung ergebenden grundsätzlichen Aufgabenstellungen an die Unterabteilungen Aufklärung zur Sicherung des Verbindungswesens über operative Grenzschleusen an der Staatsgrenze der DDR zur BRD«, Bl. 36–41.

24 Vgl.: Heinrich Förter, Jürgen Lippert: »Die sich aus der Verantwortung der Hauptabteilung I/Kommando Grenztruppen/Bereich Aufklärung ergebenden grundsätzlichen Aufgabenstellungen an die Unterabteilungen Aufklärung zur Sicherung des Verbindungswesens über operative Grenzschleusen an der Staatsgrenze der DDR zur BRD«, Bl. 42–49.

25 Vgl.: Helmut Müller-Enbergs: *Inoffizielle Mitarbeiter des Ministeriums für Staatssicherheit*, S. 357.

26 MfS, »Richtlinie Nr. 2/79 für die Arbeit mit Inoffiziellen Mitarbeitern im Operationsgebiet«. BStU, ZA, MfS, HA I, Nr. 15574, Bl. 19.

27 Vgl.: Walter Sitte: »Die Anforderungen an die Gewährleistung einer qualifizierten politisch-operativen Schleusungstätigkeit durch das MfS über die Staatsgrenze zwischen der DDR und der BRD unter den gegenwärtigen Lagebedingungen«, Bl 21–25.

28 Vgl.: Manfred Benecken: Fachschulabschlussarbeit zum Thema: »Die Suche, Auswahl und Überprüfung von Grenz-IM entsprechend der operativen Erfordernisse der Grenzaufklärung der HA I«. O. O. 1982, BStU, ZA, GVS o001-196/81, Bl. 24–35.

29 Vgl.: Heinrich Förter, Jürgen Lippert: »Die sich aus der Verantwortung der Hauptabteilung I/Kommando Grenztruppen/Bereich Aufklärung ergebenden grundsätzlichen Aufgabenstellungen an die Unterabteilungen Aufklärung zur Sicherung des Verbindungswesens über operative Grenzschleusen an der Staatsgrenze der DDR zur BRD«, Bl. 49 f.

30 Vgl.: Ebd., Bl. 50–54.

31 Vgl.: Ebd., Bl. 55–58.

32 Vgl.: GT der DDR, GKM, UA Information: »Auskunftsbericht vom 8. Dezember 1988«. BA, MA, GT 017945.

33 Informationen eines ehemaligen Sonderoffiziers der HA I des MfS im GR 34 (Archiv des Verfassers).

34 Vgl. Heinrich Förter, Jürgen Lippert: »Die sich aus der Verantwortung der Hauptabteilung I/Kommando Grenztruppen/Bereich Aufklärung ergebenden grundsätzlichen Aufgabenstellungen an die Unterabteilungen Aufklärung zur Sicherung des Verbindungswesens über operative Grenzschleusen an der Staatsgrenze der DDR zur BRD«, Bl. 60.

35 Vgl.: HA I, Grenzkommando Süd, UA Aufklärung Dermbach: »Einschätzung der Kenntnisse des Verräters Rauschenbach zu politisch-operativen Grenzmaßnahmen und konspirativen Objekten des MfS«. BStU, MfS, BV Leipzig, AIM 1004/89, Teil I, Bd. II, Bl. 43 f.

36 Anlage 501: System von am Grenzzaun angebrachten Splitterminen SM 70.

37 Referat »Aufgaben und Orientierungen zur Erreichung einer höheren Qualität der Durchführung der politisch-operativen Aufklärungstätigkeit und deren Führung und Leitung in der Hauptabteilung (HA) I«, gehalten auf der Dienstberatung am 29. November 1988 mit den Angehörigen der Aufklärungsdiensteinheiten der HA I. BStU, ZA, MfS – Sekr. Neiber, Nr. 175, Bl. 82.

38 Ebd.

39 Vgl.: Herbert Graf, Peter Litsche: »Aufgaben und Arbeitsgrundsätze für die Organisation der politisch-operativen Grenzarbeit des Bereiches Aufklärung der Hauptabteilung I/Kommando Grenztruppen an der Staatsgrenze zur BRD, insbesondere im Rahmen des Verbindungswesens zu IM im Operationsgebiet«, Bl. 29 ff.

40 Heinz Geyer: »Das Verbindungssystem der HV A«. In: Klaus Eichner, Gotthold Schramm (Hrsg.): *Hauptverwaltung A. Geschichte, Aufgaben, Einsichten. Konferenz am 17./18. November 2007 in Odense/Dänemark. Alle Referate und Beiträge.* Berlin 2008, S. 282 f.

41 Peter Großmann: *Mit ganzem Herzen*, S. 383 f.

42 Johanna Olbrich: *Ich wurde Sonja Lüneburg*, S. 18.

43 »›Kurt Wedler‹«. In: Gotthold Schramm (Hrsg.): *Der Botschaftsflüchtling und andere Agentengeschichten*, Berlin 2006, S. 129 f.

44 Vgl.: www.nva-forum.de. Zugriff am 20. November 2011.

45 Alle Aussagen der Quelle »Kid« zitiert nach: www.nva-forum.de.

46 Vgl.: Klaus Marxen, Gerhard Werle (Hrsg.): *Strafjustiz und DDR-Unrecht*, Band 4/1, Teilband: Spionage. Berlin 2004, S. 106 f.

47 Vgl.: Mitteilung eines Offiziers der AG Grenze der HV A (Archiv des Verfassers).

48 Ebd.

12. Kapitel

Die Übersiedlung von IM (DDR) in das Operationsgebiet

Allgemeines

Die Übersiedlung von IM war eine operative Methode für den ständigen oder zeitweiligen Einsatz von zuverlässigen und speziell ausgebildeten IM aus der DDR im Operationsgebiet. Übersiedelte IM wurden zur Realisierung besonders anspruchsvoller nachrichtendienstlicher Maßnahmen, deren Erfüllung maßgeblichen Einfluss auf die Effektivität und Sicherheit der Arbeit mit IM im Operationsgebiet hatte, eingesetzt.

Die Form der Übersiedlung war von der Zielstellung, den objektiven Möglichkeiten sowie den subjektiven Voraussetzungen der Übersiedlungskandidaten abhängig. Die Übersiedlung wurde besonders dadurch charakterisiert, dass der übersiedelte IM im Westen eine Legalisierung erfahren musste, die es ihm ermöglichte, seine nachrichtendienstlichen Aufgaben konsequent zu lösen.[1]

Übersiedlungsvarianten

Markus Wolf berichtet in seinen Erinnerungen über die Übersiedlung von DDR-Bürgern in den 1950er Jahren:

»Zehntausende von DDR-Bürgern strömten in jener Zeit über die noch offene Grenze nach West-Berlin und in die Bundesrepublik – nach dem 17. Juni 1953 erheblich mehr als zuvor, und bis Ende 1957 hatten fast 500.000 Menschen unser Land verlassen. Es war nicht schwierig, in diesem Flüchtlingsstrom ausgewählte Männer und Frauen mitschwimmen zu lassen. Unsere Leute mussten zwar damit rechnen, in den Flüchtlingslagern von westlichen Diensten ausgefragt zu werden, doch ihre Chancen, mit einer glaubhaften Lebensgeschichte durchzukommen, standen gut. Diese jungen und politisch motivierten Menschen legten den Grundstein für unsere späteren Erfolge.

Dennoch war es schwierig und zeitraubend, solche Kandidaten für die Übersiedlung in die Bundesrepublik ausfindig zu machen. Allein die Prüfung der politischen Zuverlässigkeit und der charakterlichen Eignung erforderte viel Zeit. Im Unterschied zu unseren Mitarbeitern in der Zentrale störte uns hier eventuelle Verwandtschaft im Westen nicht, sondern war im Gegenteil erwünscht, denn sie konnte die Glaubwürdigkeit unserer Leute ›drüben‹ nur erhärten. Als Grund für das Verlassen der DDR mussten sogenannte dunkle Stellen in der eigenen oder der Vergangenheit eines Angehörigen herhalten – Mitgliedschaft in der Waffen-SS oder in der NSDAP – oder negative Äußerungen über die Politik der DDR oder über Ulbrichts Person. Die Schulung der auserwählten Agenten erfolgte individuell durch den zuständigen Mitarbeiter. Sie beschränkte sich darauf, dass die elementarsten Regeln der Konspiration und das uns bekannte Wissen über die entsprechende Aufgabe vermittelt wurden. Meist mussten unsere Leute anfangs Tätigkeiten mit einfacher körperlicher Arbeit auf sich nehmen, um die Einbürgerungsphase unauffällig hinter sich zu bringen, und deshalb waren uns Kandidaten mit handwerklicher Qualifikation und mit Berufspraxis am liebsten.

Für angeworbene Studenten und Wissenschaftler suchten und fanden wir manchmal auf Umwegen Plätze in den für uns relevanten Einrichtungen wie den Kernforschungszentren in Jülich, Karlsruhe und Hamburg, bei Siemens und IBM und in den Nachfolgeunternehmen des IG-Farben-Konzerns. Auch scheinbar noch unbedeutende Betriebe wie Messerschmitt und Bölkow ließen wir nicht außer Acht, weil wir argwöhnten, dass sie zukünftig mit Rüstungsprojekten befasst sein könnten. Manche unserer Männer drangen in Geheimhaltungsposten vor, andere in hochdotierte Wirtschaftspositionen. Auch die Verbindungen zwischen den Wissenschaftlern beider deutscher Staaten suchten wir zu nutzen, um uns genauer über den Stand der westdeutschen Wiederaufrüstung zu informieren. Von nicht geringem Interesse waren Beziehungen zu den deutschen Wissenschaftlern in den USA um Wernher von Braun.

Weit schwieriger war es, unsere Übersiedler in Bonn und an anderen Orten in die politischen und militärischen Zentren einzuschleusen. Die Möglichkeiten, Leute dort zur Zusammenarbeit zu motivieren, waren äußerst begrenzt. Wieviel leichter hatten es da die westlichen Dienste in Ost-Berlin! Wie Ernst Reuter es so richtig ausdrückte, bildete West-Berlin einen ›Stachel im Fleisch der DDR‹. Während der Westen aus dem Vollen schöpfen konnte, mussten wir uns mit einem Häuflein Idealisten zufriedengeben, die nichts mitbrachten als ihre Bereitschaft, alles aufs Spiel zu setzen.«[2]

Wolfs Nachfolger als Leiter der HV A, Werner Großmann, ergänzt:

»Wir versuchten, verstärkt in der Bundesrepublik Fuß zu fassen. DDR-Bürger, meist Genossen, die kinderlos und politisch genauso motiviert sind wie wir und über die notwendigen charakterlichen und psychischen Voraussetzungen und Eigenschaften verfügen, siedeln wir in die Bundesrepublik über. Sie sollen entweder selbst als Quelle in ein gegnerisches Objekt eindringen oder geeignete Bundesbürger zur Mitarbeit werben. Um ihre Arbeit abzusichern, brauchten wir Residenten und Gehilfen. Dafür suchten wir geeignete DDR-Ehepaare. Gewährsleute in staatlichen und gesellschaftlichen Einrichtungen empfahlen uns potentielle Kandidaten. Den ersten Coup landen meine ehemaligen Mitschüler Gerhard Peyerl und Werner Steinführer. Sie übersiedeln 1955 die 25jährige Rosalie Kunze, Deckname ›Ingrid‹, nach einjähriger Ausbildung in die Bundesrepublik. Sie bewirbt sich als Sekretärin im Bundesverteidigungsministerium und bekommt eine Stelle im Führungsstab Marine. Der Resident Horst Schötzki, gerade in der Bundesrepublik angekommen, übernimmt die Führung und Anleitung. Zwei Jahre später folgt Evelyn Schötzki ihrem Mann. Bis zu ihrer Enttarnung im Jahre 1960 erhalten wir höchst geheime Dokumente aus dem Verteidigungsministerium. 1961 wird Rosalie Kunze zu vier Jahren, Horst Schötzki zu fünf Jahren und Evelyn zu einem Jahr Haft verurteilt.

Es stellt sich schnell heraus, dass vor allem in solcher Kombination schnell und effektiv wirkliche interessante Informationen zu beschaffen sind. Deshalb beschäftigen wir uns in den folgenden Jahren damit, Residentenehepaare in die Bundesrepublik einzuschleusen und zu positionieren. Wir wählen sorgfältig aus, denn außer Einsatzbereitschaft, Mut und Entschlossenheit verlangt dieser Einsatz Lernvermögen, Geduld und Ausdauer. Da unsere Kundschafter nicht mehr unter Klarnamen ausreisen, sondern wir sie mit dem Namen eines realen Menschen ausstatten, müssen sie nicht nur eine zweite Biographie verinnerlichen, sie müssen sie auch leben können. In der Regel wechseln sie auch den Beruf. Niemanden dürfen sie einweihen, auch nicht die engsten Verwandten. Ihr Leben wird komplett umgestülpt: Das jeweilige Ehepaar gibt sein vertrautes Umfeld auf und nimmt ein für andere schwer überschaubares fiktives Arbeitsverhältnis auf. Oder es verschwindet bei Nacht und Nebel.«[3]

Das wohl bekannteste Ehepaar, das von der HV A in die Bundesrepublik übersiedelt wurde, waren Christel und Günter Guillaume. Sie wurden 1955 von ihrem Führungsoffizier Paul Laufer für eine inoffizielle Zusammenarbeit gewonnen und 1956 in die Bundesrepublik übersiedelt. Paul Laufer leistete eine zielstrebige und intensive Arbeit, um die Guillaumes auf diese Aufgabe vorzubereiten. In zahlreichen Treffs sowie durch operative Einsätze vermittelte er ihnen die notwendigen Voraussetzungen, um den Auftrag erfolgreich realisieren zu können.[4] Christel Guillaume erinnert sich: »Ich wurde langsam und intensiv in die konspirative Arbeit einbezogen. Ich brachte keine Voraussetzungen mit, die es erlaubt hätten, mir in der damaligen Zeit mehr als das unbedingt Erforderliche nahezubringen. Ich lernte zu schweigen;

ich lernte, mich so zu verhalten, als ob alles in meinem Leben unverändert sei; ich lernte, gute Freunde und Kollegen zu täuschen …«[5]

Eine Schlüsselrolle im Übersiedlungsprozess spielte die Mutter von Christel Guillaume, Erna Boom, die einen Holländer geheiratet und dadurch die holländische Staatsbürgerschaft erlangt hatte. Dieser Umstand erleichterte die Übersiedlung der Guillaumes. Erna Boom verzog legal in die Bundesrepublik, baute sich dort eine Existenz auf und ermöglichte es Christel und Günter Guillaume nachzukommen, ohne dass sie das Notaufnahmelager Gießen durchlaufen mussten.[6] Günter Guillaume hat dazu festgehalten: »Da wir bei unserer Mutter beziehungsweise Schwiegermutter ordnungsgemäß Wohnsitz nehmen konnten, brauchten wir kein Notaufnahmelager zu durchlaufen. In diesen Lagern – das wusste damals schon jedes Kind – hatten Vernehmungsoffiziere der westlichen Geheimdienste ihre Standquartiere aufgeschlagen. […] An den geheimdienstlichen Prozeduren im Notaufnahmelager konnte uns kaum gelegen sein. Wir wählten den Weg ordentlicher Bürger, streng ausgerichtet nach rechtsstaatlichen Gesichtspunkten.«[7]

Ein anderer Kundschafter, bereits 1955 in die Bundesrepublik übersiedelt, war Dr. Harald Gottfried. Er schreibt: »Ich gehörte zu jenen jungen Kundschaftern aus den Anfangsjahren des MfS, die zwar hochmotiviert, aber in allen Fragen des Geheimdienstes und der illegalen Tätigkeit unerfahren und wenig geschult waren. Schlechte Voraussetzungen, um einen Kundschafter-Auftrag zu übernehmen.«[8]

Die Guillaumes und Harald Gottfried gehörten zur sogenannten »Aktion 100«. Werner Großmann schreibt dazu: »Ich erinnere mich beispielsweise an die ›Aktion 100‹. Zwischen 1954 und 1956 sollten 100 Agenten in die Bundesrepublik übergesiedelt werden, die später als Residenten Quellen im Operationsgebiet führen sollten. Aus diesem Grunde wurden die Bezirksverwaltungen des MfS aufgefordert, geeignete Kader zu benennen. Wir würden sie dann als Republikflüchtige mit falscher Identität und mit stimmiger Legende in die Bundesrepublik schicken. ›Geeignete Kader‹ hieß in der Regel: jung, ohne Anhang, charakterlich und beruflich qualifiziert. Das war aber nur eine Seite, die andere – und die hatte man offenkundig völlig außer Acht gelassen – war die menschliche Dimension: Die geeigneten Genossen mussten auch bereit sein, ihr früheres Leben völlig hinter sich zu lassen und ein fremdes anzunehmen. Und obendrein sich doppelt belasten – als Bundesbürger sollten sie beruflich Karriere machen und als Nachrichtendienstler einen konspirativen Zweitjob erledigen. Gemäß ›Tonnenideologie‹ – wie damals Ökonomen das Jonglieren mit Zahlen nannten, wobei ausschließlich quantitative Parameter eine Rolle spielten – suchte man 100 Personen im MfS, die sowohl fähig als auch bereit waren, diese Aufgabe zu übernehmen. Ich glaube, es fanden sich lediglich zehn oder fünfzehn.«[9]

Zu den Übersiedlungsvarianten der DDR-Aufklärung schreibt Manfred Bols, ehemaliger stellvertretender Leiter der Abteilung XV/BV Leipzig, aufschlussreich: »Die ›einfache‹ Methode der Übersiedlung bestand vor allem in den 50er Jahren im operativ organisierten, ungesetzlichen Verlassen der DDR – der Republikflucht. […] Nach dem Bau der Mauer und dem wachsenden Ausbau des Grenzregimes an der ›grünen‹ Grenze zur DDR schied dieser Weg nahezu aus. Außerdem hatten sich die westlichen Geheimdienste auf diese Methode eingestellt.[10] Flüchtige DDR-Bürger wurden in den Auffanglagern gründlich befragt, ihre Angaben teilweise durch konspirative Ermittlungen in der DDR überprüft und verdächtige Personen einer langfristigen begleitenden Kontrolle unterzogen. Da unsere IM in der Regel bewusste DDR-Bürger und Mitglieder der SED waren, was sich kaum verbergen ließ, wurden sie ohne Zweifel langfristig überwacht.

Deshalb wurden Anfang der 60er Jahre neue Methoden der Übersiedlung entwickelt, die mit bedeutend höheren Anforderungen an die beteiligten IM verbunden waren. Die IM schlüpften in die Haut eines Doppelgängers, der Bürger der BRD war. Er war entweder verstorben, für immer ins ferne Ausland verzogen oder in die DDR übersiedelt. Sie reisten mit nachgemachten Dokumenten ihres Doppelgängers in ein Drittland, meist Südamerika, hielten sich dort eine gewisse Zeit auf, besorgten sich bei Möglichkeit einen neuen Originalpass bei den BRD-Botschaften und kehrten nach einer gewissen Zeit wieder in die BRD ›zurück‹, wo sie sich aber nicht an jenem Ort niederließen, in dem der Doppelgänger gewohnt hatte, sondern möglichst weit weg von diesem ›Gefahrenpunkt‹. Nach kurzer Zeit zogen sie wieder um. Übersiedelte Ehepaare gingen diesen Weg ins Ausland getrennt und ›heirateten‹ nach ›Rückkehr‹ in die BRD faktisch ein zweites Mal. Durch diese und andere Maßnahmen erhielten die IM letztlich echte Papiere. Nach dieser ›Legalisierung‹ genannten Zeit begannen sie mit der operativen Arbeit.

Das erste Ü-IM-Ehepaar [Übersiedlungs-IM-Ehepaar, Anm. d. Verf.], das durch die Abteilung XV geworben, erprobt und zur spezifischen Ausbildung und Übersiedlung an die Fachabteilung (HV A VI) übergeben wurde, waren 1972 die IM ›Reiner‹/›Blume‹. 1976 wurden beide verhaftet, da das Bundesamt für Verfassungsschutz die Übersiedlungsmethode der HV A durchschaut hatte. In der Aktion ›Anmeldung‹ wurden zahlreiche übersiedelte IM enttarnt und festgenommen. Das BfV hatte die oben genannte Methode in einem Raster zusammengefasst und gründlich alle Bürger überprüft, die von einem zeitweiligen Aufenthalt im Ausland in die BRD eingereist waren. Bei der gewaltigen Kleinarbeit waren sie auf viele übersiedelte IM der HV A gestoßen.

Nach dieser Niederlage musste die Arbeit umorganisiert werden. Jetzt wurden Personen geworben, die in der DDR einen Antrag auf Übersiedlung in die DDR gestellt hatten. Diese IM wurden Austausch-IM (A-IM) genannt, weil sie in die DDR kamen, während der Übersiedlungs-IM aus der DDR in den Westen ging. Der Austausch vollzog sich gesteuert unter ihrer Mitwirkung. Mitwirkung bedeutete, dass die A-IM beim Weggang aus ihrem Wohnort niemanden darüber informierten, dass sie in die DDR übersiedelten. Die Ü-IM tauchten dann mit der angenommenen, also getauschten Identität in einer anderen Stadt der BRD auf. Mitunter war diese auch von den A-IM in der Umgebung als Umzugsziel angegeben worden. Der Aufwand war gewaltig, zumal die A-IM nach der Einreise in die DDR zusätzlich noch unter Kontrolle gehalten werden mussten.«[11]

Im Laufe der Jahre wurde also das System den Regimebedingungen in der Bundesrepublik angepasst, und es wurden spezielle Mittel und Methoden entwickelt, um geeignete Übersiedlungskandidaten herauszufiltern und auszubilden. Die Übersiedlung mit Klarpersonalien als Personen, die die DDR verlassen hatten, geriet dabei in den Hintergrund. Eine offizielle DDR-Vergangenheit hatte sich beispielsweise in einigen Vorgängen als Hindernis erwiesen. Als aussichtsreicher erwies es sich, wie dargestellt, IM unter Nutzung der Personalien von West-Legendenspendern in das Operationsgebiet zu schleusen.

Der Staatsschützer Rainer O. M. Engberding vom BKA schreibt auf der Basis seiner Erkenntnisse dazu:

»Bei der Einschleusung von Illegalen handelt es sich um meisterhaft ausgeklügelte Operationen, die dazu dienen, mit einem minimalen Risiko den Gegner im Operationsgebiet selbst durch professionelle Agenten auszuforschen. […]

Es ist grundsätzlich zu unterscheiden zwischen der klassischen Einschleusung und der Nahtlosschleusung. Beide Methoden beruhen auf der Verwendung von Personalien von Legendenspendern, die sich nicht oder nicht mehr im Operationsgebiet aufhalten.«[12]

Die sogenannte klassische Methode war durch einen angeblichen oder tatsächlichen Auslandsaufenthalt gekennzeichnet. Diese Zwischenphase wurde eingebaut, um die Zeitspanne zwischen dem Verschwinden des Legendenspenders und der eigentlichen Einschleusung zu überbrücken.[13]

Ein solches Beispiel ist Johanna Olbrich. Sie beschreibt diesen Prozess wie folgt:

»Im Sommer 1966 wurde mir mitgeteilt, dass man nun meine ›Doppelgängerin‹ gefunden habe. Es handelte sich um eine Sonja Lüneburg, eine Westberlinerin, die aber in einer Nervenklinik der DDR behandelt werde, weil ihre Familie hier lebte. Ich bin dieser Frau nie begegnet und kenne ihren Lebenslauf nur aus den Unterlagen.

Es begann mit einem Besuch in ihrer Westberliner Wohnung. Ich stellte mich bei der Hausmeisterin als Sonjas Freundin vor, die sie bei sich aufgenommen habe und nun ihre Angelegenheiten klären wolle. Dass Sonja in Ostberlin war, wusste offensichtlich niemand. Die Hausmeisterin war zwar sehr gesprächig, aber in angenehmer Weise mitfühlend. Sie erzählte mir von den Merkwürdigkeiten im Verhalten, zeigte mir Kritzeleien an den Küchenmöbeln, berichtete, dass Sonja von ihrem Freund, einem Franzosen, verlassen worden wäre und auch Schulden habe.

Ich sagte, dass ich eben deshalb gekommen sei und ließ mir die Adresse des Gerichtsvollziehers geben. Der nannte mir die Zahlungsstelle. Ich ging mit etwas weichen Knien in das zuständige Amtsgericht. Mit Erleichterung registrierte ich, dass sich niemand dafür interessierte, wer zahlte. Wichtig war: es wurde gezahlt.

So befreite also die HV A Sonja von ihren Schulden. Das nächste Problem war die Registrierung beim Einwohnermeldeamt. Es wurde beschlossen, ›meine‹ Abmeldung aus Berlin (West) in Frankreich zu beantragen. Schließlich wusste jeder in ihrer Umgebung, dass sie mit einem Franzosen liiert war. Was lag also näher als die Legende, dass sie ihm nachgereist war?

Ich fuhr via Strasbourg nach Colmar, um von dort die Abmeldung anzufordern. In der Bahnhofstoilette in Strasbourg wollte ich die Papiere wechseln, doch ich bekam den Container nicht auf. Die Toilettenfrau wummerte nach einer Weile an der Tür, ich musste meine Bemühungen beenden. Erst in Colmar im Hotel kam ich an Sonja Lüneburgs Papiere. Gerade noch rechtzeitig: Die Polizei kam schon, um die Anmeldeformulare abzuholen. Die bis dahin benutzten Reisedokumente zerriss ich und verteilte die Schnipsel in Papierkörbe und Abfallbehälter des wunderschönen Colmar. Mit dem Hoteleigner vereinbarte ich, meine Post an ihn adressieren zu dürfen. Ich wollte einige Zeit durchs Elsass reisen, erklärte ich, könne aber nicht sagen, wann ich mich wo aufhalten würde.

Es klappte alles wie geplant. Ich wurde Sonja Lüneburg.«[14]

Einen anderen Fall, Wilhelm M., beschreibt Elisabeth Pfister sehr aufschlussreich:

»Zunächst wird er umfassend instruiert, lernt die Regeln der Konspiration, erhält Lektionen über die Alltagsverhältnisse im ›Operationsgebiet Bundesrepublik‹. Sein erster Auftrag führt ihn nach Westberlin. Er erfüllt ihn gewissenhaft und wird danach nach Westdeutschland geschickt, um sich Kenntnisse über Städte, Land und Leute zu verschaffen.

Nach diesen ›Regimestudien‹ soll er in verschiedenen holländischen Städten tote Briefkästen einrichten. Er erledigt auch dies zur vollen Zufriedenheit seiner Führungsstelle.

Warum man ihn jetzt nach England auf eine Sprachschule schickt, wo er einen dreimonatigen Grundkurs in Englisch absolvieren soll, sagt man ihm noch nicht. Aber Wilhelm M. folgt auch diesem Befehl mit Neugier und Begeisterung.

Als er zurückkommt, werden seine Instrukteure konkreter. Wilhelm M. soll nach Kanada fahren, um das Vorbild für seine zukünftige falsche Identität kennenzulernen, einen Westdeutschen, der vor Jahren nach Kanada ausgewandert ist. Man weiß nicht genau, wo dieser Mann mit dem Namen Hans Türke inzwischen lebt, und Wilhelm M. soll ihn aufspüren, sich mit ihm befreunden, seine Art, seine Gewohnheiten, seine Vorlieben sowie seine Abneigungen studieren. Danach müsse er in der Lage sein, gleichsam in dessen Haut zu schlüpfen.

Wilhelm M. sitzt zum ersten Mal in einem Flugzeug. Ziel: Kanada, sein Traumland. Noch weiß er nicht, wo er diesen Mann suchen soll, noch hat er keine Ahnung von den gewaltigen Dimensionen des nordamerikanischen Kontinents. Dann aber hilft ihm, wie später noch so oft, seine Kommunikationsfähigkeit. Kurz nach seiner Ankunft lernt er einen Auslandsdeutschen kennen, mit dem er sich anfreundet und dem er seine vorbereitete Geschichte erzählt. Er sei im Auftrag eines westdeutschen Rechtsanwalts unterwegs und solle einen Erben ausfindig machen. Ein Verwandter habe diesem Mann ein großes Vermögen hinterlassen. Man wisse aber nur seinen Namen und das er sich in Kanada aufhalte. Der äußerst hilfsbereite Mann fährt mit ihm zur westdeutschen Botschaft nach Toronto. Wilhelm M. schildert einem Botschaftsangestellten sein vorgebliches Problem. Auch der nichtsahnende Beamte ist sehr entgegenkommend. Es gelingt ihm, die Adresse des gesuchten Mannes ausfindig zu machen. Wilhelm M. reist in das kleine Städtchen am Eriesee und findet Hans Türke tatsächlich. Er erzählt seine Geschichte vom reichen Erben, weiß die verwandtschaftlichen Hintergründe aber so darzustellen, dass dieser Mann auf keinen Fall der gesuchte Erbe sein kann.

Wilhelm M. lässt sich für einige Zeit im Ort nieder, schließt Freundschaft mit Hans Türke und studiert ihn eingehend. Entsprechend der Anweisung seines Instrukteurs macht Wilhelm M. den kanadischen Führerschein bereits unter seinem neuen Namen, ein für den späteren Einsatz in der BRD kostbares Indiz für seine neue Identität. Je länger er in Kanada ist, desto mehr reizt es ihn, für immer hierzubleiben. Das Land gefällt ihm, er kommt sehr gut mit den Leuten und mit ihrer Lebensart zurecht. Doch dann reist er befehlsgemäß wieder in die DDR zurück.

Zu Hause teilen ihm seine Instrukteure endlich den Grund für all die konspirativen Vorarbeiten mit, die Wilhelm M. offenbar zur Zufriedenheit seiner Führungsstelle erledigt hat. Der Auftrag lautet nun, sich in der Bundesrepublik unter der Identität des gebürtigen Westdeutschen Hans Türke niederzulassen und sich zunächst eine normale, bürgerliche Existenz aufzubauen.

Wilhelm M. wird über ein Drittland in die Bundesrepublik eingeschleust und beginnt sein neues Leben in Koblenz. Er sucht sich eine Wohnung und findet eine Anstellung als Vertreter für Schulbedarf. Dadurch ist er viel auf Reisen, lernt Land und Leute kennen und macht im Übrigen, clever und kontaktfreudig, wie er ist, gute Geschäfte.«[15]

Bei der <u>Nahtlosschleusung</u> wurde von Seiten der HV A mit hoher Geschwindigkeit reagiert und ein Einschleusungskandidat präpariert, weil der Legendenspender sich weisungsgemäß nur in der Bundesrepublik umzumelden hatte. Als Legendenspender wurden dabei Personen genutzt, die aus der Bundesrepublik kamen und für immer in der DDR bleiben wollten, beispielsweise weil sie hier einen Lebenspartner oder eine Lebenspartnerin gefunden hatten und heiraten wollten. Es gab aber auch Fälle, in denen in die Bundesrepublik geflüchtete Personen in ihre Heimat in der DDR zurückkehren wollten. Den Legendenspendern wurden entsprechende Anweisungen erteilt, wie sie ihre Zelte in der Bundesrepublik abzubrechen hatten und wohin ihre Ummeldung erfolgen sollte. Die Übersiedlung in die DDR musste unter allen Umständen gegenüber Freunden, Verwandten und insbesondere dem Arbeitgeber geheim bleiben. Die Nahtlosschleusung konnte nicht immer zeitgleich realisiert werden, so dass der IM sofort den Platz des Legendenspenders einnehmen konnte. Der HV A/VI stand zwar ein gewisses Kontingent an ausgebildeten Übersiedlungskandidaten zur Verfügung, es brauchte allerdings eine gewisse Zeit, den jeweiligen IM mit der Person und den Lebensumständen des Legendenspenders vertraut zu machen.[16] Als der IM dann in die Bundesrepublik geschleust worden war, musste er sich an einem anderen Ort mit den Personalien des Legendenspenders anmelden.

Engberding berichtet dazu: »Zeiten bis zu einem dreiviertel Jahr fallen den Einwohnermeldeämtern nicht auf. Längere Zeiträume mussten jedoch irgendwie überbrückt werden, wozu sogenannte Schleusungshelfer eingesetzt wurden. Das waren Mitarbeiter von Einwohnermeldeämtern – teilweise selbst eingeschleuste Illegale –, die die Rückmeldungen manipulierten oder Phantasiekarten in die Meldebestände steckten.«[17]

Informationen zu Personen, die in die DDR übersiedeln wollten und als Legendenspender in Frage kamen, erlangte die Staatssicherheit über entsprechende staatliche Stellen der DDR. Dort war das MfS inoffiziell verankert, und die jeweiligen Personen sprachen hier vor. Dabei handelte es sich um Erstzuziehende und Rückkehrer, die über das Aufnahmeheim in die DDR übersiedeln wollten. Die Gründe für die Übersiedlungsabsichten waren vor allem:

- Unzufriedenheit mit den Verhältnissen im Herkunftsland aus politischen oder sozialen Gründen,
- Eheschließungen oder Aufrechterhaltung bestehender Liebesverhältnisse mit der Absicht einer späteren Eheschließung sowie Familienzusammenführungen.

Hinweise auf Personen aus dem Operationsgebiet mit solchen Übersiedlungsabsichten erhielten die Abteilungen XV/BV oftmals durch:

- Zusammenarbeit mit den Abteilungen VII (Sicherung der Organe MdI) der BV,
- Zusammenarbeit mit den KD/OD (Offiziere für Aufklärung),

- Zusammenwirken mit den Dienststellen des MdI (Pass- und Meldewesen sowie Inneres),
- Materialien der Abteilungen M (Postkontrolle) und 26 (auftragsgebundener konspirativer Einsatz technischer Mittel in der DDR wie Telefon- und akustische/optische Raumüberwachung),
- IM-Stützpunkte in Schlüsselpositionen des Territoriums.

Die Diensteinheiten der Aufklärung waren bemüht, durch die enge Zusammenarbeit mit der Linie VII und den KD/OD sowie durch das Zusammenwirken vor allem mit den Abteilungen Inneres der Räte sicherzustellen, dass sie rechtzeitig über bekanntwerdende Übersiedlungsabsichten in die DDR und damit im Zusammenhang stehende operativ interessante Verbindungen informiert wurden.

Bei den durch Personen aus nichtsozialistischen Staaten bekundeten Übersiedlungsabsichten in die DDR fand stets Beachtung, dass diese Personen im Auftrag westlicher Geheimdienste handeln konnten. Deshalb besaß die Klärung der Frage »Wer ist wer?«, insbesondere der tatsächlichen Motive für die Übersiedlungsabsicht in die DDR, eine besondere Bedeutung.[18]

Die Gewinnung von Übersiedlungs-IM am Beispiel von Jugendlichen an Erweiterten Oberschulen (EOS) sowie an Fach- und Hochschulen

Allgemeines

Informationen zu Personen, die dahingehend überprüft wurden, ob sie sich für eine Übersiedlung in das Operationsgebiet eigneten, konnten nicht allein durch die HV A in Berlin und ihr DDR-IM-Netz erarbeitet werden. Eine wichtige Rolle spielten dabei die Bezirksverwaltungen und Kreisdienststellen des MfS. So hatten beispielsweise im Bereich der BV Leipzig die Leiter aller operativen Diensteinheiten (Abteilungen der BV und KD) ständig den IM-Bestand auf solche IM zu überprüfen, die als Einsatzkader oder Übersiedlungskandidaten geeignet erschienen, ihre Treue zur DDR und zur SED unter Beweis gestellt hatten sowie in der Abwehrarbeit allseitig überprüft waren, und diese der Abteilung XV für die Arbeit im und nach dem Operationsgebiet zu übergeben.[19] Im Bereich anderer Bezirksverwaltungen existierte eine solche Verfahrensweise ebenfalls, und die Existenz der Abwehr und der Aufklärung unter dem Dach des MfS erwies sich auch hier als Vorteil für die operative Arbeit.

Es machte aus Sicht der HV A natürlich Sinn, für eine Übersiedlung in das Operationsgebiet vor allem junge Kader zu finden, die langfristig aufgeklärt und ausgebildet werden konnten, um dann lange Zeit im Westen tätig zu sein. Deshalb suchte die Staatssicherheit solche Kandidaten auch aus dem Kreis Jugendlicher an den EOS sowie an Fach- und Hochschulen. Diese Verfahrensweise wird in den weiteren Ausführungen näher dargestellt.

Aufschlussreiche Angaben zu dieser Thematik legte Lutz Schuart, KD Magdeburg, in seiner Diplomarbeit vor. Er führte dazu 1976 anhand von 15 IM aus der BV Magdeburg/Abteilung XV sowie den KD der BV Magdeburg mit Linienoffizieren für Aufklärung eine empirische Untersuchung durch. Einige Entwicklungsdaten zu den dabei befragten IM:

- Das durchschnittliche Alter der befragten IM betrug 22,8 Jahre. Es wurden sowohl IM befragt, die gerade erst das 18. Lebensjahr vollendet hatten, als auch Jugendliche, die unmittelbar an der obersten Schwelle des laut Jugendgesetzt der DDR festgelegten Jugendalters standen (das vollendete 25. Lebensjahr).
- Elf IM hatten das Abitur erworben und vier IM die zehnte Klasse abgeschlossen. Alle 15 IM standen zum Zeitpunkt der Befragung in einer Qualifizierung:
  - zwei IM bereiteten sich auf das Abitur vor,
  - zwei IM studierten an einer Fachschule im Direktstudium,
  - acht IM studierten an einer Hochschule im Direktstudium,
  - vier IM standen im Fernstudium.
- In der Untersuchung wurde sich dem Hintergrund entsprechend auf den Kreis positiver Jugendlicher (im Sinne ihrer Haltung zur DDR) konzentriert:
  - zwölf IM waren Mitglieder der SED,
  - zwei IM waren Kandidaten der SED,
  - ein IM gehörte noch keiner Partei an, bereitete sich jedoch auf die Aufnahme in die SED vor.
  Alle befragten IM waren in der FDJ sowie in der Deutsch-Sowjetischen-Freundschaft (DSF) organisiert; alle übten gesellschaftliche Funktionen aus, vorwiegend in der FDJ.
- Von der sozialen Herkunft gab es unterschiedliche Voraussetzungen bei den IM:
  - neun IM stammten aus der Arbeiterklasse,
  - ein IM stammte aus der Klasse der Genossenschaftsbauern,
  - zwei IM stammten aus Kreisen der sozialistischen Intelligenz,
  - zwei IM waren Kinder von Angestellten,
  - ein IM war Kind selbstständiger Gewerbetreibender.
  Dabei schätzten zwei IM ein, dass ihre politische Entwicklung und Einstellung sich im Gegensatz zu den Verhältnissen im Elternhaus herausgebildet hatte.

- Da die Untersuchungen bei jugendlichen IM geführt wurden, die für die Entwicklung zum Einsatzkader beziehungsweise Übersiedlungs-IM vorgesehen waren, sich noch in der Phase der abwehrmäßigen Überprüfung befanden und mit denen das Einsatzgespräch noch nicht geführt worden war, lag im Allgemeinen nur eine kurze inoffizielle Zusammenarbeit mit dem MfS vor. Die durchschnittliche Dauer der Zusammenarbeit betrug 1,7 Jahre, wobei die Spannbreite von neun Monaten bis drei Jahren reichte.[20]

Das Erkennen der Motivlage der Jugendlichen bei der Suche, Auswahl und Aufklärung der IM-Kandidaten

Bei der Erarbeitung der Motive wurden folgende Probleme beachtet:
- Die Motive bildeten die Grundlage der Werbung. Auf ihnen baute die Bereitschaft der IM-Kandidaten für die spätere inoffizielle Zusammenarbeit auf.
- Die Motive zählten zum Intimbereich einer Persönlichkeit. Sie offenbarten sich selten direkt, sondern mussten aus Verhaltensweisen und in geringerem Maß aus Äußerungen der Person abgeleitet werden. Daraus ergaben sich Schwierigkeiten der Motiverarbeitung.
- Erkannte Motive aus den bisherigen Lebensbereichen der Persönlichkeit konnten nicht schematisch auf die Werbung sowie die inoffizielle Zusammenarbeit übertragen werden. Sie waren stets konkret ausgerichtet und trugen daher hinsichtlich der operativen Arbeit relativen Charakter.
- Die Motive trugen keinen ständigen oder konstanten Charakter. Sie unterlagen Veränderungen, was sich bei Jugendlichen besonders deutlich zeigte.

Die Suche, Auswahl und Aufklärung jugendlicher IM-Kandidaten war davon gekennzeichnet, dass über den jugendlichen Menschen nur in seltenen Fällen ausreichendes aussagekräftiges und qualitativ wertvolles Material vorlag. Je jünger die Personen, desto stärker war diese Situation ausgeprägt.

Trotzdem gab es bereits an den EOS eine Reihe inoffizieller Möglichkeiten, um zu begründeten Aussagen über die Eignung und Motivation eines Jugendlichen für eine mögliche inoffizielle Zusammenarbeit zu gelangen. Es war allerdings notwendig, die Bedingungen, unter denen die entsprechenden Aussagen entstanden waren und die auf die Erarbeitung des Materials gewirkt hatten, zu beachten. So wurden beispielsweise Beurteilungen unter Mitwirkung der FDJ-Gruppenleitung erstellt. An einer Reihe von EOS zeigten die FDJ-Gruppenleitungen ein kritischeres Verhalten als die verantwortlichen Klassenlehrer und setzten gewisse Auffassungen durch. Obwohl die Klassenlehrer Mitte der 1970er Jahre nicht mehr verpflichtet waren, Schülerakten zu führen, konnten gewissenhaft geführte pädagogische Tagebücher sehr aufschlussreich sein. Sie enthielten einzelne, über einen längeren Zeitraum aufgezeichnete Verhaltensweisen, die zwar einzeln aneinandergereiht und nicht analytisch aufbereitet waren, jedoch Entwicklungsprobleme und relativ Konstantes aufzeigten. Daraus ließen sich Schlussfolgerungen auf das Motivationsgefüge des Jugendlichen ableiten.

Erfahrungen der Staatssicherheit besagten, dass Entwicklungsdarstellungen (11./12. Klasse) sowie Lebensläufe (10. Klasse) hinsichtlich der Motivation eines Jugendlichen aussagekräftig waren. Dabei gab der Stil der Darlegungen im Allgemeinen auch Aufschluss darüber, inwieweit der Jugendliche bei seinen Darlegungen seine Entwicklung noch einmal nacherlebte oder wo durch Übertreibungen die eigene Persönlichkeitsentwicklung in den schillerndsten Farben aufgezeigt wurde.

Weitere Möglichkeiten der Aufklärung der Motivation von Jugendlichen ergaben sich auch aus der Teilnahme an Musterungen oder Aussprachen durch das Wehrkreiskommando, die Teilnahme an Foren mit individueller Diskussion, die Durchführung des FDJ-Studienjahrs, die Teilnahme an FDJ-Delegiertenkonferenzen sowie anderen Veranstaltungen, bei denen der Offizier des MfS dem Jugendlichen als ein Teilnehmer unter vielen erschien.

Über die Persönlichkeit von Studenten lag im Allgemeinen bereits mehr offizielles Material vor, da sowohl die Studentenakten als auch die Materialien der EOS und unter Umständen Unterlagen der »Aktion Grün«[21] zur Herausarbeitung beziehungsweise Ableitung der Motive der Jugendlichen herangezogen werden konnten. Auch im Freizeit- und Wohnbereich der Jugendlichen wurden Ermittlungen geführt, um zu begründeten Aussagen über die Motivation der Jugendlichen zu kommen sowie den Vergleich zum schulischen Bereich herstellen zu können.

Neben der Nutzung offizieller Quellen erfolgte die Aufklärung der jugendlichen IM-Kandidaten vor allem durch inoffizielle Quellen. Bewährt hatte sich nach Erfahrungen des MfS die Schaffung von IM/GMS unter den Lehrkräften an EOS beziehungsweise an Fach- und Hochschulen, da diese über einen längeren Zeitraum zur Verfügung standen und langfristig zur Einschätzung sowie zielgerichteten Aufklärung der Persönlichkeit der entsprechenden Jugendlichen eingesetzt werden konnten. Damit konnte ein ständiger Nachwuchs zur Schaffung von Einsatz- und Übersiedlungskadern geschaffen werden. Diese zielgerichtete Beobachtung der aufzuklärenden IM-Kandidaten bot die Gewähr dafür, dass die für die Werbung und inoffizielle Zusammenarbeit notwendigen Motivationsprozesse erkannt werden konnten. Die Schaffung von IM/GMS unter den Lehrkräften konzentrierte sich möglichst auf solche Personen, die sich als sogenannte Lieblingslehrer herauskristallisiert hatten und an denen sich die positiv eingestellten Jugendlichen orientierten. Diesen Lehrkräften offenbarten sich die Jugendlichen am ehesten, oftmals nahmen sie eine Vertrauensstellung ein. In der Schaffung von IM/GMS erkannte die Staatssicherheit allerdings auch eine Gefahr, dazu folgendes Beispiel:

Einem Lehrer-IM an einer EOS, der zur Aufklärung jugendlicher IM-Kandidaten genutzt wurde, war es möglich, einige der von ihm aufgeklärten IM-Kandidaten nach deren Werbung als IM zu erkennen, obwohl die Anzahl der von ihm aufgeklärten Personen sehr groß gewesen war. Durch seine in der inoffiziellen Zusammenarbeit geschulte Beobachtungsgabe schloss er aus bestimmten Verhaltensweisen der Schüler, dass die dabei aufgetretenen Veränderungen aus einem äußeren Antrieb entstanden sein mussten. Bei solchen Veränderungen handelte es sich beispielsweise um Reaktionen auf sowie Interesse für negative Erscheinungen, Interesse für die Anfertigung von Beurteilungen und andere Sachverhalte. Aus der Analogie der dem IM übertragenen Aufgaben sowie der vorausgegangenen Aufklärung eines Jugendlichen schloss er auf eine Verbindung zur Staatssicherheit. Eine später vom MfS vorgenommene Auswertung der Feststellungen des Lehrer-IM ergab, dass der Zeitpunkt seiner Feststellungen mit dem Zeitpunkt des ersten Gesprächs mit dem Jugendlichen in etwa übereinstimmte.

Diesem Umstand musste aus Konspirationsgründen auf jeden Fall in der Erziehungsarbeit mit den neu geworbenen jugendlichen IM, aber auch in der Kontaktphase seitens des MfS Rechnung getragen werden. Beachtenswert war dagegen auch der Vorteil einer Kontrollmöglichkeit des Verhaltens der jugendlichen IM in der ersten Phase der Zusammenarbeit.

Bei der Nutzung von Aufklärungsergebnissen über jugendliche IM-Kandidaten fand durch die Staatssicherheit Beachtung, dass diese einem möglichst aktuellen Stand entsprechen mussten. Das war von Bedeutung, da gerade Jugendliche in ihrer Persönlichkeitsentwicklung noch nicht ausgereift und relativ große Veränderungen ihrer psychischen Struktur möglich waren.

Da sich die Motivationsprozesse eines Menschen als ein Intimbereich der Persönlichkeit nicht direkt und offensichtlich darstellen, war es aus Sicht des MfS meist erforderlich, die entsprechenden Schlussfolgerungen aus dem Verhalten zu ziehen. Je konkreter die Verhaltensweisen und ihre Zusammenhänge aufgeklärt werden konnten, desto bessere Schlussfolgerungen konnten daraus für die Motivation der Handlungen und die Konstanz des Motivgefüges als Voraussetzung für die Motivierung weiterer Handlungen und Entscheidungen abgeleitet werden.

Deshalb wurde durch die operativen Mitarbeiter besonderer Wert auf aufgeklärte Verhaltensweisen gelegt, die Aussagen zu den möglichen Motiven der inoffiziellen Zusammenarbeit gaben. Bezogen auf 15 IM der Untersuchung Schuarts waren 53,6 Prozent der möglichen Motive dementsprechend belegt. 46,4 Prozent wurden aus bestimmten allgemeinen Verhaltensweisen abgeleitet. Es zeigte sich, dass die durch aufgeklärte Verhaltensweisen belegten möglichen Motive für die inoffizielle Zusammenarbeit besonders hoch bei den Fernstudenten waren, die im Arbeitsprozess standen, und geringer wurden, je jünger das Alter der Jugendlichen war. Allerdings traten dahingehend auch Ausnahmen auf.[22]

Die möglichen Motive für die inoffizielle Zusammenarbeit wurden im Wesentlichen aus der Stellung des Jugendlichen zur gesellschaftlichen Arbeit abgeleitet und bei der Aufklärung der Motive in den Vordergrund gestellt. Besonders hervorgehoben wurde:

- Bei 13 IM war die gute sowie aktive gesellschaftliche Arbeit deutlich und ein bereits relativ ausgeprägter Klassenstandpunkt erkennbar. Daraus wurde geschlussfolgert, dass bei diesen Jugendlichen Motive vorhanden sein müssten, die inoffizielle Zusammenarbeit als einen Bereich der gesellschaftlichen Arbeit zu betrachten und sich deshalb die Bereitschaft ergab, durch die Zusammenarbeit mit dem MfS für die Sicherheit der DDR mitzuwirken. Das Bestreben und das Interesse, durch das hohe Engagement in der FDJ- aber auch in der Parteiarbeit einen aktiven Beitrag für die Gesellschaft zu leisten, wurde auf die mögliche Motivation für die inoffizielle Zusammenarbeit direkt übertragen und daraus eine voraussichtliche Einsicht in die politische Notwendigkeit abgeleitet. Darin lag allerding die Gefahr begründet, dass die Jugendlichen die inoffizielle Zusammenarbeit als eine Art moralischen Zwang aufgrund der ausgeübten Funktionen, der SED-Mitgliedschaft oder der vorhandenen politischen Einstellung sehen konnten.

- Sehr eng mit dem vorgenannten Motiv war das Interesse an gesellschaftlichen Problemen verbunden, an der Erweiterung des politischen Wissens, der Auseinandersetzung mit falschen Auffassungen sowie der Erweiterung der Argumentationsfähigkeit. Ein solches Interesse wurde bei zehn Jugendlichen herausgearbeitet, um es für die Motivation zu einer inoffiziellen Zusammenarbeit zu nutzen.

- Bei allen vier Jugendlichen, die im Fernstudium standen und dabei gleichzeitig eine berufliche Tätigkeit ausübten, wurde herausgearbeitet, dass sie sich mit Unzulänglichkeiten hinsichtlich Ordnung und Sicherheit im Betrieb auseinandersetzten. Diese Aktivitäten betrachtete die Staatssicherheit als gute Grundlage für die Schaffung von Interessen für eine inoffizielle Zusammenarbeit. Analogien traten auch bei drei Studenten zur Einhaltung von Ordnung und Sicherheit im Wohnheim sowie im Studentenclub auf. Ähnlich wurde auch in zwei Fällen die Auswertung über ungesetzliche Grenzübertritte beziehungsweise Ausschleusungen von Mitarbeitern der Hochschule und die Reaktion der Jugendlichen darauf genutzt. Durch die Offiziere des MfS wurde eingeschätzt, dass die Ablehnung derartiger Handlungen und ein Interesse zur Verhinderung weiterer solcher Vorkommnisse als Grundlage für die Motivation zu einer inoffiziellen Zusammenarbeit genutzt werden konnten.

- Aufgebaut wurde bei sieben männlichen Studenten und Oberschülern auf der Bereitschaftserklärung beziehungsweise dem bereits geleisteten Dienst als Soldat auf Zeit (drei Jahre Dienstzeit). Daraus wurde das Interesse der Jugendlichen am Schutz und der Sicherung der DDR als ein Grundmotiv für die inoffizielle Zusammenarbeit abgeleitet. Obwohl bei den untersuchten IM Derartiges nicht auftrat, besagten die Erfahrungen des MfS, dass solche Bereitschaftserklärungen sehr gründlich geprüft werden mussten, da bei einer Vielzahl von Schülern der Abiturstufe Berechnung vorlag, um während des Studiums finanzielle Vorteile zu erlangen. – Noch gründlicher war die Verpflichtung als Offizier auf Zeit (vier Jahre Dienstzeit) zu prüfen, da eine Reihe dieser Verpflichtungen neben dem finanziellen Motiv dadurch gekennzeichnet war, dass man als künftiger Akademiker unmöglich nur als einfacher Soldat oder Unteroffizier seinen Wehrdienst leisten könne. Negative Einflüsse durch das Elternhaus spielten in diesem Zusammenhang eine Rolle. – Als günstiger stellte es sich heraus, die Stellung der studentischen Jugend zur Bereitschaft als Reserveoffiziersbewerber zu prüfen, da daraus keine persönlichen Vorteile erwuchsen, sondern sogar mit Einberufungen zu Reserveübungen gerechnet werden musste. Auch die Haltung zur militärischen Ausbildung während des Studiums ließ Rückschlüsse auf mögliche Motive zu. – Bei zwei weiblichen IM wurde die Stellung zur Ausbildung in der Zivilverteidigung herangezogen, woraus sich ebenfalls Aussagen zu den Motiven ableiten ließen. – Aussagekräftiger als die Bereitschaftserklärung zum Dienst als Soldat, Unteroffizier oder Offizier auf Zeit wurden die Aktivitäten der Jugendlichen in der vormilitärischen Ausbildung eingeschätzt. Aus der Einsatzbereitschaft sowie der Stellung zur konkreten Vorbereitung auf den Wehrdienst ließ sich oftmals nicht nur ein allgemeines militärisches oder sportliches Interesse, sondern auch die Einsicht in die Notwendigkeit zum Schutz des Staates ableiten.
- Die Herausbildung von Idealen wurde bei fünf IM-Kandidaten aus der Vorbildwirkung eines positiven Elternhauses geschlussfolgert. Hierbei kam es jedoch darauf an, die aktive gesellschaftliche Arbeit der Eltern nicht zu sehr zu betrachten, sondern in erster Linie die kontinuierliche Einflussnahme auf die Persönlichkeitsformung der Jugendlichen zu sehen.
- Indirekte Schlussfolgerungen auf das Motivationsgefüge ließen sich bei fünf Jugendlichen daraus gewinnen, dass sie keinerlei engen persönlichen Umgang mit negativen Personen oder Gruppen unterhielten. Aus dem Umgang mit politisch positiven Personen ließen sich zwar keine direkten Motive für die Kontaktaufnahme sowie die inoffizielle Zusammenarbeit gewinnen, jedoch half die Kenntnis der

Motive zur Schaffung des entsprechenden Freundeskreises, die Tiefe und Ausge-
prägtheit der bereits genannten Motive besser zu erkennen und zu begründen.

- Weiterhin wurden in sieben Fällen ein kritisches und ehrliches Bewusstsein, ein
  ausgeprägtes Pflichtbewusstsein sowie Zuverlässigkeit in allen Lebensbereichen
  der Jugendlichen bekannt.
- Für die Begründung der voraussichtlichen Bereitschaft zur inoffiziellen Zusammenarbeit wurden in der Untersuchung Schuarts kaum Motive aus dem unmittelbar persönlich-privaten Bereich aufgeklärt und herangezogen. Ausnahmen
  bildeten:
- Bei einem IM bestand ein ausgeprägtes Interesse an Auslandsreisen. In der späteren Zusammenarbeit wurde seitens der Staatssicherheit Unterstützung durch
  den Einsatz als Reiseleiter bei Beachtung der gemeinsamen Interessen des MfS
  und des IM gewährt.
- Bei einem IM war die Tendenz zur Sicherung der beruflichen Perspektive und das
  durch das Elternhaus anerzogene Bestreben, es im Leben zu etwas zu bringen, erkennbar. Da unmittelbar nach dem ersten Gespräch die Bestätigung des Studien-
  platzes erfolgte, fand durch den vorgangsführenden Offizier dieses Motiv in der
  Annahme, dass dessen Wirkung nicht mehr besteht, keine Beachtung mehr.

Der Staatssicherheit erschien problematisch, dass bei 73,4 Prozent der in der Studie
untersuchten IM durch die Mitarbeiter eingeschätzt wurde, dass keinerlei hemmen-
de oder die Zusammenarbeit negativ beeinflussende Faktoren oder Motive bestanden. Bei vier IM, bei denen derartige mögliche Motive erkannt wurden, handelte es
sich um folgende:

- Zwei Jugendliche konnten zu der Überlegung gelangen, dass man gesellschaftliche
  Arbeit, als die sie die inoffizielle Zusammenarbeit ansahen, nicht ablehnen könne und nur unter einem moralischen Zwang zur Zusammenarbeit mit dem MfS
  bereit sein. Damit stand im engen Zusammenhang, dass Jugendliche bereits viele
  gesellschaftliche Funktionen und Aufgaben hatten und die inoffizielle Zusammenarbeit als nur eine gesellschaftliche Aufgabe unter vielen ansehen könnten.
- Zwei Jugendliche waren Leistungssportler, so dass sich Zeitprobleme aufgrund
  des ausgeprägten sportlichen Interesses ergeben könnten (bei einem IM hatte
  dies sich dann auch in der Zusammenarbeit bestätigt).

Bis auf die letztgenannte Bestätigung hatten sich die als möglicherweise hemmend
wirkend erkannten Motive später in der IM-Tätigkeit nicht negativ ausgewirkt.

Bei einem IM stellte sich ein als positiv wirkend eingeschätztes Motiv später als
negativ heraus: Die positive Erziehung im Elternhaus hatte aufgrund des kontinuierlichen Einflusses auf die Persönlichkeitsentwicklung des Jugendlichen zu einem
Gefühl der Verpflichtung dem Vater gegenüber geführt, ihm die inoffizielle Zusam-

menarbeit offenbaren zu müssen. Nachteilige Wirkungen auf die IM-Tätigkeit entstanden allerdings nicht.

Bei einem IM wurde ein als positiv wirkendes Motiv in der inoffiziellen Zusammenarbeit nicht ausreichend beachtet, so dass sich später Komplikationen ergaben: Bei diesem IM war das Interesse stark ausgeprägt, Aufgaben zu übernehmen, die ihn forderten. Er wurde kurz nach der IM-Verpflichtung im Rahmen der Ableistung des Wehrdienstes an die HA I übergeben. Durch fehlende Konkretheit und Kontinuität bestand die Gefahr, dass die Wirkung dieses positiven Motivs aufgehoben worden wäre und er nach Abschluss der Armeezeit nicht mehr zur Zusammenarbeit mit dem MfS bereit gewesen wäre. Diesem Faktor konnte begegnet werden, indem zu ihm während des Wehrdienstes seitens der Aufklärungsdiensteinheit unabhängig von der Übergabe an die HA I eine kontinuierliche Verbindung gehalten wurde.

Bei der Aufklärung jugendlicher IM-Kandidaten musste die Möglichkeit sehr schneller qualitativer Veränderungen des Bewusstseins berücksichtigt werden. Diese Besonderheit wurde jedoch im Rahmen der Untersuchung Schuarts als nicht typisch festgestellt. Es konnte vielmehr beobachtet werden, dass Grundeinstellungen und wesentlich gesellschaftlich determinierte Motive bereits relativ weit vorgefestigt waren und diese Jugendlichen konstant zum positiven Kern des jeweiligen Kollektivs gehörten. Dabei unterschied sich allerdings die Tiefe der Ausprägung von noch älteren Menschen. Trotzdem musste durch die Beobachtung der Kontinuität der Entwicklung, des Verhaltens sowie der Entscheidungsbereitschaft der Jugendlichen verhindert werden, dass falsche Schlussfolgerungen hinsichtlich der Festigkeit ihrer Motive gezogen wurden. Die Feststellungen durften nicht verabsolutiert werden, sondern ihrer Relativität musste größere Beachtung beigemessen werden.

Nicht außer Acht gelassen werden durften in diesem Zusammenhang die Einflussfaktoren des Elternhauses sowie des direkten und festen Umgangskreises. Weiterhin war grundsätzlich zu beachten, dass Jugendliche im Freizeitbereich andere Verhaltensweisen als in der Schule und im Elternhaus zeigten. Dies traf auf eine Reihe von Jugendlichen zu, da auch unter Schülern und Studenten ein Zweckdenken nicht ausgeschlossen werden konnte. Trotzdem sollten diese unterschiedlichen Verhaltensweisen in den verschiedensten Lebensbereichen nicht verallgemeinert als jugendtypisch angesehen werden, da solche Widersprüche, wenngleich in unterschiedlicher Form, auch unter Erwachsenen nicht unüblich waren.

Für die Werbung von jugendlichen IM für den perspektivischen Einsatz im Operationsgebiet kam es vielmehr darauf an, solche IM zu finden, bei denen das Verhalten sowie die Motivation dafür in *allen* Bereichen ihres Auftretens von der Grundtendenz her Übereinstimmung zeigte.

Aus Schuarts Untersuchungsergebnissen zur Aufklärung der Motivation jugendlicher IM-Kandidaten konnten zusammenfassend folgende Schlussfolgerungen gezogen werden:

- Auch bei den IM-Kandidaten aus dem Kreis positiver Jugendlicher durfte nicht nur von einem generellen, aus der politischen Grundhaltung abgeleiteten Motiv ausgegangen werden. Die Motive mussten exakt herausgearbeitet und differenziert werden.
- Motive für die inoffizielle Zusammenarbeit waren primär gesellschaftlich determiniert. Diese Motive mussten aufgrund der vorgesehenen Perspektive – unter Beachtung der Notwendigkeit der Aufklärung der Gesamtmotivlage – besonders gründlich herausgearbeitet werden.
- Motive mussten stets in ihrer konkreten Bezogenheit sowie ihrer Dynamik beachtet werden.
- Es konnte nicht nur von der Wirkung einiger positiver Motive ausgegangen werden. Auch eventuelle Gegenmotive mussten aufgeklärt werden, um erst aus der Wertung der Gesamtwirkung aller Motive zu begründeten Schlussfolgerungen auf die Bereitschaft zur inoffiziellen Zusammenarbeit zu gelangen.
- Bei der Herausarbeitung der Motive für die Werbung und die inoffizielle Zusammenarbeit musste bereits auf das Vorhandensein von Grundlagen für die Entwicklung der Motive hinsichtlich der geplanten Perspektive geachtet werden.[23]

Die Nutzung der Motive bei der Kontaktaufnahme und in der Kontaktphase

Die Staatssicherheit ging davon aus, dass die Jugendlichen durch Fernsehen, Film, Bücher, Unterricht sowie gesellschaftliche Arbeit allgemeine Vorstellungen über das MfS besaßen. Diese waren jedoch durch die Konspiration des Organs verschwommen und meist von abenteuerlichen Vorstellungen geprägt, was wiederum vom Charakter der erhaltenen Informationen abhängig war. Die Vorstellungen waren nicht nur rational begründet, sondern umso stärker emotional ausgeprägt, je jünger die Jugendlichen waren. Vorbilder und Bezugspunkte wurden vielfach aus dem Bereich der Arbeit im Ausland gewonnen, wobei sich Jugendliche sowohl an Filmhelden (beispielsweise aus For Eyes Only oder Das unsichtbare Visier) als auch an historischen Personen (Richard Sorge, Ruth Werner, Max Christiansen-Clausen, Sándor Radó) orientierten. Es entstand verschiedentlich der Eindruck, dass die Staatssicherheit nur oder primär eine äußere Funktion zu erfüllen hatte. Darin lag die Gefahr begründet, dass die Jugendlichen nach der Kontaktaufnahme und in der inoffiziellen Zusammenarbeit von vornherein mit einem Auslandseinsatz rechnen würden.

Vorstellungen über den konspirativen Charakter der Tätigkeit des MfS, insbesondere der Arbeit mit IM (ohne diese Bezeichnung zu kennen), waren oftmals bereits vorhanden. Allerdings gab es kaum konkrete Vorstellungen über die Arbeitsweise oder den Umfang der Arbeit. Als allgemeines Wissen setzte die Staatssicherheit bei Oberschülern voraus, dass diese Vorstellungen dahingehend besaßen, dass es staatsbewusste Bürger oder Genossen gab, die dem MfS Hinweise und Informationen übermittelten. In Gesprächen, die ein Lehrer-IM über aufgeklärte und veröffentlichte Vorgänge des MfS führte, äußerten die Jugendlichen sinngemäß, dass die Genossen des MfS schon wüssten, wie sie das herausbekommen hätten. Unter Studenten waren im Allgemeinen konkretere Vorstellungen vorhanden. Sie vermuteten oder wussten aufgrund von Gesprächen über erfolgte Dekonspirationen, dass die Staatssicherheit an vielen Stellen Informanten hatte. Kenntnisse über den organisierten Aufbau der inoffiziellen Arbeit des MfS innerhalb der DDR bestanden allerdings nicht. So wurde von Jugendlichen im ersten Gespräch beispielsweise die Notwendigkeit der Zusammenarbeit mit IM in der NVA/den GT der DDR anerkannt, aber nicht während des Studiums. Die Befragung der IMs zu ihren Vorstellungen über die Staatssicherheit im ersten Gespräch ergab gemäß der Untersuchung Schuarts:

- Durch 60 Prozent wurde bestätigt, dass sie vor dem ersten Gespräch keine oder falsche Vorstellungen vom MfS gehabt hatten.
- Allerdings hatten 46,7 Prozent die Darstellungen in den Filmen und Büchern für zu abenteuerlich gehalten.
- 40 Prozent hatten das MfS für ein Organ gehalten, das ausschließlich Aufgaben außerhalb der DDR besaß. Dabei schätzte jedoch die Hälfte ein, dass die Paralysierung unmittelbarer Feinde im Innern der DDR eine aus der äußeren Funktion abgeleitete Aufgabe sei.
- 13,4 Prozent hatten recht konkrete Vorstellungen dahingehend besessen, dass die Staatssicherheit ihre Aufgaben nur über die Arbeit mit IM realisieren konnte.
- Nur ein IM (6,7 Prozent) hatte Vorstellungen gehabt, dass das MfS alle Bereiche des gesellschaftlichen Lebens durchdringen musste.

Aus diesen Vorkenntnissen/Vorstellungen über die Staatssicherheit ergaben sich Schlussfolgerungen für die Motivierung in der Kontaktphase sowie für die inoffizielle Zusammenarbeit, zum Beispiel:

- Die Jugendlichen waren daran interessiert, ihre Kenntnisse über das MfS zu erweitern, zumal sich realistische Darstellungen kaum fanden und ihnen selten jemand begegnete, der konkrete Kenntnisse vermitteln konnte, da dies die Konspiration strikt verbot. Daraus konnte sich die Gefahr entwickeln, dass das Interesse des IM nach der Erlangung der entsprechenden Kenntnisse erloschen, zumal die romantischen Vorstellungen der gewonnenen Erfahrung, dass die Tätigkeit der Staatssicherheit aus viel Kleinarbeit bestand, weichen musste.

- Die Vorstellungen bei einer Reihe Jugendlicher über eine vorherrschende Aufklärungsfunktion des MfS mussten schnellstmöglich abgebaut werden, um keine falschen Erwartungen entstehen zu lassen, die die jugendlichen IM von der Zielfunktion ablenkten.
- Es mussten bei den IM Überzeugungen von der Notwendigkeit und Rechtmäßigkeit der inoffiziellen Arbeit geschaffen werden. Den Jugendlichen musste klar werden, dass das MfS die Zusammenarbeit mit den Bürgern vorrangig nur in der inoffiziellen Arbeit mit IM realisieren konnte.
- Gefühle und Wertungen(beispielsweise »Spitzel« oder »Zuträger«), die sich aus früheren Vorstellungen ergeben konnten, mussten abgebaut und durch positive Gefühle ersetzt werden.
- Die positiven Inhalte aus Filmen, Büchern sowie anderen Veröffentlichungen mussten genutzt werden, um Ideale bei den jugendlichen IM zu schaffen, ohne dabei Vorstellungen von einem möglichen Auslandseinsatz zu nähren.
- Romantische sowie abenteuerliche Vorstellungen mussten schnellstmöglich abgebaut werden, um falsche Erwartungen oder Wünsche zu beseitigen.

Die Motivierung der IM-Kandidaten für die inoffizielle Zusammenarbeit war nur durch die Beachtung der aufgeklärten Motive zu erreichen. Dabei mussten auch objektive, außerhalb der Persönlichkeit liegende Faktoren berücksichtigt werden. Alle psychischen Erscheinungen sowie objektiven Bedingungen mussten komplex und abgestimmt eingesetzt werden. Es durften keine Widersprüche auftreten, da sich sonst auch Umstände und psychische Bedingungen, die die positive Motivation begünstigten, in ihr Gegenteil umkehren konnten. Solche objektiven Faktoren, die die Motivierung der jugendlichen IM-Kandidaten wesentlich stimulieren konnten, waren Ort, Zeit und Bedingungen der ersten Gespräche.

Erfahrungen des MfS, die sich bei den Befragungen ergaben, besagten, dass für die Kontaktaufnahme zu den Jugendlichen eine Umgebung genutzt werden sollte, die diesen ein ausreichendes Gefühl der Sicherheit vermittelte. Die Jugendlichen mussten die Möglichkeit haben, das Gespräch ohne Entstehen größerer Konflikte gegenüber ihrer Umgebung zu legendieren. Die Umgebung sollte durch ihre Fremdheit für die Jugendlichen keine unnötige Reserviertheit oder Spannung aufkommen lassen, da diese durch das Ungewöhnliche des Anliegens des Gesprächs bereits stark emotional stimuliert waren.

Generelle Rezepte für die Herausarbeitung von Örtlichkeiten oder zeitlichen Bedingungen für das erste Gespräch sah das MfS nicht. Die Festlegung der Bedingungen war von der Persönlichkeit des jeweiligen Jugendlichen, seiner individuellen und aktuellen Motivlage, der Umgebung und anderen Faktoren abhängig. Trotzdem kam die Staatssicherheit zu der Einschätzung, dass sich ein Ansprechen auf dem Weg zur oder von der Schule, Studieneinrichtung oder Arbeit als ungünstig erweisen würde, da die Jugendlichen diesen Weg oftmals in Gruppen zurücklegten, ein Absondern auffiel oder andere Jugendliche die Kontaktaufnahme wahrnehmen konnten. Dabei fand Berücksichtigung, dass die Mitarbeiter des MfS meist älter als die Jugendlichen waren, wodurch das Ansprechen gegenüber der Umgebung des jeweiligen Jugendlichen noch auffälliger wirkte, zumal diese untereinander oftmals ihre verwandtschaftlichen Bindungen sowie die Freunde kannten.

Falls das erste Gespräch in einem geeigneten Raum der Schule, Studieneinrichtung oder der Arbeit erfolgen sollte, ließen sich die Jugendlichen unter einer diesem Bereich angepassten Legende herauslösen. Mit dieser Legende konnte der entsprechende Jugendliche dann auch in sein Kollektiv zurückkehren, ohne über längere Zeit Fragen beantworten zu müssen. Das Herauslösen aus dem Kollektiv musste dann allerdings durch einen Mitarbeiter der jeweiligen Einrichtung erfolgen, was vom MfS bei der Motivierung des Jugendlichen für die Einhaltung der Konspiration berücksichtigt wurde. Schwierigkeiten konnten sich dadurch ergeben, dass durch die Einbeziehung einer dritten Person der Jugendliche mittels der Bestelllegende meist in eine Richtung motiviert werden musste, die mit dem eigentlichen Gesprächsanliegen nicht immer übereinstimmte, und deshalb für das eigentliche Gespräch eine Ummotivierung erfolgte. Weiterhin fand durch die Staatssicherheit Beachtung, dass bei den Jugendlichen unter dem unmittelbaren Eindruck einer schulischen oder arbeitsmäßigen Belastung (Stress, Prüfungsvorbereitung) eine reservierte Haltung zum Vorschlag der inoffiziellen Zusammenarbeit auftreten konnte.

Nach Erfahrungen des MfS erwies es sich als günstiger, wenn im Freizeitbereich Kontakt zu den Jugendlichen aufgenommen wurde. Hier waren diese meist entspannter und gesprächsbereiter. Diese Möglichkeiten wurden in Schuarts Untersuchung bei den IM wie folgt genutzt:

- Sieben IM (männlich) wurden zum Wehrkreiskommando bestellt. Als Jugendliche standen sie im wehrpflichtigen Alter, so dass solche Vorladungen vor und nach der Ableistung des Wehrdienstes normal waren. Bei diesen Jugendlichen war oft bereits eine Vormotivierung in Richtung Schutz und Sicherheit des Staates vorhanden. Die aktuelle Motivlage musste allerdings berücksichtigt werden, da bei gegenwärtigen Entscheidungen (Hochzeit steht bevor, Frau erwartet ein Kind, interessante berufliche Weiterbildung) negativ wirkende Erwartungen (zum Beispiel: rechnet mit der Einberufung) auftreten konnten, die den Erfolg des Gesprächs in Frage stellten.

- Vier IM wurden zur FDJ-Kreisleitung bestellt. Da die Jugendlichen, die für die Perspektive »Einsatz im Operationsgebiet« geworben werden sollten, positiv und gesellschaftlich aktiv waren, wurde diese Bestellung als normaler Vorgang empfunden. Auch die Motivierung für die Gesprächsführung sowie die Weiterführung des Kontaktes bis zur inoffiziellen Zusammenarbeit konnte gut aus der Bestelllegende abgeleitet werden.
- Zwei IM wurden im unmittelbaren Wohnbereich aufgesucht. Die generelle Möglichkeit sowie die zu beachtenden konkreten Bedingungen mussten exakt geprüft werden. Der Vorteil bestand darin, dass die vertraute Umgebung keinerlei aus der »Fremdheit« erwachsene Spannung aufkommen ließ und den Jugendlichen gegenüber keine Bestelllegende angewandt werden musste. Allerdings war zu beachten, dass den Jugendlichen durch die gewohnte Umgebung unter Umständen das Besondere des Anliegens nicht genügend deutlich wurde und dass die gewohnte Umgebung im konkreten Fall der Motivierung zur Notwendigkeit der Einhaltung der Konspiration und Geheimhaltung entgegenwirken konnte.

Durch zehn IM wurde eingeschätzt, dass der Einladungsort die Bereitschaft und die Einsicht in die Notwendigkeit der inoffiziellen Zusammenarbeit förderte (davon fünfmal Bestellung zum Wehrkreiskommando, viermal Bestellung zur FDJ-Kreisleitung und einmal Aufsuchen in der Wohnung).

Die gesicherte Erkenntnis, dass die Bestelllegende mit der Gesprächslegende übereinstimmen musste, war aus Sicht der Staatssicherheit bei jugendlichen IM-Kandidaten noch mehr zu beachten als bei Erwachsenen, um das Aufkommen von Misstrauen zu verhindern. Zu einem späteren Zeitpunkt, unter Umständen bereits im ersten Gespräch, konnte eine komplikationslose Überführung zu anderen Legenden oder Problemen erfolgen, was eine geschickte Beachtung der Motivation des jugendlichen IM-Kandidaten verlangte.

Folgendes Beispiel charakterisiert, dass gerade das ungenügend durchdachte Aufsuchen eines Jugendlichen in der Wohnung zu Komplikationen führen konnte: »Die Kontaktaufnahme erfolgte ziemlich überraschend. Der Mitarbeiter suchte mich in der Wohnung auf (möglich, da wir bekannt sind, er auch meinen Eltern – wir sind Gartennachbarn). Besser wäre vielleicht gewesen, er hätte eine passende Geschichte für seinen Besuch und meine sich daraus für den Vormittag ergebende Abwesenheit erfunden. Nach Absprache konstruierte ich dann eine entsprechende Legende.«[24] Der Vater des IM-Kandidaten war Mitarbeiter des Arbeitsgebietes I der Kriminalpolizei. Er arbeitete also selbst mit Inoffiziellen Kriminalpolizeilichen Mitarbeitern und Kriminalpolizeilichen Kontaktpersonen zusammen.

Das MfS ging stets davon aus, dass der jugendliche IM-Kandidat mit dem ersten Gespräch vor eine Situation gestellt wurde, die für ihn völlig neu war und mit der er sich noch nicht beschäftigt hatte. Der jugendliche IM-Kandidat stand erstmalig vor einer Situation, in der er völlig selbstständig entscheiden musste und bei der von ihm verlangt wurde, sich mit keiner auch noch so vertrauten Person zu beraten. Deshalb rechnete die Staatssicherheit gerade im ersten Gespräch – meist noch stärker als während der schriftlichen Verpflichtung – mit einer Auseinandersetzung der Motive. Es wurde als notwendig erachtet, die Motivlage der Jugendlichen zu kennen, um für das erste Gespräch als Ausgangspunkt der inoffiziellen Zusammenarbeit relativ konstante und stark wirkende Motive als Hauptmotiv vorrangig ansprechen zu können, aber dabei die Wirkung von vermutlichen Neben- und entgegengesetzten Motiven nicht außer Acht zu lassen.

Es wurde bereits erwähnt, dass die aufgeklärten Motive in erster Linie aus der Stellung des Jugendlichen zur gesellschaftlichen Arbeit abgeleitet wurden. Dies war aufgrund der perspektivischen Einsatzrichtung (Übersiedlungskandidat/Einsatzkader) nicht ungewöhnlich. Allerdings sah das MfS die Gefahr des Subjektivismus darin, den IM-Kandidaten ausschließlich in seiner Übereinstimmung mit den Anforderungen zu sehen. Bei der Feststellung gesellschaftlich determinierter positiver Motive wurde anderen Motivbereichen, die unzweifelhaft vorhanden waren und wirkten, zu wenig Beachtung beigemessen. Dadurch konnte es zu Fehlschlüssen bei der Einschätzung der Persönlichkeit in ihrer Gesamtstruktur kommen. Deshalb kam es aus Sicht der Staatssicherheit im ersten Gespräch besonders darauf an,

- die Tiefe und Stärke der Wirkung der aufgeklärten Motive sowie ihre Nutzbarkeit für die inoffizielle Zusammenarbeit festzustellen und zu beeinflussen sowie
- der Herausarbeitung der Nebenmotive und ihres Einflusses im Motivkomplex größere Beachtung beizumessen.

Ausgehend von der gesellschaftlich positiven Wirkung der oftmals gewählten Orte sowie der politischen Grundhaltung der Jugendlichen hatte es sich bewährt, grundsätzlich die sich daraus ergebenden Zusammenhänge zu den Grundmotiven in den Mittelpunkt des ersten Gesprächs zu stellen. Bei allen 15 IM wurden keine Vorwände genutzt, die auf andere Motive der Kandidaten zurückzuführen waren. Als Anlass wurde jedoch bei drei IM die Sicherung gesellschaftlicher Höhepunkte (beispielsweise X. Weltfestspiele) und bei einem IM die Einberufung zum Wehrdienst genutzt. Solche Anlässe wurden als gut anwendbar betrachtet, um weitere Gespräche zu begründen und beim IM-Kandidaten die Bereitschaft bis zur Überleitung in die stabile inoffizielle Zusammenarbeit zu motivieren.

Die IM wurden befragt, weshalb sie sich bereiterklärten, die Staatssicherheit zu unterstützen. Es zeigte sich dabei, dass die in der Aufklärungsphase herausgearbeiteten und im ersten Gespräch vertieften beziehungsweise geschaffenen Motive im Vordergrund der Bereitschaft für weitere Gespräche oder für die inoffizielle Zusammenarbeit standen. Eine Rangfolge der von den IM angegebenen Motive zeigt folgendes Ergebnis auf:

1. Ich erkannte die gesellschaftliche Notwendigkeit der konspirativen Arbeit des MfS. Insgesamt neun IM stellten dieses Motiv an die erste Stelle, fünf IM an die zweite Stelle und ein IM an die sechste Stelle. Obwohl gerade die Wirkung dieses Motivs nicht aufgeklärt wurde und vorausgesetzt werden konnte, war aus Sicht der Staatssicherheit interessant, dass es eindeutig dominierte. Für das MfS zeigte sich, welche Bedeutung der inhaltlichen Führung des ersten Gesprächs zukam. Es erschien aber auch möglich, dass dieses Motiv aufgrund des Neuen und bis dahin Unbekannten eine starke Wirkung ausübte. Aufgrund der weiteren Reihenfolge erkannte die Staatssicherheit jedoch, dass ein enger Zusammenhang mit anderen Motiven aus der gesellschaftlichen Tätigkeit, Entwicklung und Stellung vorhanden war.

2. Ich wollte zum Schutz unserer Republik beitragen. Zwei IM stellten dieses Motiv an die erste Stelle, sechs IM an die zweite Stelle und zwei IM an die dritte Stelle.

3. Ich wollte dazu beitragen, die Angriffe des Imperialismus zurückzudrängen. Ein IM stellte dieses Motiv an die erste Stelle, zwei IM an die zweite Stelle und drei IM an die dritte Stelle.

4. Ich wollte das Vertrauen, was man in mich setzte, rechtfertigen. Ein IM stellte dieses Motiv an die erste Stelle, ein IM an die zweite Stelle, zwei IM an die vierte Stelle und ein IM an die fünfte Stelle.

5. Ich wollte damit für die mir durch die Gesellschaft bisher gewährte Unterstützung danken. Ein IM stellte dieses Motiv an die erste Stelle und ein IM an die zweite Stelle.

6. Ich hielt es aufgrund meiner Funktion für eine moralische Pflicht. Ein IM stellte dieses Motiv an die erste Stelle und ein IM an die vierte Stelle.

7. Ein IM gab als vorrangiges Motiv für weitere Kontakte mit dem MfS an, dass er etwas Besonderes erleben wollte. Später, im Verlauf der IM-Tätigkeit, schätzte dieser IM ein, dass dieses Motiv keine Bedeutung mehr besaß und die in der vorgenannten Rang- und Reihenfolge drei erstgenannten Motive das Primat besaßen.

8. Ein IM schätzte als ein wesentliches Motiv ein, dass er gegenüber seiner politischen Überzeugung auch in der Tat konsequent sein wollte.

Die Mehrzahl der befragten IM gab an, dass auch andere Faktoren als Motiv gewirkt hatten. Jedoch rangierten diese an untergeordneter Stelle. Die Auswertung der durch die IM angeführten Motive zeigte der Staatssicherheit, dass es erforderlich war, tiefer in das Motivationsgefüge der Jugendlichen vorzustoßen, um mit Beginn des ersten Gesprächs alle Möglichkeiten nutzen zu können, damit bereits an dieser

Stelle ein möglichst nachhaltiger Einfluss auf die weiteren Gespräche und die inoffizielle Zusammenarbeit gewährt war.

Insgesamt hatte sich erwiesen, dass sich die Ergebnisse der Aufklärung über die Motive der Jugendlichen in der persönlichen Begegnung mit den IM-Kandidaten bestätigten und Konkretisierungen nur in Ausnahmefällen erforderlich waren. Sie konnten für die weiteren Gespräche genutzt werden. Grundsätzliche oder wesentliche Änderungen zu den bis dahin vorhandenen Erkenntnissen über die Motive der Jugendlichen traten nicht auf.

Die Staatssicherheit schätzte ein, dass sich die Jugendlichen in den Gesprächen mit den Offizieren des MfS ihrer Motive im Wesentlichen voll bewusst waren. Dies hatte ein Vergleich der von den Offizieren aufgeklärten mit den im ersten Gespräch von den Jugendlichen ausgesprochenen Motiven ergeben. Als den IM-Kandidaten für die inoffizielle Zusammenarbeit relevante und ihnen bewusste Motive wurden vorrangig genannt:

- bestehendes Verantwortungsgefühl für die Sicherung der DDR (sechs IM),
- Verantwortungsgefühl für die Erhaltung von Ordnung und Sicherheit (sechs IM),
- Interesse an gesellschaftswissenschaftlichen Problemen sowie an der Möglichkeit der vorbehaltlosen Diskussion mit den Mitarbeiten der Staatssicherheit (sieben IM),
- Verantwortungsgefühl als Genosse oder aufgrund der gesellschaftlichen Position (fünf IM).

Die Darstellung der Motivierung im ersten Gespräch zeigte, dass die Jugendlichen sehr rational in ihrem Denken und Handeln waren, obwohl die emotionale Seite vom MfS nicht unterbewertet wurde. In der Erziehung der jugendlichen IM kam es entsprechend der operativen Perspektive darauf an, eine unbedingte Vorbehaltlosigkeit gegenüber der Staatssicherheit zu erreichen. Diesem Gedanken sollte bereits von der Kontaktphase an Rechnung getragen werden. Mit dem ersten Gespräch, das den Anfang der inoffiziellen Zusammenarbeit bildete, waren Forderungen zu stellen, auf deren konsequente Durchsetzung geachtet werden musste. Die Jugendlichen wollten als Persönlichkeit ernst genommen werden. Sie sahen aus Sicht der Staatssicherheit im MfS einen Partner, der eine wichtige Aufgabe zu realisieren hatte, und erkannten, dass in der inoffiziellen Zusammenarbeit ein Betätigungsfeld lag, in dem sie sich bestätigen konnten, ohne Bedenken haben zu müssen. Dieser Partner wurde durch den Führungsoffizier verkörpert, mit dem der IM durch ein gemeinsames Ziel verbunden war.

Die Erwartungen, die die Jugendlichen an die inoffizielle Zusammenarbeit vom ersten Gespräch an stellten, mussten möglichst der Schaffung und Festigung dauerhafter Motive untergeordnet beziehungsweise dazu genutzt werden. Das MfS ging davon aus, dass sich die Motive für eine dauerhafte inoffizielle Zusammenarbeit nur dann als stabil erweisen würden, wenn die Jugendlichen ihre persönlichen Interessen und Bedürfnisse, Wünsche und Erwartungen mit den gesellschaftlichen Anforderungen in Übereinstimmung sahen.

Es musste auch hierbei beachtet werden, dass die Offiziere des MfS in der Regel älter waren als die jugendlichen IM-Kandidaten. Deshalb war die Ausschöpfung aller Möglichkeiten zur schnellen Herstellung eines guten Vertrauensverhältnisses notwendig. Dies setzte voraus, dass die Mitarbeiter des MfS sich für die Probleme der Jugendlichen interessierten, ohne dabei »väterlich« zu wirken. Weiterhin mussten sie es verstehen, sich den Jugendlichen anzupassen, ohne auf ihre eigene Persönlichkeit zu verzichten. Die Jugendlichen achteten gerade in der Kontaktphase aufgrund des Neuen sehr genau auf alle Äußerungen und Verhaltensweisen der MfS-Offiziere. Es durfte bei den Jugendlichen zu keiner Zeit das Gefühl entstehen, sie seien lediglich Objekt einer Aufgabe. Gerade in der Kontaktphase spielten die persönlichen Gespräche eine dominierende Rolle bei der Festigung aufgeklärter und im ersten Gespräch bestätigter Motive beziehungsweise bei der Schaffung neuer Motive, da der Auftragserteilung und Instruktion, der Auftragserfüllung und -auswertung trotz umfangreicher Möglichkeiten Grenzen gesetzt waren. Darauf mussten sich die Mitarbeiter des MfS einstellen.

Die Jugendlichen wurden im ersten Gespräch mit dem konspirativen Kontakt vertraut gemacht und erklärten sich zur Realisierung von Aufgaben für die Staatssicherheit bereit. Ihnen war gewöhnlich noch nicht bewusst, welcher Art diese Aufgaben sein würden und ob sie diese überhaupt realisieren könnten. Die Vorstellungen von der inoffiziellen Zusammenarbeit wurden deshalb schnell in realistische Bahnen gelenkt.

In der Kontaktphase ließen sich neben bereits Genanntem verschiedene Methoden der Motivbildung beziehungsweise -festigung anwenden, die teilweise, trotz bestehender Unterschiede, sehr eng mit der inoffiziellen Zusammenarbeit nach der schriftlichen Verpflichtung zusammenhingen. Durch die Offiziere wurden vorrangig folgende Möglichkeiten genutzt:

- Übertragung erster konkreter Aufgaben wie Einschätzung von Personen oder Sachverhalten aus dem Arbeits- und Freizeitbereich: Damit verbunden war die Vertiefung der Einsicht in die Notwendigkeit der inoffiziellen Zusammenarbeit sowie der operativen Möglichkeiten des IM-Kandidaten.
- Bewusstmachen der Notwendigkeit der Erarbeitung inoffizieller Informationen sowie das Aufzeigen von deren Bedeutsamkeit: Damit im Zusammenhang stand die Forderung, nicht nur zu informieren, sondern auch selbst zur Veränderung von negativen Situationen im Zusammenwirken und mit Hilfe des MfS beizutragen.

- Interesse des IM-Kandidaten an der Erweiterung des politischen Wissens und Einschätzungsvermögens: Dazu wurden die persönlichen Gespräche sowie die Auswertung der Informationen genutzt, damit der IM-Kandidat erkennen konnte, dass die Zusammenarbeit mit ihm seiner Persönlichkeitsentwicklung diente.
- Entwicklung des Gefühls einer gleichberechtigten Partnerschaft: Der IM-Kandidat sollte erkennen, dass beide Seiten Gebende und Nehmende sind.
- Übereinstimmung von Forderung und Anleitung: Der IM-Kandidat durfte nur solche Aufgaben übertragen bekommen, die er mit einem vertretbaren Aufwand lösen konnte, damit Erfolgserlebnisse entstanden. Durch die Realisierung von Forderungen entstand eine stimulierende positive Motivation.[25]

Die Vorbereitung und Durchführung der schriftlichen Verpflichtung sowie die Rolle der Motive dabei

Die Befragung der 15 IM hatte ergeben, dass sie sich bereits zu einem sehr frühem Zeitpunkt darüber im Klaren waren, für eine beständige Zusammenarbeit gewonnen zu werden. Insgesamt 46,7 Prozent war dies bereits nach dem ersten Gespräch klar, 36,7 Prozent nach dem zweiten beziehungsweise dritten Gespräch. Dabei hatten sechs IM geahnt, dass eine schriftliche Verpflichtung von ihnen verlangt werden würde. Diese Erkenntnis rief bei ihnen folgende Bedenken vor:
- Angst, anderen Personen zu schaden (drei IM),
- nicht objektiv genug zu sein (drei IM),
- Angst vor einer Dekonspiration (fünf IM),
- die Erwartungen nicht erfüllen zu können (drei IM),
- der entstehende Zeitaufwand wäre schwer zu verkraften (ein IM).

Insgesamt fünf IM gaben an, keine Bedenken gehabt zu haben, und zwei IM äußerten sich zu dieser Frage nicht.

Trotz der bei insgesamt acht IM aufgetretenen Bedenken gab es in den Gesprächen vor der Verpflichtung keinerlei Verhaltensweisen, die auf ein Nachlassen des Interesses am inoffiziellen Kontakt hindeuteten. Lediglich zwei IM gaben an, dass sie ihre Bedenken für sich behalten hatten. Für die anderen IM bildeten die Gespräche mit den MfS-Mitarbeitern sowie die Erfahrungen, die sie während der Kontaktphase gewonnen hatten, wesentliche Voraussetzungen, ihre Bedenken hinter sich zu lassen. Dazu führten sie folgende Gründe an:
- Gewachsene Einsicht in die Notwendigkeit der inoffiziellen Zusammenarbeit (zehn IM), dabei schätzten zwei IM ein, dass aus diesem Grund bei ihnen gar nicht erst Bedenken entstanden seien,
- die Feststellung, nicht »5. Rad am Wagen« zu sein (zwei IM),

- das Erkennen der positiven Auswirkungen auf die eigene Persönlichkeitsentwicklung (drei IM),
- die gewachsene Kenntnis über den Inhalt sowie die Aufgaben der IM (drei IM).

Die genannten Aussagen der IM zur Vorbereitung der schriftlichen Verpflichtung stellten die zielstrebige Arbeit der Offiziere in der Kontaktphase dar, um bei den IM-Kandidaten systematisch ausreichende Motive zu schaffen. Durch die Mitarbeiter der Staatssicherheit wurden folgende Maßnahmen zur Entwicklung und Festigung der Motive in den Vordergrund gestellt:

- Schaffung einer richtigen Einstellung zum MfS sowie der Überzeugung, dass die Arbeit der Staatssicherheit mit IM legitim und notwendig ist,
- Festigung der Überzeugung, dass das Sicherheitsbedürfnis des Staates real ist,
- Herstellung der Übereinstimmung der Interessen bezüglich Ordnung und Sicherheit mit den Interessen des MfS,
- Entwicklung eines realistischen Feindbildes durch die Arbeit mit Beispielen aus konkreten Angriffen gegnerischer Kräfte,
- aktive Einflussnahme auf die positive Einstellung zur Staats- und Gesellschaftsordnung der DDR,
- Wecken beziehungsweise Förderung des Interesses an einer aktiven politisch-ideologischen Arbeit sowie Stärkung des Verantwortungsgefühls als Genosse,
- Festigung der Überzeugung, dass der IM-Kandidat Möglichkeiten zur Unterstützung der Staatssicherheit besitzt,
- Nutzung von real existierenden Vorbildern des Jugendlichen (Eltern, Lehrer, Geschwister).

Es wurde seitens des MfS aber auch als erforderlich betrachtet, in Vorbereitung auf die schriftliche Verpflichtung vom ersten Gespräch an folgende Motive, die sich negativ hätten auswirken können, abzubauen:

- die Vorstellung, dass die Staatssicherheit vorwiegend Kundschaftertätigkeit ausübte,
- das Interesse bei der Realisierung der operativen Aufgaben etwas Besonders zu erleben,
- den Wunsch, mit Hilfe des MfS eine aussichtsreichere berufliche Perspektive zu sichern.

Im anschließenden Werbegespräch beziehungsweise während der schriftlichen Verpflichtung zeigte sich, dass die Motive ausreichend gefestigt waren, um den Erfolg der Werbung zu gewährleisten. Dazu trugen das vorgenannte Vorgehen der Offiziere und damit im Zusammenhang die subjektiven Voraussetzungen der IM-Kandidaten bei.

Bewährt hatte sich, die Kontaktphase vom ersten Gespräch bis zur schriftlichen Verpflichtung möglichst lang zu gestalten. Es wurden in der Regel mehr als fünf Gespräche geführt, die zwei bis drei Stunden und länger andauerten. Diese erfolgten in kurzen Abständen von ein bis zwei Wochen. Dadurch war es möglich, umfassende Kenntnisse über die Persönlichkeit der IM-Kandidaten zu gewinnen und diese systematisch zur Motivierung der schriftlichen Verpflichtung sowie der darauffolgenden inoffiziellen Zusammenarbeit einzusetzen.

Wie bereits erwähnt, waren sich 83,4 Prozent (46,7 Prozent nach dem ersten Gespräch, 36,7 Prozent nach dem zweiten beziehungsweise dritten Gespräch) der jugendlichen IM-Kandidaten bewusst, dass sie eine beständige inoffizielle Zusammenarbeit eingingen. Insgesamt 40 Prozent davon ahnten, dass eine schriftliche Verpflichtung von ihnen verlangt werden würde. Dies betrachtete das MfS als gute Grundlage, die schriftliche Verpflichtung so vorzubereiten, dass sie als ein natürlicher, logischer und folgerichtiger Schritt erschien. Durch die MfS-Mitarbeiter wurde aufgrund des Verlaufes der Kontaktphase eingeschätzt, dass die Motivierung so weit fortgeschritten war, dass dieser Schritt komplikationslos erfolgen konnte, was sich in jedem Fall bestätigte. Im Werbegespräch wurde dabei wie folgt vorgegangen:

- Darlegung der Notwendigkeit der schriftlichen Verpflichtung:
  - als Maßnahme zur Gewährleistung von Sicherheit und Konspiration für beide Seiten (Festlegung eines Decknamens),
  - als Maßnahme zur Festlegung der Rechte und Pflichten,
  - als Ausgangspunkt für eine weitere Phase der inoffiziellen Zusammenarbeit mit qualitativ neuen und komplizierteren Aufgaben,
- klare Darlegung der Erwartungen des MfS an die inoffizielle Zusammenarbeit bis zur Darstellung der Forderung der Vorbehaltlosigkeit,
- Herausarbeitung der positiven Erfahrungen des IM-Kandidaten aus der Zusammenarbeit in der Kontaktphase,
- Schaffung der Überzeugung, dass man zum Schutz der DDR mehr leisten müsse als der »Durchschnittsbürger«.

Diese taktischen Maßnahmen wurden vom MfS so eingeschätzt, dass vorwiegend rationale Bereiche des IM angesprochen wurden. Nur bei einem weiblichen IM war es erforderlich, die emotionale Seite stärker zu betonen.

In der BV Magdeburg wurde durch die Abteilung XV sowie durch die Offiziere für Aufklärung der KD ein einheitlicher Verpflichtungstext genutzt. Die folgenden Aussagen sind im Zusammenhang mit diesem Grundmuster zu sehen.

V E R P F L I C H T U N G

Ich, ..., geb. am .... in ....

wohnhaft ....

tätig als .... in (bei) ....

verpflichte mich, freiwillig mit dem Ministerium für Staatssicherheit zusammenzuarbeiten.

Meine freiwillige Zusammenarbeit mit dem Ministerium für Staatssicherheit beruht auf meiner Überzeugung von der Richtigkeit der Politik unserer Partei und Regierung.

Bei der Abgabe dieser Verpflichtung bin ich mir bewußt,

- daß das Ministerium für Staatssicherheit ein zuverlässiges und der Sozialistischen Einheitspartei Deutschlands treu ergebenes Organ der Regierung der Deutschen Demokratischen Republik ist, in deren Auftrag es wichtige politische und operative Aufgaben zur Festigung unserer sozialistischen Staatsmacht und zur Sicherung des Friedens durchführt;

- daß das Ministerium für Staatssicherheit als ein Organ der sozialistischen Staatsmacht zum Schutz und zur Sicherung der entwickelten sozialistischen Gesellschaft und zum Kampf gegen alle Anschläge der Feinde des Friedens und des Sozialismus geschaffen wurde.

Ich verpflichte mich:

a) alle meine Kräfte und Fähigkeiten einzusetzen, um die ehrenvolle Pflicht und Aufgaben eines inoffiziellen Mitarbeiters zu erfüllen, ehrlich und aufrichtig mit dem Ministerium für Staatssicherheit zusammenzuarbeiten, ständig meine Einsatzbereitschaft unter Beweis zu stellen, meine ganze Kraft für die Lösung gegebener Aufträge einzusetzen, immer als klassenbewußter, parteiverbundener Genosse aufzutreten, pünktlich zu den angesetzten Treffs zu erscheinen, Direktiven, Aufträge und Weisungen des Ministeriums für Staatssicherheit einzuhalten und mit schöpferischer Initiative durchzuführen;

Verpflichtung zur Zusammenarbeit mit dem MfS für die Linie »Aufklärung« in der BV Magdeburg

b) mit aller Entschlossenheit den Kampf gegen die Feinde der
Deutschen Demokratischen Republik und der sozialistischen
Bruderstaaten zu führen und stets im Sinne des proletari-
schen Internationalismus zu handeln;

c) während und nach der Zusammenarbeit die staatlichen Geheimnisse zu wahren; vor Gericht, Staatsanwalt, Untersuchungsor-
ganen oder anderen staatlichen Organen über Tatschen, die
mit meiner Tätigkeit als inoffizieller Mitarbeiter in
Zusammenhang stehen, nur dann auszusagen, wenn mir die
Genehmigung dazu von meinem zuständigen Mitarbeiter des
MfS erteilt wurde;

d) entsprechend der erfolgten Belehrung über die verbrecheri-
schen Methoden der imperialistischen Spionage- und
Agentenzentralen zur größten Wachsamkeit gegenüber allen
Versuchen der Verbindungsaufnahme durch feindliche Agenturen und solche Versuche sofort dem zuständigen Mitarbeiter des MfS zu melden;

e) alle Veränderungen persönlicher Art sowie die meiner
Familienangehörigen und der nächsten Verwandten schriftlich dem zuständigen Mitarbeiter des MfS unverzüglich zu
melden;

f) über alle Post, die aus Westberlin, der Bundesrepublik
Deutschland und dem übrigen kapitalistischen Ausland an
mich gesandt wird, die Ankunft von Personen aus Westberlin,
der Bundesrepublik Deutschland oder dem kapitalistischen
Ausland, die mich oder meine nächsten Angehörigen besuchen
oder auf andere Art zu mir oder den Vorgenannten in Verbindung
treten, dem zuständigen Mitarbeiter des MfS sofort zu
melden;

g) auch nach meinem Ausscheiden als inoffizieller Mitarbeiter
mich so zu verhalten und so zu handeln, daß eine Gefährdung
für die Tätigkeit des MfS und meiner Person nicht entstehen
kann.

Ich bin über die Einhaltung der Konspiration belehrt worden
und verpflichte mich deshalb, niemanden, auch nicht meine
nächsten Angehörigen von meiner Zusammenarbeit mit dem MfS
in Kenntnis zu setzen, wenn ich nicht ausdrücklich dazu von
dem zuständigen Mitarbeiter des MfS dazu die Erlaubnis bekommen
habe.

434

Mir ist klar, daß ich durch Verletzung der Schweigepflicht
meinem Staat, mir selbst und anderen Genossen schweren politischen und persönlichen Schaden zufügen kann bzw. sie in
Gefahr bringe.
Deshalb kann ich bei Bruch der Schweigeverpflichtung entsprechend den Gesetzen der DDR zur Verantwortung gezogen werden.

Ich wurde davon in Kenntnis gesetzt, daß die Beendigung meiner Zusammenarbeit mit dem MfS nur in beiderseitigem Einverständnis möglich ist.

Meine Berichte für das MfS werde ich in schriftlicher Form
anfertigen. Zur Erhöhung der Konspiration wähle ich mir den
Decknamen

"................................"

Mit diesem Namen werde ich künftig meine Berichte und andere
Schriftstücke für das MfS unterschreiben.

Ort, Datum   Unterschrift

Durch die IM wurde zu diesem Verpflichtungstext in der Untersuchung Schuarts Folgendes geäußert:

- Der Text war aufgrund der vorangegangenen Gespräche nichts Ungewöhnliches. (sechs IM)
- Es entstand beim IM das Bewusstsein einer hohen Verantwortung sowie einer klaren Zielstellung in der Zusammenarbeit. (vier IM)
- Der Text ist absolut und unmissverständlich. (zwei IM)
- Der Text enthält normale Verhaltensweisen für die konspirative Zusammenarbeit und stimmte mit den eigenen Interessen überein. (zwei IM)
- Durch die Verpflichtung wurde die Notwendigkeit erst richtig bewusst. (ein IM)

Bedenken, die dem Schreiben der Verpflichtung entgegenstanden, traten nicht auf. In der Untersuchung zeigte sich jedoch, dass die schriftliche Verpflichtung bei den IM eine Reihe von Fragen aufwarf, die diese nicht immer äußerten. Dabei wurden Widersprüche in den Aussagen zwischen den IM und den Mitarbeitern des MfS erkennbar. Obwohl IM angegeben hatten, ihre Fragen geäußert zu haben, wurde von den Offizieren eingeschätzt, dass sie keine Bedenken gehabt hätten. Es gab aber auch IM, die aus späterer Sicht einschätzten, keine Fragen gehabt zu haben.

Das MfS sah die Ursachen für diese Widersprüche darin, dass manche Fragen nicht ernst genug genommen worden waren. Sie wurden als Fragen abgetan, die eben mal so gestellt wurden, ohne ihre Bedeutung für den IM zu beachten. Hierbei sah die Staatssicherheit die Gefahr, dass selbst scheinbar unbedeutende Äußerungen wesentliche Aufschlüsse zu den Motiven geben konnten und dass sie sich zu einem späteren Zeitpunkt als wichtig herausstellen würden. Es war für die Führungsoffiziere wichtig, dass sie genau hinhörten und Nuancen erkennen konnten.

Als Ursachen, weshalb so wenige beziehungsweise keine Fragen zur Verpflichtung gestellt wurden, schätzten die Mitarbeiter des MfS ein:

- Durch die Kontaktphase war eine ausreichende Motivierung zur Verpflichtung sowie Klarheit des Textes geschaffen worden. (zehn IM)
- Der IM besaß eine klare parteiliche Haltung zur inoffiziellen Zusammenarbeit. (vier IM)
- Der IM war ein nüchtern und real denkender Mensch, der keine Illusionen hatte. (ein IM)

Folgende Fragen ergaben sich während der schriftlichen Verpflichtung unter dem Eindruck des Textes, die gegenüber den Offizieren der Staatssicherheit auch genannt wurden:

- Welche persönlichen und gesellschaftlichen Konsequenzen konnten sich aus einer Dekonspiration ergeben? (fünf IM)

- Warum musste die Verpflichtung noch einmal abgeschrieben werden, obwohl der Text vorlag und alle notwendigen Angaben hätten eingesetzt werden können? (vier IM)
- Wie ließen sich die Anforderungen der Zusammenarbeit mit den Studienbelastungen in Übereinstimmung bringen? (vier IM)
- Ergaben sich aus der Zusammenarbeit Konsequenzen für die berufliche Entwicklung, beispielsweise im Zusammenhang mit dem Einsatz nach dem Studium? (drei IM)
- Ich muss doch dem MfS getippt worden sein. Ist meine Konspiration noch gewahrt? (drei IM)
- Darf mit den Eltern oder der Ehefrau über die inoffizielle Zusammenarbeit gesprochen werden? (zwei IM)
- Wie weit geht die Vorbehaltlosigkeit? (zwei IM)
- Nutzt die Zusammenarbeit mit dem MfS überhaupt etwas? (ein IM)
- Wie kann für das MfS noch mehr geleistet werden? (ein IM)

Bei den IM traten weitere Fragen auf, die diese teilweise nicht äußerten. Sie gaben dazu an, dass diese Fragen später nicht mehr bestanden hätten, da sie sich im Laufe der Zusammenarbeit geklärt hatten. Solche Punkte waren unter anderem:

- Wie lange wird die Zusammenarbeit mit dem MfS andauern? Verbunden damit war das Gefühl, gebunden zu sein. (drei IM)
- Ich habe Bedenken, schriftliche Informationen abzugeben. Verbunden damit war das Gefühl, jemandem mit unklaren oder anders auslegbaren Formulierungen zu schaden. (ein IM)

Durch die Staatssicherheit wurde eingeschätzt, dass es sich bei den geäußerten Fragen um die Probleme handelte, die die IM beschäftigten. Die Antworten der IM im Zuge der Befragung hatten jedoch ergeben, dass weitere Gedanken bei den IM auftraten. Deshalb waren die Führungsoffiziere angehalten, allen Äußerungen der IM Bedeutung beizumessen. Dazu konnte der konsequent durchgeführte erste Treff nach der schriftlichen Verpflichtung Aufschluss geben, ohne seine Bedeutung bei der Feststellung der Motive der IM überzubewerten.

Das MfS betrachtete es daher als erforderlich, in der ersten Phase der inoffiziellen Zusammenarbeit die Überprüfungen auch darauf auszurichten, welche Probleme die IM noch beschäftigten und welche geäußerten Fragen welche Nachwirkungen haben konnten.[26]

Die Einflussnahme auf die Motive in der ersten Phase der inoffiziellen Zusammenarbeit

Mit der schriftlichen Verpflichtung war die Werbung des jugendlichen IM als Übersiedlungskandidat/Einsatzkader noch nicht abgeschlossen. Die Werbung war insgesamt ein Prozess, der bei der Bestimmung der Zeitdauer vom Reifegrad sowie der Gesamtpersönlichkeit des IM und von der Entwicklung der inoffiziellen Zusammenarbeit sowie den daraus erwachsenden/gestellten Anforderungen abhängig war. Es ließ sich für die Staatssicherheit darum auch kein einheitlicher Zeitpunkt festlegen, wie lange die erste Phase der inoffiziellen Zusammenarbeit, die als Phase des allmählichen Heranführens des IM an operative Aufgaben bezeichnet werden kann, dauerte. Diese Phase war intensiv, planmäßig und zielstrebig zu gestalten, um den IM bald kompliziertere Aufgaben übertragen zu können.

Unter den Bedingungen des Kreises jugendlicher IM, die für eine Entwicklung zum Übersiedlungskandidaten oder Einsatzkader in das Operationsgebiet vorgesehen waren, wurde daher die erste Phase der inoffiziellen Zusammenarbeit vom MfS als der Abschnitt verstanden, der erforderlich war, bis dem IM solch konkretes Wissen vermittelt wurde, dessen Kenntnis und Anwendungsbereitschaft für den perspektivischen Einsatz erforderlich waren und die die IM bereits unter abwehrmäßigen Bedingungen in der DDR nachweisen mussten.

Die bisherigen Ausführungen zeigen, dass die Hauptmotive, die bereits während des ersten Gesprächs mit den jugendlichen IM-Kandidaten vorhanden waren beziehungsweise entwickelt wurden, kontinuierlich bis zur schriftlichen Verpflichtung die Grundmotivation bildeten und auch einen ausreichenden Ausgangspunkt für die weitere inoffizielle Zusammenarbeit darstellten. Trotz dessen zeigten gerade Probleme und Bedenken, die während der schriftlichen Verpflichtung auftraten, dass weitere Motive mit teilweise negativer Wirkungsweise vorhanden sein konnten.

In der weiteren inoffiziellen Zusammenarbeit kam es nach den Erfahrungen des MfS darauf an, die positive Grundmotivation auszubauen und weiter zu stabilisieren sowie negativ wirkende Momente zu erkennen und alle Möglichkeiten zu nutzen, um ihre Wirkung zu beseitigen oder umzudrehen. Die dazu notwendigen Maßnahmen konnten äußerst unterschiedlich sein. Sie waren abhängig von der Persönlichkeit des IM, der Ausstrahlungskraft des Führungsoffiziers, der Motivart, der Wirkungsstärke der einzelnen Motive im Motivkomplex, von den vorhandenen operativen Möglichkeiten und den Umweltbedingungen des IM sowie von anderen Faktoren.

Das wichtigste Mittel zur Entwicklung und Festigung der Motive des jugendlichen IM war der persönliche Treff, da dabei am unmittelbarsten und direktesten Einfluss auf den IM sowie alle anderen Möglichkeiten der Motivbildung, die sich aus der operativen Arbeit ergaben, ausgeübt werden konnte. Dies setzte eine kontinuierliche, planmäßige und zielstrebige inoffizielle Arbeit voraus. Als Voraussetzung beziehungsweise Mittel zur Motivbildung wurden durch die MfS-Mitarbeiter vorwiegend genutzt:

- die politische Qualifizierung der IM als Mittel zur Schaffung politisch-ideologischer Überzeugungen, zur freiwilligen Auftragserfüllung auf der Grundlage der Einsicht in die Notwendigkeit sowie zur Entwicklung eines klaren Feind-Freund-Bildes,
- die Auftragserteilung und Instruktion sowie die Schulung zur fachlichen Qualifizierung für die Auftragsrealisierung, um den IM allseitig und disponibel einsetzen zu können,
- die Entwicklung eines kompromisslosen und uneingeschränkten Vertrauens zum Führungsoffizier als Voraussetzung für die unbedingte Vorbehaltlosigkeit auf allen Gebieten (auch in der Privatsphäre) sowie hohe Einsatzbereitschaft,
- die Festigung des Interesses an der Auftragserfüllung sowie die Entwicklung von hohen Anforderungen, damit die IM merkten, dass sie unbedingt gebraucht wurden, jeder Auftrag sollte realisiert werden, es musste ausführlich und konkret berichtet werden,
- die Entwicklung der Fähigkeiten sowie der Bereitschaft, selbstständig ohne konkreten Auftrag operativ relevante Sachverhalte oder Verhaltensweisen von Personen einzuschätzen und darüber zu berichten,
- weitere Festigung des Hauptmotivs, einen Beitrag zur Sicherung der DDR zu leisten.

Das MfS ging nicht in allen Fällen davon aus, dass die jugendlichen IM durch die vorgenannten Maßnahmen für eine dauerhafte inoffizielle Zusammenarbeit ausreichend motiviert waren. Die Jugendlichen wollten Erfolgserlebnisse haben und Ergebnisse ihrer Arbeit sehen. Beides war nicht so leicht direkt erkennbar. Es kam aus der Sicht des MfS deshalb darauf an, im starken Maß Stimuli einzusetzen. Dabei mussten moralische Stimuli die führende Rolle einnehmen, da materielle Erwägungen bei den jugendlichen IM aufgrund der vorgesehenen Perspektive Übersiedlungs-IM/Einsatzkader nicht entwickelt werden durften.

Wichtig für die Entwicklung stabiler Motive war die Kontinuität in der Zusammenarbeit. Trotz zu fordernder Übereinstimmung und Abstimmung der Aufträge aufeinander durfte keine Monotonie in der Aufgabenstellung auftreten. Die IM mussten ständig das Gefühl haben, gebraucht zu werden. Es hatte sich in der Praxis als schwierig herausgestellt, einmal auftretende Zweifel an der Notwendigkeit der inoffiziellen Zusammenarbeit zu beseitigen. Dies wurde durch Beispiele belegt, die bis zu dem Extrem führten, dass jugendliche IM mit positiver Grundhaltung, trotz erkennbarer positiver Motivation für die Gespräche, für die schriftliche Verpflichtung und die ersten Treffs, nach einer längeren Phase sporadischer Zusammenarbeit oder längerer Unterbrechung nicht mehr bereit waren, weiter mit der Staatssicherheit zusammenzuarbeiten.

Günstig für die Entwicklung stabiler Motive in der inoffiziellen Zusammenarbeit war es gemäß den Erfahrungen des MfS, Einflüsse, unter Umständen auch negative, aus bestimmten unmittelbaren Lebensbereichen der IMs zu nutzen, da diese einen direkten Erfahrungswert besaßen. Dazu konnten geeignet sein:

- negative Erscheinungen im Arbeits- und Freizeitbereich, aus denen sich Interesse für eine Veränderung ableiten ließ,
- Auswirkungen im Bereich der politischen und gesellschaftlichen Tätigkeit, aus denen positive Einstellungen und Gefühle entwickelt werden konnten, durch die aber auch Einfluss auf die Entwicklung eines Freund-Feind-Bildes genommen werden konnte,
- Einschätzung von Personen – auch des Freundeskreises sowie von Familienangehörigen –, um Vorbilder für das Auftreten des jugendlichen IM zu entwickeln, aber auch um sein Interesse an realer Einschätzung der Umwelt zu nutzen,
- bestimmte Bedingungen am Arbeitsplatz oder der beruflichen beziehungsweise gesellschaftlichen Tätigkeit, aus denen das Bedürfnis nach dem Schutz der Ergebnisse erwuchs.

Mit der Nutzung solcher Einflussfaktoren erzielte die Staatssicherheit Erfolge. Sie verlangten bei ihrem Einsatz Zielstrebigkeit, Planmäßigkeit, Kontinuität sowie Abstimmung.

Als wichtig wurde auch betrachtet, die Auftragserteilung und Instruktion differenziert und auf die Persönlichkeit des jeweiligen IM zugeschnitten zu gestalten. Dazu waren folgende Möglichkeiten gut geeignet:

- Erziehung zur Differenzierung zwischen dem Verhalten und der Einstellung von Personen, die Herausarbeitung in der Berichterstattung von Übereinstimmung beziehungsweise Disharmonie zwischen Wort und Tat bei einzuschätzenden Personen,
- kurzfristige Trefffolge bei bestimmten Aufgaben, um durch Betonung der Bedeutung des Auftrags das Interesse an der Auftragserfüllung sowie der weiteren Zusammenarbeit und das Gefühl des Gebrauchtwerdens zu fördern,
- Durchführung ganztägiger Treffs, um durch die Vielzahl der einsetzbaren Mittel und Methoden des Treffs in ihrer Komplexität und Abstimmung Einfluss auf möglichst umfangreiche Motivbereiche nehmen zu können: Dazu konnten Wochenenden und Ferien genutzt werden. Bei dieser Möglichkeit war besonders auf

die Konspiration zu achten, damit die Abwesenheit des IM gegenüber den Eltern, dem Kollektiv, den Freunden sowie anderen Personen ausreichend und gefahrlos abgedeckt werden konnte.

- Darlegung der persönlichen Eindrücke aus der Zusammenarbeit beziehungsweise Entwicklung der eigenen Persönlichkeit in der inoffiziellen Zusammenarbeit, damit der IM die positiven Einflussfaktoren erkannte und das Bedürfnis des IM gefördert wurde, noch mehr für seine Persönlichkeitsentwicklung zu tun.

Bei der Befragung der IM wurde seitens des MfS festgestellt, dass dieses Bewusstwerden der Motive ein wesentlicher stimulierender Faktor in der Zusammenarbeit war. Die befragten IM schätzten übereinstimmend ein, dass die inoffizielle Zusammenarbeit sich auch auf ihre Haltung, ihr Verhalten und Auftreten in anderen Lebensbereichen auswirkte. Dafür führten die IM folgende Begründungen an:

- Sie nahmen ihre Umwelt (auch Personen) bewusster und kritischer wahr. (zwölf IM)
- Die inoffizielle Zusammenarbeit wirkte sich auf ihre Haltung im beruflichen, gesellschaftlichen sowie sonstigen täglichen Leben positiv aus. (acht IM)
- Sie machten sich größere Gedanken über politische und gesellschaftliche Fragen und Zusammenhänge. (sechs IM)
- Bestimmte Charaktereigenschaften hatten sich verändert oder gefestigt. (sechs IM)
- Ihr Klassenstandpunkt hatte sich gefestigt. (fünf IM)

Diese Erkenntnisse mussten nach Auffassung der Staatssicherheit noch stärker genutzt werden, um eine bewusstere Haltung der jugendlichen IM zur inoffiziellen Zusammenarbeit sowie eine längere Bindung an das MfS zu erreichen. Dafür sprach, dass sechs IM einschätzten, dass die an sich selbst festgestellten Veränderungen die Bereitschaft zur weiteren Zusammenarbeit positiv stimulierten.

Durch sieben IM wurde eingeschätzt, dass die Zusammenarbeit zeitweilig mit größeren Belastungen verbunden war. Diese Belastungen zeigten sich nicht nur im Zeit- und Kraftaufwand (drei IM), sondern mussten auch aus moralischen oder psychischen Auswirkungen der an die IM gestellten Forderungen abgeleitet werden (vier IM), zum Beispiel:

- Erziehung zur Objektivität in der schriftlichen Berichterstattung,
- Einhaltung der Konspiration,
- Legendierung der Auftragserfüllung sowie Maßnahmen (beispielsweise Treffs) gegenüber Eltern und Freunden.

Diese Belastungen zu übernehmen und voll einzuplanen wurde als Ausdruck der Bewusstheit der eigenen Motive empfunden.

Lediglich vier IM schätzten ein, dass sie bei der Übernahme von Aufgaben beziehungsweise während ihrer Durchführung Hemmungen gehabt hätten. Drei der vier

IM waren später der Meinung, dass sie sich das erneute Auftreten solcher Gefühle kaum noch vorstellen könnten. Diese zu überwinden wäre ihnen gelungen, da sie die erfolgreiche Realisierung der Aufgaben beflügelt und ihr Selbstvertrauen gefördert hatte. Bei dieser Einschätzung wurde MfS-intern allerdings angemerkt, dass der Mehrzahl der betrachteten IM keine komplizierten Aufgaben übertragen worden waren.

Bis auf drei Ausnahmen waren sich die IM allerdings darüber im Klaren, dass ohne weiteres Aufgaben auf sie zukommen konnten, deren Realisierung ihnen nicht möglich war beziehungsweise die sie sich nicht zutrauten. Reale Vorstellungen über die Art solcher Möglichkeiten bestanden in dieser Phase nicht. Sie wurden auch nicht von der vor dem ersten Gespräch stark ausgeprägten Vorstellung abgeleitet, dass das MfS in erster Linie Kundschaftertätigkeit ausübte. Die Ableitungen wurden vielmehr aus physischen, psychischen und wissensmäßigen Voraussetzungen vorgenommen.[27]

Überprüfungsmaßnahmen zum Erkennen der Motive

Um kontinuierlich auf die Motivation in der inoffiziellen Zusammenarbeit Einfluss nehmen zu können, wurden regelmäßige Überprüfungen zur Feststellung des Vorhandenseins sowie der Wirkung als erforderlich betrachtet. Schuarts Untersuchung hatte ergeben, dass die Überprüfungsmaßnahmen durch die Führungsoffiziere hinsichtlich der Motivation der IM auf folgende Bereiche ausgerichtet waren:

- Bedürfnisse des IM an der Auseinandersetzung mit politischen Tagesfragen sowie Umsetzung der politisch-ideologischen Kenntnisse in der Praxis (14 IM),
- Weiterentwicklung der Bereitschaft zur Zusammenarbeit, Interesse an ehrlicher, konkreter und umfassender Berichterstattung, Zuverlässigkeit und Ehrlichkeit (zehn IM),
- Vorbehaltlosigkeit, physische und psychische Belastbarkeit (sieben IM),
- Entwicklung positiver Ideale (zwei IM),
- Verhältnis zum anderen Geschlecht (vier IM),
- spezielle Bereiche, die sich aus der Vorbereitung der Erarbeitung der detaillierten Personenauskunft ergeben hatten (fünf IM).

Dabei wurden auch solche Motivbereiche erfasst, die nicht unmittelbar auf die Zusammenarbeit wirkten, aber für die inoffizielle Zusammenarbeit genutzt werden konnten, sowie objektive Beziehungen der IM, die auf die Motivation einwirkten wie:

- Umgangskreis, Familienverhältnisse, Verhalten im Wohn- und Freizeitbereich (sieben IM),
- spezielle Interessenbereiche und Hobbys (acht IM).

Überprüfungsmaßnahmen, die sich lediglich auf den direkten ideologischen Bereich des Motivationsgefüges bezogen, wurden kritisch betrachtet. Wenn auch die ideologische Grundhaltung des IM wesentliche Aufschlüsse gab, konnte dieser Bereich nicht als alleiniges Mittel zur Herausarbeitung der Motive für die inoffizielle Zusammenarbeit herangezogen werden. Richtigerweise mussten aus Sicht des MfS alle Lebensbereiche des IM erfasst werden.

Zur Motivationsüberprüfung der jugendlichen IM wurden folgende Maßnahmen durch die Führungsoffiziere durchgeführt beziehungsweise eingeleitet:

- der persönliche Treff in seiner Komplexität (15 IM),
- Überprüfung durch andere IM (acht IM),
- Vergleich und Analyse der Berichterstattung (acht IM),
- detaillierte Einschätzung der Persönlichkeit durch den IM selbst (sieben IM),
- Beauftragung mit speziellen Aufgaben (sechs IM),
- Einschätzung von Verwandten und engeren Freuden durch den IM (sechs IM),
- Vergleich der Ermittlungsergebnisse mit dem Verhalten des IM beim Treff und während der Auftragserteilung (sechs IM),
- Durchführung operativer Kombinationen (drei IM),
- Einsatz operativ-technischer Mittel (drei IM),
- Führung von Streitgesprächen mit dem IM (drei IM),
- kurzfristige Aufgabenstellung (drei IM).

Es zeigte sich dem MfS, dass zur Überprüfung der Motivation jugendlicher IM als Grundlage für die Weiterentwicklung und Festigung der Motive eine Reihe operativer Möglichkeiten vorlagen, die selbst in ihrer Kombination vielfach ohne größeren zeitlichen und kräftemäßigen Aufwand durchführbar waren. Wenn der unmittelbare Treff hier nur als globales Mittel genannt worden ist, muss betont werden, dass gerade er aus Sicht des MfS die vielfältigsten Möglichkeiten bot, um spezielle Motivüberprüfungen vornehmen zu können.

Die IM, die als Jugendliche für die perspektivische Entwicklung zum Übersiedlungskandidaten beziehungsweise Einsatzkader geworben wurden, standen in einem Ausbildungsprozess, der für ihr weiteres Leben entscheidend war. Es durfte daher von Seiten der Staatssicherheit nicht übersehen werden, dass diese Jugendlichen auch an ihre berufliche und gesellschaftliche Perspektive dachten. Deshalb musste die Überprüfung der Motivation der Jugendlichen auch auf das Vorhandensein sowie die Wirkung von Zweckmomenten gerichtet sein, um möglichst schnell auf deren Beseitigung hinarbeiten zu können.

Das MfS verfügte über Erfahrungen dahingehend, dass jugendliche IM bei scheinbar besten Voraussetzungen (Elternhaus, schulische Entwicklung, gesellschaftliches Engagement, Persönlichkeitseigenschaften) nur bis zu einem bestimmten Zeitpunkt zur Zusammenarbeit bereit waren, nämlich bis sie einen angestrebten neuen Lebensabschnitt erreicht hatten. Dies konnte beispielsweise die Bestätigung für ein Auslandsstudium sein.[28]

Motive zur Einhaltung von Geheimhaltung und Konspiration

Den jugendlichen IM fiel die Geheimhaltung vor allem jenen Personen gegenüber schwer, die ihre hauptsächliche ideologische Formung vorgenommen hatten. Ein weiterer Teil der Jugendlichen hatte Probleme damit, dem unmittelbaren Freundes- und Umgangskreis (einschließlich der Familie) Rechenschaft über das Verbringen eines Teils der Freizeit abzulegen. Dies stellte sich wie folgt dar:

- An erster Stelle wurden viermal Elternteile genannt. Dem MfS zeigte sich, dass jeweils die Väter gesellschaftlich aktiv waren, dass sie wesentlichen Einfluss auf die Persönlichkeitsentwicklung des IM hatten und von den IM als Vorbild betrachtet wurden.
- An erster Stelle standen zweimal und an zweiter Stelle dreimal die Ehepartner beziehungsweise die Verlobten.
- Als weitere Personenkreise gegenüber denen Schwierigkeiten auftraten, wenn auch nicht in starkem Ausmaß, wurden Freund/Freundin, Vorgesetzte/Lehrer sowie gesellschaftliche Funktionäre genannt.

Die Anforderungen an Zeit und Umfang der inoffiziellen Zusammenarbeit mussten daher sinnvoll abgestimmt werden, damit die jugendlichen IM immer eine Legende für die relevante Zeit besaßen. Besonders wichtig war dies bei weiblichen Oberschülerinnen, die erfahrungsgemäß der Mutter sehr viel anvertrauten und bei denen plötzlich veränderte Verhaltensweisen falsche Schlussfolgerungen bei den Eltern nach sich ziehen konnten, die wiederum möglicherweise Komplikationen hervorriefen. Dies musste auch berücksichtigt werden, wenn die Aufklärung der Persönlichkeit ergeben hatte, dass dem Jugendlichen bei der Gestaltung der Freizeit viel Freiheit gelassen wurde.

Bei fünf IM waren andere Personen in die inoffizielle Zusammenarbeit eingeweiht (zweimal Vater, dreimal Ehepartner/Verlobte). Dabei waren zwei Einweihungen erfolgt, ohne sie vorher mit dem Führungsoffizier abzusprechen. Alle fünf IM schätzten ein, dass ihnen die Einweihung in der Zeit nach dem ersten Gespräch eine große moralische Unterstützung gegeben hatte. Dieses Gefühl trat selbst in einem Fall auf, in dem es sich nur um ein kurzes Gespräch mit dem Vater handelte und später nicht wieder auf die inoffizielle Zusammenarbeit eingegangen wurde.

Vier IM schätzten ein, dass sie die Forderung nach Geheimhaltung stark beschäftigte und zeitweilig den Charakter eines inneren Konfliktes angenommen hatte.

Zwei IM vertraten die Meinung, dass sie die Schwierigkeiten noch nicht überwunden hatten und diese zeitweilig noch auftraten (dabei ein IM, der bereits drei Jahre mit dem MfS zusammengearbeitet hatte und dessen Ehefrau dahingehend eingeweiht war).

Außer den beiden IM, die bis dahin noch immer Schwierigkeiten bei der Einhaltung der Konspiration/Geheimhaltung hatten, waren alle anderen der Meinung, dass ihnen die Einsicht in die Notwendigkeit sowie regelmäßige Gestaltung der Zusammenarbeit (sieben IM), das offene und vorbehaltlose Gespräch mit dem MfS-Mitarbeiter (sechs IM) sowie die gewonnenen Erfahrungen in der Zusammenarbeit und bei der Auftragserfüllung (vier IM) geholfen hatten, mit ihren Bedenken fertig zu werden und negative Gefühle zu überwinden.

Die IM wurden befragt, ob sie zeitweilig das Gefühl hatten, man müsse ihnen ansehen, dass sie die Staatssicherheit unterstützten. Interessant erschien dem MfS, dass sechs IM diese Frage bejahten. Die Ursachen und Wirkungsbedingungen sahen die IM in Folgendem:

- dem ungeschickten Verhalten bei der Erfüllung operativer Aufträge (vier IM),
- der Notwendigkeit konspirativen Verhaltens sowie fehlender Routine (zwei IM),
- der stärkeren, bewusst gewordenen Aufmerksamkeit bei Gesprächen und Unterhaltungen anderer Personen oder mit diesen bei Problemen, die das MfS interessieren könnten (ein IM),
- dem unsicheren Gefühl gegenüber Freunden, Mitstudenten und Schulkameraden in Diskussionen, dass bestimmte Probleme als Provokationen empfunden wurden und zu Unsicherheiten führten, sich nicht zu verraten (ein IM).

Obwohl alle sechs IM der Meinung waren, dieses Gefühl überwunden zu haben, wurde seitens des MfS der Wirkung in der Kontaktphase und in der weiteren inoffiziellen Zusammenarbeit große Bedeutung beigemessen, da dieses Problem letztlich bis zur Dekonspiration oder Ablehnung der Zusammenarbeit führen konnte. Bei einem IM führte dieses Gefühl zu solchen Unsicherheiten in allen Bereichen seines Lebens und derartigen psychischen Konflikten, dass seine schulischen Leistungen nachließen, er im Unterricht kaum noch mitarbeitete sowie in FDJ-Versammlungen zusammenhanglose Diskussionen führte, wenn er dazu überhaupt in der Lage war. Hier musste die Zusammenarbeit seitens des MfS eingestellt werden.

Bei zwei IM trat dieses Gefühl auf, wenn Treffs außerhalb von konspirativen Wohnungen durchgeführt werden mussten. Insgesamt fünf IM kamen zu der Einschätzung, dass sie bei der Einhaltung von Geheimhaltung und Konspiration zu keiner Zeit Schwierigkeiten hatten.[29]

Die Bedeutung der Persönlichkeit des MfS-Mitarbeiters sowie dessen Einfluss auf die Motivierung für eine inoffizielle Zusammenarbeit mit der Staatssicherheit

Bis auf eine Ausnahme bestätigten alle befragten IM, dass ihnen der Mitarbeiter des MfS vor dem ersten Gespräch nicht bekannt war.

Die Vorstellungen der IM über die Mitarbeiter des MfS waren durch entsprechende Bezugspunkte geprägt. Ihre Vorstellungen waren daher, bezogen auf die handelnden Personen aus Filmen oder Büchern, hoch gefasst, aber nur dem unmittelbaren Eindruck unterworfen und nicht verfestigt.

Befragungen der IM, wie der erste Eindruck, den sie vom Mitarbeiter gewonnen hatten, ihre Bereitschaft zur Zusammenarbeit mit der Staatssicherheit beeinflusste, zeigten eine breite Antwortpalette auf. Sie reichte von 100 Prozent bis zu keinem Einfluss. Diese Extreme wurden vom MfS kritisch gewertet. Der Durchschnittswert betrug 28,3 Prozent.

Diese Aussagen zeigten dem MfS, dass es bereits und vor allem bei der unmittelbaren ersten Kontaktaufnahme darauf ankam, sich auf die Jugendlichen einzustellen. Dazu wurde es als erforderlich betrachtet, in der Aufklärungsphase herauszuarbeiten, welche Erwartungen die Jugendlichen an Personen ihres Vertrauens stellten, beziehungsweise durch welche Eigenschaften, Einstellungen und Verhaltensweisen die Personen, die ihr Vertrauen besaßen, wesentlich charakterisiert wurden.

Die Vorstellungen der jugendlichen IM über die Anforderungen, denen ein Mitarbeiter der Staatssicherheit gerecht werden musste, waren im Laufe der Zusammenarbeit entsprechend der Entwicklung ihrer Erfahrungen und Kenntnisse in der inoffiziellen Zusammenarbeit einer Wandlung unterworfen. Diese Anforderungen blieben jedoch aufgrund der Bedeutung, die die konspirative Tätigkeit für Jugendliche besaß, hoch. Sie wirkten beeinflussend auf die Zusammenarbeit und konnten bei für die jugendlichen IM enttäuschenden Feststellungen die Bereitschaft negativ entwickeln. Die Staatssicherheit ging stets davon aus, dass das MfS im Allgemeinen bei den jugendlichen IM eine nicht exakt fassbare Bezugsgröße darstellte, sie arbeiteten mit einem konkreten Mitarbeiter zusammen, in dem sich das MfS personifizierte.

Durch die IM wurden folgende Anforderungen an den MfS-Mitarbeiter als wichtig erwähnt:

- hohes politisches Wissen (sechs IM),
- hohe Bildung (vier IM),
- politische Konsequenz (zwei IM),

- Eingehen auf den Gesprächspartner (zwei IM),
- kritisches Verhalten (zwei IM),
- Anpassungsfähigkeit (ein IM),
- zwingende Logik (ein IM),
- guter Zuhörer (ein IM),
- Interessen für persönliche Probleme (ein IM).

Zusätzlich wurden durch die IM Ehrlichkeit und Natürlichkeit, Konsequenz im Handeln sowie sachliche Gesprächsführung genannt.

Alle befragten IM arbeiteten zum Zeitpunkt der Befragung noch mit dem Offizier des MfS zusammen, der zu ihnen den Kontakt aufgenommen hatte. Es bestand daher die Möglichkeit, dass sich bestimmte Anforderungen aufgrund neuer Erfahrungen in der Zusammenarbeit mit anderen Mitarbeitern neu herausbilden oder sie ihre Wertigkeit verändern konnten.

Alle befragten IM schätzten ihr Verhältnis zum MfS-Mitarbeiter als gut oder sehr gut ein. Sie sahen die Grundlage vor allem darin, dass

- sie mit ihm über alles sprechen oder sich Rat holen konnten (zwölf IM),
- die gemeinsame Aufgabe und das Wissen, die Probleme der Zusammenarbeit nur mit dem jeweiligen Mitarbeiter besprechen zu können, ein stark bindendes Gefühl hervorrief und auch andere Bereiche beeinflusste (sieben IM),
- die Mitarbeiter Interesse für alle Probleme der IM zeigten und eine große Lebenserfahrung besaßen (fünf IM),
- sie dem Mitarbeiter gegenüber nie das Gefühl der »Fremdheit« hatten (fünf IM),
- die Mitarbeiter sich gut auf sie einstellen konnten und ein gutes Einfühlungsvermögen zeigten (vier IM),
- die Aufgeschlossenheit in der Diskussion über politische Fragen gegenüber dem Mitarbeiter größer war als gegenüber anderen Personen (drei IM),
- die vom Mitarbeiter erteilten Ratschläge sich als richtig erwiesen hatten (zwei IM),
- die Anforderungen des MfS realistisch dargestellt und ihnen keine falschen Versprechungen gemacht wurden (zwei IM).

Lediglich drei IM waren der Meinung, dass es Probleme gab, die sie nicht mit dem jeweiligen MfS-Mitarbeiter besprechen konnten. Diese Probleme betrafen den familiären oder sexuellen Bereich. Als interessant empfand die Staatssicherheit dabei, dass diese Meinung nicht bei den weiblichen IM auftrat, obwohl diese in allen Fällen von männlichen Führungsoffizieren gesteuert wurden. Als ungünstig wurde von einem IM empfunden, dass er keine näheren Kenntnisse über die Persönlichkeit des MfS-Mitarbeiters besaß.[30]

Die Nutzung von Literatur, Film und Fernsehen
zur Schaffung von Motiven für die inoffizielle Zusammenarbeit

Vorbilder und Bezugspunkte für die Vorstellung über die Arbeit des MfS gewannen Jugendliche vielfach beziehungsweise fast ausschließlich aus dem Bereich der Aufklärung. Daraus konnte sich aus Sicht des MfS die Gefahr ergeben, dass die jugendlichen IM von vornherein von einem Einsatz im Ausland ausgingen.

Eine Heranführung der jugendlichen IM beziehungsweise der IM-Kandidaten an konkrete Aufträge auf dem Sektor der Abwehr führte im Allgemeinen dazu, dass solche Vorstellungen schnell abgebaut werden konnten. Die Erkenntnisse des MfS besagten, dass derartige Vorstellungen in Bezug auf die weitere Entwicklung der inoffiziellen Zusammenarbeit nicht mehr in Erwägung gezogen wurden. Trotzdem waren sie ohne weiteres möglich.

Vor allem wurde vom MfS bis Mitte der 1970er Jahre bei der Schaffung von Idealen sowie der Herausarbeitung von Persönlichkeitseigenschaften und Verhaltensweisen, in Verbindung mit der operativen Schulung, mit Büchern gearbeitet. Beispielhaft dafür seien die Bücher *Wir kehren zurück* von Semjon Kusmitsch Zwigun, *Der Mann, für den es keine Geheimnisse gab. Richard Sorge in Tokio* von Juri Korolkow, *Vom Rosenkranz zur Roten Kapelle* von Greta Kuckhoff und *Dora meldet* von Sándor Radó genannt sowie *Dr. Sorge funkt aus Tokyo* von Horst Mader, Julius Stuchlik und Gerhard Pehnert. Innerhalb der Staatssicherheit wurde die Auffassung vertreten, dass die wirklich gute und erzieherisch wirkende Literatur, aber auch Filme, beispielsweise *For Eyes Only* (1963) oder *17 Augenblicke des Frühlings* (1973), fast ausschließlich den Bereich der Aufklärung/Äußeren Abwehr umfassten. Kritisch wurde angemerkt, dass zu diesem Zeitpunkt kaum Literatur oder Filme existierten, die dem Aspekt der inoffiziellen Arbeit gerecht wurden und im Bereich der Abwehr angesiedelt waren. Selbst das Buch *Tote Dünung* von Lew Nikulin oder die Verfilmung *Operation Trust* (1967) enthielten neben der Arbeit der Abwehr in starkem Maß Probleme der Aufklärung.[31]

Durch die zielgerichtete Verwendung derartiger Bücher und Filme bestand leicht die Möglichkeit, dass die jugendlichen IM in ihren subjektiven Vorstellungen bestärkt wurden, auch wenn diese im Wesentlichen bereits abgebaut worden waren. Das führte gelegentlich zu solchen Reaktionen der IMs, dass diese dem Führungsoffizier die Frage stellten, ob sie nicht doch vielleicht für eine Aufklärertätigkeit vorgesehen seien, da sie ausschließlich auf solche Bücher orientiert worden waren. Die Staatssicherheit sah eine Gefahr auch darin, dass sich der IM bei einem bestehenden Interesse hinsichtlich eines Einsatzes außerhalb der DDR sowie dessen Bestärkung durch die Arbeit mit Literatur und Filmen, dem Führungsoffizier gegenüber in der

Zusammenarbeit so einrichten würde, wie er glaubte, dass der Führungsoffizier ihn sehen wollte. Eingeleitete Überprüfungen konnten zu Fehleinschätzungen führen, da der IM mit Überprüfungen rechnete (die in der Literatur und in Filmen auch durchgeführt wurden), die Maßnahmen des MfS zu erkennen glaubte und sein Verhalten entsprechend steuerte.

Die Mitarbeiter für Aufklärung in den KD der BV Magdeburg sahen aus den genannten Gründen davon ab, Belletristik und Filme in der ersten Phase der inoffiziellen Zusammenarbeit zielgerichtet und mit konkreten Aufträgen verbunden bei der Erziehung und Schulung der jugendlichen IM einzusetzen. Diese Schlussfolgerung wurde bei der Auswertung negativer Erfahrungen während einer Fachschulung übereinstimmend gezogen.

Bei der zielgerichteten Arbeit mit Literatur und Filmen musste deshalb differenziert die Persönlichkeit des IM beachtet werden. Der Einsatz dieser Erziehungs- und Bildungsmittel durfte erst dann vorgenommen werden, wenn wirklich begründete Klarheit über die Motivation des IM für die inoffizielle Zusammenarbeit bestand und diese Klarheit auf der Basis ausreichender Überprüfungen beruhte.[32]

Anforderungen an Übersiedlungs-IM

Die Auswahl geeigneter IM war eine wesentliche Voraussetzung zum Gelingen der Übersiedlung einschließlich der entsprechenden Legalisierung im Operationsgebiet. Der Ü-IM hatte sich in Verwirklichung der Übersiedlungskombination von einem fest integrierten und engagierten Bürger der sozialistischen DDR in einen Bürger des Operationsgebietes zu verwandeln und für lange Zeit das Leben eines anderen Menschen mit zahlreichen Details (persönlicher, schulischer sowie beruflicher Entwicklung) zu übernehmen. Dieses Leben musste der Ü-IM voll und für jedermann zweifelsfrei verkörpern. Die Legalisierung im Westen musste der Ü-IM selbst aktiv realisieren. Er musste einer beruflichen Tätigkeit nachgehen, die nicht nur eine sichere Abdeckung seiner nachrichtendienstlichen Tätigkeit erlaubte, sondern ihm dafür auch Zeit und Kraft ließ. Dem Ü-IM war bekannt, dass er das Risiko einging, im Operationsgebiet enttarnt und inhaftiert zu werden. Mit diesem Risiko musste er leben und arbeiten.

Der Ü-IM, beispielsweise als Resident eingesetzt, war von der Zentrale beauftragt, qualifiziert, verantwortungsbewusst und stabil mit den Quellen der HV A im Westen zusammenzuarbeiten. In dieser Funktion hatte er ständig nach Möglichkeiten der Erweiterung seiner Informationsmöglichkeiten beziehungsweise der Quellen zu forschen. Auch dazu, nicht nur zur Schaffung eines bestimmten Umgangskreises, musste er soziale Kontakte zu verschiedenen Personen aufnehmen und ausschöpfen. Für den Ü-IM kam es darauf an, sowohl aufgrund übermittelter Weisungen der Zentrale als auch auf der Basis der eigenen Lageeinschätzung selbstständig zu entscheiden und zu handeln, da er sich in einer Einzelkämpfersituation befand. Mit all seinen Problemen musste der Ü-IM selbst fertig werden. Er musste stets wachsam sein, sich selbst kontrollieren sowie jederzeit und in allen Situationen, auch bei einer Festnahme oder in Haft, das Verhalten konspirativ gestalten, so dass das eigentliche operative Ziel gewahrt blieb. Wirkte der Ü-IM als Resident mit seiner Frau als Gehilfe zusammen, so mussten die Beziehungen untereinander durch volles gegenseitiges Vertrauen, allseitiges Verständnis sowie durch Harmonie bei gleichzeitiger selbstständiger Handlungsfähigkeit jedes Partners über längere Zeiträume geprägt sein. Die politische Weiterbildung, Informationsbeschaffung und Meinungsbildung hatten konspirativ zu erfolgen und wurden aus in Qualität und Quantität sehr unterschiedlichen Quellen bezogen.

Über folgende Fähigkeiten und Einstellungen sollte ein Ü-IM aus der Sicht der HV A verfügen:

1. Der Ü-IM musste über eine entsprechende politisch-ideologische Einstellung und Motivation verfügen. Er sollte die Kundschaftertätigkeit nicht nur aus Einsicht in die Notwendigkeit durchführen, sondern sie sollte ihm ein echtes Bedürfnis sein. Die Zentrale betrachtete es als Optimum, wenn der IM zur Überzeugung gelangte, dass sein Platz in der internationalen Klassenauseinandersetzung der für ihn genau richtige ist. Neben diesen Motiven konnten auch folgende weiteren Motive eine bedeutsame Rolle spielen:

- das Wissen um eine interessante, nicht für jeden zugängliche Tätigkeit,
- das Erschließen von Bereichen für die persönliche Entwicklung, die sonst nicht in Betracht kämen,
- die Möglichkeit des Eindringens in bestimmte Zusammenhänge, das ansonsten nicht möglich wäre,
- das Sammeln von Eindrücken aus sonst unzugänglichen fremden Ländern,
- die Befriedigung persönlicher Bedürfnisse und Interessen.

Diese Motive mussten allerdings in Verbindung mit den politisch-ideologischen Hauptmotiven stehen. Sie allein waren für den Ü-IM keine ausreichende motivierende Grundlage.

2. Der Ü-IM musste bereit und in der Lage sein, langfristig als Kundschafter im Westen zu arbeiten. Die politisch motivierte Bereitschaft für die Kundschaftertätigkeit musste einschließen, diese Tätigkeit auf Lebenszeit auszuüben. Vom IM wurde gefordert, auf das gesicherte Leben und Wirken in der sozialistischen Gesellschaft zu verzichten. Das beinhaltete den Verzicht auf seine Umwelt, sein

Kollektiv, auf mögliche berufliche, parteiliche und gesellschaftliche Weiterentwicklung und Anerkennung.

Notwendig war aber auch der Verzicht auf die Ausdehnung der Familienbande in der DDR und im Operationsgebiet sowie die Legendierung der nachrichtendienstlichen Tätigkeit gegenüber engsten Angehörigen und Freunden. Eine andere Seite des Verzichts auf Ausdehnung der Familienbande konnte darin bestehen, dass IM-Ehepaaren der Verzicht auf die Realisierung des Kinderwunsches nahegelegt werden musste. Klarheit sollte auch darüber bestehen, dass Kinder bis zum Abschluss des Einsatzes im Operationsgebiet bleiben mussten. Bestandteil dieser Anforderung war weiterhin, dass bei IM-Ehepaaren beide IM gleichermaßen bereit und in der Lage sein mussten, sich komplikationslos zeitweilig voneinander zu trennen und getrennt nachrichtendienstlich zu handeln. Eine solche objektiv notwendige Trennung durfte nicht zu Schwierigkeiten im familiären Zusammenleben führen. Volles Vertrauen beider Ehepartner zueinander sowie zur HV A waren Bedingung.

Der langfristige Einsatz forderte vom Ü-IM, sich in eine andere Rolle einzuleben und diese Rolle sicher darzustellen. Er musste sich dem Leben des Legendenspenders anpassen können. Dazu gehörten die Einsicht und die Fähigkeit, eine berufliche Tätigkeit auszuüben, die möglicherweise unter dem bereits erreichten Qualifikationsniveau lag sowie das mühselige und langwierige Emporarbeiten im Westen auf eine gesellschaftlich höhere Stufe. Das erforderte auch, sich Verhaltensweisen zu eigen zu machen, die durch die westliche Gesellschaft geprägt waren, ohne die Wertmaßstäbe, Vorstellungen und Einstellungen, die aus der sozialistischen Gesellschaft stammten, aufzugeben.

3. Der Ü-IM musste bereit und in der Lage sein, alle aus der Kundschaftertätigkeit resultierenden Risiken zu tragen. Das Wissen um die unvermeidbaren Risiken schloss ein, dass der Ü-IM in das Blickfeld gegnerischer Abwehrbehörden geraten, dass er enttarnt werden konnte oder sogar mit einer Inhaftierung rechnen musste. Darauf hatte der Ü-IM unbedingt eingestellt zu sein. Dieses Risiko musste er akzeptieren, ohne dass seine Aktivitäten eine Einschränkung erfuhren. Er musste weiterhin den Willen besitzen, auch unter solch komplizierten Bedingungen standhaft zu bleiben und seinen Auftrag zu Ende zu führen. Dazu gehörte, dass sich in Abhängigkeit von der Entwicklung der Lage in der Welt, insbesondere im konkreten Operationsgebiet, die Bedingungen verändern und sich das Risiko sowie die Gefahren für den IM erhöhen konnten.

4. Der Ü-IM benötigte gut entwickelte Fähigkeiten im analytisch-synthetischen und logischen Denken zur Analyse, Verarbeitung und Bewertung von Informationen über Ereignisse, Sachverhalte und Personen sowie zur Planung und Organisie-

rung seiner Kundschaftertätigkeit. Der IM musste in der Lage sein, aus der Fülle der Informationen diejenigen herauszuarbeiten, die für ihn sowie für die Erfüllung seiner nachrichtendienstlichen Aufgaben relevant waren. Er musste den wesentlichen Inhalt solcher Informationen herausfinden, werten und vergleichen. Diesen Inhalt hatte er mit anderen Informationen in Beziehung zu setzen, damit unter Umständen über die Bedingungen sowie das Wesen der Sache neue Erkenntnisse gewonnen werden konnten, um daraus die richtigen Schlüsse für das Verhalten und das weitere Vorgehen ableiten zu können. Die Vielfalt der Informationen, die in kurzer Folge auf den IM zukommen konnten, erforderte ein hohes Maß an geistiger Beweglichkeit und Umstellungsfähigkeit. Der IM musste in der Lage sein, sich unter Umständen in sehr kurzer Zeit in seinen Überlegungen von einer Sache auf eine andere umzustellen, sich dem neuen Problem schnell anzupassen, und er musste sich seiner Denkweise dabei auch sicher sein. In den jeweiligen Situationen erhielt der IM kaum äußere Rückmeldungen darüber, ob und inwieweit er richtig gedacht und gehandelt hatte. Er konnte sich im Prinzip nur auf seine eigenen Denkfähigkeiten verlassen.

Eine andere Seite der Anforderung bestand darin, bei Erfordernis die Ausprägung seiner Denkfähigkeiten gegenüber der Umwelt nicht zu offenbaren.

5. Der Ü-IM musste bereit und in der Lage sein, zur Realisierung seiner nachrichtendienstlichen Tätigkeit bewusst zu verschiedensten Personen soziale Kontakte aufzunehmen, zu entwickeln und zu halten. Er musste während seines langjährigen Einsatzes im Westen zur Durchführung seiner Tätigkeit zu verschiedensten Personen mit sehr unterschiedlichen Anschauungen, Interessen, Gewohnheiten, Erwartungen, Eigenschaften sowie Verhaltensweisen in Kontakt treten. Der IM konnte und durfte sich während seines Einsatzes nicht isolieren. Er benötigte auch aus Gründen der Legalisierung einen sozialen Kontaktbereich. Dazu hatte er solche Kontakte zu suchen und durfte sich nicht abwartend verhalten. Der Ü-IM sollte Initiator von Kontakten sein und musste dabei wachsam bleiben. Eine wesentliche Seite in der Gestaltung sozialer Beziehungen bestand in der dazu erforderlichen allgemeinen Kommunikationsfähigkeit. Vielseitige Interessen, die eigene Aufgeschlossenheit und die Fähigkeit, sich in die Situation anderer, sehr verschiedener Menschen hineinzuversetzen, erleichterten es, Kontakte aufzunehmen und zu entwickeln. Im gleichen Maß wie der IM Kontakte suchen und entwickeln musste, war die Bereitschaft sowie die Fähigkeit erforderlich, bestimmte Kontakte komplikationslos wieder abzubrechen.

6. Der Ü-IM benötigte pädagogisch-psychologische Grundkenntnisse sowie Fähigkeiten zur Erziehung und Ausbildung der ihm im Operationsgebiet anvertrauten IM. Der Hauptzweck des Einsatzes des Ü-IM bestand darin, andere IM poli-

tisch-ideologisch und fachlich beziehungsweise konspirativ zu erziehen sowie zu befähigen, die gemeinsamen nachrichtendienstlichen Aufgaben mit besten Ergebnissen durchzuführen. Dazu gehörte, dass der IM Kenntnisse über die Arbeit mit Menschen besaß sowie erste Erfahrungen in der Anleitung, Erziehung und Einschätzung von Menschen gesammelt hatte. Es gehörte aber auch dazu, dass er in der Lage war, andere Menschen zu mobilisieren, sie von Aufgaben zu überzeugen – und das mit geeigneten Methoden. Es gehörte ebenso dazu, nicht nur Kenntnisse zu besitzen, sondern auch befähigt zu sein, Kenntnisse an andere Personen zu vermitteln.

Weiterhin musste der Ü-IM in der Lage sein, Aufgaben oder Verhaltenslinien, die unumstößlich waren, mit Konsequenz durchzusetzen. Gerade hierbei spielten seine eigene Kritikfähigkeit sowie sein persönliches Vorbild eine große Rolle.

7. Der Ü-IM musste auf der Grundlage vorgegebener Verhaltenslinien sowie eigener Lageeinschätzungen und dem dabei recht großen Spielraum fähig sein, selbstständige Entscheidungen mit oft weitreichenden Konsequenzen zu treffen. Er hatte häufig aus unterschiedlichen Anlässen zu operativen Sachverhalten, zu ihm anvertrauten Quellen wie auch zur eigenen Person Entscheidungen zu treffen. In jeder Entscheidungssituation war vom IM die eventuell vorgegebene Verhaltenslinie mit der aktuellen Lage in Beziehung zu setzen und dann von ihm selbstständig zu entscheiden. Der IM brauchte diesen Entscheidungsspielraum, um aktuell reagieren zu können. Dabei traten dem IM oftmals mehrere Entscheidungsalternativen mit unterschiedlichen Risiken entgegen. Für den IM war es nicht immer möglich, alle Folgen und Konsequenzen seiner Entscheidung zu überblicken beziehungsweise vorauszusehen. Von ihm wurde ein hohes Maß an Verantwortungsbewusstsein gefordert, der Einsatz seines Willens sowie die Bereitschaft, ein vertretbares Risiko einzugehen. Wie groß das Risiko war, zeigte sich oft erst nach der Entscheidung, und dann konnte es häufig nicht mehr korrigiert werden. Das Risiko stellte sich bei Wiederholungsentscheidungen, für die der IM Entscheidungsstrategien in Form von Verhaltenslinien mitbekam, geringer dar als bei seltenen oder einmaligen Entscheidungen, die dann oft von besonderer Bedeutung waren. Auch in solchen Situationen musste der IM entschlossen und sicher entscheiden können.

8. Der Ü-IM musste getroffene Entscheidungen selbstständig im praktischen Handeln unter Wahrung der Konspiration zielstrebig und konsequent bei notwendiger Beweglichkeit umsetzen. Die vom IM zu erfüllenden, vielseitigen nachrichtendienstlichen Aufgaben waren nur durch sein bewusstes, willentlich gesteuertes, aktives Handeln realisierbar. Dies erforderte gedankliche Klarheit über die Ziele der jeweiligen Tätigkeit. Während des Handelns mussten die einzelnen Schritte

aus der Sicht der Zielstellung gedanklich überprüft werden, um dadurch bessere und neue Schritte für die Durchführung herauszufinden. Der IM musste seine Handlungen bewusst kontrollieren und so ausführen, dass seine operativen Aufgaben und Ziele dadurch nicht erkannt und andere Personen nicht gefährdet werden konnten. Er musste jederzeit in der Lage sein, selbstständig aufgrund von Weisungen oder aus eigenem Antrieb zu handeln und Schwierigkeiten zu bewältigen.

9. Der Ü-IM musste in seinem gesamten Verhalten ständig seine Umgebung, besonders das Verhalten von Personen, komplex und detailliert wahrnehmen. Das ständige aufmerksame Wahrnehmen der Ereignisse, die sich in seiner unmittelbaren Umgebung abspielten, besonders der äußeren Erscheinung sowie des Verhaltens von Personen, mit denen er zu tun hatte oder die mit ihm zu tun hatten, war eine der Grundforderungen an einen Ü-IM. Dazu gehörte das unauffällige aber bewusste Registrieren von manchmal geringfügigen Veränderungen in seiner Umgebung, das Feststellen von Abweichungen in den Gewohnheiten von Menschen, das schnelle Erfassen einer Gesprächssituation, der räumlichen Verhältnisse in einem Zimmer, einem Gebäude oder einer Ortschaft. Die wahrgenommenen Sachverhalte, Ereignisse und Personen mussten in Beziehung zu seiner Person und Tätigkeit gesetzt und bewertet werden. Neben dieser als Gewohnheit zu entwickelnden Aufmerksamkeitshaltung hatte der IM befähigt zu sein, gezielte Beobachtungsleistungen zu erbringen, wenn erforderlich über längere Zeiträume hinweg. Auch diese Beobachtungen musste der IM konspirieren.

10. Der Ü-IM musste sich unterschiedliche Informationen sowohl anschaulich-bildhafter Art als auch in Form von Daten und Fakten einprägen, über relativ lange Zeiträume im Gedächtnis behalten und reproduzieren können. Der IM musste in der Lage sein, bestimmte Festlegungen und Vereinbarungen in seinem Gedächtnis zu behalten und später zu reproduzieren. Die Informationen konnten sich in Inhalt, Struktur und Komplexität stark unterscheiden, ohne dass sich der IM schriftliche Notizen dazu machen konnte. Der IM musste über eine ausgeprägte Merkfähigkeit verbunden mit Konzentrationsvermögen verfügen, um auch solche Informationen zu speichern, mit denen er sich nur kurzfristig beschäftigen konnte.

11. Der Ü-IM musste Eindrücke und Erlebnisse in differenzierter Weise verarbeiten können und emotional ausgeglichen sein. Sein Denken und Handeln, besonders in kritischen Situationen, durfte nicht von starken Gefühlen bestimmt werden. Der IM musste in der Lage sein, Erlebnisse sowohl rational als auch emotional zu verarbeiten. Er musste emotional empfinden können, ohne dass sich die Ausprägung dieser emotionalen Seite übersteigert darstellte. Gefühlskälte war

ebenso wenig angebracht wie ausschließlich gefühlsmäßiges Empfinden. Der IM durfte sich nicht von Stimmungen leiten lassen. Es war äußerst wichtig, dass er sich in kritischen Situationen beherrschen konnte. Sein Verhalten musste natürlich bleiben und durfte nicht gekünstelt oder verkrampft wirken.

12. Der Ü-IM musste über eine bestimmte physische Konstitution verfügen und Belastungen standhalten. Da die Kundschaftertätigkeit im Allgemeinen sowie die Realisierung spezieller Aufgaben im Besonderen hohe körperliche Beanspruchungen mit sich brachten, war eine gute physische Konstitution erforderlich.[33]

Die Feststellung der Eignung durch spezielle psychologische und psychophysiologische Verfahren

Die Durchführung von Eignungsuntersuchungen bei Ü-IM wurde in der Dienstanweisung 1/77 des Leiters der HV A angewiesen.[34] Den steigenden Anforderungen der nachrichtendienstlichen Arbeit im Operationsgebiet Rechnung tragend, orientierte die Führung des MfS darauf, wissenschaftlichen Ergebnisse und Entwicklungen zu verfolgen, die für die operative Tätigkeit von besonderem Interesse waren. Dazu gehörten auch moderne psychologische und psychophysiologische Verfahren.[35]

Ab den 1970er Jahren hatte die HV A die Feststellung der Eignung von Ü-IM wesentlich professioneller gestaltet als zuvor und sich an wissenschaftlichen Methoden orientiert.

Das erkenntnistheoretische Grundproblem jeder psychologischen Diagnostik besteht darin, dass die psychischen Eigenschaften der Persönlichkeit nicht direkt ermittelt werden können, sondern aus der Beständigkeit des Verhaltens in der Tätigkeit indirekt erschlossen werden müssen. Jede Gruppe psychologischer Methoden und Verfahren muss darum vor dem Einsatz für praktische Zwecke prinzipiell daraufhin geprüft werden, wie genau und sicher sie die dialektische Beziehung zwischen dem Verhalten und den psychischen Eigenschaften der Persönlichkeit abbildet. Vorurteile und skeptische Haltungen gegenüber psychologischen Verfahren resultieren genauso wie übertriebene Erwartungen nicht zuletzt aus ungenauer Kenntnis des Erkenntniswertes sowie der Aussagegrenzen derartiger Verfahren.

Für das Anliegen der Übersiedlung von IM in das Operationsgebiet wurden psychodiagnostische Prüfverfahren eingesetzt. Ein solches psychodiagnostisches Prüfverfahren erfasste das durch eine entsprechende Aufgaben- oder Fragestellung veranlasste Verhalten eines IM. Das während des Prüfverfahrens gezeigte Verhalten stellte einen Ausschnitt, eine Stichprobe aus dem Gesamtverhalten des IM dar. Das Prinzip psychodiagnostischer Prüfverfahren bestand darin, aus dem Testverhalten

Aussagen über das Verhalten in realen Anforderungssituationen beziehungsweise über die relativ stabilen psychischen Eigenschaften des IM ableiten zu können.

Die Frage, ob es überhaupt möglich und berechtigt ist, aus einer zeitlich begrenzten, einmaligen Verhaltensstichprobe in einer »Labor-Situation« Schlüsse auf die psychischen Eigenschaften zu ziehen, die in der realen beruflichen Tätigkeit sowie im gesamten Leben eines Menschen wirken, war lange Zeit umstritten. Die Spezialisten der HV A beantworteten sie aus ihrer Sicht eindeutig positiv.

Folgende Vorzüge psychodiagnostischer Prüfverfahren sprachen aus Sicht der HV A für ihren Einsatz als Erkenntnismittel:

- Prüfverfahren sind zeitökonomisch. Durch den konzentrierten und gezielten Einsatz ausgewählter Prüfverfahren war es möglich, in der relativ kurzen Zeit von einigen Stunden oder wenigen Tagen eine Vielzahl von Informationen über die IM-Persönlichkeit zu gewinnen, für deren Erlangung durch das Studium der Persönlichkeit im Prozess der operativen Arbeit viele Monate oder oft Jahre erforderlich waren.

- Die durch das Prüfverfahren gewonnenen Informationen über die IM-Persönlichkeit wurden als objektiv und zuverlässig angesehen. Es galt als theoretisch gesichert und praktisch nachgewiesen, dass sich die psychischen Eigenschaften, die erkannt werden sollten, durch geeignete Aufgaben unter kontrollierbaren Bedingungen in einem zeitlich begrenzten Verhalten äußern. Damit ließen sie sich durch geeignete Mittel und Methoden objektivieren und zuverlässig messen. Prüfverfahren schlossen subjektive Faktoren weitgehend aus, die in anders entstandenen Einschätzungen durch die individuell ausgeprägten und mit verschiedenen Wertungsmaßstäben belasteten persönlichen Erfahrungen einflossen.

- Prüfverfahren erfassten nicht nur gezielt verschiedene Eigenschaften der Persönlichkeit, sondern in der Regel auch deren Ausprägung, das heißt, die IM-Persönlichkeit wurde sowohl nach dem qualitativen als auch dem quantitativen Aspekt genau untersucht. Bei der Beurteilung des IM in der operativen Arbeit war es bereits schwierig, gezielt einzelne Seiten oder Eigenschaften einzuschätzen. Fast unlösbar war es dagegen – auch für den in der Beurteilung von Menschen erfahrenen Offizier –, exakte Angaben über den Ausprägungsgrad von Eigenschaften zu machen.

- Prüfverfahren erfassten auch solche Eigenschaften und Bereiche der IM-Persönlichkeit, die im Allgemeinen durch den Führungsoffizier in der operativen Arbeit schwer zugänglich und/oder erkennbar waren und zu denen in der Regel wenige Informationen vorlagen. Dies betraf beispielsweise die allgemeine psychische Belastbarkeit, die emotionale Eindrucksfähigkeit, Ängstlichkeit oder Aspekte des Entscheidungsverhaltens.

Natürlich fanden sich auch Einwände gegen Prüfverfahren. Diese Einwände richteten sich jedoch nicht grundsätzlich gegen die Prüfverfahren, sondern waren Ausdruck berechtigter Kritik an den existierenden Prüfverfahren sowie an den ihnen zugrunde liegenden theoretischen Konzeptionen. Wesentliche, ernst zu nehmende Grenzen der meisten Prüfverfahren zeigten sich aus der Sicht der HV A wie folgt:

- Die Prüfverfahren maßen zwar einzelne, isolierte Eigenschaften der Persönlichkeit, erfassten aber nicht die vielfältigen wechselseitigen Beziehungen und Abhängigkeiten zwischen ihnen, die gerade das praktische Handeln bestimmen. So konnte beispielsweise eine im Prüfverfahren festgestellte gut entwickelte Beobachtungsfähigkeit im praktischen Handeln unwirksam bleiben, wenn der IM ohne Lust oder ängstlich an die Realisierung der Aufgabe heranging. Derartige Beziehungen zwischen verschiedenen Seiten der Persönlichkeit wurden in der Regel nicht erfasst.
- Die meisten Prüfverfahren erfassten nur ungenügend oder überhaupt nicht die Eigenschaften der Persönlichkeit in ihrer Entwicklung. Sie maßen den Zustand der Persönlichkeit zum Zeitpunkt der Untersuchung. Aber erst die Kenntnisse über Tempo sowie Richtung der Entwicklung einer Eigenschaft hätten eine Prognose, eine Abschätzung der Entwicklungschancen ermöglicht.
- Die Prüfverfahren gaben keinen Aufschluss über die Ursachen und Bedingungen des derzeitigen Entwicklungsstandes der Persönlichkeit. Kenntnisse über wesentliche Entwicklungsbedingungen sowie über Ursachen des Vorhandenseins oder des Fehlens von Eigenschaften wären notwendig gewesen, um Schlussfolgerungen für die weitere Erziehung und Befähigung abzuleiten.

An der Überwindung dieser Grenzen wurde in der DDR vor allem im Zusammenhang mit der Neuentwicklung von Verfahren gearbeitet. Solang jedoch mit herkömmlichen Verfahren gearbeitet wurde, mussten deren Aussagegrenzen durch die Einbeziehung anderer Erkenntnismethoden überwunden werden.

Am prinzipiellen Erkenntniswert psychodiagnostischer Verfahren bestand seitens der HV A kein Zweifel. Trotzdem unterschieden sich die zahlreich vorhandenen Prüfverfahren in ihrer Brauchbarkeit. Neben guten, brauchbaren Verfahren gab es schlechte, zweifelhafte sowie solche, die aufgrund ihrer Mängel nicht als Prüfverfahren bezeichnet werden konnten. Daraus ergab sich die Notwendigkeit, den Wert jedes Verfahrens, das zur Eignungsuntersuchung von Ü-IM eingesetzt werden sollte, konkret zu beurteilen.

Jedes einzelne psychodiagnostische Prüfverfahren, das zur Feststellung der Eignung von Ü-IM eingesetzt werden sollte, hatte deshalb folgenden Forderungen zu entsprechen:

1. Die theoretisch-methodologische Grundlage des Prüfverfahrens musste dialektisch-materialistischen Positionen entsprechen oder diesen zumindest weit-

gehend nahekommen. Hierzu war insbesondere zu beurteilen, von welchem erkenntnistheoretischen Modell des Zusammenhanges zwischen Anforderungen–Verhalten–psychischen Eigenschaften bei der Konstruktion des Verfahrens ausgegangen wurde. So wurde zum Beispiel der größere Teil der sogenannten projektiven Verfahren aus dialektisch-materialistischer Sicht aufgrund des spekulativen Charakters des Zusammenhanges zwischen den im Test gezeigten Verhaltensäußerungen und den psychischen Eigenschaften abgelehnt. Solche Verfahren kamen für die Untersuchung von Ü-IM nicht in Frage.

2. Das Prüfverfahren musste eine hohe Treffsicherheit (Validität) aufweisen. Das bedeutete, es musste gesichert sein, dass durch die Testaufgabe oder Testfrage ein solches Verhalten hervorgerufen wurde, das tatsächlich Aussagen über die angezielte psychische Eigenschaft zuließ. Es musste gewährleistet sein, dass durch die Aufgabe oder Frage nicht eine oder mehrere andersartige Eigenschaften erfasst wurden. Die einzelnen Aufgaben eines Prüfverfahrens mussten also inhaltlich auf die zu diagnostizierende Eigenschaft ausgerichtet sein. Sie mussten weiterhin in genügender Menge zusammengestellt werden, um den Zufall auszuschließen und sichere Schlüsse auf die Ausprägung der angezielten Eigenschaften ziehen zu können.

Der Nachweis, ob ein Verfahren die Eigenschaft, die untersucht werden sollte, wirklich erfasste und umfassend prüfte, stellte eine der kompliziertesten Aufgaben der Konstruktion von Prüfverfahren dar. Deshalb wurden die Angaben der Verfasser von Prüfverfahren über die Validität kritisch analysiert. Dies war besonders für Prüfverfahren erforderlich, die in der westlichen Gesellschaft entwickelt worden waren. Nach Auffassung der HV A wurden hier oft theoretisch konstruierte Eigenschaftskomplexe wie »Intelligenz« und »Angst« untersucht, wobei die Testaufgaben dem oftmals nicht gerecht wurden.

Die genaue Prüfung der Validität war auch bei Verfahren erforderlich, die auf den ersten Blick den Eindruck der Realitätsnähe erweckten, in Wirklichkeit aber nicht die wesentlichen Anforderungen, sondern lediglich die Äußerlichkeiten einer Tätigkeit simulierten.

3. Das Prüfverfahren musste eine hohe Objektivität aufweisen. Das bedeutete, die Durchführung, Auswertung sowie Interpretation eines psychodiagnostischen Verfahrens sollte vom Untersucher möglichst unabhängig sein. Ein Verfahren wäre demnach völlig objektiv, wenn verschiedene Untersucher bei ein- und demselben IM zu gleichen Ergebnissen gelangten. Deshalb gehörten zu einem guten Prüfverfahren aus Sicht der HV A genaue Anweisungen, die die Bedingungen der Durchführung, die Art und Weise der Aufgabenstellung sowie die Arbeitsschritte und Regeln der Auswertung und Interpretation der Ergebnisse genau festlegten. Damit sollte vermieden werden, dass verschiedene Untersucher das

Verfahren verschiedenartig realisierten und auswerteten. Die meisten Verfahren wiesen hinsichtlich der Durchführung und Auswertung ein hohes Maß an Objektivität auf. Die Interpretationsobjektivität war dagegen von Verfahren zu Verfahren unterschiedlich. Meist wurden für das Schließen von den Messwerten des Verfahrens auf die ihnen entsprechenden Eigenschaften nur allgemeine Hinweise und Regeln angegeben, sodass dem Untersucher ein subjektiver Ermessensspielraum blieb.

4. Das Prüfverfahren musste eine hohe Zuverlässigkeit (Reliabilität) der Messergebnisse aufweisen. Bei wiederholter Durchführung eines Prüfverfahrens bei ein- und demselben IM in kurzem Zeitabstand durften keine wesentlichen Differenzen in den Ergebnissen auftreten. Ein Verfahren misst unzuverlässig, wenn die Ergebnisse bei einer Person von Untersuchung zu Untersuchung wesentlich voneinander abweichen. Wäre dies der Fall gewesen, wäre es dem Untersucher nicht möglich gewesen zu entscheiden, welches Messergebnis für den IM eigentlich charakteristisch ist. Da aber in der Regel ein IM nur einmal mit einem bestimmten Prüfverfahren untersucht wurde, musste sich der Untersucher auf das Messergebnis verlassen können. Auskunft über die Zuverlässigkeit eines Verfahrens gab der sogenannte Reliabilitätskoeffizient, der bei einem guten Verfahren in der Handanweisung angegeben war. Dieser Reliabilitätskoeffizient machte es auch möglich, Differenzen in den Ergebnissen von Prüfverfahren zwischen verschiedenen IM als Messfehler oder als einen tatsächlich begründeten Unterschied in der Ausprägung der Eigenschaften zu beurteilen.

5. Das Prüfverfahren musste normiert sein. Das bedeutet, dass für ein Prüfverfahren sorgfältig ausgearbeitete Normwerte vorliegen mussten, die als objektive Maßstäbe für die Einordnung und Bewertung eines Einzelergebnisses dienten. Normwerte wurden in der Regel nach Merkmalen wie Lebensalter, Geschlecht, Bildungsstufe oder Berufsgruppe erarbeitet. Wenn zum Beispiel ein IM, dessen Fähigkeit zum logischen Denken geprüft werden sollte, von 15 Aufgaben eines Prüfverfahrens zehn Aufgaben korrekt gelöst hatte, so konnte dieses Ergebnis je nach subjektivem Ermessen des Untersuchers als gut entwickelte oder als befriedigende Fähigkeit zum logischen Denken interpretiert werden. Vorliegende Normwerte dagegen schränkten eine solche Subjektivität weitgehend ein. So konnte die Fähigkeit des IM zum logischen Denken, gemessen an seiner Altersgruppe, als sehr gut entwickelt eingeschätzt werden, wenn die in seiner Altersgruppe erbrachte Höchstleistung bei elf gelösten Aufgaben lag. Durch das Vergleichen des Einzelergebnisses mit den Normwerten gelangten auch verschiedene Untersucher zu gleichen Aussagen. Die Möglichkeit diagnostischer Irrtümer wurde dadurch erheblich eingeschränkt.

Zusammenfassend kann festgestellt werden, dass psychodiagnostische Prüfverfahren aufgrund ihres hohen Erkenntniswertes sowie ihrer Vorteile gegenüber den Möglichkeiten zur Einschätzung der Ü-IM in der operativen Arbeit unter Beachtung und praktischer Berücksichtigung der skizzierten Gütekriterien ein brauchbares Instrumentarium zur Feststellung der Eignung von Ü-IM darstellten. Die aber gleichfalls vorhandenen Aussagegrenzen der meisten gebräuchlichen Verfahren erforderten es aus Sicht der HV A, von vornherein auch andere Erkenntnismethoden in die Eignungsfeststellung von Ü-IM einzubeziehen. Vor allem durch ausführliche psychodiagnostische Gespräche, aber auch durch die Nutzung von Einschätzungen des IM in seiner operativen Arbeit sowie durch die Verhaltensbeobachtung während der Eignungsuntersuchung waren weitere diagnostische Informationen zu gewinnen. Diese Informationen mussten so verarbeitet werden, dass wesentliche Bedingungen und Ursachen des Entwicklungsstandes der IM-Persönlichkeit aufgedeckt, Zusammenhänge zwischen den Eigenschaften hergestellt und die Entwicklungstendenzen erkannt werden konnten.

Da jedes einzelne Prüfverfahren neben dem generellen Erkenntniswert und den Aussagegrenzen je nach theoretisch-methodologischer Grundlage sowie Stand der Verfahrensentwicklung eine unterschiedliche Qualität aufwies, mussten die Prüfverfahren bei ihrer Auswahl für das Anliegen der Eignungsuntersuchung nach den beschriebenen fünf Merkmalen auf ihre Brauchbarkeit geprüft werden.

Aus der Vielfalt und Vielzahl bekannter psychodiagnostischer Verfahren waren diejenigen auszuwählen und zu erproben, die für die Eignungsfeststellung von Ü-IM in Frage kamen. Die Auswahl und Erprobung erfolgte in drei Schritten.

In einem ersten Schritt wurde nach Verfahren gesucht, welche die in den besonderen Anforderungen an Ü-IM beschriebenen psychischen Eigenschaften und Leistungen messen konnten. Die entsprechende Sichtung hatte ergeben, dass kein Verfahren existierte, das in einer genauen Entsprechung gerade die subjektiven Voraussetzungen prüfte, die in den Anforderungsmerkmalen voneinander unterschieden wurden. Die Verfahren erfassten entweder nur Teile oder übergreifende Merkmale der besonderen Anforderungen an Ü-IM. Darum gab es keine eindeutige Zuordnung zwischen den Anforderungsmerkmalen sowie den Verfahren und ebenso wenig eine zahlenmäßige Übereinstimmung. Die meisten Anforderungsmerkmale wurden jedoch durch entsprechende Verfahren abgedeckt. Eine Ausnahme bildeten die beiden ersten Anforderungsmerkmale. Die HV A hatte zum Ende der 1970er Jahre keine geeigneten psychodiagnostischen Prüfverfahren, die die motivationalen Grundlagen für die Tätigkeit als Kundschafter, also vor allem die politisch-ideologischen Einstellungen und Überzeugungen, feststellen konnten. Diese wesentliche Seite der IM-Persönlichkeit musste deshalb in der realen operativen und beruflichen Tätigkeit oder durch andere diagnostische Methoden, beispielsweise durch psychodiagnostische Gespräche, eingeschätzt werden.

In einem zweiten Arbeitsschritt wurden die so vorausgewählten psychodiagnostischen Prüfverfahren auf ihren Erkenntniswert für das Anliegen der HV A geprüft. Ausgehend von dialektisch-materialistischen Positionen wurden die dem jeweiligen Verfahren zugrunde liegende theoretische Konzeption und die psychometrischen Gütekriterien geprüft. Dabei wurden die in der Fachliteratur dargestellten verfahrenskritischen Untersuchungen in die Prüfung einbezogen, insbesondere hinsichtlich der Anwendbarkeit, Anpassung beziehungsweise Weiterentwicklung von psychodiagnostischen Verfahren, die in der bürgerlichen Gesellschaft entwickelt worden waren, auf die Bedingungen der Gesellschaft in der DDR.

Bei der Suche nach Verfahren, die die geistige Leistungsfähigkeit (oder Intelligenz) messen, schieden diejenigen aus, die lediglich einen sogenannten Intelligenzquotienten als einzige Maßzahl für eine so komplexe und mehrdimensionale Eigenschaft wie die Intelligenz erfassten. Es wurde nach Verfahren gesucht, die sowohl die verschiedenen Seiten der geistigen Leistungsfähigkeit als auch deren strukturelle Beziehungen messen konnten.

Die aus der Tätigkeit der Sicherheitsorgane befreundeter sozialistischer Staaten bekanntgewordenen Verfahren blieben unberücksichtigt, da der HV A hierfür weder Aussagen über die Gütekriterien noch Normwerte vorlagen, die die Einordnung und Bewertung eines Einzelergebnisses ermöglichten.

In einem dritten Schritt wurden die ausgewählten Verfahren praktisch erprobt. Hier kam es insbesondere darauf an festzustellen, ob die einzelnen Verfahren von der Art der Aufgaben- und Fragestellung sowie von der Belastung her für die Ü-IM zumutbar waren. Ferner wurden die Handhabbarkeit der Verfahren, zeit- und materialökonomische Gesichtspunkte geprüft sowie die Abfolge der Verfahren innerhalb der Eignungsuntersuchung und die äußeren Rahmenbedingungen festgelegt. Die praktische Erprobung wurde an einer kleinen Gruppe von Mitarbeitern, die an der Auswahl der Verfahren beteiligt war, sowie mit Ü-IM, die in das Anliegen der Erprobung eingeweiht waren, durchgeführt.

Im Ergebnis der drei Arbeitsschritte wurden von den Spezialisten der HV A insgesamt zehn psychodiagnostische Prüfverfahren für die Eignungsuntersuchung von Ü-IM ausgewählt.[36]

Davon sollen an dieser Stelle acht erläutert werden. Dabei handelt es sich um die Verfahren I-S-T 70 (Intelligenz-Struktur-Test 70), D-S-T (Denksport-Test), d2 (Aufmerksamkeits-Belastungs-Test), K-V-T (Konzentrations-Verlaufs-Test), FPI (Freiburger Persönlichkeitsinventar), PPKV (Psychopathologisches Kurzverfahren), den Gießen-Test und INR.

Beschreibung des I-S-T 70

Material: I-S-T 70 mit Testheften (Testformen A 1 und B 2), Fragebogen für Merk-aufgaben, Antwortbogen, Auswertungsschablonen, Handanweisung: 3. veränderte und erweiterte Auflage, Verlag für Psychologie – Dr. C. J. Hogrefe, Göttingen 1973.

Ziele: Das Verfahren des Intelligenz-Struktur-Tests 70 untersucht eine Vielzahl geistiger Fähigkeiten, die zusammengefasst als Intelligenz bezeichnet werden. Im Einzelnen wurden folgende Fähigkeiten geprüft: sprachliche Fähigkeiten, Fähig-keiten zur Urteilsbildung, Kombinationsfähigkeit, Klarheit und Folgerichtigkeit im Denken, Abstraktionsfähigkeit, Fähigkeiten zum praktisch-rechnerischen und the-oretisch-rechnerischen Denken, Beweglichkeit und Umstellfähigkeit im Denken, Merkfähigkeit sowie Vorstellungsfähigkeit.

Das Verfahren gewährte einen Einblick in das allgemeine Niveau der Entwicklung dieser Eigenschaften sowie in die individuelle Eigenart struktureller Beziehungen zwischen ihnen. Eine spezielle Form der Auswertung ermöglichte eine Prognose über die geistige Entwicklungsfähigkeit.

Inhalt und Ablauf: Der I-S-T 70 bestand aus 180 Einzelaufgaben, die in neun Aufgabengruppen verschiedene Teilaspekte der genannten geistigen Fähigkeiten erfassten. Die einzelnen Aufgabengruppen verlangten von den IM solche unter-schiedlichen Leistungen wie das Vergleichen und Bewerten von Begriffsinhalten, das Auffinden von Oberbegriffen, das Lösen von rechnerischen Textaufgaben, das logische Fortsetzen von Zahlenfolgen, die nach bestimmten Regeln aufgebaut wa-ren, das Einprägen und Reproduzieren von Wörtern und mehr.

Der Untersucher gab für jede Aufgabengruppe eine vorgeschriebene Instruktion. Die IM machten sich in ihrem Arbeitsmaterial mit der Aufgabenstellung vertraut und lösten die Einzelaufgaben, deren Schwierigkeitsgrad innerhalb jeder Aufga-bengruppe zunahm. Die Lösungen wurden von den IM in einen Antwortbogen eingetragen.

Für die Bearbeitung der einzelnen Aufgabengruppen gab es Zeitgrenzen von sechs bis zehn Minuten. Die Durchführung des gesamten Verfahrens dauerte circa neun-zig Minuten.

Auswertung: Mit Hilfe von Auswertungsschablonen war eine schnelle und sichere Erfassung der korrekten Lösungen möglich, die nach Regeln mit Punkten bewertet und über entsprechende Tabellen zu verschiedenen Zahlenwerten verarbeitet wur-den, deren Interpretation dann Auskunft über das Niveau der geistigen Fähigkeiten, über die Ausprägung der Eigenschaften und ihre Zusammenhänge zuließen.

Gütekriterien und Normen: Aus den ausführlichen Angaben des Verfassers ergab sich, dass der I-S-T 70 ein sehr treffsicheres und zuverlässig messendes Prüfver-fahren war. Die Durchführungs- und Auswertungsobjektivität war durch genaue

Anwendungsvorschriften gewährleistet. Für die Interpretation der Ergebnisse wurden zahlreiche Hinweise und Vergleichsmöglichkeiten angeboten, die allerdings für den Zweck der HV A nur teilweise genutzt werden konnten. Normwerte lagen für 31 Berufsgruppen, für Altersgruppen sowie für verschiedene Schulabschlüsse vor. Dem I-S-T 70 lagen über 15.000 Untersuchungen zugrunde. Er galt als eines der am besten standardisierten Prüfverfahren. Das Verfahren wurde auch in der DDR in verschiedenen gesellschaftlichen Bereichen im großen Umfang eingesetzt.

Ergebnisse und Anwendungsverfahren: Die Untersuchungen der HV A bestätigten, dass der I-S-T 70 ein differenziert und genau messendes Verfahren darstellte, das detaillierte Einschätzungen solcher einzelner geistiger Fähigkeiten ermöglichte, die wesentliche Seiten der Anforderungen an den Ü-IM waren.

Ein Vergleich der durchschnittlichen Ergebnisse der verschiedenen Eignungskategorien hatte gezeigt, dass die geeigneten IM in allen Teilleistungen deutlich besser abschnitten als die ungeeigneten IM und dass auch die bedingt geeigneten IM in den meisten Teilleistungen zwischen den geeigneten und ungeeigneten IM lagen.

Durch das Erfassen vieler, verschiedener geistiger Fähigkeiten konnten die Stärken und Schwächen des einzelnen IM in der geistigen Leistungsfähigkeit so genau festgestellt werden, wie es in der operativen Tätigkeit kaum gegeben war. Dadurch war es der HV A möglich, sehr gezielte Hinweise für die Erziehung und Befähigung eines IM abzuleiten. So konnten bei mehreren IM konkrete Hinweise zur Förderung einer schwach entwickelten Merkfähigkeit, bei anderen IM Hinweise zur Entwicklung ihrer sprachlogischen Fähigkeiten beziehungsweise zur besseren Ausschöpfung der vorhandenen geistigen Leistungsfähigkeit gegeben werden.

Um bei der Interpretation die Ergebnisse eines untersuchten IM besser bewerten zu können, war es sinnvoll, sie mit den Normen der entsprechenden Altersgruppe zu vergleichen. Damit konnte die Position des IM bezüglich der Entwicklung seiner geistigen Fähigkeiten innerhalb der entsprechenden Altersgruppe genau bestimmt werden. Es wurde als nicht zweckmäßig betrachtet, einen Vergleich mit den Normen für verschiedene Schulabschlüsse oder für die Berufsgruppen vorzunehmen, da diesen Normen die Bildungswege und Berufsbilder der Bundesrepublik zugrunde lagen und diese nicht mit denen der DDR übereinstimmten. Ausgehend von den Ergebnissen des I-S-T 70 waren aus der Kurzauskunft sowie durch das psychodiagnostische Gespräch Informationen zu gewinnen, die die Entwicklung der geistigen Potenzen sowie Ursachen und Bedingungen des aktuellen Entwicklungsstandes aufhellten. Dabei war vor allem herauszuarbeiten, vor welchen geistigen Anforderungen der IM in der bisherigen schulischen und beruflichen Entwicklung gestanden und wie er sich damit auseinandergesetzt hatte. Auf diese Weise konnten Leistungsreserven, aber auch Leistungsgrenzen erkannt werden.[37]

Beschreibung des D-S-T

Material: Der D-S-T mit Testbogen, Antwortblättern, einer Lösungsschablone und Handanweisung: Verlag für Psychologie – Dr. C. J. Hogrefe, Göttingen 1964. Es wurde für die Anwendung in der DDR eine geringfügig veränderte textliche Fassung von Heyse 1973 verwendet.

Ziele: Das als Denksport-Test bezeichnete Verfahren untersuchte das Verhalten des IM bei der Lösung von Problemen, die komplexe Denkleistungen erforderten. Im Einzelnen wurden Seiten des Denkens angesprochen wie das Erfassen logischer Beziehungen, Einfallsreichtum, schlussfolgerndes sowie abstrahierendes Denken.

Das Verfahren erfasste gleichzeitig Aspekte der Motivation des IM bei der Lösung komplizierter gedanklicher Probleme, also Interesse oder Gleichgültigkeit am Problemlösen, Freude oder Ärger beim Erreichen oder Verfehlen einer Lösung, das Bedürfnis, sein Denken fortwährend anzuwenden und zu entfalten. In der Untersuchung dieses motivationalen Aspektes des Denkens unterscheidet sich der D-S-T vom zuvor beschriebenen Verfahren. Aber gerade ständiges Interesse am Lösen von Problemen sowie eine hohe Denkaktivität waren für Ü-IM wesentliche Voraussetzungen zur Realisierung ihrer Aufgaben.

Inhalt und Ablauf: Der D-S-T bestand aus 15 im Testbogen vorgegebenen Textaufgaben, die hinsichtlich des Schwierigkeitsgrades anstiegen. Die Aufgaben verlangten vom IM die gedankliche Analyse und Synthese der in den Aufgaben enthaltenen Informationen, das Suchen nach einem Lösungsweg und Finden dieses Weges sowie das Vergleichen der gefundenen Lösung mit jeweils fünf vorgegebenen Lösungsmöglichkeiten. Durch teilweise sehr knappe, redundant formulierte Aufgaben und eingestreute »Klippen« wurden Beweglichkeit und Scharfsinn im Denken besonders gefordert. Die richtigen Lösungen wurden vom IM auf einem Antwortblatt markiert. Die Durchführungszeit war auf 45 Minuten begrenzt.

Auswertung: Die richtigen Lösungen wurden mit einer Schablone ausgezählt. Die Summe der richtigen Lösungen war der Rohwert, für den anhand von Tabellen ein Prozentrang und ein Standardwert ermittelt wurden, die die Grundlage für die Interpretation darstellten.

Gütekriterien und Normen: Nach den Angaben des Verfassers war der D-S-T ein treffsicheres und zuverlässig messendes Verfahren. Durchführungs- und Auswertungsobjektivität waren durch genaue Vorschriften gewährleistet. Für die Interpretation der Ergebnisse wurden in der Handanweisung Hinweise gegeben.

Das Verfahren wurde anhand einer Stichprobe von circa 800 männlichen und weiblichen Oberschülern in der BRD normiert. Für beide Geschlechter dieser Altersgruppe wurden Normtabellen aufgestellt. Heyse hatte 1973 einige Aufgaben des D-S-T in ihren Formulierungen geringfügig verändert, sodass dieses Verfahren ohne Einschränkungen auch in der DDR eingesetzt werden konnte. Er hatte das Verfahren weiterhin auf seine Gültigkeit für Erwachsene in der DDR mit Hoch- oder Fachschulqualifikation überprüft und festgestellt, dass die vom Verfasser angegebenen Normwerte für die untersuchte DDR-Population volle Gültigkeit besaßen. Da die Ü-IM vom Lebensalter sowie der Qualifikation her etwa der von Heyse untersuchten Gruppe entsprachen, waren die Normwerte für das Anliegen der HV A ebenfalls gültig.

Ergebnisse und Anwendungsverfahren: Die Untersuchungen hatten gezeigt, dass der D-S-T in Ergänzung zum I-S-T 70 wertvolle Aufschlüsse über das Herangehen der Ü-IM an das Lösen von Problemen mit hohen Denkanforderungen gab. Ein Vergleich der durchschnittlichen Ergebnisse der verschiedenen Eignungskategorien hatte die bereits beim I-S-T 70 festgestellte Tendenz bestätigt, dass die geeigneten IM weitaus bessere Denkleistungen vollbrachten als die bedingt geeigneten oder die ungeeigneten IM. Die Mitteldifferenzen waren mit neun beziehungsweise zehn Standardwertpunkten so groß, dass sie trotz der geringen Anzahl untersuchter IM bereits als statistisch gesichert angesehen werden konnten. Drei ungeeignete IM lagen mit 86 Standardwertpunkten außerdem noch weit unter dem Durchschnitt von 100 Punkten der für die Bevölkerung repräsentativen Personengruppe, an der der D-S-T geeicht worden war.

Neben der Auswertung der richtig gelösten Aufgaben lieferten die Verhaltensbeobachtung während der Aufgabenlösung sowie eine Nachbefragung interessante Erkenntnisse über die motivationale Seite. So konnten beispielsweise Verhaltensweisen festgestellt werden wie:

- vorschnelles Aufgeben, obwohl noch Zeit zur Verfügung stand (»das schaffe ich sowieso nicht«),
- Verärgerung, weil die Zeit abgelaufen war, aber noch nicht alle Aufgaben gelöst waren,
- flüchtiges und unkritisches Lösen der Aufgaben,
- starres Ausharren an einer schwierigen Aufgabe, ohne sich zunächst erst einmal anderen, möglicherweise leichteren Aufgaben zuzuwenden,
- Interesse an beziehungsweise Gleichgültigkeit gegenüber den richtigen Lösungen nach Abschluss des Verfahrens,
- zügiges und zielstrebiges Vorgehen bei der Realisierung der Aufgaben, kein Stocken oder Zögern,
- Freude beim Überwinden von Denkklippen in den Aufgaben.

Aus diesen Verhaltenshinweisen konnten in Verbindung mit Ergebnissen des I-S-T 70 und Erkenntnissen aus der Lebensgeschichte über die Auseinandersetzung mit Lernanforderungen in der Schule, während des Studiums und im Beruf sowie mit Denkanforderungen in der nachrichtendienstlichen Arbeit verallgemeinerte Schlüsse auf das Herangehen des IM sowie die Art und Weise der Bewältigung komplizierter Aufgaben und Probleme gezogen werden. Durch die Nachbefragung konnten zum einen Bedingungen und Ursachen für das Nichtlösen von Aufgaben aufgedeckt werden (zum Beispiel ungenügende Aufgabenanalyse, mangelnde Beweglichkeit im Denken oder Zeitdruck), zum anderen musste durch die Nachbefragung die mögliche Vorerfahrung des IM beim Lösen von Denksportaufgaben erfasst werden. In einigen wenigen Fällen waren den IM einzelne Aufgaben des D-S-T aus der Literatur beziehungsweise aus den Medien bekannt, was die Ergebnisse ungünstig beeinflusste. Dies musste bei der Interpretation beachtet werden.[38]

Beschreibung des Tests d2
Material: Test d2 mit Testbogen, zwei Auswertungsschablonen, Handanweisung: 5. erweiterte Auflage, Verlag für Psychologie – Dr. C. J. Hogrefe, Göttingen 1975.
Ziele: Das Verfahren des Aufmerksamkeits-Belastungs-Tests untersuchte im engeren Sinne die Fähigkeit, ähnliche Einzelheiten der Umgebung durch optische Wahrnehmungsleistungen rasch und genau zu unterscheiden. Die dabei notwendige Aufmerksamkeitsspannung machte einen beträchtlichen Anteil der Konzentrationsfähigkeit aus, die damit im weiteren Sinne durch den Test d2 mit erfasst wurde. Aus diesem Verfahren waren weiterhin Aussagen über die allgemeine psychische Belastbarkeit bei einfachen Anforderungssituationen abzuleiten.
Inhalt und Ablauf: Dem IM wurde ein Testbogen im Querformat DIN A4 vorgelegt. Der Testbogen war mit zeilenförmig angeordneten Zeichen bedruckt. Die Zeichen bestanden aus 16 verschiedenen Kombinationen der Buchstaben d und p mit oben oder/und unten gesetzten Strichen.
Der IM hatte die Aufgabe, nach einer genau festgelegten und mündlich vorgegebenen Instruktion aus den in wechselnder Folge angeordneten Zeichen drei bestimmte Zeichen (alle d mit zwei Strichen) durchzustreichen. Die Zeit war für jede der 14 Zeilen auf zwanzig Sekunden begrenzt. Durch die in der Instruktion enthaltene Forderung, so genau wie möglich, aber auch so schnell wie möglich zu arbeiten, wurden vom IM konkurrierende Verhaltensweisen gefordert, die ein hohes Maß an Aufmerksamkeit und Konzentration verlangten.
Die einmalige Durchführung des Verfahrens dauerte etwa acht Minuten. Das Verfahren wurde ohne Pause zweimal hintereinander durchgeführt, um dadurch genauere Hinweise auf die allgemeine psychische Belastbarkeit zu erhalten.
Auswertung: Die Auswertung erfolgte mit Hilfe von Schablonen und Normtabellen. Für die Parameter Leistungsmenge, Leistungsgüte und Leistungsverlauf wurden jeweils mehrere Maßzahlen errechnet, die die Grundlage für die Interpretation bildeten.

Gütekriterien und Normen: Der Test d2 galt nach Angaben des Verfassers und aufgrund von Nachuntersuchungen zu den Gütekriterien als ein solides, treffsicheres und zuverlässiges Verfahren zur Messung der Aufmerksamkeitsspannung und der Konzentrationsfähigkeit. Durchführungs- und Auswertungsobjektivität wurden durch genaue Anweisungen gewährleistet. Für die Interpretation lagen Normwerte für Altersgruppen, Geschlechter und verschiedene Bildungsabschlüsse vor.

Ergebnisse und Anwendungsverfahren: Der Test d2 hatte sich aus Sicht der HV A als ein nützliches Verfahren erwiesen, um Aufschlüsse über die Aufmerksamkeitsleistungen, die Konzentrationsfähigkeit und im weiteren Sinne über die allgemeine psychische Belastbarkeit der IM zu erhalten. Ein Vergleich der Ergebnisse der drei Eignungskategorien ließ erkennen, dass sich vor allem die ungeeigneten IM von den anderen IM durch eine deutlich geringere psychische Belastbarkeit unterschieden. Die individualdiagnostische Auswertung der Ergebnisse erlaubte interessante Schlussfolgerungen auf das Verhalten des IM bei Tätigkeiten mit einfacher geistiger Belastung in der operativen Arbeit aus solchem Testverhalten wie

- gleichbleibende, nachlassende oder zunehmende Leistungsmenge über den Verlauf hinweg,
- geringe oder große Leistungsschwankungen,
- plötzlicher Leistungsanstieg oder Leistungsabfall am Ende des Verfahrens,
- unterschiedliche Art des Ausgleichens der nachlassenden Konzentration bei verlängerter Ausführung (Qualität vor Quantität oder umgekehrt).

Bei der Auswertung waren jedoch Erkenntnisse aus der Lebensgeschichte des IM sowie aus anderen Verfahren (K-V-T, I-S-T 70) einzubeziehen.[39]

Beschreibung des K-V-T

Material: K-V-T mit Zahlenkärtchen, Arbeitsblättern, Auswertungsblättern, Auswertungsschablone und Handanweisung: 2. verbesserte Auflage, Verlag für Psychologie – Dr. C. J. Hogrefe, Göttingen 1961

Ziele: Während der Test d2 die Konzentrationsfähigkeit beim Wahrnehmen prüfte, untersuchte der K-V-T, der Konzentrations-Verlaufs-Test, die Konzentrationsfähigkeit sowie die Arbeitssorgfalt bei Aufgaben mit einfachen Denkanforderungen. Da die genannten Eigenschaften in ihrem zeitlichen Verlauf erfasst wurden, waren in Abhängigkeit von der Stabilität beziehungsweise den Schwankungen des Leistungsverlaufs Hinweise auf die individuelle Arbeitsweise zu erhalten. Ähnlich wie beim Test d2 konnte auf die allgemeine psychische Belastbarkeit geschlossen werden, die damit mehrfach abgesichert wurde.

Inhalt und Ablauf: Dem IM wurde ein Stapel von sechzig kleinformatigen Kärtchen vorgelegt. Auf jedem Kärtchen waren in jeweils anderer Anordnung 36 zweistellige

Zahlen aufgedruckt. Der IM erhielt durch eine mündliche Instruktion die Aufgabe, den Kartenstapel nach vier Merkmalen in entsprechende Kästchen zu sortieren. Je nachdem, ob von zwei vorgegebenen Zahlen (43 und 63)

a) nur die 43,
b) nur die 63,
c) beiden Zahlen,
d) keine von beiden Zahlen

auf den Kärtchen erkannt wurden, waren sie in die vier Kästchen zu sortieren. Die Instruktion orientierte den IM darauf, sowohl auf eine hohe Qualität (Vermeidung von Fehlern) als auch auf ein zügiges Arbeitstempo zu achten. Eine Zeitbegrenzung war nicht vorgegeben. Es wurden im Durchschnitt zwölf Minuten für dieses Verfahren benötigt. Die Lösung der Aufgabe erforderte vom IM das schnelle Finden einer seiner Persönlichkeit angemessenen Strategie zum Auffinden der gesuchten Zahlen. Diese Strategie konnte sich bewegen zwischen dem ganzheitlichen, flüchtigen Wahrnehmen aller Zahlen eines Kärtchens auf einen Blick und dem dabei mehr zufälligen Herausfinden der gesuchten Zahlen einerseits und dem systematischen Abtasten des Kärtchens Zeile für Zeile oder Spalte für Spalte andererseits. Der IM musste sein Arbeitstempo in Abhängigkeit vom einzugehenden Fehlerrisiko sowie seiner Konzentrationsfähigkeit selbstständig gestalten.

Auswertung: Der erste Auswertungsschritt wurde durch den IM selbst realisiert. Jedes Kärtchen war auf der Rückseite mit einer Ordnungszahl gekennzeichnet. Der IM kreuzte auf einem Arbeitsblatt an, welche Kärtchen er in welches Kästchen sortiert hatte. Mittels einer Schablone ließen sich dann in kurzer Zeit Fehlerzahl und drei unterschiedliche Fehlerarten ermitteln. In einem Auswertungsblatt wurden die Fehler in eine Verlaufsskala eingetragen. Damit war erkennbar, in welchen Phasen des Arbeitsverlaufs Fehlerhäufungen einer bestimmten Fehlerart vorkamen. In einer Tabelle konnte entsprechend der Arbeitszeit sowie der Fehlerzahl ein Standardwert abgelesen werden.

Gütekriterien und Normen: Der K-V-T wurde von der HV A als ein zuverlässig messendes Verfahren angesehen. Die Objektivität der Durchführung und Auswertung war durch genaue Instruktionen sowie Vorschriften gesichert. Für die Interpretation der Ergebnisse gab der Autor des Verfahrens Beispiele und Hinweise an. Das Verfahren wurde an einer Stichprobe von 1.200 Personen aller Altersstufen und Bildungsgrade normiert. Somit lagen Normwerte für die Zeit-, die Fehler- sowie die kombinierte Fehler-/Zeitberechnung vor.

Ergebnisse und Anwendungsverfahren: Die Anwendung des K-V-T ermöglichte interessante Einblicke in die willentliche Regulierung von einfachen geistigen Arbeiten, die sowohl eine sorgfältige Ausführung als auch ein zügiges Arbeitstempo verlangten. Die Messwerte sowie die Ergebnisse der Verhaltensbeobachtung ließen Schlüsse auf anhaltende beziehungsweise mehr oder weniger rasch nachlassende Konzentrationsfähigkeit zu. Weiterhin ließen sich gut individuelle Vorgehensweisen erkennen, die in Verbindung mit den Ergebnissen anderer Verfahren (zum Beispiel Test d2) Schlüsse auf den allgemeinen Arbeitsstil bei geistigen Anforderungen zuließen. Durch die HV A festgestellte typische Verhaltensweisen waren:

- Bevorzugung eines hohen Arbeitstempos bei Einkalkulierung einer hohen Fehlerzahl (oberflächliches, flüchtiges Arbeiten, Bagatellisierung der Fehler),
- übergenaues und damit langsames Vorgehen (pedantisches Vorgehen, wenig Mut zum Risiko),
- Fehlerhäufungen am Ende (schnell nachlassende Konzentration),
- gleichmäßiges Arbeiten nach einer bestimmten Strategie),
- ungleichmäßiges, unkonzentriertes Arbeiten, Strategiewechsel, Nachkontrolle bereits abgelegter Kärtchen.

Ein erster Vergleich der Ergebnisse des K-V-T zwischen den drei Eignungskategorien hatte der HV A gezeigt, dass sich die ungeeigneten IM eindeutig durch ihr sehr niedriges Arbeitstempo von den geeigneten und bedingt geeigneten IM unterschieden. Damit konnten ebenfalls erste Anhaltspunkte für die Normenfindung zur Auswahl ungeeigneter IM gegeben werden.[40]

Beschreibung des FPI
Material: FPI mit Fragebogen, Antwortblättern, Schablonensatz, Auswertungsbogen sowie Handanweisung: 2. stark erweiterte Auflage, Verlag für Psychologie – Dr. C. J. Hogrefe, Göttingen 1973. Verwendet wurde die DDR-angepasste Form von 1974.
Ziele: Das Verfahren untersuchte eine Vielzahl von Persönlichkeitseigenschaften, die das Verhalten und Erleben der IM wesentlich mitbestimmten. Im Einzelnen handelte es sich dabei um folgende Eigenschaften: Nervosität, Aggressivität, Depressivität, Erregbarkeit, Geselligkeit, Gelassenheit, Durchsetzungsstreben, Gehemmtheit, Offenheit, emotionale Labilität/Stabilität und andere mehr. Die Kenntnis der individuellen Ausprägung sowie Kombination dieser Eigenschaften ermöglichte Aussagen über die Art und Weise der Auseinandersetzung des IM mit den Anforderungsmerkmalen Risikobereitschaft, Bereitschaft und Fähigkeit zu sozialen Kontakten, pädagogisch-psychologische Fähigkeiten zur Erziehung und Ausbildung von IM, Entscheidungsverhalten und Selbstständigkeit sowie Beweglichkeit im Handeln.
Inhalt und Ablauf: Dem IM wurde ein Fragebogen mit 212 Fragen zum Verhalten und Erleben vorgelegt. Der IM musste die in den Fragen enthaltenen Aussagen da-

raufhin prüfen, ob sie für ihn zutrafen oder nicht, und in einem Antwortblatt eine entsprechende Kennzeichnung vornehmen. Beispiele:

- Ich verliere schnell meine Beherrschung, aber ich fasse mich schnell wieder.
- Ich bin unternehmungslustiger als die meisten meiner Bekannten.
- Im Allgemeinen bin ich ruhig und nicht lange aufzuregen.
- In Gesellschaft ist mein Benehmen meist besser als zu Haus.
- Es ist mir unangenehm, wenn mir Leute bei der Arbeit zusehen.
- Ich übernehme bei gemeinsamen Unternehmungen gern die Führung.
- Meine Gefühle sind leicht verletzt.

Eine Zeitbegrenzung war nicht vorgegeben. In der Regel benötigten die IM zwischen zwanzig und dreißig Minuten.

Das Verfahren verlangte vom IM, dass er ein in der Frage vorgegebenes Verhalten oder Erleben mit seinem tatsächlichen Verhalten verglich und eine wahrheitsgemäße Antwort darauf gab. Es wurde deutlich, dass der IM ausreichend motiviert sein musste, die Fragen offen und ehrlich zu beantworten. Weiterhin wurden Fähigkeiten zur Selbsteinschätzung des eigenen Verhaltens sowie zum Verständnis der Fragen vorausgesetzt. Einige Fragen erforderten mehrmaliges Lesen, da sie mehrere unterschiedliche Sachverhalte erfassten oder aus Gründen der Verfahrenskonstruktion in der doppelten Verneinung formuliert waren.

Gütekriterien und Normen: Das Verfahren war in seiner ursprünglichen Fassung ein sorgfältig konstruierter Persönlichkeitsfragebogen, der alle Gütekriterien erfüllte. Trotz dieser Eigenschaft konnte das Verfahren nicht in der Originalform von der HV A übernommen werden, da einige Fragen deutlich das Menschenbild der bürgerlichen Gesellschaft widerspiegelten und die Normenfindung an einer Gruppe von Bundesbürgern vorgenommen worden war, die seit Jahren völlig andersartigen gesellschaftlichen Einflüssen unterlag als die Bevölkerung der DDR. Daher wurde ein an die Verhältnisse in der DDR angepasstes Verfahren angewandt. Insgesamt 19 Fragen des FPI wurden durch angepasste Inhalte ersetzt und die Normwerte an einer Population von 571 DDR-Bürgern neu bestimmt. Die teilweise erheblichen Unterschiede zwischen den Fragebogenergebnissen der BRD- und der DDR-Stichprobe bestätigten der HV A die Notwendigkeit der neuen Normenfindung. Die Fragebogenergebnisse der IM konnten an Geschlechts- und Altersgruppen gemessen werden.

Ergebnisse und Anwendungsverfahren: Das FPI hatte sich in den Untersuchungen der HV A als ein Verfahren erwiesen, mit dem es möglich war, in relativ kurzer Zeit Informationen über eine Vielzahl wesentlicher Eigenschaften des IM im nichtintellektuellen Bereich zu erhalten. Die Interpretationsmöglichkeiten wurden erweitert und eröffneten teilweise neue Sichtweisen auf den IM, wenn die Ergebnisse des FPI mit den einzelnen Eigenschaften in Beziehung gesetzt wurden. Die Sicherheit der Aussagen wurde durch Vergleiche mit Befragungsergebnissen sowie mit den Ergebnissen anderer Verfahren erhöht.

Ein erster Vergleich der FPI-Ergebnisse zwischen den Eignungskategorien hatte keine Hinweise auf die Dominanz bestimmter Eigenschaften oder Eigenschaftskombinationen ergeben, die die Eignung bestätigten oder ausschlossen.

Die Anwendung des F P I bestätigte, dass die richtige Motivierung der IM die Ergebnisse wesentlich beeinflusste. Die meisten IM hatten sich an die Instruktionen gehalten und ihr tatsächliches Verhalten und Erleben ohne Über- oder Untertreibung eingeschätzt. Einige IM gingen bei der Beantwortung der Fragen nicht von ihrem realen Verhalten aus, sondern von ihrer Meinung nach gesellschaftlich erwünschten Verhaltensweisen. Sie zeichneten somit – in der Absicht, gut abzuschneiden – ein Wunschbild von sich. Diese Tendenz zur Beschönigung konnte zwar bei der Auswertung erkannt werden, schränkte aber die Interpretationsmöglichkeiten der Ergebnisse ein. Derartige Tendenzen hatte die HV A bis dahin (1979) bei sechs IM festgestellt, von denen in der Gesamteinschätzung fünf als nicht geeignet eingeschätzt wurden.[41]

Beschreibung des PPKV

Material: PPKV mit Fragebogen, Antwortblättern, Schablonensatz, Profilblättern, Handanweisung nach: B. Hennig, J. Mehl. Untersuchungen der Tauglichkeit eines Kurzverfahrens zur Psychodiagnostik von Neurosen. In: J. Helm, E. Kasielke und J. Mehl (Hrsg.), Neurosendiagnostik: Beiträge zur Entwicklung klinisch-psychologischer Methoden, Berlin 1974.

Ziele: Das PPKV war ein Fragebogen zur Erfassung psychischer und funktioneller Störungen bei neurotischen Fehlentwicklungen der Persönlichkeit. Das Verfahren wurde von der HV A eingesetzt, um bei den Ü-IM möglicherweise vorhandene, aber bis dahin nicht erkannte oder nicht beachtete Symptome psychischer Störungen zu erkennen. Es musste seitens der HV A davon ausgegangen werden, dass nicht rechtzeitig erkannte psychische Störungen beim Einsatz des IM als Kundschafter im Operationsgebiet aufgrund der spezifischen Anforderungen zu Konflikten, zum Nichtbewältigen gestellter Aufgaben oder zu Kurzschlussreaktionen führen konnten. Darüber hinaus wurden durch das Verfahren Hinweise auf Persönlichkeitseigenschaften wie emotionale Reife und Realitätsbewusstsein, Einfühlungs- und Anpassungsfähigkeit, Geltungsbedürfnis, Kritikverträglichkeit, Selbstsicherheit und Ängstlichkeit, soziale Aufgeschlossenheit sowie Beweglichkeit im Denken und Handeln gezogen.

Inhalt und Ablauf: Vom IM wurde verlangt, dass er 71 Einzelfragen zu seinem Erleben und Verhalten mit »ja« oder »nein« beantwortete. Die Antworten wurden vom

IM auf ein Antwortblatt eingetragen. Der Fragebogen wurde ohne Zeitbegrenzung bearbeitet. In der Regel wurde dazu eine Zeit von zehn bis 15 Minuten benötigt. Beispielfragen:

- Arbeiten Sie unter großer innerer Spannung?
- Leiden Sie unter Anfällen von Übelkeit und Erbrechen?
- Schlafen Sie unruhig, und werden Sie oft wach?
- Haben Sie zu wenig Selbstvertrauen?
- Fällt es Ihnen schwer, Gesprächsstoff zu finden, wenn Sie jemanden kennenlernen?
- Machen Sie sich oft um etwas Sorgen?
- Fühlen Sie sich meistens einsam, sogar wenn Sie mit Menschen zusammen sind?

<u>Auswertung</u>: Die Auswertung der Antworten erfolgte mittels Schablonen nach acht sogenannten klinischen Skalen und drei Kontrollskalen. Die Interpretation der Werte der klinischen Skalen gab Auskunft über verschiedene psychiatrische Krankheitsbilder beziehungsweise über die normale Ausprägung der angeführten Eigenschaften. Die Kontrollskalen ermöglichten eine Einschätzung der Offenheit und Ehrlichkeit bei der Beantwortung der Fragen beziehungsweise ließen Tendenzen der Simulation oder Unterdrückung von Symptomen erkennen.

<u>Gütekriterien und Normen</u>: Das PPKV war eine DDR-angepasste Kurzfassung des weitverbreiteten, aber unter den Verhältnissen in der DDR nicht anwendbaren Fragebogenverfahrens MMPI (*Minnesota Multiphasic Personality Inventory*). Vergleichende Untersuchungen hatten ergeben, dass das PPKV die Nachteile des MMPI – vor allem die durch das bürgerliche Menschenbild bedingte inhaltliche Formulierung der Fragen aber auch die Länge des Verfahrens – ausgleichen konnte und trotzdem eine hohe Treffsicherheit und Zuverlässigkeit aufwies. Durchführungs- und Auswertungsobjektivität waren durch genaue Anweisungen gewährleistet. Für die Interpretation der Ergebnisse wurden die sehr differenzierten Hinweise des MMPI-Handbuchs verwendet.

<u>Ergebnisse und Anwendungsverfahren</u>: Der Einsatz des PPKV ergab, dass sich die Werte der meisten IM in den klinischen Skalen im Normalbereich bewegten und somit keine Hinweise auf psychische Auffälligkeiten oder Störungen gewonnen wurden. Dieses Ergebnis entsprach den Erwartungen und wurde als Ausdruck der sorgfältigen Auswahl und Vorbereitung der IM durch die Diensteinheiten betrachtet.

Lediglich bei einem männlichen Einzel-IM wurden durch das PPKV stark neurotische Tendenzen erkannt. Er musste – auch aus anderen Gründen – als nicht geeignet eingeschätzt werden. Der entsprechenden Diensteinheit wurde empfohlen, den IM in seinem und im Interesse der Sicherheit der operativen Arbeit einer gezielten psychologischen Diagnostik und Therapie zuzuführen.[42]

Beschreibung des Gießen-Tests
Material: Gießen-Test mit Fragebogen, Profilblatt, Schablonensatz und Handbuch: Verlag Hans Huber, Bern 1975.
Ziele: Das Verfahren untersuchte das Verhalten und das Befinden des IM in seinen Beziehungen zu anderen Menschen. Im Einzelnen wurden Aussagen darüber gewonnen, wie der IM seine Wirkung auf die Umwelt erlebte, wie sein Bestreben zur Durchsetzung oder Unterordnung gegenüber anderen Menschen beschaffen war, wie sich seine Grundstimmung in den Beziehungen zu anderen Menschen zeigte und ob er aufgeschlossen und kontaktfreudig war.
Das Verfahren war so konstruiert, dass neben einer Selbsteinschätzung gleichzeitig eine Fremdeinschätzung anderer Personen bezüglich der gleichen Merkmale möglich war. Aus dem Vergleich der Selbst- und Fremdeinschätzung konnten Schlüsse über das Verhältnis sowie die Beziehungen zwischen Personen abgeleitet werden. Damit eignete sich dieses Verfahren besonders gut, um Erkenntnisse über die sozialen Beziehungen bei IM-Ehepaaren zu gewinnen.
Inhalt und Ablauf: Dem IM wurde ein Fragebogen mit vierzig Fragen vorgelegt. Beispiel: Ich glaube, ich meide eher Geselligkeit... 3 2 1 0 1 2 3 ... ich suche eher Geselligkeit.
Auf der siebenstufigen Eindrucksskala (3 2 1 0 1 2 3) bedeutete der Mittelwert (0), dass der IM das eigene Verhalten hinsichtlich des gefragten Merkmals als unauffällig einschätzte. Die Werte 3, 2 oder 1 waren zu markieren, wenn der IM meinte, dass sein Verhalten mehr oder weniger stark in die Richtung neigte, wie es die Aussage auf der einen oder anderen Seite der Skala angab. Analog wurde bei der Fremdeinschätzung verfahren. Die Fragen waren dann je nach Geschlecht der Bezugsperson anders formuliert. Eine Zeitbegrenzung wurde nicht vorgenommen. Die Bearbeitungszeit betrug in der Regel zehn bis 15 Minuten.
Auswertung: Die Rohwerte für die sechs Eigenschaftsdimensionen wurden mittels Schablonen ausgezählt und in ein Profilblatt eingetragen. Die Interpretation erfolgte nach den allgemeinen und speziellen Hinweisen des Handbuches.
Gütekriterien und Normen: Der Gießen-Test wurde von der HV A als ein hinreichend objektives und gut messbares Verfahren eingeschätzt. Die Normierung war an einer Stichprobe von 660 Bundesbürgern erfolgt. Es lagen Normwerte für Alters- und Geschlechtsgruppen vor. Das Verfahren wurde jedoch auch in der DDR angewandt. Da das Verfahren aber nicht an einer DDR-Population geeicht wurde, war an einen Vergleich der Ergebnisse der Ü-IM mit den BRD-Normen mit der notwendigen verfahrenskritischen Haltung heranzugehen.
Ergebnisse und Anwendungserfahrungen: Das Verfahren hatte sich zur Gewinnung von Erkenntnissen über das Sozialverhalten der Ü-IM bewährt. Damit wurde eine

wichtige Seite der Anforderungen erfasst, die durch kein anderes Verfahren so differenziert abgedeckt werden konnte. Die Ergebnisse des Gießen-Tests waren mit denen anderer Verfahren sowie mit den Explorationsergebnissen in Beziehung zu setzen. Das Verfahren eignete sich besonders gut, Hinweise über die Beziehungen und mögliche Probleme zwischen den Ehepartnern bei IM-Ehepaaren zu gewinnen, über die Rollenverteilung in der Ehe sowie über die Fähigkeiten zur gegenseitigen kritischen Einschätzung.[43]

<u>Zur Anwendung des INR</u>

Durch die bisher beschriebenen Verfahren wurden Anforderungsmerkmale untersucht, die für die Tätigkeit eines Kundschafters im Operationsgebiet bedeutsam waren, und auf dieser Grundlage die Eignung der IM beurteilt.

Trotzdem wurde in den Untersuchungen noch ein weiteres Verfahren eingesetzt. Dabei handelte es sich um den INR, der in seiner ursprünglichen Form ein Fragebogen zur Erfassung von Introversion, Neurotizismus sowie Rigidität war.

Das Verfahren wurde in der Darbietungsweise und in der Registrierung der Antworten modifiziert. Die Veränderung bestand darin, dass dem IM kein Fragebogen vorgelegt wurde, sondern dass die Übermittlung der Fragen durch einen besprochenen Tonträger akustisch erfolgte und er die Fragen mündlich mit »ja«, »nein« oder »ja« und »nein« beantworten sollte. Die Antworten wurden wiederum auf einem Tonträger gespeichert.

Der Einsatz des INR in dieser veränderten Form erfolgte mit dem Ziel, Ausgangsdaten für eine andere Form der Auswertung zu erlangen, die auf der Analyse psychophysiologischer Parameter beruhte.

In Versuchen wurden vorab die zweckmäßigsten Rahmen- und Einsatzbedingungen ermittelt. Im Ergebnis fügte sich der INR in den normalen Ablauf der Eignungsuntersuchung störungsfrei ein. Für die IM bedeutete die veränderte Darbietungsweise keine erhebliche Umstellung ihres Verhaltens. Die Ergebnisse des INR aufgrund der Analyse psychophysiologischer Parameter gingen Ende der 1970er Jahre jedoch noch nicht in die Eignungsbeurteilung ein.[44]

Das psychodiagnostische Gespräch (Exploration) als Erkenntnismittel für die Einschätzung der Persönlichkeit von Ü-IM

Ein weiteres wichtiges Erkenntnismittel für die Einschätzung der Persönlichkeit von Ü-IM war das psychodiagnostische Gespräch.

Die Nutzung des Gesprächs als eine Methode zur Erkenntnisgewinnung über den IM beruhte darauf, dass der IM die im Laufe seines Lebens auf ihn einwirkenden äußeren Bedingungen seiner Entwicklung zunehmend bewusster erlebte und innerlich verarbeitete. Hieraus resultierten sowohl aktuell entstehende Motivationen sowie emotional beziehungsweise rational begründete Einschätzungen und Bewertungen der jeweiligen Lebenssituation als auch übergreifende, relativ stabile Einstellungen, Überzeugungen sowie andere Persönlichkeitseigenschaften, die das Verhalten und die einzelnen Handlungen des IM bestimmten. Der Ü-IM konnte darüber Auskunft geben, wie er gesellschaftliche, berufliche, familiäre sowie andere Bedingungen und Einflussfaktoren seiner Entwicklung erlebt hatte, wie sie auf ihn gewirkt und sein Verhalten mitbestimmt hatten.

Das psychodiagnostische Gespräch erfasste das subjektive Erleben, innere Verarbeiten und Bewerten wesentlicher Entwicklungsetappen, Einflussfaktoren sowie Entscheidungssituationen im vergangenen und gegenwärtigen Leben des Ü-IM. Gerade weil das Gespräch auf Selbstaussagen des IM beruhte und das Wirken äußerer Lebensumstände auf die Persönlichkeitsentwicklung des IM aus dessen subjektiver Sicht erfasste, eröffnete es einen Zugang zur Persönlichkeit, der durch andere Verfahren nicht ersetzt werden konnte. Allerdings konnte es aufgrund des subjektiven Charakters der Ergebnisse nicht als alleinige und eigenständige Methode eingesetzt werden. Das psychodiagnostische Gespräch galt als wertvolles Hilfsmittel, das zusätzlich und in komplexer Weise den inneren Verlauf der Prozesse beleuchtete, die durch die Prüfverfahren untersucht worden waren. Erst wenn die Ergebnisse der Prüfverfahren mit Gesprächsergebnissen in Beziehung gesetzt wurden, konnte eine umfassende und für die Diensteinheit der HV A orientierende Antwort auf die Frage nach der Eignung erfolgen. So durfte beispielsweise eine durch Prüfverfahren ermittelte hohe geistige Leistungsfähigkeit nicht überbewertet werden, wenn durch die Exploration festgestellt worden war, dass der IM in seinem bisherigen Leben komplizierten Aufgaben mit hohen geistigen Anforderungen aus Bequemlichkeit lieber aus dem Weg gegangen war und dass er wenig Bereitschaft gezeigt hatte, sich anzustrengen.

Das psychodiagnostische Gespräch wurde deshalb bei der Eignungsuntersuchung von Ü-IM mit folgenden Zielen eingesetzt:

1. Es waren Informationen zu gewinnen, die die Beziehungen zwischen den durch die Prüfverfahren isoliert festgestellten Eigenschaften aufhellten. Fragen des komplexen Zusammenwirkens der psychischen Eigenschaften in operativ bedeutsamen Handlungssituationen waren dabei genauso von Interesse wie Möglichkeiten der Kompensation fehlender oder schwach ausgebildeter Eigenschaften durch andere.

2. Es waren Informationen zu gewinnen, die die Einschätzung der Entwicklung der Eigenschaften ermöglichten. Für alle wesentlichen Eigenschaften musste

festgestellt werden, wie diese sich im Laufe des Lebens entwickelt hatten. Von Bedeutung waren dabei Früh- und Spätentwicklungen, erst begonnene oder relativ abgeschlossene Entwicklungsverläufe, geradlinige oder wechselhafte Entwicklungen der Persönlichkeit beziehungsweise einzelne Eigenschaften sowie die noch nicht ausgeschöpften Entwicklungspotenzen.

3. Es waren Informationen zu den Ursachen und Bedingungen des Entwicklungsstandes der Persönlichkeit zu gewinnen. Das Aufdecken innerer und äußerer Ursachen, fördernder und hemmender Bedingungen der Persönlichkeitsentwicklung ließ konkrete Schlussfolgerungen für die weitere Erziehung und Befähigung der Ü-IM sowie die dabei zu setzenden wirksamsten Einflüsse zu.

Die genannten Zielstellungen ließen sich im psychodiagnostischen Gespräch nicht auf direktem Weg verwirklichen, das heißt, unmittelbar vom IM erfragen, weil dazu nicht nur das Bewusstmachen der eigenen Lebensumstände gehörte, sondern auch Einsicht in psychologische Gesetzmäßigkeiten und Zusammenhänge. So konnten beispielsweise die Motive für lange zurückliegende Entscheidungen und Handlungen nicht direkt erfragt werden, weil die Antworten Bewertungen und Umorientierungen enthielten, die Ausdruck des zeitlichen Abstandes zum tatsächlichen Ereignis waren und aus aktueller Sicht vorgenommen wurden. Es waren sich vielmehr die damalige Situation des IM, Bedingungen, Verlauf und Ergebnisse der Handlung oder Entscheidung schildern zu lassen, um daraus die Motive zu erschließen.

Die Zielstellungen waren deshalb in eine Vielzahl konkreter Gesprächsinhalte aufzulösen, die im psychodiagnostischen Gespräch behandelt werden mussten. Die Ergebnisse wurden anschließend durch den Gesprächsleiter in einem gedanklichen Verarbeitungsprozess hinsichtlich der Ziele bewertet.

Im psychodiagnostischen Gespräch mussten Informationen zu folgenden inhaltlichen Fragen und Problemen erarbeitet werden, wobei der Gesprächsverlauf im Allgemeinen durch die Chronologie der wichtigsten Lebensabschnitte des IM bestimmt wurde:

1. Vorschulzeit und ihr Einfluss auf die Persönlichkeitsentwicklung des IM
   - überwiegende Erziehungssituation (durch Eltern, alleinstehende Mutter, Großeltern, möglicherweise im Heim),
   - Einfluss der Geschwister (Anzahl und Alter der Geschwister, Stellung in der Geschwisterreihe, Zusammenhalt und Einfluss untereinander),
   - bedeutsame Erlebnisse, die nachhaltigen Eindruck hinterlassen hatten (Wohnungs-/Wohnortwechsel, Tod eines Elternteils oder naher Verwandter, Erkrankungen, Unfälle);

2. Schulzeit und ihr Einfluss auf die Persönlichkeitsentwicklung des IM
- Umstände der Einschulung (rechtzeitig, vorzeitig oder verspätet, Stadt- oder Landschule, Probleme bei der Umstellung auf die Schulzeit),
- Entwicklung der schulischen Leistungen in den einzelnen Fächern (Kontinuität und Ausgewogenheit, Diskrepanzen, Leistungssprünge),
- Art und Weise der Auseinandersetzung mit den schulischen Anforderungen und ihr Erleben (betriebener Lernaufwand, Förderungsmaßnahmen, Beliebtheit der Fächer und Lehrer, Gefühl der Über- oder Unterforderung, Ausweichverhalten, mögliche Kollision mit anderen Pflichten),
- Freizeitinteressen in ihrer Entwicklung (Inhalte, Breite und Tiefe, Beständigkeit oder Wechsel, anregende Erlebnisse oder Bezugspersonen),
- Entwicklung der sozialen Beziehungen (Verhältnis zu den Eltern und Geschwistern, Beziehungen zu Freunden, Verhältnis zum anderen Geschlecht im Allgemeinen sowie erste Partnerbeziehungen, Einflusspersonen und Vorbilder, Entwicklung des Bedürfnisses nach sozialen Kontakten),
- Entwicklung der gesellschaftlichen Aktivität sowie der politischen Bewusstheit (Mitgliedschaft in gesellschaftlichen Organisationen, Ausübung von Funktionen, Selbstständigkeit und Aktivität dabei, Herausbildung politischer Standpunkte),
- bedeutsame Entscheidungssituationen sowie mögliche Konflikte in der Schulzeit (Entscheidungen zum Besuch von EOS, Kinder- und Jugendsportschulen, Spezialschulen oder Abbruch solcher Ausbildungswege, Verhalten in Situationen, die politische Bekenntnisse verlangten, Mehrfachbelastungen, Leistungsversagen);
3. Berufsausbildung, Studium, Armeezeit und deren Einfluss auf die Persönlichkeitsentwicklung des IM
- Art und Weise der Berufsfindung beziehungsweise der Wahl der Studienrichtung (Verwirklichung eigener klarer Ziele, Berücksichtigung des gesellschaftlichen Bedarfs, Einfluss äußerer Bedingungen, Einflusspersonen, Unentschlossenheit im Prozess der Berufsfindung),
- Entwicklung der Leistungen während der Berufsausbildung oder im Studium,
- Bewältigung der Anforderungen (Probleme beim Übergang von der Schule zur Berufsausbildung, zum Studium oder zum Armeedienst, Lern- und Übungsaufwand, Prüfungen, Beleg- und Abschlussarbeiten, Selbstständigkeit),
- Entwicklung der gesellschaftlichen Aktivität, der Freizeitinteressen und der sozialen Beziehungen,
- Weg zur Partei der Arbeiterklasse (SED),

- bedeutsame Entscheidungssituationen und mögliche Konflikte während der Ausbildung (Wechsel des Berufs oder der Studienrichtung, vorzeitiger Abbruch der Ausbildung sowie Gründe dafür),
- innere Bindungen zum Beruf,
- Einordnung der Wehrdienstzeit in das persönliche Leben,
- materielle Situation während der Ausbildung;

4. <u>Beruf und dessen Einfluss auf die Persönlichkeitsentwicklung des IM</u>
- Eingliederung in das Berufsleben nach Abschluss der Ausbildung (Suche nach einer geeigneten Arbeitsstelle, Stellung im Kollektiv, Erwartungen an den Beruf),
- bisherige berufliche Entwicklung und Perspektiven (Arbeitsplatz- oder Tätigkeitswechsel, Übernahme leitender Funktionen, äußere Anerkennungen und Auszeichnungen, Zufriedenheit mit dem Beruf sowie der Tätigkeit),
- bedeutsame Entscheidungssituationen und mögliche Konflikte im Beruf (Angebote zur Mitarbeit an wichtigen Aufgaben und Projekten, Vorstoß in berufliches Neuland, Konflikte mit Vorgesetzten beziehungsweise Kollegen, Gefühl der ständigen Über- oder Unterforderung);

5. <u>Zusammenarbeit mit dem MfS und deren Einfluss auf die Persönlichkeitsentwicklung des IM</u>
- Kenntnisse über und Beziehungen zur Tätigkeit des MfS vor der inoffiziellen Zusammenarbeit,
- Bedeutung der ersten persönlichen Kontakte mit dem Führungsoffizier für die Entwicklung von Einstellungen zur operativen Arbeit,
- bedeutsame Entscheidungssituationen in der operativen Arbeit und ihre Widerspiegelung im Bewusstsein des IM (Werbungsgespräch, Herauslösung aus der beruflichen Tätigkeit, erste Grenzpassage),
- mögliche Konflikte in der nachrichtendienstlichen Arbeit (Wechsel des Führungsoffiziers, unerwartet veränderte Situation bei der Realisierung von Aufgaben im Operationsgebiet),
- Vorstellungen des IM von der weiteren inoffiziellen Zusammenarbeit;

6. <u>Partnerbeziehungen, Ehe, Familie und deren Einfluss auf die Persönlichkeitsentwicklung des IM</u>
- Charakter der Partnerbeziehungen bei unverheirateten IM (Stabilität oder häufiger Partnerwechsel, Vorstellungen von Ehe und Familie, Motive für die Aufnahme von Partnerbeziehungen),
- Art und Weise des Kennenlernens des Ehepartners (durch Studium, berufliche Tätigkeit, im Freizeitbereich, Zeitraum vom Kennenlernen bis zur Eheschließung, gemeinsame Aufgaben und Bewährungen),

- Gestaltung des ehelichen Zusammenlebens (Beziehungen der Ehepartner zueinander, Rollen- und Aufgabenverteilung, gemeinsame sowie individuelle Interessen und Neigungen, materielle Situation),
- Vorstellungen der Ehepartner von der Gestaltung ihres weiteren Lebens (gemeinsame und individuelle Lebensziele, Wunsch nach Kindern, Haltungen zum Verhältnis Familie–operative Tätigkeit)
- Probleme und Konflikte in der Ehe sowie deren Überwindung,
- materielle und moralische Bindungen sowie Verpflichtungen gegenüber Eltern, Geschwistern und anderen nahestehenden Verwandten.

Die Beschreibung der Inhalte des psychodiagnostischen Gesprächs macht deutlich, dass vom IM verlangt wurde, in umfassender Weise über sein bisheriges und gegenwärtiges Leben, insbesondere über die Erlebnisseite, Auskunft zu geben. Dabei wurden viele unterschiedliche und den IM persönlich berührende Seiten seines Lebens angesprochen. In dem sich über mehrere Stunden erstreckenden Gespräch wurden Erinnerungen an angenehme sowie unangenehme Erlebnisse und Lebensumstände im IM geweckt, über die er, je nach Temperament, mit Ruhe und Gelassenheit oder innerlich bewegt und voller Emotionalität berichtete. Die Führung des Gesprächs sowie die Dokumentation der Ergebnisse waren mit hohen Forderungen an alle Gesprächsteilnehmer verbunden. Eine besondere Rolle spielte dabei die Spezifik der sich in kurzer Zeit entwickelnden Partnerbeziehungen zwischen den gesprächsführenden Mitarbeitern und dem IM beziehungsweise dem IM-Ehepaar. Seitens des IM wurden die Ergebnisse wesentlich durch das Vertrauen bestimmt, das dem Mitarbeiter entgegengebracht wurde. Dieses Vertrauen äußerte sich darin, dass offen und ehrlich über das Leben berichtet, keine bewussten Beschönigungen vorgenommen und keine Fragen umgangen wurden. Die Aussagen des IM waren weiterhin von seinen Fähigkeiten zur differenzierten Aufnahme, inneren Verarbeitung und Bewertung von Ereignissen sowie Situationen seines Lebens und von seiner sprachlichen Ausdrucksfähigkeit zur adäquaten Wiedergabe zurückliegender Ereignisse und Erlebnisse abhängig.

Der Gesprächsleiter konnte das Vertrauen des IM gewinnen und für eine hohe Qualität der Gesprächsergebnisse sorgen, wenn er Achtung gegenüber dem IM und dessen Lebensgeschichte sowie Takt und Einfühlungsvermögen aufbrachte beziehungsweise eine behutsame Gesprächsführung realisierte.

Die Kompliziertheit der Aufgabe erforderte es, dass in der Regel zwei gesprächsführende Mitarbeiter einem IM beziehungsweise einem IM-Ehepaar im Gespräch gegenübersaßen. Die gesprächsführenden Mitarbeiter gingen dabei arbeitsteilig vor. Während der eine Mitarbeiter das Gespräch leitete, beobachtete der andere Mitarbeiter das Verhalten des IM, protokollierte die Aussagen und trat hin und wieder durch Hinweise sowie Fragen in Erscheinung. Der Vorteil dieses arbeitsteiligen Vorgehens bestand darin, dass die Wahrnehmungszuverlässigkeit erhöht wurde und die subjektive Beurteilung der Aussagen des IM durch den anderen korrigiert werden konnte. Durch die in den Eignungsuntersuchungen geführten psychodiagnostischen Gespräche konnte die HV A Erfahrungen sammeln, die im Folgenden in verallgemeinerter Form als methodische Regeln der Gesprächsführung dargestellt werden:

1. <u>Der IM war zu Beginn des Gesprächs innerlich auf das, was ihn erwartete, einzustellen und ausreichend zu motivieren.</u> Ihm war zu sagen, dass es zur objektiven und umfassenden Einschätzung der Persönlichkeit erforderlich war, dass er seinen Lebensweg, wichtige Stationen sowie Ereignisse seines Lebens aus seiner ganz persönlichen Sicht schilderte. Damit war es besser möglich, die Mosaiksteine und Erkenntnisse, die durch die anderen Verfahren während der Untersuchung über ihn gewonnen wurden, zu einem Bild seiner Persönlichkeit zusammenzufügen. Von seiner Bereitschaft, offen und ohne Vorbehalte über sein Leben zu berichten, hing wesentlich mit ab, ob es gelang, ein reales Bild von ihm zu zeichnen. Ferner wurde er mit dem ungefähren Ablauf des Gesprächs vertraut gemacht. In diesem Zusammenhang wurde ihm erläutert, dass im Interesse einer objektiven Dokumentierung seiner Aussagen während des Gesprächs Notizen gemacht werden. Außerdem wurde ihm die Möglichkeit gegeben, selbst Fragen zum Inhalt sowie zum Verlauf des Gesprächs zu stellen.

2. <u>Der Gesprächsverlauf wurde im Wesentlichen durch die Chronologie der Lebensgeschichte des IM bestimmt.</u> Beginnend mit den Bedingungen und Erlebnissen über die Vorschulzeit wurden nacheinander die einzelnen Lebensabschnitte bis zur Gegenwart behandelt. Der IM war vor jedem Lebensabschnitt durch den Gesprächsleiter nochmals kurz einzustimmen und zu einer weitgehend selbstständigen und zusammenhängenden Schilderung anzuregen. Hin und wieder kam es vor, dass ein IM einen späteren Lebensabschnitt im Gespräch vorzog, weil er für ihn besonders bedeutsam oder problematisch war. Dem konnte der Gesprächsleiter im Interesse der Vermeidung einer allzu drastischen Gesprächslenkung, die zu einer Unterbrechung des Gedankenflusses beim IM hätte führen können, folgen, wenn er nachfolgend auf die ausgelassenen Lebensabschnitte zu sprechen kam.

3. <u>Das Gespräch wurde in halbstandardisierter Form geführt.</u> Es war eine Gruppe von Gesprächsinhalten vorzugeben, die in einer freien Gesprächsdurchführung bearbeitet wurde. Das psychodiagnostische Gespräch war demzufolge weder ein völlig offenes, ungesteuertes Gespräch, noch ein Frage-Antwort-Spiel. Die Vorgabe der Gesprächsinhalte sicherte ein einheitliches Vorgehen bei allen zu unter-

suchenden IM und diente dem Gesprächsleiter als Leitfaden für die Gesprächsführung. Das Gespräch war so zu führen, dass die Individualität des jeweiligen IM berücksichtigt und jedes routinehafte »Abarbeiten« der Gesprächsinhalte vermieden wurden.

4. Das Gespräch war durch offene Fragen zu steuern. Komplexität und Vielfalt der im Gespräch angezielten Inhalte erforderten es, vorwiegend mit offenen Fragen zu arbeiten. Offene Fragen enthielten keine Antwortmöglichkeiten. Sie aktivierten den IM, regten ihn zum Erinnern und Nachdenken an und führten zu überlegten beziehungsweise persönlichen Antworten. Durch offene Fragen konnte das Gespräch unmerklich gesteuert werden. Es kam darauf an, dass vor allem der IM redete und dass das Gespräch nicht durch zu viele Fragen des Gesprächsleiters »zerhackt« wurde. Suggestiv- und Alternativfragen, die den Antwortspielraum weitgehend einengten und meist nur Ja-/Nein-Antworten zuließen, mussten vermieden werden.

5. Mit IM-Ehepaaren waren gemeinsame und getrennte Gespräche zu führen. Gemeinsame Gespräche mit einem IM-Ehepaar konnten zu einer Vielzahl der beschriebenen Inhalte geführt werden. Vorteile dieser Art der Gesprächsführung wurden sowohl in einer rationalen Nutzung der zur Verfügung stehenden Zeit als auch darin gesehen, dass sich die Ehepartner gegenseitig an Ereignisse sowie Erlebnisse ihres gemeinsamen Lebensabschnitts erinnerten. Die Nachteile wurden vor allem in der bewussten wechselseitigen Beeinflussung der Ehepartner gesehen, die sich letztlich in einer Nivellierung der Aussagen über eigentlich persönlichkeitstypische Besonderheiten des Erlebens und Verhaltens äußern konnten. Der Gesprächsleiter musste deshalb den Grad der Abhängigkeit der Ehepartner voneinander in ihren Aussagen, Meinungen und Urteilen übereinander während des Gesprächs einschätzen können und bei der Gesprächsführung sowie bei der anschließenden Bewertung der Ergebnisse berücksichtigen. Während des Gesprächs musste er sich im Wechsel klar und eindeutig erst dem einen, dann dem anderen Ehepartner zuwenden und notfalls den pausierenden Partner auffordern, seine Meinung zum angesprochenen Problem noch zurückzuhalten, um dem befragten Partner zuerst Gelegenheit zu geben, sich zu äußern. Neben dem mit beiden Ehepartnern gleichzeitig geführten Gespräch wurden im Verlauf der Eignungsuntersuchung Gespräche mit jeweils einem Ehepartner geführt. In solchen Gesprächen wurde dann offener über Probleme in den Partnerbeziehungen gesprochen. Es wurden dabei Bedenken und Sorgen geäußert, die das Bewältigen der Anforderungen der operativen Arbeit durch den anderen Partner betrafen. Außerdem wurden kritische Einschätzungen des Partners sowie der eigenen Person vorgenommen.

6. Das Gespräch musste in seiner erzieherischen Wirkung auf den IM gesehen werden. Das Gespräch mit dem IM diente nicht nur dem Zweck der Diagnostizierung seiner Persönlichkeit, sondern es wirkte objektiv als Erziehungsfaktor. Wie kaum in einer anderen Situation wurde der IM im psychodiagnostischen Gespräch aufgefordert, über sich und sein Leben in umfassender Weise nachzudenken sowie Selbsteinschätzungen und Bewertungen von Lebensumständen vorzunehmen. In einer solchen Situation war der IM auch eher als sonst bereit, eigene Haltungen und Bewertungen zu korrigieren, unsichere Urteile sicher zu machen sowie Anregungen und Impulse von außen aufzunehmen. Meinungsäußerungen, Kommentare und Urteile der gesprächsführenden Mitarbeiter wirkten als Maßstab für den IM und wurden gern aufgegriffen. Diese erzieherische Wirkung musste von den gesprächsführenden Mitarbeitern erkannt und in eine positive Richtung gelenkt werden. Auf alle Fälle mussten negative Auswirkungen auf die weitere operative Zusammenarbeit mit dem IM vermieden werden. Deshalb waren keine Fragen zu stellen, die den IM veranlassten, die Konspiration zu verletzen. Es durften weiterhin keine kommentierenden und bewertenden Äußerungen vorgenommen werden, die im Widerspruch zu den Orientierungen der vorgangsführenden Diensteinheit standen und bei dem IM Zweifel an der Richtigkeit der Aufgabenstellung beziehungsweise am Verhalten des Führungsoffiziers ihm gegenüber weckten oder festigten. Schließlich durften keine Versprechungen und Zusagen gemacht werden, wenn sich der IM mit Fragen und Problemen aus der operativen Arbeit und hinsichtlich seiner Perspektive an den Gesprächsleiter wandte. Fragen und Probleme, die durch die Untersuchung nicht geklärt werden konnten, mussten an die vorgangsführende Diensteinheit der HV A beziehungsweise die entsprechende Abteilung XV/BV herangetragen werden.

Um die psychodiagnostischen Gespräche als unverzichtbare Bestandteile der Eignungsuntersuchung von Ü-IM mit großer Effektivität durchführen zu können, mussten günstige äußere Rahmenbedingungen geschaffen werden. Die Gespräche waren deshalb in einem wohnzimmerähnlichen Raum zu führen, der die Gestaltung einer angenehmen und zweckdienlichen Arbeitsatmosphäre zuließ. Äußere Störungen wie Straßenlärm oder Telefonklingeln mussten weitgehend ausgeschlossen werden.

Die Gespräche dauerten etwa vier bis sechs Stunden, im Einzelfall auch länger. Die Länge der Gespräche erforderte es, im Abstand von etwa zwei Stunden kurze Pausen einzulegen. Die Pausen sollten dabei so gelegt werden, dass der Gesprächsfluss nicht unnötig unterbrochen wurde. Wurden Ermüdungserscheinungen festgestellt, beispielsweise gegen Abend, war das Gespräch zu einer geeigneten Zeit am nächsten Tag fortzusetzen.

Notwendige Abstimmungen und Absprachen zwischen den gesprächsführenden Mitarbeitern waren vor dem Gespräch oder während der Pausen zu führen, keinesfalls während des Gesprächs oder in Anwesenheit des IM.

Die in den Eignungsuntersuchungen geführten psychodiagnostischen Gespräche wurden von der HV A nach dem skizzierten methodischen Vorgehen und unter den geschilderten Rahmenbedingungen geführt. Alle untersuchten IM zeigten eine große Bereitschaft und Offenheit, über ihre Persönlichkeitsentwicklung zu sprechen. Damit konnten in umfassender und differenzierter Weise Informationen gewonnen werden, die unter Einbeziehung der objektiven Fakten des Lebenslaufs sowie der Ergebnisse der Prüfverfahren im Sinne der Zielstellungen des Gesprächs verarbeitet wurden. Die Gesprächsergebnisse lieferten der HV A ein Orientierungsschema für die Einordnung und Bewertung der durch die psychodiagnostischen Prüfverfahren gewonnenen Einzelfakten zur Persönlichkeit sowie für die Herstellung von Zusammenhängen zwischen den diagnostischen Einzelinformationen. Darüber hinaus wurden durch die Gespräche Informationen zu Seiten der Persönlichkeit des IM gewonnen, die durch Prüfverfahren nicht erfasst werden konnten, zum Beispiel zu den Motiven der inoffiziellen Zusammenarbeit, zu politisch-ideologischen Einstellungen und Überzeugungen oder zu den Freizeitinteressen. Hierbei musste jedoch beachtet werden, dass die Gesprächsergebnisse aufgrund des subjektiven Charakters von Selbstaussagen der IM mit Unsicherheit behaftet waren, falls sie nicht durch andere Erkenntnismethoden abgesichert werden konnten. Vielfach wurden aber durch die Gespräche erste Hinweise über Eigenschaften des IM sowie ihn bewegende Fragen und Probleme erarbeitet, die bis dahin nicht bekannt gewesen waren. Diese waren für die vorgangsführende Diensteinheit Veranlassung zur Klärung der Fragen und Probleme des IM beziehungsweise für die Überprüfung der Eigenschaften in der operativen Arbeit.

Zusammenfassend lässt sich feststellen, dass das psychodiagnostische Gespräch ein wertvolles Erkenntnishilfsmittel darstellte, ohne das eine den dialektisch-materialistischen Prinzipien entsprechende psychologische Diagnostik der Ü-IM im Hinblick auf ihre Eignung nicht möglich gewesen wäre.[45]

Die Verarbeitung der Erkenntnisse aus den speziellen psychologischen Verfahren zum Eignungsgutachten

Ausgehend von der Zielstellung der psychodiagnostischen Untersuchung des Ü-IM war es erforderlich, die mit Hilfe der speziellen psychologischen Verfahren über seine Persönlichkeit gewonnenen Erkenntnisse in geeigneter Weise mit den Anforderungen an Ü-IM in Beziehung zu setzen, um die Frage nach der Eignung beantworten zu können. Dies geschah bei der HV A in Form eines textlich abgefassten Eignungsgutachtens, in dem in differenzierter Weise zur Persönlichkeit des IM sowie zu dessen Eignung Stellung genommen wurde.

Das Eignungsgutachten wurde in zwei voneinander abhebbaren Schritten erarbeitet.

1. Erarbeitung der Einzelbefunde

Nachdem jedes einzelne psychodiagnostische Verfahren nach den Vorschriften der Testautoren ausgewertet worden war, lagen die Ergebnisse in der Regel in Form von Zahlenwerten vor. Diese Zahlenwerte waren für jedes Verfahren getrennt psychologisch zu interpretieren und als Einzelbefunde zu dokumentieren. Dabei mussten die Interpretationshinweise der Testautoren beachtet werden. Ergebnisse der Verhaltensbeobachtung während der Durchführung des Verfahrens sowie der Nachbefragung waren ebenfalls zur Interpretation heranzuziehen. Sinngemäß wurde mit den Ergebnissen des psychodiagnostischen Gesprächs verfahren. Die Gesprächsergebnisse wurden verallgemeinert und psychologisch ausgewertet. Ein Bezug zu den Anforderungsmerkmalen erfolgte bei diesem Arbeitsschritt noch nicht.

2. Verarbeitung der Einzelbefunde zum Eignungsgutachten

Das Eignungsgutachten bestand nicht in einer einfachen Aneinanderreihung der Einzelbefunde. Vielmehr machte es sich erforderlich, die Einzelbefunde nach vielen Gesichtspunkten miteinander zu vergleichen und in Beziehung zu setzen, um einzelne Eigenschaften genauer zu erkennen beziehungsweise der direkten Messung nicht zugängliche Seiten der Persönlichkeit aufzudecken. Weiterhin mussten die festgestellten Eigenschaften sowie Seiten der Persönlichkeit mit den Anforderungsmerkmalen in Beziehung gesetzt und davon ausgehend schließlich die Eignung eingeschätzt werden.

Jedes Eignungsgutachten war in drei Abschnitte gegliedert, in denen folgende Inhalte dargestellt wurden:

Ausgangssituation und Fragestellung der Begutachtung

Hier wurde kurz der Stand der inoffiziellen Zusammenarbeit mit dem IM geschildert. Für die Untersuchung waren dabei die Zeitdauer der Zusammenarbeit mit dem MfS von Interesse und die Frage, ob der IM bereits in der Abwehrarbeit erprobt war beziehungsweise schon Einsätze im Operationsgebiet absolviert hatte. Anschließend wurden in diesem Abschnitt die Fragestellung der Begutachtung sowie spezielle Fragen und Probleme formuliert, die im Auftrag der vorgangsführenden Diensteinheit geklärt werden sollten, sofern sie das Anliegen der Eignungsuntersuchung betrafen.

Psychologischer Befund

Der psychologische Befund war eine eng auf die Anforderungen der Kundschaftertätigkeit im Operationsgebiet bezogene Charakterisierung wesentlicher Eigenschaften und Seiten des Verhaltens des IM, einschließlich daraus abgeleiteter prognostischer Aussagen über das im Westen zu erwartende Verhalten bei der Lösung nachrichtendienstlicher Aufgaben. Im psychologischen Befund wurden im Wesentlichen folgende Seiten der Persönlichkeit des IM anforderungsbezogen in der beschriebenen Abfolge eingeschätzt:

- die Wirkung der äußeren Erscheinung und des allgemeinen Verhaltens des IM, Auffälligkeiten, die operativ genutzt werden konnten oder störend wirkten,
- die Persönlichkeitsentwicklung des IM in ihren wesentlichen Zügen, Knotenpunkte der Entwicklung, entscheidende Erziehungs- und Entwicklungseinflüsse,
- die geistige Leistungsfähigkeit des IM, vor allem Denkfähigkeiten, Merkfähigkeit, Beobachtungsfähigkeit,
- die allgemeine psychische Belastbarkeit, vor allem Ausdauer, Konzentrationsfähigkeit, Aufmerksamkeit, Nervosität,
- das Verhalten in Entscheidungssituationen, vor allem Entschlussfreudigkeit, Rationalität oder Emotionalität bei Entscheidungen, Risikobereitschaft,
- die das Verhalten und Erleben des IM bestimmenden Persönlichkeitseigenschaften, zum Beispiel Geselligkeit, Gelassenheit, Gehemmtheit, Aggressivität, Depressivität, emotionale Stabilität oder Labilität,
- Eigenschaften, die das soziale Verhalten des IM bestimmten, zum Beispiel das Bedürfnis nach sozialen Kontakten, die Abhängigkeit von anderen Menschen, die Fähigkeit zur Anbahnung und Festigung sozialer Kontakte,
- eventuell vorhandene Hinweise auf psychische Auffälligkeiten und Störungen.

Bei der Schilderung dieser Seiten der Persönlichkeit im psychologischen Befund wurden die Vorzüge und Stärken des IM genauso herausgearbeitet wie noch ungenügend entwickelte Eigenschaften und Widersprüche in der Persönlichkeit sowie aktuelle oder zu erwartende Probleme und Konflikte. Während der Befunderarbeitung musste verantwortungsbewusst geprüft werden, ob und wie die einzelnen Eigenschaften in verschiedenen Verhaltens- und Lebensbereichen des IM wirkten, beispielsweise im Beruf, in der Familie, im Freizeitbereich oder in der operativen Arbeit. Unter diesem Aspekt waren vor allem auch die Gespräche mit auszuwerten. Die Wirkungsbereiche der Eigenschaften wurden im Befund in differenzierter Weise angeführt.

Von besonderem Wert für die nachrichtendienstliche Arbeit waren die Aussagen, die darüber Auskunft gaben, wie sich der IM mit der ihm eigenen »Ausstattung« an psychischen Eigenschaften im Operationsgebiet bewähren würde beziehungsweise welche Probleme auftreten könnten. Da das Erleben und Verhalten der Persönlichkeit in einer Situation stets das Ergebnis komplizierter Wechselwirkungen zwischen den vielfältigen aktuellen wie relativ stabilen inneren Bedingungen sowie äußeren Einflüssen von Gesellschaft, Beruf, operativer Tätigkeit und Familie war, trugen diese Prognosen Wahrscheinlichkeitscharakter, das heißt, sie waren relativ sicher. In der Regel konnte das ungefähre Maß an Sicherheit beziehungsweise Unsicherheit der prognostischen Aussagen im Gutachten mit angegeben werden.

Stellungnahme zur Eignung und Hinweise für die Qualifizierung der Zusammenarbeit

Dieser Abschnitt des Eignungsgutachtens beinhaltete in seinem ersten Teil eine zusammenfassende Wertung des psychologischen Befundes unter dem Gesichtspunkt der Eignung. In einem kurzgefassten Eignungsurteil wurde ausgedrückt, in welchem Verhältnis die subjektiven Voraussetzungen des untersuchten IM zu den Anforderungen der Kundschaftertätigkeit standen, ob er also geeignet war oder nicht, beziehungsweise in welchem Maß er die Anforderungen erfüllte. Durch die zusammenfassende Beurteilung der Eignung sollten Entscheidungen über den weiteren Einsatz des IM erleichtert und nicht durch eine Fülle von Detailerkenntnissen über den IM zusätzlich erschwert werden. Aus diesem Grund war die Beurteilung der Eignung von Ü-IM nach drei Eignungsgraden zweckmäßig und ausreichend. Diese Eignungsgrade bedeuteten im Einzelnen:

- Der IM ist geeignet. Der IM hatte in der Eignungsuntersuchung alle wesentlichen subjektiven Voraussetzungen nachgewiesen, die erforderlich waren, um die Anforderungen der Übersiedlung in das Operationsgebiet und der Kundschaftertätigkeit erfolgreich meistern zu können. Einzelne Leistungs- und Verhaltenseigenschaften mussten durch die weitere operative Arbeit noch entwickelt oder gefestigt werden. Aus psychologischer Sicht bestanden keine Bedenken gegen eine Übersiedlung des IM nach entsprechender Vorbereitung.

- Der IM ist bedingt geeignet. Der IM hatte in der Eignungsuntersuchung den überwiegenden Teil der wesentlichen subjektiven Voraussetzungen nachgewiesen, die für die erfolgreiche Meisterung der Übersiedlung und der Kundschaftertätigkeit erforderlich waren. Einige wesentliche subjektive Voraussetzungen waren dagegen nicht vorhanden oder konnten durch die Untersuchung nicht sicher nachgewiesen werden. Weitere Maßnahmen zur Feststellung der nicht eindeutig nachgewiesenen Eigenschaften beziehungsweise zur Entwicklung der noch fehlenden Eigenschaften, vor allem in der operativen Arbeit, waren notwendig. Aus psychologischer Sicht bestanden Bedenken gegen eine Übersiedlung beim aktuellen Persönlichkeitsbild des IM.

- Der IM war nicht geeignet. Der IM hatte in der Eignungsuntersuchung nur einige wesentliche subjektive Voraussetzungen für die Kundschaftertätigkeit nachgewiesen. In mehreren wesentlichen Bereichen fehlten erforderliche subjektive Voraussetzungen oder waren sie nur schwach entwickelt, sodass sie kaum verhaltenswirksam wurden. Selbst bei hohem Aufwand an Erziehung und Förderung war kaum mit durchgreifenden Veränderungen zu rechnen. Aus psychologischer Sicht bestanden wesentliche Einwände gegen eine Übersiedlung.

Die Eignung jedes untersuchten IM wurde nach einem der drei Grade beurteilt. Das Eignungsurteil wurde entsprechend begründet.

Die psychodiagnostische Untersuchung diente jedoch nicht nur zur Feststellung der Eignung des IM sowie der Festlegung des Eignungsurteils. Die Eignungsuntersuchung war in den Prozess der Zusammenarbeit mit dem IM eingeordnet und hatte dafür einen weitreichenden Beitrag zu leisten. So wurde der psychologische Befund als eine wichtige Grundlage für die Erziehung und Befähigung des IM gesehen, ganz gleich ob er für die Übersiedlung geeignet oder für eine andere operative Perspektive vorgesehen war. So enthielt der dritte Abschnitt des Eignungsgutachtens eine Zusammenstellung konkreter Hinweise und Empfehlungen für die weitere Erziehungsarbeit mit dem IM durch die vorgangsführende Diensteinheit. Diese Hinweise bezogen sich in den bisherigen Untersuchungen vor allem auf folgende Probleme:

- Entwicklung des Entscheidungsverhaltens,
- Entwicklung von Fähigkeiten zur Aufnahme und Unterhaltung sozialer Kontakte,
- Befähigung zur Selbsteinschätzung und Selbstkritik,
- Notwendigkeit, höhere Anforderungen an den IM zu stellen,
- Stärkung des Selbstvertrauens, vor allem bei weiblichen IM,
- Entwicklung größerer Selbstständigkeit im Denken und Handeln.

In der Darstellung der Inhalte des Gutachtens sah die HV A ein Dokument der Zusammenarbeit mit dem IM, dessen Stellenwert in der operativen Arbeit richtig bestimmt werden musste. Die im Eignungsgutachten zusammengefassten Erkenntnisse über den IM hinsichtlich seiner Eignung sollten eine Unterstützung sein, Entscheidungen über den weiteren Einsatz zu erleichtern und diese zu begründen. Um diese Funktion erfüllen zu können, mussten die Gutachten so abgefasst sein, dass sie ohne eine spezielle psychologische Vorbildung verstanden werden konnten. Die Erkenntnisse aus der Eignungsuntersuchung waren nicht isoliert, sondern im Zusammenhang mit der bisherigen Bewährung des IM in der operativen Arbeit zu sehen. Obwohl im Ergebnis der psychodiagnostischen Untersuchung des IM dessen Eignung für die Übersiedlung und die Kundschaftertätigkeit klar beurteilt wurde, konnte dadurch in keinem Fall eine Entscheidung über den Einsatz des IM vorweggenommen oder der vorgangsführenden Diensteinheit abgenommen werden. Bei Entscheidungen über den weiteren Einsatz des IM mussten vor allem Faktoren berücksichtigt werden wie die aktuelle politische Lage, die nachrichtendienstlichen Erfordernisse, die operativ-methodischen Grundlagen, der Stand der Ausbildung sowie die Vorbereitung des IM und eben auch seine Eignung. So eingeordnet war die psychodiagnostische Untersuchung des IM mit der im Eignungsgutachten festgestellten Eignung als ein wichtiges Entscheidungshilfsmittel zu sehen und zu nutzen.[46]

Erfordernisse der Vorbereitung, Durchführung und Auswertung von Eignungsuntersuchungen

Zur Gewährleistung einer hohen Qualität der Eignungsuntersuchungen insgesamt sowie zur Erzielung objektiver Untersuchungsergebnisse entsprechend den Erfordernissen der operativen Arbeit und der wissenschaftlichen Grundpositionen war ein einheitliches, inhaltlich-methodisch genau festgelegtes Vorgehen in allen Phasen der Eignungsuntersuchung zu sichern. Für die Einhaltung dieses Vorgehens trugen die beauftragten Mitarbeiter (Untersucher)[47] die entsprechende Verantwortung. Für sie begann eine Untersuchung mit der Entgegennahme des bestätigten Antrages sowie der Kurzauskunft der vorgangsführenden Diensteinheit über den IM. Sie endete nach Abschluss der mündlichen Auswertung der Untersuchungsergebnisse mit dem IM. Der Ablauf einer Untersuchung lässt sich in drei Phasen gliedern:

1. Vorbereitung der Untersuchung mit dem ersten Treff zwischen den Untersuchern und dem IM als Hauptbestandteil,
2. Durchführung der psychodiagnostischen Untersuchung mit Erarbeitung des Eignungsgutachtens,
3. Auswertung der Untersuchungsergebnisse mit der vorgangsführenden Diensteinheit und dem IM.

Vorbereitung der Eignungsuntersuchungen: Das wesentliche Ziel der Vorbereitung jeder Eignungsuntersuchung bestand darin, beim IM eine positive Einstellung der Aufgeschlossenheit sowie des Verständnisses für das Anliegen der Untersuchung zu erreichen. Eine solche Einstellung konnte aus vielerlei Gründen nicht ohne weiteres vorausgesetzt werden (Untersuchungsabsicht ging von der HV A und nicht vom IM aus, Unkenntnis über die Methoden der Untersuchung, mögliche negative Vorerfahrungen mit psychologischen Untersuchungen). Bereitschaft und Aufgeschlossenheit des IM waren jedoch für die Realisierung der Untersuchungsziele erforderlich und mussten deshalb durch die Untersucher sowie den Führungsoffizier beim IM erzeugt werden.

Zur Vorbereitung auf das erste Zusammentreffen mit dem IM wurde ein persönliches Gespräch mit dem Führungsoffizier und seinem Leiter geführt. Es wurde als zweckmäßig betrachtet, wenn daran bereits beide Untersucher teilnahmen. In diesem Gespräch wurde das Vorgehen beim Treff mit dem IM entsprechend seiner Persönlichkeit festgelegt, wurden Fragen und Probleme geklärt, die sich für die Untersucher aus der Kurzauskunft ergeben hatten, und so das erste Bild vom IM vervollständigt.

Handelte es sich für die jeweilige Diensteinheit um eine Erstuntersuchung, wurden durch die Untersucher allgemeine Informationen über den Inhalt und den Ablauf der gesamten Untersuchung gegeben. Einzelheiten über die angewandten Verfahren waren nicht mitzuteilen. Allerdings mussten die Grenzen der Untersuchung aufgezeigt werden und auch das Erfordernis, dass die Ergebnisse der Untersuchung vom Führungsoffizier sinnvoll mit den aus der bisherigen Zusammenarbeit mit dem IM gewonnenen Erkenntnissen über ihn zu verbinden sind.

Von besonderer Bedeutung für die weitere Entwicklung eines IM-Vorgangs konnte die richtige Wahl des Zeitpunktes der Untersuchung aus der Sicht des Gesamtprozesses der inoffiziellen Zusammenarbeit des IM sein. Nach Erfahrungen der HV A hatte sich gezeigt, dass die Untersuchung bei denjenigen IM umfangreiche Erkenntnisse brachte, die über eigene praktische Erfahrungen der nachrichtendienstlichen Arbeit im Operationsgebiet verfügten. In der Vorbereitung war deshalb darauf Einfluss zu nehmen, dass die praktische Erprobung der IM nicht unterbewertet wurde. Die HV A ging davon aus, dass die psychologische Untersuchung auf keinen Fall die praktische Erprobung des IM ersetzen konnte. Bei IM, die noch keinen Einsatz im Operationsgebiet mit operativer Dokumentation durchgeführt hatten, sollte in jedem Einzelfall geprüft werden, ob eine Eignungsuntersuchung ratsam erschien.

Weiterhin waren die Entwicklung des IM seit der Erstellung der Kurzauskunft (es konnte gelegentlich eine längere Spanne dazwischenliegen) zu erfassen sowie die Wünsche der Diensteinheit, spezielle Probleme beim IM durch die Untersuchung klären zu lassen.

Es musste konkret beraten werden, wie die Konspiration gewahrt werden sollte. Der IM wurde allen an der Untersuchung beteiligten HV A-Angehörigen mit einem Deckvornamen bekannt. Aus den Gesprächen mussten alle Daten und Fakten, die zu einer Identifizierung des IM führen konnten, im Interesse der Sicherheit des IM ausgeschlossen werden. Es war darauf zu achten, dass dieses Prinzip nicht falsch verstanden wurde. So operierte beispielsweise ein IM-Ehepaar gegenüber den Untersuchern mit einem Pseudonymlebenslauf. Da die IM nicht ihre tatsächlichen Geburtsjahrgänge angaben, war die Verwertung der Erkenntnisse aus den psychodiagnostischen Gesprächen erschwert. Die Ergebnisse der Prüfverfahren wären falsch interpretiert worden, wenn dieser Sachverhalt nicht bemerkt worden wäre.

Das erste Zusammentreffen mit dem IM sollte in einer dem IM bereits bekannten Umgebung stattfinden. Neben dem Kennenlernen diente der Treff dazu, den IM mit dem Anliegen vertraut zu machen. Es hatte sich bewährt, dem IM gegenüber zu erklären, dass ein Ziel der Untersuchung darin bestand, seine Stärken und seine weniger starken Seiten herauszufinden. Auf diese Weise sollte dazu beigetragen werden, dass sein Einsatz im Auftrag der HV A auf Gebieten erfolgte, für die er die besten Voraussetzungen besaß. Dem IM war zu erklären, dass es operative Situationen geben konnte, in denen er völlig auf sich gestellt war. In solchen Situationen musste er seine Stärken und Schwächen kennen und sich ganz auf sich selbst verlassen können. Mit Hilfe der Untersuchung war es möglich, ihm dafür entsprechende Hinweise zu geben.

Bei den ersten Zusammentreffen mit dem IM musste geklärt werden, inwieweit er Vorerfahrungen mit psychologischen Untersuchungen besaß und ob er Kenntnisse auf diesem Gebiet hatte. Aus diesen Erfahrungen oder Kenntnissen ließen sich Schlüsse auf Einstellungen ableiten. Es konnten aber auch Hinweise entstehen, die bei der Interpretation der Ergebnisse Beachtung finden mussten. So waren beispielsweise bei einem IM einzelne Denkaufgaben des D-S-T bekannt, da er sich in seiner Freizeit mit dem Lösen von Knobelaufgaben befasste. Dementsprechend löste er diese Aufgaben schneller als andere IM, indem er sich an die Lösung erinnerte und nicht die geforderte Denkleistung erbrachte. Dies musste bei der Interpretation beachtet werden.

Der IM musste natürlich auch Informationen über den Ablauf der Untersuchung erhalten. Zu den einzelnen Verfahren, Inhalten oder Aussagemöglichkeiten der Verfahren machten die Untersucher gegenüber dem IM keine Angaben. Fragen dazu wurden oft gestellt.

Insbesondere durch das Herstellen eines vertrauensvollen Verhältnisses musste dem Auftreten von »Prüfungs- oder Testangst« beim IM entgegengewirkt werden. Ziel war es, zu erreichen, dass die Untersuchung für den IM einen normalen Stellenwert einnahm. Der IM sollte nicht wissen, dass vom Ausgang der Untersuchung Entscheidungen über ihn abhängen konnten. Es war darauf zu achten, dass die Untersuchung für den IM zu einem positiven Erlebnis wurde. Von diesem Gedanken leitete sich für die Untersucher auch ab, dass sie gegenüber dem IM nicht mit Routine und nicht als unbeteiligte Untersucher auftreten konnten. Sie genossen den Vorteil, dass ihnen von den IM ein gewisser Vertrauensvorschuss gegeben wurde, dass die IM Vertrauen zur HV A hatten und sich das Vertrauen im Verhältnis zum Mitarbeiter personifiziert darstellte. Die Untersucher mussten beim ersten Treff eine zurückhaltende, aber aktive Rolle spielen. Die Führung hatte bei diesem Treff der Führungsoffizier des IM.

Im Ergebnis dieses Treffs vertiefte sich auch das Bild über den IM, beispielsweise im Hinblick auf bestimmte Interessen, Rollenverteilungen in der Ehe bei IM-Ehepaaren, die Gestaltung der Beziehungen der IM untereinander oder unterschiedliche Aktivitäten bei verschiedenen Themen. Es handelte sich dabei um erste Eindrücke, die keine Schlüsse auf die Eignung des IM zuließen. Schlüsse hatten die Untersucher aber über das konkrete Verhalten der IM während der weiteren Untersuchung zu ziehen.

<u>Durchführung von psychodiagnostischen Untersuchungen</u>: Die Eignungsuntersuchungen von Ü-IM fanden in einem speziell dafür eingerichteten konspirativen Objekt statt. Der IM wurde allerdings aus Konspirationsgründen an einem anderen Treffort von seinem Führungsoffizier aufgenommen und dann zum speziellen KO gebracht. Die beiden an der Untersuchung beteiligten Mitarbeiter waren von diesem Zeitpunkt an während der Untersuchung sowie in der freien Zeit ständig mit dem IM zusammen.

Für die Untersucher kam es darauf an, dem IM in der für ihn neuartigen Situation das Gefühl der Vertrautheit und Sicherheit zu vermitteln, sein Vertrauen in das Anliegen der Untersuchung zu festigen und möglichst Prüfungsstress abzubauen. Dahingehend hatte es sich aus Sicht der HV A als zweckmäßig erwiesen, wenn der IM bereits am Vorabend der eigentlichen Eignungsuntersuchung im KO ankam. So wurde ihm Gelegenheit gegeben, sich mit den Untersuchern sowie den räumlichen Gegebenheiten bekannt und vertraut zu machen.

Die Eignungsuntersuchung beinhaltete die Durchführung von zehn Prüfverfahren (davon wurden acht erläutert) sowie das Führen eines oder mehrerer psychologischer Gespräche. Die Abfolge der einzelnen Untersuchungen und Gespräche sowie die zeitliche Anordnung waren in einem Rahmenplan festgelegt. Dabei wurde vor allem sichergestellt, dass der IM im Verlauf der Untersuchungstage zwar gleichmäßig, aber nicht gleichförmig belastet wurde. Ein geregeltes Pausenregime sorgte dafür, dass der IM die Verfahren in ausgeruhtem Zustand absolvieren konnte.

Ein Untersucher war für die Durchführung der Prüfverfahren verantwortlich. Er wies den IM in die jeweilige Aufgabe ein, stellte das benötigte Material bereit, protokollierte das Verhalten des IM während der Lösung der Aufgaben, registrierte die Bearbeitungszeit sowie eventuelle Störungen und führte zu jedem Verfahren mit dem IM eine kurze Nachbefragung durch. Verhaltensbeobachtung, Nachbefragung sowie registrierte Störungen waren für die psychologische Interpretation der Ergebnisse von Bedeutung.

Ein anderer Untersucher nahm in der Zwischenzeit eine Rohauswertung der bereits bearbeiteten Verfahren vor. Dabei konnten erste Erkenntnisse über Stärken und Schwächen beziehungsweise Probleme oder Widersprüche der Persönlichkeit des IM gewonnen werden, auf die in den Gesprächen indirekt eingegangen werden konnte. Über die Rohauswertung wurde der IM nicht in Kenntnis gesetzt.

Die Erfahrungen der HV A hatten gezeigt, dass die Untersuchungsergebnisse – bei aller Objektivität der verwendeten Prüfverfahren – vom Verhalten und Auftreten der Untersucher während der dreitägigen Untersuchung abhängig waren. Sie hatten durch die Art und Weise des Kontaktes zum IM, durch ihr mehr oder weniger angepasstes Verhalten, durch Übereinstimmung oder mögliche Missstimmung zwischen den Untersuchern sowie anderen Faktoren erheblichen Einfluss darauf, ob der IM für jedes einzelne Verfahren richtig motiviert war und ob er die Untersuchung ernst nahm, ohne dabei unter übertriebenem Leistungsdruck zu stehen. Die Untersucher mussten bedenken, dass nicht nur sie den IM in jeder Situation studierten, sondern dass auch sie vom IM beobachtet und studiert wurden und er sich Meinungen und Urteile über sie sowie die Prüfverfahren bildete.

Mit dem IM wurde ein Abschlussgespräch zur Untersuchung durchgeführt, um sich eine Rückmeldung dahingehend zu verschaffen, wie die Untersuchung auf ihn gewirkt hatte und welche Meinungen, kritischen Hinweise sowie Vorschläge er beizusteuern hatte. Im Allgemeinen wurde hervorgehoben, dass es sich als nützlich erwies, sich über mehrere Tage hinweg mit der Persönlichkeit des IM zu befassen. Die Untersuchungen regten zu kritischer Selbsteinschätzung der IMs an. Von keinem IM gab es ablehnende Bemerkungen zur Untersuchung insgesamt oder zu einzelnen Verfahren. Vielmehr konnten hier und da geäußerte Voreingenommenheiten oder skeptische Haltungen der IM durch die Untersucher selbst ausgeräumt werden. Im Abschlussgespräch wurde durch die Untersucher keine Auswertung der Untersuchungsergebnisse vorgenommen, weil der gründlichen Gutachtenerarbeitung sowie der Auswertung mit der die IM führenden Diensteinheit nicht vorgegriffen werden sollte.

Während der dreitägigen Eignungsuntersuchung fand auch eine medizinische Tauglichkeitsuntersuchung statt, die einen halben Tag beanspruchte und bei der Ablauforganisation eingeplant werden musste. Diese Tauglichkeitsuntersuchung wurde durch Fachkräfte des Zentralen Medizinischen Dienstes (ZMD) des MfS durchgeführt und ausgewertet.

Auswertung der Untersuchungsergebnisse: Nach der Erarbeitung des Gutachtens sowie eines Beidokumentes[48] wurde die Untersuchung in zwei Schritten ausgewertet. Zuerst fand eine Auswertung mit dem Leiter der auftraggebenden Diensteinheit der Aufklärung statt. In dieser Beratung wurde das Eignungsurteil nochmals mündlich begründet, einzelne Gutachtenaussagen wurden erläutert, Fragen beantwortet und vor allem konkrete Wege sowie Möglichkeiten der weiteren Erziehung und Befähigung des IM beraten. Dabei waren das schriftliche Eignungsgutachten und die mündliche Auswertung als Einheit zu betrachten, auf keine der beiden Seiten durfte verzichtet werden. Das Eignungsgutachten war ein Dokument, in dem die Ergebnisse der Eignungsuntersuchung in konzentrierter Form dargestellt wurden. Die mündliche Auswertung ermöglichte es, auf viele Einzelheiten der IM-Persönlichkeit einzugehen sowie in konkreter Weise erzieherisch beratend zu wirken. Dies galt in jedem Einzelfall, besonders aber dann, wenn eine bedingte Eignung festgestellt worden war. Durch das Aufzeigen konkreter Möglichkeiten der Überprüfung von subjektiven Voraussetzungen und ihrer Entwicklung in der nachrichtendienstlichen Arbeit musste deutlich gemacht werden, dass der dabei erforderliche Aufwand vertretbar war und zu einem operativen Nutzen führte. Auf diese Weise wurde der Tendenz entgegengewirkt, bedingt geeignete IM voreilig als ungeeignet einzuschätzen.

In einem zweiten Schritt erfolgte die persönliche Auswertung der Eignungsuntersuchung mit dem IM. Die HV A betrachtete es als zweckmäßig, wenn an dieser Auswertung neben den Untersuchern auch der vorgangsführende Offizier teilnahm. Das Vorgehen sowie die Inhalte der Auswertung waren vorher zu beraten und festzulegen. Es musste sichergestellt werden, dass die IM keinen Einblick in die Eignungsgutachten nehmen konnten.

Die mündliche Auswertung mit dem IM hatte das Ziel, die bei ihm durch die Untersuchung aufgebaute Erwartungshaltung zu entspannen, indem ihm eine Einschätzung wesentlicher Seiten seiner Persönlichkeit, bezogen auf die bisherigen Anforderungen der operativen Arbeit, gegeben wurde. Keineswegs durfte dem IM gegenüber die Eignung oder Nichteignung eingeschätzt werden. Das Auswertungsgespräch mit dem IM sollte so gestaltet werden, dass von ihm eine den IM aktivierende und motivierende Wirkung ausging. Deshalb waren positive Seiten, Vorzüge und Stärken des IM hervorzuheben, um ihm Sicherheit zu geben. Es mussten aber auch die kritischen Seiten seiner Persönlichkeit aufgezeigt werden, an denen er noch zu arbeiten hatte. Der IM wurde aufgefordert, die Einschätzung seiner Person mit seiner Selbsteinschätzung zu vergleichen. Durch diese offene Art und Weise der Auswertung wurde der IM zu einer selbstkritischen Haltung veranlasst, die für die weitere nachrichtendienstliche Arbeit förderlich war. Die Praxis der Auswertungsgespräche zeigte, dass die Mehrzahl der untersuchten IM durch die Eignungsuntersuchung angeregt wurde, tiefgründiger über ihr Leben, die inoffizielle Zusammenarbeit sowie die Arbeit ihres Führungsoffiziers nachzudenken und persönliche Schlussfolgerungen zu ziehen.[49]

Beispiel eines Gutachtens, in dem die Eignung als Ü-IM festgestellt wurde (IM »Richard«)[50]:

»*1. Ausgangssituation und Fragestellung der Begutachtung:*
Seit 1977 arbeitet Richard mit unserem Organ zusammen. Noch im selben Jahr wurde die politisch-operative Ausbildung mit der Zielsetzung aufgenommen, den IM gemeinsam mit seiner Ehefrau auf eine Übersiedlung in das Operationsgebiet vorzubereiten. Nach abwehrmäßiger Erprobung wurde im Jahre 1978 damit begonnen, operative Reisen durchzuführen. Bisher hat Richard zwei längere operative Einsätze im Opera-

tionsgebiet mit operativer Dokumentation des Operationsgebietes durchgeführt. Es ist vorgesehen, die politisch-operative Ausbildung zu intensivieren und den IM mit Jahresbeginn 1979 aus dem Arbeitsprozess herauszulösen. Zum Zeitpunkt der psychologischen Untersuchung hatte Richard noch keine Kenntnis von der Übersiedlungsabsicht und der operativen Perspektive.

Die psychologische Untersuchung soll dazu dienen, die bisherigen Erkenntnisse über die Persönlichkeit Richards zu erweitern und zu differenzieren, um auf dieser Grundlage die Abschätzung seiner Eignung für die geplante Übersiedlung ins Operationsgebiet mit der Zielfunktion Resident/Gehilfe des Residenten zu ermöglichen. Darüber hinaus sollen Hinweise für die Qualifizierung der Zusammenarbeit mit Richard erarbeitet werden.

Dem Anliegen der Untersuchung stand Richard interessiert und aufgeschlossen gegenüber. Während der Untersuchung musste er mehrmals ermahnt werden, Aufgaben nicht voreilig zu lösen bzw. sich an die gegebenen Instruktionen zu halten und die vorhandene Zeit voll auszuschöpfen. Die einzelnen Prüfverfahren wurden von Richard so bearbeitet, dass die Ergebnisse interpretiert werden konnten.

2. Psychologischer Befund:

Richard ist groß und von schlanker, sportlicher Gestalt. Das scheinbare Alter stimmt mit dem tatsächlichen in etwa überein. Das Haupthaar trägt er mit einem modernen Schnitt. Mit seiner äußeren Erscheinung wirkt er angenehm auf andere Menschen. Richard besitzt keine besonderen äußeren Kennzeichen. In seinem Auftreten erscheint er sicher und selbstbewusst. Richard zeigt auch in Unterhaltungen keine Hemmungen. Richard wurde 1952 als erstes Kind in der Ehe von Landarbeitern geboren. Die häusliche Situation war dadurch gekennzeichnet, dass sich Richards Mutter um alles kümmern musste. In der Ehe der Eltern gab es wegen des Verhaltens des Vaters häufig Zerwürfnisse.

Knapp siebenjährig wurde Richard in eine Mehrklassenschule eingeschult. Wegen Veränderung des Wohnortes musste er mehrmals die Schule wechseln. Den schulischen Anforderungen wurde er meist gut gerecht, ohne besondere Anstrengungen unternehmen zu müssen. Er hatte keine Umstellungs- oder Anpassungsschwierigkeiten. Umstellungsschwierigkeiten hatte Richard auf die Anforderungen der EOS. Seine Lernergebnisse waren nur noch durchschnittlich. Wegen seiner Leistungen an der EOS wurde er nicht an einer Hochschule immatrikuliert, sondern an eine Fachschule umgelenkt. Hier wurde er den Studienanforderungen besser gerecht. Mit ausschlaggebend war, dass er seinen Arbeitsstil den Anforderungen angepasst hatte und mit mehr Fleiß lernte. Nach Abschluss des Studiums wurde Richard in einem Baubetrieb angestellt. An seinem Arbeitsplatz fühlte er sich nicht recht wohl, weil er zeitweilig mehr mit Menschen als mit fachlichen Problemen zu tun hatte. Richard hat inzwischen ein Hochschulfernstudium aufgenommen, um sein Jugendziel, Diplomingenieur zu werden, zu verwirklichen. Er muss hart arbeiten, um den Studienanforderungen gerecht zu werden.

Richard hat sehr vielseitige Interessen. In seiner Jugend trieb er viel Sport (Radfahren, Schach), sammelte Briefmarken und erlernte autodidaktisch das Gitarre spielen. Er liest viel, hört gern Musik und ist sehr viel mit Freunden zusammen. Die gesellschaftliche Arbeit spielt für Richard erst seit dem Studium eine bedeutende Rolle. Vordem nahm er in der Pionierorganisation bzw. FDJ an den Veranstaltungen teil, ohne als Initiator in Erscheinung zu treten. Während des Studiums wurde er aus eigenem Antrieb Kandidat und Mitglied der SED.

Die Ergebnisse der intelligenzdiagnostischen Untersuchung zeigen, dass Richard im Verhältnis zu seiner Altersgruppe über eine durchschnittliche intellektuelle Leistungsfähigkeit verfügt. Damit ist er prinzipiell in der Lage, operative Sachverhalte, Geschehnisse und Situationen gedanklich zu erfassen, Wesentliches von Unwesentlichem zu unterscheiden und operative Handlungen richtig vorzubereiten und auszuführen. Diese durchschnittliche intellektuelle Leistungsfähigkeit zeigt sich auch in seiner schulischen Entwicklung. Ohne besondere Aktivitäten zu entwickeln, erreichte er in der Schule und beim Studium durchschnittliche Ergebnisse.

Die differenzierte Betrachtung einzelner Leistungseigenschaften zeigt, dass diese teilweise recht unterschiedlich ausgeprägt sind. So sind zum Beispiel theoretisch-rechnerisches und praktisch-rechnerisches Denken überdurchschnittlich gut entwickelt. In den diesbezüglichen schulischen Leistungsergebnissen findet sich dieses Entwicklungsniveau allerdings nicht wieder. Richard hatte gerade im Fach Mathematik erhebliche Schwierigkeiten, die letztendlich mit dazu führten, dass er seinen ursprünglichen Studienwunsch vorerst aufgeben musste. Dieser Widerspruch ist so zu erklären, dass Richard nicht die richtige Einstellung zum Fach bzw. zu den Fachlehrern fand und seine Lernmotivation während der Schulzeit unzureichend war. Im sprachlogischen Bereich sind die Vorstellungsfähigkeit, die Abstraktionsfähigkeit und die Fähigkeit zur Urteilsbildung durchschnittlich bzw. knapp durchschnittlich entwickelt. Richards Fähigkeit, ganzheitlich-anschaulich zu denken, kann noch entwickelt werden. Er muss darauf hingewiesen werden, dass er in Situationen, in denen er auf sich allein gestellt ist und die von ihm rasche und sichere Urteilsfindung erfordern, möglicherweise Schwierigkeiten bekommen kann. Bedeutsam ist dabei auch noch die Tendenz Richards, seine Leistungseigenschaften zu überschätzen und zur Selbstzufriedenheit zu neigen.

Richard ist in seinem Denken beweglich und umstellfähig. Er wird damit auch in der Lage sein, sich schnell auf neue Anforderungen in der politisch-operativen Arbeit einzustellen. Seine Entwicklungsmöglichkeiten im Denken sind noch nicht voll ausgeschöpft. Durch die Entwicklung in der Schule, im Studium und im Beruf wird dies bestätigt, auch wenn Richard einschätzt, dass er gegenwärtig seine Leistungsgrenze erreicht habe. Testpsychologisch wurde belegt, dass Richard Leistungsreserven besitzt. Er kann die weniger gut entwickelten Fähigkeiten kompensieren, wenn er immer richtig motiviert wird, da und dort weniger voreilig sein Urteil bildet, die gebotenen Informationen richtig und aufmerksam verarbeitet und seinen Arbeitsstil den Erfordernissen anpasst. Dass diese Leistungsgrenzen vor allem durch seine Motivation besser ausgeschöpft werden können, wird durch die Studienergebnisse belegt. Nachdem seine Bewerbung an einer Hochschule abgelehnt worden war, studierte er an einer Fachschule. Zu dieser Zeit war er bereits verlobt. Er wollte sehr gern mit seiner Verlobten zusammenbleiben. Er wusste, dass sie ebenso empfand und dachte wie er. Er wusste aber auch, dass ihre Eltern damals mit der Verbindung nicht ganz einverstanden waren, vorrangig wegen seiner Lernhaltung und Lernergebnisse in der EOS.

Den Studienanforderungen wurde Richard gut gerecht. Im Jahre 1976 nahm er ein Fernstudium an einer Technischen Hochschule auf und begann mit großem Elan, um seinen Jugendtraum zu verwirklichen. Diesen Elan hat er nicht mehr und seine Ergebnisse sind stark abgesunken. Eine Ursache seiner veränderten Studienhaltung soll nach seiner Aussage sein, dass er bereits 1977 von einem Angehörigen des Organs auf die Möglichkeit des Studienabbruchs im Interesse der operativen Arbeit hingewiesen worden sein soll. Er rechnet praktisch ständig mit dieser Möglichkeit.

Richard verfügt testpsychologisch nachweisbar über eine gut entwickelte Merkfähigkeit, so dass er imstande ist, operative Sachverhalte, Fakten oder Daten auch längerfristig zu speichern und bei Bedarf zu reproduzieren.

Bei der Lösung von Aufgaben mit einfachen geistigen Anforderungen zeigt Richard gut durchschnittliche Leistungen. Dabei entscheidet sich Richard zugunsten der Arbeitsqualität und nicht des Arbeitstempos. Das kann ein Hinweis dafür sein, dass er besonders auf Sorgfalt in der Arbeit bedacht ist. Bei längerdauernder Belastung lassen Aufmerksamkeit und Konzentration nach. Dieses Nachlassen kann er durch erhöhte Willensanspannung etwas ausgleichen und auf einem durchschnittlichen Niveau halten. Allerdings sinkt dann auch die Arbeitsqualität ein wenig ab. Richards allgemeine psychische Belastbarkeit kann als gut eingeschätzt werden. Er ist in der Lage, auch über längere Zeiträume hinweg Aufgaben zu lösen, die Aufmerksamkeit, Konzentration und Wahrnehmungsfähigkeiten erfordern, benötigt aber während der Aufgabenrealisierung zusätzliche motivierende Impulse.

Eine spezielle Untersuchung des Entscheidungsverhaltens hat ergeben, dass Richard dazu neigt, entschlossen und bereitwillig Entscheidungen zu treffen. Er muss nicht zu Entscheidungen gedrängt werden und wird sich davon auch wenig belastet fühlen. Bei Entscheidungen wird Richard versuchen, das Risiko genau zu erfassen und das

Wagnis zum Risiko möglichst klein zu halten. Das deckt sich damit, dass er vor dem Fassen von Entscheidungen möglichst viele, wenn nicht sogar alle Umstände und Konsequenzen mit erfasst, dass er die zur Entscheidung stehenden Alternativen gründlich abwägt. Seine Entscheidungen sind dann stabil und werden nicht schnell wieder umgestoßen.

In wichtigen Entscheidungssituationen sind von Richard kaum spontane Reaktionen zu erwarten. Dieses Entscheidungsverhalten findet sich auch im Zusammenhang mit der Bereitschaft zur inoffiziellen Zusammenarbeit wieder. Richard bat sich Bedenkzeit und die Möglichkeit aus, mit seiner Ehefrau darüber zu sprechen. Obwohl er im Leben bereits viele bedeutsame Entscheidungssituationen ohne Hilfe gemeistert hat, war diese Entscheidung für ihn so wichtig, dass er sich darüber mit seinem engsten Vertrauten austauschen musste. Es kann erwartet werden, dass auch in der operativen Arbeit wichtige Entscheidungen von ihm nicht sofort, sondern erst nach reiflichem Überlegen, vielen Fragen und nach Gedankenaustausch, zum Beispiel mit dem Ehepartner, getroffen werden.

Die persönlichkeitspsychologische Untersuchung erbrachte, dass Richard in seiner Grundstimmung ein optimistischer, ausgeglichener, kaum launischer und für seine Umwelt aufgeschlossener Mensch ist. Er ist in der Lage, sich und seine Emotionen zu kontrollieren. Sein Verhalten wird von Selbstbeherrschung bestimmt. Impulsives und spontanes Handeln wird selten denkbar sein. Richard neigt in seinem Verhalten zur Beständigkeit und Gewissenhaftigkeit. Diese Persönlichkeitsseite hat sich mit herausgebildet durch das bewusste Erleben und Bewerten des Verhaltens seines Vaters, der von Richard als unstet und verantwortungslos bewertet wird. Richard hatte sich bereits als Kind vorgenommen, nicht so zu werden wie sein Vater. Er hat sich auch später von seinem Vater losgesagt. In engster Verbindung damit stehen Richards Sorge und Verantwortungsgefühl für die Mutter und die Geschwister, über die er schon frühzeitig Aufsichtspflichten übernehmen musste und gern übernahm. Richard besitzt innere Spannkraft und die Fähigkeit, mit den eigenen Problemen selbst fertig zu werden. In Wertung des Verhaltens anderer Menschen legt er mitunter zu strenge Maßstäbe an und zeigt nicht immer genügend Toleranz und Anpassungsbereitschaft. Dadurch verschließt er sich unter Umständen den Zugang zu anderen Menschen. Das kann sich in der Kontaktarbeit negativ auswirken.

Testpsychologisch wurde belegt, dass Richard, wie erwähnt, dazu neigt, selbstgefällig und selbstzufrieden zu sein. Diese Seite seiner Persönlichkeit findet sich auch in den Beziehungen zu seiner Ehefrau in dem Sinne wieder, dass er vor ihr häufig bestätigt haben möchte, er sei ihr ebenbürtig oder überlegen. Dabei ist bemerkenswert, dass sich in ihrer Ehe, die offensichtlich harmonisch verläuft und auf gegenseitigem Vertrauen beruht, eine recht stabile Rollenverteilung entwickelt hat. So ist es zum Beispiel

Richard vorbehalten, über alle Probleme nachzudenken und Entschlüsse zu fassen, die die Pläne und Absichten der Ehepartner für die nahe und ferne Zukunft oder mögliche Konsequenzen aus aktuellen Ereignissen betreffen.

Richard zeichnet sich in seinem Sozialverhalten durch Geselligkeit, Unternehmungsgeist und Umgänglichkeit aus. Er hatte bisher kaum Schwierigkeiten, Freunde zu finden oder sich in neue Kollektive einzuleben. Richard ist in der Lage, Kontakte zu anderen Menschen zu schließen, kann aber auch eine bestimmte Zeit ohne Kontakte auskommen, mit Ausnahme des Kontaktes zu seiner Ehefrau. Die Trennung von ihr würde ihn sehr schnell in seinem Elan beeinträchtigen, wie er selbst einschätzte. Er kann sich deshalb einen längeren operativen Einsatz getrennt von seiner Ehefrau noch nicht vorstellen. Er ist bereit, im Interesse der operativen Arbeit auf vieles zu verzichten, aber nicht darauf, gemeinsam mit seiner Ehefrau Kinder zu haben.

3. Stellungnahme zur Eignung und Hinweise für die weitere Zusammenarbeit:

Die psychodiagnostische Untersuchung des IM Richard hat ergeben, dass er sich für die Übersiedlung und die Zielfunktion Resident/Gehilfe des Residenten geeignet ist.

Die Eignung ergibt sich vor allem aus seiner gut entwickelten geistigen Leistungsfähigkeit, die noch Entwicklungspotenzen aufweist, aus dem Entscheidungsverhalten, welches sich durch gründliches Abwägen auszeichnet, aus den für die operative Arbeit günstigen Eigenschaften im Bereich des sozialen Verhaltens und aus seiner im allgemeinen guten psychischen Belastbarkeit.

Neben diesen positiven Merkmalen ergeben sich aus der Untersuchung einige Hinweise zur Persönlichkeit, die in der weiteren Zusammenarbeit beachtet werden sollten:

- Durch die Prüfverfahren wurde festgestellt, dass Richard seine Potenzen in der intellektuellen Leistungsfähigkeit nicht voll ausschöpft. Diese Reserven können durch das Stellen von Aufgaben, die analytisches und schlussfolgerndes Denken erfordern, zielstrebig erschlossen werden. Die Arbeitsergebnisse sind gründlich mit ihm auszuwerten, um einerseits seine Leistungsgrenzen genauer zu erkennen und um ihn zu veranlassen, selbstkritischer seine Arbeitsergebnisse zu bewerten.

- Die Untersuchung ergab, dass Richards Arbeitsleistungen in Abhängigkeit von seinem Interesse und seiner Lust stark schwanken. Er muss es lernen, auch solche Aufgaben mit vollem Einsatz zu lösen, die ihm unbequem erscheinen, für die er keine Lust verspürt oder für die keine nähere Erläuterung und Begründung gegeben werden kann. Dazu ist vor allem die Auftragserteilung und Instruktion beim Treff zu nutzen.

- Richard besitzt gute Voraussetzungen dafür, relativ schnell Kontakt zu anderen Menschen zu finden. Dies wurde durch die Prüfverfahren nachgewiesen. Allerdings ist er auf diesem operativ wichtigen Aufgabengebiet noch ungeübt und deshalb unsicher bzw. ungeschickt. Richard ist schrittweise an die Kontaktarbeit *heranzuführen. Besonders muss darauf geachtet werden, dass er es lernt, sich an die Kontaktpartner anzupassen und diese durch Verständnis und Toleranz für sich aufzuschließen.*

- *Richard hat sehr enge Bindungen an seine Ehefrau, aber auch an seine Mutter und an die Geschwister. Er sollte weiter systematisch auf eine mögliche Trennung von der Ehefrau für längere Zeit vorbereitet werden. Dabei sollte auch darauf hinge- wirkt werden, dass er seine Sorge und Verantwortung für Mutter und Geschwister den gegebenen Bedingungen anpasst und dadurch nicht in größere Gewissenskon- flikte gerät.*

- *Aus der Untersuchung ergeben sich Hinweise darauf, dass die politisch-ideologische Motivierung Richards für die Zusammenarbeit mit dem Organ noch nicht genü- gend entwickelt und gefestigt ist, wie es für die Kundschaftertätigkeit erforderlich wäre. So sieht er zum Beispiel operative Einsätze nicht in erster Linie als einen po- litischen Auftrag an, mögliche politische Konsequenzen seines richtigen oder vom Auftrag abweichenden Verhaltens bei Einsätzen im Operationsgebiet sind ihm nicht klar u. a.*

Diese Hinweise sind in der operativen Arbeit zu prüfen. Die politisch-ideologischen Motive für die Zusammenarbeit sind zu festigen.«[51]

Auszug aus einem Gutachten, in dem im Ergebnis der psychodiagnostischen Un- tersuchung festgestellt wurde, dass der IM für die Übersiedlung nicht geeignet war (IM »Konrad«)[52]:

»*Stellungnahme zur Eignung und Hinweise für die weitere Zusammenarbeit:*

In der psychodiagnostischen Untersuchung wurden Erkenntnisse gewonnen, die so- wohl für als auch gegen eine Eignung des IM ›Konrad‹ für die Übersiedlung und die vorgesehene Zielfunktion des Gehilfen des Residenten sprechen. Handwerkliche Fähig- keiten, Interesse für körperliche Arbeit sowie die vorhandene psychische Belastbarkeit in Situationen, die routinemäßige geistige Anforderungen stellen, können als gute Vo- raussetzungen betrachtet werden. Gegen die Eignung für einen längerfristigen Einsatz im Operationsgebiet sprechen folgende Faktoren:

- *Testpsychologisch wurde nachgewiesen, dass eine Reihe untersuchter Komponenten des Leistungsverhaltens bei Konrad in ungenügendem Maß entwickelt sind. Dies trifft vor allem auf wesentliche Seiten des Denkens zu. Die in der testpsychologi- schen Untersuchung festgestellten Schwächen lassen den Schluss zu, dass er den geistigen Anforderungen der operativen Arbeit im Operationsgebiet nicht gewach- sen sein wird.*

- *Testpsychologisch konnten keine Entwicklungspotenzen bezüglich seiner intellektu- ellen Leistungsfähigkeit festgestellt werden. Dazu kommt, dass Konrad schon immer wenig Interesse an der geistigen Arbeit hatte, vor allem aber seine Grundhaltung,* die generell von Desinteresse und Gleichgültigkeit geprägt ist. Er selbst begründet dies damit, dass er einen ›begrenzten Horizont‹ habe und sich schwer Wissen aneignen kann.

- Die Untersuchung ergab, dass Konrad wesentliche Voraussetzungen zur Aufnahme und Unterhaltung von Kontakten zu anderen Menschen nicht besitzt und kaum noch entwickeln kann. Er ist ein Einzelgänger, geht Kontakten mit anderen Menschen möglichst aus dem Weg, zeigt wenig Anpassungsfähigkeit. Das deckt sich mit der Einschätzung seines Kontaktverhaltens im Operationsgebiet. Hier zeigte er bereits Angstgefühle und Unsicherheiten im Verhalten, wenn er sich vorstellte, von anderen Personen angesprochen zu werden. Dieses Verhalten beruht auf einer bereits verfestigten Einstellung des IM, im Leben mit allen Problemen allein fertig zu werden, keine Hilfe von anderen Menschen anzunehmen, anderen nichts von sich zu offenbaren.
- In der psychologischen Untersuchung wurde deutlich, dass die ehelichen Beziehungen erheblich gestört sind. Ausdruck dafür sind u. a. Differenzen im Freizeitbereich, der für Konrad im Wesentlichen durch sportliche Interessen bestimmt wird; gegensätzliche Auffassungen in der Wahrnehmung von Pflichten einer ehelichen Gemeinschaft sowie eine wesentliche Disharmonie in der Intimsphäre. Die genannten Probleme können in der operativen Arbeit im Operationsgebiet eine ernste Gefährdung darstellen.

Die aufgezeigten Probleme sind so erheblich, dass mit hoher Sicherheit damit gerechnet werden muss, dass der IM den Anforderungen der Kundschaftertätigkeit nicht gewachsen sein wird. Damit ist er für eine Übersiedlung ins Operationsgebiet nicht geeignet.«[53]

Die Nutzung der Stimmanalyse

In den 1970er Jahren wurde innerhalb der HV A die Stimmanalyse als neuartige psychophysiologische Methode betrachtet. Durch die Analyse der menschlichen Stimme konnten Rückschlüsse auf psychische Zustände des Sprechenden gezogen werden. Dieser Ansatz besaß gegenüber herkömmlichen psychophysiologischen Verfahren den Vorteil, dass seine Anwendung ohne das Wissen der Zielperson – kontaktlos – erfolgen konnte.

Auf Weisung von Markus Wolf erhielt die Arbeitsgruppe »Psychologie« der HV A den Auftrag, das neuartige psychophysiologische Untersuchungsverfahren, die Analyse der menschlichen Stimme sowie die dazu vorhandene Analysetechnik auf Gültigkeit und Anwendbarkeit für die nachrichtendienstliche Tätigkeit allseitig zu untersuchen und Prinzipien zu erarbeiten, auf deren Grundlage das Verfahren in der operativen Praxis eingesetzt werden konnte.[54] In diesem Zusammenhang erfolgten auch Untersuchungen an Ü-IM.

Die HV A ging Ende der 1970er Jahre davon aus, dass im Rahmen von Eignungsuntersuchungen, insbesondere bei bestimmten IM-Kategorien, künftig in zunehmendem Maße Bereiche zu erfassen wären, die mit der psychophysiologischen Reaktion der Person auf emotionale Belastungen verbunden waren.

In ihrer Forschungsarbeit konnten Flachs und Schirmer in der Anforderungsanalyse der Tätigkeit einer IM-Kategorie feststellen, dass die Anteile körperlicher Belastungen weit geringer waren als die psychoemotionalen Faktoren. Letztere konnten bei entsprechender Ausprägung und in Abhängigkeit von der Persönlichkeit des IM zu psychoemotionalen Fehlbelastungen führen.

In der Pathogenese von Krankheiten, die in relativer Häufigkeit bei operativen Kräften auftraten, zum Beispiel Herz-Kreislauferkrankungen, Hypertonie, vegetative Syndrome und funktionelle Störungen beziehungsweise Neurosen, standen diese Faktoren im Vordergrund. Die HV A betrachtete es daher als erforderlich, denjenigen Persönlichkeitsmerkmalen (beispielsweise emotionale Stabilität und Labilität, emotionale Reagibilität), die für die (normale oder pathogene) Verarbeitung von emotionalen Belastungen verantwortlich sind, hohe Aufmerksamkeit zu widmen.

Die Wissenschaft wies auf das Vorhandensein stabiler interindividueller Variationen im Aktivationsniveau[55] beziehungsweise auf die Hintergrundaktivität hin. Demzufolge sind Personen mit normal mäßigem und solche mit normal erhöhtem (chronisch erhöhtem) Aktivationsniveau anzutreffen. Diesem habituellen, in der Ausprägung unterschiedlichen Aktivationsniveau eines Menschen musste aus der Sicht der HV A in der Eignungs- und Tauglichkeitsuntersuchung bewusst nachgegangen werden. Bezogen auf die Ü-IM war dies ein wesentlicher Faktor, um den erhöhten Anforderungen einer permanenten Tätigkeit im Operationsgebiet gerecht zu werden. Dies war auch deshalb besonders notwendig, weil als Ergebnis einer im Vergleich zur Anforderung inadäquaten psychophysiologischen Aktivation

- vegetative Fehlregulation (funktionelle Beschwerden, Neurosen) und/oder
- Störungen der Handlungsregulationen und/oder
- subjektive Fehlinterpretationen und Fehlwahrnehmungen der Umwelt und der Stellung der eigenen Person in dieser Umwelt

entstehen konnten.

Für die experimentelle Arbeit zum möglichen Einsatz der Stimmanalyse im Zusammenhang mit der dargelegten Problematik standen für die Arbeitsgruppe »Psychologie« der HV A folgende Fragen:

- Inwieweit kann eine spezielle psychophysiologische Methode in einem eignungsdiagnostischen Programm für spezielle operative Personenkategorien verwendet werden?

- Ist es mit der Methode der Stimmanalyse möglich, eine persönlichkeitstypische Stresssensibilität[56] (habituelles Aktivationsniveau) zu erfassen?
- Welche Methode erscheint als brauchbar, um den für die Erkundung dieser Disposition aktuellen Stress auszulösen (Induktionsmethode)?

Eine allseitige und wissenschaftlich abgesicherte Beantwortung dieser Fragestellung wurde durch die HV A nicht angestrebt. Die experimentellen Ergebnisse stellten jedoch wesentliche Anhaltspunkte dar.

Es wurden zwei Versuchsreihen realisiert (Untersuchung an Ü-IM sowie Untersuchungen im Rahmen medizinischer Tauglichkeitsuntersuchungen), die sich hinsichtlich ihrer Methodik und ihrer Stichprobencharakteristik unterschieden. Im Folgenden wird allerdings ausschließlich auf die Ü-IM eingegangen.[57]

Untersuchung von Ü-IM

Die Untersuchungen wurden seitens der Forschungsgruppe »Psychologie« in Kooperation mit der Arbeitsgruppe »Prüfverfahren« durchgeführt. Dazu wurde ein speziell für diese Zwecke geeigneter Test ausgewählt und in das Prüfverfahren integriert. Auf der Basis von Vorversuchen konnte ein Fragebogen ausgewählt werden, der die Grundlage für die Erfassung psychophysiologischer Persönlichkeitsmerkmale bildete. Es handelte sich um den ursprünglich als Papier-Bleistift-Test konzipierten INR.

Die Vorversuche hatten bestätigt, dass eine Verbalisierung des Tests, die zur Gewinnung von auswertbarem Stimmmaterial erforderlich war, die Resultate nur unerheblich verfälschte. Dabei blieben die Gütekriterien erhalten. Die im INR-Fragebogen enthaltenen sechzig Fragen waren als verbale Stimuli, die emotional besetzt sind (Introversion, Neurotizismus, Extraversion), anzusehen und sollten deshalb emotionale Reaktionen (Stress) auslösen.

Die Auswertung erfolgte nach folgenden Parametern:
- Vergleich des Aktivationsniveaus des IM in Reaktion auf die Reizfragen (Mittelwert) mit seinem Ausgangsniveau (Ruhewert),
- Berechnung des Aktivationsniveaus innerhalb der drei Skalen des Fragebogens in Abhängigkeit von der Ausprägung der ursprünglichen INR-Punktebewertung,
- Bewertung deutlich erhöhter Einzelreaktionen und im Zusammenhang mit der Dynamik bedeutsamer Werte.[58]

Ergebnisse:

An 32 klinisch untersuchten und nicht mit Kontraindikationen[59] versehenen Ü-IM wurde der durch die Stimmanalysegeräte erfasste Indikator bei der verbalen Beantwortung des INR-Fragebogens untersucht und die Parameter ausgewertet.

Dabei wurde ersichtlich, dass die verwendeten Fragen und Feststellungen des INR-Fragebogens, trotz der oftmals geringfügigen Intensität der Affekte, Veränderungen des Aktivationsniveaus hervorriefen. Ausdruck dafür war, dass es mit Beginn der ersten Frage bis zum Ende des Testes zu einer signifikanten Aktivationssteigerung gegenüber dem Ausgangswert kam. Dabei konnten individuelle Unterschiede und Verläufe festgestellt werden, die offensichtlich durch die Persönlichkeitseigenschaften des Ü-IM determiniert wurden. Bei einigen IM ließ sich eine deutlich über dem Mittelwert liegende Erhöhung des Aktivationsniveaus erkennen. Als Ursache dafür konnte eine labile Verarbeitung einer emotional belastenden Frage auf der Grundlage einer allgemeinen persönlichkeitsspezifischen emotionalen Labilität und vegetativen Reagibilität[60] angesehen werden. Diese Feststellung konnte durch Ergebnisse anderer psychodiagnostischer Verfahren, die diese Persönlichkeitseigenschaften ebenfalls erfassten, validiert werden.

In diesem Zusammenhang wurde deutlich, dass es IM gab, die in den physiologischen Testwerten zwar die oben beschriebene Charakteristik zeigten, sich jedoch in den persönlichkeitspsychologischen Testverfahren sowie der Verhaltensbeobachtung völlig im Normalbereich bewegten. Ob in diesen Fällen eine bewusste Verfälschungstendenz (Täuschungsverhalten) dieser IM im Prüfverfahren INR vorlag, wurde nicht gesondert untersucht, konnte jedoch nicht ausgeschlossen werden.

Bei der Interpretation des Aktivationsverlaufes im Verhältnis zum physiologischen Ruhewert wurde deutlich, dass lediglich persönlichkeitsdiagnostische Extremausprägungen bewertet werden konnten. Eine Interpretation normal ausgeprägter Aktivierungsverläufe war nicht möglich.

Die Detailauswertung der weiteren Parameter (Einzelfragen, Skalenzugehörigkeit) ergab, dass eine Grobdifferenzierung von emotional wenig erregenden und emotional stark besetzten Fragen möglich war, ihre persönlichkeitsdiagnostische Wertigkeit jedoch als gering charakterisiert wurde, da eine solche Interpretation aufgrund des Aufbaus des INR (unterschiedlich emotionale Inhalte der einzelnen Fragen, Abfolge der Fragen, Lärm) erhebliche Fehler besaß.[61]

Bewertung der Ergebnisse:

Die Anwendung des psychophysiologischen Verfahrens der Stimmanalyse im Rahmen der Tauglichkeits- und Eignungsdiagnostik, speziell auch an Ü-IM, wurde seitens der HV A als möglich eingeschätzt. Die Lieferung verwertbarer Ergebnisse war gegeben. Auf der Grundlage der stimmanalytischen Ergebnisse ließen sich Hinweise zu habituellen Persönlichkeitsmerkmalen wie Typ des Nervensystems, emotionale Labilität, vegetative Reagibilität erfassen. Dabei wurde deutlich, dass eine Differenzierung im Mittelbereich weniger möglich war als die Kennzeichnung von extremen Reaktionstypen.

Hinsichtlich der Induktionsmethode wurde deutlich, dass sich der INR-Fragebogen zur Erzeugung eines Aktivierungsniveaus zwar generell eignete, aber mit Fehlerquellen und damit unkontrollierbaren Einflussgrößen auf das Aktivationsniveau behaftet war. Die im Rahmen der medizinischen Tauglichkeitsuntersuchungen verwandte Methodik mit überwiegend kognitiven Anforderungen und zusätzlichen emotionalen Komponenten erschien den Experten der HV A besser geeignet.

Ein Vergleich von stimmanalytischen und speziellen psychodiagnostischen Ergebnissen zeigte Übereinstimmungen und ließ den Schluss zu, dass die Stimmanalyse einen Beitrag zur weiteren Objektivierung der Persönlichkeitsdiagnostik leisten konnte. Eine Interpretation der physiologischen Werte war also diagnostisch nur dann effektiv, wenn eine Einbeziehung psychologischer und medizinischer Erkenntnisse über den jeweiligen Probanden erfolgte.[62]

Die Schaffung der operativen Basis eines IM im Operationsgebiet

Elemente, die in jeder Phase des Aufbaus der Basis beachtet werden mussten

Allgemeines

Nachdem der IM geworben, seine Eignung festgestellt, er ausgebildet und übersiedelt worden war, lag vor ihm die Aufgabe der Schaffung einer operativen Basis im Operationsgebiet.

Ausgangspunkt und Maßstab einer jeden Entscheidung, einer jeden Überlegung des Kundschafters und des Führungsoffiziers, egal zu welcher Zeit des Einsatzes, waren immer folgende drei zu beachtende Gesichtspunkte:
1. das Ziel,
2. die Kundschafterpersönlichkeit,
3. die Sicherheit.

Von diesen Punkten war abhängig, in welchem Tempo die Verwirklichung des Zieles erfolgen konnte, welche Ziele insgesamt gesteckt wurden, welche Methoden zur Realisierung der Arbeit zur Anwendung kamen und mit welchem Erfolg der IM letztlich agierte. Die HV A betrachtete es als wesentlich, dass der Führungsoffizier diese drei Punkte zu keinem Zeitpunkt außer Acht ließ.[63]

Das Ziel

Die Zielstellung war der konkrete Ausgangspunkt der Tätigkeit eines jeden Kundschafters. Hier lag der entscheidende Maßstab für alle Handlungen, sie bestimmte seine Handlungsrichtung, die Stärke seiner Aktivitäten, welche Mittel er einsetzen musste, wie er sich abzudecken hatte und in welchem Tempo er seine Tätigkeit vorantreiben konnte. Je konkreter, je eindeutiger die Zielstellung war, desto produktiver, schneller und erfolgreicher konnte der IM agieren.

Eine unklare oder überhaupt keine Zielstellung verzettelte das Handeln des Kundschafters in verschiedene Richtungen und senkte somit nicht nur seine Erfolgsmöglichkeiten, sondern erhöhte auch sein Sicherheitsrisiko.

Im Stadium des Aufbaus der nachrichtendienstlichen Basis war die Zielstellung umso nötiger, da jeder Schritt des IM, jede Festlegung in gewisser Weise bereits eine Weichenstellung für die Zukunft darstellte und diese Richtungsfestlegung später nur schwer verändert werden konnte. Das Problem der Zielstellung ergab sich daraus, dass gerade beim Aufbau der operativen Basis, aber auch später in der Phase des Arbeitens, unter Umständen Situationen entstehen konnten, die eine Tätigkeit des IM in eine ganz anderen Richtung möglich werden ließen, als es ursprünglich geplant war. Ergab sich bei genauer Abwägung aller Gesichtspunkte, dass diese neue Variante in der Zielstellung größeren Erfolg versprach, so betrachtete die HV A ein Festhalten an der alten Zielstellung als falsch. Daraus ergab sich, dass die Zielstellung einen Doppelcharakter besaß und dieser bei der Schaffung der Basis berücksichtigt werden musste. Einerseits musste der Führungsoffizier eine ziemlich konkrete, im Wesentlichen aber erst einmal praktikable Zielstellung besitzen, die sein Handeln im weiteren Rahmen effektiv gestaltete. Andererseits musste diese Zielstellung in sich Variationsmöglichkeiten offen lassen.

Für den Führungsoffizier bedeutete dies, dass seine Entscheidungen zur Verwirklichung des anfangs gestellten Fernzieles auch Variationsmöglichkeiten offen lassen mussten. Vor allem sollte er in der Phase der Schaffung der operativen Basis von unwiederbringlichen sowie nicht veränderlichen Entscheidungen möglichst Abstand halten. Auch unter einem anderen Gesichtspunkt war die Variabilität von Bedeutung. Die Veränderung der politischen Lage konnte es mit sich bringen, dass der Kundschafter eine andere, unter Umständen sogar eine völlig entgegengesetzte Zielstellung verfolgen musste. Ohne sein Sicherheitsrisiko zu erhöhen, war er dazu jedoch nur dann in der Lage, wenn er sich bei seinen vorherigen Entscheidungen einen Spielraum für Veränderungen offen gelassen hatte.

Insgesamt ist festzuhalten, dass die Vorgabe einer konkreten, möglichst praktikablen Zielstellung beim Einsatz eines Kundschafters unbedingt notwendig war. Zudem musste der IM seine Entscheidungen so treffen, dass gewisse Variationsmöglichkeiten in seinem Einsatz offen blieben, die eine Verwirklichung des Zieles bei sich anbietenden effektiveren Einsatzmöglichkeiten oder bei Veränderungen, die durch politische Umstände notwendig wurden, ermöglichten.[64]

Die Kundschafterpersönlichkeit

Es liegt auf der Hand, dass die Verwirklichung des allgemeinen oder konkreten Einsatzzieles auf der Berücksichtigung aller Merkmale der Kundschafterpersönlichkeit basierte. Die Persönlichkeit des Kundschafters selbst musste in jedem Fall der Ausgangspunkt der Zielstellung sein. Von ihr hing entscheidend ab, in welchem Tempo ein Ziel erreicht werden und welche Mittel der IM zur Verwirklichung seiner Zielstellung einsetzen konnte.

Hier lag eine große Verantwortung für die Kräfte, die den Einsatz des IM leiteten. Sie durften keinesfalls eine über die persönlichen Möglichkeiten des IM hinausgehende Zielstellung für den Einsatz festlegen.

Zu den Merkmalen, die unbedingt bei der Betrachtung der Kundschafterpersönlichkeit beachtet werden mussten, gehörten seine Herkunft, seine politischen Bindungen, seine Charaktereigenschaften sowie seine Mentalität. Wurden diese Merkmale für den Einsatz und bei der Zielstellung nicht beachtet, konnte es bereits in dieser Phase zu einer Vielzahl von vornherein falscher oder zumindest unzweckmäßiger Entscheidungen kommen.

Aufgabe der den IM führenden Offiziere und ihrer Vorgesetzten war es, die Persönlichkeit des IM möglichst genau zu erforschen, um bei der Übertragung der Aufgaben die Eigenschaften des Kundschafters zu nutzen, da so die Verwirklichung am ehesten garantiert werden konnte. Gerade in den Charaktereigenschaften und der Mentalität des IM lagen mögliche Ursachen, die den Kundschafter bei seinem Einsatz scheitern lassen konnten.[65]

Die Sicherheit

Beim Aufbau der Basis spielte neben der Zielstellung sowie der Beachtung der Persönlichkeit die Frage der Sicherheit für den IM eine besondere und entscheidende Rolle. Bei der Schaffung der nachrichtendienstlichen Basis mussten die Zielstellung und jede einzelne Entscheidung dahingehend überprüft werden, inwieweit sie eine abgesicherte Arbeit ermöglichten. Zu keinem Zeitpunkt und bei keiner Einzelentscheidung durfte die Sicherheit unbeachtet bleiben. Dieser Gesichtspunkt musste das Tempo und den Einsatz der Mittel bestimmen.

Die Einhaltung und Berücksichtigung der Sicherheitsfrage war nicht allein Aufgabe des IM, sondern insbesondere eine Aufgabe, die der Führungsoffizier bei der Schaffung der Basis von sich aus zu berücksichtigen hatte. Er sollte bereits in der Phase der Vorbereitung darauf achten, den Kundschafter so weit vorzubereiten, dass er schon bei seinen Überlegungen sowie beim Treffen gewisser Entscheidungen die Frage der Sicherheit in jedem Fall einbezog.

In der Phase des Aufbaus unterlag es der Verantwortung des Führungsoffiziers, die einzelnen Entscheidungen des IM zu überprüfen. Die Schulung des Sicherheitsdenkens erhöhte den Grad der Sicherheit des Kundschafters, denn im Wesentlichen musste er die für die Frage der Sicherheit notwendigen Überlegungen anstellen und entsprechende Entscheidungen treffen.[66]

Die Schaffung einer Ausgangsposition

Die materielle Basis

<u>Beruf</u>: Die Art der beruflichen Beschäftigung des Kundschafters im Westen stellte eine wesentliche Seite der Schaffung der materiellen Basis dar. Sie konnte folgende zwei Aufgaben erfüllen:

1. Die Aufnahme einer beruflichen Tätigkeit erfolgte einzig zu dem Zweck, von der nachrichtendienstlichen Tätigkeit abzulenken, diese abzudecken und damit den IM abzusichern. Die Art der Tätigkeit wurde dabei einzig vom Zweck der Ablenkung bestimmt.
2. War die berufliche Tätigkeit der Ausgangspunkt, die Grundlage des Aufbaus einer operativen Basis, musste der IM im Rahmen dieser Tätigkeit all die Voraussetzungen schaffen, die ihm die Erreichung des gestellten Zieles ermöglichten.

Hieraus ergaben sich aus Sicht der HV A jedoch einige Probleme. In der Bundesrepublik unterlagen die Berufe einer gesellschaftlichen Wertung. Für die Bestimmung seiner gesellschaftlichen Stellung war es für den Bundesbürger von entscheidender Bedeutung, was er von Beruf war.

Die Art des Berufs war für den IM ein Schlüssel für das Vordringen in bestimmte gegnerische Bereiche. Der Beruf konnte ein solches Eindringen erleichtern, er konnte es aber auch erschweren. Der Frage: »Was bin ich?«, war deshalb besonders beim Aufbau der Basis entsprechend des Zieles sorgfältige Aufmerksamkeit zu widmen. Der gesellschaftliche Rang, die Stellung, das Ansehen innerhalb von Gruppen, das Entgegenbringen von Vertrauen, die Glaubwürdigkeit, die Zugehörigkeit zu gewissen Schichten und damit die Möglichkeit des Eindringens in die Vertrauenssphäre des Gegners hingen auch entscheidend von der beruflichen Stellung des Kundschafters ab.

Besaß der IM die Möglichkeit, mit einem Berufsaufbau im Einsatz zu beginnen, so spielte die Frage der Wertskala schon in der Phase des Berufsaufbaus eine Rolle. Favorisierte die HV A ein Studium, war wesentlich, welches Studium der Kundschafter entsprechend der Zielstellung aufnehmen konnte. Im Bereich der gesellschaftswissenschaftlichen Fächer zeigte die Erfahrung der HV A, dass die Jurisprudenz und die Volkswirtschaft beispielsweise vor der Politologie und der Philosophie lagen.

Als weiterer Gesichtspunkt bei der Berufsausübung musste die Arbeitsstelle beachtet werden. Sie war für das Vordringen in den gegnerischen Bereich von ebenso großer Bedeutung wie der Beruf selbst. Bei der Suche nach einer geeigneten Arbeitsstelle musste die Absicherung besonders beachtet werden. In der Phase des Aufbaus der Basis empfahl es sich nicht, in solche Arbeitsbereiche vorzudringen, die einer besonderen Beobachtung durch die Sicherheitsbehörden unterlagen. Aus Sicht der HV A war es im Zweifel besser, auf eine günstig erscheinende Arbeitsstelle zu verzichten, um das Sicherheitsrisiko nicht übermäßig zu erhöhen. Die Entscheidung hing auch davon ab, inwieweit die HV A eine Institution unter Kontrolle hatte und gewisse Reaktionen prognostizieren konnte. Auf jeden Fall musste der IM eine solche Entscheidung immer in Konsultation mit der Zentrale treffen.[67]

<u>Finanzen</u>: Ähnlich wie bei der Arbeitsstätte waren auch die finanziellen Ausgaben ein traditioneller Ansatzpunkt der Überprüfung des Gegners.

Die Ausgaben der einzelnen Posten, die abgesichert werden mussten, konnte man ungefähr durch einen in engen Räumen variablen Prozentsatz festlegen. Dieser Prozentsatz entsprach allgemein statistischen Untersuchungen über das Einkommen sowie die prozentuale Verausgabung der Arbeitnehmer in der Bundesrepublik. Nach Erkenntnissen der HV A gab der normale Bundesbürger Ende der 1960er Jahre ungefähr 95 Prozent für seine Lebenshaltung aus. Allein 51 Prozent waren dabei für Nahrung, Wohnung und ähnliche Dinge vorbehalten. Hatte der IM beispielsweise ein nachweisliches Einkommen von 800 DM, musste sich seine gesamte erkennbare Lebenshaltung (Essen, Trinken, Bekleidung, Wohnung und Nebenkosten) innerhalb dieser Summe bewegen.

Die operativen Gelder der HV A durften nur in Bereichen verwendet werden, die von den Sicherheitsbehörden nicht überprüft werden konnten. Hierzu gehörten zum Beispiel:

- Ausgaben im Bereich der Konsumtion,
- Ausgaben bei Café-/Restaurantbesuchen,
- Ausgaben bei Besuchen kultureller Veranstaltungen,
- Ausgaben bei der Benutzung von Verkehrsmitteln, beispielsweise Taxis.

Dabei war zu berücksichtigen, dass auffällige Ausgaben nicht bei ein und derselben Person erfolgten. Wie hoch die Verwendung von operativen Zuschüssen sein konnte und in welchen Bereichen diese Gelder eingesetzt werden durften, hing entscheidend vom Gesamteinkommen ab. Zwischen Zuschuss und Gesamteinkommen musste eine vernünftige Relation bestehen.[68]

Wohnung und Untermiete: Die Wohnung war der zentrale Punkt im Leben des IM. Sie war ebenso wie die finanziellen Ausgaben einer der traditionellen Ansatzpunkte für Ermittlungen der Sicherheitsbehörden. Die Wohnung, egal ob es sich um eine Unterkunft zur Untermiete oder zur Miete handelte, sollte aus Sicht der HV A folgende drei Voraussetzungen erfüllen:

- Sie musste dem Sicherheitsaspekt entsprechen.
- Die Höhe der Miete musste finanziell tragbar sein.
- Sie musste ein eignes Wohlfühlen ermöglichen.

Bei der Untermiete lag es in der Natur der Sache, dass der IM einer besonderen Kontrolle durch den Vermieter unterlag. Jede Veränderung eines einmal eingespielten Rhythmus im Tagesablauf rief möglicherweise sofort das Interesse des Vermieters hervor. Zudem erhoben die Vermieter in der Regel Vorbehalte, die sich als große Beeinträchtigung der Bewegungsfreiheit innerhalb des Wohnraumes erweisen konnten. Sofern es sich nicht durch die Zielstellung als notwendig erwies, über die Untermieter an eine bestimmte Person heranzukommen, oder andere objektive Gründe vorhanden waren, sollte immer versucht werden, eine eigene Wohnung zu bekommen.[69]

Miete:

1. Ausgangspunkt der Wohnungsbeschaffung war zuerst einmal die finanzielle Absicherung der Miete. Dabei galt ebenfalls der Einkommensstatus des IM als Grundlage. Operative Zuwendungen durften keinesfalls hinzugezogen werden. Aufgrund statistischer Erhebungen in der Bundesrepublik ging die HV A davon aus, dass der Bundesbürger zu Ende der 1960er Jahre circa 18 Prozent seines Nettoeinkommens für Mietzahlungen ausgab. Innerhalb dieses Spielraumes mussten sich also auch die Wohnungsausgaben des Kundschafters bewegen. Dabei waren geringe Schwankungen nach oben und unten durchaus vertretbar.

2. Bei der Auswahl der Wohnung mussten gewisse Sicherheitsaspekte berücksichtigt werden. Diese bestanden darin, darauf zu achten, dass die Wohnung im gewissen Rahmen gegen die Umgebung abgesichert werden konnte. Sie sollte nicht übermäßig hellhörig und zu den Nachbarn abgeschirmt sein. Notfalls musste der IM durch eigene Maßnahmen derartige Probleme lösen. War dies grundsätzlich nicht möglich, sollte auf die Wohnung verzichtet werden. Bei der Wohnungssuche stellte die Berücksichtigung der Nachbarschaft ein Problem eigener Art dar.

Ältere Menschen beobachten und registrieren jede Bewegung im Haus. Jede von einem eingespielten Rhythmus abweichende Veränderung wird von ihnen sofort wahrgenommen. In älteren Häusern war diese Gefahr größer als in Neubauten, denn dort unterhalten Nachbarn in der Regel keine allzu engen Beziehungen zueinander.

3. Die Wohnung musste gewisse persönliche Vorstellungen befriedigen. Wenn der IM eine unbestimmte Zeit im Operationsgebiet bleiben sollte, musste die Wohnung mit dem erforderlichen Komfort ausgestattet sein, um Lebenslust und Arbeitsfreude anzuregen. Für die Ausgeglichenheit des Kundschafters betrachtete die HV A das Sich-Wohlfühlen als wichtig.[70]

Die Erarbeitung des »Scheins«

Der IM musste, wollte er in gegnerische Kreise eindringen, den im Westen üblichen Persönlichkeitsmerkmalen entsprechen. Das bedeutete, dass er sich einen für die Verhältnisse seiner operativen Umgebung zutreffenden »Schein« seiner Persönlichkeit zu erarbeiten hatte. Die Scheinpersönlichkeit sollte in allen Elementen den im Operationsgebiet geltenden politischen und moralischen Prinzipien entsprechen sowie die in der DDR angeeigneten Lebens- und Denkweisen so in den Hintergrund treten lassen, dass sie den IM nicht verraten konnten.

Bei der Erarbeitung des »Scheins« kam es darauf an, dass der IM als eine aus dem Westen stammende Persönlichkeit auftreten konnte. Er durfte in seinen Denk- und Verhaltensweisen keinen Anlass geben, Zweifel an seiner Persönlichkeit auszulösen. Es sollte schließlich dazu kommen, dass der übersiedelte Kundschafter in seinem äußeren Auftreten sowie in seinen Denk- und Lebensgewohnheiten nicht vom Bundesbürger zu unterscheiden war. Der IM sollte den Eindruck erwecken, er würde schon immer in der BRD leben und schon immer so denken und fühlen. Auf folgende Punkte kam es im Wesentlichen an:

1. <u>Aneignung der Lebens-, Denk- und Sprachgewohnheiten, des Auftretens sowie der Kleidersitten</u>: Zur Erarbeitung des »Scheins« gehörte es, dass der IM sich schnellstens den Gewohnheiten des täglichen Lebens anpasste. Es war wichtig, dass er sich richtig kleidete und seine Sprechweise schnellstens anglich.
Der normale Bundesbürger ließ sich nach Auffassung der HV A durch das Fernsehen und die Presse stark beeinflussen und brachte dies in der Unterhaltung deutlich zum Ausdruck. Demnach war es logisch, dass der übersiedelte Kundschafter sich eine ebenso gefärbte Sprechweise zulegen musste, um seine Legende nicht zu gefährden. Dazu gehörte, dass der IM die üblichen Sprachidiome kannte. Auch zur Arbeit und zum Geld musste er eine neue, den Werten der westlichen

Gesellschaft entsprechende Einstellung finden. Dies war zwingend notwendig, um sich schnellstmöglich des »Geruchs«, aus dem Osten zu kommen, zu entledigen. Dieses »Aus-dem-Osten-Kommen« konnte unter Umständen zu einem Problem werden, das vermieden werden musste. Es war also notwendig, wenn der IM nicht schon im normalen Leben auffallen wollte, dass er sich den Gewohnheiten der Umgebung natürlich anpasste.

Alle bei der Erarbeitung des »Scheins« notwendigen Gesichtspunkte bildeten eine Einheit. Dazu gehörten auch das Auftreten nach außen sowie das korrekte Kleiden. Es war durchaus möglich, dass eine falsche Bekleidung in einem gewissen Personenkreis zum Abbruch der Kontakte führte.

Lebens-, Denk- und Sprechweise, der moralisch-ethische Schein, die politische Überzeugung sowie das Auftreten nach außen bildeten eine Einheit, die bewirken sollte, dass der IM als korrekter, sauberer und zuverlässiger Charakter erschien, der eine auf den Grundsätzen der bürgerlichen Gesellschaft in der Bundesrepublik basierende Überzeugung möglichst klug und engagiert vertrat. Für den Gesprächspartner sollte es im optimalen Fall eine Freude sein, mit dem IM in Verbindung zu treten. Dazu gehörte auch, dass man politische Prinzipien durch rein ideelle Gründe motivierte. Das Wort »Geld« oder die Erreichung materieller Güter sollten bei Diskussionen möglichst keine Rolle spielen.

Der HV A hatte sich wiederholt gezeigt, dass gerade ein gefestigtes und abgerundetes Auftreten, das mit den Verhaltensweisen und Gewohnheiten im Operationsgebiet nicht im Widerspruch stand, die Grundlage des Erfolges und Voraussetzung für die Kontaktaufnahme darstellte.

Die genannten Verhaltensweisen konnten entsprechend trainiert werden. Dazu gehörte es, dass der IM viele geistige Produkte des Westens (Zeitungen, Zeitschriften, Bücher) studierte sowie den Rundfunk und das Fernsehen verfolgte, um sich in die »andere Welt« einarbeiten und hineindenken zu können. Der Kundschafter musste auch lernen, sein sozialistisches Bewusstsein in der Arbeit so weit in den Hintergrund zu drängen, dass es sich nicht mehr in den erarbeiteten »Schein« hineindrängen konnte. Hierin sah die HV A allerdings auch eine Gefahr, da der IM in vielen Fällen, besonders wenn es sich um persönliche Dinge handelte, geneigt sein konnte, sich von sozialistischen Moralprinzipien leiten zu lassen. Er musste sich im Westen allerdings davor hüten, da er niemals zwei verschiedene Moralauffassungen vertreten durfte.

2. Moralischer, politischer und ethischer Aspekt: Es galt als erwiesen, dass die Erlangung von Informationen von den geschaffenen Kontakten abhängig war. Die Schaffung von Kontakten aber hing davon ab, wie der IM vom Gegenüber gesehen und eingeschätzt wurde. Das persönliche Auftreten entschied also über

Erfolg oder Misserfolg. Die Lebens-, Denk- und Sprechweise war eine allgemeine Voraussetzung.

Bei der Erarbeitung eines moralischen, politischen und ethischen Standpunktes handelte es sich um eine speziell auf das konkrete Ziel zugeschnittene Aufgabe. Zusammen bildeten die Standpunkte den Inhalt der Schein-Persönlichkeit und entschieden in besonderem Maß, welchen Wert der IM für seinen Gegenüber hatte. Es kam nämlich nicht nur darauf an, in der Gesellschaftsordnung der Bundesrepublik eine gewisse berufliche Position zu besitzen, es gehörte auch ein entsprechendes moralisches sowie politisches Auftreten dazu. Dabei erkannte die HV A, dass die Positionsbewertung (Beruf, Stellung) nicht die Bedeutung des persönlichkeitsbestimmenden Verhaltens (fleißig, ehrlich) hatte.

Natürlich waren diese Werte variabel und entsprechend dem Einsatzgebiet sowie der Aufgabenstellung unterschiedlich anzuwenden. Die HV A beachtete, dass in der Regel ein Auftreten, das sich durch Sauberkeit, Glaubwürdigkeit und durch das Vertreten fester Überzeugungen auszeichnete, die Voraussetzung zur Erlangung von Kontakten darstellte, wobei die Überzeugungen selbst einen großen Spielraum besaßen.

All die genannten Eigenschaften spielten in der kapitalistischen Gesellschaftsordnung, besonders in Führungsschichten, eine wichtige Rolle. Sie waren geforderte Voraussetzungen für eine Aufnahme in diese Kreise. Es war für den Kundschafter wichtig zu wissen, in welcher Wertigkeit die moralischen, ethischen und politischen Prinzipien zueinander standen. Hinzu kam, dass diese drei Bereiche auch Tabus enthielten, Tabus, die wiederum entsprechend dem Personenkreis, mit dem es der IM zu tun hatte, unterschiedlich sein konnten. Der Kundschafter musste diese Tabus kennen, weil er einen aufgebauten Kontakt mit einer einzigen falschen Bemerkung über ein Tabu wieder zerstören konnte.

Die HV A betrachtete es als wichtig, dass der »Schein«, den sich der IM erarbeitete, in wesentlichen Prinzipien mit der bürgerlichen Lebensmoral sowie den allgemeinen politischen Ansichten übereinstimmte. Obwohl in diesen Kreisen die moralischen Prinzipien der Gesellschaftsordnung selbst täglich durch ihre Mitglieder gebrochen wurden, legten sie aus Sicht der HV A größten Wert darauf, dass diese Prinzipien in ihrem persönlichen Umgangskreis wenigstens zum Schein eingehalten wurden. Hätte es der IM beispielsweise versäumt, pünktlich zu den vereinbarten Verabredungen zu erscheinen, hätte er damit den Eindruck erweckt, nicht zuverlässig, also nicht charakterfest, und somit nicht für den Umgang geeignet zu sein. Damit wäre mit hoher Wahrscheinlichkeit eine monatelange Vorarbeit zerstört worden.

3. <u>Regelung der Vergangenheit</u>: Der IM hinterließ, wenn er in das Operationsgebiet übersiedelte, eine Reihe von Personen, mit denen er in der DDR verwandtschaftlichen oder freundschaftlichen beziehungsweise persönlichen Kontakt gepflegt hatte. Daraus ergab sich für die HV A die Frage, zu welchen Personen der Kundschafter bei seiner Tätigkeit noch Kontakt unterhalten sollte. Generell wurde wie folgt verfahren: Der noch zu haltende Personenkreis war zu beschränken. Enge verwandtschaftliche Beziehungen, beispielsweise zu den Eltern oder Geschwistern konnten normalerweise nicht radikal getrennt werden. Also mussten entsprechende Legenden geschaffen werden. Briefe des IM an den engeren Personenkreis durften auf keinen Fall Fragen behandeln, die mit seinem Einsatz in Verbindung standen.

Aus der Erfahrung heraus wusste die HV A, dass sich der IM nach Einsatzbeginn in einer gewissen Zwangslage befinden konnte. Wenn beispielsweise der Kundschafter der Legende nach die DDR »ungesetzlich« verlassen hatte und offiziell als Fahnen-/oder Republikflüchtiger galt, wirkte dies auf ihn zurück. Der damit einhergehende Druck konnte unter Umständen dazu führen, dass der IM versuchte, gegenüber ihm nahestehenden Personen doppeldeutige Andeutungen über seine »Flucht« zu machen, um sie auf die Idee zu bringen, dass er kein Fahnen-/oder Republikflüchtiger war, sondern die DDR vielleicht mit einem speziellen Auftrag verlassen hatte.

Der IM musste von der Zentrale vor solchen Fehlern gewarnt und kontrolliert werden. Der totale Bruch mit dem früheren Personenkreis wurde seitens der HV A in der Regel nicht befürwortet. Dies hatte folgende Gründe:

- Der unbegründete Abbruch jeglicher Verbindungen zu Verwandten und besonders engen Freunden war eher auffällig als normal.
- Es konnte sich aus der nachrichtendienstlichen Arbeit durchaus ergeben, dass ein verwandtschaftlicher oder freundschaftlicher Kontakt in der DDR aus operativen Gründen genutzt wurde.

Im Rahmen der Einsatzvorbereitung mussten gewisse organisatorische Zugehörigkeiten des zukünftigen Kundschafters gelöst werden, und zwar zu solchen Organisationen, die einen negativen Einfluss auf die Beurteilung des IM haben konnten. Auf der anderen Seite sollte eine Pflege oder der Aufbau einer Zugehörigkeit zu Organisationen in der DDR, die eine positive Auswirkung im Einsatzgebiet haben konnten, erfolgen. Dazu gehörten zum Beispiel der Kulturbund, die CDU, die NDPD oder christliche Vereine. Natürlich durften sowohl das Schaffen als auch das Lösen der Zugehörigkeit nicht bruchartig passieren. Es empfahl sich deshalb eine wohl dosierte organisatorische Lösung, so die Zeit dafür zur Verfügung stand.

Auch die Beziehungen zwischen dem IM und Verwandten oder Freunden im Operationsgebiet selbst mussten, bevor ein Kontakt zu ihnen aufgenommen werden konnte, darauf überprüft werden, inwieweit die Aufrechterhaltung oder auch die Nutzung dieser Kontakte nützlich oder schädlich wäre.

Generell wurde seitens der HV A die Sichtweise vertreten, möglichst frei in das Operationsgebiet zu gehen, das heißt, den Personenkreis sowie die organisatorische Zugehörigkeit bereits vorher sondiert zu haben. Dies spielte insofern eine Rolle, als beim Ausfüllen von Personalfragebögen die organisatorische Zugehörigkeit zu sogenannten Staatsorganisationen immer schlecht beurteilt werden und sich auf die weitere Entwicklung des IM negativ auswirken konnte. Seine allgemeine Wertschätzung wurde von seiner Vergangenheit mitgeprägt.[71]

Einarbeitung in die spezielle Lage im Operationsgebiet

Kenntnisse der politischen Verhältnisse

Um eine effektive und operativ nützliche Arbeit leisten zu können, musste sich der übersiedelte IM umfangreiche und tiefgehende Kenntnisse über die Verhältnisse und Probleme im Operationsgebiet verschaffen. Diese Kenntnisse ermöglichten es ihm, in der von ihm zu realisierenden Detailaufgabe zur Erfüllung seines Einsatzzieles die richtigen Entscheidungen zu treffen.

Es versteht sich, dass ein Kundschafter über genaue Kenntnisse der politischen Lage verfügen musste. Dabei spielten beispielsweise die etablierten Parteien eine Rolle aber auch kleinere Parteien, je nach konkretem Operationsgebiet beziehungsweise Wohnsitz des Kundschafters.

Durch die HV A fand Beachtung, dass in der Bundesrepublik Organisationen und Vereine aller Art eine bedeutsame Rolle im gesellschaftlichen Leben der Kommunalverbände, Städte und Gemeinden spielten. Diese Organisationen konnten politischen aber auch anderen Charakter haben. Es wurde nicht als wichtig erachtet, alle Organisationen und Vereine zu kennen, sondern die, die im kommunalen Bereich im Einsatzgebiet eine Rolle spielten oder die, die sogenannte Sprungbretter für gewisse Bereiche darstellten. Dies konnte durchaus auch ein Kegelclub oder ein Karnevalsverein sein. Erfahrungen der HV A zeigten, dass zum Beispiel die Honoratiorenschaft einer westdeutschen Großstadt keinen Fremden in einen exklusiven Tanzclub, der eine abgeschlossene Organisation der Führungsschicht dieser Stadt darstellte, hineinließ, sich auf der anderen Seite aber demjenigen, der es geschafft hatte, in diesen Tanzclub hineinzugelangen, alle Türen und Tore öffneten. Dies macht deutlich, dass ein Eindringen in relevante gegnerische Bereiche nicht nur über Parteien möglich war.

Voraussetzung dafür war, dass Zentrale und IM wussten, welche Organisationen existierten und wie bedeutend Parteien oder Vereine waren. Weiterhin mussten die Ziele sowie der Organisationsaufbau der Parteien und Vereine studiert werden. Die Kenntnis dieser formellen Aspekte konnte bei einer Diskussion sowie vor allem in der Beurteilung und Wertung von Meinungen, Äußerungen und damit auch in der eigenen Festlegung wirksam helfen. Nach der Auslese sollte dann ein möglicher Bereich eventueller Kontaktaufnahmen festgelegt werden.

Um die Kenntnisse zu erweitern, wurde auf normalem Weg (Presse, Rundfunk, Fernsehen, Biertischgespräche) versucht, in Erfahrung zu bringen, wer die Funktionsträger in den Parteien und Vereinen waren. Darüber hinaus musste auch die Frage geklärt werden, ob diese Funktionsträger gleichzeitig Machtträger waren oder ob hinter ihnen andere stärkere Persönlichkeiten standen, die sich aus Opportunitätsgründen im Hintergrund hielten.

Bei den Gesprächen, die der IM mit Vertretern von Parteien und Vereinen führte, musste er darauf achten, die politischen Tabus, die in jeder Partei und in jedem Verein existierten, nicht zu berühren. So konnte unter Umständen allein die Erwähnung der DDR den Abbruch der Verhältnisse zwischen Kundschafter und Partei/Verein herbeiführen. Der IM sollte sich besser politischer Diskussionen enthalten, solange er sich noch unsicher fühlte und sich in den Zielen und Tabus der Parteien und Organisationen nicht auskannte.

Zur Abwägung der Bedeutung gehörte schließlich auch, Nützlichkeitserwägungen anzustellen. Der IM sollte sich nicht mit allen Parteien und Organisationen beschäftigen. Er sollte jedoch alle grob kennen. Zu einem gewissen Zeitpunkt musste er dann die Weiche stellen und nach dem Prinzip der Nützlichkeitsabwägung in Kontakt mit bestimmten Organisationen treten.

Alle Entscheidungen waren geprägt durch die genannten drei Prinzipien (Ziel, Kundschafterpersönlichkeit und Sicherheit). Dabei war nicht garantiert, dass die erste Nützlichkeitserwägung gleich zum Erfolg führte. Es kam in der Praxis durchaus vor, dass sich diese als falsch oder unzweckmäßig erwies und sich der IM einer anderen Partei oder Organisation zuwenden musste. Hierbei ist erkennbar, welche Bedeutung es hatte, bei der konkreten Entscheidung zur Erreichung des definierten Zieles gewisse Variationsfreiheiten offenzulassen.

Natürlich konnte sich der IM nicht innerhalb eines begrenzten Operationsgebietes unendlich vielen Personengruppen anschließen und sich von diesen wieder trennen. Diese Grenze wurde jedoch dadurch erweitert, dass erst dann eine Entscheidung getroffen wurde, wenn sich eine gewisse Erfolgsträchtigkeit andeutete.

Das Mittel, um die Kenntnis der politischen Verhältnisse zu vertiefen, war ein zielstrebiges Studium der Presse im Einsatzgebiet sowie ein systematisches Kennenlernen der Parteien und Vereine, die regelmäßig öffentliche Veranstaltungen organisierten, an denen eine Teilnahme problemlos möglich war. Solche öffentlichen Veranstaltungen hatten am Rande oft einen recht intimen Charakter, und der IM hatte so die Möglichkeit, in oder nach Diskussionen Ziele, Ansichten oder Prioritäten kennenzulernen sowie sich mit den Wortführern und Funktionären vertraut zu machen. Die Teilnahme an solchen Veranstaltungen unterschiedlichster Art war für den »echten« Bundesbürger völlig normal. An Universitäten war es beispielsweise üblich, dass Studenten über Jahre gleichzeitig an den verschiedensten Veranstaltungen der dort zugelassenen studentischen Vereinigungen teilnahmen. Es bedeutete also keine Erweiterung des Sicherheitsrisikos, wenn der Kundschafter verschiedene Veranstaltungen unterschiedlicher Art besuchte. Eventuelle Mitgliederwerbungen konnten schadlos abgelehnt werden.[72]

Kenntnis der Machtverhältnisse

Innerhalb des Staatsaufbaus der BRD stellte sich der HV A der Verwaltungsapparat als ein relativ selbstständiger Machtapparat dar, der am konkretesten und individuellsten die tatsächliche staatliche Macht ausübte. Auf die eine oder andere Weise hatte der Bundesbürger fast täglich mit diesem Apparat zu tun und musste sich mit ihm auseinandersetzen. Der Apparat drang aus Sicht der HV A in fast alle Bereiche des Lebens ein und kontrollierte die Bürger in vielfältiger Weise. Der übergesielte Kundschafter durfte deshalb in seinen Entscheidungen und Handlungen dieser Verwaltung nicht blind gegenüberstehen und ihr unterliegen, sondern musste sie von vornherein einkalkulieren und mit ihr rechnen. Nur so war es möglich, eine Verwicklung zu vermeiden und damit eventuelle Untersuchungen auszuschließen. Die Parteien hatten die Verwaltung als Machtinstrument erkannt und kämpften um die dortige Vorherrschaft. Die Funktionäre der Verwaltung waren in der Regel auch gleichzeitig Funktionäre in den Parteien. Zur Kenntnis der Machtverhältnisse gehörte also auch, dass der IM wusste, welche Partei die Verwaltung des Einsatzgebietes beherrschte und welche Personen innerhalb der Partei gleichzeitig Machtträger des Verwaltungsapparates waren. Diese Kenntnis war bei einer Vielzahl von Entscheidungen des Kundschafters wichtig, so beispielsweise bei der Nützlichkeitserwägung von Kontakten.

Zur Kenntnis der Verwaltung gehörten auch ihre Zuständigkeiten. Der IM musste wissen, wohin er sich zu wenden hatte, wenn nur über den Verwaltungsapparat gewisse Probleme gelöst werden konnten.

Dem Kundschafter musste jegliche Furcht vor dem anonymen Apparat genommen werden. Er musste den Wirkungsmechanismus begreifen, um sich darin nicht zu verstricken und um ihn in jeder Weise für seine eigenen Zwecke nutzen zu können. Das Studium der in der Verwaltung herrschenden politischen Prioritäten hinsichtlich der Parteien und Personen sowie die Kenntnis, welche Organisationen es im Westen gab und wer dort die Funktions- und Machtträger waren, musste zum Ergebnis haben, dass der IM wusste,

- welche Parteien im Operationsgebiet existierten, welche Ziele sie hatten und in welchen Machtverhältnissen sie zueinander standen,
- welche Personen in diesen Parteien oder Organisationen im Vordergrund standen sowie welche Personen Funktionen für diese Parteien und Organisationen ausübten,
- welche oppositionellen Gruppierungen gegen Führungsgruppen innerhalb der Parteien existierten beziehungsweise welche Konkurrenzen zwischen Gruppen innerhalb der Parteien und Organisationen bestanden,
- in welchem Maß die Parteien untereinander durch Personen oder Personengruppen verfilzt beziehungsweise in welchem Maß Parteien oder Organisationen mit örtlichen Verwaltungsbehörden oder sonstigen Einrichtungen verbunden waren.[73]

Die Bindung an Parteien und Organisationen

In diesem Zusammenhang spielte die Frage, in welchem Maß der IM sich an Parteien oder Organisationen binden sollte, eine Rolle. Letztlich hätte aus Blickrichtung der HV A bei einer einmal ausgewählten Zielrichtung bezüglich der Parteien oder Personen nur die Pflege eines engeren Kontaktes einen Erfolg garantieren können. Bei der Schaffung von Bindungen zu Organisationen wurde unterschieden zwischen

- Organisationen, die eine eindeutige politische Festlegung nach außen vertraten, und
- sogenannten neutralen Verbänden, deren Inhalt sowie führende Funktionäre zwar in den seltensten Fällen politisch neutral waren, die aber nach außen keine persönliche Festlegung bedeuteten.

Beim Aufbau der operativen Basis arbeitete der Kundschafter zuerst daran, eine möglichst genaue und umfangreiche Kenntnis der Organisationen zu erhalten. In dieser Phase war nach Ansicht der HV A eine Bindung weder an politisch gebundene noch an freie Organisationen notwendig. Hier sollte lediglich ein Abtasten, Kennenlernen sowie Abschätzen der im Westen tätigen und für das Erreichen des Zieles relevanten Organisationen erfolgen.

War die erste Phase des Kennenlernens abgeschlossen, reichte es aus, sich die neutralen Verbände auszusuchen, die von der personellen Führung oder der Absicht her in die Zielrichtung passten, dem IM aber die Möglichkeit ließen, nach außen neutral aufzutreten und eventuell die Richtung wechseln zu können.

Zu diesen Organisationen konnte der IM aus Sicht der Zentrale durchaus mehrere Kontakte schaffen. Der IM konnte zudem, wenn er zum Beispiel im studentischen Bereich tätig war, gleichzeitig Mitglied der Organisation »Kuratorium Unteilbares Deutschland« sein, Mitglied des Vereins »Arbeitsgemeinschaft 13. August« und Mitglied eines Tanzclubs »Rot-Weiß«. Die Mitgliedschaften in solchen Organisationen schlossen sich gegenseitig nicht aus. Der IM hatte hier jederzeit die Möglichkeit, die Kontakte und Kontaktmöglichkeiten, auf die er letztlich hinarbeitete, vorzubereiten und sich, wenn sich die Kontaktrichtung als unzweckmäßig oder falsch erweisen sollte, von diesen Organisationen zu trennen, ohne dass die Trennung eine Erhöhung des Sicherheitsrisikos bedeutet hätte.

Die Bindung an eine Partei sollte aus Sicht der HV A nur dann erfolgen, wenn sie sich als eine unumgänglich notwendige Forderung für die Zielstellung erwies. Die Zentrale ging davon aus, dass die Zielstellung in der Regel komplexer Natur war und sich in den wenigsten Fällen auf die Aufklärung einer ganz konkreten speziellen Frage beschränkte. Die gegnerische Tätigkeit war aus der Sicht der HV A ebenfalls komplexer Natur und war nicht auf eine Partei oder Organisation festgelegt, was bedeutete, dass der IM die Vorbereitung in viele Richtungen hätte betreiben müssen. Dies konnte er allerdings nicht leisten, weil dazu die Kraft und das Vermögen des Einzelnen nicht ausgereicht hätten. Möglich war allerdings, die Alternative der Variation in diesem breiten Spielraum offen zu lassen.

Seitens der HV A wurde die Feststellung gemacht, dass die Aufnahme eines persönlichen Kontaktes zu einer politisch fest gebundenen Person nicht zwangsläufig von der politischen Zugehörigkeit abhing. Natürlich gab es solche Fälle, allerdings stellten sie eher Ausnahmen dar. In erster Linie hing die Kontaktmöglichkeit, der Erfolg des Kontaktes zu einer Person, vom erarbeiteten »Schein« ab, also davon, wie der Kundschafter der Zielperson gegenüber erschien.

In den meisten Fällen wurde eine gewisse Charakterfestigkeit und Prinzipienfestigkeit über die Bindung an eine bestimmte Partei gestellt. Eine zu frühe Festlegung auf eine Partei konnte den IM in eine Sackgasse führen. Anders als bei den politisch freien Organisationen war hier ein Umschwenken auf eine andere Partei mit Schwierigkeiten verbunden.[74]

Fragen der Sicherheit

Kenntnisse über die Sicherheitsbehörden und Geheimdienste

Der Kundschafter musste schon in der Phase seiner Einsatzvorbereitung einen Überblick über die im Operationsgebiet tätigen einheimischen und ausländischen Sicherheitsbehörden und Geheimdienste sowie ihre Arbeitsweise erhalten. Während seines operativen Einsatzes musste er damit rechnen, zufällig oder vorbereitet mit diesen Organen in Kontakt zu geraten. Für einen solchen Fall musste der IM eine seiner Zielstellung und Scheinpersönlichkeit entsprechende Verhaltensweise praktizieren. Diese Verhaltensweise musste ihm vorher klar sein und entsprechend der konkreten Situation variiert werden.

Kam der Kundschafter mit den Verfassungsschutzämtern oder dem Bundesnachrichtendienst in Berührung, sollte er zumindest seine rechtliche Stellung sowie die der genannten Organe im Überblick kennen. Verfassungsschutz und Bundesnachrichtendienst hatten keine eigenen Rechte zur Erzwingung bestimmter Verhaltensweisen von Personen. Sie waren bei allen Aktionen auf die Mitwirkung der zuständigen Polizeidienststellen angewiesen, auch wenn dies nur einen formellen Akt darstellte. Es kam bei der Instruktion des IM darauf an, dass dieser seine Rechte und Möglichkeiten kannte und eine augenblickliche Überlegenheit auch ausnutzen konnte. Verfassungsschutz und Bundesnachrichtendienst hatten keine Rechte hinsichtlich Festnahme, Hausdurchsuchung oder Beschlagnahme von Gegenständen. Sie durften auch eine Auskunft, Vorladung oder ein Gespräch nicht erzwingen, sondern waren auf die Freiwilligkeit der betroffenen Personen angewiesen. Wurden diese Aktionen jedoch mit den zuständigen Justiz- oder Polizeiorganen vorgenommen, musste der IM seine nach Absicherung der beruflichen Stellung und dem erkennbaren Zweck der Handlung mögliche Verhaltensweise kennen und praktizieren.

Oft interessierten sich die Behörden lediglich für Auskünfte oder eine Zusammenarbeit in bestimmten Fragen. Sofern es sich darum handelte, musste sich der IM zuerst vergewissern, worum oder um wen es ging sowie sich schnellstens (falls möglich) mit der Zentrale beraten, ob ein solcher Kontakt wünschenswert/vertretbar war oder nicht. Bei ernsthaften polizeilichen Maßnahmen, beispielsweise einer Hausdurchsuchung, sollte der IM darauf achten, ob die gesetzlichen Bedingungen erfüllt worden waren. Dazu gehörten:

- Kontrolle (soweit realisierbar), dass die Vornahme allein durch die dazu befugte Polizei erfolgte, unter anderem durch das Verlangen der Dienstausweise aller beteiligten Beamten,

- Kontrolle, dass die Maßnahmen durch gesetzliche Befugnisse gedeckt waren, unter anderem durch Einsichtnahme in den Durchsuchungsbeschluss.

In solchen Fällen, wie auch bei allen anderen Beschuldigungen, hatte der IM das Recht, einen Rechtsbeistand zu verlangen. Ein solcher Schritt sollte aus Sicht der Zentrale immer dann erfolgen, wenn ernste Nachteile für den Kundschafter zu erwarten waren. Das Kontaktieren eines Rechtsanwalts zwang die Polizei aus der Sicht der HV A dazu, in ihrem Verhalten vorsichtiger zu sein und eine gründlichere Beweisführung vorzunehmen.[75]

Zur besonderen Frage des Verhaltens im Notaufnahmeverfahren

Die formale Untersuchung der »Flucht« durch ein besonderes Notaufnahmeverfahren war aus Sicht der Zentrale zum Ende der 1960er Jahre weitgehend eingestellt, zumal diese Methode der Übersiedlung in den Hintergrund geraten war. Eine Prüfung der erforderlichen »besonderen Zwangslage« gab es zu diesem Zeitpunkt nicht mehr, da die »gefährliche Flucht« als vollwertiger Ersatz anerkannt worden war. Es erwies sich aus der Sicht der Zentrale dennoch als zweckmäßig, gewisse Gesichtspunkte zu beachten, da eine große Zahl von Flüchtlingen durch die Notaufnahmelager in Westberlin und Gießen gingen. Dort wurde natürlich ein Grund für ihre Flucht gefordert. Sie sollte, so die Auffassung der Zentrale, auf politisch-ideologischen Gründen basieren. Dies wurde als wichtig erachtet, da für die Erlangung des Flüchtlingsausweises die Anerkennung als politischer Flüchtling notwendig war. Dieser »Flüchtlingsausweis C« wurde durch die Verwaltungen der Länder ausgestellt und brachte eine Reihe materieller Vorteile mit sich, so zum Beispiel den Ersatz des durch die Flucht entstandenen Schadens, die bevorzugte Zuweisung von Wohnraum sowie besondere Stipendien. Die Nutzung solcher Zuwendungen konnte dem IM für eine gewisse Zeit die Arbeit erleichtern. Gleichzeitig war dieser Ausweis die Eintrittskarte in bestimmte gegnerische Organisationen. Auch wenn der IM diese Kontakte am Anfang nicht aufnehmen wollte, konnte der Ausweis später nützlich sein.

Musste der eingeschleuste IM durch ein Notaufnahmelager, so stellte sich die Frage, wie er sich gegenüber den dort tätigen Befragern westlicher Geheimdienste verhalten sollte. Zwar gab es formaljuristisch keine Berechtigung für die Geheimdienste, die Flüchtlinge auszufragen, doch konnte sich der IM ihnen nicht gänzlich verschließen. Es war aus Sicht der Zentrale auch nicht ratsam, sofern der IM angesprochen wurde, all diese Stellen zu meiden, da dies ein verdächtiges Bild auf den »Flüchtling« geworfen hätte. Wurde er durch die Geheimdienste angesprochen, hing seine Bereitschaft zu Gesprächen von der vorher mit dem Führungsoffizier abgesprochenen Verhaltenslinie ab. Aus Sicht der HV A stellte die Art der Unterhaltung durch die Geheimdienste eine der größten Anfangsbelastungen für den IM dar. Er sollte einerseits seine Bereitschaft zur Unterstützung zeigen, andererseits diese Unterstützung jedoch klar beschränken.

Sein Lebenslauf sollte nicht so sein, dass er das besondere Interesse der Geheimdienste weckte. Damit wurde das Interesse der Dienste nicht künstlich gesteigert. Nach Auffassung der HV A hätte der Kundschafter Gespräche im Notaufnahmelager oder in der eigenen Unterkunft nicht verweigern müssen, er sollte aber jede Unterhaltung in militärischen Lagern oder sonstigen Geheimdienstfilialen ablehnen. Eine solche Ablehnung erforderte natürlich eine zweckmäßige und nachvollziehbare Begründung. Sie stellte aus Sicht der Zentrale nichts Ungewöhnliches dar und war in diesen Lagern durchaus normal.

Während der Notaufnahmezeit musste der IM mit einer besonderen Überwachung rechnen. Eine größtmögliche Beschränkung der Nachrichtenübermittlung an die Zentrale war deshalb unbedingt geboten. Der Kundschafter durfte in dieser Zeit keinerlei Materialien bei sich haben, die auf eine Verbindung schließen lassen konnten. Er sollte sich in dieser Zeit mit der Suche nach einer Wohnung beschäftigen und die »neue Welt« erkunden.[76]

Sicherheitsvorbereitungen des IM

Zu den Sicherheitsvorbereitungen gehörte, dass der IM und sein Führungsoffizier ein festes, unveränderliches und möglichst kleines System fester Kennzeichen vereinbarten. Dabei mussten folgende Aspekte geklärt sein:
- Wie sollten die Nachrichten übermittelt werden?
- Welches Alarmsystem kommt im Notfall zur Anwendung?
- Wie und wodurch wurde die persönliche Verbindung aufrechterhalten?
- Welche Kennzeichen, Losungsworte sowie Sätze musste der IM unbedingt kennen, um gewisse Folgen zu erkennen?

Aus den Erfahrungen der HV A ergab sich, dass möglichst leicht merkbare und einfache Erkennungsmerkmale vereinbart werden sollten, um das ohnehin beanspruchte Denken des Kundschafters nicht übermäßig zu strapazieren. Diese festen Erkennungszeichen sollten möglichst unverändert bleiben. Dem IM mussten diese Dinge in Fleisch und Blut übergehen. Dazu war es nicht nur notwendig, dass sie in der Phase der Vorbereitung gelernt und abgefragt wurden, sondern dass sie auch in der Phase der Zusammenarbeit – wenn persönlicher Kontakt mit dem Führungsoffizier oder Instrukteur/Kurier bestand – wiederholt wurden.

Ein Nichtbenutzen des Alarmsystems sowie von gewissen Stichworten oder Sätzen, konnte durchaus eine Unsicherheit bei der Anwendung hervorrufen oder schlimmstenfalls ein Vergessen beim IM zur Folge haben. Zu den konkreten Sicherheitsvorkehrungen gehörten:

- Anlegen von TBK: Nach Erfahrungen der HV A sollte ein TBK möglichst so angelegt sein, dass das Betreten des Ortes durch eine Person nichts Auffälliges darstellte. Einsame Parkbänke oder Ecken und Winkel hatten zwar den Vorteil, dass man dort viele Verstecke finden konnte, aber den großen Nachteil, dass bei einer eventuellen Überwachung durch gegnerische Sicherheitsbehörden die dort vorbeigehenden oder anwesenden Personen genau registriert und kontrolliert werden konnten. Dies war so nicht möglich an Orten, die von einer unbestimmten Anzahl von Personen besucht wurden, wie Bahnhöfen, öffentlichen Toiletten, Kinos, Theatern oder Zeitungskiosken. Solche Orte hatten gemeinsam, dass der hier verkehrende Personenkreis nur unter großem Aufwand erfasst werden konnte. Sie besaßen jedoch den Nachteil, dass sich das Verbringen und Abholen der Nachrichten schwieriger gestaltete. Das System der TBK konnte allerdings so eingerichtet werden, dass die Beschickung und Entleerung innerhalb einer kurzen Zeitspanne erfolgte. Die genannten Örtlichkeiten boten nach Ansicht der Zentrale genug Möglichkeiten, um eine Nachricht sicher zu hinterlegen.
- Vorbereitung von Verstecken: Der Kundschafter benötigte TBKs nicht nur zur Nachrichtenübermittlung, sondern brauchte auch Verstecke zur Unterbringung eigener Materialien, die aus Sicherheitsgründen nicht in der Wohnung aufbewahrt werden konnten. Für die Auswahl dieser Verstecke galt grundsätzlich, dass sie nicht im engeren Wohnbereich liegen sollten, auf keinen Fall in der Wohnung, möglichst auch nicht im Treppenhaus, Keller oder auf dem Dachboden. Es wurde von der Zentrale empfohlen, Verstecke zu suchen, die in nicht allzu weiter Entfernung von der Wohnung lagen sowie ein sicheres und längeres Aufbewahren operativer Materialien garantierten. Sofern sie gut verpackt waren, konnten derartige Materialien vercontainert auch im Bereich der Bekanntschaft oder Verwandtschaft untergebracht werden.
- Festlegung eines Alarmsystems: Das Alarmsystem war von zwei Seiten aus zu betrachten. War der IM Empfänger, wurden zwei Stufen notwendig:
  1. Die erste Stufe brachte zum Ausdruck: Vorsicht. Das Signal Vorsicht enthielt folgende Maßnahmen:
     - Beiseiteschaffen alles belastenden Materials,
     - Zurückhaltung in der Frage des Kontaktes sowie der Verbindungen aber nicht genereller Abbruch,
     - Abbruch aller vorher abgesprochenen und festgelegten nachrichtendienstlichen Handlungen,
     - Nachrichtenruhe.

2. Die zweite Stufe lautete: Rückkehr. Sie enthielt folgende Maßnahmen:
- Vernichtung aller operativen Unterlagen
- unauffälliger Rückzug auf das Territorium der DDR.

Zum anderen konnte der IM von seiner Seite aus Alarm auslösen, um der Zentrale mitzuteilen:
- Es lagen Anzeichen von Gefahr vor, die er selbst entdeckt hatte. Die HV A war nun dahingehend gefordert, dem Kundschafter auf den festgelegten Kanälen Instruktionen zu übermitteln, wie er sich verhalten sollte.
- Der IM befand sich in einer konkreten Gefahrensituation und trat den Rückzug an.

Dieses zweiseitige Alarmsystem, das sowohl dem IM als auch der HV A die Möglichkeit geben musste, einander konkrete Gefahrensituationen mitzuteilen, erforderte ein kurzes prägnantes Signal. Es war möglich, dieses Alarmsystem bei Notwendigkeit in weitere Stufen auszubauen. Auf Arbeitsebene wurde allerdings die Ansicht vertreten, dass eine Verkomplizierung des Systems mehr zur Unsicherheit als zur Sicherheit beitrug. Wenn die beiden Stufen Vorsicht und Rückkehr genau definiert und erläutert wurden und beide Seiten wussten, wie sie sich bei Gefahr zu verhalten hatten, reichten diese Maßnahmen aus.

- Treffs: Bei der Auswahl von Trefforten im Operationsgebiet musste der IM gewisse Dinge beachten. Zwischen Kundschafter und Instrukteur/Kurier musste ein Nottreff fest und unabänderlich vereinbart werden. Dies war notwendig für die Fälle, die ein unvorbereitetes, nicht verabredetes Erscheinen des Instrukteurs/Kuriers erforderlich machten und wenn nicht mehr die Zeit oder die Möglichkeit vorhanden war, einen besonderen Treffpunkt auszuwählen.

Dieser Nottreffort sollte zum einen in einer verkehrsgünstigen Gegend liegen, damit er möglichst schnell und unkompliziert erreicht werden konnte, zum anderen musste er hinreichend abgesichert sein, um eine mögliche Überwachung durch den Gegner von vornherein zu erschweren. Für solche Nottreffs boten sich in der Regel Gaststätten, Bahnhofsrestaurants oder Cafés an, die möglichst lange geöffnet hatten und in denen sich die Treffpartner über eine gewisse Zeit unauffällig aufhalten konnten.

Ein Nottreffort in der freien Natur wurde in der Regel nicht empfohlen. Die Erfahrungen der HV A hatten für den Fall, dass der Kundschafter über weite Strecken reisen musste, Probleme aufgezeigt. Oftmals war es dann kaum möglich, vereinbarte Sicherheitszeiten einzuhalten. In der freien Natur wäre mehrmaliges Erscheinen schwer abzusichern gewesen. Beispielsweise hätte ein IM, der innerhalb von fünf Stunden dreimal am gleichen Ort in der Natur auftauchte, mehr Aufmerksamkeit erregt, als wenn er sich mehrere Stunden in einem Restaurant aufgehalten hätte.

Deshalb empfahl die Zentrale in der Regel Nottrefforte in geeigneten Räumlichkeiten. Von der Sache her boten sich tagsüber auch Orte wie Museen oder Galerien an, in denen ein Aufenthalt mehrere Stunden dauern konnte.

Da ein Aufenthalt am Nottreffort nicht über einen unbegrenzten Zeitraum möglich war, musste unbedingt eine Ausweichmöglichkeit vereinbart werden, die nach Ablauf einer gewissen Zeitfrist automatisch aufgesucht wurde.

Zum Nottreff gehörte eine fest vereinbarte unumstößliche Zeit und Zeitspanne. Erhielt der Kundschafter ein bestimmtes Signal oder hatte er es selbst gegeben, dann musste er den Ort zur bestimmten Zeit aufsuchen. Auch hierbei erwies es sich als fast unmöglich, selbst bei kürzeren Entfernungen Treffpunkte und Zeitpunkte einzuhalten, die lediglich eine Karenzzeit von zehn bis 15 Minuten hatten. Es musste daran gedacht werden, dass die Umstände des täglichen Lebens (Verspätung oder Ausfall öffentlicher Verkehrsmittel, Staus und Straßensperrungen) durchaus eine Verzögerung auch über 45 Minuten hinaus herbeiführen konnten. Die Art des ausgewählten Nottreffortes bestimmte von vornherein auch die Möglichkeit einer natürlich abgesicherten Treffzeit. Wurde als Nottreffort ein Speiserestaurant ausgesucht, dann war eine Treffzeit von zwei Stunden durchaus angemessen.

Dass diese Nottrefforte in jedem Fall der Anwendung vom IM möglichst vorher angelaufen werden mussten, um festzustellen, ob sie auch noch sicher waren, lag in der Natur der Sache.

An diesen fest vereinbarten, über lange Zeit unveränderlichen Nottrefforten, traf sich der Kundschafter mit dem Instrukteur/Kurier nur in Ausnahmefällen. Ansonsten galten normale Trefforte und -zeiten, die bei jedem Treff neu festgelegt wurden.

Die Trefforte sollte der IM jeweils vorher aufsuchen und auf ihre Absicherung hin überprüfen. Dabei musste der Treffort nicht für die gesamte Zeit der Treffdurchführung feststehen. Es wurde durchaus praktiziert, dass Kundschafter und Instrukteur/Kurier sich an einem Punkt trafen (zum Beispiel im Restaurant, Kino, Café) und den Treff von dort aus in Form eines Spazierganges realisierten. Es war nicht in jedem Fall notwendig, einen festen Punkt wie beispielsweise ein Lokal aufzusuchen. Je nach Umfang der zu besprechenden Probleme und natürlich auch nach Witterungslage war der Treffort entweder ein fester Punkt oder ließ sich variieren. Wichtig war dabei, dass der Treffort vom IM gründlich ausgewählt und von Mal zu Mal verändert wurde. Routine war bekanntlich ein gefährlicher Faktor in der operativen Arbeit.

Bei der Auswahl der Trefforte sollte der Kundschafter die Regel einhalten, dass die Trefforte möglichst weit von seinem Lebensbereich entfernt lagen. Er sollte die Treffs auch nicht dort durchführen, wo sich gewisse Verkehrsknotenpunkte befanden, weil dort die Gefahr des Aufeinandertreffens mit Verwandten oder Bekannten bestand. Zur Auswahl boten sich ins besondere Restaurants und Lokalitäten am Rande des Stadtgebiets an.

Hatte der IM einen günstigen Treffort schon Wochen vor dem Treff ausgemacht, sollte er sich unmittelbar vor dem Treff darüber informieren, ob dieser Treffpunkt aktuell noch geeignet war oder ob ungünstige Veränderungen zu verzeichnen waren. Es konnte beispielsweise möglich sein, dass das Restaurant an diesem Tag geschlossen hatte oder renoviert wurde. In einem solchen Fall musste der IM schnellstens auf einen ebenfalls vorher ausgesuchten (Ersatz-)Treffort wechseln können.

Neben dem Treffort spielte das Angehen des Treffs von beiden Personen (Kundschafter und Instrukteur/Kurier) eine wichtige Rolle. Grundsätzlich musste klar sein, wer wen anzusprechen hatte, so dass nur eine Seite die Kontaktaufnahme realisierte. Die Nichtaufnahme des Kontaktes bedeutete: »Achtung, mögliche Gefahr!«. Für diesen Fall war der Abbruch des Treffs angebracht.

Hatten sich Kundschafter und Instrukteur/Kurier getroffen, war es wichtig, dass das Zusammensein beider Personen durch eine gemeinsame stichhaltige Legende abgesichert war. Diese Legende musste einer allgemeinen Überprüfung standhalten.

Außerdem sollten beispielsweise während des Treffs in einem Lokal keine Materialien übergeben werden. Für die Materialübergabe bei einem solchen Treff war der Zeitpunkt des Aufbruchs oder des sich Verabschiedens günstiger, also ein Zeitpunkt, an dem der Körper eine natürliche Aktivität entfaltete. Dabei konnte die Materialübergabe am unauffälligsten erfolgen. Das wiederum bedeutete für den Kundschafter sowie den Instrukteur/Kurier, dass sie das Material bereits entsprechend verpackt hatten, um eine schnelle Übergabe zu ermöglichen.[77]

Die Aufrechterhaltung der Verbindung zwischen Kundschafter und Führungsoffizier

Die Art des Kontaktes zwischen IM und Führungsoffizier hing vom Stadium des Aufbaus der operativen Basis ab. Folgende Möglichkeiten der Übermittlung von Nachrichten sah die HV A als möglich an:

- über Funk,
- per Post,
- über TBK,
- durch Kurier oder Instrukteur.

Die Übermittlung von Nachrichten per Funk gestaltete sich in der Regel einseitig, das heißt, der Kundschafter war in diesem Fall ausschließlich der Empfänger. Das System war vergleichsweise kompliziert und erforderte einen hohen Aufwand an Arbeit und Absicherung.

Natürlich sollte der IM bei der Vorbereitung seines Einsatzes mit den Methoden der Entschlüsselung von codierten Nachrichten vertraut gemacht werden. Zur Anwendung dieses Systems gab es unterschiedliche Auffassungen. Dieter-Jürgen Matter kommt in seiner Diplomarbeit zu dem Schluss: »Die Anwendung dieses Systems sollte meiner Ansicht nach jedoch nicht der Regelfall sein, sondern nur dann angewandt werden, wenn der postalische Weg und der Weg über den Kurier zu gefährlich erscheint und für Zeiträume nicht mehr möglich ist. Damit habe ich schon darauf hingewiesen, dass ich die postalische Benachrichtigung über ein gewisses Codesystem, durch das man sich verständigen kann, für wesentlich angebrachter halte. Dieses System kann auch vom Kundschafter über das GS-Verfahren selbst angewandt werden. Durch dieses Verfahren hat der Kundschafter die Möglichkeit, seine Gedanken ausführlicher zu den anstehenden Problemen darzulegen, ohne dass ein unverhältnismäßig hoher Arbeitsaufwand und Absicherung erfolgen müssen.«[78]

Am günstigsten waren die Nachrichtenübermittlung durch einen Kurier sowie der persönliche Kontakt mit dem Instrukteur und gegebenenfalls dem Führungsoffizier. Der Vorteil des Kuriers lag auf der Hand: Er bestand nicht nur darin, dass man klar und unmissverständlich Nachrichten übergeben und erhalten konnte, sondern vor allem konnte über den Kurier auch eine politisch-moralische Beeinflussung des Kundschafters erfolgen.

In jedem Fall stellte der Kurier ein geeignetes Mittel der Nachrichtenübermittlung dar. Natürlich hing der Einsatz des Kuriers von der erreichten Ausbaustufe der Tätigkeit des Kundschafters ab, also von der Frage, wo er sich qualitativ befand und ob der Einsatz eines Kuriers durch die anstehenden Aufgaben gerechtfertigt war.

Bei der erstmaligen Kontaktaufnahme des Kuriers mit dem IM trat dem IM womöglich eine völlig fremde Person gegenüber, die sich lediglich durch vereinbarte Zeichen legitimieren konnte. Ein gewisses Misstrauen konnte der IM in einer solchen Situation sicher nicht völlig ausblenden. Wenn ihm die Person unsympathisch erschien, ließ er sich unter Umständen von ihr nicht leiten, sondern benutzte sie lediglich als »Nachrichtenübermittlungsinstrument«. Dies hatte jedoch negative Auswirkungen auf Inhalt und Umfang der Arbeit des Kundschafters. Daher war ein Kennenlernen von Kurier und IM vor dem Einsatz angebracht.

Sowohl das Alarmsystem als auch die Ankündigung des Erscheinens des Kuriers konnten auf dem postalischen Weg übermittelt werden. Es existierte daneben eine Vielzahl von Möglichkeiten, die, soweit sie vorher vereinbart waren, für den IM eine bestimmte Bedeutung besaßen. Man konnte beispielsweise Zeichen oder Er-kennungsmale anbringen, die eine bestimmte Maßnahme signalisierten. Allerdings konnten sich aus solchen Erkennungsmerkmalen auch Gefahren ergeben. Der IM musste eine umfangreiche Zahl von konkreten Daten in seinem Kopf speichern, die seiner Sicherheit dienten. Er musste Nottrefforte, Nottreffzeiten, Kennworte, Erken-nungssysteme, Geheimschrift- und Funk-Verfahren kennen. Dies alles zusammen stellte ein umfangreiches Wissen dar, dass der Kundschafter beherrschen musste. Je umfangreicher solche Daten wurden, desto komplizierter wurde es für den IM, sich diese sicher zu verinnerlichen. Da nicht alle Systeme ständig zur Anwendung kamen, bestand die Gefahr, dass bestimmte Dinge in Vergessenheit geraten könnten oder im Anwendungsfall durcheinandergebracht werden würden. Deshalb orientierte die Zentrale auf einfache, für Außenstehende nicht überschaubare und unverständliche Systeme. Die Verkomplizierung solcher Fragen brachte nicht eine Verminderung des Unsicherheitsfaktors mit sich, sondern im Gegenteil eine Erhöhung.

Ein weiterer Punkt bestand darin, dass es Aufgabe des IM war, mögliche Über-wachungsmaßnahmen gegnerischer Kräfte selbst zu erkennen oder anderweitig festzustellen. Dies bedeutete, dass der Kundschafter in seiner Lebens- und Verhal-tensweise die ständige Überprüfung des eigenen Verhaltens als Dauerprinzip leben musste. Dabei war beispielsweise ein gutes Verhältnis zu den Nachbarn vorteilhaft, da der IM so in Erfahrung bringen konnte, ob sich fremde Personen nach ihm er-kundigt hatten. Weiterhin hatte er darauf zu achten, ob er möglicherweise obser-viert wurde.

Vor allem musste die Treffdurchführung im Operationsgebiet und bei Führungs-treffs in der DDR oder anderen sozialistischen beziehungsweise neutralen Staaten besonders abgedeckt werden. Hier war es notwendig, dass sich der IM für die Zeit seiner Abwesenheit ein Alibi verschaffte. Beispielsweise bestand die Möglichkeit, dass sich der IM für den Trefftag Kino-, Theater- oder Konzertkarten von Filmen oder Stücken kaufte, die er bereits kannte. Diese Form der Abdeckung galt als re-lativ sicher und war nur schwer überprüfbar. Die Sicherheit konnte auch dadurch erhöht werden, dass der Kundschafter im Bekannten- oder Verwandtenkreis schon einige Tage vor dem Treff davon sprach, sich dieses oder jenes Stück im Kino oder Theater ansehen zu wollen. Es kam im Wesentlichen darauf an, dass der IM für den Fall einer Überprüfung eine plausible Erklärung für den relevanten Zeitraum besaß. Er durfte nicht erst in dem Augenblick, in dem er gefragt wurde, eine Erklä-rung konstruieren. Aus Sicht der Zentrale empfahl es sich, bei Fragen der persönli-chen Absicherung, beispielsweise des Lebensstandards, der Freizeitgestaltung oder der sonstigen Betätigung, andere Personen – natürlich ohne dass es diesen bewusst war – einzubeziehen.

Andere Personen einzubeziehen, machte sich stets gut und sollte möglichst berücksichtigt werden. Dazu gehörte auch die Einbeziehung des Personenkreises, der im Wohnhaus präsent war und zu dem es Berührungspunkte gab (Nachbarn, Hausmeister, Portier, Postbote). Der IM war gut beraten, sich mit diesen Personen gutzustellen, sofern es sich um Leute handelte, die Kontakt suchten. Er sollte viel mit ihnen sprechen und offen erzählen (soweit operativ vertretbar), um bei diesen Menschen gar nicht erst den Eindruck zu erwecken, etwas verheimlichen zu wollen. Das Ziel bestand darin, durch eigenes Reden möglichst Fragen und Unklarheiten abzubauen, damit diese Personen nicht auf den Gedanken kamen, eigene Nachforschungen anzustellen, und im konkreten Fall der Überprüfung als positiver Leumund auftreten konnten.

Die tägliche Routinearbeit des Kundschafters brachte es mit sich, dass er, wenn er seine Basis über eine längere Zeit sicher und ohne Komplikationen aufgebaut hatte und operativ arbeitete, nachlässig werden konnte. Deshalb war es nicht nur Aufgabe des IM selbst, auf eine mögliche gegnerische Überwachung zu achten, sondern auch die Vertreter der Zentrale mussten dahingehend wirksam werden.[79]

Die Schaffung der Arbeitsgrundlage des IM

Festlegung der Kontaktrichtung

Entsprechend der allgemeinen Zielstellung musste der Kundschafter eine Vielzahl von Kontakten zu Personen schaffen, die ihm bei der Verwirklichung seines gesteckten Zieles dienlich sein konnten. Seine Hauptaufgabe bestand darin, Kontakte zu den verschiedensten Personen oder Organisationen herzustellen. Nur eine gewisse Vielfältigkeit sowie eine bestimmte Variabilität ermöglichten es ihm, aus der Vielzahl der Möglichkeiten die vielversprechendsten und letztlich richtigen auszuwählen. Der Umfang und die Kontaktrichtung wurden von der Zielstellung bestimmt, die sich nach jeder Kontaktierung neu ergeben konnte. Die Kontaktierung hing im Wesentlichen von zwei Punkten ab:
- von der Persönlichkeit des IM,
- von seiner Arbeitsmethodik.

Wie bereits erwähnt, war bei der Kontaktierung der einheitliche, feste, positive »Schein« des IM wichtig. Die besten örtlichen und personellen Kontaktmöglichkeiten stellten sich als nutzlos heraus, wenn vom Gegenüber in der Person des Kundschafters nach außen sichtbare Mängel festgestellt werden konnten. Hinzu kam die in der Person des IM mehr oder weniger begründete Kontaktfähigkeit.

Die HV A betrachtete es als sinnvoll, in der Phase der Vorbereitung nicht darauf zu vertrauen, dass der IM als gesellschaftliches Wesen schon irgendwie Anschluss finden würde. Letztlich erforderte das Schließen von Kontakten am Anfang eine gewisse Überwindung der eigenen Person. Dies konnte so trainiert werden, dass der IM auf vielfältige und zielführende Art und Weise Anschluss finden konnte.

Die Beseitigung persönlicher Hemmungen sowie das Erlernen gewisser anwendbarer Regeln bei der Schließung von Kontakten mussten bereits in der Phase der Einsatzvorbereitung erfolgen.

Aneignung einer zielführenden Arbeitsmethodik

Hierunter ist zu verstehen, dass der IM nicht erfolgreich arbeiten konnte, wenn er die Kontaktierung anderer Personen dem Zufall überließ oder in seiner Arbeit sporadisch agierte. Die Kontaktierung konnte in gewissem Umfang systematisiert werden. Eine Systematisierung empfahl sich, weil der IM zu jeder Zeit an jedem Ort in der Lage sein musste, eine Kontaktierung vornehmen zu können. Es empfahl sich nach Auffassung der HV A auch, dass der Kundschafter gewisse Grundregeln verinnerlichte. Zu solchen Grundregeln gehörte zum Beispiel die Frage der Schnelligkeit, mit der der IM mit anderen Personen in Verbindung trat. Hier galt das Prinzip: keine übereiligen Kontaktschließungen.

Die zweite Grundregel besagte, dass der IM die Situation der Kontaktschaffung so aufbauen musste, dass es für sein Gegenüber und für andere Personen immer den Anschein hatte, als ob nicht der IM, sondern das Gegenüber den Kontakt herbeigeführt hatte. Das ließ sich durch die Schaffung entsprechender Situationen arrangieren. Dieser Anschein war wichtig, um von vornherein entsprechende Verdachtsmomente zu zerstreuen, der IM hätte zu dieser oder jener Person bewusst Kontakt gesucht. Um fördernde Momente bei einer Kontaktierung zu schaffen, konnte der Kundschafter gewisse Mittel anwenden. Hierzu gehörten die Erforschung von Eigenschaften, die die Person, zu der ein Kontakt hergestellt werden sollte, besonders schätzte, oder Interessen beziehungsweise Hobbys der Zielperson. Dazu gehörte auch, dass der IM sich darüber im Klaren sein musste, in welchem Umfang er Kneipentouren, Wochenend- oder Urlaubsfahrten nutzen konnte, um Verbindungen zu gewissen Einzelpersonen oder Personengruppen aufzubauen.

Eine Kontaktierung konnte in zwei verschiedenen Situationen möglich sein. Die eine bestand darin, dass der IM den Kontakt selbst vorbereitet hatte und alle Dinge berücksichtigte, die dabei notwendig waren. Bei diesem selbst vorbereiteten Kontakt wusste der IM, mit wem er zusammentraf und wo Gefahrenpunkte liegen beziehungsweise auf welcher Ebene er sich mit der Zielperson treffen konnte oder wie er ihr gegenüber interessant erschien. Eine solche Kontaktierung mit Vorbereitung brachte in der Regel keine größeren Probleme mit sich. Probleme konnte jedoch die Kontaktierung hervorrufen, die ohne tiefgründige Vorbereitung und Voraufklärung gewisser Fragen zustande kam. Bei solchen Kontakten musste der IM vorsichtig agieren. Es empfahl sich gemäß den Erfahrungen der Zentrale, dass sich der IM in eine solche Situation hineinmanipulierte und auch hier den Eindruck vermittelte, dass nicht er, sondern sein Gegenüber den Ursprung des Kontaktes begründet hatte. Des Weiteren wurde von der Zentrale Zurückhaltung empfohlen. Der Kundschafter sollte bei Gesprächen, sofern möglich, nicht die Gesprächsführung übernehmen, um nicht der aktive Partner in der Unterhaltung zu werden.

Innerhalb der HV A wurde die Auffassung vertreten, dass der IM sich bei solchen Kontakten nicht eindeutig festlegen sollte. Auch die Frage des Wiedertreffens sollte bei zufälligen Kontakten augenscheinlich offengelassen werden. Auf der anderen Seite musste die Gesprächsführung so beeinflusst werden, dass einige wesentliche Fakten über die Zielperson in Erfahrung gebracht werden konnten, um sie später aufzuklären.

Das primäre Ziel des Kontaktes bestand darin, das Vertrauen des Gegenübers zu gewinnen, nicht Informationen zu erlangen. Der IM durfte bei ersten Gesprächen nicht von sich aus diejenigen Kreise berühren, die für die Aufklärung der Person aus Sicht der HV A von Bedeutung waren. Es sollten auch Fragen vermieden werden, die darauf abzielten zu erfahren, wo der Gesprächspartner angestellt war, welche konkrete Funktion er bekleidete, wie viel er verdiente, wie sich seine Familienverhältnisse gestalteten. Der IM musste, wenn sich der Kontakt angelassen hatte und gehalten werden sollte, seine gesamte Aktivität darauf legen, das Vertrauen des Gegenübers zu gewinnen.

Um dieses Vertrauen zu gewinnen, mussten mehrere Voraussetzungen erfüllt werden. Das Auftreten als gefestigte Persönlichkeit war dabei die entscheidende Grundlage. Der Kundschafter durfte nicht prahlsüchtig sein, auch wenn er merkte, dass sein Gegenüber diesen Schwächen unterlag. Es konnte durchaus möglich sein, dass der Andere sehr konkrete Fragen stellte. Dann musste der IM antworten, durfte aber nicht mit der gleichen Frage reagieren. Der IM sollte vorgeben, Interesse an dem Menschen zu haben, nicht aber daran, was er konkret tat und wo er beschäftigt war. Konnte diese Phase der Kontakterhaltung erreicht werden, genoss der IM also ein gewisses Vertrauen bei der Person und war dieses Vertrauen auch untermauert, konnte er den nächsten Schritt tun und versuchen, sich dem Gegenüber als besonders nützlicher Bekannter oder Freund darzustellen. Dies konnte erreicht werden, indem sich der IM in der zweiten Etappe der Kontaktierung zu gewissen Hilfsdiensten bereiterklärte, indem er dem Gegenüber etwas zugutekommen ließ, beispielsweise bestimmte Literatur oder Informationen, die dem Anderen nicht zugänglich waren.

Hatte der Kundschafter sich selbst als sympathisch und dazu noch als Mensch, der von gewissem Nutzen sein konnte, dargestellt, war im Grunde erst die Basis für ein nützliches Arbeiten mit dem Gegenüber geschaffen worden. Jetzt besaß der IM eine feste Verbindung, die es ermöglichte, selbst Fragen zu stellen, gewisse Probleme zu erörtern oder Dienste vom Gegenüber in Anspruch zu nehmen. Dabei sollte der IM darauf achten, dass er selbst möglichst in einem bescheidenen Verhältnis und der Partner stets in der »Schuld« blieb.

Aus den Erfahrungen der HV A zeigte sich, dass in den meisten Fällen – wenn der IM also dieses Basis geschaffen hatte – die Menschen selbst über ihre Probleme redeten und diskutierten.

Natürlich konnte die Methodik des Aufbaus des Kontaktes sowie der Gesprächsführung nicht auf jeden Menschen gleichermaßen angewandt werden, sondern es war entsprechend der Nützlichkeit des Kontaktes und der Erfolgsaussichten intensiv oder weniger intensiv zu arbeiten. Der IM sollte auch darauf achten, dass bei der Gesprächsführung der Gesprächspartner nicht den Eindruck gewann, ausgenutzt zu werden. Deshalb wurde davon abgeraten, den Anderen bei Unterhaltungen betrunken zu machen, um ihn zum Reden zu bringen, denn dabei bestand die Gefahr, dass das Gegenüber sein Verhalten bereuen und den Kontakt abbrechen würde, weil die Angst bestand, sich im »Suff« nochmals zu verquatschen.

Bei der Gesprächsführung musste der Kundschafter ein eigenes Interesse an den Problemen des Gegenübers zeigen, egal ob über allgemeine, politische oder wirtschaftliche Fragen gesprochen wurde oder später auch über persönliche Probleme. Der IM sollte sich in die Psyche seines Gesprächspartners hineindenken, um selbst richtig reagieren zu können.

Die Vielzahl der Kontakte brachte es mit sich, dass sich der IM entsprechend den Persönlichkeiten, mit denen er arbeitete, verschieden festlegen und unterschiedlich auftreten musste. Daraus ergab sich die Frage, in welchem Rahmen er sich verschiedenen Personen gegenüber unterschiedlich zeigen musste und konnte. Es handelte sich dabei um das Problem der dynamischen Anpassung der eigenen Person an eine andere. Voraussetzung für diese dynamische Anpassung war, dass der IM den moralischen und politischen »Schein« geschaffen hatte, dass er diesen dynamisch anwenden konnte, dass er in politischen Fragen verschiedene Aspekte vertreten konnte und sich nicht vorher eindeutig auf einen Punkt festlegen musste. Natürlich hatte eine solche dynamische Anpassung Grenzen. Der IM durfte auf keinen Fall als sein eigenes Extrem erscheinen. Er durfte auch nicht als Befürworter und gleichzeitig Ablehner, beispielsweise der Notstandsgesetze, auftreten. Der Kundschafter konnte durchaus eine Position beziehen, die im konkreten Fall ein Lavieren ermöglichte. Die Zentrale vertrat die Ansicht, dass sich, je mehr er ökonomische und politische Fragen ins Moralische abdrängte, ein größerer Spielraum zur Auslegung ergab.

Überhaupt wurde von der HV A die Auffassung vertreten, dass der IM, als ruhiger, sachlich überlegt agierender Mensch auftreten sollte, der eine feste moralische und politische Überzeugung besaß. Sein Gegenüber musste immer die Möglichkeit haben zu spüren, dass für seine eigenen Ansichten beim IM ein gewisses Verständnis vorhanden war und dass er bei ihm Gehör finden konnte.

Bei Gesprächen mit Zielpersonen musste der IM darauf achten, dass bei diesen ersten Unterhaltungen oftmals Dinge bewusst falsch präsentiert beziehungsweise übertrieben erzählt wurden. Die Zentrale erachtete es nicht als falsch, wenn der Kundschafter leise Zweifel anmeldete, ohne den Gesprächspartner zu kränken, um ihn zu einer konkreteren Lüge zu zwingen.

Bei den Kontakten war es von Beginn an wichtig, dass das Gegenüber merkte, es mit einer Person zu tun zu haben, die sich nicht ohne weiteres belügen ließ. Ein Gegenüber, das den Anderen anlügen wollte, hätte eine solche Gesprächsführung in der Regel schnell aufgegeben. Allerdings konnte der IM auch nicht so auf sein Gegenüber einwirken, dass von vornherein Lügen und Übertreibungen unterlassen wurden. Der Kundschafter konnte den Gesprächspartner allerdings zu einer gewissen konkreten Lüge oder Übertreibung zwingen, die dann für die operative Arbeit durchaus wertvoll sein konnte.

Es machte sich aus der Sicht der Zentrale gut, sofern der Kontakt über eine längere Zeit gehalten werden sollte, wenn neben den Faktoren der Nützlichkeit sowie der Sympathie noch ein weiterer, nämlich die Schaffung einer gewissen Gemeinsamkeit, eines gemeinsamen Interesses, hinzugefügt werden konnte. Der IM musste es sich zur Angewohnheit machen, möglichst nach jedem Gespräch, nach jedem Kontakt, seine gemachten Erfahrungen auszuwerten. Dabei sollte er sein Wirken auf die Person des Gegenübers analysieren.

Die eine Seite der Auswertung bestand darin, sich selbst zu überprüfen, ob ein korrektes Auftreten erfolgt war, ob die richtigen Mittel angewandt worden waren und falls nicht, worin der oder die Fehler gelegen hatten. Der Kundschafter sollte sich hierbei folgende Fragen stellen:

- Bin ich möglicherweise zu schnell vorgegangen?
- Habe ich falsche Fragen gestellt?
- Habe ich das Gespräch falsch geführt?

In der Auswertung sollte zweitens eine genaue Auswertung des Gesprächsinhalts erfolgen. Hierbei musste sich der IM folgende Fragen stellen:

- Was habe ich an Fakten erfahren?

- Wie glaubwürdig sind diese Fakten?
- Hat das Gegenüber Misstrauen gezeigt oder erfolgte ein vertrauliches Auftreten?
- Lohnt es sich, diesen Kontakt fortzuführen?
- Kann es eine nächstes Treffen geben und wenn ja, wann?

Und schließlich musste der IM wissen, mit welchen Mitteln er Kontakte absichern konnte. Solche Mittel konnten sein:

- dass das Gegenüber das Gespräch wieder aufnahm, der IM also nicht selbst den Kontakt erneut begann,
- dass der IM, wenn es sich um freie Kontakte handelte, ein Motiv besaß, warum er sich gerade an diesem Ort befand,
- dass der IM durch Empfehlung von anderen Menschen zur gewünschten Person Kontakt aufnahm,
- dass bei vorhandenen Gemeinsamkeiten diese als Abdeckung genutzt wurden (Mitgliedschaft in einer Partei, Organisation beziehungsweise in einem Verein oder Club).[80]

Die Erforschung von Kontaktmöglichkeiten durch den IM

Entsprechend der Zielrichtung des Einsatzes sollte der Kundschafter in der Phase des Aufbaus kontaktreiche Orte und kontaktfreudige Personen erforschen. Aus der Erfahrung war der Zentrale bekannt, dass sich die meisten Personen und auch Gruppen regelmäßig an bestimmten Orten aufhielten. Diese Orte bildeten natürlicherweise eine besonders günstige Möglichkeit zur Kontaktierung. In der Regel waren solche Orte Lokale oder Cafés, aber auch gewisse Veranstaltungen stellten geeignete Treffpunkte dar. Wichtig war, dass zunächst keine Kontakte geschaffen, sondern die Möglichkeiten dazu erkundet wurden.

Solche Orte erleichterten dem IM die Möglichkeit, mit Personen auf natürliche Art und Weise in Verbindung zu kommen. Dazu existierten auch kontaktfreudige Organisationen und Vereine, in denen viele politisch gebundene Bundesbürger und Westberliner aktiv waren. Solche Organisationen und Vereine konnten sich, wenn in Erfahrung gebracht worden war, dass dort Personen verkehrten, die für die Erreichung der Zielstellung von Bedeutung waren und die kontaktiert werden sollten, als sehr nützlich erweisen.

Außer solchen kontaktfreudigen »Freizeitvereinen« existierten auch parteipolitisch nicht gebundene politische Organisationen wie Arbeitsgemeinschaften demokratischer Kreise, Burschenschaften sowie andere Verbände. Auch solche allgemeinen politischen Organisationen eigneten sich gut für die Vorbereitung von Kontakten zu bestimmten Personen.

Hatte sich der IM beispielsweise in einem »Freizeitverein« oder allgemeinen politischen Verein etabliert, stellte sich die Frage, zu wem der Kontakt zuerst aufgenommen werden sollte. Es gab in diesen Organisationen und Vereinen kontaktfreudige Personen. Es empfahl sich allerdings nicht, sofort auf diese Personen hinzusteuern, die in diesen Vereinigungen von besonderem Interesse waren, zum Beispiel ein Stabsoffizier der Bundeswehr. Die Zentrale betrachtete es als sinnvoll, zuerst mit Personen zusammenzukommen, denen die Unterhaltung sowie der Kontakt mit anderen Menschen zur allgemeinen Lebensfrage geworden war. Über solche kontaktfreudigen Personen hatte der IM viel schneller die Möglichkeit – zudem es auch eine Abdeckung darstellte – mit den Leuten zusammenzutreffen, die er kennenlernen wollte. Diese Verfahrensweise war zwar etwas umständlicher als der direkte Weg des Kontaktes, aber dafür letztlich sicherer.

Für den Kundschafter bestand auch der Weg, selbst Kontaktsituationen aufzubauen. Hier stellte sich die Frage, wie weit er in seinem persönlichen Bereich künstlich Situationen schaffen konnte, um bestimmte Menschen kennenzulernen. Die Zentrale vertrat dazu die Auffassung, dass von dieser Möglichkeit nur im äußersten Fall Gebrauch gemacht werden sollte. Ein privater Rahmen barg immer die Gefahr, dass die Kontakte auch in die Privatsphäre eindringen würden. Der IM gab sich dadurch möglicherweise in seinem Denken sowie in seiner Lebensweise dem Anderen gegenüber zu erkennen. Selbst wenn sich der IM stets in der Gewalt hatte, gab er einen recht tiefen Einblick in sein eigenes Leben. Hinzu kam, dass solche Kontakte wesentlich schwerer abgebrochen werden konnten, gerade dann, wenn der Wohnort bekannt war.

Die HV A ging davon aus, dass der Aufbau privater Kontaktsituationen dann am effektivsten war, wenn bereits eine feste Verbindung bestand und feststand, dass der Kontakt dem Kundschafter vom Inhalt her etwas geben konnte.

Bei der Vorbereitung von Partys, Restaurant- oder Theaterbesuchen musste der IM beispielsweise mit dem Einsatz seiner Mittel vorsichtig sein. Es war durchaus nicht so, dass alle Menschen durch Alkoholgenuss redseliger wurden. Es gab auch Personen – zu diesen konnten unter Umständen gerade diejenigen gehören, mit denen der IM in Kontakt kommen wollte –, die beim Anbieten einer gewissen Menge Alkohol misstrauisch wurden. Vor allem dann, wenn man sich noch nicht lange kannte. Zudem bestand beim gemeinsamen Alkoholgenuss eine gewisse Gefahr für den IM, denn die Verminderung der Denkfunktion trat nicht nur beim Gegenüber auf. Ein Verzicht des IM auf Alkohol und die Verabreichung nur an das Gegenüber war erst recht auffällig.

Anders war die Situation dann, wenn der IM einen bereits Kontaktierten zur Veranstaltung solcher Partys oder Diskussionsabende veranlassen konnte und ihn dazu inspirierte, bestimmte Personen einzuladen. Diese Möglichkeit wurde von der Zentrale als effektiver angesehen. Der IM geriet nicht in das Blickfeld und damit auch nicht in die Gefahr, als Organisator zu erscheinen. Der IM war dann lediglich einer der Eingeladenen und konnte sich von dieser Seite her wesentlich intensiver und konzentrierter mit den Einzelnen beschäftigen. Es empfahl sich aus operativer Sicht also, andere Personen zu solchen Aktivitäten anzuhalten. Eine finanzielle Beteiligung wurde dabei von der HV A nicht als nachteilig betrachtet.[81]

Die bei jeder Kontaktierung zu klärenden Vorfragen

Als Grundprinzip galt, dass der IM jede beabsichtigte Kontaktaufnahme mit dem Instrukteur oder Führungsoffizier besprechen musste. In seiner Arbeit musste die vorbereitete und abgesprochene Kontaktaufnahme im Vordergrund stehen. Der spontan geschlossene Kontakt ließ sich zwar nicht gänzlich vermeiden, sollte jedoch die Ausnahme bleiben. Diese Frage war von entscheidender Bedeutung für die Sicherheit des Kundschafters. Die HV A sah ihn nicht in der Lage, den Kontakt von seinem isolierten Standpunkt aus richtig einzuschätzen. Nur in der Zusammenarbeit mit den Führungsgenossen konnten nach Auffassung der Zentrale die für die Kontaktierung wichtigen Fragen geklärt werden. Dabei spielte die Festigung der Kontaktrichtung eine ebenso große Rolle. Der IM durfte sich durch eine Vielzahl von Kontakten nicht verzetteln. Davon musst er durch eine richtige Lenkung seitens der Zentrale abgehalten werden, um sich ganz auf die für die Zielstellung wichtigen Personen konzentrieren zu können.

War die Frage, mit welcher Person der Kontakt aufgenommen werden soll, geklärt, musste der IM Überlegungen dahingehend anstellen, an welchem Ort dies geschehen sollte. Daraus ergab sich dann für ihn, wie er sich zu verhalten hatte und welche Mittel er einsetzen konnte. Sollte der Kontakt innerhalb einer Organisation aufgenommen werden, musste sich der IM über den Charakter dieser Organisation im Klaren sein. Keinesfalls durfte er unvorbereitet in eine Situation geraten, die er durch die schlechte Vorbereitung selbst verursacht hatte.

Der Kundschafter musste wissen, wann er zu einer Person Kontakt aufnehmen konnte und in welchem Rahmen dies geschehen sollte. Weiterhin war relevant, welche Probleme in diesem Rahmen und vor allem welche Tabus existierten.

Der IM durfte nicht an einen Verein, über den er glaubte, gewisse Personen zu erreichen, herantreten, wenn er sich über diesen nicht eine allgemeine Vorstellung gemacht hatte. Er musste wissen, was sich dort abspielte und sollte auch, wenn er zu einer bestimmten Person Kontakt aufnehmen wollte, versuchen, die Probleme der Person immer im Rahmen der vorhandenen Möglichkeiten vorab zu erkennen.

Darauf musste sich der Kundschafter einstellen können. Auch die Prioritäten, die in der Organisation, dem Verein sowie bei der Zielperson vorherrschten, sollte der IM kennen.

Der Kundschafter musste den günstigsten Ansatzpunkt auswählen. Es hatte sich nicht immer als zweckmäßig erwiesen, im Rahmen von Organisationen direkt auf ein Ziel zuzusteuern. Zweckmäßiger war es unter Umständen, vorher gewisse Entscheidungen zu treffen, die dann günstige Situationen schufen, in denen der IM abgedeckt und ohne Schwierigkeiten zu den von Anfang an gewollten Kontakten kommen konnte.

Ein günstiger Zeitpunkt bestand nicht immer darin, dass sich durch Zufall ein Gespräch mit der Person ergab, mit der der IM in Kontakt treten wollte. Ein kurzes Gespräch an der Theke wurde beispielsweise nicht als günstiger Ansatzpunkt betrachtet. Der Kundschafter musste dahingehend vorsichtig sein, kleine, sich ergebende Möglichkeiten sofort aufzugreifen, wenn er die Zeit besaß, einen zweckmäßigeren Ansatzpunkt, der abgesichert wäre, abzuwarten.

Die Abwägung von Erfolgsaussichten eines bestimmten Kontaktes war von besonderer Bedeutung, denn nur dann, wenn er in der operativen Arbeit inhaltlich Unterstützung bringen konnte, sollte er auch aufgenommen werden. Ununterbrochen, nicht nur am Anfang, sondern auch während der Fortführung des Kontaktes, war abzuwägen, ob er für die HV A noch nützlich war. Dabei musste der Kontakt vom Inhalt her nicht immer das konkrete Ziel des IM verwirklichen. Er konnte auch für andere Zwecke relevant sein, beispielsweise zur Abdeckung/Legendierung, musste aber in jedem Fall eine Nützlichkeitsaussicht besitzen. Danach richtete sich dann der Einsatz der Mittel und die Intensität des Engagements. Die HV A konnte nicht in jeden Kontakt Zeit und Energie investieren, wenn nicht im Vorfeld die Überzeugung bestand, dabei einen wirklichen Erfolg erzielen zu können.

Bei der Abwägung, einen bestimmten Kontakt aufzunehmen, musste auch die Gefährlichkeit überprüft werden. Der IM konnte nicht sorglos zu einer Person Kontakt aufnehmen, ohne vorher zu prüfen, wie hoch sich dabei der Grad der Gefährlichkeit darstellte. Damit ist gemeint, dass der Kundschafter abwägen musste, ob sich ein Einsatz lohnte, wenn gleichzeitig die Gefahr bestand, enttarnt zu werden. Die Kontaktierung erforderte viel Fingerspitzengefühl, eine Arbeit mit dem Brecheisen führte zum Misserfolg, zumindest auf lange Sicht.

Die Gefahrenabwägung musste während der gesamten Dauer des Kontaktes erfolgen. Bei der Kontaktaufnahme mussten sich Zentrale und IM überlegen, wie der Kontakt abgedeckt werden konnte. Der Kundschafter musste einen nachvollziehbaren Grund haben, am Ort anwesend zu sein beziehungsweise diese oder jene Personen kennenzulernen.

Die Hauptarbeit des Kundschafters lag am Anfang in der Kontaktschaffung. Daraus ergab sich die Frage, wie umfangreich seine Kontaktarbeit nach der Übersiedlung sein sollte. Einerseits war er gezwungen, am Anfang eine Vielzahl von Personen kennenzulernen und mit ihnen in Verbindung zu treten, andererseits konnte sich der IM eine unbegrenzte Zahl von Kontakten aus Sicherheitsgründen und wegen der Gefahr einer leicht möglichen Verzettelung nicht leisten. Er musste darum nach dem Prinzip des größtmöglichen Erfolges alle unnützen, nicht mehr auszubauenden Kontakte abbrechen, auch wenn sie einmal nützlich gewesen waren.

Die Aufnahme von Kontakten musste zudem unter einer politischen Abwägung erfolgen. Jede Kontaktaufnahme barg, sobald sie vom Gegner erkannt worden war, nach den Erfahrungen der HV A die theoretische Möglichkeit in sich, als Provokation aufgefasst zu werden. Dies wiederum konnte der Gegner für sich ausnutzen. In der Zentrale war man sich darüber einig, dass der IM in den seltensten Fällen eine solche Situation hätte erkennen können, wenn sie vom Gegner gut vorbereitet worden war. Der Kundschafter musste deshalb von vornherein Handlungen vermeiden, die vom Gegner allzu leicht propagandistisch ausgenutzt werden konnten.[82]

Die Schaffung und Erhaltung von Kontakten

Es wurde grundsätzlich zwischen natürlichen Kontakten und solchen, die bewusst geschaffen worden waren, unterschieden.

Natürliche Kontakte waren solche zu Verwandten und Bekannten, gegebenenfalls aus früherer Zeit, die nach Nützlichkeit aufgefrischt werden konnten.

Bei geschaffenen Kontakten musste beachtet werden, dass es einen Personenkreis gab, der einer erhöhten Überwachung durch die westlichen Sicherheitsbehörden unterlag. Diese Überwachung war in der Regel routinemäßig organisiert und stützte sich nicht automatisch auf einen begründeten Verdacht. Nahm der IM Kontakt zu einer Person auf, musste vorab auch diese Möglichkeit überprüft werden. Wie sich der Kundschafter verhalten sollte, hing in solchen Fällen von der unbedingten Beratung mit den Führungsgenossen ab. Lag es im Aufgabenbereich, in gegnerische Bereiche einzudringen, musste der IM den Kontakt weiter ausbauen können. In anderen Fällen hatte der Kontakt zu solchen Personen und deren Verwandten in der Regel zu unterbleiben. In der Phase des Aufbaus der Basis wurde eine solche Kontaktierung als unzweckmäßig betrachtet. Die Zentrale vertrat die Auffassung, dass sich, solange die Grundlage der Arbeit nicht geschaffen war, die möglichen Gefahrenpunkte als zu groß erwiesen. Die Schaffung von Kontakten erfolgte in mehreren Etappen. Begann der Kundschafter mit seiner Arbeit, sollte er sich nicht darauf konzentrieren, alle für seine Arbeit wichtigen Leute sofort ins Blickfeld zu nehmen. Besser war es, sich erst einen allgemeinen Kontaktkreis zu schaffen, der vom Informationswert her nicht bedeutsam sein musste. Dieser Kontaktkreis brauchte nur eine Eigenschaft zu haben: Er musste selbst kontaktfreudig sein. Der IM sollte sich zuerst mit Personen in Verbindung setzen, die als Multiplikatoren (Basiskontakter) dienen konnten. Diese Basiskontakter konnten ein solides Fundament darstellen, das nach entsprechender Pflege auch Erfolge zeigte. Die Schaffung von Kontakten zu Personen konnte unterschiedliche Zwecke verfolgen. Sicherlich bestand das Ziel einer Kontaktierung letztlich darin, auch wenn sie nur als eine Vorstufe diente, Informationen zu gewinnen. Dies musste der Kundschafter als Ziel immer vor Augen haben.

Um aber diese Informationen von bestimmten Leuten zu erlangen, benötigte der IM andere Personen, die ihm dabei nützlich waren. So wurden reine Abdeckungskontakte gebraucht, die den Kundschafter bei der Arbeit mit den Informanten abdeckten. Diese Personen erfüllten nur den Zweck, von sich aus glaubwürdig zu sein und aufgrund des guten Verhältnisses zum IM als Leumund aufzutreten. Sie konnten Kontaktvermittler sein, das heißt, sie füllten keine andere Funktion aus, als den IM an eine andere Person weiterzuvermitteln. Solche Personen konnten nach der Kontaktvermittlung in der Regel ohne Schwierigkeiten wieder abgestoßen werden.

Es gab Personen, die dem IM bei der Besorgung gewisser Hilfsmittel gute Dienste leisten konnten. Menschen, die über Beziehungen verfügten und von denen der IM den einen oder anderen Hilfsdienst erlangen konnte, waren von entsprechender Nützlichkeit. Solche Hilfsdienste mussten keinen großen materiellen Wert besitzen. Wichtig konnten auch Kontakte zu anderen Personen im Zusammenhang mit der Realisierung operativer Kombinationen sein. Die kontaktierte Person war selbst nur Sprungbrett für die Erreichung eines ganz anderen Zieles.

Ein Kontakt konnte auch notwendig sein für die persönliche, berufliche sowie finanzielle Weiterentwicklung. Der Kundschafter musste also auch daran denken, dass er Kontakte zu Personen benötigen könnte, die ihm bei Bedarf in seiner Entwicklung behilflich wären.

Von besonderer Bedeutung wurden Kontakte zu Personen betrachtet, die als Sekundärinformanten dienten. Dies waren Menschen, die selbst keine bedeutsamen Informationen geben konnten, die aber für die operative Arbeit von großem Nutzen waren. Sie gaben Einblicke in die Situation, in bestimmte Probleme des Operationsgebietes, so dass der Kundschafter ständig informiert war. Solche Sekundärinformationen waren auch aus einem anderen Grund wichtig. Der Kundschafter selbst musste sich ständig ein Bild des Operationsgebietes machen. Er musste Veränderungen einschätzen, um selbst seinen Einsatz, das Tempo sowie die Mittel richtig bewerten zu können. Jede Entscheidung die er traf, musste die Situation in seinem Einsatzgebiet berücksichtigen.

Relevant war auch die Frage, wie sich der IM gegenüber Personen verhalten sollte, die von sich aus Kontakt zu ihm aufnahmen. Die HV A ging davon aus, dass solche Kontakte eher selten vorkommen würden. Der IM sollte im Regelfall selbst aktiv sein und nicht die Dinge auf sich zukommen lassen. Wenn das doch geschah, handelte es sich also nicht um Personen, die den Kontakt aufnahmen, weil der IM selbst eine solche Situation geschaffen hatte, sondern es handelte sich um Personen, die in einer unvorbereiteten und vom IM nicht beeinflussten Situation an ihn herantraten. Hierbei galt äußerste Vorsicht. Der IM durfte möglichst keine Einblickmöglichkeiten in seine persönlichen Verhältnisse zulassen. Es bestand hier die Gefahr, dass es sich um eine vom Gegner herangespielte Person handelte.

Der Kontakt musste so gehandhabt werden, dass er im Eventualfall – es konnte sich ja um ein harmloses, zufälliges Zusammentreffen handeln – auch aufgenommen und erhalten werden konnte. Generell aber galt Vorsicht, und erst nach Absprache mit der Zentrale durfte ein solcher Kontakt bearbeitet werden.

Bei der Schaffung von Kontakten zu Parteien und Organisationen ergaben sich folgende zwei Möglichkeiten:

1. Der IM konnte eine natürliche Verbindung bereits besitzen (möglicherweise aus seiner Vergangenheit).
2. Die Kontakte mussten selbst geschaffen werden, beispielsweise durch die Mitgliedschaft in Parteien. Die Angehörigkeit zu Organisationen allgemein politischen Charakters sowie sonstigen Vereinen wurde als bedenkenlos betrachtet und im Rahmen der Schaffung von Kontakten empfohlen.

Die Mitgliedschaft in Organisationen, Vereinen und Parteien konnte zu folgenden Zwecken erfolgen:

1. Durch sie konnte eine gewisse Abdeckung sowie ein positiver Leumund geschaffen werden.
2. In einer Organisation oder Partei lernte der IM viele Menschen kennen, konnte seinen »Schein« verkörpern und somit Personen mit seinem Bild vertraut und sich diese Personen zu Nutze machen, beispielsweise als spätere Wegbereiter oder Bürgen. Zudem sollte der IM Organisationen und Vereinen beitreten, um persönliche Kontakte zu schaffen und die Möglichkeit zu besitzen, mit Menschen in Verbindung zu treten, die für die Erreichung des Zieles bedeutsam waren.
3. Eine Partei oder Organisation konnte für die HV A selbst von hohem Informationswert sein. Der Kundschafter lernte viele Personen aus verschiedensten Berufen und mit weitreichenden Verbindungen kennen. Es wurde viel geredet, dabei wurden Nachrichten weitervermittelt. Eine Partei war immer Multiplikator von Informationen und Nachrichten. In diesem Sinn konnte der Kundschafter hier viele Informationen abschöpfen. Diese Informationen konnte er

unter Umständen auch als Mittel zur Herstellung von Kontakten sowie deren Festigung nutzen.

4. Die Mitgliedschaft in einer Partei oder Organisation konnte für die berufliche Karriere des IM von großer Bedeutung sein, da Parteien und Organisationen in der Bundesrepublik eine große Rolle spielten. Die Mitgliedschaft konnte für die Erlangung gewisser Positionen förderlich sein.[83]

Als Beispiel für den letzten Punkt seien Christel und Günter Guillaume erwähnt. Beide wurden nach ihrer Übersiedlung in die Bundesrepublik in den 1950er Jahren in der SPD aktiv. Günter Guillaume war seit 1964 hauptamtlich für die SPD tätig und stieg 1970 zum Referenten im Bundeskanzleramt auf. Dazu heißt es in einem Bericht: »Seit Anfang der sechziger Jahre übernahm Guillaume in zunehmendem Maße Aufträge als Werbefotograf und Journalist für die Monatszeitschrift und Wahlschriften des Bezirkes Hessen-Süd der SPD. Hierbei handelte es sich um eine freiberufliche Tätigkeit. Das Einzelhandelsgeschäft wurde im Mai 1963 abgemeldet …

Nachdem Guillaume 1957 in die SPD eingetreten war und in der Folgezeit verschiedene Parteifunktionen auf örtlicher Ebene ausgeübt hatte, wurde er am 1. März 1964 Geschäftsführer für den Unterbezirk Frankfurt der SPD. Ab Mai 1968 arbeitete er als Geschäftsführer der SPD-Stadtverordnetenfraktion in Frankfurt; außerdem wurde er im Oktober 1968 in die Stadtverordnetenversammlung gewählt und war im Frankfurter Wahlkreis 140 Wahlkreisbeauftragter des Bundesministers Georg Leber, der bei der Bundestagswahl 1969 einen hohen Anteil an Erststimmen erreichen konnte …

Die Ehefrau Guillaumes arbeitete zunächst in einem Verlag in Frankfurt (Main), von 1957 bis 1964 als Sekretärin im Bezirk Hessen-Süd der SPD und anschließend in der Staatskanzlei in Wiesbaden. Dort war sie zunächst Sekretärin des damaligen Staatssekretärs Birkelbach, danach Sachbearbeiterin …«[84]

Neben der Schaffung von Kontakten war deren Aufrechterhaltung sowie Bearbeitung eine Hauptaufgabe des Kundschafters im Operationsgebiet.

Es reichte nicht aus, lediglich einen nützlichen Kontakt zu schaffen, sondern dieser musste auch sorgfältig gehalten und gepflegt werden, sollte er seinen Zweck erfüllen. Dies konnte durch regelmäßige Zusammenkünfte, die Vermittlung von Hilfsdiensten, das Anbieten von Unterstützung oder auf vielfältige andere Art und Weise erfolgen. Auch für kleine Präsente und Freundschaftsdienste sind viele Menschen empfänglich. Freundschaftsdienste beispielsweise erreichten im persönlichen Verhältnis zwischen IM und Zielperson oft mehr, als lange und anstrengende Diskussionen.

Die HV A betrachtete es als wichtig, dass der Kundschafter planmäßig alle Personen, von denen er überzeugt war, dass diese für seine Arbeit von Bedeutung waren, regelmäßig, dem Interesse nach abgestuft, betreute.

Fehlhandlungen, deren Vermeidung und Probleme von Übersiedlungs-IM

Fehlhandlungen im Prozess der Vorbereitung auf den Einsatz im Operationsgebiet und ihre Bedingungen

Die Eröffnung der operativen Perspektive

Für den Übersiedlungskandidaten eröffnete sich mit der Kontaktierung und Werbung völlig neues Wissen. Ihm war zwar bekannt, dass es die Staatssicherheit gab und dass diese sich mit Aufklärungsaufgaben im westlichen Ausland befasste. Die Einzelheiten der Aufgaben und Arbeitsweisen des MfS waren jedoch nicht bekannt, und die Vorstellung, dass seine Person zur Realisierung der Aufgaben der Staatssicherheit benötigt wurde, war dem Kandidaten zunächst fremd.

Bei der Werbung wurde vom Kandidaten eine politische Entscheidung gefordert. Zunächst wurde damit seine politisch-ideologische Haltung angesprochen. Der fest mit der DDR verbundene Kandidat fühlte sich oftmals geehrt durch das ihm entgegengebrachte Vertrauen, aber die Entscheidungssituation war für ihn in der Regel mit zweierlei Belastung verbunden:

1. Was die nachrichtendienstliche Mitarbeit an Pflichten und Belastungen mit sich brachte, konnte der Kandidat bei der Werbung nicht einschätzen. Diese Unüberschaubarkeit der objektiven Umstände erschwerte ihm die Entscheidung. Demnach bildete sich der Kandidat Vorstellungen über die Anforderungen, spätestens beim Werbegespräch, und verglich diese mit seinem Leistungsvermögen. Daraus ergaben sich Überlegungen, ob er von seiner Persönlichkeit her (Stabilität, Energie, Fähigkeiten) imstande wäre, die gestellten Aufgaben zu erfüllen. Im Ergebnis konnte es beim Kandidaten zu Selbstunsicherheit kommen, was sich unter Umständen durch die Ablehnung der Werbung äußerte.

2. Im Zusammenhang damit war der Kandidat gezwungen, sich mit der Frage auseinanderzusetzen, ob und wie er in der Lage wäre, die neuen Anforderungen der operativen Tätigkeit mit seinen Pflichten in anderen gesellschaftlichen Bereichen (Arbeit, Familie, gesellschaftliche Betätigung) in Einklang zu bringen. Gelang es dem Kandidaten nicht, sich bereits zu diesem Zeitpunkt eine Vorstellung darüber zu bilden, konnte sich schon im Werbeprozess ein Rollenkonflikt entwickeln, der, wenn es überhaupt zur Werbung kam, die weitere Zusammenarbeit belastete.

Die Sicherung der Entscheidung des Kandidaten beim Werbegespräch musste durch den operativen Mitarbeiter gewährleistet werden, indem er den Prozess der

Kontaktierung und allmählichen Einbeziehung des Kandidaten, dessen politische Standhaftigkeit, seine Persönlichkeitseigenschaften, seine Stellung im Arbeitskollektiv sowie seine Beanspruchung durch berufliche, gesellschaftliche und familiäre Pflichten genau studierte. Er konnte damit bei der Werbung überzeugend darlegen, dass der Kandidat sowohl von seinen objektiven Möglichkeiten als auch von seinen Fähigkeiten her in der Lage war, die zu erwartenden Aufgaben zu realisieren.

Eine wesentliche Bedingung war ein gutes Verhältnis zwischen dem Führungsoffizier und dem Kandidaten beziehungsweise dem IM. Der Kandidat beziehungsweise der IM musste bei Fragen oder Bedenken beim Führungsoffizier auf Verständnis sowie auf die Bereitschaft zur gemeinsamen Findung von Lösungswegen stoßen. Die Eröffnung der operativen Perspektive musste also Alternativen für die persönliche Perspektive des IM offen lassen. Auf diese Weise schuf der Führungsoffizier von vornherein die Voraussetzung, dass die Bereitschaftserklärung zur nachrichtendienstlichen Mitarbeit nicht mit unausgesprochenen Zweifeln belastet wurde, die sich zu gefährlichen Konflikten ausweiten konnten.

Die Bereitschaftserklärung des Kandidaten wurde durch dessen stabile Persönlichkeitseigenschaften wesentlich beeinflusst.

Da bei der Werbung stets die politisch-moralischen Haltungen des Kandidaten mit angesprochen wurden, konnte aus dieser Situation heraus bereits ein Konflikt entstehen. Dies war in der Regel nicht der Fall, wenn die persönlichen Lebensmaximen des IM, seine weltanschauliche Grundhaltung, so beschaffen waren, dass die Zusammenarbeit mit dem MfS für den IM ein Bedürfnis darstellte. Nicht jeder Kandidat aber hatte eine solche Grundhaltung. Erschien die Zusammenarbeit für ihn in der Phase der Werbung beispielsweise mangels anderer Informationen zunächst nur als zusätzliche Arbeit, die sich in ihrer politischen Wertigkeit nicht von anderen Tätigkeiten abhob, so wurde eventuell aufgrund einer hohen Bequemlichkeitshaltung die Bereitschaftserklärung zur Zusammenarbeit entweder nicht gegeben oder aber nur unter dem äußeren Zwang, das Gesicht als verantwortungsvoller Genosse nicht zu verlieren. Ein derartiges inneres Verhalten schlug sich früher oder später in unzureichenden oder oberflächlichen operativen Leistungen nieder.

Anders geartete Konflikte konnten entstehen, wenn die Entscheidungssituation der Werbung selbstunsichere Persönlichkeiten betraf. Solche Kandidaten lebten oft ständig in der Vorstellung, Forderungen nicht nachkommen zu können beziehungsweise Fehler zu machen.

Eine Zustimmung zur Zusammenarbeit, eventuell noch von der Angst vor Konsequenzen einer Ablehnung mitbestimmt, konnte in der Folgezeit zu erheblichen Problemen führen, wenn Aufgaben auf den IM zukamen, die Selbstvertrauen, Mut und Risikobereitschaft verlangten. Aber auch ein Mensch mit mangelndem Selbstvertrauen, der sich die nachrichtendienstliche Arbeit nicht zutraute oder ängstlich war, konnte gegebenenfalls die Mitarbeit zusagen, weil er glaubte, seine Angst nicht eingestehen zu können, oder weil er sich ihrer schämte, beziehungsweise weil er glaubte, als disziplinierter Genosse seine Zustimmung geben zu müssen. Es entstanden hier also Probleme durch den nicht gelösten Widerspruch zwischen der politisch-moralischen Einstellung sowie dem Mangel an Mut und Risikobereitschaft. Eine ständig vorhandene Ängstlichkeit konnte dann auch nicht durch positive politische Haltungen gegenüber dem MfS ausgeglichen werden.

Beispiel:

Ein politisch bewusster Mensch wurde als IM geworben. Im Laufe der Vorbereitung der Übersiedlung führte er ohne Beanstandungen mehrere Reisen in das Operationsgebiet durch. Während der Legalisierungsphase in der Bundesrepublik wurde er zweimal zu leitenden Mitarbeitern des Einwohnermeldeamtes vorgeladen und über das Drittland, aus dem er gemäß Legende gekommen war, sowie zu den Gründen der Übersiedlung befragt. Als der IM bei einem DDR-Treff über das Vorkommnis berichtete, ergab sich, dass er aufgrund seiner Ängstlichkeit nicht wieder in das Operationsgebiet geschickt werden konnte, obwohl die HV A davon ausging, dass es sich nur um eine Routinemaßnahme der Behörde handelte.

Probleme waren allerdings nicht nur bei selbstunsicheren Persönlichkeiten zu erwarten. Auch IM-Persönlichkeiten mit Eigenschaften, die offenbar der Durchführung der nachrichtendienstlichen Arbeit dienlich waren, konnten Fehlhandlungen hervorrufen, die bereits in den Motiven der Werbung ihren Ausgang hatten. Es handelte sich dabei um abnorm selbstsichere Menschen, die mit großer Souveränität an alle ihnen übertragenen Aufgaben herangingen, weil sie in ihnen die Möglichkeit der Selbstbestätigung sahen. Sie gaben die Zustimmung zur Zusammenarbeit manchmal leichtfertig, ohne Prüfung der inneren Skrupel sowie der vorhandenen Möglichkeiten und Fertigkeiten. Aus einer solchen Einstellung resultierend Sorglosigkeit, Leichtfertigkeit und Selbstüberschätzung führten oft zu Fehlhandlungen in der operativen Arbeit.

Beispiel:

Ein lediger IM, Übersiedlungskandidat, stellte sich die Kundschaftertätigkeit aufgrund seiner Selbstüberschätzung zu einfach vor. Er sah in der nachrichtendienstlichen Tätigkeit unter anderem eine Möglichkeit, mit seinen Fähigkeiten zu glänzen. Aus seinem Geltungsbedürfnis heraus dekonspirierte er sich gegenüber seiner Braut, die durch einen Briefwechsel anlässlich einer operativen Reise sogar sein Übersiedlungspseudonym erfuhr. Ferner dekonspirierte er sich gegenüber DDR-Grenzkontrollorganen bei einer operativen Reise sowie gegenüber einem älteren Genossen, den er zufällig in einer Gaststätte getroffen hatte (»In sechs Tagen gehe ich an die Front.«).

Andere problematische Situationen waren bei der Konfrontation mit übergenauen Persönlichkeiten zu erwarten. Ein übergenauer Kandidat konnte die Zusammenarbeit ablehnen, weil er prinzipiell nicht produktiv arbeiten zu können glaubte, wenn er die Aufgaben nicht in allen Konsequenzen überschaute. Er konnte auf die Werbung aus politischen Motiven zwar eingehen, scheiterte aber später unter Umständen an dem Konflikt zwischen operativer Pflichterfüllung und dem persönlichkeitseigenen Streben, alles genau zu wissen, um Entscheidungen zu treffen.

Es ist aus dem Aufgezeigten offensichtlich, dass das sorgfältige Studium von Persönlichkeitseigenschaften und ihre Beachtung im Prozess der Kontaktierung und Werbung mithelfen konnten, Ansätze für mögliche spätere Fehlhandlungen besser zu erfassen und aufzudecken. Es ist zugleich sichtbar, dass die objektive Situation der Werbung sowie das Vorgehen des Führungsoffiziers bei dieser unter Berücksichtigung solcher Erkenntnisse Einblicke in die Persönlichkeit des IM gestatteten, die die Eignung eines Kandidaten zwar akzentuierten, aber durchaus nicht immer negieren mussten. Die Art der Verpflichtung, Instruktion und Führung des IM konnte solche Besonderheiten, wenn sie bekannt waren, oft zweckmäßig berücksichtigen und ausgleichen.

Wichtig war aus Sicht der HV A, dass neue Etappen der nachrichtendienstlichen Zusammenarbeit nicht eher eröffnet wurden, als es das gründliche Studium der Persönlichkeit des IM und dessen Entwicklung bis zu diesem Zeitpunkt zuließen. Dies galt besonders für die Offenbarung der Übersiedlungsabsicht. Bei Nichtbeachtung dieser Grundsätze schuf der Führungsoffizier objektive Handlungs- und Entscheidungssituationen für den IM, die von diesem mangels entsprechender Erkenntnisse und Erfahrungen nicht oder nur schwer zu bewältigen waren. Die Einhaltung der gültigen Regeln und Weisungen trug wesentlich dazu bei, die Situation für den IM in den ersten Phasen der Zusammenarbeit zu entschärfen und Fehlhandlungen vorzubeugen.

Bisher war von Personen die Rede, die fest mit der DDR verbunden waren. Anders verhielt es sich, wenn eine politisch indifferente oder negativ gesinnte Person als Übersiedlungskandidat kontaktiert und geworben werden sollte. Die Kontaktierung und Werbung solcher Personen war normalerweise nur möglich, wenn ihre Einstellung nicht erkannt worden war, weil sie sich ihrer gesellschaftlichen Umwelt in der DDR angepasst hatten und nach außen hin fest auf dem Boden der DDR stehende Haltungen und Verhaltensweisen zur Schau stellten.

Da sie derart das Spielen einer Doppelrolle gewohnt waren, fiel es ihnen oftmals auch nicht schwer, den bewussten IM zu spielen. Ein solcher Kandidat erklärte sich zur Zusammenarbeit bereit, weil er glaubte, dies seiner angepassten Rolle als fortschrittlicher Bürger schuldig zu sein. Der Zweifel an der moralischen Berechtigung der operativen Arbeit war für solche Menschen eine psychische Belastung. Sie waren bestrebt, sich der Zusammenarbeit nach Möglichkeit zu entziehen, indem sie nachrichtendienstlichen Aufträgen auswichen beziehungsweise diese oberflächlich oder unvollständig ausführten. Gelang dies nicht, konnte es zu Fehlhandlungen (Dekonspiration) kommen.

Beispiel:

Ein IM, mittlerer leitender Kader in einem Volkseigenen Betrieb, fachlich versiert, aber oberflächlich, hatte politische Vorbehalte und Zweifel. Trotz anfänglicher Bemühungen, die Aufträge der Staatssicherheit zu erfüllen, wurde ihm die Zusammenarbeit zu viel: »*Ich war damals unentschlossen und wusste nicht, wie ich mich aus meinen Zweifeln lösen konnte. Ich habe sehr oft und lange gegrübelt.*« *Bei der Erarbeitung der schriftlichen Verpflichtung:* »*Die Strafbestimmungen haben mich wieder besonders beschäftigt und mir neue Komplexe verursacht und nervliche Belastungen.*« *Später:* »*Ich sah keinen Ausweg mehr, mit der Arbeit beim MfS aufzuhören, die eine sehr hohe Konzentration verlangte; obwohl ich wusste, dass ich den Anforderungen nicht mehr gewachsen war, hatte ich nicht den Mut, das zuzugeben, weil ich fürchtete, dass dann alle politischen Unklarheiten usw. zu Tage treten mussten.*«

Zu unterscheiden von dieser angepassten Person waren die Karrieristen. Diese hätten zunächst alles getan, um den an sie gestellten Anforderungen nachzukommen, um sich Vorteile zu verschaffen. Oftmals war das karrieristische Verhalten durch besondere Einsatzfreude oder Bewusstheit des Handelns gut getarnt. Karrieristen erlebten die Anforderungen der operativen Zusammenarbeit nicht als Belastung. Bei ihnen war die Gefahr von Fehlhandlungen besonders groß, weil die persönliche Bedürfnisbefriedigung als verborgenes und dominierendes Motiv der Zusammenarbeit fungierte. Wenn sich die von den Kandidaten an die Zusammenarbeit gestellten Erwartungen nicht realisierten, konnten Karrieristen schwerwiegende Fehlhandlungen (Missbrauch der Zusammenarbeit, Dekonspiration, Verrat) begehen. Hier war seitens der Führungsoffiziere und ihrer Vorgesetzten das ständige gründliche Studium der Kandidaten und IM erforderlich, um so frühzeitig wie möglich die negative oder ungeeignete Person unter der Maske des vorbildlichen Genossen zu erkennen.[85]

Die Forderung absoluter Ehrlichkeit und Offenheit

Der Führungsoffizier musste absolute Ehrlichkeit und Offenheit in den eigenen Angelegenheiten des IM fordern. Dies führte zu Konflikten auch bei IM, die aus voller Überzeugung zur nachrichtendienstlichen Zusammenarbeit bereit waren, jedoch die Meinung vertraten, nicht jeden Winkel des Privatlebens vor dem Führungsoffizier öffnen zu müssen. Dies konnte verschiedene Ursachen haben, beispielsweise eine zu schützende Intimsphäre oder unmoralische Denk- und Verhaltensweisen (außereheliche Beziehungen, Alkoholmissbrauch). Daraus konnten zunächst unrichtige oder unvollständige Angaben gegenüber dem Führungsoffizier resultieren, bei Verstärkung im weiteren Verlauf der operativen Arbeit aber auch andere Fehlhandlungen. Dies traf insbesondere bei solchen Aufgaben zu, für die die verschwiegenen Umstände bedeutsam waren, beispielsweise nachrichtendienstliche Aufträge über mehrere Tage bei großer Eifersucht des Ehepartners oder Kontaktierungen in Gaststätten durch zu Alkoholmissbrauch neigende IM.

Ähnlich verhielt es sich mit den Forderungen, die sich auf die Entwicklung des abwehrmäßigen Denkens und Handelns bezogen, insbesondere mit der vom Führungsoffizier geforderten Offenbarung aller Beziehungen zu anderen Personen (Verwandte, Bekannte, Arbeitskollegen) sowie deren Einschätzung. Falsche verwandtschaftliche Gefühle, falsche Freundschaft (Kumpelhaftigkeit) sowie falsche Kollegialität, die im Widerspruch zu dieser Forderung standen, konnten zu Problemen bei den IM führen (»Ich bin doch kein Spitzel«). Die betroffenen IM konnten zur Schönfärbung der Einschätzungen neigen, um niemanden zu belasten. Die aus dem Konflikt zwischen den Forderungen des MfS und der Haltung der IMs resultierende psychische Belastung konnte zur Dekonspiration führen.

Schließlich konnte die Belastung durch eine solche Konfliktsituation zu Störungen des gesundheitlichen Befindens, zu Schlafstörungen und Grübeleien führen. Besonders korrekte Personen, die in ihrem bisherigen Leben gewohnt waren, alle Probleme offen anzusprechen, wurden mit Beginn der IM-Tätigkeit durch die Notwendigkeit, sich gegenüber Angehörigen, Bekannten und Freunden konspirativ zu verhalten, teilweise erheblich belastet. Führte ein IM eine harmonische Ehe und der Informationsaustausch zwischen beiden Partnern geschah stets vertrauensvoll, so entstanden aus dem Zwang zum Schweigen, zur Legendierung von Abwesenheit oder anderen Erfordernissen nicht selten Fehlhandlungen, die gelegentlich den Beginn einer Störung der Eheharmonie darstellten, die oft erst später offenkundig wurde, zum Beispiel in der Legalisierungsphase im Operationsgebiet.

Solche Konflikte und die daraus möglicherweise resultierenden Fehlhandlungen konnten durch ein wirkliches Vertrauensverhältnis zum Führungsoffizier verringert werden. Ein solches Vertrauensverhältnis sollte nach Auffassung der HV A insbesondere dadurch erzielt werden, dass überzeugende Argumente für die Notwendigkeit absoluter Offenheit und Ehrlichkeit gebraucht, Zweifel und Probleme des IM nicht leichtfertig abgetan wurden sowie Hilfe zur Überwindung von Pflichtkollisionen geleistet wurde. Dazu gehörte, dass der Führungsoffizier für solche Schwierigkeiten des IM sowie Probleme dieser Art Verständnis zeigte und diese nicht als kleinbürgerlich oder ähnlich abtat. Erforderlich war jedoch auch ein ständiges Studium des IM seitens des Führungsoffiziers in den verschiedensten Lebensbereichen sowie des Charakters seiner Partnerbeziehungen, um Probleme noch vor Entstehen der Fehlhandlung zu erkennen und sie zur Sprache zu bringen. Ein solches Vertrauensverhältnis setzte Vertrauen und Offenheit des Führungsoffiziers zum IM voraus. Wenn Versprechen des MfS nicht eingehalten oder geweckte Erwartungen nicht erfüllt wurden, konnte nicht mit einer vertrauensvollen Öffnung des IM gerechnet werden.[86]

Die Anforderungen der nachrichtendienstlichen Arbeitsweise

Nach der Verpflichtung wurde der IM über einen längeren Zeitraum mit den Erfordernissen des konspirativen Verhaltens sowie der Anwendung spezifisch nachrichtendienstlicher Mittel und Methoden vertraut gemacht. Er musste absolute Verschwiegenheit gegenüber dem Ehepartner und dem Arbeitskollektiv wahren, er erlernte die Absicherung bei Treffs, den Gebrauch von Legenden und operativen Dokumenten, Deckadressen und Pseudonymen (einschließlich Pseudo-Lebensläufen) sowie die Kontaktierung von Personen.

Bereits durch die Einhaltung der Konspiration wurden vom IM Verhaltensweisen gefordert, die von den bisher für ihn gültigen Verhaltensregeln stark abwichen. Als Genosse war er es bisher gewohnt, alle wichtigen Fragen mit dem Kollektiv zu beraten. Als Ehepartner hatte er alle Probleme mit dem Gatten oder der Gattin besprochen, es gab vor dem Partner keine Geheimnisse. Je tiefer die normalen Verhaltensregeln im IM verfestigt waren, je entwickelter die Persönlichkeit war, desto mehr feste Verhaltensmuster lagen bereits vor, deren Durchbrechung die HV A fordern musste. Zwar bestand vom objektiven Inhalt her kein Gegensatz zwischen den gewohnten Verhaltensmustern und der Konspiration, es kam aber darauf an, wie dies vom IM subjektiv empfunden und verarbeitet wurde und ob es ihm gelang, seine bisherigen Verhaltensmuster entsprechend den Erfordernissen der nachrichtendienstlichen Arbeit zu modifizieren.

Der IM musste lernen, seine Funktionen in unterschiedlichen gesellschaftlichen Bereichen (MfS einerseits und Familie, Kollektiv andererseits) voll zu erfüllen. Auch wenn der IM den Widerstreit der Pflichten zugunsten der operativen Pflichten entschied, stellte die Durchbrechung der bisherigen Verhaltensmuster eine hohe psychische Leistung dar. Der Führungsoffizier musste mit der Möglichkeit rechnen, dass der IM mit dieser Leistungsanforderung überfordert war und in einen Konflikt geriet, der zu Fehlhandlungen (Konspirationsverletzungen) führen konnte. Der Führungsoffizier musste ein solches Versagen zu vermeiden suchen, indem er zum einen die Notwendigkeit des konspirativen Verhaltens überzeugend begründete und dem IM half, mit seiner möglicherweise psychischen Belastung durch intellektuelle Steuerung fertig zu werden. Zum anderen musste er ernstlich prüfen, ob nicht diese Belastung auch objektiv abgebaut werden konnte. Wenn beispielsweise die baldige Einbeziehung des Ehepartners möglich war, wurde die Situation für den IM auf einem wesentlichen Teilgebiet erleichtert.

Etwas anders verhielt es sich bei den Mitteln und Methoden der nachrichtendienstlichen Tätigkeit. Hier ging es weniger um die Durchbrechung gewohnter als vielmehr um die Ausbildung völlig neuer, ungewohnter und komplizierter Verhaltensweisen. Die Neuheit, Ungewohntheit sowie Kompliziertheit konnte das Erlernen und Anwenden dieser Mittel und Methoden zu einer psychischen Belastung machen. Dies konnte bei den IM zu Fehlhandlungen verschiedener Art führen, beispielsweise zum Vergessen oder Übersehen relevanter Umstände oder Gegenstände, zu Unsicherheiten im Umgang mit nachrichtendienstlichen Mitteln, zu Verkrampfungen oder zum Auftreten verräterischer vegetativer Reaktionen (Erröten, Zittern), so dass die IM auffällig wurden, sich oder andere Personen und Objekte dekonspirierten und die Realisierung von Aufgaben, zum Beispiel Kontaktierungen oder Observationen, in Frage stellten. Diese Gefahr bestand aus Sicht der HV A vor allem bei zusätzlicher Belastung durch anderweitige Probleme (Betrieb, Familie) sowie bei Persönlichkeitseigenschaften wie Übervorsichtigkeit, Ängstlichkeit oder Gehemmtheit.

Das Erlernen neuer Verhaltensmuster war ein länger andauernder Prozess, der nicht fehlerfrei funktionierte. Wurde die Toleranzgrenze der Belastbarkeit des IM durch ein Zuviel an Aufgabenstellungen und Informationen überschritten, so stieg die Gefahr der Sättigung sowie des Ausbrechens aus dieser Lage.

In der Regel bemühte sich der IM um die Bewältigung der Anforderungen und setzte sein ganzes Streben und Können ein, um die gestellten Aufgaben zu schaffen. Durch die Doppelbelastung von offizieller und inoffizieller Tätigkeit war er jedoch einem langfristigen Leistungsdruck ausgesetzt. Er stand also unter Stress. Bei einer stabilen Persönlichkeitsstruktur konnte dieser Stress adäquat verarbeitet werden. Waren jedoch durch die Anforderungen der inoffiziellen Arbeit bestimmte instabile Persönlichkeitseigenschaften eines IM besonders beansprucht (beispielsweise die Emotionalität bei einem IM, der vieles über seine Gefühlssphäre realisierte), konnte es zu nachhaltigen Störungen in der Regulation des vegetativen Nervensystems mit Reduzierung des allgemeinen Befindens kommen. Daraus entwickelten sich spezifisch organbezogene Störungen, zum Beispiel Herzschmerzen, Magenbeschwerden, Darmstörungen oder Schlafrhythmusveränderungen. Diese traten anfangs nur im Zuge der Realisierung der Anforderungen auf, später verselbstständigt, also auch ohne diese. Der IM war dann krank und empfand diese Krankheit. Seine Leistungen ließen nach, er bemerkte zunächst eine Veränderung beim Fällen von Entscheidungen, die bis zur Unfähigkeit zu entscheiden reichen konnten.

Dem Führungsoffizier präsentierten sich diese funktionellen Erkrankungen zunächst aus operativer Sicht als mangelnde oder oberflächliche Berichterstattung, als Unpünktlichkeit beim Treff oder Abwehren von neuen Aufgaben. Sie konnten als Nichtwollen, Oberflächlichkeit oder ideologische Schwäche fehlgedeutet werden. Der Führungsoffizier musste deshalb über diese möglichen Auswirkungen von Belastungen Bescheid wissen, um sie einerseits richtig einzuordnen und andererseits der Überbelastung vor allem dadurch vorzubeugen, dass er die Mittel und Methoden der nachrichtendienstlichen Tätigkeit so allmählich einführte, dass keine Häufung eintrat. Weiterhin musste er darauf achten, dass der IM zum betreffenden Zeitpunkt nicht bereits durch andere Anforderungen belastet war. Beim Studium der Persönlichkeit des IM hatte der Führungsoffizier auf Eigenschaften zu achten, die Probleme bei der Bewältigung nachrichtendienstlicher Mittel und Methoden auslösen konnten und diese bei der Ausbildung, Erziehung und Beauftragung des IM einzukalkulieren.[87]

Die Doppelbelastung durch erste operative Einsätze

Die Konflikte mit betrieblichen und familiären Pflichten

Die ersten Aufträge zu kurzfristigen Reisen in das Operationsgebiet stellten die IM vor neue, ungewohnte und komplizierte Aufgaben. Sie mussten zunächst ihre Abwesenheit bei der Arbeitsstelle, in der Familie sowie gegebenenfalls im Bekanntenkreis legendieren. Die IM mussten Vorsorge treffen, dass durch ihre Abwesenheit keine Komplikationen auf der Arbeit oder in der Familie entstanden. Oft mussten sie in Kauf nehmen, wegen der anscheinenden, aber operativ bedingten Verletzung der beruflichen oder gesellschaftlichen Pflichten kritisiert zu werden. Hinzu kam, dass sich die IM in der Vorbereitung und Realisierung des Einsatzes ganz auf die nachrichtendienstliche Aufgabenstellung zu konzentrieren hatten. Sie mussten möglichst alle Gedanken an die Arbeitsstelle und die Familie verdrängen. Umgekehrt mussten sie nach Absolvierung des Einsatzes wieder völlig umschalten und die vielfältigen Aufgaben der Arbeit und in der Familie ausfüllen. Zudem muss die physische Beanspruchung durch kurzfristige und unvorhersehbare Einsätze berücksichtigt werden (häufig mit Schlafdefizit und Wegfall des Wochenend-Erholungseffekts verbunden), die eine Leistungsminderung zur Folge hatte. Durch die Häufung der Anforderungen und Leistungen trat eine starke Belastung der IMs auf. Bei Nichtbewältigung dieser gegensätzlichen Anforderungen konnten Rollenkonflikte entstehen oder sich verstärken. Da es kaum möglich war, völlig von den betrieblichen und familiären Problemen abzuschalten, beschäftigten diese Probleme die IM während des Einsatzes mehr oder weniger, zum Beispiel die Fragen, ob am Arbeitsplatz alles glatt lief und die Legende geglaubt wurde oder welche betrieblichen Aufgaben bevorstanden. Dies konnte zur Minderung der Konzentration hinsichtlich der operativen Aufgabe und zu Unsicherheiten führen, wodurch Fehlhandlungen wie das Übersehen einer gegnerischen Maßnahme, ungenügende Wahrnehmung und Einprägung bedeutsamer Sachverhalte oder die mangelhafte Befolgung einer vorgegebenen Verhaltensweise unterlaufen konnten.

Durch den Führungsoffizier konnten die durch die Doppelbelastung entstehenden Gefahren von Fehlhandlungen nicht beseitigt oder vermieden werden. Er musste aber bestrebt sein, die Doppelbelastung und ihre möglichen Auswirkungen so gering wie möglich zu halten, indem er dem IM einerseits ausreichend Zeit ließ, die notwendigen Vorkehrungen und Legendierungen vorzunehmen, und erforderlichenfalls selbst für eine Abdeckung bei den Vorgesetzten des IM Sorge trug. Zudem hatte der Führungsoffizier durch gründliche Vorbereitung sowie ausführliche Erörterung aller Details des Auftrags dem IM die größtmögliche Sicherheit zu vermitteln.[88]

Die erste operative Reise und Grenzpassage

Die erste Grenzpassage stellte für den IM eine operative Situation mit besonderen Belastungen dar. Hier hatte er seine erste Begegnung mit gegnerischen Organen und hier mussten sich erstmalig die bis dahin lediglich theoretisch erlernten Verhaltensrichtlinien, die Legende sowie die operative Dokumentation bewähren.

Was diese Situation von allen bisher erlebten unterschied, ist, dass der IM erstmalig völlig auf sich allein gestellt war und die HV A im Fall einer Panne nicht unmittelbar helfend eingreifen konnte. Erstmalig war also eine nachrichtendienstliche Handlung mit einem persönlichen Sicherheitsrisiko für den IM verbunden. Diese objektiv mit der Vorbereitung und Durchführung der Grenzpassage verbundenen Umstände, die im Wesentlichen durch Neuheit, Kompliziertheit, Unüberschaubarkeit und Gefährlichkeit der Situation charakterisiert werden können, konnten zu mannigfachen Belastungen und möglicherweise zu Konflikten beim IM führen.

Dass es möglich wäre, mittels der erhaltenen Verhaltensrichtlinien, Legenden und operativen Ausrüstung die Grenze zu passieren, war für den IM zunächst lediglich eine Hypothese, deren Überprüfung sich für ihn mit Unsicherheitsfaktoren und Gefahren verband. Dazu kamen die Unsicherheit, ob die dem IM vermittelten Regimekenntnisse auch wirklich ausreichten, mögliche Zweifel an der Qualität der operativen Dokumentation, Furcht vor den Fähigkeiten der westlichen Kontrollbeamten oder Bedenken bezüglich unvorhersehbarer Zufälle. Möglich waren ferner Zweifel des IM an seiner eigenen Fähigkeit, sich entsprechend der Legende zu verhalten sowie vegetative Auffälligkeiten (Zittern, Erröten, Stammeln) zu vermeiden. Mögliche Folgen aller solcher Erwägungen, Probleme und Konflikte waren Unsicherheiten sowie mangelnde Entscheidungsleistungen und letztlich Dekonspiration durch unangemessenes Verhalten.

Da die erste Grenzpassage beziehungsweise erste Reise in das Operationsgebiet die Belastungen akut erhöhte und das Risiko des Versagens schlagartig stieg, war es erforderlich, dass sich der Führungsoffizier im Laufe der bis zu diesem Zeitpunkt realisierten Zusammenarbeit einen tiefen Einblick in die Persönlichkeit des IM verschafft hatte. Durch die ständige Analyse der Art und Weise der Anforderungsbewältigung des IM, die unmittelbare Rückkopplung von notwendigen Veränderungen am IM sowie Registrieren seiner Reaktionen war dies möglich. Es ergab sich daraus ein Bild, das das normgemäße Vorgehen des IM in der nachrichtendienstlichen Arbeit zeigte und damit eine Aussage über die wahrscheinliche Bewältigung auch dieser speziellen Anforderung der ersten Grenzpassage gestattete. Dies wiederum konnte der Führungsoffizier seinem IM darlegen und so dessen Zuversicht und Ruhe für diese Aufgabe positiv beeinflussen.

Aufgabe des Führungsoffiziers war es, dem IM zur Vorbereitung des ersten Einsatzes im Westen eine hohe Sicherheit zu vermitteln, indem er ihn tiefgründig mit den erforderlichen Regimekenntnissen ausstattete, vor allem hinsichtlich des Verlaufes der Grenzpassage.

Wichtig war, dem IM durch die Vermittlung von Erfahrungen anderer inoffizieller Kräfte (einschließlich der Schilderung, wie sie auftretende psychische Probleme gemeistert hatten beziehungsweise welche Schwierigkeiten sie dabei gehabt hatten) die Gewissheit zu verschaffen, dass die von der Zentrale vorgegebenen Richtlinien auf gesicherten Erkenntnissen beruhten, die in der Praxis geprüft waren. Dem IM musste andererseits Klarheit darüber vermittelt werden, dass auch die beste Qualität der Ausrüstung und Unterweisung durch die Zentrale keine Risikofaktoren ausschließen konnte, die der operativen Arbeit im Westen naturgemäß anhafteten. Eine Wirkung des nachrichtendienstlichen Risikos konnte und musste durch die HV A niedrig gehalten werden. Dem IM konnte über seine moralisch-politische Grundhaltung die Notwendigkeit des Risikos bewusst gemacht werden, so dass diese Haltung stimulierend auf Eigenschaften wie Selbstüberwindung und Mut wirkte. Zum anderen sollte dem IM der Zusammenhang zwischen dem persönlichen Risiko und dem eigenen Verhalten anschaulich bewusst gemacht werden, so dass auch das persönliche Sicherheitsbedürfnis als Stimulator für das operativ richtige Verhalten wirkte. Schließlich konnten dem IM auch für konkrete Gefahrensituationen detaillierte Verhaltenslinien vermittelt werden. Auf diese Weise leistete der Führungsoffizier einen wesentlichen Beitrag dazu, dass der IM mit Selbstbewusstsein und Sicherheit in seinen ersten Einsatz gehen konnte.

Dies war jedoch für die Vorbereitung nicht ausreichend, denn als wichtig erwies sich auch der allgemeine gesundheitliche Zustand des IM. Es galt die Voraussetzung, dass er medizinisch überprüft und für den Einsatz als tauglich befunden worden war. Diese medizinische internistische Überprüfung sollte im Idealfall bereits unter dem Gesichtspunkt eines Daueraufenthalts im Operationsgebiet vor der ersten Reise vorgenommen werden, obwohl dem IM die Übersiedlungsperspektive zu diesem Zeitpunkt noch nicht bekannt war. IM, die aus Gründen körperlicher Beschwerden, sei es auf organischer oder funktioneller Basis, regelmäßig Medikamente einnehmen mussten, waren als Übersiedlungskandidaten zwar nicht schlechthin ungeeignet, solche Umstände mussten aber Veranlassung sein, die Eignung im Zusammenhang mit allen Bedingungen der nachrichtendienstlichen Aufgabenstellung sowie der Persönlichkeit besonders zu überprüfen. Zweifel an der Eignung zur Übersiedlung entstanden auch bei solchen IM, deren Befragung ergab, dass sich in vorangegangenen Belastungssituationen (Examen, Studium, Bewährungssituationen) länger oder kürzer anhaltende Schlafstörungen gezeigt hatten. Dies wies auf eine psychische Labilität hin, die unter den Belastungen der nachrichtendienstlichen Tätigkeit zwangsläufig wieder hervorgetreten wäre und sich verstärkt hätte, weil es sich dabei meist um Dauerbelastungen handelte.

Augenmerk wurde auch, wie es die praktischen Erfahrungen zeigten, dem epileptischen Anfallsleiden gewidmet. Dabei handelte es sich ursächlich und in der ausgeprägten Symptomatik um einen zerebralen Krampfanfall, der mit Bewusstlosigkeit, Stürzen und Krämpfen in der gesamten Körpermuskulatur einhergehen konnte. Bei solchen offensichtlichen massiven Krankheitserscheinungen kam niemand auf die Idee, den Kandidaten in eine engere Wahl für einen operativen Einsatz zu ziehen. Nicht immer waren jedoch Anfallsleiden so offensichtlich. Sie entwickelten sich oftmals im frühen Jugendalter und konnten medikamentös behandelt werden. So konnte es zu einer »Anfallsfreiheit« kommen, das heißt, Bewusstlosigkeit, Hirnschlag sowie andere klassische Symptome traten nicht in Erscheinung. Ein Einsatz eines solchen IM sollte selbst dann unterbleiben, wenn die Anfallsfreiheit seit Jahren bestand, weil psychische Belastungen, vor allem aber auch Störungen des Schlaf-Wach-Rhythmus, wie sie in der nachrichtendienstlichen Arbeit nicht vermieden werden konnten, ausgesprochen provozierend auf die Aktivierung »stummer«, das heißt nicht in Erscheinung tretender Anfallsleiden wirkten. Zudem bestand bei allen Anfallsleiden die Gefahr sogenannter Wesensveränderungen. Dies bedeutete, beim IM veränderten sich unmerklich psychische Eigenschaften, er wurde beispielsweise langsam beziehungsweise umständlich, seine Auffassungsgabe konnte sich erschweren. Bei dem Verdacht auf eine solche Erkrankung oder dem Hinweis, dass diese früher vorgelegen haben könnte, musste unter allen Umständen ein Facharzt konsultiert werden.

Darüber hinaus konnte es – abhängig von seiner Persönlichkeit – notwendig sein, den IM speziell auf die psychischen Anforderungen der ersten operativen Reise und der ersten Grenzpassage vorzubereiten. Ein Mittel dazu konnte das autogene Training sein. Dieses dient dazu, vom vegetativen Nervensystem gesteuerte und unabhängig vom Bewusstsein ablaufende Körperfunktionen in gewissem Umfang bewusst steuern zu lernen. Auf diese Weise ließen sich erforderlichenfalls auch solche für die erste Reise in das Operationsgebiet besonders notwenigen Fähigkeiten wie Selbstbeherrschung, Ruhe, Besonnenheit und Vermeidung vegetativer Erscheinungen antrainieren. Das Erlenen des autogenen Trainings setzte allerding voraus, dass der IM von einer erfahrenen Fachkraft über einen längeren Zeitraum geschult wurde. Es war also für die HV A ein hoher Aufwand erforderlich, der nicht für jeden IM möglich war (aber auch nicht unbedingt notwendig).[89]

Es war der HV A möglich, die Reaktionen ihrer IM bei der Grenzpassage mittels Stimmanalyse zu überprüfen.

<u>Beispiel einer Untersuchung</u>: *Über einen festgelegten Zeitraum wurden vorher intern festgelegte IM bei der Grenzpassage an der Grenzübergangsstelle (GÜSt) Friedrichstraße bei der Ausreise einer gezielten Befragung im Rahmen der Zollkontrolle unterzogen. Die Untersuchungssituation wurde den tatsächlichen Abläufen einer Zollabfertigung angepasst. Sie trug für jeden IM den Charakter echter Bedingungen einer Grenzpassage.*

Insgesamt wurden Ende der 1970er Jahre in einer Untersuchung insgesamt 13 IM kontrolliert, die hinsichtlich ihrer operativen Charakteristik, Einsatzziele, nachrichtendienstlichen Erfahrung, ihres Lebensalters und Geschlechts unterschiedliche Merkmale aufwiesen. Ihre Auswahl erfolgte aus solchen IM der HV A, die als Einsatzkader im Westen eingesetzt wurden. Die mit dieser Methode überprüften IM passierten die GÜSt in Richtung Westberlin mit operativ-fiktiver Dokumentation (fünf Westberliner Personalausweise, fünf westdeutsche Reisepässe und drei DDR-Reisepässe mit Klarnamen).

Beim Passieren der Zollabfertigung wurde der zu überprüfende IM aus dem Ausreisestrom selektiert und auf der Grundlage der gesetzlichen Bestimmungen einer Intensivkontrolle im Einzelraum oder einer Kurzbefragung am Abfertigungsschalter unterzogen. Die gezielte Befragung bestand aus einem auf den jeweiligen IM ausgerichteten

Frageschema. Neben den einer Zollkontrollhandlung üblichen Fragen wurden jedem IM gezielte Fragen nach ihrem Namen (lauf fiktivem Reisedokument) gestellt. Darüber hinaus wurden an die IM mit fiktivem Westberliner Personalausweis und BRD-Reisepass weitere kritische Fragen über mitgeführte Zahlungsmittel, Reisegepäck, Reiseziel und Wohnanschrift gestellt.

Die gesamte Kontrollhandlung wurde durch konspirative Körpertechnik aufgenommen. Die stimmanalytische Auswertung erfolgte nach entsprechend technischer Aufbereitung (Umspiel der Tonkonserve, Selektion der Reizfragen) mit dem Stimmanalysegerät PSE 101.

Die Interpretation der gewonnenen Daten erfolgte auf der Grundlage der erarbeiteten Interpretationskriterien von zwei unabhängigen Gutachtern.

Alle Kontrollhandlungen verliefen ohne Komplikationen und auch in den Rückmeldungen der IM (abgedeckt erarbeitet über den jeweiligen Führungsoffizier) sowie ihrer Reiseberichterstattung gab es keine Hinweise dahingehend, dass die Zollkontrollhandlungen als unecht, also gestellt, erkannt beziehungsweise eingeschätzt wurden.

Die konspirativ gefertigten Tonaufzeichnungen der Zollabfertigungsgespräche mit den IM waren trotz des Vorhandenseins ungünstiger, mit einer Vielzahl von Störfaktoren behafteter Umgebungs- und Aufnahmebedingungen, alle stimmanalytisch auswert- und interpretierbar.

Als adäquate Auswertungstechnik für derartige Sprachsignale erwies sich im Auswertungsprozess das Stimmanalysegerät PSE 101. Auswertungsversuche mit dem Analysegerät Mark II waren aufgrund der Tatsache, dass nur wenige Antworten Alternativcharakter aufwiesen, ohne gültige Werte.

Alle überprüften IM wiesen ein mehr oder weniger erhöhtes allgemeines Aktivationsniveau auf. Die allgemeine Erhöhung des Aktivationsniveaus begründete sich aus der emotional belastenden Kontrollsituation und war demzufolge, wie ein Vergleich mit einer Kontrollstichprobe zeigte, symptomatisch.

In Verbindung mit dem Fragespektrum konnte der Erregungsablauf des IM während der Kontrollhandlung (Dynamik des Aktivationsniveaus) festgestellt werden. Die Anlagen zeigten typische Reaktionen und Abläufe. Danach war es möglich, auf der Grundlage der stimmanalytischen Werte die den IM am meisten emotional belastenden Fragen beziehungsweise Fragenkomplexe zu bestimmen. Eine auf die jeweilige IM-Kategorie bezogene Fallanalyse hatte ergeben:

Die IM, die mit DDR-Reisepass (mit Dienstvisum) ausreisten, zeigten bei den kritischen Fragen nach ihrer Reisedokumentation (Namen) nur eine geringe beziehungsweise keine Erhöhung des Aktivationsniveaus. Diese Tatsache hatte ihre Ursache darin, dass die IM, da sie unter ihrem Klarnamen ausreisten, zu dieser speziellen Frage kein Täuschungsverhalten zeigen mussten.

Die IM mit fiktiven Reisedokumenten zeigten auf die Reizfrage nach ihrem Namen eine deutlich emotionale Reaktion, die sich in einer signifikanten Erhöhung des Aktivationsniveaus niederschlug. Das geforderte Täuschungsverhalten konnte somit mit einer Gültigkeit von 92 Prozent diagnostiziert werden.

Allen IM war gemeinsam, dass Aktivationsveränderungen auf Fragen festgestellt werden konnten, die für sie überraschend gestellt wurden und die mit ihrer Legende oder ihrem operativen Auftrag in unmittelbarem Zusammenhang standen. Dabei zeigten sich Unterschiede, die nachweisbar durch die Persönlichkeit sowie die nachrichtendienstliche Erfahrung des IM determiniert wurden.

Aus der Vielzahl dieser Erscheinungsformen hoben sich zwei typische deutlich ab. So zeigten einige IM, die vercontainerte Geldmittel mit sich führten (diese Information wurde erst nachträglich bekannt und konnte als gültiges Außenkriterium gewertet werden), eine über dem Durchschnitt liegende Erhöhung des Aktivationsniveaus in den Gesprächspassagen, die die mitgeführten Zahlungsmittel tangierten.

Die Gültigkeit und Objektivität der Interpretation war in diesen Beispielen (bestätigt durch das Außenkriterium) sehr hoch. Bei der Kontrolle von IM mit der Legende Transitreise konnte eine deutliche Erhöhung des Aktivationsniveaus bei all jenen Fragen und Gesprächsteilen festgestellt werden, die direkt oder indirekt auf den Transitweg Bezug nahmen (zum Beispiel Herkunftsland, Ankunftszeit, Ankunftsort).

IM, die angeblich einen Kurzbesuch in Ostberlin durchgeführt hatten, wiesen besonders bei Fragen zu Personenkontakten in der Hauptstadt der DDR, die sie generell verneinten, klar ablesbare emotionale Reaktionen auf.

Die IM, die eine Aufenthaltsgenehmigung vorlegten, zeigten ähnliche Reaktionen bei der kritischen Frage nach den von ihnen besuchten Personen.

Die Ergebnisse belegten, dass die Methode der Stimmanalyse für operative Kontrollhandlungen dieser oder ähnlicher Art prinzipiell eingesetzt werden konnte. Trotz äußerst wechselnder Aufnahmebedingungen und dem ausschließlichen Einsatz von Körpertechnik für Sprachsignalaufzeichnungen konnten gültige und auswertbare Daten erhoben werden. Die in der konkreten Situation erhobenen physiologischen Werte gestatteten Aussagen über gezieltes Täuschungsverhalten der IM. In diesem Zusammenhang wurde deutlich, dass es nur wenigen IM gelang, das Täuschungsverhalten ohne emotionale Komponente zu realisieren.

Die Untersuchungsergebnisse wiesen darauf hin, dass die Stimmanalyse innerhalb einer umfangreichen Befragung detaillierte Hinweise – ausgehend von der Erregungssituation der Personen auf kritische Fragen – lieferte. So hätten beispielsweise die physiologischen Reaktionen der kontrollierten IM auf Fragen nach Transit, Zahlungsmitteln, Namen und Anschrift einen Ausgangspunkt für weitergehende Maßnahmen liefern können.[90]

Die Übernahme langfristiger Aufgaben im Operationsgebiet

Die operative Perspektive der Übersiedlung wurde dem Kandidaten erst dann eröffnet, wenn er sich in der Abwehrarbeit in der DDR wie auch durch Erfüllung von temporären Aufträgen im Westen bewährt hatte. Obwohl er also bereits nachrichtendienstliche Kenntnisse, Fähigkeiten und Fertigkeiten erworben hatte, änderte sich seine Situation mit der Eröffnung der Übersiedlungsperspektive grundlegend.

Vor der Eröffnung der Übersiedlungsperspektive hatte der IM unter der Voraussetzung der gesicherten Existenz in der DDR Vorstellungen über seinen gegenwärtigen und künftigen Platz in den vielfältigen gesellschaftlichen Beziehungen. Diese Vorstellungen erwiesen sich nun als nicht umsetzbar, mindestens für längere Zeit. Der IM wurde also in einem weitaus höheren Maß als bisher damit konfrontiert, dass die nachrichtendienstliche Arbeit sein ganzes Leben veränderte und vor allem Verzichts- und Opferbereitschaft forderte.[91]

Die Herauslösung aus dem Arbeits- und Parteikollektiv

Der IM wurde durch die Realisierung seiner operativen Perspektive vor die Notwendigkeit gestellt, sein Arbeitskollektiv zu verlassen und seine gewohnte Tätigkeit aufzugeben. Gleichzeitig musste er sich auf eine zumeist völlig andere Tätigkeit im Westen vorbereiten. Dabei ging es nicht nur um mechanische Arbeitstätigkeiten, sondern darum, dass der IM am Arbeitsplatz Subjekt wichtiger gesellschaftlicher Beziehungen war, die ihn einerseits aktiv forderten und ihm andererseits die für sein Selbstwerterleben notwenige Anerkennung vermittelten.

Der zukünftige Kundschafter musste also innerhalb relativ kurzer Frist fest verwurzelte Verhaltensweisen aufgeben, die zu den wesentlichen Bereichen der sozialen Beziehungen gehörten. Dem stand gegenüber, dass zu diesem Zeitpunkt meist unklare Vorstellungen über die künftige berufliche Tätigkeit im Operationsgebiet bestanden, da es in der Regel dem IM selbst überlassen war, sich nach der Übersiedlung im Rahmen der ihm gegebenen Grundorientierung eine Arbeitsstelle zu suchen. Diese Notwendigkeit, Gewohntes und Liebgewordenes einzutauschen gegen Unklares, von gegnerischen Bedingungen Beherrschtes, noch dazu für einen nicht oder kaum überschaubaren Zeitraum und verbunden mit dem unvermeidbaren Entzug sozialen Prestiges, konnte Hemmungen, Bedenken sowie negative Emotionen hervorrufen, die sich auf die notwendigen selbstständigen operativen Entscheidungen des IM und auf seine Verhaltenssicherheit belastend auswirkten. Die möglichen Belastungen des IM durch diese Situation mussten zunächst dadurch verringert werden, dass er während der Phase der Übersiedlungsvorbereitung als Hauptamtlicher IM durch entsprechende Aufgabenstellungen voll gefordert wurde und der ausbildende Offizier so häufig wie möglich für Gespräche und Konsultationen zur Verfügung stand. Dem IM wurde dadurch ständig bewusst, dass sich seine Arbeitsaufgabe und das Arbeitskollektiv verändert hatten, er aber für die gleiche sozialistische Sache weiterkämpfte. Ebenso sollte die regelmäßige Durchführung von Parteiversammlungen dem IM das Gefühl vermitteln, dass er aus der Parteiarbeit nicht ausgeschieden war, sondern lediglich das Parteikollektiv gewechselt hatte, dass er die neue Aufgabe als Parteiauftrag verstand.[92]

Der Verzicht auf persönliche Ziele

Der IM besaß eine Reihe persönlicher Ziele, die in die gesellschaftlichen Bedingungen eingeordnet waren, von denen er sich mit der Übersiedlung für einen längeren Zeitraum oder gar für immer verabschieden musste. In erster Linie betraf dies:

- seine beruflichen Kenntnisse und Fertigkeiten,
- seine persönliche Qualifikation einschließlich der Absolvierung von Ausbildungsgängen sowie des Erwerbens wissenschaftlicher Grade,
- die Befriedigung sonstiger persönlicher Bedürfnisse für sich und die Familie, beispielsweise ein Eigenheim oder Hobbys.

In der hier behandelten Phase der Vorbereitung der Übersiedlung ergaben sich die Probleme für den IM noch nicht (oder nur teilweise) durch die tatsächliche Herauslösung aus diesen Prozessen, sondern aus der gedanklichen Beschäftigung mit der Frage, welchen Einfluss die Übersiedlung auf die Perspektive dieser persönlichen Verhältnisse haben würde. Diese Probleme stellten sich vielfältig und teilweise auch widersprüchlich dar. Einerseits konnten eine Reihe dieser persönlichen Vorstellungen im Westen objektiv nicht realisiert werden, insofern sah sich der IM vor die Notwendigkeit gestellt, auf einen Teil seiner gewohnten, mit den Lebensverhältnissen in der DDR verbundenen Bedürfnisbefriedigung zu verzichten. Andererseits knüpfte der IM an die Bedingungen im Westen Erwartungen oder Spekulationen hinsichtlich der möglichen Realisierbarkeit persönlicher Zielstellungen, die, obwohl ihnen ein Unsicherheitsfaktor anhaftete, eventuell sogar stimulierend auf den Optimismus des IM wirken konnten. So beschäftigte den IM die Frage, ob und in welchem Maß seine beruflichen Kenntnisse und Fertigkeiten in den bevorstehenden Jahren ihrer Nichtbeanspruchung an Wert verlieren würden. Ihn beschäftigte auch, ob seine vorgestellte und geplante persönliche Qualifikation, die nun einen Abbruch erfuhr, im Fall der Rückkehr in die DDR noch fortgesetzt werden könnte beziehungsweise welchen Wert die Qualifizierung für seine Persönlichkeitsentwicklung sowie sein Selbstwertgefühl besaß, das heißt auch, wie hoch der persönliche Verlust wäre, wenn sich eine Fortsetzung dieser Qualifizierung als nicht möglich erwies.

Da die Qualifikation auch eine wesentliche Grundlage für das soziale Prestige bildete, stellte sich dem IM damit die Frage, wie er den in Aussicht stehenden Verlust an Sozialprestige bewältigen würde, ob er sich mit einer gesellschaftlichen Position, die geringere Ansprüche an die Qualifikation stellte, und damit geringerem öffentlichen Ansehen abfinden könnte und ob es eventuell Möglichkeiten gab, das für ihn bedeutsame soziale Prestige auf andere Weise zu bewahren oder zu erwerben. Den IM beschäftigte schließlich die in Aussicht gestellte radikale Veränderung in seinem gewohnten persönlichen Lebensbereich. Es traten bei ihm Fragen auf wie:

- Werde ich im Operationsgebiet den gewohnten Erholungseffekt im persönlichen Bereich erzielen können?
- Was wird aus meiner Wohnung, dem persönlichen Eigentum, den Hobby-Gegenständen?

Es hing weitgehend von der konkreten Ausprägung dieser persönlichen Probleme, von dem Grad der Bindung an ganz bestimmte Ziele und Perspektiven sowie von der generellen Fähigkeit, verzichten und sich umorientieren zu können, ab, ob die dargestellte Situation zu konfliktbehafteten subjektiven Situationen führte oder nicht. In jedem Fall aber konnten unausgesprochene, durch den Druck der ideologischen Normen und Pflichten nur zurückgedrängte persönliche Bedürfnisse und Interessen weiterwirken und in der gesamten Übersiedlungsphase, aber auch noch danach, eine latente Quelle für immer wieder auftretende Probleme bilden.

Zu entschärfen war diese Situation nur in einem gewissen Umfang durch die eingehende Erörterung der persönlichen Zielstellung des IM sowie der Realisierbarkeit entweder nach der Rückkehr in die DDR oder während des Einsatzes im Westen. In diesem Zusammenhang war auch zu klären, dass der Kundschafter im Interesse seiner politischen Aufgabe bemüht sein musste, persönliche Zielstellungen zu modifizieren, und dass er über die Bereitschaft verfügen musste, auf bestimmte Ziele zu verzichten. In diesem Zusammenhang war dem IM durch den Führungsoffizier bewusst zu machen, dass die Tätigkeit eines Kundschafters eine bestimmte Opferbereitschaft erforderte und dass der politisch bewusste Mensch für ein solches Opfer durch die Befriedigung, der sozialistischen Sache zu nützen, entschädigt wurde. In diesem Zusammenhang wurde mit der Vorbildrolle hervorragender kommunistischer Kundschafter gearbeitet.

Das für die angedachte nachrichtendienstliche Aufgabe notwendige Maß an Opferbereitschaft gehörte zum Anforderungsbild des IM. Die Erörterung dieser Probleme mit dem IM gab wichtige Anhaltspunkte dafür, ob diese Anforderung an seine Persönlichkeit gegeben beziehungsweise noch anerziehbar war.[93]

Unklarheiten in familiären Fragen

Familiäre und auch sexuelle Probleme spielten in der Arbeit der HV A mit IM eine große Rolle. Bereits in der Phase der Vorbereitung der Übersiedlung gab es hier eine Reihe besonderer Probleme. Um seine Zustimmung zur Übersiedlung unbelastet geben zu können, musste der IM seine familiären und sexuellen Beziehungen klar überschauen und dabei eine Perspektive erkennen können. Für den Normalfall der Übersiedlung mit Ehepartner war das Hauptproblem die stabile, von absolutem gegenseitigem Vertrauen getragene Gemeinschaft der Ehepartner.

Zweifel an der langfristigen Treue, an der moralischen Stärke, der physischen und psychischen Kraft des Partners stellten bereits in dieser Phase eine Belastung dar. Bei einem guten Vertrauensverhältnis zwischen IM und Führungsoffizier wurde von der HV A damit gerechnet, dass der IM oder dessen Partner bestehende Zweifel vorbrachte, die dann auf ihre operative sowie psychologisch-medizinische Relevanz geprüft werden mussten.

Die eigentlichen Sexualstörungen blieben durch jahrelange Tabuisierung der Intimsphäre im Dunkeln. Die Partner sahen die Intimsphäre als den nur sie angehenden Erlebnisbereich an. Im operativen Einsatz für die HV A blieb dieser Bereich allerding nicht abgegrenzt, denn Sexualstörungen konnten zu Eheproblemen führen, bis hin zur Ablehnung des Partners. Bei andauernden Störungen dieser Art konnte sich eine Fehlverarbeitung des Sexualerlebens mit Minderwertigkeitskomplexen, Eifersucht, Fremdkontakten oder Depressionen entwickeln.

Für die Einschätzung der nachrichtendienstlichen Belastbarkeit einer Ehe waren Kenntnisse der genannten Probleme sowie ihrer Entstehungsursachen wichtig. Sexualstörungen konnten unter den Bedingungen des Operationsgebietes, in dem eine medizinische Einflussnahme der HV A nicht möglich war, durchaus zu einer Ursache für Fehlhandlungen werden, beispielsweise durch die Suche nach einem geeigneten Sexualpartner bei Nutzung der dafür vielfältig offerierten Angebote.

Auch der natürliche Kinderwunsch bedurfte der Klärung. Die gegebene Zustimmung, sich des Kinderwunsches vorerst zu enthalten (weil der IM glaubte, diese Zustimmung im Interesse der Übersiedlung geben zu müssen), konnte zu Konflikten führen. Diese waren von verschiedenen Umständen beeinflusst, beispielsweise vom Lebensalter der Ehefrau, von der voll vorhandenen oder eingeschränkten Zeugungsfähigkeit beider Partner oder auch davon, ob eine zeitliche Begrenzung des Einsatzes im Westen möglich war.

Mit der Zurückstellung des Kinderwunsches beziehungsweise mit dem Verzicht auf Nachwuchs wurde bereits in der Vorbereitung der Übersiedlung eine von den gewohnten sozialistischen Normen und Bedingungen abweichende Verhaltensweise gefordert. Die Familienplanung, die bis dahin ausschließlich der Entscheidung der Ehegatten überlassen war, sollte nun den Erfordernissen der nachrichtendienstlichen Tätigkeit untergeordnet werden.

Für ledige IM stellte sich die Frage der Perspektive eventueller Bindungen an Freund oder Freundin. Dies betraf sowohl echte Liebesbeziehungen als auch zum Beispiel das Gefühl, der Mutter seines Kindes in der DDR moralisch verpflichtet zu sein. Auch hier konnte die Zustimmung zur Forderung der HV A, die Verbindung abzubrechen, zu Konflikten führen. Die Folgen konnten Dekonspiration und Pflichtverletzung sein. Weitere Belastungen konnten aus der Existenz näherer Angehöriger, zu denen bis dahin enger Kontakt bestand, erwachsen. Dies betraf insbesondere erwachsene Kinder, Eltern oder Geschwister. Der IM fühlte sich diesen Menschen verbunden und nahm an deren Angelegenheiten Anteil. Ihn beschäftigte nicht nur die Sorge um Glaubwürdigkeit und Solidität der Legende, sondern vielmehr die Sorge um diese Personen selbst, deren weitere Entwicklung sowie berufliches und persönliches Wohlergehen. Der IM rechnete damit, dass er sich vom Operationsgebiet aus nicht im bis dahin möglichen Maß um diese Personen kümmern und ihnen gegebenenfalls Hilfe leisten konnte und dass diese Menschen sich Sorgen um ihn machen würden.

Der Führungsoffizier musste alle diese familiären Probleme detailliert kennen, bevor dem IM die Übersiedlungsperspektive eröffnet wurde. Er konnte nur durch ein echtes Vertrauensverhältnis zum IM erreichen, dass ihm alle Probleme und Sorgen mitgeteilt wurden, die in dieser Richtung auftraten.

Beispiel:[94]

Ein übersiedelter IM, Resident, ledig, der seine Freundin und seine Eltern in der DDR zurückgelassen hatte, schätzte nach dem Rückzug in die DDR ein, dass in der Vorbereitung der Übersiedlung die Konsequenzen der langen Trennung nicht ausreichend dargelegt worden waren. Nach seiner Meinung war eine zu milde Darstellung gewählt worden, um den IM nicht zu schockieren. Das nützte aber nichts, wenn die Realität zu Konflikten führte.

Es musste gemeinsam versucht werden, alle Möglichkeiten zu nutzen, solche Probleme von der objektiven Seite her abzubauen. Dazu gehörte die eindeutige Klärung der Realität von Kinderwünschen. Hier durften aus Sicht der HV A keine Illusionen, Vertröstungen oder Verschleierungen zugelassen werden. Unter Beachtung der tatsächlichen operativen Erfordernisse und Möglichkeiten mussten sinnvolle Alternativen beraten und festgelegt werden. Diese waren die vorläufige, befristete Zurückstellung des Kinderwunsches oder der endgültige Verzicht auf Kinder als notwendige Voraussetzung für den nachrichtendienstlichen Einsatz. Es bestand in erster Linie die Frage, ob der Verzicht auf Kinder für immer oder nur für einen begrenzten Zeitraum erforderlich war.

Die HV A ging davon aus, dass bei Ehepaaren, bei denen die Zeugungsfähigkeit nicht in Frage gestellt war, der zeitweilige Verzicht auf Kinder zugunsten der operativen Arbeit am ehesten durch echte Einsicht in die Notwendigkeit zu erreichen wäre. Abhängig vom Lebensalter der Ehefrau hätte mit einer »in etwa Limitierung« des Einsatzes eine reale und ehrliche Einstellung auf dieses Problem erreicht werden können, ohne dass die Übersiedlung in Frage gestellt werden musste.

Besondere Konflikte ergaben sich, wenn eine eingeschränkte Zeugungsfähigkeit bei Übersiedlungs-Ehepaaren bekannt war, ein dringender Kinderwunsch vorlag und bereits medizinische Maßnahmen im Sinne einer Therapie eingeleitet worden waren. Die Behandlung eingeschränkter Zeugungsfähigkeit war langwierig, emotional belastend für beide Ehepartner und ihr Erfolg letztlich fraglich. Eine Fortführung der in der DDR begonnenen Behandlung war im Westen nicht möglich. In solchen Fällen stellte sich eine Übersiedlung problematisch dar, weil das Aussetzen medizinischer Maßnahmen für das Ehepaar den endgültigen Verzicht auf Kinder bedeutete.

Auch an die Bindungen zu Freundin und Freund in der DDR musste der Führungsoffizier realistisch herangehen. Die Forderung, sich von Freundin oder Freund in der DDR zu trennen, führte in zahlreichen Fällen zu Fehlhandlungen, so dass die HV A dazu überging, von einer solchen Forderung abzusehen. Wenn der Partner nicht mit übersiedelt werden konnte, stellte sich die Übersiedlung problematisch dar.

Hinsichtlich der Angehörigen musste nicht nur erörtert und festgelegt werden, wie erforderliche Unterstützung und Hilfeleistung durch andere Angehörige oder Bekannte organisiert werden und wie oft voraussichtlich ein persönlicher Kontakt des IM möglich sein würde. Es entlastete die IM zweifellos, wenn es in Einzelfällen möglich war, die allernächsten Angehörigen (Eltern, erwachsene Kinder) einzubeziehen, so dass diese die Legende im weiteren Verwandten- und Bekanntenkreis vertreten konnten.[95]

Fehlhandlungen durch Konfrontation mit den gesellschaftlichen Verhältnissen im Operationsgebiet

Die Einzelkämpfersituation

Die Situation des Einzelkämpfers wurde wesentlich durch folgende drei Faktoren gekennzeichnet:

- den Zwang zur selbstständigen Entscheidung,
- die soziale Ausnahmesituation,
- das Wirken der medialen und politischen Einflüsse des Operationsgebietes.

Gerade durch das Zusammenwirken dieser Faktoren wurde die psychische Dauerbelastung des IM aufgrund der Einzelkämpfersituation charakterisiert.[96]

Die Notwendigkeit der selbstständigen Entscheidung

Die Notwendigkeit der selbstständigen Realisierung von Aufgaben, des Treffens von Entscheidungen, ohne sich dabei Orientierungen bei der Zentrale einholen zu können, stellte hohe Anforderungen an den Handelnden. Die Breite der vom IM selbstständig zu treffenden Entscheidungen war groß. Es mussten nicht nur Einzelheiten der nachrichtendienstlichen Arbeit entschieden werden wie beispielsweise die Auswahl dieses oder jenes Verstecks, die Beschaffung dieses oder jenes Materials, die Wahl der zweckmäßigen Schritte bei der Feststellung einer gegnerischen Bearbeitung oder das Verhalten in den verschiedensten Situationen (zum Beispiel im Beruf oder bei einem Verkehrsunfall). Der IM musste im Westen auch Fragen entscheiden wie:

- Führe ich den Ermittlungsauftrag aus oder gebrauche ich gegenüber der Zentrale eine Ausrede?
- Mache ich der Zentrale gegenüber Mitteilung über meine neue Freundin oder nicht?

Es handelte sich also um Entscheidungen, die wesentlich durch die moralisch-politische Haltung des IM und seine sozialen Einstellungen beeinflusst wurden, aber gleichwohl selbstständig getroffen werden mussten, ohne unmittelbaren Einfluss und Kontrolle der Zentrale.

Für den Kundschafter im Operationsgebiet war dies eine Dauersituation. Seine Fähigkeit, diese Situation zu bewältigen, war im Wesentlichen abhängig vom Stand seiner Information und von seinen Persönlichkeitseigenschaften. Die Entscheidung zum Handeln erfolgte durch die Auswahl aus mindestens zwei erkannten Handlungsalternativen. Dazu benötigte der IM Informationen über die Alternativen selbst, den Grad der Realisierbarkeit und die möglichen Folgen der einzelnen Alternativen sowie die hinsichtlich der einzelnen Alternativen gültigen Verhaltensanforderungen. Fehlhandlungen konnten unter anderem durch den Mangel an zutreffenden Informationen, die zu einem bestimmten Zeitpunkt für ein zielgerichtetes Handeln unentbehrlich waren, entstehen. Welche Informationen der IM für sachgerechte selbstständige Entscheidung benötigte, hing von seiner Funktion sowie seiner nachrichtendienstlichen Aufgabenstellung ab. Besaß der IM keine oder nur ungenügende Kenntnisse über mögliche Entscheidungsvarianten in zu erwartenden operativen Situationen, so wurde ihm die Möglichkeit zur zweckmäßigen Entscheidung erschwert oder unmöglich gemacht. Er bewältigte also die mit dem zu entscheidenden Problem gestellten Anforderungen nicht, die mögliche Folge waren Fehlentscheidungen.

Die auf der objektiven Seite beeinflussbaren Faktoren lagen demnach vor allem in der Erleichterung der selbstständigen Entscheidung durch Informierung des IM. Das notwendige und mögliche Maß an Informierung war eine wesentliche Bedingung für die Vermeidung von Fehlhandlungen.

So musste der IM sowohl die für die Erfüllung seiner ständigen nachrichtendienstlichen Aufgaben notwendigen Informationen erhalten als auch die Informationen, die für die Bewältigung besonderer Umstände und Konfliktfälle, die besondere Formen der selbstständigen Entscheidungen darstellten, erforderlich waren. Anderseits konnte ein Übermaß an Informationen zu einer Alternativenhäufung in der Entscheidungssituation führen und damit die Entscheidung erschweren.

Mit den Informationen wurde der IM durch die Ausbildung und Schulung in der Vorbereitung zur Übersiedlung wie auch durch die laufende Auftragserteilung während des Aufenthalts im Operationsgebiet vertraut gemacht. Da aus Gründen der Sicherung der nachrichtendienstlichen Tätigkeit zunehmend auf Treffs in der DDR sowie auf eine häufige Instrukteurtätigkeit verzichtet werden musste, verlagerte sich die Vermittlung der erforderlichen Informationen zur Gewährleistung der Entscheidungsfähigkeit vor allem auf die Vorbereitung der Übersiedlung, so dass dieser Phase dahingehend besondere Bedeutung zukam. Die HV A betrachtete es ebenso als notwendig, dass sich der IM im Westen notwendige Informationen selbstständig erarbeitete.

Neben dem Grad der Informiertheit des IM waren seine Persönlichkeitseigenschaften wesentliche Bedingungen seiner Entscheidungsfähigkeit. Dies war letztlich auch eine Frage seiner bisherigen Entwicklung und Erziehung, da jeder Mensch im Laufe seines Lebens mit der Notwendigkeit, Entscheidungen herbeizuführen, konfrontiert wurde und die Fähigkeit zu entscheiden, wenn auch im unterschiedlichen Umfang, erlernte.

Selbstunsichere, gehemmte Persönlichkeiten sind entscheidungsschwach. Sie warten ab, suchen stets nach einem Mehr an Informationen, um sich weiter abzusichern. Sie scheuen sich vor dem Risiko, weil sie meist schon negative Erfahrungen sammeln mussten, wenn sie versucht hatten, über ihren Schatten zu springen. Sie sind nicht in der Lage, die Verantwortung für eine wesentliche Entscheidung allein zu tragen. Sie waren deshalb für die operative Arbeit nicht oder lediglich begrenzt geeignet und sollten unter keinen Umständen in das Operationsgebiet übersiedelt werden. Es gab auch IM, denen im Laufe ihrer Entwicklung von überfürsorglichen oder sehr autoritären Erziehern und Leitern stets wesentliche Entscheidungen abgenommen worden waren. Bei ihnen entwickelte sich einerseits eine Bequemlichkeitshaltung, anderseits eine Unsicherheit gegenüber Entscheidungen. Obwohl sie von der Persönlichkeit her durchaus entsprechende geistige Voraussetzungen mitbrachten, konnten sie nicht selbstständig entscheiden, weil sie es nie gelernt hatten. Dieses Erziehungsdefizit ließ sich durch systematische Lernarbeit auch in der Vorbereitungsphase beseitigen. Der IM musste in der operativen Arbeit auf dem Territorium der DDR kontinuierlich mit erforderlichen Entscheidungen konfrontiert werden, er hatte dabei die Lösungen selbstständig zu finden. Dazu musste er zunächst zu unmittelbar ihn angehenden, praktischen Entscheidungsleistungen angehalten werden, wobei eine ständige Kontrolle von richtigen und falschen Entscheidungen sowie eine entsprechende Rückkopplung erfolgen mussten.

Aber auch für IM mit anderer Persönlichkeitsstruktur änderten sich in der Zusammenarbeit mit der HV A die Anforderungen für ihre Entscheidungen. Im Prozess der Erziehung und Befähigung der IM fand durch die HV A Beachtung, wie die Persönlichkeitseigenschaften in der operativen Entscheidungssituation wirkten. Es war durchaus nicht so, dass die Notwendigkeit selbstständiger Entscheidungen für jeden IM einen Zwang bedeutete, der zur psychischen Belastung wurde.

Es gab IM, die froh waren, dass sie endlich nicht mehr alles vorgeschrieben bekamen. Sie drängten förmlich auf Entfaltung der eigenen Entschlussfähigkeit und hielten ihre eigenen Entscheidungen nur widerwillig zurück.

Es gab weiterhin IM, die ihre eigenen Entscheidungen diszipliniert und sich bewusst unterordnend hintenanstellten, weil sie die ehrliche Auffassung besaßen, in der nachrichtendienstlichen Arbeit erst noch lernen zu müssen.

Innerhalb der HV A fand im Umgang mit Ü-IM weiterhin Beachtung, dass viele bis zum Zeitpunkt der Zusammenarbeit mit der HV A durchaus gewohnt gewesen waren, wichtige, zum Teil weitreichende Entscheidungen zu treffen. Hier mussten die Führungsoffiziere gute und tragfähige Motivationen finden, warum diese IM ihre Entscheidungen nicht länger allein nach ihrem Ermessen fällen konnten.

Es war also für den Einsatz von IM im Operationsgebiet in jedem Fall richtig, bereits möglichst am Anfang der Vorbereitungszeit die Entscheidungsfähigkeit eines jeden Einzelnen zu analysieren. Auf dieser individuellen Basis ließ sich dann die Entscheidungsleistung trainieren.[97]

Die soziale Ausnahmesituation

Für den IM im Operationsgebiet trat eine ständige psychische Belastung durch die Isolierung von den gewohnten gesellschaftlichen Bedingungen in der DDR und den Besonderheiten seiner sozialen Beziehungen im Westen auf. Diese soziale Ausnahmesituation wurde im Wesentlichen durch folgende Faktoren charakterisiert:

- Notwendigkeit der Unterdrückung von sozialen Verhaltensweisen der sozialistischen Gesellschaft,
- Fehlen der Arbeits- und Parteikollektive,

- soziale Abwertung,
- Verzicht auf offene, der Einstellung entsprechende politische Betätigung und Parteinahme,
- beschränkte Möglichkeiten des Aufbaus sozialer Beziehungen im Westen.

Für den ersten Faktor war charakteristisch, dass der Übersiedlungskader in der DDR zahlreiche soziale Verhaltensweisen erworben hatte, die oft als Verhaltensmuster stark verfestigt waren. Es stellte sich als notwendig heraus, dass der IM vor allem solche Verhaltensweisen unterdrückte, die Ausdruck der unter sozialistischen Bedingungen herrschenden Beziehungen der sozialen Verantwortung sowie gegenseitigen Hilfe und Unterstützung waren. Diese permanente Unterdrückung fester Verhaltensmuster erforderte – mindestens am Anfang – ein ständiges Bewusstmachen der Notwendigkeit, den bisherigen inneren Normen entgegenzuwirken. Für den IM bedeutete dies zunächst, ein hohes Maß an Aufmerksamkeit und Konzentration bezüglich des eigenen Verhaltens und der sozialen Umwelt. Der IM musste genauestens erfassen, was in seiner Umwelt gefragt war. Er musste im Beruf sowie im Freizeitbereich möglichst schnell begreifen, welche Einstellungen die Menschen zueinander hatten, welche sozialen Rollen sie spielten, welche Dinge sie berührten und wie sie darauf reagierten, über welche Dinge die Umwelt achtlos hinwegging, wie man sich gegenüber Vorgesetzten, auf Dienststellen oder in Geschäften verhielt, um das eigene Verhalten darauf einzustellen. Das verlangte Gedächtnisleistungen, um diese neu gewonnenen Informationen abrufbereit zu speichern. Auch hierdurch existierten also hohe psychische Anforderungen, die sich mit dem Gewöhnen minimierten, weil und wenn eine wirkliche Anpassung gelang.

Empfand es der IM primär als Muss, sich den neuen sozialen Bezügen seiner Umwelt anzupassen, so war dieser Zwang eine ständige Quelle psychischer Spannungen. Das kostete den IM Kraft und dies stets von neuem, weil das fachlich-operative Erfordernis nicht aus der Welt geschafft war. Unzufriedenheit mit sich und seiner Umwelt, mangelnde Freude an der Arbeit, das Gefühl, vor unüberwindbaren Schwierigkeiten zu stehen, konnten die Folge sein und sich sehr gegenständlich als körperliches Unwohlsein, depressive Verstimmung mit Antriebsminderung oder unbeherrschtes Auftreten darstellen. Diese Reaktionen auf den Versuch des Abbaus sozialistischer Verhaltensmuster trugen erhebliche Gefahren von Fehlhandlungen in sich.

Zum einen konnte es zu Fehlhandlungen (zu dekonspirierenden Auffälligkeiten) kommen, wenn es dem IM nicht gelang, die sozialistischen Verhaltensmuster zu unterdrücken.

Beispiel:

Ein übersiedelter IM berichtete unter anderem: »Es ist nach meiner Meinung nicht zu erwarten, dass jemand, dessen Handeln durch unsere Erziehung eigentlich tagtäglich darauf ausgerichtet ist, einen gesellschaftlichen Aufgabenkomplex zu erfüllen, sich von diesem zum Bedürfnis gewordenen Handeln bei aller ideologischen Klarheit so ohne weiteres freimachen kann. Ich habe manchmal – erst hinterher – festgestellt, dass ich mich in dem Betrieb im Gegensatz zu anderen recht uneigennützig eingesetzt habe (bei Umräumungsarbeiten sowie Saisonbelastungen) – eine Haltung, wie sie jeder normale DDR-Bürger einnehmen würde.«

Da zum anderen der übersiedelte IM als DDR-Bürger ein Bedürfnis zur Gestaltung entsprechender sozialer Beziehungen hatte, konnte deren Unmöglichkeit auch zu einer permanenten Unzufriedenheit führen.

Der zweite Faktor der sozialen Ausnahmesituation war dadurch gekennzeichnet, dass der übersiedelte IM auf den Gedankenaustausch mit politisch Gleichgesinnten als elementare Form der geistig-produktiven Tätigkeit verzichten musste. Für den geistig regen sowie an eine analytische Denk- und Arbeitsweise gewohnten Menschen – und das waren die Ü-IM in aller Regel – erforderte dies eine wesentliche Umorientierung, sowohl im Bereich der beruflichen Tätigkeit als auch in allen anderen Bereichen sozialer Beziehungen. Der Gedankenaustausch des IM mit seiner beruflichen Umwelt blieb jedoch erhalten und musste dies auch, diente er doch jetzt einem ganz anderen Zweck. War er in der DDR Anregung und Befruchtung, so war er im Westen notwendige Informationsquelle und Beobachtungsfeld, der die geistige Sphäre des Kundschafters anregte und forderte.

Aus dem Dialog mit seiner beruflichen Umwelt, den Menschen und Gegenständen sowie der Leitungs- und Leistungsstruktur der Firma entnahm der IM wichtige Informationen, die ihn zur besseren Auseinandersetzung mit seiner Umwelt befähigten. Gelang dem IM eine solche Umorientierung in der Funktion des Gedankenaustauschs nicht oder nur ungenügend, bestand vor allem die Gefahr von Konspirationsverletzungen, weil der IM Ersatzformen für das fehlende DDR-Arbeitskollektiv suchte und ihm dabei Auffälligkeiten unterliefen, die mit seiner Legende nicht vereinbar waren, etwa durch Offenbarung von Fachkenntnissen (die er gemäß Legende nicht besaß) oder zu weitgehende Äußerungen über persönliche Probleme.

Die soziale Abwertung als dritter Faktor der sozialen Ausnahmesituation des Ü-IM bestand vor allem darin, dass er normalerweise beruflich unter seinen wirklichen Kenntnissen und Fähigkeiten eingesetzt war (er führte in der Regel untergeordnete Tätigkeiten aus und musste gegebenenfalls die Weisungen von Vorgesetzten befolgen, die eine geringere Qualifikation besaßen als er selbst), seine soziale Stellung im Westen aber weitgehend durch die ausgeübte Tätigkeit sowie die in ihr erkennbaren Fähigkeiten bestimmt wurde. Dies brachte mit sich, dass der IM die öffentliche Anerkennung für seine wirklichen Kenntnisse und Fähigkeiten entbehren musste und häufig Demütigungen, nicht nur durch ignorante Vorgesetzte am Arbeitsplatz, sondern auch im sonstigen gesellschaftlichen Umgang, hinnehmen musste. Aus der DDR war es der IM jedoch meist gewohnt, dass Leistungen gesellschaftliche Anerkennung fanden. Im Westen sah er sich unter Wert eingesetzt und dementsprechend behandelt.

Beispiel:

Ein IM, aus bürgerlicher Familie, ledig, Ingenieur, promoviert, SED-Mitglied, zuletzt in der DDR Abteilungsleiter, wird übersiedelt. Die berufliche Tätigkeit befriedigte ihn nicht und er konnte die Isoliertheit sowie die neuen Lebensverhältnisse nur schwer ertragen. Er war froh, als er noch in der Legalisierungsphase zurückgezogen wurde.

Ein weiteres Beispiel:

Ein IM, Dr.-Ing., war nach der Übersiedlung im Operationsgebiet als Chemiearbeiter tätig. Er fühlte sich durch diese Tätigkeit stark unterfordert. Alle Versuche, eine interessante, im Rahmen der Personenlegende mögliche Arbeit zu finden, scheiterten. Die Nichtbewältigung der sozialen Abwertung schlug sich in seiner Haltung zur gesamten nachrichtendienstlichen Aufgabenstellung nieder. Die Aufmerksamkeit stumpfte ab, er wurde nachlässig in der Behandlung operativer Materialien und sicherte sich nicht gegen Observationsmaßnahmen ab. Im dritten Jahr nach seiner Übersiedlung berichtete der IM, er sei ausgebrannt und fertig.

Die Belastung durch die soziale Abwertung war nicht unausweichlich. Die HV A betrachtete es als förderlich, wenn der IM stolz darauf war, mehr zu sein, als wofür man ihn hielt.

Trotz normgerechter Verarbeitung der sozialen Abwertung konnte die Berufsausübung zum Gefahrenmoment der Tätigkeit im Operationsgebiet werden. Ein unbeabsichtigter Hinweis zur Arbeitsdurchführung, der mehr Sachkenntnis verriet, als es die Legende erlaubte, besondere Umsicht und Wendigkeit in der Einarbeitungszeit oder ein allzu geübter Handgriff konnten den IM verdächtig machen, nicht der zu sein, für den er sich ausgegeben hatte. Wenn es keine ausreichende Legendierbarkeit für das Verhalten des IM gab, beispielsweise eine Qualifizierung oder ein Hobby, konnte durch eine solche unabsichtliche Offenbarung einer Befähigung eine Fülle von Komplikationen, die den IM belasteten, entstehen. Er konnte zum Beispiel zu rasch auf der sozialen Stufenleiter der Firma aufsteigen und dabei das operativ angestrebte Ziel überschreiten. Auch konnte durch die ungewollte Demonstration seiner Kenntnisse und Fähigkeiten eine Selbstverunsicherung des IM erfolgen und er dadurch ängstlich beziehungsweise übervorsichtig reagieren oder gar initiativlos werden. In jedem Fall rückte der IM gefährlich in die Aufmerksamkeit seiner Umwelt. So konnte das mangelhafte Verbergen von Fähigkeiten und Kenntnissen bei der Arbeit im Operationsgebiet den Ausgangspunkt für die Gefährdung des nachrichtendienstlichen Auftrags darstellen und damit einen ähnlichen Stellenwert erhalten wie der psychisch unbewältigte Einsatz unter Wert.

Eine besondere Rolle spielte als vierter Faktor der sozialen Ausnahmesituation die Notwendigkeit, auf einstellungsgemäße, offene Parteinahme und politische Betätigung zu verzichten. Einer Reihe von IM fiel es schwer, nur an der unsichtbaren Front tätig zu sein und nicht an politischen Auseinandersetzungen teilnehmen zu dürfen. Sie konnten das Bedürfnis der erkennbaren und bewertbaren Parteinahme und politischen Beteiligung als Form des sozialen Engagements innerhalb der konspirativen Tätigkeit nicht realisieren. Insbesondere betraf das solche IM, die bereits in der DDR die Öffentlichkeit als Bühne für die Demonstration ihrer politischen Aktivitäten genutzt und benötigt hatten. Sie erlebten durch die Notwendigkeit der Einhaltung der Konspiration einen erheblichen Prestigeverlust, für den sie Ersatz suchten. Sie fanden ihn oftmals im ausgeprägten Wohlstandsstreben, um dadurch in der Öffentlichkeit ihre Persönlichkeit aufzuwerten. Bei diesen IM bestand aus Sicht der HV A die Gefahr der ideologischen Aufweichung, weil sie sich mit dem Rückzug aus der offenen politischen Auseinandersetzung auch aus der aktiven politischen Auseinandersetzung zurückzogen und unter Umständen allmählich ihren Klassenstandpunkt verloren.

Es war aber nach Auffassung der HV A nicht so, dass durch die Nichtteilnahme an der offenen politischen Auseinandersetzung etwa schlechthin eine Bedingung für die Entwicklung des politischen Bewusstseins des IM fehlte. Auch die konspirative Arbeit war nach dem Selbstverständnis der HV A politischer Kampf.

Die fehlende Möglichkeit der offenen Parteinahme wurde dementsprechend auch nicht von allen politisch bewussten IM als belastender Mangel empfunden. Andere IM sahen ihr Bedürfnis zur Teilnahme an der politischen Auseinandersetzung durch die konspirative Arbeit voll befriedigt.

Unabhängig von diesen persönlich bedingten Unterschieden der Bedürfnisse musste seitens der Zentrale bei allen IM daran gedacht werden, dass es bei konkreten Anlässen, die die politische Haltung des Beteiligten in besonders hoher Weise emotional ansprachen, zu Dekonspirationen in Gestalt einer Affekthandlung kommen konnte, indem der IM ohne Überlegung Partei ergriff.

Der fünfte Faktor der sozialen Ausnahmesituation bestand darin, dass der IM zwar einerseits von bisherigen sozialen Beziehungen der DDR isoliert war, er sich jedoch auch im Westen in soziale Beziehungen einordnen musste, und zwar in der Weise sowie dem Umfang, wie dies die Legende und der nachrichtendienstliche Auftrag erforderten. Die Einordnung in die sozialen Beziehungen des Operationsgebietes stellte für den Kundschafter nicht schlechthin eine operative Aufgabe dar. Sie war vielmehr in gewissem Umfang geeignet, die bereits beschriebenen Belastungen durch die soziale Isolierung von der DDR zu mindern oder zu kompensieren. Der IM musste sich einen Freundes- und Bekanntenkreis suchen, sich an Formen der

Freizeitgestaltung beteiligen, die mit seinen persönlichen Interessen sowie mit seiner Legende vereinbar waren (Sportverein, Naturfreunde, Sprachzirkel). Diese sozialen Kontakte im Westen konnten allerdings lediglich begrenzt das Bedürfnis des übersiedelten IM nach echten, tiefgehenden sozialen Kontakten befriedigen. Die Ursache dafür lag nicht nur in der Unmöglichkeit eines wirklichen Meinungsaustausches auf einer dem moralisch-politischen Niveau des IM entsprechenden Basis, vielmehr war der IM oftmals bereits durch seine Legende daran gehindert, nähere Kontakte zu knüpfen, weil diese Legende nicht zuließ, interessante Details zu berichten.

Beispiel:

Ein übersiedelter IM berichtet an die Zentrale: Man vermeidet es, sehr viel über das eigene Leben zu erzählen. Handelt es sich nicht um einen speziellen Kontakt wie etwa Liebesbeziehungen oder Kontakt aus beruflichem Interesse, wo man sicher viel überbrücken kann, dann kann man schwerlich mit großer Sympathie beim Kontaktpartner rechnen, wenn man selbst nur wenig über sein Leben erzählt.

Wurden die notwendigen Grenzen solcher Kontakte nicht beachtet, das heißt, stellte der IM seine soziale Einordnung über die nachrichtendienstlichen Interessen, waren Gefahren für die operative Arbeit die Folge. Solche Fehlhandlungen waren aus der Sicht der HV A gewöhnlich auch durch politisch-moralische sowie charakterliche Mängel der IM bedingt.

Beispiel:

Ein IM wurde übersiedelt, obwohl seine kleinbürgerlich-egoistische Haltung sowie sein spießerhaftes Verhalten bekannt waren. Er entwickelte unkritische freundschaftliche Beziehungen zu Arbeitskollegen und Nachbarn und ermöglichte diesen Personen tiefe Einblicke in seinen Lebenswandel und Umgang, seine Anschauungen, Interessen sowie seine persönliche und berufliche Entwicklung.

Angesichts dessen, dass also soziale Beziehungen im Operationsgebiet nur begrenzt möglich waren und lediglich teilweise die Bedürfnisse des IM befriedigten, suchte die HV A nach Möglichkeiten einer Kompensation der sozialen Ausnahmesituation. Als wesentliche Faktoren wurden dahingehend herausgearbeitet:

- die stabile Ehe,
- die Residentur,
- die zielgerichtete Führung des IM sowie ein zuverlässiges Verbindungswesen,
- die bestmögliche Nutzung der bestehenden Informationsquellen über politische Ereignisse,
- die Bekämpfung der Einsamkeit durch zielgerichtete körperliche und geistige Betätigung.

Die stabile Ehe der Ü-IM stellte nach Auffassung der HV A gewissermaßen ein in die gegnerische Umwelt verpflanztes Element sozialistischer sozialer Beziehungen dar. Sie gestattete dem IM über die biologische Bindung hinaus, sein Bedürfnis nach Austausch über politisch-ideologische Probleme zu befriedigen. Die Ehe bewährte sich als sozialer Faktor, aber auch durch die gemeinsame Lösung nachrichtendienstlicher Aufgaben.

Auch über die Ehe des Ü-IM hinaus bestanden zwischen den Angehörigen der Residentur sozialistische Beziehungen, die das der sozialen Ausnahmesituation anhaftende belastende Moment verringerten.

Die Gestaltung der Bindungen des Ü-IM in die DDR musste ebenfalls darauf ausgerichtet sein, möglichst wirksame soziale Bindungen zu erhalten, die die möglichen Wirkungen der sozialen Ausnahmesituation verringern konnten. Es war notwendig, dem Kundschafter einen freimütigen Meinungsaustausch über alle ihn bewegenden Probleme (mit dem Instrukteur oder dem Führungsoffizier) zu ermöglichen, den IM ausführlich über die weitere Entwicklung der DDR zu unterrichten (darunter insbesondere über den gesellschaftlichen Bereich, aus dem der IM stammte) sowie durch Schaffung von beeindruckenden Erlebnissen auch die emotionale Bindung an die DDR aufrechtzuerhalten und zu stärken.

Die richtige Arbeit mit Lob und Anerkennung war wichtig für die Kompensation des Mangels an sozialer Anerkennung im Westen. Hierbei ging es nicht vorrangig um die Auszeichnung mit Orden und Medaillen, obwohl diese zum richtigen Zeitpunkt und für die entsprechende Leistung durchaus angebracht und notwendig waren. Vielmehr war in jeder Phase der Arbeit im Operationsgebiet für den IM solche Anerkennung von Bedeutung, die sich auf die unmittelbare Auftragsdurchführung bezog. Das betraf vor allem das nach operativen Leistungen vergebene verbale Lob, beispielsweise durch den Instrukteur. Es bestätigte dem IM den Nutzen seiner Tätigkeit und gab ihm das Gefühl, dass die Zentrale auf seine Arbeitsergebnisse wartete und mit ihnen rechnete. Dies wirkte aktivierend und motivierend für weitere Aufgaben. Stets aufs Neue wurde dadurch das Band zwischen dem Kundschafter im Operationsgebiet und der Heimat in der DDR geknüpft. Das Wissen, gebraucht zu werden, ließ den IM Schwierigkeiten bei der Auftragsrealisierung subjektiv leichter verarbeiten und gab ihm das Gefühl, in der sozialistischen Gemeinschaft fest integriert zu sein. Deshalb musste dem IM dieses Erfolgserlebnis besonders dann verschafft werden, wenn es objektiv begründete »Durststrecken« bei der Auftragserfüllung gab. Dann sollten auch weniger wertvolle Arbeitsergebnisse gelobt werden, um den IM zu stimulieren. Der Führungsoffizier konnte damit bereits durch die Gestaltung der nachrichtendienstlichen Aufträge soziale Erfolge für den IM »organisieren«. Ferner konnte die Vorstellung des IM über den Mangel an sozialer Einordnung dadurch abgeschwächt werden, dass sein Wissen über die Scheinwelt der sozialen Hierarchie im Operationsgebiet gestärkt wurde. Die soziale Ausnahmesituation sollte aber auch umgekehrt einen positiven Effekt für das Erleben des IM haben: Das Gefühl der Überlegenheit als sozialistischer Kundschafter, die Freude darüber, dass er verkannt wurde, mussten als wichtige Elemente der Selbstbestätigung entwickelt werden.

Es war schließlich erforderlich, dass sich der IM bemühte, ständig über die politische und ökonomische Entwicklung in der DDR und in der Welt auf dem Laufenden zu sein, um das Bewusstsein zu stärken, zwar auf vorgeschobenem Posten, aber stets in Verbindung mit der DDR zu stehen. Das betraf vor allem die Nutzung der Möglichkeit des Hörens von DDR-Rundfunksendungen.

Schließlich betrachtete es die Zentrale als notwendig, dass der IM an der weiteren Formung und Entwicklung seiner Persönlichkeit durch aktive und zielgerichtete körperliche und geistige Betätigung arbeitete (Sport, Wanderungen, kulturelle Selbstbetätigung, Studien, Aktivität in einem Hobby). Auch dies trug zu einer Abschwächung der sozialen Ausnahmesituation bei.[98]

Der sowjetische Kundschafter Rudolf Iwanowitsch Abel vermittelte dem MfS Erfahrungen für die Anleitung und Erziehung von IM. Bei Gesprächen brachte er zum Ausdruck, »dass es vor allem die persönlichen Qualitäten, die politisch-moralischen Eigenschaften, das Klassenbewusstsein und die Liebe zur Heimat sind, die dem Kundschafter im Feindesland Mut und Kraft zur Erfüllung der Aufgaben und zur Überwindung persönlicher Schwierigkeiten geben.«[99]

Abel kannte auch das Gefühl der Einsamkeit, aber er konnte diese erfolgreich bekämpfen. Er gab dahingehend den Hinweis, durch bestimmte geistige und körperliche Aktivitäten diesen Gefühlen bewusst entgegenzuwirken. Er selbst beschäftigte sich während seines Einsatzes in den USA aktiv mit der Malerei und war anderweitig kulturell tätig.[100]

Politische Beeinflussung und Medien im Operationsgebiet sowie ihre Wirkung auf die IM

Die im Westen herrschende Ideologie wirkte auch auf die DDR-Kader, also auch auf die Ü-IM. Der IM, der sich voll in die Kreise der Bevölkerung und die gesellschaftlichen Verhältnisse im Operationsgebiet einordnen sollte, konnte sich nicht der für die dortigen Menschen bestimmten vielfältigen und formenreichen Einflussnahme entziehen. Er musste sich mit der Ideologie des Gegners auseinandersetzen, musste sie analysieren und verarbeiten.

Dass der IM dies im Wesentlichen allein tun musste, kennzeichnete ebenfalls seine Position als Einzelkämpfer. Und in der Notwendigkeit, sich stets selbstständig mit einer Flut von Informationen auseinanderzusetzen, lag eine weitere Dauerbelastung der Persönlichkeit des Kundschafters. Die ständige Analyse der Tagesgegebenheiten, die Synthese mit dem überregionalen politischen Geschehen sowie die Schlussfolgerungen für die eigene Stellung in diesem System stellten Leistungen dar, die neben der beruflichen und nachrichtendienstlichen Arbeit erbracht werden mussten. Die Freizeit konnte nicht entspannt und problemfrei genutzt werden, so dass das Gefühl des ständigen Beschäftigt- und Gefordertseins, oftmals mit innerer Getriebenheit von der Angst, etwas vergessen zu haben, aufkam. Solche Phänomene minderten die Leistungsbreite, hemmten die Entschlussfähigkeit und Initiative und bremsten damit auch die operativen Aktivitäten. Zudem konnten sich die von der gegnerischen Ideologie angestrebten Denk- und Verhaltensweisen beim IM so interiorisieren, dass er diese nicht mehr bewusst verarbeitete und ihnen deshalb nicht entgegenwirken konnte.[101]

Klaus Rösler hält dazu in seinen Forschungsergebnissen fest: »Es ist falsch, die spontane Wirkung der kapitalistischen Umwelt zu unterschätzen und die gefestigte ideologische Ausgangsposition jedes IM als immerwährende Garantie für seine Immunität gegenüber derartigen Wirkungen zu betrachten. Es ist vielmehr ständig daran zu arbeiten, die wesentlichen Seiten der Persönlichkeit des IM ideologisch, politisch, kulturell unablässig zu stärken.«[102]

Horst Felber bemerkt zu dieser Thematik in seinen Forschungsergebnissen: »Solange der inoffizielle Mitarbeiter die Widersprüche spürt, solange er sich selbst Fragen stellt, ist das ein Zeichen seiner eigenen aktiven geistigen Auseinandersetzung mit den Einflüssen seiner Umwelt, und damit wird ein gezieltes Entgegenwirken möglich. Aber vieles geschieht eben unmerklich, ergreift das Fühlen und Denken unbewusst so, dass sich gar keine Fragen aufdrängen. […] Je länger sich die Zeitdauer des Einsatzes ausdehnt, umso unmerklicher vollzieht sich die Integration, vor allem im Bereich der Alltagsdenk- und Verhaltensweisen.«[103]

Die Interiorisierung bürgerlicher Denk- und Verhaltensweisen sowie die Aufweichung der sozialistischen Ideologie konnten nach den Erfahrungen der HV A verschiedenartige Wandlungen der Einstellungen und der Motivationsgefüge der IM zur Folge haben, die letztlich zu Fehlhandlungen führten. Im Wesentlichen sah die HV A dahingehend drei Tendenzen:

1. Eine moralisch-politische Fehlentwicklung konnte unmittelbar zur Einstellung der inoffiziellen Zusammenarbeit oder zum Verrat führen.

2. Wurde der IM dadurch, dass er mit seinen inneren Konflikten nicht fertig wurde (zur Auseinandersetzung mit der gegnerischen Ideologie nicht mehr fähig war), einer psychischen Dauerbelastung unterworfen, führte dies zur Gehemmtheit, zum Zögern, zur Inaktivität bei der Realisierung nachrichtendienstlicher Aufgaben.

3. Wenn der IM dem Einfluss der gegnerischen Ideologie leichtfertig und oberflächlich gegenüberstand (keine Lust zur Auseinandersetzung verspürte), so kam es zu einem Widerspruch zwischen Einstellungen und Haltungen einerseits und dem

persönlichen Verhalten andererseits. Der IM löste zwar zunächst noch seine operativen Aufgaben, auf die Dauer oder bei Bewährungssituationen gewann aber die gegnerische Ideologie die Oberhand und wurde für das Handeln bestimmend.

Beispiel:

Ein geschiedener IM, der in der DDR nach außen hin eine im Wesentlichen positive und geradlinige Entwicklung genommen hatte, wurde übersiedelt, obwohl verschiedene unklare Punkte seiner Biografie nicht geklärt worden waren. Aufgrund der ungenügenden Vorbereitung und Überprüfung wurden sein ausgeprägtes Elitedenken sowie seine mangelnde Ausdauer für Kleinarbeit nicht festgestellt. Unter dem Einfluss der bürgerlichen Ideologie im Operationsgebiet kamen ihm mehr und mehr Zweifel an der moralisch-politischen Berechtigung seiner nachrichtendienstlichen Tätigkeit, obwohl ihn sein formales Pflichtbewusstsein zunächst keinen offenen Verrat begehen ließ. Er schrieb später, dass er »zu feige war, den Dienst zu quittieren, als mir bewusst wurde, dass ich für dieses Geschäft nicht die erforderliche politisch-moralische Eignung hatte. [...] Man ändert sein Tun und Handeln nicht, man arbeitet mechanisch weiter, obwohl man es gar nicht mehr möchte. Eine solche Entwicklung kann in einer Entscheidungskatastrophe gipfeln, in der sich alle nur denkbaren Alternativen als Wechsel vom Regen in die Traufe herausstellen.«

Ein solcher Prozess war natürlich nicht unvermeidlich. Ob eine gegnerische Manipulierung auf den IM Einfluss ausübte, war darüber hinaus nach Ansicht der HV A nicht von seiner politisch-moralischen Haltung, sondern vom Charakter und der Motivation des IM abhängig. Die Einstellungen, insbesondere im politisch-moralischen Bereich, mussten durch tragfähige Motivation ständig neu bekräftigt werden. Als entscheidend wurde eine feste und klare moralisch-politische Haltung des IM angesehen. Innerhalb der HV A ging man davon aus: Je fundierter der Klassenstandpunkt sowie die soliden marxistisch-leninistischen Kenntnisse des IM waren, desto weniger beanspruchte ihn die notwendige ständige Auseinandersetzung mit der herrschenden gegnerischen Ideologie und desto geringer war die Gefahr des Platzergreifens bürgerlicher Denk- und Verhaltensweisen.[104]

Die Legalisierung und ständige Existenz im Operationsgebiet

Die Legalisierungsphase stellte eine Periode besonders hoher Anforderungen an die Persönlichkeit und das Verhalten des Übersiedlungskaders dar. Der IM hatte sich bisher im Wesentlichen theoretisch mit den Bedingungen des Operationsgebietes sowie mit seiner nachrichtendienstlichen Aufgabe vertraut gemacht. Zwar hatte er selbst bereits Reisen in den Westen unternommen, um die Regimeverhältnisse kennenzulernen und einzelne Aufträge auszuführen, die dabei gewonnenen allgemeinen Erkenntnisse und Erfahrungen waren jedoch bruchstückhaft und oberflächlich. In der Legalisierungsphase kam es jetzt für den IM darauf an, das erworbene umfangreiche theoretische Wissen buchstäblich von heute auf morgen in die Praxis umzusetzen, das alles unter den neuen und ungewohnten Bedingungen des Operationsgebietes sowie unter dem ständigen Druck, im Fall einer Fehlhandlung die Verhaftung zu riskieren.

Die Legalisierungsphase erforderte auf lange Sicht die Durchbrechung vieler alter und die Aneignung ebenso vieler neuer Verhaltensweisen und Gewohnheiten. Zudem fielen in diese Periode kurzfristig zwei Höhepunkte, die gleichzeitig Schwachstellen des Übersiedlungsvorgangs und akute Höhepunkte der psychischen Belastung des Ü-IM darstellten: die Anmeldung bei der zuständigen Meldebehörde und die Aufnahme einer beruflichen Tätigkeit.

Die Minimierung der objektiven Belastung des Übersiedlungskaders in der Legalisierungsphase war nur im beschränkten Umfang möglich. Es musste versucht werden, die Kenntnisse und Erfahrungen, derer der IM zur Bewältigung der umfangreichen Aufgaben bedurfte, bereits vorher so umfassend wie möglich zu schaffen. Dies konnte realisiert werden, indem der IM nach Möglichkeit in Vorbereitung der Übersiedlung, also während der vorbereitenden kurz- und langfristigen Einsätze im Operationsgebiet, in die Lage versetzt wurde, sich die im Westen (und speziell am späteren Legalisierungsort) notwendigen Kenntnisse anzueignen.

Zwischen der Legalisierung und der sich anschließenden Existenz des IM im Operationsgebiet gab es keine starre Grenze. Was in der Legalisierungsphase aufgebaut wurde, musste in der Folgezeit ständig aufrechterhalten und gefestigt werden. Die Art der psychischen Belastung wandelte sich allmählich.[105]

Die Verkörperung der Originalperson

Die mit dem Hineinwachsen in die von der Legende verkörperte Person verbundenen Aufgaben und Anforderungen waren mannigfaltig. Sie reichten von der Gewährleistung äußerer Merkmale und Eigenschaften der Person über die bei ihr vorauszusetzende Beherrschung der verschiedensten Sitten, Bräuche sowie anderer sozialer Verhaltensweisen bis zur Beherrschung vielfältiger mit der Person verbundener Daten.

Als wichtig hatte sich erwiesen, dass sich der IM »in der Haut der Originalperson« sicher fühlte. Hatte der IM den Eindruck, dass er die Originalperson wegen bestimmter persönlicher Merkmale (Alter, Dialekt, berufliche Fertigkeiten) nicht ausreichend verkörpern kann, waren gefährliche Unsicherheiten nicht auszuschließen, woraus sich Belastungen für den IM ergaben.

Beispiel:

Ein IM, dessen Übersiedlung geplant war, führte mit dem Übersiedlungspseudonym erste operative Reisen in den Westen durch. Die von ihm verkörperte Originalperson war wesentlich älter. Der IM berichtete, dass er sich unsicher fühle, weil er allgemein um sieben bis acht Jahre jünger geschätzt wurde als sein operatives Dokument auswies.

Ein weiteres Beispiel:

Ein übersiedelter IM war gemäß Legende in Berlin aufgewachsen, sprach jedoch einen deutlichen Hallenser Dialekt. Ein Arbeitskollege sagte ihm auf den Kopf zu, dass er nicht Berliner, sondern Sachse sei.

Das Hineinwachsen in die Originalperson beinhaltete aber auch die Einordnung in die verschiedenen gesellschaftlichen Verhältnisse im Westen, in die die Originalperson gemäß ihrem Status gehörte. Auch hier war die Kenntnis der Regimeverhältnisse, also das Einprägen der notwendigen Fakten, nur ein Teil der Aufgabe. Der Ü-IM musste einen großen Teil der in der DDR erworbenen Stereotype für das gesellschaftliche Verhalten unterdrücken und sich die im Operationsgebiet sowie für die Originalperson gültigen und im Zusammenhang mit der Legende erarbeiteten Verhaltensmuster aneignen.

Daraus, dass die Legende Lücken besaß, konnten sich Fehlhandlungen ergeben, die der IM nicht oder nur schwer überspielen konnte.

Beispiel:

Ein übersiedelter IM wurde von einem Arbeitskollegen nach Arbeitsstellen sowie Verdienst- und Qualifizierungsmöglichkeiten eines früheren Aufenthaltslandes gefragt. Dies war jedoch bei der Erarbeitung der Legende nicht im Einzelnen festgelegt worden. Der IM konnte also nicht konkret antworten und hatte Mühe, die Frage zu überspielen, ohne Verdacht zu erregen.

Damit der IM nicht gegebenenfalls durch Informationsdefizite unglaubwürdig und auffällig wurde, war es erforderlich, die Legende weitgehend lückenlos, dehnbar und ausbaufähig zu gestalten sowie ihn zu befähigen, die Lücken erforderlichenfalls auszufüllen oder zu überspielen. Dafür war eine gewisse geistige Anpassungsfähigkeit und Wendigkeit Voraussetzung.

Es war sowohl für die Vollständigkeit als auch für die Beherrschung der Legende von Nutzen, den IM bei der Erarbeitung der Legende selbst einzubeziehen. Im genannten Fall hätte sich beispielsweise die Ermittlung der Löhne im Aufenthaltsland gemäß Legende als zielführend erwiesen. Durch die eigene Erarbeitung wurde das so erworbene Wissen für den IM zum aktiven Besitz.

Eine absolut lückenlose Legende betrachtete die HV A als nicht möglich und sah die Gefahr, dass eine mit zu vielen Fakten angereicherte Legende den IM dahingehend belastete, Details zu vergessen.

Gemäß den Erfahrungen der HV A war es für Ü-IM besonders schwierig, sich solche Verhaltensmuster des Operationsgebietes anzueignen, die denen in der DDR entgegenstanden. Im sozialen Bereich fanden sich diese entgegengesetzten Verhaltensmuster vor allem im Arbeitsleben, im Verhältnis der Nachbarn untereinander, im Verhältnis der Geschlechter, der Generationen und Altersgruppen. Auf jedem dieser Gebiete mussten die für die verkörperte Originalperson charakteristischen Verhaltensmuster herausgefunden sowie im Einzelnen ausgearbeitet und konkretisiert werden. Je besser es dem IM gelang, sich diese Verhaltensmuster anzueignen, desto weniger musste er sich auf das Nachdenken über die jeweils notwendige Verhaltensweise konzentrieren und desto weniger wurde er durch die Verkörperung der Originalperson psychisch belastet, so dass er sich voll auf seine nachrichtendienstliche Aufgabe konzentrieren konnte.

Es war ferner für die Aneignung der erforderlichen Verhaltensmuster von Bedeutung, in welchem Maß die Einstellungen und sonstigen Persönlichkeitseigenschaften der zu verkörpernden Person dem IM persönlich widerstrebten. So stellte es sich in der Regel leichter dar, einen indifferenten Bundesbürger zu verkörpern als beispielsweise eine extrem feindlich gesinnte Person. Es konnte sich die Notwendigkeit ergeben, dass sich der IM täglich aufs Neue zwingen musste, ein der Originalperson eigenes Verhalten an den Tag zu legen, das seinen Charaktereigenschaften stets von Neuem widerstrebte, beispielsweise wenn er rücksichtslos, berechnend und nur auf seinen Vorteil bedacht auftreten musste, selbst aber kameradschaftlich, warmherzig und uneigennützig war. Bei solchen der Persönlichkeit des IM extrem entgegengesetzten oder feindlichen Verhaltensmustern war eine echte Interiorisation des Verhaltens kaum möglich. Hier kam im Laufe der Zeit nur eine relativ begrenzte Automatisierung des Verhaltens, also eine äußere Anpassung, zustande. Es konnte sich ein psychophysischer Erschöpfungszustand als Folge dieses nicht zu bewältigenden Konfliktes entwickeln, in dem Reizbarkeit, Müdigkeit, Initiativmangel und Verstimmung das Bild bestimmten. Griff der IM dann zu Tabletten, um ruhiger und ausgeglichener zu werden, um sich aufzumuntern, oder gar zum Alkohol, um besser abschalten zu können, entstanden wirkliche Gefahrenmomente für den nachrichtendienstlichen Auftrag sowie für den IM selbst. Bei der Legendenerarbeitung sollte eng mit dem IM zusammengearbeitet werden, um zu einem möglichst frühen Zeitpunkt herauszufinden, wie gut er die Originalperson verkörpern konnte, das heißt, welche ihrer Verhaltensweisen er akzeptieren konnte und welche er sich anerziehen musste. Dabei war seitens des Führungsoffiziers stets zu bedenken, dass eine ständige Motivierung für den operativen Auftrag auch in diesem Fall dem IM das Rollenspiel erleichterte. Übungen mit Dokumenten und Pseudonym allein genügten nicht, sie produzierten nicht das richtige Verhalten, auf das es im Operationsgebiet ankam. Dennoch waren Übungen mit Dokumenten und Pseudonym in der Vorbereitungszeit in der DDR grundsätzlich nützlich.

Unumgänglich für alle diese Aufgaben war die ständige Beherrschung und aktive Verkörperung der in der Personenlegende enthaltenen einzelnen Daten (eigene Namen und die des Partners, der Eltern und Geschwister sowie anderer Angehöriger, Geburtsdaten, Wohnanschriften, berufliche Tätigkeiten und Werdegänge dieser Personen). Dies stellte nicht nur an das Gedächtnis des IM hohe Anforderungen. Der IM hatte bisher nur seine wirklichen Lebensdaten (Name, Wohnung, Angehörige und so weiter) ständig bereitgehalten und im sozialen Umgang verkörpert. Die Bereithaltung und die Verkörperung dieser echten Daten hatten sich im Laufe vieler Lebensjahre zu festen Verhaltensstereotypen und sozialen Rollen entwickelt. Der IM musste also diese festen Stereotypen unterdrücken und völlig neue möglichst perfekt einüben und interiorisieren. Er musste sich aber nicht nur die notwendigen Daten wie andere »tote« Lernstoffe einprägen. Bei den überwiegenden Daten handelte es sich um solche, mit denen ihn kein Erleben verband, so dass das Einprägen erschwert wurde. Der IM wusste andererseits, dass eine möglichst lückenlose Kenntnis der Legendendaten für seine Sicherheit im Operationsgebiet von ausschlaggebender Bedeutung war und richtete seine Bemühungen um den Erwerb der erforderlichen Daten auf das Ziel. Dies erzeugte zwangsläufig eine Gefühlslage, die am besten als affektive Spannung beschrieben werden kann. Sie minderte das dauerhafte Behalten der Informationen, wenngleich damit das Einprägen gefördert wurde. Diese Erwartungsangst konnte hemmend auf das legendengemäße Verhalten wirken und zu einer akuten Blockierung des operativen Gedächtnisses mit Dominanz der alterworbenen Informationen führen.

Mit dem Einsatz im Westen erhöhte sich für den IM die Spannungssituation. Er befand sich in einer stark belastenden Erwartung darüber, ob sich seine Mühen gelohnt hatten, ob er das, was er gelernt hatte, auch glaubwürdig reproduzieren konnte.

Beispiel:

Ein IM, zeitweilig übersiedelt, vergisst bei der Anmeldung im Hotel auf dem Meldezettel die Straße anzugeben. Als der Empfangschef den Zettel zur Ergänzung zurückgibt, kann der IM sich nicht mehr an die Straße erinnern. Er muss vom Empfangschef den operativen Personalausweis zurückfordern, um daraus die Straße abzulesen. In der Folgezeit lebt der IM in der ständigen Angst einer gegnerischen Bearbeitung. Fortwährend hat er das Gefühl, observiert zu werden. Schließlich flüchtet er entnervt in die DDR.

Auch nach längerer Legalisierung waren solche Fehlhandlungen immer wieder möglich, insbesondere bei Wechseln im Pseudonym und der Dokumentation.

Beispiel:

Ein IM hält sich längere Zeit zwecks ärztlicher Behandlung in der DDR auf. In dieser Zeit besitzt er ein abweichendes Pseudonym. Nach der Rückkehr in das Operationsgebiet unterschreibt er beim Empfang eines Reisepasses mit dem Vornamen des DDR-Pseudonyms, bemerkt dann den Fehler und korrigiert mit dem Vornamen des legalisierten Pseudonyms.

Die aus den dargelegten Zusammenhängen resultierenden Schwierigkeiten erlebte der IM bewusst mit. Er konnte bereits im Lernprozess Ängste und Zweifel an seinen Fähigkeiten entwickeln, die er jedoch nicht äußerte. Im Operationsgebiet wurden diese bewusst verdrängten Zweifel wieder lebendig und beeinträchtigten seine Leistungsfähigkeit in der Form, dass ihm beim Nachdenken über für seine Person wesentliche Daten nur immer Dinge einfielen, die nebensächlich waren. Der IM geriet in innere Panik, das Denken in Zusammenhängen zerfiel und es kam zu Fehlhandlungen, wie sie beschrieben worden sind.

Stand der IM nicht unter dem Zwang der konkreten Situation, sondern bemerkte beispielsweise in Unterhaltungen eine Lücke in seinem Gedächtnis, so konnte er diese durch freie Erfindungen gegebenenfalls überspielen und dadurch die Situation zu seinen Gunsten retten. Nach psychologischen Erkenntnissen haften jedoch diese freien Interpretationen nur kurzzeitig im Gedächtnis, teilweise nur bis zu sechzig Minuten. Fehlhandlungen konnten also auch hier ihre Basis haben und sich erst später bei einem neuerlichen Zusammentreffen im gleichen Personenkreis auswirken, weil eine Reproduktion des früher Gesagten oder ein bewusstes Anschließen daran nicht möglich war.

Hatte ein IM einmal in operativ relevanten Situationen ein solches »Versagen« seines Gedächtnisses erlebt, geriet er in eine Erwartungsspannung vor der nächsten Panne. Diese Spannung konnte sich bis zur Angst vor neuerlichem Versagen steigern und zog die gesamte Persönlichkeit in Mitleidenschaft. Der IM traute sich nichts mehr zu, fürchtete sich vor alltäglichen Verrichtungen, vermied Gespräche und versuchte, Entscheidungen aus dem Weg zu gehen, aus Furcht, irgendetwas übersehen oder nicht bedacht zu haben. Auch konnte eine solche Fehlhandlung Disziplinverletzungen nach sich ziehen, indem eine Mitteilung an die Zentrale unterlassen wurde – in der Hoffnung, Vorwürfe der HV A oder einen Rückzug zu vermeiden.

Energievolle, willensstarke IM analysierten solche Situationen kühl und bedacht. Sie waren in der Lage, die entstehende »peinliche« Situation des »Nicht-mehr-Wissens« gut zu kaschieren, indem das Gesagte beispielsweise zunächst in Frage gestellt wurde. Durch den dadurch entstehenden Zeitgewinn konnten sie sich an die neue Situation anpassen, behielten dabei die Zügel des Handelnden in der Hand und blieben aktiv. Dadurch entstand bei ihnen nicht das Gefühl des Versagens, sondern es wurde lediglich ein Achtungszeichen gesetzt, sorgfältiger, aufmerksamer, bedachter zu sein, was sich gleichzeitig stimulierend auf die Persönlichkeit auswirkte und nicht, wie in der vorangegangenen Darstellung, als Hemmnis.

Andere entwickelten das Bild einer echten Neurose. Sie trat meist als körperliche Beschwerdesymptomatik wie Herzklopfen, Stuhldrang sowie Kopf- oder Magenschmerzen in Erscheinung. Dies geschah oftmals im Zusammenhang mit Entscheidungssituationen. Der IM fühlte sich krank, seine physische Leistungsfähigkeit minderte sich durch die gleichzeitig einsetzende körperliche Schonhaltung ebenfalls, und er konnte den nachrichtendienstlichen Pflichten nicht mehr im erforderlichen Maß nachkommen. Die verminderte Leistungsfähigkeit belastete den IM zusätzlich und verstärkte dadurch das Krankheitsgefühl noch mehr. In solchen Fällen war der Rückzug des IM durch die Zentrale gegebenenfalls nicht zu umgehen.

Die HV A betrachtete es als zweckmäßig, den IM bereits bei der Erarbeitung der Legende so weit wie möglich heranzuziehen und seine Vorschläge über die Gestaltung derselben, wenn umsetzbar, zu berücksichtigen. Dadurch ergab sich für den IM ein gewisses verbindendes Erleben mit den zu speichernden Informationen, die sich dadurch besser behalten und reproduzieren ließen.[106]

Das Anmeldeverfahren

Das Anmeldeverfahren war für den Ü-IM nach der Grenzpassage eine zweite direkte Konfrontation mit gegnerischen Organen. Hier musste sich wiederum die operative Dokumentation sowie die durch das persönliche Auftreten des IM verkörperte Legende bewähren. Dem IM war bewusst, dass das Anmeldeverfahren einen Kulminationspunkt im Übersiedlungsverfahren darstellte und dass von seinem richtigen Verhalten abhing, ob die Übersiedlung weitergeführt werden konnte oder ob im gegenteiligen Fall jahrelange Arbeit vergeblich gewesen war. Der Druck dieser Verantwortung, der noch dazu mit einem persönlichen Risiko für den Fall des Misslingens verbunden war, stellte eine hohe Belastung dar. Unsicherheiten und Zweifel des IM im Zusammenhang mit dem Anmeldeverfahren konnten diese Belastung weiter steigern.

Beispiel:

Ein IM wurde in die BRD übersiedelt. Bei der polizeilichen Anmeldung musste er seine frühere Anschrift in einem Drittland angeben, die keiner Überprüfung standgehalten hätte, und angeben, dass er seinen alten Personalausweis bei der bundesdeutschen Botschaft in einem Drittland abgegeben hätte. Der IM befürchtete fortan ständig, dass seine Angaben überprüft werden würden. Ständig beschäftigte ihn das Nachdenken über seine Sicherheit. Er hielt sich nur in der Wohnung auf, gewann keinen Freundes- und Bekanntenkreis, schlief schlecht. Einmal entschloss er sich, eine Tanzveranstaltung zu besuchen, noch in der Saaltür verließ ihn der Mut und er ging wieder nach Hause zurück. Schließlich schrieb er sich selbst einen Brief: »Sie sind ein Spion der Ostzone«, mit dem er zwei Monate nach der Übersiedlung unangemeldet bei der Zentrale erschien. Da er seine Angst nicht eingestehen wollte, versuchte er auf diese Weise, seinen Rückzug zu erzwingen.

Unsicherheiten und Angst konnten den IM beim Meldevorgang durch vegetative Erscheinungen (Erröten, Stammeln) auffällig werden lassen.

Belastungen im Zusammenhang mit Anforderungen des Meldewesens traten nicht nur bei der Legalisierung im Operationsgebiet auf. Der IM musste auch später mit Problemen rechnen, wenn Meldevorgänge zu bewältigen waren.

Beispiel:

Ein übersiedelter IM mit hoher Qualifikation (Sprachlehrer, gute Kenntnisse über Großbritannien) wurde bei der Einreise nach England im Zusammenhang mit einem mehrwöchigen Sprachstudium durch einen Beamten nach seinem Einkommen, der in England beabsichtigten beruflichen Tätigkeit sowie der voraussichtlichen Aufenthaltsdauer befragt. Die Intensität der Befragung steigerte sich, als der IM entgegen der Legende angab, noch sechs Monate in England bleiben zu wollen. Der IM äußerte später: »Die Befragung war solch ein Schock für mich, dass ich, wenn ich tiefgehender befragt worden wäre, keine Kenntnisse mehr über Legende und Ausweichlegende gehabt hätte.« Der IM erlebte eine bis dahin unbekannte Grenze seines Leistungsvermögens. Bei der Auswertung des Vorfalles wurde geklärt, dass eine solche Befragung normal sei und die Intensität der Befragung durch das unrichtige Verhalten des IM provoziert worden war.

Diese Belastungen des IM durch die objektive Handlungssituation zu verhindern, war kaum möglich. Nach Auffassung der HV A sollte der Schwerpunkt in der Vorbereitung darauf liegen, die Übersiedlungslegende perfekt zu beherrschen und zu wissen, unter welchen Umständen mit welchen Forderungen und Maßnahmen der gegnerischen Behörden zu rechnen war.[107]

Die Beschaffung von Arbeit und Wohnung

Die Suche nach Arbeit und Wohnung waren Aufgaben, die in der ersten Zeit nach erfolgter Übersiedlung hohe Anforderungen an die nachrichtendienstlichen Verhaltensweisen und sozialen Leistungen des IM stellten. Zum einen mussten sich auch hier die operative Dokumentation und die Personenlegende bewähren, zum anderen waren die Arbeits- und die Wohnungssuche mit Unsicherheitsfaktoren belastet. Meist war bei der Übersiedlung in den Westen noch ungewiss, ob beziehungsweise wo und unter welchen Umständen es gelingen würde, Arbeit und Wohnung entsprechend den operativen Erfordernissen zu finden. Es war weitgehend dem IM selbst überlassen, diese wichtigen Aufgaben zu realisieren.

Die Arbeits- und die Wohnungssuche, so die Erfahrungen der HV A, erwiesen sich als nicht in dem Maß mit persönlichen Sicherheitsrisiken behaftet wie die Grenzpassage oder die polizeiliche Anmeldung. Die Spezifik dieser Aufgaben lag vor allem in der zunächst drückenden Ungewissheit, ob es gelingen würde, Arbeit und Wohnung zu finden. Insbesondere durch erste Misserfolge bei der Lösung dieser Aufgaben konnte beim IM die Vorstellung dominierend werden, dass er bereits den ersten wichtigen Auftrag im Westen unbefriedigend realisierte und dies für die weitere nachrichtendienstliche Tätigkeit ein böses Omen darstellte. In Ländern des Operationsgebietes, in denen ein fester Arbeitsplatz, die ausgeübte Tätigkeit sowie der Verdienst für die soziale Einordnung eines Menschen sehr bedeutsam waren, konnten Misserfolge in der Auswahl eines festen und vorzeigbaren Arbeitsplatzes für den IM gleichzeitig eine soziale Abwertung und die mögliche Beeinträchtigung seiner Sicherheit zur Folge haben.

Beispiel:

Ein IM, der zunächst nach der Übersiedlung nur unregelmäßig arbeitete, berichtete der Zentrale unter anderem: »Was macht er? Was verdient er? Unklare, labile Antworten darauf erregen sofort Misstrauen, Neugier, soziale Abwertung. Meine Wirtsleute erkundigten sich oft, was ich denn nur mache. Je mehr ich mit den Leuten ins Gespräch kam, umso mehr entdeckte ich, dass immer wieder die Frage nach meiner Beschäftigung auftauchte. All dies verursachte Belastungen. Ich bekam Hemmungen, mich mit Leuten näher anzufreunden, weil ich immer wieder die Fragen nach Beruf, Beschäftigung und so weiter fürchtete. Ich begann mich zum Teil selbst zu isolieren.«

Die Arbeits- und die Wohnungssuche konnte in der objektiven Handlungssituation kaum entschärft werden, wenn vorausgesetzt wurde, dass der Führungsoffizier dem IM alle für diese Aufgaben vorliegenden und in Frage kommenden Informationen vermittelte. Der Führungsoffizier sollte zur Vermeidung von Hektik und eventuell unter Zeitdruck entstehenden Konflikten aber die Gewissheit im IM wecken, dass zwar eine zeitliche Konzentration der Arbeits- und der Wohnungssuche aus nachrichtendienstlichen Gründen notwendig war, anfängliche Misserfolge dabei aber zum kalkulierbaren Risiko der Übersiedlung gehörten und gewissermaßen normal waren.[108]

Die ständige Wachsamkeit

Die Belastungen des Ü-IM im Operationsgebiet resultierten nicht nur aus außergewöhnlichen Situationen, aus besonders gefährlichen Aufgaben und anderen Höhepunkten der nachrichtendienstlichen Tätigkeit. Allein die normale Existenz im Westen stellte an den in der DDR sozialisierten Kundschafter hohe Anforderungen durch das Erfordernis der ständigen Wachsamkeit. Der IM musste ständig alle ihn umgebenden Erscheinungen beobachten und daraufhin analysieren, ob sie eine akute oder potenzielle Gefahr für die operative Arbeit darstellten, insbesondere ob sie möglicherweise auf eine gegnerische Abwehrmaßnahme hindeuteten.

Eine Maximalleistung der Konzentration ist nur wenige Minuten möglich. Demzufolge war es durch den IM nicht zu leisten, dass er ständig mit voller Konzentration seine Umgebung beobachtete. Eine hohe allgemeine Leistungsfähigkeit vorausgesetzt, war es jedoch möglich und erforderlich, dass der IM Fertigkeiten und Gewohnheiten entwickelte, die eine ständige Beobachtung und Analyse der Umwelt sowie des eigenen Verhaltens gestatteten, ohne ein reales, zumutbares Maß an Belastung zu überschreiten.

Der IM musste stündlich und täglich üben, seine Umgebung sowie das eigene Verhalten mit hoher Aufmerksamkeit zu beobachten, vor allem jede Veränderung zu registrieren, er musste versuchen, deren Ursachen zu analysieren und die mögliche Bedeutung für ihn zu kalkulieren. Bei einem solchen Vorgehen wurden die ständige Wachsamkeit und Selbstkontrolle zur Gewohnheit und belasteten den IM nicht mehr, beziehungsweise nicht mehr so stark. Dies führte andererseits dazu, dass der IM bei jeder neuen, von der bisherigen Norm abweichenden Situation schlagartig seine Aufmerksamkeit aktivierte, konzentriert das Neue erfasste, es nach der Gefährlichkeit für seine Person einstufte und entsprechend handelte. Trotz entwickelter »Wachsamkeitsgewohnheiten« hatte sich der IM jedoch regelmäßig bewusst die Notwendigkeit der ständigen Wachsamkeit klarzumachen, um nicht in Routine mit Oberflächlichkeit und Sorglosigkeit zu verfallen.[109]

Der sowjetische Kundschafter Rudolf Iwanowitsch Abel hat diesen Prozess wie folgt beschrieben: »Die Vorstellungen über die Richtigkeit der Konspiration sind keine harten unabänderlichen Gesetzte, man muss sie entsprechend der Situation schöpferisch anwenden; und das bedeutet, dass man die ganze Zeit denken, beobachten und Schlussfolgerungen ziehen muss. Erst dann, wenn sich der Mensch zur Beobachtungsgabe erzogen hat, kann er ruhig arbeiten.«[110]

Gelang dem IM die Entwicklung solcher Gewohnheiten nicht, so bestand die Gefahr von Fehlhandlungen vor allem in zweierlei Richtung:

1. Die Erfordernisse der ständigen Wachsamkeit blieben oberhalb der Bewusstseinsschwelle. Dementsprechend bemühte sich der IM ständig, seine Umgebung konzentriert und bewusst zu beobachten sowie zu analysieren. So konnte die ständig angespannte Konzentration zur Einengung der Leistungsbreite – als langsam sich formierendes Bild – führen.

Diese Nichtablösung der hohen Konzentration wurde von der HV A insbesondere dann verzeichnet, wenn der IM durch anhaltende Unsicherheit und Angst ständig in Spannung gehalten wurde, zum Beispiel wenn es beim Anmeldeverfahren bereits Rückfragen gab beziehungsweise bei der Arbeitssuche die Notwendigkeit medizinischer oder psychologischer Untersuchungen drohte. Dies konnte zu Fehlinterpretationen von zufälligen Erscheinungen führen. Der IM fühlte sich beispielsweise observiert, deutete Fragen des Vermieters inhaltlich um oder wertete Besuche von kommerziellen Vertretern als eine gezielte Maßnahme der gegnerischen Abwehr. Er grübelte unter Umständen ständig über die möglichen Zusammenhänge solcher Erscheinungen. Die steigende Unsicherheit konnte schließlich zu falschen Entscheidungen führen.

Beispiel:

Ein IM, gesellschaftlich aktiv, parteilos, geschieden, wurde übersiedelt, obwohl es Probleme hinsichtlich seiner Willensqualitäten gab. Die Zentrale glaubte, dass er »sich [...] zum Positiven entwickelt und seine noch vorhandenen Schwächen ablegen würde«. Der IM verfällt nach einer Unregelmäßigkeit an der GÜSt Friedrichstraße in Unsicherheit und Hektik und glaubt, eine gegnerische Observation zu erkennen. Im darauffolgenden Jahr glaubt er, wieder eine Observation zu erkennen. Er beschwert sich darüber bei der Polizei, wird aufgrund dessen vom Gegner bearbeitet und muss in die DDR abgezogen werden.

Ein weiteres Beispiel:

Ein IM deutet aufgrund seiner Angst (Erwartungshaltung) vor einer Bearbeitung durch westliche Abwehrorgane offenbar zusammenhanglose Vorgänge als einheitliches gegnerisches Observationsgeschehen. Er berichtet: »Ich hatte immer den Eindruck, selbst bei total leeren Straßen, dass sich jemand vor mir beziehungsweise hinter mir bewegt.«

2. Die Abschwächung der in der Anfangsphase gespannten Wachsamkeit konnte sich auch so vollziehen, dass sie nicht durch »Wachsamkeitsgewohnheiten« ersetzt wurde, sondern inhaltlich abstumpfte. Damit ging einher, dass die Identifizierung mit den gesellschaftlichen Normen des Westens anstelle der Anpassung an die gegnerische Umwelt trat. Der häufig gebrauchte Begriff Routine ist nicht präzise genug, um hier verwendet zu werden. Auch für den Kundschafter notwendige Gewohnheiten waren im gewissen Umfang Routine. Für die hier genannte Erscheinung der Abstumpfung der Wachsamkeit ist der Begriff »negative Routine« treffender.

Es muss darauf hingewiesen werden, dass bei der ständigen Beobachtung der den IM umgebenden Umwelt auch psychisch bedingte Fehlleistungen unterlaufen konnten, die durch die Abstumpfung der Wachsamkeit begünstigt wurden. Dabei handelte es sich vor allem um Sinnestäuschungen sowie das unbeabsichtigte Übersehen, beispielsweise durch Reizmaskierung, also durch die Einschränkung der Wahrnehmbarkeit einer Erscheinung durch gleichzeitige oder andere ähnliche Reize.

Die ständige Beobachtung der Umwelt durch den IM konnte zu jedem Zeitpunkt seines Aufenthalts im Operationsgebiet auch zu einem echten Krankheitsbild, der Psychose, führen. Der Betroffene verarbeitet dann durch eine wirkliche Störung der Geistestätigkeit die Umwelteindrücke nicht mehr real. Es entwickelt sich ein Wahnsystem von Verfolgungscharakter. Anders verhält es sich mit dem bewussten Übersehen von Zusammenhängen. Hier verdrängte der IM bestimmte Eindrücke aktiv. Zu einem späteren Zeitpunkt war er dann selbst nicht mehr in der Lage, die realen Zusammenhänge herzustellen und lief Gefahr, sich aufgrund falscher Orientierungen falsch oder unzweckmäßig zu entscheiden.

All diese Anforderungen verlangten die genaue Prüfung der psychischen Voraussetzungen für die Bewältigung der zu erwartenden Belastung sowie die anschließende Ausbildung entsprechender Gewohnheiten. Die Ausbildung der »Wachsamkeitsgewohnheiten« setzte die Verdrängung von Unsicherheit und Angst voraus. Die Grundhaltung des IM musste von einer ruhigen Sicherheit beherrscht sein. Sinnestäuschungen und unbeabsichtigtes Übersehen waren nicht grundsätzlich vermeidbar, aber bei voller Leistungsfähigkeit des IM seltener.[111]

Die Gestaltung des Verbindungswesens

Im Verbindungssystem traten psychische Belastungen der Ü-IM vor allem durch die Bewältigung des ein- oder zweiseitigen Funks, die Durchführung von Treffs und operativen Reisen, die erforderliche Handhabung von technischen Mitteln, die Beachtung von Warnsystemen sowie Verbindungsunterbrechungen auf.

Die Belastung durch den Funk

Der Funk erforderte von den IM hohe Konzentrationsleistungen und die Beachtung von vorgegebenen Sicherheitsbestimmungen. Dazu waren jedoch nicht alle IM ständig bereit, und es kam zu Nachlässigkeiten. Das Nichtabhören und Nichtentschlüsseln von Funksendungen war ebenfalls eine Zeit lang möglich. Es konnte aber auch sein, dass die von der Zentrale kontrollierbaren Erfordernisse des Funkverkehrs erfüllt, die darüber hinausgehenden Maßnahmen (Vernichtung der Materialien, Benutzen der Verstecke) allerdings nicht getroffen wurden, weil sie dem IM zu viel und zu umständlich erschienen. Schließlich konnte es möglich sein, dass der IM aufgrund ungenügender Gedächtnisleistung das Versteck eines Gerätes oder von Funkunterlagen nicht reproduzieren konnte (trotz Suchens nicht wiederfand) oder sich überhaupt nicht erinnerte, dass noch Geräte oder Unterlagen versteckt waren.

Beispiel:

Ein übersiedelter IM hatte seinen Funkschlüssel in seiner Wohnung hinter der Scheuerleiste versteckt. Er benötigte den Funkschlüssel nicht mehr, da ein neuer ausgegeben worden war. In der Absicht, den alten Funkschlüssel tatsächlich zu vernichten, hatte er der Zentrale bereits den Vollzug der Vernichtung gemeldet. Als der IM in eine andere Wohnung umzog, erinnerte er sich nicht mehr an das Versteck. Der neue Mieter entdeckte bei der Renovierung den Funkschlüssel. Der IM wurde von der gegnerischen Abwehr bearbeitet und im Ergebnis verhaftet.

Solchen Fehlhandlungen musste in erster Linie dadurch vorgebeugt werden, dass im Verlauf der Funkausbildung möglichst perfekte Fertigkeiten erworben wurden, damit zumindest der rein technische Teil des Empfangs von Funksendungen auf das unvermeidbare Minimum an psychischen Belastungen reduziert werden konnte. Ferner waren gemeinsam mit dem IM die Verstecke so auszuwählen und festzulegen, dass sie nach Möglichkeit ein Maximum an Sicherheit mit einem Maximum an schneller und unkomplizierter Zugreifbarkeit vereinigten. Es musste ebenso überlegt werden, ob es sich als notwendig erwies, auch einwandfrei empfangene Sendungen schriftlich festzuhalten. Dies war sowohl eine Arbeitsbelastung als auch ein mögliches dekonspirierendes Moment.[112]

Treffs und operative Reisen

Bereits der Verbindungsplan erforderte hohe Gedächtnisleistungen für das Behalten und Reproduzieren der verschiedenen Treffarten, Trefforte, Treffbedingungen, Treffzeichen und Parolen. Es ist offenkundig, dass das Nichtbehalten oder Nichtreproduzieren solcher Daten durch einen Treffpartner zu erheblichen Störungen im Verbindungssystem führen konnte.

Zur Vermeidung solcher Fehlleistungen konnte ein Gedächtnistraining dienlich sein. Das Reproduzieren der einzelnen Treffdaten erfolgte jedoch unter dem zusätzlichen Zwang, das eigentliche Ziel des konkreten Treffs zu realisieren, ferner dabei auf mögliche gegnerische Maßnahmen zu achten sowie das Verhalten des Treffpartners zu beobachten und zu analysieren. In dieser Aufgabenhäufung lagen hohe Anforderungen an die Leistung jedes Treffteilnehmers. Dadurch war es möglich, dass einzelne der vielfältigen zu beachtenden Erfordernisse vernachlässigt wurden, entweder unabsichtlich oder durch leichtfertige routinemäßige Umgehung einzelner Erfordernisse. Durch die notwendige Anspannung der Aufmerksamkeit für die Gewährleistung der Treffbedingungen und des Treffinhaltes konnte die Wahrnehmungsfähigkeit hinsichtlich gegnerischer Maßnahmen und sonstiger Auffälligkeiten verringert sein. Gleiches galt für die Bedienung von TBK. Auch hier traten durch die vielfältigen Aufgaben bei der Realisierung des Weges zum TBK, der Anbringung der Belegungs- und Entleerungszeichen sowie der Belegung und Entleerung des TBK selbst hohe Leistungsanforderungen auf, die umso höher waren, je komplizierter sich der Anmarschweg und die Bedienung, aber auch je größer sich die Gefahr durch mögliche Einsichtnahme Dritter darstellte, und zu ähnlichen Fehlhandlungen wie bei den Treffs führen konnten.

Die im Westen erforderlichen operativen Reisen, sei es zu Zielen innerhalb oder außerhalb des Operationsgebietes, stellten ebenfalls hohe Anforderungen an den IM, die denen der Treffdurchführung nahekamen.

Der spezifische Zweck der Reise, möglicherweise die Notwendigkeit des Gebrauchs spezieller Legenden und Dokumente, gegebenenfalls auch die notwendige Konfrontation mit gegnerischen Kontrollorganen hoben die operativen Reisen aus dem normalen Alltag eines übersiedelten Kundschafters heraus. Diese Bedingungen konnten eine innere Spannung erzeugen, der der IM nicht gewachsen war. Er konnte Daten verwechseln, vergessen oder unvollständig gebrauchen, was ihn gegenüber Kontrollorganen auffällig werden ließ.

Hinzu kam, dass der IM bei Reisen innerhalb des Operationsgebietes oftmals ausschließlich seinen Pkw benutzte. Bei der Verkehrslage in vielen Ländern des Operationsgebietes forderte der Reiseweg vom IM bereits volle Konzentration, wollte er nicht Gefahr laufen, in Hektik oder einen Unfall verwickelt zu werden. Wenn er unter Zeitdruck stand oder sich nach einer fordernden Arbeitswoche nicht wohlfühlte, ergaben sich daraus bereits Voraussetzungen für Fehlhandlungen, beispielsweise zu schnelles Fahren oder Übersehen von Verkehrshinweisen.

Zur Vermeidung von Fehlhandlungen bei Treffs und Reisen war es notwendig, die persönliche Eignung des IM vorausgesetzt, die Belastungen dadurch möglichst gering zu halten, dass die Vorschriften für die Durchführung des Treffs so unkompliziert wie möglich gestaltet, diese Vorschriften aber bis zur perfekten Beherrschung gelernt und geübt wurden.

Darüber hinaus war es vor allem auch erforderlich, dass der IM seinen Treff inhaltlich bereits zu Hause sorgfältig vorbereitete, um sich während der Fahrt nur auf diese sowie die mit ihr verbundenen Gegebenheiten konzentrieren beziehungsweise um beim Treff seine Aufmerksamkeit der Beobachtung des Treffpartners und der Umgebung widmen zu können.[113]

Die Handhabung des Postverkehrs
sowie der technischen Mittel des Verbindungssystems

Der operative Postverkehr sowie der Umgang mit den technischen Mitteln des Verbindungswesens waren bezüglich Fehlhandlungen vor allem in zweierlei Hinsicht von Bedeutung: durch die dem Postverkehr anhaftenden Unsicherheitsfaktoren und durch die technische Bewältigung der dazu notwendigen Mittel und Verfahren. Objektiv lag ein Unsicherheitsfaktor für die nachrichtendienstliche Arbeit und für den IM persönlich darin, dass den Postbehörden im Operationsgebiet Sendungen mit operativem Inhalt anvertraut wurden. Dadurch hatten westliche Abwehrbehörden die Möglichkeit, durch Maßnahmen der Postkontrolle (insbesondere der Sendungen in die DDR) unter Umständen den nachrichtendienstlichen Inhalt zu erkennen und dann durch weitere kriminaltechnische Arbeit auf den IM zu stoßen. Durch verlorengegangene Post konnte eine Verunsicherung des IM eintreten. Verschiedene IM hatten deshalb Vorbehalte hinsichtlich der Nutzung des Postverkehrs beziehungsweise wurden durch die Vorstellung ständig belastet, der Gegner könnte durch Aufarbeitung des operativen Postverkehrs auf sie stoßen. Der Führungsoffizier musste solchen Vorstellungen und den daraus resultierenden Belastungen vor allem dadurch vorbeugen und begegnen, dass er durch detaillierte Schilderung der gegnerischen Möglichkeiten darstellte, wie gering – bei Einhaltung der dem IM dazu vermittelten Verhaltensregeln – die Wahrscheinlichkeit war, dass der Gegner über den Postverkehr auf ihn stieß. Dem IM musste klar sein, dass der Postverkehr in das der Arbeit im Operationsgebiet »normal« anhaftende Risiko eingebettet war und in seinen Gefahren nicht herausragte.

Beim Umgang mit D-Mitteln und Fotoverfahren war es vor allem die komplizierte manuelle Tätigkeit unter Beachtung genauer technischer Regeln (bei Mikratverfahren besonders auch die Kleinheit der Objekte mit der Notwendigkeit, Pinzette und Mikroskop zu benutzen), die hohe Anforderungen an den IM stellte. Diese manuellen Tätigkeiten waren in besonderem Maß mit komplizierten Tätigkeiten vergleichbar, deren Fehlerträchtigkeit aus ihrer eigenen Struktur erwuchs. Gerade solche technischen Aufgaben des Verbindungswesens konnten noch zusätzlich dadurch belastend wirken, dass sie möglicherweise unter Zeitdruck ausgeführt werden mussten. Dieser Zeitdruck ergab sich daraus, dass für das Verfahren ein hoher Zeitaufwand erforderlich war, das zu sichernde Material nur zeitlich begrenzt zur Verfügung stand oder ein bestimmter Termin eingehalten werden musste.

Das Vorhandensein entsprechender Fertigkeiten konnte die Verletzung der Handhabungsregeln nicht ausschließen, beispielsweise Unterbelichtung des Films oder mangelnde Schärfe. Vor allem unter Zeit- oder Erfolgsdruck konnte es zu Fehlern kommen, wenn der IM die Ausübung dieser Tätigkeiten zwar im Verlauf seiner Ausbildung erlernt hatte, aber unzureichende Erfahrung besaß. Das Auftreten solcher Fehler ließ sich durch kontinuierliches Training unter den verschiedensten simulierten Bedingungen im Prozess der Vorbereitung auf die Übersiedlung minimieren. Der IM lernte dadurch seine Reaktionen kennen sowie die mit ihnen verbundenen möglichen Fehler und stellte sich auf deren Vermeidung durch bewusste Kontrolle ein.

Die Kompliziertheit der technischen Mittel konnte auch dazu führen, dass sich der IM die Handhabung nicht zutraute und die angewiesene Nutzung ganz unterließ beziehungsweise auf andere Weise versuchte, von der ihm lästigen Pflicht loszukommen. In diesem Fall musste zumindest ausgeschlossen werden, dass die Ursache dafür in fehlender Befähigung und Übung lag. Dies war vor allem für den Instrukteur wichtig, der versuchen musste, den IM zur Anwendung der technischen Mittel zu bewegen. Der Instrukteur wusste dann bei entsprechender Vorbereitung, dass nur Angst oder Bequemlichkeit das Motiv der Unterlassung sein konnten. Dadurch war es ihm möglich, gezielter mit dem IM zu arbeiten.[114]

Das Warnsystem

Der Vollständigkeit halber sollen bei den Fehlhandlungen im Verbindungssystem auch die Warnsysteme erwähnt werden, die mittels Zeichenstellen bestimmte festgelegte Warn- und Gefahrenstufen signalisierten. Wenn das Warnsystem wirksam sein sollte, musste der Kundschafter regelmäßig in kurzen zeitlichen Abständen die Zeichenstellen aufsuchen und ihre Beschaffenheit prüfen. Dies bedeutete eine regelmäßige, oft als lästig empfundene Pflicht für ihn. Neben der Ausübung seines Berufs und der Realisierung der wechselnden nachrichtendienstlichen Aufgaben musste er regelmäßig Zeit für die Kontrolle der Zeichenstellen aufbringen. Der IM musste lernen, die Kontrollen der Zeichenstellen zur Gewohnheit werden zu lassen. Erleichtert werden konnte ihm das, wenn diese so angebracht wurden, dass er in der Lage war, sie nur mit kleinen Umwegen auf dem Nachhauseweg von der Arbeit oder bei Einkaufswegen zu erreichen. Die Gefahr lag im Auslassen der Kontrollen. Weil sie oftmals stumm blieben, unterschätzte der IM den Wert der Zeichenstellen. Verschiedentlich wurde der ständigen Aktualisierung und Präzisierung des Warnsystems seitens der Zentrale nicht die notwendige Aufmerksamkeit gewidmet, so dass beispielsweise Möglichkeiten der telefonischen Benachrichtigung nicht aktuell waren oder keine eindeutigen Vereinbarungen dahingehend bestanden, welche Art der Warnung welchen Inhalt hatte. Eine solche Unsicherheit im Warnsystem konnte den IM, wenn er diese bemerkte und sich Gedanken darüber machte, ebenfalls belasten.[115]

Unterbrechungen der Verbindung

Unterbrechungen in der Verbindung des Kundschafters zum Residenten oder zur Zentrale konnten den IM stark verunsichern. Dabei war es unerheblich, in welchem Teilsystem des Verbindungswesens der Defekt eintrat, sei es durch Ausfall der persönlichen oder unpersönlichen Verbindung oder etwa durch Ausfall der Funkverbindung. Die Verunsicherung des IM erwies sich als umso größer, je notwendiger der Kontakt aufgrund der konkreten operativen Situation empfunden wurde. Die Problematik des Abbrechens der Verbindung begünstigte daher insbesondere bei problematischen Einsatzbedingungen, beispielsweise in möglichen Krisenzeiten, in denen zudem das Verbindungssystem objektiv besonders erschwert sein konnte, sowie bei besonderen Gefahren, zum Beispiel tatsächlicher oder vermuteter gegnerischer Bearbeitung, die Gefahr von Fehlhandlungen. So wurden IM verschiedentlich durch einen Abbruch der Verbindung veranlasst, unangemeldet in der Zentrale zu erscheinen, und gefährdeten damit die Konspiration.

Solche Verunsicherung von IM konnte insbesondere durch die Gestaltung eines eindeutigen Verbindungsplanes vermieden werden. Darin mussten konkrete Festlegungen für den IM enthalten sein, was bei den verschiedenen möglichen Fällen der Verbindungsunterbrechung zu realisieren war.[116]

Fehlhandlungen bei der Erfüllung des nachrichtendienstlichen Auftrags

Allgemein musste beachtet werden, dass der operative Auftrag einen Teil der objektiven Handlungssituation für den IM bildete, aber nur das Zusammentreffen mit den subjektiven Bedingungen die Handlungssituation vollständig charakterisierte und entscheidend dafür war, ob und wie der IM diese Aufgabe bewältigte.

Dennoch hatte jede nachrichtendienstliche Aufgabe zunächst ein objektives Maß an Schwierigkeit, gemessen an durchschnittlichen Realisierungsbedingungen sowie in der Regel an Ü-IM zu stellende Persönlichkeitsanforderungen. So war von ihrer Natur her die Kontaktierung einer Person im Operationsgebiet weitaus schwieriger und damit »fehlträchtiger« als beispielsweise die Feststellung einer Anschrift. Auch gab es operative Aufgaben, deren Lösung sich schwierig gestaltete und die Grenzen des intelligentesten, erfahrensten und sehr verantwortungsbewussten IM erreichten. Unterhalb dieser Grenze waren Schwierigkeit und »Fehlträchtigkeit« operativer Aufgaben nur im Zusammenhang mit der Persönlichkeit des IM zu beurteilen.

Es gab einfache, ohne besondere Schwierigkeiten zu realisierende Aufträge, die jeder IM bewältigte, sowie andere, die spezifische Voraussetzungen des IM wie besonders ausgeprägtes kombinatorisches Denken oder besonders schnelle Umstellungsfähigkeit von einem zum anderen Gegenstand und damit auch rasche und präzise Entscheidungen erforderten. Wieder andere Aufträge stellten einen hohen Anspruch an eine technisch-mathematische Ausbildung und waren nur von bestimmten IM, die über diese Voraussetzungen verfügten, zu lösen. Sie alle mussten in bester Qualität realisiert werden. Der Zentrale oblag dabei die Entscheidung, für welche Aufgaben der IM geeignet war und welche Aufgaben ihm auf Grundlage seiner Eignungsvoraussetzungen zugemutet werden konnten.

So konnte die Kontaktierung einer weiblichen Person im Westen für eine gehemmte Persönlichkeit eine schwer realisierbare, »fehlerträchtige« Aufgabe sein, während der gleiche Auftrag durch einen anderen IM problemlos bewältigt wurde.

Ferner war es möglich, dass durch erschwerende Umstände auf der objektiven Seite (Zeitdruck, Gefahren, ein Abweichen von der bisherigen Auftragsstruktur) bei jedem nachrichtendienstlichen Auftrag die psychische Belastung des IM und demnach die Möglichkeit von Fehlhandlungen stiegen.[117]

Die Art des operativen Auftrags

Die Überforderung durch den operativen Auftrag

Das Missverhältnis zwischen den Anforderungen der operativen Aufgabe sowie den Möglichkeiten und Fähigkeiten des IM war eine wichtige und häufige Ursache für nachrichtendienstliche Misserfolge. Hier interessieren insbesondere die psychischen Anforderungen und Belastungen aufgrund einer objektiv komplizierten Aufgabe sowie die subjektiven Faktoren, die die Lösung der Aufgabe erschweren oder verhindern konnten. Bereits die allgemeinen Bedingungen der Auftragserfüllung im Operationsgebiet konnten auf den IM belastend wirken. Der nachrichtendienstliche Auftrag musste oftmals ganz, mindestens aber teilweise außerhalb und neben der beruflichen Tätigkeit des Kundschafters ausgeführt werden. Selbst unter der Voraussetzung, dass sich der IM im Laufe der Legalisierungsphase eingelebt hatte und die berufliche Belastung für ihn normal geworden war, stellte allein die berufliche Tätigkeit im Westen unter den dort herrschenden Bedingungen (zum Beispiel Unsicherheit des Arbeitsplatzes) eine entsprechende Belastung dar. Der Ü-IM musste die operative Arbeit und die berufliche Tätigkeit sowie Umwelteinflüsse in Einklang bringen. Dies konnte eine Summierung der Belastung mit sich bringen, die vielfach die psychophysische Toleranzgrenze erreichte oder überschritt. So musste der Resident zum Treff häufig größere Strecken mit dem Auto zurücklegen, was gewissermaßen eine vierfache Belastung darstellte (Anforderungen im Straßenverkehr, Konzentration auf die Treffbedingungen sowie den Treffinhalt, Vermeidung von Auffälligkeiten, Wegfall des Feierabend- oder Wochenenderholungseffektes).

Es konnte demnach zu Fehlhandlungen kommen wie Verletzung der Verkehrsvorschriften und Bekanntwerden bei der Polizei, Nichtbeachtung von Treffbedingungen und Konspirationsregeln, Mängel bei der inhaltlichen Gestaltung des Treffs (beispielsweise Nichtübermittlung einer Anweisung an die Quelle, unvollständige oder unzweckmäßige Entgegennahme einer Information von der Quelle).

Beispiel:

Ein Resident stellte routinemäßig und weisungswidrig, um Zeit zu sparen, sein Auto in unmittelbarer Nähe des Treffortes ab. Die Quelle lernte dadurch das polizeiliche Kennzeichen des Wagens kennen. Durch Nachlässigkeit und Leichtfertigkeit beim Umgang mit der Brieftasche ermöglichte der Resident es der Quelle ferner, seinen Namen auf dem Führerschein zu lesen.

Die nachrichtendienstliche Aufgabe war der Schaffung optimaler Bedingungen für den IM übergeordnet. Es galt also, sowohl generell berufliche Beanspruchungen als auch die ständigen operativen Aufgaben in Grenzen zu halten. Bei der Auftragserteilung sollten die unterschiedlichsten Belastungen allerdings abgewogen und das Risiko einer möglichen Häufung erkannt werden. Im Interesse des IM wie auch der nachrichtendienstlichen Tätigkeit durfte entgegenstehenden Wünschen von der Zentrale nicht nachgegeben werden. Dies wurde nicht immer realisiert.

Beispiel:

Ein Ü-IM wählte als ständigen Wohnsitz weisungswidrig eine Stadt, die rund 300 Kilometer von dem Raum entfernt war, in dem sich die von ihm als Resident zu führenden Quellen befanden. Die Zentrale gab nach und akzeptierte den selbst gewählten Wohnsitz.

Es bestand ferner die Möglichkeit, dass ein umfangreicher oder komplizierter Auftrag vom IM nicht verstanden wurde. Der IM glaubte, alles verstanden zu haben, oder er besaß von Anfang an Zweifel, drängte diese aber in dem Glauben zurück, doch einen Lösungsweg zu finden, oder weil er meinte, die Zentrale wäre sonst enttäuscht von ihm beziehungsweise würde ihm unterstellen, dass er sich zurücknehmen wollte. Bei der Erfüllung des Auftrags erwiesen sich diese Verständnislücken dann als unüberbrückbar. Sie verunsicherten den IM, er wurde zögernd in seinen Entscheidungen. Er konnte den Überblick darüber verlieren, welche Detailaufgaben insgesamt realisiert werden mussten, welche schon gelöst und welche noch offen waren. Er konnte wichtige Schritte von Lösungen vergessen, bewusst unterlassen, sich nicht zutrauen und deshalb zu spät durchführen. Die Erkenntnis über die Nichterfüllung operativer Aufgaben konnte Misserfolgserlebnisse hervorrufen. Auch konnte der Konflikt zwischen der Aufgabe und der nicht aufgabengerechten Erfüllung zu einer unrichtigen Berichterstattung führen, wenn der IM Berichte mit seinen Wunschvorstellungen färbte.

War dem IM die Bewältigung der Aufgabe aufgrund einer fehlerhaften Information oder Weisung der Zentrale erschwert oder nicht möglich, so konnte darin zwar objektiv eine Fehlhandlung, nicht aber ein Versagen des IM liegen. Er fand dann möglicherweise andere objektive Handlungsbedingungen vor, als sie seinen durch die Information der Zentrale gebildeten Vorstellungen entsprachen, oder er schätzte die vorgefundene objektive Situation falsch ein.

Auch in diesem Fall war die Nichtbewältigung der Aufgabe aber zweifellos eine wichtige Bedingung für sein weiteres Handeln, insbesondere der Realisierung späterer operativer Aufträge.

Beispiel:

Ein Resident wurde nach einem Treff in der Hauptstadt der DDR während einer laufenden Großfahndung nach den Lorenz-Entführern[118] mit einem fiktiven Reisedokument in das Operationsgebiet zurückgeschickt. Der Führungsoffizier verstieß damit gegen dienstliche Weisungen. Der IM geriet in die Kontrollmaßnahmen und wurde, da sein fiktives Dokument einer Überprüfung nicht standhielt, festgenommen.

Eine ähnliche Situation ergab sich für den IM, wenn er zur Bewältigung einer nachrichtendienstlichen Aufgabe (so weit von der Zentrale zunächst zu überblicken) zwar durchaus in der Lage war, die Lösung aber durch nicht vorhersehbare objektive Umstände sowie bei Fehlhandlungen aus psychischer Überforderung verzögert oder verhindert wurde. In diesen Fällen wurde der IM, ungeachtet seiner »Schuldlosigkeit«, durch den Umstand der nicht realisierten Aufgabe belastet, wodurch Fehlhandlungen begünstigt wurden.

Beispiel:

Ein lediger übersiedelter IM, Wissenschaftler, erhielt als Hauptaufgabe für einen längeren Zeitraum den Auftrag, eine weibliche Person zu kontaktieren. Mitbestimmend für diesen Auftrag war die Einschätzung der Zentrale, dass es dem IM leicht fällt, Kontakt zum anderen Geschlecht aufzunehmen. Tatsächlich aber war der IM unsicher gegenüber Frauen. Die Herstellung des Kontaktes zur Zielperson verzögerte sich trotz ständiger Bemühungen des IM aus objektiven Gründen um mehrere Monate. Als der Kontakt schließlich möglich wurde, verhielt sich der IM unter dem Druck der bisherigen Misserfolge verklemmt. Der Kontakt blieb oberflächlich und wurde nach kurzer Zeit von der Zielperson abgebrochen. Der Misserfolg verstärkte die Angst des IM, beim Kontakt mit Frauen weitere Misserfolge zu erleiden und trug zu seiner allgemeinen Verunsicherung bei, die weitere Aufgaben im Operationsgebiet unmöglich machte.

Bewältigte der IM Aufgaben nicht, die objektiv und subjektiv für ihn lösbar waren (aus subjektiven Gründen zum Beispiel durch mangelnde Konzentration, mangelnde Energieleistung, Fehlentscheidung trotz ausreichender Informationen), steigerte sich die Wirkung der unerledigten Forderungen auf sein Erleben und Verhalten. Es kam zum permanenten Misserfolgserleben, das seinerseits die Motivation zum Handeln beeinflusste und die Bereitschaft zur Übernahme neuer Aufgaben schmälerte. Solche Wirkungen konnte die HV A in Grenzen halten, wenn sich der Führungsoffizier das Verhältnis zwischen nachrichtendienstlichen Aufgabenstellungen sowie der physischen und psychischen Leistungsfähigkeit des IM wie auch seinen sonstigen Belastungen im Operationsgebiet ständig vergegenwärtigte und bei Nichterfüllung von Aufträgen rechtzeitig die Ursachen analysierte und daraus die erforderlichen Konsequenzen zog.[119]

Die Unterforderung durch den operativen Auftrag

Wenn der Auftrag so beschaffen war, dass der IM ihn ohne größeren Aufwand und ohne Anstrengung realisieren konnte, führte das bei ihm möglicherweise zu dem Gefühl, unterfordert zu sein. Zudem konnte es dazu kommen, dass er glaubte, man traue ihm seitens der Zentrale nichts zu und besäße kein Vertrauen zu ihm. Das konnte Auswirkungen auf das operative Verhalten des IM haben. Wenn der nachrichtendienstliche Auftrag tatsächlich leicht zu lösen gewesen war und der IM keine weiteren Aufträge und buchstäblich nichts zu tun hatte, konnte die Untätigkeit gegebenenfalls Grübeleien provozieren. Diese konnten von der vermeintlichen Sinnlosigkeit des Aufenthalts im Westen über die möglichen Gefahren einer gegnerischen Bearbeitung bis zur Situation der Angehörigen in der DDR reichen. Hieraus entstanden möglicherweise unangemessene Überlegungen, die zu Fehlhandlungen führen konnten.
Beispiel:
Ein übersiedelter IM hatte erste nachrichtendienstliche Aufgaben rasch realisiert, am Arbeitsplatz gab es keine Probleme. Da er kaum sozialen Anschluss fand, grübelte er ständig über mögliche Gefahren durch gegnerische Maßnahmen sowie über die in der DDR verbliebene ehemalige Freundin nach, der gegenüber er sich nach wie vor verpflichtet fühlte. Dies spielte eine wesentliche Rolle für seinen Entschluss, sich selbst einen fingierten Brief zu schreiben.

Ein unangemessener nachrichtendienstlicher Auftrag konnte auch vorliegen, wenn ein wertvoller Kader über einen längeren Zeitraum nicht seinen Fähigkeiten entsprechend eingesetzt wurde. Dieser Fall war in Bezug auf die Wirkung auf die Persönlichkeit und ihr Verhalten zu unterscheiden von dem Fall, dass ein IM zwar in einer beruflich untergeordneten Tätigkeit, wohl aber in einer operativen Funktion eingesetzt war, die seine ganze Persönlichkeit forderte.
Beispiel:
Ein weiblicher IM, SED, Germanistin, hängt sehr an ihrem in der DDR ausgeübten Lehrerberuf. Sie hatte bereits bei der Eröffnung der Übersiedlungsperspektive gefordert, dass sie nicht als Anhängsel ihres Mannes mitgehen, sondern eine verantwortungsvolle

operative Tätigkeit ausüben möchte. Sie erhielt die Zusicherung, dass sie nach einer Sprachausbildung in ein interessantes Objekt kommen und eigene nachrichtendienstliche Aufgaben erhalten würde. Tatsächlich leistete der IM nach der Übersiedlung lediglich Hilfsaufgaben für den Ehemann. Eine vorübergehende Ernennung zum Residenten durch die Zentrale blieb ein formaler Akt. Die Unzufriedenheit und Verbitterung über ihr untergeordnetes und perspektivloses Dasein wuchs daraufhin immer mehr.

Für die HV A war es also erforderlich zu gewährleisten, dass der operative Auftrag den IM nicht unterforderte, sondern voll ausfüllte. Damit konnte erreicht werden, dass der IM Befriedigung durch den sinnvollen Einsatz seiner Kräfte und Fähigkeiten erlebte. Das bezog sich einerseits auf die Einsatzrichtung und Funktion des IM überhaupt, andererseits betraf es aber auch Perioden des Einsatzes, in denen aus objektiven Gründen nicht oder nur wenig an den vorgesehenen Aufgaben gearbeitet werden konnte. Hier musste aus Sicht der Zentrale durch die ständige Orientierung auf die im Rahmen der Gesamtaufgabenstellung des MfS zu lösenden Aufgaben (zum Beispiel Erarbeitung von Informationen für die Abwehr oder militärische Fragen) oder durch zusätzliche Aufgaben (zum Beispiel Sprachausbildung oder Erwerb spezieller Fähigkeiten) gesichert werden, dass beim IM nicht das Erlebnis der Leere oder Nutzlosigkeit aufkam. Wesentlich war, wie der IM selbst seinen Auftrag subjektiv erlebte. Es musste aus Sicht der HV A erreicht werden, dass er jede, auch scheinbar geringe Aufgabe oder Funktion, als wichtigen Auftrag auffasste.[120]

Disziplinprobleme

Disziplin ist das Verhalten des Menschen im Verhältnis zu den gesellschaftlichen Normen. Diese Normen waren für den Kundschafter in erster Linie die Vorschriften und Weisungen der Zentrale. Die Faktoren, die die Disziplin des IM beeinflussten waren vielfältiger objektiver und subjektiver Art. Für ihn waren die Zentrale und der Führungsoffizier wichtige objektive Handlungsbedingungen. Insbesondere die Beschaffenheit des persönlichen Verhältnisses zum Führungsoffizier besaß wesentlichen Einfluss auf die Einstellung zu den nachrichtendienstlichen Aufträgen sowie auf das Maß und die Art der daraus erwachsenden Belastungen.[121]

Die Forderung nach strenger Disziplin

Die mit der Realisierung der nachrichtendienstlichen Aufträge notwendig verbundene Forderung nach der Einhaltung einer strengen Disziplin konnte zu ungewohnten und schwerlich zu bewältigenden persönlichen Situationen führen, insbesondere bei IM, die es in früheren Tätigkeiten gewohnt gewesen waren, viele Dinge eigenverantwortlich zu entscheiden.

Die Forderung nach Disziplin konnte beim IM in der Auffassung münden, dass er bevormundet und gegängelt werden sollte oder dass man ihm nicht den notwenigen Handlungsspielraum ließ, obwohl er seiner Meinung nach an Ort und Stelle alles besser beurteilen und entscheiden konnte, als dies von der Zentrale aus möglich war. Die Vorstellung des IM, durch die Disziplinforderungen der Zentrale eingeengt zu sein, konnte zu Fehlhandlungen in verschiedene Richtungen führen. Erlebte der IM die Forderung nach Disziplin als Bevormundung, so wurde er allmählich in seinen operativen Leistungen nachlässig, weil er der Meinung war, dass er ohnehin nur tun konnte, was die Zentrale wollte und wie sie es für richtig hielt. Andere IM erlebten die Forderung nach Disziplin als Abnehmen der Verantwortung durch die Zentrale und konnten Bequemlichkeit oder Übervorsicht bei eigenen Handlungen entwickeln. In beiden Fällen kam es dabei zum Verlust der Initiative, zu Risikoscheu und Antriebsverlust. Andererseits bestand die Gefahr, dass der IM durch eigenmächtiges Handeln versuchte, aus der Norm auszubrechen.

Vermeidbar waren solche Probleme aus Sicht der Zentrale durch einen Führungsstil gegenüber dem IM, der den möglichen Spielraum innerhalb der Disziplinnormen gewährleistete, seine sachkundige Mitarbeit zur Vorbereitung der Entscheidungen ermöglichte und den Sinn der Disziplin, auch für die persönliche Sicherheit des Kundschafters, deutlich machte.[122]

Die Bewertung der Leistungen des IM bei der Realisierung operativer Aufträge

Im Verhältnis des IM zur Zentrale sowie zum Führungsoffizier musste der IM sowohl die soziale Anerkennung, die er aufgrund der sozialen Isolierung im Westen entbehren musste, als auch die notwendige Kritik, die entsprechend dem Entwicklungsgesetz von Kritik und Selbstkritik auch für seine nachrichtendienstliche Tätigkeit unverzichtbar war, erhalten.

Einseitige Betonungen der einen oder anderen Seite konnten zu unbeabsichtigtem, aber nachhaltig negativem Erleben des IM führen.

Zentrale und Führungsoffizier reagierten notwendigerweise auf das operative Verhalten des IM. Sie bewerteten es durch Billigung oder Bestätigung (positive Sanktion) oder durch Missbilligung (negative Sanktion). Jede Sanktion hatte – richtig eingesetzt – ihre Funktion bei der Erziehung des IM. Sie war entweder Bestätigung für Erfolg oder Rückmeldung für Misserfolg. Sie bewirkte zudem einen Speichereffekt für künftiges Handeln. Die im Zusammenhang mit der operativen Leistung gespeicherte Sanktion wurde bei entsprechend gleichgerichteten Aufgabenstellungen aus dem Gedächtnis bereitgestellt und wirkte positiv orientierend für die Arbeit.

Die stimulierende Wirkung galt vor allem – wo sie sachlich gerechtfertigt war – für positive Sanktionen. Negative Sanktionen erforderten, wenn sie stimulierend wirken sollten, das besondere Geschick des Führungsoffiziers.

So konnte auch ein Tadel, zum richtigen Zeitpunkt und in verständnisvoller Weise eingesetzt, den Ehrgeiz des IM entfachen, ein seelisches Tief durch Ansporn überwinden helfen und zur Leistungsaktivierung dann beitragen, wenn er als echte Hilfe gestaltet und vom IM als solche akzeptiert wurde.

Der richtige Einsatz von Sanktionen erforderte daher die Beachtung pädagogischer Grundsätze zur Anwendung von Erziehungsmitteln wie Lob und Tadel (etwa: Lob muss individuellen Motiven entsprechen, Tadel möglichst durch abgeschwächtes Lob erfolgen). Auch musste die Persönlichkeit des IM beim Einsatz von Sanktionen beachtet werden. Ein anerkennungsbedürftiger Mensch muss öfter gelobt werden. Falsch angewandte Sanktionen konnten folgende negative Auswirkungen auf den IM haben:

- ungerechtfertigte positive Sanktionen konnten zu Leichtfertigkeit, Selbstüberschätzung, Selbstzufriedenheit und letztlich Inaktivität führen,
- ungerechtfertigte negative Sanktionen konnten Barrieren für zukünftiges Handeln aufbauen, den IM einengen und ängstlich machen, Initiative und Aktivität hemmen sowie das Vertrauensverhältnis zum Führungsoffizier stören. So konnte beim IM der Eindruck entstehen, dass der Führungsoffizier zu einseitigen Schuldfeststellungen sowie anderen für ihn ungünstigen Beurteilungen kam, weil er die Gegebenheiten an Ort und Stelle nicht kannte und deshalb nicht korrekt beurteilte.

Unter der notwendigen Anerkennung verstand die HV A nicht nur vordergründig Auszeichnungen durch Orden und Prämien. Eine ausgewogene und sachliche Bilanzierung der Aufgabenstellung und ihrer Erfüllung reichte oft aus und befriedigte den IM.[123]

Leitungsprobleme innerhalb der Residentur

Die reibungslose Tätigkeit einer Residentur bedurfte klarer Leitungsstrukturen und Aufgabenbereiche. Wenn Unklarheiten oder Inkonsequenzen von der Zentrale geschaffen oder zugelassen wurden, konnte es zu unnötigen und zusätzlichen Belastungen der IMs sowie zu daraus entstehenden Fehlhandlungen kommen. Es war deshalb erforderlich, bei einem Residenten-Ehepaar die Rollenverteilung in der Ehe bereits vor der Übersiedlung zu klären. Eine selbstbewusste, verantwortlich im Berufsleben der DDR stehende Ehefrau, die unter den Bedingungen ihres Heimatlandes im gesellschaftlichen Leben ihre Anerkennung erhielt, fand sich möglicherweise nicht ohne weiteres mit der Tätigkeit des Gehilfen des Residenten ab, wenn sie diese als untergeordnet empfand. Es konnte zu Spannungen in der Ehe bis zu echten Zerwürfnissen kommen, deren Auswirkungen bis zum Verrat reichen konnten.

Beispiel:

Ein IM-Ehepaar wurde unter der Legende Republikflucht übersiedelt. Die Frau, sehr verbunden mit ihrer in der DDR ausgeübten Lehrertätigkeit und dem Mann geistig überlegen, war im Operationsgebiet (auch durch familiäre Belastungen bedingt) nicht berufstätig und nur Anhängsel ihres Mannes. Sie forderte eine verantwortungsvolle operative Aufgabe, worauf sie ein Jahr später als Resident für ihren Mann bestätigt wurde. Diese Funktion blieb formal, sie unterstützte nach wie vor nur ihren Mann bei der Übermittlung von Informationen, kannte in der Regel nicht dessen Aufgabenstellung und nicht einmal dessen Deckadresse. Sie wurde von der Zentrale als Resident nicht für voll genommen. Erst im fünften Jahr nach der Übersiedlung erfolgte der Anschluss beider IM an einen neuen Residenten.

Objektive Handlungsbedingungen für den Residenten waren auch die konkreten Angaben der Quellen, ihre politisch-moralische Haltung und ihre sonstigen Persönlichkeitseigenschaften sowie die Bedingungen des Verbindungssystems mit den Quellen. Dies erforderte seitens der HV A, zur Schaffung solcher Bedingungen beizutragen. Die Voraussetzungen für eine wirksame Leitungstätigkeit waren:

- Klarheit der Aufgabenbereiche,
- Klarheit über Kompetenzen und Spielräume,
- Informationen über die zu leitenden IM.

Die Bewältigung dieser Bedingungen verlangte aber auch vom Residenten besondere Voraussetzungen. Er musste kontaktfreudig und anpassungsfähig, aber konsequent in der Durchsetzung des Zieles sein, sich durch rasche Auffassungsgabe, Entscheidungsfreudigkeit, verbindliches, aber energisches und selbstsicheres Auftreten auszeichnen. Er sollte Sicherheit vermitteln können und ausgeglichen wirken, wenn er erfolgreich mit den Quellen arbeiten wollte. Diesen Optimalvorstellungen entsprachen nicht alle Residenten.

Beispiel:

Ein Resident hatte Mängel in seinen Umgangsformen, war schwach in der deutschen Sprache, sprach starken sächsischen Dialekt, obwohl er laut Legende als Westdeutscher aus der Schweiz zurückgekehrt war. Er reagierte langsam, unter anderem auf politische Veränderungen, hatte Minderwertigkeitskomplexe gegenüber Kontaktpersonen und geistig höherstehenden Menschen. Es fiel ihm schwer, sich einer schwierigen weiblichen Quelle (Werbung auf materieller Basis, in sicherheitsgefährdetem Objekt tätig, Gatte Militärperson, verschiedene Momente deuteten auf Unehrlichkeit und Zusammenarbeit mit dem Gegner, Weigerung der Beachtung von Sicherheitsregeln) anzupassen.

Es galt, bei der Auswahl des Residenten sorgfältig und entsprechend den Anforderungen zu verfahren. Dies wurde erleichtert, wenn der Resident bereits in der operativen Arbeit bekanntgeworden war, wenn er beispielsweise von einer Abwehrdiensteinheit übernommen worden war. Durch psychologische Untersuchungen der Persönlichkeit vor der Übersiedlung konnten solche spezifischen Eignungen weitestgehend herausgefiltert und so der Einsatz des IM im Operationsgebiet sicher gestaltet werden.[124]

Fehlhandlungen im Ergebnis persönlicher Probleme

Mit dem Begriff persönliche Probleme verband die HV A eine Reihe von Belastungen des IM, im Wesentlichen biologischer und sozialer Natur, die nicht Gegenstand des operativen Auftrags, wohl aber wichtige Bedingungen seiner Realisierung waren. Es versteht sich, dass »persönlich« aus Sicht der HV A nicht bedeuten konnte, dass diese Probleme etwa für die nachrichtendienstliche Arbeit unwichtig oder nebensächlich gewesen wären. Die Arbeit im Operationsgebiet, ganz besonders die der Ü-IM, erforderte die ganze Persönlichkeit des übersiedelten Kaders, denn alle mit seiner Persönlichkeit verbundenen Fragen beeinflussten in dieser oder jener Art und Weise die operative Arbeit.

Die persönlichen Probleme wurden von der Zentrale aber nicht schlechthin aufgrund ihres Einflusses auf die nachrichtendienstliche Arbeit beachtet. Wenn der sozialistische Staat die Entfaltung der Menschen als sozialistische Persönlichkeiten, die Befriedigung ihrer materiellen und geistig-kulturellen Bedürfnisse zum Ziel aller staatlichen Tätigkeit erklärte, so galt dies auch für die IM im Operationsgebiet. Die HV A ließ aus ihrer Sicht nicht außer Acht, dass die bestmögliche Gewährleistung des persönlichen Wohlergehens der IMs und ihre Persönlichkeitsentfaltung von Bedeutung war.[125]

Familiäre und sexuelle Belastungen

Die Trennung vom Partner
Aufgrund der bedeutsamen Rolle, die sexuelle Liebes- und Partnerschaftsbeziehungen im Leben der Menschen spielen, war deren möglicher Einfluss auf die operative Aufgabenstellung stets in Betracht zu ziehen. Was schon für die Vorbereitung der Übersiedlung galt, traf in verstärktem Maß für die Übersiedlung selbst und die ständige Arbeit des IM im Westen zu.

Die HV A unterschied die zeitweilige Trennung zu übersiedelnder Ehepaare von der geforderten ständigen Trennung vom Partner bei ledigen Übersiedlungskandidaten. Für die Praxis am bedeutsamsten waren dabei die Probleme, die sich bei getrennter Übersiedlung durch zeitweilige Trennung vom Partner, in der Regel vom Ehepartner, ergaben. Aus operativen Gründen gab es hierbei oftmals notwendige Fristen bis zur Zusammenführung der Partner im Operationsgebiet. Obwohl durch die Zeitweiligkeit der Trennung die Perspektive der Partnerbeziehung erhalten blieb, stellte doch der längere Defekt einer stabilen sozialen und biologischen Gemeinschaft eine beträchtliche Belastung dar. Es fehlte die Möglichkeit des Gedankenaustausches, der gerade unter den neuen ungewohnten Bedingungen der Existenz und Arbeit im Operationsgebiet wünschenswert war. Weiterhin stellten sich Gedanken ein, wie es dem Partner geht und wie er allein zurechtkommt. Der Wunsch nach Zusammenführung verstärkte sich stetig.

Solche Erlebnisse konnten gegebenenfalls zu Disziplinverletzungen sowie unüberlegten Verhaltensweisen führen wie beispielsweise zur Suche nach Ersatz durch andere Partner, Zerstreuung durch leichtfertige Vergnügungen und Kontakte beziehungsweise Alkohol.

Beispiel:

Ein übersiedelter IM schrieb rückschauend über die Phase vor der Zusammenführung: »Er [der Resident, Anm. d. Verf.] ist getrennt von seiner Frau, oft monatelang. Diese lange Trennung setzt eine große Willenskraft voraus, die beiderseitigen Beziehungen müssen sehr stark sein, beide Partner müssen einander voll vertrauen. Auch dann ist es noch schwer genug.«

Bestimmte nachrichtendienstliche Aufgabenstellungen machten es unumgänglich, auch ledige IM zu übersiedeln. Die dabei auftretenden persönlichen Probleme gestalteten sich vielfältig.

Bei jedem ledigen Übersiedlungskader stand in mehrfacher Hinsicht die Frage seiner Partnerschaftsbeziehungen. Zunächst wurde es als Normalfall angesehen, dass der Ü-IM in der DDR Beziehungen zu einem Partner des anderen Geschlechts unterhielt. Jede Partnerbeziehung in der DDR warf für die HV A die Frage auf, was mit ihr für den Fall der Übersiedlung geschehen sollte. Die Entscheidung der Zentrale in diesem Punkt stellte für den Ü-IM eine bedeutsame objektive Handlungsbedingung dar.

War die alleinige Übersiedlung des ledigen IM vorgesehen, so lag es nahe, dass der Führungsoffizier die Frage der Trennung vom Partner in der DDR aufwarf, vorausgesetzt, der IM verschwieg diesen nicht von vornherein, um die bereits bekannte Übersiedlungsperspektive nicht zu gefährden.

Der IM wusste, dass die geplante Übersiedlungsvariante von seiner Zustimmung, sich vom Partner zu trennen, abhing. Die Praxis hatte der HV A gezeigt, dass in einem solchen Fall häufig der der DDR ergebene IM bemüht war, den Wünschen der Zentrale Rechnung zu tragen, auch wenn dies seinen eigenen Vorstellungen und

Wünschen zuwider lief. Möglicherweise glaubte der IM selbst ehrlich daran, dass es ihm gelingen würde, die Partnerbeziehung abzubrechen. Vielleicht bezweifelte er es auch. Nach dem Motto: »Kommt Zeit, kommt Rat«, gab er erst einmal ein entsprechendes Versprechen ab. Tatsächlich konnte der IM die Tragweite eines solchen Versprechens zu diesem Zeitpunkt gewöhnlich nicht abschätzen. Er unterlag leicht einer Täuschung über die wirkliche Bedeutung der Bindung sowie über das, gerade unter den Bedingungen der sozialen Isolierung im Operationsgebiet wirkende, stimulierende oder auch deprimierende Moment einer längeren Trennung.

Die möglichen Fehlhandlungen des IM ergaben sich also aus dem Konflikt zwischen dem gegebenen Versprechen des Abbruchs der Beziehung beziehungsweise des Verschweigens des Partners und dem bewussten Bedürfnis zur Aufrechterhaltung der Beziehung. Dies führte mit hoher Wahrscheinlichkeit zu Disziplinverletzungen wie Fortsetzen der Beziehung, Verschweigen von Reisen oder Zusammentreffen im Ausland. Ferner konnte es zu depressiven Verstimmungen mit Minderung der Initiative kommen. Manchmal gab die HV A dann aber auch nach.

Beispiel:

Ein Übersiedlungskandidat sollte zunächst allein übersiedelt werden und erhielt deshalb die Weisung, sein Verhältnis zur Freundin in der DDR zu lösen. Dies gelang dem IM jedoch nicht. Daraufhin wurde die Freundin ebenfalls geworben und mit übersiedelt.

Die Forderung, die Bindung zum Partner in der DDR abzubrechen, war wegen der dadurch für die Situation des IM entstehenden Bedingungen problematisch. Wenn es sich als nicht möglich erwies, den Partner in die Übersiedlung einzubeziehen, sollte die Übersiedlung nur dann erfolgen, wenn eine Analyse der Stabilität der Bindung sowie der Erlebnis- und Bindungstiefe des Übersiedlungskandidaten eine solche Maßnahme als gerechtfertigtes Risiko erscheinen ließ.[126]

Die Übersiedlung der Frau und die operative Hochzeit beschreibt der aus der DDR übersiedelte Resident Gerhard Block in seinen Erinnerungen folgendermaßen:

»Ich hatte mich langsam eingewöhnt die nächste Etappe meines Einsatzes wurde eingeläutet: Meine Frau war inzwischen auch nach Mannheim gekommen, und wir bezogen gemeinsam eine eigene Wohnung. Ich hatte sie während meiner MfS-Ausbildung in Gransee kennengelernt, wo sie im Objekt beschäftigt war. Das war damals ziemlich kompliziert gewesen, da ich ja vollständig in das Schulprogramm eingebunden war. Nach meiner Übersiedlung nach Mannheim blieb sie vorerst in der DDR und wurde auf den Einsatz vorbereitet.

Im Juli 1960 heirateten wir bei einem Treff in der DDR. Die Genossen der Staatssicherheit hatten auch für sie eine stimmige Legende gebastelt, und sie war aus der Schweiz nach Westdeutschland eingereist. Wir waren bereits in der DDR verheiratet, doch da das nicht in unser öffentliches Märchenbild passte, mussten wir in der Bundesrepublik erneut heiraten. Dennoch war es nicht nur eine dienstliche Zwangsverpflichtung, sondern auch Liebe. Und ich war froh, nicht mehr als Einzelkämpfer dem Klassengegner gegenüberstehen zu müssen.«[127]

Die Trennung von Angehörigen

Die Bindung des Ü-IM an andere Angehörige in der DDR konnte, abhängig von seiner persönlichen Entwicklung sowie der Art der Beziehungen zu diesen Menschen, aber auch beeinflusst von seiner Mentalität, recht stark sein. Dies galt insbesondere für Bindungen zu Eltern, erwachsenen Kindern, jüngeren Kindern, die beim geschiedenen Ehegatten lebten, und gegebenenfalls Geschwistern. Die Art der Belastung war auch hier abhängig davon, ob diese Angehörigen einbezogen waren beziehungsweise welche Legende sie kannten.

Was bereits bei kurzfristigen Einsätzen sowie in der Legalisierungsphase zutraf, galt voll und verstärkt für den langfristigen Einsatz im Operationsgebiet. Der IM machte sich Gedanken über das Befinden der in der DDR verbliebenen Angehörigen, auch reflektierte er darüber, dass sich die Angehörigen möglicherweise Sorgen um ihn machten. Kannten die Angehörigen nur eine Legende, so wurden die Sorgen des IM um Gedanken über die generelle Tragfähigkeit sowie die ständige Aktualisierung der Legende verstärkt, aber auch um Sorgen, was wohl diese Menschen von ihm dachten, weil er selten schrieb oder sie bei Krankheit nicht besuchte. Bei bestimmten Legenden, zum Beispiel ungesetzliches Verlassen der DDR, musste der IM auch befürchten, dass ihn die Verwandten und Freunde für einen Verräter oder politischen Scharlatan hielten. Aus diesen Ungewissheiten ergaben sich permanente Sorgen und Probleme für den IM, die ihn beschäftigten, ablenkten und dadurch zu Fehlhandlungen führen konnten.

Die Ungewissheiten spielten auch eine Rolle, wenn der IM im Urlaub mit seinen Angehörigen zusammentraf und dabei mit ihren unmittelbaren Fragen konfrontiert wurde. Die Emotionalität wurde dabei verstärkt angesprochen, vor allem bei erkrankten Angehörigen oder gar dem zwischenzeitlich eingetretenen Tod naher Verwandter. Die Wahrung der Legende fiel besonders schwer, wenn die IM nichts Konkretes über das legendierte Land ihres Aufenthalts vorzuweisen hatten und selbst zu wenig Informationen, vor allem aktueller Natur, besaßen. Allgemein wurde der Urlaub bei Familienangehörigen nicht als Entspannung empfunden, sondern als Fortsetzung der operativen Arbeit. Die Aufmerksamkeit gegenüber abgegebenen Darstellungen über das persönliche Leben in der zurückliegenden Zeit war dennoch nicht so wach wie unter den Bedingungen des Operationsgebietes, so dass es unbewusst zu widersprüchlichen Darstellungen kommen konnte beziehungsweise zu verschiedenen Versionen eines gemeinsamen Erlebnisses bei Ehepartnern und damit zu einer möglichen Verletzung der Konspiration.

Der HV A lag demnach daran, die möglichen Sorgen des IM durch rechtzeitige Organisation und ständige Aufrechterhaltung eines Betreuungssystems für bedürftige Angehörige gegenstandslos zu machen sowie dem IM durch ständige Information die Ungewissheit hinsichtlich seiner Angehörigen zu nehmen. Für solche Informationen sollten auch die operativen Verbindungswege, soweit vertretbar, genutzt werden. Dies trug wesentlich dazu bei, dem IM das Gefühl des sicheren Hinterlandes zu vermitteln.[128]

Belastungen aufgrund von Schwangerschaft und Mutterschaft

Es bedarf keiner weiteren Erörterung, welch hohe Belastung Schwangerschaft und Mutterschaft, insbesondere wenn damit die Betreuung von Kleinst- und Kleinkindern verbunden war, bereits unter normalen Umständen für eine Frau darstellen. Dies betrifft die Beanspruchung ihres Organismus wie auch aller Seiten ihrer Persönlichkeit. Die HV A ging davon aus, dass in der Regel die Belastung durch Schwangerschaft und Mutterschaft für einen weiblichen IM im Operationsgebiet das beherrschbare Maß erreichte oder überschritt. Tatsächlich zeigte die Praxis, dass beim Zusammentreffen hoher Belastungen aus Schwangerschaft, Geburt sowie Kinderbetreuung einerseits und den nachrichtendienstlichen Aufgaben andererseits in aller Regel zugunsten des Kindes entschieden wurde. Das bedeutete, die psychisch-physische Doppelbelastung wurde zunächst durch Vernachlässigung der operativen Forderungen vermindert oder aufgehoben. Allerdings stellte dies für einen pflichtbewussten IM keine wirkliche Lösung dar. Ihm stand vor Augen, dass er objektiv nicht in der Lage war, eine echte Lösung der Pflichtenkollision zu finden. Dies wurde verstärkt durch die Vorstellung, dass er an der Schaffung dieser Situation einen subjektiv bedingten Anteil besaß. Es konnte sich also ein Zyklus von Pflichtverletzungen ergeben, der sich ständig verstärkte. Einschränkungen der Leistungsfähigkeit sowie Fehlhandlungen, insbesondere Verletzungen der Konspiration, konnten weitere mögliche Folgen sein.

Die Betreuung eines Säuglings ist grundsätzlich nicht schlechthin eine Zeitfrage, vielmehr veränderte sich durch die Geburt des Kindes der Verantwortungsbereich des IM. Während er das Risiko der konspirativen Arbeit bislang nur für sich selbst zu tragen hatte, musste er fortan damit rechnen, dass auch das Kind im Fall einer Panne von den Konsequenzen betroffen wäre. Dadurch konnten notwendige operative Entscheidungen beeinflusst werden, übermäßige Vorsicht oder gar Angst führten möglicherweise bis zur Entscheidungsunfähigkeit. Die Unterbringung eines Säuglings oder Kleinkindes in einer Privatbetreuung wäre zwar möglich (Kinderkrippen wie in der DDR gab es im Operationsgebiet nicht), schuf aber neue Probleme durch die Finanzierung der Pflegestelle. In bestimmten Ländern stieß eine berufstätige Mutter auf Befremden, wenn sie ihr Kleinkind in fremde Pflege gab oder wenn sich aufgrund des ausgeübten Berufs herausstellte, dass sie ihre Einkünfte im Wesentlichen für die Tagesbetreuung ihres Kindes aufwenden musste. Auch wurde ihr die Integration in das Berufsleben nicht leicht gemacht. Schwangerschaft und Mutterschaft konnten überdies den nachrichtendienstlichen Auftrag unmittelbar in Frage stellen.

Beispiel:

Ein IM-Ehepaar wurde übersiedelt, obwohl die Frau schwanger war und noch dazu unter Schwangerschaftsbeschwerden litt. Die Geburt, die Betreuung des Kleinkindes und schließlich eine weitere Schwangerschaft führten zu einer starken Belastung der Frau. Sie wurde jedoch von der Zentrale mit ihren persönlichen Problemen weitgehend alleingelassen, was später zu einer mitwirkenden Bedingung ihres Verrats wurde.[129]

Die Forderung der Zentrale nach Kinderlosigkeit

Während aus operativen Gründen viel dagegen sprach, dass Übersiedlungskader Kinder hatten, wurde die Kinderlosigkeit für eine sozialistisch geprägte Ehe als biologisch und sozial unnatürlich betrachtet. Die Ü-IM waren politisch bewusste, einsatz- und opferbereite Menschen. Sie gehörten nicht zu denjenigen, die sich aus Egoismus und Bequemlichkeit keine Kinder anschaffen wollten. Das heißt, die Ü-IM hatten normalerweise den Wunsch nach Kindern. War dies nicht der Fall, musste geprüft werden, ob nicht egoistische Motive dafür ausschlaggebend waren, die auch die Eignung zur Übersiedlung in Frage stellen konnten. Da aus genannten operativen Gründen die Kinderlosigkeit nicht für eine kurze Zeit, sondern für einen Zeitraum von vielen Jahren oder sogar für immer gefordert werden musste, konnte sich daraus für die Ü-IM und ihre Ehe eine Interessenkollision und damit eine ständige Quelle für Unzufriedenheit, Grübeleien und Reibereien zwischen den Ehegatten ergeben. Dabei konnte die vor der Übersiedlung gegebene Zustimmung zur Kinderlosigkeit im Laufe der Jahre in Widerspruch zu aktuellen Wünschen geraten. Die Zentrale wurde dann möglicherweise bedrängt, eine Schwangerschaft im Operationsgebiet zu gestatten oder aber einen vorfristigen Rückzug anzuordnen. Die Ehepartner konnten sich in dem Wunsch einig sein, nunmehr doch ein Kind bekommen zu wollen, der Wunsch konnte aber auch nur von einem Partner ausgehen. Im letzteren Fall entstanden Disharmonien in der Ehe, die zu ständigen Auseinandersetzungen über die Kinderproblematik führen konnten und schließlich zur Entfremdung der Ehepartner. Die Frau fühlte sich unverstanden und suchte möglicherweise Anschluss an einen anderen Partner, oder der Mann versuchte den Diskussionen durch eine andere Bindung zu entgehen. Wenn das IM-Ehepaar bereits das dreißigste Lebensjahr erreicht hatte, wurde die Frage des Kinderwunsches noch durch das zunehmende Alter der IM belastet und die Frage aktuell, ob Kinder überhaupt noch gezeugt werden konnten oder sollten. Es konnte durchaus vorkommen, dass der weibliche Partner in seinem verständlichen Wunsch nach Mutterschaft gemeinsam festgelegte Verhütungsmaßnahmen unterlief und es so für den Ehemann unerwartet zu einer Schwangerschaft kam. Auch in solchen Fällen war die Ehe durch massive Spannungen zwischen den Partnern belastet und die Atmosphäre des Vertrauens gestört. Daraus konnte sich eine generelle Misstrauenshaltung ergeben, die die Zusammenarbeit störte oder gar unmöglich machte.

Beispiel:

Bei einem übersiedelten Ehepaar kam es durch leichtfertigen Verzicht auf Verhütungsmittel entgegen vorheriger Versicherung zu einer Schwangerschaft. Die IM bestanden gegenüber der Zentrale auf der Austragung des Kindes. Da die IM die Betreuung des Kindes in den Vordergrund stellten, gingen die operativen Ergebnisse rapide zurück. Die sich im Zusammenhang damit ergebenden Probleme zwangen die HV A zum Rückzug des IM-Ehepaares.

Auch wenn die IM diszipliniert waren, den ihnen von vornherein zugesicherten Rückzugstermin abzuwarten und sich den Kinderwunsch danach in der DDR zu erfüllen, konnte die ständige Fixierung auf diesen möglicherweise erst geraume Zeit später liegenden Zeitpunkt, die sich eventuell mit einer Art Torschlusspanik verband sowie der Ungewissheit, ob die Zentrale ihr Rückzugsversprechen auch einlöste, die nachrichtendienstliche Leistungsbereitschaft beeinflussen. Die möglichen Folgen eventuell leichtfertig vergebener Versprechungen zum Rückzugstermin seitens des Führungsoffiziers zeigten sich oft erst nach Jahren der Arbeit im Westen, indem die IM dann, weil der versprochene Rückzug nicht erfolgte, die von ihnen gegebene Zusage durchbrachen.

Die Kinderlosigkeit hatte noch einen zusätzlichen Aspekt in solchen Ländern oder Gegenden des Operationsgebietes, deren Bevölkerung traditionell kinderfreundlich eingestellt war. Dort konnte die Kinderlosigkeit, mehr als in der BRD, aufgrund ihrer erforderlichen Abdeckung und Legendierung ein Sicherheitsproblem werden. Die Kinderlosigkeit hatte also bei entsprechender Unvollkommenheit oder Lückenhaftigkeit der Legende für die Kinderlosigkeit, neben den Wirkungen auf die persönliche Harmonie und Ausgeglichenheit, unter Umständen auch negative Einflüsse auf das Sicherheitsbewusstsein des IM.

Beispiel:

Ein übersiedeltes Ehepaar war jahrelang in einem Drittland ansässig, in dem es üblich ist, dass Ehepaare mehrere Kinder haben und auch Außenstehende an der Entwick-

lung von Familie und Kindern regen Anteil nehmen. Den IM fiel es von Jahr zu Jahr schwerer, den interessierten Bekannten und Nachbarn ihre Kinderlosigkeit glaubhaft zu legendieren.

Vorbeugen konnte die HV A solchen Situationen vor allem durch die sorgfältige Auswahl sowie die gründliche Einschätzung, ob die betreffende Persönlichkeit als Bestandteil beziehungsweise Resultat ihrer politisch-moralischen Werte das notwendige hohe Maß an Opferbereitschaft besaß, um den Kinderwunsch auf längere Zeit oder gänzlich unterdrücken zu können. Mit den IM musste bereits vor der Übersiedlung völlige Klarheit darüber geschaffen werden. In jedem Fall sollte, wenn ein Rückzugstermin mit einem Übersiedlungs-Ehepaar vereinbart worden war, dieser auch eingehalten und sogar zwischenzeitlich vom Führungsoffizier direkt angesprochen werden, weil dann die Einstellung zum Kinderwunsch auch von den IM zielgerichteter erfolgen konnte, was zur Vermeidung beziehungsweise Minderung der genannten Komplikationen beitrug.

Trat eine von den IM unerwünschte Schwangerschaft auf, stellte der Schwangerschaftsabbruch für die Zentrale einen relativ unkomplizierten Ausweg dar, um die operative Situation zu »retten«. Dies blieb jedoch der freien Entscheidung der Ehepartner überlassen. Keinesfalls durfte der Führungsoffizier zu einem Schwangerschaftsabbruch drängen, denn auch die Staatssicherheit war an die Gesundheitspolitik des Staates sowie die grundsätzliche Haltung der Kommunisten zum Schwangerschaftsabbruch gebunden.[130]

Die Probleme fester Bindungen im Operationsgebiet

Wie bereits erwähnt, konnte aus operativen Gründen seitens der HV A nicht grundsätzlich auf die Übersiedlung lediger IM verzichtet werden. Für diese IM stellte sich die Aufgabe, ihre sexuellen Bindungen im Operationsgebiet den nachrichtendienstlichen Erfordernissen unterzuordnen. Eine wichtige objektive Handlungsbedingung für die IM war dabei die von der Zentrale vorgegebene Linie, wie sie dieses Problem lösen sollten.

Eine Forderung der HV A, feste Bindungen zu Personen des anderen Geschlechts generell zu vermeiden, wäre für Menschen im Alter der Ü-IM schwer zumutbar gewesen. Das Bedürfnis nach einem echten und festen Partner stellt ein elementares und starkes Bedürfnis biologischer und sozialer Natur dar. Für den politisch bewussten Menschen richtet sich dieses Bedürfnis noch dazu oft auf einen gleichgesinnten Partner. Die Forderung nach Unterdrückung des Bedürfnisses der festen Partnerwahl stellte somit für die IM eine Anforderung dar, der sie kaum auf längere Zeit gewachsen sein konnten. Eine solche Forderung hätte im hohen Maß die Gefahr hervorgerufen, dass die IM weisungswidrig trotzdem Bindungen eingehen und diese gegenüber der Zentrale verschweigen würden. Dadurch wären Unehrlichkeit provoziert sowie Gefahrenmomente im Vorgang geschaffen worden.

Die HV A strebte an, dass der IM nach Möglichkeit feste Bindungen nur mit einem Partner einging, der auch in die nachrichtendienstliche Tätigkeit einbezogen werden konnte. Soweit kein beziehungsweise bis ein solcher Partner gefunden werden konnte, sollten auch flüchtige Bindungen zum anderen Geschlecht nur erfolgen, wenn dadurch keine Sicherheitserfordernisse beeinträchtigt wären.

Es konnte vor allem die Gefahr nicht ausgeschlossen werden, dass der ledige IM seine erotischen Bedürfnisse über die Erfordernisse der operativen Arbeit stellen und dauerhafte Bindungen zu Personen eingehen würde, die Gefahren für die Kundschaftertätigkeit mit sich brachten.

Beispiel:

Ein ledig übersiedelter IM ging in dem Wunsch nach einem geregelten familiären Leben eine Bindung zu einer Frau ein. Obwohl er sich nicht direkt ihr gegenüber dekonspirierte, erlangte die Frau doch umfangreiche Einblicke in das persönliche Leben des IM. Durch eine ständig verschlossene Container-Aktentasche des IM wurde die Frau misstrauisch und eifersüchtig.

Ein weiteres Beispiel:

Ein lediger weiblicher IM wurde auf Basis der Republikflucht übersiedelt und entwickelte sich zu einer wertvollen Quelle. Da sie sich einsam fühlte, ging sie ein intimes Verhältnis mit einem gegnerischen Mitarbeiter ein, der sich angeblich scheiden lassen und den IM heiraten wollte. Sie täuschte eine neue Überprüfung für die Einstufung »streng geheim« vor, um eine Unterbrechung der operativen Arbeit zu erreichen, damit sie sich mehr ihrem Verhältnis widmen konnte. Resident und Zentrale scheuten klare Forderungen, weil sie befürchteten, der IM würde sich für das neue Liebesverhältnis entscheiden.

Beachtete der IM hingegen, dass der Partner die Perspektive einer ideologischen und operativen Entwicklung aufweisen musste, konnten partnerbedingte Fehlhandlungen vermieden werden.

Beispiel:

Ein ledig übersiedelter IM freundete sich im Operationsgebiet mit einem Mädchen an und beeinflusste es, ohne sich zu dekonspirieren, durch seine Persönlichkeit positiv. Er heiratete mit Zustimmung der Zentrale. In der Folge wurde die Frau in die nachrichtendienstliche Arbeit einbezogen und entwickelte sich zu einer wertvollen Quelle. Sie überstand standhaft auch Belastungssituationen, insbesondere eine gegnerische Bearbeitung.

Fand der IM nicht oder nicht sofort einen solchen wertvollen operativen Partner, so bestand die Gefahr, dass er oberflächliche sexuelle Bindungen eingehen und damit Sicherheitsprobleme schaffen würde.

<u>Beispiel:</u>
Ein ledig übersiedelter IM knüpfte näheren Kontakt zu einer Reisebekanntschaft. Es kam zu Intimitäten, Adressenaustausch, gemeinsamen Fotos, Besuch in der Wohnung des IM und Schriftwechsel. Da die Frau wegen Kontaktes zu Linksextremisten von der Polizei beobachtet wurde, geriet auch der IM in eine gegnerische Bearbeitung und musste aus dem Operationsgebiet abgezogen werden.

Zur Vermeidung solcher Fehlbelastungen und Fehlhandlungen ergab sich für die HV A die Folgerung, die Übersiedlung lediger IM auf nachrichtendienstlich unumgängliche Fälle zu beschränken sowie durch Gewährleistung eines echten Vertrauensverhältnisses zwischen Führungsoffizier und IM sicher zu stellen, dass der IM alle seine Probleme und Bekanntschaften mitteilte. Dem IM musste stets deutlich gemacht werden, welcher enge Zusammenhang zwischen seinen Bindungen und seiner Sicherheit bestand.[131]

Familiäre Probleme innerhalb der Residentur

Störungen in den Beziehungen der Ehegatten konnten im Operationsgebiet ebenso wie in der DDR auftreten. Sie besaßen auch die gleichen biologischen, sozialen und psychischen Ursachen (Differenzen im sexuellen Bereich, in den Interessenlagen, im Charakter) und die gleichen Erscheinungsformen (Streitigkeiten, Abwendung vom Partner). Unter den Bedingungen des Operationsgebietes und der nachrichtendienstlichen Aufgabenstellung wurden solche Störungen aber zusätzlich durch die normalen Probleme des Lebens sowie der Arbeit im Westen überlagert und verstärkt, da hier die Partner weitaus mehr als in der Heimat auf unbedingte Zuverlässigkeit und Treue des anderen angewiesen waren und familiäre Störungen die nachrichtendienstliche Tätigkeit wie auch die Sicherheit der IM beeinträchtigen konnten. Solche Probleme führten daher im Operationsgebiet zu einer erheblichen zusätzlichen Belastung beider Partner, aus denen Leistungsminderungen und Disziplinverletzungen (möglicherweise Suche eines anderen Partners) erwachsen konnten.

Andererseits war der familiäre Bereich der Leitung der Zentrale und den Residenten nur teilweise und nur bedingt zugänglich. In der Ehe mussten die gegenseitigen Beziehungen durch gleichberechtigte Partner gestaltet werden, unabhängig von ihrer operativen Funktion.

Wie bereits erwähnt, legte die HV A großer Wert darauf, dass die IM-Partner beide durch ihre nachrichtendienstlichen Aufgabenstellungen Befriedigung fanden, da diese den Mangel der im Westen fehlenden Anerkennung kompensieren konnte. Die gelebte Gleichberechtigung von Mann und Frau in der DDR konnte zur Gefahrenquelle werden, wenn Frauen beim nachrichtendienstlichen Einsatz ihre Tätigkeit als untergeordnet empfanden. Die Unzufriedenheit konnte zu Misstrauen gegenüber dem Partner führen, wodurch die Unterstellung von Treuebruch sowie Zweifel am Sinn der Ehe möglich waren. Hatte der männliche Ehepartner dagegen in der DDR ein »Paschaleben« geführt, so konnte die operative Tätigkeit der Frau solche Belastungen mit sich bringen, dass sie den Mann nicht mehr im bisher gekannten Maß »verwöhnen« konnte. Wenn sich dann zusätzlich aus mangelnder Erholung und Entspannung Potenzstörungen einstellten, kam es oftmals zum Ehekonflikt, der die Existenz der Ehe und damit die Sicherung des nachrichtendienstlichen Auftrags in Frage stellte.

Dies alles macht deutlich, dass aus Sicht der HV A die Ehebeziehungen vor der Übersiedlung gewissenhaft durch einen Arzt oder Psychiater analysiert werden mussten, um alle möglicherweise bereits vorliegenden zu Konflikten neigenden Konstellationen zu erkennen und aufzuarbeiten.

Beispiel:

Ein IM-Ehepaar führte bis zur Übersiedlung ein harmonisches Familienleben. Bereits zum Zeitpunkt der Übersiedlung gab es jedoch Unstimmigkeiten im sexuellen Bereich, die wesentlich auf den Mann zurückzuführen waren und auch nach der Übersiedlung andauerten. Er meinte: »Ich habe meiner Frau während der sowieso schon nervenbelastenden Zeit der operativen Arbeit durch mein Verhalten noch zusätzliche Belastungen der geschilderten Art auferlegt. Das war mehr, als ein Mensch ertragen konnte. Aus falscher Scham und mangelndem Vertrauen habe ich mich mit meinem Problem nicht an meine Genossen gewandt, sondern geglaubt, es allein lösen zu können. [...] Ich war mir über die Gefährdung der eigenen Arbeit und anderer Vorgänge durch die geschilderten Ereignisse nicht im Klaren, weil unter dem Druck der persönlichen Probleme eine sorgfältige Analyse von meiner Seite nicht intensiv genug erfolgte.«

Die Frau suchte einen persönlichen Ausweg aus ihrer Konfliktsituation, indem sie sich einen Freund anschaffte. Da durch die Situation in der Ehe eine operative Perspektive nicht mehr gegeben war, wurde das Ehepaar nach zwei Jahren aus dem Operationsgebiet abberufen.

Eine familiäre Belastung besonderer Art stellten Erziehungsprobleme der Kinder dar. Solche Probleme konnten in der DDR ebenfalls auftreten, waren also nicht unbedingt für die Familien übersiedelter IM spezifisch. Dies betraf die verschiedensten Ursachen und Erscheinungsformen von Erziehungsproblemen, beispielsweise Probleme ideologischer Natur, Entfremdungen, Pubertätserscheinungen, Generationenkonflikte, ungenügende Fähigkeit oder Bereitschaft zur Erfüllung der schulischen Anforderungen. Hinzu kamen für übersiedelte IM spezifische Aspekte. Nicht nur, dass sich die Probleme zu den permanenten hohen Anforderungen der operativen Tätigkeit addierten, die IM mussten stets befürchten, dass sich die Kinder in so hohem Maß in der bürgerlichen Gesellschaft des Westens verwurzelten, dass sie nach einem späteren Rückzug keinen Einfluss mehr auf sie nehmen konnten. Auch bestand für die IM ein Sicherheitsproblem darin, dass sie durch Exzesse der Kinder in das Blickfeld staatlicher Behörden geraten konnten.

Ferner schufen besonders heranwachsende Kinder oft Konflikte. Sie kannten die operative Tätigkeit ihrer Eltern nicht und integrierten sich frei in die gesellschaftlichen Belange ihrer Altersgruppen. Die Eltern reagierten aus Sorge um die nachrichtendienstliche Aufgabe oft unangemessen, weil sie Komplikationen aus dem Umgang ihrer Kinder befürchteten. Da den Kindern die elterlichen Motive verschlossen blieben, verstanden sie deren Haltung und Maßnahmen nicht und reagierten mit verstärkten Aggressionen. So entstanden Konflikte, aus denen die Eltern, die sich daneben um die politisch-moralische Entwicklung der Kinder sorgten, keinen anderen Ausweg als den Rückzug in die DDR sahen. Tatsächlich gab es zu einem solchen Zeitpunkt meist keine andere Alternative, weil die psychische Belastung des IM-Ehepaares durch die Erziehungsprobleme so groß war, dass sich bei der Realisierung der nachrichtendienstlichen Aufgaben zunehmend Unkonzentriertheit, Vernachlässigung oder Oberflächlichkeit einstellten. Diese Faktoren gefährdeten die operative Arbeit.

Beispiel:

Bei einem IM-Ehepaar entstanden elf Jahre nach der Übersiedlung schwerwiegende Probleme bei der Erziehung der Kinder. Sie pflegten einen negativen Umgang und wollten sich dem Einfluss der Eltern entziehen. Beide Kinder konnten das Ziel des Schuljahres nicht erreichen. Die IM sahen sich außerstande, im Operationsgebiet mit den Problemen fertig zu werden und baten die Zentrale um den Rückzug.

Solche familiären Probleme waren aus Sicht der HV A nicht generell vermeidbar. Es kam einerseits darauf an, bereits in der Vorbereitungsphase größten Wert auf feste und harmonische Bindungen der Ehepartner zu legen sowie alle Anzeichen sich entwickelnder Ehe- und Familienprobleme im Operationsgebiet sorgfältig zu erfragen, gemeinsam zu analysieren und gegebenenfalls rechtzeitig Maßnahmen zu ergreifen.[132]

Der Freizeitbereich des IM

Die HV A verstand unter dem Freizeitbereich jenen zeitlichen und örtlichen Bereich, der dem IM im Operationsgebiet außerhalb seiner beruflichen Tätigkeit und außerhalb der Erfüllung konkreter operativer Aufgaben verblieb. Dies waren hauptsächlich die Abende, Wochenenden sowie der Urlaub. Der Freizeitbereich war allerdings mit dem nachrichtendienstlichen Auftrag untrennbar verbunden. Alles, was von anderen Personen aus dem Freizeitbereich wahrgenommen werden konnte, musste deshalb in die Legende des IM eingeordnet sein. Es gab im Wesentlichen folgende drei Gruppen von Belastungen des IM im Freizeitbereich:

1. Probleme der Kontakte,
2. Probleme der Freizeitbeschäftigungen,
3. Abwesenheit von der Wohnung.

Was den Freizeitbereich aus der sonstigen Existenz im Operationsgebiet heraushob, war zunächst die erhöhte Wahrscheinlichkeit zufälliger Kontakte. Dies betraf Bekanntschaften im Rahmen einer Hobby-/Freizeitbeschäftigung (Sport, Wandern, Sammeln) beziehungsweise Reise- oder Urlaubsbekanntschaften. Die Zufälligkeit solcher Kontakte erforderte in besonderem Maß bei jeder Bekanntschaft die Überlegung, ob der Kontakt nützlich sein oder eine Gefahr darstellen konnte und deshalb vermieden werden musste. Die gegebenenfalls aus sich anbietenden Kontakten und Unsicherheiten in der Entscheidung über Nützlichkeit oder Gefahr resultierenden Belastungen stellten sich unterschiedlich und vielfältig dar. Sie hingen zum einen davon ab, was der betreffende Kontakt für den IM persönlich versprach und welche Momente ihn möglicherweise als gefährlich charakterisierten, zum anderen spielten die psychischen Eigenschaften des einzelnen IM eine Rolle. So war beispielsweise der übervorsichtige IM durch seine Unentschlossenheit und Gehemmtheit stark belastet, er verkrampfte sich und wirkte unecht. Ein anderer litt unter dem Zwang, Kontakte weitgehend zu meiden, so dass es zu spontanen Ausbrüchen kommen konnte.

Solche Belastungen konnten unter Umständen zu Fehlhandlungen der IMs führen, zumindest aber den normalerweise im Freizeitbereich zu erzielenden Erholungseffekt mindern und dadurch die sonstige Leistungsfähigkeit der IMs beeinträchtigen. Es konnte ferner möglich sein, dass sich Belastungen der IMs in diesem Bereich ergaben, weil sie unter operativen Gesichtspunkten auf geliebte Freizeitbeschäftigungen verzichten oder im Interesse der Legende ungeliebten Freizeitbeschäftigungen nachgehen mussten.

Ein weiteres Problem im Freizeitbereich bestand schließlich in der urlaubsbedingten längeren Abwesenheit vom Wohnsitz. Hier kam es gegebenenfalls dazu, dass sich der IM Gedanken über die Sicherheit der in der Wohnung versteckten operativen Mittel sowie über den Umstand machte, diese wichtige Seite seines Lebens- und Wirkungsbereiches längere Zeit nicht unter Kontrolle zu haben.

Auf der objektiven Seite waren solche Belastungen kaum vermeidbar. Es war lediglich möglich, die Situation des IM durch Verhaltenslinien für Kontakte und durch Instruktionen über Sicherungsmöglichkeiten in der Wohnung zu erleichtern.[133]

Belastungen des IM im finanziellen Bereich

Der finanzielle Bereich stand im engen Zusammenhang mit der Legende des IM sowie seiner Bereitschaft, diese voll zu vertreten und auszufüllen. Die glaubwürdige Verkörperung der Legende erforderte es, dass zwischen den Einnahmen des IM aus seiner legalen Tätigkeit und den Ausgaben für den Lebensunterhalt ein angemessenes Verhältnis gewahrt wurde. Der Lebensstandard des IM im Westen konnte also nicht höher sein, als es sein effektives Einkommen sowie seine Legende zuließen. Dabei mussten zwei Aspekte beachtet werden: Zum einen konnten seine Ansprüche bereits vor der Übersiedlung höher gewesen sein als sie im Operationsgebiet befriedigt werden konnten, zum anderen konnten auch durch den Druck der Konsumideologie im Westen höhere Ansprüche entstehen und mit den objektiven und operativen Möglichkeiten in Widerspruch geraten. Es blieb dann oftmals nicht bei den Ansprüchen. Die IM nutzten die vielfältigen ihnen im Westen gegebenen Möglichkeiten der Anschaffungen und des Lebens auf Kredit. Es bestand die Gefahr, dass mit der wachsenden Schulden- und Zinslast der finanzielle Druck anwachsen würde beziehungsweise die Verbindlichkeiten mit dem Einkommen nicht mehr auszugleichen wären. Es kam in einer solchen Situation bei den IM zu Erwartungen, dass von der Zentrale eine entsprechende finanzielle Unterstützung zu erfolgen hätte, und zu Überlegungen, ob deren Herkunft auch hinreichend legendiert werden könnte. Das Zulassen eines Missverhältnisses zwischen Einnahmen und Ausgaben stellte als dekonspirierendes Moment bereits für sich eine Fehlhandlung dar. Es konnte darüber hinaus weitere Probleme hervorrufen und Fehlhandlungen begünstigen. So war insbesondere bei echten Zahlungsschwierigkeiten mit Maßnahmen der Gläubiger zu rechnen (Kreditsperre, Gerichtsverfahren, Zwangsvollstreckung), oder der IM versuchte, sich durch eigene Manipulationen am Rande oder unter Verletzung der Gesetzte zu behelfen.

Beispiel:

Ein übersiedeltes IM-Ehepaar arbeitete (beide in ihrem Beruf) in einem Konzern und hatte ein relativ hohes Einkommen. Das Paar betrieb jedoch einen hohen finanziellen Aufwand, der durch das Einkommen nicht gedeckt und nur durch zusätzliche Leistungen der Zentrale möglich wurde. So bewohnten sie, obwohl kinderlos, eine Fünf-Zimmer-Wohnung, besaßen ein teures Auto und machten aufwendige Reisen.

Auf der objektiven Seite waren solche Probleme aus Sicht der HV A nicht völlig vermeidbar. Sie ergaben sich nach Erkenntnissen der Zentrale oftmals aus der anfänglich weniger qualifizierten Tätigkeit, die die IM ausüben mussten. Eine Vorbeugung wurde auf der subjektiven Seite gesehen und umfasste folgende Punkte:

- Es mussten solche Kader ausgewählt werden (vor allem bescheidene Persönlichkeiten), die ihre Bedürfnisbefriedigung im operativen Interesse steuern konnten und kein Missverhältnis zwischen finanziellen Verpflichtungen und Möglichkeiten aufkommen ließen.

- Es war eine ständige Erziehung und Zurückdrängung der Konsumideologie erforderlich.
- Es musste beachtet werden, dass und wie Reklame, unter Einsatz aller Medien, das Denken und Handeln der IMs beeinflusste.[134]

Gesundheitliche Belastungen des IM

Ein guter Gesundheitszustand wurde von der HV A als wichtige Voraussetzung für hohe physische und psychische Belastungen des IM betrachtet. Dabei verstand sich die Gesundheit auch aus operativer Sicht nicht nur als Freisein von Krankheiten, sondern auch als Zustand des subjektiven Wohlbefindens.

Der IM ging im Operationsgebiet gewöhnlich seltener zum Arzt als in der DDR, einerseits, um am Arbeitsplatz nicht durch Krankheit aufzufallen, andererseits, weil er die medizinische Behandlung als mögliche dekonspirierende Situation meiden wollte. Durch die unregelmäßige gesundheitliche Betreuung konnte bei den IM die Sorge anwachsen, ob sie noch gesund waren oder an einer unerkannten Krankheit litten. Dies wurde möglicherweise durch sensationell aufgemachte Berichte und Spekulationen in Veröffentlichungen des Westens (Wirkungen bestimmter Medikamente, tödlich verlaufende schleichende Erkrankungen) noch gefördert.

Von den Ursachen der Gesundheitsmängel her unterschied die HV A zwischen dem objektiv bedingten schlechten Gesundheitszustand und der ungenügenden Gesundheitsdisziplin.[135]

Der schlechte Gesundheitszustand des IM

Durch Gesundheitsmängel konnte eine unmittelbare Minderung der physischen und psychischen Leistungsfähigkeit eintreten. Litt ein IM beispielsweise unter häufigen Kopfschmerzen, wurden seine Konzentrationsfähigkeit und seine Aufmerksamkeit beeinträchtigt. Die Arbeit ging ihm nicht so flüssig von der Hand, zudem war er durch seinen Beruf oft schon bis zur Toleranzgrenze belastet. Die nachrichtendienstlichen Belange zu erledigen, kostete zusätzliche Kraft. Er musste seine Aktivitäten bewusst anschieben, um seinen operativen Pflichten nach Feierabend oder an den Wochenenden nachzukommen, was dazu führte, dass er sich am nächsten Tag oder am Wochenbeginn nicht ausreichend erholt fühlte. Ähnlich verhielt es sich bei Magenschmerzen oder Gallenkoliken, aber auch bei Schlafstörungen. Die Störungen des körperlich-psychischen Wohlbefindens reduzierten allgemein die physische und psychische Belastungsfähigkeit. Diese durch den IM wahrgenommene Tatsache wirkte auf die Verstärkung von Gesundheitsstörungen. Dieser Regelkreis gilt für alle Störungen des gesundheitlichen Befindens, unabhängig davon, ob die Ursachen organischer oder funktioneller Natur sind.

Akut auftretende zusätzliche Belastungen, schnelle Umstellungen in bestimmten Situationen, fordernde Entscheidungen und körperliche Leistungen wurden daher schlechter, das heißt langsamer, und konnten nicht mit der gewohnten Zuverlässigkeit ausgeführt werden. Ebenso wurden Anpassungen an neue Situationen erschwert.

Beispiel:
Ein weiblicher übersiedelter IM musste wegen Brustkrebsverdacht operiert werden. Die Operation erfolgte in der DDR. Der IM war sowohl wegen der Sorge um seine weitere gesundheitliche Entwicklung als auch durch die Überlegungen über den weiteren Fortgang der nachrichtendienstlichen Arbeit im Westen (die Behandlung erforderte einen längeren DDR-Aufenthalt) stark beeinträchtigt. Dies begünstigte, dass der weibliche IM nach Rückkehr in das Operationsgebiet beim Empfang eines Passes mit dem Vornamen des in der DDR genutzten Pseudonyms unterschrieb.

Eine mittlere Auswirkung von Gesundheitsmängeln konnte entstehen, wenn sich der IM über seinen Gesundheitszustand und den seiner Angehörigen Gedanken machte. Gingen diese Gedanken in Sorgen um das eigene Befinden oder das der Angehörigen über, mit dem Hintergrund der Gewissheit, dass eine Erkrankung vorlag, die nur noch nicht definitiv geklärt war, kam es genau wie bei handfesten organischen Krankheitsursachen zur unmittelbaren Auswirkung auf den Gesundheitszustand. Es entwickelte sich das Bild einer Neurose, die einen echten Krankheitswert besitzt.

Schließlich wurden Gesundheitsmängel aufgrund ihrer Bewertung durch die Zentrale und deren Entscheidungen vom IM besser oder schlechter vertragen. Wurden der HV A Gesundheitsmängel bekannt, so bedurften diese in jedem Fall der Klärung. Sie durften keinesfalls als Ausreden, als Drücken vor dem Auftrag, abgetan werden, auch dann nicht, wenn beim IM die Neigung bekannt war, sich der Verantwortung durch Ausweichen in Krankheitsbeschwerden zu entziehen. Denn wirkliche Krankheiten konnten zu jedem Zeitpunkt entstehen, auch bei solchen IM, die für ihr Vorschieben von befürchteten Krankheiten bekannt waren. Die Geringschätzung der mit der Krankheit verbundenen Probleme durch die Zentrale verstärkte die problematische Situation des IM sowie die negativen Einflüsse auf das operative Verhalten.

Beispiel:
Ein weiblicher IM, Gehilfe des Residenten, litt aufgrund einer früheren Schädelfraktur unter häufigen Migräneanfällen. Von der Zentrale wurden entsprechende Angaben des IM aufgrund mangelnden Verständnisses für die gesundheitlichen Probleme als Ausreden abgetan, obwohl der IM keinen Anlass zu der Vermutung gegeben hatte, sie könnte Krankheiten vorschieben.

Selbstverständlich musste die Möglichkeit der bewussten Vortäuschung von Krankheiten seitens der HV A jederzeit bedacht werden, ihr wurde jedoch erst dann nachgegangen, wenn die entsprechenden Ausschlussuntersuchungen realisiert worden waren und Ergebnisse vorlagen.

Die objektiv bedingten Gesundheitsmängel konnten bereits bei der Übersiedlung vorliegen, ohne in Erscheinung getreten zu sein. So waren vegetative Labilität mit Neigung zu Kreislaufsensationen wie Schwindelgefühl bei Schlafentzug, Kollapsneigung bei Hitzeeinwirkung oder Stimmungsschwankungen bei Witterungswechsel keine Seltenheit. Sie traten jedoch meistens nicht auffallend hervor und wurden in der Regel vom IM nicht kundgetan, weil er sie als normal betrachtete. Sie mussten ebenso sorgfältig erfragt werden wie die vegetativen Reaktionen, die sich als Schlafstörungen oder Magen-Darm-Verstimmungen vor Examen oder Berufsantritt fanden. Es galt für die HV A, ihren Ausprägungsgrad sowie ihre Verknüpfung mit situativen Bedingungen zu analysieren, um daraus Schlussfolgerungen dahingehend zu ziehen, ob die Gefahr bestand, dass sich diese Symptome unter den zu erwartenden Bedingungen des Operationsgebietes verschlechterten. Zudem galt es zu bestimmen, welche Möglichkeiten ihrer Beeinflussung noch vor der Übersiedlung wirksam werden konnten. Dies galt besonders in Bezug auf die Feststellung und Beeinflussung der Kondition, die für das Aushalten von Belastungen verschiedener Art erheblich sein konnte. Die Erfahrungen der HV A wiesen nach, dass bei IM mit Übergewicht und damit verbundener wechselnder beziehungsweise überhöhter Blutdrucklage in der Regel eine körperliche Minderbelastung vorlag. In solchen Fällen hätte die internistische Untersuchung des Herz-Kreislauf-Systems zwar einen Trainingsmangel aufgezeigt, nicht jedoch seinen Wirkungsfaktor für die operative Situation. Nur durch gleichzeitige sorgfältige Analysen psychischer Faktoren und die Zusammenführung aller erhobenen Befunde wurde die nachrichtendienstliche Relevanz deutlich.

Da sich jeder IM im Operationsgebiet durch die Mehrfachbelastung von Beruf, Umwelt sowie operativer Arbeit in einer sein vegetatives Nervensystem labilisierenden Dauersituation befand, wurde eine regelmäßige körperliche Konditionierung von der Zentrale als sinnvoll erachtet.[136]

Die ungenügende Gesundheitsdisziplin des IM

Angesichts des Ausmaßes, das bereits die normalen physischen und psychischen Belastungen besaßen, musste vom IM unbedingt gefordert werden, dass er aktive Gesundheitsdisziplin übte und nicht aufgrund mangelnder Einsicht oder Bequemlichkeit seine Gesundheit zusätzlich gefährdete. Dies betraf insbesondere den Missbrauch von Genussgiften wie Alkohol und Nikotin sowie Pharmaka. Besonders die

Wirkung von Alkohol begünstigte in mehrfacher Hinsicht Fehlhandlungen von IM. Alkohol beeinträchtigt die psychischen Funktionen und damit die Steuerung des Verhaltens. Ein alkoholisierter IM war in seinen Reaktionen verlangsamt und umständlich. Er konnte Wesentliches und Unwesentliches nicht mehr richtig differenzieren, seine Merkfähigkeit war herabgesetzt. Dazu hob sich die Stimmung deutlich, Hemmungen waren zeitlich entblockiert. Dies führte dazu, dass bei operativen Begegnungen und Treffs wichtige Informationen vergessen, Sicherheitsnormen verletzt, Aufgabenstellungen nicht exakt erfasst und gespeichert wurden sowie das öffentliche Verhalten auffallen konnte. Hinzu kam, dass der IM Gefahren, die von ihm selbst heraufbeschworenen waren, nicht situationsgerecht entgegentreten konnte.

Beispiel:

Ein übersiedelter IM hatte einen Ermittlungsauftrag in einer kleinen Landgemeinde zu erfüllen. In der einzigen Gaststätte des Ortes trank er erhebliche Mengen Bier und wurde dadurch auffällig. Die Polizei brachte den IM gewaltsam in die Kreisstadt, wo er einer Blutprobe unterzogen und in eine Ausnüchterungszelle gesperrt wurde.

Ein weiteres Beispiel:

Ein übersiedelter IM suchte ohne Auftrag ein zweifelhaftes Restaurant auf und sprach dem Alkohol zu. Bei einer polizeilichen Razzia wurde er unter Alkoholeinfluss renitent, so dass er zur Polizeidienststelle mitgenommen wurde.

Einen besonderen Fall stellt die Alkoholkrankheit (Alkoholismus) dar, die sich aus dem regelmäßigen Alkoholmissbrauch entwickeln kann (aber durchaus nicht entwickeln muss). Ihr geht in der Regel eine regelmäßige mittelmäßige Alkoholaufnahme ohne zunächst sichtbare unmittelbare Verhaltensauffälligkeiten voraus. Sie entsteht oft aus Gewohnheit und wird dann zur zwingenden Notwendigkeit.

Diese Gewohnheit führte zu einem steigenden Bedarf sowie zum Zwang der Einnahme, dem sich der IM nicht entziehen konnte. Der Alkoholgenuss ist in seiner Ausprägung dann zur Alkoholkrankheit geworden. Der chronische Alkoholgenuss mit zwanghaftem Trinken führt zu Veränderungen der Persönlichkeit aufgrund organischer Schädigung zum Beispiel von Leber, Herz-Kreislauf-System sowie Gehirn und im Endstadium zu asozialen Verhaltensweisen.

Die Alkoholkrankheit betroffener IM entwickelte sich schleichend und vom IM sorgfältig vor der Außenwelt verborgen, entfaltete dabei aber bereits ihre Wirkung auf die nachrichtendienstliche Tätigkeit. Der IM war dadurch langsamer, neigte zu depressiven Reaktionen, der Überblick über die Zusammenhänge war temporär gestört. Diese Beschwerden führten zu dem neuerlichen Wunsch nach Alkohol, weil der IM diese Mängel alkoholisiert nicht mehr kritisch betrachtete, sie ihn also zeitweise nicht belasteten. Oftmals tranken betroffene IM zur Entlastung, weil ihnen etwas nicht geglückt war, weil sie Probleme nicht verarbeiten konnten oder weil sie mit einem Konflikt nicht fertig wurden. Dieser Kreislauf der Alkoholwirkung machte den Betroffenen zum Alkoholiker.

Die HV A sah es als wichtig an, dem Problem des eventuell regelmäßigen Alkoholgenusses bei IM im Operationsgebiet auf die Spur zu kommen und solche Fälle einer fachneurologischen Untersuchung zuzuführen. Nur dadurch konnte der Grad der Abhängigkeit des IM vom Alkohol, also das Stadium der Alkoholkrankheit, bestimmt werden. Vom Ausmaß der Erkrankung hing unmittelbar die weitere Einsatzmöglichkeit beziehungsweise Einsatzunmöglichkeit ab. Waren beispielsweise Konflikte die Ursachen des Alkoholgenusses und stand der IM erst am Beginn der Alkoholkrankheit, so bestanden durch ärztliche Behandlung noch reale Chancen für eine erfolgreiche Therapie und damit für den weiteren Einsatz.

Die nachrichtendienstlichen Gefahren, die sich aus nicht erkanntem Alkoholismus ergaben, waren mannigfaltig. So konnte allein der Alkoholgehalt der Atemluft zu Schwierigkeiten im Beruf führen, es konnten Partnerschaftsstreitigkeiten entstehen, vor allem aber wurde durch die Herabsetzung der körperlichen und geistigen Leistungsfähigkeit der operative Auftrag in Frage gestellt.

Für die Auswahl der IM musste gelten, dass Personen mit ungenügender Disziplin hinsichtlich des Alkoholgenusses in der Regel ungeeignet waren. Für die Erziehung der IM durch die Zentrale ergaben sich vor allem Folgerungen in zweierlei Richtung:

1. Es galt, den Alkoholmissbrauch des IM ständig im Blickfeld des Führungsoffiziers zu behalten und bereits dann, wenn ein Nachlassen der gewohnten Leistungsfähigkeit bemerkt wurde, auch an die Möglichkeit der Alkoholkrankheit zu denken. Es wurde als notwendig erachtet, dem Ü-IM im Ausbildungsprogramm, bei aller vorhandener Lebenserfahrung, das richtige Verhalten zum Alkohol sowie die aus dem Alkoholmissbrauch erwachsenden Komplikationen deutlich zu machen. Die IM waren diesem Thema in der Regel durchaus zugänglich, da sie aus ihrer Lebenserfahrung die Allgemeingültigkeit der Komplikationsmöglichkeiten bestätigen konnten.

2. Es galt ferner, die Erziehung der IM zur aktiven Gesundheitsdisziplin, zur Vermeidung beziehungsweise Reduzierung des Genussgiftkonsums und zum aktiven Bemühen um eine gesunde Lebensweise (Sport, Körperhygiene, Erholung, Schlaf) als ein Teilziel der Führung der IM nie aus dem Auge zu lassen, auch unter dem Aspekt der Konditionierung für mögliche sprunghaft erhöhte operative Belastungssituationen, denn beispielsweise die Belastungen einer Haft waren durch einen sportlichen, trainierten Nichtraucher und Nichttrinker leichter zu bewältigen.[137]

Fehlhandlungen von IM bei außergewöhnlichen Belastungssituationen im Operationsgebiet

Unter besonderen Belastungssituationen fasste die HV A eine Reihe von Situationen im Operationsgebiet zusammen, in die der IM mit oder ohne Zusammenhang der Erfüllung des nachrichtendienstlichen Auftrags verwickelt werden konnte und die nicht regelhaft, sondern als außergewöhnlicher Umstand auftraten und dabei vom IM über das normale Maß hinausgehende Leistungen erforderten, um die Situation richtig zu erkennen sowie einzuschätzen und danach die operativ richtige Entscheidung zu treffen.

Als in diesem Zusammenhang außergewöhnliche Belastungssituationen betrachtete die HV A:

- politische und militärische Spannungszeiten,
- den Verlust nachrichtendienstlichen Materials,
- die Verwicklung in Fahndungen und Razzien,
- besondere politische und ideologische Aktionen,
- das Wiedererkennen durch dritte Personen,
- Erkrankungen und Unfälle,
- Sicherheitsüberprüfungen.[138]

Politische und militärische Spannungszeiten

Politische und militärische Spannungszeiten waren aus der Sicht der HV A Perioden, in denen sich die Situation verschärfte beziehungsweise zuspitzte und die eine besondere Schärfe der Auseinandersetzung mit den westlichen Geheimdiensten und Sicherheitsbehörden beinhaltete. Nach Auffassung der HV A konnte gerade in der Periode des Kampfes um die Fortsetzung der Entspannungspolitik unter sich ständig verändernden Bedingungen der Auseinandersetzung zwischen Sozialismus und Imperialismus der Druck reaktionärer Kräfte politische Konfliktstoffe und Komplikationen entwickeln. Die Gefahr einer militärischen Auseinandersetzung war hierbei nicht ausgeschlossen. Solche Spannungszeiten führten zu verstärkten Belastungen der IM in mehrfacher Hinsicht:

- Die Veränderung der gesellschaftlichen Bedingungen führte zu einer Verunsicherung der ganzen Situation des IM.
- Die Aktivitäten der gegnerischen Organe erhöhten sich.
- Es ergaben sich höhere Anforderungen der nachrichtendienstlichen Arbeit in inhaltlicher sowie organisatorischer Hinsicht.

Die allgemeine Situation des übersiedelten IM wurde in Spannungszeiten insofern verunsichert, als sich möglicherweise verstärkte Aufgaben sowie höhere zeitliche Beanspruchung ergaben, die Bewegungsfreiheit des IM im Operationsgebiet eventuell eine Einschränkung erfuhr sowie mit Zivil- beziehungsweise Militärdienstverpflichtungen gerechnet werden musste. Hinzu kam, dass sich die Abwehrmaßnahmen gegnerischer Organe sowie der Geheimschutz in besonders empfindlichen staatlichen, wirtschaftlichen und militärischen Objekten in Krisen- und Spannungssituationen verschärften. Dadurch stiegen die Gefahren für den IM und das Risiko seiner operativen Arbeit beträchtlich.

Schließlich erhöhten sich die Anforderungen unmittelbar aus der nachrichtendienstlichen Tätigkeit. In militärischen und politischen Spannungszeiten gewannen Informationen aus den Zentren des Operationsgebietes aus Sicht der HV A besondere Bedeutung, um jegliche militärische und politische Überraschung auszuschließen und einen eventuellen Überraschungsangriff gegen die DDR oder andere sozialistische Staaten rechtzeitig erkennen und abzuwehren zu können.

Die Anforderungen an Qualität und Aktualität der Informationen stiegen, ebenso die Anforderungen an das Sicherheitsbedürfnis und die Solidität im Verbindungswesen bei der schnellen und aktuellen Übermittlung wichtiger Informationen an die Zentrale. Sowohl für die Quelle als auch für den Residenten ergab sich ein erhöhtes Muss an raschen sowie qualifizierten Entscheidungen. Die Reise- und Trefftätigkeit von IM im Operationsgebiet wurde in politischen und militärischen Spannungszeiten zwangsläufig erhöht.

Schlagartig erschien dem IM durch militärische und politische Spannungszeiten seine Arbeit im Westen in einem anderen Licht. Das durch die gute Integration in die sozialen Verhältnisse unter Umständen »verschüttete« Bewusstsein seiner unmittelbaren Gefährdung entstand plötzlich neu. Er musste sich auf mögliche Überprüfungen, Vorladungen sowie Befragungen einstellen. Andererseits erhöhte sich durch die steigenden operativen Anforderungen die Notwendigkeit seines außerberuflichen Einsatzes. Der bis dahin geltende Plan seiner nachrichtendienstlichen Tätigkeit zur Realisierung von Treffs, TBK-Belegung beziehungsweise -Entleerung oder Reisen wurde verändert. Der IM musste Aktionen und Aktionsradius vergrößern. Dazu erlebte er, anders als üblich, unmittelbar, dass seine Arbeitsergebnisse einen hohen Wert besaßen und benötigt wurden, weil von ihnen Sicherheitsfragen für sein Heimatland abhingen.

Zur allgemein gestiegenen psycho-physischen Belastung durch die veränderten Anforderungen kam somit die Aktivierung der gesamten Emotionalität. Sie half dem IM, mit den erhöhten Anforderungen klarzukommen. Die Einsicht in die Notwendigkeit, die Überzeugung von seinem Auftrag sowie die Liebe zur Heimat sollten den IM in die Lage versetzen, alle Reserven zu mobilisieren, seinen Zeitfonds optimal zu organisieren sowie Strapazen rascher zu überwinden. Andererseits barg diese Aktivierung auch Gefahren, zum Beispiel durch den sich daraus ergebenden Leistungsdruck, nicht alle für eine richtige Entscheidungsfindung notwendigen Faktoren zu berücksichtigen, problematische Umstände unbewusst zu übersehen oder bewusst zu vernachlässigen beziehungsweise aufgrund einer Fehleinschätzung nicht zu beachten. Verstärkte innere Unruhe und Hektik konnten sich einstellen und die nachrichtendienstliche Leistungsfähigkeit/Sorgfalt, insbesondere bei der Treffvorbereitung und -durchführung sowie bei der Planung/Realisierung operativer Kombinationen beeinträchtigen, so dass die Verletzung von Sicherheitsregeln und Sicherheitsmaßnahmen wahrscheinlicher war als in normalen Arbeitssituationen.

In der Vorbereitung und ständigen Anleitung der IM mussten darum für den Fall von Spannungszeiten die möglichen erhöhten Anforderungen erforscht und erörtert sowie Handlungs- und Entscheidungslinien ausgearbeitet werden, um die Handlungssituationen durch festgelegte Maßnahmenpläne, Warnsysteme mit eindeutigen Festlegungen für das Verhalten des IM sowie durch eine zielgerichtete Anleitung und Erziehungsarbeit vorzubereiten. Dies galt insbesondere für IM im Operationsgebiet, die in irgendeiner Weise durch Quelleninformationen oder im Verbindungswesen in derartigen militärischen oder politischen Spannungszeiten von besonderer Bedeutung sein konnten sowie für IM, deren Aufgabe schwerpunktmäßig darin bestand, im Spannungsfall wirksam zu werden.

Alle Anzeichen von besonderen Belastungen und Belastungswirkungen bei IM im Westen wie Unsicherheit, Angst oder Unruhe mussten wahrgenommen, gewissenhaft gemeldet, ausgewertet und sofort in der operativen Arbeit beachtet werden.[139]

Der Verlust von operativen Materialien

Jeder im Operationsgebiet eingesetzte IM war entsprechend seinem konkreten nachrichtendienstlichen Auftrag im Besitz operativer Materialien. Unter operativen Materialien verstand die HV A Informationen, die für die Auswertung aufbereitet oder dokumentiert werden mussten, sowie Ausrüstungsgegenstände beziehungsweise technische Unterlagen, die für die Realisierung der nachrichtendienstlichen Tätigkeit unerlässlich waren.

Solche Ausrüstungsgegenstände beziehungsweise technischen Unterlagen waren unter anderem Funkunterlagen, Chiffriermittel, D-Mittel, Zweitdokumente, Container, Fotoausrüstung, Reservegeld sowie Anweisungen der Zentrale.

Die konspirative Verwahrung und Handhabung operativer Materialien war nicht nur notwendig, weil ihre Entdeckung zur Bearbeitung des IM durch die gegnerische

Abwehr führen konnte. Durch ihre Entdeckung waren sie auch Beweismittel, die eine nachrichtendienstliche Tätigkeit des IM in strafrechtlicher Hinsicht nachwiesen und in der Regel auch die Handschrift des Auftraggebers verrieten, das heißt, die Zentrale identifizierten.

Die Handhabung und Aufbewahrung derartiger Materialien, insbesondere derjenigen, die der Aufrechterhaltung der Verbindung zur Zentrale dienten, stellten an jeden IM hohe Anforderungen. Er musste nicht nur beim Gebrauch ständig bestimmte Sicherheitsregeln einhalten (beispielsweise bei der Aufnahme einseitiger Funksendungen oder beim Dechiffrieren), er musste auch stets die Übersicht haben, ob alle operativen Materialien vorhanden waren. Im Zusammenhang mit dem Druck der Verantwortung, die damit für die Sicherheit des Vorgangs verbunden war, stellte dies eine ständige hohe Forderung an Leistungen und Haltungen des IM dar, zumindest solange dieses Verhalten nicht in die Gewohnheit der Tätigkeit im Operationsgebiet sowie der konspirativen Tätigkeit eingebettet werden konnte. Meist wurde der Verlust von operativen Materialien darauf zurückgeführt, dass Vorschriften über deren Verwahrung und Behandlung keine Beachtung fanden. Die Ursache solcher Verletzungen der Konspiration und des nachlässigen Verhaltens lagen zuweilen in der Überbelastung, oft aber auch einfach in der Routine und Bequemlichkeit des IM sowie der falschen Einschätzung der Situation und der eigenen Sicherheitslage.

Ein Verlust von operativem Material stellte in jedem Fall eine außerordentlich schwierige objektive und subjektive Situation für den IM dar, die ihn unvorbereitet traf. Dem Kundschafter wurde schlagartig klar, dass durch den Verlust einem unbestimmten Personenkreis der Zugriff ermöglicht wurde und dass die Gefahr einer gegnerischen Bearbeitung unmittelbar drohte, dass sich dadurch das Risiko der weiteren nachrichtendienstlichen Tätigkeit plötzlich erhöhte und dass schließlich, insbesondere wenn der Verlust auf Disziplinverletzungen zurückzuführen war, mit Vorwürfen der Zentrale gerechnet werden musste. In aller Regel führte eine solche Situation beim IM zu affektiven Erlebnissen, das heißt zu starken, schwer oder überhaupt nicht steuerbaren Gefühlswallungen. Diese Handlungssituation wurde für den IM dadurch verkompliziert, dass rasche Entscheidungen sowie entschlossenes Handeln notwendig waren, die Fähigkeit dazu aber durch die stark wirkenden und den Verstand akut einengenden affektiven Erlebnisse eingeschränkt wurde. Im Extremfall konnte der Verlust operativen Materials Panik auslösen, wobei die konkrete Situation und die Art des verlorengegangenen Materials wesentliche Bedingungen darstellten. Wurde wichtiges Material verloren, das beispielsweise konkrete Rückschlüsse auf den betroffenen IM ermöglichte, konnte es zu echten Affekthandlungen und damit verbundenen Dekonspirationen kommen.

Doch auch wenn es dem IM gelang, sein Reagieren so zu steuern, dass er sich nicht dekonspirierte und gefährdete, war die durch den Verlust eingetretene Situation eine starke Belastung. So konnten den IM über längere Zeit Unsicherheit und Angst beherrschen, da ihn die Ungewissheit über die Ursache, beispielsweise der Entdeckung eines TBK und damit verbundene Gefahren der Enttarnung seiner Tätigkeit, nicht losließ.

Der IM musste in einem solchen Fall grundsätzlich versuchen, Ruhe zu bewahren, seine Lage real einzuschätzen und vor allem zu klären, wie der Verlust zustande gekommen war. Weiterhin galt es, einen vernünftigen Ausweg zu finden, um den operativen Auftrag so weit und so gut wie möglich fortzuführen. Unüberlegte und überstürzte Handlungen konnten den IM in ernsthafte Gefahr bringen. Selbstkontrolle, hohe Wachsamkeit und volle Konzentration auf seine Umgebung waren wichtige Verhaltensweisen, die objektiv die Gefährdung verringerten und subjektiv seine Erlebnisse in eine andere Richtung lenkten.

Beispiel:

Ein Ü-IM, der sich im Rahmen der Ausbildung in einem Drittland aufhielt, verlor durch Unachtsamkeit sein operatives Personendokument. Der IM nutzte einen im Verbindungsplan enthaltenen Weg, indem er an eine Deckadresse telegrafierte und mitteilte, dass er ein neues Dokument benötige. Rechtzeitig konnte ihm durch die Zentrale ein neues Dokument überbracht werden, so dass er aus dem Drittland ohne weitere Komplikationen den Rückzug antreten konnte.[140]

Ein weiteres Beispiel beschreibt die Kundschafterin Johanna Olbrich:

»Im Juli 1985 hatte ich wieder ein Treffen in Berlin. Da mein Chef Bangemann im Urlaub war, konnte ich auch leicht weg. Für die Hinreise war wieder die Nordroute vorgesehen. Es klappte alles gut. Die Rückreise sollte jedoch über Südeuropa erfolgen. Nach ein paar schönen Tagen in Berlin und bei meiner Familie flog ich, ausgestattet mit einem fiktiven Ausweis, nach Athen. Nach einem kurzen Aufenthalt ging es weiter nach Rom. Dort sollte ich den benutzten Ausweis vernichten und als Lüneburg weiterreisen. Die Reisekosten waren mir in Berlin erstattet worden, ich hatte 5.000 DM in meiner Handtasche. Am Flughafen Rom nahm ich ein Taxi und ließ mich in ein schon früher genutztes Hotel bringen. Bei der Anmeldung stellte ich entsetzt fest, dass ich meine Handtasche im Auto vergessen hatte. Und das war auf und davon.

Für die Weiterreise war das nicht so schlimm, denn meine Papiere und einiges Geld befanden sich im Koffer. Aber in der Handtasche waren noch meine falschen Papiere, die ich vernichten sollte! Was würde passieren, wenn der Taxifahrer zur Polizei ging und als ehrlicher Finder die Tasche ablieferte? Ich bezweifelte das. Er könnte ebenso gut ins Hotel zurückkehren. Nein, dachte ich, der nimmt das Geld und haut den Rest in die Mülltonne.

Trotzdem musste ich meine Genossen informieren. Das tat ich nicht besonders gern.
Wer gesteht schon eine unverzeihliche Dummheit?
In Bonn fand ich alles unverändert vor. Kurz nach meiner Ankunft meldete sich einer
unserer Kuriere telefonisch. Beim Treff teilte er mir mit, dass ich meine Wohnung ›sau-
bermachen‹ solle. Das hieß: alles beseitigen, was auf eine geheimdienstliche Tätigkeit
hinweisen könnte. [...] Zwei Gründe gab es, so informierten mich die Genossen, wes-
halb sie mich zurückziehen mussten: Auch wenn sie die Gefahr als gering einschätzten,
drohte meine Enttarnung und damit meine Verhaftung. Das hätte zweitens, das Ver-
hältnis zwischen Bonn und Berlin verschlechtert. Das konnte man nicht gebrauchen.«[141]
Ähnliche Probleme entstanden für den IM, wenn er Unregelmäßigkeiten bei der
Belegung oder Entleerung eines TBK festgestellt hatte oder ein TBK durch unvorhergesehene Umstände zufällig entdeckt oder vernichtet wurde. Die Verbindung
über einen TBK gehörte zu den gebräuchlichsten Mitteln im nachrichtendienstlichen Verbindungssystem zwischen IM und Zentrale, aber auch zu den sicherheits-
empfindlichsten Stellen in der operativen Arbeit. Deshalb musste ein IM bei jeder
Unregelmäßigkeit in der Nutzung von TBK höchste Wachsamkeit üben und alle
Umstände gründlich zu analysieren und einzuordnen versuchen. Es war vor allem
wichtig festzustellen, ob eine Einwirkung fremder Personen vorlag, ob diese zufällig
oder bewusst geschehen war oder ob es sich um eine Erscheinung natürlicher Umstände handeln konnte wie beispielsweise Witterungseinflüsse.
Beispiel:
Ein Resident suchte einen TBK auf, um von der Quelle hinterlegtes Material abzu-
holen. Bei der Annäherung bemerkte der Resident, dass das Material durch Witte-
rungseinflüsse und spielende Kinder offengelegt worden war. Er nahm das Material
aufgrund der Situation nicht auf und ging weiter. Die besondere Belastung für ihn
ergab sich insbesondere daraus, dass ihm die Möglichkeit bewusst war, von dem Ma-
terial auf die Quelle zu stoßen.
In der Vorbereitung und ständigen Anleitung der IM mussten durch Besprechung
möglicher Varianten des Verlustes operativer Materialien sowie durch Festlegung
und Einübung von beständigen Verhaltenslinien die Voraussetzungen dafür geschaffen werden, dass der IM im akuten Fall zu zweckmäßigen Entscheidungen
kommen konnte, ohne sich durch augenblickliche Gemütszustände (affektive Regungen, Angst und Panik) ablenken zu lassen.[142]

Fahndungen und Razzien gegnerischer Sicherheitsbehörden

Jeder IM im Operationsgebiet musste aufgrund der Ermittlungs- und Fahndungstä-
tigkeit der Sicherheitsbehörden gegen Terroristen sowie aufgrund des Kampfes der

Polizei gegen das Verbrechen und die Gewaltkriminalität damit rechnen und darauf vorbereitet sein, in örtliche oder überörtliche Fahndungen und Razzien verwickelt zu werden. Solche Fahndungen richteten sich im Allgemeinen gegen gesuchte Personen oder Personengruppen, die mit den IM und deren operativer Tätigkeit in keinem Zusammenhang standen. Es wurden bei solchen Fahndungen besondere Verkehrsknotenpunkte wie Flughäfen, Bahnhöfe, Autobahnen und Grenzübergänge verstärkt einbezogen. Ferner, insbesondere auch bei örtlichen Fahndungen, standen Hotels, Pensionen und andere Übernachtungsstätten sowie Gaststätten, Bars, Kinos, Spielcasinos und andere Vergnügungsstätten im Mittelpunkt der polizeilichen Aktivitäten.

Die bei Fahndungen und Razzien für den IM auftretenden Belastungen lagen auf zwei Ebenen. So war es für den IM schwierig und persönlich unsicher, unter den Bedingungen einer Fahndungsaktion reisen zu müssen oder unerwartet bei Reisen beziehungsweise Aufenthalten in einschlägigen Örtlichkeiten mit Fahndungen und Razzien konfrontiert zu werden, denn der IM wurde sich der durch solche Situationen erheblich gestiegenen Gefahr einer Enttarnung bewusst. Die Belastung verstärkte sich schlagartig weiter, sobald der IM konkreten Kontrollmaßnahmen unterzogen wurde (Dokumentenkontrolle, Befragung). Die Belastung erwuchs aus der Gefahr sowie der Verantwortung des IM, durch sein Verhalten nach Möglichkeit ein näheres, über die Kontrolle hinausgehendes Befassen mit seiner Person sowie eine Festnahme zu vermeiden.

<u>Beispiel:</u>

Während der Großfahndung nach den Entführern des Westberliner CDU-Politikers Lorenz wurde ein Resident aus dem Operationsgebiet, der zu einem Treff in Ostberlin weilte, über Westberlin in das Operationsgebiet mit seinem operativen Zweitdokument (fiktiv) zurückgeschickt. Dieser IM fiel vom Alter und Aussehen (Vollbart) her in die Kategorie von Personen, die von dieser Fahndungsaktion besonders erfasst wurden. Er geriet in die verstärkte Überwachungs- und Fahndungskontrolle und wurde bei seinem Eintreffen auf einem bundesdeutschen Flughafen sofort selektiert. Da die fiktiven Personalien seines Ausweises den Überprüfungen nicht standhielten, wurde der festgenommen. Der IM hatte die Hoffnung, noch einmal davonzukommen, war sich aber über die Realität im Klaren, dass er aufgrund seines falschen Personaldokumentes vor einer Festnahme stand. Er zwang sich, auch in dieser Situation äußerlich ruhig zu bleiben, wenngleich sich seine Pulsfrequenz gegenüber dem Normalwert fast verdoppelte.

<u>Ein weiteres Beispiel:</u>

Ein zeitweilig übersiedelter IM befand sich am Abend auf dem Heimweg zu seiner Wohnung, wo er jedoch nicht gemeldet war. Von einer Polizeistreife, die mit einer Fahndung nach Terroristen befasst war, wurde er kontrolliert. Nach der Prüfung des Personaldo-

kumentes durfte der IM weitergehen. Ihm war jedoch bewusst, dass er mit weiteren Maßnahmen rechnen musste. Er begab sich zur Wohnung und vernichtete alles Material, das ihn belasten konnte. Kurz darauf erschien die Polizei in der Wohnung und führte ihn einer Dienststelle zu, da man inzwischen festgestellt hatte, dass der IM in der Wohnung nicht gemeldet war. Der IM ließ sich seine Erregung nicht anmerken, operierte geschickt mit seiner Legende und machte sogar ironische Bemerkungen über die Terroristenfahndung. Er wurde wieder auf freien Fuß gesetzt, nachdem er eine schnelle Anmeldung zusicherte und die Polizei sich fernschriftlich überzeugt hatte, dass das Personaldokument, dessen Doppel der IM besaß, wirklich ausgestellt worden war.

Verschiedentlich war es so, dass ein IM sich leichtfertig der Gefahr aussetzte, mit gegnerischen Fahndungen und Razzien konfrontiert zu werden, indem er entgegen den Grundsätzen der Konspiration Örtlichkeiten aufsuchte, in denen verstärkt mit solchen Maßnahmen gerechnet werden musste. Die dann beim Eintreten der Fahndungen/Razzien einsetzende plötzliche Erkenntnis, dass durch eigene Schuld der operative Auftrag gefährdet worden war, konnte die Gefahr weiterer Fehlhandlungen in Gestalt unüberlegten und dekonspirierenden Verhaltens verstärken.

Beispiel:

Ein übersiedelter IM suchte ein zweifelhaftes Restaurant auf und geriet dadurch in eine Razzia örtlicher Polizeikräfte. Anstatt sich ruhig einer Personenkontrolle zu unterziehen, wehrte er sich verzweifelt und zeigte ein derart renitentes Verhalten, dass er zur weiteren Überprüfung einer Polizeidienststelle zugeführt wurde. Erst hier wurde der IM einer gründlichen körperlichen Durchsuchung unterzogen. Hierbei wurde sein operatives Zweitdokument entdeckt, das er neben seinem legendierten westdeutschen Personalausweis bei sich trug.

Zur Vermeidung von Fehlhandlungen und Pannen bei Fahndungen und Razzien musste dem IM vor allem die objektive Situation durch die Zentrale maximal erleichtert werden, indem er nach Möglichkeit von solchen gegnerischen Maßnahmen ferngehalten wurde (beziehungsweise sich selbst fernhielt) und ein Personaldokument besaß, das Fahndungen und Razzien standhielt.

Im Verbindungswesen, insbesondere im grenzüberschreitenden Verkehr, wurden örtliche und überörtliche Fahndungsaktionen westlicher Polizeikräfte und Abwehrbehörden ständig in operative Überlegungen der HV A einbezogen. Die umfassende Kenntnis gegnerischer Maßnahmen erleichterte dem IM, in akut belastenden Situationen mit verunsichernden Gefühlen umzugehen, eventuell von der Gefahr für seine Person zu abstrahieren sowie sich regelgerecht und dem Landesbürger wesensnaher zu verhalten, das heißt, die operativ richtigen Schritte zu tun. Das richtige/zweckmäßige Verhalten sollte dem IM auch die Entwicklung von Verhaltensregeln sowie durch das Einüben von Verhaltensweisen erleichtert werden.[143]

Besondere politische und ideologische Aktionen

Großen Einfluss auf das Denken und Verhalten von IM hatten politische und ideologische Maßnahmen, die oft im Zusammenhang mit politischen Ereignissen in der Bundesrepublik sowie bei Pannen und Verratsfällen verstärkt und zielgerichtet gegen die Aufklärungsorgane sozialistischer Staaten durchgeführt wurden. Beispielhaft sei hier der Fall Guillaume genannt, der medial großes Aufsehen erregte.[144] Neben dem Fall Guillaume sei auch an innenpolitische Aktionen wie »Rote Spione – meldet Euch« oder an die im Zusammenhang mit der Aktion »Anmeldung«[145] sowie der Festnahme einiger IM 1976 und 1979 (im Zusammenhang mit dem Überlaufen des HV A-Oberleutnants Stiller) erinnert. Die HV A sah in solchen Aktionen folgende Ziele:

- Diskreditierung der sozialistischen Sicherheitsorgane,
- breite Kreise der Bevölkerung zur Aufdeckung von IM zu mobilisieren,
- die Kontaktarbeit zu erschweren,
- das IM-Netz zu verunsichern und schwankende/labile IM zum Selbststellen und zum Verrat zu veranlassen.[146]

Diese breit angelegte, sich ständig wiederholende, gezielte Öffentlichkeitsarbeit, in der jeder bekanntgewordene (exekutiv behandelte) Fall nachrichtendienstlicher Tätigkeit unmittelbar in den Massenmedien präsentiert und mit Berichten über Festnahmen früherer Jahre vermischt wurde, beeinflusste die Situation der IM im Operationsgebiet und hatte Auswirkungen auf ihr Denken und Handeln. Während langjährig im Westen tätige IM von solchen Maßnahmen kaum beeindruckt wurden, gab es besonders bei jüngeren IM-Verbindungen, in Werbevorgängen sowie bei Kontaktanbahnungen Auswirkungen in Form von Unsicherheit und Misstrauen gegenüber der Zulässigkeit und Solidität der Arbeit der HV A, die zu Störungen und Komplikationen in der operativen Arbeit bis hin zu Selbststellungen führen konnten (und auch geführt haben). Dies traf umso mehr zu, wenn sich die westdeutschen Medien auf einen Überläufer aus den Reihen des MfS beziehen konnten. Jeder im Operationsgebiet eingesetzte IM lebte mit dem Risiko, das mit seiner nachrichtendienstlichen Tätigkeit verbunden war. Die Beschäftigung mit der Gefahr, von gegnerischen Sicherheitsbehörden enttarnt und festgenommen zu werden, wurde zwangsläufig stärker angeregt, wenn in den westlichen Massenmedien Pannen und Festnahmen bis ins Detail geschildert wurden, die Offenlegung nachrichtendienstlicher Mittel und Methoden erfolgte, die denen der IM ähnelten oder auch im weitesten Sinne auf sie zutrafen, so zum Beispiel Übersiedlungs- und Legalisierungsmethoden, Benutzung operativer Dokumente der Einschleusung, nachrichtendienstliche Begriffe und technische Hilfsmittel der operativen Arbeit.

Besondere Belastungen ergaben sich in solchen Situationen für Residenten, die Quellen anleiteten und steuerten und sich um die Sicherheit der ihnen anvertrauten IM sowie der eingesetzten Instrukteure/Kuriere sorgten und trotzdem sowohl die operative Arbeit als auch den Informationsfluss sichern mussten.

Beispiel:

Durch eine Verhaftung erhielt das gegnerische Abwehrorgan Kenntnis davon, dass ein weiblicher IM in ein wichtiges Hauptobjekt eingeschleust werden sollte. Die Festnahme wurde öffentlichkeitswirksam in der Presse publiziert. Ein Resident, der eine wichtige andere Quelle in diesem Hauptobjekt steuerte, wurde dadurch derart belastet, dass er Verrat in der Zentrale befürchtete. Er schickte ein Telegramm an die Zentrale und fragte an, »ob es ein Loch gibt«.

Bei Quellen konnte die Verunsicherung so weit führen, dass sie Gewissheit über ihre Sicherheit verlangten oder bis dahin akzeptierte Verbindungswege, Verbindungsmittel und eingesetzte IM plötzlich aus Angstgefühlen heraus ablehnten. Solche gegnerischen Aktionen verstärkten auch die Möglichkeit der Einbildung von Observationen und Ermittlungen, aus denen die IM den mitunter verhängnisvollen Fehlschluss zogen, dass eine Bearbeitung durch den Gegner gegen sie selbst bereits erfolgt wäre und eine Festnahme unmittelbar bevorstehe.

Beispiel:

Eine wichtige Quelle in einem Schwerpunktobjekt wurde durch die im Zusammenhang mit einem Verratsfall entfachte Agentenpsychose derart verunsichert, dass er in seinem dienstlichen Bereich verstärkt eingeleitete Sicherheitsmaßnahmen auf sich selbst bezog und eine bereits gegen ihn eingeleitete gegnerische Bearbeitung vermutete. Er verließ aus eigenem Entschluss überstürzt das Operationsgebiet.

Die Gefahr von Fehlhandlungen wurde auch dann erhöht, wenn eine Quelle von der Festnahme eines bis dahin unbekannten IM in der gleichen Institution (Firma, Konzern, Ministerium oder andere staatliche Dienststelle) Kenntnis erhielt und Parallelen zu sich selbst vermutete. Das konnte zu Versuchen unplanmäßiger Verbindungsaufnahmen sowie anderen Fahrlässigkeiten in der Konspiration und im Verbindungssystem wie auch zu affektiven Reaktionen, beispielsweise Vernichtung von operativem Material, führen.

Auch wenn andere dem IM unbekannte inoffizielle Kräfte festgenommen wurden, war es möglich, dass er durch die in diesem Zusammenhang entfachte Spionagehysterie beeindruckt wurde und unüberlegt handelte.

Beispiel:

Im Zusammenhang mit einer gegnerischen Aktion, die aufgrund der vom Verfassungsschutz gewonnenen Erkenntnisse über bestimmte Übersiedlungsvarianten der HV A zur Festnahme mehrerer IM führte und in der Presse als Erfolg neuartiger Ab-

wehrmethoden dargestellt wurde, erfolgte durch die Zentrale der Rückzug mehrerer IM aus dem Westen. Ein von der Rückzugsanordnung betroffener IM war durch die Pressekampagne bereits so verunsichert, dass er die Rückzugsanordnung wie eine Er-lösung empfand. Er verließ die Wohnung Hals über Kopf und hinterließ dabei das Chiffre-Material, das D-Mittel, die Mikratkamera sowie einen Container.

Die HV A erkannte aber auch, dass die gezielten Kampagnen durchaus zur weiteren Stabilisierung von Kundschaftern beitragen konnten. Das Wissen, dass eine Vielzahl unbekannter Gleichgesinnter an der unsichtbaren Front tätig war, dass der Gegner nicht alle enttarnen konnte und mehr Menschen als angenommen der Sache des Sozialismus dienten, erhöhte nach Ansicht der Aufklärung die Kampf- und Einsatzbereitschaft der IM. Die HV A wollte diesen positiven Gedanken ausbauen und bekräftigen, um ihn als emotional wirksamen Einflussfaktor auf die Motivation der Kundschafter zu nutzen.

Zur Vermeidung der genannten Belastungen und Fehlhandlungen betrachtete es die HV A als erforderlich, den Absichten und Zielen der gegnerischen politischen und ideologischen Aktionen gegen das inoffizielle Netz im Westen und das MfS insgesamt offensiv entgegenzuwirken. Mit allen IM aus dem Operationsgebiet und mit IM aus der DDR, die im Westen eingesetzt wurden, war differenziert entsprechend dem Charakter sowie der Grundlage der Zusammenarbeit, ihrer Mentalität/ Verfassung sowie den operativen Bedingungen der Vorgänge über die politischen Zusammenhänge und die Zielsetzung der gegnerischen Öffentlichkeitarbeit Klarheit zu schaffen. Dabei sollte Folgendes im Vordergrund stehen:

- Die westlichen Abwehrbehörden bemühten sich ständig um die Vervollkommnung ihrer Arbeitsweise. Sie durften keinesfalls unterschätzt werden. Aber die gezielten Veröffentlichungen über »unfehlbare« neue Mittel und Methoden der Abwehr waren aufgebauscht und unrealistisch. Alle Mittel und Methoden hatten innerhalb des Systems selbst objektive und subjektive Schranken, beispielsweise durch die Überbelastung sowie die unterschiedliche Pflichteifrigkeit der dort tätigen Beamten.

- Die Informationsauswertung in der HV A sowie im MfS insgesamt erfolgte nach strengen konspirativen Gesichtspunkten unter strikter Wahrung des Quellenschutzes.

- Es bestand deshalb kein Grund zur Unsicherheit und zum Misstrauen in die nachrichtendienstliche Tätigkeit. Unbedachte Reaktionen aufgrund von Presseveröffentlichungen, die den IM auffällig werden lassen konnten, waren zu vermeiden. Alle aufkommenden Gedanken und Bedenken hinsichtlich der eigenen Sicherheit, möglicherweise erkannte oder vermutete Hinweise auf eine gegnerische Bearbeitung durften nicht für sich behalten und selbst analysiert werden. Sie mussten der Zentrale mitgeteilt werden, damit entsprechende Sicherheitsmaßnahmen beraten und eingeleitet werden konnten.[147]

Wiedererkennung des IM durch dritte Personen

Ü-IM und zeitweilig im Westen eingesetzte Einsatzkader liefen ständig Gefahr, durch dritte Personen wiedererkannt zu werden. Diese Gefahr bestand durch den Umstand, dass besonders vor dem 13. August 1961 zahlreiche DDR-Bürger das Land verlassen hatten, ferner durch die große Anzahl verwandtschaftlicher und bekanntschaftlicher Beziehungen zwischen Bürgern der DDR und der BRD/Westberlins. Dies betraf aber auch die wachsende Zahl von Aufenthalten durch DDR-Bürger in der Bundesrepublik und Westberlin im Rahmen der Reisen in dringenden Familienangelegenheiten sowie Reisen von Alters- und Invalidenrentnern. Hinzu kam eine größere Anzahl von Dienstreisenden in die Bundesrepublik und nach Westberlin. Für IM bestand die Gefahr während ihres operativen Einsatzes im Operationsgebiet zunächst allgemein darin, auf ihnen bekannte DDR-Bürger zu treffen und ihnen nicht ausweichen zu können. Dies hätte mit hoher Wahrscheinlichkeit dazu geführt, dass der IM durch Erzählungen des DDR-Bürgers im Bekanntenkreis dekonspiriert worden wäre. Auch konnte nicht ausgeschlossen werden, dass der DDR-Bürger den Sicherheitsbehörden im Westen einen Hinweis auf den IM gab.

Es bestand ferner die Gefahr, dass IM im Operationsgebiet durch Personen wiedererkannt werden könnten, die die DDR als Republikflüchtlinge verlassen hatten und von denen angenommen beziehungsweise erwartet wurde, dass sie den betreffenden IM nicht nur aus Neugier oder Wiedersehensfreude in Gespräche verwickelten, sondern bewusst aus verschiedenen Gründen gegnerische exekutive Maßnahmen einleiten oder auslösen würden, die den betroffenen IM auf eine harte Bewährungsprobe stellten und die nachrichtendienstliche Tätigkeit möglicherweise ernsthaft gefährdeten. Bei solchen zufälligen Zusammentreffen konnte es sich um frühere Arbeitskollegen oder Mitstudenten, ehemalige Bekannte, aber auch um Verwandte handeln.

Derartige Situationen des Wiedererkennens durch dritte Personen, auf die die übersiedelten IM immer vorbereitet und gefasst sein mussten, konnten an verschiedenen Orten und zu unterschiedlichen Zeiten eintreten, zum Beispiel auf der Arbeitsstelle, auf der Straße, in Gaststätten, im Reiseverkehr (Bahnhof, Flughafen), am Wohnort sowie in kulturellen Einrichtungen (Theater, Kino). Besonders kompliziert und schwer regulierbar konnte die Situation werden, wenn die Person, die den IM wiedererkannte und ansprach, aus Hassgefühlen heraus in dieser Begegnung ihre feindliche Einstellung zur DDR abzureagieren versuchte.

Ein IM begegnete im Operationsgebiet auf einer belebten Hauptstraße einer Person, die aus der DDR geflüchtet war und ihn von seiner früheren politischen Funktion in der DDR her kannte. Dieser Mensch sprach den IM an und hielt ihm vor, dass doch mit seinem Aufenthalt in dieser Stadt etwas nicht stimmen könne. Der IM war vor Schreck wie gelähmt und konnte keinen klaren Gedanken fassen. Er unternahm nicht den aussichtsreichen Versuch, im Strom der Passanten unterzutauchen, sondern ließ geschehen, dass die Person einen Polizisten heranwinkte, der die Personalien des IM aufnahm und ihn einer Polizeidienststelle zuführte.

Die Fähigkeit des IM, in einer solchen Situation seine Gefühle zu kontrollieren und sich operativ zweckmäßig zu verhalten, war von der Ausbildung sowie der nachrichtendienstlichen Erfahrung sowie vom Temperament beziehungsweise der Gefühlsansprechbarkeit des IM abhängig.

Beispiel:

Ein übersiedelter IM, bereits mehrere Jahre im Operationsgebiet legalisiert, bemerkte, dass er schon einige Tage von einem Arbeitskollegen häufig gemustert und beobachtet wurde. Eines Tages nach Schichtende sprach dieser Arbeitskollege den IM im Waschraum an mit den Worten: »Du bist doch der (Klarname) aus (früherer Arbeitsort in der DDR)!« Jetzt fiel dem IM ein, woher er diesen Mann kannte. Es handelte sich um einen früheren Arbeitskollegen aus der DDR, mit dem er mehrere Jahre in einem Betrieb zusammengearbeitet hatte. Der Vorhalt des Kollegen löste bei dem IM einen heftigen Schreck aus. Es gelang ihm jedoch, dies äußerlich nicht sichtbar werden zu lassen, sondern sich zu der ruhigen Entgegnung: »Wieso, du weißt doch, wer ich bin!« zu zwingen. Im Vertrauen darauf, dass er den Arbeitskollegen durch sein Verhalten verunsichert hatte, verblieb der IM zunächst im Westen und wartete die Entscheidung der Zentrale ab.

Um zu gewährleisten, dass sich IM in solchen Situationen im Operationsgebiet operativ richtig verhielten und in erster Linie immer versuchten, diesen Situationen auszuweichen beziehungsweise zu entkommen, betrachtete es die HV A als notwendig, dafür in der Ausbildung und ständigen Anleitung der IM die Voraussetzungen zu schaffen. Vor allem mussten sich die IM der Möglichkeit solcher Begegnungen stets bewusst sein und dafür entsprechende abrufbare Reaktionsmuster und Verhaltenslinien zur Verfügung haben, die es ihnen ermöglichten, ohne längeres Überlegen die richtige Handlungsweise zu wählen.[148]

Die geschilderten Probleme hat Wolfgang Böhme (»Martin«) mehrfach bei operativen Reisen als Einsatzkader der HV A erlebt und souverän gemeistert. In seinem Buch beschreibt er die Situationen wie folgt:

»Er geht die Hohe Straße in Köln entlang. Auf der Einkaufsmeile herrscht zu dieser Zeit viel Betrieb, da die Büros gerade schließen und die Leute noch Besorgungen machen. Ein Mann biegt um eine Häuserecke und geht dabei so dicht auf Martin zu, dass beide instinktiv ausweichen, um nicht aufeinanderzuprallen. Der Mann stockt – nicht um sich zu entschuldigen, er will ihn ansprechen. Es ist Martins Schwager, der in der Nähe von Köln lebt. Martins Reflex ist vergleichbar mit der Reaktion des Torhüters bei einem platzierten Schuss. Er schaut sein gegenüber an und durch ihn hindurch, zögert keinen Sekundenbruchteil und geht weiter. Sein Schwager wird sich gewundert haben, denn der Bruder seiner Frau hat ganz offensichtlich einen Doppelgänger.

Ähnlich muss es auch einer früheren Kollegin ergangen sein, der Martin in Westberlin auf der Treppe aus einem U-Bahnschacht entgegenkommt. Auch sie ist sich sicher, sich geirrt zu haben. Einem anderen Journalistenkollegen begegnet er gleich zweimal, in Speisewagen internationaler Züge. Beide Male glaubte der andere, ihn zu erkennen und ist dann doch überzeugt von seinem Irrtum.

Heikler ist ein Erlebnis, das ihm nachts im Interzonenzug von Frankfurt am Main nach Berlin widerfährt. Martin hat erster Klasse gelöst. Schlafwagen darf er nicht fahren, weil dort die Dokumente vom Schaffner für die Grenzkontrolle eingesammelt werden. Er sitzt allein im Abteil. In letzter Minute steigt ein Fahrgast zu und setzt sich ihm schräg gegenüber. Es ist der Direktor des Berliner Kinderbuchverlages, mit dem er zu Börsenblattzeiten viel zu tun hatte. Der muss Martin erkennen. Was tun? Wie hätte er bei der Grenzkontrolle seinen westdeutschen Pass erklären sollen? Martin schläft in der Fensterecke. Sein Abteilgast ist offenkundig überzeugt, einen Doppelgänger vor sich zu haben.

Auch über solche Zwischenfälle berichtet Martin zu Hause gewissenhaft. In einem Fall hatte dies allerdings die Konsequenz, die er nicht ahnen konnte: Am Bahnhof Friedrichstraße wurde er mehrfach von demselben Grenzoffizier kontrolliert. Eines Tages begegnete er diesem Mann in Zivil direkt vor sich in der Schlange an der Kasse seiner Kaufhalle. Er scheint ihn nicht zu erkennen. Martin berichtet trotzdem davon – der Grenzoffizier wurde sofort an eine andere Kontrollstelle versetzt.«[149]

Der nach Mannheim übersiedelte Resident Gerhard Block geriet in eine ähnliche Situation, die er folgendermaßen beschreibt: »Eine andere Begebenheit am Rande, die mich und die Zentrale in Berlin für kurze Zeit in Nervosität versetzte: Beim Transport und der Übergabe der Pakete bei der Post mussten die Fachbearbeiter abwechselnd mitfahren. Bei einer solchen Gelegenheit erblickte ich einen alten Bekannten: Herrn Leuke, der sich am 17. Juni 1953 zum Leiter des Bahnpostamtes Magdeburg aufschwingen wollte. Zum Glück sah und erkannte er mich nicht. Nicht auszudenken, wenn er freudestrahlend und lauthals seinen alten Kollegen Block aus Magdeburg begrüßt hätte! ›Herr Pfeiffer‹ [operative Identität von Gerhard Block, Anm. d. Verf.] hätte dann wohl seine Zelte ganz rasch abbauen müssen.«[150]

Wie die aufgeführten Beispiele zeigen, war ein solches Szenario der Wiedererkennung durchaus real, und gut geschulte IM konnten sich erfolgreich der Situation entziehen.

Unfälle und plötzliche Erkrankungen des IM

Außergewöhnliche Belastungssituationen für IM im Operationsgebiet konnten sich auch durch plötzliche Erkrankungen oder Unfälle ergeben. Eine solche Situation wurde im Wesentlichen durch drei Aspekte charakterisiert, die einzeln oder auch zusammen zutreffen konnten.

Zum einen konnten durch einen Unfall beziehungsweise eine plötzliche Erkrankung operative Maßnahmen gestört werden (ein Treff konnte nicht durchgeführt werden, eine TBK-Entleerung entfiel, eine Materialübergabe wurde in Frage gestellt, eine Quelle blieb länger als geplant im Besitz von wichtigem Material). Der IM stand unter dem Druck, solche Störungen nach Möglichkeit noch abzuwenden oder zu mildern beziehungsweise nach Ersatzlösungen zu suchen, um nachrichtendienstliche Schäden zu vermeiden. Zum anderen verstärkte sich die Gefahr der eigenen Dekonspiration des IM, dies allerdings im Wesentlichen beschränkt auf den Fall, dass er nicht mit dem legendierten, sondern mit einem fiktiven oder Doppelgängerdokument von einem Unfall betroffen wurde, zum Beispiel bei operativen Reisen. Den IM belastete in einem solchen Fall die Möglichkeit, dass durch Polizei, Krankenhaus oder andere Beteiligte die fiktiven oder Doppelgängerdaten aufgenommen und entweder gezielt überprüft oder aber routinemäßig weiterverarbeitet wurden, ehe sich der IM ihrem Zugriffsbereich entziehen konnte.

Beispiel zu den ersten beiden Aspekten:

Der IM bekämpfte erfolgreich den durch einen Unfall hervorgerufenen Schreck und verhielt sich in dieser Situation operativ zweckmäßig. Er ließ sich im Krankenhaus auf eigene Kosten behandeln, zahlte sofort und ließ sich mit einem Gehgips nach wenigen Stunden wieder entlassen. Durch dieses richtige Verhalten war der IM in der Lage, die geplante nachrichtendienstliche Maßnahme noch durchzuführen, ohne weitere Gefahrenmomente entstehen zu lassen.

Schließlich erhöhte sich die Gefahr, wenn nachrichtendienstliche Materialien und operativ-technische Mittel ganz oder vorübergehend der Kontrolle des IM entzogen und dadurch dekonspiriert wurden oder in die Hände gegnerischer Sicherheitsbehörden fielen. Daraus ergab sich für den IM vor allem die Unklarheit, ob eine Dekonspiration stattfinden konnte oder stattgefunden hatte. Diese Unklarheit konnte auch nach Abschluss der mit dem Unfall oder der plötzlichen Erkrankung verbundenen besonderen Situation noch andauern und den IM über einen längeren Zeitraum beschäftigen.

Beispiel:

Ein IM wurde während der Aufnahme eines Funkspruchs von einem Kollaps über-
rascht und musste unverzüglich in ein Krankenhaus gebracht werden. Die Ehefrau
räumte danach die Funkunterlagen weg und warf sie in den Müllcontainer. Der IM
war später im Unklaren darüber, ob der Gegner möglicherweise in den Besitz der
Funkunterlagen gelangt war.

Ein weiteres Beispiel:

Ein IM im Operationsgebiet, der mehrere Quellen steuerte, geriet mit seinem Pkw in
einen schweren Verkehrsunfall und wurde dabei selbst erheblich verletzt. Er befand
sich auf der Rückfahrt von einem Ausflug, den er benutzt hatte, um unterwegs den
einseitigen Funk abzuhören. Die Polizei untersuchte, nachdem der IM vom Unfall-
ort abtransportiert worden war, seinen Wagen, um den Umfang des eingetretenen
Sachschadens festzustellen. Dabei fand sie die Funkunterlagen und eine Pistole, über
die der IM keinen Nachweis besaß. Der Fund wurde der zuständigen Dienststelle des
Staatsschutzes gemeldet, die aufgefundenen Dinge allerdings nicht beschlagnahmt.
Der IM wurde in der Folge mehrere Monate bearbeitet und observiert. Er wusste
nicht, dass die ihn belastenden Unterlagen sowie die Pistole aufgefunden worden
waren. Der IM wurde später, nach der Sammlung von weiterem Beweismaterial,
festgenommen.

Zur Vermeidung von Fehlhandlungen bei Unfällen oder plötzlichen Erkrankungen
betrachtete es die HV A als erforderlich, den IM bei der Vorbereitung und ständigen Anleitung die Möglichkeit solcher Situationen bewusstzumachen und durch
entsprechende Instruktion auf das Verhalten in solchen Situationen zu orientieren.
Wegen der möglichen Vielfalt der Situationen beschränkte sich dies auf allgemeine
Regeln wie:

- die unbedingte Einhaltung von Legenden für den Aufenthalt sowie die alsbaldige
  Entfernung vom Unfallort oder aus ärztlicher Behandlung,
- bei Dekonspirationsgefahr nach Möglichkeit Vermeidung der Dokumentation
  beziehungsweise Weiterverarbeitung der Personaldaten, solange sich der IM im
  Zugriffsbereich befand,
- nach Bewusstseinsstörungen Analyse der möglichen Dekonspiration und möglicherweise legendierten Befragungen durch das medizinische Personal.

Umgekehrt galt, wenn nicht die Realisierung nachrichtendienstlicher Handlungen
ein unverzügliches Wegkommen erforderte und bei legalisierten IM auch keine unmittelbare Dekonspirationsgefahr bestand (wenn also keiner der oben genannten
Aspekte zutraf), waren übertriebene Eile beim Verlassen der ärztlichen Behandlung
und eigene direkte Bezahlung derselben auffällig und deshalb operativ unzweckmäßig.[151]

Kriminelle Handlungen Dritter

Im Operationsgebiet konnte der IM durch kriminelle Handlungen Dritter geschädigt werden. Die Situation des IM wurde dabei durch drei Aspekte charakterisiert, die einzeln oder auch gemeinsam zutreffen konnten.

1. Operative Dokumente, operativ-technische Mittel oder andere relevante Dinge wurden Gegenstand von Eigentumsdelikten. Hier bestand die Gefahr der Dekonspiration oder der Störung nachrichtendienstlicher Aktivitäten. Der IM wurde dabei durch die entstandene Gefahr und den Druck, schnell einen Ausweg finden zu müssen, um den operativen Schaden nach Möglichkeit abwenden oder gering halten und seine persönliche Sicherheit gewährleisten zu können, stark belastet.

2. Es ergaben sich Probleme durch die akute Notwendigkeit, darüber zu entscheiden, ob aufgrund der kriminellen Handlung Strafanzeige erstattet werden sollte. Dass die Richtigkeit oder Unrichtigkeit dieser Entscheidung von Tragweite für die Sicherheit des IM sein konnte, ergibt sich daraus, dass die Anzeige die Polizei möglicherweise auf den IM aufmerksam machte und gegebenenfalls die Besichtigung der Wohnung ermöglichte. Eine unterlassene Anzeige konnte dem IM aber ebenfalls schaden, wenn sie als unnatürlich auffiel und dadurch als dekonspirierendes Moment wirkte. Bei der Entscheidung zur Anzeige oder Nichtanzeige stand der IM unter Zeitdruck, eine so kurzfristige Anfrage war bei der Zentrale meistens nicht realisierbar. Es musste also oftmals eine Entscheidung durch den betroffenen IM erfolgen, gegebenenfalls nach Konsultation mit dem Residenten vor Ort.

Beispiel:

Ein in der Bundesrepublik legalisierter Resident war mit einer weiblichen Quelle auf einer Urlaubsreise in einem Drittland. Während er badete, wurde aus seinem Auto sein fiktives Reisedokument gestohlen. In seiner Bestürzung meldete der Resident den Diebstahl unter dem Übersiedlungspseudonym bei der örtlichen Polizei. Es hätte aber die Möglichkeit bestanden, dass der weibliche mitreisende IM das operative Zweitdokument aus der Bundesrepublik geholt hätte. Durch seine Fehlhandlung schuf der Resident eine Spur, die zu seiner Enttarnung hätte führen können, wenn einige Monate später der entwendete fiktive Ausweis im Drittland aufgefunden worden wäre. Der Rückzug in die DDR war unvermeidbar.

Ein weiteres Beispiel:

In die Wohnung eines übersiedelten weiblichen IM drang ein Mann ein und versuchte, ihr Gewalt anzutun. Sie entschied sich, keine Anzeige zu erstatten. Dies erwies sich als Fehlhandlung, denn der Sachverhalt wurde den Nachbarn bekannt und als sehr ungewöhnlich empfunden.

3. Der IM wurde durch die Unsicherheit belastet, ob es sich möglicherweise um eine gegnerische Bearbeitung und um konspirative Methoden der Abwehrbehörden handeln konnte, die damit das Ziel verfolgten, den betroffenen IM nervös zu machen und zu Fehlhandlungen zu provozieren. Eine solche Überlegung wurde durch die HV A als immer erforderlich betrachtet. Schien ein solcher Verdacht begründet, hatte der IM sich wie bei einer erkannten Berührung mit dem Gegner zu verhalten, das heißt, seine Situation war charakterisiert durch das Zusammentreffen der Gefahr sowie der Notwendigkeit einer schnellen Entscheidung (Sofortmaßnahmen, Benachrichtigung der Zentrale). Auch hier waren Fehlhandlungen durch unzweckmäßige Entscheidungen möglich.

Beispiel:

Ein in der Bundesrepublik legalisierter Resident, der sich zu einem Treff in einem Drittland aufhielt, wurde vom Gegner bearbeitet. Um ihn zum Anlaufen eines weiteren Stützpunktes zu provozieren, organisierte der Gegner einen Diebstahl im Hotelzimmer des IM, wobei dessen komplettes Geld entwendet wurde. Es gelang dem IM, den Schreck zu überwinden und eine zweckmäßige operative Entscheidung zu treffen, indem er von seinem in der Bundesrepublik existierenden »operativen Dach« telegrafisch eine Geldsumme anforderte.

Um dem IM das richtige Verhalten bei kriminellen Handlungen Dritter zu erleichtern, musste ihm aus Sicht der Zentrale zunächst seine Pflicht bewusst sein, sich nach Möglichkeit vor solchen kriminellen Taten zu schützen. Dazu musste er alle Situationen im Operationsgebiet meiden, durch die er in kriminelle Handlungen dritter Personen hineingezogen werden konnte.

Auch in seiner Freizeit sollte der IM wachsam sein und versuchen, allen kriminellen Taten Dritter beziehungsweise Situationen, in denen die Gefahr bestand, mit gegnerischen Sicherheitsbehörden konfrontiert zu werden, wie zum Beispiel Schlägereien auf der Straße oder in Gaststätten, auszuweichen. Dies betraf ebenfalls strafrechtlich relevante Situationen, an denen der IM zwar nicht unmittelbar beteiligt war, aber möglicherweise als Zeuge mit beteiligt werden konnte. Ferner musste jeder IM auch darüber belehrt werden, wie er sich verhalten sollte, wenn er selbst durch eigene Wahrnehmungen und Beobachtungen kriminelle Handlungen Dritter feststellte. Der IM sollte in jedem Fall die Gewährleistung der operativen Arbeit sowie die Sicherheit seiner Person im Auge haben und durfte sich auch in solchen Fällen nicht der Konfrontation mit gegnerischen Sicherheitsorganen aussetzen, sollte es sich zunächst auch nur um eine Zeugenaussage vor der Polizei beziehungsweise dem Gericht handeln.[152]

Sicherheitsüberprüfungen

Sicherheitsüberprüfungen waren in sicherheitsgefährdeten Bereichen und Institutionen im Westen eine Routinemaßnahme, die ohne konkrete Verdachtsmomente gegen bestimmte Personen als präventiver personeller Geheimschutz realisiert wurden, um Menschen fernzuhalten, die ein Sicherheitsrisiko darstellten, gleichzeitig aber Hinweise auf solche Personen zu erlangen, die aufgrund einzelner vorgefundener Verdachtsmomente einer gezielten Befragung zugeführt werden konnten.

Die Sicherheitsüberprüfungen gehörten an sich zu den normalen Belastungen, denen sich ein IM unterziehen musste, wenn er in bestimmten Bereichen tätig sein sollte. Was die Sicherheitsüberprüfung dennoch zu einer außergewöhnlichen Belastungssituation machen konnte, ergab sich aus folgenden Fakten:

- Für den Kundschafter war auch bei der normalen Routine-Sicherheitsüberprüfung in der Regel nicht erkennbar, ob schon konkrete Verdachtsmomente gegen ihn vorlagen und sich hinter der Routinemaßnahme gezielte Ermittlungen verbargen. Diese Unklarheit und belastende Ungewissheit für den IM ergab sich unter anderem daraus, dass nicht deutlich wurde, ob die äußerlich erkennbaren Maßnahmen (Karteiüberprüfungen, Fragebögen, Befragungen, gegebenenfalls Observationen) zur Routine-Sicherheitsüberprüfung oder zu einer gezielten Bearbeitung gehörten.
- Sicherheitsüberprüfungen konnten außergewöhnliche Belastungen darstellen, wenn sie außerplanmäßig im Rahmen bestimmter Aktionen stattfanden und offenließen, ob sie sich an Gesichtspunkten und Merkmalen orientierten, die auch für die Existenz des IM im Operationsgebiet zutrafen (insbesondere seine Übersiedlungsvariante, sein Pseudonym).

Fehleinschätzungen des Charakters der Sicherheitsüberprüfung konnten daher zu unbegründeter Angst mit Fehlreaktionen (Affekthandlungen, beispielsweise überstürzte Flucht) bei Routineüberprüfungen führen.

Beispiel:

Ein IM-Ehepaar, beide arbeiteten in der gleichen Firma, wurde vom Sicherheitsbeauftragten darauf hingewiesen, dass im Rahmen der routinemäßigen Sicherheitsüberprüfung Widersprüche zwischen ihren Angaben im Notaufnahmeverfahren und den Angaben im betrieblichen Fragebogen festgestellt worden waren. Der Sicherheitsbeauftragte bat die IM, für eine Klärung der Widersprüche Sorge zu tragen. Die IM teilten den Vorfall unverzüglich der Zentrale mit, die zum Ergebnis kam, dass die IM ernstlich gefährdet waren. Es musste der Rückzug angewiesen werden.

Der mögliche unterschiedliche Charakter der Sicherheitsüberprüfungen und die dabei erforderlichen Verhaltensweisen waren vom Führungsoffizier mit den

IM ausführlich in der Einsatzvorbereitung zu behandeln. Der IM musste die Sicherheitsüberprüfung einerseits als normale Situation seiner operativen Existenz begreifen, andererseits immer die Möglichkeit im Auge behalten, dass sich dahinter gezielte abwehrmäßige Bearbeitungsmöglichkeiten des Gegners verbargen. Er musste die operative Situation und seine Sicherheitslage real einschätzen und die daraus folgenden Maßnahmen ableiten.[153]

Fehlhandlungen bei Berührungen mit dem Gegner

Zu besonderen Belastungssituationen für den Kundschafter im Operationsgebiet gehörten insbesondere die Berührungen mit gegnerischen Sicherheits- und Justizbehörden. IM konnten im Prozess der Durchführung nachrichtendienstlicher Aufgaben in den verschiedensten Situationen und aus unterschiedlichsten Gründen mit den Organen des Gegners konfrontiert werden. Solche Konfrontationen bedrohten aus Sicht der HV A nicht nur den IM unmittelbar, sondern gefährdeten auch den nachrichtendienstlichen Auftrag sowie die Konspiration der eingesetzten Mittel und Methoden.

Die HV A unterschied zwischen »direkter« und »indirekter Feindberührung«. Die psychischen Belastungen aus solchen Situationen im Operationsgebiet ergaben sich für den IM aus der Erkenntnis, dass sich die gegnerischen Organe – häufig aus ihm unbekannten Gründen – mit ihm beschäftigten, vermutlich bereits einen nachrichtendienstlichen Verdacht gegen ihn hegten und ihn zielgerichtet bearbeiteten oder sich aus anderen Gründen intentional mit seiner Person beziehungsweise mit anderen Personen befassten, zu denen verwandtschaftliche, persönliche oder berufliche Beziehungen bestanden, wodurch die Gefahr einer Dekonspiration für den IM entstehen konnte.

Aus solchen Belastungen konnten bei den IM Erlebnisverarbeitungen entstehen, die die Ursache für das Abweichen von der vorgegebenen Verhaltenslinie sowie für andere Fehlhandlungen bilden konnten.

Bei aller Vielfalt der möglichen Fälle einer Berührung mit dem Gegner konnte die HV A aufgrund ihrer Erfahrungen und in Auswertung der Erkenntnisse über die Arbeitsweise der westlichen Sicherheitsbehörden sowie der Regimebedingungen im Operationsgebiet Prognosen für die bei der Realisierung des konkreten operativen Auftrags möglichen Berührungspunkte mit dem Gegner geben. Jeder Einsatzkader musste im Rahmen seiner Vorbereitung und Ausbildung für einen nachrichtendienstlichen Auftrag konkret dahingehend geschult werden, mit welchen Organen er im Operationsgebiet in Berührung kommen konnte, was eine Berührung mit dem Gegner bedeutete, wie er dieser nach Möglichkeit ausweichen konnte, welche

Gefahren und Konsequenzen mit einer Feinberührung verbunden waren und wie er sich danach verhalten musste.[154]

Direkte Berührungen mit dem Gegner

Zunächst muss erwähnt werden, dass für die HV A die mit der normalen Existenz des IM im Operationsgebiet notwendigerweise verbundenen Kontakte zu gegnerischen Organen keine Feindberührungen im eigentlichen Sinne darstellten. Feindberührungen waren also nicht solche Gefahrensituationen und Konfrontationen mit den Organen des Gegners wie Grenzpassagen, polizeiliche An- und Abmeldungen, Überprüfungen und Ermittlungen bei Bewerbungen, routinemäßige Sicherheitsüberprüfungen sowie Geheimschutzmaßnahmen in besonders gefährdeten Objekten. Es handelte sich hier um Routinemaßnahmen der gegnerischen Organe ohne Zielrichtung gegen bestimmte Personen. Auf diese Situationen und Gefahrenmomente waren die IM vorbereitet, sie wiederholten sich mehrfach in der operativen Arbeit und bei Realisierung nachrichtendienstlicher Aufträge. Der IM gewann selbst unmittelbar Erfahrungen bei derartigen Situationen. Die psychischen Belastungen wurden bei erfolgreicher Überwindung solcher Gefahrensituationen immer geringer, und der IM wurde allmählich sicherer in seinem Verhalten.

Im Gegensatz dazu standen Situationen, in denen sich gegnerische Organe im Rahmen eines direkten Kontaktes über die Routinemaßnahmen hinaus aus unterschiedlichen Gründen und aus bestimmten Anlässen näher mit dem IM befassten. Bei diesen sprach die HV A von »direkten Feindberührungen«. Allgemein ergaben sich für den IM psychische Belastungen sowie die Gefahr von Feindhandlungen aus der Erkenntnis, dass sich die Abwehrbehörden des Gegners zielgerichtet mit seiner Person befassten, ohne dass er – in der Regel – zunächst Kenntnis besaß über den Anlass, die Ursache oder eventuell bereits gegen ihn vorhandenes Belastungsmaterial.[155]

Überraschende Befragungen sowie Vernehmungen und vorläufige Festnahmen

Die Belastung des IM und damit die Gefahr von Fehlhandlungen waren besonders hoch, wenn ihn die Konfrontation mit den gegnerischen Organen überraschend und unvorbereitet traf. Er hatte dann nicht genügend Zeit, sich über die möglichen Ursachen klar zu werden, wodurch seine Unsicherheit stieg. Außerdem minderte die unbeantwortete Frage nach dem Ausgangspunkt der Abwehrmaßnahme des Gegners seine Aufmerksamkeit für die neu entstandene Situation. Sie behinderte durch die Fülle der möglichen Ursachen, die dem IM durch den Kopf gingen, die Regelhaftigkeit des Denkprozesses und konnte zu vorschnellen, in der Regel unzweckmäßigen Entscheidungen führen. Diese konnten eine problematische Einstellung und folglich ein unrichtiges Verhalten bei der Befragung nach sich ziehen. Diesen Überraschungseffekt konnte der Gegner nach Erkenntnissen der HV A mit folgenden drei Methoden erzielen:

- Aufsuchen und Befragen des IM in seiner Wohnung oder an seinem Arbeitsplatz,
- Zuführung oder »Bitten« des IM zum Gespräch an einen neutralen Ort,
- Zuführung oder vorläufige Festnahme und Befragung oder Vernehmung auf einer Dienststelle.

Dass sich die Abwehrbehörden zu einer überraschenden Befragung oder Vernehmung entschlossen, wertete die HV A als einen Mangel an Erkenntnissen über den IM. In jedem Fall wäre versucht worden, Wissen vorzutäuschen, den IM über die wirklichen Erkenntnisse sowie die Absichten im Unklaren zu lassen und ihm sein Wissen unter Ausnutzung des Überraschungseffekts zu entlocken, das heißt, nach Möglichkeit eine Offenbarung zu erzielen.

Die operative Praxis zeigte der HV A, das die gegnerische Abwehr nach gründlicher Einschätzung des »Abwehrfalles« sowie Analyse aller Umstände und Verdachtsmomente abwog, in welchem Verhältnis der erforderliche abwehrmäßige Aufwand zum sicheren Nachweis und zur Überführung einer nachrichtendienstlichen Tätigkeit des Verdächtigen stand.

Dies betraf insbesondere Vorgänge, in denen Kundschafter auf wissenschaftlich-technischem Gebiet arbeiteten, über eine gut abgedeckte berufliche Tätigkeit verfügten und ihre Verbindungen sowie Reisen, insbesondere auch in die DDR, legendieren konnten und die Abwehrbehörden nicht damit rechneten, dass sie Belastungsmaterial in der Wohnung aufbewahrten oder konspirative Mittel im Verbindungswesen besaßen. Aus Sicht der Zentrale musste der IM also bei überraschenden Befragungen davon ausgehen, dass die Abwehr noch kein ausreichendes Belastungsmaterial gegen ihn besaß und aufgrund des als zu hoch eingeschätzten Aufwandes darauf verzichtete, weitere konspirative Ermittlungen und Überprüfungen durchzuführen. Daher hofften die Sicherheitsbehörden, doch einen gewissen Abwehrerfolg erzielen zu können, indem sie den betroffenen IM durch einen Überraschungseffekt überrumpelten und dadurch zu einem Geständnis oder zu Fehlhandlungen veranlassten. Mindestens aber rechnete die Abwehr damit, dass der IM, falls die Verdachtsgründe zu Recht bestanden, zunächst für eine längere Zeit »abgeschaltet/konserviert« werden würde. Dies galt allerdings nur für IM, die im Westen unter Klarnamen lebten.

Grundsätzlich stellten Befragungen durch gegnerische Sicherheitsbehörden hohe Anforderungen an das Verhalten des IM und waren mit umfangreichen psychischen Belastungen verbunden, weil sie oftmals plötzlich und unerwartet kamen, weil er nicht wusste, was wirklich der Anlass beziehungsweise die Ursache für die

Befragung seiner Person war, und weil schließlich die gegnerischen Mitarbeiter nicht erkennen ließen, wie stark der Verdacht gegen ihn war beziehungsweise welches Belastungsmaterial bereits vorlag.

Der IM erlebte die Befragung in der Regel in Form eines höflichen Gesprächs, in dem er auf die gezielten Fragen von meist zwei Befragern antworten musste. Die Rollen waren dabei häufig verteilt, wobei der eine Beamte fragte und der andere stärker beobachtete und sich Notizen anfertigte.

Auf Ort und Methode des Vorgehens, ob der IM in der Wohnung oder am Arbeitsplatz aufgesucht, ob er zur Befragung an einen neutralen Ort gebracht oder einer Dienststelle zugeführt wurde, hatte der IM keinen Einfluss. Dies gehörte zur Taktik der gegnerischen Abwehr, je nachdem, wo und wie sie sich den größten Überraschungseffekt erhoffte. Bei aller Gemeinsamkeit solcher Situationen erkannte die HV A dabei Besonderheiten, die zu Unterschieden in der Belastung des IM führten, die es ihm wiederum in einem gewissen Umfang gestatteten, auf die beim Gegner bereits vorhandenen Erkenntnisse sowie auf die konkreten Absichten zu schließen und sein Verhalten danach zu bestimmen.

Welche Gründe die Beamten auch immer vorgaben, war es eine reguläre Anzeige, ein anonymer Hinweis oder waren es Indizien wie beispielsweise häufige Reisen in die DDR oder Widersprüche im Lebenslauf, mit denen sie den Verdacht einer nachrichtendienstlichen Tätigkeit zu begründen versuchten, in keinem Fall legten sie nach Auffassung der HV A alle ihre Karten auf den Tisch. Der IM sollte durch eine solche Taktik verunsichert werden.

Die Ungewissheit über die konkreten Ursachen der Befragung, über den Umfang der Verdachtsgründe, die gegen den IM vorlagen, das undurchsichtige Auftreten und Verhalten der Beamten stellten weitere Faktoren dar, die den IM in dieser Situation belasten konnten. Den Kundschafter belasteten sofort Fragen wie:

- Habe ich einen Fehler begangen?
- Gibt es eine undichte Stelle im Netz oder in der Zentrale?
- Ist der operative Auftrag gefährdet?
- Was steckt hinter der Befragung, eine Provokation, der Beginn einer gezielten gegnerischen Bearbeitung oder die Festnahme, das heißt die Beendigung der operativen Arbeit?

Eine Befragung durch die gegnerischen Sicherheitsbehörden erforderte deshalb von den betroffenen IM große Anstrengungen, um die Erregung nicht zu offenbaren und sich nach außen hin zu beherrschen beziehungsweise sich zu konzentrieren.

Spielte sich die Befragung in der eigenen Wohnung ab, wusste der IM im Moment des Gesprächs nicht, ob auch eine Durchsuchung der Wohnung beabsichtigt war. Die Unsicherheit der Situation war besonders groß, wenn der IM belastendes Material in der Wohnung versteckt hielt. Der IM war in einer schwierigen Situation, weil er bis dahin keine Bearbeitung durch den Gegner real kannte und eine Einschätzung nicht möglich war, ob bereits an seinem Arbeitsplatz oder in der Wohngegend Ermittlungen geführt worden waren oder ob durch Observationsmaßnahmen belastende Ergebnisse vorlagen.

Die mit einer solchen Situation verbundene Erregung führte oft auch dazu, dass der IM vergaß, die Beamten aufzufordern, sich zu legitimieren und sich ihre Dienstausweise genau anzusehen. In einem solchen Fall hatte die durch das überraschende Auftreten der Beamten ausgelöste Verwirrung bereits eine Fehlhandlung des Kundschafters ausgelöst. Bedingt durch den stark emotional gebundenen Gedankengang des IM kam es zu einer verminderten Konzentration auf den Gegner. Für den IM aber war es wichtig zu wissen, wen er aus welcher Dienststelle vor sich hatte: Kräfte des Verfassungsschutzes, die keine exekutiven Befugnisse besaßen, oder aber Beamte der Kriminalpolizei (Staatsschutz), die im Sinne der bundesdeutschen Strafprozessordnung (StPO) exekutive Maßnahmen (Durchsuchungen, Festnahmen) durchführen durften. Daraus konnte der IM gewisse Schlüsse ziehen, die es ihm gestatteten, sein Verhalten in der Befragung zweckmäßiger zu regulieren, weil er je nach Kategorie der handelnden Behörde die eigene Situation realer beurteilen konnte.

Die Ungewissheit für den IM war aber auch dann besonders groß, wenn die Ehefrau auf irgendeine Weise in die Konfrontation involviert war. Er konnte nicht einschätzen, wie sich seine Ehefrau bei einer Befragung verhalten würde. Der IM musste unter Umständen damit rechnen, dass seine Frau an einem anderen Ort zur gleichen Zeit oder unmittelbar nach ihm befragt wurde.

Beispiel:

Durch einen anonymen Brief wurde ein IM bei der Polizei denunziert, für den »Staatssicherheitsdienst« zu arbeiten. Die Situation war zu diesem Zeitpunkt für den IM besonders kompliziert, da er aufgrund eines Herzinfarktes im Krankenhaus lag. Die westdeutschen Kriminalbeamten befragten den IM im Krankenhaus zu den Verdachtsmomenten. Der IM sowie seine Ehefrau, die unmittelbar danach in der Wohnung befragt wurde, wiesen die Verdachtsmomente strikt zurück. Ihre DDR-Kontakte legendierten sie übereinstimmend als private Verbindungen. Die Ehefrau behielt in dieser komplizierten Situation ihre Fassung, obwohl sie wusste, dass sich operatives Material in der Wohnung befand. Nach der Befragung durch die Beamten vernichtete sie unverzüglich alle vorhandenen operativen Materialien.

Der IM sollte sich nach Ansicht der Zentrale im Allgemeinen zuerst nach den Gründen seiner Befragung erkundigen, um die Beamten aus der Reserve zu locken und um Zeit zu gewinnen, seiner inneren Erregung Herr zu werden und sich nach außen unauffällig zu geben. Die häusliche Atmosphäre beziehungsweise die vertraute

Umgebung am Arbeitsplatz erleichterte es dem IM normalerweise, sich natürlich und entspannt seiner Legende nach zu verhalten.

Wurde der IM weder auf der Arbeitsstelle noch in seiner Wohnung befragt, sondern fanden die Gespräche in äußerlich neutralen Immobilien statt, beispielsweise in einer Villa oder einem Hotelzimmer, so war nach Erkenntnissen der HV A für den IM besondere Vorsicht geboten. Die Gastgeber waren in solchen Fällen die gegnerischen Beamten, die diese Gesprächsorte aus taktischen und psychologischen Gründen gewählt hatten und damit bestimmte Absichten verbanden. Der Kundschafter hatte in solchen komplizierten Situationen aber auch Vorteile auf seiner Seite. Er besaß mehr Zeit, um sich zur Ruhe zu zwingen und sich zu konzentrieren. Die Beamten mussten ihre Dienststelle oder zumindest eine entsprechende Legende zu erkennen geben und begründen, warum sie an einem solchen Ort ein Gespräch mit dem IM führen wollten. Der IM konnte aus dem Verhalten und Auftreten sowie aus den Fragen und Antworten der gegnerischen Mitarbeiter gewisse Schlüsse auf seine Sicherheitslage ziehen, da die Abwehr in derartigen Fällen häufig eine Überwerbung beabsichtigte und dadurch dem Zwang unterlag, ihr eigenes Wissen detaillierter preiszugeben. Vom IM verlangte aber auch diese Art von Befragungen eine entsprechende Leistung, Motorik, Mimik und Stimme zu beherrschen, weil er nicht wusste, ob alles zu Ende war und er sich nur noch durch das Eingehen auf eine Überwerbung retten konnte oder ob er standhaft bleiben und alle Verdachtsmomente abstreiten beziehungsweise legendiert zurückweisen sollte.

Jeder IM musste nach Auffassung der HV A prinzipiell auf solche Überwerbungssituationen vorbereitet sein, weil sie komplizierte Probleme aufwarfen und vom IM nicht erwartet werden konnte, dass er in solchen Situationen die richtige Entscheidung treffen würde. Die Kompliziertheit der Situation des IM ergab sich aus dem Zusammentreffen mehrerer Faktoren: Der IM wusste nicht, ob die Überwerbung vom Gegner ernst gemeint war oder nur eine Methode darstellte, ihn gesprächsbereit zu machen. Er wusste weiterhin nicht, wieviel operatives Wissen er preisgeben durfte beziehungsweise – im Interesse der Glaubwürdigkeit seiner scheinbaren Bereitschaft zur Annahme des Überwerbungsangebots – musste. Für das Eingehen auf Versuche einer Überwerbung galten deshalb besondere Bestimmungen und Weisungen, die nicht durch eigenes Ermessen der IM, sondern nur bei ausdrücklicher vorheriger Festlegung und Planung zur Anwendung gebracht werden durften.

War der IM überhaupt nicht auf die Möglichkeit eines Überwerbungsversuches vorbereitet, so wurde die Kompliziertheit seiner Situation durch die Frage verstärkt, ob er ohne Genehmigung der Zentrale überhaupt zum Schein auf ein solches Angebot eingehen durfte. Wenn er sich dazu entschlossen und notwendigerweise operatives Wissen preisgegeben hatte, konnte es nachträglich zu Gewissenskonflikten kommen, ob er im Interesse der HV A gehandelt hatte oder sich für einen unfähigen IM halten musste.

Im engen Zusammenhang mit dem scheinbaren Eingehen auf ein Überwerbungsangebot standen die sich für den IM daran anschließenden hohen Anforderungen eines Nachrichtenspiels (operatives Spiel). Wenn auch dieses Nachrichtenspiel vielfach nur das begrenzte Ziel hatte, dem IM mit seinen Angehörigen den Rückzug in die DDR zu ermöglichen, so wirkte diese Gefahrensituation doch unter Umständen, je nach den nachrichtendienstlichen Möglichkeiten, über einen längeren Zeitraum auf den IM ein und bewirkte dadurch eine psychische Dauerbelastung. Diese Belastung erwuchs auch aus der Notwendigkeit ständiger hoher Gedächtnisleistungen. Der IM musste immer und präzise wissen, was wann in welchem Zusammenhang bereits gesagt worden war und was bis zu welchem Grad gesagt werden musste, aber auch gesagt werden durfte. Dazu gehörte ferner die Demonstration von innerer Gelassenheit bei ausreichender Interessiertheit, die eine hohe Anforderung an die Beherrschung von Mimik und Gestik stellte.

<u>Beispiel:</u>

Ein übersiedelter IM, Resident, war mit Frau und Tochter in der Bundesrepublik ansässig. Beim Treff mit einer Quelle in einem Drittland wurde er von der Quelle in einen angeblichen Club gebracht, der sich als Objekt des Geheimdienstes des Drittlandes herausstellte. An eine intensive Leibesvisitation schloss sich ein Gespräch mit dem IM in relativ zwangloser Atmosphäre an (Sessel, Getränke, Zigaretten). Aus den Umständen des Gesprächs vermutete der IM eine beabsichtigte Überwerbung. Da aus dem Verhalten der gegnerischen Mitarbeiter ersichtlich war, dass durch die Aussagen der Quelle, durch Observationen und Ermittlungen umfangreiches Beweismaterial vorlag, machte der IM in Erwartung des Überwerbungsangebotes umfangreiche operative Angaben. Tatsächlich folgte daraufhin ein Überwerbungsangebot, auf das der IM zum Schein einging. Als er seine Frau über die Ereignisse in Kenntnis setzte, war diese stark erregt. Sie befürchtete nicht nur erhebliche Gefahren für den IM, sondern auch für die Familie insgesamt. Der IM meldete die zum Schein erfolgte Überwerbung der Zentrale. Aufgrund sorgfältiger Analysen wurde entschieden, dass der IM und seine Frau ein längeres Nachrichtenspiel nicht bewältigen würden. Das Spiel wurde nur fortgesetzt, bis es gelungen war, beide IM mit dem Kind in die DDR zurückzuziehen.

Die Zuführung oder vorläufige Festnahme des IM mit dem Ziel, ihn auf einer Dienststelle zu befragen beziehungsweise zu vernehmen, war gegenüber den Befragungen zu Hause, am Arbeitsplatz oder an einem neutralen Ort die massivere gegnerische Maßnahme. Sie setzte in der Regel die Einleitung eines Ermittlungsverfahrens und damit das Vorliegen von Erkenntnissen voraus, die als Beweismittel deklariert werden konnten. Aus der stärkeren prozessualen Stellung des gegnerischen Organs folgte in einem solchen Fall die Möglichkeit, den Überraschungseffekt mit stärkeren Mitteln einzusetzen (Atmosphäre der Polizeidienststelle/des Vernehmungsraums). Bei der Zuführung des IM wurde in der Regel keine Befragung, sondern eine Vernehmung durchgeführt, bei der vorläufigen Festnahme immer eine Vernehmung. Diese formellen Unterschiede zwischen Befragung und Vernehmung zu kennen, war deshalb wichtig, weil sie auch Unterschiede in der Situation des IM zur Folge hatten. Vernehmungen durch gegnerische Abwehrbehörden belasteten den IM nicht weniger stark als Befragungen. Der psychologische Vorteil für den IM bestand aber darin, dass eine Vernehmung amtlichen Charakter trug und die vernehmenden Beamten verpflichtet waren, dem IM zu eröffnen, welche Tat ihm zur Last gelegt wurde und welche Strafvorschriften in Betracht kamen, was für eine Befragung nicht zutraf. Auch wenn die Vernehmer hierbei in der Lage waren, den IM über die wahren Ursachen beziehungsweise den Anlass seiner Vernehmung zu täuschen oder weitgehend im Unklaren zu lassen, so konnte der IM doch einige Informationen durch ergänzende zielgerichtete Fragen über seine rechtliche Lage gewinnen, die gewisse Schlüsse zur Gefährdung seiner Person zuließen.

Die vernehmenden Beamten mussten den IM auch darüber belehren, dass es ihm freistehe, sich zur Sache zu äußern und jederzeit, auch vor seiner Vernehmung, einen selbst gewählten Verteidiger zu konsultieren. Ob die Hinzuziehung eines Rechtsanwalts angebracht war, musste der IM entscheiden, sobald er den wesentlichen Inhalt der gegen ihn erhobenen Beschuldigungen einschätzen konnte. Es konnte dazu dienen, das gegnerische Überraschungsmoment abzubauen, wenn der IM den Abbruch der Vernehmung forderte, weil die Beauftragung eines Anwalts erfolgen sollte.

Zuführungen und vorläufige Festnahmen zum Zwecke der Vernehmung konnten sich hinsichtlich des Überraschungseffekts sowie der Gefährlichkeit der Situation wesentlich unterscheiden, und zwar vor allem nach dem Ausgangspunkt und dem Anlass der Maßnahmen. Bei der Zuführung eines IM aufgrund einer von ihm selbst verschuldeten kriminellen Handlung gab es kaum ein Überraschungsmoment.

Beispiel:

Ein IM geriet dadurch in eine komplizierte Situation, weil er bei einer Übernachtung auf einem Gasthof nach übermäßigem Alkoholgenuss auffällig wurde. Der Gastwirt alarmierte die Polizei und der IM wurde aufgrund des Verdachts krimineller Handlungen vorläufig festgenommen. Nachdem der IM wieder klar denken konnte, gelang es ihm durch ein sicheres Auftreten gegenüber dem Haftrichter, sich zu entlasten und seine Freilassung zu erwirken.

Die vorläufige Festnahme bei einem nachrichtendienstlichen Verdacht dagegen stellte aus Sicht der HV A eine der schwierigsten aller Feindberührungen dar. Sie erforderte eine hohe psychische Leistungsfähigkeit des IM, um den Übergang zur Verhaftung zu vermeiden, was auch nur gelang, wenn der IM nicht unter Pseudonym übersiedelt worden war und der Gegner nicht ausreichend Beweismaterial gewonnen hatte.

Beispiel:

Ein unter Klaranamen übersiedeltes IM-Ehepaar wurde auf dem Bahnhof, kurz vor Antritt einer Reise in die DDR, vorläufig festgenommen. Auf dem Polizeipräsidium ergab sich, dass gegen sie ein Ermittlungsverfahren wegen geheimdienstlicher Tätigkeit eingeleitet wurde. Ausgangspunkt war die Verdächtigung durch einen anonymen Brief. Bei der bis zum nächsten Tag andauernden Vernehmung blieben die beiden IM strikt bei ihrer Legende. In der Wohnung wurde eine Durchsuchung durchgeführt, die versteckten nachrichtendienstlichen Mittel wurden jedoch nicht aufgefunden. Angesichts der fehlenden Beweise wurden die IM wieder auf freien Fuß gesetzt.

Eine besondere Situation und eine starke Belastung ergab sich für die Ehefrau eines festgenommenen IM, wenn sie einer Vernehmung zugeführt wurde. Hier ging es bereits um die Untersuchung und Aufdeckung eines konkreten nachrichtendienstlichen Sachverhalts, wobei die Ehefrau des IM sich entweder durch geschicktes Verhalten heraushalten oder selbst belasten und damit ebenfalls festgenommen werden konnte. Die Praxis lehrte die HV A, dass es in derartigen Fällen immer richtig war, die gefährdeten Ehefrauen von bereits verhafteten IM nach Vernichtung eventuell noch vorhandenen Beweismaterials aus dem Operationsgebiet abzuziehen, um weiteren Pannen und Fehlhandlungen präventiv entgegenzuwirken.

Beispiel:

Die Ehefrau eines verhafteten IM wurde ebenfalls vernommen. Durch geschicktes Verhalten gelang es ihr, sich zunächst aus der Sache herauszuhalten und alle gegen sie erhobenen Vorwürfe zurückzuweisen. Auch eine zunächst flüchtig vorgenommene Wohnungsdurchsuchung konnte sie nicht belasten. Die Ehefrau behielt in dieser komplizierten Situation die Beherrschung und Übersicht, vernichtete auf Weisung der Zentrale alle noch vorhandenen operativen Materialien in der Wohnung und kehrte mit den Kindern in die DDR zurück.

Aus den beschriebenen Belastungen und ihren Konsequenzen erarbeitete die HV A eine Empfehlung für das Verhalten von IM bei überraschenden Befragungen oder Vernehmungen: Der IM musste bei Befragungen und Vernehmungen, ganz gleich, wo und unter welchen Umständen sie stattfanden, Ruhe bewahren. Er durfte nicht den Fehler begehen, aus einer Panikstimmung heraus die Beamten zurückzuweisen mit der Begründung, er sehe keinen Grund oder keine Veranlassung, sich mit ihnen zu unterhalten, er mache von seinem Recht der Aussageverweigerung zur Sache Gebrauch und er werde sofort einen Anwalt hinzuziehen. Durch eine solche Reaktion würde der IM aus Sicht der Zentrale das Misstrauen der Beamten und bereits gegen ihn vorliegende Verdachtsgründe verstärken und die Gefahr erhöhen, dass unmittelbar exekutive Maßnahmen gegen ihn eingeleitet werden würden. Der IM sollte im Gegenteil versuchen, sich bei Befragungen durch die gegnerischen Sicherheitsbehörden durch legendierte Aussagen zu entlasten. Dies erforderte höchste Konzentration und intellektuelle Anspannung und war für den IM wesentlich komplizierter als sich durch Schweigen zu verteidigen.

Mit dem erfolgreichen Überstehen einer gegnerischen Befragung oder Vernehmung war die für den IM damit verbundene besondere Situation noch nicht beendet. Auch dann, wenn die Befragung die Beamten vom Ergebnis her inhaltlich zu überzeugen schien, sie sich über den Inhalt der Befragung sowie über die Antworten des IM zufriedenstellend äußerten und sich beziehungsweise den IM höflich verabschiedeten, blieben beim IM doch Zweifel zurück, inwieweit er wirklich gefährdet war. In der Zeit nach einer Befragung durch Kräfte gegnerischer Sicherheitsbehörden war die Gefahr von Fehlhandlungen besonders groß, da der IM nicht sicher wusste, ober er weiter bearbeitet wurde oder nicht. Er fühlte sich aus dem Gleichgewicht gebracht. Die schon fast zur Gewohnheit gewordene nachrichtendienstliche Tätigkeit belastete ihn plötzlich stark. Dadurch beschäftigte sich der IM auch mit vielen offenen Sicherheitsfragen, wie seinem Verhalten auf der Arbeit sowie im Freizeitbereich (Mitteilung der Befragung an seinen betrieblichen Vorgesetzten oder nicht, Verstärkung der Selbstkontrolle, ohne das Verhalten zu ändern) und den unmittelbar erforderlichen Maßnahmen (unverzügliche Verständigung der Zentrale über das Sicherheitsvorkommnis, wenn notwendig Auslagern oder Vernichten von operativen Materialien, Absicherung weiterer nachrichtendienstlicher Verbindungen).

Der IM musste sich auch innerlich darauf vorbereiten, dass die gegnerische Abwehr die Befragung wiederholte, dabei bereits gestellte Fragen erneut vorbrachte oder Zusatzfragen stellte sowie Ergänzungen forderte, um Widersprüche in den Angaben des IM festzustellen oder um inzwischen gewonnene Überprüfungsergebnisse zu vergleichen. Obwohl der IM zu diesem Zeitpunkt auf eine erneute Überprüfung gefasst war und diese für ihn nicht mehr unerwartet kam, belastete ihn doch die Ungewissheit über den Ausgang einer neuerlichen Befragung. Mehr noch: Die nun bestehende zeitliche Möglichkeit, die verschiedenen Varianten des gegnerischen Vorgehens, die Erkenntnisse der Sicherheitsbehörden sowie das eigene Verhalten zu erwägen und zu durchdenken, konnte durchaus neue belastende Faktoren und Motive für Fehlhandlungen schaffen sowie dazu führen, dass sich der IM plötzlich atypisch/unnormal verhielt, durch eine unmotivierte Selbstkontrolle eine konspirative/nachrichtendienstliche Schulung und Ausbildung erkennen ließ, plötzliche Reisen in die DDR durchführte oder an die Deckadresse in der DDR schrieb.

Eine weitere Gefahrenquelle bestand im Versagen beziehungsweise in der Störung der Merkfähigkeit. Der IM musste in dieser Zeit in einer hohen konzentrativen Anspannung leben, um sich jederzeit präzise an seine Aussagen sowie sein Verhalten dabei erinnern zu können. Diese hohen Gedächtnisleistungen verlangten eine ständige innere Reproduktion, die noch dazu nicht durch emotionale Faktoren belastet werden sollte, weil sich sonst die Präzision des Erinnerten verwischte, was bei erneuten Befragungen oder Vernehmungen neue Ansatzpunkte für den Gegner eröffnete. Die bereits erwähnte Schulung der IM über mögliche Feinberührungen und das dabei notwendige Verhalten stellte aus Sicht der HV A die beste Möglichkeit dar, Fehlhandlungen von IM bei überraschenden Befragungen und Vernehmungen vorzubeugen. Verbunden wurden damit das Einüben der Legende bis zur möglichst vollkommenen und lückenlosen Beherrschung sowie das Einüben von Verhaltensvarianten für überraschende Befragungen und Vernehmungen.[156]

Für Markus Wolf war die Vorbereitung der IM auf eine Festnahme ein wichtiger Punkt. Er schrieb dazu: »Mit einer solchen Orientierung und entsprechender Schulungs- und Erziehungsarbeit haben wir erreicht, dass sich die Abwehr und die Untersuchungsorgane des Gegners an den meisten inhaftierten Mitarbeitern, auch an unseren Reisekadern, die Zähne ausbeißen.«[157]

Befragungen und Vernehmungen auf Basis einer Vorladung

Befragungen und Vernehmungen von IM aufgrund von Vorladungen durch Dienststellen westlicher Sicherheitsbehörden waren in der operativen HV A-Praxis seltener als überraschende Befragungen oder Vernehmungen. Dass die Abwehrbehörden bewusst auf den Überraschungseffekt einer vorher nicht angekündigten Befragung oder Vernehmung verzichteten, wertete die HV A dahingehend, dass sie dem zu klärenden Sachverhalt in der Regel eine geringere Bedeutung beimaßen.

Die Palette der möglichen Gründe, aus denen der IM zu Befragungen oder Vernehmungen vorgeladen werden konnte, stellte sich vielfältig dar. Auch nachrichtendienstlich relevante Sachverhalte konnten zugrunde liegen. Es handelte sich dann aber nicht um einen konkreten Verdacht gegen den IM selbst, sondern lediglich um die Klärung von Fragen, die sich entweder auf die Verdächtigung eines anderen Menschen bezogen oder deren Zusammenhang mit der Person des IM zu diesem Zeitpunkt nicht erkennbar war.

Zu solchen Sicherheitsvorkommnissen gehörten jedoch vor allem Situationen, in denen der IM ungewollt als Zeuge oder Beteiligter in Straf- oder Zivilsachen verwickelt war. In solchen Fällen wurde der IM ebenfalls von Dienststellen der Polizei oder der Justiz vernommen und geriet dadurch in eine besondere Belastungssituation, in der es vom psychischen Zustand und vom Verhalten des IM sowie der treffenden Einschätzung seiner Sicherheitslage durch ihn selbst und durch die Zentrale abhing, ob der nachrichtendienstliche Auftrag gefährdet war oder nicht.

Solche Gefährdungssituationen konnten sich beispielsweise für IM aus der Beteiligung an Verkehrsunfällen, als Zeuge oder Beschuldigter in Straf- und Zivilverfahren, als unmittelbar Beteiligter in Versicherungs-, Steuer- oder Finanzsachen ergeben, wobei der IM sich natürlich entsprechend der Bedeutung des jeweiligen Sachverhalts unterschiedlich belastet fühlte (die Beschuldigung des IM auf der Basis eines kriminellen Delikts stellte in der Regel eine wesentlich höhere Gefahr dar als beispielsweise eine Zeugenvernehmung in einer Zivil- oder Arbeitsrechtssache).

Beispiel:

Gegen einen IM erstattete seine frühere Firma, ein Versicherungskonzern, Anzeige bei der Polizei wegen Versicherungsbetrugs, weil er Versicherungspolicen seiner ehemaligen Arbeitsstelle für weitere Versicherungsabschlüsse missbräuchlich benutzt hatte. Der IM erhielt eine Vorladung zur Vernehmung bei der zuständigen Dienststelle der Kriminalpolizei, die er telefonisch mehrmals unter Vorwänden verschieben ließ. Anstatt zu versuchen, sich mit seinem früheren Arbeitgeber gütlich zu einigen, ließ er die Sache weiterlaufen. In seiner Panikstimmung versuchte der IM, seine beteiligten Kunden, die ebenfalls vernommen werden sollen, brieflich in seinem Sinn zu beeinflussen. Dabei verwendete er eine Absenderadresse, die ihn bei einer gründlichen Überprüfung dekonspiriert hätte. Erst nach dieser Fehlhandlung unterrichtete der IM die Zentrale, die nach gründlicher Einschätzung der Sicherheitslage den Rückzug aus dem Operationsgebiet anordnete.

Ein weiteres Beispiel:

Ein unter Pseudonym übersiedelter IM wurde von einer fristlos wegen Arbeitsverweigerung entlassenen Kollegin gebeten, für die von ihr beabsichtigte Klage gegen die fristlose Kündigung eine eidesstattliche Erklärung abzugeben, wonach die Kollegin an dem relevanten Tag aufgrund einer Anweisung des Chefs den Arbeitsplatz verlassen hatte. Der IM gab die erbetene Erklärung ab. Der Unternehmer erstattete daraufhin Anzeige gegen den IM wegen falscher eidesstattlicher Erklärung, worauf dieser zunächst zur Polizei, später zum Gericht zur Vernehmung vorgeladen wurde.

Die hieraus entstandenen Berührungspunkte mit Dienststellen der Polizei, Staatsanwaltschaften, Gerichten oder Finanz- und Steuerorganen durften von dem IM hinsichtlich seiner Gefährdung nicht unterschätzt werden, da es sich zwar um keine Bearbeitung seiner Person aufgrund des Verdachts einer nachrichtendienstlichen Tätigkeit handelte, die Sicherheitsbehörden sich jedoch zielgerichtet mit ihm befassen würden und daraus die Gefahr der Dekonspiration und Enttarnung des IM entstehen konnte.

Der wesentliche Unterschied in der Situation für den IM bestand bei einer Vorladung gegenüber der überraschenden Befragung beziehungsweise Vernehmung in Folgendem: Der IM beschäftigte sich bei der Vorladung zur Vernehmung oder Befragung intensiv damit, ob seine Sicherheit noch gewährleistet war, welche Fehler möglicherweise begangen wurden und worin die Ursache dafür lag, dass er in das Blickfeld der Sicherheitsbehörden des Gegners geraten war. Die Ungewissheit konnte zu voreiligen Überlegungen sowie unbegründeten Schlüssen des IM führen und dadurch Fehlhandlungen auslösen, die möglicherweise mit Pannen und Verlusten endeten.

Für den IM kam zwar eine Vorladung zu einer Vernehmung bei der Polizei oder Justiz unerwartet und überraschend, die damit verbundene Erregung ließ sich aber dadurch abbauen, dass er Zeit besaß, sich zur Ruhe sowie zur Sammlung der Gedanken zu zwingen. Der IM konnte über seine Sicherheitslage nachdenken und alle Sicherheitsfaktoren berücksichtigen. Durch die Vorladung erfuhr er die konkrete Dienststelle und hatte in der Regel mehrere Tage Zeit, sich konzentriert auf die Vernehmung vorzubereiten sowie alle Sicherheitsfragen einer gründlichen Analyse zu unterziehen.

Der IM konnte und musste unter Beachtung aller operativen Gesichtspunkte genau überlegen, ob er der Vorladung zum genannten Zeitpunkt Folge leisten sollte oder ob es nicht zweckmäßig wäre, aus Sicherheitsgründen noch mehr Zeit zu gewinnen und unter einem begründeten Vorwand den Termin verschieben zu lassen. Der IM konnte auch die entsprechende Dienststelle anrufen und sich erkundigen, weshalb er vernommen werden sollte und was eigentlich gegen ihn vorlag.

Beispiel:

Ein vom polizeilichen Staatsschutz vorgeladener IM erfuhr durch einen Anruf bei der Polizeidienststelle, dass man von ihm lediglich wissen wollte, ob er sich zu einem bestimmten Zeitpunkt an einem bestimmten Ort mit seinem Dokument aufgehalten hätte. Es handelte sich offensichtlich nur um eine Überprüfung eines Dokuments, da vermutet wurde, dass sich ein Doppelgänger seiner Personalien bedient hätte.

Die HV A kam zu der Erkenntnis, dass bei der Vorladung für den IM günstige Bedingungen bestanden, im Zusammenhang mit der bevorstehenden Befragung oder Vernehmung entstehende psychische Belastungen abzubauen und sich operativ zweckmäßig zu entscheiden. Keinesfalls durfte der IM unüberlegte Handlungen und Maßnahmen durchführen, beispielsweise eine überstürzte Flucht vorbereiten, unnötigerweise wichtige operative Materialien vernichten oder unmotiviert seine berufliche Stellung kündigen, die ihn stärker in das Blickfeld der Sicherheitsbehörden rückten und unter Umständen erst recht belasteten.

Auch der Befragung beziehungsweise Vernehmung selbst wurde durch die Vorladung weitgehend das Überraschungsmoment genommen. Im Übrigen galt für die Situation und das Verhalten des IM bei und nach der Befragung/Vernehmung, was bereits zuvor zu den überraschenden Befragungen/Vernehmungen ausgeführt worden ist. Aber gerade bei Befragungen und Vernehmungen auf Vorladung sah die HV A die Gefahr, dass der IM aus der Unterschätzung derartiger Feindberührungen bestimmte erforderliche Sicherheitsmaßnahmen unterlassen, die Zentrale zu spät über das Sicherheitsvorkommnis unterrichten und Fehlhandlungen begehen würde, die nicht mehr oder lediglich teilweise hätten korrigiert werden können, so dass unter Umständen die operative Arbeit hätte eingestellt werden müssen.

Begünstigt wurden solche Unterschätzungen dadurch, dass sich derartige Verfahren über einen längeren Zeitraum hinziehen konnten, der IM nicht die ständige Übersicht über den Stand des Verfahrens sowie den Umfang der Ermittlungen behalten und alle gefährlichen Begleitumstände und Konsequenzen möglicherweise aus seinem Erleben verdrängen würde.

Jede Vernehmung des Kundschafters durch Beamte, gleich welcher Dienststelle oder aus welchem Anlass und auch wenn sich für die Sicherheit der operativen Arbeit zunächst keine erkennbaren Folgen erschlossen oder unmittelbare Gefahrenmomente nicht zu vermuten waren, erforderte vom IM, davor sowie danach, wohlüberlegte und durchdachte Entscheidungen zu einer Reihe von Sicherheitsfragen, die er entsprechend der Sicherheits- und Vorgangslage mit der Zentrale beraten musste. Die Schulung über mögliche Feindberührungen und das erforderliche Verhalten dahingehend musste nach Auffassung der HV A die Erziehung zu einem umfassenden Sicherheitsbewusstsein beim IM beinhalten. Es genügte nach Ansicht der Zentrale nicht, dass der IM wusste und einübte, wie er sich bei Befragungen und Vernehmungen der beschriebenen Art zu verhalten hatte. Er musste vielmehr sein ganzes Verhalten im Operationsgebiet so einrichten, dass er nach Möglichkeit den dortigen Sicherheitsbehörden keinerlei Veranlassung gab, ihn zu irgendeiner Befragung oder Vernehmung vorzuladen.[158]

Indirekte Feindberührungen

Unter indirekten Feindberührungen verstand die HV A operative Situationen im Operationsgebiet, in denen der IM nicht direkt mit gegnerischen Organen konfrontiert wurde, sondern nur an bestimmten Anzeichen seiner Umgebung (Observation, Ermittlungen, Post- und Telefonkontrolle) bemerkte, dass er bearbeitet wurde. Hinter solchen Feststellungen verbarg sich in der Regel eine langfristige konspirative Bearbeitung, um eine bereits vermutete nachrichtendienstliche Tätigkeit des IM vollständig und umfassend aufzudecken sowie beweiserhebliches Tatsachenmaterial zu schaffen und zu dokumentieren.

Durch indirekte Berührungen mit dem Gegner im Operationsgebiet waren immer die IM selbst und die Konspiration der operativen Arbeit gefährdet, ganz gleich, ob die Bearbeitung durch die Abwehr überhaupt nicht, zu spät oder rechtzeitig erkannt worden war.

Die besondere Belastungssituation sowie die hohen psychischen Anforderungen an sein Erleben und Verhalten ergaben sich für den IM aber stets erst dann, wenn er die gegnerische Bearbeitung selbst als solche erkannte oder wenn ihm diese durch andere Umstände, Faktoren oder Hinweise bekannt wurde. Der IM wusste nach dem Erkennen einer Bearbeitung durch die Abwehr im Operationsgebiet in keinem Fall, wie lange diese bereits erfolgt war und welches Belastungsmaterial schon vorlag. In einer derartigen Situation stellten sich ihm solche ihn unmittelbar betreffenden Fragen, wie zum Beispiel: Wie groß ist sein Sicherheitsrisiko? Besitzt er noch eine Chance, sich dem Zugriff der Sicherheitsbehörden zu entziehen? Welche Ursachen für seine Enttarnung kommen in Frage? Welche Entscheidungen muss er selbst treffen, um die Realisierung seines nachrichtendienstlichen Auftrags sowie die eingesetzten operativ-technischen Mittel zu sichern.[159]

Observation durch gegnerische Abwehrorgane

Eine Observation konnte

- aus Anlässen und Ursachen resultieren, die allgemeiner Art waren, ohne dass bereits ein begründeter Verdacht auf eine nachrichtendienstliche Tätigkeit vorlag und eine Bearbeitung durch die gegnerische Abwehr vorausgegangen war,
- im Rahmen einer sogenannten Fallbearbeitung erfolgen und wegen des Verdachts einer nachrichtendienstlichen Tätigkeit eingeleitet worden sein.[160]

Die Observation gehörte zu den wichtigsten gegnerischen Methoden im Rahmen einer langfristigen Bearbeitung von IM. Der HV A lagen Erkenntnisse vor, dass die Observation die Hauptmethode zur Bearbeitung eines Verdachtsfalles darstellte und in der Regel die wesentlichen belastenden Fakten durch Observationsmaßnahmen und Nachprüfungen gewonnen wurden. Wenn Nachforschungen bei der Kriminalpolizei, dem Bundesamt für Verfassungsschutz, den Landesämtern für Verfassungsschutz, dem Militärischen Abschirmdienst (MAD), der Sicherungsgruppe Bonn des BKA, der Kfz-Zentralkartei Flensburg, den Grenzübergängen sowie befreundeten Diensten keine nennenswerten Einzelheiten ergaben und die Nahbeobachtung durch V-Leute nichts erbrachte, war man auf die Erkenntnisse durch Observationsmaßnahmen angewiesen.[161]

An dieser Stelle soll zunächst im notwendigen Umfang geklärt werden, wie ein IM eine gegnerische Observation überhaupt erkennen konnte. Wichtig für den IM waren

- die Herausbildung und Ausprägung hoher Wachsamkeitsgewohnheiten und Gedächtnisleistungen,

- die Ausprägung entsprechender Wahrnehmungs- und Identifizierungsfähigkeiten in psychologischer Hinsicht,
- die Festigung des Sicherheitsbewusstseins sowie der Leistungs- und Widerstandsbereitschaft.

Die HV A ging davon aus, dass durch die Vermittlung entsprechender Kenntnisse nicht nur die Fähigkeit wuchs, derartige Situationen praktisch bewältigen zu können, sondern sich auch das Bewusstsein ausbildete, dem Gegner gewachsen zu sein.

Die Ausbildung und Befähigung zum Erkennen einer gegnerischen Observation wurde auf konkrete Anzeichen und Fakten konzentriert, die vom IM wahrgenommen werden konnten. Dazu gehörten:

- typische Bewegungs- und Entfaltungsabläufe sowie zu erwartende Reaktionen und Verhaltensweisen gegnerischer Observanten,
- Anzeichen des Einsatzes beziehungsweise der Bedienung der operativen Technik (Funkgeräte, Fotoapparate) sowie Signale der Verständigung zwischen den Observanten,
- die wiederholte Wahrnehmung der gleichen Personen im unmittelbaren Umfeld des IM.

Wichtig war in diesem Zusammenhang, dass jeder Versuch, Observationsmaßnahmen zu erkennen, konspirativ erfolgen musste, ohne dass die eigentliche Kontrollabsicht deutlich wurde. Jede Kontrollhandlung des IM musste folglich gut motiviert und unverdächtig gehandhabt werden. Sie musste prinzipiell in das allgemeine Verhaltensbild passen und durfte sich nicht von den sonstigen Gewohnheiten des IM abheben.

Die Ausbildung der IM zum Erkennen gegnerischer Observationen konzentrierte sich auf die Klärung dreier Fragen:

1. Wo musste in den verschiedensten Situationen mit der Postierung von Observanten und entsprechenden Bewegungsabläufen gerechnet werden?

Die Kenntnis der Postierung der Observation und ihrer Bewegungsabläufe in den verschiedensten Situationen sowie die gesicherte Herausforderung entsprechender Anzeichen waren für das Erkennen einer Observation von großer Bedeutung. Durch das Verhalten des IM sollten die Observationskräfte veranlasst werden, die Observationsart immer wieder zu verändern, sich neu zu formieren und zu organisieren, was entsprechend unter Kontrolle zu halten war. Es wurde von der HV A im Wesentlichen zwischen den beiden Grundformen Standobservation und Bewegungsobservation unterschieden. Typisch für den praktischen Auflauf einer Observation war, dass beide Grundformen sowie die einzelnen Arten der Observationsabwicklung ineinander übergingen.

Die Standobservation untergliederte sich nach den Observationsarten.

- Beim gedeckten beziehungsweise legendierten Beobachtungsposten oder Stützpunkt handelte es sich um konstante Beobachtungseinrichtungen in Wohnungen, ständige Überwachungseinrichtungen an zentralen Orten oder auch temporär legendierte Einrichtungen wie Verkaufsstände, Post-/Fernmeldezelte, abgestellte Wohnwagen oder als Firmenfahrzeuge getarnte Kfz.
- Die Rundumstellung wurde angewandt für die Aufnahme einer Zielperson (IM) beim Verlassen eines Objektes oder bei der Observation in öffentlichen Anlagen und Parks.
- Die Observationsglocke war eine taktische Variante der Rundumstellung und kam zur Anwendung, wenn sich die Zielperson (IM) nur in drei Himmelsrichtungen fortbewegen konnte.

Während der gedeckte Beobachtungsposten kaum wahrgenommen werden konnte und einfach an bestimmten Zentren eingeplant und vermutet werden musste, war eine Rundumstellung unter Umständen zu erkennen. Zu dieser Beobachtungsform ging die Abwehr aus der Bewegungsobservation über, wenn die Zielperson (IM) ein Objekt betrat. Die HV A empfahl, solche möglichen Bewegungsentfaltungen unter Kontrolle zu halten und vor dem Verlassen des Objektes auf Anzeichen von Observanten in der Rundumstellung zu achten.

Die Bewegungsobservation vollzog sich als Fuß- oder Kfz-Observation. Beide Grundformen gingen in der Praxis vielfach ineinander über und wurden je nach Erfordernis in ihrer Kombination realisiert. Zu diesem Zweck war eine Observationsgruppe in der Regel immer mit mindestens einem Kfz ausgerüstet. Ein Observationstrupp bestand gemäß Erkenntnissen der HV A aus vier bis sechs Observanten und hatte meistens ein Fahrzeug zur Verfügung, das je nach Erfordernis der laufenden Fußbeobachtung nachgezogen wurde.

Bei größer angelegten Observationen, bei denen von vornherein mit der Benutzung eines Kfz durch den IM gerechnet wurde, erfolgte eine umfangreichere Benutzung von Fahrzeugen. Dazu gehörten:

- Pkw als Observationsfahrzeuge, die in der Regel in Sichtverbindung blieben, an Straßenkreuzungen mit Ampelanlagen kurzzeitig aufschlossen, um nicht den Anschluss zu verlieren,
- ein Basisfahrzeug, in dem der Funkrelaistrupp tätig war, der die Nachrichtenverbindung sicherte oder in dem die mobile Einsatzleitung untergebracht war,
- ein Abdeckfahrzeug als Lieferwagen oder Kleinbus getarnt, das als stationäre Beobachtungsstelle diente.

Die Fußobservation stellte die am häufigsten praktizierte Form dar und bot prinzipiell die günstigsten Möglichkeiten, eine Observation zu erkennen. Das setzte allerdings exakte Kenntnisse darüber voraus, in welchen Situationen, an welchen Punkten ein Observant zu vermuten war und welche konkreten Bewegungsabläufe er beispielsweise an Straßenkreuzungen vollziehen musste. Dies besaß insbesondere deshalb Bedeutung, um sich gezielt kontrollieren und durch das eigene Verhalten die kontrollierbaren Bewegungs- und Postierungsabläufe der Observanten herausfordern zu können. Die gebräuchlichsten Arten einer Fußobservation waren:

- Die Reihenobservation: Der Observationstrupp formierte sich hinter dem IM in einer Weise, dass der erste Observant den IM in Sichtverbindung hielt. Die anderen Observanten folgten in entsprechenden Abständen mit Sichtverbindung zum vorangehenden Observanten. Eine Variante stellte die Parallelobservation dar. Sie charakterisierte vor allem den Ablösemodus. Das Prinzip bestand darin, dass die in dem parallelen Straßenzug mitgehenden Observanten je nach Erfordernis einschwenkten und die am IM handelnden Observanten ablösten.

- Die Doppelreihenobservation: Die Formierung des Observationstrupps erfolgte auf beiden Straßenseiten etwa in gleicher Weise wie bei der Reihenobservation. Eine Variante beider Formen war die vorgesetzte Reihen- oder Doppelreihenobservation. Das Grundsystem funktionierte in der Weise, dass ein Observant vor dem IM eingesetzt wurde und über Sprechfunk Kontakt zum Trupp hielt.

- Das ABC-System: Das ABC-System war eine Variante der Doppelreihenobservation. Es war die gebräuchlichste und am häufigsten praktizierte Form. Sie erforderte daher eine besondere Aufmerksamkeit in der Ausbildung des IM, insbesondere in Bezug auf die in den verschiedensten Situationen zu verarbeitenden Postierungen der Observanten. Dieses System bestand aus mindestens drei Beobachtern. Beobachter A folgte dem IM auf der gleichen Seite, ihm folgte Beobachter B. Beobachter C bewegte sich auf der anderen Straßenseite etwa in Höhe des IM und war vor Straßenkreuzungen jeweils bemüht, die gleiche Höhe zu erreichen, um ein Abschwenken des IM unter Kontrolle halten zu können.

- Die Observationskette: Die Formierung der Observanten zu einer Kette erfolgte dann, wenn der IM verloren wurde und durch das gleichmäßige Durchkämmen mehrerer Straßenzüge der Kontakt wiederhergestellt werden sollte.

Von Bedeutung war, dass die erklärten Grundformen (außer der Doppelreihe und dem ABC-System) auch als Kfz-Observation praktiziert werden und dass alle diese Formen ineinander übergehen konnten. Der Wechsel erfolgte in der Regel dann, wenn die Bedingungen es zuließen oder wenn es den Observanten aus Konspirationsgründen notwendig erschien. In jedem Fall musste eine Verständigung unter den Observanten erfolgen, durch Sichtzeichen oder über Sprechfunk, wenn sich möglicherweise Anzeichen der Neuentfaltung boten.

Ein weiterer bedeutsamer Problemkreis der IM-Ausbildung waren die zu vermittelnden Kenntnisse darüber, in welchen spezifischen Situationen die gegnerische Abwehr bestimmte Bewegungsabläufe vollzog, welche Erkennungsmerkmale und -anzeichen dadurch preisgegeben wurden und an welchen Stellen mit der Postierung von Observanten gerechnet werden musste.

Ausgehend von den Kenntnissen zu Grundformen der gegnerischen Stand- und Bewegungsobservationen, mussten vor allem jene typischen Bewegungsabläufe und Reaktionen in den verschiedensten Situationen herausgearbeitet werden, auf deren Feststellung besondere Aufmerksamkeit gelegt werden musste. Zum Erkennen solcher Bewegungsabläufe, ihrer möglichen Anzeichen und Postierungen, waren dem IM vor allem Erkenntnisse darüber zu vermitteln, dass

- die Observanten bei starken Menschenansammlungen auf Kundgebungen, Bahnhöfen oder in Kaufhäusern eine Nahbeobachtung organisieren mussten und sich in die unmittelbare Nähe des IM begaben, um dadurch alle Handlungen und Kontakte verfolgen zu können,
- in unbelebten Straßen eine weiträumige Staffelung des Observationstrupps erfolgte,
- bei Observationen in Gaststätten mindestens ein Observant dem IM folgte, sich dabei so platzierte, dass er ihn im Blickfeld behielt, oftmals nur kleine Bestellungen vornahm und sofort bezahlte, um unverzüglich reagieren zu können, wobei es dem Observanten vor allem darauf ankam, eventuelle operative Aktivitäten des IM auszumachen und zu dokumentieren,
- die Observanten bei der Benutzung öffentlicher Verkehrsmittel bemüht waren, an den Haltestellen immer die letzte Position einzunehmen, in der Richtung, aus der das Fahrzeug kam und im Fahrzeug sofort alle Ausgänge zu besetzen, um sich vor Überraschungen zu sichern und nicht den Anschluss zu verlieren,
- die Observanten, wenn es die Umstände zuließen, dem IM folgten, wenn er ein Wohnhaus betrat, um den Namen der aufgesuchten Person und wenn möglich auch das Anliegen festzustellen.

Die Erkennbarkeit gegnerischer Observanten wurde aus HV A-Sicht in dem Maß erhöht, in dem es dem IM gelang, die gegnerische Abwehr immer wieder vor Entfaltungsaufgaben zu stellen, sie zu überraschen und dadurch zu verunsichern. Dabei galt es, extrem gegensätzliche Situationen zu nutzen, die die Observanten in Schwierigkeiten brachten und dadurch zur Preisgabe von Observationszeichen und damit zur Verletzung ihrer eigenen Konspiration zwangen.

2. **Wie und wodurch konnte die gegnerische Abwehr zur Preisgabe von observationstypischen Zeichen veranlasst, herausgefordert und damit zur Verletzung der eigenen Konspiration veranlasst werden?**

Prinzipiell ging die HV A davon aus, dass das Erkennen einer gegnerischen Observation kein passives Abwarten darstellte, bis die Abwehr gelegentlich ein Anzeichen ihrer Anwesenheit und Absicht offenbarte. Das Erkennen einer Observation setzte vielmehr eine aktive Auseinandersetzung mit dem näheren Umfeld voraus, in deren Ergebnis vermeintliche Observanten aus der Masse der anwesenden Personen herausselektiert werden konnten, in dem sie zu einer vom IM kontrollierbaren Reaktion veranlasst und damit zur Preisgabe observationstypischer Handlungen veranlasst wurden.

Von entscheidender Bedeutung war dabei, jeweils von der zu erwartenden Zielstellung der gegnerischen Abwehr auszugehen, die vor allem darin bestand, beweiserhebliche Faktoren, Handlungen und Verhaltensweisen aufzudecken und zu dokumentieren oder neue Bearbeitungsansätze zu erschließen. Daraus folgte, dass der vermeintliche Observant immer dann vernehmbare Aktivitäten vornahm, wenn er glaubte, entscheidende Handlungen feststellen oder dokumentieren zu können, die der Realisierung der eigentlichen Zielstellung dienten. Er war folglich bemüht,

- die Bewegungsabläufe nachzuvollziehen um im entsprechenden Augenblick präsent zu sein,
- das gesprochene Wort aufzunehmen,
- einen hinterlegten oder empfangenen Gegenstand zu dokumentieren,
- eine kontaktierte oder angesprochene Person zu identifizieren,
- Verbindungen, Absichten und Interessen aufzudecken.

Es kam aus Sicht der HV A daher darauf an, Handlungen geschickt in den Ablauf einzubeziehen, die beim vermeintlichen Observanten eine entsprechende Reaktion und Aktivität auslösten, die vom IM unter Kontrolle gehalten werden konnte. Solche Augenblicke stellten entscheidende Erkennungsmöglichkeiten dar, die es gezielt und bewusst herauszufordern und zu nutzen galt.

Eine weitere Möglichkeit war die gezielte Herausforderung eines vermeintlichen Observanten zu Handlungen und Reaktionen, die einen kontinuierlichen Observationsfluss für die Observanten erschwerten und dadurch zur Preisgabe von Observationsanzeichen führten. Dabei ging es im Wesentlichen darum, das Bemühen der gegnerischen Abwehr – einerseits konspirativ zu bleiben, andererseits aber die angestrebten Ergebnisse zu erbringen – zu stören und sie objektiv zu überfordern. Konzentriert zu nutzende Schwachstellen und Probleme der gegnerischen Abwehr im Observationsablauf waren nach Erkenntnissen der HV A:

- Die erste Phase einer Observation, die Zeit des »Kennenlernens«: Diese Zeit war für die Observanten insofern problematisch, da der IM noch nicht allen Observanten bekannt war, die Gewohnheiten, Ziele und Absichten noch nicht geklärt waren und folglich eine intensive Verständigung sowie ein entsprechender Informationsaustausch zwischen den Observanten erfolgen musste, der möglicherweise wahrgenommen werden konnte.
- Die Wiederaufnahme einer Observation beziehungsweise das Wiedererkennen nach einer Unterbrechung: Diese Phase erforderte ebenfalls eine intensive Verständigung unter den Observanten. Das Wiedererkennen wurde besonders dann erschwert und führte oft zu Verwechslungen, wenn der IM die Kleidung beziehungsweise den äußeren Gesamteindruck veränderte.
- Der Übergang von einer Observationsform (Stand- oder bewegliche Observation) oder die Übergabe von einem Observanten zu einem anderen: Dies wurde für die Observanten stets dadurch erschwert, dass sie in den verschiedensten Situationen ihre Anwesenheit durch entsprechende Handlungen motivieren oder ein Warteverhalten überzeugend und unauffällig verkörpern mussten.
- Die Nutzung unterschiedlicher Verkehrsmittel und die dadurch notwendig werdende Umstrukturierung des Observationstrupps: Kompliziert wurde es für die Observanten dann, wenn der IM für die Observanten unerwartet Verkehrsmittel beziehungsweise entsprechende Richtungen nutzte, auf die sie nicht eingestellt waren, ohne dass dabei der Eindruck entstehen durfte, sich der Observation entziehen zu wollen.
- Ein häufiger Rhythmuswechsel sowie das wiederholte Wechseln zwischen Ruheverhalten und Bewegung: Ein solches Verhalten, das begründet erscheinen musste, veranlasste Observanten, sich diesem Rhythmus immer wieder anzupassen, ohne dass sie ihre Handlung jedes Mal ausreichend motivieren konnten.
- Die Organisierung wiederholter Sichtkontakte mit den Observanten und der dadurch entstehende Verschleiß des Observationstrupps: Im System der Observation der gegnerischen Abwehr bestand das Prinzip, dass jeder Beobachter, zu dem der IM Sichtkontakt hatte, ausgewechselt werden musste. Das gezielte Organisieren und Nutzen solcher Sichtkontakte führte folglich zum raschen Verschleiß des Trupps und löste entsprechende Bewegung, Unruhe und Unsicherheit unter den Observanten aus. Derartige Situationen boten dem IM weitere Möglichkeiten, Anzeichen einer Observation zu erkennen.

3. <u>Welche visuellen Möglichkeiten waren zum Erkennen gegnerischer Observationen nutzbar?</u>

Die HV A ging prinzipiell davon aus, dass eine Observation immer dann kontinuierlich und für die Observanten problemlos ablief, wenn vom IM keine aktiven Kontrollhandlungen ausgingen, die die gegnerische Abwehr zur Preisgabe erkennbarer Reaktionen veranlassten. Die Aufgabe des IM bestand folglich darin, so häufig und unverdächtig wie möglich alle Kontrollgelegenheiten zu nutzen. Dies erforderte vor allem, das Geschehen im Hintergrund unter Kontrolle zu bekommen, ohne dass es für die Observanten auffällig und verdächtig wirkte. Im Wesentlichen ging es darum,

- jede Durchsicht- oder Spiegelmöglichkeit sowie
- jede motiviert erscheinende Gelegenheit
- zu nutzen, sich umzudrehen und das Geschehen kontrollieren zu können.

Zu den Durchsicht- und Spiegelmöglichkeiten gehörte die Nutzung

- der Spiegelung von Schaufensterscheiben, Reklameschildern oder Verkehrsspiegeln,
- von Telefonzellen, die in der Regel – indem der IM ein Gespräch führte oder vortäuschte – einen guten Rundblick ermöglichten,
- von Durchsichtmöglichkeiten durch Vitrinen, Kioske, Pavillons,
- von günstigen Verkaufseinrichtungen, die sowohl eine Kontrolle nach außen als auch nach innen ermöglichten.

Motive für ein häufiges Umdrehen des IM bestanden darin,

- jedes Geräusch, das im Hintergrund geschah, zum Anlass zu nehmen, sich umdrehen zu können,
- häufiger die Straße zu überqueren und dabei vorzutäuschen, den Fahrzeugverkehr kontrollieren zu müssen,
- vorübergehenden Personen nachzuschauen,
- ein Interesse für Auslagen im Schaufenster oder für Bekanntmachungen vorzutäuschen, die den IM veranlassten, wieder zurückzugehen und nachzulesen,
- an günstigen, überschaubaren Stellen Passanten anzusprechen oder um Auskunft zu bitten, so dass es dem IM möglich war, sich umzusehen.

Eine weitere Möglichkeit, die von der HV A im Rahmen der Ausbildung berücksichtigt wurde, bestand in der Orientierung auf Anzeichen der Verständigung zwischen den Observanten mit der Leitstelle beziehungsweise untereinander. Dies konnte sowohl mittels Sprechfunkgeräten geschehen als auch durch konkrete Signale und Zeichen. Die Verständigung durch Sprechfunk erfolgte zwar in gedeckter Form, die von Uneingeweihten kaum bemerkt werden konnte, für geschulte IM aber dennoch feststellbar war. Dies war vor allem dadurch möglich, dass

- durch das unnatürlich wirkende Neigen des Kopfes der Mund an das versteckt in der Kleidung angebrachte Mikrofon geführt werden musste, um Fremdgeräusche zu übertönen,
- die Verständigung in einer entsprechenden Lautstärke erfolgen musste, was sich nicht immer ausreichend tarnen ließ.

Ein breites Feld, Anzeichen der Verständigung zwischen den Observanten festzustellen, bot die Zeichen- und Signalsprache zwischen ihnen. Sie wurde umso häufiger praktiziert, je größer Unruhe und Bewegung innerhalb des Observationstrupps waren, die durch einen offensiv handelnden IM ausgelöst werden konnten. Obwohl die konkret vereinbarten Zeichen variieren konnten, waren sie dennoch erkennbar, da

- sie als Reaktion auf bestimmte, relativ überschaubare sowie immer wiederkehrende Situationen erfolgten und
- sich in bestimmten Situationen immer wiederholten.

Solche gebräuchlichen Signale waren beispielsweise

- das Arm-Anwinkeln – rechts oder links – beziehungsweise das Herausstellen einer zusammengerollten Zeitung in die entsprechende Richtung, das den nachfolgenden Observanten anzeigen sollte, in welche Richtung sich der IM entfernt hatte,
- auffälliges Schauen auf die Armbanduhr, wodurch signalisiert werden sollte, dass der jeweilige Beobachter aus Konspirationsgründen ausgetauscht werden musste,
- Stehenbleiben und Verschränken der Arme auf dem Rücken, was anzeigen sollte, dass der IM stehengeblieben war, sich kontrollierte oder ein Haus betreten hatte,
- wiederholtes Armausbreiten, das darauf aufmerksam machen sollte, dass die Observanten den IM verloren hatten und eine Neuformierung erfolgen musste.[162]

Nach dem Erkennen einer Observation der gegnerischen Abwehr kam dem taktisch richtigen Verhalten der IM große Bedeutung zu. Die Zentrale betrachtete es als wichtig, dass die IM ihren Handlungs- und Bewegungsablauf normal fortsetzten, um dem Gegner nicht durch kopfloses Reagieren Anzeichen dafür zu bieten, dass die Observationsmaßnahmen erkannt worden waren.

IM vollzogen allerdings nach dem Erkennen konspirativ durchgeführter Observationen verschiedentlich ungesteuerte Handlungen wie beispielsweise primitiv oder operativ falsch realisierte Selbstkontrollen, zeigten unkontrollierte Reaktionen, aus denen ihre Aufregung oder Unsicherheit erkannt werden konnte, oder ließen Anzeichen einer überstürzten Flucht erkennen. Durch diese deutlich wahrnehmbaren und analysierbaren Handlungen konnte die Abwehr im Operationsgebiet zu dem Schluss kommen, dass ihre Observation festgestellt worden war. Sie entschloss sich dann gegebenenfalls, die Observation mit der Festnahme abzuschließen, da sie ihren Verdacht bestätigt sah.

In die gleiche Belastungssituation geriet der IM, wenn er durch andere Umstände, Fakten oder Hinweise, beispielsweise durch die HV A selbst, völlig unerwartet die Gewissheit erhielt, dass gegen ihn schon länger Observationsmaßnahmen liefen und damit verbundene Ermittlungen und Überprüfungen durchgeführt wurden. Dies stellte auf jeden Fall einen harten Schlag für den IM dar, da ihm nach der Überwindung der ersten Erregung deutlich bewusst wurde, dass seine operative

Arbeit gefährdet oder gar beendet war und es jetzt in erster Linie darauf ankam, kein operatives Material in gegnerische Hände fallen zu lassen sowie alle Spuren einer nachrichtendienstlichen Tätigkeit zu verwischen.

Beispiel:

Ein übersiedelter IM, der als Quelle in ein relevantes Objekt eingeschleust worden war, wurde seit Wochen intensiv durch Abwehrorgane im Operationsgebiet bearbeitet und beobachtet, ohne dass er dies bemerkt hatte. Die gegnerische Abwehr ließ auch einen Treff der Quelle mit dem Instrukteur aus der DDR zu, ohne bereits zuzugreifen. Auch der Instrukteur bemerkte von seiner Beobachtung nichts, obwohl er bei seiner Rückkehr aus dem Operationsgebiet bis zur GÜSt Friedrichstraße intensiv observiert worden war. Der IM im Westen erhielt von der Zentrale Mitteilung über die Observationsmaßnahmen und die unmittelbare Gefahr der Festnahme. Er wurde entsprechend angewiesen, das gesamte operative Material zu vernichten und sich aus dem Operationsgebiet zurückzuziehen. Da der IM trotz starker akuter Belastung die Nerven behielt und sich strikt an die vorgegebene Verhaltensrichtlinie der Zentrale hielt, gelang es, die gegnerischen Observanten zu täuschen und den Rückzug erfolgreich durchzuführen.

Neben konspirativ geführten Observationen praktizierte die Abwehr im Operationsgebiet auch offene Observationsmaßnahmen. Der IM sollte durch die über längere Zeit offen auftretenden Observanten in einen permanenten Ausnahmezustand versetzt und damit zu falschen Reaktionen sowie zu unkontrollierten, dekonspirierenden Handlungen veranlasst werden.

Beispiel:

Ein IM geriet durch das provokante Auftreten der Observanten in eine derartige innere Lage, dass er in einer Stadt aus einem bereits recht zügig fahrenden S-Bahnzug sprang, um sich der Observation zu entziehen. Daraufhin wurde er festgenommen, wobei die Beamten erklärten, dass sie gerade darauf gewartet hätten und es ihm jetzt schwerfallen würde, ihnen den harmlosen Bürger glaubhaft zu machen, für den er sich bisher ausgegeben hatte.

Ein weiteres Beispiel:

Ein übersiedelter IM glaubte angesichts der völlig offen durchgeführten Observation, dass er stark verdächtigt werde und bereits enttarnt sei. Anstatt die Angst und Unsicherheit zu überwinden, die Ruhe zu behalten und sich zu überlegen, wie er sich dem Zugriff der Abwehr im Operationsgebiet entziehen könne, trat er die Flucht nach vorn an. Er begab sich auf eine Polizeidienststelle und erstattet Anzeige gegen die Observanten, durch deren provozierendes Verhalten er sich bedroht fühlte. Daraufhin wurde der IM durch die Sicherheitsbehörden festgenommen.

Der IM durfte eine offene Observation auch deshalb nicht unterschätzen, weil sie mit einer konspirativen Observation verbunden sein konnte. So konnte es passieren, dass ein IM nach einer gewissen Zeit keine Observationsmaßnahmen mehr feststellte und möglicherweise davon ausging, dass die gegnerische Abwehr einen Fehler gemacht hatte, indem sie ihn durch die offene Observation praktisch gewarnt hatte. Tatsächlich hätte die gegnerische Abwehr aber von der offenen zur konspirativen Observation übergegangen sein können und hätte dabei die Absicht verfolgen können, operative Handlungen des IM zu erkennen (beispielsweise Verbindungsaufnahme zur Zentrale, Warnung anderer bis dahin unbekannter Personen, Auslagerung von operativ-technischen Mitteln) und als Beweismaterial zu sichern.

Beispiel:

Ein IM-Ehepaar stellte eine deutlich zu erkennende gegnerische Observation fest, die sich in erster Linie offenbar gegen die Frau richtete. Über mehrere Monate wurde ihr Pkw verfolgt. Anfänglich gerieten die IM in Unsicherheit und Unruhe. Als dann keine Observationsmaßnahmen mehr festgestellt wurden, waren die IM der Auffassung, dass es sich um eine Routinemaßnahme im Rahmen der Sicherheitsüberprüfung gehandelt hatte, da die Frau sich in einem besonders geschützten Objekt beworben hatte. Die Zentrale schloss sich dieser Einschätzung an. Einige Monate darauf wurde das IM-Ehepaar festgenommen. Es zeigte sich, dass beide IM langfristig konspirativ bearbeitet worden waren.

Umgekehrt konnte eine zunächst getarnt geführte Observation, wenn angenommen wurde, dass der betroffene IM diese erkannt hatte, offen weitergeführt werden, um ihn über die wirkliche Zielstellung zu täuschen und zu desinformieren. Der IM sollte in solchen Fällen in der Gewissheit bestärkt werden, es handle sich um oberflächliche Routinemaßnahmen im Zusammenhang mit einer Sicherheitsüberprüfung, Höherstufung des Geheimschutzgrades, Bewerbung in eine andere Funktion oder in eine andere Dienststelle. Die gegnerischen Sicherheitsbehörden wollten den IM damit bewusst beruhigen und in Sicherheit wiegen.

Die HV A ging davon aus, dass der IM die Belastungen und hohen Anforderungen an seine Verhaltensregeln bei und nach dem Erkennen einer gegnerischen Observation bewältigen konnte, wenn es ihm gelang,

- Angst und Orientierungslosigkeit zu überwinden,
- alle weiteren Schritte und Handlungen gut zu überlegen,
- keine im Blickfeld der Observation liegenden nachrichtendienstlichen Handlungen durchzuführen,
- sich weiter »normal« zu verhalten sowie die Lebensgewohnheiten beizubehalten,
- die vorgegebenen Verhaltensrichtlinien der Zentrale für die Absicherung der nachrichtendienstlichen Tätigkeit wie Vernichtung oder Auslagerung von operativen Materialien streng zu beachten und umzusetzen.

Der IM durfte möglichst keine Anzeichen erkennen lassen, dass er die gegnerische Observation wahrgenommen und erkannt hatte. Er musste die Zentrale unverzüglich über die für derartige Fälle festgelegten Verbindungswege informieren und weitere Weisungen abwarten, es sei denn, die Sicherheitslage zwang ihn selbst sofort zu unmittelbaren Entscheidungen. Die dem IM vermittelten Erfahrungen und Kenntnisse mussten ihm die Gewissheit und Sicherheit geben, dass er in keiner Situation schutz- oder hilflos wäre und dass es auch bei einer gegnerischen Observation durch ein operativ richtiges Verhalten möglich sei, sich dem Zugriff der gegnerischen Abwehr zu entziehen.[163]

Fahndungen durch gegnerische Abwehrorgane

Fahndungen (hier Personenfahndungen) stellten nach Erkenntnissen der HV A vom Inhalt sowie von der Zielstellung her immer konspirative Ermittlungshandlungen dar, die sich entweder gegen bestimmte Personengruppen oder, wenn bereits identifizierte Merkmale vorlagen, gegen bestimmte Personen richteten. Sie stellten eine ähnliche Gefährdungssituation wie Razzien dar, mit dem Unterschied, dass sich die Fahndungen aufgrund vorliegender Verdachtsmomente bereits gegen eine bestimmte Person richteten und entweder örtlich auf Landesebene (Grenzübergangstellen, Flughäfen) oder überörtlich im gesamten Bundesgebiet ausgelöst worden waren. Die Fahndungen konnten die unmittelbare Festnahme zum Ziel haben oder zunächst nur eine beobachtende Fahndung sein, um weiteres beweiserhebliches Material zu sammeln.

Ein IM im Operationsgebiet hatte in der Regel keine Kenntnis davon, dass eine Fahndung gegen ihn lief. Die Belastungssituation traf für den IM erst dann ein, wenn

- er eine Information der Zentrale erhielt,
- durch eine Panne oder Festnahme eines anderen mit ihm verbundenen IM begründet angenommen werden musste, dass er in das Blickfeld der Sicherheitsbehörden im Westen geraten oder bereits erkannt worden war,
- er selbst unmittelbar mit gegnerischen Organen, die Fahndungsaufgaben realisierten, konfrontiert wurde.

In den ersten beiden Fällen war der IM durch die Kenntnis/Gewissheit einer gegen ihn gerichteten Maßnahme zwar überrascht und musste mit der Erkenntnis umgehen, dass gegen ihn Ermittlungen liefen, es erfolgte allerdings keine direkte Konfrontation mit den Fahndungsorganen. Dies schloss jedoch nicht aus, dass der betroffene IM gerade in solchen Fällen, in denen er »Zeit« zur Reflexion über die Situation besaß, unüberlegte, überstürzte oder sogar panikartige Handlungen unternahm, in der Absicht, sich vor einer drohenden Festnahme zu retten.

Durch derartige Fehlhandlungen richtete der IM Schaden mit möglicherweise ernsten Folgen an, die er in diesem Moment selbst nicht überschauen konnte.

Ein IM, Resident zu einer wichtigen Quelle, erfuhr davon, dass die Quelle sowie ein weiterer im Vorgang eingesetzter Verbindungs-IM verhaftet worden waren. Er trat daraufhin überstürzt und kopflos die Flucht in die DDR an und hinterließ in seiner Wohnung wertvolle operative Materialien. Die Zentrale schätzte nach gründlicher Analyse des gesamten Vorgangs ein, dass die Wohnung des IM bis dahin beim Gegner noch nicht bekannt gewesen war. Durch unverzüglich eingeleitete Maßnahmen der HV A gelang es, das operative Material noch vor dem Zugriff der gegnerischen Sicherheitsbehörden durch einen anderen IM vernichten zu lassen. Erst danach besetzte die Abwehr die Wohnung in der Hoffnung, den Residenten noch festnehmen zu können.

Komplizierter waren die Anforderungen an den IM, wenn er unvorbereitet und unerwartet in eine Fahndung geriet und, auf sich allein gestellt, die Konfrontation mit den Sicherheitsbehörden überstehen musste. Der IM fand dann oftmals keine sofortige Erklärung dafür, warum nach ihm gefahndet wurde.

Beispiel:

Ein Resident wurde nach Auftragsdurchführung bei einer Zugkontrolle festgenommen, weil sein Name mit richtigem Geburtsdatum im Fahndungsbuch enthalten war. Bei seiner anschließenden Vernehmung auf dem nächsten Bahnhof stellte sich heraus, dass eine Namensgleichheit, einschließlich des Geburtsdatums, mit einer Person vorlag, nach der aufgrund eines Mordverdachts gefahndet wurde. Der IM war innerlich stark erregt, weil er nicht wusste, ob er bei der Durchführung seines nachrichtendienstlichen Auftrags durch einen Fehler aufgefallen war oder ob er tatsächlich bereits gesucht wurde, weil aus anderen Gründen bereits enttarnt worden war. Der IM zwang sich zu einem beherrschten Verhalten und reagierte in dieser Situation wie ein normaler Bundesbürger. Nachdem die Verwechslung eindeutig geklärt war, wurde der IM auf freien Fuß gesetzt.

Ein weiteres Beispiel:

Ein IM übernachtete nach Erledigung eines operativen Auftrags in einem Drittland in einer Pension in der BRD. Die Wirtin verwechselte den IM mit einer Person, nach der gerade öffentlich in der Sendung »Aktenzeichen XY ungelöst« gefahndet wurde und meldete sich bei der Polizei. Bei der Vernehmung stellte sich zwar die Verwechslung heraus, da der IM aber ein operatives Dokument bei sich trug, richtete sich nun der Verdacht wegen terroristischer Aktivitäten gegen ihn. Da der IM einer solchen Belastung nicht gewachsen war, bekannte er sich als DDR-Bürger und gab seinen operativen Auftrag preis.

Spezifische Gefahren der Konfrontation mit Fahndungsmaßnahmen ergaben sich bei IM, deren Einsatz auf Doppelgängerbasis im Operationsgebiet erfolgte. Da das gesamte Leben der Doppelgänger sowie deren Dokumente für den operativen Einsatz der IM genutzt wurden und in der Regel nicht bis ins letzte Detail erforscht und unter Kontrolle gehalten werden konnten, waren oftmals auch mögliche Folgen aus von ihnen begangenen Rechtsverletzungen beziehungsweise juristischen Verpflichtungen nicht bekannt geworden. So wurden IM auf Doppelgängerbasis unter Umständen unvorbereitet und überraschend mit strafrechtlich oder zivilrechtlich relevanten Sachverhalten konfrontiert, die ihre Doppelgänger betrafen und von denen die IM nun betroffen waren.

Es bestand in derartigen Fällen die Gefahr, dass ein IM seine Lage falsch bewerten, seine Situation verzerrt sehen und dadurch Handlungen begehen würde, die nicht situationsgerecht waren, großen operativen Schaden anrichteten und letztlich die Einstellung der jeweiligen nachrichtendienstlichen Tätigkeit zur Folge haben konnten.

Bei der Ausbildung von IM, die auf Doppelgängerbasis eingesetzt werden sollten, mussten deshalb durch die HV A alle möglichen Situationen einbezogen und berücksichtigt werden, die objektiv eintreten konnten. So waren durch die Zentrale ständig das westdeutsche Fahndungsbuch und vor allem der Wohnsitz und die Anschrift des Doppelgängers zu überprüfen, um durch klare Weisungen und Sicherheitsmaßnahmen Fehlhandlungen der IM vorzubeugen.[164]

Sonstige konspirative Bearbeitung durch gegnerische Abwehrorgane

Die Observation stellte die wichtigste, aber bei weitem nicht die einzige Art gegnerischer Tätigkeit dar, die zu einer indirekten Feindberührung führen konnte. Die HV A verstand unter »sonstige« konspirative Absichten, Mittel und Methoden des Gegners, zum Beispiel Ermittlungen, konspirative Wohnungsdurchsuchungen, die Post- und Telefonkontrolle, den Einbau geheimdienstlicher Technik in der Wohnung oder am Arbeitsplatz, das Heranschleusen von Agenten sowie verschiedene Formen von Fallen und Kombinationen.

Die HV A vertrat die Auffassung, dass jeder IM wissen musste, dass die gegnerischen Abwehrbehörden konspirative Bearbeitungsmethoden einzeln, aber auch kombiniert gegen ihn einsetzen konnten. Wenn ein IM beispielsweise Anzeichen dafür bemerkte, dass eine Post- oder Telefonkontrolle gegen ihn lief, musste er davon ausgehen, dass auch gegen ihn ermittelt wurde und weitere Bearbeitungsmöglichkeiten (konspirative Wohnungsdurchsuchung, Einbau geheimdienstlicher Technik) gegen ihn zum Einsatz kamen.

Die für den IM beim Erkennen einer konspirativen Bearbeitung auftretenden Belastungen waren bei den einzelnen Formen der Bearbeitung im Wesentlichen die gleichen. Sie ergaben sich aus der Erkenntnis der Gefahr für ihn persönlich sowie für den Vorgang, aus der Unklarheit über das gegnerische Wissen und die konkreten Absichten der Abwehrbehörden sowie dem Zwang zur sofortigen selbstständigen

Entscheidung bei äußerer Beibehaltung des unauffälligen, konspirativen Verhaltens gemäß der Legende. Ein IM war in einer solchen Situation natürlich tief beunruhigt und wurde zu einer hohen Wachsamkeit gezwungen. Er durfte sich dennoch nicht zu Fehlhandlungen provozieren lassen, indem er etwa durch unerklärbares und hektisches Verhalten zu erkennen gab, dass er die Bearbeitung durch den Gegner bereits bemerkt hatte.

Beispiel:

Ein übersiedelter IM wohnte in der Legalisierungsperiode noch bei einer Wirtin zur Untermiete. Als er nach einer längeren Reise zurückkehrte, fiel ihm das zerfahrene und erregte Verhalten der Wirtin auf. Sie teilte dem IM den Grund ihrer Aufregung mit, indem sie ihn davon in Kenntnis setzte, dass sich in den letzten Tagen einige Herren nach ihm erkundigt hatten. Der IM behielt in dieser Situation die Nerven und konnte durch eine geschickte, aber unauffällige Selbstkontrolle zweifelsfrei feststellen, dass er observiert wurde. Durch sein richtiges und beherrschtes Verhalten konnte er sich dem gegnerischen Zugriff entziehen.

Für die IM sowie für die reale Einschätzung ihrer Sicherheitslage war es wichtig, sich bei festgestellten Ermittlungen Gewissheit zu verschaffen, ob es sich tatsächlich um eine gegnerische Bearbeitung oder um eine routinemäßige Sicherheitsüberprüfung handelte, die im Zusammenhang mit einer Tätigkeit in bestimmten Objekten stand. Richtig durchgeführte Selbstkontrollhandlungen konnten Klarheit bringen und mithelfen, die Unsicherheit abzubauen sowie die unbegründete Angst zu überwinden. Zu Fehlhandlungen aber kam es dann, wenn der IM zwar Anzeichen konspirativer Bearbeitungsmethoden wahrnahm, diese aber nicht richtig einordnete oder Zweifel einfach unterdrückte, weil er sich mit solchen unangenehmen Fragen und mit Gefahr verbundenen Problemen nicht befassen wollte.

Beispiel:

Ein Übersiedlungsehepaar wunderte sich nach der Rückkehr von einer Reise, dass das Türschloss der Wohnung nur einmal herumgeschlossen war. Da sich das Paar selbst nicht ganz sicher war, ob es die Tür ein- oder zweimal abgeschlossen hatte, wurde diese wichtige Wahrnehmung nicht richtig eingeordnet, aus dem Gedächtnis verdrängt und vergessen. Tatsächlich hatte bei dem IM-Ehepaar eine konspirative Wohnungsdurchsuchung stattgefunden, wie sich nach der Festnahme herausstellte.

Ein weiteres Beispiel:

Ein übersiedeltes Residentenehepaar beachtete nicht, dass Monteure unangemeldet in die Wohnung gekommen waren, um die angeblich defekte Telefonleitung zu reparieren. Als das IM-Ehepaar zum Treff in die DDR reisen wollte, wurde es festgenommen, weil die gegnerische Abwehr durch installierte Technik mitgehört hatte, wann die IM ihre Flugtickets bestellt und gekauft hatten und an welchem Tag sie reisen wollten.

Ein weiteres Beispiel:

Einem IM war, als er nach Westberlin fliegen wollte, auf dem Flughafen Hannover eine Personengruppe mit Musikinstrumenten aufgefallen, die ebenfalls nach Westberlin flog und für den gleichen Tag den Rückflug gebucht hatte. Weiter hatte der IM wahrgenommen und sich darüber gewundert, dass diese Personengruppe das Flughafengelände durch einen Extra-Zugang betrat. Als drittes hatte der IM festgestellt, dass diese Gruppe von Musikanten unmittelbar am Eingang des Flugzeuges ihre Sitzplätze einnahm. Diese drei Wahrnehmungen hatte der IM zwar gemacht, analysierte sie aber nicht und vergaß sie auch sofort wieder, weil sie ihn persönlich nicht beunruhigten. Wie sich später herausstellte, hatte es sich bei der angeblichen Gruppe von Musikanten jedoch um eine Observationsgruppe des Verfassungsschutzes gehandelt, die den IM von Hannover nach Westberlin begleiteten und ihn in Westberlin in Verbindung mit Mitarbeiten des dortigen Landesamtes für Verfassungsschutz (LfV) bis zur GÜSt Friedrichstraße observierten.

IM, die konspirative Maßnahmen gegnerischer Sicherheitsbehörden wahrnahmen oder glaubten, diese wahrgenommen zu haben, mussten in dieser Belastungssituation ihre Sicherheitslage gründlich und real einschätzen, durften die Kontrolle über ihr Handeln und ihre anderen Reaktionen nicht verlieren, mussten die Zentrale sofort informieren sowie die erforderlichen Sicherheitsmaßnahmen einleiten. Unter diesen Voraussetzungen war es möglich, die mit der gegnerischen Bearbeitung verbundene Belastung zu überwinden und die Gefahr auf das unvermeidbare Maß zu beschränken.

Beispiel:

Ein übersiedelter IM, Quelle in einem wichtigen Objekt A, berichtete über sich entwickelnde Kontakte zu einer weiblichen Person, die in einem Objekt B arbeitete. Die Kontakte ergaben sich daraus, dass auch die Ehefrau des IM in dem Objekt B arbeitete. Sie beinhalteten gemeinsame Besuche, gemeinsame Fahrten zu betrieblichen Veranstaltungen, Unterstützung des IM bei einer zeitweiligen Nebentätigkeit der weiblichen Person an einem Messestand. Durch die Zentrale erfuhr der IM, dass die weibliche Person Agentur eines westlichen Abwehrorgans war. Das IM-Ehepaar erhielt den Auftrag, den Kontakt auf das durch die gemeinsame Arbeitsstelle notwendige Maß zu beschränken und nach Möglichkeit unauffällig zu reduzieren. Für das IM-Ehepaar bedeutete die Mitteilung der Zentrale eine starke Belastung, vor allem durch die Unklarheit, ob der Kontakt zu der Agentin eine gegnerische Bearbeitung darstellte oder nur zufällig war, welche Erkenntnisse der Gegner möglicherweise bereits über sie selbst besaß und welche Mittel und Methoden die Abwehr noch eingesetzt hatte. Es gelang dem IM-Ehepaar jedoch, das Verhalten zu der Agentin weiterhin freundlich und kollegial zu gestalten und im Laufe der Zeit etwas abzubauen, ohne dass es zu Fehlhandlungen kam.[165]

Fehlhandlungen von IM in der Haftsituation

Verhaftungen im Operationsgebiet waren trotz aller Sicherungen und strenger Einhaltung der Konspirationsregeln aus Sicht der HV A aufgrund objektiver und subjektiver Umstände nicht völlig auszuschließen. Sie mussten aber im Hinblick auf ihre negativen Auswirkungen in operativer und politischer Hinsicht so gering wie möglich gehalten werden.

Festnahme, Ermittlungsverfahren, Gerichtsverfahren und Strafhaft waren für IM schwierige Bewährungssituationen mit hohen physischen und psychischen Belastungen. Die hohen Belastungen sowie die daraus erwachsende Gefahr von Fehlhandlungen ergaben sich insbesondere daraus, dass der IM dabei besonders massiver gegnerischer Einwirkung mit unmittelbaren einschneidenden Auswirkungen auf die nachrichtendienstliche Tätigkeit und sich selbst ausgesetzt war. Fehlhandlungen in solchen Situationen beinhalteten nach Erfahrung der HV A in dieser oder jener Form vor allem

- die Preisgabe von operativem Wissen an den Gegner oder dritte Personen,
- die Diskreditierung der DDR und des MfS,
- die Beeinträchtigung der Standhaftigkeit des IM zur Realisierung seiner operativen Aufgabe in der Haft und danach.

Zu Fehlhandlungen kam es aus Sicht der HV A vor allem, wenn

- eine gründliche Ausbildung und Vorbereitung auf Verhaftung und Haft sowie ein standhaftes Verhalten vor gegnerischen Sicherheits- und Justizbehörden nicht ausreichend erfolgte und daher ein reales Feindbild (über das Wesen sowie die Mittel und Methoden der Organe des Gegners) nicht oder nicht ausreichend existierte,
- persönliche Eigenschaften wie Mut, Ausdauer sowie starke moralische und Wissensqualitäten bei den inhaftierten IM nicht genügend ausgeprägt waren.

Fehlhandlungen bei Haftsituationen infolge von Belastungen und nicht richtigem standhaftem Verhalten vor gegnerischen Sicherheits- und Justizbehörden gefährdeten nicht nur den konkreten Vorgang, sondern waren auch politisch schädlich und wirkten sich stets nachteilig für den inhaftierten IM aus.

Der IM konnte deshalb in der Haftzeit den an ihn durch die Zentrale gestellten Anforderungen in psychischer und physischer Hinsicht nur gerecht werden, wenn er überzeugt war, dass sein politischer und operativer Auftrag mit der Festnahme nicht beendet war, und wenn es ihm gelang, sich bewusst auf die neuen Bedingungen seines Auftrags einzustellen.

Die HV A betrachtete es als notwendig, Fehlhandlungen im Zusammenhang mit Festnahme, Ermittlungsverfahren, Gerichtsverfahren und Strafhaft vorzubeugen.

Einerseits mussten dazu Persönlichkeiten als Ü-IM ausgewählt werden, die durch ihre politisch-moralischen Einstellungen und charakterlichen Qualitäten wie auch durch ihre physische Verfassung geeignet waren, den Belastungen der Haft standzuhalten. Andererseits mussten die Ü-IM ausreichend klassenmäßig und fachlich erzogen und befähigt werden.

Unter den verschiedenen Haftsituationen verstand die HV A:

- Festnahme oder Vorliegen eines Haftbefehls,
- Verhaftung aufgrund eines bereits vorliegenden Haftbefehls oder nach Erwirken eines Haftbefehls durch den zuständigen Haft- oder Ermittlungsrichter,
- Untersuchungshaft (U-Haft),
- Strafhaft.[166]

Festnahmen und Verhaftungen

Für den IM gehörten Festnahmen und Verhaftungen zu den Situationen in der operativen Arbeit, die für ihn in der Regel plötzlich und unerwartet eintraten. Zwar musste eine solche Möglichkeit immer einkalkuliert werden, und auch die Ausbildung wurde darauf ausgerichtet. Je länger aber der Einsatz im Operationsgebiet ohne ernsthafte Komplikationen und ohne direkte Konfrontation mit den gegnerischen Sicherheitsbehörden verlief, umso mehr wurde die reale Möglichkeit einer Festnahme allmählich aus dem Bewusstsein des IM verdrängt. Hinzu kam, dass manche IM die Ermahnungen, Hinweise und Wiederholungen operativer Grundsätze und Prinzipien, in der Konspiration, Wachsamkeit und Selbstkontrolle nicht nachzulassen, keinen Leichtsinn, keine Oberflächlichkeit oder gar Unterschätzung der gegnerischen Abwehrarbeit zuzulassen, zwar registrierten, doch oft nicht ernst genug nahmen, weil sie sich in Sicherheitsfragen dem Führungsoffizier überlegen fühlten. Sie lebten und arbeiteten täglich im Operationsgebiet, während ihrer Meinung nach der Führungsoffizier seine Weisungen und gut gemeinten Ratschläge nur theoretisch von seinem Schreibtisch in der Zentrale aus gab.

Jeder IM – auch wenn er sich der realen Möglichkeit der Verhaftung bewusst war und die Hinweise der Zentrale ernst nahm – reagierte bei einer Festnahme oder Verhaftung im Westen trotz richtiger Einstellung und Vorbereitung mit starken inneren Erlebnissen. Solche Erlebnisse waren bei jedem IM verschieden ausgeprägt. Sie waren auch von der Festnahmesituation, vom Festnahmeort sowie von der Art und Weise des Vorgehens der gegnerischen Sicherheitsbehörden abhängig, führten aber stets zu Störungen der üblichen Steuerung des Denkens und Handelns, zur Dominanz von Gefühlen wie Angst, Sorge, Verwirrung oder Panik und zur damit verbundenen Zurückdrängung klarer, sachlicher sowie überlegter rationaler Handlungsimpulse.

Diese dramatische Situation für den IM versuchten die Beamten der gegnerischen Sicherheitsbehörden zu intensivieren und auszunutzen, indem sie in der Regel sofort nach der Festnahme versuchten, den IM durch gezielte Fragen zum Sachverhalt zum Reden zu veranlassen und Teilgeständnisse zu erreichen. Während sich beim IM in dieser Situation die Gedanken überschlugen (Wie konnte es zur Festnahme kommen? Welche Fehler wurden gemacht? Lag Verrat vor? Welche weiteren IM waren in Gefahr?), wirkten die Beamten mit vielen Fragen auf ihn ein, die schnell, pausenlos und oft scheinbar in keiner logischen Reihenfolge gestellt wurden, um ihn weiter zu verwirren und zu unbedachten Äußerungen sowie Angaben zum Sachverhalt zu veranlassen. Diese Fragen wurden außerdem mit provokatorischen Bemerkungen verbunden (zum Beispiel, dass die Lage des IM hoffnungslos wäre und er die Chance hätte auszupacken, dass sowieso alles bereits bekannt wäre, die Zentrale den IM verheizt und fallengelassen hätte, dass weitere IM, die bereits Aussagen gemacht hätten, verhaftet worden wären).

Unter dem Eindruck einer solchen Situation konnte es zu vorschnellen und unüberlegten Äußerungen kommen, die später nicht mehr korrigiert werden konnten. Der IM musste von der Konstellation ausgehen, dass jedes unbedachte Wort gegen ihn verwendet werden konnte, da die gegnerischen Beamten gegebenenfalls, wenn der IM wiederrief, als Zeugen vor Gericht auftreten würden.

Beispiel:

Ein übersiedelter IM, später OibE, der lange Jahre erfolgreich im Operationsgebiet gearbeitet hatte, gab unmittelbar nach seiner Festnahme zu, dass er Offizier sei und weiter keine Angaben machen werde, was selbst die festnehmenden Beamten überraschte, weil sie dies dem Betroffenen nicht hätten nachweisen können. Der Festgenommene wollte sich damit aufwerten und vor allem seinen 17-jährigen Sohn beeindrucken, der die Festnahme unmittelbar miterlebt hatte und von der HV A-Tätigkeit seines Vaters nichts wusste.[167]

Dieses Beispiel lässt sich Günter Guillaume zuordnen. Er beschreibt die Szene später mit Begründung folgendermaßen: »Ich öffnete, sah eine Gruppe von Männern und eine Frau mit äußerlich unbewegten, aber innerlich erregten Gesichtern und wusste, was die Glocke geschlagen hatte. Der vorn stand, fragte: ›Sind Sie Herr Günter Guillaume?‹ Ich sagte leise: ›Ja, bitte?‹ ›Wir haben einen Haftbefehl des Generalbundesanwalts.‹ Im selben Augenblick wurde ich rückwärts in den Flur gedrängt, umringt, fühlte mich gestellt und bedroht. Ich sagte: ›Ich bitte Sie‹, rief es mehr, als dass ich es einfach sagte: ›Ich bin Bürger der DDR und ihr Offizier – respektieren Sie das!‹«[168]

Ein weiteres Beispiel:

Ein übersiedelter IM geriet nach seiner Rückkehr vom Treff in der DDR auf dem Flughafen in eine überraschende Fahndungsaktion und wurde aufgrund seines operativen

Dokuments festgenommen. Am Flughafen wurde er von seiner Frau erwartet. Dem IM gelang es, durch sein standhaftes Verhalten seiner Ehefrau einen Vorsprung von mehreren Stunden zu verschaffen, sodass sie, nach Vernichtung aller operativen Mittel, ungefährdet in die DDR zurückkehren konnte.

Der IM schrieb über seine Situation und Verfassung: »Obwohl ich mit der Möglichkeit einer Festnahme immer rechnen musste, war ich natürlich erschrocken, als die Sache ernst wurde. [...] Meine psychische Situation war in etwa so: Ich hatte zwar immer den heftigen Wunsch, dies alles möge sich in Wohlgefallen auflösen, aber ich war mir eigentlich im Klaren, dass das wohl ein unerfüllbarer Wunsch war. Also konzentrierte ich mich darauf Käthe (Ehefrau) einen möglichst großen Vorsprung für einen sicheren Rückzug zu verschaffen. Dazu musste ich Zeit gewinnen. [...] Ich blieb auch in dieser Situation äußerlich ruhig, wenngleich sich meine Pulsfrequenz gegenüber dem Normalmaß fast verdoppelt haben dürfte. [...] Diese erste Phase ist ohne Zweifel für mich die schwierigste gewesen und in Bezug auf die operative Möglichkeit, Fehler zu machen, die gefährlichste.«

Der IM stellte schließlich fest: »Bei der Festlegung seiner Taktik in der Untersuchung soll sich jeder Genosse klar sein, dass es Fehler gibt, die sich nicht wiedergutmachen lassen und dass es deshalb im Zweifelsfalle besser ist, nichts zu tun, als etwas Falsches zu machen.«

In dieser Situation bedurfte es großer innerer Anstrengungen des IM, um seine Erregung zu beherrschen, sich zur Ruhe zu zwingen und in keiner Phase die Gewalt und die Kontrolle über sich zu verlieren.169

Rösler bemerkt in seinen Forschungsergebnissen zu dieser Thematik: »Selbst dann, wenn der IM durch eine vermutete oder gar erkannte feindliche Bearbeitung gewissermaßen verstärkt auf die Möglichkeit einer Festnahme vorbereitet ist, löst die Festnahme eine starke psychische Erregung aus. Durch das in der Regel zahlen- und aufwandmäßige Auftreten des Feindes beim Festnahmevorgang versucht er, die psychische Erregung und Belastung des IM zu vergrößern und dabei durch ein sofortiges ›Umfallen‹ des IM ein Schuldbekenntnis zu erzwingen. Tatsächlich geht dem IM eine Flut schlaglichtartiger Gedanken durch den Kopf und es läuft bei ihm ein Handlungsfilm ab, der Blicke in eine unbestimmte Zukunft enthält, verbunden mit einer großen Skala von Gefühlen wie Besorgnis, Angst, Unsicherheit, Zweifel an den Zusagen der Zentrale, Wut über Fehler, gegebenenfalls Verantwortungssorgen über den Ehepartner und das Los der Kinder, Befürchtungen über später zu erwartende Vorwürfe der Zentrale usw. Es ist vom IM außerordentlich viel gefordert, wenn sein Verhalten davon unberührt sein soll. Es sind immense Anstrengungen zu verlangen, keine Schockwirkung, keine Panik zu zeigen und über die Fülle seiner Gedanken und Probleme in dieser Situation nicht zu sprechen.«[170]

Unmittelbar an die Verhaftung schlossen sich in der Regel weitere gegnerische Maßnahmen an, die vom IM stark emotional erlebt wurden: die Durchsuchung, die erkennungsdienstliche Behandlung, der Polizeigewahrsam.

Es unterlag den taktischen Erwägungen der gegnerischen Beamten, ob der festgenommene IM bei der Durchsuchung seiner Wohnung anwesend war oder ob die Wohnung in seiner Abwesenheit durchsucht wurde. Im letzteren Fall sollte der IM in Ungewissheit darüber gelassen werden, was, wo und wie gefunden sowie beschlagnahmt wurde, um dann die Beweismittel erst in den Vernehmungen auszuspielen. Entschlossen sich die Beamten, die Wohnung in Anwesenheit des festgenommenen IM zu durchsuchen, so taten sie dies in der Absicht, den IM weiter zu verunsichern und durch das dadurch möglicherweise erzeugte Fehlverhalten schneller die Verstecke und das beweiserhebliche operative Material aufzufinden. Deshalb wurde die Durchsuchung ständig mit nachrichtendienstlich relevanten Fragen an den IM verbunden, um ihn nicht zur Ruhe kommen zu lassen und ihn zu provozieren. Um den IM zu verunsichern, war der Gegner auch bemüht, die Wohnungseinrichtung systematisch »auseinanderzunehmen«, Ehepartner gegeneinander auszuspielen und damit Macht und Raffinesse zu demonstrieren. Versuche des IM zur Vernichtung operativer Unterlagen wurden geradezu erwartet und, da sie vielfach mit erkennbarer Nervosität verbunden waren, so beobachtet, dass sie oft zur Enttarnung von Verstecken führten. Die gesamte Zeremonie der Wohnungsdurchsuchung sollte zudem deprimierend auf den IM wirken, sollte ihm seine hoffnungslose Lage aufzeigen und ihn veranlassen, nachrichtendienstliches Wissen preiszugeben. Triumphierend wurden dem IM dann aufgefundene operative Materialien gezeigt und sofort relevante Fragen zu den beschlagnahmten Gegenständen und Sachen gestellt.

Mit den im Prinzip durchschaubaren psychologischen Absichten dieses Vorgehens waren zugleich die Anforderungen an das operativ geeignete Verhalten des IM zur Verhinderung von Fehlhandlungen bestimmt. Er musste versuchen, die Prozedur der Wohnungsdurchsuchung als prozessual üblichen Akt zu begreifen, die Versuche hinsichtlich seiner Manipulierung zu erkennen und jede Reaktion vorausschauend auf ihren Stellenwert für den Gegner zu prüfen. Er durfte sich nicht durch Gefühlswallungen, Ärger und Wut in affektive Situationen bringen, die ihm die Handlungskontrolle entzogen. Der IM musste vielmehr versuchen, entsprechend der vorgegebenen Verhaltensmuster sachlich richtig zu reagieren und keine zusätzlichen Anhaltspunkte für seine nachrichtendienstliche Tätigkeit zu liefern.

Die erkennungsdienstliche Behandlung wurde vom Kundschafter in der Regel als entwürdigende Prozedur empfunden. Die Details dieser Prozedur (Abnahme der Fingerabdrücke, Fertigung der Täterlichtbilder, Halten einer Nummer) waren nach Auffassung der HV A in hohem Maß geeignet, beim IM den Eindruck hervorzurufen, dass er als ganz »normaler« Rechtsbrecher unentrinnbar in das Räderwerk der Polizei und Justiz geraten war.

Diese außerordentlich belastende Situation nach der Festnahme setzte sich fort, wenn der IM in der ersten Nacht in eine Arrestzelle eingeliefert wurde. Die triste Atmosphäre sowie die Haftbedingungen (schmutzige Einzelzelle, schlechtes Essen, Kontrollen, so dass an Schlaf nicht zu denken war) sollten den IM nach Auffassung der HV A psychisch »weichklopfen«, ihn deprimieren und seine Widerstandskraft lähmen. In der ersten Nacht nach seiner unerwarteten Festnahme fand der IM erstmals Zeit, längere Überlegungen über mögliche Ursachen seiner Situation anzustellen, die Ereignisse nach seiner Festnahme zu rekonstruieren, das Vorgehen der gegnerischen Beamten einzuschätzen und über seine augenblickliche Lage nachzudenken.

Beim Durchdenken der erlebten Verhaftung sowie der damit verbundenen Prozeduren wurde der IM weiterhin in verschiedene Richtungen belastet. Einerseits bedrückten ihn die mit dem Vorgang verbundenen Probleme, so die Fragen nach Ursache und Folgen des Geschehens sowie Bedenken wegen des nicht beendeten Auftrags. Dadurch konnten auch Skrupel und Schuldgefühl entstehen, wenn dem IM bewusst wurde, dass er dies oder jenes hätte besser machen können und vielleicht dadurch noch etwas hätte gerettet werden können. Besonders zugespitzt zeigten sich solche Erlebnisse bei einem IM, wenn ihm bereits jetzt klar wurde, dass er sich unmittelbar nach seiner Festnahme durch die Beamten bluffen, sich durch angeblich vorhandenes Beweismaterial zu Teilaussagen oder unüberlegten Äußerungen hatte provozieren oder hinreißen lassen. Ferner bedrückten den IM natürlich bereits in dieser Situation persönliche Probleme wie die Lage und das Verhalten der Ehefrau, sein Gesundheitszustand oder die Klärung vieler Einzelfragen, die finanzielle, geschäftliche oder Verpflichtungen anderer Art betrafen. Besonders die Sorge um das Wohl und die Zukunft der eventuell vorhandenen Kinder bewegte den IM und führte nach Erkenntnissen der HV A dazu, dass die gegnerischen Beamten gerade bei Müttern versuchten, durch Versprechungen oder geschickt platzierte Drohungen ein Geständnis oder Teilaussagen zu erreichen. Im Ergebnis solcher ersten – vorgangs- und persönlichkeitsgebundenen – Bilanzen konnte es bei den betroffenen IM zu depressiven Reaktionen mit Lähmung von Initiative und folgerichtigem Denkablauf kommen.

Der Kundschafter musste sich in einer solchen Situation unbedingt aller von der Zentrale für den Fall einer Festnahme oder Verhaftung festgelegten Verhaltenslinien erinnern, seine Lage real einschätzen, sein Verhalten sowie seine Standhaftigkeit gegenüber den gegnerischen Polizei- und Justizbehörden gründlich durchdenken und sich voll und bewusst auf die Haftsituation einstellen. Nur auf diese Weise konnte er die inneren Voraussetzungen schaffen, um den folgenden Versuchen seiner Beeinflussung standzuhalten.

Die ersten Schritte nach der Festnahme wurden durch die gegnerischen Beamten intensiv für Versuche genutzt, den IM unter dem Eindruck des Erlebten gesprächsbereit zu machen. Unausgeschlafen und übernächtigt wurde er am nächsten Morgen aus der Zelle geholt und dem zuständigen Ermittlungsrichter zwecks Erlass eines Haftbefehls vorgeführt. Die psychische Verfassung des IM konnte von den Beamten auf der Fahrt zum Gericht genutzt werden, um ihn wieder mit operativ relevanten Fragen und Vorhalten, Versprechungen und Drohungen zu belasten, sich doch zu öffnen und relevante Aussagen oder Angaben zu machen. Geschickt wurde sich darum bemüht, die Widerstandsintelligenz des IM abzubauen, indem er geradezu freundlich und zuvorkommend behandelt wurde. Gelegentlich wurde mit dem IM auf der Hin- oder Rückfahrt zum Ermittlungsrichter ein Restaurant aufgesucht, in dem er nach Wahl essen und trinken durfte. Dabei lief es darauf hinaus, ein Vertrauensverhältnis zum IM herzustellen und ihn auf die kommenden Vernehmungen vorzubereiten.

Beispiel:

Ein IM berichtete: »Da ich nicht geschlafen und kaum gegessen hatte, war ich stark erschöpft. Es war mir schwindlig. Ich war körperlich und seelisch fertig. Draußen regnete es. Wir gingen in ein nahegelegenes Gasthaus und ich erhielt ein zünftiges Essen mit Bier. Die Behandlung war immer freundlich, dazu die Umgebung der Gäste, die ja von meiner Verhaftung nichts sehen oder merken konnten. Das Bier steigt sofort zu Kopf. Man weiß nicht mehr, ob man träumt. [...] Dazu solche Bemerkungen, die laufend sinngemäß kamen, wie: Es ist ja alles nicht so schlimm. Es kann ja mal passieren, am besten reinen Tisch machen, diejenigen nennen, die einem die Sache eingebrockt haben. Man wäre ja nicht in der Ostzone, würde die Gefangenen nicht in Stehzellen quälen. Ich bekäme auch keine 15 Jahre, aber ich solle mich erkenntlich zeigen. Man könne gemeinsam einen Weg finden, aus der Sache herauszukommen.«

Die Vorführung vor den zuständigen Ermittlungsrichter war die erste richterliche Vernehmung, in der der IM in konzentrierter Form mit dem Tatvorwurf sowie den angeblich verletzten Strafbestimmungen vertraut gemacht und an deren Ende der Haftbefehl erlassen und die Untersuchungshaft angeordnet wurde. Neben der formalen rechtlichen Seite bestand der Sinn und Zweck der Vorführung darin, beim IM den Eindruck zu erwecken, er wäre bereits überführt, hätte tatsächlich die entsprechenden Strafbestimmungen verletzt und wäre deshalb im Sinne des Gesetzes schuldig, wenn auch menschliche sowie politische Gründe bei entsprechender Geständnisfreudigkeit durchaus strafmildernd berücksichtigt werden könnten. Dementsprechend war auch das zumeist höfliche und zuvorkommende Auftreten des erfahrenen, juristisch und psychologisch beschlagenen Ermittlungsrichters, der im Zusammenspiel mit dem zuständigen Staatsanwalt und den Kräften der Sicherheitsbehörden den IM »aufweichen« sollte.

Spätestens nach Erlass des Haftbefehls war dem IM voll bewusst, dass er sich auf eine längere Haftzeit einstellen musste. Diese Tatsache und der Vorhalt von Beweismaterial barg aus Sicht der Zentrale die Gefahr in sich, dass der IM, bedingt durch seine psychische Verfassung, der Illusion unterlag, durch Teilaussagen zur Sache oder nähere Angaben zur Identifizierung seiner Person oder auch nur durch Bestätigung vorgehaltener Fakten einer längeren Haftstrafe zu entgehen. Eine solche Situation konnte auch dazu führen, dass der IM sich provozieren ließ, als »Überzeugungstäter« auftrat und operatives Teilwissen preisgab, um in dieser Rolle glaubwürdig zu erscheinen.

In der HV A wurde die Auffassung vertreten, dass sich ein IM operativ und taktisch richtig verhielt, wenn er jede Einlassung zur Sache ablehnte und nur dann Angaben zu seiner Person machte, wenn es notwendig war. Dies galt bereits für die Klarpersonalien. Er nutzte damit die ihm formell zustehenden Rechte effektiv zu seiner Verteidigung, insbesondere den rechtlichen Grundsatz (Präsumtion der Unschuld), dass die Beweislast nicht bei ihm lag, dass er nicht seine Unschuld beweisen musste, sondern ihm jeder Tatvorwurf konkret nachgewiesen werden musste. Der IM sollte ruhig und bestimmt die Einhaltung seiner Rechte fordern, dass sofort seine Angehörigen oder eine Person seines Vertrauens und, falls es sich um einen DDR-Bürger handelte, die DDR-Auslandsvertretung in dem betreffenden Land von seiner Verhaftung von Amts wegen zu benachrichtigen seien. Zu seiner Verteidigung sowie zur sicheren Benachrichtigung seiner Angehörigen und damit der Zentrale über seine Verhaftung bestand für den IM schließlich die zwingende Notwendigkeit, von seinem Recht Gebrauch zu machen, unverzüglich einen Anwalt auszuwählen, mit diesem in Kontakt zu treten und ihm Vollmacht zu erteilen. Dass sich der IM nach einer Festnahme oder Verhaftung zu Beherrschung und überlegtem Handeln zwingen sollte, bedeutete auch, reale Fluchtmöglichkeiten zu erkennen und zu nutzen.

Beispiel:

Ein übersiedelter IM wurde festgenommen, vernommen und dem Ermittlungsrichter vorgeführt. Anschließend sollte er von einem einzelnen Beamten in die Haftanstalt gebracht werden. Dem IM gelang es, seine Erregung zu bezwingen. Er nutzte geistesgegenwärtig die sich aufgrund einer Nachlässigkeit des Beamten ergebende Chance. Als der Pkw vor der Haftanstalt hielt, gelang ihm die Flucht.[171]

Die Untersuchungshaft

Mit dem Erlass des Haftbefehls durch den zuständigen Ermittlungsrichter und der Einlieferung in die Haftanstalt begann für den IM die Untersuchungshaft, die sich je nach der nachrichtendienstlichen und politischen Bedeutung des Vorgangs, des Umfangs des Sachverhalts, der Zeitdauer sowie des Charakters der operativen Tätigkeit des IM im Westen entsprechend der dortigen Praxis von circa sechs Monaten bis zu zwei Jahren hinziehen konnte. In der oft recht langen Untersuchungshaft wurde der IM mit vielen Fragen, Problemen und Konflikten belastet, die bei Nichtbewältigung persönliche Nachteile, Schwierigkeiten und zusätzliche Konflikte mit sich brachten und negative Auswirkungen auf den Verlauf und den Ausgang des Verfahrens haben konnten.

Der IM stand zunächst ratlos dem Apparat der Haftanstalt und seiner Macht gegenüber, dessen inneren Mechanismus und Regeln er nicht kannte. Die neue Umgebung, die strengen Regimebedingungen in einer Haftanstalt, die unpersönlichen und möglicherweise unfreundlichen Umgangsformen des Personals wirkten deprimierend und konnten Erlebnisse des Ausgeliefertseins sowie der Hilflosigkeit und Resignation schaffen.

Das Gefühl der Hilflosigkeit konnte noch verstärkt werden durch die Ungewissheit über die Dauer der Untersuchungshaft sowie durch die strenge Isolierung in Einzelhaft in den ersten Wochen und Monaten, die durch ein Minimum an sozialem Kontakt und ein Maximum an sozialer Distanz gekennzeichnet waren. Der IM wurde in dieser Zeit von den Mithäftlingen streng getrennt und führte alle notwendigen Wege und Bewegungen innerhalb der Anstalt (Hofgang, Baden/Duschen, Arztbesuch) allein und ohne Kontakt zu anderen Gefangenen durch.

Im krassen Gegensatz zur bisherigen Dynamik der Lebensgestaltung belasteten den IM auftretende Leere und Langeweile. Es fehlten die Möglichkeiten der Kommunikation sowie der sinnvollen Arbeit. Dazu kam das ständige Grübeln über die wirklichen Ursachen der Enttarnung, Überlegungen über das bisherige und weitere Verhalten gegenüber dem Gegner, die Ungewissheit über die Situation sowie das Verhalten der Ehefrau und möglicherweise anderer beteiligter IM. Das Warten auf die erste Post und den Rechtsanwalt, der die Verbindung zur Außenwelt herstellen sollte, all dies wirkte in den ersten Tagen der U-Haft besonders stark auf den IM ein und ging natürlich nicht spurlos an ihm vorüber.

Weitere Belastungen, Konflikte und Spannungen konnten in der ersten Phase der Untersuchungshaft durch folgende Einflüsse hervorgerufen werden:

- Erfordernisse zur Regelung persönlicher Fragen und finanzieller Verbindlichkeiten wie die Beauftragung eines Rechtsanwalts, Miet- und andere Zahlungsverpflichtungen,
- Reaktionen der Arbeitsstelle, Arbeitskollegen und anderer Bezugspersonen,
- Verlegung in eine andere Anstalt mit neuen Eingewöhnungs- und Anfangsschwierigkeiten.

Depressive Stimmungen und die Angst davor, krank zu werden und die Situation nicht durchzustehen, waren in den ersten Tagen der Untersuchungshaft unter den

Bedingungen fehlenden Kontaktes mit der Außenwelt sowie eines völlig anderen Lebensrhythmus besonders stark, wenn es der IM nicht verstand, sich möglichst schnell auf die Haftsituation, auf die neue Umgebung und Umwelt einzustellen, sich den Bedingungen der Haftanstalt anzupassen und sich mit den objektiven Realitäten im angemessenen Umfang abzufinden. Die depressive Stimmungslage konnte zusammen mit dem Fehlen einer eigenen aktiven Haltung sowie dem noch nicht gefundenen neuen Tagesrhythmus unter Anstaltsbedingungen und der sozialen Isolierung zu einem »Sich-Treibenlassen« führen, zu einem Warten, dass von außen etwas geschehen würde, auf das der IM sich einstellen musste.

Beispiel aus dem Bericht eines IM:

»Natürlich war ich bei meiner Einlieferung in die JVA unsicher. Es ist ein deprimierendes Gefühl, einem solchen anonymen Mechanismus gegenüberzustehen. [...] Es galt also, diese Anlaufphase einfach zu überstehen. Ich war bestrebt, mich einzuleben und stellte mir das Einleben als Aufgabe. Die Anstalt würde nun mal für längere Zeit mein Domizil sein. Ich musste mein Leben im Rahmen der Möglichkeiten möglichst konfliktlos einrichten. [...] Allerdings wurde mein Bestreben, mich einzuleben und die geltenden Haftbedingungen kennenzulernen, durch die strenge Einzelhaft der ersten sechs Wochen erschwert. [...] Wenn ich mich richtig erinnere, war ich ungefähr nach drei Wochen an den Anstaltstrott angepasst.«

Ein anderer IM schilderte die Anfangsphase seiner Untersuchungshaft wie folgt:

»Tag für Tag ca. 15 Stunden unnütz verbringen, das Verbummeln von Zeit, wenn man ausgeruht ist, das ist bedrückend. [...] Ständig mit sich allein und krampfhaft bemüht zu sein, nicht zu grübeln, das strengt an. [...] Das Gefühl, nicht selbstständig handeln zu können, sondern unablässig verwaltet zu werden, zermürbt das Selbstgefühl. [...] Diese Klassenjustiz ertragen zu müssen, ist wohl die höchste Belastung, die bis zum körperlichen Schmerz geht (Magenschmerzen). [...] Ständig Gedanken verdrängen zu müssen, weil sie belasten, das geht auf die Nerven. Der Gedanke, zwischen Verbrechern zu leben und gleichrangig behandelt zu werden, das ist hart, das nagt am Selbstbewusstsein.«

Die Zentrale erachtete es als notwendig, dass der IM die Anpassung an den Anstaltsrhythmus als Aufgabe verstand, erwachsend aus der Notwendigkeit, seine Kräfte ohne unnötige Reibungsverluste zu erhalten. Eine Voraussetzung dafür war, dass er sich bei aller Notwendigkeit des angemessenen Umgangs mit dem Anstaltspersonal und anderen Häftlingen seines Auftrags bewusst blieb und sich mit diesen Personen nicht auf eine Stufe stellte.

Die Wirkung der Haftbedingungen wurde von den Beamten bei den Vernehmungen bewusst genutzt, zumal in dieser ersten Zeit der U-Haft, in der der IM isoliert war. Es gehörte nach HV A-Erkenntnissen zur Taktik der vernehmenden Beamten, die psychische Verfassung des IM, der die Erregung nach seiner Verhaftung noch nicht gänzlich abgebaut und zwangsläufig auch noch nicht die Umstellung auf die Bedingungen der Untersuchungshaft innerlich vollzogen hatte, auszunutzen, um ihn zu Einzelheiten seiner nachrichtendienstlichen Tätigkeit zu vernehmen und ihn mit den vorhandenen Beweismaterialien zu konfrontieren. Je mehr sich der IM unter dem Eindruck der Haft von depressiven Stimmungen beherrschen ließ, desto geringer war sein Widerstand gegen diese Maßnahmen und seine Fähigkeit, dem Gegner mit einer eigenen Konzeption entgegenzutreten. Dabei wandten die vernehmenden Beamten alle ihnen aufgrund ihrer kriminalistischen und psychologischen Erfahrungen sowie langjährigen Berufspraxis bekannten Vernehmungsmethoden und -tricks an, um beweiserhebliche Aussagen des IM zu erreichen. Sie stützten sich dabei auch auf die Zusammenarbeit mit dem Anstaltspersonal, das durch Zellendurchsuchungen sowie Berichte über Stimmung und Verhalten des IM wichtiges Material zur Vernehmungsvorbereitung liefern konnte.

Die gefährlichste Methode der Vernehmer sah die HV A in dem Versuch, sich auf die Persönlichkeit des IM einzustellen, seinen inneren Widerstand durch längere Vorgespräche zu testen, mit angeblich echtem Verständnis und ohne bewertende Voreingenommenheit auf seine Situation einzugehen, um ein Vertrauensverhältnis zum IM aufzubauen. In diesen Gesprächen (außerhalb der protokollierten Vernehmung), versuchten die Beamten, die subjektiven Schwachpunkte des IM durch emotionale Ansprachen und Apelle festzustellen, seine Konzentration und Wachsamkeit zu lähmen, ihn zum Reden zu bewegen und ihn letztlich von der Aussageverweigerung zur Sache abzubringen.

Die Gespräche im nüchternen Dienstzimmer wurden auch zeitweilig unterbrochen. Der IM konnte zum Essen in ein Restaurant geführt werden, um dort die Gespräche in lockerer Atmosphäre fortzusetzen, um ihm Vergünstigungen zu offerieren sowie Vorschläge zur Aussage zu machen. Der IM sollte durch den plötzlichen Wechsel zwischen der Isolierung, den Gesprächen/Vernehmungen sowie dem freizügigen und angenehmen Aufenthalt in einem Restaurant emotional angesprochen und zu einem Geständnis beziehungsweise zu Teilaussagen bewegt werden. Der IM sollte die Angst vor den Gesprächen/Vernehmungen verlieren, und bei ihm sollte das Bedürfnis geweckt werden, recht oft aus der Einzelhaft geholt zu werden, um sich unterhalten und bei »Ausflügen« zeitweilig eine gewisse Freiheit genießen zu können.

Ein IM berichtete hierzu:

»Wöchentlich zwei- bis dreimal Ausführungen, die Abwechslung bringen. Besuch des Kurgartens und eines Restaurants. Strahlendes Wetter, die Frauen in leichten dünnen Kleidern, ein ganz unwirklicher Traum. [...] Dazu solche Bemerkungen des Vernehmers, wie: schöne Grüße von der Frau, lassen sie sich Zeit, wir können noch oft spazieren gehen. [...] Dann trifft einen die Rückkehr zur Zelle wie ein Schlag. [...]

Wieder mehrere Tage allein mit der quälenden Einsamkeit und den vielen bohrenden Gedanken und Fragen. […] Als dann noch niemand kam, große Enttäuschung. […] Warten auf den Gegner. Unglaublich, aber wahr.«

Eine wichtige Rolle als Bedingung für Fehlhandlungen spielten Schuldgefühle des IM, die vom Gegner in verschiedener Weise genutzt wurden. So konnte der Vorhalt, er hätte doch tatsächlich bestehende Gesetze verletzt, indem er beispielsweise Urkundenfälschung durch Nutzung eines gefälschten Passes begangen hatte, nach Auffassung der Zentrale zur falschen Akzeptierung einer Teilschuld führen. Diese zunächst intellektuelle, fehlerhafte Einsicht konnte zu echten Schuldgefühlen ausgebaut werden mit der Folge, dass der IM weitere Angaben machte, um sich damit eine gewisse Absolution für die vermeintliche Schuld zu verschaffen.

Umgekehrt nutzte der Gegner nach HV A-Erkenntnissen auch das mögliche Schuldbewusstsein des IM gegenüber der Zentrale, wenn er sich für die Verhaftung selbst oder für die Lieferung zusätzlichen Beweismaterials, beispielsweise durch unnötiges Aufbewahren von Notizen, verantwortlich fühlte. Eine solche selbstverschuldete Belastung war für den vernehmenden Beamten eine geeignete Basis für großzügige Abwerbungsangebote gegenüber dem IM: Jetzt könne er alles offen sagen und sich von allen Spannungen und Konflikten befreien, denn seine Zentrale werde ihn ohnehin fallen lassen und nach seiner Rückkehr sogar strafrechtlich verfolgen, da er Verrat geübt hätte.[172]

Rösler bemerkt dazu in seinen Forschungsergebnissen: »Es dürfen beim IM keinerlei Schuldgefühle etc. aufkommen. Das alles gehört zwar zur Grundeinstellung des IM für die Erfüllung der operativen Aufgaben im Operationsgebiet im Allgemeinen und ist Sache des Inhalts der operativen Zusammenarbeit überhaupt, ist aber gleichzeitig die Vorbereitung auf eine Festnahme im Konkreten.«[173]

Die Situation des IM in der Vernehmung konnte durch eine Reihe weiterer Umstände belastet werden. Dabei sind hervorzuheben:

- Resignation und Niedergeschlagenheit, wenn Verrat als Ausgangspunkt der Verhaftung deutlich wurde,
- belastende Aussagen beziehungsweise Teilaussagen des mitverhafteten Ehepartners oder anderer beteiligter IM,
- Drohungen, die Untersuchungen und das Ermittlungsverfahren bei weiterer Aussageverweigerung zu verlängern,
- Vorhandensein von Kindern, die untergebracht werden mussten,
- Anspielungen und Behauptungen der Vernehmer, der Ehepartner hätte sich entschlossen, nicht mehr in die DDR zurückzukehren.

Vor allem in der ersten Zeit der Vernehmungen, in der Regel in den ersten drei Wochen nach der Verhaftung, bestand aus Sicht der HV A die Gefahr, dass der IM den gegnerischen Vernehmungsmethoden/-taktiken nicht standhalten würde. Er konnte dadurch in den Gesprächen und Vernehmungen ohne Protokoll bewusst oder unbewusst Teilaussagen zum Sachverhalt machen, die nachrichtendienstliche Tätigkeit zugeben, den Beziehungspartner benennen, Daten zum Lebenslauf und zur Identifizierung seiner Person angeben, Ermittlungsergebnisse der gegnerischen Abwehr direkt oder indirekt bestätigen, sich zu beschlagnahmten Gegenständen oder Sachen äußern oder bis dahin unbekannte Fakten nennen, die den Sicherheits-/Justizbehörden die Möglichkeit boten, weitere Beweismittel zu sammeln. Auch sah die HV A die Gefahr, dass der IM unerwartete oder unverständliche Entscheidungen in persönlichen und operativen Fragen treffen würde, die die sofort eingeleiteten Hilfsmaßnahmen der Zentrale erschwerten oder gar verhinderten. Diese Gefahr bestand besonders unter zwei Bedingungen, die die Situation des inhaftierten IM wesentlich erschweren konnten: das Auftreten von Problemen mit Ehepartnern und das Auftreten von Problemen mit Kindern.

Wenn lediglich ein Ehepartner verhaftet worden war, bestand die Gefahr, dass der inhaftierte IM dachte, seinen Ehepartner durch Einlassungen zum Sachverhalt vor der Inhaftierung zu schützen. Wenn die Ehe im Operationsgebiet aus operativen Gründen geschlossen worden war und sich zwischen den Ehepartnern keine echten menschlichen Beziehungen und starke Bindungen entwickelt hatten, konnte eine Verhaftung bei dem später in die nachrichtendienstliche Tätigkeit einbezogenen Ehepartner, der sich als getäuscht betrachtete, nach Erfahrungen der HV A Kurzschlusshandlungen erzeugen, die, verstärkt durch den Druck oder die Handlungen der Vernehmer, bis hin zum Verrat oder sogar einem Suizid führen konnten.

Bei inhaftierten IM-Ehepaaren, die Kinder zurücklassen mussten, hielten mitunter Mütter der Vernehmungssituation nicht stand, machten Aussagen im vermeintlichen Interesse der Kinder und sprachen sich unter Umständen gegen eingeleitete Maßnahmen der Zentrale aus, die Kinder unverzüglich aus dem Operationsgebiet in die DDR zu holen.

Beispiel:

Ein inhaftierter weiblicher IM war mit der sofortigen Zurückführung seines Kindes zur Großmutter nicht einverstanden. Der IM bestand darauf, die Mutter und die Schwester in der Haftanstalt persönlich zu sprechen. Beide sollten dann gemeinsam das Kind in die DDR bringen. Im Interesse des Schutzes des Vorgangs stimmte die Zentrale dem schließlich zu. Obwohl Mutter und Schwester von der Zentrale auf die Reise gründlich vorbereitet wurden, ließen sie sich getrennt von Beamten der gegnerischen Abwehr befragen. Während die Schwester keine Aussagen tätigte, erlangten die Beamten durch die Aussagen der Mutter zum Lebenslauf ihrer inhaftierten Tochter zusätzliches Beweismaterial.

Ein weiteres Beispiel:

Ein inhaftierter weiblicher IM lehnte die Zurückführung des zweijährigen Kindes zu Verwandten in der DDR kategorisch ab. Durch Vermittlung der gegnerischen Sicherheitsbehörden durfte sie schließlich ihr Kind in einer Kinderkrippe unterbringen, die der Haftanstalt angegliedert war. Damit begab sie sich aus Sichte der Zentrale in die Hand der gegnerischen Abwehr.

Alle Belastungen, die für den IM durch die verschiedenen Vernehmungsmethoden, durch die Konfrontation mit eventuell vorhandenem Beweismaterial sowie durch die bewusste Gestaltung anderer Einflussfaktoren entstanden, konnte und musste der IM nach Auffassung der HV A durch ein standhaftes, klassenbewusstes und operativ-taktisch richtiges Verhalten gegenüber den gegnerischen Sicherheits-/Justizbehörden überwinden. Dabei half dem Kundschafter das Verteidigungsmittel der konsequenten Aussageverweigerung zur Person und zur Sache, das sich nach Erfahrungen der HV A als richtig und für die IM als vorteilhaft erwiesen hatte und die Voraussetzungen schuf, das nachrichtendienstliche Gesamtwissen der IMs zu schützen sowie einen größeren operativen und politischen Schaden zu vermeiden. Wenn es dem IM gelang, die vernehmenden Beamten durch hartnäckiges Schweigen zur Sache nervös zu machen, sie zu Äußerungen zu provozieren, die Einzelheiten des Belastungsmaterials oder die Ursachen der Verhaftung erkennen ließen, so sah die HV A darin eine Stärkung des Selbstwertgefühls und des Selbstbewusstseins. Einzelne IM sahen in der konsequenten Aussageverweigerung zur Sache ein passives Verhalten gegenüber den Vernehmern. Sie glaubten, aus Sicht der Zentrale zu Unrecht, durch möglichst viele Gespräche und Vernehmungen außerhalb des Protokolls Einzelheiten über das vorliegende Belastungsmaterial in Erfahrung bringen zu können. Sie glaubten, klüger zu sein als die erfahrenen Beamten, und erkannten dabei nicht, dass sie durch dieses Fehlverhalten den Vernehmern Ansatzpunkte boten, die zur Klärung relevanter Fragen genutzt werden konnten.

Die Aussageverweigerung zur Sache und zum Lebenslauf war deshalb auch ein Schutzmantel des IM, die subjektiven Schwachstellen nicht erkennen zu lassen, die in seiner Persönlichkeit und seinem Charakter lagen. Auch in Gesprächen außerhalb des Protokolls konnte es Punkte geben, die den IM emotional besonders ansprachen und bei denen er erpressbar sein und Fehlhandlungen bezüglich der Preisgabe nachrichtendienstlichen Wissens begehen könnte.

Ein IM berichtete:

»Das emotionale Ansprechen gehört zum normalen Repertoire der Ermittlungsbehörden, wie es ein Vergleich vieler praktischer Fälle leicht zeigt. Als empfehlenswert kann deshalb angesehen werden, sich rechtzeitig über subjektive Schwachstellen klarzuwerden, indem man dem Vorhaben der ermittelnden Seite um einen Zug voraus

ist. Persönlich würde ich sagen, dass man grundsätzlich vom Misstrauen in die eigene Standhaftigkeit ausgehen sollte. Praktisch bedeutet dies rigoroses Sperren durch Kontaktverweigerung. Dieses Misstrauen wird zudem noch dadurch gerechtfertigt, dass die psychische Situation in der Haft ohnehin nach einem Ventil drängt. Genau dieses Ventil soll mit dem Angebot, emotional zu reagieren, angesprochen werden. Es gibt meines Erachtens nur einen Grund, emotionalem Druck aktiv entgegenzutreten: die Verhinderung sachbedeutender Aufklärungsergebnisse«.

Wichtige stabilisierende Faktoren für die psychische Situation des IM in der Untersuchungshaft waren das Zustandekommen des Briefwechsels und der Kontakt zum Rechtsanwalt sowie zur DDR-Auslandsvertretung. Aber auch diese Faktoren beinhalteten Bedingungen für mögliche Fehlhandlungen.

Durch den Briefwechsel mit seinen Angehörigen aus der DDR beziehungsweise mit seiner Ehefrau, die entweder Haftverschonung erhalten hatte oder selbst inhaftiert war, schöpfte der IM neuen Mut und neue Kraft. Er wusste jetzt, dass die Zentrale ebenfalls informiert war und alles in ihrer Kraft stehende unternehmen würde, um ihm zu helfen und Unterstützung zu geben. In seiner Stimmung konnte es passieren, dass der IM außer Acht ließ, dass seine Briefe der gerichtlichen Zensur sowie der abwehrmäßigen Kontrolle unterlagen. Dem IM schadeten Briefe, die Einzelheiten über den Stand des Ermittlungsverfahrens oder negative Äußerungen über die Beamten der gegnerischen Sicherheits-/Justizorgane sowie über Haftbedingungen enthielten, weil diese beschlagnahmt wurden. Auch waren Stimmungen des IM, die er möglicherweise in Briefen erkennen ließ, für die Sicherheits-/Justizorgane nutzbar.

Durch die eintretende zeitweilige Unterbrechung der Verbindung schuf sich der IM selbst neue Belastungen. Als ähnlich unrichtig und schädlich betrachtete die Zentrale ein Unterlassen des IM hinsichtlich der Übermittlung vereinbarter Codebezeichnungen in Briefen, die für die HV A bestimmt waren und wichtige Hinweise über Zeit, Ort und Ursache der Verhaftung sowie über Verrat und Gefährdung anderer IM enthielten. Dadurch konnte für die Zentrale ein Zeitverlust hinsichtlich einzuleitender Absicherungsmaßnahmen eintreten.

Durch den Rechtsanwalt erhielt der IM eine wichtige persönliche Verbindung zur Außenwelt. Über ihn konnte er viele persönliche Fragen, Probleme, juristische und finanzielle Punkte außerhalb der Haftanstalt lösen lassen. Die regelmäßigen Besuche des Anwalts durchbrachen die Isolierung der Einzelhaft und wurden für den IM zu einem Höhepunkt, da er sich mit ihm ohne Aufsicht unterhalten konnte. Auch wusste der IM, dass er in seiner Haftsituation nicht mehr allein war und dass ein Rechtsanwalt die Beamten der Sicherheits-/Justizorgane in ihrem Vorgehen ihm gegenüber zu mehr Vorsicht zwang.

Der IM musste nach Ansicht der HV A aber auch wissen, dass in der Zusammenarbeit mit dem Anwalt auf jeden Fall Zurückhaltung und die Einhaltung der Konspiration erforderlich waren. Zwischen dem IM und dem Rechtsbeistand musste ein gewisses Vertrauensverhältnis bestehen. Dieses Vertrauen durfte jedoch nicht so weit gehen, dass der IM den Rechtsanwalt als inoffiziellen oder beauftragten Mitarbeiter der Zentrale betrachtete. Außerdem rechnete die HV A stets damit, dass die gegnerische Abwehr, beispielsweise durch technische Maßnahmen, Zugang zu den Gesprächen mit dem Anwalt haben konnte. Durch die Überwindung der bis dahin erfolgten Isolierung sowie das erhebende Gefühl, mit einem »Vertrauten« ohne Aufsicht sprechen zu können, beging der IM unter Umständen den Fehler, sich dem Rechtsanwalt zu öffnen. Er gab womöglich Einzelheiten der nachrichtendienstlichen Tätigkeit preis, um über beweiserhebliche oder beweisrechtliche Fragen diskutieren zu können oder dem Anwalt Hinweise auf Verstecke mit operativen Materialien zu geben, in der Hoffnung, dadurch Beweismaterial vernichten zu lassen. Als ebenso gefährlich und fehlerhaft betrachtete die HV A Versuche des IM, den Anwalt zu beauftragen, direkten Kontakt mit der Zentrale aufzunehmen, um bestimmte Mitteilungen mündlich oder schriftlich, eventuell sogar durch Kassiber mit Codebezeichnungen, überbringen zu lassen.

Beispiel:

Ein IM versuchte über einen selbst gewählten Anwalt die Verbindung zur Zentrale herzustellen. Er übergab diesem Rechtsanwalt eine mit Hilfe eines Zahlenschlüssels chiffrierte Mitteilung mit dem Auftrag, diese über seine Mutter an die Zentrale weiterreichen zu lassen. Erst später wurde offensichtlich, dass dieser Anwalt mit der gegnerischen Abwehr zusammenarbeitete und dadurch neues Beweismaterial gegen den IM geschaffen worden war.

Ein weiteres Beispiel:

Ein IM beauftragte einen selbst gewählten Rechtsanwalt, sich direkt beim MfS zu melden und zu versuchen, mit dem Führungsoffizier in Verbindung zu treten. Der Anwalt sollte die Frage beraten und entscheiden lassen, ob er das vergrabene Funkgerät, dessen Versteck die gegnerische Abwehr nicht kannte, in die DDR bringen solle.

Aber auch im Verhalten des Rechtsanwalts konnten auslösende Faktoren für Belastungen und Fehlreaktionen liegen. Dies galt insbesondere, wenn der Anwalt

- die Bedingungen des Mandats nicht einhielt, insbesondere Anweisungen des IM nicht oder nicht richtig befolgte (diese Gefahr bestand vor allem, wenn der Rechtsanwalt nicht über Angehörige und damit über die Zentrale beauftragt wurde),
- nicht regelmäßig den vereinbarten Besuchstermin wahrnahm oder die Besuche nur unregelmäßig oder in großen Abständen durchführte,

- Aufträge außerhalb der Haftanstalt nur schleppend oder überhaupt nicht erledigte,
- die regelmäßige Einzahlung des Einkaufsgeldes verzögerte oder gar nicht wahrnahm,
- durch sein Verhalten, unklare Aktivitäten und Ratschläge den Verdacht erregte, mit Organen des Gegners zusammenzuarbeiten.

Aus all diesen Gründen konnte es erforderlich sein, den Anwalt zu wechseln. In einer solchen Situation musste der IM die Ruhe behalten, er durfte sich von den Vernehmern keinen Rechtsanwalt empfehlen oder »unterschieben« lassen, sondern musste abwarten, bis eine Unterstützung durch die Zentrale erfolgte.

Auch gegenüber dem Mitarbeiter der DDR-Auslandsvertretung im entsprechenden Land, der den Kundschafter, wenn er DDR-Bürger war, nach circa sechs Wochen zum ersten Mal besuchte, durfte der IM nicht über operative Fragen sprechen, um diesen nicht zu kompromittieren und keinen Anlass für Komplikationen zu geben. Die Bedeutung der jetzt in bestimmten Abständen erfolgenden Besuche sowie die Betreuung durch die DDR-Auslandsvertretung bestand darin, den IM weiter zu stärken, zu stabilisieren und die gegnerischen Kräfte zu zwingen, die bestehenden gesetzlichen Bestimmungen und Vorschriften zugunsten des inhaftierten DDR-Bürgers einzuhalten.

Neben solchen primären Einflussfaktoren auf das Verhalten und für mögliche Fehlhandlungen von IM – Haftbedingungen, Vernehmungssituation, Kontrolle nach außen – gab es in der U-Haft eine Reihe scheinbar nebensächlicher Gegebenheiten, die aber die Bedingungen für den IM und damit seine Standhaftigkeit in positiver oder negativer Weise beeinflussen konnten.

In der Untersuchungshaft bestand keine Arbeitspflicht. In der ersten Zeit, in der die Vernehmer den IM ständig in ihrem Sinn zu beeinflussen versuchten und ihn Langeweile sowie das Fehlen der täglichen Arbeit psychisch belasteten, wurde verschiedentlich der Fehler begangen, so schnell wie möglich eine Arbeitsgenehmigung zu erhalten; die Arbeit musste in der Einzelzelle verrichtet werden. Dadurch konnte sich der IM vom vielen und unnützen Grübeln ablenken. Da die Arbeit aber fast ausschließlich aus primitiven und monotonen Tätigkeiten bestand und mit einem sehr geringen Entgelt entlohnt wurde, bedeutete sie aus Sicht der HV A eine Ausbeutung des IM, seine Würde und Selbstachtung wurden dadurch zudem beleidigt. Außerdem war eine Arbeitsaufnahme in der U-Haft mit der Rolle und dem Status des »politischen Häftlings« nicht vereinbar und beeinflusste das Auftreten sowie die Achtung des Anstaltspersonals gegenüber dem IM negativ. Deshalb, so die HV A, sollte der IM die Arbeit in der Untersuchungshaft ablehnen und sich zu seiner Ablenkung besser mit Literatur-, Sprach- und Zeitungsstudium sowie sportlichen Übungen beschäftigen.

Ähnlich verhielt es sich mit dem Tragen von Anstaltskleidung in der U-Haft. Einige IM machten davon freiwillig Gebrauch und tauschten ihre Zivilsachen gegen Anstaltskleidung ein. Sie sahen den Vorteil darin, sofort regelmäßig frische Wäsche zu bekommen und am ihnen in den ersten Tagen zur Verfügung stehenden geringen Eigengeld zu sparen. Das Tragen von Anstaltskleidung in der Untersuchungshaft war aber wenig dazu angetan, das Selbstbewusstsein des IM zu stärken, zumal Fragen wie Wäschetausch und zusätzliche finanzielle Mittel spätestens mit dem Erscheinen des Anwalts geregelt wurden.

Neue Bedingungen, die sowohl Erleichterungen als auch Probleme brachten, ergaben sich bei der Aufhebung der Einzelhaft (in der Regel frühestens nach circa drei bis vier Monaten der U-Haft und spätestens unmittelbar nach der Hauptverhandlung). Der IM durfte an Gemeinschaftsveranstaltungen sowie an einem gemeinsamen Hofgang und am Baden/Duschen teilnehmen, die Zelle konnte stundenweise aufgeschlossen werden, der IM bekam Kontakt zu den Mithäftlingen und gewann neue Kommunikationsmöglichkeiten. Es konnte sogar die Zusammenführung von inhaftierten IM-Ehepaaren unter Aufsicht genehmigt werden. Nach der langen Einzelhaft hatte der IM das Bedürfnis, den Kontakt zu Mithäftlingen herzustellen, sich mit ihnen zu unterhalten sowie alle jetzt gewährten und möglichen Erleichterungen der Untersuchungshaft in Anspruch zu nehmen. Die Gefahr von Fehlhandlungen des IM bestand darin, dass er gegenüber den Mithäftlingen über seinen Fall sprach oder auf Fragen unbedachte Äußerungen zu relevanten Sachverhalten machte, die gegen ihn verwendet werden konnten. Die gleiche Gefahr bestand bei der Zusammenführung mit dem inhaftierten Ehepartner, weil bei beiden der natürliche Wunsch bestand, sich nach der langen Trennung über viele Dinge zu unterhalten.

Die HV A ging davon aus, dass der Gegner die Situation auch nach Aufhebung der Einzelhaft zur Anschleusung von Zellenagenten und zur Abschöpfung des IM nutzen würde. Zellenagenten konnten in unterschiedlicher Form als Gesprächspartner auftreten: als politisch bewusste Mithäftlinge, als angeblich ebenfalls wegen nachrichtendienstlicher Tätigkeit einsitzende Personen oder einfach nur, weil sie sich durch entsprechende intellektuelle Qualitäten auszeichneten.

Der IM durfte deshalb in keiner Phase der Untersuchungshaft in den Fehler verfallen, den Gegner zu unterschätzen, zumal er, je länger die U-Haft andauerte, durch die Ungewissheit über den Ausgang des Ermittlungsverfahrens immer wieder durch Spannungen, Stimmungen sowie Depressionen belastet wurde. Diese konnten ihn zu Fehlreaktionen veranlassen, beispielsweise zum Schmuggeln von Kassibern mit Andeutungen über die nachrichtendienstliche Tätigkeit, zu unüberlegten relevanten Äußerungen gegenüber Mithäftlingen/dem Anstaltspersonal oder zu unnötigen operativen Hinweisen, Stellungnahmen in Briefen sowie Dekonspiration gegenüber dem Anwalt.

Einen Höhepunkt und zweifellos eine starke Belastung stellten für den IM die Vorbereitung auf die Hauptverhandlung und die Hauptverhandlung selbst dar, die im Laufe der Haft immer mehr das Denken des IM beherrschten.

Die psychische und inhaltliche Vorbereitung auf die Hauptverhandlung begann für den IM mit dem Empfang der Anklageschrift. Diese bot ihm erneut Anlass, seine Lage zu überdenken, weil sie zusammengefasst die Ermittlungsergebnisse, das Beweismaterial, die Zeugen und Sachverständigen enthielt, wobei auf den IM nicht so sehr bereits bekannte Fakten wirkten, sondern nicht bewiesene Unterstellungen, aufgewertete beziehungsweise unrichtig dargestellte operative Zusammenhänge, Annahmen oder Vermutungen über die Bedeutung und Gefährlichkeit seiner nachrichtendienstlichen Tätigkeit.

Ein IM berichtete:

»*Die erste Lektüre der Anklageschrift hat mich doch sehr betroffen. Zwar brachte sie inhaltlich nichts, was ich nicht erwartet hatte, aber in der Zusammenfassung der Anklageschrift und im Verein mit dem Aufgebot von Zeugen und Sachverständigen machten die bekannten Tatsachen doch Effekt. Bei wiederholter Betrachtung der Anklageschrift fielen mir die dünnen Stellen und offensichtlichen Fehler auf. Damit wuchs dann auch meine Zuversicht.*«

Diese momentane Betroffenheit durfte den IM aus Sicht der Zentrale nicht verleiten, nun die Konspiration zu verletzen und mit dem Anwalt über nachrichtendienstliche Details zu sprechen. Er musste den Inhalt der Anklageschrift mit dem Rechtsanwalt jedoch gründlich durchsprechen und in rechtlicher Hinsicht analysieren, die Fehler und Schwachstellen herausarbeiten sowie die Taktik für das Verhalten in der Hauptverhandlung festlegen.

Die Hauptverhandlung selbst stellte beträchtliche psychische und physische Anforderungen an den IM, weil sie eine direkte Konfrontation mit den Justizbehörden des Gegners bedeutete. Neben den Belastungen, die eine Verlegung in die Haftanstalt des Gerichtsortes mit all ihren Begleiterscheinungen in der Regel mit sich brachte – die tägliche Vorführung im Justizgebäude in entsprechenden Fahrzeugen, der ständige Umschluss in Wartezellen während der Verhandlungstage, die zermürbende Wartezeit während längerer Unterbrechungen der Hauptverhandlung oder zwischen den einzelnen Verhandlungstagen –, bedeutete die gesamte Hauptverhandlung, die sich von einem Tag bis zu mehreren Monaten erstrecken konnte, für den IM eine völlig neue Situation. Auf diese musste er sich mit Hilfe des Anwalts vorbereiten und einstellen, um mögliche Fehlreaktionen in dieser Phase zu vermeiden.

Die Gefahr für Fehlhandlungen des IM in der Hauptverhandlung bestand vor allem darin, dass

- er sich von der Atmosphäre im Gerichtssaal, durch die Zusammensetzung des Gerichts und der Anklagevertretung, der auftretenden Zeugen sowie Sachverständigen beeindrucken ließ und sich durch falsche Darstellungen des Sachverhalts, raffinierte Fragestellungen seitens des Staatsanwalts oder des Gerichtsvorsitzenden zu unüberlegten und unbedachten Äußerungen oder Stellungnahmen provozieren ließ,
- er von der mit dem Anwalt festgelegten Verhaltenslinie abwich und zuvor gemachte Angaben beziehungsweise Teilaussagen bestätigte oder kommentierte,
- er sich gegenüber Journalisten zu nachrichtendienstlich relevanten Fragen äußerte,
- sein Konzentrations- und Einschätzungsvermögen während der Dauer des Verhandlungstages nachließ und er die »Nerven« und Ruhe verlor sowie insgesamt die Aussageverweigerung zur Sache und zu seinem Lebenslauf nicht durchstand.

Die HV A betrachtete es als notwendig, auch während der Hauptverhandlung die Aussage zur Sache sowie zum Lebenslauf zu verweigern, die Verteidigung und die Stellungnahmen zu rechtlichen sowie sachlichen Fragen dem Anwalt zu überlassen und sich darauf zu konzentrieren, welche Einzelheiten zum operativen Sachverhalt zur Sprache kamen, welche Beweismittel vorgelegt wurden, was die Aussagen der Zeugen oder Sachverständigen beinhalteten, um alle wichtigen Einzelheiten im Gedächtnis zu speichern, analytisch zu verarbeiten und möglichst Schlüsse auf die Ursachen der Verhaftung zu ziehen.

Beispiel:

Einem IM gelang es, durch kluges Verhalten und hohe Konzentrationsfähigkeit während einer mehrmonatigen Verhandlung alle wichtigen Einzelheiten in der Hauptverhandlung mit zu stenografieren und damit die Voraussetzung zu schaffen, wichtige Schlüsse für die Aufklärung der Zusammenhänge der Verhaftung zu ziehen.

Wenn das Urteil für den IM auch eine gewisse Erleichterung bedeutete, so konnte das ausgesprochene Strafmaß in der Regel vorübergehend Resignation und Verzweiflung bewirken. Mögliche Fehlhandlungen des IM konnten auch in dieser Situation darin bestehen, dass er in Briefen an seinen Rechtsanwalt oder an seine Angehörigen beziehungsweise in Gesprächen mit anderen Häftlingen unnötige Kommentare, Erklärungen oder Erläuterungen zum nachrichtendienstlichen Sachverhalt sowie zu beweiserheblichen Fragen aus der Hauptverhandlung zu geben versuchte, um sich damit abzureagieren und den Nachweis zu führen, dass das Urteil in dieser Höhe nicht gerechtfertigt sei, weil nicht alle ihm zur Last gelegten Tatvorwürfe und Anklagepunkte bewiesen worden waren. Damit konnten den

Sicherheits-/Justizbehörden noch nachträglich Hinweise, Fakten und Zusammenhänge vermittelt werden, die bis dahin nicht bekannt waren.

Deshalb betrachtete es die HV A als notwendig, dem IM nach dem Urteil mit Hilfe des Anwalts durch erklärende und aufmunternde Gespräche zu helfen und durch einen verstärkten Briefverkehr mit seinen Angehörigen, in dem die Einschätzung und Hilfe der Zentrale zum Ausdruck kam, neuen Mut und Zuversicht zu geben.[174]

Den Prozess der Festnahme sowie der Untersuchungshaft beschreibt der übersiedelte Gerhard Block in seinen Erinnerungen sehr aufschlussreich, daher soll er hier in den wesentlichen Punkten wiedergegeben werden:

»Gegen 11 Uhr wurde ich ins Büro des Chefs gerufen, auch nichts Außergewöhnliches. Völlig arglos marschierte ich zum Chef, klopfte höflich an die Bürotür und trat ein. Doch anstelle meines Chefs erblickte ich drei Herren, die auf mich warteten. Sie zückten ihre Dienstausweise und stellten sich als Mitarbeiter des Bundeskriminalamtes vor. Ohne lang herumzureden, forderten sie mich auf, mitzukommen. [...]

Das Ziel der Fahrt war schnell erreicht: die Justizvollzugsanstalt (JVA) Mannheim in der Herzogenriedstraße. Wir betraten das Gefängnis durch den Haupteingang und schritten die Treppe hinauf, da kam uns ein gut gekleideter Mann entgegen. Er blieb kurz stehen und begrüßte mich mit den Worten: ›Nun, mein Sohn, bist du wieder da?‹ Ich hatte den Schock über meine Verhaftung noch nicht im Ansatz überwunden, da kam mir das Willkommen, diese Szenerie, wie ein Gag aus einer Komödie vor. Die totale Ernüchterung folgte auf dem Fuß. [...]

Nach der wohl üblichen Prozedur – Körperkontrolle, Privatsachen abgeben, Verbrecherfotos machen, Fingerabdrücke nehmen usw. – gingen die Vernehmungen los. Zuerst stellte sich ein Herr Weinert oder Weimann vor, behauptete beim BKA tätig zu sein. [...]

Gleich zu Beginn bot er jovial zwei mögliche Varianten für die weiteren Vernehmungen an:

Erstens: Ich offenbare mich gänzlich und lasse mich umdrehen als Doppelagent, der nun geheimdienstlich gegen die DDR tätig wird. Als Belohnung stellte er mir die materielle Sicherstellung für mein weiteres Leben in Aussicht, die Bereitstellung von Wohnraum an einem sicheren Ort, Namensänderung und – falls erforderlich und gewünscht – sogar die plastische Veränderung meines Aussehens.

Zweitens: Wenn ich schweige oder leugne – viele, viele Verhöre, Verurteilung wegen geheimdienstlicher Spionagetätigkeit gegen die BRD und danach lange Jahre im Knast.

Natürlich lehnte ich stolz seine großherzige Offerte, die Variante Eins, ab. Obwohl, interessant war das Angebot schon. Denn was man mir hier unverblümt für meinen weiteren Lebensweg vorschlug, genau das wurde mir in den folgenden Monaten vorgeworfen: nämlich Spionagearbeit gegen ein anderes Land, Mitwirkung bei Urkundenfälschungen, Falschbeurkundung und was sonst noch so zum Geschäft der Schlapphüte gehört. […]

Doch mir blieb keine Zeit für philosophische Gedanken über Freud und Leid des Agentendaseins im Allgemeinen. Denn man teilte mir lakonisch mit, dass auch meine Frau verhaftet sei, bereits kurze Zeit vor mir. Wenn bis dahin noch ein winziges Hoffnungsfünkchen in mir glimmte, so war es mit dieser Mitteilung erloschen. Es bestand kein Zweifel mehr, dass wir aufgeflogen waren.

Aber warum, und wie? Waren wir selbst zu unvorsichtig gewesen, hatten uns irgendwann eine Blöße gegeben? Oder hatte die andere Seite von irgendjemandem einen Tipp erhalten, waren wir ganz profan verraten worden? Ich grübelte und grübelte, ging in Gedanken noch einmal alles durch. Es war kein Kurier verhaftet worden, auch kein Informant. Ich hatte Vermutungen, den einen oder anderen Verdacht, aber sicher war ich mir nicht. Auch aus den Äußerungen und Vorhalten der Vernehmer ergaben sich für mich kaum greifbare Anhaltspunkte. Erst nach und nach, als man mir in den Verhören beweisbare Dinge vorlegte, zeichneten sich die Konturen eines Bildes ab. […]

In den nächsten Tagen nahm nicht nur die Zahl der Vernehmungen zu, sondern sie wurden auch viel intensiver. Sie erfolgten mehrmals am Tage, aber ich wurde auch nachts aus meiner Zelle geholt. Schon in der ersten Woche hatte ich jedes Zeitgefühl verloren und kam auch in den wenigen Stunden ohne Verhör nicht zur Ruhe. So sollte es wohl sein, genau das beabsichtigten meine Häscher. Den Delinquenten gleich von Anfang an psychisch weich klopfen […]

Als es bei den weiteren Vernehmungen um Einzelheiten meines zehnjährigen Aufenthalts in Villardonnel ging [gemäß Legende, Anm. d. Verf.], blieb ich freilich stumm. Ich beantwortete hierzu keine Fragen. Mir war völlig klar, dass bei der bestehenden guten Zusammenarbeit der Geheimdienste Westdeutschlands und Frankreichs meine Aufdeckung nicht mehr lange dauern würde. Ich konnte also nur auf Zeit spielen.

Ich musste so lange wie möglich meine Legende wahren, mich daran festklammern. Ich kalkulierte fieberhaft, dass die andere Seite wohl noch vier bis fünf Wochen bräuchte, um meine Legende aufzudecken. Die andere Frage dabei war, ob ich bis dahin aushalten würde, ob mein Nervenkostüm das mitmacht. Das selbst einzuschätzen, ist sicherlich schwierig. Denn die stabile politische Überzeugung ist das eine, mit den psychischen Belastungen einer Haft fertig zu werden, das andere.

So rechnete ich mir aus, dass ich auch nach Aufdeckung meiner Legende immer noch die Möglichkeit hätte, einige Zeit keinerlei Angaben zu machen. Allerdings würde sich damit das Strafmaß erhöhen, die Gesamtzeit der Inhaftierung für meine Frau und für mich erheblich verlängern. Sollte ich diese Kröte schlucken?

Es kam wieder anders. Und das lag vor allem an meiner Frau. Schon in den vorangegangenen Jahren unseres Einsatzes hatte sie oft gesundheitliche Probleme. Das zwang sie sogar, mehrmals in die DDR zu fahren, um sich dort von Ärzten behandeln zu lassen. [...]

Auch zum Zeitpunkt ihrer Verhaftung ging es ihr nicht gut. In dieser Situation habe ich zum ersten Mal bereut, mit ihrer Übersiedlung nach Westdeutschland einverstanden gewesen zu sein. Ich machte mir Vorwürfe, gegenüber der Zentrale in Berlin nicht darauf bestanden zu haben, allein ins Operationsgebiet entsandt zu werden.

Da die Herren Vernehmer immer wieder genüsslich vom schlechten Gesundheitszustand meiner Frau berichteten, drängte sich für mich bald eine Frage in den Vordergrund: Wie erreiche ich, dass meine Frau nicht eine jahrelange Haft ertragen muss? Ich ging von einer Mindesthaftzeit von fünf Jahren aus, die bei ihr schwerste gesundheitliche Folgen bewirken könnte. Ich stand vor der wohl schwersten Entscheidung meines Lebens.

Ich war mutterseelenallein, konnte mich mit niemandem beraten, an keinen anlehnen, hatte noch nicht einmal einen Rechtsanwalt. Ich überlegte krampfhaft, wog die Varianten gegeneinander ab, wälzte die Gedanken hin und her. Irgendwann hielt ich den Druck nicht mehr aus, kapitulierte in aussichtsloser Lage Ich offenbarte mich als Mitarbeiter des Ministeriums für Staatssicherheit der DDR. [...]

Kurze Zeit danach wurde mir ein Rechtsanwalt, Dr. Ammann, gestellt. Er war, wie ich erfuhr, schon als Verteidiger von Linken und Ausländern bekannt. Den Auftrag zu meiner Verteidigung hatte er natürlich aus der DDR erhalten, vom MfS über den bekannten Anwalt Prof. Dr. Friedrich Karl Kaul.

Das erste, worüber mich Dr. Ammann informierte, war, dass meine Frau aufgrund meiner Offenbarung jeglichen Kontakt zu mir abgebrochen habe. So war es tatsächlich. Ich sah sie während der gesamten Haftzeit nicht mehr, hörte nichts von ihr. Auch während des Prozesses gab es von ihr keine Informationen. [...]

Der Gefängnisalltag war trist, jeden Morgen begann der gleiche Tagesablauf, wenn nach dem Aufstehen sofort das Bett hochgeklappt werden musste. [...] Jeden Tag wurde mir ein halbstündiger Hofgang gestattet. Im Kreis schlurfte ich mit einigen anderen Häftlingen über den Hof, wir mussten großen Abstand zueinander halten, sprechen war nicht erlaubt. Wöchentlich durfte ich einmal duschen. Dabei war ich der einzige Häftling. Drei Beamte bewachten mich und glotzten aufdringlich. [...]

In den ersten vier Wochen wurde ich sehr oft vernommen und war danach jedes Mal froh, wenn ich meine Ruhe hatte. Dann begann eine Phase, in der das Alleinsein zur Qual wurde. Die übrigen Insassen meines Gefängnisflügels gingen täglich zur Arbeit, aber ich hockte allein in meiner Zelle. Im gesamten Trakt wurde es unheimlich still. Mehrfach erneuerte ich den dringenden Wunsch, ebenfalls Arbeit zu erhalten. Das wurde stets abgelehnt, noch nicht einmal in der Zelle gestattete man mir eine sinnvolle Beschäftigung.

Ständig war ich allein gelassen mit mir und meinen Gedanken, sogar das Lesen von Zeitungen, Zeitschriften oder Büchern wurde mir untersagt. Täglicher Stumpfsinn 23 ½ Stunden in einer Zelle – das war kaum zum Aushalten.

Die totale Isolierung wurde während meiner gesamten Untersuchungshaft in der JVA Mannheim, also von Ende November 1962 bis Anfang August 1963, beibehalten. Auch in der Zeit der Vernehmungen beim Bundesgerichtshof in Karlsruhe, in der JVA Karlsruhe-Durlach, hielt man an der strengen Einzelhaft fest.«[175]

Die Strafhaft

Die Strafhaft begann für den IM ab dem Zeitpunkt, da in der Hauptverhandlung mit dem Urteil die Fortdauer der U-Haft angeordnet worden war und das Urteil rechtskräftig wurde. Der Beginn der Strafhaft verlangte vom IM, sich mit neuen Regimebedingungen auseinanderzusetzen. Sie traten ihm vor allem durch folgende Faktoren entgegen:

- Verlegung in eine andere Haftanstalt, für deren Auswahl die Höhe der Freiheitsstrafe maßgeblich war, eine Einflussnahme auf eine bestimmte JVA war dabei nicht möglich,
- Arbeitsaufnahme, da im Strafvollzug Arbeitszwang bestand,
- Tragen von Anstaltskleidung, da dies vorgeschrieben war,
- geringe Besuchsfrequenz durch den Rechtsanwalt,
- Entfall des zusätzlichen Einkaufsgeldes und Beschränkung auf den ausgezahlten Anteil des Arbeitslohnes (in der Bundesrepublik).

Neben der Eingewöhnung in die fremde Haftanstalt, der Anpassung an die Regimebedingungen der Strafhaft und dem Umgang mit dem neuen Anstaltspersonal ergaben sich für den IM im Strafvollzug eine völlige Umstellung im Tagesablauf sowie ein anderer Lebensrhythmus durch die Arbeitsaufnahme. Die Verbindungsmöglichkeiten zu Mithäftlingen waren vielseitiger durch gemeinsame Arbeit, durch die Teilnahme an Gemeinschaftsveranstaltungen sowie durch einen möglichen zeitweiligen Umschluss in eine andere Zelle.

Aus all diesen Gründen betrachtete es die HV A als notwendig, dass der IM durch den Anwalt rechtzeitig auf den Übergang von der Untersuchungs- zur Strafhaft vorbereitet wurde. Dies betraf sowohl die rechtlichen Bestimmungen für den Strafvollzug, insbesondere die Rechte und Pflichten des IM, als auch das richtige Verhalten in der Strafhaft. Auch bei einem Wechsel der Haftanstalt konnte es notwendig werden, dem IM mit Hilfe des Anwalts über die Anfangs- und Anpassungsschwierigkeiten mit Belastungen durch die neuen Regimebedingungen hinwegzuhelfen. Durch die Verlegung in eine andere Haftanstalt konnte sich die allgemeine Lage des IM verschlechtern, was die zugewiesene Arbeit, das Essen, die Hygiene oder die ärztliche Betreuung betraf. Unnütze Beschwerden an die Justizverwaltungen oder renitentes Verhalten gegenüber dem Anstaltspersonal schadeten dem IM und brachten ihm persönliche Nachteile.

Neben den allgemeinen Belastungen durch die Haftbedingungen ergaben sich für den IM in der Strafhaft eine Reihe spezieller Probleme, die auch die Gefahr von Fehlhandlungen beinhalteten.

So bargen die verbesserten Kommunikationsmöglichkeiten für den IM die Gefahr in sich, dass er sich gegenüber Mithäftlingen über seinen Fall äußerte oder sich einem Mithäftling, den er für vertrauenswürdig hielt, über bestimmte operative Fragen anvertraute. Mithäftlinge wussten oft durch Mitteilungen in der Presse über den Fall Bescheid und stellten deshalb neugierige, aber auch gezielte Fragen zum Sachverhalt. Der IM durfte keine nachrichtendienstlich relevanten Fragen beantworten beziehungsweise musste ihnen legendiert ausweichen. Er musste ständig wachsam sein und daran denken, dass der Gegner auch in der Strafhaft versuchte, Agenturen an ihn heranzuschleusen. Deshalb sollte nach Ansicht der Zentrale eine Verlegung des IM in eine Gemeinschaftszelle mit anwaltlicher Hilfe verhindert werden. Ein besonderer Fall lag vor, wenn der IM in Strafhaft Kontakt zu anderen IM hatte. Dabei lag die Gefahr besonders nahe, dass Gespräche zu operativen Fragen geführt wurden. So positiv sich solche Zusammentreffen auch auf die Stimmung, Haltung und Widerstandskraft des IM auswirkten, so mussten doch Gespräche nachrichtendienstlichen Inhalts im Interesse der Konspiration unterbleiben.

Die Organe des Gegners verloren den IM nach Auffassung der HV A auch in der Strafhaft nicht aus dem Auge. Gerade wenn sie einschätzten, dass der IM ein Tief durchlebte und sich in einer schlechten nervlichen Verfassung befand, wurde er verschiedentlich durch Mitarbeiter gegnerischer Geheimdienste und Sicherheitsbehörden in der Absicht aufgesucht, noch angeblich im Nachgang aufgetauchte Fragen und Probleme zum Sachverhalt klären, gezielte Fragen über eingesetzte technische Mittel stellen oder neue Überwerbungsangebote unterbreiten zu wollen. Wenn der IM sich auf ein solches Gespräch einließ, schloss die Zentrale die Möglichkeit nicht aus, dass er aufgrund mangelnden Überblicks, aus Überheblichkeit oder Unterschätzung des Gegners (in der Annahme, dass nichts mehr passieren könne) noch nachträglich operative Details preisgab. Der IM durfte sich deshalb auch in der Strafhaft möglichst nicht auf solche Gespräche einlassen. Alle derartigen Versuche sollten konsequent zurückgewiesen werden.

Wesentliche Neuorientierungen waren für den IM in Bezug auf die Erwartungen sowie die praktische Realisierung von Kontakten mit der Außenwelt erforderlich. Während sich in der U-Haft eine relativ stabile Verbindung zu seinem Anwalt und zu seinen Angehörigen entwickelt hatte, konnte es möglich sein, dass durch die Verlegung des IM in eine andere Haftanstalt der Briefwechsel zu den Angehörigen nicht funktionieren und dadurch längere Zeit unterbrochen sein würde. Dies führte beim IM zu Unruhe, er machte sich hinsichtlich der Ursachen Gedanken. Die Belastung war umso größer, wenn die Ehefrau ebenfalls inhaftiert war oder sich ohne Haft im Operationsgebiet befand. In einer solchen Situation unternahm der IM vielfältige Versuche, die Verbindung zur Außenwelt wiederherzustellen, die oft für den Vorgang, für die Sicherheit anderer einbezogener Personen oder für weitere Maßnahmen der Zentrale bezüglich seiner Unterstützung und vorzeitigen Entlassung aus der Haft problematisch und kontraproduktiv waren. Dazu gehörten:

- die Übersendung von Kassibern mit verschlüsseltem Text über Mithäftlinge oder dem IM angeblich besonders gesonnene Mitarbeiter der Haftanstalt,
- die Übermittlung von Briefen mit Codemitteilungen über entlassene Häftlinge, denen konspirative Adressen oder Telefonnummern übergeben wurden,
- das Stellen von Anträgen auf Wochenendurlaub zum Besuch der nicht inhaftierten Ehefrau.

Beispiel:

Ein übersiedelter IM stellte eigenmächtig bei der Anstaltsleitung den Antrag, seine Ehefrau, die sich mit den Kindern im Operationsgebiet aufhielt, über das Wochenende besuchen zu dürfen. Dies hätte vorausgesetzt, dass die DDR-Auslandsvertretung ein Personaldokument für ihn ausstellte, was jedoch aus politischen und gesetzlichen Gründen nicht möglich war. Der IM verstand dies zunächst nicht und wollte, als sein Antrag abgelehnt wurde, erneut einen stellen.

Über die mit der unmittelbaren Bewältigung der Strafhaft verbundenen Probleme hinaus konnten sich Belastungen im Zusammenhang mit der Perspektive ergeben. Insbesondere waren dies Fragen der noch bevorstehenden Haftdauer sowie der weiteren beruflichen und persönlichen Entwicklung nach Haftentlassung.

Nach Beginn der Strafhaft rechnete der IM zunächst damit, dass im Extremfall die komplette Strafe abzusitzen wäre. Er stellte Berechnungen an, wie alt er und die Angehörigen seiner Familie bei Strafende wären. Er machte sich Gedanken, welche persönlichen Konsequenzen sich in den verschiedensten Lebensbereichen für ihn ergeben würden. Vor allem hoffte er aber natürlich, dass er die Strafe nicht voll verbüßen müsste. Mögliche Spekulationen und daraus erwachsende Belastungen, die zu Fehlhandlungen führen konnten, ergaben sich insbesondere im Zusammenhang mit der Revision, mit der Austauschproblematik und möglicherweise eigenmächtigen Lösungsversuchen.

In der Regel machte der IM oder sein Anwalt vom Rechtsmittel der Revision Gebrauch, um damit zu erreichen, dass das Urteil keine Rechtskraft erlangte und die Strafvollstreckung verzögert wurde. Dadurch blieben für den IM die Vorteile der U-Haft so lange wie möglich erhalten. Beim IM musste Klarheit darüber erreicht werden, dass die Revision in Fällen wie seinem nur formalen Charakter trug. Er musste wissen, dass eventuell auftretende Spekulationen oder nicht geäußertes Wunschdenken, mit Hilfe eines Revisionsverfahrens ein milderes Urteil zu erreichen, illusorisch waren. Dies war aus Sicht der HV A wichtig, um beim IM einer gewissen Enttäuschung oder einem möglichen Unverständnis vorzubeugen, wenn die Revision in dem Moment, in dem die entsprechenden Fristen zu ihrer ausführlichen Begründung abliefen oder wenn Austauschmöglichkeiten bestanden und genutzt werden konnten, wieder zurückgezogen werden musste. Das konnte beim IM zu Fehlreaktionen führen, so dass er nicht sofort oder erst verspätet sein Einverständnis für das Zurückziehen der Revision erteilte und damit Maßnahmen der Zentrale für seine vorzeitige Entlassung behinderte oder verzögerte.

Konkrete Austauschbemühungen der Zentrale zur vorzeitigen Entlassung des IM beziehungsweise zu Verhandlungen über gegenseitige Austauschangebote waren an rechtliche Bedingungen gebunden und setzten, abgesehen von Ausnahmen, die Rechtskraft eines Urteils voraus. Sie waren weiter von der politischen Situation, vom politischen und nachrichtendienstlichen Gewicht des jeweiligen Vorgangs sowie von der Bedeutung des inhaftierten IM abhängig.

Es ist nachvollziehbar, dass jeder IM in der Strafhaft besondere Erwartungen und Hoffnungen mit einem möglichen Austausch verband, besonders dann, wenn er eine längere Freiheitsstrafe erhalten hatte und feststand, dass eine vorzeitige Entlassung durch die rechtliche Möglichkeit der Aussetzung des letzten Strafdrittels mit Bewährung nicht in Frage kam. Die HV A gab sich dahingehend keinen Illusionen hin und ging davon aus, dass Anträge auf vorzeitige Entlassung verurteilter IM nach der Hälfte sowie nach zwei Dritteln der verbüßten Strafe grundsätzlich abgelehnt werden würden.

Die Hoffnungen wurden besonders dann immer wieder neu geweckt, wenn dem IM durch Mithäftlinge, durch Anstaltspersonal oder Presse bekannt wurde, dass in ähnlich gelagerten Fällen Austauschbemühungen erfolgreich realisiert worden waren. Deshalb wirkten Enttäuschungen über einen nicht so schnell eingetretenen Austausch in seinem konkreten Fall besonders tief und konnten Zweifel daran wecken, dass die Zentrale alle Möglichkeiten zur vorzeitigen Entlassung ausschöpfte. Der IM betrachtete auch die politische Situation und ihre Entwicklung im Hinblick auf die »Günstig-keit« des Austausches. Wurde eine Situation vom IM als ungünstig betrachtet, konnte es zu Resignation mit negativen Auswirkungen auf den Gesundheitszustand sowie Fehl- und Kurzschlussreaktionen kommen. Diese bestanden möglicherweise darin, dass der IM eigenmächtig und ohne Absprache mit seinem Anwalt Gnadengesuche an die verschiedensten Institutionen verfasste, die die Zentrale als nutzlos und poli-tisch schädlich betrachtete. Es konnte nicht ausgeschlossen werden, dass der Gegner in einer solchen Situation großzügige Abwerbungsangebote mit Versprechungen der sofortigen Entlassung machte. Eine solche Offerte war für den IM möglicherweise reizvoll, lag aber weder politisch noch operativ im Interesse der HV A.

Eine Kurzschlussreaktion konnte auch in einem ungenügend durchdachten Flucht-versuch bestehen. Allerdings sah es die HV A als grundsätzlich richtig an, dass der IM selbstständig Möglichkeiten der Flucht erkundete und nutzte, sowohl unter langfristiger Vorbereitung als auch bei sich unerwartet bietender, aussichtsreicher Gelegenheit. Der IM musste allerdings wissen, dass ihm die Zentrale in der Regel bei der unmittelbaren Durchführung eines Ausbruchs nicht unterstützen konnte.

In der HV A galt der Grundsatz, dass es gegenüber einem IM niemals konkrete Versprechungen über einen baldigen Austausch geben durfte, dessen Realisierung nicht nur von operativen Faktoren, sondern insbesondere von politischen Um-ständen abhängig war. Der IM musste aber immer die Gewissheit haben, dass die Zentrale alles in ihrer Macht Stehende realisierte und jede Möglichkeit nutzte, ein vorzeitiges Haftende herbeizuführen.

Ein übersiedelter IM war in der Regel vor seiner Inhaftierung längere Zeit im Wes-ten operativ tätig gewesen und hatte im nachrichtendienstlichen Interesse eine be-rufliche Entwicklung genommen, die oft nicht mit seinem ursprünglichen Berufs-wunsch beziehungsweise seiner Ausbildung oder seinem Studium vor dem Einsatz in Übereinstimmung stand. Deshalb bewegten ihn in der Haft immer wieder Fra-gen über seine berufliche Perspektive nach der Entlassung, insbesondere dahinge-hend, ob seine früheren Kenntnisse und Fähigkeiten noch ausreichen würden, den entsprechenden Beruf in der DDR auszuüben. Dieses für den IM wichtige Problem musste von der HV A rechtzeitig und gründlich überlegt und entschieden werden. Bestimmte Vorstellungen in dieser Richtung waren dem IM in der Strafhaft in ge-eigneter Form zu übermitteln.

Die belastenden objektiven Haftbedingungen bestanden im Wesentlichen aus fol-genden Faktoren:

- unzureichende Hygiene (meist nur einmal wöchentlich duschen),
- fehlender Kontakt zum Kollektiv,
- Schikanen durch das Anstaltspersonal,

- schmutzige und allgemein unästhetische Umgebung,
- fehlender Horizont, ringsum Mauern.

Diese Bedingungen resultierten nicht unbedingt in direkten Fehlhandlungen, führten aber vielfach zu psychischen sowie organischen Fehlverarbeitungen, so dass die Gefahr von Erkrankungen, von organischen und funktionellen Störungen, unter Strafhaftbedingungen erheblich zunahm und sogar psychiatrisch relevante Haftreaktionen auftreten konnten.

Verhaftung, Inhaftierung sowie das Verbringen in die Justizvollzugsanstalt stellten für den IM sogenannte Schwellensituationen dar, das heißt Situationen, die nur selten auftraten oder einmalig waren. Das Gehirn reagiert objektiv auf den Eintritt solcher Veränderungen, es kommt zu einer Veränderung der höheren Nerventätigkeit, die sich auch im Verhalten des IM zeigte.

Musste der IM solche Schwellensituationen bewältigen, war es nur natürlich, dass er darauf reagierte. Er grübelte, wie es zu der eingetretenen Situation gekommen war, welche Faktoren beziehungsweise Personen eine Rolle gespielt haben könnten, welche Dinge ihn erwarteten. Darüber hinaus grübelte er aber auch über seine unmittelbaren Beziehungspersonen (Frau, Kinder, Eltern, Kontaktpersonen). Es lag in der Situation, dass der IM durch den eingetretenen objektiven Tatbestand stark beeindruckt war. Seine Stimmung konnte ausgesprochen gedrückt, sein Verhalten unentschlossen, seine Gebärden matt und lustlos sein. Diese reaktive depressive Verstimmung war ein normaler, das heißt im medizinischen Sinne nicht relevanter Vorgang, der nur Minuten bis wenige Stunden anhielt und von zielgerichteter Aktivität als Ausdruck der vollzogenen situativen Anpassung abgelöst wurde.

Dauerte er länger an, so sprachen die Psychologen des MfS von einer reaktiven Depression, das heißt, als Reaktion auf die eingetretene Situation sowie die Unfähigkeit, sich ihr anzupassen, trat ein Zustand mit Krankheitswert auf. Seine Leitsymptome waren: gedrückte Stimmung mit verminderter Mimik und Gestik, Schlafstörungen sowie Appetitlosigkeit. Von operativer Bedeutsamkeit waren für die HV A jedoch nicht diese ins Auge fallenden Symptome, sondern die gleichzeitig vorhandene Hemmung des Denkens und damit der Entschlussfähigkeit sowie des Handelns. Sie fielen frühestens bei den ersten Kontakten mit dem inhaftierten IM auf, weil sie so offensichtlich gegenteiliges Verhalten gegenüber dem in Freiheit gezeigten darstellten. Es wurde als wichtig betrachtet zu wissen, dass hier ein objektiv begründetes Zustandsbild vorlag, also eine Erkrankung, die nicht der willentlichen Steuerung des IM unterlag. Der IM konnte sich nicht zusammenreißen oder stark sein, und diese Zustände konnten über Wochen anhalten. Wesentlich für den Verlauf einer reaktiven Depression war nach Auffassung der HV A vor allem auch die politisch-ideologische Motivation der Kundschaftertätigkeit. Gute und stabile Motivationen bewirkten aus der Sicht der Zentrale, dass der IM sich rascher orientierte, schneller adaptierte und besser reagierte.

Warum war eine reaktive Depression für die HV A bedeutsam? Die bereits erwähnte Denkhemmung als Folge der Störung der höheren Nerventätigkeit zeigte sich an mangelnder Exaktheit der Erinnerungen. Damit litt der Überblick über das Ganze, neue Eindrücke wurden unzureichend gespeichert, das heißt, die Gedächtnisfunktion war unvollkommen, die Merkfähigkeit reduziert und die Konzentration erschwert.

Diese Faktoren waren jedoch wesentliche Bestandteile eines erfolgreichen Verhaltens bei Vernehmungen. Da gleichzeitig bei reaktiven Depressionen der motorische Antrieb gestört war, was sich in Lustlosigkeit sowie Apathie äußerte, konnte die reaktive Depression durchaus zu unwissentlichen Fehlhandlungen des IM führen. Das Bestreben, bei dieser Erkrankung in Ruhe gelassen zu werden, konnte objektiv so groß sein, dass es den IM veranlasste, Vorhalten des vernehmenden Beamten zuzustimmen, obwohl er sie nicht voll durchschaute.

Nur selten fand sich in der charakterisierten Schwellensituation das psychiatrisch bekannte Bild der Depression im Sinne einer Psychose. Disponiert für eine depressive Psychose können besonders ruhige oder lebhafte Temperamente sein. Die Symptomatik entspricht der bereits geschilderten, jedoch konnte hier aus Sicht der HV A nur eine fachärztlich psychiatrische Behandlung helfen, und das auch nur in begrenztem Maß.

In der Haft, vor allem in der Strafhaft, entstanden häufig Haftneurosen. Dabei handelt es sich um psychisch bedingte Krankheitsbilder, bei denen Beschwerden seitens verschiedener Organe auftraten, die den IM belasteten, seinen Allgemeinzustand beeinträchtigten, ohne dass die betroffenen Organe einer Schädigung unterlagen.

Für die HV A war die Klärung der Frage wichtig, wie solche Erkrankungen entstehen konnten und welche Bedeutung sie besaßen.

Die Umstellung des IM auf die veränderten sozialen und kommunikativen Bedingungen der Haft bedurfte eines bestimmten Zeitraums. Der IM war in dieser Zeit aus seinem Tagesrhythmus gerissen, hatte kaum körperliche Bewegung und unzureichende Frischluftzufuhr, bekam verändertes Essen und lebte in mangelhaften hygienischen Verhältnissen. Zudem bestand eine hohe Beanspruchung seiner geistigen Leistungsfähigkeit durch die Vernehmungen. Kopfschmerzen in den ersten Hafttagen registrierte die HV A als die häufigsten Beschwerden, dann folgten Magenschmerzen, seltener Herzschmerzen.

Ein IM berichtete aus der sechsten Haftwoche:

»Plötzlich habe ich Magenschmerzen. Ärger geht auf den Magen, Aufregung auch. Der Magen hängt wie ein Sack im Bauch – kein Schmerz, mehr ein Druck.«

Von der Mehrzahl der IMs wurden diese Beschwerden als situativ bedingt angesehen, also richtig ursächlich gedeutet und bewusst willentlich verarbeitet, das heißt, den IM war klar dass sie sich erst umgewöhnen mussten und die Beschwerden dann nachlassen würden. Aber nicht jeder IM konnte diese ursächlichen Zusammenhänge erkennen und akzeptieren. Die Störung des Befindens konnte wegen ihrer Penetranz beim IM die Befürchtung einer organischen Erkrankung entstehen lassen. Die Gegebenheiten medizinischer Betreuung, die mangelnde Sorgfalt bei medizinischen Untersuchungen in Haftanstalten sowie das eigene Misstrauen gegenüber der Umwelt begünstigten solche Befürchtungen.

Die psychischen Fehlverarbeitungen von Körpermissempfindungen reichten bis zur Krankheitsgewissheit. Dadurch wurde beim IM die primär vorhandene Disregulation des vegetativen Nervensystems verstärkt. Sie manifestierte sich im Sinne eines Teufelskreises, indem das gestörte Befinden die Befürchtungen beziehungsweise die Gewissheit der Krankheit verstärkten, was zur weiteren Verschlechterung des Befindens führte.

Bedeutungsvoll waren diese Neurosen aus Sicht der HV A deshalb, weil sie nicht nur das Allgemeinbefinden des IM reduzierten, sondern vor allem zunehmend zu einer überhöhten Beschäftigung mit der eigenen Person zu Ungunsten der operativ notendigen Verhaltensweise führten. Darüber hinaus konnten neurotische Störungen bei längerem Bestehen disponierend für organische Erkrankungen sein, beispielsweise Magenschmerzen für Magengeschwüre.

Erwähnt werden muss auch, dass bei organischen Erkrankungen die gleichen psychischen Fehlverhaltensweisen, wie sie bereits beschrieben worden sind, auftreten konnten. Wie schon erwähnt, waren flüchtige neurotische Beschwerden als Anpassungsphänomene normal, ebenso einige Stunden beziehungsweise ein bis zwei Tage dauernde reaktive depressive Verstimmungen.

In der Prophylaxe dieser Erkrankungen taten sich für die HV A Schwierigkeiten auf, weil das Auftreten der psychischen Störungen nicht prognostiziert werden konnte. Dennoch gab es Persönlichkeitsstrukturen, die von der Temperamentseite her für solche Störungen disponiert waren, beispielsweise sehr ruhige, ausgeglichene beziehungsweise sehr lebhafte Temperamente. Es war Aufgabe eingehender psychologisch-psychiatrischer Untersuchungen vor der Übersiedlung, derart gefährdete IM zu erkennen und zu therapieren beziehungsweise nicht für die Übersiedlung zuzulassen. Darüber hinaus sollte der Gesundheitszustand auch während des Einsatzes objektiviert werden.

Die Belastungen der Strafhaft konnten auf einem unvermeidbaren Mindestmaß gehalten werden, wenn dem IM bereits während der Einsatzvorbereitung die dafür erforderlichen Einstellungen, Kenntnisse und Fähigkeiten vermittelt wurden. Dazu gehörte vor allem, dass sich der IM darauf einstellen musste, die Zeit sinnvoll und inhaltlich aktiv zu gestalten. Er musste begreifen, dass in dieser Situation neue Aufgaben an ihn gestellt wurden, die es exakt vorzubereiten und zu lösen galt.

Den körperlichen Beschwerden sowie der Beeinträchtigung seines Gesundheitszustandes konnte und musste der IM aktiv dadurch begegnen, dass der sich vom ersten Tag an einen bestimmten Tagesrhythmus zulegte, regelmäßig Körperpflege, Frühsport und gymnastische Übungen durchführte sowie den Hofgang für einfache aber wirkungsvolle Atemübungen nutzte. Der IM sollte sich weiterhin durch Literaturstudium von Büchern aus der Anstaltsbibliothek ablenken. Schließlich war es nützlich, sich um die tägliche gründliche Säuberung, Ordnung und Hygiene sowie um eine möglichst freundliche Ausgestaltung der Zelle zu kümmern.

Beispiel eines IM:

»Ich hielt es für nützlich, mir selbst einen Rahmen zu schaffen, der einige Minimalanforderungen hinsichtlich Körperpflege, Leibesübungen, Sauberkeit und Ordnung der Zelle und Zeitgestaltung enthielt. Meines Erachtens haben diese Dinge zwei Seiten: Neben dem körperlichen Wohlbefinden, das durch Hygiene und Sport ermöglicht wurde, ist es eine Frage des seelischen Wohlbefindens, dass man von sich selbst das Gefühl hat, nicht abzusacken. Dazu gehört auch, dass man die Zeit nicht nur totschlägt, sondern irgendwie nützt, z.B. sich mit Literatur und Fremdsprachen beschäftigt. Es kommt dabei meines Erachtens nicht auf den wirklichen Nutzen an, sondern darauf, dass man das Gefühl hat, körperlich und geistig fit zu sein und die Selbstachtung nicht zu verlieren. Das machte mich auch widerstandsfähiger gegen die Anfechtungen der Ermittlungsorgane und der Haftbedingungen.«

Die HV A war bestrebt, dass der IM in der gesamten Strafhaft ihre ständige Fürsorge und Unterstützung spürte. Der Kundschafter musste die Gewissheit haben, dass er nicht allein war, sondern alle Möglichkeiten für seine Unterstützung, Hilfe und Freilassung ausgeschöpft wurden. Allerdings konnte bei der Beurteilung dieser Möglichkeiten nicht allein von der gegenwärtigen Situation ausgegangen werden. Es war durchaus möglich, dass die Zentrale einmal nicht in der Lage wäre, unmittelbar Hilfe zu leisten. Auch darauf musste der IM eingestellt sein.

Die Erfahrungen aus der Praxis zeigten der HV A, dass viele inhaftierte IM durch eine gründliche Ausbildung und Vorbereitung auf direkte Konfrontationen mit dem Gegner die Untersuchungs- und Strafhaft standhaft und tapfer überstanden und den Sicherheits-/Justizbehörden kein nachrichtendienstliches Wissen preisgaben. Aus Sicht der HV A stand der folgende Bericht eines aus der Haft zurückgekehrten weiblichen Ü-IM exemplarisch für viele IM:

»Wir alle wissen, dass die Arbeit an der unsichtbaren Front notwendig ist. Die Genossen, die an dieser Front arbeiten und arbeiten werden, müssen gut vorbereitet

sein. Sie müssen wissen, dass unsere Arbeit nicht risikolos ist und müssen deshalb auch auf eine eventuelle Feindkonfrontation eingestellt werden. […]
Während der Haft hatte ich viel Zeit zum Denken. Stets hatte ich auch in dieser Einsamkeit die Gewissheit, dass mein Mann und ich für die gerechteste Sache der Welt gearbeitet hatten. Während dieser Zeit kamen mir auch besonders deutlich die Genossen in Erinnerung, die während der Zeit des Faschismus für ihre Überzeugung im Konzentrationslager mit dem Leben zahlen mussten. Auch daraus schöpfte ich die Kraft, die ich brauchte, um die Verhöre, das Leben in den Anstalten und die Einsamkeit zu überstehen. Ich war bestrebt, dem Feind auch noch in dieser Situation Respekt und Achtung durch meine Haltung abzuringen. Ich wusste, dass ich nicht nur für mich stehe, sondern auch für meine Genossen, meine sozialistische Heimat.«[176]

Anmerkungen

1   Vgl.: Definition: »Politisch-operative Arbeit«. In: Siegfried Suckut (Hrsg.): *Das Wörterbuch der Staatssicherheit.* Berlin 1996, S. 376.
2   Markus Wolf: *Spionagechef im geheimen Krieg: Erinnerungen.* München 1997, S. 85 f.
3   Werner Großmann: *Bonn im Blick. Die DDR-Aufklärung aus der Sicht ihres letzten Chefs.* Berlin 2007, S. 29 f.
4   Vgl.: O. A.: *Deckname Stabil. Stationen aus dem Leben und Wirken des Kommunisten und Tschekisten Paul Laufer.* Leipzig 1988, S. 82, 84.
5   Ebd., S. 84.
6   Vgl.: Ebd., S. 83 f.
7   Günter Guillaume: *Die Aussage. Protokolliert von Günter Karau.* Berlin 1988, S. 68 f.
8   Harald Gottfried: »Unmittelbar am Reaktor«. In: Klaus Eichner, Gotthold Schramm (Hrsg.): *Kundschafter im Westen. Spitzenquellen der DDR-Aufklärung erinnern sich.* Berlin 2003, S. 147.
9   Werner Großmann, Peter Böhm: *Der Überzeugungstäter,* Berlin 2017, S. 108 f.
10   Innerhalb der HV A hieß es dazu: »Die Abwehrorgane der Bundesrepublik richten ihr Augenmerk immer stärker auf Personen, die als Republikflüchtlinge nach Westdeutschland gekommen sind. Es ist daran gedacht, diese Personenkreise immer wieder einmal unter Beobachtung zu stellen, um ihren Umgang und ihre privaten Verbindungen festzustellen. Ganz besonders orientiert man sich dabei auf Personen, die in einer Partei- oder Massenorganisation der DDR waren.« *Die Rolle und die Aufgaben des Verbindungswesens in der Aufklärungsarbeit,* S. 6. (Archiv des Verfassers).
11   Manfred Bols: *Ende der Schweigepflicht. Aus dem Leben eines Geheimdienstlers.* Berlin 2002, S. 104 ff.
12   Rainer O. M. Engberding: *Spionageziel Wirtschaft. Technologie zum Nulltarif.* Düsseldorf 1993, S. 33.
13   Vgl.: Ebd.
14   Johanna Olbrich: *Ich wurde Sonja Lüneburg,* S. 12 f.
15   Elisabeth Pfister: *Unternehmen Romeo. Die Liebeskommandos der Stasi.* Berlin 1999, S. 163 f.
16   Vgl.: Rainer O. M. Engberding: *Spionageziel Wirtschaft. Technologie zum Nulltarif.* Düsseldorf 1993, S. 34 f.

17 Ebd., S. 35.

18 Vgl.: Michael Telschow, Gerald Neumann: »Die politisch-operative Analyse der Möglichkeiten zur umfassenden und rationellen Nutzung der operativen Basis in der DDR für die Erarbeitung und Bearbeitung von Hinweisen auf operativ interessante Personen des Operationsgebietes [...]«, Bl. 101 f.

19 Vgl.: BV Leipzig, Der Leiter: »Dienstanweisung Nr. 1/84 vom 22. März 1989 zur Nutzung aller geeigneten Potenzen der operativen Basis zur Unterstützung der Aufklärung und zur Erhöhung ihrer Effektivität«. BStU, ohne Signatur, Bl. 11.

20 Vgl.: Lutz Schuart: Diplomarbeit zum Thema: »Das Erkennen der Motive, ihre Nutzung bei der Werbung und ihre Entwicklung in der ersten Phase der Zusammenarbeit mit IM aus dem Kreis positiver Jugendlicher aus Erweiterten Oberschulen sowie Fach- und Hochschulen die für die perspektivische Entwicklung zum Einsatzkader in das Operationsgebiet vorgesehen sind«. O. O. 1976, BStU, JHS, MF, VVS 001-366/76, Bl. 9-12.

21 Bei der »Aktion Grün« handelte es sich um Überprüfungen beziehungsweise Ermittlungen des MfS zu Personen im Vorfeld von Einberufungen zu den Grenztruppen der DDR.

22 Vgl.: Lutz Schuart: »Das Erkennen der Motive, ihre Nutzung bei der Werbung und ihre Entwicklung in der ersten Phase der Zusammenarbeit mit IM aus dem Kreis positiver Jugendlicher aus Erweiterten Oberschulen sowie Fach- und Hochschulen die für die perspektivische Entwicklung zum Einsatzkader in das Operationsgebiet vorgesehen sind«, Bl. 12-16.

23 Vgl.: Ebd., Bl. 17-23.

24 IM-Vorgang »Hans Fischer«. Zitiert nach: Lutz Schuart: »Das Erkennen der Motive, ihre Nutzung bei der Werbung und ihre Entwicklung in der ersten Phase der Zusammenarbeit mit IM aus dem Kreis positiver Jugendlicher aus Erweiterten Oberschulen sowie Fach- und Hochschulen die für die perspektivische Entwicklung zum Einsatzkader in das Operationsgebiet vorgesehen sind«, Bl. 30, 65.

25 Vgl. Lutz Schuart: »Das Erkennen der Motive, ihre Nutzung bei der Werbung und ihre Entwicklung in der ersten Phase der Zusammenarbeit mit IM aus dem Kreis positiver Jugendlicher aus Erweiterten Oberschulen sowie Fach- und Hochschulen die für die perspektivische Entwicklung zum Einsatzkader in das Operationsgebiet vorgesehen sind«, Bl. 24-37.

26 Vgl.: Ebd., Bl. 37-43.

27 Vgl.: Ebd., Bl. 44-50.

28 Vgl.: Ebd., Bl. 51 ff.

29 Vgl.: Ebd., Bl. 53-56.

30 Vgl.: Ebd., Bl. 56-59.

31 In den 1980er Jahren gab es dann auch lesens- und sehenswerte Bücher und Filme aus dem Bereich der Abwehr. Beispielhaft genannt seien die Bücher *Aktion Januskopf* von Hans Siebe, *Go oder Doppelspiel im Untergrund* von Günter Karau und *Im Namen des Kranichs* von Herbert Schauer sowie die Filme *Radiokiller* (1980) und *Irrläufer* (1985).

32 Vgl.: Lutz Schuart: »Das Erkennen der Motive, ihre Nutzung bei der Werbung und ihre Entwicklung in der ersten Phase der Zusammenarbeit mit IM aus dem Kreis positiver Jugendlicher aus Erweiterten Oberschulen sowie Fach- und Hochschulen die für die perspektivische Entwicklung zum Einsatzkader in das Operationsgebiet vorgesehen sind«, Bl. 60 f.

33 Vgl.: Steffen Flachs, Horst Schirmer: Forschungsergebnisse zum Thema: »Die Weiterentwicklung der Methodik zur Feststellung der Eignung von IM der HV A – untersucht an Übersiedlungs-IM«. 1979. BStU, ZA, MfS, JHS, Nr. 21.894, Bl. 47-55.

34 Vgl.: Ebd., Bl. 127.

35 Vgl.: Werner Roitzsch, Gerd Lips: Forschungsergebnisse zum Thema: »Die wissenschaftliche Bewertung des psychophysiologischen Verfahrens der Stimmanalyse, seine Einsatzmöglichkeiten und -grundsätze in der politisch-operativen Aufklärungsarbeit des MfS«. 1979. BStU, ZA, MfS, JHS, Nr. 21890, Bl. 9.

36 Vgl.: Ebd., Bl. 57-68.

37 Vgl.: Ebd., Bl. 71–74.

38 Vgl.: Ebd., Bl. 74–78.

39 Vgl.: Ebd., Bl. 78 ff.

40 Vgl.: Ebd., Bl. 81 ff.

41 Vgl.: Ebd., Bl. 84–88.

42 Vgl.: Ebd., Bl. 89 ff.

43 Vgl.: Ebd., Bl. 100 ff.

44 Vgl.: Ebd., Bl. 103.

45 Vgl.: Ebd., Bl. 105–118.

46 Vgl.: Ebd., Bl. 119–126.

47 Die Eignungsuntersuchungen wurden jeweils von einem Psychologen mit abgeschlossener Ausbildung, der sich in der operativen Arbeit Grundkenntnisse und Erfahrungen angeeignet hatte, sowie einem psychologisch geschulten, operativ erfahrenen Offizier durchgeführt.

48 Im Beidokument wurden alle Hinweise und Probleme erfasst, die während der Untersuchung des IM bekannt wurden und die für die vorgangsführende Diensteinheit von Interesse waren, aber nicht im Gutachten behandelt werden konnten.

49 Vgl.: Steffen Flachs, Horst Schirmer: Forschungsergebnisse zum Thema: »Die Weiterentwicklung der Methodik zur Feststellung der Eignung von IM der HV A – untersucht an Übersiedlungs-IM«. 1979. BStU, ZA, MfS, JHS, Nr. 21.894, Bl. 127–135.

50 Ebd.: Anlage 1, Bl. 156–165

51 Ebd., Anlage 1, Bl. 156–165.

52 Ebd., Anlage 2, Bl. 166 ff.

53 Ebd., Anlage 2, Bl. 166 ff.

54 Vgl.: Werner Roitzsch, Gerd Lips: »Die wissenschaftliche Bewertung des psychophysiologischen Verfahrens der Stimmanalyse, seine Einsatzmöglichkeiten und -grundsätze in der politisch-operativen Aufklärungsarbeit des MfS«, Bl. 9 f.

55 »Aktivation«: Zustand des Erregtseins als Voraussetzung für die normalen psychischen Funktionen im Wachzustand. Auf: *Duden online*: https://www.duden.de/rechtschreibung/Aktivation. Zugriff am 6. Oktober 2021.

56 Stresssensibilität ist eine auf die Anforderung (kognitive, emotionale) unangebrachte Reaktionsweise des Organismus bei mittleren Belastungen physischer, kognitiver oder emotionaler Form, die zu permanenten emotionalen Spannungszuständen führt.

57 Vgl.: Werner Roitzsch, Gerd Lips: »Die wissenschaftliche Bewertung des psychophysiologischen Verfahrens der Stimmanalyse, seine Einsatzmöglichkeiten und -grundsätze in der politisch-operativen Aufklärungsarbeit des MfS«, Bl. 71–74.

58 Vgl.: Werner Roitzsch, Gerd Lips: »Die wissenschaftliche Bewertung des psychophysiologischen Verfahrens der Stimmanalyse, seine Einsatzmöglichkeiten und -grundsätze in der politisch-operativen Aufklärungsarbeit des MfS«, Bl. 74 f.

59 »Kontraindikation«: Umstand, der die Anwendung eines bestimmten Medikaments oder einer an sich zweckmäßigen therapeutischen Maßnahme verbietet; Gegenanzeige. Auf: *Duden online*: https://www.duden.de/rechtschreibung/Kontraindikation. Zugriff am 6. Oktober 2021.

60 »Reagibilität«: Eigenschaft, Fähigkeit, sehr sensibel zu reagieren. Auf: *Duden online*: https://www.duden.de/rechtschreibung/Reagibilitaet. Zugriff am 6. Oktober 2021.

61 Vgl.: Werner Roitzsch, Gerd Lips: »Die wissenschaftliche Bewertung des psychophysiologischen Verfahrens der Stimmanalyse, seine Einsatzmöglichkeiten und -grundsätze in der politisch-operativen Aufklärungsarbeit des MfS«, Bl. 76 f.

62 Vgl.: Ebd., Bl. 80 f.

63 Vgl.: Dieter-Jürgen Matter: Diplomarbeit zum Thema: »Die Schaffung der operativen Basis eines inoffiziellen Mitarbeiters im Operationsgebiet«. 1969, BStU, ZA, MfS, JHS, MF 2926, Bl. 6.

64   Vgl.: Ebd., Bl. 6 ff.

65   Vgl.: Ebd., Bl. 8 f.

66   Vgl.: Ebd., Bl. 9.

67   Vgl.: Ebd., Bl. 10 ff.

68   Vgl.: Ebd., Bl. 12 ff.

69   Vgl.: Ebd., Bl. 14 f.

70   Vgl.: Ebd., Bl. 15 f.

71   Vgl.: Ebd., Bl. 16–23.

72   Vgl.: Ebd., Bl. 24–27.

73   Vgl.: Ebd., Bl. 27 ff.

74   Vgl.: Ebd., Bl. 29–32.

75   Vgl.: Ebd., Bl. 33 f.

76   Vgl.: Ebd., Bl. 34 ff.

77   Vgl.: Ebd., Bl. 37–44.

78   Ebd., Bl. 45.

79   Vgl.: Ebd., Bl. 44–49.

80   Vgl.: Ebd., Bl. 50–58.

81   Vgl.: Ebd., Bl. 58–63.

82   Vgl.: Ebd., Bl. 63–67.

83   Vgl.: Ebd., Bl. 67–73.

84   »Bericht und Antrag des 2. Untersuchungsausschusses«, Bundestagsdrucksache 7/3246. Abgedruckt in: Günter Guillaume: *Die Aussage. Protokolliert von Günter Karau*. Berlin 1988, S. 85.

85   Vgl.: Fritz Kobbelt , Helga Weser, Rainer Kaden: Forschungsergebnisse zum Thema: »Das Erkennen der objektiven und subjektiven Fehlhandlungen übersiedelter inoffizieller Mitarbeiter im Operationsgebiet als eine Grundlage für die Realisierung einer erfolgreichen Aufklärungstätigkeit des MfS«. 1978. BStU, MfS, JHS 21883–1, Bl. 30–37.

86   Vgl.: Ebd., Bl. 37 ff.

87   Vgl.: Ebd., Bl. 39–42.

88   Vgl.: Ebd., Bl. 43 f.

89   Vgl.: Ebd., Bl. 44–48.

90   Vgl.: Werner Roitzsch, Gerd Lips: »Die wissenschaftliche Bewertung des psychophysiologischen Verfahrens der Stimmanalyse, seine Einsatzmöglichkeiten und -grundsätze in der politisch-operativen Aufklärungsarbeit des MfS«, Bl. 82–87

91   Vgl.: Fritz Kobbelt, Helga Weser, Rainer Kaden: »Das Erkennen der objektiven und subjektiven Fehlhandlungen übersiedelter inoffizieller Mitarbeiter im Operationsgebiet als eine Grundlage für die Realisierung einer erfolgreichen Aufklärungstätigkeit des MfS«, Bl. 49.

92   Vgl.: Ebd., Bl. 49 f.

93   Vgl.: Ebd., Bl. 51–53.

94   Die im Folgenden aufgeführten Beispiele entstammen, wenn nicht anders angegeben, der Forschungsarbeit von Fritz Kobbelt, Helga Weser und Rainer Kaden. Vgl.: Fritz Kobbelt, Helga Weser, Rainer Kaden: »Das Erkennen der objektiven und subjektiven Fehlhandlungen übersiedelter inoffizieller Mitarbeiter im Operationsgebiet als eine Grundlage für die Realisierung einer erfolgreichen Aufklärungstätigkeit des MfS«.

95   Vgl.: Ebd., Bl. 53–57.

96   Vgl.: Ebd., Bl. 59.

97   Vgl.: Ebd., Bl. 59–63.

98   Vgl.: Ebd., Bl. 63–74.

99   Horst Felber: Forschungsergebnisse zum Thema: »Psychologische Grundsätze für die Zusammenarbeit mit IM, die im Auftrage des MfS außerhalb des Territoriums der DDR tätig sind. Untersuchungen an IM der äußeren Spionageabwehr bei direkter Konfrontation mit den feindlichen Geheimdiensten«. 1970, BStU, MfS, JHS 21798, Bl. 65.

100   Vgl.: Ebd.

101   Vgl. Fritz Kobbelt, Helga Weser, Rainer Kaden: »Das Erkennen der objektiven und subjektiven Fehlhandlungen übersiedelter inoffizieller Mitarbeiter im Operationsgebiet als eine Grundlage für die Realisierung einer erfolgreichen Aufklärungstätigkeit des MfS«, Bl. 74 f.

102   Klaus Rösler: »Psychologische Bedingungen der inoffiziellen Arbeit in das und im Operationsgebiet«, Bl. 25.

103   Horst Felber: »Psychologische Grundsätze für die Zusammenarbeit mit IM, die im Auftrage des MfS außerhalb des Territoriums der DDR tätig sind. Untersuchungen an IM der äußeren Spionageabwehr bei direkter Konfrontation mit den feindlichen Geheimdiensten«, Bl. 25.

104   Vgl.: Fritz Kobbelt, Helga Weser, Rainer Kaden: »Das Erkennen der objektiven und subjektiven Fehlhandlungen übersiedelter inoffizieller Mitarbeiter im Operationsgebiet als eine Grundlage für die Realisierung einer erfolgreichen Aufklärungstätigkeit des MfS«, Bl. 76 f.

105   Vgl.: Ebd., Bl. 77 ff.

106   Vgl.: Ebd., Bl. 79–87.

107   Vgl.: Ebd., Bl. 87 ff.

108   Vgl.: Ebd., Bl. 90 f.

109   Vgl.: Ebd., Bl. 91 f.

110   Rudolf Iwanowitsch Abel: *Zur Geschichte der sowjetischen Aufklärung und den Bedingungen der Arbeit eines Kundschafters im Operationsgebiet.* O. O., o. J., S. 49.

111   Vgl.: Fritz Kobbelt, Helga Weser, Rainer Kaden: »Das Erkennen der objektiven und subjektiven Fehlhandlungen übersiedelter inoffizieller Mitarbeiter im Operationsgebiet als eine Grundlage für die Realisierung einer erfolgreichen Aufklärungstätigkeit des MfS«, Bl. 93 ff.

112   Vgl.: Ebd., Bl. 95 f.

113   Vgl.: Ebd., Bl. 98 f.

114   Vgl.: Ebd., Bl. 100 f.

115   Vgl.: Ebd., Bl. 102.

116   Vgl.: Ebd., Bl. 102 f.

117   Vgl.: Ebd., Bl. 104 f.

118   Der Westberliner CDU-Politiker Peter Lorenz wurde am 27. Februar 1975 in Westberlin von Terroristen der Bewegung 2. Juni entführt. Er wurde am 4. März 1975 im Austausch gegen andere Gefangene von den Terroristen freigelassen.

119   Vgl.: Fritz Kobbelt, Helga Weser, Rainer Kaden: »Das Erkennen der objektiven und subjektiven Fehlhandlungen übersiedelter inoffizieller Mitarbeiter im Operationsgebiet als eine Grundlage für die Realisierung einer erfolgreichen Aufklärungstätigkeit des MfS«, Bl. 105–110.

120   Vgl.: Ebd., Bl. 110 ff.

121   Vgl.: Ebd., Bl. 112.

122   Vgl.: Ebd., Bl. 112 ff.

123   Vgl.: Ebd., Bl. 114 ff.

124   Vgl.: Ebd., Bl. 116 ff.

125   Vgl.: Ebd., Bl. 119.

126   Vgl.: Ebd., Bl. 120 ff.

127   Gerhard Block: *Verraten und verkauft. Memoiren eines Unverbesserlichen.* Berlin 2004, S.76.

128   Vgl.: Fritz Kobbelt, Helga Weser, Rainer Kaden: »Das Erkennen der objektiven und subjektiven Fehlhandlungen übersiedelter inoffizieller Mitarbeiter im Operationsgebiet als eine Grundlage für die Realisierung einer erfolgreichen Aufklärungstätigkeit des MfS«, Bl. 123 f.

129   Vgl.: Ebd., Bl. 124 ff.

130 Vgl.: Ebd., Bl. 126–129.
131 Vgl.: Ebd., Bl. 130 ff.
132 Vgl.: Ebd., Bl. 132–135.
133 Vgl.: Ebd., Bl. 136 f.
134 Vgl.: Ebd., Bl. 137 ff.
135 Vgl.: Ebd., Bl. 139.
136 Vgl.: Ebd., Bl. 140–143.
137 Vgl.: Ebd., Bl. 143–146.
138 Vgl.: Ebd., Bl. 147 f.
139 Vgl.: Ebd., Bl. 148–151.
140 Vgl.: Ebd., Bl. 151–154.
141 Johanna Olbrich: *Ich wurde Sonja Lüneburg*, S. 17 f.
142 Vgl.: Fritz Kobbelt, Helga Weser, Rainer Kaden: »Das Erkennen der objektiven und subjektiven Fehlhandlungen übersiedelter inoffizieller Mitarbeiter im Operationsgebiet als eine Grundlage für die Realisierung einer erfolgreichen Aufklärungstätigkeit des MfS«, Bl. 154 f.
143 Vgl.: Ebd., Bl. 155–158.
144 Vgl. dazu: O. A.: *Guillaume. Der Spion*. Ein dokumentarischer Bericht. Landshut 1974.
145 Bei der Aktion »Anmeldung« handelte es sich um eine systematische Suchmaßnahme des Verfassungsschutzes nach eingeschleusten IM des MfS in den 1970er und 80er Jahren. Die Aktion beruhte auf der Analyse von Fällen über enttarnte IM, konkret auf dem erkannten Modus Operandi zur Legalisierung von IM der HV A in der BRD.
146 Beispielsweise hatte Bundesinnenminister Gerhart Baum in der Zeitschrift *Quick*, Nr. 7/79, im Zusammenhang mit einem Verratsfall den Aufruf an die IM sozialistischer Sicherheitsorgane im Operationsgebiet wiederholt, ihre nachrichtendienstliche Tätigkeit abzubrechen und sich freiwillig den bundesdeutschen Abwehrbehörden zu stellen.
147 Vgl.: Fritz Kobbelt, Helga Weser, Rainer Kaden: »Das Erkennen der objektiven und subjektiven Fehlhandlungen übersiedelter inoffizieller Mitarbeiter im Operationsgebiet als eine Grundlage für die Realisierung einer erfolgreichen Aufklärungstätigkeit des MfS«, Bl. 158–164.
148 Vgl.: Ebd., Bl. 164 ff.
149 Wolfgang Böhme: *Der Engländer. Eine wahre Geschichte*. Rostock 2003, S. 172 f.
150 Gerhard Block: *Verraten und verkauft. Memoiren eines Unverbesserlichen*. Berlin 2004, S. 79.
151 Vgl.: Fritz Kobbelt, Helga Weser, Rainer Kaden: »Das Erkennen der objektiven und subjektiven Fehlhandlungen übersiedelter inoffizieller Mitarbeiter im Operationsgebiet als eine Grundlage für die Realisierung einer erfolgreichen Aufklärungstätigkeit des MfS«, Bl. 167 ff.
152 Vgl.: Ebd., Bl. 170 ff.
153 Vgl.: Ebd., Bl. 172 ff.
154 Vgl.: Ebd., Bl. 175 ff.
155 Vgl.: Ebd., Bl. 177 f.
156 Vgl: Ebd., Bl. 178–191.
157 Markus Wolf: *Die Kunst der Verstellung. Dokumente, Gespräche, Interviews*. Berlin 1998, S. 74.
158 Vgl.: Fritz Kobbelt, Helga Weser, Rainer Kaden: »Das Erkennen der objektiven und subjektiven Fehlhandlungen übersiedelter inoffizieller Mitarbeiter im Operationsgebiet als eine Grundlage für die Realisierung einer erfolgreichen Aufklärungstätigkeit des MfS«, Bl. 192–197.
159 Vgl.: Ebd., Bl. 197 f.
160 MfS, HV A, Objekt S: Schulungsmaterial vom Mai 1987 zum Thema: »Grundlegende Anforderungen an die Organisierung und Gewährleistung der Sicherheit in der operativen Arbeit unter besonderer Berücksichtigung von Gefahrensituationen«. BStU, ohne Signatur, S. 54.
161 Vgl.: Fritz Kobbelt, Helga Weser, Rainer Kaden: »Das Erkennen der objektiven und subjektiven Fehlhandlungen übersiedelter inoffizieller Mitarbeiter im Operationsgebiet als eine Grundlage für die Realisierung einer erfolgreichen Aufklärungstätigkeit des MfS«, Bl. 198.

162 MfS, HV A, Objekt S: Schulungsmaterial vom Mai 1987 zum Thema: »Grundlegende Anforderungen an die Organisierung und Gewährleistung der Sicherheit in der operativen Arbeit unter besonderer Berücksichtigung von Gefahrensituationen«. BStU, ohne Signatur, S. 57–72.

163 Vgl.: Fritz Kobbelt , Helga Weser, Rainer Kaden: »Das Erkennen der objektiven und subjektiven Fehlhandlungen übersiedelter inoffizieller Mitarbeiter im Operationsgebiet als eine Grundlage für die Realisierung einer erfolgreichen Aufklärungstätigkeit des MfS«, Bl. 199–202.

164 Vgl.: Ebd., Bl. 202–206.

165 Vgl.: Ebd., Bl. 206–210.

166 Vgl.: Ebd., Bl. 211 ff.

167 Vgl.: Ebd., Bl. 213 ff.

168 Günter Guillaume: *Die Aussage. Protokolliert von Günter Karau.* Berlin 1988, S. 374.

169 Vgl.: Fritz Kobbelt, Helga Weser, Rainer Kaden: »Das Erkennen der objektiven und subjektiven Fehlhandlungen übersiedelter inoffizieller Mitarbeiter im Operationsgebiet als eine Grundlage für die Realisierung einer erfolgreichen Aufklärungstätigkeit des MfS«, Bl. 215 f.

170 Klaus Rösler: »Psychologische Bedingungen der inoffiziellen Arbeit in das und im Operationsgebiet«, Bl. 234.

171 Vgl.: Fritz Kobbelt , Helga Weser, Rainer Kaden: »Das Erkennen der objektiven und subjektiven Fehlhandlungen übersiedelter inoffizieller Mitarbeiter im Operationsgebiet als eine Grundlage für die Realisierung einer erfolgreichen Aufklärungstätigkeit des MfS«, Bl. 216–222.

172 Vgl.: Ebd., Bl. 222–229.

173 Klaus Rösler: »Psychologische Bedingungen der inoffiziellen Arbeit in das und im Operationsgebiet«, Bl. 238.

174 Vgl. Fritz Kobbelt , Helga Weser, Rainer Kaden: »Das Erkennen der objektiven und subjektiven Fehlhandlungen übersiedelter inoffizieller Mitarbeiter im Operationsgebiet als eine Grundlage für die Realisierung einer erfolgreichen Aufklärungstätigkeit des MfS«, Bl. 229–242.

175 Gerhard Block: *Verraten und verkauft. Memoiren eines Unverbesserlichen.* Berlin 2004, S. 84–93.

176 Vgl.: Fritz Kobbelt , Helga Weser, Rainer Kaden: »Das Erkennen der objektiven und subjektiven Fehlhandlungen übersiedelter inoffizieller Mitarbeiter im Operationsgebiet als eine Grundlage für die Realisierung einer erfolgreichen Aufklärungstätigkeit des MfS«, Bl. 242–255.

13. Kapitel

Die Abwehrarbeit des Verfassungsschutzes

Die in diesem Kapitel geschilderten Fakten zur Abwehrarbeit des bundesdeutschen Verfassungsschutzes entsprechen dem Stand der 1970er/80er Jahre.

Allgemeines

Mit den Ämtern für Verfassungsschutz (ÄfV) stand der HV A ein auf Bundes- und Landesebene organisiertes Abwehrorgan gegenüber. Im Bundesamt für Verfassungsschutz (BfV) war die Abteilung IV für die Spionageabwehr zuständig, in den Landesämtern für Verfassungsschutz existierten sogenannte G-Referate.[1] Im Fadenkreuz ihrer Arbeit stand der unbekannte Agent, den es zu enttarnen galt.[2] Hans Josef Horechem schreibt zu den nachrichtendienstlichen Gegnern des Verfassungsschutzes: »Im Spionagegeschäft waren unsere Gegner die Sowjetunion mit dem KGB und dem Militärischen Nachrichtendienst (GRU) sowie die Nachrichtendienste der sowjetischen Satelliten, vor allem das Ministerium für Staatssicherheit (MfS) der DDR.«[3]

Die klassische Verdachtsfallbearbeitung

In der damaligen Literatur, insbesondere in den periodischen Drucksachen des BfV (Jahresberichte, herausgegeben vom Bundesministerium des Innern) wurde die methodische Verdachtsfallbearbeitung nicht berücksichtigt. Natürlich hatte auch der Verfassungsschutz seine Quellen zu schützen, zudem sollten in Publikationen nicht unnötigerweise Arbeitsmethoden offenbart werden. Nicht unwesentlich war in diesem Zusammenhang auch, dass die vorzeitige Preisgabe eines Verdachtes den Betroffenen in seinen Persönlichkeitsrechten dann verletzte, wenn sich der Verdacht als ungerechtfertigt herausstellte.

Beim Verfassungsschutz wurde unter klassischer Verdachtsfallbearbeitung verstanden, Hinweisen nachzugehen, die von außen an die ÄfV herangetragen wurden. Im Gegensatz dazu standen die Suchoperationen[4], bei denen die erste Initiative vom

Verfassungsschutz selbst ausging. Während die klassische Verdachtsfallbearbeitung seit Herausbildung der Abwehreinheiten Anfang bis Mitte der 1950er Jahre praktiziert wurde, entstanden Suchoperationen zu Beginn der 1970er Jahre mit den Aktionen »Anmeldung« und »Wirbelsturm«.

Das Verfolgen von Hinweisen war eine unverzichtbare Aufgabe für eine gegenüber der Exekutive (Polizei) im Vorfeld agierende Abwehrbehörde, da die Hinweise allein nur in den seltensten Fällen den für die Einleitung eines Ermittlungsverfahrens durch Strafverfolgungsbehörden notwendigen Anfangsverdacht stützten. Dazu gingen die Meinungen innerhalb des Verfassungsschutzes allerdings auseinander. Es gab Leiter, die die Außerachtlassung der klassischen Verdachtsfallbearbeitung zugunsten der Suchaktion forderten. Dabei stand der Verfassungsschutz kriminalistisch vor dem Problem, dass er in der Verdachtsfallbearbeitung – anders als die Kriminalpolizei bei der üblichen Strafverfolgung – nicht von einem Schaden ausgehen und versuchen konnte, den Täter aus der Beziehung verschiedener Personen zum angegriffenen Rechtsgut zu ermitteln. Vielmehr stellte sich der Verdacht als eine Vermutung oder Mutmaßung von Anzeichen, Anhaltspunkten oder Hinweisen dar, die auf einen bestimmten Sachverhalt deuteten. Suchten die ÄfV nun von sich aus nach solchen Anzeichen, Anhaltspunkten und Hinweisen, wurden sie im Rahmen von aktiven Sucharbeiten tätig, sie agierten also. Reagierten sie hingegen nur im Rahmen ihnen zugegangener Hinweise, blieben sie im Bereich der klassischen, weil älteren Verdachtsfallbearbeitung im Einzelfall. Diese Trennung hatte auch Einfluss auf die Organisationsstruktur einzelner ÄfV, die wie etwa das BfV, aber auch die LfV Niedersachsen, Hamburg und Schleswig-Holstein Arbeitseinheiten mit unterschiedlichen Bezeichnungen für die Suchoperationen gebildet hatten.[5]

Das Hinweisaufkommen

Ging beim Verfassungsschutz ein Hinweis ein, gleichgültig welcher Qualitätsstufe und welcher Quelle, war neben der registratorischen Behandlung eine Sachentscheidung über den Umgang sowie die Intensität der Bearbeitung zu treffen. Die damals im BfV oft zu beobachtende kommentarlose Abgabe an das zuständige LfV löste dieses Problem nicht, sondern verlagerte es allenfalls.

Im BfV war der Bearbeitungsablauf so zugeschnitten, dass die Entscheidung über die Art der Bearbeitung nicht von Anfang an durch die Fachabteilung IV, sondern durch die Registratur getroffen wurde, die der Verwaltungsabteilung Z unterstand. In der Registratur erfolgte die Zuweisung zu einem bestimmten Aktensachgebiet (ASG). Diese Eintragung wiederum zog die Bearbeitung durch das für das ASG zuständige Referat nach sich. Von möglichen späteren Umschreibungen wurde aufgrund des

Arbeitsaufwandes in der Regel abgesehen. Während Ende der 1960er Jahre der damalige Registraturleiter IV alle Eingänge mit einem Hinweis auf »Ministerium für Staatssicherheit« oder »Hauptverwaltung Aufklärung« oder die Kürzel MfS beziehungsweise HV A unter dem ASG 111 (Nachrichtendienste DDR) eintrug, wurden alle Eingänge mit einem Verweis »Verwaltung für Koordinierung« oder VfK (Militäraufklärung des MfNV) unter ASG 107 (Verdachtsfälle mit unbekanntem gegnerischem Dienst) registriert. Geschäftsmäßig aber wurden Vorgänge des ASG 111 im »DDR-Referat« IV A 3, solche des ASG 107 im »Verdachtsfallreferat« IV A 2, ab 1967 im Referat IV B 2 bearbeitet. Später hatte sich die Neigung der Registratur herausgebildet, anonyme Hinweise unter dem ASG 105 (Fälle ohne nachrichtendienstliche Relevanz) zu erfassen, für das das Referat IV B 4 zuständig war.

Erst nach der Registrierung wurden die Eingänge vorgelegt, in der Regel dem Abteilungsleiter IV. Nur bei klar erkennbarer Bedeutung des Hinweisgebers oder der belasteten Person erfolgte eine Unterrichtung der Amtsleitung (Präsident/Vizepräsident), ansonsten musste der Apparat regulierend eingreifen.

Beispiel:

Als die schwedische Reichspolizei 1978 mitteilte, der deutsche Staatsangehörige Dr. Cremer hätte sich in Stockholm unter seltsamen Umständen mit zwei DDR-Vertretern getroffen, für die eine Quelle des schwedischen Dienstes im Auftrag der DDR-Botschaft ein Gartenhaus hätte herrichten müssen, wurde dieser Eingang lediglich vom Abteilungsleiter IV abgezeichnet. Nachdem Dr. Cremer vom routinemäßig eingeschalteten Bayerischen LfV als SPD-Mitglied des Bayerischen Landtages identifiziert worden war, nahm die damalige Leitung des BfV regen Anteil. Aber erst als der Überläufer Werner Stiller den Leiter der HV A, Markus Wolf, bezeichnete, musste jeder Eingang in diesem Fall vorgelegt werden.[6]

Arten der Hinweise

Eine bedeutsame Quelle des Verfassungsschutzes stellten Hinweise aus der Bevölkerung dar. Der ehemalige Leiter der Spionageabwehr des BfV, Dirk Dörrenberg, schreibt dazu: »Eine wichtige Erkenntnisquelle für die Tätigkeit der Spionageabwehr war das bis zur ›politischen Wende‹ recht hohe Informationsaufkommen aus der Bevölkerung zum Thema MfS, das in nicht wenigen Fällen zu Erkenntnissen führte, die als Grundlage für eine Verdachtsfallbearbeitung dienten.«[7]

Die Hinweise, die dem Verfassungsschutz zugingen, waren naturgemäß von unterschiedlicher Gewichtigkeit, das heißt von verschiedener Qualifikation. Es gab unterschiedliche Meinungen darüber, wie stark der Verdacht ausgeprägt sein musste, der ein Tätigwerden des Verfassungsschutzes rechtfertigte. Experten sahen den verfassungsschutzrelevanten Verdacht vor dem strafprozessualen Verdacht entstehen. Denn zum einen war der Verfassungsschutz nur aufgerufen, Informationen zu sammeln, zum anderen stand er nicht unter dem Handlungs- und Entscheidungsgebot der Strafprozessordnung.

Die Hinweise, die die ÄfV erhielten, bewegten sich auf sehr unterschiedlichem Niveau. Teilweise enthielten sie sehr prononcierte, detaillierte Angaben über ein »agententypisches« Verhalten (zum Beispiel: »A hört an einem bestimmten Tag jeder Woche um die gleiche Zeit Zahlen aus dem Radio« oder »B fährt alle zehn Wochen in die DDR, sagt aber, er führe zu seinem Bruder nach Amsterdam«). Zum Teil waren die Hinweise aber auch sehr verschwommen und vage, teilweise auch erkennbar falsch oder erfunden. Es bedurfte jahrelanger Erfahrung der Beamten der Abwehr und einer sicheren Urteilskraft, bei diesen Hinweisen die bearbeitungswürdigen Spuren herauszufinden.

Im Gefüge der bundesdeutschen Sicherheitsbehörden war es so geregelt, dass das BfV von allen Verfahren, die der Generalbundesanwalt (GBA) als zentrale Ermittlungsinstanz in Staatsschutzdelikten einleitete und nicht an eine Generalstaatsanwaltschaft bei einem Oberlandesgericht (OLG) abgab, unterrichtet wurde. Gleiches galt bei allen Verfahren, die der Generalbundesanwalt im sogenannten Allgemeinen Register für politische Sachen (Staatsschutzsachen) mit einem ARP-Registerzeichen führte.[8] Das BfV war hierbei gefordert, den aufgekommenen Verdacht zu bewerten und, unter Übersendung vorliegender Erkenntnisse zu Personen, Objekten und Methoden, Vorschläge für die weitere Bearbeitung zu unterbreiten. Dabei ist erwähnenswert, dass lediglich eine geringe Zahl von Ermittlungsverfahren des GBA geeignet war, Verdächtige einer nachrichtendienstlichen Tätigkeit zu überführen. Die Mehrzahl der einschlägigen Fälle stammte ohnehin vom Verfassungsschutz, der sie zur exekutiven Behandlung an die Strafverfolgungsbehörde abgegeben hatte. Demgegenüber konnte der Verfassungsschutz den Generalbundesanwalt bitten, in aussichtsreichen Fällen, die etwa durch qualifizierte Hinweise aus der Bevölkerung bei der Exekutive entstanden waren, »mit den Ermittlungen innezuhalten« und dem Verfassungsschutz eine Klärung mit nachrichtendienstlichen Mitteln zu ermöglichen. Diesem Wunsch kam der GBA in aller Regel nach. Er war dazu jedoch nicht verpflichtet, sondern unterlag weiterhin dem Legalitätsprinzip, dem er durch eine Abgabe an eine andere zuständige Stelle entsprechen konnte. Der Verfassungsschutz musste dem Generalbundesanwalt in etwa vier- bis sechsmonatigen Abständen über den Stand der Ermittlungen Bericht erstatten, wobei nicht auf die Preisgabe nachrichtendienstlich beschaffter Informationen gedrängt wurde. Allerdings erforderte die Maxime der Unmittelbarkeit der Beweisführung im bundesdeutschen Strafverfahren, dass gerichtlich zu vernehmende Zeugen namhaft gemacht wurden. Ein Zeuge vom Hörensagen wurde im Verfahren wegen Landesverrats vom Bundesverfassungsgericht nicht ohne weiteres zugelassen. Das Verfahren der Bearbeitung durch den Verfassungsschutz bot sich beispielsweise an, wenn der Verdacht nur durch Überwachung des Briefverkehrs geklärt werden konnte. Der Paragraf 100 a StPO deckte nur das konspirative Abhören der Telefongespräche. Demgegenüber gestattete der Paragraf 3 des Gesetzes zum Artikel 10 des Grundgesetzes (Artikel-10-Gesetz) dem Verfassungsschutz, unter Wahrung der gesetzlichen Vorschriften, auch die ein- und ausgehenden Briefsendungen mitzulesen (G-10-Maßnahme), wobei sich die ausgehenden Sendungen mangels objektiver Zugriffsmöglichkeit meist der Überprüfung entzogen.

Eine interessante Abweichung von diesem Erfahrungssatz stellt der Fall von Wilhelm Reichenburg, früherer Fregattenkapitän der Bundesmarine, dar, der in enger Zusammenarbeit von BfV und MAD bearbeitet worden war. Reichenburg wurde durch den früheren Bundeswehroberst Rudolf Rothe gegenüber dem MAD belastet. Der MAD leitete daraufhin gegenüber Reichenburg G-10-Maßnahmen ein, die über das für den Wohnsitz Reichenburgs zuständige Postamt in München abgewickelt wurden. Als Reichenburg auf diesem Postamt zwei Einschreibebriefe an einen Journalisten aufgab, unterrichtete der Leiter des Postamtes, der zufällig die Briefe entgegennahm, den MAD, der die Briefe – gestützt auf das Artikel-10-Gesetz (G 10) – öffnete und so die Verstrickung des Journalisten erkannte. Reichenburg wurde vom Bayerischen OLG zu einer mehrjährigen Haftstrafe verurteilt, von der Erhebung einer Anklage gegen den Journalisten wurde gegen Zahlung einer Geldbuße von 5.000 DM abgesehen.[9]

Helmut R. Hammerich schreibt in seinem Buch zum Fall Reichenburg: »Reichenburg arbeitete nach seiner Zurruhesetzung als Regionalbetreuer Süddeutschland für Oberst a. D. Rudolf Rothe in der Deutschen Gesellschaft für Sozialbeziehungen e. V. in Bonn. Diese Behörde der Psychologischen Kampfführung/Verteidigung betreute von 1963 bis 1991 DDR-Flüchtlinge, die Angehörige der Grenztruppen oder der NVA waren. 1981 wurde Rothe von einem Dr. Schneider angesprochen, der sich trotz leicht sächsischem Akzent als Angehöriger eines amerikanischen Dienstes vorstellte. Im April 1984 meldete Rothe die merkwürdige Ansprache dem MAD. Verdächtigt wurde auch Reichenburg, der ebenfalls Kontakt zu Schneider pflegte. Mit Spielmaterial und einer Telefonüberwachung konnten die Verdächtigen überführt werden. Schneider gelang die Flucht, während der pensionierte Marineoffizier verhaftet wurde.«[10]

Nur die wenigsten Hinweise, die den ÄfV zugingen, besaßen die Qualität, die im Fall des GBA eine aktive Übernahme von einer zuständigen Behörde rechtfertigen konnte. In den meisten Fällen erhielt der Verfassungsschutz Kenntnis von Sachverhalten, die ihm zur fachlichen Bearbeitung überlassen wurden, ohne dass zuvor eine fachliche Instanz eingeschaltet worden war. Solche Hinweise enthielten in der Regel Auffälligkeiten, deren nachrichtendienstliche Relevanz gelegentlich als sehr fragwürdig betrachtet wurde. Schwierig war die Beantwortung insbesondere dann, wenn eine überprüfbare Beziehung zwischen Hinweisgeber und Belastetem nicht erkennbar war. Dies war beispielsweise im Fall des vermeintlichen KGB-Kundschafters Eitzenberger der Fall.[11]

Dr. Josef Eitzenberger war während des Zweiten Weltkriegs an der Entwicklung der V 2 und des Radars beteiligt. Er galt als Schöpfer der elektronischen Führung/Lenkung von Fernraketen sowie als Experte der Entwicklung von Trägerraketen für Satelliten. Ab Sommer 1945 befand sich Eitzenberger in der Sowjetunion und war dort an der Raketenentwicklung beteiligt. Nach seiner Heimkehr 1956 war er bis 1968 als Hauptabteilungsleiter für Elektrotechnik und Elektronik am Battelle-Institut in Frankfurt/Main tätig. Dort war er an der Realisierung von Aufträgen für das Bundesministerium der Verteidigung beteiligt. Im Jahr 1968 wurde Eitzenberger verhaftet und wegen angeblichem Landesverrat und Spionage für den KGB angeklagt. Nach über zweijähriger Untersuchungshaft und einem mehrmonatigen Prozess wurde Eitzenberger als dauernd verhandlungs- und haftunfähig auf freien Fuß gesetzt. Das Verfahren wurde eingestellt.[12]

Quellen der Hinweise

Wie bereits erwähnt, partizipierte der Verfassungsschutz an allen bei der Exekutive eingehenden Erkenntnis- und Verdachtsfällen. Daneben wandten sich eine Vielzahl von Personen und Institutionen mit Hinweisen an die Verfassungsschutzbehörden. Hierbei spielten die Geheimschutzbeauftragten im Behördenbereich sowie die Sicherheitsbeauftragten in der Wirtschaft eine entscheidende Rolle. Diese durch Sicherheitsrichtlinien der Bundesregierung ins Leben gerufenen Funktionsträger dürfen nicht mit Werkschutzleitern verwechselt werden. Vielmehr stellte der Werkschutz eine Einrichtung zum Schutz der Sicherheitsbelange der Behörde oder des Unternehmens dar, während der Geheimschutzbeauftragte oder der Sicherheitsbeauftragte Gesprächspartner des Verfassungsschutzes zur Realisierung der Sicherheitsüberprüfungen war. Grundsätzlich musste einer Sicherheitsüberprüfung unterzogen werden, wer entweder zum Zugang oder zum Umgang mit Verschlusssachen bestimmter Stufen ermächtigt werden sollte. Zugang zu Verschlusssachen bedeutet die Kenntniserlangung ihres Inhaltes, die in der Regel durch die Bearbeitung der Verschlusssache erlangt wird. Umgang mit Verschlusssachen bedeutet lediglich die physische Behandlung etwa als Bote mit einer verschlossenen Tasche. In der Praxis ist ein Unterschied nicht erkennbar.

Gleiches galt bei einer vorgesehenen Beschäftigung in sicherheitsempfindlichen Bereichen, ohne dass es auf einen Umgang mit oder Zugang zu Verschlusssachen ankam. Während die Ressorts – die obersten Bundesbehörden – mit ihrem Unterbau ihre sicherheitsempfindlichen Bereiche mit dem Verfassungsschutz festlegten, war in der Wirtschaft nur der Teil sicherheitsempfindlich, der mit VS-geschützten und damit verfassungsschutzbetreuten Aufträgen des Bundesministers der Verteidigung arbeitete. Konzerne wie Messerschmidt-Bölkow-Blohm oder die Motoren- und Turbinen-Union München, die überwiegend in der Rüstungsindustrie tätig waren, bestanden fast ausschließlich aus sicherheitsempfindlichen Bereichen. Ein Multikonzern wie Brown, Boveri & Cie. War dagegen nur in dem Bereich der Fertigung von rüstungstechnischen Steuerelementen geschützt. Die Kühlschrankproduktion des Unternehmens unterlag zwar auch der Obhut des Konzernsicherheitsbeauftragten, aber nur in seiner Eigenschaft als Vorgesetzter des Werkschutzes, nicht in der des Gesprächspartners für den Verfassungsschutz.

Im Laufe der Jahre hatte sich ein gutes Verhältnis zwischen den Geheimschutzbeauftragten und den Sicherheitsbeauftragten einerseits und dem Verfassungsschutz andererseits herausgebildet. Dies galt nicht nur auf dem Sektor der für die Sicherheitsüberprüfungen zuständigen Arbeitseinheiten – im BfV der Abteilung V –, sondern auch zu anderen Arbeitseinheiten, insbesondere der Spionageabwehr. Allerdings sahen mehrere Geheimschutzbeauftragte und insbesondere die Sicherheitsbeauftragten der Industrie den einzigen ihnen zustehenden Zugang zum Verfassungsschutz in der Sicherheitsabteilung. So wurden zwar aus diesen Bereichen wichtige Hinweise erwartet, diese waren jedoch häufig belastet durch einen unnötigen Mitwisserkreis bei der Sicherheitsabteilung. Dieses System der Geheimschutzbeauftragten litt an zwei Entwicklungen:

1. Die Geheimschutzbeauftragten wechselten in der Regel alle drei Jahre ihre Funktion innerhalb ihrer Behörde oder verblieben nur dann auf dem Posten, wenn sie mangels Qualifikation oder politischer Fehlausrichtung anders nicht mehr zu verwenden waren.

2. Die Sicherheitsbeauftragten in der Wirtschaft waren meist nicht daran interessiert, einen Agenten zu entlarven, da ein solcher Fall ihrem Unternehmen nur negative Schlagzeilen gebracht hätte. Ihnen genügte eine fachlich fundierte positive Stellungnahme des Verfassungsschutzes zu einem nachrichtendienstlichen Verdacht, um arbeitsrechtliche Schritte gegen den verdächtigen Beschäftigten einzuleiten. Auf diesem Weg konnte eine Schadensentwicklung, unter Umständen auch mit der Zahlung einer Abfindung, lautlos aus der Welt geschafft werden.

Die großen Fälle von Industrie- oder Militärspionage gegen die Rüstungsindustrie wurden ausnahmslos nicht durch Hinweise der Sicherheitsbeauftragten aufgedeckt:

Im Fall Rolf Hecht/Jürgen Reichwald machte Marietta Reichwald einer Freundin gegenüber im angetrunkenen Zustand entsprechende Angaben. Die Freundin informierte das Bayerische LfV. Im Fall Manfred Rotsch erhielt der Verfassungsschutz durch einen befreundeten französischen Nachrichtendienst die entsprechende Information – unter Berufung auf Angaben einer Quelle aus Moskau.

Gleichwohl war das System von Geheimschutz- und Sicherheitsbeauftragten aus dem Sicherheitsbereich der Bundesrepublik nicht wegzudenken – übrig blieb jedoch der weite Bereich der Verwaltung einerseits und Wirtschaft/Industrie andererseits, der nicht mit einem Geheimschutz- oder Sicherheitsbeauftragten ausgestattet und damit nicht im eigentlichen Sinne sicherheitsbetreut war. Dort gab es keine geordnete Zusammenarbeit mit dem Verfassungsschutz oder sonstigen Sicherheitsbehörden. Hinweise blieben der Privatinitiative des Einzelnen überlassen. Dabei stellten die zunehmenden Bedenken der Bevölkerung vor Datenerfassungen eine Hemmschwelle dar. So wurde durch G-10-Maßnahmen gegen Deckadressen in der DDR bekannt, dass ein Rechtsreferendar in Hamburg Opfer einer Briefanbahnung geworden war. In der Befragung erklärte er, den nachrichtendienstlichen Charakter zwar erkannt, von einer Meldung aber keinen Gebrauch gemacht zu haben, weil er eine Tätigkeit im öffentlichen Dienst anstrebte und daher seine Erfassung auf den Computern der Sicherheitsbehörden verhindern wollte.

Trotz dieser Hemmschwelle und trotz der aufgezeigten Schwierigkeiten gingen den Sicherheitsbehörden der Bundesrepublik so viele Hinweise zu, dass in den Jahren von 1980 bis 1985 jeweils 600 bis 700 Werbungen und Werbungsversuche der Nachrichtendienste kommunistischer Staaten erfasst werden konnten, davon gingen nach Einschätzung des BfV 50 bis 60 Prozent von den Diensten der DDR aus. Etwa die Hälfte der Hinweise ging auf Selbststeller zurück.

Immerhin wurden 300 bis 400 Fälle durch Hinweise auf andere Personen erfasst, in geringerem Umfang auch durch Suchoperationen der ÄfV. Unberücksichtigt ist dabei die Zahl der Fälle, die nicht gelöst werden konnten. Nach Angaben Tiedges schwieg sich der Verfassungsschutz über die Dunkelziffer aus. Dr Günther Nollau sprach von 3.000 bis 5.000 Fällen, Heribert Hellenbroich von etwa 3.000.[13]

Methoden der Bearbeitung

Die Vielfalt möglicher Verdachtsfälle war grenzenlos und es wäre ein aussichtloses Unterfangen, ihr Erscheinungsbild katalogisieren zu wollen. Dennoch soll im Folgenden aufgezeigt werden, wie der Verfassungsschutz beim Vorliegen bestimmter Verdachtsmomente arbeitete. Auf die Hinweise aus der Bevölkerung wird verzichtet, die folgenden Darstellungen stellen lediglich bestimmte Standardsituationen vor.

Funkfälle

Seit den frühen 1950er Jahren hörten die Sicherheitsbehörden der Bundesrepublik die Funkverkehre der Aufklärungsorgane sozialistischer Staaten mit. Unter Führungsfunk wurde der Funk verstanden, der zur Führung der einzelnen IM (Illegalen) von der Sendezentrale auf dem Territorium eines sozialistischen Staates abgesetzt wurde. Diese Aufgabe nahm der Funkbeobachtungsdienst (FB-Dienst) des BGS von Heimerzheim (davor Hangelar bei Bonn) aus wahr. Der FB-Dienst war ein wesentlicher Teil der Gruppe Fernmeldewesen des BGS, die Außenstellen in Lübeck, Leer sowie Rosenheim unterhielt. Die fachliche Steuerung des FB-Dienstes lag beim BfV, hier insbesondere bei den Gliederungseinheiten IV D (sowjetische Nachrichtendienste) beziehungsweise IV D 3 (Agentenfunk).

Im Jahr 1956 gelang es dem BfV, den individuell nicht überschlüsselten Funkcode zu entziffern. Dabei spielten die sprachlichen Häufigkeitsgesetze für das Vorkommen einzelner Buchstaben und Binome eine entscheidende Rolle. Aufgrund der seinerzeit üblichen Bezugnahme in den Funksprüchen auf persönliche Ereignisse (Geburtstagsglückwünsche, Gratulation zur Kindsgeburt) oder auf weitere Beteiligte, vor allem deren Erwähnung mit Klarnamen, konnten nach der Entschlüsselung der Funksprüche eine Reihe aktiver nachrichtendienstlicher Verbindungen erkannt werden. Die letzten Opfer dieser Abwehrmethode waren Christel und Günter Guillaume.[14]

Markus Wolf erinnert sich:

»Vielleicht hätte all das noch nicht zur Katastrophe führen müssen, wenn unser Agent einen x-beliebigen Namen wie Meier oder Schulze gehabt hätte – vielleicht. Aber das Schicksal nahm unerbittlich seinen Lauf, als der misstrauisch gewordene Beamte eines Tages in der Kantine mit einem Kollegen fachsimpelte, der ungeklärte Fälle nichtidentifizierbarer Empfänger von Funktelegrammen bearbeitete. Hierzu muss ich erläutern, dass mein Dienst in den 50er Jahren ein sowjetisches Chiffriersystem verwendet hatte, bis wir erfuhren, dass westliche Dienste es mittels EDV geknackt hatten und die Telegramme nicht nur dechiffrieren, sondern sogar Empfängern zuordnen konnten. Daraufhin zogen wir das System aus dem Verkehr und überprüften, wieweit unsere Leute in der Bundesrepublik durch von uns versandte Telegramme gefährdet waren. Im Fall der Guillaumes gelangten wir zu der Ansicht, die Telegramme an sie aus der Anfangszeit ermöglichten keine Rückschlüsse auf ihre Identität. Zweifellos hätten wir nicht so gedacht, wenn wir geahnt hätten, an welche exponierte Stelle sie einmal geraten würden. Was wir außerdem zu berücksichtigen vergaßen, waren die Geburtstags- und Neujahrsglückwünsche, die unser Dienst an seine Mitarbeiter zu schicken pflegte.

Beim Kantinengespräch der beiden Abwehrleute erinnerte sich der Verfassungsschützer, der mit den ungeklärten Funkvorgängen beschäftigt war, an einen seiner
Vorgänge, der einen Agenten betraf, dessen Name offenbar mit G. begann, der gegen
Ende der 50er Jahre aktiv geworden war, Zugang zur SPD hatte und bedeutend genug
sein musste, um Glückwunschtelegramme aus Ost-Berlin zu erhalten. Der Beamte
nahm sich die Akte mit den Telegrammen vor und verglich die Daten der Glück-
wünsche mit den Geburtstagen der Familie Guillaume. Von da an war alles klar.«[15]
In allen Fällen sah sich das BfV gezwungen, neben den vorliegenden nachrichtendienstlich ausreichenden auch noch gerichtsverwertbare Erkenntnisse zu beschaffen. Denn aufgrund einschränkender Verpflichtungen, die das BfV im Rahmen
der weltweiten Zusammenarbeit westlicher Staaten auf dem Gebiet der Funkbeobachtung eingegangen war, vermochte das Amt nicht, aus eigener Entscheidung
die Funksprüche in ein Gerichtsverfahren einfließen zu lassen. In einigen Fällen,
beispielsweise Guillaume und Dürrbeck[16], wurde sich aus echter oder vermeintli-
cher Beweisnot über die internationalen Bindungen hinweggesetzt, Funksprüche
wurden dort Gegenstand der Gerichtsakten.
Nach Einführung der individuellen Überschlüsselungszahlen (I-Wurm)[17], die mit
dem durch Anwendung der Verschlüsselungstafel gewonnenen Zahlen zu addieren
waren, war ein Entschlüsseln der Sprüche wegen Fortfall der Häufigkeitskriterien
nicht mehr möglich. Dennoch wurden die aufgefangenen Funksprüche aufgezeich-
net. Dabei wurden zwei Ziele verfolgt:

- Zum einen wurden sogenannte Funklinien erarbeitet, die es erlaubten, Funksprüche bestimmten, wenn auch nicht identifizierbaren IM zuzuordnen, um so Anhaltspunkte für die Anzahl von Blindsprüchen zu erhalten (Blindsprüche waren
  Funksprüche, die in üblichen Fünfergruppen abgesetzt wurden, aber keinem IM
  galten, sondern als Füllmaterial lediglich den Eindruck nachrichtendienstlicher
  Aktivität erwecken sollten).
- Zum anderen wurde erhofft, perspektivisch bei der Enttarnung von IM verbrauchte, aber nicht vernichtete Schlüsselzahlen aufzufinden, mit deren Hilfe die
  Entschlüsselung bereits abgesetzter Funksprüche möglich wäre. Auf diese Weise
  wollte der Verfassungsschutz nicht nur Hinweise auf den Umfang des Verrates,
  sondern – unter Verwendung der Funklinienerkenntnisse – auch auf die Dauer
  des Bestehens dieses nachrichtendienstlichen Verbindungsweges erhalten.

Dieser Aufgabe ging der FB-Dienst im Dreischichtdienst rund um die Uhr nach.
Eine Tagesschicht bestand aus etwa 25 Beamten, von denen die Mehrzahl die stets
wiederkehrenden, periodischen Sendetermine überwachte und aufzeichnete. Diese
Funksprüche wurden sofort im zentralen Computer gespeichert. Eine Minderheit
kontrollierte den auf diese Weise nicht abgedeckten Kurzwellenbereich.

Andere Einheiten des FB-Dienstes versuchten daneben, in internationaler Zusammenarbeit von Schweden über Italien bis in die USA durch Fernpeilung die genauen Standorte der Sendezentralen der sozialistischen Staaten zu ermitteln. Im nationalen Bereich versuchte der FB-Dienst in den zweiseitigen Funkverkehr einzubrechen. Daneben erschloss der FB-Dienst auch Neuland. So gelang es ihm in den 1980er Jahren, den Gebrauch von Scannern durch legale Residenturen nachzuweisen. Diese Scanner waren mobile Geräte, mit denen Funkverkehre auf bestimmten Frequenzen – so denen der Sicherheitsbehörden – festgestellt, aber nicht notwendigerweise mitgehört werden konnten. Außerdem hörte der FB-Dienst den DDR-internen Observationsfunkverkehr im grenznahmen Raum ab. Allerdings blieb diese Tätigkeit eine Domäne des BND und der amerikanischen National Security Agency (NSA).[18]

Beweisprobleme

Nicht nur bei Funkfällen, mehr noch bei Informationen schutzbedürftiger Quellen, vor allem solcher, über die er nicht selbst verfügen konnte, war der Verfassungsschutz gezwungen, die vorliegenden Informationen gerichtsverwertbar zu machen. Das bedeutete, er musste sich bemühen, die Informationen mit eigenen, quellenfremden Beweismitteln zu belegen. Das dies nicht immer einfach war, liegt auf der Hand. Als Dr. Richard Meier 1975 Präsident des BfV wurde, übergab ihm die Central Intelligence Agency (CIA) als Antrittsgeschenk eine aus Hinweisen auf vier Personen bestehende, dem absoluten Quellenschutz unterliegende Information, die nach Verfassungsschutzanalyse aus dem polnischen Nachrichtendienst stammen musste. Trotz sofortiger intensiver Bearbeitung gelang es lediglich, den Hinweis auf Helge Berger[19] zu klären. Die Hinweise, beispielsweise auf den Leiter der Auswertung des BfV sowie die Sekretärin im Auswärtigen Amt Edith S., konnten vom BfV keiner erfolgreichen Klärung zugeführt werden. Auch Helge Berger konnte erst nach wochenlanger, pausenloser Observation bei einer konspirativen Gepäckübergabe im Zug bei dessen Einfahrt in den Dortmunder Hauptbahnhof überführt werden.

Derartige qualifizierte und im Ergebnis sichere Hinweise stellten den Verfassungsschutz vor ähnliche Probleme wie Hinweise aus der Bevölkerung. Zwar war die Ausgangsbasis ungleich besser und die Bereitschaft der Leitungsebene, Observations- und G-10-Unterstützung zu gewähren, leichter zu wecken. Dennoch waren es insgesamt wenige Ereignisse, die zu einer Überführung ausreichten. Hier stand natürlich an erster Stelle der persönliche Treff des IM mit einem Abgesandten der Zentrale (Resident, Instrukteur, Kurier).[20] Da aber solche Treffs in unregelmäßigen, nicht periodischen Abständen stattfanden, barg die letztlich erfolglose Observation in der Zwischenzeit die permanente Gefahr der Enttarnung in sich. Auch erschwerten Treffs im Ausland die ad-hoc-Verfolgung zum Zielort.[21]

Andererseits bestand für den Verfassungsschutz nicht die Möglichkeit, die Information mit dem Quellenschutzhinweis an die Exekutive weiterzugeben. Zum einen konnte das BKA im Rahmen der Strafverfolgung nicht ohne Auftrag des Generalbundesanwalts tätig werden. Hatte der GBA aber einen solchen Auftrag erteilt, was mit der Einleitung eines Ermittlungsverfahrens einherging, unterlagen beiden dem Legalitätsprinzip der Strafprozessordnung. Der Verfassungsschutz stand damit vor einer Kalamität: Verheimlichte er dem GBA die den Verdacht tragende, aber dem Quellenschutz unterliegende Information, war dieser kaum bereit, ein Ermittlungsverfahren einzuleiten, da er den Verdacht einer Straftat in Zweifel zog. Teilte der Verfassungsschutz sie ihm aber mit und floss sie in das Ermittlungsverfahren ein, verselbstständigte sie sich und war der Kontrolle durch das BfV entzogen.[22]

Aufdecken weiterer Kontakte

Gemäß der Devise: »Erkannter Verrat ist halber Verrat«, strebte der Verfassungsschutz an, einen Fall nach Möglichkeit nicht nur mit der Eliminierung oder Neutralisierung eines IM zu beenden, sondern nach Möglichkeit das gesamte Verbindungswesen zu enttarnen – in erster Linie Kuriere, Instrukteure und (rein theoretisch) Führungsoffiziere, aber auch eventuelle Unteragenten. Deswegen stellte sich die Frage nach dem Zugriff gegen einen IM nur dann, wenn die Ermittlungen auf eine unmittelbare Führung aus dem Land des auftraggebenden Dienstes hinwiesen. Bei Suchoperationen gegen Reisekader beispielsweise half deren Festnahme nur wenig, wenn es nicht gelang, die von ihnen geführten Quellen zu identifizieren.

In anderen Fällen waren zusätzliche Maßnahmen angezeigt. So war das BfV ein Jahr vor der Festnahme des KGB-Kundschafters Manfred Rotsch durch den französischen Dienst DGSE über Auffälligkeiten beim Konzern Messerschmitt-Bölkow-Blohm informiert worden. Ein Jahr lang versuchte der Verfassungsschutz, die von der Quelle des DGSE genannten Verbindungen von Rotsch zur KGB-Legalresidentur in Österreich aufzudecken und eine Abgabe an die Exekutive von der Quelleninformation loszulösen. Da Rotsch gewarnt worden war, blieben die Bemühungen erfolglos. Ähnlich taktierte der Verfassungsschutz in den Einzelfällen, die sich als Erfolge der Aktion »Anmeldung« erwiesen hatten. Nicht die Festnahme des einzelnen IM stand im Mittelpunkt, sondern die Identifizierung des von ihm geführten Bundesbürgers. Bis auf den Fall der Sekretärin Helge Berger im Auswärtigen Amt sind alle Sekretärinnen-Fälle auf diese Weise aufgekommen.[23]

Angaben von Überläufern

Eine besondere Qualität besaßen für den Verfassungsschutz die Angaben von Überläufern, vorausgesetzt, ihre Angaben galten insgesamt als glaubwürdig. Nach den Erfahrungen Hansjoachim Tiedges erlagen »viele Angehörige des Verfassungsschutzes der Versuchung, jede Äußerung von Überläufern für bare Münze zu nehmen und auf die Goldwaage zu legen.«[24] Dies wurde gemäß Tiedge besonders im Fall des zum BND übergelaufenen Oberleutnants der HV A, Werner Stiller, deutlich. Während seine Angaben über sein Referat (Referat 1 der Abteilung XIII des Sektors Wissenschaft und Technik der HV A) ausgezeichnet und über den SWT sehr gut waren – und für den Verfassungsschutz völlig neu –, waren die meisten seiner Angaben über die restliche HV A deutlich in der Qualität gemindert. Angaben über andere Teile des MfS waren nur mit Vorbehalt zu verwenden. Die Angaben Stillers wurden vom Verfassungsschutz zum Teil als nicht anzweifelbare, lautere Wahrheit verstanden, ohne zu differenzieren, wie weit Stiller vom Objekt seiner Beschreibung entfernt war.

Die Angaben von Überläufern bezogen sich nur zu einem Teil auf Interna ihres ehemaligen Dienstes, auf Personen und Geschehensabläufe. Zum anderen – und das war der wichtigere Teil – bezogen sie sich auf tätige Quellen. In solchen Fällen blieb dem Verfassungsschutz wenig Zeit und Alternative zum Handeln. Betrachtet man beispielsweise, wie vielen IM es im Jahr 1979 nach dem am 18. Januar erfolgten Übertritt Stillers gelang, in die DDR zu flüchten, obwohl die ersten Festnahmen bereits am 19. Januar stattgefunden hatten, dann wird diese Situation besonders deutlich. Aus zeitlichen Gründen wurde Stiller in den Räumen des BfV befragt. Er hatte – außerhalb der Dienstzeit – unter Begleitung nur Zugang zu einem Raum (Besprechungszimmer des Präsidenten). Das Gebäude des BfV war einerseits der sicherste Ort, andererseits stand hier die gesamte Infrastruktur (NADIS[25], Fernschreiber, Kopierer) zur Verfügung.

Da aktuelle Hinweise von Überläufern kaum eine Basis für nachrichtendienstliche Aktionen sein konnten, stellte sich dieses Problem eher den Exekutivorganen als den Nachrichtendiensten. Dennoch lehrte die Erfahrung, dass Überläufer aus Nachrichtendiensten für die Sicherheitsbehörden der Zielländer, beispielsweise für das BfV in der Bundesrepublik, immer eine Reihe von Hinweisen mitbrachten, die nicht zur Überführung von IM, mitunter nicht einmal zu ihrer Identifizierung führten. Im Fall Stiller galt dies zum einen für den Atomphysiker Bernd Richter. Richter war einst Mitarbeiter des in Genf befindlichen Atomforschungszentrums CERN. Stiller hatte von seiner Tätigkeit für die HV A gehört. Ein Ermittlungsverfahren wurde eingestellt, weil Stiller als Zeuge vom BND nicht zur Verfügung gestellt wurde. Im

Jahr 1983 setzte er sich von seiner Arbeitsstelle, dem Atomforschungszentrum in Garching, in die DDR ab. In einem anderen Fall gelang es dem Verfassungsschutz nicht, den Hinweis Stillers auf einen IM »Holbein« zu klären. Vom IM »Holbein« waren seine Geburtsstadt Karlsruhe, sein Promotionsort Freiburg sowie seine Tätigkeit wissenschaftlicher Art für einen namentlich nicht bekannten Professor der Freien Universität in Westberlin bekannt.

Wenn ein Überläufer keine eigenen operativen Kenntnisse über einen Fall besaß, konnte er jenseits der Grenze seines Wissens keine verwertbaren Hinweise geben. Für den Verfassungsschutz entstanden so ungelöste, ja unlösbare Fälle.

So verlockend der Überläufer war, beim operativen Handeln des Verfassungsschutzes bildete er kein angestrebtes Ziel. Es war selten genug der Fall, dass dem Verfassungsschutz die Klaridentität des Führungsoffiziers und das Vorhandensein von Schwachstellen bekannt wurden. Der Verfassungsschutz hätte sich bei den Bemühungen, einen Führungsoffizier des gegnerischen Dienstes in den Westen zu locken, immer der Unterstützung eines Aufklärungsdienstes versichert.[26] Das taktische Verhalten des BfV und des LfV Berlin nach der Rückkehr von Rainer Fülle[27] beispielsweise sprach nur auf den ersten Blick eine andere Sprache.[28]

Die eingesetzten Mittel

Um Feststellungen, Klärungen sowie Beweise herbeiführen zu können, standen dem Verfassungsschutz nachrichtendienstliche Mittel zur Verfügung. Im Wesentlichen wurde zwischen Abklärung, Observation, dem Einsatz geheimer Mitarbeiter sowie der Anwendung des Artikel-10-Gesetzes/technische Mittel unterschieden. Auswahl und Einsatz dieser nachrichtendienstlichen Mittel waren nicht in das Belieben der Verfassungsschutzbehörden gestellt, vielmehr unterlag ihre Anwendung streng den Grundsätzen der Verhältnismäßigkeit. Das bedeutet, ihre Anwendung regelte sich nach Gelegenheit, Erforderlichkeit und Proportionalität. Tiedge berichtet von Verstößen gegen diesen Grundsatz, etwa dann, wenn zur Feststellung des Arbeitsplatzes die Fallperson observiert wurde, anstatt Ermittlungen beim Finanzamt oder der Zentralstelle der gesetzlichen Rentenversicherer zu realisieren. Zweifellos stellte die Observation einen stärkeren Eingriff in die Persönlichkeitssphäre dar als die nachrichtendienstliche Ermittlung. Dennoch wurde sie häufig als das nachrichtendienstliche Mittel schlechthin angesehen, zum einen, weil sie als internes Mittel betrachtet wurde, zum anderen, weil Dritte weder offen noch unter Legende eingeweiht werden brauchten.[29]

Ermittlungen

Der Verfassungsschutz, vor allem das BfV, bemühte sich seit jeher, bei den Erhebungen und Feststellungen, die anhand amtlicher oder privater Unterlagen getroffen wurden, den Begriff »Ermittlungen« zu vermeiden. Dies geschah aus der Sorge heraus, die Tätigkeit des Verfassungsschutzes beinhalte ein Ermittlungsverfahren oder der Verfassungsschutz verstehe sich als Herr eines Ermittlungsverfahrens. Dieser Begriff war durch die Strafprozessordnung für die Maßnahmen der Staatsanwaltschaft und auch für die Polizei als deren Hilfsbeamte belegt. Dennoch unterschieden sich Erhebungen und Feststellungen des Verfassungsschutzes in ihrem Geschehensablauf nicht wesentlich von vergleichbaren Maßnahmen der Exekutivbehörden. Die rechtliche Qualität war allerdings eine andere. Exekutivorgane forderten Aussagen und Informationen mit hoheitlichem Eingriffsrecht, die nur unter den Verweigerungsmöglichkeiten der Strafprozessordnung verwehrt werden durften. Dem Verfassungsschutz sind derartige polizeiliche Befugnisse kraft Gesetztes untersagt. Im Umgang mit Behörden konnte sich der Verfassungsschutz lediglich auf seinen allgemeinen Anspruch auf Amtshilfe berufen. Im Umgang mit dem Bürger als Auskunftsperson konnte er auf kein Angebot zurückgreifen, um der Weigerung des Betroffenen, Angaben zu machen, entgegenzuwirken. Andererseits war der Verfassungsschutz auch nicht gehalten, ein Gespräch stets mit der Belehrung zu beginnen, dass der Bürger nicht verpflichtet sei, Angaben zu machen. Allerdings war die Verdrossenheit der bundesdeutschen Bevölkerung nicht so groß, dass sie grundsätzlich die Mitwirkung an staatlicher Aufklärungsarbeit verweigerte. Dennoch gaben sich einige Ermittler durchaus den Anschein, »eine Art Polizei« zu sein, die Anspruch auf die geforderten Angaben hätte.[30]

Bei aller Diskussion um die Grenzen verfassungsschutzrechtlicher Befugnisse sah es Tiedge als überraschend an, »zu welchen z. T. eindrucksvollen Ergebnissen Ermittler der Verfassungsschutzbehörden gelangen«[31]. War der Verfassungsschutz schon nicht verpflichtet, den Bürger auf sein Recht zu schweigen aufmerksam zu machen, so hatte er ihn erst recht nicht auf seine besonderen Aussageverweigerungsrechte hinzuweisen. Tiedge kommt zu dem Schluss: »Im Gegenteil, in der Regel wird zu Personen, die gegenüber der Polizei die Aussage verweigern könnten, ein konspiratives ›Miteinander‹ beschworen, angeblich natürlich im Interesse des eigentlich Betroffenen – in der Sprache der Exekutivbehörden des Beschuldigten. Dabei stellt das Vorgehen der Verfassungsschutzbehörden in der Regel keine arglistige Täuschung dar, da ihnen weniger an einer Verurteilung als am Aufbau einer operativen Verbindung zu diesem gelegen ist.«[32]

Observation

Die Observation, das verdeckte, heimliche und nachrichtendienstliche Beobachten einer Person, stellte einen massiven Eingriff in die Freiheitsrechte des Bürgers dar, galt aber auf der anderen Seite als das klassische nachrichtendienstliche Hilfsmittel schlechthin. Viele Erfolge des Verfassungsschutzes wären ohne Observation nicht denkbar. Beispielsweise konnte der für die tschechoslowakische Aufklärung tätige Politiker Alfred Frenzel bei der Übergabe einer Aktentasche an seinen Residenten beobachtet werden. Im Fall der Sekretärin Helge Berger wurde die Übergabe eines Koffers im Zug an den unerkannt mitreisenden Instrukteur beobachtet und im Fall der im Bundespräsidialamt tätigen Sekretärin Margarete Höke der enttarnende Kontakt zu einem Residentenehepaar aus der Schweiz.

Die Observation war allerdings ein sehr teures Hilfsmittel, so dass im BfV die Entscheidung über einen Observationseinsatz dem Abteilungsleiter IV vorbehalten war, nachdem ein entsprechender Antrag vom Leiter der interessierten Referatsgruppe sowie vom Leiter der Referatsgruppe IV D, zu dem die beiden Observationsreferate gehörten, abgezeichnet worden war. Träger der Observation waren die Observationstrupps, die aus einem Truppführer, einem stellvertretenden Truppführer sowie sechs bis acht Observanten bestanden. Bei motorisierten Einsätzen verteilten sich diese Observanten in den 1980er Jahren auf vier bis fünf Pkw, die alle mit konspirativ eingebauten Funkgeräten ausgestattet waren. Die Wagen der Truppführer waren zusätzlich mit öbL-Telefonen[33] und Eurosignalgeräten[34] ausgestattet.

Die rechtlichen Grenzen der Observation wurden deutlich, wenn trotz längerer Daueobservation keine belastenden Verhaltensweisen, wohl aber Fehltritte im privaten Bereich bekannt wurden. So hatte zum Beispiel eine monatelange Observation durch den Verfassungsschutz nichts erbracht außer der Erkenntnis, dass die Zielperson, ebenfalls ein Nachrichtendienstler, in regelmäßigen Abständen ein Luxusbordell aufsuchte. Noch deutlicher wurde die Problematik bei der Observation im Reiseverkehr Bundesrepublik–Westberlin, bei dem das einzige Kriterium für die Beobachtung die Tatsache darstellte, dass jemand am Wochenende allein, »mit leichtem Gepäck« aus der Bundesrepublik nach Westberlin flog.

Erkenntnisse aus Observationen flossen auch in Strafverfahren ein, wobei die Erkenntnisse meist durch den Gruppenleiter als sachverständigen Zeugen vorgetragen wurden, um die Observanten nicht zu dekonspirieren.[35]

Nahbeobachter

Gelegentlich stieß das BfV bei der Bearbeitung von Verdachtsfällen an Grenzen, die weder durch Ermittlungen noch durch Observationen überschritten werden konnten. Dies galt insbesondere für das Verhalten der Verdachtsperson am Arbeitsplatz, denn bei nachrichtendienstlich verdächtigen Personen mit interessanten Arbeitsplätzen wurde der geheimdienstliche Angriff zunächst dort gesehen. In eine ähnliche Situation konnte der Verfassungsschutz kommen, wenn die Observation des Arbeits- und Wohnortes technisch unmöglich war oder wenn der Verdächtige beruflich häufig Reisen unternahm und sich die Überwachung aller Reisen observationstechnisch unmöglich darstellte.

In allen diesen Fällen musste der Verfassungsschutz versuchen, einen Nahbeobachter zu gewinnen. Dies bedeutete immer wieder das Betreten von Neuland, da die ÄfV – anders als das MfS – nicht über einen Mitarbeiterstab von IM verfügten. Es gab keine Bundesbürger, die zur konspirativen Zusammenarbeit mit dem Verfassungsschutz verpflichtet waren und auf einen nach der Effizienz ausgerichteten Einsatz warteten. Die im Sprachgebrauch des Verfassungsschutzes Vertrauensmann (VM) genannten inoffiziellen Kräfte wurden zu einem bestimmten Zweck angeworben – etwa um aus einer extremistischen Partei oder dem terroristischen Umfeld zu berichten – und ließen sich nicht nach Belieben auf andere Aufgaben umfunktionieren. Hatte der Verfassungsschutz eine Person mit geeignetem Zugang zum Verdächtigen ausgemacht, begann die unvermeidliche Abklärung auf ihre nachrichtendienstliche Verwendbarkeit. Hier standen dem Verfassungsschutz neben eigenen NADIS-Erkenntnissen lediglich allgemeine amtliche Unterlagen zur Verfügung – Bundeszentralregister, Meldeunterlagen, Schuldnerverzeichnisse –, die aber über Charakter und Wesensart eines Menschen wenig aussagekräftig waren. Der Zugang zu Personalakten mit Beurteilungen sowie Aussagen über die Eignung für bestimmte Funktionen war dem Verfassungsschutz selbst bei Beamten grundsätzlich verwehrt.

Trotz dieser Schwierigkeiten arbeitete der Verfassungsschutz in einigen Fällen erfolgreich mit Nahbeobachtern. Das LfV Hamburg verfügte nach Informationen Tiedges über hauptamtliche Kräfte, die konspirativ außerhalb des LfV-Gebäudes untergebracht waren und bei Bedarf an Verdachtspersonen herangespielt werden konnten.[36]

G-10-Maßnahmen

Beschränkungen des Brief-, Post- und Fernmeldegeheimnisses konnten unter anderem vom BfV durch seinen Präsidenten oder dessen Stellvertreter beantragt werden. Zuständig für die Anordnung derartiger Beschränkungen war der Bundesminister des Innern. Es war geregelt, dass das Referat IS 1 die dem Bundesministerium des Innern (BMI) nach dem G 10 übertragenen Aufgaben wahrnahm und in allen die Durchführung des G 10 betreffenden Angelegenheiten die Fachaufsicht über das BfV ausübte. G-10-Maßnahmen waren dem Bundesminister des Innern zur Schlusszeichnung vorzulegen, war dieser verhindert, zeichnete der zuständige Staatssekretär, gegebenenfalls sein Stellvertreter ab.

Im Fall des HV A-IM Herbert Willner lehnte das BMI eine G-10-Anordnung ab und im Fall der Sekretärin Margarete Höke wurde diese über Gebühr verzögert. Hier wird das Dilemma deutlich, vor dem der Bundesinnenminister vor jedem Antrag stand: Es mussten ausreichende Anhaltspunkte für einen Verdacht auf eine der Katalogstraftaten des G 10 gegeben sein. Dabei wurde in den vielfältigen Auseinandersetzungen zwischen dem BMI und dem BfV immer wieder über die Begründetheit eines Antrags diskutiert, ob aus bestimmten Tatsachen bestimmte Schlüsse gezogen werden konnten oder nicht, ob also der Verdacht begründet war.[37] Demgegenüber wurde der gesetzlichen Regelung, dass Beschränkungen nach G 10 nur unter den dort bezeichneten Voraussetzungen angeordnet werden durften, keine Bedeutung beigemessen.[38] Dennoch erwiesen sich Anordnungen nach G 10 trotz aller Interpretationsprobleme der mitgeschnittenen Gespräche (ein Mitlesen der Briefe hatte sich insgesamt als weniger ergiebig erwiesen) als wichtiges, wenn nicht unverzichtbares Hilfsmittel. Dabei zeigte sich, dass das routinemäßige Mithören von Telefongesprächen[39] keine geeigneten operativen Ansätze bot.[40] Als sehr effektiv hingegen erwies sich die gezielte, einzelfallbezogene Kombination von Observation und »Live-Schaltung« von G-10-Maßnahmen[41], weil hier eine sofortige Reaktion auf G-10-Erkenntnisse ohne jeden Zeitverlust möglich war.[42]

Technische Mittel

Kein nachrichtendienstliches Hilfsmittel ist rechtlich so umstritten, wie der Einsatz technischer Mittel. Gelegentlich wurde vom seltenen Ausnahmefall des Abhörens im Wohnbereich gesprochen. Demgegenüber stand die Sichtweise, dass sich das Problem des Einbaus von Abhörtechnik eigentlich nur für den Wohnbereich stellte, wobei Wohnung im weitesten Sinne verstanden wurde und jedes umfriedete Besitztum sowie auch Gast- und Hotelzimmer umfasste.

Wie brisant dieses Thema ist, zeigt der Fall des Lauschangriffs auf den Atomphysiker Klaus Traube (Operation »Müll«) im Jahr 1976, der letztlich zum Sturz des Bundesinnenministers Werner Maihofer führte. Seit diesem Fall, so gibt Tiedge an, gab es bis zu seinem eigenen Übertritt in die DDR im Bereich der Spionageabwehr keine derartige Maßnahme mehr. Nach der Affäre Traube verfügte der Präsident des BfV, Dr. Richard Meier, der etwa 15 Jahre zuvor als Abteilungsleiter IV einen vergleichbaren Einsatz im Fall »Kongo« gebilligt hatte, ohne damals die Zustimmung des Präsidenten Hubert Schrübbers einzuholen, dass der Einsatz technischer Mittel nur mit Zustimmung des Präsidenten erfolgen durfte. Tiedge berichtet weiter, dass er solche Einsätze in konkreten Fällen mit den Präsidenten Richard Meier und Heribert Hellenbroich diskutiert hatte. Die Ablehnung erfolgte immer mit einzelfallbezogenen Argumenten, nie aus grundsätzlichen Erwägungen.[43]

Der Abschluss

Hatte der Verfassungsschutz bei der Bearbeitung eines Einzelverdachtsfalls, unter Berücksichtigung des Grundsatzes der Verhältnismäßigkeit der Mittel, die ihm zur Verfügung stehenden nachrichtendienstlichen Mittel angewandt und ausgeschöpft, musste er nach einem gewissen Zeitablauf über die abschließende Behandlung des Falles entscheiden. Diese Entscheidung konnte – von zögerlichen, nur Zeitgewinn verfolgenden Wiedervorlageverfügungen abgesehen – die Befragung des Betroffenen, die Abgabe des Sachverhalts an den Generalbundesanwalt mit dem Ziel der Einleitung eines Ermittlungsverfahrens, aber auch – meist Folge der Befragung – die Überwerbung, also die Einleitung einer Gegenoperation verfolgen.

Hatte sich ein aufgekommener Verdacht nicht zur Gewissheit der Verfassungsschutzbehörden über eine nachrichtendienstliche Verstrickung des Betroffenen verdichtet, konnte die Entscheidung auch auf Beendigung der Bearbeitung lauten. Diese sogenannte »zdA-Verfügung«[44] traf üblicherweise der ranghöchste Verfassungsschutzbeamte, der mit dem Fall konkret befasst war. Dies galt aber nur bei der Anwendung gewisser, an eine bestimmte Entscheidungsbefugnis geknüpfter nachrichtendienstlicher Hilfsmittel[45] oder bei einer zuvor anders lautenden Entscheidung eines ranghöheren Beamten.[46] In der Masse der Fälle, in denen es nicht zur Anwendung qualifizierter nachrichtendienstlicher Hilfsmittel gekommen war, entschied der Sachbearbeiter allein, allenfalls nach Rücksprache mit seinem Referatsleiter.[47]

Die Befragung

Die nachrichtendienstliche Befragung – in den Anfängen der Abwehrarbeit der ÄfV als »G-Befragung« zu einem geheimnisvollen nachrichtendienstlichen Ritual hochstilisiert – hatte zunächst die Aufgabe, den bekanntgewordenen Sachverhalt mit allen im Laufe der Bearbeitung erkannten Widersprüchen zu klären.[48] Sie sollte nicht nur die nachrichtendienstliche Verstrickung des Betroffenen erbringen, sondern aus seinem privaten und sozialen Umfeld, seiner familiären und finanziellen Situation sowie aus seinen beruflichen und außerberuflichen Interessen erklären, wie es zum nachrichtendienstlichen Kontakt beziehungsweise zur Verpflichtung gekommen war. Natürlich interessierte sich der Verfassungsschutz nicht nur für den eigentlichen nachrichtendienstlichen Geschehensablauf, sondern auch für alle anderen personellen (zum Beispiel Führungsoffiziere, Instrukteure, Kuriere und andere IM) und sachlichen (zum Beispiel konspirative Objekte/Wohnungen, Deckadressen, Kennzeichen der genutzten Fahrzeuge, Telefonnummern, Schließfächer, TBK sowie der Gesamtkomplex Funk) Faktoren des gegnerischen Aufklärungsorgans.

Daneben – und das war in jeder »erfolgreichen« Befragung, also in jeder Befragung, die ein nachrichtendienstliches Geschehen hervorbrachte, der Fall – galt es, den Befragten auf seine Eignung als Counterman (CM) in einer Gegenoperation[49] zu prüfen. Denn bei der Klärung von Verdachtsfällen war die Klärung des Sachverhalts zwar vordringliches, aber nicht abschließendes Ziel. Weder die nachrichtendienstliche Verstrickung des Bürgers, noch die Aufklärungsbemühungen des Staates sollten Selbstzweck sein. Der Staat wollte und sollte entweder repressiv tätig werden und den überführten Agenten bestrafen oder den nachrichtendienstlichen Angriff neutralisieren und durch den eigenen operativen Einsatz einen positiven Erkenntnissaldo ansteuern. Anderes galt lediglich bei Personen, die erst vor Kurzem vom Nachrichtendienst des Gegners geworben worden waren, deren schädliche Wirkung also noch gering war, und – mit Einschränkungen – bei Selbststellern.[50][51]

Abgabe an die Exekutive

Als Alternative zur Befragung, aber auch als Folge aus einer solchen Befragung, kam die Abgabe an die Exekutive in Frage.

Sowohl bei der zur Befragung alternierenden als auch bei der aus der Befragung resultierenden Abgabe war die Denkweise der handelnden Personen entscheidend. Während sich nachrichtendienstlich denkende Beamte des Verfassungsschutzes durchgerungen hatten, einen seit zwanzig Jahren für die HV A tätigen Residenten für eine nachrichtendienstliche Tätigkeit zu überwerben, konnten sich eher repressiv denkende, der Kriminalpolizei entstammende Beamte auch bei Vorliegen optimaler Überwerbungsvoraussetzungen nicht zu einer Gegenoperation durchringen. So hatte ein IM in einer Befragung durch das LfV Rheinland-Pfalz nach fünfzehnminütiger Befragung das Versteck seines Funkgerätes offenbart. Dennoch wurde der Fall, obwohl der IM mit einer Bundesbürgerin glücklich verheiratet war, exekutiv abgeschlossen, vorgeblich weil seine Angaben unglaubwürdig erschienen, die nachrichtendienstliche Verbindung hatte zum aktuellen Zeitpunkt stagniert.[52] Tiedge schreibt zur Thematik:

»Die mit der ›Aktion Anmeldung‹ befasste Arbeitseinheit des BfV hat nicht in einem Fall eine Befragung – und sei es eine ›Befragung mit der Exekutive im Rücken‹[53] – eines enttarnten Illegalen versucht[54,] obwohl das Verhalten des Eingeschleusten Wiebach/Schlott[55] für eine andere Lösung sprach.«[56]

Die Überwerbung

Als Krönung der Verdachtsfallbearbeitung galt nach den Kriterien des Verfassungsschutzes die Überwerbung der Verdachtsperson und damit die Umkehrung eines nachrichtendienstlichen Angriffs in eine abwehroperative Gegenmaßnahme. Das Ziel der Überwerbung bestand darin, anhand des Umgangs des gegnerischen Nachrichtendienstes (zum Beispiel der HV A) mit dieser Person (IM) sowie anhand der erteilten Aufträge und Verhaltensrichtlinien und der Treffabwicklung im In- und Ausland eine »lebende Verbindung« zum gegnerischen Nachrichtendienst (zum Beispiel der HV A) aufzubauen. Auf diese Weise sollte der aktuelle Angriff gegen die BRD genauer analysiert werden. Durch Übertragung gewonnener Kriterien auf andere Personen sollten unbekannte Agenten identifiziert werden.[57 58]

Die Suchoperation

Nach der Befreiung vom Faschismus war die politische Lage in Mitteleuropa zu Beginn der 1950er Jahre, bedingt durch die Politik der Siegermächte, von einer Phase des Kalten Krieges sowie der Konfrontation beider politischen Systeme gekennzeichnet. Ausgelöst von tiefem gegenseitigem Misstrauen wurde die alte Welt neu aufgeteilt. In dieser Zeit entstanden aufgrund entsprechender Gesetzte des Bundes und der Länder in der Bundesrepublik die Verfassungsschutzbehörden, die zunächst von den Gegebenheiten der »frühen Jahre« profitierten. Die damaligen, vergleichsweise hohen Abwehrerfolge des Verfassungsschutzes hatten ihren Grund vor allem in folgenden Faktoren:

- Es war dem Verfassungsschutz gelungen, die Funksendungen der seit jeher wichtigsten Gegner – der Nachrichtendienste der DDR – zu entschlüsseln.
- Der Verfassungsschutz als Abwehrbehörde zog Nutzen aus der Maxime der Aufklärungsorgane der Staaten des Warschauer Vertrages, Quantität an Stelle von Qualität zu setzen.

Bei den politischen Gegebenheiten nach dem Ende des Zweiten Weltkriegs und der Befreiung Europas vom Faschismus verwundert es nicht, dass sich die Dienste bemühten, aus der historisch einmaligen nachrichtendienstlichen Chance Vorteile zu ziehen: Beide Teile Deutschlands waren nun zwar zunehmend in politisch alternierenden Machtblöcken gebunden, dennoch aber weiterhin durch eine Vielzahl von Beziehungen politischer, wirtschaftlicher, sozialer und vor allem persönlicher Art verbunden. Die hohe Zahl der in diese Beziehungen eingebundenen Personen sowie ihr wahlloses Ansprechen und Verpflichten zur nachrichtendienstlichen Nutzung der Westkontakte löste in den Sicherheitsbehörden der Bundesrepublik nahezu eine Hysterie aus.[59]

Als die Aufklärungsorgane der sozialistischen Staatengemeinschaft Ende der 1950er Jahre durch individuelle Überschlüsselung des Funkverkehrs dem Verfassungsschutz das Mitlesen der Funksprüche unmöglich machten, wurde das Aufspüren von IM für die ÄfV immer schwieriger. Während der gesamten 1960er Jahre blieb der Verfassungsschutz aber bei der hergebrachten Methodik, auf Hinweise zu reagieren, auch wenn sie sich gelegentlich als Verleumdungen erwiesen.

Zwar war auch diese Zeit von Erfolgen des Verfassungsschutzes gekennzeichnet – es sei an die Namen Eitzenberger, Sütterlin, Hauser, Katelhöhn, Ernst sowie an die vielen Instrukteure und Kuriere erinnert, die in den 1960er Jahren enttarnt und überwiegend verurteilt worden waren –, allerdings waren dies keine Erfolge systematischer Abwehrarbeit, sondern Erfolge, wie sie einer Abwehrbehörde aus einer Vielzahl von Quellen zufielen. Auf Josef Eitzenberger war wiederholt von derselben Person anonym mit zum Schluss präzisen Angaben hingewiesen worden. Die Eheleute Sütterlin waren vom KGB-IM Jewgenij Runge[60] verraten worden. Der Fall Hauser in Koblenz mit Zielrichtung Bundesamt für Wehrtechnik und Beschaffung war ein später Funkfall[61] und Katelhöhn[62] wurde Opfer einer wachsamen Sekretärin, der er sich genähert hatte. Die Residentur Ernst wurde bekannt, weil bei einem Verkehrsunfall ein Funkgerät im Auto aufgefunden worden war. Die Instrukteure und Kuriere waren Opfer von G-Operationen, also von operativen Aktionen des Verfassungsschutzes mit überworbenen Agenten.

Immer deutlicher wurde dem Verfassungsschutz die Notwendigkeit, vom unorganisierten Warten auf Hinweise zu einer systematischen Abwehrtätigkeit zu gelangen. Durch reines Abwarten konnte der Verfassungsschutz seiner Aufgabe nicht mehr gerecht werden, sicherheitsgefährdende oder geheimdienstliche Tätigkeiten für eine fremde Macht zu beobachten. Zu dieser Zeit, Ende der 1960er Jahre, kamen dem Verfassungsschutz Erkenntnisse zugute, deren systematische Bedeutung erst nach und nach erkannt wurde. In der Bundesrepublik wurden Personen bekannt, die sich in den ersten exekutiv bearbeiteten Verratsfällen einer Festnahme entziehen konnten und bei denen sich die meldemäßige Rückverfolgung, also die Aufarbeitung der innegehabten Wohnungen anhand der Meldeamtsunterlagen, jeweils im Ausland verlor. Diese Grunderkenntnis war der Grundstein für eine erfolgreiche Aktion des Verfassungsschutzes – für die Aktion »Anmeldung« – und zugleich der Beginn einer neuen Arbeitsweise der ÄfV, der Beschäftigung mit »Suchoperationen«.[63]

Begriffsbestimmung

Eine Suchoperation war im Sprachgebrauch des Verfassungsschutzes »eine nachrichtendienstliche Abwehrmaßnahme, bei der das Verhalten einer Vielzahl von Personen, darunter überwiegend unbeteiligte, untersucht wurde, um bei einer, allenfalls einigen Personen nachrichtendienstliche ›Auffälligkeiten‹ zu finden, die einen mehr oder weniger konkreten Anhaltspunkt für einen nachrichtendienstlichen Verdacht darstellen.«[64]

Der Verfassungsschutz sprach von »Auffälligkeiten«, um Worte wie »Merkmale«, »Kriterien« oder »Identifikanten« zu vermeiden, die den zumindest vom BfV immer abgelehnten Begriff »Rasterfahndung« stützten. In der Öffentlichkeit wurde suggeriert, der NADIS-Computer werfe durch den Vergleich einer Fülle von Daten, die unterschiedlichen Datenbanken angehörten, die Namen der Verdächtigen reihenweise aus. Über ein solches computergestütztes Suchprogramm verfügte der Verfassungsschutz bis zum Übertritt Tiedges im August 1985 nicht, im Gegenteil, die großen, erfolgreichen Suchoperationen liefen ohne jegliche Beteiligung der EDV. Der durch das Bundesdatenschutzgesetz in seiner Einsatzbreite eingeschränkte NADIS-Computer war für solche Programme nicht ausgelegt. Damit eine Auffälligkeit eine relevante Auffälligkeit wurde, war die analytische Behandlung der einschlägigen Fälle eine Grundvoraussetzung. Wer viele Fälle analysierte, stieß auf Parallelen, auf agententypisches Verhalten, das als Auffälligkeit der Mittelpunkt einer Suchoperation werden konnte. So handelte es sich bei der Auffälligkeit in der Aktion »Anmeldung« um die in Einwohnermeldeämtern dokumentierten Benutzungen einer falschen Identität; bei den Reisewegsuchmaßnahmen war es der Grenzübertritt in Berlin unter bestimmten Umständen, bei der Aktion »Treibsand« die nachweisbare Ungenauigkeit des schulischen Werdegangs und in der Aktion »Aktenmappe« – ähnlich wie bei der Aktion »Anmeldung« – der Gebrauch einer falschen Identität.

Für das Maß der Konkretheit des Anhaltspunktes für einen Verdacht war das primäre Ziel der Suchmaßnahme entscheidend, das sich in den beiden maßgeblichen Suchoperationen des Verfassungsschutzes, der Aktion »Anmeldung« sowie der Reiseüberwachung, sehr unterschiedlich darstellte. Stand bei der Aktion »Anmeldung« im Erfolgsfall am Ende der Nachweis einer gefälschten Identität und damit der

Nachweis eines nachrichtendienstlichen Geschehens, so konnte durch Reisewegsuchmaßnahmen – vorausgesetzt dass keine Ausweisfalsifikate verwendet wurden – allenfalls ein Grenzübertritt nach Ostberlin festgestellt werden, dessen Motivation im Rahmen einer herkömmlichen Verdachtsfallbearbeitung zu klären war.[65]

Die Aktion »Anmeldung«

Der Verfassungsschutz hatte die Methodik der HV A im Laufe der Jahre erkannt und hielt im Verfassungsschutzbericht unter der Rubrik »Spionageabwehr 1981« fest: »Nachrichtendienste der DDR schleusen Agenten mit falschen biografischen Daten in die Bundesrepublik Deutschland oder andere westliche Staaten ein (sog. Illegale), wobei die Schleusungsmethoden im Laufe der Zeit ständig verfeinert wurden. In ihren Einsatzländern wurden sie entweder als sog. Illegale Residenten eingesetzt oder sie versuchten, sich selbst Zugänge zu nachrichtendienstlich wichtigen Bereichen zu verschaffen.

Vor ihrer Anwerbung durch den gegnerischen Nachrichtendienst haben sie im kommunistischen Machtbereich meist eine akademische Ausbildung genossen. Nach der Anwerbung werden sie auf ihre spätere Verwendung vorbereitet. Diese Schulung, die auch Probeeinsätze in westlichen Ländern einschließt, dauert bis zu zwei Jahren.«[66]

Mit der Aktion »Anmeldung« gelang dem Verfassungsschutz in den Abwehrbemühungen gegen die Aktionen der Nachrichtendienste der sozialistischen Staatengemeinschaft der erste große systematische Erfolg – vor allem gegen die HV A – seit der Entschlüsselung der Funksprüche. Basis waren die Erkenntnisse über nachrichtendienstlich relevante Personen, die irgendwann aus dem Ausland in die Bundesrepublik gekommen waren und sich unter Vorlage gefälschter Dokumente unter einem falschen Namen angemeldet hatten.

Ausgangslage

In allen Fällen, in denen dieser neue Typ des Kundschafters aufgetreten war, stellten sich bestimmte, kennzeichnende Auffälligkeiten heraus. Der übersiedelte Kundschafter, im Sprachgebrauch des Verfassungsschutzes als »Illegaler« bezeichnet, war
- im kommunistischen Machtbereich geboren worden,
- zum Zeitpunkt des Zuzugs in die Bundesrepublik 25 bis vierzig Jahre alt,
- aus dem westlichen Ausland in die Bundesrepublik zugezogen,
- vom Zuzugsort nach wenigen Monaten innerhalb der Bundesrepublik umgezogen,
- in eine tatsächlich existierende, in der BRD jedoch nicht mehr vorhandene Identität geschlüpft.

Um derartige Illegale zu finden, wurden zu Beginn der Aktion »Anmeldung« Einwohnermeldeämter ohne Anhaltspunkte auf ein Fündigwerden nach Personen hin durchsucht, die bei entsprechendem Geburtsort und Geburtsjahr aus dem Ausland zugezogen und nach vorübergehendem Aufenthalt im Zuständigkeitsbereich des Einwohnermeldeamtes wieder weggezogen waren. Dabei kam dem Verfassungsschutz zugute, dass die Meldekarten von Personen, die aus dem Zuständigkeitsbereich eines Einwohnermeldeamtes wegzogen, aus der »lebenden« Kartei (der Kartei der aktuell im Bereich wohnenden Personen) herausgenommen und in die »tote« Kartei (die Kartei der ehemals dort wohnenden und durch Tod, Wegzug oder Abmeldung von Amts wegen ausgeschiedenen Personen) einsortiert wurden. Die Bemühungen hatten sich bis Anfang 1985 auf die »toten« Daten beschränkt, zum einen, weil nur dort die Auffälligkeit – Zuzug aus dem westlichen Ausland und Wegzug innerhalb der Bundesrepublik – gefunden werden konnte, zum anderen, weil die Nachschau in aktuell geführten und bearbeiteten Karteien – etwa an Wochenenden oder in der Nacht – unnötige Unruhe und Gerede bei den Sachbearbeitern des Einwohnermeldeamtes ausgelöst hätte. Erst als das Grundmuster der Aktion »Anmeldung« durch Veröffentlichungen in der Presse bekannt geworden war, konnte die Zurückhaltung aufgegeben werden. Allerdings waren die Anhaltspunkte bei der Suche in der »lebenden« Kartei gröber: Suchkriterien waren nunmehr ausschließlich das Alter im Zeitraum des Zuzugs und der Geburtsort im kommunistischen Machtbereich, gelegentlich beschränkten sie sich ausschließlich auf diesen.

Gleichwohl gab es innerhalb der zuvor genannten Suchkriterien noch Differenzierungen, die zügige Ermittlungen erschwerten. So konnten beim Geburtsort bei bestimmten Orten Zweifel auftreten, ob diese in der Bundesrepublik oder auf dem Territorium der sozialistischen Staatengemeinschaft lagen. Die Altersgruppe von 25 bis vierzig Jahren war eine anfangs bewusst grob gewählte Auffälligkeit. Auf der einen Seite kannte man die Neigung des MfS für dieses leistungsfähige Alter, andererseits war es durchaus möglich, dass wegen der bewussten Ausgrenzung der über Vierzigjährigen ein bedeutsamer Illegaler übersehen wurde. Dieses Risiko wurde anfangs bewusst in Kauf genommen, wenngleich zu Beginn auch bei anderen Auffälligkeiten Ausnahmen gemacht wurden. Auch das im Fall des Zuzugs aus dem Ausland bei der Anmeldung im Einwohnermeldeamt vorgelegte Personaldokument war kein konkreter Anhaltspunkt. Üblicherweise verfuhren Eingeschleuste, die über ein westliches Drittland kamen, folgendermaßen: Sie wiesen sich mit einem auf einen Aliasnamen ausgestellten, angeblich von einer BRD-Auslandsvertretung im Herkunftsland ausgefertigten, gefälschten Reisepass der BRD aus, meldeten sich an und beantragten zugleich die Ausstellung eines Bundespersonalausweises (BPA). Dieser BPA war ein formell echtes, nur inhaltlich falsches Dokument, das in bundesdeutschen Registern eingetragen und damit auf den ersten Blick nicht angreifbar war. Dieser BPA reichte zur Legitimation in der BRD ebenso wie der Personalausweis in der DDR. War der bei der Anmeldung vorgelegte Reisepass abgelaufen, beantragte der Eingeschleuste einen neuen Pass und war nun im Besitz von zwei echten, für einen Bundesbürger üblichen Legitimationspapieren.

Dennoch konnte von Seiten des Verfassungsschutzes nicht ausgeschlossen werden, dass Reisepässe bei der Anmeldung vorgelegt wurden, die von Passbehörden im Inland zu stammen schienen.

Die Kriterien, einschließlich des Kriteriums des alsbaldigen Wegzugs an einen neuen Wohnort, gestatteten also eine, wenn auch nur flüchtige, Überprüfung bei der Durchsicht der Karteien. Doch der entscheidende Punkt, der einen aus dem Ausland rückkehrenden oder erstmals zuziehenden Bundesdeutschen zu einem Illegalen machte, war noch ungeklärt: nämlich die Vortäuschung einer falschen Identität. Diese Klärung erforderte umfangreiche Ermittlungsaktivitäten, Diese konnten, angesichts des möglichst kleinen Mitwisserkreises, aber auch aus zeitlichen Gründen, unmöglich während der Sonderschichten in den Einwohnermeldeämtern erfolgen. Daher war der Verfassungsschutz gezwungen, die Karte jeder Person, die in das Grobraster passte (Geburtsort möglicherweise im kommunistischen Machtbereich, passendes Alter von 25 bis vierzig Jahren, Zuzug aus dem Ausland, Wegzug vom Anmeldeort nach weniger als einem Jahr), abzulichten. Bei diesen Ablichtungen stand von vornherein fest, dass fast ausschließlich Unterlagen über nachrichtendienstlich irrelevante, jedenfalls über Meldedaten nicht als geheimdienstlich tätige Personen zu identifizierende Bürger festgehalten wurden. Wurde die Meldekarte eines oder zweier Illegaler in einem Einwohnermeldeamt gefunden, war dies als Erfolg zu werten.

Gegen dieses wahllose Ablichten von Meldeunterlagen – in der Sprache des Bundesdatenschutzgesetztes »das Erheben personengebundener Daten« – richtete sich die Kritik des Datenschutzbeauftragten. Die seit Beginn der Diskussion schwelende Auseinandersetzung zwischen Daten- und Verfassungsschützern hatte gerade auf dem Gebiet der Aktion »Anmeldung« zu immer neuen Kompromissen geführt. Gegen die im Wesentlichen rechtlich fundierten Argumentationen der Datenschützer konnten die Sicherheitsverfechter in der Regel nur mit praktischen Erwägungen aufwarten, die sich nicht selten auf plakative Schlagworte beschränkten wie »Sicherheit vor Datenschutz« oder »Datenschutz darf nicht zum Tatenschutz verkommen«. Gleichwohl gelang es dem Verfassungsschutz, seine Position im Wesentlichen zu verteidigen und die Praktikabilität der geschaffenen Enttarnungsmethode zu erhalten.

Im Sommer 1985 verfuhr der Verfassungsschutz mit den Ablichtungen der Meldekarten[67] nach einer Art Ausschlussprinzip, demzufolge alle Personen, deren falsche Identität ausgeschlossen werden konnte, aus der weiteren Bearbeitung ausschieden.

Dies waren bei der ersten groben Durchsicht alle Personen, die nach eingehender Überprüfung nicht im kommunistischen Machtbereich geboren oder die wegen ihres Ablebens in die »tote« Kartei gelegt worden waren. Als nächstes wurden die Anmeldedaten mit dem Lebensalter verglichen – was beim Ablichten nicht sorgfältig erfolgen konnte –, und alle Personen schieden aus, die zum Zeitpunkt der Anmeldung ein bestimmtes Alter noch nicht erreicht hatten.[68] Als nächstes schieden die Personen aus, bei denen sich aus den Meldeunterlagen familiäre Beziehungen (eheliche Bindungen blieben außer Betracht) in der gleichen Stadt ergaben.[69] Der verbleibende Rest – immer noch Tausende Personen zählend – wurde meldeamtsmäßig überprüft, um festzustellen, wann und von wo aus die Personen in das Territorium der Bundesrepublik gekommen waren. Stellte sich ein Zuzug vor 1961[70] oder ein Zuzug mit Familie heraus, schieden diese Personen ebenfalls aus der Bearbeitung aus. Dies geschah auch bei Personen, deren Lebensweg in der Bundesrepublik bis in die Jugend zurückverfolgt werden konnte.[71]

Schließlich blieben die Personen übrig, die allein im kritischen Alter oder nur mit Ehepartner aus dem westlichen Ausland in die Bundesrepublik gekommen waren. Nur für diese Personen, über die dann Schriftverkehr mit den Partner-Nachrichtendiensten geführt werden musste, wurden sogenannte »107-Ü-Vorgänge«[72] angelegt, die – ein Entgegenkommen an die Datenschützer – binnen Jahresfrist vernichtet werden mussten. Bei den für den letzten Wohnsitz zuständigen ausländischen Sicherheitsdiensten[73] wurde um eine Bestätigung des Aufenthalts ersucht.

Da für Bundesbürger auch ein jahrelanger Aufenthalt im Ausland nichts Ungewöhnliches darstellte, klärten sich die meisten Anfragen durch bestätigende Auskünfte der angefragten Dienste. Nur bei einer kleinen Zahl der Fälle, bei denen die angefragte Person durch den ausländischen Dienst nicht gefunden werden konnte, etwa weil eine Adresse fehlte[74] und dem befreundeten Dienst eine zentrale Ausländererfassung nicht zur Verfügung stand, begannen konkrete Ermittlungen zur Feststellung der Identität. Ausgangspunkt bei den Personen mit Geburtsort im kommunistischen Machtbereich waren die in den (Not-)Aufnahmelagern der Bundesrepublik bestehenden B1-Dienststellen. Gleiches geschah bei Personen, bei denen der befreundete Dienst dem Verfassungsschutz mitteilte, dass sich der Angefragte mit Sicherheit nicht auf seinem Territorium aufgehalten hatte.

Ein abstraktes Beispiel soll dies verdeutlichen:

Der DDR-Bürger X begab sich 1959 im Alter von 17 Jahren in die BRD und nahm seinen Wohnsitz in Hamburg. Er konnte aber nicht wirklich Fuß fassen und kehrte Anfang 1961 in die DDR zurück. Da er sich nicht abgemeldet hatte, erfolgte dies irgendwann von Amts wegen.[75] Im Jahr 1970 reiste der DDR-Bürger Y – angeblich aus der Schweiz kommend – unter der Identität des ehemaligen DDR-Bürgers X, seines Legendenspenders[76], in die BRD ein, nahm zunächst in Hanau seinen Wohnsitz und verzog sechs Monate später nach Köln.[77] Da Y angeblich seit 1959 Bundesbürger war, haftete ihm das Odium, aus dem kommunistischen Machtbereich zu kommen, nicht mehr an.

Um nun den für die Aktion »Anmeldung« typischen Bruch in der Identität festzustellen, mussten die Lebensumstände des X aus den Jahren 1959 bis 1961 mit denen des 1970 eingereisten angeblichen X verglichen werden. Die Notaufnahmeakten aus Gießen, die 1959 über X angelegt worden waren, enthielten Angaben über Verwandte und Bekannte in der Bundesrepublik sowie die Entlassungsanschrift. Von dieser aus konnte der Meldeweg bis zur amtlichen Abmeldung 1961 nachvollzogen werden. Nun versuchte der Verfassungsschutz Personen, die sich deutlich an X erinnerten, aber auch Verwandte, die angeben konnten, wo der echte X nach 1961 abgeblieben war, aufzufinden, um ihnen Fotos der 1970 zugezogenen angeblichen Person X vorzulegen. Schriftvergleiche und Vergleiche der sprachlichen Dialektfärbung rundeten diese Aktivitäten ab.[78] Erst in dieser Phase der Ermittlungen durfte das Referat IV A 2 eine NADIS-Anfrage nach dem als eingeschleust erkannten Illegalen realisieren. Alle anderen Daten, die nicht Illegale betrafen, aber aus einer solchen Aktion stammten, durften nicht mit BfV-Erkenntnissen abgeglichen werden und mussten sofort nach dem Zeitpunkt vernichtet werden, an dem ihre Irrelevanz erkannt geworden war. Dies war die Konzession des Verfassungsschutzes an den Datenschutz, die allerdings ein geordnetes Arbeiten an diesen Modellen nie ausschloss. In analoger Anwendung der NADIS-Löschungsrichtlinien, einer internen Verwaltungsanordnung, die die NADIS-Partner band, musste das Löschen, also das Vernichten von Daten, mit der Vernichtung des die Person betreffenden Vorgangs verbunden sein. Daher musste das Referat IV A 2 auch alle Unterlagen aus der Aktion »Anmeldung« vernichten, mit Ausnahme des den identifizierten Illegalen betreffenden Vorgangs – nunmehr unter Aktensachgebiet 111 (DDR-Dienste) eingetragen.

Es war allerdings nicht erforderlich, dass sich der Legendenspender während des Illegaleneinsatzes des IM in der DDR oder einem anderen sozialistischen Land aufhielt. Beispiele dafür gibt Hansjoachim Tiedge an:

Beispiel:

Der Legendenspender war als Jugendlicher mit seinen Eltern nach Südafrika ausgewandert. Dort suchte ihn der Illegale Jahre später unter einer Legende auf, um seine Lebensumstände zu erfahren. Später zog der Illegale unter der Identität des jungen Auswanderers, angeblich aus Südafrika zurückkehrend, in die Bundesrepublik und trat in die Bundeswehr ein. Er musste in die DDR zurückkehren, weil sein Legendenspender anlässlich der Fußballweltmeisterschaft 1974 in der BRD eine Flugreise zum Besuch der alten Heimat nutzte.

Ein weiteres Beispiel:

Ein Illegaler schlüpfte in die Identität eines vor Jahren nach Australien ausgewanderten Bundesbürgers, der dort tödlich verunglückt war. Eine zufällige Enttarnung des Illegalen konnte nur durch persönlichen Kontakt zu Personen aus dem Umfeld des Legendenspenders erfolgen, was in der Regel dadurch vermieden wurde, dass der IM seinen Wohnsitz in der Bundesrepublik weit entfernt von dem früheren des Legendenspenders nahm.

Stand ein Bruch in der Identität fest, war theoretisch zu entscheiden, ob eine exekutive oder eine nachrichtendienstliche Lösung zur Beendigung des Einschleusungsfalles erfolgen sollte.[79]

Abarten der Aktion »Anmeldung«

Die Ermittlungen in der Aktion »Anmeldung« zogen sich insbesondere über die 1970er Jahre hin und erbrachten mehr als 200 Falschidentitäten. Natürlich waren dies nicht alles Fälle, die einer exekutiven Bearbeitung zugeführt wurden. Die Spur vieler Illegaler verlor sich ins Ausland, wo sie als angebliche Staatsangehörige der Bundesrepublik vermutlich ihrer operativen Aufgaben nachgingen. Andere waren von den Einwohnermeldeämtern von Amts wegen abgemeldet worden, weil sie plötzlich verschwunden, vermutlich in die DDR zurückgekehrt waren. Nach dem Erfolg des BfV im Jahr 1976, der Festnahme von über vierzig und dem Rückzug von weiterer fünfzig Illegalen, beschränkten sich die Erfolge des Verfassungsschutzes auf das Auffinden ehemals in der Bundesrepublik wohnhafter Illegaler und gelegentlich auf das Entdecken ihres Auftauchens im Ausland.

In dem Auffinden der Illegalen »Ursula Richter« in der »lebenden« Kartei in Bonn sah der Verfassungsschutz die Bestätigung dafür, sich weiterhin mit diesem Problem befassen zu müssen. Im Laufe der Jahre lernte der Verfassungsschutz weitere Methoden der Einschleusung kennen, weniger durch exemplarische Fälle als durch intensive Beschäftigung mit den Meldeämtern, vor allem aber durch die gründliche Auseinandersetzung mit denkbaren Varianten.[80]

Folgende Variationen in der Bearbeitung der Aktion »Anmeldung« hatten sich herausgebildet:

Gesteckte Karten: Durch die meldeamtsmäßige Aufarbeitung von Personen mit einem Geburtsort im kommunistischen Machtbereich in den Einwohnermeldeämtern Osnabrück und Stuttgart war dem Verfassungsschutz aufgefallen, dass die vorherigen Wohnanschriften, von denen einige Personen angeblich in diese Städte zugezogen waren, nicht verifiziert werden konnten. Eine Überprüfung in Osnabrück und Stuttgart ergab, dass diese Personen auch dort niemals gewohnt hatten. Es stellte sich heraus, dass in beiden Einwohnermeldeämtern vorübergehend selbst

Illegale gearbeitet hatten, die diese Fiktivkarten offensichtlich auftragsgemäß als Legendierungshilfen für andere Illegale abgestellt hatten.[81] Nach Kenntnis des Verfassungsschutzes war von dieser Variation der Einschleusung kein Gebrauch gemacht worden.[82] Das BfV überprüfte alle von beiden Illegalen bearbeiteten Personen, ohne jemanden als Illegalen identifizieren zu können.[83]

Nahtlosschleusung: Ausgehend vom Grundtyp der Schleusung unter falscher Identität, bei dem das Ausland eine wichtige Rolle spielte, dehnte das BfV die Suche nach Deutschen, die im kommunistischen Machtbereich geboren waren, in das westliche Ausland aus. Dabei stieß das BfV in Rotterdam/Niederlande auf das Ehepaar Hä., das dort unter der Identität eines im Raum Mönchengladbach beheimateten Ehepaares Ei. lebte. Überprüfungen in der Bundesrepublik ergaben, dass das echte Ehepaar Ei. – ohne sich abgemeldet zu haben – in die DDR gegangen und mit dem Auftrag zurückgeschickt worden war, sich nach Rotterdam abzumelden. Anschließend ging das Ehepaar Ei. endgültig in die DDR und das Ehepaar Hä.[84] als Ehepaar Ei. nach Rotterdam/Niederlande.[85] Dort gab es die ursprüngliche Anschrift der Legendenspender als Heimatanschrift in der Bundesrepublik an. Da in diesen Fällen keine meldemäßige Lücke entstand, wie es beim Grundtyp – mit Rückkehr des Legendenspenders in die DDR beziehungsweise Abmeldung von Amts wegen und späterem Zuzug des Illegalen aus dem Ausland – der Fall war, wurde die Schleusungsvariante als Nahtlosschleusung bezeichnet.

Dem BfV war auch bekannt, dass das MfS[86] gelegentlich in Spuren trat, die von den Legendenspendern selbst ausgelegt worden waren. Diese Praxis wurde nach Erkenntnissen des Verfassungsschutzes jedoch nicht konsequent durchgehalten.[87] Die Kenntnisse aus der Nahtlosschleusung fanden auch bei Suchmaßnahmen in der Bundesrepublik Berücksichtigung, insbesondere wenn mit dem Wohnortwechsel auch ein Berufswechsel einherging.[88] Dies war für den Verfassungsschutz ein Indiz für einen Bruch in der Identität, obwohl eine berufliche Neuorientierung in der Gesellschaft eigentlich nichts Ungewöhnliches darstellte.[89]

Suche in Auslandsvertretungen: Etwa 1976 änderte das BfV bei der Suche nach Deutschen im westlichen Ausland den Suchansatzpunkt. Zielgruppen waren nicht mehr die mit Hilfe der befreundeten Dienste zu suchenden bundesdeutschen Staatsbürger im Ausland, sondern die BRD-Bürger, die bei einer Auslandsvertretung der Bundesrepublik einen Reisepass beantragt hatten. Aus diesem Grund wurden vor Ort nach Absprache mit dem Auswärtigen Amt in einigen Auslandsvertretungen[90] die Passunterlagen abgelichtet und anschließend vom BfV nach Personen mit Geburtsort im kommunistischen Machtbereich durchgesehen. Die Angaben über den Wohnsitz in der BRD waren dabei nicht entscheidend. Auch eine derartige Angabe schloss eine Doppelidentität nicht aus. Andererseits lebten Bundesbürger teilweise in zweiter oder dritter Generation im Ausland, ohne in der BRD irgendwo gemeldet zu sein. Diese Routineerhebungen schlossen sich an die oben geschilderten Identifizierungsbemühungen an.[91]

Alliance française: Der Fall der Sekretärin Gerda Schröter[92] im Auswärtigen Amt, die ihren späteren Residenten und Ehemann, den IM Herbert Schröter beim gemeinsamen Besuch der Pariser Sprachschule *Alliance française* kennengelernt hatte, und ähnlich gelagerte Fälle, lenkten die Aufmerksamkeit des BfV auf dieses Institut. Allerdings hatte der französische Inlandsnachrichtendienst *Direction de la Surveillance du Territoire* (DST) angeblich Probleme, an die Unterlagen der deutschen Kursteilnehmer zu gelangen.[93] Wohl spielte das Spracheninstitut nach Tiedges Angaben auch in anderen Sekretärinnen-Fällen eine Rolle. Er konnte allerdings keinen weiteren konkreten Fall benennen, der aus diesem Suchansatz entstanden wäre.[94][95]

Die norwegische Herkunft: Ein weiterer Suchansatz des BfV fußte auf Erkenntnissen über das nationalsozialistische Programm »Lebensborn«, bei dem durch Paarung »nordischer« SS-Offiziere mit »nordischen« Frauen »arische Menschen« entstehen sollten, die dem nationalsozialistischen Menschenideal entsprachen. Die Nationalsozialisten hatten dabei vielfach auf Frauen aus dem besetzten Norwegen zurückgegriffen. Als Kinder deutscher Väter besaßen die Nachkommen ebenfalls die deutsche Staatsangehörigkeit. Gemeinsam mit dem norwegischen Sicherheitsdienst wurde ein Programm entwickelt, dass sich auf in Norwegen geborene, aber in der BRD lebende Kinder von Norwegerinnen bezog. Die Gesuchten mussten deutsche Staatsangehörige und von 1943 bis 1945 geboren sein.[96]

Andere Suchansätze: Neben diesen genannten Suchprogrammen gab es zwei weitere Suchansätze. Zum einen löste der in die DDR übergetretene St. (Beamter einer kommunalen Passstelle in Augsburg) eine Aktion aus, bei der alle durch ihn ausgestellten Pässe überprüft wurden. Zum anderen war im Rahmen der Aktion »Anmeldung« einschließlich ihrer Unterfälle aufgefallen, dass eine überraschend hohe Zahl von Falschpässen anscheinend in einem kleinen Ort in der Nähe Hamburgs ausgestellt worden war. Eine überaus sorgfältige Überprüfung der Bediensteten des Passamtes erbrachte jedoch keinen Anhaltspunkt für einen nachrichtendienstlichen Verdacht. Auch eine Überprüfung der übrigen dort ausgestellten Pässe verlief ergebnislos.[97]

Das Ende der Aktion »Anmeldung«

Mit der Identifizierung der Illegalen »Ursula Richter« im Frühjahr 1985 war dem Illegalenreferat ein später Erfolg gelungen[98], der das Referat vermutlich zu weiteren Suchmaßnahmen veranlasste. Allerdings wurde im BfV auch häufig die Ansicht vertreten, die Wahrscheinlichkeit, einen in der Bundesrepublik lebenden

Illegalen zu finden, stehe in keinem Verhältnis zum Aufwand, der dahingehend betrieben werden musste. Das Referat IV A 3, das Illegalenreferat, hatte zwar in den Jahren seit 1980 immer wieder Doppelidentitäten festgestellt, doch lebten diese Illegalen alle nicht mehr in der Bundesrepublik. Bei einem Teil der Illegalen stand der Rückzug in die DDR fest und das BfV ging davon aus, dass sie die DDR überhaupt nicht mehr, jedenfalls nicht mehr mit dieser Identität, zu einem operativen Einsatz in den Westen verlassen würden. Bei anderen blieb der Verbleib dem BfV unbekannt. Hier konnte nicht ausgeschlossen werden, dass sie sich mit ihrer BRD-Identität in einem westlichen Land niedergelassen hatten und dort ihren nachrichtendienstlichen Aufgaben nachgingen. Daher entstand eine ständig aktualisierte Zusammenstellung aller erkannten Illegalen, die nach Kenntnis des Verfassungsschutzes nicht in die DDR oder ein anderes sozialistisches Land zurückgekehrt waren. Diese Zusammenstellung, die neben den – falschen – biografischen Daten[99] auch ein Lichtbild des Betroffenen – soweit vorhanden[100] – enthielt, wurde unter der Deckbezeichnung »Programm Diana« an nahezu alle befreundeten Dienste verteilt. Dieses Programm wurde nach Aussage Tiedges im BfV häufig als eigene Suchmaßnahme missinterpretiert. In der Realität war es aber nichts anderes als die Summe aller endgültig geklärten Einschleusungsfälle jeglicher Art, zu denen der Verfassungsschutz allerdings seinen Beitrag geleistet hatte.

Es wurde kritisch hinterfragt, ob es richtig sei, Personal zu binden, um Illegale zu identifizieren, die nicht auf dem Territorium der Bundesrepublik agierten.[101]

Der Verfassungsschutz selbst schätzte ein:

»Maßnahmen der Spionageabwehr ermöglichten in den vergangenen Jahren trotz verbesserter Einschleusungsmethoden die Festnahme einer beträchtlichen Anzahl Illegaler. Die Erfolge lösten bei den gegnerischen Nachrichtendiensten Unsicherheit aus. Sie hatten zur Folge, dass bisher nicht nur etwa 100 mit großem finanziellen Aufwand ausgebildete Illegale aus dem Einsatzland zurückgerufen, sondern die gegnerischen Dienste auch daran gehindert wurden, in der gewohnten Weise weitere einzuschleusen.

Es liegen Anzeichen dafür vor, dass die DDR-Nachrichtendienste, um ihr Einschleusungsdefizit zu verringern, verstärkt dazu übergehen, Personen mit echten biografischen Daten, aber getarnt z. B. als ›Flüchtlinge‹ oder ›legale Übersiedler‹, einzusetzen. Damit geht das MfS auf Methoden aus der Zeit vor dem Mauerbau 1961 zurück, um den Bestand seines Agentennetzes zu erhalten. Um einen solchen sog. inoffiziellen Mitarbeiter als Agenten in die Bundesrepublik Deutschland einzuschleusen, stehen dem MfS alle Wege zur Verfügung, auf denen Personen aus der DDR in das Bundesgebiet gelangen.«[102]

Reiswegsuchmaßnahmen

Die Abkehr von der überkommenen, sich zunächst auf repressive Polizeimethoden stützenden Einzelfallbearbeitung wurde mit der Aktion »Anmeldung« vollzogen, wenngleich nur der damalige G-Leiter des LfV Schleswig-Holstein in der Suchaktion eine Abwehrmaßnahme sah, die die klassische Verdachtsfallbearbeitung ersetzen sollte. Alle anderen LfV hatten beiden Bereichen ein organisatorisches Nebeneinander eingeräumt. Dies schlug sich zwar nicht in den Organigrammen aller LfV nieder, aber in allen LfV[103] standen für den Bereich Suchoperationen bestimmte Sachbearbeiter zur Verfügung[104]. In den LfV Hamburg und Niedersachsen gab es hierfür sogar eigene organisatorische Einheiten[105]. Dies hatte seinen Grund nur bedingt im Erfolg der Aktion »Anmeldung«. Entscheidender war, dass sich die drei norddeutschen LfV[106] gemeinsam mit dem LfV Berlin als Gründungsmitglieder – wenn auch nicht als Erfinder – einer weiteren erfolgreichen, im Abschluss gelegentlich unglücklichen, Suchoperation verstanden – der Reisewegüberwachung.[107]

Dem Verfassungsschutz war bekannt, dass der persönliche Treff zwischen IM und Führungsoffizier einen wesentlichen Teil des Führungs- und Verbindungswesens ausmachte. Bevorzugter Treffort war dabei Ostberlin, auch wenn es sich bei der Führungsstelle nicht um die HV A handelte, sondern um eine Aufklärungsdiensteinheit einer Bezirksverwaltung. Den Grund für die Treffs in der Hauptstadt der DDR sah der Verfassungsschutz in der einfachen und für den IM fast risikolosen Übergangsmöglichkeit mittels Tagesaufenthaltsgenehmigung. Hinzu kam die Möglichkeit, mitgebrachtes nachrichtendienstliches Material in einem Schließfach oder bei der Gepäckaufbewahrung am Bahnhof Friedrichstraße abzulegen, wo es der Führungsoffizier abholte oder abholen ließ.[108]

Der HV A wiederum waren Maßnahmen der bundesdeutschen Sicherheitsbehörden bekannt. Markus Wolf forderte bereits 1971: »In Kenntnis der Tatsache der verstärkten Überwachung der Verbindungswege zwischen der DDR und dem Operationsgebiet durch die feindlichen Organe ist die Sicherheit im Verbindungswesen zu erhöhen. Das bedeutet, dass Reisen und Grenzpassagen von IM, besonders über den Bahnhof Friedrichstraße, auf das notwendigste Minimum zu reduzieren sind.«[109]

Wolf bezeichnete den Bahnhof Friedrichstraße als »unseren sogenannten Ho-Chi-Minh-Pfad«[110] und verdeutlichte damit die Wichtigkeit für die HV A in Bezug auf die Schleusung von Mensch und Material. Im Jahr 1974 betrug der Anteil an Schleusungen der HV A dort 75 bis 80 Prozent. Doch auch andere Diensteinheiten des MfS und andere Nachrichtendienste nutzten den Bahnhof Friedrichstraße für ihre Aktivitäten.[111]

Seit Beginn der operativen Tätigkeit des Verfassungsschutzes, also seit Mitte der 1950er Jahre, war der Prototyp des Kundschafters bekannt: ein Mann, höchstens 25 bis vierzig Jahre alt, mit aktuellen oder aufgrund seiner Ausbildung zu erwartenden interessanten nachrichtendienstlichen Zugängen, der am Wochenende nach Westberlin flog und sich von dort aus nach Ostberlin begab, um einen nachrichtendienstlichen Treff mit einem Führungsoffizier abzuwickeln. Erst nach Prüfung und Bewährung des IM wurden sichere Verbindungswege vereinbart.

Gleichwohl dauerte es bis in die Mitte der 1970er Jahre, ehe Günther Krause, Offizier des MAD, in diesem Verhalten einen Suchansatz nach IM sozialistischer Aufklärungsorgane, vor allem der DDR, feststellte. Allerdings war es ihm nicht möglich, diesen Ansatz mit eigenen Kräften in die Tat umzusetzen, da die Bundeswehr in Westberlin – und nur dort konnte die entscheidende Grenzpassage festgestellt werden – keine Dienstgeschäfte ausüben durfte. Das Berliner LfV war nicht bereit, für den MAD eine solche intensive Observationshilfe zu leisten. Zum einen bezweifelte das LfV Berlin den Wert sowie die Erfolgsaussichten dieser Reisewegüberwachungsmaßnahme, zum anderen wäre der Erfolg ohnehin dem MAD zugeschrieben worden. Der MAD wäre wiederum nicht zuständig gewesen, wenn es sich – was im Zweifel zu erwarten war – bei der identifizierten Person um einen nicht im Geschäftsbereich des Bundesministeriums der Verteidigung Beschäftigten (Soldat oder Zivilist) gehandelt hätte. Krause aber fand im G-Leiter des LfV Hamburg einen Verbündeten, der bereit war, einen Probelauf als Aktion des Verfassungsschutzes durchführen zu lassen. Der G-Leiter des Hamburger LfV sah seine Zuständigkeit aufgrund der Lage des Flughafens Fuhlsbüttel auf Hamburger Territorium als gegeben an. Nach den ersten Identifizierungserfolgen wurden auch die LfV Schleswig-Holstein und Niedersachsen dahingehend aktiv.

Etwa 1977/78 baten diese LfV das BfV um Observationshilfe bei einer größer angelegten Aktion, die den Decknamen »Wirbelsturm« erhielt und den Ausgangspunkt für alle Reisewegsuchmaßnahmen in Verbindung mit dem Bundesgebiet und mit Westberlin darstellte.[112]

Die Suchmaßnahmen, die aufgrund eines Beschlusses einer von der G-Tagung[113] eingesetzten Arbeitsgruppe jährlich wechselnde Blumennamen als Tarnbezeichnungen tragen sollten, hatten sich im Laufe der Jahre verfeinert, sowohl hinsichtlich der Zielgruppe als auch des Suchansatzes. Trotz dieses Beschlusses hatten sich für die beiden wichtigsten Suchansätze die Bezeichnungen »Wacholder« und »Krokus« eingebürgert.

Die Reisewegsuchmaßnahmen waren teilweise der Verdachtsfallbearbeitung vorgelagert, das heißt, die durch sie gewonnenen Hinweise stellten eine Auffälligkeit dar; zum Teil ersetzten sie die Bearbeitung, nämlich dann, wenn die Erkenntnisse aus der Reisewegsuchmaßnahme zugleich ein nachrichtendiensttypisches Verhaltens-muster, etwa den Gebrauch einer gefälschten Dokumentation, belegten.[114]

Die Aktion »Wacholder«

Die Aktion »Wacholder«[115] war eine Fortsetzung der ersten Suchmaßnahme »Wir-belsturm«, wenn auch unter modifizierten Bedingungen. Zielgruppe waren nach wie vor die aus dem Bundesgebiet nach Westberlin fliegenden, von dort nach Ostberlin überwechselnden, in der Bundesrepublik beheimateten und geworbenen IM.
Bezog sich die Suchmaßnahme »Wirbelsturm« ausschließlich auf die Flughä-fen Hamburg-Fuhlsbüttel und Hannover-Langenhagen, so war »Wacholder« als BfV-koordinierte, bundesweite und alle Flughäfen berücksichtigende Maßnahme ausgelegt. Wurden bei »Wirbelsturm« Reisende noch am Flughafen in der Bun-desrepublik getippt[116], auf dem Flug nach Westberlin von einem Observanten be-gleitet und dort an den wartenden Observanten übergeben, erfolgte der Schritt des Tippens bei »Wacholder« auf dem Ankunftsflughafen Berlin-Tegel. Das Ziel von »Wacholder« bestand darin, eine Person in Berlin-Tegel zu tippen, ihren Übertritt nach Ostberlin festzustellen, sie beim Rückflug wieder aufzunehmen und durch eine Observation vom Heimatflughafen im Bundesgebiet bis zur Wohnung endgül-tig zu identifizieren.
Im Folgenden wird die Aktion »Wacholder« nach ihrem Geschehensablauf im Jahr 1985 dargestellt:
Die Aktion wurde jährlich von Mitte/Ende März bis zum 30. Juni durchgeführt. Nach diesem Zeitpunkt rechnete der Verfassungsschutz mit einer geringeren Trefffrequenz.[117] Ab Juli setzte die Urlaubszeit ein, die auch einen deutlich verstärk-ten Fluggasttransport nach Berlin mit sich brachte. Vor Beginn der Aktion wurde ein Zeitplan aufgestellt, der Rücksicht auf die Einsatzfähigkeit der Observations-gruppe IV (BfV) sowie die Observationskapazitäten der LfV nahm und die we-sentlichen Flughäfen der Bundesrepublik gleichberechtigt berücksichtigen sollte. Es wurden pro Wochenende zwei bundesdeutsche Flughäfen festgelegt.[118] Für die jeweils zuständigen LfV[119] bedeutete dies eine tatsächliche observationsmäßige Prä-senz. Waren die LfV dazu personell nicht in der Lage, musste das BfV zwei Observa-tionstrupps[120] entsenden, zumindest aber bereitstellen. Ferner musste ein Meldeweg zu dem eingeplanten LfV errichtet werden, der die jederzeitige Erreichbarkeit des zuständigen Sachbearbeiters sicherte.[121] Schließlich musste eine angemessene Prä-senz von Observanten in Westberlin sichergestellt sein, wobei nicht zuletzt aus Kos-tengründen die bei allen Einsätzen anwesenden BfV-Observanten durch LfV-Kräfte verstärkt wurden. Als große Schwierigkeit erwies sich, dass auch LfV zu Einsätzen

in Westberlin eingeplant werden mussten, deren Flughäfen am Wochenende außer Betracht blieben.[122]

In Westberlin beschränkten sich die Einsätze auf Maschinen, die von den festgelegten Flughäfen kamen, wobei einzelne LfV unter Hinweis auf die Verfügbarkeit von Observationstrupps auf zusätzliche Observation von Fluggästen »ihrer« Flughäfen drängten. So konnte eine Aktion im Frühjahr 1985 letztlich erst beginnen, nachdem die Amtsleiter auf der Amtsleitertagung ihre Zustimmung in sachlicher sowie in haushaltsrechtlicher Hinsicht erteilt hatten.

Das Tippen der Reisenden geschah in der Aktion »Wirbelsturm« am Ausgangsflughafen. Getippt wurden Personen, die am Wochenende, also ab Freitag gegen Mittag, mit leichtem Gepäck, das in der Regel lediglich aus einem Bordcase bestand, nach Westberlin flogen und für den kommenden Tag einen Rückflug gebucht hatten. Unter »Tippen« verstand der Verfassungsschutz in diesem Zusammenhang das Auswählen einer Person aus mehreren möglichen Personen beziehungsweise die Identifizierung eines Observationskandidaten, jedenfalls die Entscheidung, die Aktion auf eine bestimmte Person zu konzentrieren, die dem vorgegebenen Agententyp am meisten ähnelte. Dieser Agententyp war etwa 25 bis vierzig Jahre alt, alleinreisend, hatte nur wenig Gepäck bei sich, was auf einen kurzen Aufenthalt in Berlin schließen ließ, und wurde nicht abgeholt. Auch als das Tippen der Reisenden auf den Ankunftsflughafen Berlin-Tegel verlegt wurde, blieb dieser Typ des Reisenden gleich. Nur am Wochenende konnte die Suche nach diesem Typ des Reisenden erfolgreich sein, da während der Woche etwa 85% der Reisenden zwischen dem Bundesgebiet und Westberlin durch Dienst- und Geschäftsreisende diesem Bild entsprechen konnten. Am Wochenende trat dieser Typ des Reisenden seltener auf.[123] Die Gesuchten konnten zwar immer noch – wie es in der Mehrzahl der Realität entsprach – aus beruflichen oder privaten Gründen nach Westberlin fliegen. Einige von ihnen wechselten zwar auch nach Ostberlin, aber bei ihnen konnten gleichfalls geschäftliche oder private Gründe für die Reise ausschlaggebend sein.

Da keiner den Grund der Einreise sichtbar mit sich herumtrug, erforderte das Tippen viel Erfahrung und Menschenkenntnis, vor allem aber Entscheidungsfreude sowie Entschlusskraft. Eine Wochenendaktion, bei der ein Übertritt in die Hauptstadt der DDR festgestellt werden konnte, galt beim Verfassungsschutz als Erfolg. Die getippte Person wurde in Westberlin in der Regel von zwei Observanten[124] beobachtet. Dabei stand ausschließlich die Frage im Vordergrund, ob die Zielperson Westberlin in Richtung Ostberlin verließ[125], andernfalls wurde die Observation zum gegebenen Zeitpunkt abgebrochen. Wenn die Zielperson nicht die beiden üblichen Verkehrswege wählte, um den Grenzübergang Bahnhof Friedrichstraße zu erreichen[126], wurde die Observation abgebrochen, weil ein Übertritt nicht mehr zu erwarten war. Zu diesem Ergebnis kamen die Verfassungsschützer etwa, wenn die Zielperson

- sich in Richtung eines übergangsfernen Vorortes bewegte (Spandau, Schlachtensee, Schulzendorf)[127],
- ein Privathaus in Westberlin betrat, wo sie sich durch Schlüssel oder Klingeln Zugang verschaffte,
- eine Verabredung in Westberlin wahrnahm.

Das Aufsuchen eines Hotels oder einer Pension in Westberlin war grundsätzlich kein Anlass, die Observation abzubrechen, weil eine Übernachtung in Westberlin in der Regel zum Reiseplan der IMs gehörte. In diesem Fall wurde die Observation, allerdings mit mehr als zwei Observanten, in der Regel bis in die Vormittagsstunden des nächsten Tages ausgedehnt. Da Reisende ohne Pkw von Westberlin aus die DDR-Hauptstadt üblicherweise mit der S- oder U-Bahn erreichten, wurde die Observation an der S-Bahnstation Lehrter Bahnhof[128] oder an der U-Bahnstation Kochstraße abgebrochen.[129]

Konnte der Übertritt nach Ostberlin festgestellt werden, warteten Observanten, die die Zielperson gesehen hatten, am Westberliner Flughafen Tegel auf deren Eintreffen zum Rückflug. Dabei wurde in der Regel davon ausgegangen, dass Herkunfts- und Zielflughafen identisch waren.[130] Der Zeitpunkt sowie der Ort der Rückkehr aus Ostberlin nach Westberlin wurden außer Acht gelassen. Beim Einchecken für den Rückflug wurde versucht, die Identität beziehungsweise die Reiseidentität der Zielperson zu erkennen[131], indem sich ein Verfassungsschützer vor oder hinter sie drängte, um einen Anhaltspunkt zu ermitteln.[132]

Da die Identifizierung, falls sie gelang, nur als Anhaltspunkt gewertet wurde[133], war die endgültige Identifizierung nach der Landung im Bundesgebiet erforderlich. Hierzu informierten die Observanten in Westberlin die eingeteilten Sachbearbeiter vom BfV oder LfV telefonisch über die benutzte Maschine und die Erkennungsmerkmale der Zielperson.[134] Nach Landung der Maschine nahmen die Observanten die Zielperson auf und observierten sie, bis sie zu Hause ankam. Dort erfolgte dann, notfalls durch eine Anschlussobservation am nächsten Tag, die Identifizierung.

Nachdem mehrere befragte Personen ein einwandfreies, jeden Verdacht auslöschendes, beweisbares Motiv für ihre Reise in die DDR hatten erbringen können, war der Verfassungsschutz schnell davon abgegangen, Observationen, die einen Übertritt nach Ostberlin nachgewiesen hatten, als »positive Fälle« zu bezeichnen. In allen einschlägigen Fällen schloss sich eine herkömmliche Verdachtsfallbearbeitung an, in der die Reise nach Berlin als Auffälligkeit gewertet wurde. Gleichwohl erwies sich die Aktion »Wacholder« für den Verfassungsschutz als Erfolg.[135] [136]

Die Aktion »Krokus«

Die Aktion »Krokus« war jünger als die Aktion »Wacholder« und nur mittelbar aus der Aktion »Wirbelsturm« hervorgegangen. Zielte jene auf anreisende IM zum Treff, so war »Krokus« auf die Identifizierung rückreisender IM vom Treff ausgelegt. Alsbald stellte sich heraus, dass »Krokus« auch zur Identifizierung operativer Reisekader des MfS (Instrukteure/Kuriere) geeignet war.

Ausgangspunkt der Aktion »Krokus« war der Umstand, dass die nach Berlin gereisten Observanten des Verfassungsschutzes wegen des zu erwartenden Rückflugs von Personen, die Ostberlin aufgesucht hatten, bis Sonntagabend dort warten mussten, de facto aber ab Samstagmittag keine anreisenden Agenten aus dem Bundesgebiet zu erwarten waren. Insbesondere wenn der Erfolgshunger durch Tipps auf Personen, die in Westberlin blieben, nicht gestillt worden war, suchten sie sich ein weiteres Betätigungsfeld. Ein solches fanden sie zunächst am Westberliner Bahnhof Zoo – etwa in der Übergangsphase »Wirbelsturm« zu »Wacholder« im Jahr 1978 –, später an den U-Bahnstationen Kochstraße und Hallesches Tor im Süden sowie Reinickendorfer Straße im Norden, die auf der über den Bahnhof Friedrichstraße verlaufenden U-Bahnlinie 6 von Tegel bis Alt-Mariendorf lagen. Einen weiteren Suchansatz fand der Verfassungsschutz 1984 an der S-Bahnstation Lehrter Bahnhof. Bei der Aktion »Krokus« richtete sich das Augenmerk auf einen ähnlichen Personenkreis wie in der Aktion »Wacholder«, nur lauteten die Tippkriterien hier: Ein- oder Rückreise aus Ostberlin, Einzelreisender und Weiterfahrt in das Bundesgebiet. Das Lebensalter sowie der Reisetag traten insbesondere bei der Suche nach operative Reisekadern in den Hintergrund, da diese nach den Erfahrungen des Verfassungsschutzes Reisen während der Woche bevorzugten.

Beim Suchansatz im Bahnhof Zoo stand der Wechselverkehr vom S-Bahnsteig, aus der Richtung Friedrichstraße kommend, zu den Bahnsteigen der Fernbahn in Richtung Bundesgebiet im Mittelpunkt. Hier kam dem beobachtenden Verfassungsschutz teils die leichtsinnige Verhaltensweise der operativen Reisekader zugute.[137] Er leistete sich neben einer soliden Observationstätigkeit, deren Früchte im Bundesgebiet teilweise verspielt wurden,[138] aber auch Fehlgriffe.[139] Später wurde der Suchansatz an den Lehrter Bahnhof vorverlegt, die Observationskräfte stiegen dort zu, da der bereits in der S-Bahn befindliche Fahrgast vom Bahnhof Friedrichstraße kommen musste.

Dem gegenüber war die Ausgangslage am U-Bahnhof Hallesches Tor ungenauer.[140] Zum einen kam die U-Bahn über den Bahnhof Friedrichstraße aus dem Norden Westberlins, so dass die Herkunft der Getippten aus Ostberlin nicht feststand. Zum anderen herrschte im Bahnhof ein derartig starker Umsteigeverkehr, dass es nach Angaben der Observationskräfte schwierig war, die Reisenden nach ihrer Herkunftsrichtung auseinanderzuhalten. Um diese Ungewissheit auszuschließen, fuhr gelegentlich ein Observant zu den Haupttippzeiten (etwa am Sonntag zwischen 17 und 19 Uhr) in der U-Bahn von der Reinickendorfer Straße bis Halleches Tor mit, um Tippkandidaten beim Einsteigen in die U-Bahn am Bahnhof Friedrichstraße im Zweifelsfall zu identifizieren. Diese Einsätze waren bei allem Risiko nicht erfolglos.[141] Die so Aufgenommenen wurden mit dem Ziel der Identifizierung observiert. Bei Übernachtungen in Westberlin wurden die Personalien unter dem Gesichtspunkt der Doppelgängeridentität überprüft.[142] Allerdings wurden bei der Observation in Westberlin Erkenntnisse aus der operativen Arbeit von den eingesetzten Kräften nicht berücksichtigt.[143]

Die Aktion »Krokus« galt als erfolgreich, wenngleich im Hinblick auf den ursprünglich anvisierten Personenkreis – die vom Treff aus der Hauptstadt der DDR zurückkreisenden Bundesbürger – kein Treffer erzielt wurde.[144] Bei Weiterreise des getippten operativen Reisekaders in das Bundesgebiet wurde von den Observanten in Westberlin dem für die Einreise zuständigen LfV[145] die Platzierung der Zielperson im Zug sowie eine Personenbeschreibung durchgegeben. Das BfV/LfV veranlasste eine Identifizierung anhand der mitgeführten Personaldokumente durch Einschaltung des BGS an der Grenzübergangsstelle DDR–BRD. Da für den operativen Reisekader das LfV des Zielbundeslandes zuständig war, das Zielland aber aus der Fahrkarte in Berlin nicht definitiv entnommen werden konnte[146], wechselte bei einer Fahrt durch die Bundesrepublik häufig die Zuständigkeit zu einem nicht vorinformierten LfV. Mit der geografischen Zuständigkeit wechselte aber häufig auch die Ansicht des LfV über die Beendigung des Falles – Zuführung an die Exekutive oder gegebenenfalls Versuch einer Überwerbung. Da sich aufgrund der länderübergreifenden Aktivitäten auch das BfV in der Verantwortung sah, war im August 1985 die Bildung einer Melde- und Verbindungsstelle beim BfV in der Entstehung begriffen. Es bestand Einigkeit darüber, dass diese während des Einsatzes in den Aktionen »Wacholder« und »Krokus« ständig, auch außerhalb der regulären Dienstzeit, besetzt sein müsse.

Nach Auffassung des BfV stand die Eliminierung des operativen Reisekaders nicht im Mittelpunkt der Aktivitäten. Das Ziel wurde in der Identifizierung des Treffpartners in der Bundesrepublik gesehen.[147]

Sonstige Suchoperationen

Die zurückgehende Kooperationsbereitschaft der Bevölkerung mit den Sicherheits- und Nachrichtendiensten – ausgelöst durch die Datenschutzdiskussion –, aber auch die Erfolge der Aktionen »Anmeldung«, »Wacholder« und »Krokus« hatten die

Bedeutung der Suchoperation deutlich steigen lassen. Das im BfV entstandene Methodikreferat IV A 2, zu dessen Aufgabe die Entwicklung neuer Suchoperationen zählte, brachte – von Verfeinerungen der Reisewegsuchmaßnahmen abgesehen – bis 1985 lediglich eine, im Ergebnis allerdings erfolglose, Suchoperation zustande. Diese richtete sich gegen eine wesentliche Verbindungslinie der HV A, die rollenden TBK in den Eisenbahnzügen, die vom Territorium der Bundesrepublik auf das Gebiet der DDR fuhren und von wichtigen IM genutzt wurden. Hier wurden vom Verfassungsschutz, nach Analysen aller einschlägigen Fälle, unter anderem die Toiletten bestimmter Züge systematisch nach Verstecken für nachrichtendienstliches Material durchsucht.

Eine Aktion des BKA ohne Beteiligung des Verfassungsschutzes mit der Bezeichnung »Drachenfels« richtete sich gegen Reisende mit total gefälschten Pässen. In Zügen zwischen Westberlin und dem Bundesgebiet sollten Pässe sichtentzogen für den Reisenden auf charakteristische Guillochenfehler[148] untersucht werden. Ferner sollte in einer Aktion die Heimatortkartei im Notaufnahmelager Gießen mit einer Schreibung aller im BfV erfassten Deckadressen, konspirativen Wohnungen und Objekte abgeglichen werden. Weiterhin wurde ins Auge gefasst, Zuwanderer zu ermitteln, die – sogar unter Inkaufnahme von Nachteilen – bemüht waren, ihren Wohnsitz in dem Bundesland zu wählen, für das der Herkunftsbezirk in der DDR eine »Patenschaft« ausübte, beispielsweise der Bezirk Leipzig für das Bundesland Nordrhein-Westfalen.

Unter der Bezeichnung »Flächenbrand« war eine der Reisewegüberwachung ähnliche Maßnahme gegen allein reisende Wirtschaftskader der DDR geplant. Zu einer Durchführung kam es aus personellen Gründen nicht.

Das LfV Schleswig-Holstein war mehrfach Wegbereiter für neue Suchmaßnahmen. So war es mit der Suchoperation »Aktentasche« erfolgreich, in der Hotelgäste, die angeblich aus Westberlin kamen, in Lübecker Hotels in Bahnhofsnähe einer Personenüberprüfung unterzogen wurden.

In der Aktion »Treibsand« versuchte das LfV Schleswig-Holstein, Schiffbau- und Schiffsmotorenbauingenieure, die ihre Ausbildung in Wismar, Rostock oder Kühlungsborn erhalten hatten und nun an der schleswig-holsteinischen Küste in entsprechenden Positionen tätig waren, anhand eines Vergleichs der vorgelegten Zeugnisse als Eingeschleuste zu identifizieren.

Aber auch die Reisewegüberwachung brachte dem Verfassungsschutz durch Variationen Erfolge. In der Suchoperation »Seerose« versuchte das LfV Schleswig-Holstein einen Einbruch in die dem Verfassungsschutz hinlänglich bekannte »Nordroute« für operative Reisekader über Kopenhagen beziehungsweise Nyköping in das Bundesgebiet. Durch Tippen und Identitätsüberprüfung bei der Passkontrolle auf der Fähre von Rødby nach Puttgarden wurde beispielsweise der Reisekader Eitel W. erkannt.

Schließlich hatten sich mehrere LfV, insbesondere die Grenzanrainerländer zur DDR, bemüht, operative Reisekader in Zügen aus der DDR oder aus Westberlin zu identifizieren. Nach Anfangserfolgen wurde diese Suchoperation als enttarnt betrachtet und eingestellt. Nach der Festnahme des Reisekaders Bö. wurden vorübergehend die Buslinien von Westberlin in das Bundesgebiet überwacht, was zur Festnahme des Reisekaders Dr. We. führte.[149]

Nach Hansjoachim Tiedges Übertritt in die DDR im August 1985 war die HV A durch dessen Aussagen umfassend über die Abwehraktivitäten des Verfassungsschutzes informiert. Tiedge arbeitete allerdings zu keinem Zeitpunkt als aktive Quelle für die HV A, auch wenn dies später suggeriert wurde, und besaß keine Kenntnis über andere aktive Quellen der HV A in den Verfassungsschutzämtern. Durch die Existenz der Spitzenquellen und hauptamtlichen Verfassungsschützer »Stern« im BfV, »Gräber« und »Maurer« im LfV Niedersachsen sowie »Bodva« im LfV Hessen verfügte die HV A jedoch über einen Stamm von IM in den ÄfV, die, schon vor dem Übertritt Tiedges, wesentliche Informationen beigesteuert hatten.

Rainer O. M. Engberding schreibt 1993 zur Thematik: »In der Spionagebekämpfung hatten wir es in den letzten Jahren mit einer stetig abfallenden Kurve von Ermittlungsverfahren zu tun. Schachkundige Kommentatoren hatten immer davor gewarnt, daraus ein Nachlassen des Spionageangriffs auf unser Land abzulesen. Wie recht sie hatten, stellt sich jetzt mit schmerzhaften Erkenntnissen heraus: Die Nachrichtendienste der DDR hatten derart schwere Einbrüche in unsere Spionageabwehr erzielt, dass wir eigentlich nur noch solche Enttarnungen verbuchen konnten, die uns der Zufall oder eine Panne beim Gegner bescherte oder die uns der gegnerische Nachrichtendienst wohlüberlegt zugestanden hat.«[150] Weiter schreibt Engberding: »Ein leitender Stasi-Offizier erzählte mir gesprächsweise: ›Wenn im Operationsgebiet ein Reisekader enttarnt war und unter Observation gestellt wurde, läutete bei mir gleich mehrmals das Telefon. Groteskerweise musste ich dann mehrfach die Erfolgsprämie auszahlen, weil jede Quelle von den anderen Quellen nichts wissen durfte.‹«[151]

Anmerkungen

1   G(egen)-Referat ist die Sammelbezeichnung für die Spionageabwehreinheiten der LfV, obwohl diese mitunter selbst Abteilungen waren (zum Beispiel in Bayern, Baden-Württemberg, Hessen).

2   Vgl.: Hansjoachim Tiedge: Dissertation zum Thema: »Die Abwehrarbeit der Ämter für Verfassungsschutz in der Bundesrepublik Deutschland«. Berlin 1988, S. 35 (Archiv des Verfassers).

3   Hans Josef Horchem: *Auch Spione werden pensioniert*. Herford 1993, S. 200.

4   Der Begriff wurde vom LfV Schleswig-Holstein eingeführt und von allen ÄfV übernommen.

5   Vgl.: Hansjoachim Tiedge, »Die Abwehrarbeit der Ämter für Verfassungsschutz in der Bundesrepublik Deutschland«, S. 47 f.

6   Vgl.: Ebd., Bl. 49 f.

7   Dirk Dörrenberg: »Erkenntnisse des Verfassungsschutzes zur Westarbeit des MfS«. In: Georg Herbstritt, Helmut Müller-Enbergs: *Das Gesicht dem Westen zu ... DDR-Spionage gegen die Bundesrepublik Deutschland*. Bremen 2003, S. 74.

8   Im Gegensatz zu förmlichen Ermittlungsverfahren, die das Registerzeichen BJs führten.

9   Vgl.: Hansjoachim Tiedge, »Die Abwehrarbeit der Ämter für Verfassungsschutz in der Bundesrepublik Deutschland«, S. 50–53.

10   Helmut R. Hammerich: *»Stets am Feind«. Der Militärische Abschirmdienst (MAD) 1956–1990*. Göttingen 2019, S. 316.

11   Vgl.: Hansjoachim Tiedge, »Die Abwehrarbeit der Ämter für Verfassungsschutz in der Bundesrepublik Deutschland«, S. 54.

12   Vgl.: Helmut Roewer, Stefan Schäfer, Matthias Uhl: *Lexikon der Geheimdienste im 20. Jahrhundert*. München 2003, S. 126.

13   Vgl.: Hansjoachim Tiedge, »Die Abwehrarbeit der Ämter für Verfassungsschutz in der Bundesrepublik Deutschland«, S. 54–58.

14   Vgl.: Ebd., S. 58 f.

15   Markus Wolf: *Spionagechef im geheimen Krieg: Erinnerungen*. München 1997, S. 274 f.

16   Bei Heinz Dürrbeck handelt es sich um einen Gewerkschaftsfunktionär. Er war von 1954 bis 1977 geschäftsführendes Vorstandsmitglied der IG Metall.

17   Der Zahlenwurm enthielt Ziffern, die von der Zahlenkolonne des verschlüsselten Textes abgezogen den Zahlen-Zwischentext ergaben. Jede Ziffer wurde nur einmal als Subtrahend benutzt, und es bestand die Anweisung, verbrauchte Ziffern abzuschneiden und zu vernichten. Jeder Zahlenwurm wurde nur an einen IM ausgegeben. Das Erscheinungsbild stellte sich dem Verfassungsschutz je nach Aufklärungsdienst abweichend dar. Es handelte sich stets um Fünferzahlengruppen entweder auf einzelnen Papierblättchen in Blocks zusammengestellt (KGB in den 1960er Jahren) oder aus Filmstreifen (Anfangszeit der HV A) beziehungsweise 46 Zentimeter langen Papierstreifen, die harmonikaartig zusammengefaltet in Plastikhüllen eingeschweißt geliefert wurden (HV A 1970er/80er Jahre). Der Verschlüsselungsstreifen unterschied sich vom Entschlüsselungsstreifen durch einen deutlichen Abstand zwischen der zweiten und dritten Zahlengruppe.

18   Vgl.: Hansjoachim Tiedge, »Die Abwehrarbeit der Ämter für Verfassungsschutz in der Bundesrepublik Deutschland«, S. 59 ff.

19   Helge Berger war Sekretärin im Auswärtigen Amt der Bundesrepublik und Vorzimmerdame des Leiters der Handelsvertretung der BRD in Warschau, Dr. Heinrich Böx, zur Zeit der Verhandlung des deutsch-polnischen Vertrages.

20   Ein solcher Treff war im Fall Margarete Höke, Sekretärin im Bundespräsidialamt, beobachtet worden. Um einen Skandal zu vermeiden, aber auch weil Zweifel nicht auszuschließen waren, entschied sich das BfV, dass Hökes Treffpartner, ein Schweizer Ehepaar mit sächsischem Akzent, unbehelligt aus der Bundesrepublik ausreisen konnten. Margarete Höke wurde im August 1985 verhaftet.

21   Auch hierfür gibt der Fall Höke ein Beispiel: Anfang 1985 wollte sie von Frankfurt am Main nach Kopenhagen fliegen, was aber erst nach ihrer Ankunft am Frankfurter Flughafen bekannt wurde. Eine sofortige Verbindungsaufnahme zur dänischen Observationseinheit ergab, dass diese infolge eigener Aufträge nicht zur Verfügung stand. Da eine Observation in

Kopenhagen ohne Pkw aussichtslos erschien, unterblieb eine Verfolgung durch den Verfassungsschutz.

22 Vgl.: Hansjoachim Tiedge, »Die Abwehrarbeit der Ämter für Verfassungsschutz in der Bundesrepublik Deutschland«, S. 61 ff.

23 Vgl.: Ebd., S. 63 f., 159.

24 Ebd., S. 64.

25 Das Nachrichtendienstliche Informationssystem (NADIS) ist ein nichtöffentliches automatisiertes Datenverbundsystem der Verfassungsschutzbehörden des Bundes und der Länder. Im Gegensatz zu den meisten elektronischen Informationssystemen handelt es sich beim NADIS um eine Hinweiskartei; gespeichert werden lediglich Name, Geburtstag, Geburtsort und Wohnsitz von Personen sowie Aktenzeichen als Hinweis auf Fundstellen und Vorgänge, in denen Erkenntnisse über die betreffenden Personen festgehalten sind.

26 So waren dem BfV und dem LfV Hessen Lichtbilder eines dienstlichen Telefonverzeichnisses in die Hände gefallen, die ein *Counterman* heimlich in einer konspirativen Wohnung angefertigt hatte. Da eine Provokation vermutet wurde, wurde die Gegenoperation sofort abgebrochen. Erst zwei Jahre später gelang es dem Auswertungssachbearbeiter, den privaten Code des Führungsoffiziers zu entschlüsseln. Da der Führungsoffizier in dem Telefonverzeichnis Privatanschlüsse seiner Vorgesetzten und Kollegen notiert hatte, wurde seitens des BfV beabsichtigt, unter Beteiligung des BND eine Überwerbung des Führungsoffiziers, dessen Identität allerdings nicht bekannt war, zu versuchen.

27 Reiner Fülle war IM des SWT der HV A. Ihm gelang die Flucht in die DDR, nachdem Stiller in den Westen geflüchtet war und ihn verraten hatte. Das BfV holte Fülle später in die BRD zurück. Der frühere Leiter des Referates »DDR-operativ« beim LfV Berlin, Freimark, hatte am Tag nach der Rückführung Fülles in den Westen beim MfS in Berlin angerufen und mit dem Führungsoffizier Fülles gesprochen. Aus diesem Gespräch entwickelte sich überraschend eine Verabredung zu einem Treff im westlichen Ausland, zu dem es aber nicht kam. Ursprünglich war von Freimark lediglich beabsichtigt gewesen, dem MfS den Erfolg des Verfassungsschutzes vor Augen zu führen.

28 Vgl.: Hansjoachim Tiedge, »Die Abwehrarbeit der Ämter für Verfassungsschutz in der Bundesrepublik Deutschland«, S. 64 f., 160 f.

29 Vgl.: Ebd., S. 65 f.

30 Vgl.: Ebd., S. 67 f.

31 Ebd., S. 68.

32 Ebd.

33 ÖbL ist die Abkürzung für öffentlicher beweglicher Landfunkdienst, ein mobiles, dem herkömmlichen Vorwahlsystem unterliegendes Telefonnetz.

34 Eurosignalgeräte waren flache, etwa 20 Zentimeter mal 7 Zentimeter mal 1 Zentimeter große Geräte, die über drei regional über die Bundesrepublik verteilte Sender angerufen werden konnten und über ein akustisches und ein optisches Signal auf den Anruf hinwiesen. Sie konnten mit bis zu vier Telefonnummern ausgestattet werden und differenzierten optisch, welche Nummer angerufen wurde.

35 Vgl.: Hansjoachim Tiedge, »Die Abwehrarbeit der Ämter für Verfassungsschutz in der Bundesrepublik Deutschland«, S. 68 ff, 163.

36 Vgl.: Ebd., S. 70 f.

37 Ein exemplarisches Beispiel für die Fehleinschätzung bildet der Fall B. Herr B., ein Bahnarbeiter aus Hagen/Westfalen, war einem Observationstrupp des Niedersächsischen LfV am Bahnhof Zoo in Westberlin aufgefallen, als er mit der S-Bahn aus Richtung Friedrichstraße kam und unter »konspirativen Umständen« in die Fernbahn nach Dortmund umstieg. Da er an der Grenze BRD–DDR vom BGS mit einem anderen Reisenden – dem ebenfalls bei der Bundesbahn beschäftigten R. aus Gelsenkirchen – verwechselt worden war, kam gegen B. wegen

Benutzung einer falschen Identität ein nachrichtendienstlicher Verdacht auf, obwohl sich B. und R. gegenüber dem Schaffner als Kollegen zu erkennen gaben und ihren Sonderfahrschein mit dem Dienstausweis belegten.

38   Lediglich bei Anträgen gegen legale Residenturen fand nur eine kursorische Prüfung statt, sofern politische Gründe dem nicht entgegenstanden. So wurden Anordnungen gegen die Botschaft der VR Bulgarien regelmäßig verlängert, obwohl dem BfV ein Übersetzer für diese Sprache nicht zur Verfügung stand. Anträge gegen Einrichtungen der VR China waren hingegen etwa seit 1983 untersagt.

39   Die vom Referat I G 3 erwirkte Anordnung wurde im Verbundsystem mit dem BND und dem MAD durchgeführt, das heißt, das gesamte Bundesgebiet war in Regionen aufgeteilt, die sich aus der tatsächlichen Präsenz der jeweiligen Dienste ergaben. Beispielsweise wurden sämtliche Maßnahmen gegen Vertretungen der Staaten des Warschauer Vertrages in Bonn von der dortigen Außenstelle des BND durchgeführt. Gegen entsprechende Gebühren an die Bundespost konnten natürlich Leitungen auch in die Zentralen der Dienste oder an jeden anderen beliebigen Ort geschaltet werden. Die Tonbänder wurden im Referat I G 4 vorausgewertet, das heißt, die wichtig erscheinenden Gespräche wurden auf besonders gekennzeichnetem Papier (Telefonkontrolle: grüner Längsrand rechts, Postkontrolle: roter Längsrand rechts; in der Mitte des Vordrucks war »G 10« in der entsprechenden Farbe eingedruckt), inhaltlich wiedergegeben. Diese Vordrucke wurden dann auf dem Dienstweg, das heißt, über den Abteilungsleiter I und den Abteilungsleiter IV an das interessierte Referat geleitet. Zwischen dem Gespräch und der Kenntnisnahme lag mindestens eine Woche.

40   Dies galt zumindest bei der Einzelfallbearbeitung. Bei der Überwachung legaler Residenturen galten andere Erfahrungswerte.

41   Ein Lehrbeispiel hierfür ist die Bearbeitung des Falles Helge Berger. Die G-10-Schaltung erfolgte in einem ihrer Wohnung gegenüberliegenden eigens angemieteten Observationsstützpunkt, in dem die Telefongespräche zeitgleich mitgehört werden konnten und, wenn nötig, in Observationsmaßnahmen umgesetzt wurden. Die wichtigste Folge war jedoch, dass nicht jedes Verlassen der Wohnung eine Observation zur Folge haben musste. Beispiel: Dr. Böx (der Freund von Helge Berger) rief an und kündigte seinen Besuch an. Sie vertröstete ihn um eine halbe Stunde, da sie noch einkaufen müsse. Als sie kurz danach das Haus verließ, brauchte ihr der Verfassungsschutz nicht folgen.

42   Vgl.: Hansjoachim Tiedge, »Die Abwehrarbeit der Ämter für Verfassungsschutz in der Bundesrepublik Deutschland«, S. 72 f, 164 ff.

43   Vgl.: Ebd., S. 74 f, 167.

44   »Zu den Akten« (zdA) bedeutet die endgültige Ablage des Vorgangs ohne weitere Kontrolle der Entwicklung im Gegensatz zur langfristigen Wiedervorlage-Verfügung, die eine erneute Überprüfung des Handlungsbedarfs zum Wiedervorlagezeitpunkt zur Folge hat.

45   War beispielsweise observiert worden, wurde der Abteilungsleiter IV beteiligt, waren G-10-Maßnahmen angeordnet, wurde die Amtsleitung beteiligt.

46   So hatte Heribert Hellenbroich als Leiter IV die Bearbeitung des Verdachtsfalles Herbert Willner im Jahr 1973 eingestellt, weil die aufgrund der angefallenen Hinweise aufgenommenen Ermittlungen keine Anhaltspunkte erbracht hatten, die einen Verdacht gegen Herbert Willner hätten erhärten können. Als 1983 eine Weiterbearbeitung angezeigt erschien, wurde der inzwischen zum Präsidenten aufgestiegene Hellenbroich um Zustimmung gebeten.

47   Vgl.: Hansjoachim Tiedge, »Die Abwehrarbeit der Ämter für Verfassungsschutz in der Bundesrepublik Deutschland«, S. 75 f., 167.

48   Der Verfassungsschützer Heinz Marx hatte in den späten 1950er Jahren eine Anleitung für eine G-Befragung ausgearbeitet, deren Fragenkatalog länger war als die meisten Befragungsberichte der 1980er Jahre.

49 Die Gegenoperation diente dazu, den Angriff des gegnerischen Nachrichtendienstes zu steuern, seinen Schwerpunkt zu erkennen, den Schaden zu begrenzen, vor allem aber Erkenntnisse über Arbeitsweise und nachrichtendienstliches Potential zu gewinnen. Die G-Operation wurde als nachrichtendienstliches Mittel im Sinne des § 3 Abs. 2 BVerfSchG verstanden. Der für eine G-Operation überworbene Agent wurde »Counterman« genannt. Er wurde in seiner Rolle als Agent des gegnerischen Nachrichtendienstes mit Spielmaterial ausgestattet.

50 So hatten zwei IM des MfS, die unter anderem das Know-how eines Walzwerkes geliefert hatten, nur unter der Zusage, die Exekutive nicht zu unterrichten, ihre Aussagen gemacht. Da dem Verfassungsschutz objektive Beweise fehlten, war ein Erkenntnisgewinn nur durch die Angaben der IM möglich.

51 Vgl.: Hansjoachim Tiedge, »Die Abwehrarbeit der Ämter für Verfassungsschutz in der Bundesrepublik Deutschland«, S. 76, 167 f.

52 Vgl.: Ebd., S. 77.

53 Bei dieser Art von Befragung erhielten der GBA und das BKA/LKA je einen verschlossenen Umschlag mit Angaben über die Identität des Betroffenen und den Sachverhalt. Die Polizei hielt sich in der Nähe des Befragungsortes auf und wurde im Fall des Scheiterns der Befragung durch den Verfassungsschutz hinzugezogen. In diesem Fall griff der zuvor bedingt erteilte Ermittlungsauftrag des GBA und das BKA/LKA konnte den Umschlag öffnen und zugreifen. Hatte die Befragung hingegen Erfolg, sammelte der Verfassungsschutz die verschlossenen Schreiben wieder ein.

54 Zum Teil wurde im Verfassungsschutz die Meinung vertreten, dass Eingeschleuste ausnahmslos ideologisch so gefestigt waren, dass ihnen nicht beizukommen wäre.

55 Wiebach/Schlott war von der DDR über Schweden in die Bundesrepublik geschleust worden. Nach seiner Verhaftung legte er ein derart umfangreiches Geständnis ab, dass das Verfahren gegen ihn eingestellt wurde.

56 Vgl.: Hansjoachim Tiedge, »Die Abwehrarbeit der Ämter für Verfassungsschutz in der Bundesrepublik Deutschland«, S. 77, 168.

57 Vgl.: Ebd., S. 78.

58 Zur Überwerbung sowie zu Doppelagenten und G-Operationen des Verfassungsschutzes siehe auch: Henry Nitschke: *Die Spionageabwehr der DDR. Mittel und Methoden gegen Angriffe westlicher Geheimdienste*. Berlin 2018, S. 728–868.

59 Durch den Übertritt des Abteilungsleiters im Institut für Wirtschaftswissenschaftliche Forschung (IWF) der DDR (Vorläufer der HV A von 1951 bis 1953), Gotthold Kraus, im Jahr 1953 wurde auf Veranlassung des BfV die sogenannte »Vulkan-Affäre« ausgelöst, bei der gegen viele Personen, die in der Bundesrepublik im sogenannten Interzonenhandel tätig waren, Ermittlungsverfahren eingeleitet wurden. Ausgangspunkt waren die Angaben von Kraus, das IWF sei an diesen Personen nicht ohne Erfolg nachrichtendienstlich interessiert. Nahezu alle Betroffenen mussten wegen Nichtbestätigung der Vorwürfe von der Bundesregierung entschädigt werden.

60 Jewgenij Runge war als angeblich in Pommern geborener Willi Gast in die Bundesrepublik geschleust worden und hatte dort das KGB-IM-Ehepaar Sütterlin geführt. Lore Sütterlin war Vorzimmerdame beim Leiter der Zentralabteilung im Auswärtigen Amt, Heinz Sütterlin war Fotograf.

61 Der damalige Leiter des Bereichs »Funkwesen«, Hans Watschounek, neigte dazu, Hinweise aufgrund der Entschlüsselungen als persönliche Habe anzusehen. Gedeckt von seinen Abteilungsleitern bearbeitete er die Fälle einen nach dem anderen und löste das Ermittlungsverfahren meist in einer Phase der Ruhe aus, so dass alle Angehörigen des bundesdeutschen Sicherheitsapparates auf einen neuen Erfolg Watschouneks aus einer nur wenigen bekannten Quelle blicken konnten. Erst der Präsident des BfV, Heribert Hellenbroich, setzte dieser Verfahrensweise 1976 ein Ende, indem er sich alle Spurenakten vorlegen ließ. Dabei musste

er feststellen, dass viele bereits eindeutig geklärte Fälle inzwischen verjährt und andere klar identifizierte Quellen inzwischen verstorben oder verschwunden waren.

62 Der Fall Katelhöhn wird hier erwähnt, weil er 1967 im Jahresbericht des NATO-Hauptquartiers als »The Barceeper´s Case« geschildert wurde. In seiner Modalität war er ein Vorläufer der späteren Sekretärinnen-Fälle, wenngleich Katelhöhn zwar unter falschem Namen auftrat, aber nicht in die Bundesrepublik eingeschleust worden war.

63 Vgl.: Hansjoachim Tiedge, »Die Abwehrarbeit der Ämter für Verfassungsschutz in der Bundesrepublik Deutschland«, S. 79 ff, 169 f.

64 Ebd., S. 81.

65 Vgl.: Ebd., S. 81 f.

66 BMI: Verfassungsschutzbericht: »Spionageabwehr«. 1981, S. 138.

67 Hansjoachim Tiedge berichtet, dass im Einwohnermeldeamt Bonn von einer Schreibung von circa 45.000 Personen die Rede war, deren Zustandekommen ihm allerdings nicht klar war.

68 Es ist nicht bekannt, ob dieses Lebensalter unter 25 Jahren oder darüber betrug.

69 Dem Verfassungsschutz waren keine Fälle bekannt geworden, in denen ganze Familien in die Bundesrepublik geschleust wurden – wohl aber Ehepaare.

70 Bis zum 13. August 1961 hatte das MfS nach Kenntnis des Verfassungsschutzes IM nur unter ihrer echten Identität übersiedelt.

71 Dies galt aber nicht für die Sonderfälle »gesteckte Karten« und »Nahtlosschleusung«, die hier unberücksichtigt blieben, weil dort die Suchansätze anders waren.

72 Das Aktensachgebiet 107 (nachrichtendienstliche Verdachtsfälle, bei denen der gegnerische Nachrichtendienst unbekannt war) war durch das Aktensachgebiet 105 (Fälle ohne erkennbare nachrichtendienstliche Relevanz) ersetzt worden und wurde dem Illegalenreferat zur Verfügung gestellt. Die Aktenart »Ü« sollte auf eine Überprüfung der Identität hinweisen.

73 Das BfV unterhielt zu allen westeuropäischen Nachrichten- und Sicherheitsdiensten Verbindungen, ebenso zu den Diensten der maßgeblich westlich orientierten Staaten in Übersee.

74 Bei Wegzügen ins Ausland oder Zuzügen aus dem Ausland genügte für die Meldebehörde beispielsweise die Angabe »nach Holland« oder »von Australien«.

75 Die Variante der Abmeldung in das Ausland im Auftrag des MfS bleibt hier – auch im Hinblick auf die fiktive taktische Zeit 1959–61 – unberücksichtigt.

76 Bezeichnung für denjenigen, in dessen Identität der Illegale schlüpfte.

77 Dieser Umzug war notwendig, um einer Prima-facie-Belastung durch das Merkmal »Zuzug aus dem Ausland« zu entgehen.

78 Ein weiterer Weg des Verfassungsschutzes lief über den Zentralcomputer der Sozialversicherung in Würzburg. Dort waren (Stand 1985) alle jemals in einer versicherungspflichtigen Tätigkeit Beschäftigten mit Beschäftigungsstelle und Wohnsitz erfasst. Dieser Weg stellte sich für den Verfassungsschutz als wichtig heraus, da nur circa 75 Prozent der Zuwanderer aus der DDR in Gießen erfasst waren und er wesentlich zuverlässiger als ähnliche Versuche über das Kraftfahrtbundesamt war, dessen Computer nur Angaben über Kfz-Halter und Personen enthielt, deren Führerschein durch »Punkte« belastet wurde.

79 Vgl.: Hansjoachim Tiedge, »Die Abwehrarbeit der Ämter für Verfassungsschutz in der Bundesrepublik Deutschland«, S. 84–88, 90–94, 175 f.

80 Vgl.: Ebd., S. 95.

81 Wenn sich ein Illegaler in irgendeiner Stadt in der Bundesrepublik anmeldete, konnte er als bisherige Wohnanschrift die in Osnabrück oder Stuttgart auf seinen Namen abgestellte Adresse angeben. Der Rücklauf zum Einwohnermeldeamt Osnabrück oder Stuttgart wurde auf der dort liegenden Karte eingetragen. Der im Einwohnermeldeamt beschäftigte Illegale (IM) hätte die Spur noch verwischen und eine fiktive neue Anschrift eintragen können.

82 Der in Stuttgart vorübergehend tätige Illegale wurde später vom BND/BfV in einer ungewöhnlichen Kooperation geworben. Er war mittlerweile Wirtschaftsreisekader für das NSW

geworden und machte detaillierte Angaben über diese Variante der Einschleusung sowie über beteiligte Personen. Eine Spur führte nach Augsburg in die dortige kommunale Passstelle.

83 Vgl.: Hansjoachim Tiedge, »Die Abwehrarbeit der Ämter für Verfassungsschutz in der Bundesrepublik Deutschland«, S. 96, 177.

84 Der falsche Herr Ei. wurde 1980 anlässlich einer Reise mit nachrichtendienstlichem Hintergrund in die BRD festgenommen und zu einer Freiheitsstrafe von drei Jahren und drei Monaten verurteilt. Dabei gab er seinen Klarnamen mit Hä. an.

85 In den Niederlanden war einige Jahre zuvor im Raum Sittard/Maastricht ein anderes Ehepaar festgenommen worden, das auf ähnliche Weise eingeschleust worden war.

86 Schleusungsvarianten sowjetischer und polnischer Dienste sollen hier unberücksichtigt bleiben.

87 So war der Legendenspender Sch. aus privaten Gründen aus der Bundesrepublik nach Schweden gegangen und von dort aus in die DDR. Der Illegale Wi. ging als Sch. zunächst nach Schweden und von dort in die BRD »zurück«. Die Legendenspenderin Sonja Lüneburg meldete sich von Westberlin nach Colmar/Frankreich ab. Die Illegale Johanna Olbrich reiste, angeblich aus Colmar kommend, in die BRD ein. Die auftragsgemäße Abmeldung nach Colmar der in die DDR gegangenen Legendenspenderin konnte der Verfassungsschutz nur vermuten. Schließlich meldete sich die Legendenspenderin Ursula Richter von der Bundesrepublik in die Schweiz ab, von wo aus sie in die DDR ging. Die Illegale »Ursula Richter« wurde aber, angeblich aus Kanada kommend, in die BRD eingeschleust.

88 Als Beispiel kann der Fall Sonja Lüneburg dienen. Die Legendenspenderin war Friseurin, die übersiedelte IM Bürokraft.

89 Vgl.: Hansjoachim Tiedge, »Die Abwehrarbeit der Ämter für Verfassungsschutz in der Bundesrepublik Deutschland«, S. 96 f, 177 f.

90 Tiedge hatte Kenntnis von solchen Aktionen in der Botschaft in London sowie in den Generalkonsulaten Zürich und Neapel.

91 Vgl.: Hansjoachim Tiedge, »Die Abwehrarbeit der Ämter für Verfassungsschutz in der Bundesrepublik Deutschland«, S. 97, 178.

92 Der Fall Gerda Schröter, geborene Ostenrieder, war einer der ersten Sekretärinnen-Fälle. Sie war vom übersiedelten IM Herbert Schröter angeworben worden und wurde später in der Handelsvertretung der BRD in Warschau eingesetzt. Sie offenbarte sich dem Geheimschutzbeauftragten der Handelsvertretung, nachdem sie Herbert Schröter einen Rückzug in die DDR ermöglicht hatte.

93 Im BfV war der Verdacht aufgekommen, DST »maure«, um nachteilige Auswirkungen für das renommierte Sprachinstitut zu vermeiden.

94 Allerdings war die Abteilung V des BfV, vor allem das 1976 bis 1979 von Tiedge geleitete, unter anderem für die Überprüfung von Personal des Auswärtigen Amtes zuständige Referat V B 4 gehalten, alle Überprüfungsvorgänge, in denen die zu überprüfende Person die *Alliance française* besucht hatte, dem Illegalenreferat der Abteilung IV zuzuleiten.

95 Vgl.: Hansjoachim Tiedge, »Die Abwehrarbeit der Ämter für Verfassungsschutz in der Bundesrepublik Deutschland«, S. 98, 178.

96 Vgl.: Hansjoachim Tiedge, »Die Abwehrarbeit der Ämter für Verfassungsschutz in der Bundesrepublik Deutschland«, S. 98.

97 Vgl.: Ebd., S. 99.

98 Die Festnahme von »Ursula Richter« unterblieb auf Veranlassung Tiedges.

99 Die echten biografischen Daten trug nach wie vor der Legendenspender.

100 Beispielsweise wurden in Nordrhein-Westfalen in den 1970er Jahren keine Doppel des Lichtbildes aufbewahrt.

101 Vgl.: Hansjoachim Tiedge, »Die Abwehrarbeit der Ämter für Verfassungsschutz in der Bundesrepublik Deutschland«, S. 99 f, 179.

102 BMI: Verfassungsschutzbericht »Spionageabwehr«. 1981, S. 138 f.

103 Lediglich in kleineren LfV (Bremen, Saarland) stand für eine so detaillierte Untergliederung nicht ausreichend Personal zur Verfügung. Hier musste der G-Leiter die Mitarbeiter ad hoc einsetzen.

104 Im Bayerischen LfV und im LfV Niedersachsen existierte dahingehend der Arbeitsbereich »Methodik«.

105 Beispielsweise im LfV Hamburg Abschnitte des G-Referats, im LfV Niedersachsen Referatsteile.

106 Nach Ansicht Hansjoachim Tiedges verstanden sich die norddeutschen LfV – bei aller Kooperation und bei aller Loyalität dem BfV gegenüber – als Dienst im Dienst. So bildeten die Leiter der LfV Schleswig-Holstein, Hamburg, Niedersachsen, Bremen, Nordrhein-Westfalen und Berlin eine norddeutsche Amtsleitertagung, der die LfV Bayern, Baden-Württemberg, Hessen, Rheinland-Pfalz und Saarland eine süddeutsche Amtsleitertagung gegenüberstellten. Diese tagte je zweimal im Jahr, ohne – und das machte die Angelegenheit fast zum Politikum – Beteiligung des BfV. Dies stellte eine gewisse Parallele zu den Klausurtagungen der Amtsleiter auf Bundesebene dar, bei der das BMI ausgeklammert wurde.

107 Vgl.: Hansjoachim Tiedge, »Die Abwehrarbeit der Ämter für Verfassungsschutz in der Bundesrepublik Deutschland«, S. 100.

108 Vgl.: BMI: Verfassungsschutzbericht »Spionageabwehr«. 1975. S. 113.

109 »Referat des Genossen Generalleutnant Wolf zum zentralen Führungsseminar vom 1. bis 3. März 1971«. In Hubertus Knabe: *West-Arbeit des MfS. Das Zusammenspiel von »Aufklärung« und »Abwehr«.* Berlin 1999, S. 347.

110 Philipp Springer: *Bahnhof der Tränen. Die Grenzübergangsstelle Berlin-Friedrichstraße.* Berlin 2013, S. 130.

111 Vgl.: Ebd.

112 In dieser Aktion »Wirbelsturm« wurde unter anderem der damalige Bundesvorsitzende des Bundes Deutscher Kriminalbeamter, Rolf Grunert, getippt und später als IM der HA II (Spionageabwehr) des MfS identifiziert. Zu Grunert siehe: Rolf Grunert: *Der Kriminalkommissar. Biografie.* Berlin 2003.

113 Die G-Tagung war die jährlich dreimalige Zusammenkunft zwischen den Leitern der Abteilung IV (Abteilungsleiter und Referatsgruppenleiter Spionageabwehr) des BfV und den Leitern der G-Referate der LfV.

114 Vgl.: Hansjoachim Tiedge, »Die Abwehrarbeit der Ämter für Verfassungsschutz in der Bundesrepublik Deutschland«, S. 101 ff, 179 f.

115 Dieser Name steht für die Aktion »Wacholder« selbst, aber auch für alle, zumindest im Suchansatz gleichen, Vorläufer und Nachfolger. Ein Vorläufer war beispielsweise die Aktion »Fleißiges Lieschen«.

116 So war beispielsweise ein Verfassungsschützer als Bodenpersonal der britischen Fluggesellschaft British European Airways verkleidet hinter deren Schalter in Hannover eingesetzt.

117 Der Planung lag eine Statistik zugrunde, die im Referat IV A 2 erstellt worden war. In ihr wurden alle bekannten Treffreisen – auch aus laufenden Gegenoperationen – berücksichtigt, die Agenten und CM im Laufe des Jahres 1982 (Zeitraum der ersten Ausarbeitung) unternommen hatten.

118 In der ersten Phase der Koordination, etwa 1981, waren in Westberlin beliebige Maschinen bearbeitet worden. Es gab Fälle, in denen Personen nach Rückkehr in die Bundesrepublik aus personellen Gründen nicht observiert werden konnten.

119 Hier gab es gelegentlich Kooperationen: So kümmerten sich um den Rhein-Main-Flughafen in Frankfurt aufgrund des Einzugsgebietes die LfV Hessen und Rheinland-Pfalz unter gelegentlicher Beteiligung des LfV Saarland.

120 Es war möglich, dass zwei Personen getippt wurden, die nach Rückkehr gesondert observiert werden mussten.

121 Außerhalb der Dienstzeit gab es innerhalb der ÄfV keine gesonderte Erreichbarkeit auf fachlicher Ebene. Eine solche war nur über die Privatanschlüsse der Bediensteten möglich, was hohe Anforderungen an die Personenkenntnis und Findigkeit der einzelnen Mitarbeiter stellte.

122 So weigerte sich ein Verantwortlicher des LfV Rheinland-Pfalz – allerdings vergeblich – Mitarbeiter abzustellen, »um Agenten aus Baden-Württemberg zu fangen«.

123 Der Verfassungsschutz rechnete aber stets auch damit, dass ein Westberliner von einer Geschäftsreise aus dem Bundesgebiet zurückkehrte.

124 Es sollten grundsätzlich – um nicht aufzufallen – nicht mehr als sechs bis acht Verfassungsschützer den Flughafen Berlin-Tegel bearbeiten. So ergab sich eine Beobachtungsstärke pro Zielperson von zwei Observanten, da sich die Observation unter Umständen über Stunden erstrecken konnte und die Personaldecke nicht so sehr schrumpfen sollte.

125 Allerdings wurden auch auffällige Verhaltensweisen und unklare Kontakte in Westberlin zum Gegenstand einer Meldung der Observationskräfte an das Referat IV A 2.

126 Weg 1: Mit der Buslinie 9 bis Bahnhof Zoo, von dort mit der S-Bahn zum Bahnhof Friedrichstraße. Weg 2: Mit der Buslinie 8 bis Kurt-Schumacher-Platz, von dort mit der U-Bahnlinie 6 bis Bahnhof Friedrichstraße.

127 Was bedeutete, dass die am Berliner Außenring realisierten operativen Grenzschleusungen durch die Grenzsicherungsanlagen nicht erfasst werden konnten. Und die Schleusen nutzten gerade IM, die unter anderem aufgrund ihrer Bedeutsamkeit keine Grenzübergangsstellen passieren konnten.

128 Der Lehrter Bahnhof, heute Hauptbahnhof, war die erste Station der S-Bahnlinie Bahnhof Friedrichstraße (Ostberlin)–Bahnhof Zoo und lag bereits auf Westberliner Territorium.

129 Gelegentlich fuhren die Verfassungsschützer mit der U-Bahn auch bis zum Endbahnhof Friedrichstraße weiter, um das Verlassen der U-Bahn durch die Zielperson zu beobachten. Die Observanten fuhren dann mit der gleichen U-Bahn wieder nach Westberlin zurück. Ein Aus- oder Umsteigen am Bahnhof Friedrichstraße hat es zu keinem Zeitpunkt und in keinem Fall gegeben.

130 Anderes galt nur bei den Flughäfen Köln-Bonn und Düsseldorf-Lohhausen.

131 Reisende, die den Westberliner Flughafen Tegel verließen, mussten sich identifizieren: Bundesbürger durch Vorlage eines Reisepasses oder eines Bundespersonalausweises.

132 Die Pässe wurden abgelichtet und die Bilder per Video in einen Raum im Innern des Flughafengebäudes übertragen. Dort wurden sie für einige Stunden festgehalten, um die Personalien anhand der Fahndungsbücher kontrollieren zu können, anschließend wurden sie gelöscht. Die Übertragung erfolgte nicht gesondert nach Flugsteigen, sondern nach der Reihenfolge der Abfertigung, so dass bei gleichzeitiger Abfertigung mehrerer Flugzeuge die Pässe der Reisenden aller Strecken untereinander gemischt auf dem Bildschirm erschienen. Zwischen dem Pass der Zielperson und dem des Observanten konnte der Pass eines Passagiers einer anderen Maschine erscheinen.

133 Der vorgelegte Pass oder Personalausweis konnte ein operatives Dokument eines Aufklärungsorgans ausgestellt auf eine andere Identität sein.

134 Nicht immer gelang es, noch eine Buchung in der Maschine für eine Observationskraft zu erhalten, um die Zielperson am Zielflughafen zu übergeben.

135 In diesem Zusammenhang sei beispielsweise an den Fall Wolfgang O. erinnert, der bei seiner Bewerbung beim BND den festgestellten Übertritt nach Ostberlin geleugnet hatte.

136 Vgl.: Hansjoachim Tiedge, »Die Abwehrarbeit der Ämter für Verfassungsschutz in der Bundesrepublik Deutschland«, S. 103 ff, 109–112, 184 f.

137 Ein Beispiel: Ein IM kam mit der S-Bahn, bestellte eine Platzkarte für eine Fahrt nach Aachen, machte in Westberlin Einkäufe (unter anderem einen Hartschalenkoffer) und kehrte in die Hauptstadt der DDR zurück. Der Zug mit dem reservierten Platz war ein optimaler Observationsansatz.

138 So im Fall eines operativen Reisekaders im Winter 1985/86, der den Zug nach Köln bereits in Neuss verlassen hatte.

139 So im bereits genannten Fall des Bundesbahners B. aus Hagen/Westfalen, der am Bahnhof Zoo unter angeblich »konspirativen Umständen« in die Fernbahn nach Dortmund umgestiegen war und vom BGS mit einem anderen Reisenden – dem ebenfalls bei der Bundesbahn beschäftigten R. aus Gelsenkirchen – verwechselt wurde.

140 Die Station Reinickendorfer Straße wurde vom Verfassungsschutz nur oberflächlich bearbeitet. Zum einen war bekannt, dass vom Treff zurückkehrende IM entweder noch einmal in Westberlin – und dies meist im Zentrum – übernachteten oder den Aufenthalt in Berlin zu einem Bummel durch die City nutzten. Zum anderen reisten operative Reisekader des MfS nach Beurteilungsmöglichkeiten des Verfassungsschutzes überwiegend über das westliche Stadtzentrum nach Westberlin.

141 Auf diese Weise wurde der IM alias Jennrich alias Dr. Frank identifiziert, der in der Wohnung des HV A-Agenten und Flick-Repräsentanten sowie CDU-Politikers Adolf Josef Kanter in Andernach/Rhein abstieg, aber gewarnt wurde und noch in der Nacht die Bundesrepublik verlassen konnte.

142 Üblicherweise erfolgte dies durch einen Anruf beim Legendenspender wie im Fall Jennrich.

143 So war bekannt und den Observationskräften auch mitgeteilt worden, dass sich Reisekader in Westberlin zunächst in Wohnortnähe des Legendenspenders begeben hatten, um in den Besitz einer S-Bahn-, U-Bahn- oder Busfahrkarte aus dieser Gegend zum Ausgangsbahnhof zu kommen. Zum anderen war dem Verfassungsschutz bekannt, dass auch der Bahnhof Spandau zum Einsteigen genutzt wurde.

144 Observationsmaßnahmen des Verfassungsschutzes gegen Autofahrer und Fußgänger im grenzüberschreitenden Verkehr fanden demgegenüber nicht statt. Das LfV Niedersachsen hatte kurzfristig eine solche Aktion am Berliner Grenzübergang Heinrich-Heine-Straße durchgeführt, diese aber wegen offensichtlicher Erfolglosigkeit abgebrochen. Es drängt sich hier die Vermutung auf, dass diese Aktion von Beginn an zum Scheitern verurteilt war, da die HV A mit zwei IM im LfV Niedersachsen über optimal platzierte Quellen verfügte und entsprechend Kenntnis gehabt haben dürfte.

145 Zuständig: LfV Niedersachsen und Hamburg bei der Transitstrecke nach Hamburg, LfV Niedersachsen bei der nach Hannover, LfV Hessen bei der nach Frankfurt/Main, das Bayerische LfV bei der nach München.

146 So reisten aus Berlin mehrere IM mit Fahrkarten nach Nordrhein-Westfalen, verblieben aber in Rheinland-Pfalz.

147 Vgl.: Hansjoachim Tiedge, »Die Abwehrarbeit der Ämter für Verfassungsschutz in der Bundesrepublik Deutschland«, S. 112–115, 186 f.

148 Die Guilloche ist ein ornamentales Muster feiner, ineinander verschlungener Linien, das auf Wertpapieren und anderem aufgebracht wird, um sie vor Fälschung zu schützen.

149 Vgl.: Hansjoachim Tiedge, »Die Abwehrarbeit der Ämter für Verfassungsschutz in der Bundesrepublik Deutschland«, S. 116 f.

150 Rainer O. M. Engberding: *Spionageziel Wirtschaft. Technologie zum Nulltarif.* Düsseldorf 1993, S. 7 f.

151 Ebd., S. 8.

14. Kapitel

Auflösung der HV A und Zusammenfassung

Von den politischen Veränderungen des Herbstes 1989 in der DDR war auch die HV A umfangreich betroffen. Auf der Basis politischer Entscheidungen, die aufgrund des Drucks der gesellschaftlichen Proteste und des Zerfalls der Partei getroffen worden waren, wurde das MfS aufgelöst.

Mit der Regierungsbildung am 18. November 1989 wurde das Ministerium für Staatssicherheit in Amt für Nationale Sicherheit (AfNS) umbenannt. Damit war eine umfangreiche Verkleinerung des Apparates verbunden. Das AfNS hatte jedoch nur eine kurze Bestandsdauer, denn am 14. Dezember 1989 beschloss der Ministerrat der DDR die Auflösung des Amtes. Vorausgegangen war dem eine Resolution des Zentralen Runden Tisches. Als Rechtsnachfolger des AfNS waren der Verfassungsschutz der DDR sowie der Nachrichtendienst der DDR angedacht, zusammen mit einem Personalkörper von 14.000 Angehörigen.[1]

Für den Nachrichtendienst der DDR, der ab dem 14. Dezember 1989 existieren sollte, waren insgesamt 4.000 Mitarbeiter vorgesehen. Als Hauptsitz sollte Berlin fungieren, in den Bezirken waren Außenstellen geplant. Die Aufgaben des Nachrichtendienstes der DDR sollten »in der Beschaffung politischer, ökonomischer und militärpolitischer Informationen mit nachrichtendienstlichen Mitteln, die für die äußere Sicherheit und die Stärkung der DDR sowie für die Erhaltung des Friedens von Bedeutung sind«[2], bestehen. Dies umfasste die Gewinnung, Führung und den Schutz von Quellen und Positionen außerhalb der DDR, ein konspiratives Verbindungswesen sowie den Einsatz spezifischer technischer Mittel.

Die Hauptrichtungen seiner Tätigkeit sollten sein:
- politische und wissenschaftlich-technische Aufklärung,
- Aufklärung von Aktivitäten ausländischer Geheimdienste gegen die DDR,
- funkelektronische Aufklärung,[3]
- Kader und Ausbildung,
- Versorgungsdienste (materiell-technische, finanzielle, soziale und medizinische Sicherstellung),
- Dienstorganisation (Auswertung von Informationen, Öffentlichkeitsarbeit, Rechtsfragen, internationale Verbindungen, Verschlusssachen-Wesen, Koordinierung, Objektverwaltung).[4]

Letztlich waren diese Pläne Makulatur, sie wurden nicht in die Realität umgesetzt. Aufgrund von Protesten und heftigen Debatten am Zentralen Runden Tisch traf der Ministerrat der DDR am 13. Januar 1990 die Entscheidung, das AfNS ersatzlos aufzulösen.

Führung und Mitarbeiter des Dienstes waren durch die genannten einschneidenden Maßnahmen und Erlebnisse betroffen und verunsichert. Peter Großmann schreibt in seinen Erinnerungen: »Die Wochen der Auflösung des MfS- und HV A-Apparates waren geprägt von Hektik und Chaos.«[5] Dennoch galt es den Schutz des inoffiziellen Netzes, insbesondere der Quellen im Westen, zu sichern. Werner Großmann als Leiter des Dienstes bemerkt dazu: »Wir durften unsere inoffiziellen Mitarbeiter und vor allem die Kundschafter im Westen nicht sich selbst überlassen. Wir trafen uns mit vielen in und außerhalb der DDR und beendeten ordentlich die operative Tätigkeit.«[6]

Am 20. Februar 1990 beschloss die Arbeitsgruppe Sicherheit des Zentralen Runden Tisches die ersatzlose Auflösung der HV A. Der Beauftragte des Ministerpräsidenten und das Komitee zur Auflösung des AfNS legten die Grundlinie der Auflösung der HV A in folgenden Hauptpositionen fest:

- Bestandteile der HV A, die bis dahin im Dienstobjekt Normannenstraße stationiert gewesen waren, hatten ihre über den 31. März 1990 hinausgehenden Abwicklungsaufgaben zur Auflösung bis zum 30. Juni 1990 abzuschließen.
- Die bisherigen Dienstgebäude waren zügig Nachnutzern zu übergeben.
- Mit ihrem drastisch verringerten Mitarbeiterbestand (zunächst 250), der planmäßig weiter zu reduzieren war, sollten ihre Abwicklungsaufgaben zur ersatzlosen Auflösung im Dienstobjekt Roedernstraße 30 realisiert und dafür erforderliches Aktenmaterial, Bürotechnik und Arbeitsunterlagen dorthin überführt werden.

Die Maßnahmen erfolgten unter Kontrolle der AG Sicherheit des Zentralen Runden Tischs im Zusammenwirken mit dem Bürgerkomitee Normannenstraße und in Abstimmung mit dem Bürgerkomitee des Territoriums.

Die nachrichtendienstliche Tätigkeit der HV A wurde im Februar 1990 vollständig eingestellt. In den meisten Positionen, unter anderem in der Bundesrepublik Deutschland, erfolgte dies schon wesentlich früher, zum Teil Ende des Jahres 1989. Einzelaktionen zur Abwicklung und Absicherung der Beendigung der nachrichtendienstlichen Tätigkeit sowie zur Regelung humanitärer Fragen erfolgten in Ausnahmen noch bis Ende Juni 1990. Dabei wurden allerdings keine Aufträge erteilt. Die dahingehend noch erforderlichen Agenturfunksendungen wurden am 31. Mai 1990 beendet.

Die Einstellung der Tätigkeit erfolgte entsprechend der politischen Grundlinien und den Festlegungen der Regierung der DDR sowie, zum Schutz der Quellen und beteiligten Personen, unter Berücksichtigung der außenpolitischen Interessen der DDR und ihrer Verbündeten.

Die Zusammenarbeit mit anderen Sicherheitsorganen wurde eingestellt. Der Auflösungsbericht der HV A vom 19. Juni 1990 vermerkt dahingehend, dass weder Strukturen noch Teile von Agenturen übergeben wurden. Weiterhin ist im Auflösungsbericht vermerkt, dass alle IM entpflichtet wurden.

Die Auflösung der Abteilungen XV/BV erfolgte bis März 1990.[7]

Die Aktenreduzierung des zentralen Bestandes erfolgte nach den Festlegungen der AG Sicherheit des Zentralen Runden Tisches unter Kontrolle des Regierungsbeauftragten, des Komitees zur Auflösung des AfNS und unter Einbeziehung der lokalen Bürgerkomitees. Sie wurde unter Beachtung des personen- und sachbezogenen Datenschutzes mit dem Ziel durchgeführt, die Interessen der DDR, ihrer Verbündeten, anderer Staaten aber auch von Einzelpersonen zu wahren.[8] Dennoch gelang es der HV A trotz umfangreicher Aktenvernichtung nicht, alle Kundschafter wirksam zu schützen. Erinnert sei in diesem Zusammenhang an SIRA und »Rosenholz«[9], Unterlagen, die niemals in die Hände Unbefugter hätten gelangen dürfen sowie an den Verrat einzelner Führungsoffiziere mit weitreichenden Konsequenzen für die betroffenen IM.[10]

Am 28. Juli 1990 wandten sich Markus Wolf, Werner Großmann und Bernd Fischer an den Minister des Innern der DDR, Dr. Peter-Michael Diestel. Es ging um Loyalität und um die nachrichtendienstliche Problematik im deutschen Einigungsprozess. Die ehemalige Spitze der HV A erklärte eidesstattlich, dass es zum Zeitpunkt der vollständigen Einstellung der nachrichtendienstlichen Tätigkeit unter den Kundschaftern der HV A in der Bundesrepublik und Westberlin keine

- Minister,
- Staatssekretäre,
- Ministerialdirektoren,
- Ministerialdirigenten beziehungsweise
- Beamte oder Offiziere vergleichbarer Dienststellungen oder Dienstgrade

gab. Weiterhin wurde versichert, dass dies auch für einen zurückliegenden Zeitraum von mindestens zehn Jahren in vollem Umfang zutraf.

Wolf, Großmann und Fischer bemerkten zudem, dass die Anzahl der in der Bundesrepublik und Westberlin ehemals tätigen IM der HV A zu keinem Zeitpunkt den Bereich dreistelliger Zahlen überschritten hatte. Die Zahl der Kundschafter im engeren Sinne lag immer unter 500, davon waren maximal 350 bis 400 Quellen im eigentlichen Sinne. Diese Gesamtzahl schlüsselt sich wie folgt auf:

- circa ein Drittel in Bereichen staatlicher und kommunaler Verwaltung sowie in Parteien und im militärischen Bereich,
- circa zwei Drittel in Bereichen der Wirtschaft und Wissenschaft, in Bildungs- und Forschungseinrichtungen sowie Bereichen wie Medien und Verbänden.[11]

Abschließend stellt sich die Frage, wie die Tätigkeit der HV A zu bewerten ist und welchen Sinn sie hatte. Ein ehemaliger leitender Mitarbeiter der HV A fasst die Tätigkeit der Aufklärung wie folgt zusammen:

»Das Agieren des Dienstes wurde während seiner gesamten Existenz von der Staatsdoktrin der DDR und den Verpflichtungen im Rahmen des Warschauer Vertrages bestimmt. Oberste Priorität genoss die Aufklärung der Pläne und Aktionen der USA, der NATO sowie von deren wichtigsten Mitgliedern, denen gegebenenfalls ein friedensgefährdender Charakter nachzuweisen war.

Der Dienst hatte dazu für die politische Führung ein transparentes Lagebild der ›anderen‹ Seite als Daueraufgabe zu erstellen. Gleichzeitig stand die Aufklärung und Abwehr von geheimdienstlichen, subversiven sowie ideologischen Angriffen als Beitrag zur Gewährleistung der inneren Sicherheit der DDR auf der Tagesordnung. Nicht zuletzt hatte der Dienst wesentliche Beiträge zur wirtschaftlichen und wissenschaftlich-technischen Stabilität des Landes und dessen Weiterentwicklung zu erbringen. Für die Beobachtung und Auswertung internationaler Tendenzen in Wirtschaft, Wissenschaft und Technik sowie zur Beschaffung anwendbarer Ergebnisse wurden erhebliche nachrichtendienstliche Ressourcen bereitgestellt. Schon die nach dem Untergang der DDR öffentlich gewordenen Teilbereiche der Quellenlage des Dienstes belegen, dass dieser im Wesentlichen seinen Aufgaben in Qualität und Breite gerecht geworden ist. [...] Die Schaffung und Nutzung menschlicher Quellen zur Aufklärung von Zielen, Absichten, Mitteln und Methoden der gegnerischen Seite wurden von der Leitung des Dienstes zu jeder Zeit als erstes Mittel der Wahl bestimmt und verlangt. Die innere Verfasstheit des Dienstes sowie dessen Ausrichtung gestatteten bei der Werbung und Motivierung neuer wie gestandener Quellen großen Variantenreichtum beim vorrangigen Einsatz von humanistischen Überzeugungen, gesellschaftlich fortschrittlichen sowie friedenssichernden, antifaschistischen Ansichten als tragfähige Werbegrundlagen. Die Gegenüberstellung der gesellschaftlichen und politischen Realität der Lebenswelt der potentiellen Werbekandidaten tat sein Übriges. In Abhängigkeit vom konkreten Einzelfall wurde natürlich nicht auf die Nutzung der gesamten Bandbreite anderer denkbarer Werbegrundlagen verzichtet. [...]

Stärke und zugleich auch Schwäche war die feste Einbindung des Dienstes in das System der Staaten des Warschauer Vertrages unter Führung der Sowjetunion. Der durch die Großmacht gewährte Schutz musste durch die ständige Lieferung von (oft durch genaue Vorgaben) zu beschaffenden Informationen ›refinanziert‹ werden. Die in diesem Rahmen gepflegte Zusammenarbeit mit den Diensten der anderen Staaten des Warschauer Vertrages blieb dabei im Vergleich weniger ertragreich. Der Dienst der DDR war vor allem in Bezug auf die BRD der gebende Teil. Von existenzieller Bedeutung war in diesem Zusammenhang der nur mit großem Aufwand zu realisierende Quellenschutz.«[12]

Die Sowjetunion profitierte von der nachrichtendienstlichen Tätigkeit der HV A immens. Wladimir Alexandrowitsch Krjutschkow, Vorsitzender des KfS der UdSSR und langjähriger Aufklärer, fasst dies wie folgt zusammen: »Unsere Kampfgefährten – die Aufklärer der DDR – leisteten einen riesigen Beitrag zur Stärkung des sowjetischen Staates, zur Entwicklung seiner Wirtschaft, Wissenschaft und Verteidigungsbereitschaft. […] In den Jahrzehnten der Zusammenarbeit erhielten wir, wenn man das in Geld ausdrücken will, von unseren Freunden Schätze in Dutzenden Milliarden Dollar.«[13]

Die letzten Worte dieses Werkes sollen Markus Wolf gehören. Er wurde 1989 nach dem Sinn der Aufklärung gefragt und antwortete: »Wenn anerkannt wird, dass diese Tätigkeit mit dazu beigetragen hat, den Frieden in Europa nun bald 45 Jahre zu sichern und zu erhalten, dann möchte und kann ich darauf vielleicht etwas stolz sein.«[14] Im August 2006, kurz vor seinem Tod, äußerte Markus Wolf: »Möglicherweise muss man sagen, sie [die Geheimdienstarbeit, Anm. d. Verf.] hatte Sinn. Im besten Fall dringt sie woanders ein, um zu verhindern, dass Panzer und Armeen eindringen. Militärapparate zerstören, aber Aufklärer machen transparent – um Zerstörungen vorzubeugen. Wir haben ja nicht gegen Feindbilder operiert, wir hatten wirkliche Feinde, und wir lebten in einem sehr realen, heftigen Kampf ums Kräfteverhältnis in einer Welt, die auch jetzt noch nicht in der Lage ist, friedlich zusammenzukommen.«[15]

Anmerkungen

1 Vgl.: Walter Süß: »Auflösung des MfS 1989/90«. In: Roger Engelmann, Bernd Florath, Helge Heidemeyer at al. (Hrsg.): *Das MfS-Lexikon. Begriffe, Personen und Strukturen der Staatssicherheit der DDR*. Berlin 2011, S. 44.

2 Entwurf: »Beschluss über die Bildung des Nachrichtendienstes der DDR und des Verfassungsschutzes der DDR«. (Archiv des Verfassers).

3 Damit wäre die Funkaufklärung aus der Abwehr ausgegliedert und in den Nachrichtendienst eingegliedert worden, eine logische Konsequenz der engen und erfolgreichen Zusammenarbeit beider Bereiche.

4 Vgl.: Entwurf: »Beschluss über die Bildung des Nachrichtendienstes der DDR und des Verfassungsschutzes der DDR«. (Archiv des Verfassers).

5 Peter Großmann: *Mit ganzem Herzen*, S. 424.

6 Werner Großmann: *Bonn im Blick. Die DDR-Aufklärung aus der Sicht ihres letzten Chefs*. Berlin 2007, S. 174.

7   Vgl.: »Hauptverwaltung Aufklärung – in Auflösung. Abschlussbericht über die Auflösung der ehemaligen HV A vom 19. Juni 1990«. BStU, ZA, HV A, Nr. (unleserlich), Bl. 5, 8, 10.

8   Vgl.: Ebd., Bl. 10 f.

9   Zu SIRA und Rosenholz siehe: Bernd Fischer: *Das Ende der HV A. Die Abwicklung der DDR-Auslandsaufklärung.* Berlin 2014, S. 95–104. Helmut Müller-Enbergs: *»Rosenholz«. Eine Quellenkritik* (*BF informiert*, Nr. 28). BStU, 2007.

10 Zum Verrat von Führungsoffizieren siehe: Werner Großmann: *Bonn im Blick. Die DDR-Aufklärung aus der Sicht ihres letzten Chefs.* Berlin 2007, S. 204–220.

11 Vgl.: Hannes Hofmann: *Diestel. Aus dem Leben eines Taugenichts?.* Berlin 2010, S. 218.

12 Mitteilung eines leitenden Mitarbeiters der HV A (Archiv des Verfassers).

13 Horst Müller, Manfred Süß, Horst Vogel: *Die Industriespionage der DDR. Die wissenschaftlich-technische Aufklärung der HV A.* Berlin 2008, S. 10.

14 Markus Wolf: *Die Kunst der Verstellung. Dokumente, Gespräche, Interviews.* Berlin 1998, S. 123.

15 Hans-Dieter Schütt: *Markus Wolf. Letzte Gespräche.* Berlin 2007, S. 47.

Abkürzungsverzeichnis

A	Aufklärung
a. D.	außer Dienst
Abt.	Abteilung
Abt. XII	Abteilung XII (des MfS – Zentrale Auskunft, Speicher)
AfNS	Amt für Nationale Sicherheit
ÄfV	Ämter für Verfassungsschutz
AG	Aktiengesellschaft Arbeitsgruppe
AG G	Arbeitsgruppe Grenze (der HV A)
AGL	Arbeitsgruppe des Leiters
A-IM	Austausch-IM
APN	Außenpolitischer Nachrichtendienst
AR	Allgemeines Register
Art.	Artikel
ASG	Aktensachgebiet
Ast.	Außenstelle
AZ	Aktenzeichen
BdL	Büro der Leitung
BfV	Bundesamt für Verfassungsschutz
BGP	Bayerische Grenzpolizei
BGS	Bundesgrenzschutz
BKA	Bundeskriminalamt
BMI	Bundesministerium des Innern
BMW	Bayerische Motoren Werke
BPA	Bundespersonalausweis
BRD	Bundesrepublik Deutschland
BstU	Der/Die Bundesbeauftragte für die Unterlagen des Staatssicherheitsdienstes der ehemaligen Deutschen Demokratischen Republik
BV	Bezirksverwaltung (des MfS)

BVerfSchG	Bundesverfassungsschutzgesetz
BVG	Berliner Verkehrsbetriebe
CDU	Christlich Demokratische Union
CIA	Central Intelligence Agency (Auslandsgeheimdienst der USA)
CM	Counterman
ČSR	Tschechoslowakei
CSU	Christlich Soziale Union
DA	Deckadresse
DDR	Deutsche Demokratische Republik
Dezi	Dezimeter
DFD	Demokratischer Frauenbund Deutschlands
DGSE	Direction Générale de la Sécurité Extérieure (Generaldirektion für äußere Sicherheit; französischer Auslandsnachrichtendienst)
DIHT	Deutscher Industrie- und Handelskammertag
DKP	Deutsche Kommunistische Partei
DM	Deutsche Mark
Dr.	Doktor
DSF	Deutsch-Sowjetische Freundschaft
DST	Direction de la Surveillance du Territoire (Direktion zur Überwachung des Territoriums; französischer Inlandsnachrichtendienst)
DT	Decktelefon
e. V.	eingetragener Verein
EDV	Elektronische Datenverarbeitung
EG	Europäische Gemeinschaft
EOS	Erweiterte Oberschule
FB	Funkbeobachtungsdienst
FDJ	Freie Deutsche Jugend
FDP	Freie Demokratische Partei
G (G-Referat/e)	Gegen (Gegen-Referat/e)
GBA	Generalbundesanwalt
Gestapo	Geheime Staatspolizei
GG	Grundgesetz

GK	Grenzkompanie
GKM	Grenzkommando Mitte
GMS	Gesellschaftlicher Mitarbeiter für Sicherheit
GR	Grenzregiment
GRU	Glawnoje Raswedywatelnoje Uprawlenije (Hauptverwaltung für Aufklärung; sowjetische/russische Militäraufklärung)
GS	Geheimschreibmittel Geheimschrift
GST	Gesellschaft für Sport und Technik
GT	Grenztruppen (der DDR)
GÜSt	Grenzübergangsstelle
GZD	Grenzzolldienst
G 10	Gesetz zum Artikel 10 des Grundgesetzes (Artikel-10-Gesetz)
HA	Hauptabteilung (des MfS)
HA I	Hauptabteilung I (NVA und Grenztruppen)
HdM	Haus der Ministerien
HIM	Hauptamtlicher Inoffizieller Mitarbeiter
HIM/A	Hauptamtlicher Inoffizieller Mitarbeiter der Aufklärung
HV A	Hauptverwaltung A (des MfS)
IBM	International Business Machines Corporation
IG	Interessengemeinschaft
IM	Inoffizieller Mitarbeiter
Ing.	Ingenieur
IPW	Institut für Politik und Wirtschaft
IR	Infrarot
IWF	Institut für Wirtschaftswissenschaftliche Forschung
JHS	Juristische Hochschule Potsdam (Hochschule des MfS)
JVA	Justizvollzugsanstalt
KD	Kreisdienststelle (des MfS)
KfS	Komitee für Staatssicherheit beim Ministerrat der UdSSR (auch als KGB bezeichnet)
KGB	Komitee für Staatssicherheit beim Ministerrat der UdSSR (siehe KfS)
KI	Kommunistische Internationale

KO	Konspiratives Objekt
KOST	Koordinierungsstelle
KP	Kontaktperson
KPD	Kommunistische Partei Deutschlands
KpdSU	Kommunistische Partei der Sowjetunion
KW	Konspirative Wohnung
LAR	Legal abgedeckte Residentur
LED	Licht emittierende Diode
LfV	Landesamt für Verfassungsschutz
MAD	Militärischer Abschirmdienst
MdI	Ministerium des Innern (der DDR)
MfAA	Ministerium für Auswärtige Angelegenheiten (der DDR)
MfNV	Ministerium für Nationale Verteidigung (der DDR)
MfS	Ministerium für Staatssicherheit
MSB	Marxistischer Studentenbund
n. b.	nicht bekannt
NADIS	Nachrichtendienstliches Informationssystem
NATO	North Atlantic Treaty Organization (Nordatlantikpakt-Organisation)
NDPD	National-Demokratische Partei Deutschlands
NSA	National Security Agency (Nationale Sicherheitsbehörde; Auslandsgeheimdienst der USA)
NSW	Nichtsozialistisches Wirtschaftsgebiet
NVA	Nationale Volksarmee
OAG	Operative Außenarbeitsgruppe (der HV A/Abt. XV/BV)
öbL	öffentlich beweglicher Landfunk
OD	Objektdienststelle (des MfS)
ODH	Operativer Diensthabender
OfA	Offizier für Aufklärung
OG	Operationsgebiet
OGS	Operative Grenzschleuse
OibE	Offizier im besonderen Einsatz
OLG	Oberlandesgericht

ORGREB	Organisation für Abnahme, Betriebsführung und Rationalisierung von Energieanlagen
OTM	operativ-technische Mittel
OTS	Operativ-Technischer Sektor (des MfS)
PID	politisch-ideologische Diversion
R	Registratur
SED	Sozialistische Einheitspartei Deutschlands
SIRA	System der Informationsrecherche der HV A
SPD	Sozialdemokratische Partei Deutschlands
StPO	Strafprozessordnung
SW	Standartwertpunkte
SWT	Sektor Wissenschaft und Technik (der HV A)
TBK	Toter Briefkasten
TH	Technische Hochschule
UA	Unterabteilung
U-Haft	Untersuchungshaft
Ü-IM	Übersiedlungs-IM
UKW	Ultrakurzwelle(n)
UNO	United Nations Organization (Vereinte Nationen)
US	United States (of America)
USA	United States of America (Vereinigte Staaten von Amerika)
V	Verbindung
VfK	Verwaltung für Koordinierung (der Militärischen Aufklärung der Nationalen Volksarmee)
VM	Vertrauensmann
VP	Volkspolizei
VPKA	Volkspolizei-Kreisamt
VR	Volksrepublik
VS	Verschlusssache
ZA	Zentralarchiv
zdA	zu den Akten
ZMD	Zentraler Medizinischer Dienst
ZTBK (Zug-TBK)	Zugtransport-Container